中国石油天然气集团公司年鉴

2005

中国石油天然气集团公司　编

石　油　工　业　出　版　社

图书在版编目（CIP）数据

中国石油天然气集团公司年鉴．2005/中国石油天然气集团公司编．北京：石油工业出版社，2005.12
ISBN 7－5021－5309－8

Ⅰ．中…
Ⅱ．中…
Ⅲ．中国石油天然气集团公司－2005－年鉴
Ⅳ．F426.22－54

中国版本图书馆 CIP 数据核字（2005）第 135410 号

中国石油天然气集团公司年鉴
2005/中国石油天然气集团公司编

出版发行：石油工业出版社
（北京安定门外安华里 2 区 1 号 100011）
网 址：www.petropub.com.cn
总 机：（010）64262233 发行部：（010）64210392
经 销：全国新华书店
印 刷：石油工业出版社印刷厂

2005 年 12 月第 1 版 2005 年 12 月第 1 次印刷
787×1092 毫米 开本：1/16 印张：46.5 插页：71
字数：1510 千字 印数：1—5000 册

ISBN 7－5021－5309－8/TE・4089
定价：258.00 元
（如出现印装质量问题，我社发行部负责调换）

《中国石油天然气集团公司年鉴》
编　委　会

《中国石油天然气集团公司年鉴》
主 编、副 主 编

《中国石油天然气集团公司年鉴》
编　辑　部

编 辑 说 明

一、《中国石油天然气集团公司年鉴》是中国石油天然气集团公司主办的专业性年鉴，是一部全面记录中国石油天然气集团公司主要发展情况的编年书，是一部具有权威性的大型资料性工具书。书中全面、系统、真实地记述了中国石油天然气集团公司的发展状况，向广大读者展示了中国石油天然气集团公司为“率先建成一流的社会主义现代化企业和具有国际竞争力的跨国企业集团”所做的努力和取得的成就。

二、本年鉴采用“板块式”结构，分类编纂，点面结合，把综合记述和条目记述相结合，力求全面地反映所记事项。全书分为篇目、栏目、条目三个层次，以文字叙述为主，辅以必要的图表。内容包括总述、油气勘探开发生产、炼油化工与销售、天然气与管道、工程技术服务、国际业务与贸易、科技发展、质量安全与环境保护、企业管理、精神文明建设、机构与人物、上市企业概览、未上市企业及事业单位概览、中国石油天然气集团公司大事纪要、附录。

三、本年鉴 2005 卷所引用的各种数字和资料，截至 2004 年底。所收资料虽经过反复核实，但由于统计重点不同，来源渠道有别，时间也有差异，因此，难免存在收集不全、照顾不周，甚至互相矛盾之处。书中除特别指明者外，一般指中国石油天然气集团公司统计数字。

四、本年鉴稿件、资料主要由中国石油天然气集团公司机关和中国石油天然气股份有限公司机关各部门的有关领导与专家、各企事业单位办公室或史志办公室及年鉴办公室的同志提供，各单位的领导对稿件进行了审阅。

五、为行文简洁，本年鉴中对机构名称一般采取以下处理方法：在首次出现时用全称，随后出现时用简称。例如，“中国石油天然气集团公司”简称为“集团公司”，“中国石油天然气股份有限公司”简称为“股份公司”，“大庆石油管理局”简称为“大庆局”等。

六、遵照年鉴编辑的有关规范，编辑部对撰稿人提供的稿件进行了必要的编辑加工。主要是依据编写大纲与撰稿要求，统一了全书的体例，规范了专业名词术语，删除了明显的重复，补充了部分资料，理顺了语言文字。力求做到文字顺畅、资料翔实、叙述简洁、数据准确。尽管如此，由于编辑水平有限，疏漏和欠妥之处在所难免，恳请读者提出批评意见。

七、在本年鉴的编辑和出版过程中，承蒙集团公司机关和股份公司机关各部门，各企事业单位领导和同志们的大力支持与帮助，在此，谨向为本年鉴提供稿件和资料、审查稿件，以及提供各种帮助的同志们，致以诚挚的谢意。

《中国石油天然气集团公司年鉴》编辑部

2005 年 12 月

序

2004年，是中国石油天然气集团公司各项工作取得新进展、创出新成就的一年。在这一年里，集团公司深入贯彻落实党的十六大、十六届三中、四中全会精神，按照国务院的总体部署和要求，以保证国家油气安全供应为己任，全面领会和贯彻科学发展观，进一步确立了建设跨国企业集团的目标，提出了“六个必须坚持”和集中精力做好国内油气业务、炼化业务、工程技术服务和国际业务加快发展的“四篇文章”。全集团积极调整优化产业结构，稳步推进重点改革工作，狠抓安全和稳定基础工作，加强党的建设和基层建设，形成了发展提速、结构趋优、效益增加的可喜局面。

一年来，集团公司油气勘探开发业务稳步发展，储量、产量增长创历史最好水平；炼油化工业务加快发展，较好地保证了国内市场供应；海外油气业务实现新突破，未上市企业生存发展能力进一步增强；管道建设、市场开发、国际贸易发展势头良好，科研攻关取得重要进展，安全生产和企业稳定形势进一步好转，职工工作和生活条件进一步改善。到2004年底，集团公司资产总额达到9137亿元，净资产达到6531亿元，比2003年分别增长13%和20.2%，负债率由32.78%下降到 28.52%；实现销售收入5707亿元、税费1070亿元、利润1289亿元，比2003年分别增长20%、31.6%和77.3%。集团公司的规模实力和经济效益在国内继续保持领先地位。中国石油股票自上市以来，市值稳步上升，在纽约上市的ADR和在香港上市的H股，均比发行时上涨2倍以上。在美国《石油情报周刊》2004年度评选出的世界最大50家石油公司排名中连续三年居第10位，在《财富》杂志2004年度评选出的世界500强企业中居第52位，油气总产量位居世界第11位。集团公司在国际上的影响力显著增强。

取得以上成绩，是与中央和国家有关部门、各省市区地方各级党委和政府的关心、支持分不开的，是集团公司广大干部职工抓住机遇、团结奋斗、顽强拼搏的结果。谨此，我代表集团公司一并表示真诚的谢意！

新时期、新形势、新任务，希望与困难同在，机遇与挑战并存。集团公司将按照党中央、国务院的部署，坚持贯彻和落实科学发展观，坚持“奉献能源、创造和谐”的企业宗旨，努力满足经济发展对油气产品的需求，促进企业发展与社会进步同步和谐，履行好企业的社会责任和经济责任。积极调整经济结构，努力转变经济增长方式，不断提高经济增长的质量和效益，同时坚持资源开发与节约并重，大力发展循环经济，努力构建节约型企业，不断谱写出集团公司持续有效较快协调发展的新篇章。

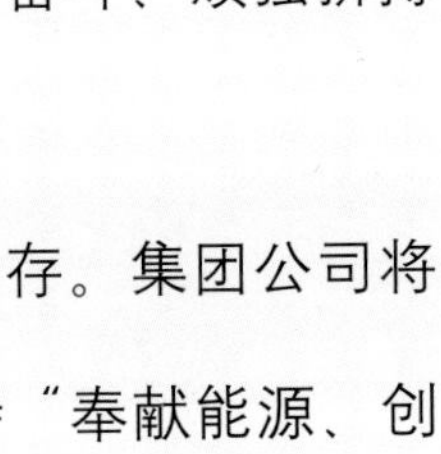

2005年7月

2005年1月15日，中国石油天然气集团公司2005年工作会议在北京举行。在大会主席台就座的领导：(左起）贡华章、王宜林、周吉平、苏树林、姜增伟、马富才、陈耕、王涛、蒋洁敏、任传俊、郑虎、段文德、李克成

2004年7月15日，中国石油天然气集团公司领导干部会议在南戴河举行。中国石油天然气集团公司领导陈耕、蒋洁敏、任传俊、苏树林、郑虎、段文德、王宜林、李克成、贡华章、国务院派驻集团公司监事会主席姜增伟在大会主席台上

2004 年，中国石油天然气集团公司国内外油气总产量突破 1.5 亿吨，比 2003 年增加 900 多万吨，是近年来增幅最高的一年

2004 年，中国石油天然气集团公司国内生产原油 11176 万吨，比 2003 年增加 222 万吨，原油产量占全国总产量的 64%。图为青海油田一角

2004年12月22日，大庆长垣东部地区深层天然气试采工程——徐深1井投产，标志着大庆油田实施油气并举战略取得实质性进展

（赵永安　摄影）

2004年，长庆油田原油上产超过100万吨

2004年，塔里木盆地已累计探明天然气地质储量6600亿立方米，具备了为西气东输稳定供气30年的资源基础

2004年，冀东油田产量突破100万吨

（冀东油田分公司提供）

2004年12月30日，国家发展和改革委员会、国家西气东输工程建设领导小组和中国石油天然气集团公司在人民大会堂举行隆重的西气东输工程投产庆典暨表彰大会。西气东输工程建设者受到党和国家的高度赞扬。200多名模范集体、先进个人的代表在人民大会堂出席表彰大会

2004年12月30日，西气东输全线正式投入商业运营。西气东输工程从祖国西部的塔里木气田起步，长驱东去，一直到东部的长江三角洲地区，以年输天然气量200亿立方米、稳定供气30年的庄严承诺，担负起了拉动西部经济发展，改善东部能源消费结构，促进东西部经济、社会、环境协调发展的重任。图为西气东输工程天然气管道整体吊装下沟场景

2004 年，中国石油国内原油加工量、成品油产量和化工商品产量达到 11078 万吨、7056 万吨和 1259 万吨，分别比 2003 年增长 12.8%、14.8%和 3.4%。首次实现了原油加工量大于原油商品量。产品结构继续优化，比 2003 年增产高附加值炼油产品 400 多万吨，增产化工轻油 87 万吨，增产厚利化工产品 50 万吨以上。图为中国石油大连石化分公司 600 万吨 / 年蒸馏装置

截至 2004 年 6 月 22 日，大庆石化分公司丁二烯抽提装置连续生产 753 天，创长周期国际领先水平

2004 年，未上市企业产业结构趋于优化，生存发展能力进一步增强。全年实现主营业务收入 1544 亿元，比 2003 年增加 61 亿元，增长 4.1%，其中外部市场收入 837 亿元，比 2003 年增加 46 亿元，增长 5.8%。图为大庆油田一角

东方地球物理公司引入现代地震勘探技术和装备，大大加快了塔里木天然气资源的勘探步伐

2004年，中国石油加油站总数达到1.74万座，资产型加油站零售量达到2665万吨，增长45%。图为中国石油新疆乌鲁木齐销售分公司南郊西加油站

2004年，中国石油西北销售分公司新购置450辆自备车，进一步提高西部辖区成品油运输能力。图为中国石油西北销售分公司整装待发的成品油槽车

大港赵东油田仅用两年多的时间就建成了年产百万吨的规模，成为目前我国陆上石油对外合作的一项标志性项目，也是中国石油对外合作的成功典范

中国石油哈萨克斯坦阿克纠宾项目全年原油产量 532 万吨。图为扎那诺尔油气处理厂

中国石油海外非洲项目在拓展业务的同时，受到所在国的好评，扩大了 CNPC 的国际影响力

中国石油委内瑞拉项目全年生产原油 147 万吨。图为湖上钻井平台

中国石油天然气集团公司领导班子坚持用科学发展观统领全局，发扬求真务实的工作作风，经常深入基层，指导各项工作开展

科技兴油战略让企业插上腾飞翅膀，使大庆油田水驱开采技术达到国内先进水平，聚驱采油技术世界领先

2004 年 12 月 24 日，中国石油天然气集团公司在京召开了统一标识工作视频会议，会议提出中国石油将在两年内完成标识统一工作。在主席台就座的领导：李克成、王福成、李润生

中国石油集团统一使用新标识的喜讯给石油职工带来了几多喜悦

2004年10月17日下午，由世界石油大会中国国家委员会、中国石油天然气集团公司、中国石油化工集团公司、中国海洋石油总公司和中国中化集团公司主办的世界石油大会首届青年论坛在北京隆重开幕。这是世界石油大会成立71年来举办的首届青年论坛，也是第一次专门为全球石油界青年举办的盛会。图为大会会场

2004 年 12 月 24 日，印度洋发生强烈地震并引发海啸，这是人类有史以来遭遇的最大一次海啸，给沿岸各国人民的生命和财产造成重大损失。中国石油天然气集团公司总经理陈耕，带着百万石油人募捐的 1257 万元善款，来到中国红十字会总会，委托该组织转交受灾国，并向受灾国人民转达中国石油人的深切慰问。图为陈耕总经理在中国红十字会总会接受中央电视台的采访

（以上照片除署名外均由《中国石油画报》提供）

中国石油天然气集团公司组织机构图

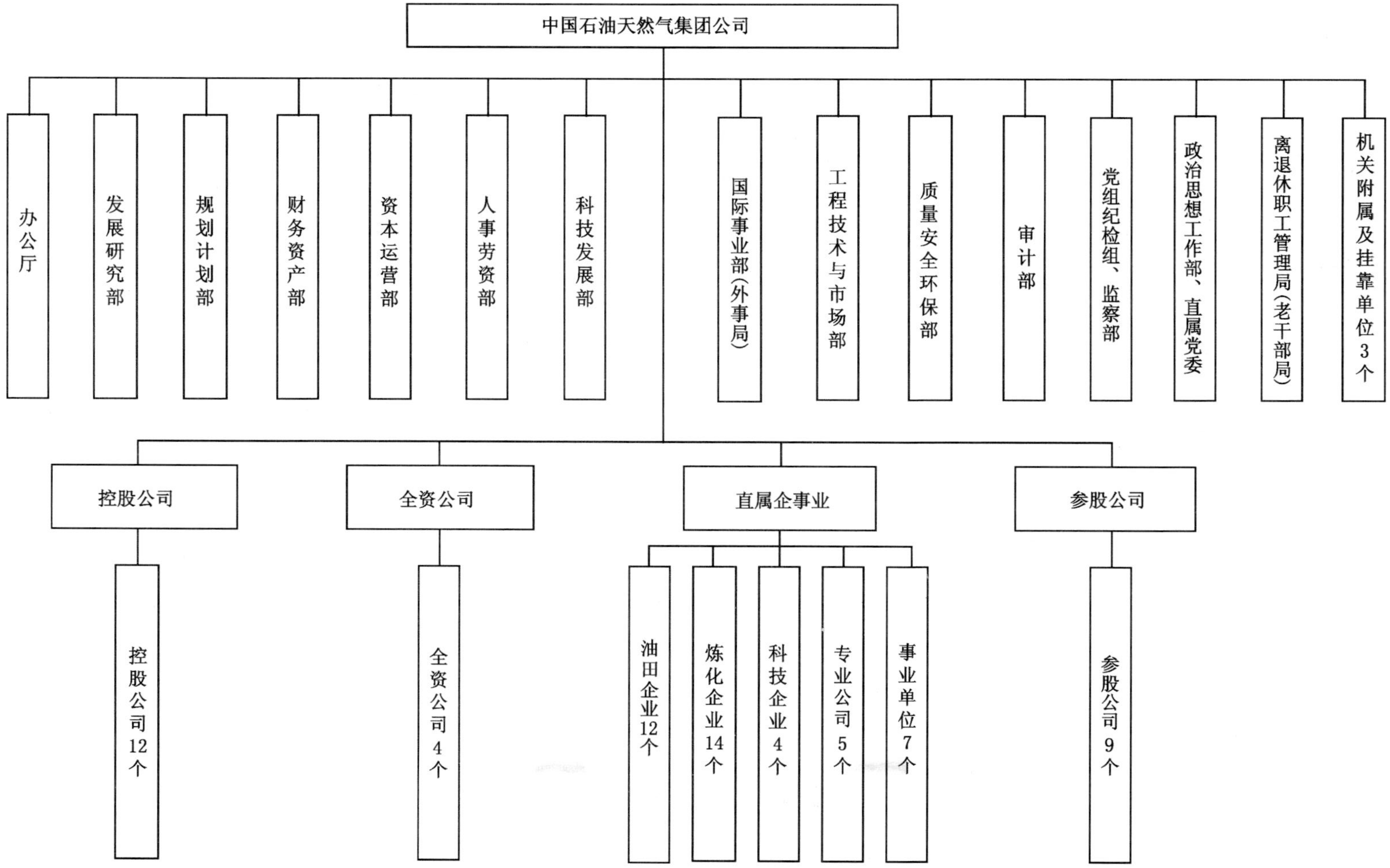

资料截至时间：2004年12月31日。

中国石油天然气股份有限公司组织机构图

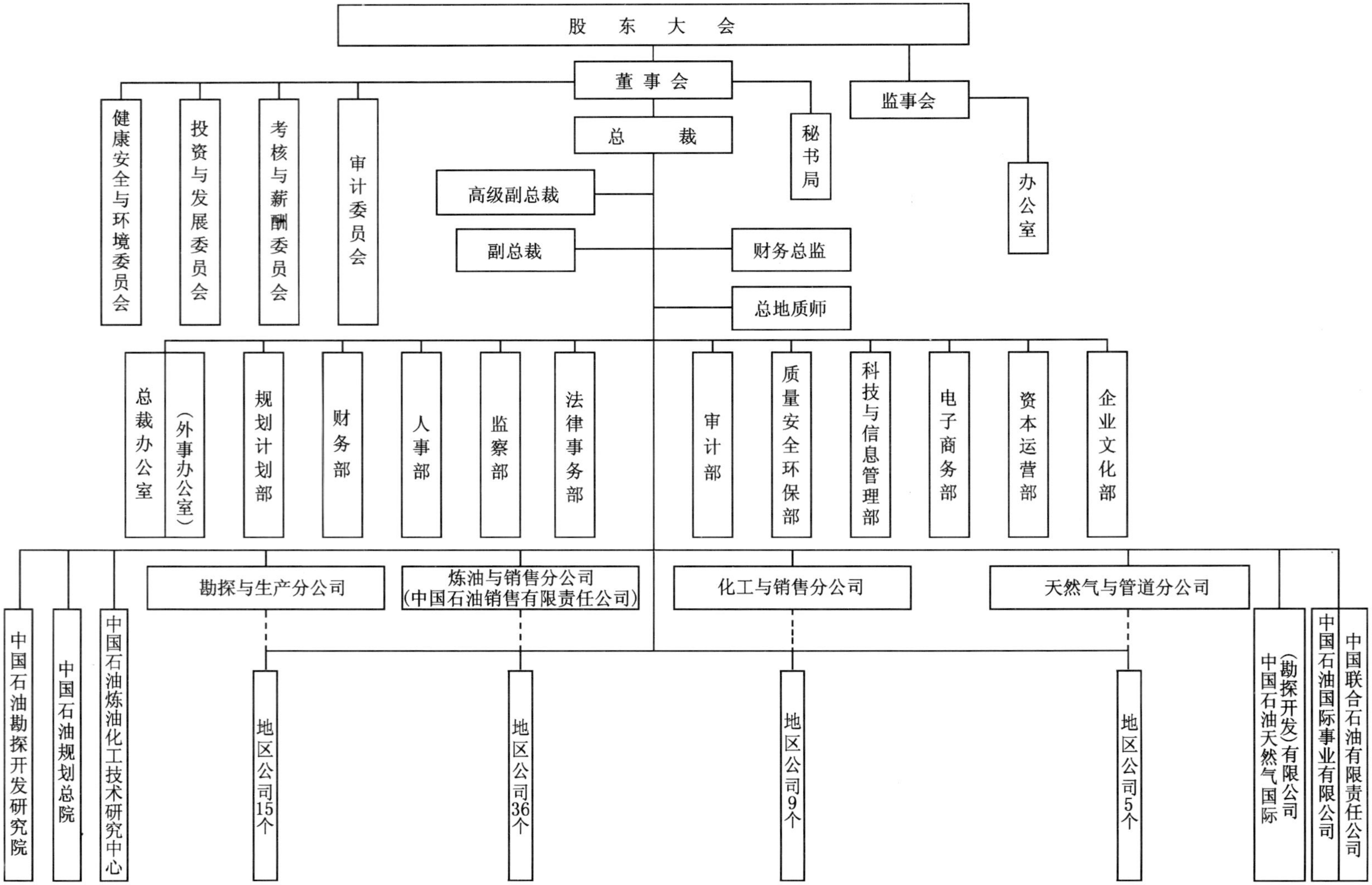

资料截至时间:2004年12月31日。

要　　目

目　　录

第一篇　总　述

股份公司法人治理

第二篇　油气勘探开发生产

综　述

油气勘探

勘探工程技术

油田开发

矿权管理

天然气开发

油藏评价

采油工程

地面工程

技术项目

市场管理

第三篇　炼油化工与销售

炼油与销售

化工与销售

第四篇　天然气与管道

综　述

油气储运

天然气销售

重点工程

经营管理

第五篇　工程技术服务

石油地球物理勘探

钻井工程

测　井

井下作业

管道建设

石油装备制造

第六篇　国际业务与贸易

对外交流与合作

国外油气勘探开发

国内油气田勘探开发国际合作

石油化工进出口业务

对外工程技术服务

石油物资装备出口

石油技术设备引进

第七篇 科技发展

科技发展

信息工作

学会活动

第八篇 质量安全与环境保护

综 述

安全生产

质量管理与监督

标准化工作

计量工作

特种设备质量安全监督管理

环境保护

职业健康

节能节水工作

第九篇　企业管理

企业管理

财务资产管理

资本运营

规划计划管理

人事管理

物资采购与电子商务

审计监督

法律顾问工作与管理

其　他

第十篇　精神文明建设

党建工作

宣传思想工作

企业文化建设

群团工作

光荣榜

第十三篇　未上市企业及事业单位概览

第十四篇　中国石油天然气集团公司大事纪要

第十五篇　附　　录

CONTENTS

Chapter 1 Overview

Roundup

Specials

Special Articles

Features

Chapter 3 Oil Refining and Chemicals and Marketing

Chemicals and Marketing

Chapter 4 Natural Gas and Pipelines

Roundup

Oil and Gas Storage and Transportation

Natural Gas Marketing

Key Projects

Chapter 5 Engineering and Technological Service

Chapter 6 International Business and Trade

International Cooperation for Domestic Oil and Gas Exploration and Development

Import and Export of Petroleum and Petrochemicals

Foreign Engineering and Technological Service

Export of Petroleum Goods and Equipment

Introduction of Petroleum Technology and Equipment

Chapter 7 Technological Development

Technological Development

Chapter 8 Quality, Safety and Environmental Protection

Chapter 9 Corporate Management

Corporate Management

Financial Assets Management

Capital Operation

Chapter 10 Creation of Spiritual Civilization

Work for Development Chinese Communist Party

Ideological Propaganda Work

Construction of Corporate Culture

Work of Mass Organizations

Honor Roll

Disciplinary Inspection and Supervision Work

Chapter 11 Organs and People

Chapter 12 Overview of Enterprises with IPO Issuance

Chapter 13 Overview of Enterprises and Institutions without IPO Issuance

Chapter 14 Main Events of CNPC

Chapter 15 Appendixes

第一篇

总　　述

综　述

2004 年中国石油天然气集团公司工作情况概述

2004 年，是中国石油天然气集团公司各项工作在继往开来中创出历史新水平的一年。在这一年里，集团公司面对错综复杂的国内外市场和日趋激烈的竞争形势，坚持科学发展观，坚持整体协调发展，采取了一系列深化改革、发展和稳定的重大举措，充分调动了广大干部职工的积极性、创造性，形成了发展提速、结构趋优、效益增加的可喜局面。

（1）经济效益再创新高。随着改革和发展的深入，并抓住油价持续较高的有利时机，优化生产运行，加强经营管理，整体效益显著提高。全年实现销售收入 5707 亿元、税费 1076 亿元、利润总额 1289 亿元，同比增长 20%、32%和 75%。中国石油 H 股平均股价为 3.9 港元/股，同比上涨 70%以上，与发行价比上涨两倍多，集团公司国有资产得到大幅增值。资产总额达到 9137 亿元，同比增加 1054 亿元。

（2）油气生产创历史最好水平。按照战略突破、战略展开和战略准备三个层次精心组织，加大石油、天然气勘探力度，全年国内新发现 6 个亿吨级油气储量区，新增探明石油地质储量 5.2 亿吨、新增天然气地质储量 2436 亿立方米。在冀东滩海南堡凹陷连续 3 口井获高产油气流，其中老堡南 1 井奥陶系和东营—馆陶组油层厚度达 200 多米，初步测试分别获日产油 700 立方米和 253 立方米的高产，这是近几年来油层最厚、单层产量最高的重大发现；在鄂尔多斯盆姬塬和合水地区新获得 2 个亿吨级含油富集区，在子洲—清涧地区和靖边潜台东部基本控制两个千亿立方米天然气区带，还落实两个亿吨级当量的规模油气储量区块；在松辽盆地南部扶新隆起带新增控制、预测石油地质储量 9000 多万吨；在四川盆地天然气勘探新增三级储量总和超过 2000 亿立方米，新发现和落实了一批储量规模超过 300 亿立方米的目标区；在松辽盆地北部徐深 6 井又获高产气流，三级储量总和已达到 1400 多亿立方米。

积极实施勘探开发一体化，加快新区产能建设步伐，强化老油田稳产措施，油气持续稳定发展。全年国内外油气总产量当量突破 1.5 亿吨，比 2003 年增加 900 多万吨。其中生产原油 1.28 亿吨，比 2003 年增加 536 万吨；生产天然气 312 亿立方米，比 2003 年增加 50 亿立方米。国内油气生产总当量达到 13460 万吨，比 2003 年增长 4%。其中生产原油 11176 万吨，比 2003 年增加 222 万吨，原油产量占全国总产量的 64%；生产天然气 287 亿立方米，销售天然气 222 亿立方米，分别比 2003 年增加 38 亿立方米和 35 亿立方米，天然气产量占全国总产量的 70%以上。

（3）炼油化工产销两旺，盈利水平大幅提升。坚持以市场需求为导向，积极组织资源，开足马力生产，努力保障市场供应，原油加工量和炼化产品产销量再创历史新高。全年国内原油加工量、成品油产量和化工商品产量分别达到 11078 万吨、7056 万吨和 1259 万吨，分别比 2003 年增长 12.80%、14.8%和 3.4%；全年销售成品油 6681 万吨，零售总量达到 3018 万吨，分别比 2003 年增长 10.4%和 35.3%；化工产品总销量 1305 万吨，比 2003 年增长 10.6%。炼化与销售业务实现经营利润 182.6 亿元，比 2003 年增长 3 倍多。全年投产重点炼油项目 18 个、化工项目 9 个，炼化业务地域布局和产品结构得到进一步优化。各企业积极开展“技术效益年”活动，消除生产瓶颈，促进装置达标和产品质量升级，主要技术经济指标继续改善。炼油单位现金加工成本比 2003 年降低 3.35 元，装置“三年一大修”的要求逐步落实。

销售企业深入开展“销售效益年”活动，紧盯市场，调整策略，努力促销推价降费，主要炼化产品销售量大幅增长。加油站总数达到 1.74 万座，资产型加油站零售量达到 2665 万吨，增长 45%。化工统销范围进一步扩大，终端网络有效延伸，直销率达到

61%。全年润滑油总销量达到155万吨，增长13.6%，特别是高档润滑油销量大幅增长。乙醇汽油按期实现了东北地区封闭销售。成品油机构用户及化工大用户的开发工作取得新进展，运输专项整治成效明显，物流一体化配送稳步实施，营销管理得到规范和加强，销售质量和效益明显提高。

（4）重点工程建设全面推进。油气管道工程建设实现具有里程碑意义的跨越，炼化重点项目进展顺利。西气东输、忠武线、陕京二线、西部原油和成品油管道等重点工程建设进展顺利，特别是标志中国西部大开发工程的西气东输管道建设于2004年12月30日正式投入商业运营，当年完成输气量13.4亿立方米，实现了建设世界一流工程的目标，在我国石油天然气工业发展史上树起了又一座丰碑。忠武输气管道横跨川东鄂西的崇山峻岭，纵贯两湖平原的江湖水网，沿线自然条件和地质状况十分复杂，广大建设者们不畏艰险，顽强拼搏，“一干两支”工程实现商业供气。陕京二线线路主体工程已经完工，正抓紧进行场站建设。陕京线全年满负荷安全运行，建成投产应急工程，充分挖掘气库潜力，反复进行资源平衡，千方百计保障京津地区用气。西部原油管线和成品油管线前期准备工作进展顺利，控制性工程已开工建设。特别是我国第一条跨国输油管道——中哈原油管道的全面启动，对推动原油进口资源多元化、加快西部炼化基地建设具有重要意义。投产炼油、化工重点项目29个，其中大连、兰州两大炼油，大庆、吉林、兰州三大乙烯，辽阳芳烃等基地建设，以及大庆、宁夏化肥扩能改造均按计划进度进行。克拉玛依、辽河、大港三大焦化装置，辽阳己二酸，以及吉林丁辛醇和丁二烯等重点项目按期建成投产。未上市企业以市场为导向，实施了一批配套改造和延伸加工项目，在大庆石化总厂、吉化集团、兰炼、兰化、辽阳化纤、宁夏化工厂、乌石化总厂和吉林乙醇等单位建成投产了一批项目，在前郭炼厂、锦西炼化总厂等单位开工建设的新项目进展顺利。

（5）工程技术及生产服务的整体竞争力和发展能力进一步增强。未上市企业产业结构趋于优化，生存发展能力进一步增强。各企业主动适应市场变化，积极调整优化内部结构，大力加强经营管理，注重推进技术进步，积极开拓外部市场，努力消化成本和原材料价格上涨因素，收入和盈利水平有了新的提高。全年实现主营业务收入1544亿元，比2003年增加61亿元、增长4.1%，其中外部市场收入837亿元，比2003年增加46亿元、增长5.8%。根据企业生存和发展需要，新建了一批煤代油、热电联供、化工延伸加工、装备制造项目，形成了一批主导产品和新产品。加强与油气田公司合作，难动用储量开发当年完成油气当量152万吨。

工程技术服务质量和市场开拓能力显著提高。上游工程技术服务队伍围绕勘探开发重点，强化地质与工程结合，完成工作量大幅增长。全年完成二维地震6.6万千米、三维地震2.3万平方千米，比2003年分别增长24.7%和15.2%；完成钻井进尺1621万米，增长12.8%；测井、录井、试油、井下作业工作量增幅均达到9%以上。炼化服务队伍针对保运和检维修工作量大的实际，密切配合，精心施工，保障了炼化装置的安全平稳运行。工程建设队伍围绕大型炼化项目和重点管道工程，发挥整体优势，狠抓建设进度和施工质量，保障了重大项目的顺利建设和投产运行。

生产服务业务围绕油田上产和炼化装置扩能需要，加快调整改造和配套完善步伐，实施了一批水、电、汽、暖扩能改造工程，生产保障能力和服务质量明显提高，运行成本大幅降低。全年增加发电装机容量171兆瓦，供电231亿千瓦·时，供水6.3亿立方米。各工程技术服务队伍突出装备结构调整，加大更新改造力度，全年共投入装备改造资金78亿元，使设备新度系数平均达到0.6以上，在巩固内部市场的同时，外部市场开拓能力不断提高。全年实现外部市场收入266亿元，比2003年增长32.8%。

（6）国外油气生产快速发展，国际业务成效明显。继续实施“走出去”战略，着眼在全球范围内分享油气资源和市场，依托和发展整体优势，强化境外油气生产基地建设，跨国经营步入快速发展时期。全年新增探明石油可采储量5577万吨，剩余可采储量达6.1亿吨。原油作业产量达3011万吨，天然气作业产量达到35.5亿立方米，分别比2003年增长20%和84.6%；原油和天然气权益产量分别达到1642万吨和25.9亿立方米，分别比2003年增长27.4%和86.4%；国外加工原油295万吨。海外四个油气生产基地逐步发展壮大。非洲—中东地区苏丹项目新增探明石油可采储量近5000万吨，新建产能160万吨，喀土穆炼油厂一期扩建工程建成投产，加工原油295万吨。中亚地区哈萨克斯坦项目新建产能300万吨，现已具备700万吨的年生产能力。南美地区秘鲁项目年生产能力达到300万吨。亚太地区印尼项目年生产能力达到250万吨。新区风险勘探在尼日尔、乍得、厄瓜多尔等国都取得重要进展，在乍得的第一口探井即获预测储量1亿桶，展示出良好的勘探前景。

国际贸易继续保持快速增长势头，全年共完成贸易量6119万吨，贸易额达到145亿美元，比2003年分别增长34%和63%。积极组织海外份额油、俄油、哈油以及中东等地区的原油进口，为海外油田效益的实现和公司加工量的增长做出了贡献。努力开拓东亚成品油市场，成功运作化工原料、塑料和化肥的进出口业务，国际贸易的领域不断拓宽。国际工程承包、技术服务和物资装备进出口业务继续快速发展，新签合同额22.7亿美元，实现营业收入21.5亿美元，比2003年分别增长29%和41.5%。其中，物资装备出口签约额近7亿美元，增长50%。目前，海外油气勘探开发工程技术服务队伍已增加到352支，项目遍及32个国家和地区。

（7）重点改革和管理稳步推进，资源配置更趋合理。根据发展需要，完成了海洋石油工程、南方销售业务的整合，以及宁夏大元与长庆马家滩炼厂、庆阳炼化公司与长庆马岭炼厂、塔里木油田分公司与塔石化的重组工作。国际勘探开发业务的重组整合顺利进行。油品营销体制改革取得新的进展。同时，企业内部的专业化重组进一步深化，初步形成了主辅分离、分开运营的格局。分离办社会职能工作积极稳妥地推进，先后与18个省市区及计划单列市签署了移交协议，确定移交机构464个、人员5.4万人。全面启动清理整顿法人实体工作，共清查登记法人实体4303家，明确需要清理处置的2106家。产权制度改革继续推进，对外参股或合作成立新的股权多元化企业，扩大了市场控制能力。同时，积极推进管理创新，促进了效率和效益的提高。抓住具有全局性、长远性的重大问题进行深入研究，制定了发展战略纲要及一批总体规划和区域规划，发展思路和目标更加明确。投资项目论证、评估和监督体系逐步完善，重大项目的过程管理和后评价工作有效加强。推行资金与会计核算集中管理取得重要成果，正逐步接近国际先进水平；完善全面预算管理，强化目标成本管理，推进资产管理，均见到显著成效。薪酬总额与经济效益挂钩，考核办法不断完善，基本工资制度得到合理调整，激励约束机制进一步强化。电子商务工作继续推进，集中采购和网上采购的范围和额度进一步扩大。法律工作与经营管理紧密结合，在防范经营风险、维护企业权益等方面发挥了积极作用。监察工作以降本增效和投资管理为重点，加大源头治理和案件查处力度，维护了正常生产经营秩序。加强对重点单位、重点资金及重点工程的审计监督，促进了依法经营和管理效益的提高。内控体系建设全面展开，流程梳理、差异分析、风险识别、制度建设等各阶段工作顺利推进。创建节能节水型企业活动扎实开展，全年节能103万吨标煤，节水9084万吨，煤、气代油总量达136万吨。节省投资2.5亿元以上，节约运行费用约1亿元。

（8）科技自主创新能力有新提高，科研攻关取得重要进展。2004年集团公司共有6项科研成果获国家科技进步二等奖。完成集团公司重点科研项目66项。全年共申请专利840项，获得专利授权541项。通过大力推进科技进步，科技攻关进程进一步加快，取得了一批重大成果，主要包括：岩性地层油气藏勘探理论和技术配套取得重大进展，岩性地层储量占了70%以上；前陆盆地冲断带构造建模技术进一步发展，山地地震和钻井技术配套完善，打开了准南深层和川西碎屑岩天然气勘探新局面；被动裂谷盆地油气成藏模式及快速评价技术的开发应用，使苏丹3/7区的石油地质储量从1.68亿桶❶增加到44亿桶。三次采油技术攻关和现场应用保持国际领先水平，国产强碱三元复合驱体系在试验区提高采收率10%以上；低渗透油田开发技术进一步发展和配套，一批特低渗透储量投入有效开发；高含硫气田单井高产科技工程实施后，日产量提高了2—3倍。具有自主知识产权的大型地震处理解释一体化软件和快速与成像测井装备的研发成功，打破了外国公司核心技术的垄断；地震叠前时间偏移技术的应用，使地震资料成像质量普遍提高；水平井和欠平衡钻井技术进一步扩大推广应用，在提高产量和钻速、有效保护油气层等方面见到明显效果。两段提升管催化裂化技术已在7套装置上实现工业推广；新一代降烯烃催化剂的开发应用，进一步降低汽油烯烃3—5个百分点；ABS生产新技术的工业化试验顺利打通全流程，大大缩短了生产周期，提高了装置产能。西气东输工程在设计、制管、施工、HSE管理等方面取得700多项技术攻关成果，并实现了集成配套，为工程顺利建成投产、提升管道技术的整体水平发挥了重要作用。软科学研究得到进一步重视，全年完成25项重点课题，较好地发挥了决策支持作用。信息化建设稳步推进，石油计算机网络二期工程全面建成，形成了覆盖集团公司的信息应用支撑平台，各专业信息系统试点均按计划整体推进。

❶ 1桶=0.15898806立方米≈159升。

先后在大庆、新疆、西南和上海等地建设了 7 个区域数据中心，促进了数据资源的统一管理。

(9) 坚持标本兼治，安全和稳定形势有所好转。集团公司深刻吸取“12.23”特大井喷事故教训，广泛深入地开展“安全生产管理年”活动，针对安全生产上的薄弱环节，强化各项措施，查处“三违”行为 1 万多人次，治理事故隐患 1 万多项，修订各类安全生产规章 7000 多项，制定地区公司级以上安全应急预案 191 份。全员安全意识普遍增强，安全生产责任制进一步落实，重特大事故得到遏制，安全形势朝着好的方向发展。严厉打击涉油犯罪，油气区及输油气管道周边秩序得到改善。

集团公司和各企业高度重视维护稳定工作，按照“标本兼治，区别对待，疏堵结合，统筹协调”的工作方针，全面落实稳定工作责任制，进一步健全稳定工作网络体系，注重从源头上消除各种不稳定因素。各级领导为维护稳定做了大量艰苦细致的工作，应对突发事件和处理复杂问题的能力明显增强。下半年，随着相关政策性措施的贯彻落实，进京访和异常访总量分别比上半年减少 6.7%和 8.9%，总体形势有所好转。

(10) 党的建设、队伍建设和企业文化建设不断加强，职工队伍保持了奋发向上的精神风貌。按照党的十六届三中、四中全会精神要求，深入扎实地开展以树立和落实科学发展观为重点的学习教育活动，进一步增强了各级领导干部的政治意识、责任意识和大局意识；加强处以上干部思想作风建设和领导管理能力建设，促进了干部队伍整体素质的提高。贯彻两个《条例》，坚持惩防并举、注重预防，党风廉政建设工作有了新的进展。深化干部人事制度改革，加大干部交流力度，全年对 21 个局级领导班子进行了充实调整，班子结构进一步优化。全面实施人才强企战略，“三支人才队伍”建设全面启动。制定了集团公司《基层建设纲要》，基层基础工作得到加强。深入贯彻集团公司《企业文化建设纲要》，在统一企业精神的基础上，进一步完善了企业宗旨和核心经营理念，统一了企业标识，更好地发挥了凝聚人心的作用。

在发展生产、提高效益的基础上，努力提高职工生活水平。职工住房状况有了新的改善，生活环境有了新的变化，职工收入有了新的增长。同时，大力实施“送温暖”工程，采取多种方式对困难群体实施有效救助。广大干部职工进一步弘扬大庆精神、铁人精神，众志成城，无私奉献，始终保持了积极进取的精神状态，队伍的凝聚力和战斗力明显增强。

（金泰华）

特　载

中国石油天然气集团公司
管理信息系统管理暂行办法

（2004 年 12 月 3 日中国石油天然气集团公司
以中油计字［2004］646 号文发布）

第一章　总　　则

第一条　为加强和规范中国石油天然气集团公司（以下简称集团公司）管理信息系统建设与管理，促进管理信息系统深入应用，制定本办法。

第二条　管理信息系统指在集团公司管理工作中，运用计算机、网络、数据库等信息技术构建的，对各种管理数据进行收集、处理、利用的各种应用系统的总和，是集团公司管理工作的重要辅助手段。

第三条 管理信息系统建设的目标是：建成标准规范统一、满足管理需要的信息应用系统，优化业务流程，推进管理创新，促进管理工作的规范化和科学化。

第四条 本办法适用于集团公司总部（以下简称总部）及所属企事业单位（以下简称企业）。

第二章 基本原则

第五条 管理信息系统建设与管理坚持领导负责、业务主导、集中统一、保障安全、集成共享。

（一）领导负责。各级领导要亲自决策管理信息系统建设和应用，亲自推动，亲自抓管理创新和流程优化。

（二）业务主导。由业务部门主导信息应用系统建设，以解决业务问题、满足业务需求为出发点，实现有价值、有效益的信息化。

（三）集中统一。统一领导，统一部署、统一协调，避免重复建设，保证应用效果。集团公司统一制定管理信息系统建设规划、标准和规范，集团公司总部统一组织建设全局性管理信息系统；专业公司、地区服务公司配合完成全局性系统建设并负责组织本企业管理信息系统的建设与应用；各级系统运行部门负责管理信息系统的运行、维护和相关技术支持。

（四）保障安全。按照国家有关信息安全的法律、法规和集团公司的有关规定，提高信息安全意识，运用先进技术，强化管理手段，切实提高管理信息系统的安全性，切实保障涉密信息的安全，做到数据和文件的安全传输和存储，促进信息资源共享和应用建设的健康发展。

（五）集成共享。按照统一规划和标准规范，打破部门壁垒，避免信息孤岛、集成各种应用系统，共享信息资源，最大限度地发挥系统效能。

第六条 管理信息系统建设项目可行性研究必须符合集团公司管理信息系统总体规划，经信息主管部门审核后，按决策程序履行审批手续。

第七条 管理信息系统项目费用按集团公司投资项目相关规定执行。

第八条 管理信息系统建设严格执行集团公司的统一标准规范。对于集团公司暂时没有的标准规范，可结合系统开发和应用推广的实际需要，配套制定必需的规范和规章制度，并报集团公司备案。

第三章 技术规范

第九条 计算机网络。石油主干网由集团公司统一规划、建设和管理。企业主干网和园区网由企业按照集团公司标准规范统一进行建设和管理。管理信息系统原则上不单独另建网络。网络连接要执行集团公司《石油主干网运行管理暂行办法》、《因特网接入、资源使用及用户管理暂行办法》、《石油计算机网络建设技术规范（试行）》（中油计字［2002］308号）和《计算机网络安全运行管理暂行办法》（中油计字［2004］450号），按照集团公司统一分配的域名、IP地址和石油计算机网络技术规范配置相关设备。

第十条 服务器系统。坚持满足应用需要、优化资源配置、避免资源浪费的原则，特级、一级、二级企业主流服务器系统采用企业级服务器，三级企业应用和一、二级企业的小型应用（以下合称小型应用）可采用PC服务器系列。

第十一条 操作系统。主流服务器操作系统采用符合开放系统标准的企业级平台，选择Unix或Linux；小型应用可采用Windows系列；桌面系统采用Windows环境。

第十二条 数据库管理系统。数据库管理系统采用支持标准SQL语言、市场主流的关系型数据库管理系统，支持分布式处理，采用国标字符集。

第十三条 应用体系结构。管理信息系统推荐采用浏览器+应用服务器+数据库服务器三层体系结构，以利于系统集成和应用的集中管理。

第十四条 数据交换语言。采用可扩展标记语言XML（eXtensible Markup Language）。

第十五条 信息编码。管理信息系统必须采用集团公司统一的信息编码标准，包括企事业单位编码、人员编码规则、物资分类编码等。

第四章 系统开发

第十六条 业务部门组织相关管理信息系统建设，成立项目领导小组，负责关键问题的决策与协调；实行项目长负责制，成立项目组，加强对项目的总体规划、系统分析、系统设计、程序设计与测试、实施、验收等关键环节的管理控制。

第十七条　项目总体规划阶段：项目组进行业务调查与分析，确定系统目标与范围，分析系统的组成及基本功能，拟订系统实施方案，进行系统可行性研究，编制可行性研究报告。

（一）业务调查分析。调查和分析业务目标、业务范围、组织结构、工作职责、业务数据、业务分类、保密级别、系统建设基础条件等。

（二）流程调查分析。调查和分析现有业务流程、管理制度、遵循的标准与规范等。

（三）确定业务需求。根据调查和分析结果，确定业务数据类型，规范并优化业务流程，形成管理信息系统的业务需求和系统建设目标。

（四）确定系统需求。确定开发平台和开发模式。制定系统开发策略，确定信息系统综合平台，选择综合平台的开发工具。

（五）编写可行性研究报告。在技术、经济和社会条件方面分析项目实现的可行性，对合理达到目标的各种方案进行比选。格式可参考《计算机软件产品开发文件编制指南》（GB 8567—1988）。

第十八条　系统分析阶段：根据业务需求，业务部门与开发单位共同编制系统分析说明书。

（一）系统说明。分析系统中影响需求的各有关部分，确定本项目与其他系统的连接方式和接口规范。

（二）功能说明。用文字、图表和数学公式等手段详细描述系统拟订的业务流程、处理方式和每项功能，包括输入、处理和输出，以及有关特殊功能要求。

（三）性能说明。确定系统的响应速度、支持的用户数等性能方面要求。

（四）安全说明。确定对数据安全、系统安全、用户角色划分与访问控制等方面的要求。要由业务部门确定管理信息系统中信息及信息系统的保密级别，根据不同的保密级别确定相应的安全措施和管理办法。

第十九条　系统设计阶段：根据业务部门确认的系统分析说明书，项目组组织开发单位完成系统设计，确定系统的体系结构、各子系统及其接口、各子系统内的组件及其接口、实现方案，编制系统设计说明书。

（一）系统结构设计。确定系统的总体结构、组成模块及其接口、模块间交互流程与方式和典型部署方式。

（二）模块设计。进行各模块的详细设计，包括模块名称、功能、调用关系、局部数据项和详细的算法说明，使用范围和使用要求等。

（三）资源分配。对每个模块，确定所要求的存储器容量，输入输出通道传输能力，以及系统响应时间。

（四）文件和数据库设计。设计系统数据模型、数据存储方式、文件格式等，说明运行环境（支撑软件、安全保密权限设定等），进行数据模型逻辑结构设计和物理结构设计。

（五）模型库和方法库设计。确定系统选用的数学模型、方法等。

（六）网络及安全保密设计。设计系统运行的硬件环境及安全保密的支撑环境。

第二十条　系统程序设计与测试阶段：开发单位采用结构化、模块化、规范化程序设计方法，完成系统编程、单元测试、系统集成测试、试点单位测试，编制测试报告和用户手册等文档。

（一）命名与注释。采用一致的命名规则确定程序及变量名称，在程序开始部分和关键部分添加程序注释说明。

（二）单元测试。保证每条语句至少执行一次，并满足功能需求和约束条件。

（三）系统集成测试。保证硬软件均实现正确连接，人机界面正确，满足全部设计的操作要求、功能要求和性能要求。

（四）试点单位测试。将初步开发完成的系统在试点单位试运行并修改完善，为进一步推广实施做好准备工作。

（五）编制用户手册等文档。要求操作说明与系统界面一致，内容简洁易懂，可操作性强。

第二十一条　系统实施阶段：在项目组的组织下，完成用户培训、用户权限设定、数据迁移、系统上线运行等。

（一）业务部门负责本部门数据迁移的质量，开发单位负责解答数据准备、数据录入有关问题并提供技术支持；业务部门负责对已录入数据进行核对、审验并签署数据迁移报告。

（二）开发单位负责完成用户培训，包括最终用户培训和系统运行管理人员培训。

（三）业务部门在开发单位的支持下，完成用户权限的设定和移交，保证管理信息系统的信息安全及可靠运行。

（四）业务部门组织系统的上线工作，协调解决相关的系统管理及运行问题。

（五）开发单位与业务部门共同制定管理信息系统的离线处理方案，保证业务工作的不间断运行。

（六）开发单位提交完整的项目开发及运行维护文档，保证系统运行、升级及维护工作的顺利进行。

第二十二条　项目验收阶段：项目组负责按照项目开发合同组织项目阶段验收，信息管理部门负责组织竣工验收。

（一）阶段验收主要内容包括：设备验收、软件验收、文档验收、功能测试、性能测试等。

（二）竣工验收在竣工审计结束后，由信息管理部门组织，按《中国石油天然气集团公司建设项目（工程）竣工验收管理办法》（中油计字〔2003〕267号）进行。

第二十三条　涉及集团公司和企业全局的项目实行招标制和监理制。项目承建单位和监理单位必须取得国家有关部门颁发的相应资质。

第二十四条　管理信息系统建设必须按照国家和集团公司的有关规定和技术规范同步设计和实施相关的信息安全措施。

第二十五条　管理信息系统在进行开发前由相应业务部门与系统开发单位、从事系统维护工作的单位和人员签订保密协议，明确技术资料、源程序和加密措施等的保护责任。

第五章　系统运行

第二十六条　集团公司推广的管理信息系统，业务部门与系统运行部门共同成立技术支持组，保障系统稳定、安全、高效地运行。

第二十七条　各级业务部门要指定责任人，负责管理信息系统的管理和运行工作，相关联络信息报信息管理部门备案。

第二十八条　信息管理部门负责对管理信息系统软硬件资源及其使用权限的统一管理，进行合理调配，充分发挥系统效能。

第二十九条　系统运行部门负责系统运行维护工作，对设备及系统进行规范保养，确保系统处于良好运行状态。

第三十条　业务部门制定业务管理信息系统灾难恢复预案，建立必要的数据备份和恢复制度，明确发生灾难时数据恢复的工作流程；系统运行部门加强数据备份与管理，对备份内容及运行环境（如软件版本）等进行记录，防止非法复制或毁坏。

第三十一条　管理信息系统的管理部门负责保护管理信息系统的知识产权，严禁擅自将软件以任何形式出售、转让或赠送给其他单位或个人。

第三十二条　各级管理信息系统的运行维护费用列入年度预算，予以保证。

第三十三条　各单位要定期对业务人员进行管理信息系统及相关业务知识培训；各级信息管理部门要对系统管理人员进行计算机操作系统、数据库管理系统、信息安全等专业培训；业务部门要对系统使用人员分期分批地进行系统使用培训。

第六章　附　　则

第三十四条　本办法由集团公司规划计划部负责解释。

第三十五条　本办法自印发之日起施行。

中国石油天然气集团公司安全生产管理规定

（2004年12月20日中国石油天然气集团公司
以中油质安字[2004]672号文发布）

第一章　总　　则

第一条　为加强安全生产工作，建立安全生产长效机制，防止和减少安全生产事故，切实保障员工在生产经营活动中的安全与健康，根据《中华人民共和国安全生产法》等法律法规、《中国石油天然气集团公司关于进一步加强安全生产工作的决定》等规章制度，特制定本规定。

第二条　企事业单位（含股份公司地区分公司，以下简称企业）应遵守国家有关安全生产法律法规，树立"以人为本"的思想、坚持"安全第一、预防为主"的基本方针和贯彻"诚信、创新、业绩、和谐、安全"的核心经营理念，实施安全生产目标管理，健全各项安全生产规章制度，落实安全生产责任制，完善安全监督机制，采用先进适用安全技术、装备，抓好安全生产培训教育，坚持安全生产检查，保证安全生产投入，加大事故隐患整改和重大危险源监控力度，全面提高安全生产管理水平。

第三条　企业应建立并推行健康安全环境（HSE）管理体系，在基层组织实施HSE作业指导书、作业计划书、现场检查表（即"两书一表"），加强风险管理，有效减少和防止各类事故。

第四条　企业要加强基层安全建设，开展安全质量标准化活动，加强生产作业的过程管理，按照标准、规范组织生产，努力做到施工现场标准化、岗位操作标准化、基层管理标准化。

第五条　企业应切实保障员工在安全生产方面的各项权利。与员工签订劳动合同，同时应签订《员工安全生产合同》；为员工创造安全作业环境，提供合格的劳动防护用品和工具。员工应履行在安全生产方面的各项义务，在生产作业过程中遵守劳动纪律，落实岗位责任，执行各项安全生产规章制度和操作规程，正确佩戴和使用劳动防护用品。

第六条　本规定适用于集团公司各企事业单位。

第二章　组织与职责

第七条　企业行政正职是安全生产第一责任人，对本单位安全生产工作全面负责。

第八条　企业应成立安全生产委员会（以下简称安委会），统一协调指导企业生产安全、消防安全、交通安全和职业健康等各项安全生产工作。安全生产第一责任人任主任委员，其他成员由相关人员组成。

第九条　安委会主要职责：

（一）审定本单位安全生产年度工作计划，并督促落实；

（二）监督执行安全生产规章制度和督促落实安全生产责任制；

（三）组织、协调安全生产大检查，组织、协调调查处理安全事故；

（四）组织重大事故隐患评估，并督促立项整改；

（五）审查重大突发事件应急救援预案；

（六）审核实施HSE管理体系运行计划和HSE管理方案；

（七）审定安全生产先进集体、单位和先进工作者，决定表彰事宜；

（八）讨论决定安全工作中的重大问题及应采取的措施。

第十条　企业安委会办公室设在安全生产管理部门，负责处理日常工作。

安委会办公室的主要职责：

（一）负责向安委会提出年度安全工作计划建议；

（二）协调、督促相关部门的安全工作；

（三）组织实施安全生产综合检查工作；

（四）负责考核领导干部定点联系安全生产关键装置和要害部位（单位）的工作情况；

（五）掌握安全生产动态，通报安全信息，遇重大问题，及时向安委会主任、副主任汇报；

（六）负责各类事故的报告以及员工伤亡、火灾、交通事故报表的汇总上报；

（七）完成安委会交办的其他任务。

第十一条　企业及其所属二级生产经营单位应设置相对独立的专门安全生产管理机构，配备满足工作需要的专职安全管理人员。科研设计、事业单位可根据实际设置专门安全管理机构或专职安全管理岗位。油气生产、储存、炼油化工、工程技术服务、建筑施工等企业所属三级重点生产经营单位和从业人员超过300人的其他生产经营单位要设置安全生产管理机构。基层队（车间、站）配备专（兼）职安全管理人员。企业的专职安全管理人员配备比例不得低于从业人员总数的5‰，其中专业技术人员比例应达到80%以上。

第十二条　各级安全生产管理人员应保持相对稳定，不宜频繁调动。其部门负责人因工作需要变动岗位，应先征得上级安全部门同意。

第十三条　企业可依据有关规定，成立安全生产的培训、咨询、检验、评价机构，取得国家或有关部门资质认证或备案后，开展从业人员的培训、考核和设备、设施的检验，提供有关咨询以及安全评价工作等。

第三章　安全生产责任制

第十四条　企业应制定各级领导干部、管理人员、岗位员工和部门的安全生产责任制。安全生产责任制应覆盖本单位所有组织和人员，做到“一职一责，一岗一责”。

第十五条　安全生产责任制应简练、实用，符合岗位要求，具有针对性和可操作性。

第十六条　按照“谁主管、谁负责”的原则，各级领导干部、管理人员、岗位员工和部门必须认真履行各自的安全职责。

第十七条　企业应制定安全生产责任制考核办法，定期进行考核奖惩。实行各级领导、机关部门安全生产工作述职报告制度，将履行安全生产责任制情况列为干部考核的重要内容。

第四章　安全监督

第十八条　企业及其所属二级重点生产经营单位应设置安全总监、副总监。安全总监一般由同级副职兼任。安全副总监可以兼任安全部门负责人，按同级助理、副总师管理。

第十九条　企业按专业设置物探、钻井、井下作业、海上作业、建筑施工、炼化检维修等安全监督站、所。安全监督站由专职安全监督和兼职安全监督组成。安全监督人员必须接受资格培训，经考核合格，持集团公司颁发的证书从事安全监督工作。

第二十条　企业要加强对基层单位或建设（工程）项目的异体安全监督。在物探、钻井、测井、试油、修井、建筑施工、炼化检维修以及其他重大危险的关键施工工程项目，作业者（或建设单位）或承包单位应派驻安全监督，负责施工作业现场的安全监督工作。重点建设工程项目，作业者（或建设单位）必须派驻专职安全监督。

第二十一条　企业要加强对各级安全总监、安全监督和安全监督站的管理，健全各项管理规定，完善监督责任体系。

第五章　安全技术

第二十二条　企业要重视安全科技工作，组织科技专题立项，加强安全技术研究与开发，提升安全技术水平。

第二十三条　企业要积极开展安全生产领域的国际交流与合作，加快先进生产安全技术的引进、消化、吸收和自主创新步伐；要大力推广和应用先进适用安全科技成果，积极推广新工艺、新技术、新设备和新材料；依据国家行业法规和标准，加大技术改造力度，及时淘汰危及安全的落后工艺技术和设备，提高本质安全。

第二十四条　建设单位应严格执行新建、改建、扩建项目（工程）的安全生产“三同时”管理要求，按规定进行安全预评价和安全验收评价。

第二十五条　企业应按规定对在役生产装置、重要和特种设备定期进行安全评价和评估，及时解决存在问题。要坚持设备监测和检验制度，定期维修保养，使之符合安全技术生产条件。

第二十六条　企业要鼓励和引导员工积极参与安全技术革新，广泛开展小改小革和提合理化建议活动。

第六章　安全教育培训

第二十七条　企业应采取各种途径，定期对员工进行安全生产教育和培训，提高员工安全技术素质，保证员工具备必要的安全生产技能和防范事故的能力。未经安全生产培训考核合格的员工，不得上岗作业。

第二十八条　企业和生产经营单位的主要负责人、分管领导和安全生产管理人员必须具备与本单位所从事的生产经营活动相适应的安全生产知识和管理能力。

第二十九条　应坚持新入厂员工的“三级安全教育”和转岗工人的二、三级安全教育，建立健全安全教育档案，做到“一人一卡”。“三级安全教育”时间不得少于40学时。

第三十条　要加强对临时雇用人员的安全培训、考核工作，以及外来施工人员的安全教育，并记录备案。

第三十一条　特种作业人员必须参加有关部门组织的培训，经考核合格取得操作证后方可上岗作业，并按规定进行复审。

第三十二条　企业采用新工艺、新技术、新材料和使用新设备前，要组织对相关人员进行专门的技术培训和安全教育，考核合格后方可使用和操作。

第三十三条　企业要加强安全继续教育，不断提高员工的操作技能和防范事故的能力。

第七章　安全检查

第三十四条　企业应制定安全检查制度，坚持日常检查和定期组织安全检查。企业每年至少进行两次综合安全检查，企业所属二级单位每季度至少进行一次综合安全检查，基层队（车间、站）要落实岗检、巡检、交接班检查。

建立HSE管理体系的单位，可将安全检查纳入管理体系审核。

第三十五条　企业应根据季节变化、节假日生产特点，以及特殊作业要求，组织开展专项安全检查或专业安全检查。

第三十六条　企业应建立领导干部安全生产联系点制度，定期对关键生产装置和要害部位（单位）安全生产联系点进行安全检查和指导。

第三十七条　企业应完善安全检查手段，依据标准、规范及安全检查表进行检查。检查人员应将检查的时间、地点、内容、发现的问题及其处理情况，做出书面记录，并由检查人员和被检查单位的负责人签字；检查人员应将检查情况记录在案，并向上级报告。整改情况应有回执记录。

第三十八条　企业应制定违章处罚办法，加大对违章检查、监督和处罚力度。对检查中发现的“三违”行为（违章指挥、违章作业、违反劳动纪律），应当场予以纠正或要求限期改正，对严重违章行为要从严惩处，绝不姑息。

第三十九条　对检查中发现的事故隐患，应责令排除，重大事故隐患排除前或在排除过程中无法保证安全的，应将作业人员从危险区域内撤出，责令暂时停产停业或者停止使用；重大事故隐患排除后，经审查同意，方可恢复生产经营和使用。对检查中发现一时不能立即排除的事故隐患，应当制定防范和监控措施，在评估的基础上，按管理权限制定计划，投入整改经费，并按期完成整改。

第四十条　要加强对重大危险源的检查，建立重大危险源管理档案和动态监测数据台账，配备必要的监测、检测仪器和设备，对重大危险源定期检测、评估和监控，确保重大危险源处于受控状态。

第四十一条　企业对当地政府和上级单位安全监督检查人员依照法律和相关规定履行监督检查职责时，应予以配合，不得拒绝、阻挠。

第八章　安全投入

第四十二条　企业要保证用于安全生产方面的资金投入。在编制年度预算时，要优先保证安全费用，按规定和实际需要列支事故隐患治理和安全技术措施项目经费。

（一）安全技术措施计划和事故隐患治理计划由安全管理部门组织编制，需投资安排的项目由规划计划部门按规定纳入投资计划；

（二）企业计划、财务部门应将安全技术措施经费和事故隐患治理计划纳入企业预算，落实资金投入；

（三）安全技术措施和事故隐患治理计划由企业负责人组织有关部门进行审查和汇总，由企业有关部门负责编入投资计划之中或单独编制计划下达；需要报请上一级审定的，经上级审定后下达，安全部门检查、督促实施；

（四）安全技术措施和事故隐患治理计划实行项目管理，对已经完成的安全技术措施计划和隐患治理项目，由规划计划和安全管理部门组织相关部门进行竣工验收。

第四十三条　安全技术措施计划项目的主要范围包括：

（一）安全技术：各种机器设备的防护、保险、信号、报警装置，安全起动和紧急停车设施，生产区域内危险场所的指示及警告标志，采用新技术、推广新工艺、新成果，有毒有害作业点的检测、检查仪器，以及对繁重费力或人工操作有危险的作业所采取的辅助机械化措施等；

（二）职业健康：生产厂房的通风换气和采光照明装置，产生有毒有害气体、粉尘或烟雾等生产过程的机械化、密闭化或空气净化设施，生产场所为防止辐射热危害的隔热防暑设施，为减轻或消除工作中的噪声、震动及辐射等的防护设施，工作厂房或辅助房屋内应增设或改善的防寒取暖设施等；

（三）辅助房屋及设施：女工较集中车间的女工卫生室，车间或工作场所的休息室、用膳室、更衣室及其相应的设施；

（四）宣传教育：包括安全技术、劳动保护的研究与实验工作及其所需的工作仪器，为企业员工建立的“安全教育室”，购置或编印安全技术、劳动保护管理所使用的辅助器材、书籍、刊物、画片、规章制度宣传材料、幻灯片、电影拷贝、录像带等。

第九章　消防安全管理

第四十四条　企业应加强企业内部的消防安全管理工作，将消防安全工作纳入企业安全生产工作的整体部署，落实各级组织防火安全责任制。

第四十五条　企业应坚持“预防为主、防消结合”的方针，加强消防宣传教育，组织开展防火检查，及时消除火灾隐患。

第四十六条　企业应按规定配置消防装备和设施，加强管理，定期进行检查、检验，确保消防装备和设施完善、可靠。

第四十七条　企业应加强对具有火灾、爆炸危险场所的安全管理，严格执行工业动火票（或作业许可）制度，加强施工现场的安全管理和监督检查，落实现场监护，确保工业动火施工安全。

第四十八条　企业应加强公众聚集场所的安全管理与防火检查，制定公共安全应急预案，严格监护措施，防止群体伤亡事故发生。

第四十九条　按照《消防法》规定建立专职消防队伍，实施专业化管理，配置所需要的灭火装备和人员。基层单位要建立义务消防队伍，定期进行培训和演练，做到会报警、会使用灭火器材、会使用防护器具和会自救互救。

第十章　交通安全管理

第五十条　企业应加强企业内部的交通安全管理工作，将交通安全管理工作纳入企业安全生产工作的整体部署。

第五十一条　企业应加强对驾驶人员的管理，实行内部“准驾证”制度，强化驾驶人员行车安全和职业道德教育，不断提高驾驶人员安全意识。

第五十二条　企业要加强对车辆的维护保养，保持车况良好。强化客车、危险物品运输车辆、特种车辆、分散车辆、租赁车辆的管理与控制，采取有效措施，减少交通事故。

第五十三条　企业应加强内部交通安全检查，落实节假日“三交一封”制度（交车辆钥匙、交行车证、交准驾证，定点封存车辆）。

第五十四条　企业应加强交通安全宣传教育，教育全体员工提高交通安全意识，遵守交通安全法规，保证交通安全。

第十一章　职业健康和劳动防护

第五十五条　企业应认真贯彻执行国家有关职业健康和劳动防护法规政策，建立完善职业健康管理制度，健全职业卫生档案和员工健康监护档案，做好职业健康监护工作。

第五十六条　企业应对从事接触职业病危害因素作业和特种作业的人员，按规定的检查项目和周期，进行上岗前、在岗期间及离岗时的职业健康检查。不得安排未经上岗前职业健康检查的人员从事接触职业病危害因素的作业，不得安排有职业禁忌病症的人员从事其所禁忌的作业。

第五十七条　定期对作业场所职业病危害因素进行监测和评价，达不到国家卫生标准的应采取措施进行治理，不断改善工作条件，减少职业病危害因素的产生。对可能产生职业病危害因素的新建、改建、扩建工程项目，开工前应进行职业病危害预评价，竣工验收前应进行职业病危害因素控制效果评价。

第五十八条　开展施工作业健康管理，进行健康风险识别及评价。改善施工作业中医疗健康保障条件，严格饮食、饮用水、环境卫生管理，做好传染病、地方病等疾病预防。

第五十九条　对产生职业病危害因素的作业场所，应在醒目位置设置公告栏，公布有关职业病防治规章制度和职业病危害因素检测结果；在职业病危害工作场所，设置警示标牌、操作规程及发生职业病危害事故应急救援措施。

第六十条　对于放射性同位素的使用、运输和储存，必须配置防护设备和报警装置，从事放射的工作人员要佩戴个人剂量计，加强个人防护用品的使用。

第六十一条　工作场所和员工宿舍应设有符合国家相关规定，达到紧急疏散要求、标志明显、通畅的安全通道；生产、经营、储存及使用危险物品的车间、商店、仓库不得与员工宿舍在同一建筑物内，并保持安全距离；在有较大危险的生产场所和有关设施、设备上，设置明显的安全警示标志。

第六十二条　工作场所和员工宿舍应保持清洁卫生，并有防潮、防寒、防热辐射和消毒等设施。其道路、采光照明、饮用水和排污道均应符合国家规定，并根据需求设置卫生辅助设施。

第六十三条　按照国家及上级有关规定，为上岗员工提供满足安全生产要求的劳动防护用品，劳动防护服装应符合集团公司“四统一”要求（统一性能、款式、颜色、标识）。

第六十四条　企业必须做好女工特殊劳动保护工作。

第六十五条　企业必须依法参加工伤社会保险，为从业人员缴纳工伤保险金。

第十二章　承包、租赁经营安全管理

第六十六条　企业应加强承包、租赁经营的安全管理。在发包和签订的各种承包（含承包任务书）或租赁合同中，必须明确相关方的安全生产管理责任。不得将生产经营项目、场所、设备发包或出租给不具备安全生产条件或相应资质的单位或个人，也不得租赁不符合安全生产条件的场所和设备从事生产经营活动。

第六十七条　作业者（或建设单位）与承包单位、总承包单位与分包单位，应在签订工程技术服务经济合同的同时，签订《工程技术服务安全生产合同》，依法明确各自的安全生产管理职责和应当采取的安全措施，并指定专职安全生产管理人员进行安全检查和协调。

施工单位应加强施工现场安全管理，服从建设单位安全监督管理。实行施工总承包的，由总承包单位负责安全监督管理。分包单位向总承包单位负责，服从总承包单位对施工现场的安全监督管理。

第六十八条　生产经营项目、场所有多个承包、承租单位的，作业者（或建设单位）应当与各承包单位、承租单位分别签订专门的安全生产协议，或者在承包合同、租赁合同中约定各自的安全生产管理职责；作业者（或建设单位）对承包单位、承租单位的安全生产工作统一协调、管理。

第六十九条　发包方或出租方必须为承包方或租赁方提供出租场所和设备的相关资料，承包方或租赁方必须在满足发包方或出租方安全生产要求的条件下，从事相关经营活动。

第十三章　应 急 管 理

第七十条　企业要制定处置突发事件的应急管理

制度，应急管理要贯彻“以人为本”的理念，坚持“安全第一、预防为主”的基本方针，做到“早发现、早报告、早处置”。

第七十一条 企业应健全重大事故应急救援组织，建立专业化应急救援队伍，提高救援装备水平，配备必要的应急救援储备物资。加强与当地政府、周边相关方的沟通，建立起预警、接警、救援和恢复的联动机制，增强应对各类突发事件和重大事故的应急抢险救援能力。

第七十二条 企业应分类、分级编制事故应急预案。应急预案的重点是针对井喷失控、危险化学品、炼化装置、油气储存库（站）、长输管道、海上作业，以及民爆器材、放射源、特种设备、公众聚集场所等各类重大突发险情。应急预案内容应详细、齐全，要充分考虑对周边地区相关方造成的危害，与当地政府、周边相关方建立预警救援机制，并按规定搞好应急预案培训和演练。

第七十三条 各单位制定的突发事件应急预案，应上报给抢险救援的相关部门及其他相关方，并报上级主管部门和地方政府备案，一旦发生突发事件，要立即按程序启动应急预案。

第七十四条 应对重大突发事件要坚持“企业负责、区域联动、属地管理、分级落实”的原则，自觉接受当地政府主管部门的监督管理和检查。发生生产安全事故后，要迅速采取有效措施组织抢救，防止事故扩大，努力减少人员伤亡和财产损失，并按规定立即报告当地政府、安全生产监督管理机构和有关主管部门。处置突发事件要做到“反应迅捷、职责明确、指挥统一、救人优先”，把事故造成的危害减小到最低限度。

第十四章 事故管理

第七十五条 企业应加强事故管理工作。对发生的各类安全事故均应报告，并按照规定统计。

第七十六条 发生事故后，事故现场有关人员应当立即报告本单位负责人。单位负责人接到事故报告后，应当迅速采取有效措施，组织抢救，防止事态扩大，减少人员伤亡。

第七十七条 各类事故都必须及时逐级上报。发生重、特大事故，企业必须立即按照管理权限，上报集团公司或股份公司，并按照规定报当地政府安全生产主管部门。不得隐瞒不报、谎报或者拖延不报，不得故意破坏事故现场、销毁有关证据。

企业应建立事故举报制度，公开举报电话、信箱或电子邮件地址，并及时受理和按规定处理。

第七十八条 发生事故后，应按照分管权限成立事故调查组，及时认真地调查事故。事故调查处理应当按照“四不放过”的原则，准确查清事故原因，重点查找设施设备、工艺技术、规章制度缺陷、安全管理漏洞等方面的原因，明确事故性质和责任，总结事故教训，提出整改意见和防范措施，并依据有关规定，对事故责任者提出处理意见。根据事故分类和分级，由企业及有关部门、人员向上一级单位或主管部门汇报事故情况，并向当地政府有关部门汇报。

第七十九条 按规定时间做好事故的结案工作，并建立健全事故管理档案。

第十五章 考核与奖惩

第八十条 集团公司对企业实施安全生产目标管理，按年度下达安全生产考核指标。

第八十一条 集团公司对企业实施安全生产年度考核评比。对安全生产考核指标达到要求，且安全生产管理工作经考核合格，获安全生产达标企业称号，发给证书；对安全生产考核指标达到先进要求，且安全生产管理工作经考核优秀，经集团公司安全生产委员会审定，授予安全生产先进企业称号，发给奖牌、证书和奖金。

安全生产考核管理办法和奖励标准按《中国石油天然气集团公司安全生产先进企业考核评比办法》执行。

第八十二条 企业应制定所属单位的安全生产年度考核指标，安全生产先进集体、单位、个人的评比标准和奖惩办法。

第八十三条 员工有下列情况之一者，由企事业单位给予奖励。奖励建议由安全部门提出，经企事业单位领导批准执行：

（一）模范遵守安全生产法令、遵章守纪，认真贯彻执行本规定，在安全、文明生产方面做出显著成绩的；

（二）发现事故预兆，及时采取措施和向上级报告或阻止违章指挥行为，避免重大事故和重大经济损失的；

（三）积极组织事故抢险，对减少人员伤亡有突出贡献的；

（四）在安全科学技术、安全管理及学术研究，标准、规定的制定和修订等方面取得重要成果或效果显著的；

（五）提出合理化建议，进行安全技术革新，取得显著经济效益的。

第八十四条　企业应制定违章处罚规定，对查出的违章行为进行处理。

第八十五条　安全生产奖励的来源及使用：

（一）企业对安全生产先进的奖励，由企业在奖励基金，或应付工资年度工资总额，或安保基金中支付；

（二）企业对所属单位安全生产违章和事故处理等项扣款，可用于安全生产奖励。对单位的扣款应从该单位的应付工资中列支。

第十六章　附　　则

第八十六条　企业应根据本规定制定实施细则。

第八十七条　本规定自印发之日起执行。原《中国石油天然气集团公司安全生产管理规定》（中油质字［1999］194号）同时废止。

第八十八条　本规定由集团公司质量安全环保部负责解释。

中国石油天然气集团公司安全生产责任制通则

（2004年12月20日中国石油天然气集团公司以中油质安字［2004］672号文发布）

第一章　总　　则

第一条　为了落实安全生产责任制，防止和减少各类事故的发生，根据《中华人民共和国安全生产法》等有关法律法规，《中国石油天然气集团公司安全生产管理规定》等有关规章制度，制定本通则。

第二条　各企事业单位（含股份公司地区分公司，以下简称企业）应制定各级领导干部、管理人员、岗位员工和部门的安全生产责任制，及履行安全生产责任制的考核奖惩办法。

第三条　各级行政正职对本单位的安全生产工作负全面领导责任，是安全生产第一责任人；分管安全生产工作领导负主管领导责任，其他领导按照“谁主管、谁负责”的原则，对其分管工作的安全生产负分管领导责任。各职能管理部门应在各自的业务范围内，对安全生产负管理责任；员工对本岗位的安全生产工作负直接责任。

第四条　各级领导干部、管理人员、岗位员工和部门，应在各自的工作范围内履行安全生产职责，对实现安全、文明生产负责。

第五条　本通则适用于集团公司各企事业单位。

第二章　制定范围和程序

第六条　企业安全生产责任制制定范围应覆盖本单位所有组织、管理部门和岗位。应根据其组织机构的设置及职能，分别制定出各级领导干部、管理部门的安全生产责任制；根据本单位所有岗位设置及职责，分别制定出各岗位员工的安全生产责任制。

第七条　企业的安全生产责任制应由本企业安全生产委员会组织制定，以企业文件形式予以明确。

第八条　安全生产责任制制定程序：

（一）根据机构编制、核实职能及人员；

（二）对本单位所属组织安全管理状况和各岗位风险进行识别、评估、定位；

（三）制定责任制大纲；

（四）组织编制；

（五）审查责任制草案；

（六）单位主要负责人批准、发布。

各单位应定期对安全生产责任制审核修订。

第三章　责任制内容

第九条　安全生产责任制应明确各级领导干部、管理人员、岗位员工和部门所要承担的安全工作责任、权利、义务和具体安全工作内容，符合国家法律法规和政策，满足政府及上级主管部门管理规定，涵盖本单位生产、经营、活动的内容及安全要求。

第十条　企业各级领导、各职能管理部门应按照“一岗一责”、“一职一责”的原则，建立安全生产责任制。安全生产职责主要应包括以下方面（各级领导、各职能管理部门安全生产责任制主要内容见附件）：

（一）贯彻落实国家有关安全生产法律、法规和上级部门有关安全生产的要求；

（二）落实本岗位、本部门业务范围内的安全生产责任；

（三）合理配置资源，落实安全措施；

（四）整改事故隐患，及时报告各类事故；

（五）安全生产责任制述职报告及考核要求。

第十一条　企事业单位的岗位操作人员，对本岗位的安全生产负直接责任。其安全生产职责应至少包括以下内容：

（一）认真学习和严格遵守本单位的安全生产规章制度和操作规程，服从管理；

（二）掌握本职工作所需的安全生产知识，熟练本岗位操作技能，具备事故预防和应急处理能力；

（三）掌握了解作业现场、工作岗位存在的危害因素、防范措施和事故应急措施。按规定进行交接班检查和巡回检查，发现事故隐患或者其他不安全因素，应当立即向现场安全生产管理人员或者本单位负责人报告；

（四）正确佩戴和使用劳动防护用品。

第四章　考核与奖惩

第十二条　企业应对安全生产责任制执行情况进行考核。考核一般按年度进行。

第十三条　安全生产责任制考核应分级实施，一般应按下列层次进行：

（一）集团公司负责对企业及主要负责人的安全生产责任制落实情况进行考核；

（二）企业负责对所属二级单位及主要负责人的安全生产责任制落实情况进行考核；

（三）各级主要负责人对同级副职安全生产责任制落实情况进行考核；

（四）各级行政副职对各自分管的职能部门安全生产责任制落实情况进行考核；

（五）企业安全总监对本企业安全生产责任制考核情况进行监督检查，安全副总监协助安全总监进行监督检查；

（六）各单位、职能部门负责对本单位、本部门员工安全生产责任制落实情况进行考核。

第十四条　安全生产责任制考核内容为：

（一）各级领导干部、管理人员、岗位员工和部门安全生产责任制建立健全情况；

（二）各级领导干部、管理人员、岗位员工和部门的安全生产责任制执行情况；

（三）履行安全生产责任中存在的问题及安全工作建议；

（四）安全生产责任制述职及报告情况。

第十五条　企业应定期对安全生产责任制组织评审，及时修订，不断健全完善安全生产责任制。

第十六条　企业应把安全生产责任制考核情况列入对单位安全生产考核的主要内容，同时作为对主要负责人的业绩考核内容之一。

第十七条　企业应建立安全生产问责制。对由于安全生产责任制不健全、责任不落实而导致安全事故的，按国家有关法律法规和集团公司有关规定，追究当事人和有关人员的责任。

第五章　附　　则

第十八条　企业应依据本通则制定实施细则。

第十九条　本通则自印发之日起实行。

第二十条　本通则由集团公司质量安全环保部负责解释。

附件

各级领导、各职能管理部门安全生产责任制主要内容

一、企事业单位行政正职安全职责

（1）认真贯彻执行国家有关安全生产法律、法规和上级各项安全生产要求，合理配置资源，完成安全工作目标和企业经营承包责任制的安全考核指标；

（2）负责建立健全安全管理机构和安全管理体系的有效运行。定期召开安全生产委员会会议，及时解决安全生产中的重大问题；

（3）建立、健全本单位安全生产责任制，定期检查和考核落实情况；

（4）负责组织制定和审查本单位安全生产规章制度、操作规程；

（5）负责督促、检查本单位的安全生产工作，及时消除生产安全事故隐患；

（6）落实安全技术措施经费和安全奖励基金，保证安全生产投入；

（7）组织制定或审定本单位重大事故应急救援预案，并组织实施；

（8）及时、如实报告安全事故。

二、分管安全生产工作的行政副职安全职责

（1）协助行政正职管理本单位安全生产工作，定期分析安全生产情况，制定安全生产工作计划；

（2）负责组织制定和审查本单位安全生产规章制度、奖惩方案、安全技术措施项目计划、重大事故隐患的整改计划和方案，并组织或督促实施；

（3）组织检查各职能管理部门安全职责履行和各项安全生产规章制度执行情况，及时协调解决存在的重大问题；

（4）组织开展安全生产综合检查，协调开展安全生产专业检查；

（5）审查重大危险源的控制措施和应急预案，并按要求监督实施；

（6）协调组织重、特大事故的调查处理；

（7）制定安全生产措施，并督促落实；

（8）定期向行政正职提交安全生产责任制述职报告，向领导办公会和安委会通报安全生产工作情况；

（9）完成行政正职交办的其他安全生产工作。

三、其他分管副职的安全职责

（1）协助行政正职管理分管系统的安全生产工作，督促建立和完善安全生产责任制、安全生产规章制度；

（2）组织开展分管系统的专业安全生产检查，督促分管系统实施安全技术措施项目和整改重大事故隐患；

（3）审核分管系统的应急预案，发生重大事故应及时到现场组织抢救和参与调查处理，组织制定防范措施；

（4）负责组织督促分管系统的安全培训、教育和考核工作；

（5）定期向行政正职提交安全生产责任制述职报告，汇报分管系统范围内的安全生产情况，完成行政正职交办的其他安全生产工作。

四、安全总监职责

（1）监督本单位贯彻执行国家及上级有关部门安全生产的方针政策、法律法规、标准规范和规定；

（2）监督对同级副职、职能部门履行安全生产责任制情况的考核与督查；

（3）指导、协调安全监督站进行现场安全监督检查；

（4）监督新建、改建、扩建工程项目安全评价和“三同时”的实施，督促重大事故隐患的整改及重大

事故的处理；

(5) 监督本单位 HSE 管理体系的审核及评审工作；

(6) 定期向行政正职提交安全生产责任制述职报告，汇报安全监督工作情况，完成领导交办的其他安全监督工作。

安全副总监协助安全总监具体履行上述职责。

五、计划部门安全职责

(1) 保证安全投入，将安全项目列入规划计划之中；

(2) 负责将本单位重大事故隐患治理投资项目及时列入计划，落实投资，并按计划实施；

(3) 负责审查新建、改建、扩建工程项目中的安全生产“三同时”工作，会同安全管理部门检查落实；

(4) 定期向主管领导提交安全生产责任制述职报告，汇报分管范围内的安全生产情况和建议，完成领导交办的其他安全工作。

六、基建部门安全职责

(1) 负责基建系统安全工作，组织安全检查，及时整改事故隐患，参与有关事故的调查处理；

(2) 负责新建、改建、扩建工程项目的安全生产“三同时”实施工作和防震建设工作；

(3) 负责组织施工安全合同的签订及实施，督察施工作业单位落实安全费用投入工作；

(4) 定期向主管领导提交安全生产责任制述职报告，汇报分管范围内的安全生产情况和建议，完成领导交办的其他安全工作。

七、财务部门安全职责

(1) 保证安全投入，将安全技术措施项目经费优先纳入年度预算，并按计划落实到位；

(2) 负责安全生产保证基金的收缴和返还资金的财务管理工作；

(3) 保证安全教育培训、劳动防护用品、保健津贴和防暑降温及其他安全费用及时到位，并监督有关费用支出的管理与控制；

(4) 定期向主管领导提交安全生产责任制述职报告，汇报分管范围内的安全生产情况和建议，完成领导交办的其他安全工作。

八、劳资人事、培训管理部门安全职责

(1) 负责制定安全培训计划并组织实施，负责单位主要负责人、安全生产管理人员、专业技术人员、操作人员、特种作业人员的安全生产培训及发证工作。负责组织新入厂员工三级安全教育培训和转岗员工的安全教育；

(2) 负责落实签订从业人员劳动合同中的安全条款工作；

(3) 负责牵头组织工伤保险和工伤伤残等级鉴定的管理工作；

(4) 定期向主管领导提交安全生产责任制述职报告，汇报分管范围内的安全生产情况和建议，完成领导交办的其他安全工作。

九、生产运行（调度）部门安全职责

(1) 负责生产运行过程中的安全生产协调工作，及时传递重要安全生产信息；

(2) 负责应急保障系统的建立和完善，统一指挥应急保障、救援的协调、信息传递、应急物资调配等工作。组织落实现场抢险、各类生产异常险情中的安全技术控制措施，参与事故调查处理；

(3) 负责组织井控、防洪、防汛、防冻保温、抗震减灾等生产安全工作；

(4) 负责编制新建、改建、扩建工程项目的投产运行方案及生产准备组织中的安全措施；

(5) 定期向主管领导提交安全生产责任制述职报告，汇报分管范围内的安全生产情况和建议，完成领导交办的其他安全工作。

十、设备管理部门安全职责

(1) 负责设备的建档和安全运行等管理工作，定期组织对设备进行检验、检测和鉴定；

(2) 负责制定设备的安全操作规程，组织编制设备检修的安全措施，制定新建、改建、扩建工程项目的投产运行的设备安全运行措施，并组织检查和实施；

(3) 负责组织专项安全检查，编制设备事故隐患整改方案。参与事故调查处理工作；

(4) 定期向主管领导提交安全生产责任制述职报告，汇报分管范围内的安全生产情况和建议，完成领导交办的其他安全工作。

十一、技术部门安全职责

(1) 组织编制、修改技术规程、技术标准、技术措施，并检查执行情况，参与有关事故的调查处理；

(2) 组织开展安全科技攻关，积极推广应用新工艺、新技术、新材料和使用新设备；

(3) 参与新建、改建、扩建工程项目的投产运行方案编制及生产准备安全措施制定；

(4) 定期向主管领导提交安全生产责任制述职报告，汇报分管范围内的安全生产情况和建议，完成领导交办的其他安全工作。

十二、物资采办、供应部门安全职责

(1) 负责本系统的安全管理、安全检查工作;

(2) 保证采购的物资符合安全质量要求;

(3) 负责安全生产管理活动中所需物资、劳动防护用品的采购、保管和发放工作;

(4) 定期向主管领导提交安全生产责任制述职报告,汇报分管范围内的安全生产情况和建议,完成领导交办的其他安全工作。

十三、办公室安全职责

(1) 根据领导对安全工作的要求,协调机关各部门工作;

(2) 负责收集、报告安全生产信息;

(3) 负责安全生产重大信息对外发布工作;

(4) 定期向主管领导提交安全生产责任制述职报告,汇报分管范围内的安全生产情况和建议,完成领导交办的其他安全工作。

十四、安全生产管理部门职责

(1) 组织落实贯彻执行国家有关安全生产法律、法规和上级各项安全生产要求,协助主管领导组织开展安全生产工作;

(2) 负责组织安全管理体系的建立和推行工作;

(3) 负责编制安全生产工作计划,并组织实施和考核;

(4) 负责编制安全技术措施计划,并对安全技术措施计划的实施进行检查督促;

(5) 负责对工业动火、有毒有害作业、缺氧环境作业等重大特殊作业项目的施工作业方案和有关作业报告(票)的审核,并组织现场监护;

(6) 负责制定劳动防护用品、防暑降温费发放标准及管理办法,审批计划并监督实施;

(7) 组织或督促对新建、改建、扩建项目及在役生产设施、装置、装备的安全评价,参加新建、改建、扩建工程项目中有关安全的设计方案审查;负责审查施工安全合同条款,并监督落实情况;

(8) 组织进行重大危险源的辨识、评价,制定控制措施和应急预案,并定期评审和实施有效监控;

(9) 组织安全生产综合检查,对事故隐患治理进行监督;

(10) 组织或参加重大事故调查、分析、处理的工作,负责安全管理报表的编制和事故的统计、上报、批复、结案工作,负责认定工伤事故的管理工作;

(11) 组织协调有关部门制定本单位安全生产规章制度、安全技术标准等;

(12) 协助有关部门组织对员工进行安全教育培训、新入厂员工三级安全教育和转岗员工的安全教育,监督检查特种作业人员培训、持证上岗情况;

(13) 定期向主管领导提交安全生产责任制述职报告,汇报分管范围内的安全生产情况和建议,完成领导交办的其他安全工作。

十五、消防安全部门职责

(1) 组织落实贯彻执行国家有关消防安全法律、法规和上级各项安全生产要求,制定消防安全管理规章制度,落实防火安全责任制;

(2) 制定本单位消防工作计划,并组织实施;

(3) 负责消防安全宣传教育,普及消防常识;

(4) 建立健全消防安全重点单位消防档案,组织开展防火检查,督促整改火灾隐患;

(5) 协调新建、扩建、改建及内部装修工程项目的消防设计审核、施工监督检查和消防验收;

(6) 管理或协调指导专职、义务消防队伍的业务;

(7) 负责企业内部火灾事故调查,提出处理意见,建立火灾事故档案,并负责火灾事故统计报告;

(8) 定期向主管领导提交防火安全责任制述职报告,汇报分管范围内的安全生产情况和建议,完成领导交办的其他安全工作。

十六、交通安全部门的职责

(1) 组织落实贯彻执行国家有关交通安全法律、法规和上级各项安全生产要求,制定交通安全管理规章制度,落实交通安全责任制,并组织落实;

(2) 制定交通安全工作计划,并组织实施;

(3) 负责本单位内部的交通安全宣传教育;

(4) 负责组织内部交通安全检查,对事故隐患和交通违章行为按规定及时处理;

(5) 负责本单位机动车辆保险管理工作;

(6) 对本单位车辆发生的交通事故进行内部调查,提出处理意见,建立交通事故档案,并负责交通事故统计报告;

(7) 定期向主管领导提交安全生产责任制述职报告,汇报分管范围内的安全生产情况和建议,完成领导交办的其他安全工作。

十七、职业健康部门安全职责

(1) 负责本单位的职业健康管理工作,落实本系统的安全责任制,完善各项管理制度;

(2) 负责建立职业健康档案,制定员工职业体检计划,并组织实施;

(3) 负责有毒有害作业场所定期监测和检查工

作；

（4）定期向主管领导提交安全生产责任制述职报告，汇报分管范围内的安全生产情况和建议，完成领导交办的其他安全工作。

十八、质量、技术监督部门安全职责

（1）及时传达贯彻国家及技术监督部门相关安全生产工作的规定要求；

（2）负责产品质量、锅炉、压力容器、压力管道、特种设备有关安全监督管理工作，组织特种设备安全管理的监督检查；

（3）参与有关事故调查处理工作；

（4）定期向主管领导提交安全生产责任制述职报告，汇报分管范围内的安全生产情况和建议，完成领导交办的其他安全工作。

十九、宣传部门安全职责

（1）组织宣传国家及上级有关安全生产方针、政策、法律法规和有关规章制度；

（2）宣传报道安全生产各类典型、安全生产信息及要求；

（3）负责组织新闻媒体单位安全检查工作；

（4）定期向主管领导提交安全生产责任制述职报告，汇报分管范围内的安全生产情况和建议，完成领导交办的其他安全工作。

二十、监察部门安全职责

（1）定期对本单位各级管理人员履行安全工作职责的情况进行监督检查，提出监察建议，调查处理管理人员在安全工作中的失职、渎职行为；

（2）参与本单位组织的重、特大事故调查处理工作，监督事故的调查处理情况；

（3）依据国家和企业有关规定，对本单位事故责任人员提出责任追究意见；

（4）定期向主管领导提交安全生产责任制述职报告，汇报分管范围内的安全生产情况和建议，完成领导交办的其他安全工作。

二十一、公用事业（行政后勤）部门安全职责

（1）负责本系统的日常安全管理工作，建立完善安全管理制度和操作规程，并组织落实；

（2）负责辖区内人员的安全宣传教育，保障落实辖区内人员的安全知情权；

（3）组织本系统专业安全检查，重大危险源建档与监控，事故隐患整改；

（4）定期向主管领导提交安全生产责任制述职报告，汇报分管范围内的安全生产情况和建议，完成领导交办的其他安全工作。

二十二、其他部门安全职责

认真宣传贯彻国家有关安全生产工作的方针、政策、法律法规及规章制度，在各自分管业务的范围内认真负责地做好安全生产工作。

中国石油天然气集团公司安全事故管理暂行办法

（2004年12月20日中国石油天然气集团公司
以中油质安字［2004］672号文发布）

第一章 总 则

第一条 为规范事故的管理工作，及时、准确地报告、调查、处理和统计事故，根据《中华人民共和国安全生产法》等法律法规，《中国石油天然气集团公司安全生产管理规定》等规章制度，特制定本办法。

第二条 企事业单位（含股份公司地区分公司，以下简称企业）发生员工伤亡事故、交通事故、火灾事故和其他生产安全事故，造成人身伤亡或财产损失，应由企业安全生产管理部门及负责交通安全管理、消防安全管理、生产设备管理的部门按本办法进行管理。

第三条　安全事故的报告、调查、处理和统计工作，必须坚持实事求是、尊重科学的原则，不得虚报、瞒报、拒报、迟报各类安全事故，不得伪造、篡改统计资料。

第四条　本办法适用于集团公司各企事业单位。

第二章　事故分类与分级

第五条　事故分类。

安全事故是指在生产经营活动中或与生产经营活动有关的活动中发生的造成人身伤亡、财产损失或一定社会影响的事故。安全事故按其性质可分为员工伤亡事故、交通事故、火灾事故和其他生产安全事故。

（一）员工伤亡事故：系指在生产经营过程中所发生的人身伤亡、急性中毒事故。即员工在本岗位劳动，或虽不在本岗位劳动，但由于企业的设备（施）不齐全、劳动条件和作业环境不良、管理不善，以及企业领导指派到企业外从事本企业生产经营活动，所发生的人身伤亡、急性中毒事故。

（二）交通事故：系指企业所属机动车辆、船舶在行驶过程中，由于各种原因造成的人身伤亡或车辆（船舶）损坏的事故。

（三）火灾事故：系指由于各种原因发生火灾，并造成人身伤亡、财产损失（烧毁）或住宅受灾的事故。

（四）其他生产安全事故：系指在生产经营活动中，发生井喷失控、装置或管道爆炸、油气泄漏、设备损毁等，虽未造成人员伤亡，但造成财产损失、社会影响严重的事故，以及电气生产事故致使区域大面积停电等。

第六条　事故等级划分。

按照国家有关规定，事故按人员伤亡程度和经济损失情况划分为小事故、一般事故、较大事故、重大事故、特大事故、特别重大事故。

（一）特别重大事故：系指一次死亡 30 人以上，或者 100 人以上中毒（重伤），或者一次造成直接经济损失人民币 3000 万元以上和社会影响特别恶劣、性质特别严重的事故。

（二）特大事故：系指一次死亡 10—29 人，或者 50—99 人中毒（重伤），或者造成一次直接经济损失人民币 1000 万元以上、3000 万元以下和社会影响恶劣、性质严重的事故。

（三）重大事故：系指一次死亡 3—9 人，或者 10—49 人中毒（重伤），或者一次造成直接经济损失人民币 500 万元以上、1000 万元以下和较大社会影响的事故。

（四）较大事故：系指一次死亡 1—2 人，或者 3—9 人中毒（重伤），或者一次造成直接经济损失人民币 100 万元以上、500 万元以下的事故。

（五）一般事故：系指造成重伤、急性工业中毒，但没有死亡的事故；或者一次造成直接经济损失人民币 50 万元以上、100 万元以下的事故。

（六）小事故：系指只有轻伤但没有重伤和死亡，或者一次造成直接经济损失人民币不足 50 万元的事故。

第三章　事 故 报 告

第七条　员工伤亡事故由负责安全生产管理部门组织登记、报告和处理；交通事故由负责交通安全管理的部门组织登记、报告和处理；火灾事故由负责消防管理的部门组织登记、报告和处理；涉及与生产有关的火灾、爆炸事故处理，应由企业安全管理部门和消防管理部门共同组织登记、报告和处理。其他生产安全事故由业务主管部门会同安全管理部门共同组织登记、报告和处理。

第八条　发生事故时，当事人或最先发现者应及时采取自救、互救措施，保护事故现场，立即报告并逐级上报，火灾事故应先报火警。事故单位负责人接到事故报告后，应迅速采取有效措施组织抢救，防止事故扩大或发生次生事故，减少人员伤亡和财产损失。

第九条　企业发生事故，应按事故快报制度及时向上级汇报。同时按规定报企业所在地的政府安全生产监督管理部门。

（一）重大及以上事故应立即上报集团公司办公厅，中国石油天然气股份有限公司（以下简称股份公司）所属地区分公司发生的事故由股份公司总裁办公室统一报集团公司办公厅（下同）。较大事故应在事故发生的 24 小时内上报至集团公司质量安全环保部（股份公司地区分公司上报至股份公司质量安全环保部）。

（二）特大、特别重大事故发生后，集团公司应在 6 小时内上报国务院办公厅；重大事故发生后，集团公司应在12小时内上报国务院办公厅。上述事故同时上报国家安全生产监督管理局和国务院国有资产监督管理委员会。

（三）当发生重大火灾（延续1小时以上），民爆物品或放射源丢失，以及其他重大以上生产安全事故时，企业应在事故发生4小时内上报集团公司办公厅。

（四）在外地发生的交通事故、承包单位发生的伤亡事故，都应按上述规定报告。事故情况发生变化的，应及时续报。

第四章 事故抢险与救援

第十条 企业发生事故时，企业或所属二级单位领导应及时赶赴事故现场，协调、指挥抢险救灾工作，并视情况立即决定启动应急救援预案的级别。

（一）当发生重大及以上事故，或已经发生较大事故并可能造成次生事故时，企业主要领导应赶赴事故现场。

（二）当发生较大事故，或已经发生一般事故并可能造成次生事故时，企业安全分管领导或业务分管领导应赶赴事故现场。

（三）发生其他生产安全事故，由企业分管安全领导决定是否派人赶赴现场。

发生重大及以上事故时，企业主要领导不在单位的，应在第一时间返回单位，在事故抢险救灾和调查处理期间不得擅离职守。

第十一条 企业发生重大及以上事故后，或事故还在继续，可能造成次生事故，以及需要抢修抢险时，发生事故企业应成立信息综合组（涉及两个及其以上企业时，应联合成立），按新闻发言人制度，处理事故信息披露等相关工作，并建立直报集团公司办公厅的信息渠道。

第十二条 发生较大及以上事故时，根据发生事故的主体单位，由集团公司或股份公司总部派人赶赴现场，协调、指挥抢救工作。如涉及两个及其以上企业，事故的主体暂不清楚时，派出人员由集团公司分管安全工作的领导决定。

（一）当企业发生特别重大事故或已发生特大事故并可能造成次生事故时，集团公司主要领导应赶赴事故现场。

（二）当企业发生特大事故或已发生重大事故并可能造成次生事故时，集团公司或股份公司安全分管领导或业务分管领导赶赴事故现场。

（三）当企业发生重大事故或已发生较大事故并可能造成次生事故时，集团公司安全管理部门、分管业务部门负责人或股份公司安全管理部门、专业分公司负责人赶赴事故现场。

（四）当企业发生较大事故时，集团公司安全管理部门、业务分管部门或股份公司安全管理部门、专业分公司可视情况派人赶赴事故现场。

第十三条 事故现场的重要证据应妥善保护，任何人不得破坏现场、毁灭有关证据。

因事故抢救、防止事态扩大需要移动现场物件的，应做出标志、绘出现场简图、照相摄像，并做出书面记录。

第五章 事故调查

第十四条 事故调查以当地政府及其安全生产监管部门为主。事故发生后，企业应按分管权限组成事故调查组，配合政府有关部门及时进行事故调查。事故调查组由有关方面负责人、管理人员和专家组成。事故调查组成员应具备认真负责、实事求是的思想素质，遵守调查纪律，保守调查机密；同时采取调查回避制度。

第十五条 小事故由基层单位组织调查，一般事故由企业所属二级单位或企业安全管理部门组织调查。事故调查应由本单位安全、生产、技术、机动设备、监察等有关部门人员和工会代表参加。

第十六条 较大事故由企业配合当地政府组织调查，企业安全、生产、技术、机动设备、监察等有关部门人员和工会代表参加，集团公司或股份公司将视情况派人参加；重大、特大及特别重大事故按国家有关规定组织调查，安全管理部门、生产主管部门和监察部门参与事故调查工作。

第十七条 交通事故应积极配合当地公安交警部门进行事故调查。企业内部按《集团公司交通安全管理办法》组织调查。

第十八条 火灾事故应积极配合当地公安消防部门进行事故调查。企业内部按《集团公司消防安全管理办法》组织调查。

第十九条 事故调查组及调查人员有权向事故发生单位、有关部门和人员了解与事故有关的情况、索取有关资料，任何单位和个人不得推诿或拒绝、阻挠。

第二十条　事故调查组职责：

（一）查明事故发生的过程、原因、性质、人员伤亡和经济损失情况，尤其要查明管理上存在的薄弱环节和规章制度的有关缺陷；

（二）确定事故责任者（包括肇事者责任和领导责任），提出处理意见；

（三）提出事故处理意见和防范措施建议，包括加强管理工作和修改完善规章制度；

（四）写出事故调查报告。

第二十一条　事故调查报告应包括下列内容：

（一）事故单位的基本情况；

（二）事故发生的时间、地点、经过和事故抢救情况等；

（三）人员伤亡和经济损失情况；

（四）事故发生的原因；

（五）事故的性质；

（六）对事故责任者的处理建议；

（七）事故教训和应采取的措施；

（八）事故调查组成员名单；

（九）其他需要载明的事项。

第六章　事故处理

第二十二条　事故应及时处理，结案时间一般不超过90天，交通事故处理如遇伤者未愈可适当延长，但一般不宜超过180天。

第二十三条　事故发生后，无论事故大小，均应按“四不放过”的原则进行调查处理。

第二十四条　因下列情况之一造成事故的，应追究企业（单位）领导、有关主管部门领导的责任：

（一）单位发布的指令、决定、规章制度等，违反劳动安全法则或有关安全生产条例的；

（二）无视上级安全管理部门警告，未及时整改事故隐患的；

（三）安全生产管理机构不落实、人员不落实，或工作无人负责的；

（四）不按规定对职工进行安全生产教育培训，因职工缺乏安全生产知识而发生事故的；

（五）设备设施有缺陷，不按规定检修，带病运行的；

（六）作业环境不安全，安全装置不齐全，又不采取措施的；

（七）规章制度不健全或执行不严格，无安全操作规程作业的；

（八）设计不符合标准规范或施工中违反设计规定，削减安全设施的；

（九）未经竣工验收，或未达到验收条件擅自投产、使用的；

（十）发生事故后，未采取措施，致使同类事故重复发生的；

（十一）不据实列支安全技术措施经费或已列入安全技术措施项目不按期实施、资金不到位，又不采取应急措施而造成事故的；

（十二）强令机动车驾驶员违章驾驶，纵容酒后开车，忽视管理造成机动车带病运行的。

第二十五条　实行领导干部安全事故责任追究制度。对发生的重、特大责任事故，除国家按照有关法律、法规追究直接责任人的责任外，还要根据情节，对确实负有主要领导责任、重要领导责任的企业主要负责人、分管安全工作副职、业务分管副职等分别给予组织处理或行政处分（党务干部的党内处分参照执行）。组织处理分批评教育、主动辞职、引咎辞职、责令辞职、免职等。

行政处分依据事故等级确定：

（一）发生特别重大事故的，视情节轻重给予行政降级、撤职处分；

（二）发生特大事故的，视情节轻重给予行政记大过、降级或撤职处分；

（三）发生重大事故的，视情节轻重给予行政警告、记过、记大过或降级处分。

第二十六条　因下列情况之一造成事故的，应追究当事人的责任：

（一）违章指挥或违章作业；

（二）擅自拆除、毁坏、挪用安全装置和设施；

（三）玩忽职守、违反安全生产规章制度和劳动纪律；

（四）发现事故隐患、危险情况不采取有效措施，不积极处理以致造成事故；

（五）机动车驾驶员不遵守职业道德，违章肇事、酒后驾车，无证驾车。

第二十七条　事故处理审批权限：

（一）小事故、一般事故，由企业自行审批处理。

（二）较大事故由企业处理，处理意见应报集团公司监察部、质量安全环保部备案（股份公司地区分公司报股份公司监察部、质量安全环保部备案）。

（三）重大及以上事故由企业与地方政府在充分协商沟通的基础上，提出处理意见，报集团公司安全生产委员会审定，按干部管理权限批准处理。

第二十八条　事故处理决定应包括下列内容：

（一）事故的原因；

（二）事故的性质；

（三）对事故责任单位和有关责任人的处理决定或意见；

（四）事故防范措施和整改措施。

第七章　事故汇报

第二十九条　企业在事故基本查清后，应向上级正式汇报。

第三十条　企业发生重大及以上事故，企业主要领导应带领有关部门负责人分别到集团公司或股份公司汇报，涉及同一地区多个企业或案情重大时，应到集团公司汇报。集团公司分管安全工作领导及相关部门（专业分公司）负责人听取汇报，事故由集团公司进行通报。

企业发生较大事故，由集团公司或股份公司质量安全环保部分别视情况决定企业是否到总部汇报。

第三十一条　企业汇报事故时，应准备事故调查书面材料、事故现场录像带、事故现场照片等有关资料，汇报期限一般不超过事故发生后20天。

第八章　事故统计与建档

第三十二条　企业发生员工伤亡事故、交通事故、火灾事故，其他生产安全事故均应登记和统计上报。

第三十三条　事故按月度统计上报。事故报表包括综合事故报表和基础数据报表，其中综合事故报表包括员工伤亡事故报表、交通事故报表、火灾事故报表，由主管部门分别统计。企业安全生产委员会办公室统一将本企业员工伤亡事故报表、交通事故报表、火灾事故报表汇总上报集团公司或股份公司质量安全环保部。股份公司地区分公司事故报表由股份公司质量安全环保部汇总后报集团公司安委会办公室。其他生产安全事故单项上报。

第三十四条　企业发生事故，如隐瞒不报、虚报或故意延迟上报，除责成补报外，应追究企业主管领导、安全主管部门负责人及相关人员的责任。

第三十五条　所有事故处理结案后，均须有完整档案。事故档案包括以下资料：

（一）事故登记表；

（二）事故调查报告；

（三）现场调查记录、图纸、照片；

（四）技术鉴定和试验报告；

（五）人证、物证材料；

（六）直接、间接经济损失计算资料；

（七）事故责任者自述材料；

（八）医疗部门对伤亡人员的诊断书；

（九）发生事故时的工艺条件、操作情况和设计资料；

（十）处分决定和受处分者的检查材料；

（十一）有关该事故的通报、简报及文件；

（十二）调查组人员名单（姓名、职务、单位、专业特长等）。

第三十六条　事故档案为永久性保存资料，应分级保存。重大及以上事故档案在集团公司保存。报上级部门保存的档案，本单位也应存档。

第九章　附　　则

第三十七条　各企业可根据本办法制定本单位事故管理实施细则。

第三十八条　本办法自印发之日起执行。原《中国石油天然气集团公司事故管理办法》（中油质字［1999］194号）同时废止。

第三十九条　本办法由集团公司质量安全环保部负责解释。

中国石油天然气集团公司事故隐患管理办法

（2004年12月20日中国石油天然气集团公司
以中油质安字［2004］672号文发布）

第一章　总　　则

第一条　为加强事故隐患的整改与监控工作，依据《中华人民共和国安全生产法》等有关法律法规，《中国石油天然气集团公司安全生产管理规定》等有关规章制度，制定本办法。

第二条　本办法所指事故隐患是指生产区域、工作场所中，存在可能导致人身伤亡、财产损失或造成重大社会影响的设备、装置、设施、生产系统等方面的缺陷和问题。

第三条　事故隐患整改实行企业负责制。企业（含股份公司地区分公司，下同）是识别、评估和整改事故隐患的责任主体，对发现的各类事故隐患都必须组织整改。

第四条　事故隐患整改应遵循“谁管理、谁负责，谁设计、谁负责，谁施工、谁负责，谁验收、谁负责”的原则。

第五条　本办法适用于集团公司各企事业单位。

第二章　组织管理与职责

第六条　企业要建立事故隐患立项、销项整改制度，对排查出的事故隐患实行分级动态管理。

第七条　事故隐患在未整改或销项前，必须采取措施加以监控。所有事故隐患实行所在岗位、基层单位、所属二级单位三级监控；一般事故隐患和较大事故隐患由企业或企业所属二级单位督察管理，重大事故隐患实行企业督察管理，特大事故隐患由企业报集团公司备案，由集团公司督察管理（隐患分级标准见附件）。

第八条　企业安全生产委员会负责事故隐患评估、审定事故隐患整改计划，并督促立项整改。

第九条　部门工作职责：

（一）生产主管部门要及时掌握事故隐患情况。负责制定事故隐患整改前的监控措施，确定监控管理方式，以及相关的生产协调工作，负责制定事故隐患整改方案。

（二）设备管理部门负责建立设备事故隐患整改前的监控措施，确定监控管理方式，制定设备事故隐患整改方案。

（三）规划计划主管部门负责事故隐患整改投资项目的立项并及时纳入投资计划。

（四）基建主管部门负责事故隐患整改施工质量管理，组织项目竣工验收工作。

（五）安全主管部门负责组织事故隐患的调查和评估，编制事故隐患整改计划，建立各类事故隐患动态台账，督察事故隐患整改。

（六）其他部门应按安全生产职责要求，负责分管工作范围内事故隐患整改的相关工作。

第三章　隐患发现与报告

第十条　员工有发现事故隐患的义务。岗位员工应严格执行巡检制度，及时发现事故隐患；企业所属单位应定期开展安全生产状况评估、评价，查找事故隐患；企业应组织安全生产检查活动和事故隐患调查工作，掌握事故隐患情况。

第十一条　基层单位对发现的事故隐患应组织整改，对当时不能整改的事故隐患，基层单位应立即向上级单位报告，同时告之岗位人员和相关人员在紧急情况下应当采取的应急措施。

对威胁人员生命安全和生产安全、随时可能发生事故的重大事故隐患，应立即停产、停业整改。

第十二条 企业所属单位接到事故隐患报告后，应制定、落实监控措施。监控措施至少应包括以下内容：

（一）保证存在事故隐患的设备设施安全运转的条件；

（二）对生产装置、设施监测检查的要求；

（三）潜在的危害及影响，以及防范控制措施；

（四）是否制定了应急预案并定期进行演练；

（五）明确监控程序、责任分工和落实监控人员。

第十三条 企业或所属单位对上报的事故隐患，应及时组织有关人员进行调查，形成调查报告。调查报告的主要内容应包括：

（一）设备设施的缺陷及严重程度；

（二）事故隐患状态及可能变化情况；

（三）事故隐患影响范围内人员暴露的频率和密度；

（四）事故隐患影响范围内可能造成的损失；

（五）事故隐患监控措施的可行性。

第四章 隐患评估与整改

第十四条 根据调查报告，对需要立项投资整改的事故隐患应组织评估。企业应成立重大事故隐患评估领导小组。评估领导小组由主管领导牵头，安全部门组织，生产、设备、计划、财务资产、事故隐患所在单位及有关专家等参加。

第十五条 对事故隐患的评估，应形成书面评估报告，评估报告主要内容应包括：

（一）事故隐患类别；

（二）事故隐患等级；

（三）影响范围及严重程度；

（四）隐患整改的目标或效果要求；

（五）事故隐患整改建议；

（六）整改资金估算及来源。

第十六条 根据事故隐患评估结果，确定事故隐患分级整改管理权限，由企业或所属单位研究制定整改投资方案。

第十七条 根据事故隐患评估结果，较大事故隐患、重大事故隐患整改方案由企业或所属二级单位组织实施，企业备案；特大事故隐患整改方案由企业组织实施，报集团公司备案，集团公司有关部门督察。

第十八条 对确因危害程度高、整改资金较大，或涉及两个及两个以上企业或地区分公司的重特大事故隐患，可向集团公司或股份公司主管部门报告。由集团公司相关部门组织评估、进行协调、研究落实投资渠道。

第十九条 事故隐患整改完成后，应及时报告企业相关主管部门，申请审查验收。

第二十条 事故隐患整改实行防范措施、责任、人员、资金和时间“五落实”。

第二十一条 集团公司、企业安全部门按备案级别实行分级督察。督察的主要内容包括：

（一）事故隐患监控措施的制定和落实情况；

（二）事故隐患整改方案的落实情况；

（三）事故隐患整改项目的形象进度；

（四）应急救援预案的培训和演练情况。

第五章 奖励与处罚

第二十二条 对于及时发现事故隐患，或在隐患监控、整改工作中成绩突出，避免了重大事故发生的人员，应给予表彰和奖励。

第二十三条 对存在的事故隐患，企业有关部门应下发《事故隐患整改通知书》，责成事故隐患单位限时组织评估和处置，并督促组织整改。

第二十四条 企业应严格按照新建、改建、扩建项目安全设施“三同时”要求，实行事故隐患整改项目管理。

新建、改建、扩建项目投产使用后，出现危及人员生命安全或生产运行的事故隐患，追究相关部门和人员的责任。

第二十五条 对存在的事故隐患隐瞒不报、未采取防范措施或监控、整改不认真的，导致事故发生或造成人员伤亡、财产损失的，追究有关领导和部门负责人的责任。

第二十六条 对存在重大事故隐患没有整改或整改资金不落实的企业，不批准立项新项目（工程）。

第六章 附 则

第二十七条 各企业可根据本办法制定实施细

则。

第二十八条　本办法自发布之日起执行。原《中国石油天然气集团公司事故隐患治理监控管理规定》（质安字［2001］10号）同时废止。

第二十九条　本办法由集团公司质量安全环保部负责解释。

附件

安全事故隐患分级参考标准

（1）特大事故隐患是指可能造成一次死亡10人及以上，或者中毒（重伤）50人及以上，或者造成一次直接经济损失人民币1000万元及以上和社会影响恶劣、性质严重的事故隐患。

（2）重大事故隐患是指可能造成一次死亡3人以上，或者中毒（重伤）10人及以上，或者一次造成直接经济损失人民币500万元及以上、1000万元以下和较大社会影响的事故。

（3）较大事故隐患是指可能造成一次死亡1—2人，或者中毒（重伤）3人以上，或者一次造成直接经济损失人民币100万元及以上、500万元以下的事故隐患。

（4）其他为一般事故隐患。

（事故隐患分级暂无国家标准，以上标准参照了原劳动部规定，国家或主管部门有明确规定后，按新规定或标准执行。）

中国石油天然气集团公司
应对突发重大事件（事故）管理办法

（2004年12月20日中国石油天然气集团公司
以中油质安字［2004］672号文发布）

第一章　总　　则

第一条　为了加强应急管理工作，应对各类突发重大事件，依据《中华人民共和国安全生产法》等有关法律法规，《中国石油天然气集团公司安全生产管理规定》等规章制度，制定本办法。

第二条　本办法规定的突发重大事件是指企事业单位（含股份公司地区分公司，以下简称企业）在生产、经营及其他活动中，造成或有可能造成多人伤亡、危及周边公众安全，以及重大财产损毁或重大社会影响的事故、事件。

第三条　企业是应对突发重大事件的责任主体，全面负责应对突发重大事件的处置、响应和救援等应急管理工作。各级行政正职是应急管理第一责任人，对应对突发重大事件负全面责任。

第四条　企业要建立健全应急管理制度，针对重大突发事件，自下而上逐级编制应急预案，明确预警、接警、报告、指挥、处置、救援、响应、恢复等各环节的应急程序。

第五条　应急管理要贯彻“以人为本”的理念，坚持“安全第一、预防为主”的基本方针，做到“早发现、早报告、早处置”。

第六条 企业应坚持“企业负责、区域联动、属地管理、分级落实”的原则，自觉接受当地政府主管部门对突发重大事件应急管理的监督和检查。处置突发事件时要做到“反应迅捷、职责明确、指挥统一、救人优先”，把事故造成的危害减小到最低限度。

第七条 本办法适用于集团公司各企事业单位。

第二章 组织及职责

第八条 企业应成立应急领导小组，分级设立应急办公室，各级生产运行、工程技术、机动设备、办公室、人事、培训、安全、消防、交通、物资、医疗卫生等有关部门参加，负责应急管理的组织、协调、预案管理以及信息报告等日常工作。应急办公室主任由各级主管生产的领导兼任。

第九条 各级业务职能部门按照各自的分工，其应急管理主要职责是：

（一）各级工程技术、生产调度等生产运行部门组成应急指挥和控制中心，负责组织应急预案的编制、实施，以及应急救援队伍建设和应急救援指挥、协调、应急物资调动等工作。

（二）各级人事、劳资和培训部门负责应急办公室、应急指挥机构设置、人员配备、培训管理工作，明确相关单位、部门及有关岗位人员的职责。

（三）各级财务部门落实应急设施、演练和救援所需经费，并纳入年度预算计划。

（四）计划、物资及后勤保障部门负责应急系统所需的设施、设备、器材的资源配置工作，保证应急物资储备和应急救援工作的需要。

（五）各级安全管理部门负责建立应急专家库，组织应急预案审核以及应急预案建档、备案管理工作，对应急预案的制定、培训、演练和实施情况进行监督、检查。

（六）各级办公室负责应急信息的收集、整理、报告工作，负责统一对外发布信息。

第三章 应急预案管理

第十条 企业应针对重大危险源、重要生产装置、重点生产场所、要害部位、关键生产环节，以及开展的重大活动，进行危害辨识和风险评估，分级组织编制各类应急预案。

第十一条 应急预案的主要内容包括：基本情况、危险目标、应急救援组织机构和人员职责，报警和通信的联络方式，事故（事件）发生后采取的应急措施、人员紧急疏散撤离、危险区的隔离、检测、抢险救援和控制措施，受伤人员现场救护和医院救治，应急救援保障（内部保障、外部保障）、预案分级响应条件、事故应急救援关闭程序，应急培训计划、演练计划等。

第十二条 应急预案可根据采取的处置、救援、响应等不同应急措施类型，分别编制，也可根据具体情况集中编制。

（一）应急处置预案是各单位基层单位针对本单位所具有的重大危险源、生产装置、生产场所或生产环节，以及开展的大型活动而编制的应急预案。

应急处置预案主要是基层单位依靠自身的资源处理突发事件。

（二）应急救援预案是企业或企业所属单位针对基层单位的重大危险源、生产装置、生产活动有可能发生突发事件，导致发生重特大事故，而需要上级组织救援而编制的应急预案。

应急救援预案主要是调动基层单位以外的资源处理突发重特大事件。

（三）应急响应预案是企业或企业所属单位、部门参与应急救援所编制的应急预案。

应急响应预案主要是调动本区域、系统及单位的资源协助处理基层单位或本组织以外的突发重特大事件，以及减少由于突发重特大事件对本组织可能产生的危害或不良影响。

第十三条 对可能发生的井喷失控、剧毒危险化学品、炼化装置、油气储存库（站）、长输管道、海上作业和民爆器材、放射源、特种设备、公众聚集场所等各类突发重大险情，企业要编制应急救援预案。应急救援预案应由安全生产委员会办公室组织专家审核，与地方政府的应急救援预案衔接，并报当地政府和集团公司备案。

第十四条 在同一地区、同一施工作业区域，应对同一突发事件，应按照作业者（建设单位）、总承包单位及相关生产、施工单位的责任分工，分别制定各自的应急预案。

（一）从事油气田勘探开发的，由作业者（建设单位）或取得作业许可一方，牵头组织编制区块（或项目）的应急预案，施工单位和相关单位编制应急处置预案和应急响应预案。

（二）在油气集输设施、集油站库（含加油站）以及炼油化工装置等生产区域和设施内进行施工作业，建设单位应牵头编制应急预案，承包单位和相关单位编制应急处置预案或应急响应预案。

承包单位、施工单位的应急预案应报作业者（建设单位）审查批准。

第十五条　企业应积极开展应急预案的宣传工作，对涉及相关方、周边地区公众的应急预案，要积极与相关方和地方政府协商沟通，将可能产生的危害、相应的防范措施及应急方法等告知相关人员。

第十六条　企业应制定应急预案的管理和分级启动程序，加强对制定、发放、培训、演练、变更、启动、终止以及上报和备案工作的检查，将应急预案有效文本纳入受控管理。

第四章　应急培训与演练

第十七条　要制定应急预案培训、演练计划，定期进行应急预案演练，确保相关人员熟悉、熟练掌握应急预案和应急措施。

（一）应急处置预案由各单位基层组织定期自行组织演练，上级安全管理、监督部门检查。

（二）应急救援预案和应急响应预案由企业或作业者（建设单位）、总承包单位组织，相关方参加。

第十八条　对可能发生涉及周边地区和公众安全的突发重大事件，应与当地政府协商，采取必要的方式做好响应、救援等联合应急演习工作。

第十九条　对应急预案应进行审核和变更管理，不断补充、修订和完善应急预案，及时变更应急预案文本。

第五章　应 急 实 施

第二十条　企业应规范应急信息报告和通报制度。公布突发事件报警、接警程序，明确应急预案的启动级别。对现场信息采集、报送、披露提出明确要求。

第二十一条　当发生突发事件或事故时，应立即启动应急处置预案，现场人员按照应急程序的要求进行操作。

事故现场指挥应优先做好险区人员疏散和防护，确保受伤人员医疗急救措施及时到位；事故应急需要封闭事故现场时，在公安保卫人员没有到达之前，应安排人员封锁事故现场。

处理突发事件过程中，应及时向上级报告。当事态比较严重，超出应急处置预案范围时，应及时报请上级或有关方启动应急救援预案。

第二十二条　对发生死亡 3 人以上，井喷失控，重大火灾爆炸，油气、毒气泄漏，民爆物品、放射源丢失等突发事件或事故要立即上报。接到突发重大事件报告，各级应急指挥和控制中心要及时、准确做出启动应急救援或应急响应决定。应急救援预案启动后，各级应急指挥人员应按职责分工迅速到达岗位指挥抢险工作。企业主管领导或主要领导应立即赶赴现场，协调指挥抢险救援工作。

第二十三条　当发生特大以上伤亡事故，以及含硫井井喷失控、井喷失控着火、炼化装置爆炸着火，剧毒危险化学品、有毒有害气体严重泄漏失控，管道、船舶严重溢油等突发重大事件、事故，且发生后可能持续一段时间，事故控制及其对生产、社会产生的影响依靠企业自身力量和当地救援力量不能控制，需要上级或相关方救援时，应启动集团公司应急救援预案。有关部门应及时赶赴现场，必要时，主管领导或主要领导赶赴现场，协调指挥抢险救援工作。

第二十四条　企业应按照应急管理程序进行应急的终止和恢复，对实施过的应急预案进行及时修订、审核和完善。

第六章　附　　则

第二十五条　企业应依照本办法制定相应的应对突发重大事件管理办法。

第二十六条　本办法自印发之日起实施。

第二十七条　本办法由集团公司质量安全环保部负责解释。

中国石油天然气集团公司交通安全管理办法

（2004年12月20日中国石油天然气集团公司
以中油质安字［2004］672号文发布）

第一章　总　　则

第一条　为了加强企业交通安全管理，预防和减少交通事故，依据《中华人民共和国道路交通安全法》等有关法律法规，《中国石油天然气集团公司安全生产管理规定》等规章制度，制定本办法。

第二条　交通安全坚持“安全第一、预防为主”的基本方针，遵循“谁主管，谁负责”的原则，逐级落实交通安全责任制，确保交通安全。

第三条　本办法所称驾驶员（不含厂内机动车驾驶员），是指中国石油天然气集团公司（以下简称集团公司）各企事业单位中持有中华人民共和国机动车辆有效驾驶证件，驾驶本企业所管理车辆的从业人员。

第四条　本办法所称车辆，是指集团公司各企事业单位（含股份公司地区分公司，下同）所有的各种机动车辆（不含厂内机动车辆）。

第五条　本办法所称道路，是《中华人民共和国道路交通安全法》规定的道路和集团公司各企业管辖的油区、厂区、生活区等供车辆、行人通行的企业内部道路。

第六条　本办法适用于集团公司各企事业单位（以下简称企业）。

第二章　管理机构与工作职责

第七条　企业应在安全生产委员会的统一领导下，将交通安全工作纳入安全生产总体工作之中。可分设交通安全委员会，协调指导本单位交通安全工作。

第八条　企业应设置或明确交通安全管理部门，并配备满足工作需要的专（兼）职交通安全管理人员。交通安全管理部门的职责是：

（一）组织落实贯彻执行国家有关交通安全法律、法规和上级各项安全生产要求，制定交通安全管理规章制度，落实交通安全责任制，并组织落实；

（二）制定交通安全工作计划，并组织实施；

（三）负责本单位内部的交通安全宣传教育；

（四）负责组织内部交通安全检查，对事故隐患和交通违章行为按规定及时处理；

（五）负责本单位车辆保险管理工作；

（六）对本单位车辆发生的交通事故进行内部调查，提出处理意见，建立交通事故档案，并负责交通事故统计报告；

（七）定期向主管领导提交安全生产责任制述职报告，汇报分管范围内的安全生产情况和建议，完成领导交办的其他安全工作。

第九条　企业所属单位应按下列规定设置交通安全管理机构和管理人员：

（一）专业运输单位应设置交通安全管理部门，并配备满足工作需要的管理人员；

（二）成建制车队应配备专职交通安全管理人员；

（三）非建制车队或分散车辆所在单位应明确专人负责交通安全管理。

第十条　企业所属单位交通安全管理机构（人员）的主要职责：

（一）贯彻执行国家和上级有关交通安全的法律法规、制度及标准；

（二）制定本单位交通安全宣传和教育培训计划，并负责实施；

（三）负责本单位职业、非职业以及聘用驾驶员的安全管理；

（四）负责本单位所属和租赁车辆的交通安全管

理；

（五）负责本单位车辆保险管理工作；

（六）组织运输车队实施风险管理工作，并抓好落实；

（七）组织内部交通安全检查；

（八）对本单位车辆发生的交通事故进行内部调查处理，建立交通事故档案，并负责统计上报。

第三章　教育培训

第十一条　企业应加强交通安全管理，对企业员工进行交通安全教育，认真执行和实施道路交通安全法规。

第十二条　企业应对驾驶员及相关人员定期进行交通安全培训。对违章驾驶员举办专项交通安全学习班。

第十三条　交通安全教育培训主要内容应包括：

（一）有关交通安全法律法规、规定等；

（二）交通安全常识；

（三）交通运输风险管理知识；

（四）安全驾驶技术；

（五）车辆机械常识；

（六）职业道德教育；

（七）交通事故案例；

（八）其他交通安全内容。

第四章　车队管理

第十四条　车队（或汽车服务公司，下同）应成立交通安全领导小组。

第十五条　车队安全管理的主要职责是：

（一）全面落实上级有关安全生产的指示和要求；

（二）建立、完善、落实安全生产管理办法；

（三）制定交通安全工作目标、计划、措施，并组织实施；

（四）开展对驾驶员动态分析和日常安全教育培训活动；

（五）加强车辆维护保养，坚持车辆回场检验制度；

（六）强化风险管理，实施车队 HSE“两书一表”。

第十六条　车队应建立健全安全生产管理规章制度，主要内容包括：

（一）安全教育；

（二）安全奖惩；

（三）驾驶员管理；

（四）车辆维修保养；

（五）车队安全会议；

（六）车场（库）管理；

（七）车辆回场检查；

（八）安全检查；

（九）车辆调度；

（十）节假日“三交一封”。

第十七条　车队应定期召开安全会议，主要包括：

（一）每日班前安全讲话或出车前安全讲话；

（二）每周安全例会；

（三）每月一次安全动态分析会及安全工作总结会。

第十八条　车队应按规定建立基层安全基础管理台账、驾驶员动态分析台账、安全行驶档案、事故内部调查分析及处理档案和车辆安全技术档案等资料。

第五章　驾驶员管理

第十九条　企业应加强对职业驾驶员和非职业驾驶员管理。

职业驾驶员指以驾驶车辆为全部或主要职业的人员；非职业驾驶员指企业其他岗位从业人员因工作需要，驾驶本企业车辆的人员。

第二十条　企业应对驾驶员建立完整的安全行车档案，主要内容包括：安全行驶千米数、培训考核、违章积分记录以及安全奖惩等。

第二十一条　车队应对驾驶员进行分类管理，对驾驶客运车辆、危险物品运输车辆、特种车辆实施重点管理。

第二十二条　对非建制车队、零散车辆的驾驶员应相对集中，指派专人负责安全管理。

第二十三条　企业应建立和执行驾驶员企业内部准驾证管理制度，企业交通安全管理部门或授权所属单位交通安全管理部门负责准驾证的审批、发放及注销等管理工作。

第二十四条 办理企业内部准驾证，应同时具备下列条件：

（一）因工作需要；

（二）具有有效的机动车驾驶证件；

（三）身体条件符合驾驶车辆。

第二十五条 非职业驾驶员办理准驾证，还应同时符合下列条件：

（一）本企业在册员工；

（二）安全驾驶常识和安全驾驶技术考核合格；

（三）所属单位同意。

第二十六条 办理企业内部准驾证，应经单位考核合格，报企业或所属单位交通安全管理部门审批、备案。

第二十七条 有下列情况之一的，交通安全管理部门不予办理或给予注销准驾证，并在备案资料中注明：

（一）患有妨碍安全驾驶车辆疾病的；

（二）无正当理由，超过三个月不接受违章或肇事处理的；

（三）已离开工作岗位，退休、退养或自谋职业的；

（四）驾驶员本人提出注销内部准驾证的；

（五）单位认为不适应驾驶企业车辆的。

第二十八条 企业应加强对客运车辆、危险物品运输车辆、特种车辆驾驶员的录用、考核、使用和管理。

第二十九条 驾驶员执行任务时，应持有派车单位派车人员签发的路（运）单，并按规定行驶。

第三十条 企业应实行长途行车审批和派车安全交待制度，派车人员应根据天气、路况和行车条件对执行任务的驾驶员进行安全教育。长途派车单上应注明行驶路段的主要交通危害和预防措施。

第三十一条 应禁止驾驶员疲劳驾车。驾驶员连续长途驾车超过 4 小时应停车休息，休息时间不得少于 20 分钟；每日驾车行驶时间累计不得超过 8 小时，因工作需要，确需超过行驶 8 小时时，应配备 2 名驾驶员轮换驾驶。

第三十二条 应对初次取得机动车驾驶证的人员，安排跟车实习，考核合格后，方可单独驾车。

实习期内驾驶机动车不得牵引挂车，不得驾驶公共汽车、营运客车或者执行任务的警车、消防车、救护车、工程救险车以及载有爆炸物品、易燃易爆化学物品、剧毒或者放射性等危险物品机动车。

第三十三条 严禁强令驾驶员违章行车。

遇有下列情况，驾驶员有权拒绝驾驶车辆：

（一）装载物品不符合装载规定；

（二）车辆存在严重故障隐患；

（三）工作疲劳、身体不适或正在患妨碍安全驾驶的疾病；

（四）其他违章驾驶指令。

第三十四条 企业对赴海外从事公务活动、需要驾驶车辆的非职业驾驶员，应安排经过专门培训，取得相应类别的机动车驾驶证，并按规定办理企业内部准驾证手续，方可安排驾驶车辆。

第三十五条 企业从外部聘用车辆驾驶员，应符合有关规定要求，并经交通安全管理部门审查考核合格。

企业应对拟聘用车辆驾驶员做下列审查：

（一）驾驶员的有效居民身份证；

（二）公安机关交通部门核发的有效机动车驾驶证，驾龄 3 年以上；

（三）年龄在 50 周岁以下；

（四）当年县级以上医院出具的体检合格证明。

聘用单位与聘用驾驶员应签订安全责任协议，明确各方的安全责任、教育责任、管理责任、经济责任、违约责任及权利和义务等事项。

聘用单位应为聘用驾驶员投保驾驶员人身意外保险。

第六章 车辆管理

第三十六条 车辆必须符合国家标准规定的机动车运行安全技术条件。

对于长途载客汽车、精密仪器车、大型特种车辆和载运爆炸物品、易燃易爆化学物品、剧毒或者放射性等危险物品的车辆，以及国家规定的其他车辆，应当安装、使用行驶记录仪。

第三十七条 应建立完整的车辆技术档案，主要内容包括：车辆状况，历次维护保养及大修时间、内容、更换零部件记录，车辆损坏及修复情况。

第三十八条 应按规定为车辆办理保险，车辆保险办理和理赔工作由交通安全管理部门统一负责。

第三十九条 企业应建立车辆维护保养和回场检查制度，对车辆定期进行检查，凡不符合安全行驶条件的不得运行。

第四十条 企业所属单位分散车辆应相对集中管理，委托具有资质的车辆维修单位进行回场检查和定期维修保养。

第四十一条　驾驶员应坚持出车前、行车中、收车后的“三检制”，对车辆各部件和装载物品进行检查。

第四十二条　节假日期间，对非生产运行车辆和非值班车辆实行“三交一封”（交车辆钥匙、交行驶证、交准驾证，定点封存车辆）制度。

第四十三条　拉运易燃、易爆、剧毒、放射性等危险物品的车辆的驾驶员、押运员，以及车辆的装载、行驶、停放等必须符合国家有关的规定。

第四十四条　车辆进入生产厂（场）区以及有防火防爆要求的道路，必须符合防火防爆等规定。

第四十五条　企业从外部租赁车辆的行驶证、营运证、附加费证、保险费凭证等必须齐全有效，按照“谁租赁、谁负责，谁使用、谁管理”的原则，依法签订租赁合同，并加强交通安全管理。

第四十六条　企业处置车辆时应到公安机关交通管理部门办理转移登记手续，否则，不得转交出售车辆。

企业出租车辆时必须依法签订安全合同，明确各方的安全责任、权利和义务。

第七章　事 故 管 理

第四十七条　交通事故等级划分按照国家有关规定执行。企业车辆发生的各类交通事故均应按集团公司事故管理规定报告、调查、处理和统计上报。

第四十八条　企业发生的各类交通事故均应记录，事故档案应包括从事发报告、调查、理赔到结案处理的全过程内容。

第四十九条　企业发生的各类交通事故，除配合政府交通主管部门进行调查处理外，应及时进行现场取证和内部调查处理工作。

第八章　奖励与处罚

第五十条　企业应对在交通安全管理工作中做出突出成绩的单位和个人给予表彰奖励。

第五十一条　企业应按照“四不放过”原则，制定交通违章处理相关规定。

有下列违章行为以及由此而造成事故的，应加重对驾驶员及有关责任人员处理：

（一）无证（包括无驾驶证、无准驾证）驾车；

（二）酒后驾车、违反职业道德以及严重违章等；

（三）擅自驾驶车辆办理私事；

（四）私自将车辆交给他人驾驶；

（五）明知车辆存在严重事故隐患，不报告、不检修或不及时采取安全措施。

第五十二条　因下列情况造成交通事故，除按规定对驾驶员做出处理外，还应对单位和单位领导进行责任追究：

（一）未按规定明确交通安全管理机构或配备交通安全管理人员的；

（二）违反交通安全法规，违反有关安全生产决定、规章制度的；

（三）管理松懈，明知车辆存在事故隐患而未及时消除的；

（四）发生事故后未采取有效措施，致使事故扩大或同类事故在一定时期内重复发生的；

（五）发生重大、特大交通事故，有意隐瞒不报、谎报或不及时报告的；

（六）违反本办法及集团公司有关安全管理规定，造成重大、特大交通事故或严重后果的。

第九章　附　　则

第五十三条　企业应根据本办法制定实施细则。

第五十四条　本办法自印发之日起施行。原《中国石油天然气集团公司交通安全管理办法》（中油质字［1999］194号）同时废止。

第五十五条　本办法由集团公司质量安全环保部负责解释。

专　文

抓住机遇　加快发展
全力打造具有国际竞争力的跨国企业集团

——马富才同志在集团公司 2004 年工作会议上的报告

（2004 年 1 月 6 日）

同志们：

这次集团公司工作会议，主要是认真贯彻落实党的十六大、十六届三中全会和中央经济工作会议精神，总结 2003 年工作的主要成绩和经验，加深对集团公司改革发展稳定等项工作的规律性认识，就 2004 年的工作做出总体部署。紧紧抓住全面建设小康社会和完善社会主义市场经济体制的宝贵机遇，按照全面、协调、可持续的发展观，明确提出建设具有国际竞争力的跨国企业集团总体目标、实施步骤和保障措施，把集团公司的改革发展推向一个新阶段。

一、2003 年工作的主要成绩

2003 年，是我国全面建设小康社会和集团公司实施“两个转变”的第一年，也是广大干部职工经受严峻考验、战胜各种困难并取得显著成绩的一年。过去的一年里，在党中央、国务院的正确领导和关心支持下，我们立足当前、谋划长远，指导思想、工作思路以及管理方式都积极向着跨国石油公司和具有复合功能的油气供应商方向转变；进一步构建了优势明显、市场前景好并且盈利能力较强的产业群和生产链，突出发展主营业务的保障条件和政策措施更加有利；整体协调发展的意识和集团公司的控制力明显增强，职工队伍继续保持迎难而进、奋发向上的精神风貌。

2003 年，全集团上下众志成城、奋力拼搏，许多方面都创出历史新水平，主要生产经营指标完成情况好于预期。全年国内外共生产原油 12242 万吨、天然气 262 亿立方米，比 2002 年分别增加 481 万吨和 29 亿立方米；加工原油 10075 万吨，生产成品油 6345 万吨，同比分别增长 9.5％和 10.2％；国内销售成品油 5629 万吨，其中零售量达到 2230 万吨，同比分别增长 6.1％和 18.6％；生产乙烯 182 万吨、合成树脂 258 万吨、尿素 358 万吨，化工商品产量首次突破 1000 万吨，同比增长 11.4％；实现销售收入 4300 亿元、税费 760 亿元、利润总额超 700 亿元，同比分别增长 13.4％、18％和 30％以上。集团公司的规模实力和经济效益在全国大型企业中继续保持领先地位。

2003 年，集团公司基于对内外部形势的正确判断，做出一系列重大决策和工作部署，指导和推动各项工作始终沿着正确的方向前进。

在战略性决策方面，根据全面建设小康社会的要求，提出建设具有国际竞争力的跨国企业集团、实现“两个转变”的战略目标，并围绕“三个跨越”、“四个建立”组织专题研究，形成推进的工作方案；为积极推动“两个转变”，党组多次研究部署东北、西北、南方和海外的发展格局调整问题，并从资源和市场两个大的方面分别做出战略性部署；为充分发挥油气供应商的功能，按照“大市场、大流通”的要求，深入研究油气储运能力和管网建设问题，就建立经济半径合理、重点区域全覆盖的管网输送体系做出规划部署；为有效解决资源接替问题，实现国内原油产量稳中有增，就“十五”后三年寻找大场面、获取大发现、实现大突破进行总体部署；着眼于改善国家能源构成，培育集团公司新的支柱产业，深入研究加快天然气产业的发展问题，并以西气东输工程建设和扩大机构用户为重点，对天然气市场的深度开发工作做出总体部署；为保障国家油气供应安全，在中央领导同志的密切关注和国家的直接推动下，就中俄、中哈油气合作等做出战略性安排。

在经营管理决策方面，针对去年 3 月美英发动对伊战争出现的复杂情况，我们组织力量跟踪分析、做出基本判断，并制定应对措施和方案。针对2003年春季突如其来的“非典”疫情，为确保职工生命安全和健康，确保生产经营等各项工作有序进行，就一手抓“非典”防治、一手抓生产经营做出周密部署，把“非典”造成的损失降到最低限度。在2002年研究论证的基础上，大力推进和实施产业定位工作，进一步明确企业发展方向，集中精力发展主营业务。在全集团实行与国际接轨的企业会计制度，广泛开展管理增效活动和“六查六整顿”工作。部署和实施工资分配制度改革，进一步搞活激励机制。积极配合地方政府做好再就业工作，努力解决下岗失业人员再就业问题。从落实责任、完善政策、加强教育引导等方面，就维护企业和社会稳定做出一系列安排。为形成兴起学习“三个代表”重要思想新高潮和贯彻十六大精神的热潮，党组多次研究，做出具体部署。为加强精神文明建设，制定并实施企业文化建设纲要。大力加强以基层党建为核心的基层建设工作，巩固集团公司改革发展的基础。

在政策支持方面，出台资产减值准备计提与核销、会计集中核算、货币资金和银行账户管理及规范外投外借和对外担保管理等财会政策。完善关联交易结算办法。制定管理人员违纪违规行为处分规定。加强银企合作，签订人民币综合授信额度协议，对海外工程项目提供比较充足的资金和信用支持，并降低企业开证费率。实行科技投入回报制度，完善集团公司科技管理政策体系。出台加强集团公司和企业两级技术专家队伍建设的意见，完善人才政策。修订未上市企业投资目录，规范企业投资方向。制定出台推动主辅分离、辅业改制的鼓励政策和规范企业用地管理政策，为深化改革提供政策支持。加大对存续企业的扶持力度，实行“反哺”政策，尤其是对特困企业加大资金注入和实施债务重组。较大数额地处置未上市企业不良资产，减轻企业负担。同时，还积极争取国家的政策支持，如对东北地区石化企业改造贷款实行国家贴息，对跨地区重组的专业化公司争取到有利于减轻税负的所得税和增值税政策，实施“股转债”、增加集团公司持股比例等。这些政策，对于促进企业发展、规范生产经营运作等发挥了重要作用。

总结2003年的工作，主要有以下几方面的成绩：

1. 油气上游和炼化业务稳定发展，国内最大油气生产商的地位得到巩固

进一步突出勘探重中之重的地位，深化对资源潜力的认识，明晰工作思路和主攻方向，加大投入、甩开勘探，取得一系列重大突破和新进展。新发现5个亿吨级油气田和12个5000万吨级油气区块，全年国内新增探明石油地质储量4.4亿吨、天然气地质储量3902亿立方米，石油控制和预测储量创近年来新高。原油生产实施积极调整东部、加快发展西部的工作方针，注重推广应用新工艺新技术，东部老油田综合治理成效明显，西部增储上产势头良好，继新疆之后，长庆又跨入了千万吨级大油气田行列，国内原油生产实现稳中有增。天然气生产继续保持两位数增长。四大气区上产势头良好，其中西南油气田天然气产量达到91.9亿立方米，长庆油田天然气产量突破50亿立方米。炼油化工业务坚持结构调整和强化管理并举的方针，在加快东西部千万吨级炼化生产基地建设的同时，优化资源配置，精心组织生产运行，加快推进炼化重点工程项目建设和技术改造，规模实力和盈利能力明显增强，炼油实现大幅度增盈，化工全面扭亏为盈，为集团公司整体效益的增长做出了重要贡献。

2. 油气管网建设、市场开发和国际贸易发展势头良好，有力地推动了集团公司向具有复合功能油气供应商的转变

以覆盖重点市场区域、增强市场竞争优势为目标的管网建设按规划推进，重点工程正点运行。西气东输工程东段全面完工，已于2003年10月16日开始陆续向下游用户供气，忠武线控制性工程已完成总工程量的一半，陕京二线各项前期准备工作正有序展开。管网的快速建设，为市场开发提供了支撑，抢得了先机，天然气销量达186.9亿立方米，实现销售收入92.2亿元。市场营销力度不断加大，对市场规律的认识进一步加深，在调整营销策略、优化销售结构、实施促销推价和降库压费等方面成效明显，市场控制力和应变能力增强，对市场的深度开发水平不断提升。成品油销售量、零售比例、市场份额和化工产品的总销量都有新的提高，国内成品油市场份额达到43.3%，公司加油站总数达到15231座，零售比例达到45.1%，直销率达到68.9%。国际油气贸易发展迅速，交易运作日趋娴熟，既为炼化及销售业务的快速发展提供了资源保证，拓宽了进出口渠道，又增强了集团公司实施国际化经营的能力。目前连通多个国家的贸易渠道和联结众多用户的国际贸易平台已初步建立，全年完成国际油气贸易量3979万吨，实现贸易额757亿元。

3. 存续企业的自我生存发展能力不断增强，开始走上稳步发展的轨道

持续不断地对存续企业进行战略性调整，累积效

应日益显现。通过实施产业定位、结构调整和技术改造，工程技术服务和生产服务等主营业务朝着做专做强方向迈进，一批装备优良、技术先进、综合作战能力强的施工作业队伍成为中坚力量，内部挖潜的意识和自主经营、自负盈亏、自我发展的能力进一步增强。强化市场主体意识，积极主动地参与市场竞争，有效地扩大了生存发展空间，外部市场收入比重明显提高。根据存续企业生存发展需要，不断延伸油气业务生产链，一批技术含量高、市场前景好、盈利能力较强的新建项目陆续建成投产，成为新的经济增长点。加大对严重亏损企业的扶持力度，配套实施扶持政策，见到明显效果。强调整体协调发展，成功扭转了主业不突出、竞争能力弱、整体处于困境的局面，干部职工进一步坚定搞好搞活存续企业的信心，看到了新的发展前景。

4. 跨国经营正在步入快速发展阶段，海外油气生产基地建设初具规模

原油、天然气的作业产量分别达到2509万吨和19.2亿立方米，权益产量达到1288万吨和13.9亿立方米，海外油气生产继续保持较大幅度增长。勘探开发公司海外现执行项目新增可采储量9100万吨；苏丹和哈萨克斯坦两个主要生产区初具规模，开始形成勘探开发、管道输送、炼油和终端销售一体化发展的格局。在苏丹3/7区进行风险勘探取得重大突破，探明地质储量可超过4亿吨，并分别在厄瓜多尔、哈萨克斯坦、阿塞拜疆等国签订风险勘探合同，标志着海外油气业务的发展进入到一个新阶段。2003年新签订项目12个，其中有6个为新进入国家，尤其是在俄罗斯实现零的突破，进入的国家已增至19个。海外工程技术服务发展迅速，开始由单纯依托油气项目“搭船出海”到独立实施国际化经营的转变，自主开发市场的能力增强。

5. 专业服务公司资源优化配置的优势已经显现出来，成为开拓国内外市场的一支劲旅

早期成立的管道、物装、勘探开发等公司不断壮大，近年来在重组中诞生的国际工程、工程设计、东方物探、中油测井等专业服务公司迅速崛起。各专业服务公司凭借自身优势，率先进入外部市场，并敢于同国内外强手比高低，在许多方面创出佳绩。队伍和装备实现跨地区整体优化配置，降低了协调和运营成本，提高了资产利用率；科技力量得到整合，关键技术攻关和装备研发取得重要成果；内部市场的运作实行统一协调，进一步规范了市场竞争秩序；整体竞争实力明显提高，有力促进了跨国经营战略的实施，已经成为集团公司开拓海外工程技术服务市场的先锋和中坚力量。2003年东方物探公司的国际业务量增长50%，海外收入已接近主营业务总收入的一半。

6. 深化改革与加强管理同步推进，企业的发展活力进一步增强

股份公司积极推行组织结构扁平化管理见到成效。存续企业主辅分离、辅业改制工作取得新的进展，总体方案已报国资委批准，有的企业已获得较大突破。公司制改革和社区化管理试点工作稳步推进。物流系统改革的前期研究不断深化，初步方案已经形成。劳动人事制度改革取得实质性进展，特别是在劳动用工市场化和干部公开竞聘等方面取得较大突破。以引入劳动力市场价位为核心的工资分配制度改革全面启动。住房制度和社会保险改革进一步深化。

坚持以提高经济效益和发展质量为目标，着力推进管理方式的转变，高度重视内涵发展和企业素质的提高，广泛深入地开展“管理增效年”活动，精细化管理、集约化经营的意识普遍增强，有力推动节约挖潜工作，出现了管理水平和经济效益上升、成本费用下降的好局面。各专项管理工作得到进一步加强，尤其是财务资产管理、投资计划管理效果明显。

7. 党的建设和思想政治工作扎实有效，稳定工作得到进一步强化

各单位按照党组提出的以“三个代表”重要思想和十六大精神统一思想认识、谋划未来发展的要求，抓住围绕主题、把握精髓、狠抓落实三个重点环节，坚持在深入人心上下功夫，在开拓创新上下功夫，在力求实效上下功夫，组织开展“六个深刻领会、六个深入思考”的专题讨论，把“三个代表”重要思想和十六大精神的学习不断引向深入。以改革的精神加强和改进党的建设和思想政治工作，广泛开展“形势、目标、责任”主题教育，深入进行弘扬大庆精神、铁人精神教育，大张旗鼓地开展评比选树“百面红旗”活动，有效地增强了企业的凝聚力，激发了广大职工爱岗敬业、奋发向上的工作热情。制定并实施以培育统一的企业精神和树立新型的经营理念为核心的企业文化建设纲要，丰富了企业文化建设的内涵，形式也更加生动活泼，对鼓励职工创优争先、奋发有为、多做奉献发挥了重要作用。正确处理改革发展稳定的关系，高度重视维护社会和企业稳定的工作，全面落实稳定工作责任制，努力化解各种不稳定因素，确保了集团公司大局的稳定。

2003年的工作成绩来之不易，是党中央、国务院正确领导以及国家各部委、地方各级党委和政府、

各兄弟单位大力支持的结果，是集团公司上下团结一致、奋力拼搏的结果。在此，我代表集团公司党组和集团公司，向全体干部职工、离退休老同志和一直给予我们大力支持的国家各部门、各省市区以及兄弟单位和新闻界的同志们表示衷心的感谢！

同时，我们要清醒地看到存在的矛盾和问题。首先需要认真剖析的是安全生产上存在的严重问题。2003年12月23日，在重庆开县地区的罗家16H井发生特大井喷责任事故，造成大量人员伤亡，给党的事业、人民生命财产带来巨大损失，教训是沉痛的，我们深感痛心。这次事故说明，一个单位的生产发展了，经济效益上去了，并不能完全说明一个单位工作的全部。我们任何时候都不能忘记，发展生产的目的是为了国家的强盛和人民的利益，不能单纯地就生产抓生产。如果生产上的成绩很大，但安全工作上出现重大事故，给国家和人民生命财产造成严重损失，那就违背了发展生产的目的。这种教训我们一定要牢牢记取。

这次事故说明，我们的一些领导和管理人员思想上对安全生产重视不够，有的甚至麻木不仁，没有树立起以人为本的管理观念，管理监督不到位，也有违章指挥问题。有些职工自身的安全意识和防范意识不强，违章、违规和违反劳动纪律的现象依然存在，有的单位还比较严重。有关安全生产的规章制度还不完善。归根到底，是安全生产责任制没有完全得到落实。岗位责任制是石油战线的光荣传统，是当年一把火烧出来的，也是用惨痛教训换来的。深刻反思我们的工作，许多管理上的漏洞，许多事故的发生，都与放松管理、执行岗位责任制不严有着直接的关系。

这次事故说明，我们处置突发性事故灾害的应急预案还不完备，不能完全适应环境条件的变化和特殊情况下安全生产的需要。我们的预案没有考虑到与地方的联动，预案内容没有明确施工作业过程中与现场周边群众共同防范事故的方式方法和程序，因此突发性事故一旦发生，无法迅速及时地充分运用社会救援力量，企地联手将事故灾害的损失降到最低限度。

这次事故还说明，随着科学技术的进步和一些新情况的出现，我们的标准、规范和程序没能及时修改，以至于问题出现以后，不能及时有效地控制事故而酿成更大的惨祸。

除了安全生产上的问题外，在国内油气资源接替上，虽然进一步加大了资金投入和勘探力度，但重大突破仍然少，新建产能区块零散、规模小的矛盾依然存在。对加入世贸组织后市场逐步对外开放的准备不足，部分企业的市场主体意识还不强，开拓外部市场进展较慢。存续企业的体制性障碍依然比较突出，与市场经济相适应的激励约束机制尚未完全建立，整体发展实力有待于进一步增强。随着社会影响程度的加深、改革的不断深化和工矿区管理对象发生的变化，影响不同利益主体的因素增加，维护稳定的任务更加繁重，等等。对于这些问题，我们要通过发展的办法和改革的途径，认真加以解决。

二、加快推进具有国际竞争力的跨国企业集团建设

党的十六大报告提出："通过市场和政策引导，发展具有国际竞争力的大公司大企业集团。"《中共中央关于完善社会主义市场经济体制若干问题的决定》强调：鼓励国内企业充分利用扩大开放的有利时机，增强开拓市场、技术创新和培育自主品牌的能力。赋予企业更大的境外经营管理自主权，促进我国跨国公司的发展。胡锦涛总书记在十六届三中全会第二次全体会议上的讲话中明确要求："继续实施'走出去'战略，逐步建立国外能源和原材料基地。"我们提出的建设具有国际竞争力的跨国企业集团战略目标和实施"两个转变"的部署，符合党的十六大和十六届三中全会精神。

新一届中央领导集体非常关心我们集团公司的跨国企业集团建设。在过去一年里，胡锦涛总书记出访俄罗斯、哈萨克斯坦，直接推动中俄、中哈油气合作。吴邦国委员长对我们推进"两个转变"、建设跨国企业集团的部署给予充分肯定。温家宝总理两次主持国务院会议，研究我国油气资源可持续发展问题，并就提高油气资源对经济发展的保障能力做出重要指示。9位中央政治局常委和政治局委员到集团公司所属企业视察工作，看望干部工人，给我们以极大的鞭策和鼓舞。党和国家领导同志多次听取集团公司工作汇报，就发展石油工业、发展跨国企业集团、实施"走出去"战略做了一系列重要指示。黄菊副总理鼓励我们说：中石油是国有经济布局调整、结构优化、大企业做大做强的重点。利用国外资源要靠你们，确保国家石油安全任务压在你们身上。曾培炎副总理指示："石油天然气是重要的能源矿产和战略性资源，关系国家经济和社会发展，关系国家安全。"充分表达了新一届中央领导集体对我们这支队伍的极大信任，对我们建设具有国际竞争力的跨国企业集团寄予殷切期望。我们一定要时刻牢记党和国家的重托，把党中央、国务院的亲切关怀作为强大动力，加快推进具有国际竞争力的跨国企业集团建设。

分析国内外宏观经济总体走势，今后20年是我们建设具有国际竞争力的跨国企业集团难得的战略机遇期。从国际环境看，美伊战争后，世界经济逐步回升，新一轮结构调整正在加快，预计今年世界经济的增长将有望高于往年，必将拉动全球尤其是亚太地区石油需求的增长。目前世界石油保持供求相对平衡、供略大于求的基本态势，但由于石油往往被一些大国作为政治筹码使用，被称为“一根敏感的神经”，经常因某种政治因素的影响而对油价产生拉动，国际油价在起伏波动中有可能保持一个较高的价位。石油资源国为保护本国资源和保持市场份额，积极扩大对外开放，寻找合作伙伴。跨国石油公司正在进行战略调整，逐步从一些地区和领域退出。我国加入世贸组织后，在国内石油市场逐步开放的同时，国外市场也向我们开放，有利于我们在全球市场上平等参与竞争、分享油气资源。这些对我们发展海外经营十分有利。从国内环境看，随着全面建设小康社会的进程，我国经济将持续快速发展，尤其是机械、汽车、钢铁等重化行业呈现出快速发展势头，标志着我国经济开始进入工业化中期即重化工业阶段，而重工业单位增加值的能源消耗明显高于轻纺工业；随着城乡二元经济结构逐步改变，城市化水平不断提高，农村人口呈现向城市大量转移态势，而城镇人口年均消耗能源是农村的3.5倍；随着国民收入增加，居民消费进入新的结构升级阶段，人们拥有住房面积和家电、轿车水平将不断提高，使人均能源消耗呈增长趋势；随着全球新一轮产业布局的调整，中国正在成为一个规模庞大的世界加工制造基地，一些高耗能制造业向我国转移。这些都将增强我国经济社会发展对能源增长的预期，能源消费将继续保持强劲增长。据多方面预测，到2010年和2020年，即使实行强有力的节油措施，国内石油需求仍将分别达到3.1亿吨和4亿吨，天然气需求将分别达到1000亿立方米和2000亿立方米，中国正成为全世界增长潜力最大的油气消费市场。能源需求的长期持续增长，将为我们集团公司发展提供持续的动力和巨大的空间。尤其是随着党的十六届三中全会《决定》的贯彻落实，将为我们实现“两个转变”、加快跨国企业集团建设提供更好的经济环境。

再从集团公司内部看，经过两次大重组及近年来的改革发展，我们已具备了加快推进跨国企业集团建设的现实基础。与刚重组后的1998年底相比，2003年全集团资产总额由4898.7亿元增加到7700亿元，负债率由52.21%降到31%，销售收入由2562亿元增加到4300亿元，实现利润总额由47.2亿元增加到700亿元，经济规模和综合实力显著增强。原油、天然气市场占有率一直稳居二分之一和四分之三的水平，成品油市场份额占五分之二以上，市场营销能力增强。海外业务由单一合作开采转入到风险勘探、油气开发、工程承包、产品出口一体化运作，实现了跨越式发展，拓展海外市场的能力显著增强。通过核心业务重组改制上市和存续企业主辅分离、专业化重组，管理体制和经营机制发生了深刻变化，企业活力也显著增强。

在建设具有国际竞争力的跨国企业集团道路上，我们也面临着诸多困难和挑战。一是跨国石油公司对油气资源和市场的争夺日趋激烈。尤其是少数西方大国，凭借自己强大的经济实力，采取政治、经济、外交、军事等各种手段，在全球范围内争夺石油资源。国际石油市场不确定因素明显增加，将给我们上游效益的增长带来很大的风险。二是根据我国加入世界贸易组织时的承诺，成品油零售业务和批发业务将相继于今年12月和2006年12月全部对外商开放。届时，境外特别是周边国家和地区的成品油有可能大量涌入国内市场，这对我们的炼油和销售企业将是一场严峻的考验。同时，国内石油市场的有些业务领域也要向民营、私人企业开放，有些资本雄厚的民营企业已把目光投向石油石化市场，不仅要参与零售市场竞争，而且要投巨资兴建炼油化工基地和港口码头设施，并以其灵活的机制与我们争夺人才。这种多元化竞争格局，需要我们从思想观念、应对措施等方面做好充分准备。三是集团公司内部产业产品结构、队伍和组织结构以及资源结构不尽合理，制约发展的体制性障碍仍然存在，人员富余和企业办社会负担等历史积累的矛盾，与新形势下出现的问题交织在一起，解决的难度比较大。

机遇与挑战总是相伴而来的，大挑战蕴含着大机遇，大机遇可带来大发展。综合分析国内外环境和集团公司自身条件，我们可以得出这样的认识：加快我国石油石化工业发展的条件和机遇千载难逢，新世纪新阶段实现新的跨越具备现实基础，实施“两个转变”、建设具有国际竞争力的跨国企业集团是时代和历史赋予我们的神圣使命，也是集团公司实现新崛起、再创新辉煌的必由之路。各企业、各部门要矢志不渝地坚持这个战略发展定位，牢牢把握集团公司的发展战略方向。

1. 明确“两个转变”的内涵

单纯油气生产商以油气生产为主，以自产、自炼、自销为基本特征。复合型油气供应商则是集生产、加工、贸易等功能于一体，生产和销售同时以本国和境外为目标市场，在全球拥有一定的市场占有率和品牌美誉度。通过产销结合、既买又卖的国内外贸易，利用全球资源优化产业链的资源配置。传统的油气能源公司主要在境内从事油气生产、加工和销售业务，一体化的跨国石油公司则是从全球市场获取资源，通过遍布海内外的生产、加工基地和研发中心与营销网络，实现资源的集中统一和优化配置，一般都具有复合型油气供应商的基本特征，而且其海外资产额和销售额与总资产和销售总额的平均比例，即跨国指数，一般都达到25%以上。我们实施“两个转变”、建设具有国际竞争力的跨国企业集团，不能完全照搬国外模式，要从中国国情和集团公司实际出发，研究确定我们的发展模式和跨国企业集团的指标体系。

2. 确立跨国企业集团建设的分阶段目标和战略步骤

按照国家全面建设小康社会的进程，总体上分两步走：

第一步，到2010年，原油产量1.33亿吨，天然气产量700亿立方米，原油加工量1.6亿吨，成品油销售量1亿吨，化工产品产量3000万吨，实现销售收入830亿美元，经济总量比2000年翻一番，基本具备跨国石油公司和复合型油气供应商的一般特征，保持国内主要油气供应商和国际石油公司前十位的竞争地位。

第二步，到2020年，油气产量、原油加工量、化工产品产量和国际贸易量都有一个较大增长，经济总量比2010年再翻一番，其中海外原油生产成为集团公司“半壁江山”，集团公司的总体实力在跨国石油公司综合排名中力争跻身前列。

3. 制定跨国企业集团建设的战略方针

围绕总体战略，为加快推进“两个转变”，要坚持以下战略方针：

（1）坚持突出主营业务。对于集团公司主营业务，要坚持做强做优，使之长期保持强劲增长势头。在力量配置和资金投入上，始终坚持把油气勘探放到重中之重的位置，坚持不懈地实施倾斜政策，不断巩固和发展上游优势；同时合理调整结构和布局，实施整体优化，做强做优中下游业务，使油气生产链上的效益最终在中下游得到充分体现。坚持有进有退、有所为有所不为，大力推进产业布局的优化和结构调整，推进主辅分离、辅业改制分流，关停无效低效装置，退出关联度差的辅助业务，移交企业办社会职能，增强集团公司核心竞争能力和可持续发展能力。

（2）坚持整体协调发展。树立和落实全面、协调、可持续的发展观，以整体利益最大化、整体效益最优化为全集团奉行的准则，统筹上市部分与未上市部分发展，统筹上中下游即油气勘探开发、炼油化工、储运销售、内外贸易发展，统筹东部西部、陆地海域、境内海外发展，统筹企业发展与矿区和人的全面发展，统筹能源与环境和谐发展。根据形势任务变化，不断赋予整体发展新的内涵，建立一体化发展的有效保障机制。

（3）坚持市场全球化。充分利用国内外两个市场、两种资源，打破本土、本区域局限，加快“走出去”步伐，奋力向海外扩展，采取多种形式，建立布局合理、规模经营的海外油气生产与加工基地，发展管道运输、营销网络和油气贸易体系。坚持“开发一个项目、带出一支队伍、占有一片市场”的方针，推动技术服务、物资装备和其他业务的国际化经营。坚持以“国内领先、国际一流”为目标，以质量、技术和优质服务，全力打造中国石油品牌，加快赶超跨国石油公司的先进水平。坚持在竞争中合作，积极与跨国石油公司发展战略联盟等合作伙伴关系，不断扩大国际合作的范围和领域。

（4）坚持依靠科技进步。建立和完善集团总部和地区公司、专业服务公司两个层次的技术中心，整合科技资源，在继续强化石油勘探开发技术中心的同时，加强天然气、炼油化工、工程技术、管道工程等技术中心和经济研究中心建设。立足核心技术自主开发，加强重大储备技术超前开发，加大瓶颈技术开发攻关，加快成熟技术推广应用，为跨国企业集团建设提供强有力的技术支持。

（5）坚持低成本发展。要把降低成本、控制成本增长作为提高经济效益的有效途径，将增收增效的目光紧紧盯在提高经营管理水平、挖掘内部潜力上。坚持科学合理地控制和压缩成本，将着力点进一步放到依靠技术进步、改善经营管理、加强制度建设和提高人的积极性上来。加强项目管理，严格新建和技改项目决策程序，从源头上控制好成本。加强全面预算管理，建立健全成本责任制，强化成本约束机制。积极探索运用购并、股权转让等多种方式进行资产重组，优化资产结构，提高资产质量，降低生产经营成本。建立市场化成本控制机制，将成本指标与市场价格挂钩、弹性浮动，增强企业适应市场、抵御风险的能力。

4. 从战略全局上，对具有国际竞争力的跨国企业集团建设做出区域性部署

东部：是集团公司原油生产的主力和持续发展的

基础。要按照战略展开、战略突破、战略准备三个层次，加强松辽、渤海湾两大重点盆地勘探，搞好资源接替，实现大庆油田产量的有序递减，辽河、华北油田原油产量基本稳定，吉林、大港、冀东油田保持增储上产。2010年，东部原油产量保持在6300万吨。引进俄罗斯原油和天然气，优化东部地区资源。扩建大连炼厂，形成以加工俄罗斯原油为主的3000万吨级炼油基地；改造大庆、吉林、抚顺、辽阳等炼化厂，形成年产300万吨乙烯、80万吨PTA、120万吨聚丙烯规模能力。

西部：是集团公司加快油气发展的重要战略接替区。要力争在鄂尔多斯、准噶尔、塔里木三大盆地找到几个3—5亿吨级的大油田或油田群，建成新疆、塔里木、长庆、川渝四个油气当量达千万吨级的油田。2010年，西部原油产量达到4600万吨，天然气产量达到530亿立方米。建成中哈油气管道，引进里海油气。改造扩建炼化企业，在兰州、独山子等地形成三个千万吨级炼油基地、三个60—100万吨级乙烯石化基地，并将宁夏石化建成我国最大的化肥生产基地。到2010年，西部原油年加工量达到4965万吨，乙烯生产能力达到252万吨。建成西气东输、忠武线和陕京二线管道，保证塔里木、青海、长庆、川渝四大气区的天然气外输；建设鄯善—兰州原油管道，保证兰州石化经济稳定的原油供应；建设独山子—乌鲁木齐—兰州成品油管道，并与兰—成—渝管线相接，形成“西油东送”管网格局，实现西部地区由资源外输向产品外输的转变，形成产、炼、化、运、销完整的经济链，为西部大开发做出新的贡献。

南方：是集团公司扩展市场空间的现实领域。要加大南方油气勘探工作力度，加强对南方碳酸岩盆地等新区地质综合研究，力争有大的发现和突破，找到一定规模的油气田。与兄弟单位联手，共同勘探开发“蓝色国土”。积极捕捉商机，在沿海发达地区新建或合资、购并具有较大规模的炼化生产基地。建设兰州到内地南下东进的成品油管道，形成中西部成品油外输的骨干管网，并与东北—华北成品油管网连接，形成“北油南调、西油东送”的油品供应网络格局，配套建设油库和配送中心，加大重点市场开发力度。适时建设西气东输和忠武线、陕京二线天然气联络线，形成横跨东西、纵贯南北、连通海外的全国天然气骨架管网。充分发挥资源优势，依托西气东输管道拓展长三角经济区天然气市场，依托忠武线开拓中南天然气市场，依托川渝管网扩大西南天然气市场。积极参与支线管网建设，择机介入天然气发电和LNG、CNG业务，延长价值链。

海外：是集团公司加快发展的战略重点领域。要以收购、参股及资产置换等资本经营为重要手段，大力发展海外油气勘探开发业务。以现有项目为基础，积极向周边扩展，不断扩大生产规模。以中俄、中哈油气管道项目为契机，积极参与中亚、俄罗斯油气资源的勘探开发，在海外建成几个具有相当规模的油气生产基地。以海外上游业务为龙头，以国际贸易为基础，加快在海外形成一定规模的炼油化工生产基地和销售网络，辐射周边市场，不断扩大成品油和化工产品销售和转口贸易。立足国内市场的供给，多渠道引进资源：在东北方向引进俄罗斯油气、西北方向引进哈萨克斯坦及中亚油气的同时，东部和南部沿海进口液化天然气、引进份额油和海外原油，搞好跨区域的油气上中下游协调发展。依托国内生产及出口基地，扩大油品和化工产品进出口。加大现货、期货交易力度，利用新加坡、伦敦、纽约三大石油交易市场，开展跨市交易，不断扩大国际贸易规模，实现对全球资源和有效市场的合理布局。2010年，海外权益原油产量将达到2500万吨，权益天然气产量达到100亿立方米；海外收入达到120亿美元，占集团公司总收入的比例达到14%以上。

到2010年，国内外生产原油加上贸易原油和进口管道天然气，将形成2亿吨原油、800亿立方米天然气的供应能力，占同期国内预期油气需求量的三分之二以上，保持中国最大油气供应商地位。到2020年，仍要保持这一地位。

5. 实施以上战略部署，需要采取强有力的保障措施

第一，坚持资源领先。油气资源是集团公司发展之本和效益之源，是建设跨国企业集团最重要的物质基础。坚持把增加油气可采储量、充分发挥资源优势放在第一位，充分利用国内外两种资源、两个市场，在立足国内资源的同时，运用多种手段和途径分享世界油气资源，扩大全球油气资源市场占有份额。进行新兴能源开发研究，为资源接替做好战略储备。

第二，完善管理体制。加强集团总部功能建设，健全投资中心、决策中心、资本运营中心三大功能，建立规范的母子公司体制。积极推进成员企业主辅分离、辅业改制、移交办社会职能，逐步重组整合，发展混合所有制。规范法人治理结构，推进管理扁平化，逐步健全与国际接轨的跨国企业集团体制架构。

第三，加强人才开发。完善人才政策及其评价体系和激励制度，建立健全留住、吸引、用好人才的机

制，营造鼓励各类人才脱颖而出的环境。面向集团内外招贤纳才，加快发展经营管理、专业技术和操作技能三支人才队伍。建立职工与企业共享发展成果、共担经营责任的利益共同体，实现企业价值与职工价值同步提升。

第四，推进管理创新。加强战略研究，建立健全决策支持系统。完善集中决策、分级授权管理体制，建立和完善决策形成、实施和监督等制度体系。坚持依法治企，提高企业依法经营和依法保护合法权益的能力。健全以预算为依据、充分体现严考核硬兑现要求的业绩考核制度。提高资金融通能力和使用效率，扩大市场直接融资，优化资本结构。推进业务流程再造，完善信息化管理系统。

第五，强化政策支持。加强政策研究，借鉴国际通行作法，积极争取国家对跨国经营等实行扶持政策。深化对国家实施的西部大开发、振兴东北地区等老工业基地和油气资源可持续发展等重大战略的研究，用好国家的支持政策，促进石油石化行业的发展。加深对国家财政、货币、金融、税收等政策的研究，把握好国家宏观政策取向，尤其是做好税收策划工作。认真总结跨国经营的成功经验和做法，及时将其上升到政策和制度层面，并根据需要及时研究出台新的政策，配套形成跨国企业集团的政策体系。

第六，培育先进文化。贯彻落实《集团公司企业文化建设纲要》，统一和弘扬企业精神及核心经营管理理念，并融入职工行为规范。树立“以人为本”观念，从单纯注重物化管理向价值形态管理和人本管理转变，提高人的积极性和创造能力；树立以一流业绩回报用户、回报股东、回报职工、回报社会的共同价值观，追求能源与环境的和谐、企业与社会的协调、经济效益与社会效益的统一。在具有国际竞争力的跨国企业集团建设中，实现职工的人生价值。

三、2004年的主要工作部署和要求

按照加快建设具有国际竞争力的跨国企业集团的总体部署，今年工作的指导思想和总体思路是：坚持以邓小平理论和“三个代表”重要思想为指导，深入贯彻党的十六大、十六届三中全会和中央经济工作会议精神，坚持以人为本，树立全面、协调、可持续的发展观，继续突出做优做强主营业务，大力开拓国内外市场，加快发展油气国际贸易，积极调整优化结构，进一步深化企业改革，不断增强创新能力和企业活力，加速“两个转变”进程，强化油气生产和供应商的复合功能，为全面打造具有国际竞争力的跨国企业集团付出更大的努力。

今年工作的主要目标是：

（1）经济效益有新的增长。扣除各种影响因素后，实现利润总额比2002年增长3%—5%。困难企业扭亏解困工作取得突破性进展。

（2）油气、炼化和销售业务有新的发展。探明石油地质储量5亿吨以上，石油储量接替率大于1；探明天然气地质储量1200亿立方米。生产原油1.23亿吨、天然气290亿立方米，其中海外1400万吨、18亿立方米。加工原油1.03亿吨，生产成品油6600万吨，化工产品商品量达到1138万吨。国内销售成品油6000万吨、天然气210亿立方米，成品油市场占有率达到43.7%，零售比例不低于47.6%。

（3）企业改革与管理有新的进展。按照突出重点、整体设计、分步实施的要求，继续深化改革，在改体制、转机制和调整优化结构上迈出较大的步子，企业管理水平进一步提高。

（4）职工生活质量有新的提高。认真研究涉及职工群众利益的重要问题，努力改善职工的工作和生活条件，进一步提高职工收入水平。

为实现上述目标，重点要做好以下几方面工作：

1. 继续突出主营业务的发展

始终坚持把主营业务放在优先和突出发展的地位，从资源配置和市场开发两个方面统筹规划和部署，并充分发挥油气勘探开发的龙头作用，带动相关业务的发展，努力形成集团公司各项业务整体协调发展的格局。

一是进一步加大勘探工作力度，力争在寻找新的油气资源上获得新突破。国内油气勘探要继续按照“突出石油预探、优化天然气勘探、加强风险勘探”的工作思路，进一步优选勘探目标和区域，全面实施战略性甩开，努力取得新进展和新突破，在实现资源接替的良性循环上迈出更大步子。对已确定要落实3—5个亿吨级、10个左右3000—5000万吨级石油战略接替目标和储量区块，以及落实几个300—1000亿立方米规模天然气战略接替目标和储量区块的部署，股份公司要集中优势力量，争取全力拿下，并盼望尽早传出捷报。海外油气勘探要进一步加强合作项目的跟踪深化研究，在坚持以滚动勘探为主、积极向周边地区和新层系扩展的同时，抓住各方面条件比较有利的风险勘探区，实施重点突破，力争拿到储量丰度高、规模大的油田区块。

二是精心组织油气生产运营，努力创造高效开发的新水平。国内原油生产要继续实施产量结构的战略性调整，科学组织，狠抓生产运行各个环节的衔接和管理，实现油田开发建设的“优化、简化”，不断提高开发效率和效益。要依靠新工艺新技术，强化以精细油藏描述为重点的综合治理，做好东部老油田的调整挖潜工作，努力提高采收率。重点要减缓大庆、辽河等油田的产量递减，实现老油田相对稳产。加快西部地区和东部油田新区的上产步伐，做好4个新的百万吨级油田产能建设工作。要着力提高单井产量和产能到位率，努力实现高效开发，确保原油产量整体稳步增长。国内天然气生产要围绕满足市场需求，以市场为导向，统筹安排天然气产能建设、生产、销售，确保各个环节相互衔接。特别是要加大市场开拓力度，加快用气市场培育，努力增加销量，提高效益。加快重点管道建设，促进天然气业务的快速发展。西气东输管道工程西段要在今年10月1日前建成投产，实现全线贯通；忠县—武汉输气管道今年底实现向武汉供气；陕京二线一季度末开工建设。海外油气生产要以建设稳定、高效和较大规模的油气资源供应基地为目标，全力搞好已有项目的油气生产运营，积极抓好新项目开发，确保海外油气生产目标的实现。

三是大力推进炼油化工技术改造和结构调整，不断增强市场竞争力。炼油化工作为集团公司主营业务的一个重要组成部分，必须适应市场的需求，以销定产、产销结合，优化资源配置，优化生产运行，优化产品结构，千方百计增产增效。要做精炼油、做强化工，立足存量、用好增量，遵循“有进有退、精干主体、内涵改造、择优发展、提高效益”的原则，积极配合国家西部大开发和振兴东北地区等老工业基地战略的实施，加快技术改造，合理调整结构，进一步提高现有资产的创效能力，同时加快大型炼化基地和重点项目建设，不断增强发展后劲。炼油业务要着眼提高生产集中度和产品质量，按照“调整东北、发展西北、强化华北、开拓华南”的要求，合理调整布局，优化装置结构，坚决关停低效无效装置，努力做强做大一批、优化调整一批、关闭核减一批。化工业务要以技术改造为主，择优做强具有竞争力的装置，根据市场需求和边际利润确定生产负荷，不断开发生产适销对路、效益好的高附加值产品，逐步实现大规模、低成本、短流程、差别化。

四是强化市场营销并有效发展进出口贸易，进一步增加市场份额和经济效益。按照“大市场、大贸易、大营销”的思路，加快建设和完善国内成品油、润滑油、化工产品和天然气销售网络，并根据市场变化调整营销策略，努力提高市场占有率和零售比例。海外市场营销采用独资、参股、合资合作等方式，寻求机遇，积极稳定扩张，建立销售网络，不断扩大成品油和化工产品销售及转口贸易。依托国内生产和销售网络，扩大油品和化工产品进出口，并利用新加坡、伦敦、纽约三大石油交易市场，不断扩大国际贸易规模。

五是积极打造工程技术服务的自身优势，全面提高服务质量和开拓外部市场的能力。工程技术服务要坚持为油气主业发展服务的方向，面对市场开放、竞争日趋激烈的新形势和新挑战，进一步树立综合运用各种先进技术打造自身优势的思想，增强市场竞争意识、优质服务意识和成本效益意识，突出以降低运行成本为目标，加快技术改造，优化结构，下功夫全面提高服务水平和竞争能力。在稳定内部服务市场的同时，注重抢抓机遇，大力开拓外部市场，积极参与社会市场竞争，争取使外部市场占有率有较大幅度的提高，不断拓宽企业发展的空间。

2. 继续推进企业改革

认真贯彻党的十六届三中全会《决定》精神和国资委《关于规范国有企业改制工作的意见》，结合集团公司实际，按照改革的力度、发展的速度和职工可承受程度相统一的要求，有重点、有步骤、积极稳妥地深化各项改革。今年，在继续完善股份公司集中统一管理的生产运行机制和推进组织结构扁平化管理体制改革的同时，着重抓好存续企业的改革工作。

首先，加快主辅分离分立和辅业改制分流。按照国资委关于规范国有企业改制工作和推进主辅分离、辅业改制的总体要求，力争今年底基本完成社会依托条件好和融入社会难度小的商业、餐饮、机修、普通客货运输、建材加工、轻工电子等单位的改制，明年底基本完成规模较大的辅业单位以股份制为主的多元化改制。各单位要在落实产业定位、完成主辅分离的基础上，加快实施辅业改制分流，以新的体制和灵活的机制将辅助业务放开搞活。对于尚未进入改制程序的辅助业务，今年内要全面建立独立核算机制，完成分立工作，实行“分灶吃饭”。对其中分散管理、业务相同或相近的辅业单位，要积极进行重组整合，并实行全成本独立核算。辅业改制分流要区别不同情况，采取不同方式，有步骤地分类实施。对辅业资产量大、国有资本一时难以退出的，要积极引进外部投资者，向外商、民企、个体转让部分股权。

第二，全面清理规范企业兴办的各类法人实体。多年来，集团公司所属企业在计划经济体制下兴办的多种经营、集体经济和对外投资等形成的法人实体，严重存在着产权归属不清、管理不规范、劳动关系复杂等突出问题，导致企业效益流失，个别的甚至滋生腐败，不仅影响企业整体效能的发挥，也制约了这些法人实体自身的发展。为解决这一突出问题，集团公司决定从2004年开始，按照建立现代产权制度的要求，对各企业兴办的各类法人实体进行全面清理，明晰产权归属，理顺产权关系、隶属关系、劳动关系，建立起新的产权制度，实现规范运作。同时，根据不同情况积极创造条件，实施整体改制，与原主办企业彻底脱钩，使其在完善的法人治理结构下，实行完全的自办、自管、自主经营。各单位要按照集团公司关于清理企业兴办的法人实体的要求，认真研究、周密部署，加强组织领导，建立有效的推进机制，严格执行有关政策和法规，切实把这项工作抓紧抓细抓好，争取用两年时间完成。

第三，进一步推进专业化重组。针对一些业务领域资源配置分散重复、竞争无序和运营效率效益不高等问题，在集团公司和地区服务公司两个层面上推进有关业务的整合，扩大和深化专业化重组工作。对能够充分显示重组优势、条件和时机又比较成熟的一些业务领域，要加快推进和实施的步伐。2004年重点完成物探、测井的继续重组，以利于推动其向“国内第一、国际一流”的目标发展，以规模和专业化的优势，增强与正在涌入我国的跨国石油服务公司进行竞争的能力。进一步扩大勘察设计业务的重组。根据十六大关于发展现代流通方式的要求，在不同层面积极推进物流系统的资产重组和业务整合，充分发挥物资采购和物流配送整体优势。适应住房分配货币化和矿区管理对象多元化的新形势，与社区化管理相结合，整合物业资源，稳步推进物业改革，逐步实现物业管理的社会化服务、企业化经营、市场化运作。除实施资产重组外，还要从优化生产经营出发，有针对性地推进业务的重组整合。针对作业施工队伍开拓外部市场中装备搬迁频繁、运营成本高的实际，当前要对设备租赁业务进行重组整合，在重点上产区域建立和发展设备租赁市场，实行企业只带队伍不带设备的运行模式。各企业内部的专业化重组，也要结合产业结构和组织结构调整抓紧进行。

第四，认真做好企业办社会职能的移交工作。在国家政策的支持下，借鉴一些企业办理移交的成功经验，积极有效地推进办社会职能的移交工作。要加强与地方政府的沟通与协商，积极寻求有关问题的解决办法，争取对中小学、卫生医疗等进行整体移交。暂时条件不具备、移交难度大的，要加紧搞好内部分离，实行独立核算，积极创造移交条件。对于公益性社会服务业务，要积极引进外部投资者、合作方，按照企业化经营、市场化运作的要求进行改制，实现“四自”经营。对于地处边远的独立工矿区，因无任何社会依托无法办理移交的，要建立新体制机制进行管理。

第五，积极探索公有制的多种有效实现形式。十六届三中全会《决定》提出大力发展混合所有制经济的要求，各企业的公司制改革试点要以此为方向，加大试点工作力度，力争有突破。在辅助业务领域，要结合改制分流，实行由不同性质资本控、参股的混合所有制。

其他方面的改革，包括劳动人事分配制度改革、住房制度和社会保险制度改革等，要按原定部署继续推进。

3. 继续提高企业管理水平

坚持从严治企、严格管理的方针，从更新管理观念、转变管理方式、改进管理方法、完善管理制度入手，进一步推进管理创新，逐步建立和完善适合石油石化行业特点的现代企业管理体系，为建设具有国际竞争力的跨国企业集团奠定坚实的基础。

（1）切实更新经营管理理念和转变管理方式。各单位要紧贴市场环境的变化，从单纯注重物化管理向注重价值形态管理转变，突出强调市场应变能力和化解市场风险能力，突出强调质量与效益、诚信与和谐，使管理的最终效果体现在成本降低和利润增长上，体现在人的素质提高和创造力发挥上。要紧紧围绕国家关于改革发展的大政方针和国内外市场变化，把握好企业发展方向和路径，抓好重大机遇、重大挑战和重大政策措施的研究，规划好产业发展布局和资源配置。要把提高决策水平和决策效率摆在第一位，发挥决策参谋机构的作用，在保证民主科学决策、减少决策风险和失误的同时，把握瞬息万变的市场机会，及时正确地做出决断。要积极构建与集团公司战略目标相适应的财务资产管理机制，建立以会计集中核算为重点的会计核算体系，以监管到位、集中适度、安全高效运转为目标的现金管理体系，以全面预算为主要内容的预算管理体系，做好税收筹划与价格的研究管理。要严格把握投资方向，确保投资回报。要从源头上抓起，科学合理地控制成本费用，毫不放松地抓好节约挖潜工作，继续开展管理增效活动，严格控制成本的不合理增长，防止短期行为。要以完善定额、规范内部市场价格为重点，协调好甲乙方关系，指导关联交易规范运作。要注重运用计算机网络、电子商务等现代化手段提升管理档次，逐步实现智能化管理。加快建立和完善先进管理标准，对照国际和国内先进水平，检查和评价管理工作。

(2) 进一步完善激励约束机制。健全完善有效的考核、激励、约束机制，发挥好考核指标的导向作用。要强化薪酬的激励作用，坚持按效益调控工资总量，形成工资收入与经营业绩或劳动成果挂钩、收入能增能减的激励机制。要完善和严格落实业绩考核办法，搞好岗位描述和业绩评估，实现考核岗位化、贡献数量化、收入市场化。要加强监督约束，充分发挥审计、监察、纪检和各业务巡查的作用，实行经营全过程监控，进一步提高企业管理的效能。

4. 继续提升科技创新能力

今年的科技工作，要围绕重大项目攻关、重点关键技术深化研究以及完善科技创新体系等方面展开。

首先，集中力量组织开展重大科研项目的攻关。根据生产发展的需要，突出关键性技术难题，全年安排重大科研攻关项目60项，其中国家级15项。要切实抓好岩性地层油气藏、前陆盆地油气富集规律与勘探配套技术、高含水及特高含水油田改善水驱开发效果技术、低渗透油藏经济有效开发技术、三元复合驱提高采收率技术、提高地震资料品质和处理解释精度技术、低渗透油气田气体小井眼钻井配套技术、可有效降低成本的套管钻井技术、滩海石油开发配套技术、高辛烷值清洁汽油组合生产技术，以及海外油气田勘探开发及配套的工程技术等项目攻关。搞好重油接触裂解制乙烯工业化、渣油悬浮床加氢工业试验，加快高分辨率三维地震和储层预测、高含水油藏精细描述、国产成像测井仪和组合化测井仪、管道相关技术集成、两段提升管催化裂化和多种新型催化剂等成熟主导技术成果的推广应用，加强地球物理处理解释一体化软件、新一代高性能测井系统成套装备研制、滩海石油开发装备研制等具有自主知识产权的重大技术的开发。

其次，进一步整合科研力量。从建立“一个整体，两个层次”的技术创新体系出发，以加强集团公司专业技术研究中心和企业技术研发中心建设为重点，着眼于复杂油气藏勘探和海外油气发展技术创新体系的形成，系统研究和调整现有科研机构和力量，形成合理的层次和分工。对重点实验室组织机构、研究方向、人员进行必要的调整，进一步整合应用基础研究的技术资源，努力实现科技资源的合理优化配置。同时，进一步加强经济研究工作网络建设，贴近企业改革发展实际和民主科学决策，提高软科学研究水平。

最后，加强科技项目的管理。按照“市场导向，用户需求，提升科技竞争力”的原则，建立起能够体现从立项到成果推广应用一体化的科技成果评估体系，完善科技立项决策机制，引导科研为解决生产发展的技术瓶颈和提高经济效益服务，实现科研与生产的紧密结合。

5. 继续加强队伍建设

要着眼于提高职工队伍的整体素质，全面落实加强队伍建设的各项措施，进一步增强队伍的凝聚力和战斗力。

一是进一步抓好“三个代表”重要思想和十六大精神的学习。学习“三个代表”重要思想和十六大精神，要紧贴企业工作和职工思想实际，以领导干部和党员教育为重点，进一步突出主题、把握灵魂、掌握精髓，坚持理论与实践、学习与运用相统一，不断加深对新理论、新概念、新论断的理解和认识，用以武装头脑、指导工作，落实到“立党为公、执政为民”上来，落实到促进企业的发展和改革创新上来，落实到提高领导水平和改造主观世界上来，切实解决改革发展稳定中的突出矛盾，切实解决职工群众生产生活中的突出困难，切实解决党风和干部作风中群众反映强烈的问题，促进企业物质文明、政治文明与精神文明的进步，把学习贯彻“三个代表”重要思想和十六大精神活动引向深入。

二是深入细致地做好思想教育和维护稳定的工作。继续组织开展“形势、目标、责任”主题教育活动，并紧紧围绕实现“两个转变”、全力打造具有国际竞争力的跨国企业集团的任务来进行。以此为重点，教育干部职工更新思想、转变观念、坚定信心、知难而进，在推进跨国企业集团建设中迎接新的挑战，经受新的考验，创出新的业绩。各级党组织和领导干部要以“形势、目标、责任”主题教育为载体，开展生动活泼的思想政治工作。搞好调查研究，准确掌握职工的思想动态，抓住职工思想认识上的苗头性和倾向性问题，耐心细致地进行思想教育和引导，把工作做在前面。严格落实稳定工作责任制，高度重视信访工作，积极消化企业内部的不稳定因素，对重大信访问题和集体上访积案，必须认真对待、妥善处理，采取积极有效的措施，把问题解决在内部，把矛盾化解在萌芽状态，把上访人员控制在当地，切实从根本上维护大局的稳定，确保职工在安定和谐的环境中工作和生活。

三是加强各级领导班子建设。领导班子建设事关全局。一个企业领导班子建设得好不好，直接关系到这个企业的兴衰和成败。要紧紧抓住提高素质、优化结构、改进作风、增强团结这个关键，努力把企业领导班子建设成为朝气蓬勃、奋发有为的坚强领导集体。继续加大对领导干部的培养考核力度，切实把那些开拓精神强、德才兼备、实绩突出、群众公认的靠得住、有本事、想干事、干成事、能够有大的作为的优秀干部充实到各级领导班子中来。同时，注意班子的知识、专业和年龄结构，能够优势互补。对任职期满和需要调整的班子都要及时调整，确保班子有旺盛的战斗力。今年，结合业绩考核，党组还将对各单位领导班子成员和总部机关部门领导进行履职测评，并形成制度。测评结果，将作为晋级、奖励、兑现薪酬的重要依据。

各级领导干部要认真贯彻中纪委、国资委关于党风廉政建设和反腐败工作的要求，时刻牢记“两个务必”，严格执行“四大纪律”和“八项要求”，提高廉洁自律意识，筑牢思想道德和法纪防线，拒腐蚀永不沾，以实际行动取信于民。要做到有能力不自傲，有成绩不浮夸，有问题不焦躁，政治上始终保持清醒，作风上始终保持廉洁，经得住各种风险和诱惑，始终保持共产党人的高尚情操和光荣本色。要正确理解和把握发展这个第一要务的深刻内涵，坚持围绕发展反腐败、惩治腐败促发展，积极抓好反腐倡廉工作措施的落实，在推进改革发展和党风廉政建设中作表率、当模范。要坚决反对好大喜功、弄虚作假和短期行为，树立正确的权力观和政绩观，在群众中树立起良好的形象。

四是从战略全局上抓好人才队伍建设。一流的企业需要一流的人才。要建设具有国际竞争力的跨国企业集团，必须培养和造就一支数量充足、结构合理、素质较高的人才队伍。一方面，认真贯彻全国人才工作会议精神，按照加强人才资源能力建设、推进人才结构调整、创新人才工作机制、优化人才成长环境的要求，全面落实《集团公司2003—2005年人才队伍建设规划》，抓好“三支人才队伍”建设，尤其要注意在用好现有人才的同时，放宽选人用人视野，面向国内外吸纳各类高素质人才，尽快建立和壮大由拔尖人才组成的技术专家队伍。以提高职工的文化和业务技术素质为重点，在操作人员队伍中强化岗位技能和实用技术培训，加快知识化进程，掌握智能化设备操作技能，建立和壮大高级操作技能人才队伍。另一方面，要研究运用相关法律法规和制度性措施，对重要和关键岗位人才的流动，予以必要的规范和约束。

五是做好抓基层、打基础的工作。重点是加强基层党组织的建设。按照选配一个好书记、建设一个好班子、带出一支好队伍、完善一套好制度、形成一个好机制的要求，针对企业组织形式、管理体制、运行机制、产权结构和用工制度等方面的变化，及时调整、健全基层党组织，确保机构健全、工作到位、发挥作用，不断增强基层党组织的凝聚力和战斗力。要紧紧围绕改革发展稳定的中心任务，改进新形势下党组织活动的方式，探索更好发挥党组织作用的有效途径，研究确定党组织的工作内容、方式方法和保障措施，进一步完善工作程序和制度，规范党组织的各项活动。加强对进入外部市场队伍的党员、有偿解除劳动关系人员中的党员、社会用工党员、离退休党员以及改制分流单位党员的教育管理，不断提高党组织活动的质量。要强化服务意识和效益效率意识，把党建工作融入生产经营管理之中，广泛开展党员创优争先活动，增强党组织的凝聚力，使广大党员在加快企业发展中发挥出更大的积极性和创造性，整个职工队伍始终保持奋发向上的精神风貌。

六是大力培育和弘扬先进企业文化。坚持用具有石油特色的企业文化指导和规范企业及职工的行为，认真抓好《集团公司企业文化建设纲要》的实施，采取多种有效方式，把“爱国、创业、求实、奉献”的企业精神和“诚信、创新、业绩、和谐”的核心经营管理理念，宣传贯彻到广大干部和职工群众中去，融入到各项管理创新和制度创新之中，使上上下下不断加深对企业文化内涵的理解和认同，增强责任感和自豪感，并转化为自觉行动。要始终坚持企业生产经营活动与企业文化建设有机结合，善于借助和利用各种社会活动宣扬企业文化，引导职工把实现自我价值与实现企业目标紧密联系在一起，形成与新的管理体制和经营机制相适应的经营理念和价值取向。注重培育和树立企业英模群体，大力弘扬奋发向上的精神、知难而进的勇气、开拓创新的思维和脚踏实地的作风，进一步激发广大职工爱岗敬业的热情，带动企业文化建设的蓬勃开展。

6. 继续改善职工生活

从实践“三个代表”重要思想的高度，充分认识关心群众生活、维护群众利益的重要性，始终将其作为处理改革发展稳定关系的结合点，采取积极有效措施，切实做好关心群众、提高职工生活质量的工作。

（1）认真研究市场经济条件下的群众生活问题。随着经济体制改革的不断深化、我国国力的增强和社会的进步，群众生活方面的问题及其表现形式发生了很大变化，解决的办法也要创新。要按市场经济规律，从社会进步、国家宏观政策变化以及企业发展状况、职工实际需求等多方面通盘考虑，探索用改革的办法、发展的途径来改善职工生活，并善于运用国家政策和社会力量优化生活资源配置。对下岗失业人员再就业、分流富余人员的安置和改制企业职工的生活保障等问题，要给予特别的关注，充分利用国家的政策，依靠政府和运用市场机制，多种途径妥善解决好。

(2) 通过建立企业补充保险制度让职工受益。在按属地化管理原则实行基本保险社会统筹的同时，要在国家政策允许的范围内，建立企业补充保险制度。要根据实际情况和企业所在地区的有关政策，制定与当地基本医疗保险政策相配套的企业补充医疗保险实施方案，重点解决职工医疗费用个人负担过高和患大病后的大额医疗费用问题，提高职工的医疗保障水平。集团公司将研究出台企业补充养老保险方案，争取尽早实施，进一步提高职工退休后的养老保障水平。

(3) 积极改善职工的工作和生活条件。搞好职工生活区建设和管理，直接关系职工群众的利益，各企业要提上领导工作日程，纳入计划规划之中。在搞好企业生产经营、提高效益的前提下，根据实际需要，有关各方积极筹措资金，有重点有计划地安排好职工生活区建设投入，搞好道路、文体活动场所和生活配套设施建设，加强生产作业区的污染治理，并注重为生产一线职工创造有利的工作、学习和生活条件，保护好职工的积极性，更好地发挥其生产建设的主力军作用。要悉心做好离退休职工的管理工作，注重从政治上、生活上给予更多的关心和照顾，落实好有关待遇，使老同志精神充实、生活愉快、身体健康。要特别关心困难职工的生活，各级组织要专题研究，采取措施，落实到人，切实帮助解决困难，使他们感受到党的关怀和组织的温暖。

最后，我着重讲一讲安全生产问题。

安全生产责任重于泰山。党中央、国务院高度重视安全生产工作，作了一系列重要指示。最近，胡锦涛总书记强调指出："安全生产问题，关系人民群众的生命财产安全，事关稳定大局。各级领导对此要高度重视，努力减少和排除各种重大事故隐患，切实把有关安全生产的各项工作落到实处。"我们这次"12.23"特大井喷责任事故的发生，给我们以深刻而沉痛的教训，我们必须以此为戒，把思想统一到国务院调查组对事故的分析和处理意见上来，举一反三，深挖根源，使广大干部、职工和群众受到教育，进一步加强安全生产管理，坚决消除各种事故隐患。

第一，要牢固树立"安全第一"的思想。集团公司和各企事业单位特别是各级领导班子，都要从实践"三个代表"重要思想、坚持以人为本、维护国家和人民群众生命财产安全的高度，充分认识安全生产的极端重要性，认真贯彻落实《安全生产法》和中央领导同志关于安全生产的重要指示，牢固树立"安全第一"、"责任重于泰山"的观念，坚决克服麻痹大意思想，力戒官僚主义和形式主义作风，始终把保证人民群众的生命安全放在第一位，始终把安全生产作为重中之重，狠抓各项安全措施的落实，努力提高安全生产水平。要坚持"管生产必须管安全"和"谁主管、谁负责"的原则，严格执行安全生产责任制，全面推行安全工作目标管理，严肃安全事故责任追究，真正做到在安全的前提下发展生产、提高效益。

第二，要深入搞好以岗位责任制为核心的岗位技能培训和安全生产教育。按照国家规定，组织好油田、建筑以及危险化学品生产、经营、储存等单位的主要负责人、分管领导、安全生产管理人员的培训，在取得国家二级以上安全生产培训机构颁发的合格证后，持证上岗。要继续抓好安全处长岗位任职资格和安全总监岗位业务培训，搞好特种作业人员的安全培训。要结合企业生产状况和施工作业特点，对基层车间（站、队）职工普遍进行强化性的安全知识、规章制度、操作规程、技术标准、应急救援以及相关国内外重大事故案例教育，强化岗位操作人员的技能训练和考核，使每个从业人员都能熟练掌握岗位操作技能和安全生产规程，经考核合格取证后方能上岗。要有针对性地定期组织井喷、炼化装置爆炸、油库着火等重大事故险情应急救援演练，切实提高实战能力。

第三，要大力强化生产和施工作业现场的安全管理。各级领导干部要经常深入到生产和施工作业现场，强化对要害部位、关键环节的安全管理和监控，落实各种安全防范措施，杜绝重大事故的发生。要继续深入开展"四防、六整治"工作，严格按照管理标准和技术标准组织生产，规范施工作业程序。要强化HSE管理，严肃劳动纪律和工作纪律，严格基层队、车间领导人员巡检制度，严厉惩治违章指挥、违规作业、违反劳动纪律的"三违"行为。要加强生产设备和装置的管理，搞好设备、装置安全状况评价，定期进行检维修，发现问题及时整改，保证设备、装置安全性能良好。现场管理规范和标准，要充分体现以人为本的思想，体现科技进步的要求，并对特殊情况下的安全操作规程做出明确规定，使各种安全规范和标准更好地指导企业生产工作。

第四，要进一步完善安全事故应急救援预案。着重做好钻井（包括探井、高压井、含硫气井、特殊工艺等重点井）、炼化装置、油气站库、高压输油气管道、民爆物品生产储存站点、放射源、施工现场、锅炉压力容器等特种设备，以及公众聚集场所等突发事故应急预案的审查、修订和完善工作。尤其要对施工作业、生产装置出现突发事故可能给周边地区群众、建筑物、设施等造成危害，以及事故发生后周边人员的紧急疏散、撤离路线、应急自救等方面所采取的措施进行修改和完善，凡不符合要求的，要立即整改。企业的突发性事故应急预案，必须与当地政府应急救援体系相结合，充分利用社会救援力量，共保一方平安。要做好施工作业区周边群众对风险危害、逃生、自救常识的宣传教育，搞好应急救援预案的培训和联合演练，一旦发生险情或事故，能够科学应对，妥善处置。

第五，要认真组织好安全生产大检查。根据国务院的要求，为深刻吸取“12.23”特大井喷责任事故的惨痛教训，切实做好安全生产工作，集团公司决定，立即在全集团广泛组织开展安全生产大检查。重点检查各企业贯彻落实集团公司《关于切实加强元旦、春节期间安全生产工作的通知》等四个明传电报的情况，以及对存在问题的整改情况等。各单位都要组织力量，深入到生产现场、关键装置、要害部位，认真进行检查，自查自改，全面彻底，不留死角。从1月7日开始，将由集团公司党组成员带队，组织机关部门人员分成10个工作组，分别深入到各企业督促检查安全生产情况、慰问生产一线干部职工。

石油石化行业是国民经济的重要基础产业，肩负着保障国家石油供应安全的重大责任。同时，石油石化行业又是一个探索性很强的高风险行业，油气产品具有易燃易爆的特点，生产过程中存在着较多的不确定因素。我们一定要以党的事业和国家利益为重，以集团公司的可持续发展为重，勇于实践探索，勇于承担责任。我们这支具有光荣传统的队伍，能够经得起各种考验。我们一定不辜负党和人民的重托，进一步发扬成绩，吸取教训，振奋精神，努力工作，不断把我们的事业推向前进，为国家做出新的更大的贡献。

同志们，在过去的一年里，我们取得了很大成绩，为国民经济发展做出了贡献。展望未来，任重道远。面对新形势、新任务，集团公司上下一定要振奋精神，同舟共济，勇往直前，在党中央、国务院的领导下，坚定不移地沿着建设具有国际竞争力的跨国企业集团的前进方向，兢兢业业，奋力开拓，全面完成今年的各项任务，继续夺取集团公司改革发展的新胜利。

谢谢大家！

积极推进企业的改革和发展
为建设具有国际竞争力的跨国企业集团做贡献

——吴耀文同志在集团公司2004年工作会议上的讲话

（2004年1月6日）

同志们：

根据会议安排和马总的报告精神，我着重就未上市部分的改革、发展问题，讲一讲2003年工作进展情况，以及2004年重点工作安排意见。

一、关于2003年主要工作情况

在过去的2003年，各单位坚持以“三个代表”重要思想为指导，认真贯彻集团公司年初工作会议精神，应对复杂的经营环境和激烈市场竞争的挑战，团结一致，艰苦奋斗，战胜和克服了主要原材料、燃料涨价和“非典”疫情等带来的困难和不利影响，经受住了严峻的考验，在头三年基本实现平稳过渡的基础上，生产经营保持着持续、稳健的发展态势。各项工作都取得了新进展和新成果，主要体现在以下几个方面。

1. 企业经营状况呈现良好局面

各单位加大工作力度，实施有效措施，经营上取得了历史最好成绩。总体效益大幅增长，全年实现主营业务收入1298亿元，比2002年增加151亿元，增长13%；实现企业增加值354亿元，比2002年增长10%；在“三项费用”补贴前，未上市部分实现利润14.2亿元，比2002年增加23.3亿元。其中：重组企业控亏27亿元，比2002年减亏8.7亿元；非重组企业盈利41.2亿元，比2002年增加14.6亿元。亏损企业和亏损额得到进一步控制，在“三项费用”补贴前，亏损总户数比2002年减少两家，亏损企业亏损额比2002年减少7.6亿元。外部市场份额明显提高，在立足内部市场、为股份公司搞好服务的同时，全年实现外部市场收入648亿元（不含本油区外的集团公司系统以内收入130亿元），占总收入的比例达到50%，比2002年增加3个百分点。这表明，存续企业的思想观念有了深刻变化，企业自立自强、从市场竞争中求发展的能力得到逐步增强。一些地区服务公司加大外部市场开发的力度，领导亲自带队闯市场，使外部市场收入有了较大增加。华北局外部市场收入的比例达到57%，多数炼化地区服务公司外部市场收入的比例在50%以上。

2. 结构调整见到明显成效

坚持市场导向和效益的原则，准确把握投资方向，进一步增加对主营业务的投入，在结构调整中实现有效发展。2003年，狠抓了工程技术服务装备的更新改造，共完成装备更新改造投资68.6亿元，新购和更新钻机40台，配套改造钻机26台，新装备出国物探队9个，使现有设备新度系数提高到0.6以上。同时，按照统一规划、合理布局的要求，组织实施了一批生产服务设施的进一步配套完善，全年投资40.3亿元，在大庆、辽河、抚顺石化、锦州石化等单位实施9个燃料结构调整项目，实施大连石化海水淡化等21个供水、供电、供暖等系统设施配套改造项目。大庆、抚顺石化的BOPP项目、吉化的丙烯腈、乌石化的三聚氰胺、兰化的碳五加氢石油树脂、大庆石化的复合肥等化工延伸加工项目也已相继竣工投产，成为了企业的支柱产业和新的效益增长点。此外，还规划确定了一批有资源、有市场和有效益的化工延伸加工项目。

低产低效油气田合作开发进展比较顺利。在双方的共同努力下，大庆、辽河、吉林、新疆等9个单位全年共完成投资11.7亿元，完成钻井340口，恢复利用老井474口，新建和恢复原油产能51万吨、天然气产能1.8亿立方米；生产原油77万吨、天然气1.6亿立方米，实现收入10亿元、利润近2亿元。辽河油田合作双方因地制宜，采取多种方式，全年生产原油32.8万吨。

3. 工程技术服务能力和水平有新的提高

各单位树立大局意识、责任意识和服务意识，围绕股份公司油气勘探开发、炼油化工等主营业务的发展，精心组织作业施工，提供优质服务。油气田地区服务公司和有关专业公司，全年共完成二维地震54254千米、三维地震19366平方千米，比2002年分别增长13.4%和26.3%；在新疆塔里木等一些地质条件复杂的地区，高分辨率勘探获得重大进展，地震资料的采集、处理和解释水平有明显提高。全年共钻井7993口，完成钻井进尺1393万米，比2002年增长16.6%，完成了1000多万吨原油产能和40多亿立方米天然气产能的施工建设任务。在施工难度增大、钻井速度提高的情况下，固井质量合格率和井身质量合格率分别达到99.6%和99.9%，继续保持了好水平。在股份公司重点工程建设的拉动下，全年共完成建筑施工价值工作量217亿元，比2002年增长24.3%。炼化地区服务公司全年共检维修1.75万台设备，完成价值工作量7亿多元，为炼化生产的安全稳定运行提供了保证。

2003年，天然气管道建设任务最为繁重。为保证西气东输工程按要求完成，从设计、供应、制管到施工建设，各有关地区服务公司和专业公司的参建队伍，以高度的责任感和认真负责的精神，团结协作，顽强拼搏，战胜各种困难，圆满地完成了任务。物资装备部门及时组织卷板和压缩机泵等设备的供应；宝鸡、华北等石油钢管厂按时生产出75万吨大口径优质钢管；各施工队伍在工期紧、施工难度大、质量要求高的情况下，吃大苦、耐大劳，采用先进的施工技术和管理方法，打出了高质量、高水平。管道局在施工建设中发挥出了重要作用，并在江河穿越和大型自动焊机组的焊接速度、质量等方面创造了新纪录。经过各参战单位的艰苦努力，西气东输工程东段如期于2003年10月1日投产试运，并已正式向长江下游商业供气；其西段的主体焊接任务已经完工。忠武线也于去年8月开始全面开工，目前重点控制性工程已完成总工程量的一半以上，进展情况良好。

4. 海外经营步入加快发展阶段

通过积极有效的工作，2003年共实现海外收入40.7亿美元，占未上市部分总收入的26%。海外油气勘探开发在项目开发、生产经营和管理工作上创出了新水平，新增储量规模和经济效益实现双丰收。全年新增石油可采储量4亿吨，为年计划的13.4倍，其中执行项目新增0.9亿吨、新签项目新增3.1亿吨；新建原油产能800万吨，是2002年的2.2倍；

原油作业产量2305万吨、天然气作业产量15.6亿立方米，其中我方获权益原油产量1202万吨、天然气权益产量12.5亿立方米，比2002年分别增长28.3%和62.5%；实现权益油气销售收入23.1亿美元、利润2.4亿美元，比2002年分别增长32.7%和33.3%。全年共新签订项目合同12个，其中6个为新进入国家项目。阿尔及利亚、尼日尔等勘探区块合同的签订，标志着海外勘探开始积极而慎重地向风险勘探扩展。在现有项目上，苏丹3/7区勘探获得重大突破，在麦卢特盆地发现了大型整装油田，探明石油地质储量30亿桶，可以建设800—1000万吨/年原油生产能力；苏丹1/2/4区块勘探开发又上新台阶，原油年产量达到1416万吨，效益进一步增长。

海外工程承包、技术服务和物资装备出口业务实现了较快发展。全年共新签订合同额17.7亿美元，完成合同额17.2亿美元，比2002年分别增长29.2%和60.7%。其中：海外工程承包和技术服务新签合同额13.7亿美元，完成合同额13.9亿美元，新进入国家和地区2个、累计达到32个；物资装备出口新签合同额4亿美元，完成合同额3.3亿美元，比2002年增长1.1倍。专业公司凭借经营实力和技术水平，发挥了主力军的作用。国际工程公司全年新签合同额11亿美元，完成合同额11.9亿美元，共组织163支钻井队、测井队等专业队伍为28个国家提供服务。东方物探公司加大国际市场的开发力度，全年新签合同额达4.2亿美元，完成合同额2.57亿美元，比2002年增长50%，目前在海外服务的物探队已增加到33个。管道局在站稳苏丹管道市场的同时，积极开拓其他国家管道市场，全年新签合同额1.58亿美元，完成合同额比2002年大幅增长。一些油气田地区服务公司在开拓国际市场方面也取得了明显进展，有的单位中标合同额比2002年成倍增长。

5. 企业改革稳步推进

根据集团公司的统一部署，各单位以建立现代企业制度、推进体制和机制创新为目标，一些方面的改革工作迈出了新的步子。

主辅分离辅业改制分流取得一定进展。在前两年工作的基础上，继续抓紧并普遍完成了主业与辅业、生产服务与社会服务在企业内部的分离，并对辅业实行内部独立核算、分灶吃饭，企业办社会部分也实行了内部专业化管理和分开核算。与此同时，继续积极组织推动辅业改制分流。根据国家八部委有关文件精神和集团公司的要求，有50个企业编制完成了主辅分离改制分流总体方案。集团公司向国家汇总上报了主辅分离改制分流总体方案。全年完成辅业改制分流单位10家，涉及资产5亿元，参加改制职工1583人。其中：完成整体分流改制单位5家，涉及资产1.6亿元，参加改制职工1311人。整体分流改制单位累计已达到46家。在分离和移交企业办社会职能难度很大的情况下，各单位仍积极主动地与地方政府协商，做了大量的工作。四川局正在办理最后1所中学的划转手续，其余32所中小学通过多种方式都已与企业彻底脱钩，减轻了企业负担。

改革试点和专业化重组工作继续推进。对大庆局、锦西炼化总厂、运输公司和华北局等四家公司制改革试点单位，涉及的投资主体多元化、企业办社会等共性的重点难点问题进行研究，提出了解决问题的思路性意见。新疆局、长庆局和冀东公司等矿区社区化管理的试点单位，研究制订了改革的初步方案，并在本单位内部不同程度地进行实践和探索，取得了一些有益的经验。在专业化重组方面，工程设计公司继续扩大了专业化重组范围，又有青海局、抚顺石化公司以其设计院资产入股，使资源和市场等互补优势得到增强，进一步提高了市场竞争能力。东方物探公司和测井公司分别重组成立后，运行情况良好，2003年又各自在内部实施资源的整合和优化，巩固和发展了改革成果，资产有效配置的优势已初步显现。各单位结合实施“两个分离”工作，也对一些适宜集中管理的业务进行了专业化重组，通过整合内部资源，提高了生产的集中度和资源利用效率。

“三项制度”改革成效显著。进一步规范了企业领导人员内部管理制度，对所属企业实行了分类分级管理，对企业领导人员实行岗位管理。继续实行企业行政副职公开选拔、竞聘上岗，全年共对涉及21个企业领导班子的43名领导人员进行了公开选拔竞聘，一批优秀年轻干部走上了领导岗位。还结合干部人事制度改革，逐步引入劳动力市场工资价位，调整分配关系，稳步推进基本工资制度改革。此外，住房分配货币化已进入全面实施阶段，目前有53个单位完成了方案和实施办法的制定并已启动，12个单位已经完成了11.4万住房未达标和无房人员的住房补贴发放工作。

6. 企业管理得到进一步加强

2003年是集团公司“管理增效年”。各单位都十分重视，精心组织，在剖析企业管理现状的基础上，认真制订方案，突出重点，狠抓落实，整个“管理增效年”活动搞得扎扎实实。在活动中，各单位针对生产经营过程中的关键环节和管理上的薄弱环节，广泛发动群众，深入找问题、定措施、抓整改，力求在降本增效上见到实效。大庆、辽河、四川、吉化、抚顺石化和兰炼等单位，结合实际，对战略管理、精细管理、集中管理、业务流程再造和基本单元核算等进行了完善，并在一些方面有所创新。辽河局确定把降低非生产性支出、降低物资采购成本等8个方面作为重点，深查细找问题，认真制定并落实整改措施，全年实现管理增效3000多万元。抚顺石化公司实行财务、销售、物资采购集中统一管理，减少流动资金贷款2.8亿元，节约利息支出1000多万元，节约采购成本3500万元。各单位通过加强节能节水管理及节能技术改造，全年节能折合标准煤22万吨、节水3100万立方米，节约及综合利用价值达3亿元左右。

各单位还以“管理增效年”活动为契机，积极推进全面质量管理和HSE管理。使更多的企业通过了ISO 9001质量体系认证，企业总体质量水平有了新的提升；现场清洁生产和绿色作业继续推广，“三废”排放得到有效控制，环保质量指标稳中有升。法律事务管理得到加强，深入开展了普法教育，强化了合同、诉讼等项管理和对经营决策的法律论证，在推进依法治企方面发挥了重要作用。

7. 企业扭亏脱困工作取得新的成绩

根据集团公司工作部署和年初扭亏脱困座谈会要求，六户特困企业进一步加强领导，积极主动地采取了有针对性的措施，加大扭亏脱困的工作力度。普遍推进以多种经营为重点的辅业改制分流工作；加快结构调整，激活资产存量；实施技术改造，优化资产增量；花大气力开发外部市场，尽可能地增加收入；进一步加强管理，努力挖潜增效。与此同时，集团公司继续给予专项扶持政策，对一些单位加大项目的投入力度或帮助置换银行借款、降低财务费用和补充流动资金等，为企业扭亏脱困创造了良好条件。

通过企业自身努力和集团公司的政策扶持，六户特困企业扭亏脱困工作总体上进展顺利。吉化集团公司在2002年实现扭亏脱困阶段性目标的基础上，2003年在“三项费用”补贴前实现利润1.1亿元，连续两年实现不补贴、不亏损。吉林石油集团公司在开拓外部市场中创收6亿多元，2003年在“三项费用”补贴前实现利润5700多万元，连续两年实现盈利。四川局对扭亏工作抓得扎实，措施有力，取得了明显的效果。四川、兰炼、兰化和大庆石化四户企业在“三项费用”补贴前共控亏6.7亿元，比2002年减亏近2.2亿元，都按计划完成了扭亏脱困责任书确定的控亏任务。

8. 技术创新和人才培养成果显著

技术创新工作紧紧围绕生产发展的需要，大力实施技术创新战略，积极推进科技资源整合，规范科研管理，在关键性技术难题的研究攻关上取得了预期成果。2003年未上市部分共投入科研经费12亿元，获得各类科技成果450多项，其中《苏丹穆格莱德盆地高效勘探的理论与实践》项目获国家科技进步一等奖，有18项获集团公司技术创新奖。一些专业领域的新进展和突破主要有：工程技术方面，投资为1.4亿元的地震资料处理一体化软件（GEO—EAST）研究进展良好，可望在总体结构和关键技术方面创出特色；玉门窿9井的空气钻井技术研究，有效解决了钻井中的一些难题，钻井平均机械速度达7.66米/小时，比原机械钻速提高13倍。炼油化工技术方面，33000千瓦大功率烟气轮机研制成功，安装后运转性能良好。海外油气勘探开发技术方面，《苏丹麦卢特盆地成藏条件与有利目标评价》项目，通过对该地区成藏、构造研究及综合评价，提出了20多个有利勘探目标，确定的9口探井全部见到油气。地面工程技术方面，数控式大口径管道内环缝自动焊机样机完成了现场中试，焊接质量检测合格率达98%以上，有效解决了全位置自动焊接根焊的“瓶颈”技术问题。还研制成功了快速制浆装置和泥浆循环与净化系统，并应用于西气东输工程中的黄河穿越施工，效果很好。

人才培养工作取得明显成效。根据中央人才队伍建设规划纲要的要求，从集团公司到各单位都结合实际，认真研究制定了人才队伍建设规划，并针对经营管理、专业技术和操作技能三支人才队伍的特点，大力度地分类实施培养措施。对经营管理人才通过搭建公开选拔、竞争上岗、任期制、交流制、业绩考核制等用人平台，在使用中培养。对专业技术人才实行分类分级的岗位管理制度以及领导干部联系制度等，并规范加快集团公司和企业两级专家队伍建设，目前两级专家队伍达1000人。对操作技能人才实行技能鉴定和技师考评制度，还开展岗位技术练兵和能手选拔竞赛，全年共有109名技术能手受到了集团公司的表彰。同时，还采取多种办法，努力改善人才成长环境，为更多的人才脱颖而出创造条件。去年，从上到下都坚持把培训作为基础性工程来抓，全年共投入培训经费2.1亿元，共举办各类培训班5800多个、培训29.8万人次，其中跨企业培训项目86个、培训近1.3万人次。在加强企业内部人才劳动力市场建设方面，也取得了新的进展。

9. 职工队伍继续保持稳定

按照集团公司的统一部署，各单位结合贯彻党的十六大精神，认真进行组织，迅速兴起了学习贯彻“三个代表”重要思想的新高潮，并以此为指导，切实体现和落实到加强党的建设、领导班子建设和维护稳定等各项工作中去。与此同时，在广大职工中广泛开展了“形势、目标、责任”的主题教育活动，并同加强思想政治工作相结合，使职工明确肩负的任务和责任，正确认识改革、发展和稳定的关系，加深理解并支持改革。在推进基层党组织建设为核心的基层建设中，有64个基层单位获得了集团公司授予的“百面红旗”称号，并大力宣传先进，引导和激励广大职工为企业发展做出贡献。在改善职工生活方面，各单位都想了许多办法，为群众办好事、办实事。加强了矿区基础设施的配套建设，使矿区生活环境得到改善。一些单位利用国家政策建设经济适用房，改善了职工居住条件。在生产发展和效益提高的基础上，职工收入也有了一定的增加。各单位还贯彻全国再就业座谈会精神，积极协助地方政府，通过实施再就业培训、扶持和发展矿区第三产业、增加就业岗位等措施，努力推进企业下岗失业人员的再就业工作。所有这些，对保持职工队伍的稳定起到了重要作用。尤其是，还对矿区一些不同群体出现的不稳定倾向和苗头，及时研究并采取有力措施，积极化解矛盾，把问题解决在基层和萌芽状态，从而确保了大局的稳定。

总的来说，2003年的各项工作全面推进、富有成效。这是各单位认真贯彻执行集团公司的重大决策，在股份公司大力支持下，团结和带领广大职工迎难而上、奋力进取的结果，同时也是与离退休老同志们给予的关心和支持分不开的。

在我们充分肯定成绩的同时，也要清醒地看到当前工作中存在的一些困难和问题。主要是：主要原材料、燃料价格居高不下甚至还有上涨趋势，加之市场竞争愈加激烈，企业经营的外部环境条件依然严峻；企业发展基础比较脆弱，结构性矛盾仍相当突出，非经营性资产比重又过大，总体盈利能力还不是很强；安全生产责任制还不够落实，尤其是重庆开县“12.23”特大井喷责任事故，集中反映了一些企业安全生产上的薄弱环节；队伍素质还不适应企业发展的需要，一方面富余人员仍较多，另一方面急需的高素质人才又比较紧缺，个别单位甚至出现人才流失的现象；企业深化改革越来越涉及深层次矛盾和一些敏感问题，增加了工作难度；不稳定因素仍然存在，群体性上访事件也时有发生，等等。对此，我们要高度重视，认真研究，努力加以解决。

二、关于2004年重点工作安排

2004年是集团公司着力推进改革和发展的重要一年。马总在报告中对集团公司加快“两个转变”、推进具有国际竞争力的跨国企业集团建设作了全面深刻的阐述，对2004年工作提出了明确的要求。这对我们当前和今后一个时期的工作具有重要的指导意义。未上市部分各企业作为集团公司的重要组成部分，做好自身的工作与增强整个集团公司的经济实力、提升技术水平和扩大国际化经营规模密切相关，有着直接的重大影响。各单位必须从实施集团公司总体战略出发，充分认识在建设具有国际竞争力跨国企业集团中的地位和作用，明确所肩负的历史使命和重大责任，按照集团公司确定的工作指导思想，把握全局，着眼长远，立足当前，做好工作，为实现集团公司既定的宏伟发展目标贡献力量。

2004年的主要经营目标：计划全年实现主营业务收入1388亿元，比2003年增长7%。在“三项费用”补贴前，实现利润18.2亿元，比2003年增加4亿元，增长28%。其中：重组企业在“三项费用”补贴前，控亏16.4亿元，比2003年减亏10.6亿元；在“三项费用”补贴后，实现利润5亿元。考虑原油价格变动的因素，非重组企业实现利润34.6亿元。

根据集团公司的总体工作部署和要求，今年各单位要进一步加大工作力度，统筹安排，突出重点，采取得力措施，坚决完成各项工作任务，并为明年“十五”计划的完成赢得主动。

1. 面向市场，认真组织，全面实现经营目标

市场是企业生存发展的基础和前提，也是效益之源。各单位一定要把抓好市场作为工作的着眼点，放到更加突出的位置，进一步抓紧、抓实、抓出成效。

首先，要坚持为油气主业发展服好务，稳固集团公司内部市场。搞好为股份公司服务，提供优质的工程技术服务和生产服务，是存续企业的主营业务和第一要务，也是目前企业取得收入的重要来源。各单位要牢固树立大局意识和责任意识，把积极主动地为油气主业发展服务作为首要任务继续认真抓好，把集团公司内部市场稳固住，实现股份公司和存续企业的双赢。油气田工程技术服务队伍要围绕油气勘探开发的重点，针对重点地区和复杂区块的特点，积极应用先进适用、经济有效的技术，不断提高技术水平和服务质量。炼化工程技术服务队伍要以认真负责的精神，按时保质地做好检维修等工作。勘察设计单位在工程建设项目的设计中，要更新观念，优化设计方案，有

效控制工程造价，努力满足业主的要求。施工建设队伍要围绕油气田建设、炼化装置的新建与扩能改造和管道建设等重点项目，高标准、高质量地完成施工安装任务。在装备制造、供水供电供暖等生产服务方面，各单位要及时提供良好的服务，保障生产稳定运行。今后，即使外部市场有了进一步拓展，存续企业各单位也仍要稳固住集团公司内部市场，珍惜这块市场资源，把它做精、做细、做好。在这里有必要再强调一下，各单位要认真执行关联交易总协议确定的原则和有关规定，对涉及那些非固定项目协议的签订要依据定额和有关取费标准，做到公平公正，并按照协议中确定的进度和质量等要求保证完成任务。

与此同时，要大力开拓外部市场。从根本上来说，这是存续企业拓展发展空间、真正走出困境、实现良性循环的关键所在，也是衡量企业自立能力、竞争能力和抗风险能力强弱的重要标志。应当看到，我们对外部市场的开发，包括集团公司系统外的石油市场、国内社会市场和国际市场在内，由于一些市场信息还不太灵敏、市场渠道不很通畅等因素，与集团公司内部市场相比，其工作难度要大得多。因此，各单位要进一步转变思想观念，从过去过多地依赖内部市场转到在依托内部市场搞好服务的同时更加注重外部市场开发上来，以更大的决心，投入更多的精力，实施更有力的措施，争取更大的成绩。一是要进一步加强领导。企业主要领导要亲自抓，工作中要做到任务明确、责任到位、措施落实。要把市场开发任务量化、具体化，并分解落实到相关部门、相关单位以及相关人员的头上。对工作进展情况，要经常进行检查和阶段性分析，及时发现和解决问题，保证市场开发取得预期效果。二是要健全和强化市场开发机构。要加强市场开发队伍的建设，适应工作需要增加市场开发力量，把那些懂专业、懂经营、市场工作能力强的人员充实到队伍中来。还要建立和完善市场信息网络，实施动态跟踪，全方位、多渠道地获取市场信息；认真开展客户研究和营销策略研究，发现并抓住每一次市场机遇；对每一块潜在的市场都要充分进行论证，努力开发效益较好的市场。三是要依靠实力和诚信赢得市场。要增强品牌意识，发挥优势，对拿到的市场项目要精心组织，提高技术水平和服务质量，努力创出精品，打出信誉，树立企业的良好形象。这样，才能在与对手的激烈竞争中取胜，继续占领和扩大市场。四是要建立健全考核和奖惩制度。对承担外部市场开拓任务的相关部门、单位和人员，年终要进行全面考核，并按规定奖惩。对市场开拓有贡献的人员要予以奖励，贡献特别突出的要予以重奖，以形成富有活力的激励机制和有力推进参与外部市场竞争的良好氛围。总之，通过积极的努力，争取今年外部市场收入的比例要比2003年提高3—5个百分点，使企业的自立能力和发展能力有新的提高。

2. 突出发展主营业务，提高核心竞争力

突出主营业务，实现有效发展始终是存续企业的第一位任务。在投资安排上，要体现和落实全面、协调、可持续发展的要求，坚持向重点倾斜，做到有利于推进产业结构的调整和优化，有利于把具有比较优势的业务做大做强，有利于发展质量和经济效益的提高。根据国家产业发展政策和集团公司确定的有关原则，结合企业产业定位的发展方向，经统筹考虑和综合平衡，在主营业务发展上大体作如下安排：

（1）有重点地搞好工程技术服务业的发展，进一步提高服务能力和水平。主要是：为配合西部大开发，适应加快西部油气通道建设的需要，各有关单位要围绕中哈原油管线、鄯善—兰州原油管线、乌鲁木齐—兰州成品油管线，以及新建陕京二线等重点工程项目，认真组织力量，保证高质量、高水平地完成施工建设任务；为适应大力开拓海外市场的需要，在装备配置上要继续予以重点支持，全年安排新增出国钻机15—20台，新装备出国物探队9个；为适应加快滩海石油勘探开发的需要，要抓紧组建起滩海石油工程技术服务公司，提供优质的相关服务。

（2）继续加强对生产服务设施的配套完善，进一步提高生产保障能力，降低运行成本。实施燃料结构调整的项目主要包括大庆让乘地区煤代油集中供热工程、辽河热电厂煤代油二期工程、锦州石化热电厂煤代油改造，以及玉门水电厂热电改造和大庆石化410吨锅炉等项目的续建。同时，还要适度增加对供水、供电、供暖等系统设施改造的投入。

（3）积极推进化工延伸加工项目的改造和建设，努力增强企业的生存发展能力。主要包括：大庆的合成氨改造和醋酸项目、大庆石化的ABS项目改造、抚顺石化的催化剂、辽化的无纺布和硝酸项目、兰炼的甲乙酮、兰化的苯胺、乌石化和宁夏化工厂的30万吨高浓度复合肥等项目建设。

（4）加大低产低效油气田合作开发的力度，进一步提高油气产量，增加收入。全年安排投资13.7亿元。要以恢复利用老井、边远井为重点，恢复及适当新建部分原油产能，争取生产原油130万吨，实现收入11亿元。

对以上重点项目，各有关单位一定要按照项目管理的要求，精心组织，抓好落实。投资项目一经审定，就要抓紧组织力量，尽快启动运行。与此同时，要切实抓好在建工程的按期投产，尽早见到效益，尽快收回投资。集团公司总部有关部门要掌握进度，经常检查运行情况，及时协调解决问题。

3. 加大海外开发力度，推进规模和效益再上新台阶

按照集团公司确定的实施国际化经营战略和加快“走出去”的工作要求，2004年要进一步加大项目开发、资金投入和队伍组织的工作力度，实现海外石油事业有一个新的更大发展。全年计划海外油田原油作业产量2700万吨，力争达到2800万吨；我方权益原油产量1400万吨，力争达到1500万吨以上；天然气作业产量24亿立方米，我方权益天然气产量20亿立方米。新增石油可采储量3500万吨；扩建炼油能力100万吨/年。油气和炼化业务计划实现权益销售收入26亿美元，实现利润3亿美元。全年争取海外工程承包和技术服务收入14.2亿美元，物资装备出口额3.8亿美元，都要比2003年有新的增长。

海外油气勘探开发业务作为集团公司发展海外石油事业的重中之重，必须继续大力抓好。要扎扎实实地组织好现已执行项目的运行和管理。尤其是，苏丹1/2/4区项目要重点抓好4区油田的开发建设和投产；苏丹3/7区项目要抓紧进行800万吨/年原油产能建设，并力争2005年上半年投产；苏丹6区项目要力争在勘探上有新的突破等。对新签约的项目要加紧启动，抓好重点工程建设，特别是精心组织好阿尔及利亚、尼日尔风险勘探项目的实施。与此同时，要大力开发新的项目，做到评价一批、储备一批、谈判一批、签约一批，努力实现海外油气等业务发展的良性循环。

在海外石油工程技术服务方面，总的是要努力巩固现有市场，积极辐射周边市场，大力开拓新兴市场。要贯彻统一规划、优势互补、相互协调的市场开发原则，既继续发挥国际工程公司、东方物探公司和管道局等专业公司的先锋队和主力军作用，又注意充分调动和保护好地区服务公司的积极性，相互之间形成合力，在国际市场上展示集团公司的整体实力和良好形象。

为了适应跨国经营业务进一步发展的需要，努力解决较高素质的相关人才的短缺矛盾，必须十分重视和大力加强国际化经营人才的培养。要抓好现有海外项目人才队伍建设，切实组织好外语和所在国家相关法律的培训，不断提高他们的素质。同时，还要选择那些政治素质好、熟悉业务和具有较高外语水平的优秀人才，加紧进行培养，并及时充实到海外重点项目和重要岗位上，为开创国际化经营的新局面提供坚强的人才保证。

4. 深化改革工作，加快实现体制和机制的创新

贯彻十六届三中全会《决定》精神和国资委《关于规范国有企业改制工作的意见》，着眼于构建和完善符合现代企业制度要求的管理体制和运行机制，结合企业实际情况，今年要突出抓好如下工作，积极稳妥地把改革向前推进。

一是，继续搞好结构调整和专业化重组。各单位要依据产业定位确定的发展方向，集中力量做专、做强有优势和有良好发展前景的主营业务，并进一步压缩钻井、物探、井下作业、工程施工等专业的过剩生产能力，提升企业核心竞争力。要按照实施扁平化管理的要求，积极推进内部组织结构调整，缩小管理幅度。还要努力优化队伍结构，控制和压缩职工队伍总量，以提高劳动效率和企业效益。

专业化重组要继续推进。在集团公司层面上，主要是对物探、测井和勘察设计专业实施扩大重组，并研究重组中的有关配套政策。要努力推进物流改革，一方面鼓励和支持各企业结合实际发展现代物流，另一方面在集团公司层面上实施物流资源的重组整合。要结合实施工矿区社区化管理，积极推进企业的物业改革，按照国家有关要求和政策规定，逐步建立起适应市场竞争要求的新的管理体制和运行机制。各单位要适应市场竞争的需要，大力推进内部相同或相近业务的专业化重组，提高生产集中度，发挥优势，增强发展能力。同时，鼓励相邻地区的企业之间进行联合，合理配置资源，实现优势互补，提高市场竞争能力。

二是，大力推进辅业改制分流工作。各企业要根据主辅分离改制分流总体方案确定的计划，在抓紧内部独立核算机制建立的同时，抓好辅业改制分流项目的实施。要加快推进并争取基本完成那些社会依托条件比较好和融入社会难度比较小的业务的改制分流，还要把重点放在整体分流改制上。要求各企业年初时就要选择条件成熟的一些辅业单位作为整体分流改制项目加以启动，规模小的企业要至少落实1—2家，规模大、改制任务重的企业要落实3—5家，使整体分流改制工作尽早得到展开，并取得预期效果。2003年，集团公司依据国家有关规定，结合实际已制定有利于推进辅业改制分流的配套政策措施，当前的关键在于抓好落实。各企业一定要加强组织领导，搞好宣

传培训，采取有效措施，如期完成方案中计划安排的改制任务。除了着重抓紧抓好辅业改制分流外，还要积极探索通过产权交易市场、挂牌出售或公开拍卖等方式，引入外部投资主体，努力盘活辅业存量资产，提高资本的运行效率。

此外，对移交企业办社会职能的工作，各企业要积极与地方政府联系，继续探讨并努力解决移交中的有关问题。为了推进这项工作，集团公司多次研究，并正在向国家积极争取有关政策。待政策确定之后，要求各单位按照集团公司的统一部署，认真搞好移交工作。关于集体企业的改革工作，各单位要从实际出发，积极进行探索和加以推进。集团公司总部有关部门也要继续深入研究，并在工作上予以指导。

三是，认真清理有关法人实体，理顺产权关系。针对当前部分企业存在产权归属不清、劳动关系复杂和管理不规范等问题，集团公司决定从 2004 年起，大体用两年时间，全面展开清理企业投资兴办的多种经营、集体经济和对外投资形成的法人实体工作。要通过产权清查，明确产权归属，理顺产权关系，规范劳动关系、隶属关系和管理关系，在集团公司范围内建立起以产权为纽带的“两级出资、三级法人”的组织架构。与此相适应，还要建立和完善集团公司和企业两级出资人行权体系，推行股权代表和专职董事、专职监事制度，不断完善公司的法人治理结构，促进各类法人实体的规范运行，进一步提高产权管理水平。清理有关法人实体的工作，任务重，涉及问题复杂，政策性强。要求各单位提高认识，放在重要的工作日程，按照集团公司《关于清理企业投资兴办的法人实体的意见》，进行认真研究，周密部署，有计划、有步骤地开展清理工作，务求今年内取得重大的阶段性成果。

四是，深入开展产权制度改革等问题的研究。按照建立现代产权制度的要求，集团公司总部有关部门要借鉴国内一些国有企业的成功经验，并结合公司制改革试点，进一步组织研究建立现代产权制度的范围、内容、方式和相关的政策措施，以及涉及公有制有效实现形式和产权结构多元化等重点难点问题的解决途径。还要根据国家政策导向，积极推进工程建设组织实施方式的改革，在培育发展工程总承包和工程项目管理企业方面进行深化研究和有益的探索，争取有新的进展。

五是，继续搞好有关配套改革工作。在推进“三项制度”改革方面，要抓好《企业分类分级管理》等 12 个人事制度综合配套文件的贯彻实施，并加强督导检查，注意总结经验。要重视并研究采取措施，继续解决组织机构设置过多、管理链条过长和人员富余问题。要做好企业工资总量调控和企业领导人员业绩考核、年薪制的实施工作。在推进职工住房分配货币化方面，要继续认真组织并基本完成企业改革方案及实施办法的审批，绝大多数企业在今年内完成住房补贴的发放工作。还要加强对住房补贴资金发放的专项审计，以维护房改政策和财务纪律的严肃性。

5. 大力推进技术进步，为企业发展提供有力保证

技术创新是企业发展的不竭动力，一定要坚持把发展的基点牢固地放在依靠科技进步上。今年，科技工作要重点围绕勘探开发的需要，针对关键性的技术难题，大力组织科技攻关。全年安排重大科技攻关项目 50 项，其中国家级项目 15 项。要结合重大工程进行科研攻关，主要包括：结合塔里木却勒地震勘探，研究并形成提高资料品质和处理、解释精度的技术；结合东部潜山、复杂断块和薄互层勘探，研究并形成提高地震分辨率的技术；依托苏里格气田开发工程，研究并形成降低成本的气体钻井配套技术、简化的地面配套装备及工艺技术；依托大庆调整井、吉林开发井钻井工程，研究并形成降低成本的套管钻井技术；结合滩海油田开发工程，研究并形成滩海石油开发配套技术。还要围绕海外油气田勘探开发，精心组织好有关科研项目的研究。与此同时，要加强一些重大技术的开发研究，主要包括：继续进行地震资料处理一体化软件（GEO—EAST）研究，新一代常规高性能测井系统装备研制，钻井关键部件攻关研究，滩海石油开发装备研制，以及苏丹、哈萨克斯坦等海外重点作业区高效钻井配套装备研究等。

根据当前科研工作的实际，要下大气力强化三个方面的工作：一是加大科研力量的整合力度，努力实现科技资源的优化配置。按照建立“一个整体、两个层次”技术创新体系的部署，以集团公司级专业技术研究中心和企业技术中心建设为重点，着眼于复杂油气藏勘探创新基地和海外油气发展技术创新基地的形成，系统研究和调整现有的研究机构和力量，形成合理的层次和分工。还要以项目为纽带，通过连续的项目安排和必要的基础设施投入，不断提高研究能力和水平。二是进一步加强科技管理。各单位要认真贯彻执行集团公司的各项科技管理制度，尤其是建立和健全科学的立项决策机制，实现科研与生产紧密结合。要按照项目管理的方法加强科研项目管理，搞好对科技成果的评估和考核。集团公司总部有关部门要加强

科技管理制度落实情况的检查，对出现的问题要认真研究解决的办法，进一步完善相关的管理制度。三是切实做好科研成果的推广应用工作。对经过科研攻关而形成的成熟技术，要通过各类示范工程、现场试验，扩大应用面，尽快转化为生产力，在提高企业效益中发挥作用。

在积极做好以上工作的同时，各单位要进一步推进管理创新，不断提高企业经营管理水平；进一步搞好队伍建设，加强党的建设、领导班子建设，加快人才培养，努力增强队伍的凝聚力和战斗力；进一步加强安全生产和维护稳定的工作，切实保证生产经营的正常进行。对这些方面的工作，马总已在报告中作了全面的具体部署，各单位要结合实际认真贯彻，真正落到实处。

同志们，存续企业当前的发展态势很好，但今后的任务依然相当艰巨。在新的一年里，要认真贯彻这次集团公司工作会议精神，以与时俱进的思想观念，奋发有为的精神状态，乘势而上，积极进取，狠抓落实，全面完成今年的工作任务，坚定不移地把企业的改革和发展不断推向前进，在实现集团公司建设具有国际竞争力的跨国企业集团宏伟目标的进程中，做出新的更大贡献！

坚持持续有效快速发展　实现更好业绩　增强综合实力

——陈耕同志在集团公司2004年工作会议上的讲话

（2004年1月6日）

同志们：

根据马富才总经理工作报告精神，按照董事会、管理层研究做出的决议和部署，下面，我就股份公司过去一年取得的主要成果、今年的工作目标和重点部署，讲几点意见。

一、2003年工作取得的主要成果

过去的一年，公司所属单位及广大员工全面贯彻十六大精神和“三个代表”重要思想，认真落实集团公司党组的工作要求，审时度势，抓住机遇，万众一心，奋力拼搏，努力克服非典疫情和部分地区洪涝灾害的影响，全面超额完成了各项生产经营指标。公司总体发展形势明显好于预期。

1. 实现利润创历史最好水平，公司价值大幅提升

据快报统计，按国际会计准则，2003年，公司实现销售收入××××亿元，实现税前利润×××亿元、净利润×××亿元，均创历史新高，并首次实现四个业务板块全部盈利。勘探与生产板块实现税前利润×××亿元，同比增长30.5%，仍然是公司盈利的主要支柱；炼油与销售板块实现税前利润××亿元，同比增长1.6倍，为公司整体效益提高发挥了重要作用；化工与销售板块实现税前利润×亿元，同比减亏增盈44.2亿元，不仅改善了自身形象，而且提升了公司整体形象；天然气与管道板块实现税前利润××亿元，同比增长10.2%，作为公司新的经济增长点的作用日益凸显。

由于公司稳健的经营和良好的业绩，以及香港H股整体走高的大势，中国石油股票价格稳步攀升，年底收盘价4.45港元/股，与2002年底相比上涨了近2倍，与发行价相比上涨了近2.5倍，显示了良好的成长性。

2. 油气勘探取得丰硕成果，原油产量实现稳中有增，天然气业务继续快速发展

2003年公司先后召开勘探技术座谈会和工程技术座谈会，进一步突出了勘探重中之重的地位，深化了对资源潜力的认识，明确了加强勘探的指导方针、总体目标和主攻方向，加大了对勘探特别是预探的投入。各油气田及时转变勘探思路，立足大发现、新突破，深化地质综合研究，积极甩开预探，实施勘探开发一体化，取得了一系列重大成果。新发现了冀东高柳、长庆西峰两侧、铁边城、榆林周边、新疆霍尔果斯等5个亿吨级油气田，以及松辽敖南、渤海湾滩海埕北、冀中留西、四川邛西等12个5000万吨级油气区块。全年新增探明石油地质储量4.4亿吨、天然气地质储量3902亿立方米，新增探明石油地质储量可动用程度达到93.9%，油气储量替换率分别达到1.17和11.3。新增石油控制储量6.2亿吨、预测储量7.3亿吨，是近年来最好水平。各油气田勘探都出现了新亮点，特别是新疆霍尔果斯背斜霍10井获高产油气流，实现了准噶尔南缘勘探的历史性突破；柴达木北缘马北1井的突破，开始改变青海油田石油勘探的被动局面；乌什凹陷乌参1井的发现，开辟了塔里木油气勘探的新地区。华北油田加强岩性油气藏勘探和冀东油田深化精细勘探的成果证明，老探区仍然能够再谱新篇章，小探区照样可以做出大文章。

原油生产在认真做好东部战略性调整的同时，加快西部上产步伐，生产运行比较主动，实现了稳中有增的目标。2003年公司国内油田生产原油10394万吨，比2002年增产32万吨。老油田综合治理成效明显，综合递减和自然递减分别控制在5.2%和11.4%以内，综合含水保持基本稳定。新区、新油田产能建设进展较快，确保了上产目标的实现。大庆油田不断扩大三次采油技术应用规模，努力挖掘生产潜力，比计划超产10万吨，全年生产原油4840万吨。长庆油田油气当量突破1000万吨，成为西部第二个千万吨级大油气田，原油产量迈上700万吨台阶，是公司上产幅度最大的油田。新疆油田生产原油1060万吨，比2002年增产55万吨，保持了连续稳步增长。辽河、塔里木、吉林、华北、大港、吐哈、青海、冀东、玉门等油田，都为公司原油产量的稳中有增做出了积极贡献。

天然气业务以四大气区为重点加快上产步伐，大力拓展市场，产销量持续快速增长。全年公司国内油气田共生产天然气248亿立方米，比2002年增长10.2%。西南油气田天然气产量达到92亿立方米，并首次实现全面扭亏为盈；长庆油田天然气产量突破50亿立方米，为西气东输东段顺利启输和满足京津地区的用气增长提供了资源保证。采取灵活的市场营销策略，全年外销天然气153.3亿立方米，比2002年增长5.3%。积极推升天然气销售价格，同比平均提高8元/千立方米，销售效益稳步提升。

3. 炼油化工产销两旺，盈利水平有较大提高

炼化生产突出资源优化和结构调整，精心组织生产运行，发挥一体化优势，实现了增产增收。全年加工原油9120万吨，生产成品油5674万吨，一次原油加工负荷率达到85.6%，均创历史最好水平。化工主要装置全年高负荷运行，商品产量首次突破1000万吨，比2002年增长107万吨。根据市场需求及时调整优化产品结构，炼油大力增产高附加值和适销对路产品，同比增产高标号汽油、柴油、石蜡、丙烯等厚利产品670多万吨，深加工商品重油120万吨；化工按照“效益三条线”原则组织优化生产，同比增产树脂专用料等厚利产品55万吨。深入开展企业达标和装置达标活动，轻油收率、综合商品率、加工损失率、综合能耗等主要技术经济指标进一步改善，乙烯加工损失率降低0.26个百分点，达到国内先进水平。

销售业务始终坚持促销、推价、降费的方针，积极应对市场变化，及时调整营销策略，产销互动，量价联动，不断加大销售网络建设力度，强化终端销售，优化运输组织和产品流向，销售量和零售量大幅提高。全年国内销售成品油5629万吨，国内市场份额达到43.3%。成品油零售量达到2230万吨，同比增长350万吨，零售市场份额达到25.9%。销售结构得到改善，销售渠道逐步规范，加油站创效能力明显提高，资产型加油站单站平均日销量同比提高0.45吨，达到5.02吨。坚决贯彻化工产品统销原则，积极扩大销量，总销量达到1078万吨，同比增加158万吨。统销优势逐步显现，统销量同比增长144万吨。直销网络建设和专业化管理稳步推进，直销率达到60%。化工产品销售价格平均上推1.2个百分点，销售效益明显提高。

各炼化及销售企业广泛深入地开展“六查六整顿”、挖潜增效活动，进一步强化了管理，堵塞了漏洞，降本降费取得明显成效。炼油单位现金加工费同比降低4.7元/吨、现金营销成本降低5.2元/吨，化工类产品单位现金加工费降低135元/吨，均创历史最好水平；管理费、财务费等期间费用同比降低10亿元以上。通过开展运输专项整顿，优化物流配送，在成品油总销量特别是区外销量大幅增长的情况下，吨油运输费用同比降低2.4元。吉林石化、辽阳石化和独山子石化等重点亏损企业实现扭亏为盈，尤其是吉林石化的扭亏为盈在石化行业、当地省市、资本市场获得一致好评。大庆石化、大连石化、抚顺石化等炼化企业盈利大幅增长，炼油销售企业和化工销售单位全部实现盈利。

4. 西气东输等重点工程项目进展顺利，增强了公司发展后劲

举世瞩目的西气东输工程东段全面完工，2003年10月1日一次投产成功，先期实现了向河南、安徽、江苏、浙江供气，2004年1月1日如期实现向上海商业供气。西段主体管道焊接全部完工。这充分展示了中国石油管道建设出色的组织能力、雄厚的施

工实力、精湛的技术水平和攻坚啃硬的顽强作风。忠武输气管道2003年8月28日全面开工，长江穿越等控制性工程完成总工程量的50%以上。陕京二线完成了初步设计，控制性工程已经开工。

炼化基地和销售网络建设进展顺利。全年实施5000万元以上的重大炼油项目29项、化工项目22项，其中21个项目顺利建成投产。兰州石化300万吨/年重催、500万吨/年常减压建成投产，千万吨级炼油基地初步形成。吉林石化100万吨/年延迟焦化、兰州石化24万吨/年乙烯改造等项目按期建成投产，完成260多项“短平快”技改项目，有力促进了炼化结构的优化调整及整体效益的提高。全年新增成品油库容40万立方米，新增加油站1820座，加油站总数达到14980座。

油气田开发突出抓了13个区块重点产能建设和一批地面配套工程项目的实施，全年新建原油生产能力1076万吨、天然气生产能力48亿立方米，新形成了三个百万吨级以上的油气田。老油田调整改造和新油田开发建设在大庆、辽河、吉林、华北、长庆、新疆等涌现出了一批“简化”和“优化”的典型，在控制投资、提高回报方面进行了有益探索。

5. 海外油气业务进一步拓展，国际贸易大幅增长

印尼项目生产经营已步入正轨，油气产量逐步增加。新收购了美国赫斯公司在印尼加邦区块50%的股权，使我公司在该区块的股权比例增加到45%。全年印尼项目共完成油气作业产量243万吨，获得权益产量102万吨。同时，在印尼项目周边有针对性地展开勘探，首轮探井全部获得成功，新增探明油气可采储量3300万桶，展现了该项目的良好前景。国内对外合作进展顺利，全年油气作业产量达到282万吨，其中大港滩海赵东区块合作开发项目正式投产，当年产油28万吨。

国际贸易业务在继续巩固东南亚等市场的同时，新开拓了西非和南美市场，进出口总量及贸易额均保持快速、稳健的发展势头。全公司2003年完成原油、成品油及化工产品贸易量3979万吨、贸易额730亿元。其中，国际事业公司完成贸易量3406万吨、贸易额625亿元，实现税前利润6.3亿元，创造了历史最高水平。公司下游业务海外投资有了良好开端，收购的加油站和油库投运后获得了较好的经济效益。

6. 积极推进技术和管理创新，为公司发展注入了新的动力

围绕主营业务发展，加强重大核心技术攻关，加大成熟配套技术的推广应用力度，促进了生产发展和效益提高。2003年获得的主要成果是：完成了公司内部油气资源的重新评价，加深了对资源潜力的认识；岩性地层油气藏三角洲前缘和坡折带控油理论、岩性圈闭识别和砂体描述技术得到完善和发展，促进勘探取得了一系列突破；前陆盆地研究推进了断层相关褶皱及山前带油气成藏理论，发展了复杂山地地震勘探技术，在川西、准南应用取得了较大突破；三次采油技术攻关和矿场试验取得重大进展，大庆油田聚合物污水配制获得成功，国产化助剂三元复合驱工业化试验取得显著成效；高含水油田油藏精细描述和综合挖潜技术的推广应用，低渗透油田开发配套技术的逐步形成，明显提高了开发水平；稠油蒸汽驱先导试验效果明显，汽驱试验区采出程度达33%以上；两段提升管催化裂化技术已在炼厂推广应用；具有自主知识产权的LBO降烯烃催化剂在全国30多套装置上得到应用；抚顺石化HCC工业化试验取得新进展。信息化建设按规划统一管理，分步推进，完成了地球科学与钻井系统等6个专业应用系统可研和试点方案，启动了管道生产信息系统试点。电视视频会议系统、企业信息门户和电子邮件系统得到广泛应用。

公司在实施管理创新，提高管理水平方面，采取了一系列措施，成效比较明显的是：高度重视战略管理，加强对具有前瞻性、综合性、全局性重大问题的研究，编制了公司发展战略纲要、2003—2007年业务发展规划，以及一系列重大区域和专项发展规划，公司中长期发展的思路进一步清晰。全面预算管理继续深化，根据市场变化及时编制调整公司执行预算，预算的准确性和指导性进一步增强。资金收支两条线和会计集中核算工作在炼化企业已全部完成，油气田企业已基本实现一级核算的目标，进一步提高了资金使用效益和财务运行效率。业绩考核体系继续完善，考核指标的设置、权重的分配及指标值的设定趋于合理，针对性和可操作性进一步增强，有力促进了业绩目标的实现。利用能源一号网站平台，实施物资采办业务的整合，推进了一类、二类重点物资的集中采购，全年完成网上采购额126亿元，特别是石油专用管通过实行集中采购，价格比业务整合前下降了10%以上。同时，对公司内部规章制度进行了清理整顿，重点在对外投资、股权管理、国内对外合作等方面建立健全了一批新的管理制度，使各项管理更加规范。法律、审计和效能监察工作进一步拓宽领域，突出重点，搞好服务和监督，控制和防范风险，取得了明显成效。

2003年，公司在抓好生产经营工作的同时，大力加强党建工作，基层党组织的战斗堡垒作用和党员的先锋模范作用得到充分发挥，56个基层单位获得集团公司“百面红旗”单位称号。按照“四化”和德才兼备的要求，对16个单位的领导班子，包括9个单位的党政一把手，进行了充实调整，班子的战斗力进一步增强。加大从源头预防和治理腐败的力度，党风廉政建设得到有力推进，党群、干群关系有了新改善。围绕“形势、目标、责任”教育，深入开展丰富多样的主题教育活动，增强了广大员工的主人翁责任感，促进了增产增收、挖潜增效。各单位认真贯彻集团公司企业文化建设纲要，结合自身生产建设、经营管理工作实际，积极开展企业文化创建活动，不断改善员工的工作环境和生活条件，队伍凝聚力进一步增强。面对繁重的生产经营任务和各种困难，广大员工始终保持了艰苦奋斗、无私奉献的良好精神风貌。

回顾一年来的工作，我们深深体会到：坚持持续有效快速发展的指导方针，统筹推进公司上下游、国内外业务的协调发展，努力做到速度与结构、质量、效益的统一，这是确保公司长远健康发展的根本所在；坚持以市场为导向，积极应对变化的外部环境，提高市场应变能力，组织好产炼运销的综合平衡和协调运行，这是实现增产增销增效的关键环节；坚持充分依靠科技，强化企业管理，不断推进技术创新和管理创新，这是确保公司成长的不竭动力；坚持以人为本，大力加强党的建设、领导班子建设和队伍建设，充分调动全体干部员工的积极性，这是实现业绩目标的重要保证；坚持正确处理改革发展稳定的关系，处理好与工程技术服务等单位的关系，这是各项工作顺利开展的可靠基础。以上这些，对于我们做好今后的工作，具有重要的指导意义。

在总结公司2003年各项工作取得的成果和经验的同时，我们也要保持清醒的头脑，充分认识存在的矛盾和问题。原油资源接替紧张的矛盾尚未从根本上得到解决，老油田稳产和控制成本的难度越来越大；炼化业务在规模、技术、成本等方面与竞争对手依然存在差距，抵御市场风险的能力不强，同时又面临着优化产品结构和提高质量等新问题；天然气市场开发的任务十分艰巨，新建管道在投产运营初期难以达到盈亏平衡；少数单位安全生产管理滑坡，违章、违规、违纪的现象依然存在，安全生产形势严峻，油气区和管道治安环境尚未根本好转；人才队伍的规模、结构和质量有待提高和优化，人才工作机制需要进一步完善；各级领导干部的全球战略意识、市场经济观念、国际化经营理念还不能适应形势发展的要求，总部机关和专业公司在面向市场、服务基层、提高决策水平和工作效率等方面还有待加强。对于这些问题，我们要立足长远，着眼当前，坚持用改革创新、有效发展的办法认真加以解决。

二、2004年工作目标和重点部署

2004年，是落实党组提出的建设具有国际竞争力的跨国企业集团、实施“两个转变”战略部署的重要一年，也是股份公司实现“十五”发展目标、增强综合实力的关键一年。2004年公司的业绩目标是：按原油销售价格22美元/桶测算，预算销售收入××××亿元、税前利润×××亿元。其中：勘探与生产板块税前利润×××亿元，炼油与销售板块税前利润××亿元，化工与销售板块税前利润××亿元，天然气与管道板块税前利润××亿元。

各业务板块的主要生产经营指标是：

勘探与生产板块：计划探明石油地质储量4.63亿吨，工作目标5亿吨，计划探明天然气地质储量1200亿立方米，工作目标1500亿立方米；原油产量工作目标10400万吨，天然气产量工作目标277亿立方米；单位油气操作成本4.38美元/桶。

炼油与销售板块：计划加工原油9350万吨，生产成品油5700万吨；销售成品油6273万吨，零售量超过2500万吨；单位现金加工成本94.88元/吨，单位现金批发成本196.3元/吨，单位现金零售成本155元/吨。

化工与销售板块：化工商品产量工作目标1100万吨；商品销量1180万吨，直销率达到60%以上；单位现金加工成本降低2%以上，单位现金营销成本61.8元/吨。

天然气与管道板块：计划原油管输量4067万吨，成品油管输量400万吨，天然气管输量163.7亿立方米；原油管道单位现金成本43.5元/吨，成品油管道单位现金成本43.9元/吨，天然气管道单位现金成本51.7元/千立方米。

为确保上述目标的实现，我们首先要充分估计和清醒认识2004年面临的形势和挑战。一是国际油价走势总体稳中趋降，也不排除短期内剧烈波动，将会对公司业绩造成一定影响。二是国内石油石化行业投资主体和市场竞争主体多元化，国内油品和化工产品市场进一步国际化，竞争更为激烈，增加了我们拓展市场空间、扩大市场份额的难度。三是原油、柴油出口取消退税，汽油出口降低退税率，国内能源、原材料和运输价格全面上涨，铁路运力更趋紧张，增加了我们平衡资源、组织生产经营和控制成本的难度。四是国家的环保标准不断提高，对石油石化企业的清洁生产和产品质量标准也明显提高，将导致公司在这方面的投入相应增加。五是国家对安全生产的要求更加严格，我们确保安全生产、严防重特大事故的责任更加重大。六是国家实施西部大开发和振兴东北地区等老工业基地的战略，公司绝大多数企业地处东北和西部地区，如何落实中央的战略部署，利用好国家政策，对我们既是机遇，也是一种挑战。总之，对2004年的宏观环境、市场形势、经济政策，我们必须正确认识，科学把握，积极应对，努力实现经营业绩的稳定增长。

2004年工作的总要求是：坚持持续有效快速发展的方针，坚持以市场为导向、以效益为中心，坚持以科技创新和管理创新为动力，坚持内涵发展与外延扩张相结合，坚持正确处理改革发展稳定的关系，加强油气勘探开发，推进炼化调整优化，加快重点工程建设，强化市场营销，发展海外业务，以人为本，充分调动各方面的积极性，实现更好的业绩目标。

重点工作部署如下。

1. 强化油气勘探，实现油气生产稳定发展

要坚持把勘探放在首位，大力强化预探，继续推进勘探开发一体化，努力增加优质高效储量；搞好老油田调整挖潜，不断提高采收率；做好“优化”、“简化”两篇文章，加快新区产能建设步伐，确保原油产量稳中有增，确保天然气产量快速增长，全面提高勘探开发水平和经济效益。

油气勘探要继续按照2003年勘探技术座谈会确定的工作方针、目标和部署，重点组织实施好14个预探项目和11个油藏评价项目，力争发现或落实3—5个亿吨级规模的石油战略接替目标、10个左右3000—5000万吨规模的储量区块，以及2个千亿立方米规模的天然气战略接替目标和2—3个300—500亿立方米规模的储量区块，石油储量替换率达到1以上。要进一步转变勘探思路，深化地质综合研究，加强对陆上含油气盆地的重新认识和资源评价，突出岩性油气藏、前陆盆地勘探和精细勘探，加强老区富油气凹陷的勘探，加大滩海勘探力度，不断开辟油气勘探新领域。要强化地质与工程的结合，大力推广应用先进适用的主导勘探技术，确保地质目标的实现。此外，要做好煤层气、油砂矿勘探开发的前期准备工作。

原油生产要科学安排，精心组织，保持产量稳中有增。老区要深入调整挖潜，加强控水稳油和综合治理，大力推广大庆、玉门、大港等油田在提高采收率和油藏精细描述方面的成功做法，全面提高油田开发水平。新区要加快储量动用节奏，提高单井产量，实现高效开发。特别是要切实组织好重点产能建设项目的方案设计、工艺流程优化和跟踪分析，努力提高产能建设到位率，年内形成长庆西峰、新疆石南、大港滩海、冀东四个新的百万吨级油田，抓紧组织实施呼伦贝尔油田的百万吨产能建设。

天然气生产要围绕满足市场需求，切实搞好产能建设和气田开发。要组织实施好塔里木克拉2、吉拉克、桑南，西南邛西构造，青海涩北二号等重点产能建设项目，抓紧长庆气区配套生产能力建设，搞好生产运行的组织协调和资源平衡，保证“西气东输、陕气东进、川气东送”等重点管道外输气量和周边市场用气的需求。要针对苏里格气田的气藏特点，主攻储层预测、小井眼、欠平衡钻井等开发配套工艺技术，实现经济有效开发。

全力做好新油田“优化”和老油田“简化”两篇文章，对于控制投资、降低成本、加快新区上产、实现老区稳产，以及推进地面工程技术进步，具有十分重要的意义。“优化”、“简化”的基本要求是：“技术先进适用，流程集约简化，投资经济合理，安全环保达标。”为此，必须打破老的条条框框的束缚，修订完善现行的制度、规范和标准，创造性地开展工作。必须大力推广应用“经济、适用、高效”的地面工艺技术，优化设计、优化系统配套、优化设备选型。必须打破厂、矿界限，实施地上、地下一体化改造。2004年要重点组织实施好西峰油田、克拉2气田产能建设等新区“十项优化”工程，大庆葡萄花等油田系统优化调整、吉林扶余油田整体调整改造等老区“十项简化”工程，收到实实在在的效果。

2. 推进炼化业务调整优化，不断提高市场竞争力

炼化业务要按照“做精炼油、做强化工”的总体思路，乘势而上，继续搞好资源优化和结构调整，全力组织好生产运行和重点项目建设，努力实现盈利的持续稳定增长。

炼化生产要坚持以市场为导向，以销定产、以销促产、产销结合，紧紧抓住市场机遇，千方百计增产增收增效。要继续优化资源流向和内部原料互供，减少原油出口，合理安排进口，保证优势企业和高效装置开满开足。要紧跟市场变化，大力增产高附加值和适销对路产品。炼油重点要增产高标号汽油、柴油、丙烯、芳烃、石蜡、沥青等产品500万吨以上，化工

重点要增产树脂专用料等厚利产品38万吨以上。各炼化生产企业要全面开展“技术效益年”活动，大力推进技术进步，加快实施“短平快”技改项目，消除生产瓶颈，进一步改善各项技术经济指标，提高产品质量，促进效益增长。要继续强化生产管理，抓好装置达标，降低能耗物耗。加强工艺、设备管理，搞好状态监测和预知检修，强化日常维护和安全措施，推行装置“三年一大修”，大幅度减少非计划停工，确保装置“安稳长满优”运行。

今年炼化结构调整任务较重，新开工和续建重点项目有50项，当年要建成投产22项。工程建设和生产运行深度交叉，必须周密安排，加强组织协调，确保重点工程建设按进度顺利完成。炼油要重点抓好大连石化后1000万吨含硫原油加工能力项目的开工建设，进一步完善兰州石化千万吨炼油基地，加快独山子炼化一体化基地建设的前期准备工作。化工要重点抓好大庆、吉林、兰州三大乙烯改造，大庆、宁夏和乌石化三套化肥扩能，辽化PTA等9项工程的开工建设，继续抓好已开工的大庆炼化30万吨/年聚丙烯工程建设，确保大庆石化聚乙烯专用树脂、辽化己二酸等2个重点项目按期建成投产。

3. 坚持促销、推价、降费，努力提高营销效益

营销业务是公司价值实现的最终环节，也是公司实现从生产商向供应商转变的关键。要按照“大市场、大营销、大流通、做大销售”的思路，积极主动应对旺盛的市场需求和激烈的市场竞争，继续改善销售结构，加快营销网络建设，全力开拓市场，在保障自产产品销售的同时，适时扩大非自产产品的销量，不断提高市场份额和营销效益。

成品油营销要突出抓好终端销售，大力开拓高效市场。要组织好现有加油站的改造和扩建，强化零售管理，提高服务质量，增加单站日销量；按计划收购和新建加油站，全年新投用加油站1500座，增加零售能力435万吨；加大重点用户和社会机构用户的开发力度，努力提高终端销售比例。化工要按照六大类产品大力推进专业化销售，对同一类产品统一营销策略、资源配置、市场开发和售后服务；加快销售网络建设，搞好大用户开发，努力提高直销率；推行销售代表制，扩大终端销售。润滑油销售重点要加强零售，努力提高高档润滑油的销量和效益。各销售企业要根据市场变化，及时调整营销策略，优化资源流向，控制好销售节奏和资源投放量，推动价格到位。继续开展运输等专项治理工作，大力降本降费，促进增销增收增效目标的实现。

加快推进营销体制改革，力争用三年左右时间建立起灵活、协调、高效的现代营销体系。今年重点要进一步完善成品油、化工产品和润滑油集中销售的管理体制，健全燃料油销售运行机制，完善石蜡、沥青、石油焦等非统配产品的销售管理办法，强化润滑油基础油管理。完善内部价格机制，按市场规律合理确定生产和销售企业之间的产品结算价格，调动两个积极性。优化物流配送管理体系，提高仓储运输的效率和效益。要适应营销业务发展和市场竞争的要求，调整优化销售组织结构，健全和完善销售业务的工作机制、激励机制和约束机制。公司将在今年3月召开销售工作会议，对下步工作做出全面部署。

4. 抓紧重点管道建设投产，拓展天然气营销业务

2004年，公司天然气管道建设任务繁重，要抓住工程施工与投产、市场开发与销售、管道运输与服务等重点环节，加强组织协调，加大工作力度，确保各项目标的实现。

要集中力量抓好重点管道建设，实现工期、质量、投资等控制目标。继续抓紧西气东输工程西段场站建设，加快地下储气库等配套工程进度，确保今年10月1日轮南进气、2005年1月1日由塔里木正式向上海商业供气。忠武管道工程主干线和襄樊支线、黄石支线年底前要达到商业供气条件，将川气输送到湖北省用户。要切实搞好以上两条管线的试运行准备，周密制定投产方案，确保投产一次成功。陕京二线要抓紧全线开工建设，力争10月底完成主体管道焊接。还要加快西气东输和陕京二线联络管道建设，抓紧忠武线和西气东输联络管道、涩宁兰白银支线的设计和施工。继续做好全国性管网设施发展规划，为逐步形成国内横跨东西、纵贯南北的天然气主干管网打下坚实的基础。

要按照“开发市场、推升价格、增加销量、安全供气”的要求，统筹安排天然气生产、输送和销售，搞好资源平衡与衔接，实现销量和效益的同步增长。要继续挖掘涩宁兰、陕京线、川渝地区等已投产管道目标市场和沿线用户的用气潜力，不断优化用气结构和天然气流向，加快西气东输等新建管道的市场开发和培育，确保今年天然气外销量达到170亿立方米以上。通过争取政策支持和谈判协商等方式，努力推升天然气销售价格，逐步形成科学合理的价格机制。此外，要加快LNG接收站的前期工作。

要加强在役油气管道运营管理，提高运行质量和效益。搞好东北原油管网低输量流向调整和优化运

行，降低运行成本。兰成渝成品油管道今年输量和输送品种都有增加，要精心制定运行方案，搞好顺序输送，确保优化高效运行。着手建立天然气管网调控中心，实现对西气东输、忠武线、陕京线、陕京二线等多条管道生产运行的统一调度。加强管道和储运设施日常维护，搞好油气管网维抢修力量的合理布局，完善应急措施，确保管网安全平稳运行。

5. 大力拓展国际业务，努力迈出更大步伐

根据中央关于继续实施“走出去”战略，充分利用国内外两种资源，逐步建立国外能源和原材料基地的指示精神，从今年起，我们要把拓展国际业务放到更加突出的位置，抓住有利时机，大力发展海外油气勘探开发业务，择优发展海外炼化业务，加快发展国际贸易，在更大范围、更广领域、更高层次上参与国际合作和竞争。

海外勘探开发要以建设稳定、高效和较大规模的油气资源供应基地为目标，以印尼项目为基础，不断扩大成果。首先要抓好印尼项目的油气生产，提高开发水平，确保今年油气产量达到285万吨，权益产量达到119万吨。以滚动勘探为主，加快勘探节奏，寻求新的突破，新增油气可采储量5000万桶。抓紧LPG工程进度，力争年内完成主体工程建设。同时，要突出重点，优选战略目标，寻找发展机会，通过收购兼并、建立战略合作等途径，争取拿到具有较大规模的项目。

国内对外合作主要是提高现有项目的执行水平，重点抓好赵东海上油田建设，努力增加油气产量。此外，对确能为公司提供管理和技术优势的项目以及高风险的项目，要继续寻找对外合作的机会，扩大对外合作的成果。

国际贸易要立足大市场、大贸易、大流通，拓展经营领域，扩大经营规模，努力实现“三个转变”，即由单一的油品贸易向石油石化产品综合贸易转变，由区域贸易向全球贸易转变，由单纯的贸易向工贸结合转变。今年全公司计划完成油气、油品和化工产品进出口贸易总量5400万吨、贸易额800亿元，其中国际事业公司要完成贸易量5000万吨、贸易额750亿元。要根据市场需要，进一步拓展系统内成品油和石化产品进出口贸易，大力开拓系统外市场，通过扩大原油、成品油转口贸易等途径，控制更多的贸易资源，扩大市场覆盖面。要不断丰富贸易手段，有效规避市场风险，增强盈利能力。着眼全球市场，选择有利的目标区域，择机发展海外炼化加工业务和营销网络，不断拓展国际化经营的新领域。

6. 积极推进技术进步和创新，全面提升公司科技实力

要按照“立足应用、推进共享、注重创新、追求卓越”的公司科技理念，安排部署科技工作，组织好重大技术攻关、成熟技术推广应用和重大超前技术储备，在上游领域继续保持和发挥研发优势，在下游领域加快实现由技术跟进向自主创新的跨越式发展，为公司发展提供强有力的技术保障。

今年，要突出抓好“十项重大技术攻关”，努力取得实质性成果，即：岩性地层油气藏勘探理论与技术、前陆盆地油气富集规律与勘探配套技术、高含水油田改善水驱效果技术、低渗透油藏经济有效开发技术、三元复合驱弱碱化表面活性剂的研制和配方体系研究、稠油热采高轮次吞吐阶段转换开采方式技术、清洁油品及高标号汽油组合生产技术、渣油悬浮床加氢工业试验、HCC工业化试验装置长周期稳定运行、乙烯齐聚生产α-烯烃的技术。重大成熟主导技术推广应用的重点是：高分辨率三维地震和储层预测、高含水油藏精细描述、西气东输管道相关技术集成、两段提升管催化裂化和多种新型催化剂、环保节能等五项技术，实现科技成果向现实生产力的有效转化。还要瞄准国际石油科技前沿，把握同行业动态，采取“内联外引”等多种有效方式，着力抓好非常规油气资源勘探开发理论与技术等五项重大超前储备技术研究。

按照“统一规划、分级管理”的原则，理顺完善科技体制和运行机制，着力解决科技研发过程中的重复交叉和分散低效问题，实现科技资源的优化配置。重点明确公司总部、专业公司、地区公司三个科技管理层次的职能定位，形成职责清晰、分工明确、各有侧重、协调高效的科技管理体制。进一步完善科技运行机制，加强规划、计划和项目管理，积极推进科研项目的甲乙方合同化管理，建立和完善成果共享、应用推广以及科技人才激励的有效机制。

按照专业化集中管理的方向，推进公司信息化建设。各专业领域和各项业务信息系统的开发和建设，要做到统一规划、统一标准、统一设计、统一投资、分步实施，确保公司信息技术总体规划落到实处，促进业务流程的优化和管理效率的提高。

7. 继续推进管理创新，提高科学管理水平

2004年，公司管理创新的重点内容，仍然是按照专业化、集约化的要求，理顺和完善集中统一管理的体制。要坚持按效益标准优选投资项目，强化前期研究和后评价，实现建设项目从立项、设计、建设、

投产到跟踪评价的全过程管理，选择一批重点投资项目，组织内外部专家严格进行项目后评价。强化全面预算管理，建立一套科学的预算编制方法、有效的预算控制系统和积极的预算机制，形成全要素优化配置、全过程有效控制和全员积极参与的预算管理体系。继续推进资金收支两条线和会计集中核算，年底前要基本覆盖所有地区公司。加强资产管理，逐步实现从注重资产实物管理向注重价值管理转变，从管住资产向盘活资产、不断优化资产结构转变，提高资产使用效益。加强对外投资股权管理，搞好项目清理整顿，强化管理责任，建立健全规章制度，通过委派专职董事、监事和股东代表，借助现代信息技术等手段，推进股权管理的制度化、专业化和信息化。强化重点物资集中采购管理，推进一类物资网上采购的整合，全年重点物资上网采购率达到 80%，完成网上采购额 120 亿元，采购成本与当期市场价格相比降低 5%。完善销售的集中统一管理，对自用原油节约部分和年产规模 10 亿立方米以上的天然气，统一进行资源配置和价格监管；原油、油品、化工产品等进出口贸易业务，由国际事业公司统一代理。还要结合萨班斯法案 404 条款项目的实施，从公司实际出发，建立健全符合市场监管要求的内控制度和机制，促进公司内部程序和控制的标准化。

我们公司作为特大型综合性能源生产企业，同时也是耗能大户。据统计，目前全公司每年能源消耗总量达 4000 万吨标煤左右、新鲜水用量超过 8 亿立方米，费用 360 多亿元，总体占公司直接操作成本的 50%以上。公司能耗、水耗大，利用率不高，节约潜力很大。管理层决定，在全公司范围内开展创建节能节水型企业活动，广泛深入地发动全体员工，采取优化运行、技术进步、强化管理、制度约束、政策激励等综合性措施，大幅度地把能耗、水耗降下来。对此，总部将要做出具体安排。各单位要高度重视，把这项工作作为今年挖潜增效的重点，深入分析自身潜力，认真制定实施方案，明确具体目标和措施，真正抓出成效。

安全生产不仅关系到企业的生存和发展，而且事关人民群众生命财产和社会稳定的大局。安全就是政治，安全就是效益。各单位一定要站在实践“三个代表”重要思想的高度，从改革发展稳定的全局出发，认真贯彻落实“安全第一，预防为主”的方针，按照“五严”要求，大张旗鼓地开展“严管理、反三违、查隐患、保安全”活动。要深刻吸取“12. 23”井喷事故的教训，举一反三，修订完善安全标准和规范，大力开展安全知识教育培训，层层落实安全生产责任制，建立完善事故应急救援预案，并与地方政府的应急救援体系相衔接，杜绝各类重特大事故的发生。要继续配合国家有关部门抓好油田和输油气管道专项整治工作，坚决打击涉油犯罪，为安全生产提供有力保障。

8. 实施人才强企，提高队伍整体素质

要全面贯彻中央人才工作会议精神，认真落实党中央、国务院关于进一步加强人才工作的决定，树立科学的人才观，从公司发展目标和发展战略的需要出发，有针对性地抓好培养、吸引和用好人才三个重要环节，努力建设规模相当、结构合理、专业配套、素质较高的人才队伍，为公司发展提供坚强的人才保证和广泛的智力支持。2004 年要重点抓好以下几项工作：一是选拔、建设一支由 100 名集团公司、股份公司级和 500 名地区公司级技术专家组成的，涵盖油气勘探、开发、炼化、储运等主体专业的两级技术专家队伍，充分发挥其作用。二是全面启动人才培养工程，今年选拔确定 350 名左右经营管理、专业技术、商务、国际化和操作方面的优秀人员，通过多种方式强化培养，加速提高其管理、技术和技能水平。三是办好总会计师后备人选和高级营销人员两个专业培训班。组织选拔 20 名地区公司总会计师后备人选进行重点培养，对销售系统领导班子成员及营销处长普遍进行一次现代营销知识培训。四是抓好处以上管理人员岗位轮训工作，今年计划对 1400 人进行工商管理和岗位任职资格培训。五是以岗位责任制、安全规程为重点，在员工中普遍开展安全知识、规章制度、岗位操作规程和技术标准规范，以及应急救援等培训。同时，要创新人才工作机制，包括人才评价机制、选人用人机制、人才合理流动机制和分配激励机制等，努力开创人才辈出、人尽其才的新局面。

要继续坚持以人为本，充分激发和调动广大员工的积极性。加强企业文化建设，大力弘扬“爱国、创业、求实、奉献”的企业精神，进一步深化“诚信、创新、业绩、和谐”的核心经营理念。根据企业内外部环境的变化，坚持从生产经营管理实际出发，不断赋予企业文化以新的内涵。努力构建学习型企业，提倡和鼓励全员学习、终身学习，不断提高理论修养和业务素质，促进员工的全面发展。要在企业效益增长和给股东回报提高的同时，积极改善员工的工作环境和生活条件，稳步提高收入水平。要满腔热忱地关心生活困难的员工，广泛开展“送温暖”活动，切实帮助他们排忧解难。

要切实转变机关工作作风，提高工作效率和服务质量。各级机关工作人员，不论职务高低，资历深浅，都要坚持“求真务实，多做奉献；勤奋学习，开拓创新；顾全大局，团结协作；规范高效，优质服务；艰苦奋斗，戒骄戒躁”五项作风，积极践行“勤勉、诚信、团结、高效、自律”十字行为准则。总部和专业公司机关要带头转变作风，树立管理就是服务的思想，努力做到为领导决策服务好，为地区公司生产经营服务好，各部门之间、部门与专业公司之间互相服务好。

工程技术服务单位是股份公司实现持续有效快速发展的基本力量。股份公司所属各单位和工程技术服务单位都要进一步确立合作双赢、共同发展的思想，做到团结一致，互相支持，密切配合，今年要力争在工程技术联合攻关上实现新突破，在关联交易的规范运作上取得新进步，在工程技术服务质量上有新提高。

同志们，今年的工作目标和安排部署已经明确，实施中尽管困难不少，但有利条件也很多。让我们在十六大精神和“三个代表”重要思想的指引下，在集团公司党组的统一领导下，抓住机遇，开拓进取，与时俱进，扎实工作，为把股份公司建成具有国际竞争力的大型石油公司而努力奋斗。

谢谢大家。

认清形势　振奋精神　团结一心　再创辉煌

——陈耕同志在集团公司领导干部会议上的报告

（2004 年 7 月 15 日）

同志们：

这次领导干部会议的主要任务是，深入贯彻十六届三中全会精神和中央领导同志的一系列重要指示，认真分析集团公司面临的新形势，总结上半年工作，安排部署下半年任务，专题研究安全、稳定和分离办社会等几个重点问题，进一步动员广大干部职工，振奋精神，努力工作，团结一心，再创辉煌，把集团公司各项工作推向一个新的阶段。

下面，根据集团公司党组讨论意见，重点讲五个问题。

一、认清形势，增强保障国家石油安全的责任感和使命感

最近一段时间，中央领导同志高度关注国家能源发展和石油安全问题。胡锦涛总书记先后出席中哈、中乌、中叙三个石油合作项目签字仪式。温家宝总理连续两次主持召开国务院会议，专题研究我国油气资源可持续发展战略和能源工业中长期发展规划。中央领导同志指出，能源是经济社会发展和提高人民生活水平的重要物质基础。解决好能源问题，直接关系到我国现代化建设的进程。要坚持以煤炭为主体、电力为中心、油气和新能源全面发展的战略，为全面建设小康社会提供稳定、经济、清洁、可靠、安全的能源保障，以能源的可持续发展和有效利用支持我国经济社会的可持续发展。并强调指出，石油天然气在我国能源战略中具有极为重要的地位。当前中国油气消费进入快速增长时期，油气资源短缺已成为经济和社会发展的重要制约因素，必须抓紧制定和实施油气资源可持续发展战略，搞好石油天然气资源的勘探、开发、生产和节约使用，保障国民经济长期稳定发展。中央领导同志的这些重要指示，从全局的高度阐明了石油天然气工业的重要地位和发展方向，对石油石化行业的发展具有重要的战略指导意义。我们一定要结合中国石油集团的实际情况，认真学习和深刻领会，并切实贯彻落实到各项工作中去。

当前和今后一段时期，我国石油安全形势比较严峻，我们集团公司既面临着难得的发展机遇，又面临着复杂多变的市场环境和激烈竞争，肩负着重大的历史使命。

（1）随着国民经济的持续快速发展，我国石油消费进入快速增长时期，石油供需缺口将越来越大，已经成为我国经济和社会发展的重要制约因素。20 世纪 90 年代以来，我国石油消费开始进入快速增长阶段。1991 年至 2003 年，全国石油消费量年均增长 1173 万吨，平均每年递增 6.7％。2003 年，我国石油消费总量达到2.67亿吨，成为仅次于美国的世界第二大石油消费国。今年，全国石油进口总量将突破1.1亿吨。综合考虑各方面因素，预计到2020年我国石油年消费总量将达到4.5亿吨左右，而国内原油产量大体为2亿吨左右，石油供需缺口为2.5亿吨左右，对外依存度超过55%。我国石油供需矛盾进一步加剧，石油安全问题更加突出。

（2）随着我国工业化、城市化进程加快和人民生活水平的不断提高，石油石化产品的消费量将大幅度增长，对产品品种和质量的要求越来越高。1991年以来，我国汽煤柴油消费年均增长接近8%，消费弹性系数达到0.75，主要石化产品近一半从国外进口。预计今年全国汽煤柴油消费量将达到1.5亿吨。目前，成品油市场需求旺盛，炼油企业开工率已达90%，但供应仍然趋紧。预计到2020年，我国汽煤柴三大类油品需求量将达到2.6亿吨，乙烯需求量将达到2300万吨，三大合成材料将达到9200万吨，均比2003年增长一倍以上。届时，乙烯和一些主要化工产品仍将有40%左右需要从国外进口，市场竞争更趋激烈。同时，国家将实行更加严格的环境保护政策，社会对石油石化产品的需求进一步向优质化、清洁化、多样化发展，对产品的质量和品种将提出更高更严的要求。

（3）我国能源消费结构将发生显著变化，天然气的生产和消费将快速增长。20世纪90年代以来，世界天然气消费量年均增长2.3%，相当于同期石油消费增长速度的两倍多。国外能源研究机构预测，未来20—30年内，世界天然气消费总量有可能超过石油，成为世界第一大能源。随着我国全面建设小康社会进程的加快，经济和社会可持续发展对清洁燃料的需求越来越高，天然气工业已进入快速增长时期。预计到2020年，我国天然气产量将由目前的340亿立方米增长到1200亿立方米，天然气需求量将由300多亿立方米增长到2000亿立方米左右，供需缺口为800亿立方米左右。届时，在我国一次能源消费结构中，煤炭的比重将由目前的67%下降到52%，石油的比重基本保持不变，天然气的比重将由3%上升到10%左右，成为我国仅次于煤炭和石油的第三大能源，在国民经济和社会发展中将发挥更加重要的作用。

（4）世界石油天然气资源潜力很大，但分布极不均衡，围绕资源和市场的争夺更趋激烈。目前，全世界油气资源探明率分别为60%和40%，待探明油气可采资源量分别为1700亿吨和150万亿立方米，资源潜力仍很大，世界油气勘探仍处于比较活跃时期。中东、中亚、非洲主要资源国积极实施对外开放政策，国外大石油公司正在进行新一轮结构调整和重组，为我们拓展国际业务提供了有利的机遇。但世界剩余油气资源主要分布在中东和中亚、俄罗斯等少数国家，各石油消费大国争夺资源的矛盾更加突出，石油与国际金融市场、国际政治、外交和军事形势相关度越来越高。世界石油生产将持续增长，继续保持供需基本平衡的态势，但在多种因素影响下，国际油价仍将起伏振荡，不可预见性更加明显。

以上分析判断说明，2020年前，我国石油石化产业发展的空间依然很大，天然气工业处于加快发展的重要时期，国际化经营面临着重要的战略机遇期。从总体看，我们集团公司已基本具备参与国内外市场竞争的能力和进一步加快发展的基础，但是更要看到，我们在发展中还面临着许多严峻的挑战，主要是：石油后备储量不足，勘探开发难度越来越大；炼油化工技术水平较低，产品的技术含量和竞争能力亟待提高；国内市场进一步国际化，市场竞争更加激烈；国际石油市场复杂多变，实施“走出去”战略面临许多风险。对此，我们一定要有一个清醒的认识和准确的把握。

中国石油集团是我国最大的油气生产商和供应商，2003年集团公司国内油气产量分别占全国的64.6%和71.1%，原油加工量和成品油产量分别占全国的40.5%和43.5%，在国家油气资源供应中居于主导地位。面对国家石油安全的严峻形势，我们必须从国家大局出发，继承和发扬老一辈石油人的优良传统，主动承担起保障国家石油安全的重大责任，使中国石油集团在未来国家石油安全中继续发挥主导作用。

为了更好地保障国家石油安全供应，我们必须牢固树立和全面贯彻科学发展观。这是我们一切工作的根本指导思想。贯彻落实科学发展观，必须坚持把发展作为第一要务，以经济效益为中心，实现持续、有效、较快发展，努力建设具有国际竞争力的跨国企业集团；必须坚持整体协调发展，从公司整体利益出发，统筹兼顾，突出重点，实现上市与非上市企业、国内业务与国外业务、油气上游产业与中下游产业、石油石化生产与销售贸易的协调发展；必须坚持科技创新、体制创新和管理创新，大力推进科技进步，不断深化企业改革，进一步强化企业管理，努力提高企业的整体素质；必须坚持企业发展与员工的全面发展相统一，坚持以人为本，重视人才，关爱员工，把公司发展建立在提高劳动者素质的基础上，让改革发展的成果惠及全体员工；必须坚持物质文明建设和精神文明建设相统一，进一步加强领导班子建设和职工队伍建设，大力培育和弘扬企业文化，继承和发扬石油石化企业的优良传统和作风；必须坚持公司发展与经济社会发展相协调，认真履行社会责任，贯彻资源开发与节约并重的方针，努力创造能源与环境的和谐、公司与社会的和谐、人与自然的和谐，树立企业良好的社会形象。

落实科学发展观，需要重点做好“四篇文章”：

一是坚持把勘探放在重中之重的地位，做好国内油气加快发展的文章。按照“加强前期、注重技术、突出重点、积极有效”的勘探工作方针，以寻找经济规模储量、获取新发现大发现和建立战略性资源接替阵地为目标，积极调整东部，加快发展西部，努力开拓海域，落实三年、准备五年、规划十年，打好勘探进攻仗，掌握勘探主动权。2010 年前，原油产量继续保持稳中有增，天然气产量快速增长。

二是以提高产品竞争力为中心，做好炼油化工加快发展的文章。坚持炼油化工一体化协调发展，做精炼油，做强化工，做大做好销售。按照“优化东北、发展西北、加强华北、开拓华南和海外”的方针，突出结构调整，优化产业布局，强化科技带动，尽快形成 6 个千万吨级炼油基地和 7 个百万吨级乙烯基地，逐步建立灵活、高效、协调的营销网络。争取到 2010 年，炼化业务主要技术经济指标达到国内领先、国际先进的水平，成为集团公司的盈利支柱。

三是大力实施“走出去”战略，做好国际业务加快发展的文章。按照“讲究效益、注重保障、培育规模、协调统一”的原则，充分发挥集团公司整体优势和比较优势，大力发展国际油气勘探开发业务，以现有项目为基础，积极优选和扩展新项目，加快建成几个具有较大规模的海外油气生产供应基地。同时，要拓展油气贸易业务，积极建设多元化的国际贸易网络。在更大范围、更广领域、更高层次上参与国际合作与竞争。争取到 2010 年，海外油田作业产量和石油贸易量比目前翻一番以上，整个集团公司国际业务获得更大发展。

四是以提高核心竞争力为目标，做好工程技术服务业务加快发展的文章。要以培育“国内第一、国际一流”的专业技术服务公司为重点，大力推进集团公司和地区服务公司两个层面的专业化重组，集中资金择优扶强，加快装备结构调整和更新改造，不断提高各专业服务的技术含量和竞争能力。按照研发、制造和服务一体化的要求，组织力量，集中攻关，形成一批具有自主知识产权的集成化、系列化的特色技术和核心技术。在为油气勘探开发、炼油化工提供优质服务的同时，大力开拓社会市场和国际市场。到 2010 年，工程技术服务外部收入比例达到一半以上。

二、再接再厉，全面完成今年各项生产经营任务

今年以来，集团公司生产经营继续保持良好发展势头，各项工作取得新成绩。主要特征是：油气勘探开发取得新进展，在西部、东部和滩海等地区获得一批新成果，预计新增石油探明储量 2.5 亿吨、控制储量 4 亿吨，新增天然气探明储量 611 亿立方米、控制储量 1342 亿立方米；油气产量稳定增长，国内生产原油 5540.8 万吨、天然气 141.3 亿立方米，分别比 2003 年同期增长 2.6％和 12.6％。炼油化工产销两旺，原油加工量、炼化产品产销量、销售收入和实现利润均创历史最好水平。除一家企业外，各炼油化工及销售企业全部实现盈利。上半年加工原油 5374 万吨、生产成品油 3460 万吨，同比分别增长 14.5％和 16.7％；销售成品油 3214 万吨，同比增长 17.6％。主要化工产品产量同比增长 6.3％，产销率 103.9％。重点管道工程建设进展顺利，西气东输东段新建的常州—长兴、定远—合肥、南京—芜湖三条支干线已建成投产，西段轮南至靖边段完成综合进度的 92.4％。忠武输气管道和陕京二线输气管道工程都按计划运行。国际油气业务发展势头强劲，今年以来，分别与哈萨克斯坦、叙利亚、乌兹别克斯坦等 8 个国家签订了石油合作协议。重点区块油气生产、管道炼厂建设、新项目开发等进展较快，上半年完成原油作业产量 1420 万吨、权益产量 754 万吨，同比分别增长 25％和 36.7％；天然气作业产量 17.3 亿立方米、权益产量 12.8 亿立方米，同比分别增长 127％和 176％。工程技术服务质量和水平进一步提高，优势技术在勘探开发中发挥重要作用，开拓外部市场能力和竞争力增强。上半年完成的钻井进尺、三维地震、井下作业工作量同比分别增长 13.3％、47.8％和 9％；建筑施工和装置维检修完成产值 84 亿元，国际技术服务、工程承包和物资装备出口新签合同额 13.97 亿美元。经济效益创历史同期最好水平，上半年实现主营业务收入 2400 亿元，同比增长 25.5％；实现利润总额 518 亿元，同比增长 18.2％；实现税费 497 亿元，同比增长 19.2％。

总体看，今年上半年生产经营指标完成得比较好，工作比较主动，为完成全年任务奠定了坚实基础。下半年，国内外石油市场都将出现一些新的变化。从国际看，自 7 月 1 日起，欧佩克调高了石油生产配额，非欧佩克石油生产国也将提高产量，国际市场供应量增加，预计国际油价可能会相应降低；从国内看，随着国家宏观调控效果进一步显现，特别是高能耗产业增速减缓，油气消费增长幅度可能有所下降，油气产品价格总水平可能会有所回落。与此同时，主要生产资料的价格仍将保持较高水平，投资和成本控制的压力依然较大。这对集团公司的生产经营都将产生直接影响。我们一定要增强应对市场变化的能力，精心安排和组织好下半年生产经营工作，狠抓各项措施落实，确保今年任务的全面超额完成。

1. 突出勘探，搞好开发，努力增加油气储量和产量

油气勘探要紧紧围绕寻找亿吨级和5000万吨级储量区块目标，加强跟踪分析、评价和优化，及时调整部署，扩大勘探成果。要抓紧落实东部地区、西部地区和大港滩海等11个重点项目的评价工作，优选区块，优化方案，确保全年实现国内探明石油地质储量5亿吨以上，探明天然气储量1200亿立方米。油气生产要加快产能建设，及时形成产量接替，特别要抓好大庆、长庆、新疆、辽河、吉林、冀东等油田的产能建设配套；认真组织好为西气东输配套的克拉2、吉拉克—桑南气田产能建设工程，确保全年天然气生产目标的超额完成。

2. 继续抓好炼化增产增销增效工作，大幅提升盈利水平

要抓住当前市场需求旺盛的有利时机，积极组织原油进口，优化资源配置和生产运行，推进技术进步，及时调整产品结构，科学安排检修，确保主要装置满负荷安全平稳运行。要加强产销衔接，确保运输畅通，努力满足市场需求。加快营销网络建设，突出终端销售和大用户开发，促销推价降费，提高销售工作质量和效益。要加快大连、独山子、兰州大型炼化基地，华北、大港、长庆扩能改造，克拉玛依和辽河石化稠油集中加工，大庆、吉林、兰州三大乙烯和辽化PTA等重点项目建设，不断增强发展的能力。

3. 抓好重点管道建设和投产运行，拓展天然气营销业务

西气东输西段要于10月1日竣工，开始输送塔里木天然气，整个西气东输工程年底全面建成；忠武管道工程要完成干线及湖北支线，年底向武汉商业供气；陕京二线管道工程干线施工要在10月底全部完成。在按控制目标加快工程建设的同时，要注意加强四个方面的工作：一是抓紧工艺场站建设和工程收尾工作，做好管线投产运行的各项准备，确保投产一次成功。二是加快供气保安设施的建设和完善，加快LNG项目的前期工作。三是统筹安排好天然气的生产、输送和销售，确保安全平稳供气。四是根据市场需求，调整销售流向，优化供气结构，提高天然气销售效益。特别要加快西气东输等新建管道的市场开发和培育，为增加天然气销量创造条件。

4. 认真制定国际业务发展总体规划，进一步提高国际化经营水平

要按照国际业务持续高效、协调规范、全面发展的总体要求，抓紧研究制定集团公司国际油气业务、工程技术服务和国际贸易的中长期发展规划。要抓好苏丹3/7区1000万吨产能和中哈石油长输管道等重点项目建设。加强新项目的前期论证评价，做好哈萨克斯坦、加拿大、叙利亚等新项目开发工作。全年完成原油作业产量3000万吨、权益产量1586万吨。同时，进一步做好国际贸易，争取全年完成油气、油品和化工产品进出口贸易总量5400万吨，贸易额达到800亿元。

5. 继续打造工程技术服务优势，不断增强市场竞争力

重点做好三项工作：一是进一步加大装备更新改造的力度，有计划有重点地进行设备更新改造。要搞好滩海石油工程技术设备的配备，以适应近期中浅海发展的需要。二是以高效优质服务确保油气勘探开发、炼油化工生产的发展，进一步巩固内部市场。同时重合同、讲诚信，大力开拓外部市场。三是加快技术创新。紧紧围绕生产上的关键技术，集中力量攻克技术难题。重点组织好山地地震、高分辨率地震技术的攻关，推进前陆盆地复杂构造带岩性地层隐蔽油气藏的勘探；加快欠平衡钻井、空气钻井等五项技术现场试验，提高钻速，降低成本；加快研制物探软件和测井成套装备，尽快形成具有自主知识产权的核心技术。这些技术项目，今年内要取得实质性进展，并将技术成果及时应用于生产建设。四季度，集团公司将召开井筒工程技术座谈会，专题研究如何提高钻井技术水平、质量和效率等方面的问题，推动集团公司钻井等工程技术服务业务的有效发展。

三、从以人为本的思想出发，毫不松懈地抓好安全和稳定工作

安全和稳定是搞好企业各项工作的基础和前提。这次会议前，集团公司召开总经理办公会议，专题研究了安全和稳定问题，形成了《关于进一步加强安全生产工作的决定》，提出了一些做好稳定工作的指导性意见。经这次会议讨论后，将正式执行。

1. 从政治和全局的高度，充分认识做好安全和稳定工作的极端重要性

党中央、国务院对安全和稳定工作高度重视。党的十六大以来，中央领导同志多次强调，要从政治和全局的高度，从贯彻“三个代表”重要思想出发，切实做好安全和稳定工作。对于一个企业来讲，安全和稳定事关广大职工的幸福和安康，事关公司的价值和企业在社会公众中的形象。没有安全和稳定，改革就无法进行，企业就不能发展。从一定意义上讲，安全和稳定就是政治、就是效益。我们必须牢固树立安全是头等大事、稳定压倒一切的思想，把安全和稳定切实摆到领导的重要议事日程，努力为企业改革发展和职工安居乐业创造平安和谐的良好环境。

国际经验表明，一个国家在人均国内生产总值处于1000—3000美元的发展阶段，也往往是经济社会结构剧烈调整变化的关键时期。目前，我国就处于这样一个发展阶段。在经济建设取得举世瞩目成绩、基本解决人民温饱问题的时候，生产关系与生产力之间、上层建筑与经济基础之间存在着诸多不适应，经济成分、利益主体和人们的价值取向日趋多元化，社会发展不平衡的矛盾和广大人民群众自身发展的需求问题日渐突现出来。企业改革进入攻坚阶段，涉及职工利益和深层次的矛盾比较多，给稳定带来许多新的挑战。同时，我国正处于工业化中期阶段，生产力发展水平不高，从业人员素质相对较低，资源采掘业和加工制造业发展迅猛，再加上法律和市场调控机制不健全，这一时期往往也是事故多发期。对这种经济社会转型时期的特点和规律，我们应当充分认识和把握。

目前，集团公司安全和稳定形势仍不容乐观，确保安全、维护稳定的任务十分艰巨。在安全生产方面，今年以来尽管我们下了很大功夫，但安全形势并没有根本好转。1—6月份，各企事业单位共发生上报工业生产事故44起，死亡9人，重伤11人；发生交通事故32起，死亡23人，重伤36人；发生火灾事故10起，死亡2人。在稳定工作方面，今年以来上访总量继续攀升，1—6月份集体上访的起数和人数，分别比2003年同期上升94.4%和242%；进京上访的起数和人数，分别比2003年同期上升94.9%和96.8%。而且出现“四个增多”，即集体访增多、进京访增多、重复访增多、异常访增多，上访事件的处置难度明显加大。如果不从根本上扭转目前这种况状，势必严重影响集团公司的改革和发展。我们一定要充分认识安全和稳定工作的重要性和艰巨性，坚决克服麻痹松懈和畏难浮躁等思想情绪，进一步加强组织领导，坚持标本兼治，实施综合治理，努力建立安全和稳定的长效机制。争取用两年左右的时间，基本解决当前影响安全和稳定的突出矛盾和问题，使集团公司安全和稳定形势明显好转。

2. 大力强化全员安全意识，努力创造安全生产的新水平

今年以来，我们认真贯彻中央领导同志关于安全生产工作的重要指示，深刻吸取“12.23”特大井喷责任事故的沉痛教训，普遍组织安全生产大检查，深入开展以反违章、查隐患、促整改为主题的“安全生产管理年”活动，集中进行群众性安全生产宣传教育，使“安全第一”的思想更加深入人心，安全生产责任制进一步落实，不少单位安全生产形势明显好转。但是，一些重特大事故仍时有发生，暴露了我们在安全生产上还存在许多薄弱环节，迫切需要加快建立保障安全生产的长效机制。为此，集团公司在总结多年来经验教训的基础上，研究制定了《关于进一步加强安全生产工作的决定》，明确了安全生产的指导思想和奋斗目标，就安全生产责任制的落实、安全生产工作网络的建立、各类事故隐患的防范和治理、安全生产的投入、发生事故后的责任追究等，提出了一系列强化措施。今后一段时间内，安全生产工作要紧紧围绕《决定》来展开，逐项狠抓落实，每年检查一次执行情况，坚决杜绝重特大事故的发生，实现安全生产形势的明显好转。

（1）要树立科学的安全理念，推动安全工作管理方式的创新与转变。重点要树立“三个观念”：一是要牢固树立以人为本抓安全的观念，把以人为本的思想作为安全工作的宗旨，贯穿于企业生产的全过程。在组织生产经营、安排检查工作和制定安全应急预案中，都要把确保安全尤其人身的安全摆在第一位。二是牢固树立“一切事故都是可以控制和避免的”观念，把“零伤害、零损失、零事故”作为安全生产追求的目标。三是牢固树立“安全源于责任心、源于设计、源于质量、源于防范”的观念，从源头上杜绝事故的发生。同时，根据企业内外部条件的变化，安全工作要在“四个转变”上狠下功夫。即：从单纯强调领导负责向强化全员责任意识转变，构建起全员全过程的安全生产责任网络；由被动防范、事后处置向强化源头、预防优先转变，严格执行危险作业许可和应急预案等项制度，强化防范和监护措施；从集中整治检查向制度化、程序化管理转变，大力加强安全质量标准化工作，建立健全安全监督、隐患治理的工作标

准和程序；由偏重伤亡事故控制向全面落实 HSE 体系转变，把安全生产工作推向一个新的发展阶段。

(2) 要强化全员安全责任意识，把反“三违”作为当前安全管理的重点工作。许多企业的统计表明，在发生的各类事故中，70%以上都是因为违章指挥、违章操作和违反劳动纪律造成的。我们集团公司发生的事故，绝大多数也都是由于违章造成的。事故最大的隐患在于违章，根除安全隐患必须首先根除违章。要教育广大干部职工牢固树立安全生产人人有责的思想，形成人人讲安全、人人懂安全、人人会安全、人人都对安全负责的思想氛围。反违章绝不能手软，要做到措施严、考核严、处罚严，决不迁就姑息。凡是因违章造成事故的，一律按照“四不放过”原则，追查到底，从严惩处，绝不搞“下不为例”。即使没有酿成事故，对违章也要严肃处理，使全体职工真正树立起“违章就是隐患、违章就是事故”的思想。通过强化全员安全责任意识，深入开展反违章活动，逐级层层抓落实，努力实现个人无违章、岗位无隐患、班组无异常、单位无事故。

(3) 要突出重点，切实抓好安全隐患的治理。要以防井喷、防爆炸、防火灾、防特大交通事故为中心，以油气井特别是含硫化氢井控，炼化装置，油气站库及加油气站，危险化学品、民爆物品、放射源，锅炉压力容器、输油气管道，重要施工作业现场及交通运输等方面的安全整治为重点，对各类事故隐患进行梳理和排队，分别轻重缓急做好计划安排，突出抓好重大隐患的整改。同时，按照国家和集团公司的要求，分类分级抓紧制定事故处理应急预案。对安全生产所需资金投入，要根据使用性质，列入投资计划和成本预算，予以确保。

3. 采取综合性措施，切实解决影响稳定的突出矛盾和问题

近两年来，各级领导为维护企业稳定，倾注了大量的心血，付出了艰辛的努力。经过广大干部职工的辛勤工作，集团公司稳定工作总体上有所好转，但稳定工作的形势仍然比较严峻。我们必须从贯彻落实“三个代表”重要思想的高度，以对党和人民高度负责的态度，从集团公司改革发展的大局出发，把稳定问题摆到突出位置上，认真对待解决。

根据《中共中央办公厅、国务院办公厅关于切实做好企业和社会稳定工作的通知》精神，结合我们的实际情况，今后集团公司维护稳定工作的总体思路是：(1) 标本兼治。既要面对当前，解决稳定工作突出的矛盾和问题，又要着眼长远，综合考虑各方面因素，采取综合治理措施，建立保障稳定的长效机制。(2) 区别对待。在重大问题保持集团公司政策一致性的前提下，考虑到各企业的情况千差万别，允许企业在具体政策问题上做出适当调整，针对不同单位不同群体的实际情况，区别对待，不搞简单化和“一刀切”。(3) 疏堵结合。对各类群体上访问题，既要层层落实稳定工作责任制，落实防范预案，努力把问题解决在企业内部，防止事态扩大；又要切实做好耐心细致的宣传教育和疏导工作，及早发现矛盾，及时予以化解，把问题消灭在萌芽状态。(4) 统筹协调。集团公司内部各地区、各企业之间要统筹协调，企业内部各二级单位之间要统筹协调，各企业与当地政府之间要统筹协调。凡是涉及职工利益的改革政策措施，都要充分考虑相邻地区、相邻企业及已经出台政策的协调和衔接，兼顾企业内部不同人员群体之间的平衡。

在运用政策解决稳定问题的过程中，要注意把握好四条界限，即对于反映突出的问题，在政策范围内能够解决的，尽快给予解决；对要求合理但政策界限不够明确的，要积极想办法妥善解决；对超出政策范围提出过高无理要求的，要做好宣传解释和教育引导工作；对个别以上访为名煽动串联、鼓动闹事的，要依靠当地政府，依法予以打击。经过努力，争取尽快解决影响企业稳定的一些突出矛盾，使大规模集体访和进京访明显减少，确保集团公司稳定形势明显好转。

按照以上总体要求，各单位要重点抓好以下工作。

一是加强领导，全面落实稳定工作责任制。认真实行党政主要领导负总责、分管领导负专责、党政工团齐抓共管的稳定工作责任制。各级领导要深入一线，认真排查不稳定因素，面对面地做好群众工作，将不稳定因素化解在基层。对群体事件和突发事件，要在第一时间摸清情况，采取果断措施，做出妥善处置，控制事态扩大。要建立工作深入，信息快捷、覆盖面广的稳定工作体系，把稳定工作目标层层分解，将责任落实到各个部门、各个岗位，直至到个人。要建立健全稳定责任追究制度，坚决维护稳定工作的严肃性。对因官僚主义作风严重、工作敷衍塞责酿成严重后果的，发生大规模群体事件处置失当造成事态扩大、影响恶劣的，都要按照有关规定和稳定工作责任制追究有关领导的责任。集团公司将在办公厅设立维护稳定工作办公室，具体负责落实集团公司关于加强稳定工作的各项措施，组织协调各有关方面的工作。

稳定问题比较突出的单位，也可根据实际情况，设置稳定工作的办事机构。

二是突出重点，集中研究解决一些影响稳定的主要矛盾和问题。对有偿解除劳动合同人员，重点是做好有就业愿望和劳动能力且处在失业状况、生活较困难人员的再就业工作。一方面，按照属地原则纳入当地再就业规划，统筹安排落实；另一方面，各企业要积极创造条件，通过各种方式帮助提供、寻找、挖掘、创造尽可能多的就业岗位。并按照“身份转换、短期合同、劳务派遣、市场待遇”的要求，对实现再就业的人员一律采用市场化机制进行规范的劳动用工管理。对有偿解除劳动合同人员中有特殊困难者，要研究切实可行的救助办法，给予更多的关爱。尚未接续保险的，要帮助办理接续。对于再就业工作量大、安置人员多的单位，集团公司在政策上给予适当扶持。要加强教育引导工作，促使下岗失业人员转变就业观念，珍惜企业在困难情况下提供的各种就业机会，并鼓励自主创业和自谋职业。对过去参加矿区集体劳动的退岗家属工，原则上由各企业根据实际情况妥善处理。对内部退养职工，继续执行离岗退养期间与在职职工同步调整工资标准的政策。对离退休人员，将研究出台给予适当生活补贴的办法。总之，要依据国家有关规定，从实际情况出发，既要积极、又要慎重，认真研究妥善的解决办法，努力化解矛盾，从源头上消除不稳定因素。

三是企地联动，共同做好企业和社会稳定工作。要加强与地方党委和政府的信息沟通工作，加强与国家相关部委的联系，取得政府对企业稳定工作的理解、帮助和支持。进一步健全完善同一地区企业之间的协调机制，健全完善企业与政府部门的维护稳定工作联系制度，形成统筹协调、整体联动的维护稳定工作机制。特别是对异常上访问题和突发事件，有关企业要积极主动与地方政府共同研究预案，共同协商措施，共同联手处理。

四、突出重点，积极稳妥地推进企业改革工作

近几年来，按照党中央、国务院关于深化国有企业改革的部署和要求，集团公司实施了大规模重组、改制上市、减员增效等一系列重大改革措施，进行了多方面的大胆探索。从总体来看，这些改革大方向是正确的，取得了显著成效。我们要十分珍惜这些来之不易的改革成果，并积极稳妥地继续推进改革。实践使我们深刻认识到，实施牵动全局的改革要充分考虑中国国情，考虑改革的阶段性和渐进性；每次重大改革之后，需要花一些时间消化改革中出现的矛盾和问题，并与加强管理紧密结合起来，把改革中形成的新机制、新举措转化为管理制度，进一步巩固和扩大改革成果。

在继续深化和推进改革中，要注意把握好三项原则：一是突出效益原则，把是否有利于提高企业经济效益，实现资源的优化配置，最大限度地提高资源利用效率，作为首要考虑的问题；二是积极稳妥的原则，既要积极推进改革，勇于和善于解决深层次问题，又要充分考虑企业、社会和职工群众的承受能力及国家宏观政策环境，选择和把握好改革的时机与力度，因地制宜，分类指导，适时适度地推进改革；三是统筹兼顾的原则，妥善处理好全局与局部及各单位之间的利益关系、各相关群体之间的利益关系、新出台政策与已有政策的关系、单项改革与综合配套改革的关系等，搞好协调衔接，防止出现偏差。

按照上述指导思想和原则，今年内要重点抓好以下工作。

1. 认真做好分离办社会职能工作

分离办社会职能是党中央、国务院深化国有企业改革的一项重大举措。集团公司作为国家确定的试点单位，完成任务的时间紧、难度大。各级领导一定要提高认识，以积极的态度、严密的措施、高度负责的精神，认真做好这项工作。在操作中，要严格执行国家统一政策和集团公司有关规定，认真细致地做好每个环节的工作，不留“后遗症”。要特别注意做好深入细致的思想政治工作，注重疏导，理顺情绪，切实加强政策宣传和释疑解惑工作，消除移交人员的思想顾虑，取得他们的理解和支持。如果出现思想波动大等不稳定问题，主要领导和分管领导一定要深入一线，亲自去做工作，有效化解矛盾、解决问题，确保大局稳定。在分离移交工作中遇到分歧意见，要及时向集团公司汇报，并主动与地方政府沟通协商，予以妥善处理。要加强组织领导，采取行之有效的措施，确保顺利平稳地完成分离移交工作。

2. 加快清理和规范企业兴办的各类法人实体

重点解决产权归属不清、运作不规范和管理混乱等问题。要按照清理、规范的标准，严格对照检查，做到清理一个、规范一个，力求从根本上解决各类法人实体运作上存在的突出问题。对于产权链过长、业务相同或相近的，要进行归并，减少控股层次，实施规范管理；对名为公司制企业、实为单位甚至个人“小金库”的，要彻底查清问题。对违反集团公司规定，擅自对外投资，造成重大损失的，要严肃追究有关人员的责任。这项工作完成以后，要认真总结经验教训，进一步修订和完善对外投资管理办法，加强对外投资管理。

3. 积极推进企业内部主辅分离和专业化重组

目前，大多数企业已基本完成内部主辅分离工作，尚未完成的要加大工作力度，尽快完成这项任务。在此基础上，各单位要积极推进企业层面的专业化重组，整合内部资源，提高集约管理水平和市场竞争能力。对于各类辅助业务，要尽快建立独立核算机制，实施市场化运作，努力转换经营机制，增强“四自”能力。条件成熟的辅业单位，可以采取多种形式进行规范改制。改制中要切实维护好职工权益，确保企业稳定。各企业要在专业化重组的基础上，加快实行投资、采购、销售和招投标集中管理，改变分散管理的状况。与此同时，积极推进滩海技术服务业务重组，以产权为纽带，把分散在渤海湾有关企业的滩海工程技术服务力量集中起来，逐步拓展滩海和海上勘探开发业务。

4. 加强集团公司的统一协调管理

按照集团公司整体发展战略的要求，在调整和完善总部机关职能、强化战略控制和协调功能的同时，要切实搞好三个层面的统一协调管理：一是针对重组后同一地区存在多个利益主体的客观情况，在法人实体和分支机构多、协调工作量大的地区，建立区域性协调机构，统一协调对外关系，统一平衡各项政策措施，统一做好地区稳定工作。二是对有多个集团成员企业的南方少数省市，需要加强统一协调的，可设立统一的办事机构，一个窗口对外。三是统一协调管理集团公司国际业务，对股份公司和各专业公司、地区服务公司的国际业务，实行统一规划、协调管理，在统一的基础上协调，在协调的基础上统一。在国际化业务和队伍相对集中的国家和地区，要设立统一的对外工作窗口，共同高举集团公司整体发展的大旗，打造统一品牌，提高集团公司在国际市场上的整体实力和市场竞争力，树立集团公司在跨国经营中的良好形象。

5. 把改革与管理紧密结合起来，狠抓基层基础工作

基层是做好一切工作的基础，改革、发展和稳定的任务都要靠基层去落实和实现。抓基层、打基础，是石油石化工业的优良传统，在新的形势下要进一步继承和发扬，并不断赋予新的形式和内容。要把基层建设、基础管理和员工基本素质的提高作为新时期基层工作的重点，针对存在的薄弱环节，下决心狠抓几年，使基层管理工作水平有一个新的提高。最近，集团公司组织开展基层基础工作调查研究，各单位要认真对待，调查摸清基层基础工作中存在的突出问题，有针对性地提出加强和改进的措施和办法。在此基础上，将研究制定《集团公司基层建设纲要》，促进企业管理工作迈上一个新的台阶。另外，集团公司是能源和水资源消耗大户，节约的潜力很大。各单位一定要认真贯彻国务院关于建设资源节约型企业的要求，按照集团公司关于推进节能节水型企业创建工作的部署，动员广大干部职工，切实抓好节电、节油、节水工作，努力走资源节约型的发展道路。

五、以提高思想政治素质为重点，进一步加强领导班子的思想作风建设

随着《中国共产党党内监督条例（试行)》和《中国共产党纪律处分条例》的颁布实施，党中央从严治党的工作力度明显加大，显示了从严治党的坚定决心。落实“从严治党”的方针，具体到我们集团公司，就是要以处级以上干部为重点，着力解决领导干部思想作风方面存在的突出问题，使各级领导班子的政治素质有明显提高，思想作风有明显改进，组织纪律有明显增强，干群关系有明显改善。

第一，要树立政治和大局意识。讲政治、顾大局是对领导干部最基本的要求。强化政治和大局意识，就是要求我们的各级领导班子和领导干部，善于从政治上看问题，坚持“三个代表”重要思想，切实做到对党无比忠诚，对群众全心全意，对事业兢兢业业，把党和人民的利益放在最高位置。要始终保持政治上的清醒和坚定，坚持正确的政治方向、政治信念和政治立场，在实际工作中自觉贯彻党的路线方针政策，任何时候都要顾全党和国家工作大局，在思想政治上与党中央、国务院保持高度一致。讲政治、顾大局，对我们石油石化企业领导干部来讲，不是抽象和空洞的口号，而是有实际内容和具体的要求，包括保障国家石油安全、深化国有企业改革、确保企业安全和稳定、履行企业社会责任等，都是讲政治、顾大局的具体体现。我们要以高度的政治责任感，认认真真地做好这些工作。

第二，要保持积极进取的精神状态。当前，集团公司改革发展稳定的任务十分繁重，前进中遇到的困难、挑战比较多，迫切需要各级领导干部认清肩负的历史责任和光荣使命，始终保持奋发向上的精神风貌。越是任务重、困难多，越要勇于有所作为，把困难当作一种激励，当作磨砺意志、增长才干、促进成长的机会，变压力为动力，在成绩面前不骄傲，在困难面前不退缩，在挫折面前不气馁，敢于面对风险、

迎接挑战，敢于向着新的目标攀登，在战胜困难中拓展事业的舞台，创造更大的成功。尤其是年轻领导干部，更要注重以勤为本、以苦砺志，克服浮躁情绪，在政治上更加成熟起来，不断增强从容应对各种复杂局面的能力。

第三，要自觉养成清正廉洁的作风。各级领导干部能否保持清正廉洁，保持思想作风上的纯洁性，既关系到所领导单位的形象，也关系到党的形象。领导干部要树立严格自律的意识，善于用人格的力量带队伍，不以权谋私，带头执行党风廉政建设的各项规定，自觉落实中央关于“两个务必”和“八个坚持、八个反对”的要求，发扬艰苦奋斗的优良作风，发扬大庆精神和铁人精神，做“坚定、勤勉、团结、清廉”的模范，以严明的组织纪律促进良好思想作风的养成。

抓好领导干部思想作风建设，要以处级以上干部和机关工作人员为重点。处级以上干部大都是一个企业、一个单位的领军人物，其一言一行、一举一动都会对职工队伍产生重要影响。我们贯彻“从严治党”的方针，强调从严抓班子、从严管干部，首先要从处级以上干部严起，从整顿处级以上干部的思想作风做起。要对照两个《条例》的各项规定，以自查自纠为重点，逐项对照检查，使领导干部努力做到自重、自省、自警、自励。要从批评教育是对干部的最大爱护出发，对处级以上干部严格要求、严格管理。机关作为领导决策的参谋部和指挥中枢，具有特别重要的地位，担负着十分重大的责任。要按照“机关为基层做表率，机关干部为基层干部做表率”的要求，以提高办事效率、增强服务意识、改进工作作风为重点，在集团公司、股份公司总部和局厂两级机关，大力倡导求真务实、多做奉献的作风，勤奋学习、开拓创新的作风，顾全大局、团结协作的作风，规范高效、优质服务的作风，艰苦奋斗、戒骄戒躁的作风，认真执行“勤勉、诚信、团结、高效、自律”的十字行为准则，不断促进机关作风的转变。

在加强领导干部思想作风建设的同时，要按照十六大精神和中央的部署，在集团公司逐步开展保持共产党员先进性教育活动，大力加强基层党组织建设和党员队伍的管理，更好地发挥党员在改革、发展和稳定中的先锋模范作用。要深入贯彻集团公司《企业文化建设纲要》，牢固树立“爱国、创业、求实、奉献”的企业精神和“诚信、创新、业绩、和谐、安全”的核心经营管理理念，搞好企业文化建设，为集团公司的发展提供强有力的文化支撑。

同志们，面对新的形势和任务，我们一定要团结一心、振奋精神，始终保持良好的精神状态，倍加顾全大局，倍加珍视团结，倍加维护稳定，承前启后，继往开来，以统一的意志和整齐的阵容迎接挑战、经受考验，以坚定的信念，团结和带领广大干部职工求真务实，锐意进取，为进一步开创集团公司改革发展的新局面、建设具有国际竞争力跨国企业集团而努力！

蒋洁敏同志在中国石油天然气集团公司领导干部会议上的讲话

（2004年7月15日）

同志们：

这次领导干部会议，对于集团公司的当前工作和长远发展都具有十分重要的意义。陈总的报告精辟分析了面临的形势，对重点工作做出了部署，提出了明确要求，我们一定要认真学习贯彻。下面，我主要就股份公司的工作，讲几点意见。

一、生产经营成效显著，总体形势好于预期

今年以来，公司全体干部员工认真贯彻落实集团公司工作会议精神，抓住油价高位运行和石油石化产品市场需求旺盛的有利时机，优化生产组织，强化经营管理，团结一心，扎实工作，在未上市企业的大力支持配合下，实现了经营业绩的较快增长。据快报统计，按国际会计准则，上半年公司实现销售收入××××亿元、税前利润×××亿元，同比分别增长××%和××%。

1. 油气勘探获得一批新的重要成果，展示了良好发展前景

勘探系统全面贯彻公司确定的工作方针，精心部署，狠抓落实，上半年油气勘探在西部、东部和滩海都取得新成果，战略突破获得12项重要发现，战略展开取得16项重要进展。鄂尔多斯盆地陇东宁县—合水地区甩开预探，新发现长6、长8复合含油区，

预计可新增石油预测储量 1 亿吨；准噶尔盆地腹部在石南 31 井白垩系获高产油气流，预测有利勘探面积 510 平方千米，有望成为该盆地第一个大型岩性油气藏；鄂尔多斯盆地姬塬地区甩开预探，预计可新增石油控制和预测储量 1 亿吨；松辽盆地南部在新立北、白中花和两井东三个地区均有新发现，展现了亿吨级储量规模的勘探前景；松辽盆地北部深层天然气勘探，徐家围子断陷千亿立方米气田形势日趋明朗，为大庆油田的可持续发展提供了新的资源基础。同时，在塔里木轮南东部—哈得地区、松辽北部他拉哈向斜区、四川温泉井构造带坝南、鄂尔多斯东部子洲—清涧等地区的勘探，也取得了新的突破和进展。

2. 原油生产稳定增长，天然气生产增速进一步加快

通过精心组织油气生产，加快产能建设步伐，优化生产运行和管理，努力挖掘生产潜力，上半年公司油气生产全面实现了时间过半、完成任务过半。油气总当量达到 6390 万吨，同比增长 2.6%。其中，国内油田共生产原油 5219 万吨，同比增加 35 万吨。长庆、大港、吉林、塔里木、新疆、冀东、青海、玉门等 8 个油田产量同比都有一定幅度增长，其中长庆油田产量增加 52.5 万吨，居各油田增长之首。大庆油田生产原油 2343.5 万吨，比均衡生产计划超产 41 万吨。全公司生产天然气 140.6 亿立方米，同比增长 12.5%。其中，长庆油田产量增长 48.4%；西南油气田生产天然气 48.8 亿立方米，同比增长 2.9%。海外印尼项目生产平稳运行，获得权益产量 50 万吨油当量。

上半年，新建原油生产能力 529 万吨，吉林大情字井区、新疆石南 21 井区、长庆西峰油田等 10 个重点项目，现已部分投入生产，形成了新的产量接替。新建天然气生产能力 14 亿立方米，特别是克拉 2 气田开发建设全面展开，进展顺利，可以确保按时向西气东输管道供气。通过强化老油田稳油控水和区块综合治理，见到了产油量增加、注水量下降、综合含水稳定的良好效果，自然递减率和综合递减率均控制在合理范围之内。

3. 原油加工量和炼化产品产量大幅增长，主要技术经济指标创新高

炼化企业紧紧抓住市场机遇，优化资源配置，优化装置运行，开足马力生产，上半年加工原油 5072 万吨、生产成品油 3242.5 万吨，同比分别增长 14.4%和 16%，是近几年来最高的增长幅度；化工商品产量达到 644 万吨，同比增长 6.8%。各生产企业根据市场变化，及时调整产品结构，积极增产高标号汽油、清洁柴油、瓶级聚酯、铬系聚乙烯等适销对路和高附加值产品，成功开发了 98# 汽油并投放市场。

积极开展“技术效益年”活动，加强科技攻关和新技术推广应用，推进装置达标和产品质量升级，炼化生产瓶颈得到进一步消除，主要技术经济指标大幅提高。炼油全口径单位加工费 180.6 元/吨，同比下降 3.9 元/吨；吨油利润 82.4 元，同比提高 51.2 元。炼油轻油收率、单因耗能，化工乙烯收率、加工损失率等多项技术经济指标均进入国内领先水平。

炼化重点项目建设进展良好。吉林石化 14 万吨/年丁苯橡胶扩建等 6 个项目相继建成投产；大庆炼化 30 万吨/年聚丙烯等 4 个化工重点项目已开工建设；克拉玛依石化的重油集中加工、大庆石化的加氢裂化和聚乙烯专用树脂改造、辽化己二酸，以及乌石化焦化改造项目等即将建成投产；大连石化、独山子石化基地建设和四川大乙烯项目的前期准备，以及兰州石化千万吨炼油配套工程的建设有序推进。

4. 市场营销得到进一步强化，产品销量与效益同步增长

上半年，公司召开销售工作会议，进一步明确了强化市场营销的思路和目标。各销售企业积极组织开展“销售效益年”活动，抓住市场需求旺盛的有利时机，及时调整营销策略，优化销售结构，努力克服运输瓶颈等困难，实现了量价效的同步提高，并保证了市场供应的平稳。全公司销售成品油 3390 万吨、同比增长 14.1%，零售量达到 1468 万吨，零售比例提高了 10 个百分点。销售化工产品 604 万吨（不含庆阳、大元）、同比增长 7.2%，直销率达到 61%，经销非自产化工产品有了良好开端。同时，降本增效取得明显成效，成品油单位现金批发成本和零售成本均下降 10%以上，吨油运费下降 15.2 元，吨油盈利达到 154.4 元、同比提高 79.6 元。销售润滑油 80 万吨，增长 21%，价格提高 443.4 元/吨。

营销网络建设取得新进展。上半年新增加油站 951 座，其中资产型 559 座，加油站总数达到 16000 多座。华东销售上海分公司、华北销售北京分公司通过与重点机构用户签订独家长期供油协议，以及成立联营公司发展加油站等方式，提高了在北京、上海等大城市的终端市场份额。新组建了华南、华中成品油销售公司，强化了这两个地区的市场开发和销售业务管理。化工销售新组建了华南销售公司和 25 个地区销售部，有效地构建了重点地区的化工产品销售

网络。

天然气销售业务快速发展。调整完善了华北公司，新组建了华中公司，营销体系建设迈出实质性步伐。加大了市场开发力度，供气结构不断优化，销售价格得到推升，上半年共外销天然气91亿立方米，完成年度计划的55.5%，增长17.5%。

国际贸易保持快速增长势头，上半年石油石化产品贸易量达到2330万吨，贸易额达到497亿元，同比分别增长23.4%和39%。特别是积极组织俄油、哈油进口，上半年原油进口总量提高到1037万吨，同比增加307万吨，保证了扩大加工量的需要。

5. 重点管道建设施工速度快，工程进展顺利

今年公司重点管道建设时间紧、任务重、难度大，各有关单位加强组织领导，强化工程管理，大力协调配合，克服各种困难，保证了按计划正点运行。西气东输东段三条支干线建成投产，西段干线全部贯通，并完成试压，工艺场站建设正在进行，可以确保10月1日轮南首站进气试运。陕京二线已完成管道焊接总工程量的30%以上，大梁山隧道和张家湾黄河隧道已经贯通。忠武输气管道的建设，沿线自然条件和地质状况十分复杂，需要实施四穿长江、七大跨越，施工难度在我国管道建设史上是空前的。广大工程建设者们不畏艰险，以坚忍不拔的意志和忘我奉献的精神，确保了工程建设的顺利进行。目前管道干线及襄樊和黄石支线管道焊接已基本完成，宜昌红花套和武汉军山长江穿越隧道先后贯通，27处山区隧道已完成24处，定向钻施工的26条河流穿越已完成24条，“一干两支”年底前达到商业供气条件已有基本保证。特别是中哈原油管道协议的签订，对于原油进口资源多元化、加快西部炼化基地建设，具有重要战略意义。

今年上半年，公司各方面工作都取得了显著成绩。“安全生产管理年”活动扎实有效，安全生产形势总体稳定。“十一五”计划和一批重点业务及区域发展规划工作相继启动，部分已取得重要阶段性成果。全面预算管理继续深化，资金收支两条线和会计集中核算工作取得新的进展。重大科技攻关和新技术推广应用取得新的重要成果，信息化建设有序推进。电子商务继续有效开展，网上采购量和成本费用节约额进一步提高。法律、审计和监察工作在搞好服务和监督、控制和防范经营风险方面的作用得到进一步发挥。党的建设、领导班子和队伍建设以及企业文化建设取得了新成果。员工收入有所增长，工作环境和生活条件继续得到改善，企业凝聚力进一步增强。

二、抓住机遇，突出重点，超额完成全年业绩指标

当前，国际油价继续处于高位运行，国内宏观调控的成效进一步显现，公司发展的内外部环境总体较为有利。但形势越好，越要保持清醒的头脑，对公司发展中存在的一些矛盾和挑战，我们必须有足够的估计。一是我国油气消费进入快速增长时期，油气资源短缺已成为经济和社会发展的重要制约因素。中国石油是国内最大的油气生产和供应商，在保障国家能源安全、满足市场供应方面责任更加重大，任务更为艰巨。二是作为以上游为主的综合性石油公司，油气资源是我们的生存之基、效益之源、发展之本，但随着勘探难度不断加大和主力老油田相继进入“双高”开发阶段，后备资源接替不足的矛盾日益突出，公司的成长性受到制约。三是投资规模呈现集中快速增长势头，但上游投资要保持高回报难度较大，炼化基地、营销网络和大型管道建设，投资回报都有一个过程。四是公司的整体业绩对油价的波动敏感度高，经营状况对市场的变化依赖性强，盈利能力、竞争能力和抗市场风险的能力仍然较弱。五是企业管理与科学化、制度化、精细化的要求还有差距，“三基”工作需要加强，体制机制创新的任务仍很艰巨，影响了运营效率和经营效益的提高。解决这些矛盾和困难，需要经过长期艰苦的努力。上市以来，公司主要讲的是“重组”和“低成本”的故事，今后要在继续努力控制成本的同时，着重讲好“成长性”的故事、“整体协调共同发展”的故事、“走出去”的故事，立足当前，着眼长远，实现持续有效快速发展。

下半年，公司上下要继续按照年初确定的各项部署，切实加强薄弱环节，以更大的工作力度、更快的工作节奏和更高的工作标准，毫不懈怠地做好各项工作，超额完成全年业绩指标，为明年及公司的长远发展创造良好条件。重点抓好以下几个方面。

1. 加大勘探开发力度，加快增储上产步伐

要继续坚持把勘探放在首位，突出重点，油气并举，加快重大勘探开发技术的攻关和现场试验进度，推进勘探开发一体化，实现资源接替的良性循环，原油产量的稳中有增，天然气产量的快速增长。通过下半年的努力，确保增产目标的实现，全年生产原油10430万吨、天然气280亿立方米以上，原油储量替换率大于1。

油气勘探要努力寻找大场面，争取大发现。通过进一步评价优化，提出调整部署，加快工作节奏，巩固和扩大已有的成果，确保全年拿到4—5个亿吨级

油田和2—3个千亿立方米气田。加强油藏评价工作，重点要抓紧大庆长垣东部敖南、海拉尔苏德尔特、吉林乾西北162区块、大港滩海庄8井区、新疆腹部石南、长庆西峰西侧镇北等11个重点项目的评价，确保全年5亿吨探明石油储量的完成。还要加强地质综合研究工作，搞好老油区的分析和新区、新领域的研究，提高勘探成效。

油气田开发要精心组织生产运行和协调，积极落实增产措施，增强老区稳产基础，加快新区上产步伐。要加快油气产能建设，重点抓好大庆、长庆、辽河、吉林、冀东等油田的产能建设配套项目，切实组织好克拉2、吉拉克—桑南气田产能建设，并抓紧实施其他天然气建设项目，形成新的产能，确保冬季供气要求。对公司未动用储量，要按照资源统一管理、销售统一组织、维护油区秩序、市场化运作、利益共享的要求，积极投入开发，努力提高动用率。

2. 搞好炼化优化运行和结构调整，实现增产增销增效

炼化与销售业务要抓住当前市场需求旺盛的有利时机，努力克服油源、运输紧张的困难，大力促销推价降费，继续增加盈利。全年加工原油量确保10200万吨，力争10300万吨，销售成品油6800万吨，力争拿到全国新增加工量和产品销量50%左右的份额；销售化工产品1125万吨；炼油和化工两个公司经营利润突破180亿元。

一是全力抓好资源平衡，搞好产销衔接。充分利用两种资源，积极组织俄油、哈油进口，优化资源配置和内部原料互供，确保主要企业和装置开满开足。加强与铁路等部门的沟通协调，保障运输畅通，保证市场供给。密切跟踪市场变化，及时调整原油加工量和产品产量，优化市场投放量，降低库存，防范跌价风险。

二是挖掘生产潜力，确保装置安全、稳定、高负荷运行。要进一步优化加工流程，推进技术进步，提高加工深度，大力增产高标号汽油、清洁柴油、高档润滑油、石蜡、沥青以及树脂专用料、化纤原料、橡胶和差别化纤维等高附加值和适销对路产品。要强化生产运行管理，科学安排检修计划，努力减少非计划停工，延长有效生产时间，确保增产增效目标的实现。

三是贯彻销售工作会议精神，积极、有序、高效地开发市场，做好销售。营销网络建设要坚持质量第一，严格按照投资回报标准，重点抓好中心城市、交通要道和重要地段的开发。加强对现有站库和销售网点的管理，进一步提高加油站单站日销量和网点创效能力。加大机构用户和大用户开发力度，提高终端销售比例。按照“银卡在手、全国加油”的目标，加快推进销售系统的信息化建设，与金融机构联合，建立中国石油自己的稳定客户群。

四是加快炼化重点项目建设。兰州石化千万吨炼油配套改造、克拉玛依石化重油集中加工、大庆石化聚乙烯专用树脂改造、辽阳石化己二酸等重点项目，要确保年内建成投产。继续抓好大庆炼化30万吨/年聚丙烯等跨年项目建设。大连石化后1000万吨/年含硫原油加工装置，大港、华北、长庆扩能改造，大庆、吉林、兰州三大乙烯改造，辽阳石化PTA扩能改造，独山子石化基地等项目要及早开工建设。四川、抚顺大乙烯要抓紧进行前期准备。

3. 认真抓好重点管道的建设和投运，促进天然气业务快速发展

西气东输西段要实现10月1日轮南进气，年底前由塔里木正式向上海商业供气；忠武管道主干线及襄樊、黄石支线年底前要达到商业供气条件；陕京二线干线施工要在10月底前全部完成。各有关单位要按照上述控制目标，精心组织，周密安排，克服汛期、复杂地区施工等不利条件的影响，抓紧工艺场站的建设和工程收尾工作，确保工程按期、优质、高效、安全地完成。要全力做好管线投产运行的各项准备，周密制定投产方案，确保投产一次成功。中哈原油管道要加快各个环节的工作节奏，力争9月份开工建设。西气东输与陕京二线、忠武线、涩宁兰管线之间的几条联络线要积极推进。还要加快LNG项目的前期研究和报批进度，落实相关机构和人员，取得实质性进展。

有关部门和专业公司要精心搞好上游资源、管道运行与下游用户之间的平衡和衔接，统筹安排天然气的生产、输送和销售，确保安全平稳供气。特别是陕京线要加快地下储气库的配套完善，利用夏季满负荷运行安排好储气库注气，增强调峰能力，保证北京的冬季供气安全。

4. 加大资本运营力度，努力实现更大发展

作为国际上市公司，生产经营和资本运营是提升公司成长性、加快发展的两个重要方面。必须高度重视利用资本市场，采用资本运营的方式，实现优势业务的快速扩张。

要加大对存量资产优化重组的力度，在搞好调查摸清情况的基础上，争取利用两年左右时间完成对外投资项目的清理整顿工作，努力实现“规范”、“高效”的目标。对不符合公司发展方向、长期亏损的项目，

要抓紧清理。对运行较为规范、效益较好的项目，要实行专职董事、监事委派制，进一步规范股权管理。

要积极采用资本运营的方式，加快海外业务的发展。通过收购、兼并、合资合作、与国际大石油公司开展战略协作等多种方式，力争在大项目收购和公司收购方面有所突破，最大限度地获取海外资源，提升公司的价值。

5. 突出抓好安全和稳定工作，创造良好发展环境

安全生产事关全局，稳定压倒一切。没有安全和稳定，企业改革发展就失去了前提和保障。必须站在讲政治的高度，从全局出发，把安全和稳定工作作为重中之重，毫不松懈地继续抓紧抓好。

要坚持以人为本，把安全生产的理念融入企业文化，融入经营管理的各个环节。坚持关口前移抓预防，坚持严字当头抓落实，坚持重心下移抓基层。特别是要狠反生产建设中违章指挥、违规操作、违反劳动纪律的行为，加强教育引导，提高全员安全意识，健全各项制度和规程，强化监督检查，把安全生产的各项措施落实到现场、岗位和生产作业的全过程，杜绝重特大事故的发生。

要按照集团公司党组的统一部署，层层建立完善稳定工作组织体系，明确稳定工作责任制，落实有关政策措施，加大宣传教育力度，进一步理顺情绪，化解矛盾。要加强与地方政府的沟通协调，互相支持，建立地企联手保稳定的工作机制。特别是要积极培育新的经济增长点，扩大就业空间，安置更多的下岗人员，实现企业的长治久安。

公司现有总资产5000多亿元，年销售收入3000多亿元、建设投资近千亿元、物资采购资金500多亿元。如此庞大的资产规模和资金流量，只要出现“万一”的问题，其政治、社会影响和对公司发展的打击都将是灾难性的。因此，必须坚持从严治企，重点加大对资金、销售、物资采办、工程项目等方面管理的力度。强化监督约束机制，健全完善和严格执行规章制度，高度重视、加快建立符合资本市场监管要求的内控制度体系，发挥法律、审计和纪检监察等部门的职能作用，严肃查处失职渎职行为和违法违纪案件。切实做到没有失去监控的资金、没有失去监督的人员、没有缺乏制度约束的管理，确保各项经营活动规范、有序、高效。

三、大力加强领导班子和员工队伍建设为公司发展提供有力保障

要按照集团公司党组提出的“坚定、勤勉、团结、清廉”的要求，努力把各级领导班子建设成为朝气蓬勃、奋发有为的领导集体。树立科学的人才观，克服片面强调学历、年龄、职称的倾向，真正把那些德才兼备、业绩突出、群众拥护的优秀人才提拔到各级领导岗位。要深化人事制度改革，继续推行竞聘上岗，扩大干部交流。各级领导干部要带头践行“三个代表”重要思想，牢记“两个务必”，求真务实，埋头苦干，脚踏实地地做好各项工作。要把工作的重心放在基层，经常深入基层，解决实际问题。要按照党中央以及集团公司党组的要求，树立正确的权力观、业绩观和用人观，做廉洁自律的模范。总部和专业公司机关要带头转变作风，提高政治业务素质和工作效率，努力为基层服好务。

要强化“三基”工作，加强队伍建设。以基层党组织建设为核心，切实加强基层建设，选拔配备好基层干部，注重在生产一线发展党员，充分发挥党支部的战斗堡垒作用和党员的先锋模范作用。要以强化岗位责任制为中心，健全完善各项制度、规程和标准，进一步夯实基础工作。要以岗位练兵为主要内容，积极开展技术业务培训，不断提高员工的基本素质。要在企业发展、效益提高的同时，努力回报员工，稳步提高员工收入，不断改善工作环境和生活条件。特别是要切实关心生产一线、野外作业和困难员工的生活，为他们排忧解难。

大庆精神和铁人精神是我们宝贵的精神财富。以往大庆会战的胜利、中国石油工业的发展，靠的是大庆精神和铁人精神，如今中国石油要实现可持续发展，仍然要靠大庆精神和铁人精神。要继续大力弘扬爱国、创业、求实、奉献的企业精神，继承和发扬“三老四严、四个一样”的优良传统作风，并不断赋予其新的时代内涵，为企业发展注入强大的精神动力。大力加强企业文化建设，加强思想政治工作，充分发挥工会、共青团等群众组织的作用，丰富员工业余文化生活，推进民主管理，调动员工积极性。

股份公司与未上市企业同在中国石油的大旗下，实现整体协调发展、保障国家能源安全，是大家的一致追求和共同责任。股份公司的发展离不开未上市企业的技术服务和后勤保障，未上市企业的发展也离不开股份公司主营业务发展提供的市场空间和支持拉动。股份公司要充分理解未上市企业人员多、社会负担重等困难，未上市企业也应多体谅股份公司投资和成本控制严、效益指标压力大的实际，相互之间要换位思考，加强沟通协调，做到发展共谋、责任共担、稳定共抓、环境共建。重大改革方案，特别是涉及员

工切身利益的政策措施的制定，事先要相互沟通，标准要基本一致，出台的时机要尽量同步。要充分发挥各自优势，积极寻求新的经济增长点，拓展业务合作的领域，联合起来把“蛋糕”做大，实现双赢互利。

做好下半年工作，实现公司长远目标，关键在于统一思想。各级领导干部和全体员工要把思想统一到大局上来，国家能源安全是大局，集团公司的整体发展是大局，保持稳定和安全生产是大局，要增强政治责任感，自觉维护整体和全局的利益；要把思想统一到持续有效快速发展的方针上来，坚持效益第一，注重经济增长质量，实现速度和结构、质量、效益的统一；要把思想统一到加快公司主营业务发展上来，发挥资源优势，巩固上游主导地位，带动各项业务全面协调发展；要把思想统一到规范管理上来，坚持从严治企，推进体制机制创新。

同志们，我们中国石油当前正处在发展的关键时期，机遇与挑战并存，任务艰巨而光荣。我们要按照党中央、国务院的部署，在集团公司党组的正确领导下，认清形势，团结一致，全面完成公司各项业绩目标，为国民经济实现平稳较快发展做出新的更大贡献。

谢谢大家！

王宜林同志在中国石油天然气集团公司领导干部会议上的讲话

（2004 年 7 月 15 日）

同志们：

安全生产工作，是这次会议重点研究的专题之一。陈总在报告中对安全生产工作提出了很高的要求，会议还将讨论《集团公司关于进一步加强安全生产工作的决定》。根据会议安排、党组意见和陈总报告的精神，下面，我就《决定》及其贯彻落实讲几点意见。

一、制定《决定》的必要性

党中央、国务院对安全生产工作十分重视。党的十六大、十六届三中全会和中央经济工作会议，对安全生产提出了新的要求。胡锦涛总书记指出：安全生产问题，事关人民群众的生命财产安全，事关社会稳定大局。各级领导干部对此要高度重视，努力减少和排除各种重大事故隐患，切实把有关安全生产的各项工作落到实处。温家宝总理强调：进一步完善和落实安全生产的各项政策措施，强化安全生产监管，坚决遏制重大安全事故频发的势头。近年来国家相继出台了《安全生产法》、《国务院关于进一步加强安全生产工作的决定》等一系列法律法规和重大举措，最近国务院办公厅又下发了《关于加强中央企业安全生产工作的通知》，对新时期依法加强安全生产工作做出了具体规定，提出了明确要求。

搞好安全生产工作是集团公司保持持续稳定发展、建设具有国际竞争力跨国企业集团的重要保障，是维护职工根本利益的基本要求。长期以来，集团公司高度重视安全生产工作，组建以来特别是重组改制以来，坚持“安全第一，预防为主”的方针，认真贯彻党中央、国务院关于安全生产工作的一系列重要指示，采取了一系列重大举措加强安全生产工作，生产经营秩序和安全生产条件不断改善，安全生产状况呈稳定好转态势。但重特大事故时有发生，特别是 2003 年发生了“12.23”井喷特大责任事故，造成重大人员伤亡和财产损失，严重影响了集团公司形象。

今年以来，集团公司深刻吸取“12.23”事故教训，采取一系列措施强化安全生产管理。先后召开党组会、总经理办公会、安委会、安全工作（视频）会、防汛工作会等各种会议，分析研究部署安全生产工作；党组成员带队进行安全生产大检查；开展“安全生产管理年”、群众性安全教育及全国安全生产月等多种形式的活动；组织专家及时清理、修订技术标准和规章制度，全面排查事故隐患并立项整改，还把“安全”写进《企业文化建设纲要》的核心经营管理理念中。从总体上看，各企业都加大了安全生产工作力度，采取一系列有力措施强化管理。上半年，集团公司共发生职工伤亡事故 44 起，死亡 9 人，重伤 11 人；发生交通事故 32 起，死亡 23 人，受伤 36 人；发生火灾事故 10 起，死亡 2 人，没有发生重、特大安全事故。但安全生产指标与 2003 年同期基本持平，事故总量并没有降下来，安全生产总体形势与以往变化不大。以上情况说明，集团公司安全生产工作面临的形势依然十分严峻，任务非常艰巨。

痛定思痛，我们必须对集团公司安全生产形势有一个冷静的思考、深入的分析。为什么各级领导都高度重视安全生产工作，我们还仍然发生了“12.23”事故？为什么我们加大了安全生产工作力度，安全生产状况还仍然没有明显好转？客观地分析事故多发原因，一是我国尚处于社会主义初级阶段和工业化中期阶段，生产力水平还比较低，正处于安全事故多发期；二是石油石化企业属于高危行业，易燃易爆、高温高压、有毒有害作业场所多，时时都存在着潜在事故灾害的威胁；三是我们石油集团规模大、人员多、战线长、布局分散，影响安全的因素比较复杂等等。但事故就一定是必然要发生的吗？按照“12.23”事故责任认定，这起事故的直接原因是作业现场管理不严，违章作业。分析“12.23”事故，在生产流程的各个环节，连续违章，起钻与钻井液循环时间严重不够；起钻过程中，钻井液灌注不符合规定；不执行坐岗观察制度，未能及时发现溢流征兆等等。上述环节，有一个能控制住，有一个不违章，就有可能避免事故发生。分析近几年我们发生的事故，“三违”行为导致的事故都在60%以上，加上安全设施缺少，设备存在缺陷等，也属于违章因素。总之，违章导致事故占总数的85%以上。“12.23”事故还暴露了安全生产工作的很多薄弱环节，突出反映在安全生产责任制没有得到完全落实，有关安全生产的规章制度及技术标准规范不够完善，基层基础工作不够扎实，以岗位责任制为中心的安全教育培训没有完全到位，处置突发性事故应急预案还不够完备等等。这些都决定了新形势下集团公司安全生产工作的艰巨性、复杂性和长期性。“12.23”事故告诫我们，任何时候、任何情况下，都要绷紧安全生产这根弦，绝不能有一丝一毫的放松或麻痹大意。

正确分析集团公司面临的安全生产形势，既要看到形势严峻、任重道远的一面，又要看到总体稳定，趋于好转的一面。近几年有90%以上的基层队没有发生事故，大多数企业是达标的，还出现了连续三年、五年，甚至更长周期的安全生产先进企业。这些都说明，只要我们重视，只要我们工作到位，是完全可以减少或避免事故，特别是重特大事故发生的。因此，我们必须创新安全管理，从基础工作入手，从提高员工素质特别是全员安全意识出发，立足于建立安全生产的长效机制，扎扎实实地抓好安全生产工作。为切实做好新形势下的安全生产工作，不断提高安全生产水平，集团公司在认真总结长期以来安全生产工作正反两方面经验教训的基础上，研究制定了《进一步加强安全生产工作的决定》。决定不同于规定、办法，决定主要对关系安全生产全局的重要问题做出纲领性、权威性的主张。决定出台后，要配套制定一系列规定和办法，进一步明确怎么做、谁来做、做到什么标准以及如何检查、评价等细节问题，来实现决定的主张。

二、《决定》的主要内容

《决定》起草工作始终在集团公司党组的领导下进行。党组书记、总经理陈耕同志5月初就提出建立安全生产长效机制、实现本质安全的主张，出台《决定》开始在党组成员中酝酿。5月中旬，党组责成集团公司和股份公司两个质量安全环保部具体组织起草《决定》。5月底，质量安全环保部抽调部分企业的安全管理人员，邀请国家安全生产监督管理局有关专家组成起草组，开始起草《决定》。起草组认真学习国家有关安全生产法律法规，以及集团公司现有的安全生产规章制度，在认真总结经验和调查研究基础上，征求机关有关部门、部分企事业单位，以及有关领导、专家的意见，数易其稿，形成了《决定》的初稿。6月29日，集团公司总经理办公会议对《决定》初稿进行了初步审查，决定再征求部分专家和企事业单位的意见，修改后形成《决定》讨论稿，提交本次会议讨论。

《决定》的起草着力把握三个方面：一是坚持突出重点，有针对性，着力解决集团公司新形势下安全生产工作关键问题；二是根据国家近几年颁布的安全生产法律法规，将对企业的安全生产要求具体化；三是结合企业实际，将多年来安全生产工作的实践经验和教训体现在《决定》中。《决定》共计五部分36条。

第一部分：提高认识，切实把安全生产工作摆在各项工作第一位。

这一部分共5条，包括思想认识、指导思想、主要任务和奋斗目标、责任制、全员安全意识和管理机构。

指导思想、主要任务和奋斗目标，主要针对安全生产工作的重要性，以及集团公司安全生产工作的艰巨性、复杂性和长期性而提出，规定了坚持的方针和主要任务，确定了建立安全生产长效机制的战略目标和分阶段的具体目标。目标既有长期的，又有阶段性的，同时也提出了要分年度下达控制指标，激励广大员工共同为实现目标努力。

安全生产，责任重于泰山。安全生产责任制是保障安全生产的关键，必须建立完善安全生产责任制。《决定》规定了企业要逐级明确安全生产责任制，做到全员负责，并对责任制的落实做出了规定，这样从制度上保证安全生产责任制有人抓，安全生产有人管。

从业人员既是安全生产保障的对象，又是实现安全生产的基本要素。《决定》既规定了企业要保障员工的安全生产权力，又规定了从业人员必须履行的安全生产责任和义务，有利于调动广大员工自觉搞好安全生产的积极性。

管理机构和管理人员是安全生产工作的重要组织保证。针对目前仍存在安全管理机构不健全、人员配备不到位等问题，对企业建立三级管理机构和人员配备做出了规定，对人员素质也提出了明确要求。从根本上说，设置安全管理机构和配备安全管理人员，要以满足本单位安全生产管理工作的实际需要为原则，这样有利于安全生产工作有人具体管、具体负责。

第二部分：夯实基础，进一步规范和加强安全生产管理。

这一部分共10条，主要对安全生产的基础性管理工作做出了规定。其中，安全政策管理基础工作方面4条，即修订完善安全生产规章制度、建立健全安全生产控制指标体系、依法签订安全生产合同、保证安全资金投入与缴纳保险费用；安全技术管理基础工作方面4条，即实行危险作业许可、加强安全质量标准化、严格执行安全评价和“三同时”管理、加强安全生产新技术研究和推广应用；基础保障管理工作方面2条，即强化企业安全技术培训、加强基层安全建设等。这些内容都是搞好安全生产工作的基本要求。

基础不牢，地动山摇。夯实基础管理，对进一步规范和加强安全生产管理具有重要作用。因此，本着“预防为主”的原则，对安全生产的基础工作做出规定，也是对生产经营单位具有约束力的重要措施。

第三部分：突出重点、有效遏制重特大事故发生。

这一部分共12条，主要是针对国家相关安全生产法律法规要求，对有效遏制重特大事故发生需要重点加强管理的工作做出规定。国家相关法律法规对危险化学品、民爆器材、特种设备、职业健康、交通、消防、建设项目现场、事故隐患整改与重大危险源监控、自然灾害等安全管理做出了具体规定，这些方面都是我们企业安全生产工作的重点；加强井控管理是油气田勘探开发的重中之重，也是“12.23”事故沉痛教训要求我们进一步高度重视的工作，为此《决定》提出十个“加强”，并把加强井控安全管理放在第一位。对建立重大突发事件应急救援体系和编制完善各级应急预案做出规定，是为了有效地控制和处置突发事件、减少损失。

第四部分：强化监督，严格事故处理和责任追究。

这一部分共6条，主要规定了健全安全监督体系、强化安全监督检查、纠正“三违”行为、严格事故处理、建立责任追究制度和严肃事故报告纪律等内容。这些规定，是做好安全生产工作的必要手段。

集团公司近几年来建立安全监督体系，配备安全总监、副总监，推行施工作业项目监管分离、实施异体监督，是符合各企业生产经营特点和管理工作实际的，在实践中收到了很好的效果。今后，要加强企业内部作业者或建设单位对工程项目的安全监督，使其逐步走上真正的第三方监督。

严格查处违章行为是我们要重点加强的工作。违章造成事故，是当前带有普遍性的问题。分析集团公司几年来发生的事故，包括“12.23”井喷特大责任事故，绝大多数是违章行为以及监督不力造成的，所以，要把查处违章摆到与查处事故责任者同等重要的位置来对待。狠反“三违”行为尤其是习惯性违章行为，必须长期坚持；对发生的事故，要严格按照“四不放过”原则处理，杜绝同类事故重复发生。

严肃事故责任追究，近年来党中央、国务院特别重视，并形成了许多具体案例。《决定》从爱护干部出发，规定要依据事故责任认定，对确实负有领导责任的责任人，按事故等级分别给予组织处理或行政处分。

第五部分：加强领导，构建全员全过程的安全生产责任网络和工作格局。

这一部分共3条，对加强安全生产工作的领导、构建安全生产网络和工作格局做了规定。安全生产涉及方方面面，搞好安全生产工作是一项系统工程。因此各企业要把安全生产作为头等大事，列入企业的重要议事日程，切实加强对安全生产工作的领导。企业的各部门都要切实负起相应的安全生产工作责任，互相配合，齐抓共管，形成合力。要建立起横向到边、纵向到底的安全生产责任网络，形成企业各级行政正职负全面责任、分管安全副职负主管责任、其他副职负分管责任、安全总监负监督责任的安全生产责任体系，以及一级抓一级、一级对一级负责，分系统负责、分层次管理、层层抓落实的安全生产工作格局，为搞好安全生产工作提供强有力的组织保障、物质保障和技术支持。

三、贯彻落实《决定》的几点意见

《关于进一步加强安全生产工作的决定》的出台，

是集团公司提升安全生产管理水平的重大举措，《决定》是集团公司指导今后一个时期安全生产工作的纲领性文件。贯彻落实《决定》，是各单位今后一个时期安全生产方面的头等大事。怎样贯彻落实《决定》，我强调三点。

1. 贯彻落实《决定》，“实”是关键

“实”就是求真务实、讲求实效。要大力弘扬求真务实的工作作风，真抓实干，不搞形式、不走过场，把安全生产工作的各项措施落到实处，取得实效。

安全生产责任制要扎实。各企业要把强化员工安全意识，落实全员安全生产责任制作为安全生产工作的一项关键性工作抓紧抓好。年底前，都要对安全生产责任制重新进行修订完善，安全生产职责要简练、务实、有针对性。要配套制定安全生产责任制的考核办法，实行安全生产工作述职报告制度，将履行安全生产责任制情况作为干部考核的重要内容，完善安全生产责任制的考核机制。以落实安全生产责任促进员工树立法制观念，增强安全意识；以强化全员安全意识促进安全生产责任制的落实，做到安全生产人人有责，实现从“要我安全”到“我要安全”、“我会安全”的转变。

安全生产管理机构要落实。各企业要认真摸清现有安全管理机构和安全管理人员配备情况，以满足安全生产工作需要为原则，设置安全生产管理机构，落实编制和充实人员。各企业及企业所属二、三级单位，特别是油气生产、储存、炼油化工、工程技术服务、建筑施工等不到300人的企业所属三级单位，要按规定设置专门安全生产管理机构，尽快形成企业“三级机构，四级管理”的安全生产组织网络。机构设置要在今年年底全部完成，力争2005年上半年全部配齐人员。这项工作由人事劳资部门、监察部门、安全部门一起督导落实。

安全生产费用要据实列支。各企业要保证用于安全生产方面的资金投入，要列入计划、纳入预算、优先保证。按规定和实际需要列支事故隐患治理和安全技措项目经费。作业者、建设单位、承包商都必须依法保证安全生产所必需的资金投入，保证企业生产经营和施工作业现场达到规定的安全生产条件，不得以经营困难、降低成本等为借口减少安全投入。大家要明白一个道理，一个企业效益差一点可以靠今后的工作弥补，但人死了不能复生。事故隐患整改关键在于及时，各企业要继续全面排查事故隐患，对过去遗留的事故隐患，按轻重缓急做出计划，力争用3—5年时间整改完毕，需要立即整改的不得拖延。对列入整改的隐患项目，要按照分工，确定整改人，挂牌督查。对隐患不整改，不能上新项目。各企业安全监管部门对列入整改计划的项目，要定期督查；对未整改项目定期公布，限定整改时间。集团公司将组织整改事故隐患专项督查组，检查、督导整改事故隐患。

安全培训要注重实效。搞好安全生产培训，是提高安全生产管理人员和从业人员安全技术素质的重要途径。各企业要抓好安全培训机构建设，不断完善培训设施和条件，形成四级安全生产培训网络。培训部门和安全部门要制定全员安全技术培训计划，组织编写符合各类人员实际需要的安全培训大纲、教材、题库和考核标准，采取各种途径，提高培训质量。2004年底以前，完成生产经营企业及所属重点二级生产经营单位主要负责人、安全管理人员的培训，取得上岗资格，满足申请国家安全生产许可证的基本条件。企业还要做好其他管理人员、有关技术人员的培训，强化现场操作人员，尤其是班组长、新上岗和转岗员工的培训，力争在2006年底前，脱产培训一遍。

安全监督要切实到位。各企业要按照集团公司的规定和要求，配备安全总监、副总监。2004年底前，完成企业安全总监、副总监的配备；2005年底前，基本完成企业所属重点二级生产经营单位的安全总监、副总监的配备。在企业或企业所属工程技术服务二级单位设置专业安全监督站，人员基本配备齐全。要加强安全监督站建设、规范运作，形成完善的内部第三方的监督机制，按规定派驻安全监督。力争用三年时间建立起监管分离、同体管理、异体监督的监管模式，不断提高现场监督水平，确保施工作业始终处于受控状态。

2. 贯彻落实《决定》，“严”是前提

“严”就是严格管理、令行禁止。凡事“严”字当头，真正做到在安全思想上严肃、制度上严谨、组织上严密、管理上严格和纪律上严明，才能实现安全生产工作的基本要求。

查处违章要严肃。各企业要把反违章作为安全生产工作的重点来抓，加大狠反违章特别是狠反习惯性违章的力度。年内各企业都要制定违章处罚规定，对查出的各类违章行为，不管是否造成事故，都要严肃处理，决不姑息；对严重违章行为，要从严从重处理，直至下岗、解除劳动合同，决不搞下不为例。力争用两年的时间，形成人人讲安全、人人遵章守纪、安全意识普遍增强、“三违”行为明显下降的良好氛围。

专项整治要严格。各企业要认真贯彻执行国家的安全生产法律法规，切实搞好“十个加强”。要针对薄弱环节，研究下一步深化专项整治工作方案，突出重点，主要加强以防井喷、防爆炸、防火灾，防特大交通事故为中心，做好井控、危险化学品、交通、消防、民爆器材、特种设备、生产作业现场等方面专项整治工作，严格生产过程监督检查工作，发现隐患，及时整改。采取切实有效措施，把整治工作进一步推向深入。力争在两年内取得实效，推动集中专项整治向规范化、制度化管理转变，形成规范完善的安全生产法制程序。

安全评价、“三同时”管理要严谨。按规定认真做好新建、改建、扩建项目及引进项目的安全预评价、竣工验收评价、三同时管理工作，以及重要生产装置、生产项目、生产区域的评价、评估工作，严谨细致审查评价报告，真正从源头上把住安全关，提高本质安全水平。

3. 贯彻落实《决定》，“细”是保证

“细”就是精雕细刻、精益求精。勿以善小而不为，勿以恶小而为之；千里之堤溃于蚁穴，事故总是起因于细节上的失误。因此，抓安全生产工作，必须把精细化管理贯穿于生产过程的各个环节和每道工序，精雕细刻、精益求精。

安全指标要细化。各企业要结合《决定》提出的2006年、2010年分阶段目标，制定安全生产中长期发展规划，分别提出各个阶段安全生产工作的预期目标，并依据规划进一步细化和具体化，制定分年度的安全生产控制指标，层层分解到基层单位。要把安全生产发展规划列入企业发展战略和规划的整体布局之中，做到统筹安排、统一部署、同步实施、共同推进。发挥安全生产控制指标的导向、约束、激励和评价作用。

修订规章制度、完善事故预案要细致。要根据《决定》的规定，抓紧制定、修订相关配套规定、办法。年内集团公司将出台《安全生产管理规定》等一系列规章制度。各企业要结合贯彻《决定》和集团公司规章制度，组织力量制定、修订完善本单位的安全生产规章制度。力争在2005年底前形成安全生产规章制度体系。通过完善规章制度，推动依法签订安全生产合同，实行危险作业许可制度等各项制度的实施。要分类别、分级次编制事故应急预案。各企业要针对油气井井控、剧毒化学品、重点炼化装置、大型油气储存站库、长输管道、海上作业和民爆器材、放射源等有可能发生重大突发事件的危险源，编制企业级应急救援预案，并力争年末完成，上报当地政府安全主管部门备案。企业二级单位和部门要根据应急救援预案职责和分工要求，编制完善应急响应预案。各基层单位要针对实际，修订完善应急处置预案。要加强与当地政府、周边相关方的信息沟通，特别是同一地区上市与非上市企业之间的协调、沟通，建立起预警、接警、救援和恢复的联动机制。各企业要根据预案规定，分级进行培训和演练；并对相关方和周边群众进行广泛的应急自救知识宣传；要建立应急救援队伍，配备必要的应急救援设备和器材，切实增强队伍的应急救援能力，有效避免事故发生或把事故损失减少到最低限度。

安全质量标准化要精细。广泛开展安全质量标准化活动是加强企业基层安全生产工作和基础工作的重要载体，是落实企业责任主体的基本途径。各企业要重视这项工作，制定活动的具体内容、步骤和方法，今、明两年开展“施工现场标准化，岗位操作标准化，基层管理标准化”的达标试点活动，2006年全面推开。在生产作业过程中的各环节、各岗位要严格按照技术标准和管理规范组织生产，特别要认真执行年内即将出台的含硫钻井技术等标准，按照工艺规范、操作规程规范安全生产行为，搞好生产作业全过程控制。要将质量标准化活动与加强基层安全建设、专项整治和依靠科技提高安全生产水平结合起来，建立自我约束机制。

同志们，做好新形势下的安全生产工作，任务艰巨而繁重，希望各级领导干部进一步认清形势、明确责任，与时俱进、开拓创新，切实抓好《决定》的贯彻落实，以对党和人民高度负责的精神，扎扎实实搞好安全生产工作，为建设具有国际竞争力跨国企业集团创造安全稳定的环境。

谢谢大家！

专　稿

中国石油天然气集团公司工作会议在北京召开

2004年1月6日，集团公司工作会议通过总部视频会议系统召开。集团公司领导马富才、吴耀文、陈耕、任传俊、郑虎、李克成等出席会议，集团公司老领导出席会议，国资委驻集团公司监事会主席姜增伟出席会议，集团公司、股份公司机关各部门、在京直属单位领导在主会场参加会议，集团公司、股份公司系统127个企事业单位的党政领导班子成员在83个分会场参加会议。马富才总经理作《抓住机遇　加快发展全力打造具有国际竞争力的跨国企业集团》的工作报告，任传俊副总经理主持会议。

会议的主题是：贯彻落实党的十六大、十六届三中全会和中央经济工作会议精神，总结2003年工作的主要成绩和经验，总体部署2004年工作；紧紧抓住全面建设小康社会和完善社会主义市场经济体制的宝贵机遇，按照全面、协调、可持续的发展观，明确提出了建设具有国际竞争力的跨国企业集团的总体目标、实施步骤和保障措施，把集团公司的改革发展推向一个新阶段。

马富才在《工作报告》中指出，2003年，是我国全面建设小康社会和集团公司实施“两个转变”的第一年，也是广大干部职工经受严峻考验、战胜各种困难并取得显著成绩的一年。集团公司上下众志成城、奋力拼搏，许多方面都创出历史新水平，主要生产经营指标完成情况好于预期。全年国内外共生产原油12242万吨、天然气262亿立方米，比2002年分别增加481万吨和29亿立方米；加工原油10075万吨，生产成品油6345万吨，同比分别增长9.5%和10.2%；国内销售成品油5629万吨，其中零售量达到2230万吨，同比分别增长6.1%和18.6%；生产乙烯182万吨、合成树脂258万吨、尿素358万吨，化工商品产量首次突破1000万吨，同比增长11.4%；实现销售收入4300亿元、税费760亿元、利润总额超过700亿元，同比分别增长13.4%、18%和30%以上。集团公司的规模实力和经济效益在全国大型企业中继续保持领先地位。

马富才指出2004年工作的指导思想和总体思路是：坚持以邓小平理论和“三个代表”重要思想为指导，深入贯彻党的十六大、十六届三中全会和中央经济工作会议精神，坚持以人为本，树立全面、协调、可持续的发展观，继续突出做优做强主营业务，大力开拓国内外市场，加快发展油气国际贸易，积极调整优化结构，进一步深化企业改革，不断增强创新能力和企业活力，加速“两个转变”进程，强化油气生产和供应商的复合功能，为全面打造具有国际竞争力的跨国企业集团付出更大的努力。

马富才指出2004年工作的主要目标是：（1）经济效益有新的增长；（2）油气、炼化和销售业务有新的发展；（3）企业改革与管理有新的进展；（4）职工生活质量有新的提高。为实现上述目标，马富才总经理重点要求做好六方面工作：（1）继续突出主营业务的发展；（2）继续推进企业改革；（3）继续提高企业管理水平；（4）继续提升科技创新能力；（5）继续加强队伍建设；（6）继续改善职工生活。

马富才就安全生产问题强调：（1）要牢固树立“安全第一”的思想；（2）要深入搞好以岗位责任制为核心的岗位技能培训和安全生产教育；（3）要大力强化生产和施工作业现场的安全管理；（4）要进一步完善安全事故应急救援预案；（5）要认真组织好安全生产大检查。

马富才最后强调，在过去的一年里，我们取得了很大成绩，为国民经济发展做出了很大贡献。展望未来，任重道远。面对新形势、新任务，集团公司上下一定要振奋精神，同舟共济，勇往直前，在党中央、国务院的领导下，坚定不移地沿着建设具有国际竞争力的跨国企业集团的前进方向，兢兢业业，奋力开拓，全面完成2004年的各项任务，继续夺取集团公司改革发展的新胜利。

会上，吴耀文作《积极推进企业的改革和发展为建设具有国际竞争力的跨国企业集团做贡献》、陈耕作《坚持持续有效快速发展实现更好业绩增强综合实力》讲话。

中国石油天然气集团公司开展“安全生产管理年”活动

为贯彻集团公司2004年工作会议和集团公司安委会扩大会议精神、深刻吸取“12.23”特大井喷事故的沉痛教训，解决安全生产管理工作中的深层次问题，努力提高安全生产管理水平，实现安全生产状况的根本好转，集团公司以《中油质安字［2004］63号》文，决定2004年在全系统范围内开展“安全生产管理年”活动。

“12.23”特大井喷事故之后，集团公司为了强化安全生产管理问题，先后颁布了一系列关于安全生产的文件规定，如：《集团公司关于立即开展以岗位责任制为中心的安全生产知识教育和检查活动的紧急通知》、《集团公司关于进一步完善事故应急救援预案的通知》、《集团公司关于进一步做好安全生产和稳定工作的紧急通知》、《中国石油天然气集团公司安全生产管理规定》、《中国石油天然气集团公司安全生产责任制通则》、《中国石油天然气集团公司安全事故管理暂行办法》、《中国石油天然气集团公司事故隐患管理办法》、《中国石油天然气集团公司应对突发重大事件（事故）管理办法》、《中国石油天然气集团公司交通安全管理办法》、《集团公司关于开展“安全生产警示日”活动的通知》、《集团公司关于做好群众性安全生产教育活动有关工作的通知》、《集团公司关于认真做好春季防火和开展安全生产大检查工作的通知》及《关于开展“安全生产管理年”活动安排的通知》。集团公司在《关于开展“安全生产管理年”活动安排的通知》中对“安全生产管理年”活动的指导思想、活动主题、总体目标等都做出了具体的规定，强化了安全生产工作的力度。

2004年1月6—7日，集团公司召开的工作会议上，马富才总经理及陈耕副总经理专门强调安全生产问题。会后的第二天，由集团公司党组书记、总经理马富才及其他副总经理组成的十个安全检查工作组分赴集团公司所属各单位检查安全生产工作。

2004年4月29日上午，集团公司专门召开安全生产视频会议。副总经理任传俊出席会议并讲话，副总经理苏树林主持会议。集团公司、股份公司有关领导参加会议。在京直属单位和各企事业单位领导及相关人员分别在主会场和82个分会场参加会议。会议通报分析2004年以来集团公司安全生产情况，部署危险化学品安全管理、“五一”期间安全生产以及深入开展“安全生产管理年”活动等有关安全生产工作，传达贯彻国务院召开的全国安全生产电视电话会议和中央政治局常委、国务院副总理黄菊同志的重要讲话精神。

所属各企事业单位也都采取了形式多样的安全教育活动，如召开安全生产委员会会议、安全生产视频会议、安全生产大检查讲评会、举行安全比武大赛和应急反应演练等，加大整改安全隐患力度，落实好全年各项安全生产工作。

中国石油天然气集团公司纪检监察工作会议在北京召开

2004年2月5日，中国石油天然气集团公司纪检监察工作会议在北京召开。集团公司领导马富才、任传俊、陈耕、苏树林、郑虎、李克成、贡华章出席了会议。中纪委、监察部、国资委监察局有关领导王骥、夏忠仁出席会议并分别讲话。集团公司、股份公司机关有关负责人和所属企事业单位分管纪检工作的领导和纪检监察部门的负责人228人参加会议。党组书记、总经理马富才在会上作了重要讲话。党组成员、副总经理任传俊主持会议。

马富才指出，2003年，集团公司各级党组织和纪检监察部门认真落实中央的部署要求，坚持标本兼治、惩防并举，反腐倡廉和纪检监察各项工作取得了新的成绩，领导人员廉洁自律、查处违纪违法案件、效能监察、源头治理等重点工作取得了新的进展，特别是在建立“三个机制”、规范“四项权力”，构建源头治理制度体系方面，进行了创造性的实践和探索，为从源头上预防和治理腐败奠定了基础，在促进企业改革发展稳定中发挥了积极作用。一是纪检监察工作为集团公司经济建设服务，为企业发展服务，起到了保驾护航的作用。二是纪检监察战线的同志工作努力，落实中央要求雷厉风行，对工作一丝不苟，在实践中不断创新，对企业忠心耿耿，对被监察对象认真负责。

马富才对2004年纪检监察工作提出要求。（1）要从落实“三个代表”重要思想和打造具有国际竞争力的跨国企业集团战略高度，进一步增强抓好反腐倡廉和纪检监察工作的责任感和紧迫感。抓好企业反腐倡廉工作是落实“三个代表”重要思想，从严治党、从严治企的客观要求，建设具有国际竞争力的跨国企业集团需要反腐倡廉和纪检监察工作提供强有力的政治保证。(2) 各级组织和领导人员要认真落实党风廉政建设责任制，自觉担负起反腐倡廉的职责。(3) 要突出重点，狠抓落实，扎扎实实推进集团公司反腐倡廉和纪检监察工作。

马富才强调，各级领导人员要严于律己，树立正确的权力观、业绩观、用人观和群众观。一是处理好开拓进取与按客观规律办事的关系，反对好大喜功；二是处理好眼前利益与长远利益的关系，反对急功近利；三是处理好局部利益与整体利益的关系，反对本位主义；四是实事求是地看待问题、解决问题，反对报喜不报忧；五是坚持求真务实、真抓实干，反对漂浮作风。

集团公司党组成员、副总经理陈耕宣读了表彰决定：授予大庆石油管理局纪委监察部等 20 个单位“集团公司纪检监察工作模范集体”荣誉称号；授予集团公司监察部与吉林石油集团有限责任公司“刘宗杰转移国有资产案”联合办案组等 10 个办案组“集团公司优秀办案组”荣誉称号；授予辽河油田分公司“三项费用管理效能监察项目”等 20 个项目“集团公司优秀效能监察项目”荣誉称号；授予华北石油管理局纪委副书记任永堤等 20 名同志“集团公司纪检监察模范干部”荣誉称号；授予抚顺石化分公司储运公司副经理于卿玺等 20 名同志“集团公司廉洁自律模范干部”荣誉称号。

党组纪检组副组长、监察部主任祖凤鸣在会上作了题为《不断推进企业反腐倡廉和纪检监察工作，为建设具有国际竞争力的跨国企业集团提供政治保证》的工作报告。

中国石油天然气勘探开发公司苏丹项目 1/2/4 区高效勘探技术获国家科技一等奖

2004 年 2 月 20 日，在国家科学技术奖励大会上，中国石油天然气勘探开发公司“苏丹 Muglad 盆地 1/2/4 区高效勘探技术与实践”获得 2003 年国家科学技术进步一等奖。这是本次评选过程中全票通过的项目，也是国内企业获此殊荣的第一个海外项目。

苏丹 1/2/4 项目成为中国石油在海外最大、最成功的油气勘探开发项目。2003 年，苏丹 1/2/4 区的作业产量为 1416 万吨，权益油 567 万吨，分别占中国石油海外原油作业产量的 61%和权益油产量的 44%。

1/2/4 区高效勘探是不断创新技术。对于项目的技术内涵，首次提出穆格莱特被动裂谷盆地的地质模式和成藏模式，理论上突破了原外方公司找油的理念和渤海湾盆地找油的模式，创立了被动裂谷盆地的找油模式，发展了中国具有原创性的陆相石油地质理论，处于国际领先地位；断块圈闭的侧向封堵理论，确定了优质储层分布规律和有效储层的深度界限，确保了所发现的油田全部为高产油田，处于国际先进水平；在资源国合同的严格制约下制定的新的勘探原则和勘探方法等，均处于国内领先地位，原油勘探成本低于世界平均成本。

1/2/4 项目带动了苏丹长输管线、炼厂和化工厂项目的建设，所创造的产值占苏丹 GDP 的 40%，占苏丹出口创汇的 85%。1/2/4 项目的实施，使中国与苏丹建立起了更加友好的政治、经济关系，是资源国与外国油公司互惠双赢的典范。

国家科学技术进步奖是我国五项国家科学技术奖中的一项，获奖对象前提是要在推广应用先进科学技术成果，完成重大科学技术工程、计划、项目等方面做出重大贡献。

中国石油天然气集团公司直属机关党的工作会议在京召开

2004 年 2 月 23—24 日，集团公司直属机关党的工作会议在京召开。集团公司领导马富才、任传俊、郑虎、段文德、李克成、贡华章出席会议。集团公司直属党委委员、纪委委员，集团公司、股份公司机关各部门党支部书记、副书记，集团公司各直属单位及股份公司专业公司和直属单位党委书记、纪委书记、党群工作部、宣传部有关同志 150 多人参加会议。集团公司党组书记、总经理马富才出席会议并作重要讲话，集团公司党组成员、纪检组长李克成主持会议。

会议的主要任务是，深入学习贯彻党的十六大精神、十六届三中全会精神，全面落实集团公司 2004 年工作会议精神，以邓小平理论和“三个代表”重要思想为指导，总结、交流、部署直属机关党的工作，进一步动员直属机关广大党员、干部和职工求真务实，开拓创新，为加快推进具有国际竞争力的跨国企业集团建设而奋斗。

会上，马富才总经理就当前的形势和如何进一步做好直属机关党的工作讲了两个方面的意见：(1) 要正确认识当前我们所面临的任务，把思想统一到十六届三中全会精神和集团公司工作会议精神上来。(2) 关于2004年直属党的工作，提出四点要求：①进一步深入学习贯彻“三个代表”重要思想，在武装头脑、指导实践、推动工作上取得新进展；②坚持用改革的精神加强和改进党的建设，为加快推进具有国际竞争力的跨国企业集团建设提供坚强的思想和组织保证；③做好深入细致的思想政治工作，努力为企业改革发展创造团结、和谐、稳定的环境；④大力弘扬求真务实精神，进一步加强总部机关作风建设。

集团公司党组成员、副总经理郑虎在会上宣读了《关于表彰“机关为基层服务十大实事”的决定》。大会向评为2003年度集团公司、股份公司机关为基层服务十大实事的有关部门和单位颁发了奖牌。集团公司规划计划部党支部等14个先进单位在会上进行了典型经验介绍。管道局“西气东输工程建设先进事迹”报告团到会作了报告。

集团公司党组成员、纪检组组长李克成在会议结束时作总结讲话，要求“进一步加强党的建设和思想政治工作，使政治优势成为加快推进具有国际竞争力的跨国企业集团建设巨大力量，为实现集团公司的发展目标做出更大的贡献！

集团公司直属机关党委常务副书记、政治思想工作部主任关晓红在会上作了题为《求真务实，开拓创新，努力开创直属机关党的工作新局面》的工作报告，总结了2003年的主要工作，部署了2004年的重点工作。

集团公司直属机关纪委书记安志忠作了题为《以“三个代表”重要思想为指导，大力弘扬求真务实精神，不断取得集团公司直属机关党风廉政建设新成效》的工作报告，总结、部署了党风廉政建设和反腐败工作，就做好2004年反腐倡廉和纪检监察工作必须把握的问题提出了要求和意见。

（续桂春）

中国石油天然气集团公司与哈萨克斯坦签署原油管道建设基本原则协议

2004年5月15日，中国石油天然气集团公司总经理陈耕与哈萨克斯坦国家石油天然气股份公司总裁卡拉巴林在北京人民大会堂签订了《关于哈萨克斯坦共和国阿塔苏至中华人民共和国阿拉山口原油管道建设基本原则协议》。中华人民共和国主席胡锦涛和哈萨克斯坦共和国总统努尔苏丹·阿比舍维奇·纳扎尔巴耶夫出席了签字仪式。

哈萨克斯坦阿塔苏至中国阿拉山口原油管道是设计中的中哈原油管道的一期工程。管道西起哈萨克斯坦的阿塔苏，东至中哈边境阿拉山口，全长1240千米。管道一期工程年输油能力为1000万吨。中哈原油管道的建设，对哈萨克斯坦原油出口多元化、实现两国经济共同发展、扩大和深化中哈两国能源领域的合作具有重要意义。

集团公司对阿克纠宾油气田的开发投资已达到6.85亿美元，比合同规定的5.8亿美元多投资1.05亿美元。中油集团拥有阿克纠宾股份公司85.42%的股份。在中哈两国政府的支持下，中油阿克纠宾油气公司通过引进中油集团先进的油田开发技术，实行油公司模式的体制改革和机构重组，生产成本大幅度下降，经营业绩不断提高。原油产量由1999年的230万吨提高到2003年的465万吨，公司的经营效益逐年提高。

集团公司在搞好石油合作的同时，为当地的经济发展和社会公益事业也做出了积极的贡献。为支持和发展当地的经济和教育，集团公司已累计提供社会赞助总额1000多万美元，主要用于资助地方农业的发展。

中哈油气项目合作取得的成果，是中哈两国政府及有关部门高度重视、大力支持的结果，体现了两国人民之间睦邻友好、互利合作的传统友谊，被纳扎尔巴耶夫总统誉为“中哈经济合作的成功典范”。

（朱树振 周风兰）

中国石油天然气股份有限公司2003年度股东年会在北京召开

2004年5月18日，股份公司2003年度股东年会在北京召开。任传俊副董事长作为大会主席主持了会议，与会人员有公司股东代表或股东代理人、董事、监事和董事会秘书。公司管理层成员、普华永道会计师事务所和金杜律师事务所、年利达律师事务所和谢尔曼律师事务所的代表列席了会议。

本次股东年会审议并批准了九项议案其中包括：《公司2003年度董事会报告》；《公司2003年度监事会报告》；《公司2003年度财务报告》；《公司2003年度利润分配方案》；《关于授权董事会决定公司2004年中期利润分配方案的议案》；《关于聘任公司2004年度境内外会计师事务所的议案》；《关于重选及增补公司董事的议案》；《关于增补公司监事的议案》；《关于授权董事会发行公司股票的议案》，并形成了中国石油天然气股份有限公司股决字［2004］1号决议文件。

公司的整体利益出发，从广大员工的根本利益出发，正确处理好与未上市企业的关系，规范关联交易，实现互利双赢，实现集团公司全面、协调、可持续健康发展。高度重视企业内部稳定工作，保持政策的统一性、连续性和稳定性，处理好各方面的利益关系，及时化解各类矛盾；在企业发展的同时，不断改善员工的工作环境和生活条件，切实关心困难员工的生活，保持企业和队伍的稳定。

（王万梅）

中国石油天然气股份有限公司干部大会在北京召开

2004年5月19日，股份公司机关及在京单位干部大会在北京召开，股份公司新任董事长陈耕、总裁蒋洁敏分别发表重要讲话。股份公司领导苏树林、李克成、贾承造、李怀奇等出席大会。股份公司机关和在京单位处以上领导干部参加了大会。

按照《中华人民共和国公司法》和《公司章程》的有关规定，股份公司于5月18—19日先后召开了2003年度股东年会和董事会二届六次会议。股东大会增补蒋洁敏、周吉平、段文德为股份公司董事。经董事会选举，全体董事一致同意陈耕任股份公司董事长，蒋洁敏任副董事长，并聘任蒋洁敏为总裁。目前，马富才已经辞去了股份公司董事长职务，吴耀文辞去了股份公司副董事长职务。

陈耕总经理在干部会上总结了股份公司自2002年12月初换届调整以来的工作情况，并对股份公司今后的工作提出五点要求。第一，要进一步认清形势，明确肩负的重大责任。第二，要与时俱进，努力开创各项工作新局面。第三，要加快主营业务发展，不断增强公司综合实力。第四，处理好改革、发展、稳定的关系，创造良好、和谐的发展环境。第五，要大力加强党的建设、各级领导班子建设和队伍建设，特别是加强基层建设，要充分发挥党组织的政治核心作用和党员的先锋模范作用，不断增强各级党组织的战斗力。

蒋洁敏总裁在干部会上讲话指出：股份公司下步工作，要继续抓好各项主营业务的发展。要不断推进制度、管理和技术创新。要切实加强党的建设，充分发挥党组织的政治核心作用和党员的先锋模范作用。要在集团公司党组领导下，从发展大局出发，从集团

第二届“中华铁人文学奖”在人民大会堂颁奖

2004年5月21日，以铁人王进喜命名的“中华铁人文学奖”第二届颁奖大会在北京人民大会堂隆重举行。中国石油天然气集团公司党组书记、总经理陈耕，中国石油化工集团公司党组书记、总经理陈同海，中国海洋石油总公司党组成员、副总经理罗汉，世界石油大会高级副主席、铁人文学基金会名誉主席王涛，铁人文学基金会会长焦力人、副会长陈烈民，全国人大环境资源与保护委员会委员、铁人文学基金会常务副会长阎三忠，中国石油天然气集团公司党组成员、纪检组组长、铁人文学基金会副会长李克成，中国石油天然气集团公司总经理助理、大庆石油管理局局长、铁人文学基金会副会长曾玉康出席大会。

全国人大常委、中国文联党组书记李树文，全国人大常委、中国作协党组书记金炳华，国务院国有资产监督管理委员会党委委员、副主任王瑞祥，《求是》杂志社社长吴恒权，中国作协党组成员、副主席陈建功，中宣部文艺局局长杨志今，中华文学基金会常务副会长张锲，全国人大内务司法委员会副主任委员张丁华，原中组部常务副部长赵宗鼐应邀出席大会。著名文学专家李瑛、高洪波、赵长青、雷达等以及中石油、中石化、中海油系统的有关领导和获奖作者共150多人参加大会。中国石化集团公司党组成员、纪检组组长王作然主持了会议。

会上，陈耕宣读了《关于表彰奖励第二届“中华铁人文学奖”获奖者的决定》。他指出，中华铁人文学奖的应运而生，是石油石化文化战线的一件大事、盛事，得到了广大职工和文化界的热情关注和参与。自1999年首届中华铁人文学奖颁发后，极大地鼓舞了石油石化战线的作家和文学爱好者，更多的人走上

了业余文学创作道路，有力地促进了石油石化行业文学创作的繁荣和发展。他希望文学界能有更多的作家、评论家关注、扶持和参与石油石化题材的文学创作，希望石油石化战线的文学创作队伍不断发展壮大，文学创作事业有新的繁荣和更辉煌的收获。

“中华铁人文学奖”是我国石油、石化行业最高级别的文学大奖，由中石油、中石化和中海油三大集团共同协办，中华文学基金会和铁人文学专项基金管理委员会共同主办。第二届“中华铁人文学奖”有22部作品获奖、24部作品获提名奖、4位作家获荣誉奖。

中国石油天然气集团公司与马来西亚合资的现代石油钢管制造基地在沪建成

2004年5月30日，中国石油天然气集团公司与马来西亚合资的现代石油钢管制造基地——上海宝世威石油钢管制造有限公司开业庆典隆重举行。中国石油天然气集团公司副总经理郑虎、总经理助理刘海胜等为竣工仪式剪彩。郑虎副总经理与马来西亚UMW集团主席为宝世威公司揭牌。马来西亚政府外交部长等高级官员、中国驻马来西亚大使、上海宝山区区长、宝钢股份公司总裁艾宝俊等钢铁企业代表、石油石化企业代表、华东等地区的钢管用户代表数百人参加了开业庆典。

郑虎副总经理代表集团公司对宝世威公司开业表示祝贺，并对中马双方工程建设者的共同努力以及上海市政府和各界人士的鼎力支持表示感谢。中国的油气输送焊管制造业从20世纪50年代在宝鸡建成第一套大口径螺旋埋弧管机组起步，到现在焊管产量已位居世界前列。与马来西亚UMW公司成功合作，必将为我国焊管业的发展带来新的景象。富有发展潜力和广阔前景的上海宝世威，一定能够在提供优质产品的同时，成为各投资方创造效益的亮点，成为中马企业界合作的典范和友谊的纽带。宝世威的合作成功，是中马双方企业强强联合、优势互补、双赢互利的结果。

宝世威公司总投资1.58亿元人民币，其中宝鸡石油钢管有限公司占51%，马来西亚UMW公司占49%，合资期限20年。新建成的公司生产能力为年产螺旋埋弧焊钢管12万吨，焊管防腐150万平方米。可生产直径27毫米至1422毫米、壁厚5.2毫米至20.6毫米、钢种等级X42—X80各种规格的螺旋焊管，产品主要用于油气长输管线和城市燃气管网建设。

中国石油天然气集团公司领导干部会议在南戴河召开

2004年7月15—17日，集团公司领导干部会议在大港油田南戴河培训中心召开。集团公司领导陈耕、蒋洁敏、任传俊、苏树林、郑虎、段文德、王宜林、李克成、贡华章等出席会议。国资委驻集团公司监事会主席姜增伟出席会议，集团公司老领导阎三忠、黄炎、吴耀文出席了会议。集团公司、股份公司机关和来自各企事业单位的党政领导230多人参加了会议。集团公司总经理陈耕作了题为《认清形势　振奋精神　团结一心　再创辉煌》的工作报告。任传俊、苏树林副总经理分别主持会议。

这次会议的主要任务是，深入贯彻党的十六届三中全会精神和中央领导同志的一系列重要指示，认真分析集团公司面临的新形势，总结上半年工作，安排部署下半年任务，专题研究安全、稳定和分离办社会等几个重点问题，进一步动员广大干部职工，振奋精神，努力工作，团结一心，再创辉煌，把集团公司各项工作推向一个新的阶段。

陈耕就增强保障国家石油安全的责任感和使命感，牢固树立和全面贯彻科学发展观时指出，坚持“六个必须”，即必须坚持把发展作为第一要务，必须坚持整体协调发展，必须坚持科技创新、体制创新和管理创新，必须坚持企业发展与员工的全面发展相统一，必须坚持物质文明建设和精神文明建设相统一，必须坚持公司发展与经济社会发展相协调。重点做好“四篇文章”：（1）坚持把勘探放在重中之重的地位，做好国内油气加快发展的文章。（2）以提高产品竞争力为中心，做好炼油化工加快发展的文章。（3）大力实施“走出去”战略，做好国际业务加快发展的文章。（4）以提高核心竞争力为目标，做好工程技术服务业务加快发展的文章。

陈耕指出，全面超额完成今年任务要做好五个方面的工作。（1）突出勘探，搞好开发，努力增加油气储量和产量。（2）继续抓好炼化增产、增销、增效工作，大幅提升盈利水平。（3）抓好重点管道建设和投产运行，拓展天然气营销业务。（4）认真制定国际业务发展总体规划，进一步提高国际化经营水平。(5) 继续打造工程技术服务优势，不断增强市场竞争力。

陈耕就安全和稳定工作提出三条要求：(1) 从政治和全局的高度，充分认识做好安全和稳定工作的极端重要性。(2) 大力强化全员安全意识，努力创造安全生产的新水平。(3) 采取综合性措施，切实解决影响稳定的突出矛盾和问题。

陈耕就进一步加强领导班子的思想作风建设强调：(1) 要树立政治和大局意识。(2) 要保持积极进取的精神状态。(3) 要自觉养成清正廉洁的作风。要深入贯彻集团公司《企业文化建设纲要》，牢固树立“爱国、创业、求实、奉献”的企业精神和“诚信、创新、业绩、和谐、安全”的核心经营管理理念，搞好企业文化建设，为集团公司的发展提供强有力的文化支撑。

会上，蒋洁敏作报告，郑虎作关于加强稳定工作的讲话，王宜林作关于安全生产工作的讲话，贡华章作关于分离企业办社会工作的讲话。

中国石油天然气集团公司信息化工作会议在北京召开

2004 年 7 月 22 日，集团公司首次信息化工作会议在京召开。集团公司、股份公司总部机关有关部门的领导、所属各油气田、炼化企业和专业公司信息化工作的主管领导、主管部门和信息中心的负责人共 180 多人参加了会议。

会议的主要任务是，总结成绩，表彰先进，分析形势，理清思路，明确目标，部署工作，全面落实建设具有国际竞争力的跨国企业集团战略部署，服务大局，锐意进取，开创集团公司信息化工作的新局面。

集团公司副总经理、集团公司信息化工作领导小组组长任传俊出席会议并讲话。任传俊要求广大信息工作者站在建设具有国际竞争力跨国企业集团的战略高度，把握信息化工作的定位、发展方向，紧密围绕集团公司发展目标，全面推进信息化建设，为全面建设具有国际竞争力的跨国企业集团做出贡献，奋力开拓集团公司信息化工作的新局面，加快建设数字中国石油。

规划计划部主任江夕根作了题为《服务大局　锐意进取　努力开创集团公司信息化工作的新局面》的工作报告。报告回顾总结了五年来集团公司的信息化工作，提出了今后一个时期集团公司信息化工作的总体思路和三项目标。

总体思路是：围绕全面建设具有国际竞争力的跨国企业集团战略目标，坚持五项原则，推进四个转变，实现三项目标，建设数字中国石油。三项目标是：应用系统实现新突破，基础设施再上新水平，工作体系呈现新局面。围绕总体思路和三项目标，近期要重点做好以下八个方面的工作：(1) 以信息共享为目标，大力推进和完善信息门户建设，形成统一标准规范和界面风格的企业集团信息门户系统。(2) 以提高工作效率为目标，继续建设和完善办公应用系统，建设高效安全的协同办公平台，逐步实现电子行政。(3) 以提高管理水平为目标，加强管理信息系统和 ERP 系统建设，实现信息的贯通与共享。(4) 以提高核心竞争力为目标，积极推进产业信息化建设。(5) 以集成共享为目标，加快信息资源的建设与开发，建设一批基础数据库，实现集成共享。(6) 以统一规范为目标，健全信息化标准组织和标准体系。(7) 以保障应用为目标，完善信息基础设施。提供覆盖集团公司、满足应用需要的，畅通、安全的信息传输平台。(8) 以革命化、职业化、国际化为目标，强化信息工作队伍建设。

会议期间，国资委信息中心副主任陈立波到会并讲话。国家计算机网络与安全管理中心总工程师高新宇应邀出席会议。股份公司科技与信息管理部总经理、集团公司信息化领导小组副组长刘希俭出席会议。规划计划部副主任李文绮宣读《关于表彰集团公司信息化工作先进集体和先进个人的决定》，大会向信息化工作先进集体和标兵颁发了证书和奖牌。大庆石油管理局、集团公司财务资产部等 9 家先进单位的代表在会上介绍了经验。

会议期间，代表们还听取了联想集团、斯伦贝谢公司等单位的信息化经验介绍，IT 界知名企业还到会举行了专题讲座。

（朱树振　周凤兰）

中国石油天然气股份有限公司开展全员签订商业秘密保密协议工作

2004 年 7 月 29 日，股份公司在北京召开了商业秘密管理电视会议。股份公司副总裁王福成在会上指出：当前重点要做好六个方面的工作：一是以签订全员商业秘密保密协议为契机，落实股份公司机关全体员工保密责任，增强全员保密意识。二是严肃认真地组织好全员商业秘密保密协议的签订工作。三是切实加强对商业秘密保密工作的组织领导，认真落实领导干部商业秘密保密工作责任制。四是采取多种方式，分层次、有针对性地组织好员工保密知识普及宣传和教育工作。五是加强保密队伍建设，建立健全保密队伍和网络。六是股份公司机关各部门和各直属单位要认真传达商业秘密管理工作会议的有关精神，按照股份公司的要求，安排部署好各项保密工作。结合当前保密工作的形势，股份公司对今后的保密工作提出了四项要求。一是抓好商业秘密“四定”工作，明确保密工作的重点。二是突出抓好重点涉密人员的教育和管理，筑牢保密工作的思想防线。三是突出工作重点，切实加大要害部门、部位和关键环节的保密工作力度。四是加强保密队伍自身建设，狠抓工作落实。

西气东输管道全线贯通

2004年8月3日上午，随着西气东输甘肃玉门段施工现场指挥一声令下，西气东输管线最后一道焊口进行焊接。10时45分，西气东输甘肃管理处处长陈金龙宣布：全线有35万多道焊口的西气东输管道工程焊接全部完工。至此，西气东输管道全线贯通。

西气东输工程西起新疆轮南，东至上海市白鹤镇，途经10个省、市、自治区。管线全长约4000千米，管径1016毫米，计划年输气量120亿立方米。工程于2002年7月4日正式开工，2003年10月1日东段陕西靖边至上海段建成，按计划2004年1月1日正式向上海商业供气。

西气东输工程2000年3月开始启动，整个工程创造了中国管道建设史上的多项第一。西气东输工程成为具有世界水平的高科技管道工程：一是技术标准与国际接轨；二是管道工艺和技术实现新突破，科技含量达到世界同类管道水平；三是管道施工水平迈上新台阶，全自动超声波检测、长江盾构、黄河顶管、定向钻等施工技术，提升了我国长输管道的建设水平；四是管理手段突出现代化、科学化；五是带动了国内制钢、制管行业的优化升级，填补了国内制管行业的多项空白。

中国石油国际业务整合

2004年8月19日，集团公司和股份公司海外业务整合动员大会在北京国际投资大厦中国石油天然气勘探开发公司会议大厅召开。中国石油天然气国际有限公司与中国石油天然气勘探开发公司副处级以上干部、集团公司和股份公司有关部门负责人参加了会议。

集团公司副总经理、股份公司高级副总裁苏树林宣读了集团公司党组关于成立集团公司国际业务整合工作领导小组和联合工作组的决定。集团公司副总经理周吉平对集团公司海外业务发展情况作了全面介绍。集团公司党组副书记、股份公司总裁蒋洁敏对集团公司党组决定对海外业务进行整合的背景、意义作了深刻阐述，对中国石油天然气国际有限公司与中国石油天然气勘探开发公司近年来努力开拓海外业务所取得的成就给予了充分的肯定和高度的评价，并对整合工作作了具体部署。两个国际勘探开发公司进行业务整合的决定是对国际业务的资源、资金、技术、人才等进行整合，优化配置，增强规模实力。这是贯彻落实党中央、国务院加快实施“走出去”战略的具体体现，是集团公司国际业务管理体制改革的重要举措，也是提升国际业务竞争能力、实现跨越式发展的必然选择。

中国石油天然气国际有限公司经营的国外勘探开发业务全部划入新组建的股份公司占一半股份的新公司——中国石油天然气勘探开发有限公司。人员根据业务部门划转，原从事国内对外合作业务的，仍留在股份公司。

（王万梅）

中国石油天然气集团公司勘探开发工程技术工作会议在京召开

2004年11月4日，中国石油天然气集团公司勘探开发工程技术工作会议在京召开。集团公司领导马富才、王宜林出席会议，总经理助理刘海胜、曾玉康、廖永远、汪东进，中国石油股份公司副总裁刘宝和、总地质师贾承造参加会议，集团公司部分老专家，集团公司、股份公司机关部门的负责人参加了会议。副总经理王宜林在会上讲话。

王宜林指出，集团公司明确提出“六个必须坚持”、做好“四篇文章”和讲好“三个故事”的基本要求，其中加快工程技术服务业务的发展是一篇重要文章。作为集团公司极其重要的主营业务之一的工程技术服务，是油气资源勘探开发的重要组成部分，是实现整体协调发展的关键环节，在油气业务发展中处于至关重要的地位。当前和今后一个时期，工程技术服务业务要在集团公司总体发展思路指引下，认真落实好整体协调发展、技术创新与进步、规范内部市场秩序等方面的工作，进一步增强责任感和紧迫感，切实做好加快工程技术服务业务发展的这篇大文章。

王宜林强调，面对新形势、新任务，要全力推进技术创新，不断提升核心竞争力；要强化内部市场管理，严格规范和维护市场秩序；要继续优化结构、加强管理，进一步打造自身优势；要加大开拓外部市场力度，努力培育新的经济增长点；要切实抓好职工队伍建设，进一步提高队伍整体素质；要加强工作协调和配合，把整体协调发展的要求落到实处，卓有成效地推动工程技术服务业务的发展。

会议期间大庆、辽河、新疆等 10 个单位进行典型发言，并进行了分组讨论，表彰了勘探开发工程技术服务系统涌现出来的先进集体和先进个人。

（朱树振　周凤兰）

中国石油在第七届中华技能大奖和全国技术能手评选活动中三个奖项获奖

2004 年 12 月 17 日，第七届中华技能大奖和全国技术能手表彰大会在北京召开。中国石油天然气集团公司在三个奖项中上榜。大庆石油管理局钻探集团测井公司高级技师褚霞光成为 20 名中华技能大奖获得者之一，她的荣誉称号是“自强不息大庆油田再现新巾帼的测井工”；管道局职工梅红、西南油气田分公司职工李英、四川石油管理局职工许绍俊获得“全国技术能手”奖；大庆石油管理局、管道局荣获国家技能人才培育突出贡献奖。在 17 日下午的表彰大会上，褚霞光向与会代表介绍了她在学习中创新，在挑战中超越的事迹和体会。管道局党委副书记范卓瑛介绍了管道局大力开发技能人才，打造管道铁军的经验。

为鼓励获奖人员，国家劳动和社会保障部向每位中华技能大奖获得者颁发奖金 1 万元、价值 6000 元的纯金奖牌和水晶材质奖杯。

集团公司党组成员、副总经理郑虎接见了集团公司出席表彰大会的代表，对他们在本职岗位上取得的成绩和获得的荣誉表示祝贺，并勉励他们刻苦学习专业知识，带动身边的技术工人早日成为集团公司发展需要的高技能人才。

中华技能大奖和全国技术能手评选表彰活动，是我国政府对技术工人及其技能水平的最高奖励。

中国石油天然气集团公司统一标识工作视频会议在京召开

2004 年 12 月 24 日，集团公司统一标识工作视频会议在京召开。集团公司党组成员、纪检组长李克成出席会议并讲话，集团公司办公厅主任李润生出席并讲话，会议由股份公司副总裁王福成主持。集团公司、股份公司机关、在京单位主要领导、离退休老同志参加了北京主会场的会议，各单位负责同志在分会场参加会议。

李克成指出，集团公司统一标识工作的重要意义有以下几点：一是随着计划经济向市场经济的转变，许多企业都经历了从生产商向供应商的重要转变。这次党组下决心统一集团公司的标识，这是有其战略意义的。二是中国石油是一个有机的整体，有着强大的凝聚力，建设具有国际竞争力跨国企业集团是百万石油人的共同目标。集团公司这次统一标识，体现了“同举一面旗，共同发展”的思想和塑造国际化大石油公司形象的意志和决心。三是标识凝聚着企业文化，品牌建设是企业文化建设的重要内容。统一标识有助于增强广大员工的光荣感和责任感，对进一步动员、团结和凝聚广大干部和员工，齐心合力建设具有国际竞争力的企业集团必将产生重要的影响。

李克成强调，统一标识工作，一是统一思想，统一行动，齐心协力做好统一标识的使用工作。强化“中国石油”的整体观念，强化“中国石油”的品牌意识，从集团公司整体发展战略的高度，从集团公司在国民经济建设中所担负的政治、经济、社会责任的高度，支持标识整合。二是切实维护标识使用的统一性。国家有国旗，公司有司旗。集团公司自上而下，必须严格统一使用。三是更换和使用统一标识要有时间表。四是防止滥用和盗用中国石油的标识，维护统一标识的权益。

李克成就统一标识的组织与管理时指出，标识的管理是一项系统工程，有大量细致的工作要做。为加强对统一标识工作的组织领导，确保统一标识工作的顺利开展，集团公司已成立了品牌管理委员会，负责制定集团公司品牌发展战略和策略，及标识的使用、宣传策划、推广和管理。

李克成强调，整合和使用中国石油统一标识，是中国石油发展过程中的一件大事，是提高公司凝聚力和竞争力的重要手段，是一项顺应广大员工意愿，实现集团公司整体协调发展的重要举措，必须上下一致，统一行动，做细做好新标识的更换和使用工作，使其真正成为中国石油联系广大消费者的媒介，成为中国石油走向社会和国际，展现中国石油新形象的重要标志。

会上，李润生作《统一标识　提升中国石油整体形象和价值》讲话，向大家介绍了集团公司新标识的整合过程、统一标识的寓意及新标识的更换和使用工作提出要求。

（朱树振　周风兰）

西气东输工程投产庆典暨表彰大会在北京举行

2004年12月30日，西气东输工程投产庆典暨表彰大会在北京人民大会堂隆重举行，胡锦涛总书记致信祝贺，全国总工会、共青团中央、全国妇联和国家西气东输工程建设领导小组分别表彰西气东输工程先进集体和个人，中共中央政治局委员、国务院副总理曾培炎宣布西气东输工程全线建成投产并作重要讲话。他说："西气东输工程是国民经济和社会发展'十五'计划的一项重点工程，也是实施西部大开发战略的一项标志性工程。西气东输工程的建成投产，是党中央、国务院高度重视、正确领导的结果，是广大建设者艰苦奋斗、无私奉献的成果。西气东输工程的建成投产，标志着实施西部大开发战略的深入推进；标志着我国能源结构的进一步调整；标志着我国天然气管道建设水平上了一个新台阶。"

为确保西气东输管道安全、平稳、高效运行，努力提高整个能源建设和管理的水平，曾培炎副总理提出四点要求："第一，要提高运行质量和效率，确保稳定供气。第二，要加强管道保护和管理，确保安全运行。第三，要做好市场开发工作，发挥综合效益。第四，要搞好统筹协调，改进能源管理。"最后他说："我们要抓住西气东输工程带来的新机遇，再接再厉，扎实工作，加快我国天然气资源开发利用的步伐，有效地推进能源建设，为全面建设小康社会做出新的更大的贡献！"

会前，曾培炎副总理接见会议代表并合影留念。集团公司、股份公司领导陈耕、蒋洁敏、苏树林、李克成等出席。

胡锦涛总书记致西气东输工程投产庆典暨表彰大会的贺信

国家西气东输工程建设领导小组、管道沿线各省市区党委和政府、全体参建单位：

西气东输是我国西部大开发的标志性工程。开工建设两年多来，国家有关部门、管道沿线地区各级党委和政府通力合作、全力支持，各参加单位精心组织、科学施工，广大建设者艰苦奋斗、无私奉献，实现了把西气东输工程建成一流工程的目标。西气东输工程的建成，再次体现了我国社会主义制度能够集中力量办大事的优越性。我代表党中央、国务院对西气东输工程全线顺利建成并成功运营表示热烈的祝贺！向广大工程建设者致以诚挚的问候和衷心的感谢！

西气东输工程的建成，开通了我国横贯东西的一条能源大动脉，对于推进西部大开发，加快中西部地区的发展，造福新疆及沿线各族群众，对于推动产业结构调整和能源结构优化、保障国家能源安全，必将发挥重大作用。希望管道沿线地区各级党委和政府、管道建设运营单位继续团结协作，确保管道安全，确保稳定供气，积极开发利用，努力使西气东输工程发挥出最大的经济效益和社会效益，对推动经济社会全面发展做出新的贡献。

（王万梅）

股份公司法人治理

【概述】

（1）股份公司治理结构。

股份公司董事会一贯认真履行中国证券监督管理委员会、香港联合交易所有限公司（“香港联交所”）、纽约证券交易所和美国证券交易委员会的要求以及其他监管要求，不断规范和完善公司治理结构，建立股东大会、董事会以及相应的专门委员会、监事会和总裁负责的管理层。这些机构协调运转，有效制衡，规范运作。股份公司严格按照已制定的《公司章程》、《董事会工作手册》、《监事会组织和议事规则》及《公司信息披露控制和披露程序的原则》等文件，规范股份公司内部管理运作，并向所有市场参与者和监管部门提供及时、准确、完整、可靠的信息，努力提升股份公司价值。

（2）股东与股东大会。

为保障股份公司所有股东享有平等地位并有效地行使权力，股份公司严格按照中国证券监督管理委员会公布的《股东大会规范意见》的规定每年召开股东大会。在2004年5月18日召开的2003年度股东年会上，通过并批准了股份公司2003年度董事会报告、2003年度利润分配方案和授权董事会发行股份公司股票等9项决议。股份公司为确保关联交易公平合理，在股东大会通过有关关联交易议案时，中国石油天然气集团公司作为股份公司的关联人士在股东大会表决时回避，放弃投票权。股份公司独立非执行董事亦每年对关联交易的具体内容、审批程序及履行情况确保已经作出充分披露。

（3）董事与董事会。

股份公司董事及董事会认真负责地开展股份公司的企业管治工作，向股份公司及股东负责。严格按照《公司章程》规定的董事选聘程序选举董事；全体董事能够以认真负责的态度出席董事会，认真、勤勉地履行董事职责，决定股份公司重大决策，任免和监督股份公司执行机构成员，与股东沟通。股份公司建立了独立董事制度，董事会成员中有3名独立非执行董事，他们独立及客观地维护独立股东的合法权益。

董事会下设四个专门委员会：审计委员会、投资与发展委员会、考核与薪酬委员会和健康安全与环保委员会。其中审计委员会目前由2名独立非执行董事和1名非执行董事组成（截至2004年12月31日），并由独立非执行董事任该委员会主席，完全符合香港联交所证券上市规则（“《上市规则》”）的要求；考核与薪酬委员会由1名独立非执行董事和2名非执行董事组成。四个专门委员会的主要职责是为董事会进行决策提供支持。参加专门委员会的董事，充分利用其专业知识，尽职尽责，为提高股份公司的管理水平和决策水平发挥了重要作用。

2004年度股份公司共召开四次董事会例会、一次临时董事会会议，通过了19项董事会决议。召开了7次董事会专门委员会会议，形成了7份专门委员会意见书。

（4）信息披露与透明度。

董事会秘书局负责信息披露及接待投资者来访和咨询。董事会秘书局根据《公司章程》和上市地的监管规定，依法披露股份公司信息。股份公司于2003年成立了信息披露委员会及其工作小组，并在工作小组中任命一位披露督导，负责监督信息披露控制和程序操作方面的事务。股份公司本着对股东负责的精神，不断加强与投资者的沟通，及时回答投资者关注的问题，进一步巩固和发展投资者关系，注重建立和发展与财经媒体的关系及加强与监管部门和交易机构的协调。同时，股份公司广泛建立信息收发渠道，严密监测市场信息和动态，及时向股份公司管理层报告资本市场的最新动态、重大和敏感问题及投资者对股份公司的意见和要求。股份公司亦向投资者提供公开披露的数据及备查文件，积极地做好对媒体的宣传工作。股份公司亦不时通过新闻稿及公司网站，及时公布股份公司的最新重大发展。股份公司网站中亦设有“投资者专栏”，载有股份公司治理结构、股份公司信息、各项报告及公告、路演推介等资料，供投资者浏览。

（股份公司董事会秘书局）

股份公司监事会严格按照《中华人民共和国公司法》、《公司章程》和《监事会组织和议事规则》的有关规定，认真履行职责。先后召开两次监事会会议，审议并通过会议议案7个，完成了股份公司2003年年报及2004年中报的审查工作；参加了2003年度股东大会，并向大会提交了2个议案；列席董事会会议4次，向董事会提交关于审查股份公司财务决算、利润分配方案（预案）及总裁班子成员业绩考核等意见书5份；召开听证会2次，先后听取财务部、审计部、人事部、监察部、普华永道会计师事务所的报告14个，对公司财务、利润分配、关联交易、总裁班子业绩考核等情况进行了审查，并出具了相关意见书；组织财务抽样审计调查2次，抽样审计8个单位，出具抽样审计调查报告和综合报告10个，提出建议36条；开展监事巡视4次，出具巡视报告4个，提出建议12条。通过上述工作，监事会加大了对股份公司财务及高级管理人员执行职务行为的监督力度，提高了监督效果，维护了股东的权益和股份公司的利益。

监事会认为，2004年度公司董事及其他高级管理人员，忠于职守、勤勉敬业，抓住市场需求旺盛、油价攀升的有利时机，团结一心，开拓进取，努力推进科技进步和管理创新，优化生产经营管理，实现了股份公司持续有效快速协调发展。股份公司业绩大幅度增长，价值进一步提升；油气勘探取得新的突破，油气生产当量创历史最好水平；原油加工量和炼化产品产销量再创历史新高；国际业务有新的增长；西气东输工程实现商业供气。股份公司高级管理人员在执行公司职务时，没有发现违反中华人民共和国及上市地法律、法规和公司章程的行为。

2004年，股份公司财务管理不断规范和创新，股份公司财务状况进一步优化，财务指标创历史最好水平。销售收入、销售净利率等指标都有较大幅度地增长，资产结构和资产质量得到改善，资金使用效率进一步提高。

股份公司的关联交易不断改进和规范，各项交易额均控制在香港联合交易所批准的上限之内。

监事会对股份公司在2004年所取得的成绩感到满意，并对股份公司的前景充满信心。

监事会认为：经罗兵咸永道会计师事务所按照《国际审计准则》审计并出具无保留意见的财务报告，客观、真实地反映了股份公司的财务状况、经营成果和现金流量。监事会同意这个报告。

监事会希望，股份公司继续坚持持续有效较快协调发展的指导方针，进一步加大技术进步和管理创新的力度，加强油气勘探开发，努力增储上产；加快推进炼化整体优化和结构调整，不断提高竞争能力和盈利能力；加大市场开发力度，强化市场营销，积极培育新的经济增长点；加快国际业务发展，全面提升国际竞争力和抗风险能力；继续推进完善内控制度，不断强化各项管理，追求股份公司价值长期最大化。

（徐丰利 王一端 佟魁杰）

【股份公司股东大会、董事会决议】

1. 股份公司2003年度股东年会

股份公司于2004年5月18日在北京朝阳区亮马桥50号凯宾斯基饭店召开了2003年度股东年会。本次股东年会审议并批准了9项议案：(1) 审议并批准了《公司2003年度董事会报告》；(2) 审议并批准了《公司2003年度监事会报告》；(3) 审议并批准了《公司2003年度财务报告》；(4) 审议并批准了《公司2003年度利润分配方案》；(5) 审议并批准了《关于授权董事会决定公司2004年中期利润分配方案的议案》；(6) 审议并批准了《关于聘任公司2004年度境内外会计师事务所的议案》；(7) 审议并批准了《关于重选及增补公司董事的议案》；(8) 审议并批准了《关于增补公司监事的议案》；(9) 审议并批准了《关于授权董事会发行公司股票的议案》。形成了中国石油天然气股份有限公司《股决字［2004］1号决议文件》。

2. 股份公司2004年度董事会例会

(1) 股份公司于2004年3月23日召开了第二届董事会五次会议。本次会议审议了10项议案：①审议批准了《公司2003年度财务报告（附截至2003年12月31日止年度之全年业绩公布）》；②审议批准了《公司2003年度利润分配预案》；③审议批准了《公司2003年度报告（香港版）》；④审议批准了《2003年度总裁工作报告》；⑤审议批准了《关于〈总裁班子成员业绩考核暂行办法〉修改完善情况、总裁班子成员2003年度业绩考核情况和2004年度业绩合同制订情况的报告》；⑥审议批准了《关于授权董事会决定公司2004年中期利润分配方案的议案》；⑦审议批准了《关于审议公司高级管理人员职业道德规范的议案》；⑧审议批准了《关于提请股东大会授权董事会发行公司股票的议案》；⑨审议批准了《关于组建华南、华中成品油销售分公司的议案》；⑩审议批准了《关于公司召开2003年度股东年会的议案》。董事会会议分别通过了上述10项议案，并形成了董决字［2004］1号、2号、3号、4号、5号、6号、7号、8号、9号、10号董事会决议文件。

(2) 股份公司于2004年5月19日召开了第二届董事会六次会议。本次会议审议了两项议案：①审议批准了《关于选举公司董事长、副董事长的议案》；

②审议批准了《关于聘任由董事长提名的总裁的议案》。董事会会议分别通过了上述两项议案，并形成了董决字［2004］11号、12号董事会决议文件。

(3) 股份公司于2004年8月25日召开了第二届董事会七次会议。本次会议审议了3项议案：①审议批准了《公司2004年中期财务报告〈附截至2004年6月30日止六个月之中期业绩公布〉》；②审议批准了《公司2004年中期利润分配方案》；③审议批准了《公司2004年投资计划调整的议案》。董事会会议分别通过了上述3项议案，并形成了董决字［2004］13号、14号、15号董事会决议文件。

(4) 股份公司于2004年11月26日召开了第二届董事会八次会议。本次会议审议了3项议案：①审议批准了《关于公司2005年度投资计划的议案》；②审议批准了《关于公司2005年度预算报告》；③审议批准了《关于〈总裁班子成员业绩考核暂行办法〉和〈总裁班子成员2004年度业绩合同〉修改完善情况的报告》。董事会会议分别通过了上述3项议案，并形成了董决字［2004］16号、17号、18号董事会决议文件。本次会议上还听取了普华永道会计师事务所《关于萨班斯·奥克斯利法案内控项目进度汇报》；及股份公司财务总监王国樑先生所作的《关于公司内控体系建设的工作汇报》。

(5) 股份公司2004年6月21日召开了董事会临时会议，以传签的方式通过了《关于批准并授权董事会秘书签署2003年度20—F年报议案》的决议。

【股份公司2003年度业绩路演】　2004年3月24日，股份公司年度业绩路演团由陈耕总裁带队赴香港开展股份公司2003年度业绩发布及路演工作。抵港当日下午举行了2003年度股份公司业绩公布新闻发布会和投资分析员大会。前来参加会议的新闻单位有25家近60名记者、48家中介机构和75名投资分析员。会上，股份公司领导层公布了2003年度股份公司主要业绩指标完成情况、年度主要财务情况分析、上市以来股份公司业绩回顾和未来展望，并就新闻记者和投资分析员提出的问题进行了解答，得到了与会人员的友好配合和充分认可，会议取得圆满成功。在业绩发布会后，路演团分别由陈耕总裁、王福成副总裁带队从3月25日起在香港、欧洲以及美国和新加坡等地开始路演。其间会见了77家投资公司、110名基金管理人员，召开了58次一对一会议，举办了8次午餐会。

路演期间，陈耕总裁还会见了德意志银行总裁、BP首席执行官，王福成副总裁会见了花旗银行、纽约银行高层管理人员。路演队全面介绍了股份公司2003年度的业绩和未来发展计划，认真解答了投资者提出的问题，诚恳地与投资者进行了交流和沟通，取得了很好的效果。

【投资者关系】　投资者关系工作以提升股份公司价值为中心，围绕三条主线展开。一是打好主动仗，主动加强与资本市场的沟通，促进投资者对股份公司的了解，提升股份公司与投资者的关系；二是严密监测资本市场，及时向股份公司领导层汇报资本市场信息，积极提出工作建议；三是抓好基础工作，加强内部协调，提高投资者关系工作水平。投资者关系工作的外部对象包括投资者、财经媒体、监管部门和交易机构。2004年主要做了以下三个方面工作。

一是进一步巩固和发展投资者关系。股份公司上市以来，投资者关系工作从无到有，在较短的时间内完成了起步阶段，2004年在原有基础上进一步得到巩固和发展。

2004年3月在香港举行了股份公司2003年度业绩发布会，在当时，虽然有“12.23”事故和bp公司出售股份公司股票的不利影响，但经过大量、细致的解释工作，消除了资本市场上的不利影响。

2004年8月在香港举行了2004年度中期业绩发布，投资者对中国石油通过深化改革，加强管理，加大勘探力度，增加油气产量，控制和削减成本等项措施，取得了好于预期的业绩，对中国石油务实稳健的经营风格，给予充分肯定；对股份公司稳定的股息分配政策表示满意。

采取网上披露股份公司季度生产经营信息，使得资本市场更加及时、准确了解股份公司的最新经营情况，增进投资者对股份公司的了解和信任，对推动股份公司股价的平稳上升起到了良好的效果。

利用先进的通信手段，加强与投资者的沟通。电子邮件是股份公司与投资者沟通的最重要的互动工具。根据不完全统计，2004年收发处理世界各地有关投资者关系的电子邮件约6360多件。对于投资者通过电子邮件提出的问题，股份公司回复率达到100%。

认真组织和接待投资者的来访，2004年接待投资者来访501人次，其中，在北京接待投资者来访171人次，在香港接待投资者来访330人次。股份公司领导亲自会见投资者，使资本市场对股份公司管理层的良好素质、稳健的业绩、扎实的管理作风和发展战略有了直接的认识，从而增强了投资者对股份公司的了解和信心。

积极参加与资本市场有关的国际性会议。2004年股份公司参加境内外国际性会议共9次，充分利用各种国际资本市场的讲坛向广大投资者介绍股份公司的成就和发展，增强了股份公司的影响力，扩大了与投资者的接触面。

加强对重点投资者的工作。2004年股份公司加强了对重点投资者的工作，特别是与具有“股神”之称的巴菲特先生旗下的波克夏·哈萨威基金的联系。做好重点投资者的工作，对支持和推动股份公司股票价格，提高股份公司股票在市场上的抗风险能力具有重要作用。

对财经媒体的工作是资本市场和投资者关系工作的重要组成部分。加强与财经媒体的关系有助于财经媒体对股份公司全面和正确的了解，消除偏见，减少谣言，避免负面报道，加强舆论导向。在2004年几次大的突发事件中，香港主要媒体报道都比较客观平和，体现出良好的工作效果。

二是严密监测，快速反馈资本市场信息，积极提出工作建议。投资者关系工作的一项重要职责就是要当好股份公司领导在资本市场的耳目，向股份公司管理层快速准确地反馈资本市场重要信息。股份公司广泛地建立信息渠道，严密监测市场信息和动态，做到对于重大和敏感的问题，事事有报告。股份公司建立了规范的汇报制度，采取定期汇报和即时报告相结合的方式，做到对资本市场信息的反馈快速、准确、完整和系统化。

投资者关系工作月度报告系统地、阶段性地反映了资本市场的重要信息。月度报告中的分析员报告摘要、投资者对股份公司关注的问题，以及分析员对股份公司盈利预测等内容比较重要，是市场对股份公司反映的晴雨表。股份公司领导可以通过这些信息及时了解资本市场对股份公司的最新看法，通过去粗取精，去伪存真，可将其作为决策的参考。

资本市场信息瞬息变化，资本市场对股份公司的反应变化无常，突发事件不断发生。对这些突发信息股份公司基本能做到反应迅速，应对及时。

三是抓好基础工作，提高投资者关系工作水平。更新和整理了分析员及记者名单和联络资料，有计划、有系统地开展了对重要报社记者和证券分析员的联络和公关工作。工作机制和程序逐渐改善，进一步理清工作界面，通过不懈努力，投资者关系工作取得了良好的成绩。

【股份公司股票表现】 股份公司股票在2004年1月1日于4.85港元高开，12月31日收于4.175港元，全年下跌13.9%。

股份公司的股价自2004年初bp公司宣布出售其所持股份后，一度处于低位徘徊。由于海外资本市场对国家宏观调控政策缺乏全面了解，对国企股未来业绩心存疑虑，致使股份公司股价跌至全年最低点。8月份，股份公司公布了自上市以来最佳经营业绩，新的股份公司管理层得到市场的普遍认同，国家宏观调控措施逐渐见效，国际油价持续走高，这些有利因素促使股份公司股价重返4港元/股，长时间维持在4.15港元/股至4.4港元/股之间。

【获奖项目】 在香港2004年第4届《投资者关系》杂志的评选中，股份公司被评为中国H股最佳投资者关系公司。于2004年11月4日颁发。

2004年《亚洲货币》杂志主办的第13次年度评比中，股份公司夺得中国地区《2004年度大型公司最佳管理奖》和《2004年度最佳管理进步奖》。于2005年2月17日颁发。

2004年在《亚洲货币》杂志第13次年度评比中，股份公司投资者关系负责人毛泽锋被评选为《中国地区最佳投资者关系主管》。于2005年2月17日颁发。

（股份公司董事会秘书局）

【股份公司监事会运作】

1. 监事会会议

监事会2004年度召开了两次会议。第一次是2004年3月22日在北京召开的中国石油天然气股份有限公司第二届监事会第四次会议。会议审议通过了《中国石油天然气股份有限公司监事会关于公司2003年度财务报告审查意见书》、《中国石油天然气股份有限公司监事会关于公司2003年度利润分配预案审查意见书》、《中国石油天然气股份有限公司监事会对公司2003年度总裁班子成员业绩考核意见书》、《中国石油天然气股份有限公司2003年度监事会报告》和《关于聘用公司2004年度境内外会计师事务所的提案》五个议案。第二次是2004年8月23日在北京召开的中国石油天然气股份有限公司第二届监事会第五次会议。会议审议通过了《中国石油天然气股份有限公司监事会关于公司2004年度上半年财务报告意见书》和《中国石油天然气股份有限公司监事会关于公司2004年度中期利润分配方案审查意见书》。

2. 监督检查工作

监事会通过参加股东大会、列席董事会会议、召开听证会、监事巡视、财务抽样审计调查和专项调研等六种形式，加大监事会的监督力度，提高监督效果。

（1）监事会成员列席了第二届董事会第五次、第六次、第七次、第八次会议，参加了股份公司2003年度股东大会。

2004年3月23日，列席中国石油天然气股份有限公司第二届董事会第五次会议。会上，监事会发表了《中国石油天然气股份有限公司监事会关于公司2003年度财务报告审查意见书》、《中国石油天然气股份有限公司监事会关于公司2003年度利润分配预案审查意见书》、《中国石油天然气股份有限公司监事会对公司2003年度总裁班子成员业绩考核意见书》。

5月19日，列席中国石油天然气股份有限公司第二届董事会第六次会议。听取董事会审议批准《关于选举公司董事长、副董事长的议案》和《关于聘任由董事长提名的总裁的议案》。

8月25日，列席中国石油天然气股份有限公司第二届董事会第七次会议。会上，监事会发表了《中国石油天然气股份有限公司监事会关于公司2004年上半年财务报告意见书》、《中国石油天然气股份有限公司监事会关于公司2004年上半年利润分配方案意见书》。

11月26日，列席中国石油天然气股份有限公司第二届董事会第八次会议。会上，听取董事会审议了《关于公司2005年度投资计划的议案》、《公司2005年度预算报告》、关于《总裁班子成员业绩考核暂行办法》和《2004年度业绩合同》。

5月18日，在中国石油天然气股份有限公司2003年度股东年会上，监事会提交了《公司2003年度监事会报告》、《关于聘用公司2004年度境内外会计师事务所的议案》和《关于增补公司监事的议案》，经大会表决通过。经选举，孙先锋、徐丰利当选为新任监事。

（2）召开了两次听证会，听取了财务总监、财务部、普华永道会计师事务所有限公司、审计部、监察部和人事部等部门（单位）的报告。

2004年3月22日，在中国石油天然气股份有限公司第二届监事会第四次会议上，听取了财务总监王国樑先生关于《中国石油天然气股份有限公司2003年度财务会计报告》、财务部总经理周明春先生关于《中国石油天然气股份有限公司2003年度利润分配预案》和《中国石油天然气股份有限公司2003年度关联交易执行情况报告》、普华永道会计师事务所王明甫先生《致监事会的报告》、审计部总经理陈桂儒先生关于《中国石油天然气股份有限公司2003年度内部审计情况报告》、监事会办公室主任徐丰利先生关于《公司2003年度预算执行情况抽样审计调查报告》、人事部总经理覃国军先生关于《中国石油天然气股份有限公司人事部关于公司2003年度总裁班子成员业绩考核情况的报告》和监察部总经理陈明先生关于《中国石油天然气股份有限公司监察部关于对公司高级管理人员2003年度廉政情况的报告》。

8月23日，在中国石油天然气股份有限公司第二届监事会第五次会议上，听取了财务总监王国樑先生关于《公司2004年度中期财务会计报告》、财务部总经理周明春先生关于《公司2004年度中期利润分配方案的报告》和《公司2004年度中期关联交易执行情况的报告》、普华永道会计师事务所王明甫先生关于该所《致监事会的报告》、审计部总经理陈桂儒先生关于《公司2004年上半年内部审计工作报告》、监事会办公室主任徐丰利先生关于《监事会对公司2004年度上半年财务抽样审计调查报告》。

（3）开展监事巡视四次。

2004年6月14—28日，监事徐丰利对辽宁锦西石化分公司、锦州石化分公司、抚顺石化分公司、辽阳石化分公司、大连石化分公司进行了巡视。通过阅读财务报告、现场交流的方式开展工作。巡视总结了成绩，反映了基层企业关注的问题，并提出了以下建议：一是监事巡视也是对监事会以往工作的检验。2003年监事会曾提出“建立科学的预算模型和有效的预算考核机制；实施低成本战略应注意适当增加维修、安全生产和环境保护方面的费用，不断增强企业持续发展能力；加强股权管理；推进炼油与化工的资源优化和结构调整，提高市场竞争力和营销效益”的建议。这些建议与股份公司实际相“吻合”，与基层企业产生了“共鸣”，所提建议是准确的、到位的。二是巡视工作是贴近生产经营实际的最好途径之一。由于监事大部分是兼职的，日常通过阅读股份公司资料，可以了解一些情况，但远不能满足其履行监督职能的需要，必须深入现场掌握第一手资料。通过深入基层企业，融入企业经济活动中去，了解生产经营的真实情况，才能使发表的意见更符合、贴近股份公司实际。监事巡视是监事会履行监督职责的一种重要形式，提出的建设性意见，对股份公司发展产生了积极的作用。因此，巡视制度应在实际工作中发挥更大作用，亦是加大监事会工作力度的主要途径之一。三是企业人才流失问题值得关注。人才是企业生存之本。地区公司认为专业技术人才外流现象值得关注。据反映，仅2003年广东惠州乙烯就从抚顺石化分公司

"挖走"40多人，全部为一线骨干。至今，"挖人"行动还没有停止，正在"挖"检、维修人员。其他企业也有类似现象。此外，企业还面临着员工年龄结构不合理的问题，主要集中在35岁左右。受编制定员限制，补充数量有限，过若干年后就会形成人员"断层"，影响企业发展后劲。

2004年8月30日至9月12日，监事徐丰利到塔里木油田分公司、新疆油田分公司、吐哈油田分公司进行了巡视。通过阅读财务报告、现场交流的方式开展工作，了解到这三家油田企业在操作费、投资等方面面临的实际困难，提出了如下建议：一是对油气操作成本要有正确的认识。"矿区的生产随油藏的不同，变化范围很大，长的几十年，短的数天，产量随着开采时间下降，油藏中流体和气体量的减少，油藏压力不断降低。生产成本在很大程度上是与产量无关的固定成本，产出高峰时期的成本相对低于低谷时期。一口井的产量最终降到了其生产收入不及生产成本的水平或时期，称作为经济极限"。按照油气田开发和生产的客观规律，油气田开采初期，产量上升，成本下降；开采中期，产量稳定，成本稳定；开采后期，产量下降，成本必然上升。目前新疆地区三家油田的主力区块已不同程度地进入中后期开采，特别是新疆油田新增区块多为稠油和低渗透油田，成本上升的趋势愈加明显。自股份公司重组以来，操作成本的持续降低，油田企业感到压力很大。股份公司编制、下达预算指标时，应将企业所有财务收支活动纳入预算控制。因此，实行全面预算管理是不能留有任何费用让企业自行消化的。可否将新区和老区、稠油和非稠油分开，而且要包含已知、可预见的费用，同时考虑不可预见费用的预算弹性，以维护预算的权威性。已经确认的可控费用，一定要严格控制，一分也不能超；已经确认的不可控费用，该花的钱一定要花。二是油价走高后应加大勘探开发投入力度。事实上，为了节省投资，由于一次性投资不到位，二次投入完善成本更高。以往的勘探结果表明，新疆地区勘探前景十分广阔。股份公司应适当加大投入，在提高探明率的同时，着手对难动用储量进行开发。目前，制约勘探开发的"瓶颈"是投资回报率的限制，成本费用预算的限制。我们要抓住高油价的有利时机，适当加大勘探开发投资力度。只要投资回报高于同期银行利率就可以投入。在油价持续走高、西部所得税政策优惠（征收比例15%）的有利条件下，股份公司应加大对西部油田的投入，争取在勘探上有更大的突破，增加新井投用，形成新的产能。尤其要对难动用储量给予关注，油价低时开采不划算，在高油价条件下，尽管开采成本较高，但收益随之增长（收益远大于支付的成本），也是值得的。三是吐哈油田销售信息系统的量化分析（先定量后分析）值得推广、借鉴。

2004年9月19日至9月24日，监事孙先锋到长庆油区的长庆油田分公司、陕西销售分公司、长庆石化分公司进行巡视。对长庆油区三家企业的生产经营管理工作予以肯定，同时反映出了一些值得注意的问题，提出了相关建议：一是目前大庆地区、辽河地区、四川重庆地区、新疆地区等，相继成立了协调领导小组。鉴于长庆油区复杂的油地关系和混乱的开采、营销秩序，且石油单位较多，建议尽快成立中国石油长庆油区协调领导小组。二是通过这次巡视，我们感到，企业关联交易形成的矛盾，有些在于企业，有些在于股份公司。股份公司应对关联交易问题采取积极的措施，应及时、明确地做出有关规定，以减少上市和未上市企业之间的矛盾。三是集团公司和股份公司应明确做出规定，上市企业集中精力发展主营业务，不应发展与未上市企业相同的业务，以巩固重组成果，防止同业竞争，保护未上市企业的正当利益和积极性。四是建议逐步改变以职工人数确定工资总额的做法，积极向效益型分配的方向转变。

2004年11月18—20日，李克成主席到华南销售分公司进行巡视，肯定了华南销售分公司在经营管理等方面取得的成绩，对今后发展提出了如下建议：一是关于加强网络建设，提高市场竞争力的建议。华南地区是我国经济最发达的地区之一，有着巨大市场潜力和商机。股份公司应采取有效措施，适当增加华南地区的资源投放量，开发直接用户，进一步减少社会批发量、提高零售量，有效遏制市场份额下降的不利局面；相应增加投入，保证新增库容、加油站所需投资，进一步加强网络建设；抓紧对新增加油站的建设、改造，提高加油站的投用比率，不断增加经济效益。二是关于办公场所的建议。仅华南销售分公司每年就需租赁办公场所1万平方米，租金约400万元。租赁办公场所在股份公司范围内比较普遍，从长远看这一做法是不划算的。三是关于理顺、完善管理的建议。针对华南公司销售进口柴油不盈利的问题，建议股份公司在政策上予以考虑；对市场化用工，建议加强统一管理，并按工资总额提取工会经费，解决这部分人员的入会及活动经费问题；针对部分加油站发生的抢劫事件，建议进一步研究防范措施，避免不法分子对员工的伤害和造成财产损失。

（4）组织了两次财务抽样审计调查。

2004年2月13日至3月3日，监事会委托河北燕华会计师事务所、大港油田分公司审计所、吉林石化分公司审计部、天津振兴会计师事务所，分别对辽河油田分公司、独山子石化分公司、锦西石化分公司和山东销售分公司2003年度预算执行结果，进行了抽样审计调查。

审计调查结果表明，四家企业生产、经营、管理运行显良性，尤其是实行资金、债务集中管理，财务费用显著降低。与股份公司2003年度财务报告反映的结果是大体一致的。公司实行“一个全面三个集中”取得实效。

针对审计调查中发现的问题，监事会提出了如下建议：

一是建立科学的预算模型和有效的预算考核机制。股份公司推行全面预算管理以来，各项工作得到不断完善，2003年又有新的进展。建议在预算编制上，采用自下而上、自上而下，上下结合，并利用计算机建立数学模型实现程序化；编制和考核油气操作费指标时，应考虑老区降低成本难度；编制和考核炼油加工费预算指标时，应有不同标准，适当考虑深加工附加值提高、现金加工费也会上升的实际情况。

二是关于实施低成本战略问题。上市以来，股份公司实施低成本战略成效显著，今后应继续挖掘内部潜力，依靠科技进步，不断创新管理，努力降低成本。同时，根据股份公司长远发展的需要，注意适当增加维修、安全生产和环境保护方面的费用，不断增强企业持续发展能力。

三是关于总会计师设置问题。近几年来，股份公司管理层对财会队伍建设给予了高度重视，地区公司总会计师配备有了长足进步。截至目前，股份公司所属地区公司应设置总会计师的岗位，共有71家，配备率达到72%。按《会计法》和企业内控制度要求，建议对尚未设置总会计师的地区公司应尽快配备到位。

2004年7月22日至8月6日，监事会委托河北燕华会计师事务所、大庆油田有限责任公司审计部、中兴新世纪会计师事务所、安必盛会计师事务所，分别对中国石油天然气股份有限公司玉门油田分公司、华北油田分公司、吉林石化分公司和内蒙古销售分公司2004年上半年财务进行抽样审计调查。

这次审计调查，在兼顾抽查层面和有所侧重同时，又做了大量事前准备工作，确定工作思路、方法、目标。审计调查效果比预定的还要好些。对各组抽样审计调查报告中反映的经济事项，监事会与相关部门进行了确认。总体评价：一是上半年业绩明显好于预期。被调查企业都以市场为导向、以效益为中心，优化资源配置，严格控制成本支出，降低产品物料消耗，拓宽强化市场营销，充分调动各方面的积极性。利润的增长主要得利于市场，原油、成品油、化工产品价格大幅攀升。二是财务费用大幅度降低。股份公司实行债务集中管理，及时调整及优化债务结构，对长短期借款和内外资借款统一办理借款和还款，控制有息债务，提高了资金的使用效率。同时，地区公司还充分利用股份公司负息资金和委托借款，集中置换高息贷款，减少资金占用，加速资金周转，使资金成本不断降低。三是预算控制日趋理性化。从四家企业调查的结果显示，对预算实行全过程控制，利用经济活动分析会等形式，全面分析各项预算指标完成情况，定期进行考核、通报，在实行全员目标责任风险抵押考核的基础上，建立了月份经济责任考核制度，把薪酬分配与预算指标直接挂钩。特别是对重点项目进行专项分析。不同程度地促进了股份公司对预算的有效控制，同时分析执行预算中不可预见费用的难点，确保全面预算管理目标的实现。

针对审计调查发现的问题监事会建议：

一是加强存货管理。特别是长期闲置的存货，专用设备的备品备件，避免由于长期闲置和缺乏实物保护，从而形成企业潜在的资产损失。各企业应组织开展专项清查盘点工作，把企业低效、无效存货盘活、调剂、报废。

二是加强资金管理，及时回笼销售货款。对偏远加油站用个人账户暂存油款的问题，应引起关注，专门研究改进措施。严格执行资金控制制度，最大限度地减少沉淀资金，全面规避企业的经营风险，防止出现油款坐支和其他个人行为，确保企业资金的安全。

三是规范预算编制程序。应按照“自下而上，自上而下”的程序编制预算，并坚持收入与费用配比的原则。目前，油田企业操作成本可控项目主要为油杆、管、泵等材料费用、维护修理费和井下作业措施费，企业在安排修理、作业项目时，主要以预算指标为依据，很难全面考虑生产经营实际需要的不可预见费用。建议今后在制订预算指标时，适当给予弹性预算系数。

四是认真执行企业会计制度和审计条例，按照权责发生制的原则，对收入、成本费用、坏账准备等要及时进行确认和账务处理，保证经营成果合法性、真实性、完整性。

五是加强财会队伍建设。建议玉门油田分公司将计划与财务部门分开设置（计划与财务两部门职能不同）；适当补充财会人员；对现有人员进行再培训，提高财会人员业务水平，以适应现代企业发展需要。

3. 培训交流

2004 年 4 月 16—31 日，监事会办公室选派 2 名高级管理人员参加了由中央财经大学和北京中洲证券培训学校联合举办的《第二十一期全国监事工作高级研修班》。这次研修班，共有 22 家上市公司参加，学员 36 人，主要听取专家学者介绍监事会工作相关理论，并学习考察台湾公司法人治理中的监察人制度，听取了公司法人治理架构及监察人制度实施等情况介绍。同时，还听取了淡水大学管理学院蔡信夫院长主持的《上市公司监察人之运作模式与公司监理》专题讲座。应主办方的邀请和安排，监事会办公室介绍了中国石油监事会的运作情况，受到了与会同仁的高度评价，认为中国石油监事会的工作扎实，经验丰富，可操作性强。

2004 年 11 月 8—27 日，监事会成员孙先锋、徐丰利等参加了中央财经大学和北京中洲证券培训学校联合举办的《第二十二期全国监事工作高级研修班》。

（徐丰利　王一端　佟魁杰）

第二篇

油气勘探开发生产

综　述

【概述】　勘探与生产分公司是中国石油天然气股份有限公司四个专业公司之一，2004 年，油气勘探开发工作进展顺利，新增石油探明储量创上市以来新高，原油产量继续保持“箭头朝上”，天然气产量保持两位数增长，国际会计准则税前利润首次超过千亿元，圆满完成了国内上游业务各项生产经营业绩指标，是上市以来生产经营形势最好的一年。

【工作思路】

（1）总体思路：积极落实股份公司持续、有效、快速发展的基本方针，加强前期准备，强化甩开预探，积极调整东部，加快发展西部，确保西气东输，全面推进勘探开发一体化。积极探索和推广先进适用的主导勘探开发技术，不断提高勘探开发整体效益。

（2）八大战略举措：继续大力加强、加快油气勘探；挑战开发极限，强化老油田稳产基础工作；确保新技术攻关、试验、推广等工作的顺利开展；加快煤层气的勘探，实现工业化开采；加快滩海勘探开发工作；重视青海、新疆的天然气规划和利用问题；重视油砂矿潜在的经济价值；理顺矿权秩序，确保持续发展。

（3）四大战略目标：石油资源接替率实现良性循环，储量替换率大于 1；原油产量稳中有升，保持“箭头朝上”；天然气产量保持两位数增长；继续实施低成本战略，上游投资实现最大回报。

【主要成果】

1. 油气勘探按照战略准备、战略突破、战略展开三层次部署，取得了重要成果

（1）以战略突破为重点，石油勘探在鄂尔多斯盆地、准噶尔盆地、塔里木盆地、四川盆地、松辽盆地和渤海湾盆地等地区获得了 13 项重要发现。

（2）以战略展开为重点，石油勘探在鄂尔多斯盆地、准噶尔盆地、塔里木盆地、四川盆地、松辽盆地、渤海湾盆地、二连盆地、海拉尔盆地、柴达木盆地、吐哈盆地以及酒泉盆地形成了 23 个规模储量区块。

（3）以战略准备为突破口，油气勘探在鄂尔多斯盆地、四川盆地、塔里木盆地以及油砂矿普查发现了 8 项具有战略意义的重要苗头。

2. 新增探明石油地质储量第八次超过 5 亿吨，规模储量及落实程度保持高水平

（1）新增探明石油地质储量达到 52183 万吨。为建国以来第八个年度新增探明石油地质储量超过 5 亿吨的丰收年，也是股份公司上市以来探明石油地质储量增长的新高峰。

（2）探明储量规模大于 5000 万吨的整体区块有 3 个，1000—3000 万吨的区块有 14 个。合计大于 1000 万吨的区块有 17 个，探明储量 39425 万吨，占总储量的 75.6%。

（3）探明储量的落实程度大大提高，Ⅰ类、Ⅱ类储量合计 49102 万吨，占探明储量的 93.9%，比前五年平均比例高出 30 个百分点。继 2003 年后，储量落实程度继续保持高水平。

3. 原油产量继续保持“箭头朝上”，油田开发水平不断提高

（1）原油产量继续保持“箭头朝上”。共生产原油 10446 万吨，比 2003 年产量 10393.9 万吨增加 52.1 万吨，连续三年保持“箭头朝上”，创股份公司上市以来最高水平，也是原油产量自 2002 年走出低谷实现回升以来增幅最大的一年。

（2）通过全面推进精细油藏描述工作，并与产能建设、注水调整、措施选井选层和区块治理紧密结合，使油田开发水平得到进一步提高。年自然递减率 11.9%，综合递减率 5.9%，与 2003 年对比基本稳定，保持在合理范围。年均综合含水 83.57%，比 2003 年实际上升 0.22%。

（3）油气田地面建设“优化”、“简化”工作全面开展。按照“技术先进适用，流程集约简化，投资经济合理，安全环保达标”的原则，在对各油气田公司认真开展现场调研的基础上，通过认真研究和召开现场会议的形式，确定了“双十”工作重点，为全面推进“优化”、“简化”工作奠定了基础。

4. 天然气产量继续保持两位数增长，开发前期评价取得重要进展

（1）天然气产量继续保持两位数增长。完成天然气产量 285.32 亿立方米，完成年计划的 104.9%，

比2003年增产37.64亿立方米，增幅15.2%。

（2）主力气区具备良好上产和稳产条件。截至2004年底，已开发气田107个，评价试采气田24个，累计探明气层气剩余可采储量1.8万亿立方米，总储采比76，累计动用气层气可采储量8841亿立方米，占累计探明可采储量的41.5%。从目前的储采比看，已发现气田具有较强的稳产、上产条件。

【指标完成情况】

1. 勘探指标

（1）工作量指标：完成二维地震46793千米，三维地震12700平方千米，完钻探井1388口、探井进尺166.10万米，分别为年计划的128%、132%、100.6%和99.1%。其中石油天然气预探完钻探井629口、探井进尺172.56万米，分别完成年计划的95.4%和94%。油藏评价完钻评价井759口、进尺148.85万米，分别完成年计划的94.2%和82.9%。

（2）储量指标：全年新增探明石油地质储量52183万吨，为年计划的104.4%。新增探明天然气地质储量2448亿立方米，为年计划的188%。

2. 开发指标

油气产能建设：建成原油生产能力1048.36万吨（不含合资合作），钻井7858口，进尺1187.48万米；建成天然气生产能力108亿立方米，钻井307口，进尺74.81万米。

油气产量：完成原油产量10446万吨，完成年度计划的100.6%，比2003年增加52万吨；完成天然气产量285.32亿立方米，完成年度计划的104.9%，比2003年增加37.64亿立方米，年增长幅度15.2%。完成油气当量12719万吨，比2003年增长352万吨。完成了油气产量稳步增长的目标。

【生产经营状况】　经营利润1255.71亿元，增长35.9%。

（巢　越　何江川）

油气勘探

【概述】　共设油气勘探项目43个（含天然气勘探项目9个），其中重点勘探项目14个（天然气重点勘探项目3个）。石油勘探主攻19个亿吨级、28个5000万吨级、9个3000万吨级区带与目标；天然气勘探主攻13个千亿立方米级区带与目标，3—5个300—500亿立方米级规模储量区块。油气勘探战略突破取得了13项重要发现，战略展开取得了23项重要成果，战略准备取得了8项具有战略意义的重要苗头。

【勘探任务完成情况】

1. 勘探工作量

股份公司石油预探与天然气勘探共安排二维地震36487千米（不含矿权保护18627千米）、三维地震8623平方千米，探井673口、探井进尺192.61万米（含矿权保护井37口，进尺83675米）。

全年石油预探与天然气勘探实际完成二维地震采集31840.84千米，完成三维地震采集7988.19平方千米，完钻探井642口，完成探井进尺180.98万米。新获工业油气流井288口，综合探井成功率45.86%。

2. 储量

完成探明石油地质储量51954万吨，完成探明天然气地质储量2448亿立方米。

新增储量具有以下几个特点：

一是三级储量都大幅度超额完成计划任务。探明石油地质储量成为历史上第8个超5亿吨的年份，创1998年重组改制以来的新高。控制石油地质储量创历史最高水平，预测石油地质储量创上市以来最好水平。天然气三级储量继续保持了快速增长的势头。

二是新增储量落实程度进一步提高，以Ⅰ类、Ⅱ类储量为主，以中高产和中浅层的稀油为主，可动用性大幅度提高。

三是新增储量区块整装、规模较大，单个油气藏的规模较大。

四是新增石油储量中低渗—特低渗储量占主体地位的趋势更加明显。

五是岩性油气藏已成为新增石油储量的主要对象。

【主要勘探成果】

一、东部地区

1. 渤海湾盆地

冀东滩海油气勘探取得重大突破。冀东滩海位于南堡凹陷南部，勘探面积1000平方千米。2004年共部署 3 口预探井，全部获得成功。其中老堡南 1 井在奥陶系日产油 700 立方米、气 16 万立方米；在馆陶组、东一段日产油 253 立方米、气 2.2 万立方米。老堡 1 井在东一段日产油 76 立方米。显示了滩海地区巨大的勘探潜力，并初步形成了亿吨级的勘探场面。

冀东陆上深化勘探取得重要进展。冀东陆上在高南地区中浅层部署高 160x1 等 5 口探井，其中 3 口井获得日产 19—44.9 立方米的工业油流，1 口井发现厚油层，新增探明石油地质储量 1577 万吨；在高柳、唐海地区岩性油藏勘探中，部署钻探柳 202x2 和唐 30x1 井，分别获得日产油 15.93 立方米和 27.57 立方米的工业油流；在西南庄断裂带部署预探井 4 口。其中庙 19x2 井在馆陶组获日产油 20.05 立方米的工业油流。新增三级储量合计达到 11020 万吨。

辽河西部凹陷兴隆台地区发现新的高产潜山油藏。兴隆台潜山带位于西部凹陷的中部。该潜山带油气勘探始于 20 世纪 70 年代，截至 2003 年底，累计完钻潜山探井 32 口，其中获工业油气流井 16 口。2004 年在该区部署了马古 2 井和马古 3 井，其中马古 3 井在太古界日产油 45 立方米、气 9141 立方米。有望形成辽河油田较大规模的储量区带。

辽河东部凹陷中段火山岩含油范围进一步扩大。2004 年对黄沙坨和欧利坨子地区沙三段粗面岩开展精细勘探，先后钻探欧 48 井、欧 49 井、欧 50 井、欧 51 井、欧 52 井，有 3 口井获工业油流，欧 51 井发现厚油层。其中欧 48 井日产油 88.5 立方米、气 6729 立方米；欧 52 井酸化后日产油 22.1 吨、气 4036 立方米。欧 50 井日产油 19.2 吨、气 10709 立方米、水 9 立方米；欧 51 井钻遇三套累计 470 米厚粗面岩，电测解释油层 4 层 60.9 米，差油层 7 层 78.6 米。发现了欧 51 井新的含油断块，基本实现了黄沙坨和欧利坨子火山岩含油连片。

辽河滩海太阳岛—葵花岛构造带天然气勘探取得新进展。辽河滩海太阳岛—葵花岛断裂背斜构造带勘探面积约 320 平方千米。2003 年在太阳岛构造和葵花岛构造部署太阳 9 井和葵花 18 井，均获得成功。2004 年部署的太阳 10 井、葵花 19 井和太阳 6 井在东营组分别获得日产气 13 万立方米、16.8 万立方米和 5000 立方米的工业气流，进一步展示了这一地区良好的勘探前景。

辽河大民屯凹陷西侧陡坡带新增控制石油地质储量 3015 万吨。2004 年在沈 257 井区及周边甩开部署 7 口井均钻遇良好显示，其中沈 262 井在元古界放喷求产获日产 142 吨的高产油流。

大港南部滩海勘探取得新进展。2004 年在大港南部滩海关家堡、埕海地区共部署实施了庄海 9x3、埕海 4 井等 7 口预探井，庄海 803 井等 4 口评价井。其中庄海 9x3 井在沙河街组日产油 28.48 立方米；埕海 4 井在中生界和馆陶组分别日产油 12.2 立方米和 12.3 吨；庄海 803 井在馆陶组、沙河街组和浅层明化镇组分别日产油 22.99 立方米、38.88 立方米和 52.08 立方米。截至 2004 年底，大港南部滩海累计探明石油地质储量 1292 万吨，三级储量合计 5552 万吨。

2. *松辽盆地*

松辽盆地南部红岗北地区发现规模储量区块。红岗北地区位于红岗背斜的北延部分。2004 年部署了红 84 井、红 87 井等 5 口探井，其中红 85 井葡萄花油层日产油 8.1 吨，黑帝庙油层日产油 8.7 立方米；红 86 井高台子油层日产油 6.3 吨；红 87 井扶余油层日产油 14.3 吨，葡萄花油层日产油 20.9 吨；红 88 井在扶余油层日产油 10.3 吨，在葡萄花油层日产油 16 吨，进一步证实了红岗北地区是一个多层系含油并具有规模储量的战略接替区。

松辽盆地北部敖南地区葡萄花油层勘探取得新进展。敖南地区位于大庆长垣南部的敖包塔油田以南地区。2004 年立足多目的层，整体认识，开展精细油藏评价工作，分两批部署评价井 47 口，截至年底完钻 31 口，新获工业油流井 26 口，试油产量在 1.18—24.7 吨/日，平均单井试油产量 6.5 吨/日。圈定含油面积 275.7 平方千米，新增Ⅰ类、Ⅱ类探明石油地质储量 5007 万吨。

松辽盆地南部扶新隆起展现亿吨级储量规模场面。2004 年在扶新隆起新北地区和两井东地区展开预探获重要进展，展现了亿吨级储量规模场面。其中新北地区勘探面积 260 平方千米，2004 年部署新 326 井、新 327 井 2 口探井，均获成功。新 326 井扶余油层日产油 8.2—11.2 立方米；新 327 井扶余油层获得日产 5.6 吨的工业油流。两井东地区扶余油层试油获工业油流的井有 10 口，其中 8 口井日产量一般为 1—3 吨，2 口井日产量大于 10 吨（让 41 井、让 46 井）；高台子油层获工业油流井 3 口，日产量最高为 11.7 吨。使该区成为一个效益储量区块，具有较大的勘探潜力。

松辽盆地南部乾安油田周边地区展现多层系勘探前景。2004 年这一地区在乾东、查干泡和乾西北区块展开工作。乾东地区位于乾安油田东部构造上倾斜坡区，部署钻探了乾 188 井等 4 口探井，获得成功。

其中乾 188 井青三段试油获日产油 15.9 立方米。查干泡地区位于乾西北含油区北部，2004 年钻探的查 23 井在扶余油层压裂试油获得日产 3.38 立方米的工业油流。乾西北地区在乾 162、乾 174、乾 118－2 区块 2004 年通过综合研究，进行评价取得了良好的效果，新增探明石油地质储量 2555 万吨。

松辽盆地北部徐家围子断陷深层天然气加快勘探取得重要进展。松辽盆地北部深层有利勘探面积 28860 平方千米，2004 年针对大庆深层天然气勘探实际，进行深层天然气加快勘探，共部署探井 13 口，评价井 3 口，2004 年完钻 9 口。其中徐深 6 井在营城组一段火山岩储层日产气 10.9 万立方米，在营城组四段砾岩储层日产气 52.2676 万立方米；徐深 1－1 井在营城组日产气 44.65 万立方米；升深 2－1 井营城组日产气 30.789 万立方米；达深 2 井营城组三段火山岩压裂后日产气 4.20 万立方米。

松辽盆地北部太东地区葡萄花油层含油范围进一步扩大。太东地区位于大庆长垣太平屯油田东侧，勘探面积 600 平方千米。2004 年部署实施了 8 口探井，均于葡萄花油层见到较好的油气显示，试油 5 口井均获得工业油流。其中肇 35 井抽汲日产油 25.38 吨；肇 38 井抽汲日产油 23.92 吨。实现了太平屯油田与宋芳屯油田含油连片。

二、中部地区

1. 鄂尔多斯盆地

姬塬地区新发现堡子湾、马家山两个含油富集区。2004 年堡子湾和马家山地区完钻探井 22 口，12 口井获得工业油流，发现了长 $4+5^2$、长 6、长 2 复合含油区。其中耿 43 井、耿 44 井、耿 60 井在长 4＋5 油层分别日产油 22.97 吨、20.95 吨和 21.42 吨；耿 27 井、耿 130 井长 6 油层分别获得日产 20.66 吨和 21.7 吨的高产油流；耿 32 井、耿 44 井长 2 油层试油分别获得日产油 26.35 吨和 32.13 吨的高产；此外，耿 56 井新发现了长 1 高产区，该井在长 1 油层日产纯油 64.28 吨。进一步证实了该区为长 $4+5^2$、长 6^1、长 6^2、长 2^1、长 1 多油层复合发育区，显示了良好的勘探前景。

合水地区新发现复合含油区。合水地区位于陇东地区东南侧，2003 年勘探成果表明该区为长 6、长 7、长 8 复合含油区。2004 年围绕庄 29 井区及其外围甩开勘探寻找新发现，共部署探井 28 口。有 9 口钻遇长 8 油层，其中 7 口井获得工业油流，单井试油日产油 5.4—20.83 吨。有 14 口井钻遇长 6 油层，9 口井获得工业油流，单井试油日产油 5.02—26.01 吨。

子洲—清涧地区新发现千亿立方米天然气规模储量区块。子洲—清涧地区处于榆林气田东南延伸部位，主要勘探目的层为上古生界山西组山 2 段。2004 年该区部署探井 21 口，完试 10 口井，4 口井在山 2 段获得工业气流。其中榆 29 井、榆 30 井、榆 45 井、榆 48 井山$_2^3$分别获得日产 27.7790（无阻流量）、12.9815（无阻流量）、15.7671（无阻流量）、3.8043 万立方米的工业气流。

西峰油田主体及周缘石油勘探成果进一步扩大。2004 年西峰油田主体的白马南区块，完钻评价井 18 口，有 12 口井获工业油流，其中 5 口井日产油大于 30 吨，平均单井日产油 20.3 吨。在西峰油田周缘镇 51 井区、庄 33 井区、庄 19 井区、西 44 井区、西 35 井区共部署探井 10 口，5 口井获得工业油流，使西峰油田的含油面积向周缘继续扩大。其中，镇 51 井、西 185 井长 8^1 分别日产油 21.1 吨和 20.83 吨；庄 33 井长 8 试油获得日产 5.18 吨工业油流；西 83 井、西 84 井和西 171 井长 8^2 试油分别日产油 54.15 吨、12.58 吨和 35.38 吨。截至 2004 年底，西峰油田累计探明储量 1.7624 亿吨。

铁边城地区储量规模进一步落实和扩大。2004 年该区完钻预探井 8 口、评价井 10 口，开发井 41 口，钻遇长 $4+5^2$ 油层井 54 口，21 口井获工业油流，平均单井试油产量 17.85 吨/日。其中在铁边城东元 48 井区共有 7 口井在长 $4+5^2$ 油层获得工业油流，单井试油产量 4.42—43.6 吨/日；在铁边城西元 62 井区有 4 口井获得工业油流，单井试油产量 5.77—20.36 吨/日。此外，有 9 口井钻遇长 6^1 油层，5 口井获得工业油流，单井试油产量 5.1—8.67 吨/日。

榆林周边山 2 段含气面积进一步落实。2004 年在榆林周边统万城—镇北台区完钻探井 6 口，完钻开发评价井 4 口，10 口井在上古生界获得工业气流，榆 38 井在下古生界获得工业气流。其中榆 38 井、陕 151 井山$_2^3$分别日产气 2.4710 万立方米、6.1839 万立方米（无阻流量）；统 12 井本溪组试气获日产 6.1256 万立方米（无阻流量）的工业气流；台 6 井在山 2 段、盒 6 段试气分别获得日产 1.4204 万立方米和 3.2541 万立方米（无阻流量）的气流。新增探明天然气地质储量 674.51 亿立方米。

靖边潜台东部下古生界天然气勘探取得重要进展。靖边古潜台东部有利勘探面积合计约 5000 平方千米。2004 年在补兔、黄草峁等目标区共完钻探井 9

口，2 口井获工业气流。其中陕 245 井、陕 230 井在马五段分别日产气 25.3642 万立方米（无阻流量）和 11.2215 万立方米（无阻流量）。在巴拉素目标区南部榆 37 井区，评价勘探与兼探下古的开发井中有 17 口井试气，平均无阻流量为 4.59 万立方米/日。新增探明天然气地质储量 138.18 亿立方米。累计新增三级天然气地质储量 1011.4 亿立方米。

环县—贺旗地区发现长 8、长 6 含油层系。2004 年环县—贺旗地区部署探井 27 口，完钻 19 口井。有 11 口井钻遇长 8 砂层，钻遇油层井 8 口，解释油层厚平均为 11.5 米。其中，里 60 井长 8^2 获得日产 17.77 吨的工业油流。有 11 口井钻遇长 6 油层，油层平均厚 9.1 米，其中，里 54 井、里 55 井、环 62 井分别获得日产 10.54 吨、4.17 吨和 4.51 吨的工业油流，老井里 1 井、里 38 井重新试油分别获得日产 5.95 吨、23.47 吨的工业油流。该区长 8、长 6 多油层复合发育，勘探潜力大，有望成为鄂尔多斯盆地新的储量接替区。

镇探 1 井上古生界发现新苗头。鄂尔多斯盆地西南部区域探井—镇探 1 井在上古生界山西组山 1 段发现好的含气显示，钻遇砂层厚 9.0 米，测试日产气 6.05 万立方米（无阻流量）的工业气流。该井的发现，使盆地西南部天然气勘探取得突破，天然气勘探出现了新苗头。

2. 四川盆地

川东地区七里峡构造带发现高产大气田。七里北鼻状潜伏构造位于五宝场地区南端。2004 年为突破五宝场地区飞仙关组鲕滩勘探，在七里北鼻状构造部署了七里北 1 井。该井在飞仙关组完井测试，日产气 83.78 万立方米，无阻流量 186 万立方米/日，硫化氢含量 232.434 克/立方米。

川东地区坝南 1 井获高产气流。正坝南潜伏构造为温泉井构造带南翼的次级构造。2003 年在正坝南构造部署的预探井——坝南 1 井。2004 年在飞三—飞一段完井试油，日产气 35.255 万立方米（硫化氢：221.48 克/立方米），无阻流量 134.5 万立方米/日。

威远老气田重新认识发现新的含气层系。威远气田位于四川盆地中部，是在喜马拉雅期褶皱形成的一个大型穹隆背斜构造。该构造在震旦系探明天然气地质储量 400 亿立方米，1966 年投入开发，目前基本停产。通过近几年对该气田上部下古生界气层重新认识和评价，2004 年在优选的 7 口老井上试寒武系，6 口获工业气流，日产气 11.6—13.96 万立方米，其中 2 口井试采日产量稳定在 5—7 万立方米，不产水，发现了勘探新层系。

川东铁山坡构造新增探明天然气地质储量 374 亿立方米。铁山坡构造隶属于川东高陡构造区双石庙构造群。2004 年部署在构造南段高点的坡 5 井在飞仙关组钻获鲕滩厚气层，有效储层厚度达 233 米。目前该构造共钻探井 5 口，其中，工业气井 4 口，经气藏描述，坡 1 井区、4 井区和坡 2 井、5 井区合计上交探明地质储量 373.97 亿立方米，成为继罗家寨、渡口河气田之后探明的又一大型飞仙关鲕滩气田。

磨溪气田嘉二段气藏勘探取得新进展。磨溪构造位于川中中部、龙女寺构造以西。2004 年在构造中部区块钻探了磨 36 井等 4 口滚动探井，均获成功。其中，磨 36 井、磨 39 井对嘉二段测试，分别日产气 16.67 万立方米和 22.03 万立方米及少量水；磨 5 井嘉二段酸化后测试日产气 30.06 万立方米。这一发现对川中—川南过渡带平缓构造区的嘉陵江组气藏勘探有重要的指导意义。

川西龙门山北段矿 1 井试气获工业气流。位于龙门山山前断褶带北段的矿 1 井在二叠系茅口组试油，日产气 2.68 万立方米，另外在吴家坪组和飞一段试油获气流。矿 1 井钻探成功，为四川盆地西部天然气勘探开辟了新的重要领域。

三、西部地区

1. 准噶尔盆地

准噶尔盆地腹部岩性油藏勘探取得突破。2004 年利用石南 4 井东三维识别并落实了石南 4 井东岩性圈闭，部署石南 31 井，该井完井测试在白垩系清水河组日产油 45.8 立方米、气 5230 立方米。同时，为扩大该区块勘探成果，先后在石南 31 井区块部署评价井 6 口，完井试油 4 口井，日产油 22—82 立方米、气 2610—66490 立方米。2004 年新增探明石油地质储量 2119 万吨。石南 31 井钻探成功，开辟了准噶尔盆地岩性油气藏勘探的新领域。

莫索湾地区多口井获高产油气流。2004 年在莫索湾地区优选了 7 个目标进行钻探，部署 9 口井，3 口井获高产工业油气流。其中莫 10 井、莫 12 井和莫 109 井在侏罗系三工河组分别日产油 22.6 立方米、33 立方米、84.05 吨，日产气 96250 立方米、3350 立方米、9250 立方米，成为准噶尔盆地腹部寻找规模储量的重要区带。

准噶尔盆地西北缘夏 72 井二叠系获工业油流。2003 年部署在夏 40 井背斜的夏 72 井于 2004 年试油，在二叠系风城组压裂后日产油 42.8 吨、气 3230 立方米，发现了夏 72 井区块二叠系风城组油藏。

2. 塔里木盆地

轮南潜山东斜坡获高产油气流。2004 年在轮南潜山东斜坡地区钻探的预探井轮古 38 井、轮古 39 井、轮南 63 井均在奥陶系获得高产油气流。其中轮古 38 井奥陶系日产油 113 立方米、气 353197 立方米；轮古 39 井在奥陶系砂屑灰岩段日产油 33.54 立方米、气 768062 立方米；轮南 63 井奥陶系酸压测试，日产油 36.3 立方米、气 25.3 万立方米。这些井的新发现使轮古地区实现了从风化壳潜山向内幕深埋岩溶勘探领域的拓展。

塔里木盆地哈得逊油田储量规模不断扩大。2004 年哈得逊油田实施油藏滚动评价。在哈得 4 油田西部的哈得 17 井中测获低产油流，使含油范围向西北方向扩大。哈得 4 油田东部的哈得 10 水平井试采 3 个多月日产油稳定在 40—50 吨，油藏评价新增探明石油地质储量 403 万吨。该油田 2004 年生产原油 150 万吨，是中国陆上第一个亿吨级海相砂岩油田。

塔里木盆地塔中 4-7-38 井奥陶系获高产油气流。2004 年在塔中 4 油田部署的塔中 4-7-28 井通过加深钻探进入奥陶系碳酸盐岩，酸化压裂后日产油 206.67 立方米、气 2197—2469 立方米，后进行试采日产油 156 立方米，塔中地区奥陶系有望成为重要勘探层系。

3. 吐哈盆地

小草湖地区形成 200 亿立方米天然气储量区块。台北凹陷东部小草湖地区勘探面积 230 平方千米。2004 年按照岩性油气藏勘探思路，钻探的疙 11 井在齐古组试油，日产气 18563 立方米；疙 13 井在三间房组日产油 3.62 立方米、气 9531 立方米；疙 8 井三间房组日产油 22.3 立方米、气 7980 立方米。2004 年新增三级天然气储量 75.08 亿立方米。截至 2004 年底，红台—疙瘩台地区上交天然气三级储量达到 235 亿立方米。

4. 柴达木盆地

台南气田深化认识新增探明天然气地质储量 526 亿立方米。台南气田于 1987 年发现，1997 年探明天然气地质储量 425.3 亿立方米。2004 年对台 5-6 井、台 5-7 井和台试 1 井等 3 口井进行 18 个层组单层测试，新增气层 12 层。2004 年新增探明天然气地质储量 526.32 亿立方米。

5. 酒泉盆地

窟窿山构造带下沟组发现新含油层系。2004 年在精细综合研究基础上，对窿 104 井和 Q2-14 井进行加深钻探，获得成功。其中窿 104 井加深在下白垩统下沟组 K_1g_0 段酸化后日产油 64 立方米、气 2.6 万立方米；Q2-14 井加深在下白垩统下沟组 K_1g_0 段完井试油获日产油 36 立方米。发现了新含油层系，新增探明石油地质储量 1059 万吨，控制储量 872 万吨。

四、新区及其他

海拉尔盆地苏德尔特构造带新增探明石油地质储量 5067 万吨。苏德尔特构造带勘探面积 270 平方千米。2004 年部署评价井 24 口，19 口井获得工业油流。其中，兴安岭群含油面积内 10 口井日产量为 1.007—125.82 吨，平均日产油 23.1 吨；布达特群含油面积内 17 口井日产量为 3.002—170.2 吨，平均日产油 29.7 吨。2004 年新增探明石油地质储量 5067 万吨。同时，继续向北甩开钻探 4 口井，有 3 口井获得工业油流。

二连盆地乌里雅斯太凹陷南洼槽新增控制和预测石油地质储量 5172 万吨。乌里雅斯太凹陷岩性油藏勘探在 2003 年取得突破后，2004 年在洼槽斜坡带南端太 41 井南构造—岩性圈闭部署钻探的太 61 井、太 63 井又获得成功，其中太 61 井试油获日产油 51.57 立方米、气 2625 立方米。

新兴业务稳步发展。鄂尔多斯盆地大宁—吉县初步形成千亿立方米煤层气储量规模。2004 年在山西大宁—吉县地区通过大井组试采，初步展现了 1000 亿立方米储量规模。同时，油砂矿普查取得新认识。通过近一年的油砂矿资源普查，发现我国油砂矿资源比较丰富，点多面广，特别是在准噶尔盆地油砂矿石油资源近 1.2 亿吨，为开采利用提供了资源基础。

（金武弟　何海清）

勘探工程技术

【概述】　2004 年，物探完成工作量为二维地震 30789 千米，三维地震 9740 平方千米，重力 37761.5 千米，磁力 43207.5 千米，电法 2540 千米。在物探技术上，继续推广应用山地地震技术、高分辨三维地震技术、储层预测技术、综合物化探技术，在山地地震、储层预测叠前时间偏移和综合物化探四个方面取得新进展，为股份公司油气勘探和生产指标的完成提供了保障。

在钻井技术方面：水平井得到规模应用；欠平衡钻井技术得到进一步完善和提高；垂直钻井技术应用效果明显；空气钻井技术应用取得积极进展；套管钻井技术得到进一步应用；环空压力等随钻测量技术取得突出效果；分支井试验应用取得初步成果。

在测井技术方面：MDT规模应用取得突出成效；声电成像测井技术已经成为复杂储集空间油气藏测井评价的关键技术；应用核磁共振测井技术，丰富和提高了低孔低渗油气藏测井评价的方法与水平；应用元素俘获测井技术，拓展了复杂岩性油气藏测井评价的深度与广度；全系列套管井测井等新技术试验取得成功，为复杂井况测井提供新的解决方案；CHFR规模试验增油降水效果明显。

【物探技术】

1. 重点工作

一是编制技术发展规划，有效指导部署决策；二是强化技术方案设计审查，推广应用物探新技术，提高资料品质；三是开展科学技术攻关，积极推动技术进步；四是开展专题技术交流，促进整体水平提高；五是制定技术规范标准，提高科学管理水平；六是加强监督技术培训，不断提高队伍素质。

2. 技术进步

窟窿山前陆盆地冲断带地震技术攻关试验采用28千米超长排列共排列接收、层析成像静校正等新技术获得了推覆体下部目的层地震反射，为复杂山地地震勘探提供了一种新的方法。

准噶尔盆地隐蔽油气藏地震勘探关键技术攻关形成了岩性预测技术思路与技术系列：即相控—等时小层对比、测井沉积微相建模、多井约束下的速度建模、精细储层反演和动态储层预测等。这一配套技术充分体现了地震、测井、地质多学科综合研究，以及预测方法定性、定量相结合的研究思路，发展了股份公司岩性油气藏勘探开发的技术序列，推动了岩性油气藏勘探开发技术的不断发展。

以叠前时间偏移为代表的精细目标处理技术在各油田得到广泛应用，地震资料成像质量得到普遍提高。辽河大民屯800平方千米、冀东南堡1805平方千米、塔里木轮南924平方千米连片叠前时间偏移已取得初步成果。其中辽河大民屯地区叠前偏移资料中复杂断裂成像更加清楚，潜山形态更明显。塔理木轮南地区潜山顶面特征得到改善，内幕溶洞分布规律更明显。

利用重、磁、电、震约束反演，提出了辽河坳陷兴隆台—马圈子潜山分布的新认识，发现兴马潜山被一北西向断裂错开，马古2井位于潜山低部位，提出马古3井更为有利的观点，被钻探结果所证实。利用CEMP、高精度重力和地震的综合勘探技术，对塔西南高陡构造带柯14构造上倾方向的构造格局进行了重新划分，提出了新的构造分区模式。

（王喜双）

【钻井技术】

1. 水平井得到规模应用，在提高开发效益上见到明显效果

2004年，勘探与生产分公司推出“采用水平井技术实现塔里木油田不同类型油藏的高效开发”的典型经验，进一步推进了水平井技术的应用，全年共完成水平井168口。各油田在水平井技术应用上，加强了油藏研究，以及随钻测井地质导向技术的应用，保证了油气藏钻遇率，提高了油气田水平井开发效果。

冀东油田为了提高单井产量、降低地面投资，提出了“稀井高产”的开发目标，2004年共完成水平井69口。通过大规模应用随钻测井方位电阻率、方位伽马、方位密度等地质导向技术，水平井段油层钻遇率达到了98.3%，水平井产量是邻近定向井产量的2—5倍。利用水平井已累计建成产能30万吨以上，占全油田产量的三分之一，而水平井数只占投产井数的1/8。通过水平井的应用，有效控制了底水锥进，提高了油田采收率。

辽河油田利用水平井在稠油、剩余油高效开发上也取得了良好的效果，2004年共完成38口井。杜84块是一个超稠油区块，如何高效开发一直是个难题，2004年该区块共钻水平井12口，投产8口，平均日产油60.75吨，与常规直井相比，水平井每轮次蒸汽吞吐产油量都有明显提高。

西南油气田坚持采用水平井高效开发含硫气藏的技术方针，在罗家寨、磨溪等气田均取得了良好效果。罗家11H井水平井酸后测试日产气量达302万立方米，是邻井罗家1井、罗家2井初测产量的3—4.5倍，实现了股份公司“培育100万立方米/日高产井”的目的。此外在磨91H井引进了近钻头电阻率地质导向技术（GST），导向井段2817—3416米，储层钻遇率100%，其中优质储层钻遇率达到82.7%，由于储层钻遇率的提高，该井测试产量

22.3万立方米/日，是邻井几口水平井磨75H井、磨50H井、磨38H井产量的1.24—3.09倍。

塔里木油田2004年共完成水平井32口，在技术上继续坚持采用随钻测井地质导向技术，保证了水平井开发效果。哈得10H井是在探井哈得10井完成勘探任务后侧钻出的水平井，钻遇薄油层过程中，4号油层厚度0.9米，砂层横向厚度变化大，通过FEWD随钻测井导向技术应用以及强化录井跟踪，首次在4号薄砂层成功钻进了391米水平段，油层钻遇率达73.3%，完井试油获日产52立方米/日。

2. 欠平衡钻井技术得到进一步完善和提高

2004年，股份公司共完成欠平衡钻井50口，在欠平衡钻井技术上继续发展了天然气、柴油机尾气、微泡沫作为循环介质的欠平衡钻井技术，发展完善了欠平衡钻井完井方式，尝试了欠平衡钻井套管阀技术的应用，取得了欠平衡钻井过程中井底压力和环空当量钻井液密度。2004年西南油气田对四川盆地三叠系须家河、侏罗系碎屑岩储层共实施欠平衡钻井35口，其中全过程欠平衡15口，特别是针对低压储层，开展了天然气欠平衡钻井完井技术的实践，并展示了良好的应用前景。平落19井地层压力系数0.7，采用天然气欠平衡钻井方式，在欠平衡井段3695—3761米机械钻速达到了7.23米/小时，是常规钻井液钻进的10倍。对须二段中途测试日产天然气47.27万立方米，与处于同一构造带上的平落2井等井相比，产量分别是2.27—4.72倍。

大庆油田2004年共完成欠平衡钻井5口，徐深5井、徐深4井、徐深1-1井、徐深3井、徐深7井在欠平衡钻进过程中都发现了良好的显示。在欠平衡钻井技术上，应用自主研发的随钻环空测压装置实时测量了欠平衡钻井情况下井底压力、温度等参数，更科学地指导了欠平衡钻井施工。

3. 垂直钻井技术应用效果明显

针对山前高陡构造防斜打快的突出问题，2004年引进了垂直钻井技术。垂直钻井技术采用人工可调侧向力、实现主动防斜和全旋转钻进，可以起到解放钻压、提高钻速的目的，保证井眼光滑。通过在塔里木、新疆山前高陡构造地区6口井试验应用，提高了钻井速度，也提高了井眼质量，展示了垂直钻井技术在解决高陡构造防斜打快问题上的广泛适用性。

克拉2气田为了保证井眼质量，提高钻井速度和加快施工进度，先后在克拉2-3井、克拉2-7井、克拉2-4井、克拉2-8井应用了垂直钻井技术。其中克拉2-8井采用垂直钻井共完成进尺1985米（344—2329米），平均钻压达到16吨，最大井斜只有2.5度，垂直钻井施工井段平均机械钻速达7.6米/小时，与克拉205井相比，机械钻速提高405%，钻井周期提前了72天。

新疆准噶尔南缘霍尔果斯霍003井上部地层倾角50—70度，在16英寸和12英寸井眼采用了垂直钻井技术，共完成进尺1851米，垂直钻井施工全井段平均机械钻速达4.31米/小时，与霍001井、霍002井相比，机械钻速分别是2倍和1.96倍，同井段钻井周期分别提前了33天和36天。

4. 空气钻井技术应用取得积极进展

针对玉门油田青西窟窿山地区的钻井提速问题，2004年玉门油田引进外国公司的空气钻井技术，分别在窿15井、Q2-33井、Q2-17井3口井上进行了试验，取得了积极的进展。其中Q2-17空气钻井井段平均机械钻速提高了5倍以上，钻井周期缩短了17天。

长庆油田在对苏里格气田继续开展了小井眼空气钻井试验，空气钻井段平均钻速是常规钻井液钻井的3倍左右。

5. 套管钻井技术得到进一步应用

2004年大港油田在滩海勘探中先后在庄海401等井上应用了Weatherford套管钻井技术，冀东油田也在老堡1井采用了该技术。

吉林油田针对浅层油藏的开发，继续开展了套管钻井技术的试验应用，在扶北2-3井、扶北2-1井两口井上进行了试验，取得了初步的效果。其中扶北2-3井套管钻进井段30—497米，从开钻至固完井，共用30小时，全井段平均机械钻速37.72米/小时，与该地区常规钻井相比平均机械钻速高10.71米/小时，节约钻井周期26小时。该技术规模推广以后钻井成本有望降低10%以上。

6. 环空压力等随钻测量技术取得突出效果

2004年新疆油田针对霍尔果斯构造钻井过程中复杂事故频繁、机械钻速低、钻井周期长、单井成本高、制约勘探进程等瓶颈问题。针对安集海河组高地应力、窄钻井液密度窗口的难点，在霍003井引进了钻压、扭矩、环空压力等随钻测量技术，实时监测了环空压力、井壁稳定及漏失情况，优化了钻井参数。特别是根据环空测压及时分析井眼净化状态，判断是否存在井壁剥落，及时避免了井下事故，降低了非生产时间。霍003井钻井液密度由原来的2.6克/立方厘米降至2.38克/立方厘米，减少了漏失和由此引发的水化坍塌。

7. 分支井试验应用取得初步成果

分支井技术由于进一步提高了油藏暴露面积，有利于提高采收率，降低吨油开采成本。2004 年辽河油田、冀东油田、大港油田分别完成了 1 口多分支井，取得了初步的成果。其中辽河油田锦 612 - 12 - 新 22FP 井是在老井眼基础上侧钻了第二分支水平井眼，分支水平段长 140 米，采用割缝筛管完成。该井油管下至窗口位置实现两个分支井眼合采，完井水平达到国际 TAML4 级水平，目前用 7 毫米油嘴，产量是邻井直井产量的 5—6 倍。大港油田完成了 1 口三分支水平井，目前日产油 24 吨，是邻井直井产量（5—6 吨）的 4 倍。冀东油田完成的分支井目前正在试油。

【测井技术】

1. MDT 规模应用取得突出成效，应用领域不断拓宽

2004 年在勘探与生产分公司统一组织下，新疆、大庆、冀东、大港、西南、塔里木等油田组织了 MDT 测井的规模推广应用工作，2004 年全年共测井 95 井次，为往年的 2 倍。MDT 测井技术在快速评价多套油水系统、准确识别低阻油气层等复杂油气藏测井评价中发挥了极其关键的作用，而且在加快勘探整体节奏、减少无效套管投入等方面成效显著，已经成为先进适用的勘探主导技术。

快速发现和评价油气层，获取油藏特征参数，整体加快勘探节奏。冀东油田 2004 年在滩海地区多口重点探井中成功应用了 MDT 测井技术。其中老堡南 1 井、南堡 1 井为及时了解馆陶组、明化镇组、东营组等多套目的层的含油气性，准确确定流体性质，进行了 MDT 测井。通过 MDT 压力测量、流体及取样分析，迅速提供出各个测试点的流体类型和储层性质参数，快速、直观、准确地判断了馆陶、明化镇、东营等层组的油藏特征，不仅大大加快了油藏认识的节奏，而且缩短了钻井平台占用时间。为了加快滩海勘探步伐，在南堡 1 井尚未完钻试油的情况下，利用 MDT 测井提供的丰富而可靠的油藏早期认识与评价信息，南堡 1 号构造南断块上果断部署了南堡 1 - 2 井。该井于 2004 年 11 月 18 日开钻，12 月 10 日完钻，完井后在东营组和馆陶组分别获日产油 224.83 吨、气 173291 立方米和日产油 50.7 吨的高产油气流。MDT 测井在南堡 1 井区块的油藏评价中发挥了关键作用，快速搞清了该构造浅层的含油情况，成为加快整体勘探节奏的成功范例。

快速识别低阻油层，满足勘探需要，保障了海洋钻探的安全生产。大港油田张海 5 井位于大港南部滩海张东构造，主要目的层为沙河街组和中生界。该井于 2004 年 11 月 11 日开钻，12 月 24 日完钻。常规测井资料反映，该井沙河街组油水层电性差异小，油水关系复杂，识别困难。为了尽量减少常规测试层数，并在海水封冻前快速搞清油水关系，快速进行了系统的 MDT 测井。共成功测压 25 点，取样 8 支（其中 PVT 样 3 层 5 支，常规样 3 层 3 支），快速准确判断出为正常压力系统的层状油藏，并指出沙二段为两套油水系统。MDT 技术在滩海勘探中的成功应用表明，它有利于加快勘探节奏，保障安全生产，还降低了勘探投资。

此外，2004 年 MDT 在大庆油田深层火山岩等复杂储层准确识别气、水层，确定气水界面；利用 MDT 信息及时修正测井解释图版，优选完井方法等方面也发挥了积极作用。太东—卫星地区测井解释符合率由原来的 67% 提高到 90.46%。巴 5 井由于 MDT 在 1137.3 米、1161.1 米和 1810.9 米分别取样，流体性质分析表明这三层均为水层，从而果断地决定本井为裸眼完井，由此节约了后续作业费及套管费约 100 万元。

2. 声电成像测井技术已经成为复杂储集空间油气藏测井评价的关键技术，效果明显

2004 年，股份公司共规模应用声电成像测井 145 口，为勘探发现做出了重要贡献。

七里北 1 井是 2004 年西南油气田川东七里峡构造带以非均质裂缝孔洞型鲕滩储层为目的层的预探井，测井评价难度大，常规测井无法满足储层识别与定量评价的要求。通过应用偶极横波成像测井，准确识别出有效储层发育段并提取与电性无关的含气信息，较好地解决了此类强非均质储层的测井评价难题。据此评价结果，并综合其他测井信息最终确定了气水界面。这项技术的成功应用，不但揭示了七里峡构造带复合圈闭含气，而且还指出了四川盆地超深地层（埋深达到 5820 米）仍然存在优质储层，开辟了新的天然气勘探领域。该技术为七里峡构造带大气田的发现提供了强有力的测井技术保障。

马古 3 井是 2004 年辽河西部凹陷马圈子潜山深层以太古界变质岩等缝洞型非均质储层为目的层的预探井，通过应用高分辨率微电阻率扫描成像测井，准确地刻画出裂缝发育层段和产状，较好地完成了测井

评价任务，测井解释的油层为试油所证实。高精度成像测井技术在马古3井等复杂储集空间评价中发挥了关键作用。

3. 应用核磁共振测井技术，丰富和提高了低孔低渗油气藏测井评价的方法与水平

鄂尔多斯盆地的低孔低渗和高伽马储层是测井评价的难点和重点，长庆油田应用核磁共振测井技术，开展了储层孔隙结构精细评价研究，不断提高了重点区块预探井的测井解释成功率，在姬塬、子洲—清涧等地区油气勘探中发挥了突出作用。此外，利用与岩性无关的核磁共振测井信息准确识别和评价高伽马储层，也取得了比较好的效果，提高了疑难层的识别与评价水平，增加了可观的油气储量。

4. 应用元素俘获测井技术，拓展了复杂岩性油气藏测井评价的深度与广度

松辽盆地深层徐家围子火成岩地层岩性复杂，有流纹岩、安山岩、玄武岩等多种岩石，而且微裂缝、气孔、溶孔发育，测井评价的难度非常大。2004年，大庆油田针对上述难题，规模应用了微电阻率扫描成像、元素俘获（ECS）测井等新技术，夯实了复杂岩性油气层识别与油气藏评价的基础。通过ECS资料的精细评价，结合常规测井确定了不同岩性的组分及其骨架值，提高了储层物性参数计算的精度和可靠性，确保了储量计算的可信度。

此外，ECS测井的规模应用在柴达木盆地尕斯库勒 E_3^2 泥灰岩油藏研究中也取得了很好的效果，利用关键井ECS、FMI测井较好地解决了复杂岩性评价和有利储层识别的难题，建立了适用的油水关系图版，结合多井解释与建模技术建立了 E_3^2 油藏三维地质模型。该合作研究为复杂岩性油气藏测井评价提出了一套先进适用的方法与思路。ECS测井已经成为一项解决复杂岩性储层岩性识别的有效技术。

5. 全系列套管井测井等新技术试验取得成功，为复杂井况测井提供了新的解决方案

为了降低风险，提高时效，保障复杂井况下测井资料的获取，2004年勘探与生产分公司组织了2口井的套管井全系列测井（ABC）试验，均获成功，开辟了复杂井况条件下安全有效地进行测井采集的新途径。

葡北2x1井是2004年吐哈油田在葡北2井基础上的加深侧钻井，井况条件恶劣，常规裸眼井测井仪器2次下井均失败并造成仪器弯曲受损，耗费近1个月时间，未测得有效的测井资料。考虑到钻遇层位有一定的录井显示，须通过测井资料进行储层准确评价，在该井组织了全系列套管井测井试验，成功地完成了包括过套管电阻率、密度、中子、偶极横波、ECS等的套管井全系列测井，有效地保障了后续油气层测井识别工作。

大港油田庄海401井直接利用ABC套管井全系列测井完成全套测井作业，采集的CHFR/TLD/APS/DSI/ECS/USIT资料与LWD相比有较好的一致性。解释油层共25.3米/5层，满足了评价要求，降低了海上钻井工程风险。

6. CHFR规模试验增油降水效果明显

2004年勘探与生产分公司组织大庆等7个油田进行了过套管电阻率测井技术（CHFR）规模试验工作，共测井69井次，大部分油田增油降水效果明显，尤其在吐哈油田、大港油田、新疆油田和吉林油田取得较好应用效果。规模试验表明，CHFR测井技术比较成熟，在评价油层水淹状况、老井复查寻找新的潜力层、补充裸眼井电阻率测井资料和监测油藏剩余油分布及流体界面变化等方面见到良好应用效果。同时也发现注水程度与水性变化、井况条件（套管积垢、腐蚀与污染）等对其应用有不同程度的影响。

2004年股份公司与斯伦贝谢公司还共同完成了《斯伦贝谢测井技术常用缩略语与仪器手册》的编译工作。本手册为股份公司技术人员应用测井新技术提供了一个很好的工具，实用价值大，十分有利于提高股份公司应用斯伦贝谢测井技术的水平。

（李国欣）

油田开发

【概述】　2004年，油田开发以精细油藏描述为基础，以挖潜调整为手段，以提高采收率为目标，不断加强生产技术和经营管理，较好地完成了各项生产建设任务，达到了较高的技术指标，实现了增产增效目

的，稳定了油田开发效果，取得了明显的工作成绩。

【主要指标完成情况】

1. 生产指标

（1）生产原油10446万吨，为年度计划10385万吨的100.6%。其中措施增油624.6万吨，比2003年增加9.1万吨，比计划指标多10.2万吨；新井产油664.3万吨，比2003年增加26.1万吨，比计划指标多23.6万吨。

各油区都完成了计划任务。与年计划相比，超产的油区与超产量是：辽河油田13.2万吨，长庆油田11万吨，吉林油田10.5万吨，大庆油田10万吨，冀东油田5.3万吨，大港油田4.4万吨，塔里木油田3.4万吨，华北油田1.3万吨，新疆油田1.1万吨，西南油气田0.8万吨。

（2）年产液63596万吨，比计划指标63466万吨增长0.2%；年注水69027万立方米，比计划指标69984万立方米减少1.36%。

（3）自营区新增原油生产能力1048.36万吨，为年计划1123.63万吨的93.3%。其中，新区建产能668.98万吨，完成87.5%；老区建产能379.39万吨，完成105.5%。

合资合作开发区新建原油生产能力152万吨。

（4）新增原油可采储量10396.1万吨，凝析油可采储量34.3万吨，储采平衡系数1.036。

2. 技术指标

（1）年平均综合含水83.57%，比2003年上升0.22个百分点，与年度预计指标83.6%一致。含水上升率0.25%，与2003年的0.4%相比减少0.15个百分点。

（2）年自然递减率11.93%，比2003年增大0.48个百分点；年综合递减率5.92%，比2003年增大0.43个百分点，两个递减率仍控制在比较合理的范围内。

（3）地质储量采油速度0.86%，剩余可采储量采油速度8.4%，储采比11.9；地质储量采出程度25%，可采储量采出程度72.6%。

【主要成果与油田开发现状】

1. 原油产量继续保持“箭头朝上”

年产原油比2003年增产52.1万吨，增长率0.5%。其中，长庆油田增产109.4万吨，大港油田增产67.4万吨，新疆油田增产51万吨，吉林油田增产30.4万吨，冀东油田增产25.5万吨，塔里木油田增产13.1万吨，玉门油田增产5万吨，青海油田增产2万吨，西南油气田增产0.1万吨；大庆油田减产200万吨，辽河油田减产38.9万吨，吐哈油田减产10万吨，华北油气田减产2.9万吨。

2. 生产运行平稳有序

原油日产水平年初达到28.6万吨，6月份最高达到29.01万吨，年末日产水平下降到27.72万吨，但生产能力在28.7万吨以上。

日注水由年初198.57万立方米下降到9月份最低的182.63万立方米，又逐渐恢复到年末的194.26万立方米，月注采比0.95—1.02，总体保持1的注采比。

全年老井转注、新井投注2951口，比2003年多232口，采注井数比由2.92减小到2.91。

3. 产液量与注水量的增长速度继续减缓

股份公司油田产液与注水变化趋势见表1。

表1 股份公司油田产液与注水变化趋势表

年 度	年产液（万吨）	增长量（万吨）	增长率（%）	年注水（万立方米）	增长量（万立方米）	增长率（%）
2000	56516	1782	3.26	65059	10535	19.32
2001	59481	2965	5.25	66952	1893	2.91
2002	60955	1474	2.48	67251	299	0.45
2003	62442	1487	2.44	68159	908	1.35
2004	63596	1154	1.85	69027	868	1.27

4. 油田开发现状与发展趋势

（1）开发现状。探明原油地质储量52107万吨，凝析油储量75.5万吨；累计探明原油地质储量156.0675亿吨，凝析油储量11519.9万吨。新区动用原油地质储量39050万吨。

到2004年底，累计动用原油地质储量1204520万吨，可采储量414873.7万吨；累计动用凝析油地质储量6029.2万吨，可采储量1659.7万吨。共有采油井 104944 口，开井 84173 口，日产油水平 27.72 万吨，平均单井日产 3.3 吨，年末标定日产油水平 28.735 万吨，年均综合含水 83.57%。注水井 36058 口，开井 29233 口，日注水 194.26 万立方米，月注采比 1.01，累积注水 128.1 亿立方米，累积注采比 0.99。

（2）稳产趋势。

①含水上升速度减缓。2001—2004 年，油田综合含水从 81.67%上升到 85.57%，平均年上升 0.475 个百分点；而 1996—2000 年，油田含水从 75.83%上升到 81.67%，平均年上升 1.17 个百分点。

②产液量和注水量的快速增长趋势得到较好地控制。“九五”期间，产液量和注水量平均年增长 2934 万吨和 2249 万吨；“十五”前四年分别是 1770 万吨和 992 万吨。增长趋势得到较好地控制。

③产量递减基本稳定。产量综合递减在“九五”期间从 3%上升到 5%—6%，“十五”保持在 5%—6%的水平上。产量自然递减从“九五”初期的 10.5%上升到“九五”末和“十五”初的 12%，近 3 年控制在 12%以内。

④储采状况有所改善。“九五”产油 5.24 亿吨，增加可采储量 5.05 亿吨，储采平衡系数 0.96；“十五”前四年产油 4.15 亿吨，增加可采储量 4.35 亿吨，储采平衡系数 1.05，只有 2003 年储采平衡系数小于 1。

⑤单井日产水平降低。2002—2005 年的每年 1 月份，平均单井日产油水平是 4.1 吨、3.9 吨、3.6 吨和 3.4 吨，平均年降低 5.7%，与综合递减率基本一致。

⑥总的采收率略有降低。由于新投入开发储量的一次标定采收率只有 20%左右，使总的采收率略有降低，从 2000 年的 35.11%下降到 2004 年的 34.46%，平均年下降 0.16 个百分点。

【油田开发管理】

1. 规模化开展精细油藏描述

2004 年在 12 个油区（除西南油气田外）全面开展规模化精细油藏描述工作。实际完成 95 个区块，覆盖含油面积 1800 平方千米，地质储量 21.1 亿吨，81 个区块制定了配套的调整挖潜方案。通过分年实施调整挖潜措施后，预计可以增加可采储量 4468 万吨，相应可提高采收率 2.11 个百分点。

通过钻井调整、注水结构调整、三次采油以及油水井措施挖潜，2004 年实际增加可采储量 2488.4 万吨，为年度计划指标的 115.7%。按动用总储量计算，提高采收率 0.21 个百分点。

2. 继续做好“提高采收率”这篇文章

认真贯彻落实 2004 年油田开发技术座谈会精神，明确了提高采收率的工作重点。分析油田开发技术现状与提高采收率潜力，制定工作思路和工作方法，落实近期工作目标及具体措施。

在大庆油田举办了提高采收率第二期学习班；总结推广了玉门老君庙油田提高采收率典型经验，进一步强化“敢于挑战极限，不断提高采收率”的工作理念。

筛选落实了 2005 年提高采收率重大开发现场试验项目，组织编制试验方案。

3. 深挖油田潜力，确保老油田相对稳产

（1）老区产能建设。老区计划钻井 2376 口，进尺 359.5 万米，新建原油生产能力 359.49 万吨。实际完成钻井 3049 口，进尺 439.58 万米，分别为计划的 128%和 122%。核定新建原油生产能力 379.39 万吨，为计划的 105.5%。其中，大庆油田多建 46.3 万吨，新疆油田多建 10.8 万吨。

新疆克拉玛依油田八区下乌尔禾组油藏连续两年整体钻井调整，钻新井 183 口，进尺 55.46 万米，建成产能 40.95 万吨；

吉林扶余油田完成钻井 332 口，进尺 17.08 万米，建产能 10.67 万吨；

吐哈油田二次井网层系调整钻井 75 口，建产能 17.5 万吨。

（2）油水井措施效果。2004 年油井措施完成 22528 井次，有效率 76.8%，年累计增油 624.58 万吨，平均单井次年增油 361 吨。与 2003 年相比，措施井次增长 11%，有效率下降 0.8 个百分点，年累计增油增加 9.1 万吨，平均单井次年增油减少 17 吨。

注水井措施完成 2965 井次，年增注水量 861.7 万立方米，平均单井次年增注 2906 立方米。与 2003 年相比，措施井次相当，年增注量减少 255.5 万立方米。

（3）稳油控水与区块治理。稳油控水与区块治理 71 个，覆盖地质储量 17.55 亿吨，占总动用储量的 14.6%，共实施措施工作量 6000 井次，日产油从 4.18 万吨上升到 4.29 万吨，日产液从 22.12 万吨上升到 22.97 万吨，综合含水由 81.1%上升到 81.34%，日注水稳定在 27.5 万立方米。

4. 动态监测

完成油水井压力、剖面、饱和度等测井测试工作量 52057 井次。其中，压力测试 27901 井次，剖面测试

16170 井次，饱和度测井 484 口，工程测井 6078 口。

5. 新技术应用

水平井开发技术：冀东油田钻水平井 57 口，定向井 44 口，初期单井平均日产油 17 吨。塔里木油田钻水平井 30 口，辽河油田钻水平井 28 口，大港油田钻水平井 6 口。吉林油田在扶余老区试验成功浅层水平井——扶平 1 井，日产油 5 吨以上，是邻井产量的 1.3—2.4 倍。

超前注水技术：2002—2004 年，长庆在西峰、靖安、南梁等油田实施，涉及建产规模 180 万吨以上，单井日产能提高 15%—20%；吉林油田应用超前注水技术涉及建产规模 56.5 万吨，占总建产能的 95%；吐哈油田在三塘湖开展超前注水先导试验，已见到初步效果。

动态监测新技术：开发地震、水驱前缘监测等新技术已在辽河、华北、吉林、塔里木等油区完成现场试验，对提高精细油藏描述的剩余油分布认识将发挥一定的作用。

6. 其他

组织召开油气田开发技术座谈会，交流了油气田开发技术与管理的做法和经验，颁发了修订后的《油田开发管理纲要》，评选了高效开发油田等一批先进典型。

组织了开发处长培训班、ECLIPSE（数值模拟）及 GMSS（地质建模）软件应用培训班、精细油藏描述技术培训班等，组织引进了油藏地质建模软件，修订了油藏工程数据报表。

（胡海燕）

矿权管理

【概述】　2004 年股份公司矿权申请取得了重大的进展，在提高矿权质量的同时，登记面积仍然稳步增长。一是根据勘探生产动态优选登记矿权面积 5.4 万平方千米，继续扩大有利勘探领域；二是及时申请登记油页岩 0.1 万平方千米，为股份公司拓展新能源勘探领域提供保障；三是率先获得南海矿权登记面积 12.7 万平方千米，为股份公司长远发展和走上海陆协调发展经营格局奠定资源基础；四是在落实 5 号文件中剔除了 12.38 万平方千米无勘探价值的矿权面积，积极保护了大面积的未达最低勘查投入的有利勘探领域。

根据国土资源部统计结果，截至 2004 年 12 月 31 日，股份公司探矿权登记面积 180.1 万平方千米，继续保持着国内探矿权的优势地位。全国矿权登记状况见表 2。

表 2　2004 年底全国石油天然气探矿权采矿权（含煤层气）统计表

矿权人	探矿权		采矿权		合计	
	数量（个）	面积（平方千米）	数量（个）	面积（平方千米）	数量（个）	面积（平方千米）
中国石油	412	1801452.33	384	63617.66	796	1865069.99
中国石化	366	1032547.17	199	9240.41	565	1041787.58
中海油	257	1392256.91	29	3444.61	286	1395701.52
中联煤	37	38852.88			37	38852.88
延长油矿	35	107198.47	5	443.83	40	107642.30
其他	28	17627.74	4	428.23	32	18055.97
全国合计	1135	4389935.50	621	77174.74	1756	4467110.24

注：数据来自国土资源部地质勘查司，统计截至日期 2004 年 12 月 31 日。

【主要工作成果】

1. 加强矿权申报，确保股份公司始终拥有国内探矿权的优势地位

矿权申报管理在当前政府矿权管理体制日益完善和企业资源竞争日益加剧的形势下，一直是矿权管理工作中最重要，也是最基本的一项工作，更是矿权管理工作人员的主要职责。从2004年矿权申报的情况来看，按照国家规定和股份公司要求，根据勘探开发生产的需要，通过油田公司及时报送，北京院地质所及时发出延续申请项目的预警，杭州石油地质所配合矿权处督促申报、初审、配合油田整改，矿权处及时审查、报送等环节，确保了申报工作正常运行，没有出现任何失误。

2. 积极拓展有利的战略勘探新领域，获得南海矿权

我国南海南部海域油气资源十分丰富，由于受外交、国家政策和作业条件的限制，一直没有开展大规模的油气勘探开发工作。获得南海矿权并能随之开展勘探工作，对一个资源型企业长远发展具有重大的战略意义，尤其是对股份公司从以往单一陆地经营走向海陆并重经营的完整格局，以及增强国际竞争力和影响力更是意义深远。从2003年7月开始，勘探与生产分公司从战略的高度考虑，通过多单位联合研究、多渠道收集南海地质调查成果，及时、果断地组织辽河油田对南海南部有利区块进行了较大范围的矿权登记，直至2004年5月获得南海矿权，历时近1年的调查研究等工作。

3. 圆满完成了5号文件整改工作

1998年以来，各石油公司大规模进行矿权登记，使得国内海陆各沉积盆地几乎全部被矿权覆盖。国土资源部要求开展年检工作始于2000年，真正按照法规规定要求核减面积和退出区块是在2004年发出5号文件以后，这标志着国家矿政工作重点由以往的矿权审批向矿权监管转变。

矿权作为企业发展的根本，积极保护未完成最低勘查投入区块中有勘探价值的区块，成为落实5号文件整改工作的关键。按照股份公司确定的增加勘探投入、特殊政策保留和退出等措施的要求，从6月份开始全面开展了投入不足区块的地质综合评价和勘探部署研究，历经半年时间，投入了大量的工作，倾注了大量的心血，按时完成了股份公司落实国土资源部5号文件的矿权整改方案，注销无勘探价值区块12.4万平方千米，矿权保护专项投资保护面积34.5万平方千米。整改方案获得国土资源部主管部门的认可，从而有效地保护了股份公司的矿权。

4. 积极维护矿业秩序，继续解决好历史矿权纠纷

积极维护矿业秩序，为油区生产创造良好的外部环境，是矿权管理的一项重要工作职责，2004年在解决历史矿权纠纷上取得较大进展。

一是配合政府处理塔里木油田依奇克里克油矿侵权开采，维护股份公司合法权益。该油矿为1987年油田枯竭废弃的油矿，当时与地方政府签署了地方对其中5口自溢油井的收油协议，近年地方政府为招商引资与金禾公司签署了开采协议，该公司目前在我矿权区内非法打井83口，年产石油4万多吨。在塔里木油田公司的报告后，股份公司及时上报政府，配合政府形成了解决侵权的预案。

二是大港C4争议区存在历史纠纷已达六年，是股份公司和美国阿帕奇公司合作开发大港赵东油田项目，不仅影响了实施进程，还牵扯到国际形象问题。虽然经过14次谈判，一直没有得到解决。2004年9月，在股份公司的努力推动和力争下，国家发展和改革委员会和国土资源部发出关于股份公司与中国海洋石油有限公司大港C4争议的裁定文件，决定股份公司补偿500万美元，由股份公司持有矿权。该争议区矿权的获得，不仅维护了股份公司对外合作形象，同时增加了近1500万吨的石油地质储量，为股份公司增加海上产能建设奠定了基础。

三是陕北地方石油开采混乱秩序由来已久，为进一步推进陕北矿业秩序整顿工作，2004年7月成立陕北地方石油企业整顿重组工作组以来，在股份公司领导小组的统一领导下，按照既定的目标，面对多变的环境，加强与各部委沟通，随时调整工作思路，为制定陕北地方石油企业整顿重组方案和编制鄂尔多斯盆地整体发展规划奠定了良好的基础。

5. 建章立制，规范基础管理，使矿权管理工作更加规范化

总结2004年的工作实践，适应形势发展的需要，延伸了以下几个方面的内容：一是进一步修订了《矿权年报编写规范》。针对2004年矿权管理出现的新情况，进一步补充完善基础管理。二是下发了《关于进一步加强矿权管理工作的通知》。通过进一步明确矿权管理机构、职能和工作要求，不断提高矿权管理水平，确保矿权管理万无一失。

（王玉山　徐祖成）

天然气开发

【概述】　围绕快速增长的下游需求，股份公司加大了天然气业务投入，努力推动技术进步，精心组织和准备，天然气勘探开发取得了重大进展，储量大幅度增长，产量稳步上升，市场不断发育、骨干管网相继建成投产。特别是随着2004年西气东输工程的全面建成通气，股份公司天然气进入全新的快速增长时期，呈现出跨越式发展的态势，天然气业务已成为股份公司新的经济增长点。

【主要指标完成情况】　2004年股份公司计划工业产气量272亿立方米，实际完成工业年产气量285.32亿立方米，完成年度计划的104.9%，比2003年增加37.64亿立方米，年增长幅度15.2%。其中，气层气产量为224.72亿立方米，溶解气产量60.60亿立方米。2004年股份公司计划天然气商品量209.6亿立方米，实际完成天然气商品量227.12亿立方米，完成计划的108.4%，比2003年增加38.56亿立方米。2004年天然气产能建设进展顺利，超额完成计划任务。2004年实际新投入开发天然气可采储量1429.3亿立方米，新建产能96.5亿立方米，钻井214口，进尺57.01万米。

【主要工作和成果】

1. 天然气产能建设规模创历史新高

2004年年初计划新建产能95.6亿立方米，钻井156口，进尺47.8万米；追加计划新建产能16.6亿立方米，钻井80口，进尺17.0万米；合计动用可采储量1146.2亿立方米，新建产能112.2亿立方米。

2004年实际新建天然气生产能力96.5亿立方米，完成年度计划的86%，为“十五”前三年新建产能的1.2倍。其中四大气区建成天然气生产能力89.3亿立方米，占股份公司的92.5%。

2. 全力以赴确保了向下游安全平稳供气

天然气市场快速增长，对上游安全稳定供气提出了更高要求。天然气生产受下游用气峰谷影响，冬季供气生产压力很大。按照“坚持上下游一体化，贯彻资源、生产、市场、管道建设协调发展”的工作方针，积极应对，合理组织天然气生产，尽最大努力满足了市场需求。

西南气区为满足川渝地区天然气需求快速增长存在的供气缺口，尽可能缓解供需矛盾，采取了加快不含硫气田产能建设、提高部分稳产气田生产规模、加快老井上试挖潜增产、加强生产组织协调等措施，基本缓解了川渝地区天然气供求矛盾。

长庆气区为满足陕京线、西气东输的供气及周边市场的发展，进行大规模产能建设，到2004年底共建成80亿立方米的生产能力，其中靖边下古气田和榆林气田分别建成60亿立方米和12亿立方米的生产能力，确保了向京津冀地区稳定供气。

青海气区周边及涩宁兰管道市场需求迅速增长，冬季供气矛盾比较突出。2004年加快产能建设进度，追加了6亿立方米产能规模，2004年底整个气区已形成天然气生产能力25亿立方米，满足了冬季高峰供气要求。

塔里木气区为保证西气东输西段2004年10月1日投产进气气源供给，在牙哈凝析气田建成了从牙哈处理厂到克拉2外输管线4号阀室的一条长5.8千米、DN300毫米的供气管线，供气压力7.0兆帕，确保了牙哈凝析气田2004年9月1日具备向西气东输管道日供气350万立方米的条件；同时组织开展了吉拉克、吉南4和轮古11－13凝析气田10亿立方米天然气产能建设工作；对克拉2气田产能建设工作加强了组织协调，密切跟踪克拉2－3井、克拉2－4井、克拉2－7井、克拉2－8井等4口开发井的钻井实施工作，确保了西气东输西段顺利启输。

3. 气田开发前期准备工作成效显著

近年来，股份公司年度新建产能上百亿立方米，对天然气开发前期评价工作提出了新的要求。2004年开发前期评价围绕不同类型气田开展工作，取得了积极成效。

一是西南油气田分公司罗家寨气田高产井工程取得成功。罗家寨气田具有储层条件好，硫化氢含量高的特点。为降低气井腐蚀的危害和开发成本，坚持提高单井产量的开发策略，结合综合地质研究成果，应用成熟的水平井技术进行开发，成为继克拉2气田之后又一个高产气田，对今后高含硫气田的开发和生产具有重要指导意义。

二是按照股份公司加快大庆油田深层天然气勘探

开发步伐的要求，针对松辽盆地北部深层火山岩气藏地质条件复杂，岩相变化快、物性变化大，火山岩气藏的勘探开发难度大的特点，组织开展了以气田开发方案编制和开发技术专题研究为主的气田开发前期评价工作。共设立了兴城气田开发方案编制及储层评价、产能评价、火成岩储层改造、二氧化碳腐蚀机理及深层气井油套管防腐工艺等4个重点专题。

三是继续开展长庆苏里格气田主体技术攻关。2004年继续开展了以低成本小井眼空气钻井、分层压裂改造以及低压低产井排水采气工艺试验。

四是以塔里木西气东输安全稳定供气为核心，围绕克拉2异常高压气藏、英买力深层凝析气藏的高效开发问题，加强动态监测跟踪分析，开展技术攻关研究，为塔里木气区大规模建产和快速上产奠定基础。

五是煤层气开发有新进展。2004年主要组织开展了煤层气开发工艺技术攻关立项和沁水盆地煤层气开发方案的编制工作。

【天然气开发基本形势】

1. 天然气开发现状

气层气：截至2004年底，股份公司所属13个油气田，累计探明气层气地质储量32372.46亿立方米，已开发动用地质储量13164.55亿立方米。

2004年底股份公司所属13个油气田共有气井2959口，其中已投产气井2765口，未投产气井194口。2004年12月份实际开井1803口，井口日产天然气7612万立方米，平均单井日产气4.22万立方米/日，井口年产气232.83亿立方米，累计采气3284亿立方米。

溶解气：截至2004年底，共投入开发溶解气地质储量6537.69亿立方米，平均井口日产气1869万立方米，井口年产气72.23亿立方米，累计产气1970亿立方米。已开发可采储量采出程度76.8%。

2. 天然气开发形势良好，主力气区具备良好的上产和稳产条件

随着西气东输、忠武线等干线的投产，以及下游市场的不断发育，天然气产量在2003年基础上继续保持了两位数增长，增幅达到15.2%。2004年完成天然气产量285.32亿立方米，完成年计划的104.9%，比2003年增产37.64亿立方米。

西部地区2004年天然气产气242.9亿立方米，比计划231.3亿立方米增加38.2亿立方米，各油气田公司产量均比2003年有所提高。其中四大气区是增产主体，全年生产天然气204亿立方米，占股份公司天然气产量的71.1%，比2003年增产34亿立方米，占总增产量的88.6%。

东部地区为克服天然气资源接替不足、原油产量总体下降的矛盾，通过加强管理，提高伴生气集输率，上市以来天然气产量基本保持稳定。2004年实际生产43.1亿立方米，超计划完成2.4亿立方米，比2003年增加0.1亿立方米。随着大庆油田深层、辽河油田滩海的突破，东部地区天然气开发有望走出低谷。

3. 天然气未动用储量分析

截至2004年底，股份公司累计探明未开发天然气地质储量21051.17亿立方米，其中气层气探明地质储量19207.91亿立方米，溶解气探明地质储量1843.26亿立方米。

通过对储量品质的初步评价，对气层气储量分析如下。

(1) 可动用储量。储量品质较好，近期可投入开发的气层气探明地质储量共计17997.89亿立方米。

近期投入开发以增加产能规模的可动用储量：气层气探明地质储量8883.73亿立方米，可采储量6088.68亿立方米。主要气田有西南的罗家寨、滚子坪、渡口河等气田，青海的涩北二号气田、塔里木的克拉2气田、迪那气田，长庆的榆林气田南部等。这几大气田全部投入开发后，预计天然气产能规模可以达到162亿立方米/年。

近期通过合作开发，可动用的储量：气层气探明地质储量5605.24亿立方米。主要是长庆苏里格气田、西南白马庙气田和八角场气田。均属于低孔低渗低丰度气田，单井产能普遍偏低。通过转变管理机制，降低开发成本，可实现气田效益开发。

用于稳产接替的可动用储量：气层气探明地质储量3508.92亿立方米。主要是长庆乌审旗、青海的台南、塔里木吐孜洛克、和田河、轮南、桑塔木、解放渠东、塔中4等气田。这部分储量将在适当的时机投入开发，用于弥补气田递减，实现稳产接替。

(2) 难动用储量。由于技术难题、地面条件限制以及经济效益差等原因，近期难动用的气层气探明地质储量共计1210.02亿立方米。具体情况如下。

由于技术条件限制，目前暂不能动用的储量：气层气地质储量311.86亿立方米。主要是大港千米桥气田（古潜山），储层岩性为碳酸盐岩，由于气藏埋藏深，以及地下地质条件复杂，难以准确识别气藏，对气藏以及储量的认识有待深化。

受地面条件限制或地理位置偏远等原因，投入开发经济效益差的储量：暂不能动用的气层气地质储量

898.16亿立方米。主要是长庆米脂（偏远）、大庆汤原（偏远，无用户）、大庆涝洲气田（江心岛且单井产能低）、喇嘛甸（气顶油藏，部分用作储气库）、昌德（二氧化碳含量高达80%，无经济效益）等。

此外，溶解气未动用储量主要有两种情况：①待复算待核减的储量。如部分油气田（特别是合作开发区块，如大港塘沽油田）由于溶解气储量规模小，相对分散或偏远，不利于集输，在生产过程中放空或生产自用，但是溶解气的储量却一直保留未动用状态，需要复算核实。②难动用储量，如大港千米桥及大港外围的伴生气。

【重点气区生产动态】

1. 西南气区

截至2004年，西南气区累计探明气田106个，探明气层气地质储量7687.05亿立方米。累计探明溶解气地质储量124.65亿立方米。

2004年实现天然气工业产气量97.77亿立方米，其中生产气层气96.67亿立方米，溶解气1.1亿立方米。2004年动用天然气地质储量211.5亿立方米，新建天然气生产能力20亿立方米/年。2004年底核实的定产气井共有754口，日产能力3902.10万立方米，年产能力128.77亿立方米。其中，配套建成天然气生产能力101.00亿立方米。西南气区已形成了以五大矿区区域性管网为基础的，以全盆地环形输气干线为纽带的，以及融采、集、净化、输、配气一体的完善地面配套系统。

当前，西南油气田实现上产的主要矛盾是剩余的探明储量集中分布在川东北地区的高含硫气田，2005—2010年这批高含硫气田将陆续投入开发，能否顺利投产主要受净化厂建设进度的制约。加快净化厂建设刻不容缓。

2. 长庆气区

截至2004年底，长庆气区已累计探明气田8个，探明天然气地质储量11955.56亿立方米。2004年底已投入开发和评价的气田有6个，动用天然气地质储量3435.70亿立方米，建井490口，实际建成天然气生产能力72.10亿立方米。2004年实现天然气工业产气量74.50亿立方米，其中生产气层气72.70亿立方米，溶解气1.7亿立方米，完成年度计划的105%。

3. 塔里木气区

塔里木油田分公司已相继建成柯克亚、牙哈、克拉2和吉拉克—桑南4个气田。上述气田探明天然气含气面积222.1平方千米、天然气地质储量3699亿立方米，建成天然气产能规模77.94亿立方米。

2004年塔里木油田天然气井口产气量27.31亿立方米，其中溶解气产量4.00亿立方米，已开发气田天然气产量21.16亿立方米。工业产气量14.88亿立方米，回注天然气7.03亿立方米，放空气5.41亿立方米。

4. 青海气区

截至2004年底青海柴达木盆地探明不同类型气田7个，累计探明天然气可采储量1579.05亿立方米。目前正式投入开发2个气田（涩北一号、涩北二号）。

2004年青海油田年产天然气17.94亿立方米，气层气16.30亿立方米，油田溶解气1.64亿立方米；青海油田累计建成天然气产能24亿立方米。

（谭　健　李　彬）

油藏评价

【概述】　2004年，油藏评价及新区原油产能建设工作，以《勘探开发工作指导意见》为指导，严格遵循“加强前期、注重技术、重点突出、积极有效”的工作思路，强化效益意识，突出两个评价，强化两个结合；进一步完善管理机制和相关管理制度，理顺工作程序；以地质综合研究为先导，加大科技投入，加强新工艺、新技术的应用，努力控制投资、降低成本。不仅超额完成探明石油地质储量任务，而且探明石油地质储量品质、落实程度和动用率较以往均有大幅度提高，新区原油产能建设、百万吨产能建设投资及产能建设到位率均达到较好水平。

【滚动勘探开发】　2004年油藏评价滚动项目计划探明石油地质储量12350万吨。计划滚动项目41个，三维地震采集1056平方千米，评价井294口，进尺57.41万米。实际完成三维地震资料采集1039平方千米，评价井338口，进尺57.73万米。新井试油交井261口，获工业油流井194口，老井试油交井91口，新获工业油流井47口，探明石油地质储量

11311万吨。吉林扶余油田杨大城子油层初步落实探明储量2147万吨。冀东高尚堡构造评价成果不断扩大，探明石油地质储量1588万吨。大港油田高精度三维地震资料采集和处理全面提升了资料品质，为重塑老油田地质模型，带动老区认识的新突破奠定了坚实的基础。新疆油田加强老油区内新层系的滚动评价工作，西北缘百31区块发现二叠系新油层。

【储量评价】 计划提交新增探明石油地质储量5亿吨，落实难采地质储量3240万吨。其中，一般项目计划新增探明石油地质储量37650万吨，滚动项目计划新增探明石油地质储量12350万吨。2004年实际新增探明石油地质储量52183万吨，完成计划任务的104.4%，新增可采储量完成计划任务的105.5%；评价落实难采储量3612万吨，为计划的111.5%。

通过控制储量评价探明的储量25726万吨，占总探明储量的49.4%，由预测储量直接探明10111万吨，占总探明储量19.4%；直接探明储量16270万吨，占总探明储量31.2%。从探明储量构成可以看出，2004年新增储量以控制储量升探明储量为主。

1. 探明石油储量的基本特点

（1）新增探明石油地质储量超过5亿吨，为股份公司上市以来新高。

（2）突出整体探明，规模储量成为近年来新亮点。

（3）储量落实程度保持高水平，新增探明石油地质储量基本为Ⅰ类、Ⅱ类储量。

（4）储量品位继续降低，低渗透、特低渗透成为储量主体。

2. 难采储量评价的基本特点

2004年在大庆、辽河、新疆3个油田设立了难采储量评价项目，计划落实难采地质储量3240万吨。实际评价完成难采储量3612万吨。

3. 油藏评价管理特点

（1）坚持分层次管理，针对不同探区、不同情况、不同评价对象，采取不同的管理办法和评价思路。这是2004年油藏评价管理工作的基本思路。根据这一思路，对评价基础好、目标落实程度高，情况明朗的油田和项目主要采取宏观监控的方法，突出协调与服务；对问题较大的项目或油田则进行重点跟踪，严格管理，以保证评价效益。

大庆、吉林、长庆等探区资源基础雄厚，已形成比较合理的储量序列，是近几年股份公司完成探明储量任务的主体。

渤海湾盆地辽河、华北、大港探区评价目标准备不足，目标储量规模较小，评价难度较大，但拥有较强的研究力量和管理力量，基础工作扎实，每年新增探明储量大体保持稳定。

西部新疆、塔里木探区资源基础雄厚，但地表及地下地质条件复杂，勘探难度较大，目前尚未形成较为合理的储量资源序列。

西部青海、吐哈、玉门等中小油田评价资源准备相对不足，地质条件又极为复杂，研究及管理力量相对薄弱，评价工作面临较大困难。

（2）突出重点项目管理，注重规模保任务，关注难点降风险。实践证明针对重点项目实施重点管理，突出重点和难点，以点带面，全面推动油藏评价工作的顺利开展具有重要意义。同时，依托重点项目管理逐步探索出一条一体化项目管理模式。2004年继续突出重点项目管理，从计划安排、部署思路、运行实施、项目管理到最终提交探明储量，编制开发方案实行全过程跟踪、管理，确保重点项目出重点成果。

（3）突出前期准备，注重三维地震准备和战略接替领域的研究，走可持续发展道路。

①立足可持续发展，抓好重点接替领域和方向的评价研究；

②加强前期目标准备，抓好三维地震部署。

（4）抓规模效益储量，推动探明储量动用。

① 2003年新增石油探明储量开发动用率明显提高；

②立足规模效益储量，加大产能评价力度，整体探明、整体动用；

③开展开发方案试点编制工作，提高西峰油田储量动用效果。

（5）抓典型推广，强化整体意识，继续深化勘探开发一体化。

（6）完善管理体系，推进油藏评价和新区产能建设工作制度化、规范化。

①进一步建立和完善油藏评价和新区产能建设管理网络；

②开展评价项目和新区产能建设项目实施效果专项检查，促进项目规范运作；

③建立并逐步完善信息管理系统，确保信息渠道畅通；

④修改和完善油藏评价部署图册编制要求。

【新区开发】

1. 新区原油产能建设完成情况

实际动用地质储量32356万吨，动用可采储量

6879.2万吨，完钻新井4809口，完成年度计划90.9%，进尺748.31万米，完成年度计划的89.1%。投产油井4131口，平均单井日产油5.5吨，投转注水井823口，建成生产能力668.98万吨，完成年度计划的87.5%。

2. 新区原油产能建设的主要工作

（1）积极开展水平井技术探索与应用，努力提高油藏开发效果。冀东油田2002年第一批水平井实施以来，截至2004年8月已在多种类型油藏中部署水平井68口，完钻57口，投产54口，累计建成产能30万吨以上。水平井生产井数仅占油田生产总井数的12%，而产量占全油田产量的三分之一，水平井平均单井产量为常规定向井的4.1倍；大庆油田针对特低丰度的葡萄花油层，在肇州油田设计水平井16口，目前已完钻13口，投产3口（有效厚度0.6—1.8米），都取得了较好的效果。尤其是扶平1井压后投产，10毫米油嘴，日产油31立方米。它的成功为今后浅井水平井钻井和压裂改造提供了经验。

（2）针对低产、低渗储层和特殊岩性储层提高单井产量的储层改造技术取得成功。海拉尔盆地兴安岭群为含凝灰质储层，水基压裂液体系缺乏适应性，压裂施工效果较差。为此，2004年推广应用乳化压裂液技术取得成功。在苏德尔特地区探井、油藏评价井及开发井压裂施工24口井，施工工艺均获成功，压后试油产量最大达到32.8吨/日（德120－175井）。为苏德尔特油田的整体探明和动用奠定了基础。针对吉林探区储层物性较差，遮挡条件较好，临近无水层的井采取大规模压裂取得了好的效果。2004年对17口井22层实施了大规模压裂，加砂量20—60立方米，平均加砂强度4.3立方米/米，最高10立方米/米。有14口16层获得工业油流，为进一步提高人工裂缝导流能力，进行了大粒径陶粒的现场实验，产液量比原来提高了5—10倍，突破了该区扶余油层产能关。

（3）开展扶杨油层开发试验攻关，努力探索适合其地质特点的经济有效开采方式。松辽北部特低渗透的扶杨油层动用程度较低，开发中存在的主要问题是注不进、采不出，开发效果差。为了提高注入能力，建立有效的驱动体系，2004年组织开展了一系列针对扶杨油层开发动用的现场试验，探索特低渗透扶余油层经济有效的开发方式，为大庆油田外围特低渗透扶杨油层的有效开发提供有力的技术支持。

宋芳屯油田芳48断块注CO_2非混相驱现场试验，试验进展说明，特低渗透扶杨油层通过注气可以改善注入能力。由于现场试验时间较短，油井没有见到注气效果，有待进一步观察。榆树林油田树322区块注活性水开发试验取得成功，该块2003年开展活性水驱油矿场先导性试验的4口井目前已有2口井见到效果，树661—加641井，从注活性水前26.0兆帕注水压力下，日注水5立方米，增加到目前在25.5兆帕注水压力下，日注水30立方米，累计注入活性液2960立方米，累计增注2490立方米。肇源油田井网优化设计与整体压裂现场试验，肇源油田储层裂缝比较发育，在井网设计中，采用拉大井距，缩小排距的矩形井网，在源151－1、源35－1、源121－3等三个区块采用四种井网进行现场试验，通过4种井网先导性开发试验，探索特低渗透扶余油层经济有效的开发方式。

（4）吐哈三塘湖盆地牛圈湖油田开展超前注水试验取得初步成效，有望成为吐哈油田新的战略接替领域。三塘湖盆地牛圈湖油田侏罗系西山窑组已提交控制储量3819万吨。多年来，由于地层压力系数较低（0.71）一直无法升级和开发动用，同时制约了该区勘探工作的开展。2004年吐哈油田借鉴长庆油田超前注水成功经验，以牛圈湖油田西山窑油藏为突破口，开展早期注水增压排采试验，初见成效。共部署7口井，4注3采。新钻5口井。目前油层吸水情况良好，牛103井地层压力系数已上升到1.2，并于2004年8月投产，自然稳定产量1.8吨/日；11月12日压裂改造后3毫米油嘴生产，日产油11吨，增产倍数为6.1倍，目前日产油稳定在9吨。初步试验表明，西山窑组砂岩油层能够通过注水提高地层能量及单井产量。本区如进一步试验成功，可望实现2000万吨低压储量的整体升级并动用。

（5）规范产能建设方案的编制及油田开发方案管理。组织编制了《油田开发方案评估指南》，并以勘探与生产分公司文件的形式下发，促进方案评估的制度化、规范化；参加编制《油田开发管理纲要》，促进方案编制水平和油田开发管理水平提高。同时，制定了新区原油产能建设开发方案备案要求。

（6）初步建立了开发方案审查评估体系。为了切实提高油田开发方案的编制水平，在制定和完善相关编制规范、标准的同时，从2003年开始加强对开发方案预先评估，把问题解决在方案实施之前，保证新区产能建设的顺利实施。

（郑兴范）

采油工程

【概述】 2004年，采油工程通过推广应用先进成熟技术、加强监督管理，实现了控制作业总量、降低操作成本的工作目标，取得了良好的成果和经济效益。

【井下作业】

1. 作业工作量完成情况

2004年油水井总数达到141414口，作业总工作量完成122040井次，其中维护作业74706井次，油水井措施36112井次，大修3104口。与2003年对比见表3。

表3 2003—2004年井下作业主要指标对比表

年度	总井数（口）	总工作量（井次）	单井年作业次数（井次/口）	维护工作量（井次）	年维护次数（井次/口）	油水井措施（井次）	大修（口）	油水井免修期（天）
2003	131193	112632	0.859	71153	0.54	30749	2833	675
2004	141414	122040	0.863	74706	0.53	36112	3104	691
对比	+10221	+9408	+0.004	+3553	-0.01	+5363	+271	+16

作业工作量的变化趋势：

（1）作业总工作量得到有效控制。在增加10221口新井的情况下，作业总工作量增加9408井次，平均单井年作业次数0.863次。

（2）维护作业工作量增长速度不断降低。工作量完成74706井次，比2003年增加3553井次，单井维护作业次数为0.53次，比2003年减少0.01次。油水井免修期达到691天，比2003年延长16天。

（3）老井措施效果呈下降趋势。与2003年相比，2004年措施工作量完成22495井次，增加2033井次；措施增油624.633万吨，增油量增加9.1264万吨，单井次增油降低23吨/井次，措施有效率下降0.99%。措施工作量增加，但效果变差，主要原因是选井、选层困难，多为重复性施工，潜力变差。与2003年对比情况见表4。

表4 2003—2004年老井措施情况对比表

年度	措施工作量（井次）	有效井次（井次）	有效率（%）	累计增油量（万吨）	单井次增油（吨/井次）
2003	20462	15871	77.56	615.5066	301
2004	22495	17224	76.57	624.633	278
对比	+2033	+1353	-0.99	+9.1264	-23

2. 提高井下作业质量，保证措施增产量，控制维护作业工作量

各油田公司通过优化施工设计、采用先进适用技术、强化作业监督，有效地保证了措施增产量，控制了维护性作业工作量，延长了油水井免修期，降低了作业成本。

（1）加强措施管理，提高措施效果。大庆油田继续完善压裂、射孔、大修等项目管理模式，重点加强油藏方案设计、工艺方案设计、施工方案设计。吉林油田压裂设计系统化，逐步形成压前评估、优化设计、小型测试、压后评估的动态设计模式，建成压裂项目管理和质量控制平台，树立“100-1=0”的质量理念。长庆油田从措施施工设计抓起保证措施有效率，施工方案讨论实行“三堂会审”、方案审批实行“四级把关”，工艺地质充分结合，措施有效率由2000年的86.5%提高到2004年的92.9%。

（2）推广应用成熟适用技术，延长油井免修期。吉林油田应用成熟实用配套技术，降低油井维护性工作量，油井免修期由2002年的343天延长到2004年的460天。其主要做法是：一是应用防磨技术；二是应用防砂技术；三是应用防腐、防蜡、防垢技术；四是加大油井工作制度调整；五是加强工程技术分析；六是严把入井工具材料关。冀东油田应用抗弯防磨的综合防偏磨技术和井口自动旋转器，延长定向井检泵

周期，2004年应用井口旋转装置16口井，检泵周期从280天增加到320天，平均单井增加40天。

（3）加强抽油杆、抽油管档案库的建设。大庆油田对库存、下井和作业新起出的杆、管全部打印标识和建立档案，累计建立杆、管档案数据库记录967万多条。大港、华北等油田也均对杆、管建立了档案库，吉林油田和华北油田制定下发了《抽油杆管理使用暂行规定》。

（4）加强管理，不断提高井下作业管理水平。华北油田制定了《井下作业市场运行管理办法》、《作业监督岗位责任制》、《作业监督管理实施细则》、《作业监督考核管理办法》等各项制度，规范井下作业监督行为。

【机械采油】　以节能降耗、降低成本为目标，不断加大提高抽油机井系统效率技术和螺杆泵采油技术推广应用力度，成效显著。

1. 提高抽油机井系统效率技术

2004年股份公司所属13个油田抽油机井系统效率平均为23.02%，当年实施优化调整井数3499口，平均提高系统效率8.21%。其中大庆、辽河、华北三个油田的实施数量占股份公司所属13个油田总实施量的77%。

大庆油田的实施数量和效果最为突出，2004年系统效率测试井数23550口，占股份公司所属13个油田总测试井数的84%，平均系统效率23.43%，当年实施优化调整井数1347口，平均单井系统效率提高9.1%。

辽河油田自2000年开始，五年累计实施优化调整3452井次，实施井平均提高系统效率10%以上，四年累计增油10.6万吨、平均单井年节电25161千瓦·时，累计节电6841万千瓦·时。2004年实施904口井，平均单井系统效率提高10.23%。

华北油田2004年测试1500口井，平均系统效率22.63%。当年实施调整479口井，平均单井系统效率提高6.75%。

2. 螺杆泵采油技术

不断完善配套螺杆泵采油技术，加大推广应用力度，先后在大庆油田召开螺杆泵采油技术现场会和推广培训班，使螺杆泵采油井数由2003年的1450口井，增加到2004年的2500口井。

大庆油田不断完善螺杆泵采油配套技术，加大成熟技术应用，拓宽螺杆泵应用范围，螺杆泵应用水平显著提高，见到了较好的经济效益。全油田在用螺杆泵井1547口，平均单井日产液43.6吨，平均泵效59.4%，平均检泵周期448天，比2003年延长85天。与同排量抽油机相比，全年减少一次性投资约1600万元，减少举升耗电约1300万元。

冀东油田加强地面驱动斜井螺杆泵及潜油螺杆泵研究及应用。一是应用螺杆泵井优化设计软件，使螺杆泵井在最优的工况下工作；二是配套应用变频调速技术，保证泵在启抽、停抽时，抽油杆的扭矩在允许扭矩下运行，不致引起启停抽时抽油杆断脱现象；三是采用管柱锚定技术解决了管柱断脱问题，应用管柱扶正器，使螺杆泵定子居中；四是研发了斜井地面驱动螺杆泵配套工艺，解决了斜井中由于井斜易造成杆管磨损及脱扣、断杆问题。通过以上工作，使冀东油田的螺杆泵井数由2003年的47口井增加到90口井。

华北油田在二连宝力格油田投产、蒙古林油田抽油方式转换中，分别整体应用螺杆泵35口井和60口井，目前全油田拥有螺杆泵井263口，较2003年增加108口。

【低渗透改造】　加大重复压裂技术攻关力度，整体推动压裂技术进步，提高低渗透油藏压裂增产效果。

（1）开展重复压裂技术攻关，提高重复压裂效果。大庆、吉林、长庆等油田针对同井同层重复压裂井的比例逐年增加而增油效果变差的问题，加大了重复压裂技术研究力度，取得较好效果。

大庆油田开展了外围低渗透油田重复压裂垂直裂缝转向工艺技术的攻关，目的是研究一套裂缝转向重复压裂新工艺，即将初次压裂产生的人工裂缝完全封堵，在同层中再产生一条新的人工裂缝，增添新的泄油面积，提高重复压裂井改造效果。试验井压后效果与普通压裂井对比，初期日多增油1.8吨，增油强度提高0.2吨/（米·日）。

吉林油田针对扶余、新木油田地层渗透性较好、地层压力低、地层温度低、裂缝纵向扩展趋势强的特点，应用全程加砂造短宽缝提高导流能力的技术，实施23层，平均单井日产油10.5立方米，比常规压裂日产水平提高5.5立方米。开展重复压裂裂缝转向技术试验，并取得了理想的增产效果。

（2）碳酸盐岩储层加砂压裂技术取得新进展。由于碳酸盐岩储层弹性模量高、人工裂缝宽度普遍较窄且容易产生多裂缝等原因，其施工成功率小，一直属于储层改造的“禁区”。2004年9月塔里木油田分公司邀请国内9家科研单位的50多位专家和工程技术人员，共同研讨碳酸盐岩储层改造技术，在塔中621井实施碳酸盐岩储层加砂压裂改造工艺技术尝试和在塔中 622 井实施碳酸盐岩储层地面交联酸酸压工艺技术试验。塔中 621 井加砂压裂前中途测试，总开井 5768 分钟，产油 0.42 立方米，折日产油 0.105 立方米，产有少量天然气。压裂后用 6 毫米油嘴求产，油压 29.63 兆帕，日产油 148.75 立方米，日产气 64654 立方米，井底流压 51.9 兆帕，并且一直很稳定。

【稠油开发】　主要抓了应用先进技术降低热采成本和提高热采效果的工作。

（1）辽河油田针对空心杆电加热工艺耗能大、成本高等问题，在超稠油区块开展了“井筒掺表面活性剂水溶液替代电加热降粘工艺”试验。现场试验证明，该工艺在技术上已达到取代超稠油电加热工艺的水平，在井口温度摄氏 52 度情况下可正常抽油生产。该技术在特油公司采油作业区 3－3 中心站实施，生产正常，运行良好。与井筒电加热采油方式相比较，有明显的经济效益，生产运行成本下降 19.97 元/吨。辽河油田年产稠油 840 万吨，用“掺稀油”和“电加热”的方式开采稠油 700 万吨，“掺活性水”与“掺稀油”和“电加热”方式相比，每年可节约成本 1.5 亿元。

（2）辽河油田为改善稠油蒸汽吞吐效果，提高稠油在地层的流动性，解决部分区块因油层岩石水敏造成的储层伤害注蒸汽困难等问题，提高油井供液能力和周期回采水率，进而提高蒸汽吞吐效果和吞吐阶段采收率，开展了 CO_2 吞吐采油技术的研究与现场试验。该技术试验应用 13 井次，从试验情况看，CO_2 吞吐采油技术在中质稠油油藏试验的 7 口井累计增油 3500 吨，换油率达到 1∶4。为了拓宽该技术的适用范围，开展了 CO_2＋表面活性剂＋蒸汽三元辅助蒸汽吞吐现场试验，累计实施 190 井次，其中周期结束 75 井次，有效率 79%，平均吞吐周期 7.3 轮，措施周期油汽比平均较上轮提高了 0.12，平均单井增油 345 吨，投入产出比为 1∶2.5。

【试油工作】　2004 年，试油工作紧跟勘探步伐，积极组织、协调重点井试油工作，加强试油新技术研究与应用，较好地完成了各项工作。

1. 重点井试油工作

（1）西南油气田坝南 1 井采用含硫气井射孔—酸化—测试联作试油技术，酸化后测试气产量 35.255 万立方米/日，该井扩大了坝南潜伏构造飞仙关鲕滩储层勘探领域。七里北 1 井采用了 APR＋OMNI 阀＋射孔枪联作试油管柱，采用解堵诱喷措施，诱喷成功，用 31 毫米孔板试气，折日产天然气 80.87 万立方米/日。七里北 1 井获气，是该区飞仙关组鲕滩构造——岩性复合圈闭的含气性的重大突破。

（2）新疆油田夏 72 井是一口重点预探井，压后初期日产油 86 立方米，日产总液量 109 立方米，用 3.5 毫米油嘴生产 33 天，日产油 53.6 立方米，日产气 0.314 万立方米。夏 72 井获高产油流，坚定了在乌夏断阶带下盘继续深化研究、寻找大型油气藏的决心。

（3）冀东油田老堡南 1 井奥陶系井段采用 MFE＋水力泵联作进行裸眼测试，25.4 毫米油嘴试油，折日产油 700 立方米，气 16 万立方米，新增预测含油面积 6.0 平方千米，新增预测石油地质储量 1058 万吨。采用 TCP＋MFE＋水力泵联作技术对老堡南 1 井馆陶组试油，25.4 毫米油嘴试油，日产油 253 立方米，气 2.2 万立方米。采用 TCP＋MFE＋水力泵联作技术对老堡 1 井东一段试油，日产油 78.5 立方米。老堡南 1 井、老堡 1 井试油成果证实了滩海地区中浅层具有巨大的勘探潜力。

（4）玉门油田窿 104 井酸化后用 6 毫米油嘴生产，日产油 80 立方米，该井获工业油流，拓展了该区块的含油层系，增加了青西地区油气储量。

2. 试油技术攻关研究

（1）西南油气田分公司承担的深井、高温、高压、含硫气井的试油配套工艺技术研究取得进展，形成了井下试油管柱结构、深井高压条件下的射孔—酸化—测试联作试油工艺，制定了深井、高温、高压、含硫气井试油安全控制和地面流程监测措施，开发了数据自动采集软件。这些技术在扁 1 井、坝南 1 井、七里北 1 井的试气中得到良好的应用效果，为西南油气田分公司完成勘探任务做出了贡献。

（2）大庆油田有限责任公司承担的低孔、低渗储层试油试采配套技术研究项目，通过技术攻关，初步形成了大庆油田深层火山岩低孔、低渗储层试气配套技术，包括：射孔测试联作工艺技术、高产井试气地面三相分离器计量技术、压裂工艺技术、井下及地面设备配套技术。这些配套技术应用于徐深 6 井试气，获高产气流，证明了该技术的实用性和有效性。

【管理工作】

1. 组织各种专业技术培训

（1）举办 2 期井下作业监督培训班和 1 期试油监督培训班。其中井下作业监督班共培训学员 170 人，试油监督班培训 52 人。

（2）组织 2003 年引进软件的国内外培训工作，

其中国内共举办培训班4次309人，参加国外培训4次33人。

2. 组织召开专业技术研讨会

（1）提高抽油机井系统效率技术交流会；

（2）螺杆泵采油技术现场会；

（3）采油工艺技术交流会；

（4）抽油机井采油系统效率管理方法与指标技术工作会议。

3. 其他

（1）参加集团公司组织的井控情况检查，并参与《井控管理规定》的制定。

（2）针对报废井、无利用价值井、长期停产井、遗留问题井（井口外溢、喷冒油气水等）等潜在安全隐患问题井，下发了处理这类问题的文件，要求各油田高度重视、做好监护，并及时处理，以规范此类事情的管理。

（3）组织开展了关于压裂支撑剂质量的抽查，并组织制定了新的支撑剂质量标准，进一步规范了质量指标、检测方法，提高国产支撑剂的生产技术水平，促进质量不断提高。

（4）下发了2003年射孔器材质量检查公报，通报了生产厂家的产品检查结果，特别对具体问题点名到生产厂家。通过质量抽检和公报的发行，对产品质量提高，保证实施效果起到了很好的作用。

（5）组织编写《采油工程管理规定》，已完成第六稿。

（6）组织起草《射孔器材使用管理规定》。

（7）组织辽河油田对现有采油工程数据报表系统进行修改与完善，并召开采油工程数据报表管理工作会议，对修改意见进行了讨论，将于2005年启用新的采油工程数据报表系统。

（王延峰　杨能宇　魏顶民）

地面工程

【概述】　油田方面：累计共建成各类管线126359千米；计量站6731座，接转站1308座，原油处理联合站284座；原油一段脱水能力220万立方米/日；伴生气处理能力2169万立方米/日；建成注水站686座，具有注水能力256万立方米/日；含油污水处理站335座，具有含油污水处理能力231万立方米/日。

气田方面：累计共建成各类管线21923千米；清管站373座，增压站95座，集气站887座，集气能力14259万立方米/日，天然气脱水装置186套，脱水能力8850万立方米/日；天然气净化厂20座，净化能力4761万立方米/日。地面系统能力基本适应了油气田开发需要。

【主要成果】

1. 优化简化进一步见效

10项优化简化工程成果显著。通过优化，10项优化工程中的8项工程节约投资4.6亿元；10项简化工程每年节省更新改造费用和运行费用约2亿元。

其他重点工程优化效果也很好。吐哈丘东天然气处理厂工程，初步设计批复投资比可研投资降低了5000多万元。大庆油田外围简化地面工艺，20个产能建设区块全部实现了经济有效开发。如肇源油田产能建设基建油水井109口（油井81口，注水井28口），建成产能7.38万吨/年，地面投资从9870万元降低到6363万元，下降了36%。

2. 重点工程按期投产

原油及天然气产能地面工程建设顺利完成。石南21井区等10个重点油田产能建设项目，克拉2等4个重点气田地面建设工程都顺利投产。在工期短、施工困难的条件下，优质高效地完成了地面建设任务。西南油气田产能地面建设的顺利完成，保证了11月16日向忠武管道的顺利供气。

老区改造及系统配套工程顺利完成。花格输油管道工程于8月1日建成投产，塔西南50万吨/年炼油技术改造工程12月15日完工，辽河欢四联污水深度处理工程、坨鞍输油管道工程等重点工程都顺利建成。

3. 污水治理见到实效

5年来，加大了含油污水处理及利用的投资力度，使污水处理率由1999年的74.8%提高到了100%，外排达标率由1999年的11%提高到2004年的94.9%，全面达到了国家的要求和股份公司业绩考核指标的要求。实验和推广了稠油污水处理达标回用热采锅炉的技术，先后在新疆油田及辽河油田得到了成功应用，为油田生产的环境保护和热能利用做出了贡献，获得了可观的经济效益和环保效益。

4. 项目管理不断完善与创新

2004年，各油田进一步加强地面工程建设管理，主要措施为：强化监管，严格工程建设行为管理。严格建设市场准入管理，创造条件积极推行工程招标投标，继续加大对散、乱、小队伍的整治力度。进一步修订和完善地面工程建设管理的规章制度，建立健全企业内部控制管理体系。强化了施工安全管理，变建设工程“三要素”（投资、工期、质量）的控制为“四要素”（投资、工期、质量、安全）的控制。

【重点工作】

1. 投入全力，作好“两篇文章”

（1）筹备组织召开优化、简化现场会。2004年3月24—26日在辽河油田召开了老油气田地面系统简化工作现场经验交流会。2004年4月12—16日在长庆油田召开了新油气田地面建设优化现场经验交流会。勘探与生产分公司领导对两次现场会非常重视，胡文瑞总经理分别到会并做了重要讲话，明确了优化、简化问题的提出和怎样做好优化、简化的问题。刘圣志副总经理做了总结报告。会议推介了辽河油田、长庆油田的典型经验，认真分析了优化、简化工作的成绩、存在的问题，优化、简化的基本思路和主要目标，做好优化、简化的主要措施等等。达到了“统一思想、加强认识，总结规律、创新典型，交流经验、共谋发展，突出重点、明确目标”的良好效果，进一步坚定了信心，全面推动优化、简化工作的开展。

（2）抓好优化、简化的“双十”工程。为进一步创新典型、发挥科学示范的作用，抓好优化、简化的重点，从油气田产能建设和老油田改造项目中优选了一些具有代表性的重点工程，抓好这些工程的研究和实施，推动优化、简化工作的开展。上半年对“双十”工程进行了检查，12月中旬对“双十”工程进行了认真的总结、交流。

（3）组织国外考察。为进一步推进优化、简化工作，学习国外油气田地面工程的先进经验，组织了股份公司油气田地面工程考察组到国外学习、考察。

2. 做好地面方案和初步设计审查

2004年的方案审查和初步设计审查，以优化、简化的思路做好审查工作。审查了新疆八区乌尔禾、石南21井区、塔里木英买力气田群等15个油气田开发方案中的地面工程方案。重点审查了塔里木吉拉克凝析气田、桑南凝析气田、西南罗家寨气田天然气净化厂工程等16项产能建设及系统配套项目。

3. 编制好老油气田改造规划

在“2004—2006年股份公司油气田地面流程调整改造规划”的基础上，又与规划计划部、规划总院共同完成了“2005—2007年老油气田优化简化调整改造规划”，适当加大了老油气田调整改造投资的力度。

4. 突出重点，做好建设管理工作

主要是抓好重点工程项目过程管理，做好协调工作。做好克拉2气田、忠县净化厂工程衔接工作，保证按时投产。作好工程的竣工验收工作，组织对辽河油田欢三联污水处理工程、新疆陆梁油田地面建设工程、六九区稠油污水处理工程进行了竣工验收。

5. 重视工程质量，抓好质量检查

各油田公司共抽查各类工程项目154个，发现各类质量、安全问题410项，并对检查出的问题进行了分类清理，下发工程质量整改通知单，要求各建设单位进行了整改。在各油田自查的基础上，勘探与生产分公司组织了东、西部两个检查组共12人，于9月15日至9月29日对大庆、吉林、冀东、塔里木、吐哈、长庆六个油田公司的地面工程质量进行了抽查。共抽查15项工程，检查出质量问题211条。检查结果表明，油气田地面工程总体质量是好的，土建、安装点合格率达到了93%，焊接质量一次合格率达到了92%以上。

6. 做好滩海工程前期技术准备

2004年滩海工程按照“突出重点、保证安全、依靠科技、加快发展”的工作思路，重点抓了大港油田关家堡油田产能建设的前期工作。召开了滩海近海工程技术研讨会，进一步推动了滩海海工及地面工艺技术交流，明确了今后的技术路线和发展方向，主要内容是滩海海工及地面工艺技术现状、发展方向及存在的主要问题和建议。

7. 进一步做好科技进步工作

依托工程建设，解决生产急需技术问题。在重大研发方面，开展了“现有水驱处理系统含聚后污水处理配套技术研究”、“稠油污水回用锅炉技术标准研究”等；在生产研究方面，进行了“油气高效集输与处理技术研究”和“稠油热采油改煤配套技术研究”等；在决策支持方面，进行了“不同类型油气田地面工程建设工艺技术优化模式研究”、“油气田地面工程现行标准适应性研究”等。

积极推进气体膜分离技术的应用。为了推动气体膜分离技术在油气田开发中的应用，提高油气水分离和处理技术水平、降低能耗、提高油气田整体开发效益，组织召开了“气体分离膜技术在油气田开发中应用研讨会”，编写并印发了《气体分离膜技术在油气田开发中应用文集》。研讨会上国内外该领域内的知名专家做了九个技术报告，就气体分离膜技术应用于天然气脱水、天然气脱除酸性气体、天然气烃露点控制等进行了认真研讨。

8. 加强基础工作，修订相关规定

为了配合油田开发管理纲要的贯彻与执行，积极组织编写了《油田地面工程管理规定》，共 9 章 136 条；编制了油气田地面建设竣工验收手册，并于 2005 年 1 月 1 日起实施。

【工艺技术】

1. 油气田地面工艺技术进一步发展

稠油污水回用热注锅炉技术逐步完善。继新疆六九区、辽河欢三联每日 3.5 万立方米稠油污水回用锅炉技术成功后，2004 年辽河油田欢四联又有 1.2 万立方米稠油污水实现了回用锅炉，且工艺流程更加优化，节约了清水、减少了污染，为稠油污水资源化利用开辟了新的途径，并可创造年均利润 1360 万元。

高含硫天然气集输、净化技术的方案论证及前期技术准备取得突破性进展，在集输与净化工艺、设备选型、腐蚀与防护、安全保护等方面都做了大量的前期技术准备工作，为罗家寨气田集输工程及净化厂的建设奠定了基础，也反映了天然气集输和净化技术水平的不断提高。

2. 先进技术推广取得了很好的效果

大庆油田采油一厂至采油七厂继续加大低温集输技术的推广力度，低温集输井达到 17977 口。其中 2120 口、4402 口和 11455 口井分别实现了全年不加热、季节性不加热和降温掺水集输，全年节气 1.14 亿立方米。

长庆油田推广“单、短、简、小、串”工艺技术，使低渗透油田百万吨产能地面工程投资控制在 7 亿元以下。西峰油田推广软件量油技术，单井地面投资节约 3 万元；推广注水系统稳流阀组配水技术，平均每口注水井节约投资 2 万元。

西南油气田广泛推广应用了“在线腐蚀监测”、“在线气质监测”、“防腐涂层检测及阴极保护效果评价”、“在线管网系统完整性评价”等系列配套技术，建立集输管网恶化监测、检测及评价系列技术，为老管网改造提供科学依据，节约了投资。西南油气田分公司到 2004 年共检测及评价集输干线 49 条，支线 116 条，共 4600 千米，并对存在问题的管网进行改造，增强了管网的平稳运行能力。

施工方面采用了半自动焊和机械化流水作业相结合的方式，使焊口 X 射线探伤一次性合格率达到 95%以上。在陡峭地段，采用了山区索道布管、山区轻轨布管等新技术。通过积极应用施工新工艺、新技术，保证了一批重要地面建设项目保质、保量、按时完成。

在输油管道建设中推行环氧粉末与聚氨酯复合保温技术，电晕极化与磁力纠偏技术，防水帽与沥青带相结合的管道补口防腐保温技术等，节能降耗的效果非常明显。

3. 试验的技术

大庆油田：试验污水物理杀菌技术、多项膜过滤处理技术，进一步开展了聚驱简化地面工艺技术试验。

新疆油田：首次使用了国外 100%固体聚氨酯涂料和国内研发的无溶剂环氧涂料，还试用了国产射流排泥器。

青海油田：尕斯库勒油田开展了不加热集输工艺试验。

冀东油田：试验成功了日处理污水 500 立方米/日的立式爆气塔。

（孟宪杰　汤　林）

技术项目

【概述】　2004 年，勘探与生产分公司科技工作紧紧围绕业务发展战略目标，通过整合科技资源，突出区域特色，充分调动科研院所、油田和各专业处室的积极性，在两个层次和一个整体的框架下，提出了勘探生产长期攻关的“十大技术领域”科技项目，包括：岩性油气藏成藏理论与勘探技术、前陆盆地油气成藏理论与勘探技术、碳酸盐岩油气勘探技术、油气预探新领域目标研究、高含水后期改善水驱开发效果技术、三次采油提高采收率技术、天然气高效开发配套技术、稠油转换开采方式配套技术、低渗透油藏经济有效开发技术、工程配套技术。

【油气勘探项目】

（1）坚持油气地质综合评价与目标研究不放松，油气预探取得显著效果。预探研究“立足整体，立足长远，立足大目标”，从找准关键问题入手，总结规律，综合评价，推动了新区、新领域的突破和油气发现，提供了强有力的地质依据和技术支持，为股份公司油气增储上产开辟了新的重要领域。2003—2004年连续两年新增三级储量超额完成年度目标，尤其是2004年获得了油气勘探13个重要发现和8个重要苗头，新增探明储量历史上第八次超过5亿吨，使2004年油气勘探呈现出“勘探场面大，圈闭准备足，钻探效果好，规模储量多”的局面。

（2）岩性地层油气藏勘探理论和技术的不断创新，有效指导了勘探发现。“三因素控砂、六线四面控圈闭三面控藏”，“三种动力驱替、构造—层序成藏组合控区带”等理论总结有提升，滦平层序地层学露头基地建设见到了很好的效果。理论上的创新和技术上的进步为松辽盆地、鄂尔多斯盆地、渤海湾盆地、准噶尔盆地等岩性地层油气藏勘探突破发挥了重要作用，连续两年岩性油气藏在三级储量中所占比例突破60%，成为油气勘探的主战场，使油气勘探进入新的历史发展阶段。

（3）前陆盆地油气地质认识进一步深化，断层相关褶皱理论和构造建模进一步完善以及山地地震、钻探技术的突破，开拓了中西部前陆盆地勘探领域，取得了库车、准噶尔、柴北缘和祁连山前陆的油气突破，获得了如乌参1等3个亿吨级油气藏、8个含油气构造的发现。

（4）煤层气勘探开发技术成果。

①煤层气地质理论新认识指导了地质选区和目标优选。在中—高煤阶构造热事件与煤层气富集、煤层上覆地层有效厚度控气、煤层直接盖层控气、煤层气的水动力富集规律、中—高煤阶煤层物性控气等方面认识深化；

②引进吸收Seislog地震处理、解吸—测井解释等多项煤层气评价技术，指导了煤层气勘探和高产富集区块的发现；

③优选了不同煤阶的煤层气开发技术，并积极试验，为煤层气开发作了技术准备。

（5）物探技术进步。

①大力推广应用精细三维地震采集配套技术，资料品质普遍提高，勘探成效显著；

②叠前时间偏移技术已趋成熟，配套技术系列已经形成，具备大面积推广应用条件；

③岩性地层油气藏地震预测技术配套技术初步形成，有效提高了岩性油气藏的描述精度；

④前沿技术得到进一步发展，如四维地震、多波多分量等技术在油气检测和油藏管理方面发挥重要作用。

（6）钻井技术进步成果。

①水平井技术在油气开发中效果显著。2004年水平井技术在塔里木油田、大庆油田、冀东油田、辽河油田、西南油气田得到较广泛应用，全年突破150口。水平井的油藏钻遇率不断提高，产量均达到直井产量的3倍以上。特别是冀东油田2004年已超过60口水平井，其中高尚堡油田完成了26口水平井，占总完井的43%，油层钻遇率达98.3%，产量是直井的2—5倍，水平井现已累计建成产能30万吨以上，目前日产油量1130吨，占全油田产量的三分之一（水平井井数只占投产井数的1/8）。

②欠平衡钻井技术在勘探开发中发挥了重要作用。2004年欠平衡钻井技术在西南油气田、大庆油田、辽河油田、新疆油田得到了应用，共实施37口。这些井的实施，提高了低压、复杂岩性、水敏性、裂缝性等储层的油气发现和保护水平，提高了单井产量，降低了开发综合成本，解决了低压地层漏失问题，提高了机械钻速，减少了压差卡钻，缩短了钻井周期。

③气体钻井、垂直钻井技术在提速防漏和高陡构造防斜打快中见到明显效果。

④地质导向钻井技术取得较大进展。成功研制出具有自主知识产权的产品，如CGMWD新型正脉冲测斜仪，NBLOG－1型近钻头测量短节产品等，编制了地质导向钻井决策与控制软件、地层建模分析软件。

（7）测井技术成果。

①以CMR、MDT等与常规测井技术相结合的低孔、低渗储层测井评价技术研究与应用，效果显著。

②初步建立了一套从测井采集到测井评价的成像测井与常规测井相结合的复杂储集空间油气层测井评价技术。

【油气田开发与生产项目】

（1）精细油藏描述技术逐步走向成熟，大面积推广工作全面展开，形成了一套油田开发后期储层精细建模、剩余油监测预测的技术和方法，使剩余油认识程度不断深化，老油田采收率提高了1.5—2百分点。

老井连续四年综合递减基本稳定；综合含水上升连续三年控制在0.24%以内。原油产量连续三年“箭头向上”，2004年创历史新高。

(2) 聚合物驱油技术不断完善，自行研制的新型耐温抗盐聚合物产品性能及应用在国内外处于领先水平，分层注入及综合调整技术水平不断提高。截至2004年底，已动用面积274.4平方千米，地质储量4.92亿吨。聚合物驱年产油连续三年超过1000万吨，2004年占股份公司年产油量的10.07%（占大庆油田原油总产量的22.7%）。

(3) 中深层稠油汽驱扩大试验获得成功，证明在蒸汽吞吐基础上可再提高稠油采收率25%以上，为工业化实施做好了准备。组合式蒸汽吞吐技术的先导试验已经证明可以很好地改善高轮次吞吐后期开发效果，进一步提高采收率。水平井重力辅助蒸汽驱先导试验的初步成功，为稠油开采接替方式开辟了新领域。

(4) 深层天然气、凝析气田开发基本形成了技术系列，保证了塔里木牙哈、克拉2等深层高压气藏的顺利建成投产。用水平井、大斜度井开采碳酸盐岩高含硫天然气藏的配套技术获得成功，单井产量实现百万立方米以上安全生产。对天然气快速上产和西气东输的正常运行起到了重要作用。

(5) 初步形成了低渗透油田超前注水配套技术。应用物模、数模等研究手段，进一步深化了超前注水的理论认识，明确了超前注水使地层压力达到原始地层压力120%，以及不同类型油田应用的技术界限。该技术已在长庆、大庆、吉林、华北、吐哈等油田广泛应用。提高低渗油田单井产量，延长稳产期一年以上。

(6) 基本形成了松辽盆地嫩二段化石层套损预防和修复配套技术。①扩径完井，为地层滑移预留缓冲空间；②提高固井质量，防止嫩二化石层进水；③加强油水井管理。

上述措施在460口井上应用，四年内未见套损。修复技术不断提高体现在：一是修复能力由原来的ϕ70毫米提高到ϕ40毫米；二是ϕ108毫米套损补贴后，强度可达到J55套管水平，现场应用57口井，成功率92%。

(7) 形成了测调联动分层配水工艺技术。研制了具有弹出、收回、定位、旋转、对接功能的机械臂和具有信号实时采集、分时传输的井下分层配水自动监控系统。实现了“压力同步录取、流量实时监测、水嘴连续可调”，达到了测试效率提高，测调时间缩短，测试资料准确率提高的目的。按照2004年杏北油田年测试任务4940井次测算，与常规测试工艺相比，可以减少测试班组49个，节余投入费用3560.52万元。平均单井测试费用比常规测试工艺低0.68万元。

(8) 螺杆泵配套技术日趋成熟。形成了选井选泵、杆柱及管柱防脱扶正、清防蜡解堵、地面驱动及调控、测试诊断和螺杆泵检测等八大配套技术，对水驱、聚合物驱、复合驱和稠油油井举升表现出良好的适应性。据此，在采油工艺处召开的地区公司采油工艺处长动员会以后，在大庆油田举办了螺杆泵举升技术培训班，效果较好。

总之，技术进步为勘探发现，储量增长，原油产量稳中有升，天然气产量快速增长起到了很好的技术支持作用，有效地提升了股份公司的竞争能力和地位。

【科技成果信息管理】

(1) 在门户基础上搭建了生产管理与决策支持平台。目前已建成了综合信息管理系统、地理信息综合服务系统、重点投资项目管理系统和办公自动化系统。这四大系统实现的功能有：

①非结构化数据的共享和查询。包括领导讲话、重要会议、调研报告、工作总结、业务管理信息、周报、月报、年报、简报、文件、管理规范、各类纪要。

②结构化数据的共享和查询。包括年度计划、财务预算、油气资源、矿权、储量、成本、产销量、实物工作量、投资、效益指标、技术指标、基础数据、KPI指标、对外披露数据、国外油气资源、勘探数据、采油工程数据、油田开发综合数据、供电用电数据。

③综合报表的随机组合与查询。根据需要可以以油田为单位系统打印由107项数据组成的任何数据表，也可以随机选择数据和单位打印可以对比的数据。

④重点投资项目执行情况的适时跟踪管理和查询。地区公司可以将储量计划完成情况、产量计划完成情况和投资计划完成情况直接上载到该系统，并汇总成勘探与生产分公司的计划执行情况。通过该系统可以实现对重点预探项目、重点油气藏评价项目、原油产能建设项目、天然气产能建设项目、重点油气田系统工程、油气集输管道工程的跟踪管理和查询。

⑤办公自动化。在股份公司电子办公系统上增加了待读报告和人员去向。待读报告可以将文档提交相关处室会签、审核，提交相关领导审查和批阅。人员

动向可应用于员工考勤、统计和查询。

⑥重点工作安排、领导动向、新闻与热点、最新技术进步等的上载与共享。通过门户，员工可以随时掌握当前勘探与生产分公司的重点工作安排、领导的重要活动，了解最新发现及国内外重大新闻。

⑦图形导航。已在门户上建立了一套地理信息系统，该系统可以实现矿权图和相关数据的网上查询。

（2）协助科技信息管理部完成了地球科学与钻井系统和上游生产信息系统建设的初期工作。两个系统的建设工作一直在科技信息管理部的组织下进行，勘探与生产分公司积极配合并参与了相关工作。目前项目已完成试点方案的详细设计和软件供应商招标工作，硬件供应商的招标和最小工作量试点工作正在进行中。

（范土芝　刘德来）

市场管理

【概述】 2004年，认真贯彻执行集团公司工作会议和南戴河领导干部会议精神，根据勘探与生产分公司制定的“继续坚持‘持续、有效、快速、发展’的基本方针，更加牢固地树立‘立足商业储量，勇于挑战极限，强化科技增效，注重投资回报，追求管理创新’的工作理念；进一步全面深入地贯彻‘落实四项目标、狠抓三项工作、做好两篇文章、夯实一个基础、推进八项举措’的工作思路”的总体要求和安排，市场管理工作围绕油气勘探开发主营业务，进一步理顺市场准入审查程序，加强施工队伍动态和业绩管理，规范工程技术服务市场，努力提高施工队伍服务意识和施工质量；跟踪关联交易动态，反映并协调解决关联交易运作过程中出现的问题；开展企业管理和合资合作区块情况调研，起草了合作开发管理办法。

【企业管理】 强化制度建设，突出“三基”工作，提高企业管理水平。开展了以文本为载体的制度化体系建设工作，从系统管理的角度对部门职责、业务流程、专项制度、岗位说明书进行了规范和整理。

【市场管理】 加强市场管理规章制度的配套建设，开展勘探与生产工程技术服务队伍动态调查，组织工程技术服务队伍业绩考核，对集团公司未上市企业2559支施工队伍进行业绩考核，业绩考核的主要内容为：施工企业和队伍遵守法律、法规和市场行为情况，施工企业和队伍施工时发生质量、安全、环保事故情况。市场管理水平进一步提高。

【市场准入】 进一步理顺勘探与生产工程技术服务市场准入程序，完善准入审查规范，组织了施工队伍市场准入审查和复审换证工作，共收集整理了大庆石油管理局等20个集团公司局级单位、胜利石油管理局等4个中国石化集团公司单位、中海油田服务股份有限公司、新疆等4个油田的改制企业等3067支施工队伍的申报材料。其中，物探队伍169支、钻井队伍659支、固井等钻井技队伍173支、录井队伍308支、测井队伍513支、试油（包括地层测试）队伍246支、井下作业队伍971支、试井队伍28支。3067支队伍中，集团公司队伍2881支、占94%，中国石化集团公司队伍64支、占2%，改制队伍80支、占2.6%。

【市场开放】 根据“同等优先、内部开放、适度竞争”的市场开放原则，推动油气田招投标工作的开展。各油田公司公开招标、邀请招标的工作量928437.25亿元，市场开放程度21.12%；内部招标工作量1003247亿元，占23.1%，内部议标工作量1591122亿元，占36.59%。如果把内部招标、内部议标工作量计算在内，市场开放程度达到84.56%。各油田、各专业开放程度不一，差别较大，开放程度较高的油田有：塔里木油田为100%，冀东油田为81.2%，青海油田为29.94%，其他油田均低于20%。从专业类型分析，开放程度较高的是：物探二维为36.15%，探井钻井为30%，地面建设为27.32%，物探三维为22.06%，其他专业均低于20%，开放程度最低的录井为8.28%。

【关联交易】 经过几年的磨合，普遍认识到“和则两立、争则两伤”，未上市企业的发展要离不开油田公司，油田公司的发展也离不开未上市企业。集团公司建立关联交易联席会议制度后，各油田公司和相关未上市企业也先后建立了关联交易联席会议制度，双方本着“互利双赢，共同发展”的原则，出现问题及时沟通、协调、解决。关联交易协议签订工作进展顺利，大部分油田双方在上半年完成了协议的签订。上半年共有8家企业完成了关联交易总协议签订工作；4家企业签订大部分协议，部分协议协商待签；1家企业由于各种原因，总协议还没签订。下半年各项协议陆续签订完毕，其中协议（或部分协议）签订期限在三年以上的企业共有7家。2004年，各油田公司共签订关联交易总协议13份，分项协议739份。关联交易工作向更加有序、规范化方向发展。

【队伍协调】　按照“调整结构、控制总量、内部开放、适度竞争”的原则，优化配置技术资源，控制作业队伍的增长。先后协调了华北石油管理局7支钻井队、青海石油管理局4支钻井队和2支作业队、吐哈石油勘探开发指挥部9支作业队和7支钻井队、四川石油管理局2支钻井队等队伍的跨油区施工；妥善解决了冀东油田引进中原油田钻井队伍、大港油田引进胜利油田海上钻井平台等问题，一方面稳定了集团公司施工队伍，另一方面保证了油田公司生产。

【国内合作开发】　为规范国内油气资源合作开发管理，促进合作开发的健康发展，开展了国内合作开发区块的调研、分析及起草管理办法等工作。目前国内油气合资合作区块共计121个，形成69个合同。探明储量11亿吨，动用储量4.2亿吨，储量动用程度为38%。单井合作2662口。合作方累计投入资金93亿元，钻井13000余口，累计生产原油1891万吨，油田公司获得份额油877万吨。2004年合作项目生产原油406万吨，其中与未上市企业合作生产原油167万吨，与地方企业（包括控股）合作生产原油222万吨。

（王连刚　杨光胜）

第三篇

炼油化工与销售

炼油与销售

【概述】 炼油与销售分公司是中国石油天然气股份有限公司四个专业公司之一，2004年生产经营取得较好成绩，全年加工原油10350万吨，比2003年增加1096万吨，销售成品油6681万吨，比2003年增加630万吨，实现利润124.8亿元，比2003年增加55.9亿元。

(1) 全力落实原油资源，搞好安全平稳生产。在落实国内原油资源的同时，抓好进口原油的组织，全年加工进口原油比2003年增加450万吨。因地制宜确定资源配置方案，进口的哈萨克斯坦和俄罗斯原油集中在炼化一体化企业加工，稠油集中在克拉玛依、辽河石化加工，总体资源配置向炼化一体化企业倾斜。全年始终把装置安全平稳运行放在首位，采取切实可行的措施，杜绝了炼油业务亡人事故，非计划停工次数比2003年下降20%。组织了各炼油企业的发展规划研究和结构调整，做到了各个炼油企业定位准确，发展方向明确，产品结构优化。全年落实150项产品结构调整措施，共增产高附加值产品846万吨。柴汽比达到1.87，比2003年提高0.11。新开发的乙醇汽油、欧Ⅱ标准汽柴油和98#汽油成功投放市场。高档润滑油比例比2003年提高13.5个百分点。

(2) 深入开展"技术效益年"活动，进一步提高炼油业务的综合实力。上半年召开了炼油生产技术现场经验交流会，加强基础管理和技术管理，深入开展达标对标活动，16家企业实现了专业达标，80套股份公司管理、212套地区分公司管理的炼油装置实现达标，146套主要炼油装置已具备三年一大修的运行水平。各企业提出和落实"五大平衡"和"五项攻关"1800多项，增效7.3亿元。技术创新取得了重要进展，200多项"四新"技术得到推广应用，多项技术获国家科技进步奖和集团公司技术创新奖。加强工艺技术管理，按照先进的理念、科学的方法建立了炼油装置的操作规程体系并编制了主要装置操作规程样本。加强操作人员的技术培训，开展技术比武和岗位练兵，进一步提高了员工素质。

(3) 积极应对市场变化，努力满足市场供应。2004年成品油市场需求旺盛，供求矛盾、品种矛盾、季节矛盾和地域矛盾突出，充分发挥炼销一体化优势，把握好加工量增加、价格调整、进出口衔接、资源投放、区域配置、库存运作、品种调剂等各个环节的节奏，在增产增调增销的同时，加大资源的外采力度。全年进口成品油114万吨，收购地方炼油厂产品251万吨，从社会其他经营单位外购88万吨。成品油外采资源销售量比2003年增加102万吨。加强市场分析和预测，及时调整营销策略，把握了市场的主动权，在较好地保证市场供应的同时提高了经济效益。针对运力紧张的矛盾千方百计优化运输，充分发挥管道和地付分输能力，最大限度提高港口码头和车船使用效率，全年调运量比2003年增加760万吨。

(4) 加强加油站管理，树立中国石油良好形象。召开加油站管理现场会，总结经验，查找不足，有力地推动了加油站管理上水平。提出"三保两好一满意"的具体要求，全面开展检查整改活动。对零售业务实施动态管理、跟踪管理，零售量大幅度增加，加油站单站日销量比2003年提高0.52吨/日，零售比例提高2个百分点，保证了中国石油加油站不脱销、不断档，保质保量供应，树立了中国石油良好形象。加大机构用户开发力度，完成了与中航油、中铁和北汽、首汽等企业的合作，新开发了市政建设、重点工程、工交企业等一大批区域性、行业性大型机构用户。成立了油品二处，专门负责非统配产品的销售管理工作，出台了相应的管理办法，加大协调职能，取得了初步效果。

(5) 加快重点炼油工程建设，推进网络建设跨越式发展。成立了工程建设处，加强对工程建设的组织协调。全年炼油完成投资43.9亿元，共有19套重点炼油装置按期建成投产，完成短平快项目89项，实现了工期、投资、质量和安全四大控制目标，炼油结构调整取得成效，当年提高一次加工能力530万吨/年，配套建设一批深度加工装置，提高二次配套能力740万吨/年。2004年初，召开网络建设会议，层层签订目标责任书，明确了发展目标任务，把网络建设真正作为"生命工程"、"一把手工程"来抓，销售网络实现跨越式发展，完成投资76.2亿元，新开发加油站2500座，投用2276座，新增零售能力754万吨。

（6）推进营销体制改革。按照“两新两高”的要求和区域市场定位，重组了华东、华北销售分公司，组建了华南和华中销售分公司，班子、队伍、业务、管理全部到位。华南销售分公司按照“组织扁平化、管理垂直化、业务专业化、权责清晰化”的原则，探索完成了组织机构再造和业务流程再造，初步建立了营销、投资、物流、财务四条主体专业线的管理框架，实现大区范围内的一级管理。华中销售分公司完成了对湖南、湖北地区的市场整合。西南销售分公司总部由四川迁往云南，实现了靠前指挥，对大区和省公司进行了整合。在集团公司和股份公司统一安排下，基本完成了对油田炼化企业加油站的整合，划转加油站56座，与251座系统内加油站签订了特许经营协议。积极探索新型物流体系，东北、西北地区的一次物流优化取得了明显成效，在大连等地区结合配送中心建设和信息化建设，开展二次物流配送试点，取得积极进展。

（7）进一步强化内部管理，全面降本降费。深入开展技术效益年、销售效益年、管理增效年活动，炼油业务和销售业务单位成本均有所下降。优化运输，吨油运费比2003年降低10.08元/吨，可比口径节约运费2.6亿元；强化人力资源和人工费用管理，吨油人工费用比2003年下降2.46元/吨；加强财务管理，推广集中核算；狠抓安全生产，认真吸取“12.23”事故教训，树立事故是可以避免的新理念，确定零事故的高标准，加大投入，整改隐患，下半年专门召开了安全管理工作会议，进一步落实各项安全管理措施，炼油企业杜绝了生产亡人事故。

（朱　文　薛　鹏）

【原油资源配置】

（1）加强沿海炼厂进口原油组织，为北部内陆炼厂提高加工负荷创造条件。2004年海上进口原油实现1663万吨，比2003年增加279万吨，增幅20.1%。新增加了辽河石化、大港石化、吉林石化三家分公司海上进口原油，极大缓解了原油资源不足的压力。

（2）靠近目标市场的企业加工量大幅度增加。大连石化、锦州石化、锦西石化等充分发挥原油采购优势，大幅增加海上进口原油加工，配套加工负荷均超过100%，沿海3个炼厂加工量比2003年增加22.1%；最靠近目标市场的华北地区，实现了满负荷生产，比2003年增长7.75%。

（3）炼化一体化企业加工量得到提高。吉林石化、辽阳石化、独山子石化等一批炼化一体化企业基本上实现了满负荷生产，最大限度地发挥了生产装置能力，加工量大幅增长，为炼油与化工的优化运行奠定了基础。

（4）特色原油集中到生产特色产品的企业加工。辽河稠油集中到辽河石化加工，新疆稠油集中到克拉玛依石化加工，既满足这两个炼厂增产重交道路沥青和润滑油的需要，又减少重质原油的外运，改善了其他炼厂的原油品质。与2003年相比，稠油加工量辽河石化增加35万吨，克拉玛依石化增加49万吨。

（5）及时调整适应市场变化。加强产销衔接，做好事前预测、事中跟踪，随市场需求变化，调整加工节奏。

（6）优化装置运行，降低生产成本。依据生产装置能力及检维修情况，从加工计划的安排上合理安排一二次加工负荷。挖掘潜力，提高负荷，围绕长周期运行，攻克难关，及时发现和解决影响长周期安全运行的技术难题，确保长周期运行。

（楼　森）

【成品油销售】　经过几年来的发展，营销水平不断提高，营销策略的应用趋于成熟，经营理念得以更新，实现了从以产品为中心向以客户为中心、以服务为中心的转变；不断适应市场的变化和消费者的需求，自觉为消费者提供优质产品和优质服务；经营方式从只卖自己的产品向资源渠道多元化转变，不断提高销产比，满足不断增长的社会需求；制定了面向终端的服务规范和管理规范，跟踪市场、超前预测，统筹资源，快速反应，实现了销量提高、价格到位、库存适度。2004年销售量达到6681万吨，比2003年提高630万吨。

（1）市场预测水平明显提高。利用部门调查、弹性系数、历年各季度数据回归等几个不同的方法综合分析，提出2004年表观消费量增长幅度，为安排生产企业加工和制定全年营销策略提供支持。定期对销售完成情况进行总结，对下期市场消费、价格走势、竞争对手情况做出分析预测，提供较为准确的市场预期，对分季度、分月度的生产加工计划安排、销售企业营销策略制定起到了积极的作用。

（2）销售节奏把握较好。由于市场预测水平的提高，对市场的判断较为准确，针对销售淡旺季客户对油品的需求情况以及不同品种油品的特点，提前做好资源的投放、库存增减、促销或是控制销售的充分准备，使得销售系统上下对市场认识统一，行动一致。做到了全年月销量较为均衡，库存控制较为理想，节奏把握较好，价格到位率高。从而保证了加油站不脱销断档，满足市场供应，对重点用户、重点地区用油得到保证。

(3) 加大外采资源力度，确保市场份额稳定。

(4) 资源向高效市场倾斜。在资源配置上对成熟市场、零售比例高、汽油销量大的地区以充分保证，确保高效区域所需的品种、数量，同时根据市场变化、价格到位情况及时调整资源流向。

(5) 精心组织运作，确保新产品顺利投入市场。按照国家和地方政府对环境保护的要求，通过现场办公、制订有关销售方案等办法，顺利实现了东北地区乙醇汽油封闭销售、北京地区欧Ⅱ标准油品销售，同时在北京、上海、广州、沈阳成功组织了98#汽油投放，树立了中国石油的良好形象。

(6) 推进配送中心建设。认真开展配送中心方案研究和试点工作。5月末下发通知，对各地区公司配送中心建设的方案编制工作进行了部署，明确了具体的目标、要求和时间安排，并选定了试点单位。

(7) 密切配合，完善信息化系统。为适应不断变化的经营管理需要，原有的购销存信息系统需要进行升级改造，10月份完成了对系统的升级改造工作。按照计划，2005年将在销售企业全面推广应用。

(8) 新公司成立后的业务运行和机构用户开发。2004年在原有广东分公司和福建分公司的基础上新成立了华南销售分公司，在河南分公司、湖北分公司和湖南分公司的基础上新成立了华中销售分公司。新公司的成立，加强了中国石油在华南和华中地区的经营销售管理，提高了市场控制能力。

（杨景娟）

【成品油调度运输】 面对国内成品油市场产销两旺，资源偏紧，运力紧张的形势，加强组织和管理，调运总量6484万吨，产调率达到101%，有力地保证了企业生产和市场供应。优化运行、挖潜增效取得明显效果，可比运费比2003年降低2.6亿元。

(1) 继续深入开展运输整治工作。按照运输专项整治工作要求，股份公司系统内5403辆轻油自备车实行了统一管理调配，并系统研究自备车管理规章、调配制度、养护费用标准和运行效率。

(2) 完善统计制度，加强统计管理。组织2003年成品油运输基础数据的填报汇编工作，对铁路、水路、公路及管道运输量、价、费情况进行调研，汇总编制了《2003年成品油运输基础数据汇总》。更新调度运输数据传输系统，保障日间数据及文件的传输。

(3) 优化运输，降低成本。推广铁路优化运行软件系统。在东北、西北、华北三个大区公司进行铁路一次运输优化模型试运行工作，磨合现有油品调运组织流程，改进运输业务流程，调整优化运行软件系统的各项模块与功能，建立调运分析数据库，提高调运组织信息化程度和运行效率。制订《成品油公路运输优化配送工作规划（讨论稿）》，为成品油公路运输优化配送工作的开展做好前期准备工作。总结海上运输试行的期租船经验，扩大期租船规模，稳定运力，建立竞争机制，促进船舶公司提高管理水平和船舶更新工作；根据“固定装货港、固定船舶、固定航线、固定卸货港、固定运输时间”的原则开展“点对点”运输试点工作。

(4) 强化与铁道部等政府职能部门的联系，保证重点运输。

（蒲　玲）

【炼油装置】 据统计，截至2004年底，股份公司共有常减压蒸馏装置49套，初建设计能力7345万吨/年，改造后实际加工能力11554万吨/年，其中5套装置未开工，计400万吨/年。2004年总加工量为10294万吨。分别加工大庆、吉林、辽河、新疆、孤岛、长庆、华北、大港、青海、克拉玛依及进口原油等。综合常一线收率8.001%，常二线收率14.27%，常三线收率4.999%，常压拔出率38.03%，减压拔出率20.86%，总拔出率58.81%。综合能耗平均417.915兆焦/吨，最高839兆焦/吨，最低319兆焦/吨。

催化裂化装置共48套，初建设计能力4184万吨，改造后实际加工能力为4775万吨，其中6套未开工，计184万吨。2004年总加工量4292万吨。各产品平均收率：干气4.148%，液态烃13.93%，汽油41.095%，轻柴油24.685%，重柴油3.3192%，油浆4.5104%，焦炭7.799%，损失0.463%。综合能耗平均2742.32兆焦/吨，最高5369.57兆焦/吨，最低1959.58兆焦/吨。催化剂单耗平均0.988千克/吨，最高2.53千克/吨，最低0.5千克/吨。

催化重整装置共24套，初建设计能力736.15万吨/年。改造后实际加工能力885.04万吨/年，其中1套未开，计60万吨/年。2003年总加工量（重整进料）545.89万吨。三苯收率平均46.359%，溶剂消耗平均0.188千克/吨。重整装置综合能耗平均6822.869兆焦/吨，最高23247.00兆焦/吨，最低2617.00兆焦/吨；炼油型重整装置综合能耗平均4308.732兆焦/吨，最高8284.40兆焦/吨，最低

2617.00兆焦/吨；化工型重整装置综合能耗平均16140.21兆焦/吨，最高23247.00兆焦/吨，最低9558.31兆焦/吨。

延迟焦化装置共13套，初建设计能力915万吨/年，改造后实际加工能力1330万吨/年。2004年总加工量1128.04万吨。综合能耗平均984.11兆焦/吨，最高1620.98兆焦/吨，最低786.13兆焦/吨。产品分布：汽柴油产率48.59%，蜡油产率19.66%，焦炭产率21.13%。

加氢裂化装置共8套，初建设计能力785万吨/年，改造后实际加工能力894万吨/年。2004年总加工量741.21万吨。综合能耗平均1410.57兆焦/吨，最高2642.6兆焦/吨，最低738.18兆焦/吨。氢耗平均186.73标准立方米/吨，最高316.42标准立方米/吨，最低88.61标准立方米/吨。

汽柴油加氢装置共32套，初建设计能力1208万吨/年，改造后实际加工能力1583万吨/年，其中1套未开工，计40万吨/年。2004年总加工量1177.22万吨。综合能耗平均786.98兆焦/吨，最高1671.48兆焦/吨，最低362.82兆焦/吨。

（焦丽菲）

【炼油管理】 继续加强炼油管理，各项炼油技术经济指标进一步提高。

（1）主要炼油技术经济指标。2004年各炼油企业建立了对标数据牌，让人人都清楚炼厂技术水平以及所处的地位，装置达标管理深入人心，人人树立忧患意识，达标工作扎实有效。通过对标工作，各个企业明确了达标工作的目标，为全面完成达标任务创造了有利条件。股份公司要求达标的装置98套，有68套装置达标，达标率69.39%，其中常减压42套，30套达标，达标率71.43%，催化裂化装置32套，17套装置达标，达标率53.12%；地区分公司要求达标的装置224套，有191套装置达标，达标率85.3%。专业达标取得重要进展，16家企业实现达标，比2003年增加6家。

炼油综合商品率由2003年的91.77%提高到92.61%，增加0.84%，轻油收率由2003年的71.84%提高到72.20%，增加0.36%，炼油综合能耗由2003年的85.39千克标油/吨下降到82.90千克标油/吨，降低2.49千克标油/吨，加工损失率由2003年的0.85%降低到0.82%，降低0.03%。加工损失率继续保持国内领先地位，其他各项指标差距明显缩小。2004年，主要炼油技术经济指标与2003年相比有明显提高，见表1。

表1　2004年炼油主要技术经济指标

项　目	2003年	2004年	同　比
轻油收率（%）	71.84	72.20	+0.36
综合商品率（%）	91.77	92.16	+0.39
加工损失率（%）	0.85	0.82	-0.03
综合能耗（（千克标油/(吨·因数）)	85.39	82.90	-2.49
新鲜水单耗（吨/吨）	1.36	1.25	-0.11

（2）技术攻关与产品升级换代。2004年落实62项“四新”技术。特别是乌鲁木齐石化芳烃抽提、独山子石化等企业的催化裂化防止结焦和大连石化的增产丙烯助剂等技术的应用，取得了很好的经济效益和社会效益。组织编写《炼油四新技术与实用技术汇编》，促进新技术的推广应用，重点推广应用提高产品收率、改善产品结构、节能降耗、延长开工周期、新型设备材料、软技术等6大类32项“四新”技术。

产品质量升级工作按计划进行，针对北京市对汽柴油质量提出的更高标准要求，落实生产技术和资源，2004年9月1日开始，已经向北京市场供应符合欧Ⅱ标准的汽柴油。

落实增产高标号汽油、丙烯和芳烃的产品结构调整措施112项，高标号汽油产量达到575.69万吨，比例由2003年的19.30%提高到26.40%，丙烯产量达到138.86万吨，芳烃产量达到91.31万吨，产品结构得到进一步优化。

（3）设备基础管理。2004年，设备管理紧紧围绕装置长周期运行，以设备、装置的大检修为突破口，不断强化、夯实设备基础管理，引进RBI、操作图技术等现代化管理方法，使设备管理综合水平稳步提高，并取得了明显的成效。

截至2004年底，194套主要炼油生产装置中，146套装置（占75.30%）基本具备三年一修以上的运行水平，其中49套装置（占25.30%）已达到三年一修的运行水平，82套装置（占42.30%）具备三年一修的运行水平，15套装置（占7.70%）具备四年一修以上的运行水平；另外尚有22套装置（占11.30%）基本实现“两年一修”。

组织各企业学习大连西太平洋石化的设备管理经验，制订和完善静设备监测、检测和鉴定管理办法，静设备防腐管理办法，静设备运行状态的分析管理办法，建立静设备定期技术分析制度，建立静设备运行状态分析月报，全面掌握设备运行状态。完善了动设备特别是大机组应用在线或离线监测技术的管理，建立动设备运行和维护的技术定期分析制度，与大机组特护制度相结合，全面掌握设备运行状态，逐步实现动设备的预知维修。

(4) 炼油基础管理。2004 年，股份公司开展“技术效益年”活动，大大促进了炼油业务工艺技术管理工作，基础管理得到加强和深化，炼油装置运行管理得到规范，现场管理资料水平提高，工艺纪律监督和操作平稳率管理进一步深化。

制订工艺卡片样板，内容要包括原料和产品的品种、质量，操作条件，动力供应，催化剂溶剂助剂质量，以及能耗、物耗和化工原材料消耗指标，要求全面修订一次工艺卡片，严格管理和控制各个装置的工艺指标，使工艺技术管理水平有一个较大的提高。

修订完善操作规程。2004 年，各企业已经修改完善了管式加热炉操作规程，并正式启用。在此基础上，专业公司组织大连石化、独山子石化、大庆石化、锦州石化、锦西石化、西太平洋石化、华北石化编制新版操作规程样本，在各企业组织学习、研究后，2004 年 9 月组织了初步审查，12 月完成常减压、催化裂化、加氢裂化、加氢改质、催化重整、延迟焦化、润滑油溶剂精制、溶剂脱蜡、公用工程等主要炼油装置操作规程样本，为下一步全面推广应用创造条件。

组织专家编写《工艺技术管理制度》，建立工艺和设备基础工作管理标准。严格炼油装置技术管理，严格工艺卡片、工艺指标的管理，严格操作纪律，加强日常技术分析，加强各个装置从原材料，到加工过程，到产品出厂全过程的工艺技术分析，保证生产工艺的稳定可靠。

组织企业编制《炼油企业能量综合优化技术导则》、《炼油企业用水优化技术导则》、《污水回用技术管理导则》、《管式加热炉运行管理规范》、《设备检修作业规程》、《烟气轮机常州起运行管理导则》、《催化裂化装置防结焦技术规范》、《延迟焦化装置长周期运行调研报告》、《延迟焦化装置技术攻关总结及长周期(三年)运行指导性建议》等技术性资料，为加强企业的技术管理提供依据。

(焦丽菲)

【固定资产投资】 炼油投资的重点是确保炼油基地建设、质量达标和降本增效项目，销售投资的重点是大中城市、高速公路加油站建设。

1. 炼油投资

2004 年，炼油投资 51.51 亿元，其中一次扩能 15.8%，产品质量 13.4%，提高深加工能力 51.5%，节能降耗 2.8%，公用工程及系统配套 7.5%，安全环保 7.2%，润滑油公司 1.9%。

炼油投资以重点建设项目为主线，加快项目实施、控制投资规模、严格考核回报。全年共有包括大连石化 10 万吨/年 HF 烷基化装置、兰州石化 120 万吨/年柴油加氢精制、辽河石化 100 万吨/年延迟焦化装置、大庆石化 120 万吨/年加氢裂化装置、哈尔滨石化 3 万吨/年甲乙酮装置、大港石化 500 万吨/年常减压装置、华北石化 7 万吨/年 MTBE 装置、兰州石化两酸联合装置、独山子石化 20 万吨/年气体分离装置、独山子石化 60 万吨/年馏分油加氢裂化装置及 2 万立方米(标准)/小时制氢装置等 19 套重点炼油装置按期建成投产。完成小型技术改造、技术措施项目 89 项，实现了工期、投资、质量和安全四大控制目标。结构调整取得成效，当年提高一次加工能力 530 万吨/年，配套建设一批深度加工装置，提高二次配套能力 740 万吨/年。

2. 销售投资

全年销售企业下达投资计划 75.94 亿元，其中销售网络投资 67.37 亿元，技术改造投资 4.57 亿元，非安装设备 3.26 亿元，乙醇汽油项目 2.99 亿元。网络建设投资计划中，南方市场和南北方交界市场投资 63.81 亿元，占总投资计划的 84%。

全年实际完成投资 112.39 亿元，其中油库完成投资 2.6 亿元，共新增油库 5 座，改扩建油库 1 座，新增库容 13 万立方米，新增年分销能力 112 万吨。重点项目有河北邯郸杏园油库、河南信阳潢川油库、安徽蚌埠油库、广东佛山京能油库等。加油站完成投资 101.17 亿元，共新增 2842 座，改扩建 226 座，新增年零售能力 764 万吨，重点项目有新建北京北苑加油站、上海中油盛圃加油站、湖南长沙加油站、吉林南湖加油站等。

2004 年，销售投资继续贯彻“巩固区内、开拓区外”的战略方针，将投资重点放在区外市场，同时兼顾北方市场的稳定，保持对北方市场一定的投资力度。在投资策略上讲求项目建设速度、数量和建设质量的有机结合：紧紧抓住成品油批发放开之前的几年时间，加快发展零售网络；强调网络建设规模与业务发展总体目标匹配、加油站能力与零售量目标匹配、库站布局与建立现代物流配送体系匹配；将投资回报作为检验投资效果的惟一标准。根据不同地区的市场特点，采取以新建、收购为主，控股、租赁、特许为辅的多种方式拓展销售网络，突出投资重点，使网络建设做到整体布局合理、资金使用合理。2004年网络开发重点放在大中城市市区、高速公路、经济开发区以及经济增长潜力大的地区。

在项目管理方面，进一步健全各类规章制度，制定科学规范的加油站建设标准、选择模型、后评价办法和可行性研究报告编制规定；注重项目建设质量和保证质量的规章制度建设与执行（如招投标、监理、电子商务采购等）；注重项目开发的程序、法律、审计、资产评估等，确保开发质量。

2004年完成黑龙江、吉林、辽宁、河南省和大连市乙醇汽油项目的评审工作并下达投资计划，对东北地区和河南省政府推出的全面封闭运行车用乙醇汽油方案做出积极反应，并确保了已取得的市场份额。

2004年完成加油机和计算机网上交易近亿元，完成股份公司下达采购任务的248%，比2003年增加30%。

（岳　立）

【炼油技术】　2004年，炼油科技工作根据股份公司科研发展规划，重点做好清洁燃料生产、重油轻质化技术的研究、炼油信息技术应用和优势特色新产品的开发工作，为提高炼油生产科技水平与盈利能力作出一定贡献。完成炼油科技项目59项，申报国家专利44项。

股份公司炼油科技项目“新型FCC汽油降烯烃催化剂的研制与工业化开发”，继2003年获得集团公司技术进步奖一等奖后，2004年获得国家科学技术进步奖二等奖，这是1985年以来，中国石油炼油技术首次获得的最高荣誉。该项目由炼油与销售分公司1999年起立项，自主开发，拥有独立知识产权。其主要成果是以LBO－12，LBO－16为代表的催化裂化降烯烃催化剂和降烯烃同时提高汽油辛烷值LBO－A助剂。在国内外40余套装置上使用，累计经济效益超过6亿元。2004年产量约3万吨，约占国内降烯烃催化剂市场份额的60%。

（1）催化裂化工艺技术推广。拥有自主知识产权的两项技术“两段提升管催化裂化”和“催化汽油辅助提升管改质”，进一步取得成功，分别获得股份公司一等奖和二等奖。同时，开展了多产丙烯的催化剂和助剂、工艺研究。

（2）悬浮床重油加氢裂化项目：在抚顺石化分公司进行5万吨/年工业化实验，完成第一阶段工作。

（3）推广炼油先进信息技术应用：“大连石化分公司汽油在线调合及移动自动化系统的应用开发”项目通过验收，年创经济效益5000多万元。在大连石化和兰州石化3套主力炼油装置开展先进控制应用工作。

（4）开展中国石油炼油业务决策支持研究工作。根据炼油技术现状，提出建立炼油技术数据库构想，包括：炼油装置运行数据库、炼油专利技术数据库、炼油技术文献数据库、炼油科技成果数据库等；开展“汽柴油产品质量发展趋势及中国石油对策研究”。

（5）润滑油、石蜡、沥青等特色产品的研究开发工作。开发润滑油新产品、新型添加剂方面研究；开展特种石蜡精制催化剂石蜡新产品开发；开展改性沥青新产品的研究开发。

（乔　永）

【信息化建设】

（1）购销存管理信息系统。2004年，购销存管理信息系统在全国范围内稳定运行。购销存管理信息系统与税务系统的集成在大连销售分公司等单位实施，很好地解决了销售发票二次录入的问题，既减轻了业务人员销售数据二次录入的工作负担，又减少了由于手工录入出现的人为错误。完成了购销存管理信息系统升级系统的方案设计。

（2）成品油二次配送优化系统。为了减缓运力紧张，降低整体储运成本，更好地服务客户，炼油与销售分公司开始进行二次配送优化系统项目的设计研究工作，完成了以大连销售分公司等为试点单位的二次配送优化系统项目的可行性研究报告。

（3）IC卡管理系统。在12个试点城市正常运营的情况下，北京、天津的IC卡系统投入运营。14个城市向社会发卡10万余张，卡中总储值额12亿元人民币，除去消费，卡中余额约1亿元人民币。

（4）炼油与销售分公司信息门户。开展炼油与销售分公司机关及销售企业信息门户建设工作，通过征求机关各部门需求，完成了机关信息门户的设计工作并投入使用；各销售企业在门户项目组的培训和指导下，建立了各自的信息门户。机关和企业采用同一模板，界面灵活设计，加强了机关与各销售企业信息之间交流的便捷性和安全性。以信息门户为平台开发了“成品油销售商流统计报表系统”和“投资业务综合管理系统”，通过机关和销售企业信息门户进行管理和发布，满足机关和地区公司管理的需求。“成品油销售商流统计报表系统”，实现了成品油销售日报和月报的上报、统计和查询的功能。“投资业务综合管理系统”，实现了对销售企业加油站、油库等投资预技术改造项目从计划上报、审核、审批到下达过程的管理、监控、统计和灵活查询的功能。

（周宝霞）

【安全管理】　2004年，共发生各类事故48起，其中交通事故12起死亡5人，火灾事故10起死亡2人，设备事故3起没有人员伤亡，生产事故8起没有人员伤亡，其他人员轻伤事故15起。与2003年相比，生产事故减少3起，减少33%，火灾事故减少5起，死亡减少3人，减少60%。交通事故增加3起，增加33%。

（1）从基础做起，加大员工培训力度。主要内容包括：贯彻实施HSE体系，了解体系内涵，在开展实施体系的过程中，重点开展现状调查、过程识别和过程评价、危害因素识别和风险评价、环境因素识别和影响评价；宣讲贯彻国家有关法规政策《安全生产法》、《道路交通安全法》、《危险化学品安全管理条例》、《建筑工程安全生产管理条例》、《安全生产许可证条例》、《国务院关于进一步加强安全生产工作的决定》、《集团公司关于进一步加强安全生产工作的决定》；宣传贯彻培训安保基金理赔政策及企业内部保险知识；举办内审员培训，培养企业内部的HSE体系建立和运行的骨干力量。

（2）建立安全管理长效机制，有效实施HSE体系。2004年年初，编写炼油与销售分公司炼油企业和销售企业两部分体系建立框架手册，指导地区公司建立体系。销售企业培训员工达4万多人次、炼油企业培训员工达2万多人次。10月份下发了体系建立验收标准，实行打分制，考核结果和行政一把手的KPI指标挂钩。

（3）引进杜邦安全管理理念，在锦州石化、华北销售北京分公司开展试点工作，已完成第一阶段22个要素初始评审。

（4）开展安全评价工作，对设备设施存在隐患有计划整治、为生产经营工作提供保障。

（5）落实安全生产责任制，做到各司其职、各负其责。

①签订安全生产合同。

②炼油企业的重点装置、销售企业的油库做到了主要领导定点挂牌承包，从了解情况看，承包的领导都能做到承包点了解和检查工作。

③安全委员会成员对各地区公司建立了安全管理联系人制度。

④各地区公司根据集团公司的安全生产责任制通则，初步编制了本单位的安全生产责任制，谁主管谁负责的理念逐步得到认同。

⑤督促各地区公司按照股份公司的要求健全安全管理监督机构，目前各地区公司、分厂、市公司、车间、油库、加油站都设置了专职或兼职安全总监或安全监督。

（6）完善落实安全生产规章制度。根据需要修订了动火作业、有限空间作业、高空作业等作业票、动土作业票，依据国家安全生产监督管理局应急救援预案编写大纲完成了《炼油企业重特大事故应急救援预案标准文本》、《重点炼油装置重特大事故应急救援预案标准文本》、《销售企业重特大事故应急救援预案标准文本》、《销售企业油库重特大事故应急救援预案标准文本》、《销售企业以加油站重特大事故应急救援预案标准范本》，编写完成了安全管理培训教材。

（7）完成环保排放达标考核工作，所属的单位没有超过国家排放标准要求。

（陶　辉）

【工程建设】　2004年，共安排炼油建设项目138项，其中，5000万元以上重点建设项目26项，2000—5000万元年限上建设项目23项，2000万元以下小型技术改造、技术措施项目89项；安排销售油库建设项目24项，工程建设任务十分繁重。各地区公司全力以赴，抢时间、保进度，不断提高工作水平，使建设管理的各项工作总体进展顺利。限上项目共有35项完工，89个小型技术改造、技术措施项日全部完工，19套重点装置建成投产（目前已有包括大连石化10万吨/年HF烷基化装置、兰州石化120万吨/年柴油加氢精制、辽河石化100万吨/年延迟焦化装置、大庆石化120万吨/年加氢裂化装置、哈尔滨石化3万吨/年甲乙酮装置、大港石化500万吨/年常减压装置、华北石化7万吨/年MTBE装置、兰州石化两酸联合装置、独山子石化20万吨/年气体分离装置、独山子石化60万吨/年馏分油加氢裂化装置及2万立方米/小时制氢装置等16套装置建成投产）。油库项目共计24项，截至10月底，8项油库工程建成投用（华东公司金花兰溪油库、华北公司商水油库和平顶山油库、华中销售小李庄油库、西南销售遵义油库、黑龙江销售乙醇汽油调合设施改造工程、辽宁销售乙醇汽油调合设施改造工程、吉林销售乙醇汽油调合改造）、10项油库工程正在施工中（华东销售潇山油库、埃索油库和温州油库铁路专用线工程，华南销售马尾油库，华北销售广武油库，华中销售湖南湘潭油库，陕西销售商南油库，重庆销售伏牛溪油库和正阳油库，华中销售黄潢川油库）、6项油库建设项目设计审查完毕，正进行修改完善。

(1) 严格建设项目初步设计审批管理。对兰州石化120万吨/年延迟焦化装置、长庆石化500万吨/年常减压装置、140万吨/年重油催化装置、克拉玛依稠油集中加工技术改造及配套工程、呼石化重油加工改造工程和大连石化20万吨/年聚丙烯装置等17个新开炼油建设项目和华东销售埃索油库、黑龙江乙醇汽油调和设施改造等13个新开油库建设项目的初步设计进行审批，共提出技术修改意见726条，概算修改意见258条。已审批的30个项目可研批复总投资34.24亿元，批复概算投资32.37亿元，初步设计批复概算同可研批复投资相比，节省投资1.87亿元。

(2) 加强招标、投标管理。我们把抓好招标、投标工作作为控制工程质量、工期和投资的一个重要手段，规范了招标程序。大连石化20万立方米原油罐区、10万吨/年HF装置及20万吨/年聚丙烯装置、克拉玛依石化稠油集中加工技术改造、大港石化500万吨/年炼油系统完善配套和原油管线改造、兰州石化120万吨/年延迟焦化装置、锦西石化焦化富气装置扩能等新开工建设的炼油建设项目以及华东销售、华中销售、华南销售、黑龙江销售、吉林销售、辽宁销售、大连销售、陕西销售、重庆销售等分公司新开油库建设项目的施工和监理队伍均通过招标、投标选择，施工和监理招标文件、评标办法和评标结果报板块审定，通过招标、投标，合计工程投资较批复的概算总投资减少1.6亿元，建设投资得到了有效控制。

(3) 确保工程按期建成。重点建设项目均编制了总体部署确定关键控制点，制定详细的施工网络计划，确保了工程按期建成。

(4) 强化工程质量管理。部署组织了2004年工程管理和工程质量大检查，这次检查工作各地区公司分工程管理、土建及筑炉、设备安装、动设备、工艺管道和焊接、焊接、无损检测、电气、仪表等专业，分别对各单位在建炼油项目的工程管理、工程质量管理情况进行了检查，共查出并整改各类问题1200余项，促进了工程质量的提高。

(5) 完善项目管理机构，提高工程管理水平。2004年，炼油与销售分公司归口管理的炼油企业和网络建设任务重的销售企业均成立了工程建设管理部门，重点建设项目成立以公司一把手或主管领导为组长，有关领导参加的领导小组。工程建设管理力量得到加强。2004年大连石化、兰州石化、独山子石化、长庆石化、大港石化均成立了炼油基地建设领导小组，炼油与销售分公司也成立了炼油基地工程建设领导协调小组和工程建设处，加强了对建设项目的管理。为进一步提高建设项目管理水平，全面完成2004年建设任务，组织召开了炼油工程建设项目管理工作座谈会，总结了股份公司成立以来炼油工程建设管理工作取得的成绩，分析存在的问题和面临的形势，与各地区公司签订建设任务责任书。签订责任书的项目共计31个，目前已有16个项目建成、3个项目年底建成，投产时间比签订日期均有提前。

(朱华锋)

【质量管理】　制订了《进出口油品质量管理规定》，完成了《2004年主要石油产品质量统计报表》和《2004年汽柴油组分油质量考查数据汇总表》，为汽柴油质量升级换代提供了可靠的基础数据。组织完成《石油产品粘度自动测定方法》、《柴油润滑性评定法(SLBOCLE法)》、《车用乙醇汽油调和组分油》等企业标准的制订和《润滑剂和有关产品类标准体系表》、《化工原料及溶剂类标准体系表》、《石油沥青类标准体系表》等标准体系表的建立。

(顾惠明)

【计量管理工作】　加强对下海成品油的计量管理工作，按计划召开季度工作会议，对炼油企业、海运公司和销售企业计量交接的情况进行总结、分析、讨论，协调出现的问题。使下海成品油的计量纠纷明显下降，损耗率也控制在了比较理想的水平。

为加强陆上成品油的质量、计量管理工作，减少质量、计量纠纷、降低运输损耗，分别召开西北和东北地区炼油和销售企业的质量、计量工作会议，对陆上成品油的质量、计量交接和管理进行了交流，对下一步工作提出了要求。

组织举办了一期计量主考员培训班，培训95人次；三期交接计量员培训班，培训917人次；两期化验员培训班，培训185人次。

(顾惠明)

【加油站管理】　2004年，面对竞争日益激烈的国内市场，持续加大零售网络建设力度，加强终端销售，扩大零售市场份额。截至2004年底，股份公司共有加油站17403座，比2003年底净增2172座，增长14.26%；其中资产型加油站14466座，净增2276座，增加18.67；特许经营加油站2937座，净减104座，减少3.42%。

加油站管理更加规范。2004年初组织专家就加油站管理工作中出现的新现象、新问题进行研究，对人力资源、客户和服务、油品物流管理、HSE、设备管理与维护、财务、非油品销售、信息等方面进行了适应性的调整，对加油站日常管理的所有表格进行了专题研究。对《加油站管理规范》进行修订，并结合具体培训下发到每一个加油站。

加油站达标创星工作取得较大进步。随着管理日益规范，加油站“四个综合”管理水平稳步提高，一个重要的表现就是全面符合“四个综合”要求的，形象好、销量大、管理精细、服务水平高的星级加油站逐步增多。截至2004年底，三星级以上加油站由500座上升到919座。

吨级站培育工作取得突出成果。2004年涌现出万吨级加油站310座，比2003年底增加119座；5000吨级加油站926座，比2003年底增加325座；3000吨级加油站1664座，比2003年底增加426座。3000吨级以上加油站总数达到2900座，比2003年底增加870座，增幅42.86%。

加强营销管理培训。组织万吨站经理赴欧洲学习，重点参观了bp、TOTAL等公司的管理现场，听取了有关管理人员的介绍。专门举办“西藏销售分公司加油站经理培训班”，对其管理人员、加油站经理45人进行了三期培训，取得了良好的效果。

（王　磊）

【油价走势回顾】　2004年，国内成品油市场日益趋紧，价格高涨，成为全社会关注的焦点。

（1）国内成品油市场持续升温，价格高涨。在国民经济继续发展与国际油价高潮迭起的双重推动下，2004年的国内成品油市场不断升温，年初及3月份和9月份市场资源一度紧张。成品油价格受到国家严格控制，全年仅调价三次，但价格仍然明显攀高，每个季度都登上新的台阶。特别是面对国际油价的持续飙升，8月25日国家发展和改革委员会最后一次上调了国内成品油价格，汽柴油中准价分别上调240元/吨和220元/吨，航空煤油出厂价上调400元/吨。调价后，全国成品油市场价格大幅度上涨，柴油价格全部到位。

成品油消费增长强劲，销售价格不断攀升。截至2004年11月份全国成品油消费量比2003年同期增长19%。尽管2004年初，成品油消费进入淡季，但市场价格依然较为坚挺。上半年油价振荡上行，一季度全国油价环比仅有部分月份有所回落，二季度市场油价逐月高涨，汽柴油市场价格形成了高潮。受6月份国际油价持续回落和国家严查超载车辆及消费进入淡季的影响，7月份国内成品油价格处于暂时的观望低迷状态。此后，在国际油价持续强劲上涨和国内成品油需求并未减弱的直接作用下，国内油价进一步上涨，形成了下半年油价持续再高的局面。特别是9月份后，全国油价有不可抑制之势。10月份全国汽柴油市场批发价每吨分别为4380元和3900元左右，达到了1998年以来的最高水平（图1）。

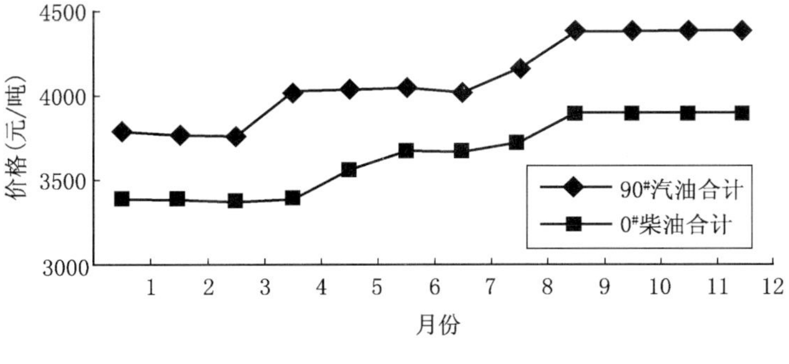

图1　2004年汽油、柴油市场批发价

（2）各季度油价逐步攀升，全年油价整体水平大幅跃升。一季度承2003年末的高涨之势，继续坚挺。全国汽油市场批发价每吨3770元，比上个季度提高99元，比2003年同期提高50元，柴油批发价每吨3380元，比上个季度提高140元，比2003年同期仅降低不到10元。二季度的持续涨价奠定了全年高油价的市场环境。下半年油价进一步再涨，又将市场油价推向新高。2004年全国汽柴油市场批发价每吨平均为4100元和3650元，分别比2003年高出480元和410元。2004年全国成品油市场全年平均价也是多年来国内油价最高的一年，比1998年几乎上涨80%。

（3）由于国家指导价的确定，全年柴油价格虽然低于汽油价格，但全年柴油的市场价格始终处于上涨态势，仅3月份略有低落。全年市场的实际价格普遍高于国家政策规定的价格，即普遍高于到位价格。如

9月份后东南沿海地区柴油供应再度紧张，政策规定的批发价每吨不到3900元，实际的市场销售价每吨至少在4200元以上，最高达4500元，与此同时，汽油市场批发价每吨也就在4200元左右。

（4）价格到位情况进一步好转，柴油价格到位情况尤其突出。在2003年成品油价格到位情况明显好转的情况下，2004年价格到位情况进一步好转。全年柴油批发价各月基本到位。至下半年，除陕西因地方炼厂汽油销价低、价格不到位外，全国各省区汽油价格也普遍到位，9月份后则全部到位。全年柴油市场批发价多有超出限价的情况。10月份后，社会经营单位柴油批发价每吨超出规定价至少在200元以上，最高达600元。全年全国汽油每吨平均批发价低于到位价60元，柴油基本到位，不到位金额比2003年同期分别缩小20元和60元。如果考虑到柴油市场批发价的实际情况，全年柴油市场平均批发价超过了到位价（图2）。

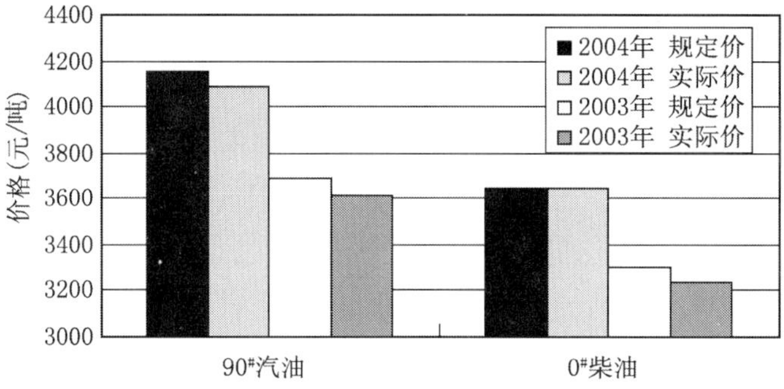

图2　2004年汽油、柴油市场批发价到位情况比较

（5）成品油价格未完全接轨国际市场，成品油与原油比价关系降低，成品油经营空间缩小。全年汽油、柴油零售中准价与大庆原油基准价的比价系数分别为1.56和1.36，比2003年均缩小0.18，生产经营空间每吨缩小470元左右。

（吕东悦）

【人事管理】　2004年，继续推进管理体制和人事制度改革，主要有5个方面。

1. 推进干部制度改革，强化领导班子建设

（1）建立适应销售企业特点的领导体制。22家销售企业、区外省分公司和区内大部分地（市）公司实行党政分设、交叉任职，配备总会计师和安全总监，加强了党委的保证监督作用，为便于优化管理权限，对于区外省分公司班子正职实行炼油与销售板块和销售企业共同管理。

（2）全面实行竞聘制和任期任届制。2004年对尚未进行干部制度改革的华东、青海分公司建立了竞聘制，在对区外省公司全面考核的基础上以竞聘的方式组建了华中、华南分公司领导班子，对西南、西北、宁夏、山东等分公司进行了届中考核，用新机制为西南、山东、黑龙江、内蒙分公司补充了班子副职人选。截至2004年底，除吉林、西藏、大连海运分公司外，19家销售企业行政副职全部实行竞聘上岗，所属单位领导班子成员也普遍实行公开竞聘。

（3）推进专业技术队伍管理制度改革。设立专业技术岗位，把职称评审和职业资格认证制度结合起来，充分调动专业技术人员的积极性。

（4）加大基层领导干部交流力度。2004年，华中、宁夏、大连、华北、内蒙、重庆等6家销售企业的党政正职通过交流产生，黑龙江、甘肃、重庆、新疆和吉林等销售分公司所属单位党政正职交流面60%以上，最高达90%以上。

2. 调整区外组织结构、推进终端网络整合

（1）组建两个区外大区公司。为适应营销业务发展战略的需要，将广东、福建、海南市场从华东分公司划出，组建了华南销售分公司，中油碧辟石油有限公司业务纳入华南分公司管理；将河南、湖北、湖南市场从华北分公司划出，组建了华中销售分公司。

（2）西南销售分公司本部由成都迁址云南。公司机关迁址云南昆明，并进行专业化管理为特征的营销体制改革。目前西南销售分公司在按原有模式继续管理广西、贵州分公司的同时，直接对云南市场实施专业化管理。

（3）山东销售分公司由股份公司直接管理。按石油人字［2004］270号文件，山东销售分公司作为股份公司的地区公司（副局级），行政上由股份公司直接管理，业务上归口炼油与销售分公司管理。

（4）终端销售网络整合。将油田、炼化公司所属加油站的资产、人员划归销售地区公司管理。截至2004年底，共划转加油站56座，通过整合，增强了终端销售网络的合力。

3. 加大力度提高培训工作成效

（1）培训数量继续增加、质量继续改善。协助股份公司组织高级营销班、工商管理班、股权管理班等23期，766人次参加；举办成品油质量检验员培训班、财务软件培训班3期共323人次。

（2）员工技能鉴定和操作人员技术练兵活动不断深入。组织编写了汽车加气站操作工和加油站操作员两个工种的职业标准；9月中旬在沈阳举办东部地区销售企业操作人员技术比武活动，9家企业、5个工种共202名选手参加，近5万名员工参加选拔赛，掀起了群众性的“学技术、比先进”的热潮，操作人员的技术业务素质明显提高。

4. 规范用工与薪酬管理，完善各项制度

（1）实行全口径用工总量管理和人工费用管理。一是从名称上变“社会用工”为“市场化用工”，纳入正常的员工总量管理；二是将人工费用渠道从“劳务费”变成“工资总额”，纳入正常的人工费用管理。

（2）在销售网络快速发展的前提下，员工总量得到有效控制。2004年底，销售企业员工总量为17.86万人，其中正式员工6.8万人，市场化用工11.06万人；正式员工比2003年减少400人，呈负增长趋势，市场化用工比2003年增加3.14万人，逐步成为销售企业员工队伍的主体。1998—2004年，在加油站数量由0.49万个增长到1.43万个，增长2倍，销售总量由1185万吨增长到6445万吨，增长4.4倍的前提下，员工总量只增加26%。

（3）加大人才引进力度。在毕业生接收工作中转变思路，形成区外社会聘用、区内“双轨制”的模式，2004年共引进高等院校毕业生800余人。

（4）进行2004年工资制度改革。一是进行基本工资制度标准的完善，包括高级管理人员的年基薪标准、中层及以下管理人员的岗位工资标准、操作人员的岗技工资标准和销售企业地市县公司的岗位基薪工资标准的调整，起草了《关于进一步调整和完善销售企业岗位基薪工资制度的通知》；二是调整工龄津贴标准；三是调整西部“地区补贴”标准。

（5）初步形成了一套薪酬分配和业绩合同管理的激励机制。

（魏先春）

【未上市企业销售业务管理】　2004年，初步建立了存续业务管理框架和运行程序，稳步推进了销售存续业务管理工作。

（1）调查研究，摸清底数。组织专门力量对销售存续业务管理的历史状况和管理情况进行调研和普查，基本摸清了资产、人员底数和管理现状。

（2）理顺管理关系，建立管理体系。按照“加强领导，健全组织，规范管理，服务到位”的管理工作总体思路，初步建立了板块、省、地区三级管理体系，理顺了管理关系。

（3）建章立制，规范管理。制定了《销售存续公司人事管理暂行办法》、《销售存续公司财务管理暂行办法》、《省级存续公司员工安置资金拨款管理暂行办法》等管理制度，基本实现规范管理。

（4）组织召开销售存续企业管理会议。组织召开了所属14家销售存续企业管理工作会议，总结了重组以来的存续业务管理工作，分析了存在问题，统一了思想认识，安排部署了下一步销售存续企业管理工作任务，为规范管理奠定了基础。

（5）员工安置资金实行计划管理、专款专用、年终决算、专项审计。每年对各单位离退休员工安置资金支出计划进行审定后按月拨款，做到了有计划，有安排，心中有数。每年末对员工安置资金拨付和使用情况进行财务决算和资金清算，并接受审计部门专项审计。做到了员工安置资金规范管理。

（6）认真落实离退休人员政治、生活待遇。离退休人员基本养老保险参保率达到100%，基本养老金全部实现社会化发放，由企业发放的统筹项目外生活补贴，能够按时足额发放。离休人员发生的医药费，由企业及时足额按规定给予报销。退休人员参加医疗保险的参保率为86%，没有参加医疗保险的退休人员，按照企业规定的比例报销医疗费，保障了基本医疗水平。

（7）成功组织召开了销售企业离退休管理工作会议。

（陈运华）

化工与销售

【概述】 化工与销售分公司是中国石油天然气股份有限公司四个专业公司之一，负责股份公司化工业务的生产及经营，管理大庆石化、吉林石化、抚顺石化、辽阳石化、兰州石化、乌鲁木齐石化、独山子石化、宁夏石化、大庆炼化、大连石化、华北石化、呼和浩特石化12个石化分公司的化工生产业务，以及华东、华北、西南、华南、东北、西北、大庆、吉林、抚顺、辽阳、兰州、乌鲁木齐、独山子、宁夏14个地区化工销售分公司的化工销售业务，生产和销售合成树脂、合成纤维、合成橡胶、尿素、有机和无机化工产品及原料六大类产品，客户遍布轻工、纺织、汽车、建材、电子、军工、旅游、食品、医药、精细化工等各个领域。

2004年，化工与销售分公司全面贯彻集团公司工作会议精神，落实管理层对化工业务的部署，抓住难得的市场机遇，发挥整体优势，加强集约经营，完善专业管理，加快发展步伐，生产经营再创新水平。

（1）超额完成了年度增效目标，投资资本回报率、对股份公司的贡献率显著提高。与2003年相比利润翻了两番，投资资本回报率由2003年的5.26%提高到13.26%。12家地区公司的化工业务和14家化工销售分公司利润大幅度增长，全部完成了年度业绩考核指标。吉林石化、大庆石化、辽阳石化化工业务利润居地区公司前三名，化工业务利润超过5亿元的地区公司还有独山子石化、兰州石化和抚顺石化。华东、华北和独山子化工销售分公司利润总额列化工销售公司前三名。

（2）保持了高负荷稳定生产，化工产品产量再创新高。互供油田轻烃比2003年增加20万吨；化工轻油与2003年持平；天然气增加1.7亿立方米。专业公司通过优化区域原料配置，解决了全年互供紧缺的化工原料，实现了增产目标，化工产品产量达到1131万吨，首次突破1100万吨，比2003年增加58万吨，增长5.5%；生产乙烯184.6万吨，增长1.5%，生产合成氨228.9万吨，增长10.3%；除合成纤维调整结构减产以外，合成树脂、合成橡胶、合成纤维原料、有机、无机和化肥六大类产品产量全部创历史新高。增产瓶级聚酯切片、高收缩率腈纶和毛条、铬系聚乙烯等厚利产品50万吨。各地区公司克服了装置集中检修、改造任务繁重等困难，全面优化生产方案、装置检修和改造对接，采取有力措施提高开工率和装置负荷，按“三年一大修”的标准，完成了228套装置停工检修，主体生产装置平均负荷达到105.4%，其中乙烯、合成氨达到110%以上；扎实开展“安全管理年”活动，积极开展隐患排查、风险评估，加大安全投入，对114项股份公司级隐患进行了治理，杜绝了重大设备事故，上报事故比2003年下降20%，重大事故起数下降30%，事故经济损失下降48%，独山子石化、乌鲁木齐石化、宁夏石化和兰州石化未发生重特大事故。生产运行和技术经济指标全面向先进水平迈进，非计划停工在2003年下降19.6%基础上再降52.4%，58套主要加工装置实现达标，70%的能耗、物耗指标好于2003年，115项指标创历史最好水平，乙烯收率、加工损失率等26项指标达到国内先进水平。

（3）发挥了集约化经营优势，年销售收入突破500亿元大关。积极开展“销售效益年”活动，抓住市场有利时机，准确预测价格走势，把握销售节奏，整体应对市场变化，商品销量达到1186.8万吨，首次突破1100万吨，比2003年增长9%，其中统销量929万吨，比2003年增长3%；产销率、购销率分别达到104.9%、100%，直销率达到61%；实现销售收入571.9亿元，比2003年增长45.9%；销售系统实现利润4.7亿元，推价率达到1.26%，均创历史新高。全年向高效市场增加配置40万吨。

深入贯彻股份公司销售工作会议精神，在做大销售上迈出坚实步伐。扩销工作初战告捷，销售进口及社会产品87.8万吨，增加收入45.4亿元，盈利3400万元。为超前开发即将投放市场的200万吨合成树脂新产品和已二酸的市场，成功举办了股份公司化工新产品发布会，展开了新产品预销售。实施了化工产品统一物流，压缩运输时间3—4天，降低营运费用2700万元。组建了化工与销售华南分公司，设立终端销售经营部和销售代表处45个。完善了化工销售信息系统，实现了市场、物流、销售信息一体化，提高了工作效率，全国联网的中油化工产品销售税控发票机开始投用，实现了每笔销售业务的即时监控。

（4）全面推进结构调整和技术改造，资本性支出达到历史新高。按股份公司规划部署，项目投资比2003年增长61%。大庆炼化30万吨/年聚丙烯、辽阳石化80万吨/年对苯二甲酸、宁夏石化化肥扩能等11项工程如期开工。吉林石化乙烯节能改造、辽阳石化14万吨/年精己二酸扩能、吉林石化12万吨/年丁辛醇及14万吨/年丁二烯、大庆炼化8万吨/年丙烯腈扩能等11项工程建成投产，多创效益1.7亿元，其中吉林石化乙烯节能改造提前3个月完成，能耗下降176千克标油/吨，辽阳石化14万吨/年精己二酸扩能改造提前20天投产，增加收入9120万元。大庆石化、吉化石化、兰州石化乙烯扩能改造等5项工程前期建设工作按部署进行。完成初步设计审查批复24项，概算投资比可行性研究报告估算节约2.74亿元；签订技术引进合同2.1亿美元，签订引进设备合同2.25亿美元。通过设计方案优化、加强初步设计审查，全面推行施工、设计招投标，采取国内外联合制造等措施，共降低投资10.5亿元。

（5）化工业务发展规划工作取得重大进展。按照做强做特化工、做大做好销售的总体思路，完成了《化工业务中长期发展规划纲要》，确定了重点发展乙烯及合成树脂、合成橡胶、合纤原料，择优发展有机原料、有限发展化肥的总体战略和目标，以及以“七大乙烯”、“五大化肥”、“两大芳烃”基地建设为核心的“十一五”发展规划。一批大型改造项目前期工作取得重要进展，吉林石化60万吨/年乙烯改扩建工程、辽阳石化20万吨/年乙二醇改造、独山子石化千万吨炼油和百万吨乙烯工程获得国家批复；乌鲁木齐石化一化肥油改气及扩能、塔里木石化大化肥等8个限上项目获得股份公司批准；抚顺石化、四川乙烯、乌鲁木齐石化芳烃可行性研究和大连乙烯预可行性研究上报股份公司并完成评估。

（6）深化集约经营，专业化管理有所加强。充分发挥财务管理在集约经营中的核心作用，建立了板块、地区公司和销售公司三个层面的效益、成本监控体系。板块坚持每周测算各类产品盈利，测算范围扩展到板块主营业务利润70%以上的主导化工产品；定期对各销售公司同类产品量（销量）价（价格）曲线进行横向对比，揭示高效市场和各销售公司经营的真实状况，定期通报点评，调整商品资源流向；编制《化工产品成本管理手册》，对30多种主导化工产品成本核算范围、口径、方法和要点进行了规范；推广了吉林石化、辽阳石化班组核算经验，促进了班组核算由价值指标向实物指标的转变。同时，为发挥专业化生产的比较优势，在同类产品按装置相对集中稳定同一牌号生产方面进行探索，减少了装置停工和切换。

（7）“技术效益年”活动取得成效。按股份公司“技术效益年活动”总体安排，层层落实《技术效益年实施方案》，确定46项科技增效项目和52项技术攻关项目；开发新产品27种，增效6747万元；应用“四新”技术及开展技术攻关30项。各地区公司将“技术效益年”活动与“五大攻关”、“五大平衡”、创建节能节水型企业活动紧密结合，组织实施500多项节能降耗、清洁化生产攻关项目，为促进装置达标发挥了重要作用。投资1.19亿元，实施270个清洁生产方案，促进了清洁化生产。全年废水排放下降12.4%，水重复利用率和冷凝水、污水回用率分别达到96.7%、81.8%和10%，在连续三年节水超过5000万吨、加工量增加的情况下，总耗水再降3000万吨。

（8）整体展示了新的形象，化工业务对股份公司的贡献率明显提高，市场的影响力逐步增强。通过征询国内416家用户意见，满意度达到96.3%。板块整体荣获“全国质量服务消费者满意企业”、“全国质量效益型先进企业”和“全国用户满意企业”等荣誉称号。在全国职业技能竞赛中，独山子石化、辽阳石化分别夺得乙烯、加氢裂化两个团体和个人第一。独山子石化跻身全国八个“国家环境友好企业”。

（9）化工业务对外合作取得积极进展。2004年接待外国公司礼节性拜访37次，共与外国公司进行技术交流44次。在对外交流中积极引导有实力的外国公司参与项目竞争，有效地降低了投资成本。本着采用先进适用技术的原则，与国外实力雄厚的六家大公司签署了10个项目合同，为化工与销售分公司建设项目的实施提供了有力保证。扩大合作领域，与外国公司的合作从购买专利技术逐步向市场和合资建厂方面拓展。有针对性地组织和参加商务洽谈与出国考察访问，积极参加国际学术会议，了解化工技术最新动态及国际市场动向。成功地为中国石油和化学工业协会承办了中韩石化会议，得到中韩专家、同行的好评。

（林广顺）

【有机原料】 股份公司有机原料的主要品种有乙烯、丙烯、丁烯、丁二烯、苯、甲苯、二甲苯、烷基苯、甲醇、乙醇、丁醇、辛醇、环氧乙烷、乙醛、醋酸、醋酐、苯乙烯、苯酐、苯胺、苯酚和丙酮等，其中“三烯”（乙烯、丙烯、丁二烯）和“三苯”（苯、甲苯、二甲苯）为基础有机原料，其余为主要中间原料。

1. 乙烯

乙烯和丙烯、丁烯同属于具有双键的低分子烯烃，化学性质活泼，能与许多物质发生反应，生成一系列重要的产物，因而是基本有机化学工业的最重要原料，其产量及技术经济指标常作为衡量一个国家石油化学工业发展水平的标志。

股份公司共有六家企业七套乙烯装置，分别为大庆石化（60万吨/年）、吉林石化（38+15万吨/年）、抚顺石化（14万吨/年）、辽阳石化（12万吨/年）、兰州石化（24万吨/年）和独山子石化（22万吨/年）。其中大庆石化完成了乙烯扩能改造，年生产能力由48万吨提高到60万吨。截至2004年底股份公司乙烯总生产能力为185.00万吨/年。2004年共生产乙烯184.56万吨，比2003年增加2.77万吨，占当年全国总产量的29.46%。

2004年继续狠抓乙烯装置安全平稳运行和满负荷生产，技术经济指标均好于2003年。乙烯平均收率32.29%，比2003年提高0.33个百分点；丙烯收率14.46%，比2003年提高0.11个百分点；碳四收率9.20%，比2003年提高0.09个百分点；乙烯装置损失率0.53%，比2003年降低0.04个百分点；平均燃动能耗降低幅度较大，比2003年降低20.18千克标油/吨。

2. 甲醇

甲醇由一氧化碳和氢催化合成而得，是主要的基础化工原料之一，也是医药、农药的原料，还可用做溶剂。2004年股份公司生产甲醇32.21万吨。

3. 丁醇/辛醇

丁醇主要是由丙烯羰基催化丁醛后加氢制成，此外还可通过粮食发酵法和乙醛缩合法制得，有正丁醇和异丁醇两种同分异构体。可用于制造增塑剂、润滑剂、石油添加剂、涂料和染料等多种化工产品。辛醇是由丙烯羰基催化丁醛后经缩合加氢而成，亦可用于制造增塑剂、石油添加剂和溶剂等很多化工产品。2004年股份公司生产丁醇14.02万吨、生产辛醇12.03万吨。生产企业有大庆石化和吉林石化。

4. 环氧乙烷

环氧乙烷的生产方法主要有乙烯直接氧化法和氯醇法，作为重要的有机原料，主要用于制造乙二醇及合成洗涤剂等。2004年股份公司生产环氧乙烷19.06万吨。生产企业有吉林石化、辽阳石化和抚顺石化。

5. 醋酸

醋酸又名乙酸，由乙醛直接氧化或甲醇羰基合成而制得，主要用于生产醋酸纤维、醋酸脂类和醋酐等，也可用于染料、电影胶卷和医药等工业。2004年股份公司生产醋酸20.18万吨。生产企业有大庆石化和吉林石化。

6. 苯酚/丙酮

苯酚又名石炭酸，目前最主要的制备方法是丙烯经苯烃化合成异丙苯然后经过氧化分解为苯酚和丙酮。苯酚主要用于制造苯胺、酚醛树脂和双酚A等；丙酮是优良的溶剂和化工原料。2004年股份公司生产苯酚7.99万吨，丙酮5.04万吨。生产企业只有吉林石化，采用异丙苯法工艺，称为苯酚/丙酮装置。

7. 苯乙烯

苯乙烯又名乙烯基苯，由苯和乙烯烃化生成乙苯，然后脱氢而得。主要用于生产苯乙烯系列树脂、丁苯橡胶和涂料等。2004年股份公司生产苯乙烯32.41万吨。生产企业有吉林石化、抚顺石化、兰州石化和大连石化。

2004年股份公司主要有机原料产量见表2。

表2　2004年主要有机原料产量　　单位：万吨

品种 企业名称	乙烯	甲醇	丁醇	辛醇	环氧乙烷	醋酸	苯酚	苯乙烯	烷基苯
大庆石化	45.6		3.57	5.29		7.51			
吉林石化	58.05		10.45	6.75	6.19	12.67	7.99	16.20	
抚顺石化	17.5				6.44			4.77	19.49
辽阳石化	14.18				6.43				
兰州石化	23.87							5.56	

续表

企业名称＼品种	乙烯	甲醇	丁醇	辛醇	环氧乙烷	醋酸	苯酚	苯乙烯	烷基苯
独山子石化	25.37	0.41							
大连石化								5.88	
合计	184.56	32.21①	14.02	12.03	19.06	20.18	7.99	32.41	19.49

①甲醇生产企业还有吉林油田综合利用厂 2.56 万吨、青海格尔木炼油厂 11.01 万吨、长庆靖边甲醇厂 10.14 万吨、川西北气矿甲醇厂 7.52 万吨、克拉玛依石化分公司 0.57 万吨。

（王桂轮）

【合成树脂】　截至 2004 年 12 月底（下同），股份公司合成树脂生产能力为 236.15 万吨/年，2004 年产量 237.85 万吨。各种合成树脂生产能力见表 3。

表 3　2004 年合成树脂年生产能力

品　种	生产能力（万吨）
聚乙烯	121.6
低密度聚乙烯	7.4
高密度聚乙烯	45
线性聚乙烯	69.2
聚丙烯	78.35
聚苯乙烯	10.5
ABS	23.9
AS	1.3
丁苯树脂	0.5
合　计	236.15

1. 低密度聚乙烯

股份公司现有低密度聚乙烯（LDPE）装置 2 套：大庆石化 6 万吨/年，兰州石化 1.4 万吨/年，总生产能力为 7.4 万吨/年。2004 年产量为 8.69 万吨。

2. 高密度聚乙烯

股份公司现有高密度聚乙烯（HDPE）装置 3 套：大庆石化 24 万吨/年，兰州石化 14 万吨/年，辽阳石化 7 万吨/年，总生产能力为 45 万吨/年。2004 年三套装置共生产聚乙烯 45.38 万吨；股份公司高密度聚乙烯产品总产量为 69.37 万吨（包括部分线性全密度装置生产的高密度聚乙烯）。

3. 线性聚乙烯

股份公司现有线性聚乙烯装置 5 套（包括线性全密度装置）：大庆石化 7.8 万吨/年，吉林石化 27.4 万吨/年，抚顺石化 8 万吨/年，兰州石化 6 万吨/年，独山子石化 20 万吨/年，总生产能力为 69.2 万吨/年。2004 年五套装置共生产聚乙烯 76.88 万吨，其中生产线性低密度聚乙烯（LLDPE）产品 52.88 万吨。聚乙烯装置生产情况见表 4 和表 5。

表 4　聚乙烯装置生产情况

企业名称	装置产量（万吨）			
	低密度聚乙烯	高密度聚乙烯	线性聚乙烯	合　计
大庆石化	7.19	22.57	8.51	38.26
吉林石化			28.99	28.99
抚顺石化			11.91	11.91
辽阳石化		8.60		8.60
兰州石化	1.51	14.21	6.10	21.84
独山子石化			21.37	21.37
合　计	8.69	45.38	76.88	130.98

表 5　聚乙烯产品生产情况

企业名称	产品产量（万吨）			
	低密度聚乙烯	高密度聚乙烯	线性聚乙烯	合计
大庆石化	7.19	22.57	8.51	38.26
吉林石化			28.99	28.99
抚顺石化		11.91		11.91
辽阳石化		8.60		8.60
兰州石化	1.51	14.21	6.10	21.84
独山子石化		12.09	9.29	21.37
合计	8.69	69.37	52.88	130.98

4. 聚丙烯

股份公司现有聚丙烯（PP）生产能力为 78.35 万吨/年。其中连续法聚丙烯装置 9 套：大庆石化 10 万吨/年，辽阳石化 4.35 万吨/年，大连石化 12 万吨/年（2 套，分别为 5 万吨/年和 7 万吨/年），抚顺石化 9 万吨/年，兰州石化 15 万吨/年（2 套，分别为 4 万吨/年和 11 万吨/年），独山子石化 14 万吨/年，华北石化 6 万吨/年，合计生产能力为 70.35 万吨/年；间歇法聚丙烯装置 3 套：大连石化 2 万吨/年，乌鲁木齐石化 4 万吨/年，呼和浩特石化 2 万吨/年，合计生产能力为 8 万吨/年。2004 年聚丙烯产量为 82.38 万吨，其中连续法聚丙烯产量为 74.64 万吨，间歇法聚丙烯为 7.74 万吨。见表 6。

表 6　聚丙烯生产情况

企业名称	产量（万吨）		
	连续法	间歇法	合计
大庆石化	9.55		9.55
辽阳石化	4.92①		4.92
大连石化	15.78	1.80	17.58
抚顺石化	8.73		8.73
兰州石化	16.05		16.05
独山子石化	12.43		12.43
华北石化	7.18		7.18
乌鲁木齐石化		3.71	3.71
呼和浩特石化		2.22	2.22
合计	74.64	7.74	82.38

①含纤维级聚丙烯。

5. 聚苯乙烯

股份公司现有聚苯乙烯（PS）装置 4 套：兰州石化 0.5 万吨/年，抚顺石化 6 万吨/年（2 套，分别为 2 万吨/年和 4 万吨/年），大连石化 4 万吨/年，总生产能力为 10.5 万吨/年。2004 年产量为 1.55 万吨，其中，抚顺石化 1.04 万吨，大连石化 0.51 万吨。

6. ABS 树脂

股份公司现有 ABS 装置 2 套：兰州石化 5 万吨/年，吉林石化 18.9 万吨/年，总生产能力 23.9 万吨/年。2004 年产量为 22.81 万吨，其中，兰州石化 4.45 万吨，吉林石化 18.36 万吨。

此外，股份公司现有 AS 树脂装置 1 套：吉林石化 1.3 万吨/年，2004 年产量为 0.13 万吨。兰州石化 1.5 万吨/年装置已报废。

7. 丁苯树脂

股份公司现有高透明丁苯抗冲树脂 1 套，能力 0.5 万吨/年。2004 年生产 48 吨。

（王正元）

【合成纤维】　股份公司合成纤维生产由合成纤维单体、合成纤维聚合物和合成纤维组成。2004 年合成纤维单体的生产能力为 87.65 万吨/年，合成纤维聚合物的生产能力为 38.55 万吨/年，合成纤维的生产能力为 20.35 万吨/年。

1. 合成纤维单体

股份公司生产的合成纤维单体有精对苯二甲酸、丙烯腈、乙二醇等。2004 年产量为 81.46 万吨，分品种产量见表7。

表7 2004年合成纤维单体产量

产品名称	产量（万吨）
精对苯二甲酸	35.90
丙烯腈	11.26
乙二醇	34.30
合 计	81.46

2. 合成纤维聚合物

股份公司合成纤维聚合物产品主要有聚酯等。2004年产量为37.79万吨，分品种产量见表8。

表8 2004年合成纤维聚合物产量

产品名称	产量（万吨）
聚酯	37.79
合 计	37.79

3. 合成纤维

股份公司生产合成纤维的企业有大庆石化、辽阳石化、乌鲁木齐石化、兰州石化、大庆炼化、大连石化等。生产的品种有涤纶、腈纶和丙纶。2004年合成纤维的产量为18.64万吨，其中，涤纶产量9.43万吨，腈纶产量8.71万吨，丙纶产量0.50万吨。分品种产量见表9，分企业产量见表10。

表9 2004年合成纤维产量

产品名称	产量（万吨）
涤纶	9.43
腈纶	8.71
丙纶	0.50
合 计	18.64

表10 2004年合成纤维各企业产量

企业名称	产量（万吨）
大庆石化	6.60
辽阳石化	7.44
兰州石化	2.11
乌鲁木齐石化	1.99
大连石化	0.50
合 计	18.64

（马昌峰）

【合成橡胶】 合成橡胶是三大高分子合成材料之一，广泛应用于交通运输、水利设施、电子信息、航空航天、日用品民用品等各个领域。

股份公司现有丁苯橡胶、顺丁橡胶、丁腈橡胶、乙丙橡胶、氯磺化聚乙烯、硅橡胶等6大类23个牌号的合成橡胶产品，是国内惟一生产丁腈橡胶和乙丙橡胶的生产商。截至2004年底合成橡胶的生产能力为30.50万吨/年，产量为28.58万吨。

1. 丁苯橡胶

股份公司现有两家企业生产丁苯橡胶。由于扩能改造，股份公司丁苯橡胶产能由13.5万吨/年增加到19.5万吨/年。2004年产量为19.02万吨，其中，吉林石化2004年4月28日丁苯橡胶装置扩能改造工程竣工投产，生产能力由原来的9万吨/年提高到14万吨/年，产量为14.02万吨/年；兰州石化生产能力为4.5万吨/年，产量为5.0万吨。

2. 顺丁橡胶

股份公司现有3家企业生产顺丁橡胶，2004年底顺丁橡胶的生产能力为13万吨/年，产量为10.85万吨。其中，独山子石化生产能力为3万吨/年，产量为3.23万吨；锦州石化生产能力为5万吨/年，产量为1.87万吨；大庆石化生产能力为5万吨/年，产量为4.77万吨。

（王桂轮）

【化肥】 股份公司化肥生产包括合成氨、尿素、硝铵及丙烯腈装置副产的硫铵。

1. 合成氨

2004年底股份公司有合成氨装置9套，其中大型合成氨装置7套，合成氨总生产能力为238万吨/年，实际生产255.96万吨，比2003年增产23.87万吨，见表11。

表11 2004年合成氨产量

企业名称	产量（万吨）
大庆石化	38.71
吉林石化	33.51
兰州石化	32.53
乌鲁木齐石化（一套）	34.48
乌鲁木齐石化（二套）	24.38
宁夏石化（一套）	35.34
宁夏石化（二套）	29.99
泽普石化	27.02
合 计	255.96

2. 尿素

2004年底股份公司有尿素装置8套，其中大型尿素装置6套，总生产能力为349万吨/年，实际生产365.23万吨。比2003年增产7.27万吨。其中，宁夏石化一套化肥、二套化肥，乌鲁木齐石化一套化肥、二套化肥的尿素耗氨指标达到国内先进水平，见表12。

表12　2004年尿素产量

企业名称	产量（万吨）
大庆石化	57.72
兰州石化	43.20
乌鲁木齐石化（一套）	57.12
乌鲁木齐石化（二套）	45.52
宁夏石化（一套）	64.34
宁夏石化（二套）	50.72
泽普石化	46.61
合　计	365.23

（马昌峰）

【精细化工】　精细化工是当今世界化学工业发展的重点之一，标志着一个国家综合技术水平的高低。目前发达国家精细化工的产值已占化学工业总产值的65%左右，而我国只有35%左右，存在着明显的差距。股份公司在催化剂、石油添加剂、橡胶助剂、溶剂、表面活性剂、染料和合成洗涤剂等产品的生产上具备相当强的能力。

1. 催化剂

催化剂技术是石油化工的核心技术之一。股份公司拥有兰州石化催化剂厂以生产炼油催化剂为主的大型催化剂生产基地。

兰州石化催化剂厂是国内第一家、也是股份公司惟一的催化裂化催化剂生产基地，有7套生产装置，2004年综合生产能力为3.65万吨，生产催化剂4.73万吨，比2003年增加0.77万吨，约占国内总产量的40%左右。

此外，辽阳石化烷基铝厂是辽阳石化公司与香港捷佳公司合资创办，于1996年6月开始建厂，1999年5月建成开车，年生产能力为1200吨。2001年7月股份公司收购为全资公司。2004年生产三乙基铝614.75吨。

2. 表面活性剂

烷基苯是洗衣粉和农药乳化剂的重要中间体，抚顺石化是股份公司表面活性剂原料的生产基地，年生产能力为20万吨，是亚洲最大的生产装置。2004年生产烷基苯19.48万吨。

（王桂轮）

【质量安全环保管理】

1. 产品质量取得良好信誉

化工与销售分公司积极参加国家质量监督检验检疫总局主办的3.15质量宣传活动，开展以“3.15质量和服务同享，切实维护消费者合法权益”为主题的产品质量和服务承诺活动，将企业产品介绍、质量信誉、服务承诺、质量服务电话分别在《中国质量报》、《中国消费者报》、《人民日报·市场报》和产品宣传单上进行质量承诺公告，向社会各界和广大顾客展示化工产品良好质量信誉。2000—2004年，化工与销售分公司的产品在历次国家级、股份公司级监督抽查中，合格率一直保持在100%，中国质量检验协会授予化工与销售分公司“国家质量检验合格产品（2000—2004年）”奖牌。近三年内各级产品质量监督抽查合格率为100%，建立了完善的售后服务机制，客户质量纠纷处理率100%，无新闻媒体曝光化工产品质量事故，化工与销售分公司被评为2004年度“全国质量信誉保障产品”和“全国服务消费者满意企业”。

2004年12月，化工与销售分公司在厦门召开质量工作会议。会议总结了2004年化工质量工作，部署了2005年质量计划。会议还部署了统一使用“昆仑”包装的事项，各生产厂原27个商标被整合为统一的“昆仑”商标，所有固体和液体包装的化工产品，统一使用“昆仑”包装。包装为红、黄、黑三色，上部为产品名称及质量荣誉，正中为红黄两色的“宝石花”以及“昆仑”黑色字样，下部为产品标准、生产厂址、牌号等质量信息。从2005年1月1日起，股份公司化工产品全部启用“昆仑”包装。

2. 加强了安全生产管理

（1）强“三基”，完善安全生产规章制度。化工与销售分公司2004年制定发布了《炼化企业自有铁路安全管理规定》和六个现场安全管理规定，各企业也修订完善各种安全制度205项。

（2）狠反“三违”。2004年，在下发的各项文件和要求中都明确提出了反“三违”要求。组织辽阳石化、乌鲁木齐石化拍摄了反“三违”的教育录像片。安排独山子石化引进杜邦的安全管理模式。推广了抚顺石化开展安全进入家庭宣传教育活动。通过各种形式多样的活动，教育职工自觉遵章守纪，使多数企业的违章现象有明显降低。

(3) 开展安全评价，落实隐患治理。重点抓为2003年评估的102项重点隐患治理工作，现已治理完成50项，正在治理的33项，安排计划治理的2项，已投入治理资金38253万元。同时，通过组织安全检查和安全评价，共查出各种问题1429项。经过专家评估，确定了重点隐患74项，要求地区公司安排治理。

(4) 完善应急预案编制，加强预案演练。板块完善了应急响应管理体系，出台了应急预案编制导则，规范了应急预案的管理，要求企业开展应急预案的演练，先后在东北和西北两个地区组织了应急预案的实战演练观摩，并组织专家进行评估，提高了企业应对突发事件的能力。

(5) 组织安全技术交流和工作研讨。2004年9月召开了安全工作交流和HSE技术交流会，各地区公司和销售单位用录像、多媒体等各种形式交流安全经验，筛选11篇安全技术论文在会议上宣读，举办了企业安全高层论坛，各企业主管领导就热点安全问题进行演讲，受到各企业的好评。

(6) 在板块销售系统建立QHSE管理体系。经过培训和辅导，各销售单位于2004年5月份全部建立并运行QHSE管理体系，板块对销售系统的QHSE体系组织了验收审核。至此，化工板块所有生产和销售单位都已经建立和运行了QHSE管理体系，是股份公司四大板块中率先全面运行QHSE管理体系的业务板块。

3. 环保、节能节水卓有成效

化工与销售分公司环保及清洁生产坚持“清洁生产，源头治理，总量控制，达标排放”的工作方针，认真贯彻关口前移抓预防，重心下移抓现场的要求，紧紧围绕源头控制和污染源治理两条主线，全面开展污染源调查和清洁生产审核工作，大力治理重点污染源，大幅削减污染物排放总量，全面提高环保绩效。

2004年化工板块废水排放总量18192.66万吨，比2003年减少3736.15万吨；废水排放综合达标率98.69%，比2003年提高1.04个百分点。废气排放总量14345924万立方米，综合达标率99.67%。二氧化硫排放量53994.78吨，比2003年减少1528.22吨。环保投资23072.4万元，排污费5867.77万元。

地区公司提出了新的环保理念和环保思路。独山子石化实施体系运行和清洁生产相结合，被国家评为“环境友好企业”。大庆石化提出了“绿色检修”、“绿色停车”、“排污产品化管理”等环境保护新理念；吉林石化提出的“喝着上游水、想着下游人”，以及装置检修“零超标”废水排放的环保理念，大庆炼化提出的“绿色炼化，金色未来”的环保理念。

(1) 严格控制新污染源的产生。对新建、改建、扩建共66个项目，坚持严把项目设计审查关、严把施工质量关、严把竣工验收关，环境影响评价执行率达到100%。

全面推行主要生产装置清洁生产审核工作，从根本上降低能耗物耗、减少排污、增加效益。板块第一轮18套装置清洁生产审核工作，共提出清洁生产方案306个，已实施270个，共投资11906.88万元，产生经济效益13950.41万元。第二轮清洁生产审核也已全面展开，初步统计提出方案397个，实施378个，投资6436.75万元。加大污染源的治理力度，2004年共投资56244.98万元，完成环保治理项目148项。

(2) 根据股份公司整体环保战略规划的要求，组织了环保现状调查，最终形成了板块、地区公司、分厂、装置四级的《环保现状调查报告》，提高了环保基础工作管理水平，为环保隐患的治理及制定环保规划打下了基础。

为加强对废水中污染物的在线监测工作，完成了地区公司18个主要废水排放口，50台（套）COD、氨氮及流量计等在线监测仪表采购和安装工作。

(3) 深入开展创建节能节水型企业活动。化工与销售分公司积极组织所属各地区公司紧密结合“五大攻关”、“技术增效年”及装置达标等工作，通过进一步强化日常管理、积极开展攻关、实施技术改造等措施，深挖内部潜力，主要生产装置技术经济指标明显提高，多项创历史最好水平，节能节水取得了显著成果。2004年，化工与销售分公司所属12家企业化工业务实现节能（单耗同比法）38.37万吨标煤，完成股份公司下达考核指标15万吨标煤的256%，占股份公司节能总量（80万吨）的48%；节水（单耗同比法）3100.6万吨，完成股份公司下达考核指标2500万吨的124%，占股份公司节水总量（7686万吨）的40%。节能节水量均列股份公司四个板块之首。吉林石化、大庆石化、抚顺石化、辽阳石化被评为股份公司节能节水先进企业。

2004年，化工与销售分公司所属12家炼化企业原油加工量（2004年6351.1万吨，2003年5528.5万吨）提高14.9%，乙烯、合成氨产量分别增长1.5%和10.6%，化工商品总量实现1132万吨、增长5.4%，而全年炼油、化工装置耗能总量为1637.7

万吨标煤，比 2003 年（1565.5 万吨标煤）仅增加 4.6%；耗新水总量 29416 万吨，比 2003 年（32435 万吨）减少 3019 万吨，降低 9.3%。

（曲天煜）

【设备管理】 截至 2004 年底，化工与销售分公司 11 家地区公司固定资产原值为 846.90 亿元，固定资产净值为 433.89 亿元，固定资产新度系数 0.51，新度系数同比降低 0.02。

2004 年，化工与销售分公司设备管理的工作目标基本实现，主要设备完好率达到 98%以上，静密封点泄漏率小于 0.05%。

为确保装置"安稳长满优"运行，2004 年化工与销售分公司按计划、有步骤地开展了"三年一大修"和"四炉一器"等攻关工作，装置长周期运行水平普遍提高，乙烯等大部分装置逐步从"一年一大修"、"两年一大修"的水平，提高到了"三年一大修"或已具备相应的条件。

2004 年，化工与销售分公司进一步加强了非计划停车和生产波动的考核管理工作，下发了《化工板块 2004 年生产装置非计划停车、长周期运行考核办法》，采取各种措施努力控制非计划停车，特别是龙头装置及大型装置的非计划停车。按板块制定的非计划停车考核标准统计，2004 年 1—12 月份板块归口管理的 8 家地区公司共发生非计划停车 37 次，累计停车时间 3723.5 小时。停车次数比 2003 年的 64 次减少 27 次，降幅为 42.2%；累计停车时间比 2003 年的 7345.5 小时减少 3622 小时，降幅为 49.3%。其中因设备故障造成的非计划停车次数为 29 次，停车时间 3091.5 小时，与 2003 年 1—12 月份因设备故障造成的非计划停车 47 次，6308.5 小时相比，停车次数减少 18 次、降幅 38.3%，停车时数减少 3217 小时、降幅为 51%。非计划停车的次数、时数都分别完成了比 2003 年降低 20%的目标。

2004 年是化工与销售分公司的大检修年，共有 9 个地区公司 43 个分厂（含 10 个辅助生产厂、9 个炼油厂）的 228 套生产装置（含炼油装置 56 套）和 38 套辅助生产装置进行了停工大检修。大检修的主要化工装置有大庆石化乙烯系统、兰州石化乙烯系统和化肥、独山子石化乙烯系统、乌鲁木齐石化二化肥、辽阳石化乙烯、宁夏石化二化肥。其中大庆石化首次安排并成功完成了炼油、化工两大系统同步检修，这是大庆石化检修史上工作量最大、最集中、难度最大的一次；而兰州石化的装置检修是在设备管理体制变化以后，炼油、化工板块在统一的管理制度和模式下，由股份公司统一安排组织进行的第一次大范围的装置大检修，并且是配合 24 万吨/年乙烯脱瓶颈改造进行的。化工板块加强了大检修工作的管理力度。根据板块的要求，技术装备处派人到大庆、辽阳、兰州、乌鲁木齐、独山子、宁夏等石化分公司重点检修现场进行了调研和督察。

（陈 轩）

【技术开发】 2004 年，化工与销售分公司技术开发重点是以提高质量效益为中心，实施技术创新战略，主要包括产品开发和工业化试验。

产品开发方面，2004 年共开发铬系聚乙烯专用料、高速 BOPP 专用料、碳酸级瓶级切片、炼油催化剂等新产品 27 种，产量约 18 万吨。

工业化试验方面，重点组织了 HCC、己烯－1、丁苯透明抗冲树脂等项目。其中，抚顺石化重油接触裂解制乙烯（HCC）项目从 2001—2004 年共进行了 9 次投油试验，在低负荷条件下打通了流程，产品分布与中试结果基本相符，初步解决了工艺中高温—短反应时间、大水油比、大比重专用催化剂的流态化、再生器的补燃及热量平衡等工程技术问题，在杂质气体的脱除、裂解气体的急冷和防止结焦等关键工程技术问题方面，形成了几项实用的技术，并在试验装置上得到了应用。大庆石化乙烯齐聚合成己烯－1 工艺放大项目在完成 300 吨/年规模的连续中试放大试验基础上，进行了 5000 吨/年己烯－1 成套工业装置工艺软件包的开发，按照年产 5000 吨己烯－1 的工业规模，对工艺路线进行了全流程模拟，筛选出了工艺方案，完成了 5000 吨/年己烯－1 工业装置的可行性研究报告及技术经济分析，目前主要工作是进行降低低聚物的补充试验。丁苯透明抗冲树脂工业化试验装置项目是股份公司成立以来首次内部共享、由兰州石化和抚顺石化两个分公司合作开发的产业化技术项目。自 2002 年 10 月 8 日投产以来，经过试生产和两次技术攻关，已生产了近千吨产品，其主要技术和经济指标均达到了设计值。为适应目前市场对该产品的技术指标要求，对国内外同类产品的特性和下游用户进行了调研，明确了产品定位，目前主要工作是结合市场加大产品开发力度。

（万丽翎 刘晓舟）

【项目前期管理】 2004 年，为确保化工业务的持续有效快速发展，化工与销售分公司继续深化项目前期的管理工作，本着"做大化工，做强销售，集约化经营，专业化管理"的总体思路，明确方向，强化基础，提高效率。

(1) 开发门户网站使用功能，项目前期管理工作水平再上新台阶。利用股份公司门户网站的基本功能，根据化工与销售分公司的实际工作需求，进一步开发使用功能，建立相应的栏目，使化工与销售分公司项目前期管理及日常工作及时上网，实现信息共享，提高日常工作的管理水平和工作效率。

(2) 初步建立化工投资项目管理数据库，努力提高化工项目管理和投资决策水平。为全面掌握股份公司化工项目的投资和效益情况，总结经验和教训，化工与销售分公司开始建立项目数据库，以便对不同地区公司的同类项目进行对比、分析、汇总，为提高项目管理水平、投资决策水平和工作效率创造条件。

(3) 加快可行性研究报告的批复工作。化工与销售分公司积极协调督促地区公司编制上报项目可研报告，尽快批复符合条件的项目可研报告。对于当年开工、当年增效的“短平快”项目及小型项目，本着“节奏可以加快、程序不能逾越”的原则，做好可研、初步设计、施工图设计等各个阶段的合理的深度交叉工作。

(4) 围绕发展主线，严格项目审查。严格项目筛选，严把投资和项目投资回报率关，实现了股份公司规定的项目财务内部收益率（税后）12%以上的目标。2004年列入化工与销售分公司资本性支出投资计划的石油化工建设项目共276项，总投资231.3亿元，年均税后利润32亿元，投资利润率为13.82%。

1. 投资计划

按照“大规模、短流程、低成本、差别化”和“抓大放小、精干主体、内涵改造、技术进步、择优发展”的发展思路，加大化工业务结构调整力度，做强、做大乙烯及合成树脂、化纤原料、化肥三条“主线”，并根据各企业装置特点、生产规模，统筹考虑化工产品的市场布局，进一步明确企业发展定位。化工板块2004年共下达计划项目276项，下达计划投资67.03亿元。

(1) 尽早下达投资计划。为促进各地区公司及早开展项目工程建设，化工与销售分公司尽早下达投资计划。截至2004年一季度（3月份第二批投资计划下达后），化工板块累计（第一批、第二批计划合计）下达当年投资44.67亿元，占全年投资67.03亿元的66.65%。

(2) 项目成熟一批，计划下达一批。按照“成熟一批，下达一批”的原则，化工与销售分公司分批下达投资计划，以确保项目的开工建设及实施进度。

①1月底编制并下达了《化工与销售分公司2004年第一批建设项目投资计划》，共下达项目79项，2004年投资397355万元。其中，限上项目15项，2004年投资366435万元；5000万元以下项目64项，2004年投资30920万元。

②3月底编制完成了《化工与销售分公司2004年第二批建设项目投资计划》，下达项目85项，2004年投资49386万元。其中，限上项目2项，2004年投资20203万元（包括第一批投资计划已经下达的4个项目补充投资6203万元）；5000万元以下项目83项，2004年投资29183万元。

③11月底编制完成了《化工与销售分公司2004年第三批建设项目投资计划》，下达项目74项，2004年投资157297万元。其中，限上项目6项，2004年投资122100万元（包括第一批投资计划已经下达的3个项目补充投资10568万元）；5000万元以下项目68项，2004年投资35197万元。

④12月底编制完成了《化工与销售分公司2004年建设项目投资调整计划》，对全年计划下达项目进行汇总、调整，最终累计下达项目276项，2004年投资670322万元。其中，限上项目27项，2004年投资573878万元；5000万元以下项目249项，2004年投资96444万元。

(3) 投资计划重点。化工与销售分公司遵循股份公司化工业务发展战略，将投资重点继续放在扩大发展主导产品业务、深入挖掘装置潜力、确保安全生产等方面，通过新的投入提升和带动现有存量资产，努力提高企业的经济总量、经济效益和企业的竞争能力。

①2004年发展主导产品项目下达计划32项，下达投资58.5亿元，占全年投资67.03亿元的87.27%。这些项目全部建成后，年新增乙烯生产能力208万吨/年，聚乙烯生产能力215万吨/年，聚丙烯生产能力135万吨/年，乙二醇生产能力14万吨/年，化肥生产能力83万吨/年，PTA生产能力53万吨/年。

②2004年“短平快”项目下达计划85项，下达计划2.83亿元，占全年投资67.03亿元的4.22%。重点挖掘现有装置潜力，消除“瓶颈”，节能降耗，这些项目当年立项，当年见效5717万元，部分项目当年收回投资。

③2004年安全、环保隐患治理项目下达计划112项，下达计划4.5亿元，占全年投资67.03亿元的6.71%。这些项目实施后，及时消除部分设备存在的重大安全隐患，确保了生产安全稳定。

2. 化工业务“十一五”规划

按照股份公司《关于开展股份公司“十一五”业务发展计划编制工作的通知》（石油计字［2004］74号）的要求以及《中国石油天然气股份有限公司发展战略纲要》的总体部署，化工与销售分公司于2004年组织开展股份公司化工业务“十一五”规划编制研究工作。

“十一五”规划的编制工作分四个阶段组织：（1）前期准备工作；（2）编制“十一五”化工业务发展计划大纲；（3）编制“十一五”化工业务发展计划初稿；（4）定稿。截至2004年底，第一阶段、第二阶段工作已经按照股份公司要求的时间准时完成。

“十一五”规划编制的指导思想：按照“建设具有国际竞争力的跨国企业集团”的总体发展目标和“提升炼化实力”的发展战略，坚持集约化经营、专业化管理和产销研一体化协调发展，按照大规模、短流程、低成本、差别化、高效益的原则，发挥资源优势和炼化一体化优势，突出主导产品，突出区域协调发展和基地建设，加快建设现代化营销体系，“做强做特”化工业务，“做大做好”销售。

“十一五”规划编制原则：坚持效益第一、注重投资回报；坚持技术进步；坚持有进有退，择优发展；坚持规模化发展、基地化发展；建立与化工业务发展相适应的现代化销售体系。

（高长锋）

【工程项目管理】　2004年，化工与销售分公司加大了工程项目管理工作力度，加快项目实施步伐，一批重点工程相继建成投产并发挥效益。2004年共完成投资66.99亿元，占计划投资67.03万元的99.9%，比2003年多完成投资25.75亿元，完成工程投资创历史新高；全年有5项重点化工项目投产，计划内的小型技术措施及安全环保项目全部完工投用，建设项目管理取得新成效。

1. 重点工程进展顺利，一批重点工程提前建成投产、发挥效益

2004年安排重点化工项目17项，到2004年底建成投产5项，其他重点项目按批准的建设部署正点运行，工期符合率100%（详见表13）。其中，吉林石化9万吨/年丁苯橡胶改造工程2004年4月28日建成投产，比计划工期提前3个月，为企业多创效1490万元；吉林石化15万吨/年乙烯节能改造工程2004年6月30日建成投产，能耗由改造前的967千克标油/吨下降至791千克标油/吨，多创效2150万元；吉林石化12万吨/年丁辛醇改造工程2004年8月26日建成投产，当年创效4950万元；辽阳石化14万吨/年精己二酸技术改造工程在完全自我消化引进技术的基础上，用20个月工期比与股份公司签订的“建设责任书”目标提前20天抢在市场高价位时投产，当年增加销售收入9120万元。

表13　2004年重点化工项目

项目名称		总投资（万元）	备注
投产项目	1. 吉林石化15万吨/年乙烯节能改造	13890	2004年6月19日中交，6月30日投产
	2. 吉林石化14万吨/年丁苯橡胶装置扩建改造	13115	2004年4月26日中交，4月28日投产
	3. 吉林石化24万吨/年丁辛醇装置扩能改造	43865	2004年8月26日投产
	4. 吉林石化60万吨/年加氢裂化装置扩能改造	9010	2004年11月8日投产
	5. 辽阳石化14万吨/年精己二酸技术改造工程	47713	2004年11月11日投产
在建项目	1. 大庆石化聚乙烯专用树脂改造工程	160865	2004年底工程中交
	2. 大庆石化化肥扩能改造项目	38634	2004年底施工图设计完、器材订货完，土建施工
	3. 大庆炼化30万吨/年聚丙烯工程	141634	2004年底设备安装
	4. 吉林石化60万吨/年乙烯改扩建工程	266986	2004年底工艺包设计完、长周期设备订货
	5. 辽阳石化80万吨/年PTA及原料改造工程	292537	2004年底基础设计完、长周期设备订货完，土建施工
	6. 辽阳石化20万吨/年乙二醇装置技术改造	139221	2004年底基础设计完、长周期设备订货完
	7. 抚顺石化洗化厂5吨/小时烷基苯磺化项目	6372	2004年底工程中交
	8. 大连石化分公司20万吨/年聚丙烯工程	65000	2004年底施工图设计完、器材订货完，土建施工
	9. 兰州石化60万吨/年乙烯改造项目	475793	2004年底基础设计完、长周期设备订货完，地下管道施工
	10. 兰州石化15万吨/年浓硝酸改造项目	19286	2004年底施工图设计完、器材订货完，土建、安装施工
	11. 宁夏石化分公司二化肥扩能改造工程	44069	2004年底基础设计完、设备订货完，土建施工
	12. 乌鲁木齐石化一化肥油改气及50%扩能	66310	2004年底长周期设备订货完，初步设计

2. 项目前期实施步伐明显加快

2004年，化工与销售分公司与各地区公司认真总结大型石化项目建设特点和规律，重点加大了项目前期实施阶段的工作力度，出台了《股份公司炼油化工建设项目前期阶段工程建设总体部署管理暂行办法》，及早落实包括“技术引进、合同签订、开工条件、基础设计（初步设计），以及长周期设备订货”等主要工作内容的控制目标和保证措施，实施合理深度交叉，为缩短建设总工期赢得宝贵的时间。国家于2004年3月19日批复吉林石化60万吨/年乙烯改造工程可行性研究报告后，乙烯裂解和30万吨/年HDPE技术引进合同即于3月27日签订，乙烯工艺包设计4月30日完成、基础设计10月8日完成，乙烯“三机组”等长周期设备订货7月19日完成，30万吨/年HDPE工艺包设计8月28日完成、基础设计10月12日完成、长周期设备订货10月底完成、初步设计12月份完成。辽阳石化80万吨/年PTA及配套原料工程2003年9月份批复可行性研究报告，PTA工艺包合同2003年12月10日生效，工艺包设计、基础设计、初步设计和长周期设备订货分别于2004年5月7日、7月2日、7月30日、6月10日完成。为PTA装置2006年全面建成投产创造了条件；45万吨/年PX装置工艺技术引进合同于2003年11月10日生效，工艺包设计2004年5月8日完成、初步设计6月28日完成、长周期设备订货2004年5月完成，为实现PX装置较计划提前一年，于2005年建成投产打下了基础。乌鲁木齐石化化肥扩能工程可行性研究报告于2004年9月22日批复，技术引进合同10月14日签订，为化肥扩能改造工程2006年建成投产打下了基础。

初步设计编审坚持“程序不逾越、水平不降低、节奏要加快”的原则，实施合理交叉，缩短建设工期。投资4.4亿元的吉林石化12万吨/年丁辛醇扩能改造工程，初步设计编审较通常提前3个月；投资近9000万元的吉林石化90万吨/年加氢裂化改造项目可行性研究报告批复后，在不到2个月的时间内完成了初步设计审查；投资近2亿元的兰州石化15万吨/年浓硝酸改造工程可行性研究报告批复后，2个月内完成了初步设计编制和审查工作，较通常提前2个月以上。

3. 积极优化设计方案，严格初步设计审查，精细投资控制与管理，投资控制取得新成效

针对2004年国内材料价格上涨、欧元汇率上升等实际，化工与销售分公司及各地区公司进一步加大投资控制力度，通过优化设计方案、严格初步设计审查、全面推行招标采购、集约采购和联合采购、重大项目地区公司与化工与销售分公司领导亲自出面谈判等措施，千方百计控制工程投资，投资控制取得新成效，全年共节约投资10.5亿元。

（1）积极优化设计方案，充分挖掘现有设施潜力，节约投资2.34亿元。其中，大庆石化85万吨/年乙烯改造工程，通过优化裂解炉改造方案、采用先进的热泵技术降低丙烯压缩机负荷、FDPE装置原料由增压机输送改为乙烯装置直供等措施，节约10214万元。大庆石化化肥扩能改造工程，通过优化设计方案，将原有合成塔保留，新建并联一台合成塔；将原有空压机保留，并联一台小空压机；将原有CO_2压缩机保留，串联一台增压机，共节约投资2000万元。宁夏石化二化肥扩能改造工程，通过公用工程挖潜优化和用预转化炉代替一段转化炉改造，将原CO_2压缩机与新增机组串联并布置在原厂房内，不再新建厂房等措施，节约投资2839万元。抚顺石化60万吨/年连续重整改造工程，将“四合一炉”异地新建改为原地建设，节约投资600万元。兰州石化70万吨/年乙烯改造工程，通过将聚烯烃产品膜包装改为普通包装、“三聚”共用1个仓库、1个化验室、1个DCS控制室等优化措施，节约投资5000万元。大连石化20万吨/年聚丙烯、吉林石化60万吨/年乙烯改造等工程，通过设计方案优化，节约投资2800万元等。

（2）发挥集约采购和联合采购的优势，重大项目地区公司同化工与销售分公司领导亲自出面谈判，最大限度地降低采购费用。2004年签订工艺技术软件合同价2.1亿美元，在地区公司多轮压价、压幅平均31%的基础上，发挥股份公司集中采购优势又压价1368万美元；签订引进设备合同1130台（套），合同价2.25亿美元，平均压价幅度11.53%，比外商最初报价降低投资2928万美元。

（3）在确保工程质量、设备安全稳定运行的前提下，采用国内外联合制造、设备国产化、国内外制造厂商一起投标报价等措施降低投资。2004年共签订设备制造（国产化）合同26台（套），比可行性研究报告估算节约投资1.05亿元。其中，宁夏石化化肥扩能改造空压机采取由引进改为国内外联合制造、合成气压缩机透平由引进改为国产、氨压机由外商改造改为国内改造，共节约投资3000万元；辽阳石化14万吨/年精己二酸装置“三合一机组”、80万吨/年PTA及配套原料工程残渣蒸发器、旋转真空过滤器、

大庆石化化肥扩能改造空压机、兰州石化60万吨/年乙烯改造工程空气增压机、旋风分离器、连续混料器，大庆炼化30万吨/年聚丙烯干燥器、夹套循环水泵、自清洁袋式过滤器等由引进改为国产，共节约投资7500万元。

(4) 严格初步设计审查，确保概算控制在可行性研究报告批复估算之内。2004年组织完成30个项目的初步设计审查，批复24项，批复概算投资较可行性研究报告估算投资节约2.74亿元。

(5) 在招标优选一流承建单位的同时，努力降低工程造价。2004年各地区公司通过甲方编制施工图预算招标、无标的招标、工程量清单系数招标、工程量清单计价招标，以及推行工程总承包等措施，共节约投资3859万元。

4. 从源头抓起，确保工程质量和装置本质安全

坚持设计采用先进、成熟、可靠的工艺技术和设备，确保设计水平和实现装置“三年一修”目标；严格执行《石油化工装置基础设计内容规定》，坚持初步设计文件地区公司预审、板块审批两级把关制度，初步设计文件深度和质量有了明显提高；坚持并做到必须有安全预评价报告否则不予审查初步设计；加大严格执行标准规范和实现装置本质安全的审查力度，要求各专业执行标准规范覆盖率必须达到100%。2004年完成审查的26个项目全部有安全预评价报告及批复文件，并将批复意见落实到了初步设计文件之中；完成初步设计审查的26个项目各专业提出审查意见3475条，其中涉及质量、安全方面审查意见416条，完善了设计文件，为确保装置投产一次成功和安全平稳运行打下了基础。

各地区公司工程质量管理制度、质量管理体系和安全管理制度、安全管理体系基本健全，基本做到有章可循，工程质量、安全总体上处于受控状态。坚持日常严格管理与定期检查相结合，工程质量安全检查工作做到经常化、制度化。2004年4月及9月，化工与销售分公司重点抽查了大庆石化、大庆炼化、吉林石化、抚顺石化、辽阳石化等5家地区公司9项在建工程的质量、安全工作，检查分项工程198项，检查保证项目480项，符合率98.96%；检查基本项目410项，合格率100%，允许偏差项目实测实量2936点，点合格率96.5%。工程质量总体上处于受控状态。

重视并加快实施安全隐患治理项目。2004年落实安全隐患治理资金5.126亿元，完成隐患治理项目114项，是2000—2003年平均每年完成安全隐患治理项目投资的1.8倍，平均增幅26.28%，为安全生产提供了保障。

（罗汉华）

【化工产品销售】 2004年，化工与销售系统围绕股份公司管理层关于“做强化工、做大做好销售”的指示精神，以促销、推价、降费、增效为目标，以专业化管理、一体化物流建设和扩销、预销售业务、营销网络建设为核心，实施稳健的销售策略，优化资源配置，突出量价配合，狠抓规范管理和细节管理，实现了销量、扩销、销售收入、销售利润四项主要营销指标的历史性突破，建立了一体化物流体系，走出了一条具有中石油特色的产销研一体、集约化经营、专业化销售的道路，逐步向国际大石油公司现代营销模式过渡。

1. 一体化物流建设初具规模

2004年在建立一体化物流体制上，对统调化工产品实行物流、配送、运输、仓储统一运作的新举措，使运输时间、运输成本继续压缩降低。全年累计向区外四大销售公司买断产品173.5万吨，累计发货173.8万吨，调运计划完成率100.2%，运输周期整体压缩3—4天，运输费用降低2700余万元，互供料完成40.45万吨，计划完成率105%，实现管理、效益双丰收。

一体化物流建设，起步高、见效快。化工与销售分公司建立了以先进的仓库管理系统（WMS）和配送管理系统（TMS）组成化工销售一体化物流信息管理系统平台，并附以远程视频会议系统、客户服务热线（Call Center）、GPS/GIS车辆跟踪、监控系统。实现了无纸化办公，100%取消人工报表，提高了工作效率。

2. 优化资源配置，调整产品结构，提高经济效益

2004年，化工与销售分公司加强市场调研与开发，依靠化工信息管理系统，建立量价配合曲线模型，实现了量价配合的在线监控，及时调整资源流向，使其向高效市场流动，提高了经济效益。全年整体实现优化配置资源35.8万吨，增效3000万元以上；通过与生产的密切协调配合，及时按市场需要和走势调整生产方案，增加高附加值产品的生产，减少14个合成树脂牌号，实现独山子石化铬系聚乙烯年增效1900万元、辽阳石化L0555P系列专用料产品等增效59000万元、辽阳石化瓶级切片增销6.9万吨销售量，增效3362万元；运用市场信息渠道和快速决策机制，抓住化工市场走高的有利时机，及时上推

价格，实现了产品高价位销售，全年实现有效推价478次，增加效益1.45亿元。

3. 扩大统销范围，加快销售网络建设

2004年，将兰港石化、大连石化聚丙烯、大庆炼化丙烯腈和腈纶产品纳入统销，统销比例由72%提高到75%，进一步加强协调泽普石化尿素的销售工作，逐步纳入化工与销售分公司统销业务。同时对非统销化工产品实行销售专业管理和指导，加强对“三苯”、芳烃等化工原料的统一销售。建立股份公司统一指挥应对市场的协调机制，实现整体运作。

2004年，采取加大直供厂家开发、提高直销率的销售策略，根据市场分布和定位，合理统一规划，加快目标市场和终端销售网络建设，全年建立销售经营部28个、销售代表处17个，直销率达到62%，使销售业务深入市场终端取得新突破。

4. 提高服务水平，解决基层困难

2004年，在铁路运输极度紧张的情况下，与铁道部运输局积极衔接，申请给宁夏石化增开74列铁路专列，每天向宁夏石化排空棚车40—60辆，及时解决了宁夏石化化肥的外运困难。加开抚顺石化烷基苯产品7个大列，保证用户的需求；加开大庆石化塑料3个大列、吉林石化塑料5个大列等，使高价产品及时到达市场前沿，增加效益2000万元。这项举措获得集团公司直属党委颁发的《机关为基层服务十大实事》奖。

5. 召开新产品发布会，扩大中国石油产品影响力

国内化工市场的国际化，要求产品供应商必须坚持宣传路线和策略，扩大影响，赢得客户和市场。为宣传今后几年股份公司将陆续投产的8套引进装置生产的180余个牌号、200余万吨的高端化工产品，2004年底举办了化工新产品发布会，向国内外客商宣传了中国石油“诚信、创新、业绩、和谐、安全”的核心经营理念，展示了中国石油“奉献能源，创造和谐”的实力和风范，结识了众多商家，获取了大量信息和商情，引起了政府部门及行业协会的高度重视和热烈反响，树立了中国石油的化工业务新形象，构筑了交流合作与双赢互利的新平台。

（范学民）

第四篇

天然气与管道

综　述

【概述】 天然气与管道分公司是中国石油天然气股份有限公司四个专业公司之一，于 1999 年 11 月组建设立，在股份公司的授权范围内，主要负责原油产运销衔接和管道运输，完成股份公司的原油配置任务；天然气储运、销售；原油、成品油、天然气管道及储运设施建设和运营管理。

根据股份公司人事部和直属机关党委批准，天然气与管道分公司设有总经理办公室（党委办公室）、计划处、财务处、油气调运处、天然气销售处、建设项目管理处、质量安全环保处、科技信息处、管道与储气库处共 9 个业务处室。同时，下设股份公司液化天然气（LNG）项目工作组，负责股份公司 LNG 项目前期工作和项目建设的组织实施、投产及运营管理。按业务划分，归口管理包括管道分公司、西气东输管道分公司、北京华油天然气有限责任公司、西气东输销售分公司、华北天然气销售分公司、华中天然气销售分公司和西南、辽河、长庆、华北、大港、青海 6 个油（气）田的天然气与管道业务。

上市以来，天然气与管道分公司全面贯彻、实施集团公司和股份公司发展战略，积极应对股份公司上市后面临的新形势和挑战，加强发展规划研究，认真制定工作方案和具体措施，积极开发天然气市场，加强预算管理和成本控制，强化安全管理，连续 5 年超额完成年度业绩考核指标并保持了安全生产的良好局面。为提升股份公司上市业绩和市场价值做出了贡献。随着西气东输工程全面投产和忠武输气管线、陕京二线陆续建成投产，天然气与管道业务将继续保持快速发展，成为股份公司重要的支柱产业和新的经济增长点。

【工作思路】

（1）2004 年工作总的指导思想是：贯彻落实集团公司、股份公司发展战略和工作部署，加强市场和发展战略研究，优化油气调运，加大天然气市场开发力度，抓好重点工程建设，推进科技和管理创新，保持安全生产良好局面，全面完成各项生产经营指标和工作任务，为集团公司、股份公司的发展做出新的贡献。

（2）2004 年生产经营目标：

利润：预算指标 16.6 亿元，工作目标 17 亿元；

天然气销售：销售量 158.5 亿立方米，管输单位现金成本 50.40 元/千立方米；

原油管输：输油量 4067.3 万吨，单位现金成本 43.50 元/吨；

成品油管输：输油量 400 万吨，单位现金成本 43.90 元/吨；

工程建设：西气东输西段“十一”试运投产；完成忠武输气管道干线建设；

安全生产：各项指标得到有效控制，实现安全生产。

【工作任务】

1. 重点管道工程建设

西气东输：在全线贯通基础上，5 月底前完成中卫黄河跨越，6 月份开始进行金坛地下储气库老腔利用改造和新腔造腔，9 月底完成西段站场施工和干线试压、干燥、站场设备调试，具备投产条件，10 月 1 日西段进气投产，实现全线投产目标。

忠武线：4 月中旬完成红花套长江穿越，7 月中旬完成军山长江穿越，9 月底前完成干线及襄樊、黄石支线试压及站场工艺安装，11 月底完成试压、干燥和设备调试，12 月 31 日投产向武汉供气。

陕京二线：4 月份全线开工建设，8 月底完成黄河和大梁山穿越隧道，10 月底完成线路主体焊接。

冀沪线：1 月底完成初步设计，3 月份完成施工图设计和施工准备，4 月份全线开工建设，年底建成青山至济南段管线，2005 年初具备向济南供气条件。

忠武线至西气东输联络线：2 月份完成项目可行性研究报告，争取年底完成河南段建设投产。

海拉尔至大庆输油管道：上半年完成项目可行性研究报告、初步设计和施工准备，争取在年内开工建设。

涩宁兰管道白银供气工程：2 月底完成初步设计，3 月份完成施工图设计，4 月份全线开工，12 月底建成投产。

冀东原油外输管道：2 月份完成初步设计，4 月份完成施工图设计，5 月份全线开工，11 月中旬建成投产。

2. 规划与战略研究

一是要进一步完善原油、成品油、天然气管网规划；开展储气库总体规划和新疆区内天然气管网规划；二是要加快开展天然气发电、LNG项目等新业务领域的专题研究，在华北地区选择一个项目开展预可行性研究，在年内取得实质性进展；三是要抓好重点项目前期工作，主要是中俄原油管道、中俄天然气管道、青海外输管道和东北—华北成品油管道。把引进LNG工作进一步细化，有组织、有计划地迈出实质性步伐。

3. 天然气营销

一是积极推进股份公司天然气营销管理体系的建设和完善，重点解决西气东输、陕京线、陕京二线和忠武线天然气的跨区销售问题，构筑完善的天然气销售网络；二是抓好新建天然气管线的市场开发和落实，西气东输项目要完成120亿立方米天然气供销合同签订，落实170亿立方米下游市场，确保2004年13亿立方米销售任务的完成；陕京二线的重点是与沿线三省两市签订120亿立方米供用气合同，落实下游用户；三是进一步挖掘现有天然气市场的潜力，在延伸市场领域、扩大市场范围的同时，继续推动天然气销售价格的提升和销售结构的调整；四是切实组织好陕京线首站结算工作，逐步规范运行。

4. 油气调运

一是结合天然气管道建设，着手建立天然气管网调控中心，对西气东输、忠武线、陕京线和陕京二线的生产运行实现集中统一管理；二是抓紧研究油气管网抢维修力量布局，完善和落实应急预案，保证管道安全高效运行；三是重点加强东北管网低输量优化运行和流向调整，努力节能降耗，进一步提高运营效益；四是切实加强储运设施管理，安排好油田、管道储运设施的检修计划，提高管道运行的安全可靠性。

5. 项目管理

一是加强体系建设，在总结、学习和借鉴国际上项目管理先进技术和办法的基础上，研究制定适合管道发展实际特点和需要的项目管理办法，重点落实项目管理责任制，健全监理、监造管理制度，完善招投标管理办法；二是加强投资控制，以提高设计水平和设计质量为重点，适度把握项目建设水平和技术标准，从源头上控制投资，降低造价；三是加强采办管理和控制，制定管材及重大设备采办管理办法，控制采办成本；四是加强进度控制，重点是推广P3、EXP项目管理软件的应用，提高管理手段和管理水平；五是加强质量安全控制，重点要抓好新技术、新工艺在工程建设中的应用，完善项目QHSE管理体系，强化QHSE在项目建设全过程的管理和控制，从整体上提高项目管理水平。

6. 管道科技

以召开“中国石油管道技术与管理座谈会”为契机，开展天然气与管道系统的“科技年”活动。重点抓好4个方面的工作：一是加快建立包括科研、设计、施工、运营管理一体化的技术进步体系；二是不断完善科技项目中长期规划，组织好涉及主营业务发展的重大科技攻关。加快原油流变性研究和生产应用，重点解决东北管网低输量状态下的安全运行问题和节能降耗问题。针对打孔盗油危及管道安全的问题，加强储运设施的运行监控技术研究；三是在优化运行上，加快管道生产系统的信息化建设，做好ERP（企业资源计划）管理系统的试点和推广工作。在施工技术上，总结推广全自动焊接、全自动检测、管线干燥等先进技术；四是在2月份组织好管道技术与管理座谈会，主要是总结、交流国内外油气管道建设和管理方面的先进技术和技术成果，以进一步提高油气管道建设和管理水平。

7. QHSE管理

全面推行QHSE体系建设，重组业务流程，明确管理职责和工作标准，在完成程序文件的基础上，完成专业公司和地区公司两级管理体系的建设。针对管道打孔盗油案件日趋严重的形势，配合各级公安部门开展有效的治安防范活动，研究制定管道监管办法和建立有效的油气管道长效保护机制。进一步强化安全监督、管理和隐患整治，落实“安全第一”的安全生产方针，坚持有效的安全生产检查制度，贯彻落实股份公司各项安全管理规定，控制安全生产各项指标，努力实现安全清洁生产。抓好标准化建设，着手整合、完善管道行业技术标准。加强油气计量管理，做好上下游的计量衔接，提高运营管理水平。

8. 信息管理

根据股份公司IT总体规划，编制天然气与管道业务的实施计划。充分利用现有信息资源和渠道，构建能够及时掌握当今世界管道发展水平和生产实际需要的快速的信息体系，逐步形成主营业务生产、管理和决策过程的信息化系统，全面提升管道运营管理水平。

9. 预算管理

完善预算管理体系，强化预算分析和控制，逐步扩大预算管理范围，把生产经营活动全部纳入预算管理。着手建立预算分析模型，坚持开展月季预算分析和半年经济活动分析，研究扭亏经营政策，及时调整和解决生产经营过程中存在的问题。加强油气储运成本管理与控制，研究制定成本定额，细化成本项目，对成本项目实行分类、分级管理。强化一级核算体系，开展必要的财务检查活动。研究制定天然气首站结算商务模式的财务管理办法，加强天然气销售定价机制和合作项目股权管理。加强固定资产管理，盘活资产存量，优化资产结构，最大程度地发挥资产利用效益。

【主要成果】　2004年，面对艰巨而繁重的生产经营任务，天然气与管道分公司按照集团公司、股份公司统一部署，认真学习贯彻集团公司工作会议精神，进一步加强班子建设和党风廉政建设，不断提高全体员工素质，努力建设和谐、向上、勤奋、有为的战斗集体，用工作目标统一思想，用工作纲领统一步调，增强了全员的使命感和责任感，坚持整体协调发展，突出重点，注重实效，全面完成了年度生产经营目标和各项任务，取得良好的生产经营业绩。

天然气销售量连续5年保持两位数增长：全年销售天然气188.15亿立方米，比2003年增加31.55亿立方米，增长20.15%。与预算同口径比（不包括西气东输13.4亿立方米），全年销售天然气174.75亿立方米，比预算增加16.25亿立方米，超额完成业绩考核指标。

利润水平再上新台阶：按照国际会计准则，2004年实现账面利润18.93亿元，比2003年增加1.97亿元。其中，天然气管输与销售业务利润12.17亿元，比2003年减少0.28亿元；原油管输业务利润5.95亿元，比2003年增加1.36亿元；成品油管输业务利润0.81亿元，比2003年增加0.89亿元。

单位现金成本得到有效控制：天然气管输单位现金成本59.71元/千立方米，比2003年降低0.16元/千立方米；原油管输单位现金成本45.29元/吨，比2003年降低5.72元/吨；成品油管输单位现金成本47.79元/吨，比2003年下降10.99元/吨。

西气东输全线按期投产，重点管道项目进展顺利：

一是西气东输西段提前进气投产，全线正式商业运营。西气东输东段经受了投产第一年的考验，运行正常；西段于9月1日提前1个月进气投产，12月30日开始全线商业运营，实现了中国石油的郑重承诺。

二是忠武输气管道提前进气投产。计划于年底投产的忠武线“一干两支”总长1004.9千米管道，已于11月16日进气投产，比计划提前45天。

三是陕京二线主体焊接提前完成，工艺安装进展顺利。于10月27日比计划提前4天完成干线管道焊接。同时，为保北京冬季天然气安全供应，永清—采育段先期于11月29日投产。

四是冀东原油外输管道按计划实施，实现了年底投产的目标。

五是LNG项目前期工作取得实质性进展，分别与大连市、广西壮族自治区签订合作协议，并与江苏省完成项目的联合上报。

连续5年实现安全生产：各项安全生产及环保指标得到有效控制，未发生重大安全质量环保事故。

完成应收账款年度指标：2004年末，专业公司应收账款余额为3.51亿元，完成财务部下达的年末应收账款余额控制在5亿元内的年度指标。

【主要措施】

（1）加强主营业务发展规划研究，把发展规划研究作为天然气与管道分公司发展的头等大事来抓。一是启动了专业公司“十一五”计划编制工作，完成了《专业公司2004—2008年业务发展计划》初稿；二是加强了主营业务发展规划研究，组织开展了包括天然气管网、原油管网、成品油管网和终端市场建设规划、LNG发展规划、地下储气库建设规划以及天然气发电规划等24项专题研究，目前已完成19项，其余5项正在深入研究和修改完善。

（2）积极推进项目前期工作，完成了冀宁联络线、阿独线的可行性研究报告和初步设计，完成了西气东输与涩宁兰联络线、涩宁兰管线增压、板中南储气库等项目的可行性研究报告。西气东输增输到170亿立方米/年项目的可行性研究报告即将完成，正在开展西气东输与忠武线联络线的可行性研究报告，同时进行的淮潢管线收购合同的谈判等相关工作取得了进展。年内还完成了东北—华北、兰州—郑州两条成品油管线的预可行性研究报告，开展了北京调控中心选址等前期准备工作。同时，为加快实施股份公司LNG项目，成立了LNG项目工作组，并迅速在上海、辽宁、江苏、广西、广东、天津、河北等地开展调研和前期工作。

（3）加强油气调运工作，较好地发挥了协调保障作用。一是针对东北管网铁大线、铁秦线输量低等问题，为实现股份公司原油加工量10300万吨目标，及时调减出口和供中国石油化工集团公司原油量，停止大连、秦皇岛原油下海，积极安排俄罗斯原油与大庆原油混输，同时加强管线维护，努力提高运行效率，保证了东北管网安全平稳运营；二是在西部地区原油铁路运输矛盾十分突出，铁路罐车数量不足的情况下，为实现西部地区油田、炼厂协调发展，重点加强了运输协调，千方百计增加铁路罐车。同时，适时调整原油流向，有效降低油田、管道库存，保证了股份公司上下游同步发展；三是加强上游资源、管道运行与下游用户之间的平衡与衔接，实现了安全供气。随着天然气管道逐渐进入达产期以及天然气下游市场的不断发育，管道运行负荷不均衡与下游用户冬夏季峰谷差过大的矛盾日益突出。为此，加强了与北京市、兰州市等重点用户的协调，合理规划下游用户的发展，控制用气规模，同步协调好用户与上游生产装置检修，拟订工业用户最低用气负荷预案，实现了上中下游均衡生产。特别是针对北京市用气量增长快、冬季负荷大等特点，利用夏季满负荷安排储气库注气，注气量比计划增加了 4400 万立方米，为安全供气创造了条件。

(4) 合理规划天然气市场开发，加强销售业务管理，促进天然气销售量的稳定增长。根据形势的发展需要，经股份公司批准，华北天然气销售公司于 2004 年 10 月组建完成，并投入运行；华中天然气销售公司组建工作正在积极推进。初步形成了包括西气东输、涩宁兰、华北、华中在内的覆盖目前天然气管网的营销网络。

落实新线下游市场，股份公司天然气市场区域已经覆盖全国 25 个省（市、自治区）。西气东输已经完成 2007 年达到设计输量 120 亿立方米销售合同的签订，设计输量有望提前一年实现。围绕陕京二线及冀宁联络线建设，除北京市外，已经完成了包括山西、河北、天津、山东等地天然气销售合同和意向书的签订。

优化天然气销售流向和供气结构，推进销售价格提升。在努力增加管道沿线天然气销售量的同时，安排将增加的商品量流向高价位用户，合理控制系统外的化肥企业用气。使天然气平均终端价格达到 754. 87 元/千立方米，比预算增加 7. 13 元，比 2003 年增加 6. 24 元。

(5) 集中力量抓重点工程建设，实现了工期建设目标。开展了上市以来管道工程技术与管理等方面的总结工作，先后组织到中国海洋石油总公司学习，管道分公司、西气东输管道分公司等单位进行调研，对进一步完善现行项目管理体制，做了必要的前期研究工作。加强了项目初步设计的审查和管理，特别是针对最近几年大型管道项目相对集中的特点，认真汲取过去的经验和教训，严格把握建设标准和建设水平，促进了初步设计审查质量的提高。坚持“以人为本”的理念，注重施工现场 HSE 管理体系的建设。督促各项目建设单位开展员工安全、健康知识培训，增强了员工的自我防范、自我保护意识和技能。进一步强化和落实了环保、水土保持、生态恢复设计方案，开展了施工过程环境监督、监测工作，赢得了地方政府的支持。围绕西气东输西段、忠武线、和田天然气管道、冀东原油外输管道等项目的投产目标，加强了投产组织和协调，先后进行了多次投产检查和投产方案评审，保证了重点工程的顺利投产。

(6) 以 QHSE 管理体系建设为重点，加强了安全生产的监督和管理。开展了“强三基、反三违、除隐患、保安全”为主题的“安全管理年”活动，以 QHSE 管理体系及规章制度建设为重点，积极开展了专业公司 QHSE 管理体系的建设。编制完成了专业公司 QHSE 管理手册，拟订了安全生产责任制、部门职责与核心业务流程等管理文件。完成了油气储运设施抢维修体系建设方案的专项研究，并通过天然气与管道分公司内部审查。加强了油气管道安全生产的监督管理，开展了危险化学品专项检查和春季、冬季安全生产检查活动，及时查隐患、抓整改。配合有关部门参与完成了西气东输等四条长输管道的应急预案的编制。进一步规范新建项目的安全、环保验收和评价工作，完成了涩宁兰、沧淄输气管道工程的安全验收，以及西气东输五条支线等管道的安全预评价。同时，配合国家环境保护总局完成了金坛地下储气库和西气东输、西南地区等多条输气管道的环境影响评价大纲的评审。

积极参加国家八部委管道保护专项整治活动，配合沿线地方政府和公安部门采取了联合防范措施，建立协调机制，严厉打击了涉油犯罪，管道沿线的治安形势比以往有所好转，打孔盗油案件的次数（54 次）比以往（2003 年 64 次、2002 年 92 次）有所下降。

(7) 高度重视技术进步，大力推进信息化建设。结合管道生产经营需要，把制订科技规划、推进科技体系建设和信息化建设作为全年工作重点。成功召开了股份公司管道技术与管理座谈会，系统总结了管道系统近 30 年来科技发展经验和取得的重大成果，分析了当前和今后一个时期科技进步面临的形势和主要任务，确定了科技进步的方向和重点攻关领域。组织开展科研项目 32 个，投入科研经费近 2700 万元，完成并验收 16 项。原油管线泄漏检测、输气管线内粉尘检测、加热炉除尘等一批技术成果投入生产，并取得良好成效。

进一步完善了管道科技发展规划。通过多次组织调研和专题研讨，认真分析了国内外管道技术发展形势和我们存在的差距，结合主营业务实际需要，积极探索科技创新的思路，确定了工作目标、主要措施和攻关重点。理清了管道科研体系建设的思路，初步形成了支持系统框架方案，明确了体系中各方面的职责和工作重点。完成了管道信息建设规划，积极推进管道生产信息系统的实施，在可行性研究报告的基础上，已完成项目总体设计，目前项目进展顺利。

(8) 以预算管理为重点，加强生产经营全过程的分析和控制，较好地发挥了监督管理作用。加强了预算管理，以预算编制和过程控制为主，逐季、逐月进行细化和分析，及时掌握和跟踪、控制预算执行情况。逐步完善了成本管理模型。积极推进内控体系建设，完成了业务流程的描述和风险控制分析文档的编制，流程梳理、差异分析、风险识别、制度建设等各阶段工作全面展开。

(9) 投资保障有力，全年投资计划完成良好。在年度投资计划管理中，坚持安全第一，效益第一的原则，保证重点，兼顾一般，较好地完成了西气东输、陕京二线、忠武线等重点项目的投资计划。面向生产实际，以提高供气系统的输气能力为重点，还安排投资建设了港清复线、板中北高点储气库配套工程。同时，为提高在役管线的安全性，安排资金对东北和西南地区油气管线进行了安全改造。

（梁　鹏）

油气储运

【概述】 石油、天然气是我国主要战略能源，长输管道是连接上游油气资源和下游市场的纽带，是保证国家石油、天然气能源安全的生命线和重要的基础设施。

我国自1970年兴建“东北八三”输油管道，开始大规模建设长输油气管道以来，大口径、长距离的输油气管道已经遍布我国东北、西北、华北、华东、西南等广大地区，为国民经济持续健康发展、优化能源结构、提高人民生活质量发挥了重要作用。同时，管道作为特殊的运输手段，在国民经济中所占的比重日益增加，是保证能源运输安全、低耗的有效方式。

天然气与管道分公司作为股份公司专门负责油气储运管理的专业公司，始终着力于加强储运管理，努力提高运营管理水平，在各地区公司的配合和共同努力下，上市5年来保持了安全生产无事故的良好局面，为保证股份公司上下游正常生产和协调发展做出了贡献。

（梁　鹏）

【储运能力】 2004年，天然气与管道分公司拥有原油、成品油、天然气长输管道共30153.51千米，比2003年增加4332.77千米。其中，原油管道8981.46千米，比2003年增加102.87千米；天然气管道18765.56千米，比2003年增加4229.9千米；成品油管道2272.07千米。

天然气与管道分公司运营管理的原油储罐105座，总容量236.91万立方米；天然气地下储气库3座，总库容11.47亿立方米。

（黄松源）

【原油配置】 2004年，股份公司生产原油10446.0万吨，为年计划的100.59%，销售商品量完成10064.49万吨，为年计划的100.77%。供股份公司炼厂原油8189.97万吨，为年计划的105.47%；供中国石油化工集团炼厂原油1067.97万吨，为年计划的84.42%；供地方炼厂原油71.85万吨，为年计划的96.70%，供地方小炼厂原油289.99万吨，为年计划的95.93%。原油出口完成52.42万吨，为年计划的51.14%。

2004年，股份公司实现原油销售收入2123.67亿元，比2003年增加487.78亿元。原油平均不含税价格为2087.43元/吨，比2003年增加447.77元/吨。

【原油储运】 2004年，股份公司原油运输总运量完成10564.91万吨，为年计划的98.01%，其中，管道运输量完成8992.54万吨，铁路运输量完成1494.84万吨，水路运输量完成77.53万吨。

东北地区，合理利用东部管网资源，经过周密安排，于2004年4月13日成功将俄罗斯原油与大庆原油进行混合输送；与油田密切配合，于2004年12月31日将冀东原油引入秦京线，为油田上产解决后顾之忧。

西北地区，积极解决原油铁路运力不足的问题，为油田原油外运、炼厂增产增效创造条件。2004 年西部原油罐车运力不足，最紧张时每日缺口 177 辆，影响到油田、管道和炼厂的正常生产。天然气与管道分公司积极与铁道部联系，合理调整原油流向，并根据管理层对《关于开展与铁道部合作保证原油运输工作安排的报告》的批示，就购买原油罐车保证原油运输事宜，与铁道部有关部门进行了协商，双方同意于 2004 年 12 月 22 日，由天然气与管道分公司出资委托铁道部购买 1080 辆粘油罐车，以缓解油田罐车紧张的局面。在油田、炼厂和铁路部门的共同努力下，西北油田和炼厂较好地完成了全年产销任务，并为下年度的原油铁路外运打下基础。

【天然气储运】

1. 主要输气管线运行情况

主要输气管线运行情况（表 1）。

2. 储气库运行情况

2004 年注气 11.74 亿立方米，比注气计划 11.3 亿立方米增加 0.44 亿立方米，比 2003 年增加 3.8 亿立方米；完成采气 8.7 亿立方米，比采气计划多采 0.8 亿立方米，比 2003 年增加 2.06 亿立方米。

表 1　主要输气管线运行情况

管线名称	年输气计划（亿立方米）	实际输气量（亿立方米）	比计划增减（%）	比 2003 年增减（亿立方米）
西气东输	13	13.46	+3.5	2004 年 10 月投产
陕京线	30.2	36.49	+20.8	+7.75
涩宁兰线	9.2	10.3	+12.0	+2.13
鄯乌线	6.0	5.43	−9.5	+0.78

【成品油储运】　2004 年，兰成渝成品油输油管线输送成品油 406.12 万吨，其中 0# 柴油 260.88 万吨，90# 汽油 93.80 万吨，93# 汽油 51.44 万吨。

（王东鹏）

天然气销售

【概述】　2004 年，股份公司天然气销售业务快速发展，天然气销售量继续保持两位数增长。股份公司销售天然气 222.2 亿立方米，比 2003 年的 186.9 亿立方米增加 18.9%。其中，天然气板块销售天然气 188.15 亿立方米，比 2003 年增长 20.5%。在抓好西气东输生产运行的同时，积极协调下游用户推进用气项目投产，实现了全年销售 13 亿立方米的工作目标。合理安排陕京线峰谷时段的天然气运行，2004 年向北京供气 32.8 亿立方米，比计划增加 1.6 亿立方米。采取措施增加涩宁兰管道冬季调峰能力，全年销售量达到 10.4 亿立方米，比计划增加 1.2 亿立方米；为保障川渝地区用气，投资完善了西南地区管输系统，增加了输气能力，全年销售量完成 93.7 亿立方米，比计划增加 6.1 亿立方米。同时，各单位努力节约自用气，降低损耗，增加销售量 3 亿立方米，全年天然气商品量比 2003 年提高 1.5 个百分点。在天然气销售业务快速发展的同时，开展了天然气销售管理体系研究，进一步完善营销组织机构，并加强了天然气生产、运输和销售各环节的平衡衔接工作。

（王泽厚　郭小芳）

【天然气销售】

1. 天然气销售情况

2004 年股份公司天然气工业产量 285.3 亿立方米，扣除企业生产自用 38.4 亿立方米、损耗气量 14.6 亿立方米，轻烃回收减量 5.2 亿立方米，天然气商品气量 227.1 亿立方米。

2004 年股份公司各油气田分公司实际销售天然气 222.2 亿立方米，其中外销量 179.0 亿立方米，内销量 43.2 亿立方米（未上市企业 12.5 亿立方米，供股份公司 30.7 亿立方米）。西气东输投产后，塔里木油田和长庆油田天然气销售量大幅度上升。陕京线销量比 2003 年增加 5.4 亿立方米，达到 32.8 亿立方米。涩宁兰销量比 2003 年增加 2.4 亿立方米，达到 10.4 亿立方米。除长输管道外，一些油田周边市场的销售量也有较大幅度增加，其中，西南油气田和长庆油田周边地区销售量分别比 2003 年上升 6.0 亿立方米和 5.3 亿立方米（表 2）。

表 2 2004 年股份公司天然气销售情况表

销售单位		销售计划（亿立方米）	销售气量（亿立方米）	为年计划（%）	与 2003 年同比（%）
股份公司销售量		204. 60	222. 21	108. 6	118. 9
各油气田销售量	天然气板块	174. 20	188. 15	108. 0	120. 5
	辽河	4. 50	5. 09	113. 1	102. 5
	华北	4. 30	4. 39	102. 2	96. 8
	大港	2. 40	2. 54	105. 7	95. 3
	西南	87. 60	93. 73	107. 0	106. 8
	长庆周边	19. 00	21. 46	112. 9	132. 4
	青海周边	4. 00	4. 66	116. 5	100. 9
	西气东输	13. 00	13. 12	100. 9	
	陕京线	30. 20	32. 76	108. 5	119. 5
	涩宁兰线	9. 20	10. 41	113. 1	129. 7
	鄯乌线	6. 00	5. 41	90. 2	91. 2
	中沧线	2. 00	1. 47	73. 5	196. 8
	沧淄线	1. 40	1. 27	90. 5	140. 1
	非天然气板块	30. 40	34. 06	112. 0	110. 8
	吐哈	10. 00	7. 65	76. 5	109. 2
	塔里木周边	3. 30	4. 07	123. 5	113. 6
	新疆	7. 50	9. 15	122. 1	127. 5
	大庆	9. 00	12. 14	134. 9	100. 0
	吉林	0. 50	0. 81	162. 3	127. 7
	冀东	0. 10	0. 23	230. 6	111. 5

2. 天然气销售流向

2004 年，股份公司天然气销售气量 222. 2 亿立方米。其中，民用 89. 7 亿立方米，占总量的 40. 4%，比 2003 年（34. 6%）增长 5. 8%；化肥用气 69. 6 亿立方米，占总量的 31. 3%，比 2003 年（36. 4%）降低 5. 1%，其中，中小化肥厂用气量在总量中的比重从 2003 年的 7. 8%下降到 6. 8%。价格相对偏低的化工和电力行业用气量的比重也有所降低，分别从 2003 年的 9. 9%和 4. 1%下降到 9. 4%和 3. 5%。随着对天然气价格承受能力相对较高的用户的比重不断上升，天然气销售流向的结构得到优化（见表 3）。

表 3 2004 年股份公司天然气销售情况表 单位：亿立方米

销售单位	工业					民用		商业	合计
	小计	化肥	化工	发电	工业燃料	城市	矿区生活		
股份公司合计（比例）	132. 1（59. 4%）	69. 6（31. 3%）	20. 9（9. 4%）	7. 8（3. 5%）	33. 8（15. 2%）	87. 7（39. 5%）	2. 0（0. 9%）	0. 4（0. 2%）	222. 2（100. 0%）
天然气板块（比例）	102. 4（54. 4%）	54. 8（29. 1%）	16. 0（8. 5%）	4. 7（2. 5%）	27. 0（14. 3%）	84. 0（44. 7%）	1. 3（0. 7%）	0. 4（0. 2%）	188. 1（100. 0%）
非天然气板块（比例）	29. 6（87. 0%）	14. 8（43. 5%）	4. 9（14. 5%）	3. 1（9. 0%）	6. 8（20. 1%）	3. 7（10. 8%）	0. 7（2. 0%）	0. 0（0. 1%）	34. 1（100. 0%）

3. 天然气销售量主要分布区域

2004年，股份公司天然气销售量主要分布区域依次为：西南地区、西北地区、华北地区、东北地区和华东地区。西气东输管线投产，将天然气这种优质、清洁的能源从西北产气区输送到经济发达的华东地区，促进了当地经济发展和环境保护，为股份公司打开了拥有巨大潜力的新市场（见图1）。

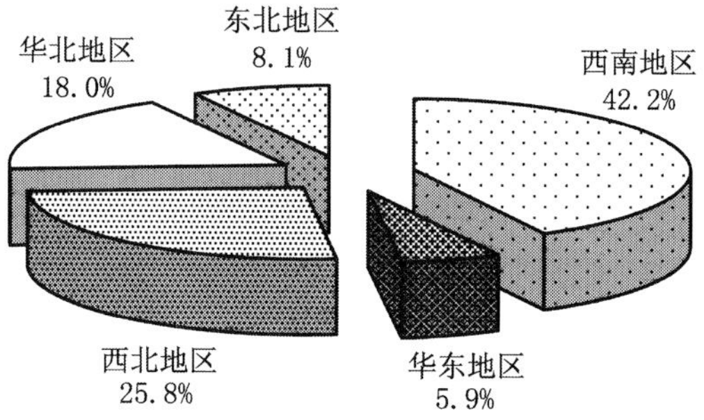

图1　天然气销售量主要分布区域图

（王泽厚　郭小芳）

【市场开发】　2004年，股份公司天然气市场开发工作效果显著，天然气已经进入全国25个省（市）自治区。西气东输完成了到2007年120亿立方米天然气销售合同的签订，设计输气量有望提前一年达到。围绕陕京二线和冀宁联络线建设，专门成立了市场落实领导小组和5个工作组，与天津、山西、河北、山东等省市下游用户进行广泛的接触和商谈，已经与这些用户正式签订天然气销售合同和意向书。根据忠武管道建设进度情况，与忠武线用户谈判并签订了关于供气时间和气量的补充协议，同时增加了两个新用户。

（徐文满）

【价格管理】　股份公司2004年天然气销售综合价为0.808元/立方米，比2003年（0.770元/立方米）增加4.9%；外销均价为0.854元/立方米，比2003年（0.814元/立方米）增加4.9%。

从各行业的平均价格来看，化肥、化工和发电行业的均价变动不大，城市民用和其他工业燃料的均价略有上浮，分别从2003年的0.715元/立方米和0.814元/立方米上升到0.792元/立方米和0.979元/立方米。西气东输管道投产后，长输管道运输费用增加，由于西气东输管道的用户主要属于城市燃气和工业燃料，因此对这两种行业的均价产生了一定影响。

多数油田的平均价格变化不大。青海油田综合价从2003年的0.530元/立方米提高到0.627元/立方米，主要由于年初股份公司提高了青海油田供管道公司的内部价格。吉林油田的综合价从0.528元/立方米提高到0.823元/立方米。吉林油田对旧的价格体系进行清理，加大推价力度，取得明显成效。

（王泽厚　郭小芳）

重点工程

【概述】　2004年是中国石油管道史上实现历史性跨越发展的一年。西气东输管道工程西段于9月1日进气投产，标志着这条长达3840千米、跨越9个省（市）自治区的长距离输气管道全面建成投产；出川天然气管道，即重庆忠县至湖北武汉干线、荆州至襄樊支线、武汉至黄石支线于11月16日进气投产。这两条输气干线的建成，以及陆续建成的多条支干线和支线，初步形成了我国天然气管网的雏形。在原油管道方面，作为中国与哈萨克斯坦合建的中哈输油管道在我国的延长部分，阿拉山口至独山子的原油输送管道也全面开工建设，这是我国第一条跨国建设和运行的向中国运送原油的输油管道。2004年，中国石油新建成并投产油气管道共4332.77千米，是建国以来最多的一年。

（黄松源）

【工程建设】

1. 西气东输

西气东输管道工程是国家实施西部大开发战略的标志性工程，也是加快西北部地区经济发展、促进长江三角洲地区能源结构调整、保护生态环境的“幸福工程”。该管道干线西起新疆塔里木油田的轮南，东至上海白鹤镇，途经9个省（市）自治区，全长约3840千米，其中西段轮南—靖边线路全长约2340千米，东段靖边—上海线路全长约1500千米。管道采用带减阻内层的X70螺旋埋弧焊钢管和直缝埋弧焊钢管，管径1016毫米，设计压力10兆帕，年输气能力120亿立方米，外防腐采用三层PE。管道穿越长江一次，黄河三次，淮河一次，其他大型河流8次，建设陆上隧道16条。管道全线设工艺站场35座，其中压气站10座（燃气压气站6座、电驱压气站4座）。西气东输管道工程建有三条支干线：常州—长兴支干线长约89千米、设计输气量17.86亿立方米/年，定远—合肥支干线长约78千米、设计输气量3.28亿立方米/年，南京—芜湖支干线全长约129千米、设计输气量16.71亿立方米/年。此外西气东输管道工程还包括与陕京二线输气管道的联络线、与忠武输气管道的联络线以及七条支线、两座地下储气库和通讯光缆，工程总投资将控制在463亿元，其中干线和三条支干线投资为291.7亿元。

自2003年10月1日西气东输东段进气投产后，2004年9月1日西气东输西段开始进气投产，2004年12月30日西气东输管道全线投入商业运行，标志着这条国家重点管道工程全面建成。

2. 忠县—武汉输气管道工程

忠武输气管道工程包括忠县—武汉干线、荆州—襄樊支线、武汉—黄石支线、潜江—湘潭支线，“一干三支”线路总长1375.4千米，途经两省（湖北、湖南）一市（重庆），在重庆忠县、宜昌红花套、武汉军山及岳阳城陵矶4次穿越长江，建有26条山区隧道，共设工艺站场21座，工程总投资49.69亿元。

忠县—武汉干线全长718.9千米，钢管等级为X65，管径711毫米，设计压力6.3—7.0兆帕，输气能力30亿立方米/年。武汉—黄石支线全长77.9千米，钢管等级X52，管径为323.9毫米，设计压力6.3兆帕，输气能力3.2亿立方米/年。荆州—襄樊支线全长238.1千米，钢管等级X52，管径为406.4毫米，设计压力6.3兆帕，输气能力4.8亿立方米/年。潜江—湘潭支线全长340.5千米，钢管等级为X60，管径为610毫米，设计压力6.3兆帕，输气能力9亿立方米/年。

2004年11月16日，忠武输气管道忠县首站开始进气，11月18日天然气到达武汉和黄石支线末站，11月19日天然气到达襄樊支线末站，至此，忠武输气管道干线、武汉—黄石支线、荆州—襄樊支线建成投产，潜江—湘潭支线也在全面建设中。截至2004年底，潜江—湘潭支线全线焊接293千米，下沟241千米，二次回填233千米。

3. 陕京二线输气管道工程

陕京二线起自陕西靖边，途经陕西、山西、河北、北京等3省1市，终至北京末站，线路全长933千米，其中靖边—榆林段115千米、榆林—北京段818千米，管径1016毫米，设计压力10兆帕，设计输气量120亿立方米/年。管道采用带减阻内涂层的X70螺旋埋弧焊钢管和直缝埋弧焊钢管，沿线共设各类工艺站场9座。截至2004年底，榆林—北京段全线焊接完毕，二次回填817千米，靖边—榆林段焊接8.7千米。

4. 大连新港—大连石化原油输送管道工程（新大线）

该管道是为满足大连石化分公司进口原油的需要，利用大连新港原油码头的接卸能力，从而连接大连新港和大连石化为输送进口原油而修建的。管道自大连新港至小松岚段利用原有约14.72千米的铁大输油管道，小松岚至大连石化段新建24.37千米管道。新建管道直径为711毫米、设计压力4.51兆帕、设计输油量为350万吨/年至650万吨/年，概算总投资为1.48688亿元。股份公司于2004年1月7日批复了工程的初步设计，2004年3月15日管道开工建设，2004年7月25日管道建成投产。

5. 冀东油田原油外输管道工程

管道起点为冀东油田高尚堡，终点到秦京输油管道迁安泵站，是为解决冀东油田原油上产与铁路运输能力不足的矛盾，保证原油运输通道通畅而新建的管道工程。管道全长78.5千米，管径273毫米，采用L245高频电阻焊直缝钢管，设计压力5.8兆帕，设计输油量150万吨/年，全线设首、末站及中间加热站各一座。管道于2004年10月13日开工建设，12月23日全线竣工，12月31日首站投油，2005年1月1日原油到达末站，管线投产。

6. 阿独输油管道工程

管道起自边境阿拉山口，终至独山子炼油厂，与中哈原油管道相连接，全长246千米，管径813毫米，设计压力6.3兆帕，设计输油量2000万吨/年，管材为X60钢管。全线设有3座站场、10座阀室和3座阴极保护站（与站场合建）。全线采用SCADA系统实现自动控制，并能与中哈原油管道实现数据传输。2004年9月23日，股份公司批复了阿独输油管道的可行性研究报告，工程建设准备工作全面开始。

7. 西南油气田天然气管道

西南油气田分公司为天然气产量的增加而完善配套天然气管网的建设，截至2004年底，陆续建成眉山—夹江—乐山输气管道（83千米）；彭山—眉山输气管道（20.6千米）；达州市天然气供气管道（43千米）；东石输气管道（30千米）；越溪—曹家坝输气管道（21 千米）；重庆南川及万盛区供气管道（62.5千米）；白沙至佛荫输气管道（72 千米）；石桥至渡舟净化气管道（43.2 千米）；渡舟—两路输气管道（66 千米）；罗家寨、渡口河净化气外输管道（254 千米）；乐山地区供气管道（51.5 千米）；麻柳场气田外输管道（52 千米）；邛西构造外输管道（56 千米）等，总长度约 855 千米。

（黄松源）

【项目前期】 结合天然气与管道业务发展需要，2004 年围绕股份公司重点油气管道建设工程、在役油气管道改造工程及储气库等工程，组织开展了项目前期工作。其中组织协调方案研究 2 项、预可行性研究 7 项、可行性研究 27 项。主要项目前期工作进展如下。

1. 天然气管道

上报国家发展和改革委员会核准的项目：陕京二线完成核准，西气东输与陕京二线联络线（冀宁线）工程、西气东输储气库工程待核准。

股份公司审批的项目：西气东输与陕京二线在长庆联络线工程（靖榆线）、涩宁兰增输工程、板中南储气库工程的可行性研究报告已经过股份公司批准；西气东输与涩宁兰联络线工程可行性研究报告已经过评估；西气东输与忠武管道联络线工程（淮武线）、西气东输增输工程、忠武线地下储气库工程等正在开展可行性研究。

2. 原油管道

阿拉山口—独山子原油管道工程可行性研究报告已经股份公司批复，完成海拉尔—大庆原油管道工程可行性研究报告，完成庆铁线、铁大线、铁秦线、铁抚线、东北管网自动化系统安全改造工程可行性研究报告评估，完成秦京线、马惠宁线、任京线安全改造工程可行性研究报告，正在开展中朝线安全改造工程可行性研究工作。

3. 成品油管道

完成东北—华北、兰州—郑州成品油管道工程预可行性研究报告编制和评估。

4. 其他

组织开展了股份公司北京油气管道调控中心方案研究。

（陈晓鸣）

【液化天然气（LNG）项目】 2004 年 6 月，股份公司决定启动 LNG 项目，成立了“股份公司 LNG 项目工作组”，负责开展股份公司 LNG 项目前期研究工作。到 2004 年底，LNG 项目工作组重点开展了 LNG 项目预可行性研究，加强了与地方政府合作，进行了 LNG 商务、LNG 技术研究等工作。

LNG 项目预可行性研究：完成了大连 LNG 项目、江苏 LNG 项目、广西 LNG 项目和津唐 LNG 项目预可行性研究报告编制和股份公司内部评审。其中大连 LNG 项目于 2004 年 12 月 23—25 日完成了由中国国际咨询公司和中国石油天然气集团公司咨询中心专家联合组织的大连 LNG 项目预可行性研究报告评审工作。2004 年 11 月，国家环保总局所属的环境影响评价中心完成了对大连 LNG 项目和江苏 LNG 项目环评大纲的评审。

签署合作性意向书、协议：2004 年 9 月与大连市政府签订了《共同开发建设大连 LNG 接收站项目协议书》。2004 年 6 月与江苏省国信集团签订了《关于合作建设江苏省 LNG（液化天然气）项目合作协议》。2004 年 7 月与广西壮族自治区发展改革委员会签订了《关于开展广西液化天然气（LNG）项目联合研究的合作意向书》。2004 年 11 月与广西壮族自治区政府签订了《关于开展广西 LNG 项目的合作协议》。2004 年 6 月与广州发展集团签订了《广东 LNG 项目合作备忘录》。

开展 LNG 商务、技术方面研究：开展了国外 LNG 接收站现状调研、LNG 工程建设标准规范研究、LNG 购进价格公式研究、LNG 购买和运输合同研究、LNG 价格和优惠政策研究，以及 LNG 商务框架和融资模式研究等课题，为 LNG 项目进展进行了商务和技术上的储备。

（孙青峰）

经营管理

【概述】 2004 年，天然气与管道业务面临发展的机遇，同时也面临多种困难和挑战。

（1）在原油管输方面：东部地区管输量仍将下降，大庆原油交油量在 2003 年的基础上还将减少

160 万吨，相应的单位现金成本将上升、利润将下降。同时，东北管网低输量工况下的冬季运行面临着越来越严峻的考验，安全运行的矛盾突出。西部地区油田增产，炼厂加工量增加，铁路运输运力紧张的矛盾突出。

（2）在成品油管输方面：预计 2004 年的管输量将达到 400 万吨，比 2003 年增加近 100 万吨，在专业公司盈利空间增加的同时，由于管道运行经常因阀门堵塞等设备故障停输，要完成 400 万吨的输油任务，还需要采取有效措施。

（3）在天然气业务方面：西气东输、忠武线、陕京二线等新建天然气管线将陆续投产运营。一是投产初期受下游项目和市场的影响，天然气管输量和销售量少，相应的现金成本增加；二是管道转资后计提折旧数额较大，在没有达产前，天然气管输和销售业务的盈利水平将大幅度下降。预计 2004 年板块天然气销售量实现 171.5 亿立方米，比 2003 年增加近 20 亿立方米，但业务利润将比 2003 年减少。

（4）在管道建设方面：一方面新建项目集中，西气东输、忠武线、陕京二线、西气东输与陕京二线联络线、海拉尔到大庆原油管道、中俄天然气管道、青海油田外输管道等，都要在近年内完成管道建设，时间集中，项目管理难度较大；另一方面工程投资、质量、安全、进度的控制任务繁重。

（5）在安全运行方面：油气管道沿线社会治安形势不容乐观，对打孔盗油和非法占压管道问题尚无有效解决办法，特别是西气东输投产后，由于线路长、管理范围大、沿线形势复杂，确保管道安全运行的责任重大。由于成品油的特殊性，兰成渝管道的保护和应急预案的落实任务十分迫切。

为此，2004 年要抓紧研究和逐步解决利润的持续增长和保证管道安全生产等两个重点问题，积极推进规划研究体系、天然气营销管理体系、油气储运调度管理体系、项目管理体系、管道科技研发体系、QHSE 管理体系、抢维修体系、预算管理体系等 8 个方面体系的建设和完善，提升经营管理水平，适应天然气与管道业务快速发展的需要。同时，根据业务发展情况，研究适应天然气首站结算商务模式的财务管理办法，加强天然气销售定价机制和税务筹划的研究，加强对外投资合作项目的股权管理和监督，以全面预算管理为重点，加强生产经营全过程的分析和控制。

（梁　鹏）

【投资管理】　天然气与管道业务在“十五”期间处于高投入期，在资金有限的情况下，股份公司坚持效益第一原则，把握好投资安排时机，确保投资重点，保持合理的投资结构，在保证重大项目资金需求的同时，兼顾一般性项目资金需求。2004 年投资安排的重点和主要部署，一是确保重点管线的建设，包括重点天然气管线根据市场实际需求增加而实施的增输工程等。二是实施老管线的改造，主要对管道分公司、西南油气田分公司在役管线进行安全性改造，解决管输“瓶颈”，确保油气田正常生产。

（1）严把投资方向，搞好综合平衡，确保投资重点。2004 年天然气与管道业务全年完成股份公司投资 77 亿元（含合作方资金，总投资 127 亿元）。从业务性质看，原油成品油管输业务方面的投资占投资完成额的 10%，天然气业务方面的投资占投资完成额的 90%。从投资结构看，西气东输、西气东输与陕京二线联络线、淮武线、忠武线、陕京二线、阿独线、涩宁兰增压工程、大连新港至大连石化输油管道、冀东原油外输管道等重大工程的投资占投资完成额的 90%，一般性项目的投资占投资完成额的 10%（其中，一般新管线建设投资占 4%，在役管线改造投资占 4%，其他方面投资占 2%）。

（2）加强投资效益分析工作，进一步提高投资管理水平。对专业公司投资进行季度分析，并参加股份公司投资分析会，取得了良好的效果。组织开展西气东输、兰成渝、涩宁兰、沧淄线等建成投产管道的经济效益分析工作，兰成渝、涩宁兰、沧淄线的经济效益分析工作已经完成，西气东输管道经济效益分析工作将于 2005 年完成。

（李庆生）

【QHSE 管理】　2004 年，天然气与管道分公司以科学发展观为指导，坚持“安全第一、预防为主”的方针和“以人为本”的理念，开展以“强三基、反三违、除隐患、保安全”为主题的安全管理年活动，推进 QHSE 管理体系建设，建立输油气管道维抢修体系和事故应急体系，严格新建项目安全、环保“三同时”管理，保证了油气管道安全平稳运行，保持了专业公司安全生产的稳定局面。

积极稳妥推进 QHSE 管理体系建设，提升输油气管道管理水平。2004 年 6 月 30 日发布并实施《天然气与管道分公司 QHSE 管理手册》，初步建立了专业公司层面的 QHSE 管理体系。所属各地区公司逐步完善 QHSE 管理体系，开展并通过了体系的审核和认证工作。管道分公司通过培训、体系改进和推广、开展内审、QHSE 达标站队试点等工作，完成了

B版体系文件的编制，所属各输油气分公司全部纳入QHSE管理体系，QHSE管理体系得到了完善。北京华油天然气有限责任公司在体系运行过程中，注意体系文件的可操作性，避免出现“两张皮”的现象，2004年对体系文件进行了第三次换版修改，并顺利通过了船级社的ISO 9001体系和北京中油健康安全认证中心的HSE/OHS体系的审核。西气东输管道分公司在工程投产后，对建设期制定的HSE管理体系进行了修订改版，建立了适应生产运行管理的HSE管理体系。

本着统筹安排、优化布局、区域保障、分工合作的原则，初步建立起了由12个维抢修中心、26个维抢修队组成的覆盖股份公司全部长输油气管道的维抢修体系，为管道事故实施快速抢修提供了有力的保障。

建立各级应急预案，规范事故应急程序。2004年，参与编制了股份公司级输油气管道A类事故应急预案，明确了A类事故状态下的应急组织机构、信息通报程序、应急救援实施、生产恢复程序等重要问题，使事故应急过程做到了有章可循、权责明确、平稳可靠。根据股份公司级输油气管道A类事故应急预案，组织编制了西气东输管道、陕京输气管道、忠武输气管道、兰成渝成品油管道等主干管道的A、B、C类事故应急预案。初步形成了上下一体，连贯有序的管道事故应急预案体系。

加大安全投入，进一步加强了安全监督管理。为消除各类安全隐患，2004年专业公司专文要求各有关地区公司加强安全隐患排查，加强隐患治理，取得了较好的效果。上半年，组织开展了危险化学品专项检查和春季安全生产检查。汛前，部署了安全度汛工作；汛期各单位加强巡查防护，及时治理维护，除陕京线易县管段由于发生超过设计规范的百年一遇的洪水，造成漂管险情外，其他管道均平稳地度过了汛期。

严格履行安全、环保“三同时”制度，保障新建管道顺利投运。新建管道工程项目严格履行“三同时”制度，安全、环保预评价和验收评价执行率达到100%，有力地保障了工程的顺利投产和安全运行。

【标准化工作】 2004年，标准化工作的重点放在构建油气管道核心标准体系框架上，通过组织开展油气管道标准体系研究，初步建立了以油气管道为主干，涵盖设计、管材、施工、运行管理、腐蚀防护、安全、节能等各个环节的油气管道标准体系。

加强标准化管理，做好标准制定、修订和宣传贯彻工作。2004年共组织制修订了《油罐的检查、修理、改造和翻建》等6项行业标准、《管道工程生态恢复技术规范》等7项企业标准。分别在3月、10月，聘请相关专家、标准主要起草人，组织相关单位进行了《天然气管道运行规范》等5项行业标准、《原油天然气管道安全检查规范》等7项企业标准的宣传贯彻。

【计量管理】 加强了对各地区公司的计量管理工作，严格执行国家、行业关于计量工作的标准规范，协调解决地区分公司与有关上下游计量交接方面的工作问题，减少或杜绝计量纠纷。2004年专业公司计量工作水平有明显提高，全年没有发生一起重大计量纠纷。

（郭晓瑛）

【节能管理】 根据股份公司质量安全环保部的要求，天然气与管道分公司2004年节能计划为2.0万吨标准煤，实际完成1.02万吨。其中管道分公司节能1.6万吨，比计划超额1.3万吨；北京华油天然气有限责任公司比计划欠4.47万吨，西气东输管道分公司节能3.05万吨，比计划超额0.15万吨。2004年没有实现节能2.0万吨标准煤的任务，主要原因是北京华油天然气有限责任公司为保证北京市和华北地区冬季用气，管线一直处于高负荷、高消耗状态运行，能耗比2003年有大幅度上升。

（王东鹏）

【科技管理】 2004年，天然气与管道分公司加强了科技计划、科技规划、研发体系、技术交流等方面科技管理工作，取得了可喜成绩。

（1）新开科技课题16项，延续课题16项，总经费2396万元，其中新开项目1333万元，延续项目1063万元，投资896万元，费用1500万元。年度科技计划完成率100%。项目全部正常启动，并按照计划进行。

（2）2004年3月成功举办了股份公司管道技术与管理座谈会。会议明确了今后科技攻关的具体任务和科技管理的职责、分工。

（3）开展了科技规划的编制工作，理清了技术现状、发展趋势、差距分析，确立了各项目攻关的主要内容、目标、预期成果、课专题的设立，并完成了课题的框架设计。

（4）加快科技体系构建。针对天然气与管道科研队伍分散的特点，通过多次研讨，确定了以地区公司现有研究单位为基础，构建“统一管理、资源共享、优势互补、各有侧重”的研发体系的思路，并按照精干高效、突出特色的原则，明确了管道科技创新体系。

（5）举办了两次技术交流。根据业务的需要，组织了管道防腐技术交流会，推广防腐新技术与管理经验。组织了管道泄漏检测技术交流，对国内外泄漏检测技术进行了展示与分析，为推广应用泄漏检测技术提供了依据。

【科技成果】　2004年，天然气与管道分公司完成验收课题16项，中评估项目21项，很多成果已经用于现场，应用情况良好。

（1）“液体管道泄漏检测技术”成功地应用于铁大线和秦京线，较好地实现了管道泄漏报警和定位功能，具有推广价值；并对成品油管道作了试验性研究，为成功确定成品油泄漏检测技术方案打下了坚实的基础。

（2）“大型储油罐低温储油技术”，研究了大型储油罐低温储油技术可行性和经济性结论，并形成了低温储存相应的操作运行规程，在进一步深化试验应用研究基础上具有推广价值。

（3）“长输管道阴极保护参数自动采集与传输技术研究”，开发的长输管道阴极保护自动化参数采集与传输系统，实现了长输管道现场数据的微功耗自动采集以及阴极保护系统同步断电，实现了在微功耗条件下长输管道上阴极保护断电电位的自动判断与检测，实现了数据的远传与数据库管理。与采用国外设备人工测试数据相比，测试结果一致，数据跟随性好，数据采集准确可靠，系统工作稳定，具有推广应用前景。

（4）“兰成渝成品油管道收球筒内滤芯设计与应用研究”项目，设计制造的兰成渝成品油管道收球筒内滤芯，通过现场应用，收球筒内滤芯装置收到了理想效果，在很大程度上减轻了主过滤器过滤压力，有效避免了管道停输，对于尽快清出管线内杂质，保证兰成渝管道正常运行及输油任务的完成具有重要作用。

（5）“输气管线内粉尘检测技术研究”，研制开发的输气管道内粉尘检测装置，可以全面准确地分析和检测1.0—10.0兆帕压力条件下，天然气管道内的含尘浓度和粒度分布，以保证天然气管线中阀门、仪表和压气站等的安全、稳定运行，为今后长输管线的设计、除尘器的性能评价提供指导规范。整个采样设备已形成系列产品。

【信息化建设】　根据股份公司IT总体规划，对涉及天然气与管道的信息项目进行分析和整合，制定了“天然气与管道业务信息化建设规划”，并积极组织分步实施工作。完成了“管道生产系统”试点实施咨询商的招标和项目的总体设计，包括需求分析、流程设计、功能设计、产品供应商的对比分析，以及软件供应商的招标工作。在总结北京华油天然气有限责任公司设备维护管理系统成功经验的基础上，完成了管道设备维护管理系统推广方案的编制，为立项和实施创造了条件。

（孙　齐）

【财务管理】　2004年，天然气与管道分公司继续强化预算管理，抓好内部控制制度建设，进一步提高了财务管理水平。

一是强化预算运行分析。2004年，针对西气东输项目不确定性较大、财务系统数据不能直接满足分析要求的情况，专业公司及时修改调整了分析表格，按时完成各种预算分析，做到月度小分析，季度大分析，半年重点分析。

二是加强预测工作。根据西气东输、忠武线、陕京二线等天然气管线已经或陆续投产，俄油、哈油进口以及成品油市场需求的情况，对2004—2007年专业公司天然气、原油管道的建设投产、天然气的销售、输送，原油、成品油的输送以及相关经营情况和利润成本的发展趋势进行了预测分析。得出的结论是，随着2005年天然气市场开发和销售量的大幅度提高，2005年专业公司天然气业务利润将起步攀升，2006年、2007年的利润将逐步提高。

三是研究解决发展中存在的问题。针对陕京线2004年1月1日首站买断后，华北天然气销售公司及北京华油天然气有限责任公司出现的新情况，专业公司及时进行总结并提出解决建议，同时结合专业公司近几年的损益趋势，向主管部门进行了专题汇报。主管部门对预算及经营中的问题给予了相应批复和解决，并在2004年11月下拨华北天然气销售公司流动资金3.3亿元，2005年1月允许专业公司所属销售公司向管道分公司收取0.01元/立方米的销售服务费用。

（柴　伟）

【股权管理】　为了进一步规范管理，加强专业公司对股权投资的监管力度和效果，2004年根据股份公司股权管理办法，专业公司提出了《关于专业公司对管道合资公司管理有关问题的意见》，并报股份公司批准，明确了专业公司股权管辖范围和权限界定，暂定忠武线、沧淄线、中银线股权委托管道分公司管理，相关董事会成员进行调整，陕京一线和即将建设的陕京二线股权由专业公司进行管理。具体的股权结构如下：

（1）陕京一线：股份公司与北京市合资，股份公司股权60%。

（2）陕京二线：股份公司与北京市合资，股份公司股权60%。计划于2005年7月正式投入运营。

（3）沧淄线：股份公司与山东石油天然气股份有限公司合资，股份公司股权70%。

（4）中银线：股份公司与宁夏大元炼油化工有限责任公司合资，股份公司股权60%。

（5）忠武线：股份公司与大庆石油管理局合资，股份公司股权51%。

【内控体系建设】　2004年，天然气与管道分公司在内控体系建设上，主要完成了三项工作。

一是编制整理专业公司业务流程目录。按照股份公司内控项目工作组的安排，2004年4月对各处室进行了一次内控体系建设工作的培训，详细讲解了股份公司内控工作的整体思路及工作目标和方法，通过编制、讨论、修改，形成了一套符合内控标准的专业公司业务流程目录。

二是完成专业公司业务流程描述。按照流程描述的标准和要求，于6月份完成了天然气与管道分公司各相关部门主要业务流程图的描述工作，并对流程中上下衔接的接口进行了认真核对，编写了各个流程文字说明。

三是完成风险控制文档的初步描述。首先组织专业公司各处人员参加了股份公司内控工作组举办的风险与控制描述培训班，然后由各处室根据实际情况进行风险控制分析，编制风险控制文档；在此基础上，由专业公司主管内控工作的领导对业务流程和风险控制文档进行了逐一审核。

（张锡磊）

第五篇

工程技术服务

石油地球物理勘探

【概述】 2004年，中国石油天然气集团公司从事物探专业的企业共有6家，即东方地球物理勘探有限责任公司、大庆石油管理局物探公司、吉林石油集团有限责任公司、辽河石油勘探局地质调查处、四川石油管理局地质调查处（含四川山地公司）、浙江石油勘探处。这些物探企业的作业领域在国内遍布东北、西北、西南、中南、华北和华东的广大区域，包括平原、戈壁、沙漠、黄土塬、丘陵、山地、沼泽、滩海及海上；在国外，主要在苏丹、尼日利亚、利比亚、巴基斯坦、缅甸、泰国、印度尼西亚、东帝汶、阿联酋、也门、阿曼、伊朗、沙特、哈萨克斯坦、土耳其、阿尔巴尼亚、委内瑞拉和墨西哥等国作业。施工方法有二维、三维和四维；测量技术有常规测量和GPS实时差分测量。石油物探技术已达到国际水平。专业服务技术包括野外采集、数据处理、资料解释、装备制造、物探软件研制和销售、设备租赁和物探工程监理等。

【队伍状况】 2004年，物探作业队伍主要有地震、重力、磁力、电法、化探队；共计动用队伍192个（国内动用地震队伍117个。其中，二维队64个，三维队53个；在集团公司系统内作业的队伍有105个，集团公司系统外国内市场作业的队伍有12个）；VSP队伍8个；国内非地震队12个（重磁力队4个，电法队7个，化探队1个）；国外服务的地震队有50个，其中，二维队26个，三维队24个；国外动用重磁力队4个，电法队1个。国内共有地震资料处理解释中心11个。国内非地震队投入12个，其中，重磁力队4个，电法队7个，化探队1个，在国外服务的重磁力队2个，电法队1个。作业方式主要有井炮、震源、可控震源和气枪震源。

【工作量与主要技术指标】 2004年，国内的石油地球物理工程技术队伍主要面对中国石油天然气股份有限公司物探市场。国外市场份额又有所增加，共有50个地震队在18个国家提供采集、处理、解释和非地震服务。物探专业二维地震采集工作量67676千米。其中，在国内完成二维地震剖面42089千米，国外完成二维地震剖面25587千米；三维地震采集工作量23952平方千米。其中，国内完成13355平方千米，国外完成10597平方千米。二维地震记录1021738张；三维地震记录1050669张。

二维、三维地震采集全年收入53.6亿元。其中，集团公司内部市场收入30亿元，国内外部市场收入12.4亿元，国外市场收入11.2亿元。

【石油物探野外采集】 国内勘探：二维野外采集投入施工队64个，比2003年减少5个；获生产记录625168张，完成地震剖面36668.2千米，同比减少571.80千米，减幅为1.5%。日平均工地工作14.3小时，平均队日获生产记录101.8张，队标准日（8小时）获生产记录57.0张；三维野外采集投入施工队53个，获生产记录1189355张，同比增加220856张，完成勘探面积12752.1平方千米，同比增加2346.5平方千米，增幅为22.5%。日平均工地工作15.1小时，平均队日获生产记录255.9张，队标准日（8小时）获生产记录135.6张，同比减少14.6%；重磁、电、化、VSP野外采集：重磁力投入4个队，获生产记录236269张，有效剖面121929千米，同比增加19819千米，增幅19.4%。电法投入7个队，获生产记录20213张，有效剖面5616.0千米，同比增加1457千米，增幅35.0%。化探投入1个队，获生产记录1907张，有效剖面374千米。VSP投入8个队，获生产记录73414张，完成测井106口，同比增长40口，增幅为60.6%；国外勘探：二维野外采集投入施工队26个，同比年增加4个队。获生产记录915620张，完成地震剖面25299.9千米，同比增加11521.9千米，增幅83.6%。三维野外采集投入施工队24个，比2003年增加1个。获生产记录690785张，完成勘探面积20457.7平方千米，同比增加11788.7平方千米，增幅136.0%。非地震野外采集投入重磁力队4个，获生产记录49341张，完成剖面37203千米；投入电法队1个，获生产记录544张，完成勘探剖面544千米。

【物探设备】 2004年，集团公司完成物探装备新更新改造投资20.33亿元。其中，进口装备11.92亿元。现有地震遥测仪器13大类156台（套），比2003年增加6台（套）。主机控制单位195个，比2003年增加10个。采集站129452个，比2003年增加73729

个。总道数 29 万道，平均每台仪器 1869 道。非地震仪器 411 台，其中，重力仪器 64 台，磁力仪器 67 台，电法仪器 279 台，化探仪器 1 台。石油物探可控震源有 12 种型号 234 台，其中国产 49 台。石油物探钻机有 33 种型号 2384 台。其中，车装钻机有 12 种型号 881 台，人抬钻机有 11 种型号 1503 台。石油物探推土机 11 种型号 234 台。石油物探测量仪器 1145 台。卫星定位仪器 128 套。全站仪 361 台。在计算机方面，拥有数据处理计算机主机 418 台，CPU4082 个。磁带机 153 台，绘图仪器 71 台。资料解释计算机主机 232 台，CPU286 个。磁带机 43 台，绘图仪器 28 台。

【数据处理与研究成果】　2004 年，从事数据处理工作的有五个单位，它们是 BGP 研究院、BGP 综合物化探事业部、大庆物探公司、吉林物探公司和四川地调处。总计处理二维记录 1021738 张，剖面 71354.9 千米，同比减少 37306.1 千米，减幅为 34.3%。处理三维记录 1050669 张，剖面 15694.5 平方千米，同比增加 2038.5 平方千米，增幅为 14.9%。处理重磁力记录 332381 张，剖面 228531 千米。处理电法记录 6887 张，剖面 6929 千米。处理化探记录 2226 张，剖面 268 千米。从事资料解释研究工作的有四个单位，它们是 BGP 研究院、大庆物探公司、吉林物探公司和四川地调处。总计完成二维解释剖面 10867 条，435303.1 千米；完成三维解释 228 个区块，210664.1 平方千米；二维、三维共完成：绘制深度构造图 1906 张；分析图件 7689 个；发现和复查圈闭 6121 个，面积 90570.5 平方千米；编写成果报告 229 篇；提供井位 1563 口，采纳 952 口。

钻井工程

【概述】　2004 年，集团公司所属 13 个油气田共有钻井队 682 个。其中，在集团公司内部市场作业的队伍为 545 个，在系统外国内市场作业的队伍 32 个，在国外市场作业的队伍 95 个。装备投资 26.5 亿元。全专业固定资产达 103.53 亿元，主业产值 268.21 亿元。

人员状况：钻井工程及技术服务系统现有员工总数 58578 人。其中，一线有 33380 人，占总数的 57%；二线、三线有 25198 人，占总数的 43%。大专以上学历的有 8834 人，约占总数的 15.08%；中专学历的有 3594 人，占总数的 6.14%。

钻机状况：拥有各类钻机 701 台，动用 680 台，动用比为 0.97。按承载负荷划分，3000 米以上的钻机有 582 台，占总数的 83.02%，3000 米以下的钻机有 119 台，占总数的 16.98%；按传动方式划分，电动钻机有 125 台，占总数的 17.83%，机械钻机有 576 台，占总数的 82.17%，电动钻机与机械钻机的比率约为 1∶4.6。共有顶驱 75 台，其中进口 63 套，国产 12 套。

井控装备：共有各类防喷器 1594 台，其中单闸板防喷器 537 台，双闸板防喷器 652 台，环形防喷器 380 台，其他防喷器 25 台。共有控制系统 785 套，节流压井管汇 1025 套，高压软管 97990 米。

相关技术服务装备：随钻录井仪（LWD）5 套，随钻测量仪（MWD）56 套，线随钻 51 套，陀螺 6 套。各类固井水泥车 336 台，其中，立式罐车 71 台，运灰罐车 397 台，压风机 61 台。各类旋转控制头 20 套，冷却润滑系统 8 套，节流控制箱 13 套，卡箍控制箱 4 套，节流管汇 171 套，气液分离器 13 套。

【钻井技术指标】　2004 年，集团公司钻井系统共完井 8873 口，进尺 1571.89 万米。其中，在集团内部市场完井 8296 口，进尺 1450.51 万米；在集团公司外部市场共完井 577 口，进尺 121.39 万米。内部市场全年共动用钻井队 473 支，开钻 7875 口，完井 7895 口。完成井平均井深 1752.63 米，平均建井周期 28.71 天，平均钻机月速 2912 米/(台·月)，平均机械钻速 10.74 米/小时，平均动用队年进尺 2.91 万米。与 2003 年相比，平均动用队增加 69.04 支，完成井平均井深增加 62.41 米，开钻口数增加 642 口，完井口数增加 800 口，钻井进尺增加 161.06 万米，增加 13.23%，平均钻机月速增加 1.01%，平均机械钻速增加 2.97%。

探井平均动用钻井队 122 支，开钻 582 口，完井 585 口，钻井进尺 168.33 万米，占总进尺的 12.21%，完成井平均井深 2899.83 米，平均建井周期 63.79 天，平均钻机月速 1382 米/(台·月)，平均机械钻速 5.10 米/小时，平均动用队年进尺 1.37 万米。与 2003 年相比，平均动用队增加 31.80 支，开钻口数增加 84 口，完井口数增加 104 口，完成井平均井深增加 164.37 米，平均钻机月速减少 14 米/(台·月)，平均动用队年进尺减少 1299.54 米。

开发井平均动用钻井队 350.78 支，开钻 7293 口，完井 7310 口，钻井进尺 1210.09 万米，占总进尺的 87.79%，完成井平均井深 1660.82 米，平均建井周期 25.92 天，平均钻机月速 3443 米/(台·月)，平均机械钻速 12.69 米/小时，平均动用队年进尺 3.45 万米。与 2003 年相比，平均动用队增加 37.25 支，开钻口数增加 558 口，完井口数增加 696 口，完成开发井进尺工作量增加 129.33 万米，增加了 11.97%，完成井平均井深增加 46.50 米，平均钻机月速增加 111 米/(台·月)，平均机械钻速增加 0.65 米/小时，平均动用队年进尺增加 26.65 米。

【钻井工程质量】　2004 年，完成 7895 口井，井身质量合格 7857 口，井身质量合格率为 99.52%。油层套管固井 7660 口，合格 7640 口，固井质量合格率为 99.74%，固井优质率为 76.29%。钻井取心井 406 口，取心进尺 2.17 万米，岩心长度 2.14 万米，取心收获率为 98.64%，取心平均单筒进尺 7.10 米。报废井 3 口，报废进尺 0.53 万米，工程返工进尺 7468 米。与 2003 年相比，井身质量合格率、固井质量合格率、取心收获率等三大工程质量指标相对持平，都保持在较高水平。

探井完井 585 口，井身质量合格 578 口，井身质量合格率为 98.81%。油层套管固井 450 口，合格 445 口，固井质量合格率为 98.89%，固井优质率为 61.78%。钻井取心井 288 口，取心进尺 1.44 万米，岩心长度 1.44 万米，取心收获率为 99.83%，工程返工进尺 958 米。与 2003 年相比，井身质量合格率增加 4.22 个百分点，油层套管固井质量合格率降低 0.33 个百分点，固井优质率降低 8.56 个百分点，取心收获率提高 1.74 个百分点。

开发井完井 7310 口，井身质量合格 7279 口，井身质量合格率为 99.58%。油层套管固井 7210 口，合格 7195 口，固井质量合格率为 99.79%，固井优质率为 77.20%。钻井取心井 118 口，取心进尺 0.73 万米，岩心长度 0.70 万米，取心收获率为 96.28%，工程返工进尺 6510 米。与 2003 年相比，井身质量合格率减低 0.12 个百分点，油层套管固井质量合格率降低 0.09 个百分点，固井优质率降低 4.98 个百分点，取心收获率降低 0.89 个百分点。

【钻井生产时效】　钻井工作总时间为 3408027 小时。生产时间为 3139425 小时，占总时间的 92.12%，其中进尺工作时间 2112291 小时，占 61.98%，纯钻进时间 1283911 小时，占 37.68%；非生产时间 268602 小时，占总时间的 7.88%，其中事故为 60656 小时，占 1.78%（其中卡钻损失时间 24622 小时，占 0.73%），修理时间为 22007 小时，占 0.65%，组织停工为 71055 小时，占 2.09%，复杂为 98453 小时，占 2.89%，自然灾害为 1690 小时，占 0.05%，其他停工为 14741 小时，占 0.44%。与 2003 年相比，生产时效提高 0.28 个百分点，进尺工作时效降低 0.24 个百分点，纯钻进时效降低 0.71 个百分点，工程事故时效下降 0.44 个百分点，修理时效下降 0.11 个百分点，组织停工上升 0.20 个百分点，处理复杂情况上升 0.22 个百分点，其他停工上升 0.01 个百分点。从上述数据可以看出，钻井分会会员单位在钻井工作量增加的同时，通过加强生产组织和技术管理，工程事故时效、修理时效有所下降，钻井生产时效有所提高。

其中，探井生产时效为 89.33%，进尺工作时效为 62.53%，纯钻进时效为 37.64%，非生产时效 10.68%，事故占 3.22%（其中卡钻占 1.09%），修理占 0.48%，组织停工占 2.52%，复杂占 3.65%，自然灾害占 0.10%，其他停工占 0.74%。与 2003 年相比，生产时效降低 0.38 个百分点，进尺工作时效降低 0.17 个百分点，纯钻进时效降低 0.56 个百分点，工程事故时效上升 0.08 个百分点，修理时效上升 0.01 个百分点，组织停工时效下降 0.16 个百分点，处理复杂情况时效上升 0.42 个百分点，其他停工时效上升 0.28 个百分点。

其中，开发井生产时效为 90.71%，进尺工作时效为 58.58%，纯钻进时效为 32.42%，非生产时效 9.3%，事故占 2.78%（其中卡钻占 1.07%），修理占 0.43%，组织停工占 3.00%，复杂占 2.36%，自然灾害占 0.01%，其他停工占 0.74%。与 2003 年相比，生产时效降低 1.77 个百分点，进尺工作时效降低 3.50 个百分点，纯钻进时效降低 6.03 个百分点，工程事故时效上升 0.84 个百分点，修理时效下降 0.42 个百分点，组织停工时效上升 1.34 个百分点，处理复杂情况时效下降 0.15 个百分点，其他停工时效上升 0.32 个百分点。

【钻井新技术、新工艺】

1. 深井、超深井钻井技术

2004 年，共完成 4000 米以上的深井 183 口。其中，塔里木探区 89 口，四川探区 27 口，玉门探区

18 口，新疆探区 15 口，冀东探区 7 口，华北探区 7 口，大庆探区 6 口，吐哈探区 6 口，长庆探区 3 口，辽河探区 2 口，青海探区 2 口，吉林探区 1 口。4001—4500 米的有 41 口，4501—5000 米的有 27 口，5001—5500 米的有 26 口，5501—6000 米的有 39 口，6001—10000 米的有 9 口。与 2003 年相比，深井完井口数增加 45 口，平均井深减少 14.99 米，机械钻速下降 0.05 米/小时，平均钻机月速下降 50 米/(台·月)。

2. 水平井钻井技术

随着勘探开发工作的不断深化，水平井对于提高单井产量和采收率的重要作用再次唤起各油田增加部署水平井。2004 年集团公司平均动用 33.87 支钻井队钻水平井，全年共开钻 164 口，完井 158 口，总进尺 45.46 万米。主要集中在冀东（开钻 72 口，完井 69 口）、辽河（开钻 40 口，完井 36 口）、塔里木（开钻 27 口，完井 29 口）、四川（开钻 9 口、完井 6 口）、大庆（开钻 5 口、完井 5 口）、华北（开钻 5 口，完井 2 口）、大港（开钻 2 口，完井 4 口）、吐哈（开钻 2 口，完井 4 口）、吉林（开钻 1 口，完井 1 口）、长庆（开钻 1 口，完井 1 口）、玉门（开钻 0 口，完井 1 口）等油田。完成水平井平均测量井深 2830.51 米（其中塔里木平均井深最深，为 5475.14 米），平均钻机月速 1687 米/(台·月)，平均机械钻速 7.23 米/小时（其中华北平均机械钻速最高，为 14.73 米/小时），平均建井周期 61 天，平均动用队年进尺 13421 米。与 2003 年相比，开钻口数增加 113 口，完井口数增加 104 口，平均测量井深减少 663.60 米，平均建井周期减少 19.29 天，平均钻机月速增加 417 米/(台·月)，增幅为 32.83%，平均机械钻速增加 1.90 米/小时，增加了 35.65%。上述数据表明：水平井工作量大幅增加，水平井技术日臻成熟，钻井技术指标大幅度提高。

大庆石油管理局 2004 年完成 7 口水平井（5 口阶梯水平井），利用薄油层阶梯水平井地质辅助导向技术提高了砂岩钻遇率，减少井眼轨迹的调整次数，保证了准确中靶；砂岩钻遇率平均 85.3%，最高达 100%；平均水平段长 710.81 米，平均机械钻速为 11.47 米/小时，比 2003 年提高 9.8%。四川石油管理局在川中磨溪气田磨 91H、罗家 11H-1、罗家 16H-1 等井应用了水平井钻井技术、增产效果极为明显，与同区域直井单井产量对比高 4—9.2 倍。其中，罗家 16H-1 水平井实钻井深 4248 米，水平位移 1492 米，水平段长 627 米，创目前四川气田水平井最深和水平段最长纪录。吐哈石油勘探开发指挥部在红南区块完成水平井 2 口，最大井斜 94.5 度，水平段长 100 米，平均机速达到 10.48 米/时，平均钻井周期 14.35 天。其中，红南平 4 井完钻井深 1497.50 米，钻井周期 14.31 天，创吐哈水平井钻探的最快记录。

3. 定向井钻井技术

2004 年，各油田共动用 189.53 支钻井队钻定向井，开钻 3008 口，完井 3032 口，进尺 568.07 万米，完成定向井口数占集团公司内部市场当年总井数的 38.40%，定向钻井进尺占当年集团公司内部进尺总数的 41.21%。其中冀东探区共完成定向井 171 口，占本油区钻井总量的 99.42%；辽河探区共完成定向井 675 口，占本油区钻井总量的 95.88%；长庆探区共完成定向井 935 口，占本油区钻井总量的 84.39%；大港探区共完成定向井 131 口，占本油区钻井总量的 62.38%。完成定向井平均测量井深 1905.51 米，平均钻机月速 2987 米/(台·月)，平均机械钻速 11.94 米/小时，平均建井周期 20.17 天。与 2003 年相比，完井口数增加 652 口，进尺增加 126.12 万米，完成井平均测量井深 66.19 米，平均钻机月速减少 115 米/(台·月)，平均机械钻速减少 0.54 米/小时。

2004 年，长庆石油勘探局定向井平均位移 344.54 米，其中位移超过 500 米的井有 155 口，比 2003 年增加 64 口。通过优化剖面设计、科学分析钻具受力，长庆石油勘探局在西峰油田全面推广应用双稳定器稳方位技术，提高了定向井钻井速度。吐哈石油勘探开发指挥部成功钻成了 1 口 7 英寸[1]套管侧钻短半径水平井，最大造斜率达到 46.77 度/30 米，主要技术指标达到国内先进水平，取得了良好的效果。

4. 高效能 PDC 钻头应用技术

为了加快钻井速度，提高单只钻头使用时间，减少井下复杂情况发生，提高钻井效率和效益，2004 年，各油田都积极应用各种类型的 PDC 钻头，队年进尺和机械钻速有了明显提高。华北石油管理局在楚 102 断块等不同区块推广使用新型 PDC 钻头，使机械钻速、钻机月速和综合经济效益都有了较大幅度的提高。楚 102 断块在使用 PDC 钻头之前，钻井速度

[1] 1 英寸 = 0.0254 米。

一直在低位徘徊，钻头系列化优选之后，钻井速度出现了质的飞跃。楚102断块承钻21口井，进尺108615米，平均钻机月速5172米/(台·月)，平均机械钻速20.1米/小时。楚102－17井钻机月速高达6858米/(台·月)，机械钻速28.49米/小时。长庆石油勘探局PDC钻头滑动导向累计使用了12只，完成73249.14米进尺，在滑动导向钻进中，一只PDC钻头相当于11.75只牙轮钻头。大港油田集团广泛采用高效PDC钻头，平均机械钻速达到15.36米/小时，与牙轮钻头平均钻速10.62米/小时相比，提高44.63%。

5. 优质钻井液与完井液技术

为了保护油气层，减少各类工程事故的发生，实现优质、快速、高效钻进，各会员单位针对各油区地层特点，优选、应用新型钻井液体系。辽河石油勘探局根据辽河特点研究的MTC堵漏技术具有直接泵送不需专用设备的优点，堵漏强度可达到水泥浆强度，使用密度可随意调配，在辽河桃29井、陕北庄43井两口井上应用此技术一次堵漏成功。大港油田集团广泛采用屏蔽暂堵油气层保护技术，在所服务的井油层保护技术使用率达到100%，并针对不同钻井市场油田公司的要求，优选了不同类型屏蔽暂堵添加剂。针对双级固井过程中钻井液被水泥浆污染后影响固井施工安全和固井质量的问题，开展了科研攻关并取得了良好效果，在储气库井固井施工中应用取得成功，解决了硅基钻井液因抗水泥浆污染能力弱而影响双级固井的难题。青海石油管理局在花土沟油田低压、易漏的油气藏上推广使用水包油乳化钻井液技术，效果明显，有效防止了钻井中的漏失问题。低固相聚合醇钻井液在尕斯、红沟子、跃进区块进行现场应用，在抑制水敏性地层中粘土分散，防止水敏、水锁造成的油气层污染等方面具有独特效果，能够适应复杂地质条件的油气层保护要求。华北石油管理局针对黑色正电胶钻井液有利于提高机械钻速、减少复杂井下事故以及良好的携带和悬浮等特点，2004年共计使用黑色正电胶钻井液44口井，平均钻井周期缩短了14.6%，机械钻速提高了15.9%，完井电测一次成功率提高了4.35个百分点。

【主要管理工作】

1. 开展技术攻关

2004年，集团公司各钻井企业围绕增强核心竞争力，不断强化技术创新，面向市场积极开展技术难点攻关。辽河石油勘探局在海南区块人工岛两个平台已经顺利交井7口，平均井深2963米，平均钻井周期18.5天，平均建井周期22.16天，平均机械钻速16.11米/小时，最大水平位移2222.47米，最大井斜60.14度。大港油田集团50536钻井队在长庆孤1井1744.13—1807.14米井段煤层取心20.44米，心长20.34米，收获率99.5%，创下煤层取心深度和取心收获率两项纪录。40575钻井队承钻的库3－10井应用成熟配套钻井技术，仅用了15天17小时就打完了3022米的井深，平均机械钻速达27.90米/小时，取得了本区块钻井周期最短、机械钻速最高的佳绩。四川石油管理局在欠平衡钻井中取得成效，2004年完成了44口井次的欠平衡钻井作业，50%的井发现了显示；形成包括了欠平衡钻井、不压井带压起下钻具、不压井带压取心、不压井测井、不压井起下油管、不压井下尾管和带压射孔的特殊衬管完井等一整套的欠平衡钻井完井技术。长庆石油勘探局积极推广应用复合导向技术，机械钻速提高了22.35%，钻井周期缩短了23.67%，钻头综合费用同比降低了9.21元/米。吐哈石油勘探开发指挥部在窿14井成功试验了空气钻井、雾化钻井、泡沫钻井、空气锤钻井、雾化复合钻井等5项钻井技术和空气锤、空气螺杆、空气震击器、雾化泵等4项国产化空气钻井工具或设备，并在雾化钻井过程中成功试验了PDC钻头；在L7－71井成功进行的波纹管堵漏技术试验为国内首次，填补了我国波纹管堵漏技术空白。新疆石油管理局根据克拉2气田开发设计和已完成的探井钻探情况，针对该地区所钻遇的地层岩性变化大、可钻性差、地层倾角大、易井斜的特点，主要采用了Power－V垂直导向钻井系统，能根据井眼轨迹施加测向作用力并根据井斜自动调整，属主动型防斜打快工具。解放了钻压，提高了钻速，井斜得到有效控制。克拉2－8井二开在344米以上井段采用11英寸钻铤单钟摆组合，单点井斜达到2.30度，采用垂直导向钻井系统Power－V＋PDC钻头（16英寸FS2663BG）进行钻进后，彻底解放了钻压，（PDC钻头）最大钻压加到18吨，344—1900米井段平均机械钻速达到16.42米/小时，最高日进尺突破376米的山前构造最高水平，达到了防斜打快的效果。

2. 强化钻井工作管理

2004年，集团公司各钻井企业加强了基层建设，强化了钻井管理，确保钻井行业健康快速地发展。一年来，大庆石油管理局注重加强基层队伍建设，使队伍素质得到普遍提高。一是转变思想观念，增强服务意识。把等市场变为主动找市场，由被动的服务变为主动服务，坚持“为市场提供最好服务，为企业创造最佳效益”的理念，依靠坚实的实力闯市场，依靠优质的服务占领市场。二是加强队伍管理，优化队伍结构。借鉴国外的先进管理模式，加强队伍的资质认证工作。三是加强队伍建设，提高队伍素质。用大庆精神、铁人精神教育钻井系统职工，充分激发一线职工的社会责任感和爱国热情。大力加强“三高”人才队伍建设，及时发现人才、使用人才，把确实有能力的人才安排到合适的岗位进行锻炼。新疆石油管理局钻井公司在赖以生存和发展的传统市场实施的优质服务积累效应日益显现，这为进一步巩固传统市场打下了良好基础。通过开展“争创开发红旗队”、“交优质合格井”等活动，进一步树立了队伍品牌和形象，有 8 个钻井队被油田公司评为开发红旗队，12 个队被评为开发先进队。一大批重点探井在管理、技术和质量等方面得到了甲方的充分肯定。吉林石油集团在精细管理上进行了积极的探索和创新，完善“单井核算”经营机制，取得了良好的效果。通过确定不同区块、井型的单井核算项目定额、规定可控的单井核算项目内容、兑现单井核算利润等方法，完善“单井核算”，为各钻井队公平竞争、整体发展提供必要条件。“严考核硬兑现，月考核月兑现”的激励约束机制激发了钻井队创效的积极性。青海石油管理局井筒工程公司以服务构筑优势，以技术竞争市场，以管理提高效益，以目标凝聚人心，以创新激发活力，以文化打造品牌，在油田区域市场面对外来钻井队伍已达 16 支的竞争形势，建立了“以市场为导向，以效益为中心，项目管理为纽带”的生产经营运行体系，使公司的优质服务逐步朝着系统化、规范化、市场化方向迈进，进一步树立了井筒工程公司的品牌形象，增强了市场竞争力和抵御风险的能力。

3. 加强技术交流，推进技术进步

2004 年，钻井企业积极搭建资源共享、优势互补的技术信息交流平台，一是编辑和出版了《钻井承包商协会论文集》。该论文集内容包括钻井技术、钻井工具和仪器、钻井设备和钻井管理四大类，代表了我国石油钻井技术发展最新研究成果及新技术、新工艺、新方法，具有较高的学术水平和实用价值。二是向 IADC（国际钻井承包商协会）推荐发表论文。经集团公司组织专家认真评审，钻井分会从《钻井承包商协会论文集》中优选了 9 篇论文，推荐给 IADC 进行发表，这 9 篇论文代表了国内钻井行业的最高水平，论文的发表，为宣传中石油钻井技术实力、提升中石油在国际上的知名度起到了促进作用。召开了钻井技术与管理交流会。为加强各会员单位的技术交流，提高钻井行业的整体技术实力，加快先进钻井技术的推广与应用，召开了钻井技术与管理交流会。会议共发表优秀钻井技术与管理论文 22 篇，内容涉及水平井、欠平衡、空气雾化钻井技术，套管开窗侧钻、套管钻井、复合配套技术，抗高温普通油包水钻井液、微泡沫钻井粗泡沫堵漏工艺、广谱型屏蔽暂堵保护油层技术，可调弯壳体螺杆钻具和数字视频多媒体等技术。此次交流会采取互动的形式，探讨了钻井技术发展过程中的新问题新现象，交流了新技术新思想，打破了信息孤岛，拓宽了与会者思路。

4. 维护行业自律，规范市场秩序

2004 年，由于加强管理，集团公司内部钻井市场秩序井然，钻井队伍流动有序，市场价格得到较好维持，行业自律机制的效用得到有效发挥，形成了公平竞争的市场环境，较好地维护了钻井行业的整体利益。大庆油田分公司在徐家围子地区加大深层勘探力度，由于大庆局深井钻机不够，需引进外部钻机，分会各会员单位按照协议要求，根据“就近”原则，在统一协调下，华北、大港、辽河、吉林油田的钻井队伍相继有序进入大庆油田。在施工过程中，大庆石油管理局统一管理外部队伍，并为外部队伍制订详细的技术方案。由于进入大庆市场的外部队伍做到了整体组织、信息共享，使各项工作得到顺利推进，保证了工程进度。

测　井

【概述】　2004 年，集团公司所属的测井、射孔技术服务的企业共有 11 家，即：中国石油集团测井有限责任公司、大庆油田分公司测试公司、大庆油田分公司试油试采公司、大庆石油管理局测井公司、吉林石油集团有限责任公司测井公司、辽河石油勘探局测井公司、大港油田集团公司测井公司、四川石油管理局测井公司、新疆石油管理局测井公司、中油测井有限责任公司、华北石油局井下作业公司。规模化的测井、射孔设备和器材制造厂4个，测井研究所1个。

【队伍人员状况】　2004年，测井专业队伍总量634支（包括中油股份公司两企业的143支队），比2003年增加17支。其中成像测井队63支，较2003年增加8支；高精度测井队74支，较2003年减少9支；国产数控队494支，较2003年增加18支；VSP队3支，与2003年持平。2004年测井行业在国外进行技术服务的队伍有50支，较2003年增加16支；其中：成像测井队22支，与2003年基本持平；高精度测井队16支，增加11支；国产数控测井队10支，增加4支。在634支队伍中甲级队117支；乙级队404支；其他队113支。

测井行业共有员工职工总量为16996人，较2003年增加316人。其中直接从事测井、射孔的职工8629人。按技术职称分类：正高级职称11人、高级职称815人、中级职称3131人、初级职称3667人、技师245人、其他9096人。按学历分类：博士15人，硕士221人，大学3563人，大专3275人，中专2379人，高中以下7543人。按年龄分类：30岁以下3068人，31岁到40岁9249人，41岁到50岁3732人，51岁以上947人。

【设备状况】　2004年，主要专业设备637套，其中包括：引进成像设备64台（套），较2003年增加8台（套）；高精度数控设备68台（套），较2003年减少5台（套）；国产数控设备502台（套），较2003年增加17台（套）；VSP设备3套，与2003年持平。井下仪器9581支（套），其中：成像井下仪器375支（套）；特殊井下仪器519支（套）；常规井下仪器8687支（套）。解释处理：工作站172台；服务器74台；微机1361台；大型绘图仪130台。实验研究设备71套。

【工作量】　2004年，完成测井、射孔、取心工作量82237井次。其中裸眼井测井35246井次，生产测井25281井次，射孔21173井次，取心1628井次；成像测井2681井次，高精度测井2149井次；完成“测量米”15642万米、实测曲线253796条；完成射孔21082井次、射孔厚度215383米、用弹量约279.68万发；完成取心1628井次。国外测井服务完成工作量3125井次，较2003年增加1646井次。测井解释33171井次，其中：预探井解释917口次；评价井解释714口次；开发井解释12918口次。解释331931层，解释成果中油层181312层；气层11918层。老井复查1955井次，计算机处理145453小时。

【质量指标】2004年，测井曲线总条数253796条，测井曲线合格率100%；测井曲线优质条数231505条，测井曲线优质率91.22%；测井解释总层数331931层，预探井解释符合率82.16%，评价井解释符合率83.58%，开发井解释符合率92.59%；射孔厚度204115米，命中厚度204115米，命中率100%；取心实收颗数56920颗，发射筒数65206颗，取心收获率88.53%。

【经营状况】　2004年，测井专业资产原值54.62亿元、净值23.80亿元；年总收入43.21亿元，较2003年增加6.34亿元。其中：油田内部市场收入32.28亿元，与2003年增加6.61亿元；油田外部收入1.53亿元，较2003年减少1.28亿元；国外市场收入6.28亿元，与2003年同口径比较增加1.46亿元；其他收入3.12亿元，较2003年增加1.28亿元。

井下作业

【概述】　2004年，集团公司所属的大庆、吉林、辽河、冀东、大港、华北、长庆、四川、青海、玉门、新疆、吐哈等13个油田有井下作业队伍，除大庆井下作业队伍划归大庆油田分公司外，其余都在未上市企业。

井下作业队伍1335支，其中大修队202支（含侧钻队49支），小修队849支，压裂酸化队80支（含酸化队25支），试油测试队155支，其他队伍49支。

职工总数57276人。本科及以上学历、大专学历、中专学历分别为3764人、6009人、5562人，分别占在册职工总数的6.6%、10.5%、9.7%。同比2003年，大专以上学历人数增加468人；高级职称、中级职称、初级职称人数分别为545人、3336人、7011人，分别占在册职工总数的0.95%、5.8%、12.3%。同比2003年，中高级职称人数增加386人。

集团公司共有修（通）井机2429台，其中钻机35台，车载修井机1067台，轮式通井机198台，履带通井机1053台；全系统共有压裂车组56组，同比2003年增加15组，其中2000型压裂车组15组，占总数的26.8%；共有连续油管车、注氮设备、CO_2设备等特种车辆140台（套），比2003年增加18台（套）。2004年，各会员单位设备更新力度逐步加大，机动性好、自动化程度高的设备增长明显。

【工作量及经营情况】 2004年，完成总工作量128873井次，同比2003年增长3.8%。其中小修作业工作量78362井次，占总量的60.8%，同比2003年增加8.4%；大修侧钻工作量3328井次，占总量的2.6%，同比2003年增加28.5%；压裂酸化等增产措施工作量47183井次，占总量的36.6%，同比2003年减少5.7%。另外，还完成试油测试3660层，同比2003年增加层。大修井平均单井修井周期为21天，侧钻井平均单井修井周期为24.4天，小修井平均单井修井周期为5.1天，2004年实现工业总产值113.7727亿元，年度运营成本109.62亿元，实现利润4.2亿元。

【质量安全指标】 2004年，交井一次合格率99.3%，优质井率97.5%，执行设计符合率100%，资料全准率99.8%。在安全环保方面，全年发生责任伤亡事故2起。与2003年相比，交井一次合格率、优质井率、执行设计符合率、资料全准率四大工程质量指标基本持平。

【外部市场开拓】 2004年，在集团公司以外国内市场作业队伍共有49支，同比2003年增加3支，完成工作量3186井次，试油42层，实现总产值2.82亿元。其中小修队6支，大修队13支，侧钻队2支，压裂队16支，酸化队1支，试油队8支，射孔队2支，测试队1支。在国外市场作业的队伍共有51支，同比2003年增加25支，全年完成工作量670井次，试油38层，实现总产值27917万元。在2003年进入蒙古、苏丹、墨西哥等11个国家井下作业市场的基础上，2004年又开拓了美国远东、缅甸、泰国、胜利EDC等4个国家市场。其中小修队10支，工作量169井次。大修队10支，工作量175井次。侧钻队7支，工作量25井次。压裂队1支，工作量1井次。酸化队1支，射孔队3支，工作量109井次。试油队12支，工作量38层。测试队7支，工作量191井次。

【技术创新】 在装备引进和开发研制的基础上，通过配套技术攻关，已形成了压裂酸化、大修侧钻等七个井下作业技术系列，满足了生产实际需要。

1. 压裂酸化技术

作为油气田开采的主要增产措施，是井下作业的主导技术之一，伴随着勘探开发的各个阶段，不断发展完善，已经成为一项比较成熟的工程技术，为增储上产做出了重要贡献。

在压裂技术方面，近年来，依托廊坊分院压裂中心等科研实体，通过引进1000型、2000型及以上压裂车组和设备及配套技术攻关，在压裂液、支撑剂、压裂工艺及配套软件等方面都取得了突出的进展。辅助FracCADE、FracProPT、STIMEX等具有国际先进水平的压裂优化设计软件和国内开发的三维压裂优化设计软件，能够进行二维、拟三维、全三维优化设计和裂缝模拟、压裂效果预测、压后评价。研制应用了热压裂液、深井压裂液、清洁压裂液、油基压裂液、无残渣压裂液、CO_2和N_2泡沫压裂液等多种压裂液，开发应用了石英砂和陶粒两种支撑剂，形成了针对复杂气藏、低渗透油气藏、稠油高凝油油藏和高含水油层的压裂工艺技术系列——深层压裂、水平井压裂、CO_2和N_2泡沫压裂、热压裂、端部脱砂压裂、限流压裂、整体压裂、重复压裂、稠油井压裂防砂以及酸压等工艺技术。吐哈石油勘探开发指挥部还结合地层特性，进行了超高砂比压裂技术试验，在平均砂比在40%以上的高砂比压裂改造基础上，试验把平均砂比提高到45%以上的超高砂比压裂改造，在玉东4等四口井施工中获得成功，最高砂比达到了83%，压裂效果更加显著。

在酸化技术方面，研制了胶凝酸等酸化工作液体系，形成了前置液酸压技术、降滤失酸压技术、闭合裂缝酸压技术、多级交替注入酸压技术、硝酸粉末酸化技术等配套工艺技术，其中高温深层碳酸岩深部酸压改造技术还被列为国家经贸委项目，填补了该领域国内空白。尤其是在高压高含硫地层区域，压裂酸化技术得到了有效的整合。四川石油管理局在罗家11H井采用无固相优质完井液进行钻杆传输水平井射孔获气203.0万立方米/日后，再用HQ2000型压裂主车7台进行了一次400立方米的胶凝酸+乳化酸酸化，获工业性气流302.14万立方米/日，硫化氢含量达130.4254克/立方米，创造了川渝地区酸化作业注入酸液最大总量和最高排量（8.19立方米/分钟）的新纪录，同时钻采院三级降压地面测试流程系统成功经受了高压高含硫气井测试的考验，具有今后同类型井施工的指导意义。

2. 大修侧钻技术

大修侧钻技术是油气井复产的主要工程技术措施。针对井下落物等井下事故、套管变形或损坏以及地质目的改变的需要，通过大修侧钻的技术手段来恢复油气井的产能，已经成为老油田稳产的重要技术手段。

在大修技术方面，已形成打捞、解卡、切割、套铣、磨铣等井下事故处理系列工具和施工技术。形成了爆炸整形、套管补贴、取换套等套管修复技术。目前，取换套技术形成了铅封回接、引子上扣回接，固井完成两套工艺技术，可满足5英寸、5½英寸、7英寸、9⅝英寸套管取换套的需要，取换套最深达1500米。常规套管补贴技术形成了系列化，可满足现有各种尺寸套管的补贴要求。热采井套管补贴取得了突出进展，辽河完成的胀管式补贴工具，适用于7英寸套管注蒸汽热采井，补贴后抗内挤压力达35—40兆帕，耐温350℃，现场应用能满足了5个轮次的蒸汽吞吐的需要。

在侧钻技术方面，形成了锻铣开窗和液压造斜器复合铣锥开窗两套开窗侧钻技术，研制了适合小井眼侧钻的单牙轮钻头等井下工具、保护储层的侧钻井工作液体系，实现了定向定位侧钻。形成了内管柱双向阻流尾管完井和碰压式尾管固井完井2套完井技术，解决了窗口密封问题。可在5英寸、5½英寸、7英寸、9⅝英寸套管以及双层套管实施侧钻，满足稠油、稀油等不同油藏不同开采方式的侧钻需要。目前，侧钻技术已成熟配套，形成规模生产能力。

3. 试油测试技术

试油测试技术是获取地层资料，认识评价油气层的主要技术手段之一，是油气勘探取得成果的关键环节，所取得的成果是勘探开发的科学依据。近年来，试油测试工艺技术和资料解释技术都取得了突出进展。

在试油测试工艺技术方面，形成了常规套管测试和裸眼中途测试两大技术系列，可满足完井后各种尺寸套管井的试油测试和钻井中途测试取资料的要求。在常规套管测试方面，针对斜井、深井、含H_2S气井、高压气井等高难度井测试的需要，在MFE常规套管测试技术的基础上，发展了PCT、APR两种压控测试技术，扩大了测试技术应用范围；在钻井中途测试方面，为了扩大钻井中途测试的应用范围，在支撑式裸眼测试技术的基础上，发展了膨胀式裸眼测试技术，以适应软地层、大肚子井眼、键槽式井眼及冲刷地层测试的需要。目前，膨胀式裸眼测试技术成功应用的最大井深5746.0米、最小井深690.31米。

另外，油管传输负压射孔与地层测试联作、地面直读测试、电子压力计试井等新技术和排液新技术成熟配套，形成了生产能力。尤其是大港油田NAVA、TCP、MFE三联作测试工艺技术较为成熟，可以准确、及时获得不同工况下的产量和压力资料，解决了非自喷井测试问题，已进入了辽河海上、冀东油田、西北局的探井市场。在此基础上，他们还形成射孔—测试—排液—措施四联作施工的工作模式，促进了试油速度和资料质量的进一步提高。

在资料解释方面，围绕提高资料解释的准确率，先后引进了Flopetrol公司、ICT公司及SSI公司的解释软件。在消化吸收国外软件的基础上，结合国内生产实际，研究开发了WTC解释软件、DHC解释软件、低渗透非自喷层测试资料解释软件和气井解释软件，满足了试油测试资料解释的需要，取得了较好的应用效果。

4. 综合治理配套技术

主要在调剖堵水、防砂治砂两个方面形成了配套工艺技术，在控水稳油、老区稳产中发挥了重要作用。

在调剖堵水方面：形成了以机械找堵水、化学调剖、选择性堵水为主的配套技术。重点开发了多级多层、智能找堵水管柱和高温调堵剂、选择性堵剂，形成了深部调剖堵水、区块整体调剖堵水等配套工艺技术。

在防砂治砂方面：形成了固、挡、排综合治砂的方案优化设计和机械防砂、化学防砂、螺杆泵等携砂泵排砂、捞砂（清砂）配套技术，基本满足了生产要求。

机械防砂、化学防砂技术：形成了金属棉筛管砾石充填防砂（完井）、TBS金属粉末整体烧结筛管防砂、割缝筛管防砂、膨胀筛管管内防砂等机械防砂技术。形成了人工井壁防砂（树脂预包砂）、高/低温深度化学固砂等化学防砂技术。

防砂治砂综合技术：形成了复合压裂防砂、射孔防砂、螺杆泵等携砂泵排砂、泡沫冲砂和捞砂技术。辽河石油勘探局针对冷43块冷43－47－168井出砂严重，新井投产无产量的实际，采用压裂防砂技术进行改造，压裂后产量达到9.8吨/日。

5. 常规维护性作业技术

围绕保护油气层，提高作业成功率、减少油气井占用时间、延长作业有效期、降低作业成本、确保作业安全和环境保护等方面进行配套完善，常规维护性作业技术取得了新的进展。

在常规作业方面，研制了不压井作业装置、杆管刮油器、新型泄油器、油管扶正器、井口卡盘液压钳一体化装置、作业井架整体搬迁等新机具，形成了以

“带压作业技术”、“绿色修井技术”等为代表的维护性作业技术。

“带压作业技术”是采用不压井作业装置，对压力在15兆帕以内的油水井实施带压作业，既可以提高施工效率，又能实现安全环保施工。吉林油田民15-10井为一口注水井，生产需要起出井内注水管柱，井口压力14.2兆帕，如果放水泄压需要很长的时间，而且还会造成地面污染。辽河石油勘探局兴隆台工程技术处采用带压作业技术，仅用10天就安全环保地完成了施工任务。

“绿色修井技术”是以实现人员、设备和工具三不粘油为目标，采用管杆刮油器、新型泄油器和闭式循环冲砂池子等机具，既控制整个修井过程的污染，又能有效保护储层生产能力的新型施工技术。自从2003年8月份，集团公司清洁生产会议在辽河石油勘探局召开后，该技术在全国各油田都有了进一步的推广和发展。

在新作业方式方面，针对连续抽油杆的应用，研制了与之配套的加重杆、扶正器等井下工具以及地面作业设备，形成了柔性连续抽油杆作业配套技术；针对低产低效井的捞油作业，研制了井下工具和捞油车，形成了稀油、普通稠油捞油配套技术，开展了稠油高凝油捞油技术研究，扩大了作业服务领域。

6. 特种油藏井下作业技术

针对辽河、新疆等稠油、高凝油的开发，形成了与蒸汽吞吐和蒸汽驱等特种油藏开采配套的隔热管柱、空心杆与加热电缆杆柱、热液循环管柱作业配套技术，形成了热洗、清蜡、氮气隔热助排、高凝油解堵等作业技术，形成了稠油、高凝油生产测试技术，形成了软捞砂和硬捞砂两套工艺技术，满足了特种油藏开采的要求。

7. 特殊工艺井作业技术

针对分支井、水平井、侧钻小井眼井等特殊工艺井作业难题，开展了井下工具和配套工艺技术研究，在分支井作业、水平井作业方面取得了突出进展。

围绕分支井再进入关键技术难题，研制了分支井眼再进入引导工具，实现了分支井眼的再进入作业。辽河在四川新场气田完成的新浅90双分支井为一口天然气井，主井眼为9⅝英寸套管，两个分支井眼均为5½英寸套管完井。完井后应用再进入引导工具在两个分支井眼中各下入一个封隔器，实现了两个分支井眼的分别压裂和双管分采。

随着水平井、侧钻水平井的推广应用，在与之配套的压裂酸化作业、冲砂作业等研究方面取得了一定的进展，尤其是在引进和研究无接箍油管、防喷井口、双级封井器、高效堵漏剂等机具的基础上，形成了水平井通井、打捞、冲砂、封堵、分层作业、套管修复、油层改造等配套施工技术，有效了提高水平井的采收率。

另外，随着近年来滩海勘探开发力度的加大，各会员单位也逐渐加大了相关配套技术的研究和开发，特别是大港油田，依托现有跨隔测试三联作、分层试油一次改造投产工艺技术及Expro防硫三相分离器等设备，已参与到了滩海试油测试、酸化及排液市场竞争中，滩海施工测试技术初步成形。

目前，井下作业行业形成了以压裂酸化、大修侧钻等为主导技术的七个技术系列，基本能够满足勘探与生产的需要。但是，与国外先进水平比，还存在较大的差距。

在压裂酸化方面，主要表现在双千型以及CO_2压裂等特种设备数量少，连续油管压裂装备还是空白；压裂软件及应用差距较大，主要表现在将油藏模拟、裂缝模拟、地应力研究成果与压裂优化设计结合不够，压裂施工的整体效果有待进一步提高；水平井等特殊的压裂酸化工艺技术还存在较大的差距。

在大修侧钻方面，主要表现在井下复杂情况诊断手段还比较落后，处理井下复杂情况的工具不完全配套，措施一次成功率较低；连续油管侧钻等降低侧钻井成本的技术还没有设备；国内常规维护性作业的起下设备自动化程度较低。加拿大皇冠公司生产的系列车载修井机，采用绞盘式刹车、智能杆操作，自动化程度高，可以将操作手与井口岗合并。

在试油测试方面，主要表现在特殊井的测试工具和工艺技术存在差距。国外开发了无电缆电磁波数据传输地层测试技术，在解决含H_2S或大斜度井、水平井的作业安全问题方面发挥了重要作用。开发了套管井地层测试技术。套管井动态测试器CHDT通过钻穿套管进入地层，测量多个压力并采集流体样品，然后封堵套管上的孔眼，完成测试，取得老井的补充资料，为二次完井提供科学依据。

管道建设

【概述】　2004年，中国石油天然气集团公司从事长输管道、大型储罐建设、地面建设及其勘察设计研究的单位共27家，其中：主营长输管道、大型储罐建设与油田工程建设施工14个单位：中国石油天然气管道第一、第二、第三、第四工程公司，大庆石油管理局油田工程建设集团、石油集团有限责任公司建设公司，辽河石油勘探局油田建设工程一公司、二公司，华北石油管理局油田建设总公司，大港油田集团建设工程公司，四川石油管理局油气建设工程总司，新疆石油工程建设有限责任公司，长庆石油勘探局油田工程建设总公司，青海石油管理局油建工程公司；集团公司所属专业研究院（所）3家：中国石油天然气集团公司工程技术研究院，管道科学研究院和石油管材研究所；工程设计单位4家：管道工程有限公司，辽河石油工程有限公司，新疆时代石油工程有限公司，中油设计集团西南分公司；其他施工及技术服务单位6家：中国石油天然气电信电力公司，管道防腐有限公司，管道技术公司，中油管道建设工程有限公司，塔里木管道公司，中油管道物资装备总公司。

【人员、设备状况】　职工总数61188人。其中技术管理人员11055人、高级职称1251人、中级职称4111人、高级（含工人技师）技师707人。管道施工企业共拥有主要设备1.1万台（套）。其中，

(1) 吊管机568台。其中，63—70吨吊管机103台、40吨吊管机261台、40吨以下吊管机204台，总量比2003年增加48台。

(2) 管道内对口器345台。其中，直径38—42英寸或ϕ1016毫米内对口器124台，其他内对口器221台。总量比2003年增加38台。

(3) 管道自动内焊机5台；管道自动外焊机241台。

(4) 管道定向钻机37台。其中，回拖力450吨钻机3台、回拖力150—265吨钻机8台，其他钻机26台。总量比2003年增加19台。

(5) 冷弯机20台。总量比2003年减少13台。大型管道防腐作业线9条，其中，三层PE作业线1条，内涂作业线2条，弯头内外涂作业线1条。

(6) 储罐自动焊机170台。其中，储罐平焊自动焊机11台，竖焊自动焊机43台，横焊自动焊机61台，角焊自动焊机16台，球罐自动焊机18台。总量比2003年减少152台。

【生产经营情况】　2004年，集团公司管道施工队伍共完成国内营业收入83.24亿元。国内价值工作量为124.37亿元，比2003年减少6.20亿元。2004年，重点项目进展顺利：西气东输西段提前一个月进气投产，12月30日开始全线商业运营；忠武输气管道干线和两条支线提前45天进气投产；陕京二线按期完成干线管道焊接，永清—采育段已先期投产；冀东原油外输管道实现了年底投产的目标；覆盖全国的主干管网初步形成；我国第一条跨国输油管道—中哈原油管道全面启动。

【新技术推广】　结合管道生产经营需要，把制定科技规划、推进科技体系建设和信息化建设作为全年的工作重点。在系统总结管道系统近30年来科技发展经验和取得的重大成果基础上，确定了科技进步的方向和重点攻关领域。全年组织开展科研项目32个，投入科研经费近2700万元，完成并验收16项。管道焊接技术、管道施工敷设技术、管道防腐技术、管道安全检测与评估技术等技术日趋完善；原油管线泄露检测、输气管线内粉尘检测、加热炉除尘等一批技术成果投入生产并取得良好成效。

2004年，有8个施工企业获得全国五一劳动奖，有4个施工项目获得全国优秀焊接工程，有21个施工单位获得国家西气东输工程建设先进集体，有4个施工企业获得省部级荣耀称号，有5个施工企业获得集团公司工程建设优秀企业奖。共获得国家级管理现代化成果奖4项，部级奖4项。

（姜新生）

石油装备制造

【概述】 截至2004年底，列入石油装备制造统计年报的企业共37个。其中，专业装备制造企业7个(含中国石油物资装备总公司直属装备制造企业6个)，石化装备制造企业6个，油田、物探、管道装备制造企业（以下简称油田装备制造企业）24个，全行业拥有固定资产原值58亿元，固定资产净值32.89亿元，职工总数39739人。2004年石油装备制造行业共完成工业总产值88.77亿元，其中专业装备制造企业完成34.70亿元，(包括中国石油物资装备总公司直属企业33.19亿元)，石化装备制造企业完成5.4亿元，油田装备制造企业完成32.46亿元。完成的主要石油装备品种见表1。

表1　2004年石油装备制造产品分类产量完成情况

序号	产品名称	计算单位	2003年数量	2003年产量（吨）	2004年数量	2004年产量（吨）	同比增长（%）
一	石油装备制造机械产品产量	吨	—	245892	—	249410	1.4
(一)	石油设备	台（套)/吨	37956	161839	41348	189083	16.8
1	地震勘探及钻井设备	台（套)/吨	3932	39102	3602	57996	48.3
2	石油开发设备	台/吨	31007	103680	34745	109405	5.5
3	石油石化专用车载设备	台/吨	1145	8709	1398	10282	18.1
4	石油炼化设备	台/吨	1857	9893	1577	10666	7.8
5	天然气压缩机	台/吨	15	—	26	—	73.3
(二)	其他石油化工机械产品	台/吨	3800	64531	5067	18669	-71.1
(三)	工业泵	台/吨	169	927	154	981	5.8
(四)	高中压阀门	套/吨	2204	183	13905	172	-6.0
(五)	石油配件及工具	吨		14469		33934	134.5
(六)	非石油机械产品	台/吨	14229	3944	267078	6568	66.5
二	电机	台/千瓦	612	14124	825	22063	34.8
三	内燃机	台/千瓦	1021	682629	1802	1164454	76.5
四	发电机组	台/千瓦	148	70555	654	450575	341.9
五	石油专用仪器仪表	台（套）	2091	—	1937	—	-7.4
(一)	勘探仪器	台（套）	1992	—	1860	—	-6.6
(二)	钻采仪表	台（套）	99	—	77	—	-22.2
六	地震检波器	只	2524328	—	1871602	—	-25.8
七	自动化仪表	台（套）	9873	—	14933	—	51.3
八	石油专用控制电缆	万米	3262	—	2369	—	-27.3
九	石油导爆索	万米	26	—	25	—	-3.8
十	石油射孔弹	万发	260	—	274	—	5.4
十一	石油冶金产品产量	吨	—	862327	—	933270	8.2
(一)	石油焊接钢管	吨	—	810882	—	849760	77.9
(二)	石油套管及热煨弯管	吨	—	25319	—	51618	103.9
(三)	冷拔钢管	吨	—	1913	—	2121	10.9
(四)	钢丝绳	吨	—	22112	—	27614	24.9
(五)	钢丝	吨	—	2198	—	2156	-1.9

从综合产量来看，石油机械产品产量比2003年增长1.4%。地震勘探及钻井设备和石油配件及工具是占石油机械产品比重较大的两类产品，2004年的增长势头较强，分别比2003年增长48.3%和134.5%；发电机组和内燃机产量也以341.9%和76.5%的增长速度名列前茅；石油冶金产品比2003年增长8.2%，其中增幅较大的是石油焊接钢管和石油套管及热煨弯管，分别增长77.9%和103.9%。

【科技成果及新产品】　2004年石油装备制造企业加大技术创新力度，提高研发能力，完善研发体系，加大研发投入，全面提升了企业技术实力。

(1) 宝鸡石油机械厂技术开发成果喜人。一是技术开发项目明显增多。全年共完成各类开发攻关项目102项，比2003年增加16项。其中，新产品开发项目26项，产值约3.9亿元；改进老产品项目37项，技术攻关及试验台架项目30项。二是科技管理工作进一步规范。申报国家攻关及技术开发项目14项，通过评审6项，9000米钻机、7000米拖挂钻机、ZJ70DB、ZJ70D等项目已获得上级拨款285万元；申请集团公司及省、市科技奖3项，已通过初评；申报专利9项，已授理9项，授权12项。三是一些重大技术研究取得实质性进展。ZJ15DB、ZJ30DB钻机设计有了新的突破；ZJ90DB超深井钻机技术有了实质性突破；陆地钻机套装井架、DQ70DB顶驱的研制进入尾声；2FZ28－25C剪切双闸板防喷器试制成功；完成了一些重点技术难题的工艺攻关，包括“非标准”大螺锯齿形螺纹量规的规范设计、92A钻机绞车超长特殊滚筒键槽加工、春晓井架厂内制造安装、一次穿绳连续起升底座变形控制和精度保证及水葫芦质量不稳定问题等，为产品质量的提高提供了技术保证。

(2) 宝鸡石油钢管厂X80焊管开发取得显著进展。成功进行了ϕ1016 X80钢级焊管的试生产，经2004年10月集团公司评审，试制焊管性能完全满足管线工程要求。X80焊管的开发，增加了企业的技术储备和发展后劲。

(3) 华北石油管理局第一机械厂大力推进科技进步和技术创新，企业核心竞争力进一步提升。2004年，在科研开发上共投资777万元，立项21项，完成和阶段完成21项。根据市场需要，研制开发了8种新产品，提高了产品市场竞争能力。其中X80钢级ϕ1016螺旋钢管、直缝钢管的成功开发，在高材质、高标准油气输送钢管研制上取得了新的突破；X70 $\phi1016\times26.2$毫米和$\phi1016\times30.4$毫米两种规格弯管，填补了国内空白，满足了市场需要；钻铤内涂层研制成功并打入市场。完成了抽油机超低温材料焊接及抗开裂结构等6项工艺技术研究，进行了抽油机游梁生产线工艺流程优化等3项技术改造，促进了产品性能、质量和工作效率的提高。有2项QC成果获得国家奖励，7项获得省部级奖励。

(4) 西安石油勘探仪器总厂加快新产品研发和老产品升级改造，提升市场竞争力。全年共投入科研项目资金236.2万元，完成了SYZ5200TCJ测井车、ZJ5沼泽检波器、GDZ96A高精度网络地震仪和套管电位检测仪等4个新产品开发项目。同时ERA2000－C高精度数控测井系统完成了现场测试、移交并得到了油田用户的肯定，新型SCR电控系统正在进行司钻台部分应用软件的二次开发工作，MWD无线随钻测量系统达到了国内先进水平。积极探索科研开发与市场紧密结合的新途径，与东方地球物理勘探有限责任公司（BGP）合作开发的多级VSP仪器科研项目取得了很大进展，超级检波器在BGP得到了成功试用，海底双检检波器通过海上试验已达到了BGP的要求。

(5) 济南柴油机厂加快新产品开发，2004年共完成新产品开发25项、34个新机型，完成基础技术研究和重点质量攻关11项。重点项目中，16V高增压柴油机、长冲程3000系列机、1612T、3212T天然气发动机完成了设计工作，将进行新机试制。在新产品开发和性能优化的同时，加强市场导向的配套产品应用研究，如陆用液力耦合器及配套机组、发电机组、各种泵机组；船用产品，开发的六缸直列B系列、G系列发电机组、八缸直列左右柴油机、3612H挖泥船动力机、船用柴油机高压油管双套管设计，这些产品都已成功进入市场；气体发动机研发工作也有新突破，根据市场需求，突现了气体燃料多元化的开发应用。产品研发全面的服务于市场，服务于用户，满足了销售的需要，对市场开发形成了强力支持，新产品在产销量上保持了较高的比重。持续的产品技术升级换代，市场应用领域不断延伸，企业的自主研发能力和核心竞争能力不断增强，为发展奠定了坚实的技术基础和强有力的支持。

(6) 咸阳石油钢管钢绳厂坚持实施“科技创新工程”，对新产品开发实行项目承包制，围绕程序的完整性、生产与设计的一致性、现场的实用性、非标产品的补充性，制定主题计划，实施全过程管理、落实进度，落实责任，使新产品开发取得喜人成绩。压实（股）钢丝绳、煤炭斜井提升用锻打钢丝绳、TCS集装箱岸桥钢丝绳等8类新产品研制成功，实现产值比2003年增长36%。为了减小原料涨价压力，缓解高档盘条供需矛盾，将原材料替代列为科研专题，通过工艺试验，分产品和用途，构架了沙钢盘条替代宝钢、武钢盘条；首钢、重钢、安钢盘条替代沙钢盘条的阶梯式框架。2004年，盘条替代节约采购成本448万元。在缓解年度经营任务的同时，为企业的长远发展奠定了坚实的基础。

（7）北京石油机械厂科技创新见到成效。研制的空气螺杆钻具和空气随钻震击器及空气机械减震器（“空气两器”产品）在2003年12月顺利通过由集团公司科技发展部组织的项目验收之后，继续完善品种规格，在集团公司科技重点试验项目和伊朗项目中发挥了重要作用；空气螺杆钻具在前期现场试验的基础上，不断总结经验，完善规格品种，扩大使用范围；生产的K7LZ120×7.0空气螺杆钻具在中国石油天然气股份有限公司西南油气田分公司所属的白马庙构造白浅111H水平井进行气体欠平衡钻进得到了成功。填补了我国在水平井中进行气体欠平衡钻进及井下动力工具的空白；空气螺杆钻具和“空气两器”产品参加了集团公司重点科技试验井的工作。K7LZ197×7.0空气螺杆钻具和QJ178A－Ⅰ空气随钻震击器在现场发挥了重要作用，显示了非常好的性能。另外，新开发钻井顶部驱动装置取得更大突破。

（8）兰州炼油化工机械厂主要开发的新产品有：①GTD190－140×8型加氢高压泵研制成功，交付兰州石化公司，安装于新建的120万吨/年柴油加氢装置，10月份顺利通过装置油联运，各项指标满足设计要求；②完成了DN1200三偏心硬密封高温蝶阀图纸及主要加工工艺设计；③完成了玉门炼油厂需要的主风机出口DN1000三偏心密封蝶阀及DN1000三偏心止回阀两种新产品的研制任务，产品性能达到设计要求；④完成了抗抽空磁力泵图纸设计；⑤《30000千瓦级特大功率烟气轮机研制》、《DN1400高温气动金属密封蝶阀研制》、《乙烯平板闸阀研制》，通过了集团公司成果鉴定。在2004年确定的技术攻关项目中，“烟气轮机可倾瓦径向轴承研制开发”，“三偏心硬密封蝶阀加工制造”，“高压加氢泵的制造装配及现场安装”，“特大阀杆的喷焊”均全部完成并见到效果。

（9）四川石油管理局成都总机厂2004年继续推行科技项目承包、科技攻关和细化工艺工作，加大新产品开发的力度。浮动套钻头、117系列钻头、127系列钻头、高速轴承钻头的研制也已完成。

（10）大港新世纪机械公司依靠技术服务，促进新产品、新工艺的推广。先后与济南华联合作开发了三芯电加热电缆，与江汉机械研究所合作开发了有杆泵高效携砂采油配套装置。积极推进了防腐氮化油管、防腐抽油泵、注蒸汽区块抽油泵等项目。特别是自行研制开发的三管式防砂抽油泵获天津市经委技术创新优秀项目三等奖；套变井配套杆管泵项目和5½英寸套管项目分获集团公司技术创新二等奖；螺杆泵专用抽油杆取得实用新型专利，并获集团公司优秀专利奖。

（11）承德司达石油装备技术开发公司共开发电动机新产品22种，取得了公司建立以来的最好成绩。①在集团公司立项的变极多速高转差电动机，已经完成了4型6/8极、8/12极样机制造并通过型式检验。②完成了6型电动机的试制任务，包括符合壳牌要求的控制系统首批8台已经交付叙利亚，该产品具有较广阔的国际市场和较好的经济效益。③根据市场需求，利用NEMA D和变极多速电动机项目的开发研究成果开发了12极、16极低速和6/12、8/12等双速电动机近20个新产品推向市场，取得了好的效益。3.5型、8/12电动机样机在叙利亚国家石油公司SPC运行。特别是拿到吉林油田12极、8/12极和6/12极电机订单共354台，利用课题成果开发的油田需要的产品又重新进入阔别3年的吉林市场。16极低速电动机在华北、胜利、中原等油田的现场试验证明有40%—50%的节电效果而受到欢迎。④NEMA D系列电动机及控制项目获得国家四部委颁发的国家重点新产品证书，可使公司获得减税等优惠政策，从而提高效益。⑤稳步开发社会市场，为走出公司单一电机产品的现状，2003年至2004年开发了与钻机相关的两种新产品即钻机监视系统和钻机井电控制系统。⑥承揽了瑞典ABB公司的高压开关气室铸件和济柴12V和8V柴油机喷油泵的上下泵体4种铸件，经过工艺攻关，先后解决了铸件气孔、缩孔、缩松等缺陷，通过了严格的气压试验，目前已经批量生产。

（12）四川石油管理局资阳钢管厂完成技改项目16个，申报管理局科技项目2项，完成QC成果8个。改进工艺流程，采用“粗铣＋精铣”工艺取替了传统的“圆盘剪＋碎边剪”工艺，为工厂节能降耗做出了贡献。加强工艺技术管理，精心编制了各条管线工艺规程。深化焊接试验研究，顺利完成了忠武线、陕京二线、冀宁联络线焊接工艺评定和三项水压爆破试验。开展新产品评审工作，生产的X70钢级D1016×17.5毫米钢管完全符合《陕京二线管道工程用螺旋缝埋弧焊钢管技术条件》。

【质量及质量管理】 2004年，石油装备制造企业坚持以高质量的产品赢得用户的信任为指导思想，对产品设计、物资采购、外购外协件检查到生产制造、出厂检验进行全过程质量控制，产品设计标准化、通用化和规范化取得了较大进展，促进了质量管理水平和产品质量的稳步提高。

宝鸡石油机械厂持续改进，创新管理，推行卓越绩效管理模式，继2003年荣获“中国机械行业500强”212位之后，2004年的名次又提升了63位，名列500强企业第149位，并被评为“中国机械工业最具成长性公司”之一，获集团公司“质量管理卓越企业奖”，顺利通过了集团公司HSE认证审核；“宝石”牌石油钻机被中国质量协会评为“全国用户满意产品”，“宝石”牌电驱动钻机和F系列泥浆泵获得“陕西省名牌产品”和“CNPC优质产品”称号，并闯入中国企业信息500强之列，同时被陕西省银行同业协会授予“诚信企业”称号。

2004年，济南柴油机厂质量管理扎实有效。一是积极实施名牌战略，获集团公司“质量管理卓越企业奖”和“CNPC优质产品”称号。二是对产品的监造和检验严格执行“四不原则”，即不合格的原材料不投产、不合格的毛坯不加工、不合格的零件不装配、不合格的产品不出厂。三是管理重心下移，初步建立起各分厂的质量控制体系和质量检验体系，使各生产分厂的送检合格率平均达到了99.65%，产品整机出厂合格率达到了100%，通过两次整机性能复查合格率均为100%。四是管理重心向供方管理延伸，使外购外协配套产品质量有了很大的提高，送检合格率从2004年初的94.9%提高到年底的98.5%。同时就地销毁620批外供不合格品，取消5个厂家的供货资格。五是围绕根本解决整机可靠性的目标，全方位推进持续不断的质量改善，2004年完成重大质量攻关课题6项，取得较好成果。六是建立了客户质量信息中心，及时了解产品信息和服务质量，全年接受客户咨询99次，对所有咨询和投诉，质量管理部门都给予了答复并落实了解决措施。七是加强培训，提升全员质量意识，围绕质量管理组织各种培训班共计447人次，使全员质量意识得到提高。

宝鸡石油钢管厂加强质量管理，在管线建设中树立精品形象。一是不断提升全体员工的质量理念。为了把企业承揽的所有管线都打造成为精品工程，提出了“要像对待婴儿一样呵护每一根钢管”的理念。从上到下树立精品意识、精品要求，自觉从严。二是加强生产过程的质量控制。制定了严于订货技术条件的“精品钢管质量控制规定”等制度，对产品质量提出了更高的要求。同时，根据陕京二线红黄牌规定制定了内部警示警戒制度，并由领导牵头，成立了质量督查小组，不定期进行检查，使质量管理体系始终处于有效运行状态。三是加强了员工质量工作的责任心和严格考核。制订了“质量事故责任追究制度”，坚持“三不放过”的原则，对于出现质量事故的单位、领导、责任人都要进行严厉处罚。同时，还设立了10万元的质量奖励基金，对质量管理先进单位进行大力表彰和奖励。通过努力，产品质量水平继续稳步提高，为陕京二线、克拉管线等重要管线提供的钢管质量均受到了施工单位的好评。2004年底，再次荣获“国家西气东输工程建设先进集体”光荣称号，在管线建设中进一步提升了企业的品牌。

咸阳石油钢管钢绳厂为了满足第三次创业建设“冶金行业第一品牌”的要求，严格依照质量管理体系要求，强化质量管理考核，丰富检测手段，不断提高实物质量。从目标分解、考核管理、分检诊断、跟踪纠正、源头防范、设备保障六个方面，强化考核，严格控制，塑造品牌，积极适应市场对产品质量从符合性到适用性的转变，品牌建设初见成效。石油用钢丝绳被评为“陕西省名牌产品”；在中港集装箱分会组织的招标会上，集装箱用钢丝绳产品被评为国产钢丝绳综合评比第一名，使该企业钢丝绳产品覆盖面从2003年的10大港口扩展到港口行业36家专业码头；压实钢丝绳产品取得了“MA”标志，是国内第一家取得此证的钢丝绳生产单位。

北京石油机械厂组织完成《内部质量管理体系审核计划》的编写工作，并对审核中提出的不合格项及时组织有关部门进行整改，通过企业内部审核验收。2004年3月15日顺利取得API总部颁发的APISPCE7证书，5月又顺利通过ISO 9001：2000版第一次现场监督审核，并取得由中国质量协会质保中心颁发的2000版证书的继续使用证书的资格。

华北石油管理局第一机械厂2004年8项企业绩效评价主要指标有7项达到国内同行业优秀值，创4项中国企业新纪录，顺利通过了ISO 9000换证复审和“三合一”管理体系认证审核，有2个QC小组获得“全国优秀QC小组”荣誉称号，继螺旋钢管和抽油机之后，直缝钢管又被评为全国用户满意产品。工厂连续3年荣获全国质量效益型先进企业并因此获得特别奖，连续6年三届被评为“全国用户满意企业”，荣获“全国质量管理奖鼓励奖”、“国家西气东输工程建设先进集体”和“全国五一劳动奖状”。

四川石油管理局成都总机厂强化质量管理，完善质量体系。2004年通过了ISO 9000定期检查。按照质保体系，制定细化工艺措施并严格执行，促进了产品质量的稳定提高。

【基本建设及技术改造和技术引进】 2004年石油装备制造企业认真实施科技兴企的发展战略，加大技术改造和技术引进力度。全年完成固定资产投资55655万元，其中基本建设投资28295万元，并突出抓好技术创新，积极开发技术含量高、市场前景好的产品和技术，进一步提高了企业的核心竞争力。

宝鸡石油机械厂全年共有重点建设项目5个。截至2004年底，泥浆泵生产线建设项目已完成投资2510万元；北厂机加中心已完成投资700万元；铸造厂炉外精炼技术改造项目已全部完工；ERP项目二期工程进展顺利，全部建设项目均按计划完成。

宝鸡石油钢管厂技术改造、项目建设取得新进展。一是通过制管一分厂、制管二分厂技术改造和三分厂设备完善工作，使主要制管分厂技术装备水平逐步提升，达到国内先进水平。二是上海宝世威公司顺利运营。上海宝世威项目通过艰苦努力，仅用了一年的时间就建成投产，实现了当年立项、当年建设、当年投产的目标。三是新防腐生产线顺利投产。新防腐生产线在上级部门的支持下，从建设到投产，仅用了不到3个月时间，创造了国内防腐生产线建设的最快速度。

济南柴油机厂新厂建设工作进入施工阶段，新厂于2004年9月9日开始实施围墙建设，以此作为开工标志。在新厂建设的同时，2004年8月在青县直列船用机制造基地开工建设，该基地将重点生产直列机的曲轴和机身以及组装。2004年底厂房工程全部竣工，部分设备已安装到位并调试，直列机曲轴已形成批量生产。

咸阳石油钢管钢绳厂实施钢丝绳生产线改扩建工程项目。2004年完成投资3954万元，新安装和改造设备58台套，实现配套产量1130吨，提高了钢绳生产线的柔性，缓解了产销矛盾。

四川石油管理局成都总机厂狠抓第三期钻头生产线技术改造延续工作的完成，3台牙爪全切入磨床和2台牙轮磨床已安装到位，进入调试阶段。

华北石油管理局第一机械厂弯管精整、防腐生产线项目动工建设，已完成基础施工。抽油机、专用管涂层、装备合资扩产工作正按计划进行。

大港油田集团新世纪机械制造有限公司新项目建设取得突破性进展。在完成了抽油泵、抽油杆生产线技改项目的基础上，重点加强了“石油钢管加工生产线技术改扩建工程”和“ϕ219ERW高频直缝焊管生产线建设工程”两个新项目的调研、论证、立项、审批工作。ERW直缝焊项目已获得集团公司规划计划部的立项批复。

大港中成公司投资项目正在全面实施，车装钻修机技术引进项目得到集团公司批复。与意大利Drillmec公司技术引进车装钻机协议已经签订。螺杆钻具技术改进项目的设备引进已基本就绪，国产设备已到位并投入使用。

【经济效益】 石油装备制造行业经济效益继续趋好，经济运行质量明显改善。产品销售收入增长继续加快。2004年实现产品销售收入93.23亿元，比2003年增长35.59%。

全行业盈亏相抵后实现利润总额2191万元。多数企业利润增加，有些企业增幅较大，如宝鸡石油机械厂、宝鸡石油钢管厂、济南柴油机厂利润增长率分别为55.1%、25.74%和20.96%。

亏损企业减亏明显。2004年石油装备制造行业的亏损企业由2003年的17个下降为14个，占全行业的37.83%。但个别企业的亏损还十分严重，全行业消灭亏损的任务仍然非常艰巨。

【企业结构调整】 2004年，石油装备制造行业在实行产业结构调整方面进行了积极的探索。

2004年1月6日河北赛赛尔俊峰物探装备有限公司正式注册、挂牌成立。该公司由法国塞赛尔公司出资控股51%，由原俊峰物探装备有限公司出资24%，东方物探有限公司（BGP）出资13%，西安石油勘探仪器总厂出资12%。该公司致力于研制生产与世界上主流物探仪器配套的物探电缆和地震检波器，已具备年生产地震检波器200万只、物探数传电缆5000千米的综合生产能力，是中国同行业很具实力的制造商之一。

大庆石油管理局对原大庆石油管理局总机械厂、特种汽车制造总厂和钻井技术服务公司机械厂三家石油机械加工制造专业厂进行整合重组，成立了大庆石油装备制造集团，使油田装备制造业务形成规模优势。

（焦爱民）

第六篇

国际业务与贸易

对外交流与合作

【概述】　2004年开展对外交流与合作工作，紧紧围绕中国石油天然气集团公司提出的全面、协调、可持续发展观，全力打造具有国际竞争力跨国企业集团的总体目标，按照“讲究效益、注重保障、培育规模、协调统一”的原则，从集团公司国际业务整体发展的需要出发，分析国际地缘政治、世界经济一体化趋势、国家能源外交等国际大背景、大形势、大环境对公司开拓国际业务产生的影响，国际业务工作立足高层次、抓大事、积极为集团公司“走出去”，拓展海外市场创造一个更为有利的外部环境，一年来，集团公司国际业务实现了新的跨越，集团公司国际化形象进一步提升，受到国际石油界的瞩目。

【配合国家能源外交活动】　2004年集团公司参与和配合国家能源外交活动，在国际舞台上通过高层互访、出席国际会议、陪同国家领导人出访等活动，积极与资源国开展高层交往和对话，充分展示了集团公司作为国际大石油公司的形象。先后与哈萨克斯坦、乌兹别克斯坦、阿塞拜疆、也门、科威特、叙利亚、阿曼、伊朗、埃及、阿尔及利亚、苏丹、乍得、尼日尔、加蓬、毛里塔尼亚、缅甸、泰国、委内瑞拉、阿根廷、古巴、伊拉克等20多个国家元首、政府首脑和部长进行了互访和交流。通过互访活动，进一步增进了与上述资源国政府的沟通和了解，保证了海外项目的顺利实施和可持续发展。

2004年是集团公司在国际石油界最活跃的一年。经过十几年的努力与实践，集团公司已是国际石油界不可忽视的国际石油公司。2004年集团公司分别与埃及石油部、叙利亚石油与矿产资源部、乌兹别克斯坦国家石油天然气公司、加拿大阿尔伯达省政府和伊朗石油部签署在油气领域开展合作的协议。特别是与俄罗斯天然气工业股份公司签署《建立战略合作关系的协议》，标志着集团公司已经开始从自主开发国际业务转变为以自主开发国际业务为主，与国际石油公司建立战略伙伴关系共同开发国际业务。体现出公司国际业务向更深层次的战略转变。这是一个划时代的转变，体现出集团公司决策层的高瞻远瞩。

中哈原油管道是中国历史上第一条跨国长输管道，2004年9月28日，管道的开工建设，标志着中哈两国在能源领域的合作进入了一个新的发展阶段，对进一步扩大两国在石油领域的合作具有重要意义。中哈原油管道将为哈里海周边油田、哈中东部油田以及俄罗斯西西伯利亚地区油田向中国出口石油提供便捷、稳定、经济的出口通道，对实现我国石油进口多元化、保障石油供应安全具有重要的战略意义。

与加拿大阿尔伯达省政府签订的油砂和稠油合作协议，进一步拓展了集团公司海外油气勘探领域。

（柳卫江）

2004年中国石油天然气股份有限公司外事办公室积极贯彻落实中国石油关于对俄合作各项方针政策，协调各方组织与俄方谈判，几个项目均取得积极进展。10月与GAZPROM签署了《战略合作协议》，国家主席胡锦涛和俄罗斯总统普京出席了签字仪式。重新启动了与埃克森美孚公司关于萨哈林天然气项目的谈判。为推动中俄原油管道项目，一方面密切配合中国石油规划总院开展《进口俄油运输、配置、加工总体方案》研究；同时多方面收集有关信息、资料，积极制定应对策略。为推动天然气合作项目，与俄、韩有关方面就伊尔库茨克供气项目先后举行了三次综合组工作会议，开展了定价公式参数取值和购销天然气详细意向书谈判、讨论政府间协议框架和主要条款。收集、整理和汇总中俄油气合作的有关资料、文件和信息，出版了《中俄总理定期会晤文件汇编》和《伊尔库茨克供气项目文件汇编》1—4册。

（李　文）

全年集团公司领导多次随同国家领导人出访；出席重要外事活动125场。为35个国家和地区的人员办理来华邀请函（电）858份，来华人员1572人（2375人次）。

（柳卫江）

2004年股份公司外事办公室共安排与落实公司领导会见与宴请外国公司高层、外国政府有关部门负责人、国外学术机构主席164次，组织领导参加的签字仪式6次，办理外方人员来华邀请函293封。协调外国公司、外国媒体、合作伙伴、外国政府有关部门、投资者等前往下属企业参观48次。

（李　文）

【加强与国际组织的交流与对话】 近年来，合作与对话是当前世界经济发展的主流。集团公司要实现建设具有国际竞争力的跨国企业集团的目标，就必须融入世界经济之中，积极参加国际组织的活动，在国际能源界的高层讲坛上听到集团公司的声音，让世界了解集团公司。2004年集团公司领导先后参加了在国内外召开的20多个国际会议和展览，包括中国—蒙特尔能源圆桌会议、伊朗博鳌亚洲能源论坛、世界能源大会、哈萨克斯坦国际油气大会暨展览、世界工程师大会、中美能源论坛等，利用多种场合、多种方式与联合国第59届大会主席、联合国教科文组织、世界能源理事会、国际能源署、石油输出国组织、博鳌论坛等多个国际组织进行了充分交流与对话，加深了相互了解，进一步提升了公司在国际石油界的影响。

全年由集团公司组织参加在境外召开的专业性国际会议57个，160人次；在国内外主办或参加国际展览12个，展出面积1900平方米，数万名观众参观了集团公司展台，与国际石油界的同行进行了广泛的交流。

【国际业务管理工作】 2004年集团公司国际业务的管理工作，按照持续高效、协调规范、全面发展的总体思路开展工作。目前，集团公司在境外设立的各类机构共116个，集团公司驻外办事处13个，集团公司所属企业境外项目公司和机构103个，负责海外投资业务的项目公司30个；承担境外工程承包、技术服务、物资装备出口业务和进行市场开发的机构64个。

在开展国际业务中，我们始终坚持统筹协调的原则，用大局观念统筹处理国际业务中涉及到的国内与国外、甲方与乙方、专业公司与地区公司诸多的关系和问题，推进公司的整体协调发展。根据集团公司《境外工程承包、技术服务、劳务输出和物资装备出口项目管理办法》，坚持实行乙方项目备案制度，全年境外项目投标备案346个，在委内瑞拉、伊朗、印度尼西亚和苏丹等国家协调了多个物探、钻井投标项目，有效地避免了集团公司所属企业的内部竞争。维护了集团公司的整体形象，体现以实现公司整体效益最大化的目的。

在严格执行海外项目队伍编制、控制海外项目施工人员的同时，制定海外项目岗位人员素质要求，进一步加强对派出境外施工人员的审批。

根据集团公司《派出执行境外项目人员管理细则》的规定，我们按照英语（俄语）托福成绩、英语（俄语、西班牙语）300句成绩，严格考核派出执行海外项目的管理、技术人员和工人的外语素质；根据海外队伍人员编制，严格控制派出人员数量，鼓励使用当地雇员，降低成本。并分别在苏丹、哈萨克、印尼组织了英语托福和300句、俄语以及法律考试，其中，英语托福考试213人，通过率59.15%；英语300句考试92人，通过率90.22%；俄语考试31人，通过率80.65%；法律考试124人，通过率72.58%。

（柳卫江）

2004年股份公司通过争取国外援助资金组织了15批专业技术和管理人员赴国外培训，培训人员80多名，组织国外专家来华专业技术交流7次。利用国外援助资金进行了兰州石化分公司节能项目二期可行性研究。

（李　文）

【加强海外项目HSE协调管理，积极应对海外突发事件】 在集团公司党组的正确决策下，集团公司深刻反思重庆开县“12.23”特大事故的教训，坚持“以人为本、预防为主”的指导思想，努力探索海外HSE管理体系的高效运行方式和有效管理模式，积极推进海外HSE管理体系建设，强化对海外人员的HSE培训，建立应急预案体系，强化监督检查，整改事故隐患，关注海外人员的健康状况，认真做好项目所在地的环境保护工作，为集团公司加快发展国际业务提供了重要保障，取得了突出成绩。

近年来，海外形势日趋复杂，在集团公司一些海外项目作业的国家，恐怖袭击事件时有发生，对安全生产、健康、环境保护要求越来越严格。为积极应对各类突发事件，加强防风险、反恐意识，确保海外项目安全正常运转，集团公司及时成立海外项目HSE协调办公室，加大对海外HSE工作的协调、管理力度，制定和完善集团公司及所属各专业公司的涉外突发事件应急预案，积极应对海外项目各类突发事件，逐步建立起突发事件应急处理机制。

2004年积极稳妥地处理了哈萨克斯坦泥石流自然灾害，苏丹绑架枪杀，俄罗斯、巴基斯坦遭恐怖袭击，以及因委内瑞拉国家全民公决和苏丹南部达尔富尔人道主义造成的种种危机等突发事件。面对这些突发事件，坚持按照“以人为本”的安全理念制订了应急方案，制订了人员的安全撤离计划及备选方案，维护了集团公司的对外形象。

为保证海外项目人员的安全，使海外人员发生危险时及时获得紧急救援，通过加入SOS组织，建立了集团公司全球应急救援系统，提高了海外项目人员的安全保障。

【外事管理与服务】　2004年严格按照国家相关部委和集团公司对外事工作的政策和要求，规范和强化自身的外事管理工作，坚持以外事管理工作为中心，加强服务意识，提升服务水平。

2004年集团公司共派出团组4512批，16988人，19050人次；比2003年同期增加派出4002人。前往世界100多个国家和地区执行考察、经贸、会议、培训、海外项目、技术服务和劳务等任务。

2004年，集团公司严格控制出国团组数量，压缩出国人数。此外，还对赴国外执行培训、考察任务的团组，认真审核培训合同和考察安排，严格控制出国人员规模、时间，减少不必要的出国考察和培训。今年以来，压缩出国团组92个。

随着集团公司国际业务的发展，境外项目人员逐年增加，涉及境外项目人员护照签证、第三国签证、劳务许可申办等业务工作量大增，给外事管理工作提出了新的要求。为强化集团公司对外事管理工作的统一领导，树立国内外一盘棋的全局观念，保证集团公司外事管理工作在海外的健康发展。

积极主动地做好外国驻华使领馆的工作，定期进行走访和拜会，达到理解、沟通，以解决项目之急，为项目人员尽快派往现场做好一切准备工作。通过努力，密切了与外交部、外国驻华使领馆的关系，加强了沟通联络，从而使护照签证工作成为海外项目顺利执行和发展的重要保障。

2004年6月股份公司召开了第一次外事工作会议，王福成副总裁、股份公司所属油田、炼化、销售企业和研究机构等50多家单位的外事主管领导和业务负责人参加了此次会议。王福成副总裁总结了股份公司成立以来各项业务所取得的成绩，分析了外事工作在公司生产经营中的地位和作用，明确了外事工作的定位。王福成副总裁要求外事工作人员进一步增强服务意识，做好“三个服务”，即为国家的外事工作大局服好务，为公司生产经营的整体工作服好务，为“两个转变”和“四大战略”的实施服好务，同时要求在外事工作中要加强管理，严肃纪律，确保各项工作规范化和制度化。

为了做精做细管理，根据外事工作的业务特点，实施了多项新的举措。一是开发了“出国（境）项目网上审批系统”，该系统加快了出国项目申请文件的流转速度，规范了文件格式，缩短了审批时间，节约了成本，使出国项目审批实现了网络化办公，极大地方便了基层单位办理出国手续。二是根据股份公司对外交往的需要，历时半年完成了海外公共关系数据库的建立，实现了股份公司的对外关系、特别是高层外事活动的信息化和科学化管理。三是制定了《工作提示卡》，对外事联络的日常业务进行了规范，提高了工作质量。四是方便出国人员办理医疗保险。鉴于有些国家要求申请签证时提供医疗保险，为缩短医疗保险办理时间，节约费用，经调研和比较选定了中意保险公司，该公司专门设计了最适合短期出国需求保险条款，并且价格低于其他保险公司的同类产品，出国人员在外事办公室通过网络就可完成购买保险的手续。

2004年股份公司出国管理的工作量比2003年增长了近75%。由于完善网上办公系统和实施新的服务措施，出国管理水平和办事效率明显提高，全年共受理出国申请978个，根据有关规定取消了17个出访任务，并对39个出国团组进行了压缩调整，共压缩在外天数1256天。实际派出709个团组，共派出3690人次。全年共办理护照2531本，签证3861个，管理有效护照5312本，护照借还7000多本次，无一丢失、损坏和差错。

（李　文）

国外油气勘探开发

【概述】　中国石油天然气勘探开发公司（CNODC）（以下简称公司）是中国石油天然气集团公司（CNPC）的子公司，按照集团公司授权，负责集团公司海外石油投资业务的管理与运作。

2004年，围绕集团公司对国际业务发展提出的“讲究效益、注重保障、培育规模、协调统一”的十六字方针，公司海外项目油气储量、产量和经济效益都取得了新的进展和可喜成果。全年共完成三维地震采集1982平方千米，处理2432平方千米；完成二维地震采集8580千米，处理15963千米；共完钻探井82口；海外项目新增探明石油地质储量2.5亿吨；新增可采储量5500万吨。全年海外原油作业产量达到3011万吨，比2003年增加463万吨；原油权益产量1642万吨，比2003年增加335万吨；天然气作业产量35.5亿立方米，增幅78%。原油加工能力达到350万吨/年，比2003年增加100万吨/年。全年加工原油295万吨，较2003年增加了44万吨。全年生产聚丙烯19437吨，2004年原油长输管道总长度达2800千米，新增输油管道723千米；全年原油输量达到2073.7万吨。

【国外主要项目运作】

1. 苏丹1/2/4区油田勘探开发及管道建设项目

2004年苏丹1/2/4区项目又获较大发展。在4区北部Neem地区获得重要进展。全年完成采集、处理和解释二维、三维地震1080千米和300平方千米，新发现了Neem East和Neem North两大含油构造，新增地质储量1.84亿桶，新增可采储量5300万桶。

苏丹1/2/4区项目全年共计生产原油1574.54万吨，较2003年增加158万吨，增长11.12%。

2. 苏丹6区油田勘探开发及管道项目

苏丹6区勘探取得新的突破。初步证实Fula西部陡坡带是一个有利的稀油聚集带。2004年，通过滚动勘探开发，新增探明可采石油储量1100万桶，新增稀油产能2600桶/日。富北油田于2004年3月15日全面正式投产，全长716千米的管道2004年进入最后安装阶段。

3. 苏丹3/7区油田勘探开发项目

苏丹3/7区勘探工作成效显著。2004年又发现一个亿吨级油田——Moleeta油田。据计算，该区油层平均有效厚度达46米，累计含油面积可达22平方千米，预计新增石油地质储量超过2.22亿桶，达到了一个新的亿吨级油田的规模。

4. 苏丹喀土穆炼油厂项目

苏丹喀土穆炼油厂运行安全平稳。全年加工原油2164.9万桶（295.07万吨），生产各类石油产品262.21万吨，产品出厂合格率100%。全厂轻质油收率78.61%、综合商品率91.98%。加工损失率0.57%、催化装置催化剂单耗0.54千克/吨。

5. 苏丹喀土穆化工厂项目

1月12日新增聚合釜一次投运成功。全年共加工液态烃81253.21吨，产出丙烯21319.26吨，共生产聚丙烯19468.20吨。编织袋厂自2004年4月16日开工至12月31日，生产量逐月增长，从11月起，日生产量达到了设计生产量。全年生产各类编织袋1085万条，生产篷布7万平方米。

6. 哈萨克斯坦阿克纠宾油气田开发及勘探项目

中油国际阿克纠宾油气股份公司2004年共生产原油532.12万吨。其中让那若尔油田417.62万吨；肯基亚克盐上油田27.32万吨；肯基亚克盐下油田87.18万吨。2004年全公司累积产气25.03亿立方米，较上年增长76.6%。

7. 哈萨克北布扎奇油田开发项目

2004年，公司生产原油46.63万吨，增长幅度达17.5%。生产天然气4250.55万立方米，全年完钻的15口井普遍获得高产，使油田产量得到了迅速提高。

8. 委内瑞拉陆湖油田开发及勘探项目

2004年，委内瑞拉陆湖项目在克服了委国内政局动荡、罢工频繁等不利因素的影响，全年产油997.5万桶（147.3万吨），比2003年增加了24.3万吨。并完成27项工程建设和维修，湖上项目完成湖面工程建设和维修20项。

9. 委内瑞拉奥里乳化油项目

2004年是奥里乳化油项目上下游工程建设全面推进的一年，全年完成了项目建设期60%的工程量，对项目的按期投产起了重要作用。一年来，项目经受局势动荡等严峻的考验，排除重重干扰，完成了预定的各项工作计划，取得了上下游一体化工程建设的阶段性成果。共签署矿费协议等与生产经营有关的重要协议10余项；钻井准备工作全面展开；地面工程建设及脱盐脱水厂建设总进度完成原建设期总工作量的72.0%；乳化厂工程建设总进度完成原建设期总工作量的84.71%。

10. 阿曼油田开发及勘探项目

2004年项目在各方面取得了喜人进展。年底项目原油日产水平超过15000桶/日，新增储量865万桶；全年产油429万桶。

11. 秘鲁塔拉拉油气田开发及勘探项目

2004年实际生产销售原油132.33万桶，平均日产油水平3616桶；实际生产销售天然气15.14亿立方英尺（0.43亿立方米），平均日销售天然气413.55万立方英尺（11.71万立方米）。

12. 秘鲁1－AB/8区勘探开发项目

1－AB/8区全年共生产原油1941万桶（290.3万吨）；中方份额油745.7万桶（111.6万吨），完成份额计划的95.79%；平均日产5.3万桶（7933吨）。

13. 阿尔及利亚项目

经过精心准备与筹划，项目于2月召开了第一届联合作业管理委员会会议，管理委员会听取并审议了

2004年联合作业机构工作计划与预算、招标采办程序、审批程序LOA以及油田评价方案，7月召开MC会议，评价期作业的所有服务合同都是CNPC的公司中标。11月29—30日召开了第二届MC会议。批准了2004年预算执行和2005年工作计划与预算，启动了开发期工程项目的招标工作。

14. 叙利亚项目

2004年累计产油35.76万吨，是油田从1976年投产以来，产量最高的一年。油田年度综合含水29.79%。2004年项目完成油藏综合研究和开发方案。

15. 加拿大项目

中油国际加拿大公司目前拥有3个作业区块（阿奇森、帕宾纳、乎利）和5个非作业区块（北湍宁、普斯库佩、庄海勒、孤石、金湖）。权益区总面积167平方千米。2004年累计生产份额油气1.7万当量吨。

16. 西北管道（输油）公司

2004年管道建设的主要任务是工程收尾和验收。2004年5月20—23日，哈国家验收委员会对肯—阿管道项目进行最终验收。肯—阿管道项目累计完成管道干线：448千米，截断阀室：23座，SCADA系统控制中心1座，站控系统：PLC/ESD系统4套，截断阀室：RTU 23套；光缆累计敷设451.6千米。2004年合资公司累计完成输油543.1万吨，完成最低保障输油量的116.0%。

17. 印度尼西亚项目

目前在印尼的7个合同区，分布于苏门答腊、东爪哇、东印尼三个岛上，分属于PSC和JOB两种合同类型。2004年公司全年油气产量为2109万桶油当量。其中生产原油1442万桶，生产LPG 7.3万吨，生产天然气9.9亿立方米。

18. 石化贸易有限责任公司

2004年，新增零售网点（加油站）1座；新开发批量销售客户12个；公司成品油销售系统现有成品油库1座，汽、柴油年吞吐能力达到20万立方米；加油站5座，运行4座，平均单站月度汽、柴油销售水平600立方米。

19. 海南省福山凹陷油气田勘探开发项目

实际累计生产原油73万桶（9.1万吨）；生产天然气1.3亿立方米。

【新获石油勘探开发项目】　2004年，公司继续把新项目开发作为重点工作推进。在广泛收集信息的基础上，科学筛选和评价项目。面对国际油价持续飙升，市场竞争不断加剧，为规避市场风险和经济风险，公司及时调整开发策略，将新项目开发重点集中在勘探项目和油价对投资回报影响较小的开发项目上。公司先后签订了阿尔及利亚438b勘探区块项目、中哈原油管道项目、伊朗MIS油田开发项目、突尼斯Kupec开发项目、西非毛里塔尼亚Ta13&21、12勘探区块项目、哈萨克斯坦图尔盖盆地艾旦、KAM油田开发项目等8个项目合同。其中，伊朗、毛里塔尼亚和突尼斯是3个新进入国家。至此，海外投资项目增加到48个，进入国家也增至20个。另外，有7个项目正在谈判，有2个项目正在组织投标，同时还签署了2个项目的独家研究框架协议。

【经营管理】

1. 加强管理，努力推进体制机制创新

2004年，公司总部和各海外项目公司积极推进管理体制、机制和方法的创新。

总部管理方面，一是工作重点逐步转向抓战略、抓重点和抓难点。在集团公司的统一组织下，编制了国际投资业务发展战略规划，进一步明确了公司未来的发展方向和目标；狠抓了重点建设工程的协调管理和重点地区的原油上产工作；积极帮助海外项目公司解决运行中的管理和技术难题。二是根据集团公司党组决定，自2004年8月以来，开展了国际投资业务整合工作。三是公司总部各职能部门积极开展整章建制工作，制定和修订完善了一整套包括行政、经营和生产管理方面的规章制度和工作程序。同时，公司在加强信息化建设方面也取得了可喜的成绩。公司利用信息技术，初步建立起了全球电视电话系统，改善了技术、管理信息沟通条件，加快了决策与反馈速度，提高了管理效率。四是公司坚持“以人为本、预防为主”的指导思想，努力探索海外HSE管理体系的有效模式，积极推进海外HSE管理体系建设。公司总部建立了HSE、防恐和应对突发事件的应急预案，并在委内瑞拉政局动荡、苏丹1/2/4原油管道被炸等突发事件的应对中发挥了作用。同时，通过加入SOS组织，建立了全球应急救援系统，以保障海外项目人员的安全。

2. 完善科技管理体系，大力开展科技攻关

2004年，公司科技工作围绕着为加快发展服务、为油气生产服务、为提高投资效益服务的总体思路，积极构建科技工作体系，加强科技技术研究力量。一是围绕海外勘探开发业务的年度工作目标，研究中心及时调整充实技术力量，加强了海外各类油田的综合地质和油藏精细研究。开展了苏丹、哈萨克地区重点

项目的勘探部署研究和开发方案优化工作。二是积极开展新项目评价工作，为公司新项目的筛选和获得做出了重要贡献。全年共筛选、评价了44个国家的160多个项目，为新项目开发决策提供了科学依据。同时，还积极开展了重点区域和国家的项目机会研究，对世界主要油气富集区和各主要产油国资源情况和油田情况进行研究整理，增强了新项目评价工作的主动性。三是公司的科学技术研究方面取得新成果。公司全年承担集团公司科技发展部技术开发项目17项，开展公司级科研项目研究43项。其中，获集团公司科技进步一、二等奖各1项，公司科技进步奖37项。这些研究项目大都是有针对性地解决海外勘探开发中遇到的重点难点问题，这些研究成果的运用必将推动海外勘探开发水平的进一步提高。

3. 坚持效益优先原则，强化项目前期工作，投资管理工作取得新成效

2004年是公司海外项目的投资高峰期，其中重点工程项目投资占总投资的70%。为提高投资决策的科学性，确保投资效益，公司重点加强了建设项目前期管理、投资预算执行跟踪分析和经营策略研究，进一步完善了投资管理模式。一是建立重点工程建设投资动态管理制度，及时把握建设进度、实施状况和投资完成情况，及早安排下一阶段工作，争取了工作的主动性。二是公司总部有关部门及海外项目公司同相关研究机构合作，以阿克纠宾公司和委内瑞拉陆湖项目为重点，深入开展了海外项目经营策略研究，提出了项目经营策略和经营管理模式建议，进一步明确了今后一段时间内项目经营的基本思路。三是针对海外不同项目的特点，加强了计划预算执行情况的跟踪及季度分析的力度，从而确保了海外投资结构的优化。

（王艳丽）

国内油气田勘探开发国际合作

【概述】　中国陆上石油天然气勘探开发对外合作到目前为止，已经走过了20个年头。20年来，先后与10个国家和地区的45家石油公司签订了52个石油合同、24个联合研究及评价协议，外国公司承诺完成的投资为11.79亿美元，实际完成投资约13.86亿美元。目前，正在执行的合同14个，合作区总面积1.42万平方千米。截至2004年底对外合作项目累计生产原油1871.43万吨、天然气20.33亿立方米。

2004年，《中国石油天然气股份有限公司国内勘探开发对外合作项目管理办法》（国际石油合作字[2004] 300号）正式颁布执行，按照这一重要文件明确的各项原则，国内对外合作工作以“加强项目管理、提高合作水平”为重点，突出抓好现有合同的执行，通过总结项目执行管理经验，落实各项管理措施，合作项目规范运作，重点项目成效显著，超额完成了全年计划的各项工作任务。

2004年底正在执行的14个项目中，3个项目进入生产期（大港赵东、辽河冷家堡、新疆九区），6个项目进入或准备进入产能建设期（大庆州十三1—2、大庆州十三3—6、大港孔南、吉林大安、西南川中、长庆长北），5个项目处于勘探和评价阶段（吉林庙3、莫里青、民114、西南梓潼、辽河海月）。对外合作项目累计探明石油地质储量5.38亿吨、天然气地质储量1265.87亿立方米。

2004年，对外合作项目共完成作业产量375.60万吨油当量，其中原油343.50万吨，天然气4.03亿立方米，完成年度计划的105.1%。新增探明石油地质储量635万吨，为年度工作目标的122%，产能建设完成76万吨。完成二维地震采集871千米，三维地震采集300平方千米。对外合作项目中方全年完成销售收入19.70亿元，完成计划的141.7%；税前利润完成9.2亿元，完成计划的204.4%。

【国内合作项目运作】

1. 大港赵东项目

2004年，对于赵东项目是十分重要的一年，也是具有挑战性的一年。赵东项目当年生产原油96.51万吨，累计生产原油124.5万吨，完成了全年计划产量，健康安全环保管理状态良好。全年该项目共完成钻井14口，修井15井次，包括9井次的重新完井、侧钻、注水井转水源井等。

2004年，赵东项目储量复算探明石油地质储量为4379万吨，探明可采储量的发现成本为1.49美元/桶；百万吨产能建设投资为2.05亿美元，单位操作成本为4.6美元/桶；截至2004年底赵东油田累计

生产原油已近1000万桶。套管钻井、随钻测井、水平井、大斜度井技术和多层压裂防砂完井配套技术的应用在赵东油田取得成功。赵东油田国际合作的成功实践是集成先进适用技术的结晶，也是国际石油公司先进管理模式与中国石油管理经验相结合的成果。集团公司领导陈耕、蒋洁敏、苏树林等先后到赵东视察工作，对赵东项目给予了高度评价。

中国石油国际（勘探开发）公司会同勘探与生产分公司解决了与中国海洋石油总公司争议已久的C4区块问题，为赵东项目持续发展提供了基础。

2. 辽河冷家堡项目

冷家堡项目开展产能建设工作和增产措施，全年完成开发新井68口（其中水平井8口），新井年产油13.8万吨；采取各类增产措施878次，年累计增油38.2万吨。联管会以控制投资和成本为重点，强化经营管理工作。截至2004年底完成原油商品量126.08万吨，完成计划的104.2%。生产作业费用449.85元/吨，低于预算470元/吨。

3. 新疆九1—九5项目

九1—九5项目及时解决投资，保证产能和设施建设的完成。同时，通过加大预算管理力度和成本控制，稳定合作项目经营效益。针对蒸汽驱采油存在生产成本较高的问题，积极开展科技增产措施，引进出砂冷采试验，效果较好。

全年生产原油72.25万吨，完成年生产任务70万吨的103.21%。原油销售69.87万吨，实现销售收入10.95亿元人民币。健康安全环保零事故，圆满实现第五个“安全生产零事故年”目标。

4. 西南川中项目

川中项目石油合同签订以来，项目执行经历了三个阶段：先导试验阶段、评价阶段和开发与生产阶段。2001年6月美国柏灵顿资源中国有限公司（Burlington）替代安然油气（中国）公司（Enron），成为川中项目的作业者。按照石油合同和补充协议，目前保留的面积为4684平方千米，包括3个区块：八角场区块、秋林区块和金华区块，各区块处于不同的作业阶段：八角场气田香四气藏进入开发阶段，香二气藏仍在评价之中；秋林区块和金华区块尚处于勘探评价阶段。2004年1月，川中项目八角场气田总体开发方案（ODP）获得国家正式批准，川中项目八角场气田进入开发期。其余区块仍处于评价阶段。全年共生产天然气6731万立方米，凝析油0.2万吨，同时妥善处理盐水，保护环境。

对八角场进行宽方位三维地震采集、处理和解释工作，同时对金华、营山和秋林进行地质油藏研究；开展开发井和评价井的钻井和完井工作，先后在八角场、金华和秋林构造进行了角63、角61-1、金107和秋101井的钻井和完井工作。

5. 长庆长北项目

长北项目继续试生产，全年生产天然气3.35亿立方米。股份公司与壳牌公司重开搁置了两年的长北项目商务谈判。3月，壳牌公司与股份公司组建了长北联合工作组，启动长北项目。6月，双方签订了《谅解备忘录》，同意将上中下游合同修改为上游合同。10月，长北项目联合工作组提交了优化的《长北合作区块总体开发方案》，11月，股份公司的专家组通过了该方案的评审，认为长北总体开发方案在技术和经济上是可行的。

6. 大庆州十三项目

2004年，州十三项目完钻开发井103口，其中（1-2）区块44口，（3-6）区块79口；投产油井72口，其中（1-2）区块42口，（3-6）区块30口；投注水井19口，其中（1-2）区块12口，（3-6）区块7口；压裂井49口，其中（1-2）区块32口，（3-6）区块17口。全年生产原油19.14万吨，完成计划产量的239.22%。

7. 大港孔南项目

2004年，孔南项目全面进入开发建设，截至2004年底，分别在段南、西斜坡等区块新钻井22口，全年生产原油5.08万吨，完成计划产量的254.22%。

8. 西南梓潼项目

梓潼合作项目启动后，作业者（加拿大泛华能源公司）已完成870千米的二维地震采集、2700千米地震资料的处理和解释。第1口探井（定远1井）的井位基本确定，钻探目标在侏罗系沙溪庙组/千佛岩组，设计井深为2650米。

9. 吉林大安项目

大安项目作业者（美国MI）完成现场试验期工作量后，提交了项目总体开发方案和补充方案。总体开发方案于2004年5月7日获得国家发展和改革委员会批准，项目进入开发期。2004年共完钻新井108口，新井压裂投产102口，新建产能13.4万吨。大安、庙3、莫里青3个项目全年合计生产原油13.68万吨。

10. 吉林庙3项目

庙3项目作业者（美国MI）按合同规定进行现场试验期工作，由于存在不确定因素，需进一步对储量、产能、井网的水驱控制程度进行研究，对开发方案中需要的钻采工程、地面工程有关部分进行补充完善。目前，完钻新井 1 口，老井微生物增油作业 2 口，区内现有评价试生产井 27 口。

11. 吉林莫里青项目

莫里青项目作业者（美国 MI）按合同规定进行现场试验期工作，由于油藏复杂，暂不具备编制开发方案的条件。需在解剖开发试验区的基础上，进行产能、开发部署、钻采工程和地面工程设计的研究。目前，完钻新井 6 口，老井修复作业、评价 8 口，区内现有评价试生产井 14 口。

12. 吉林民 114 项目

民 114 项目区内原有探井和评价井 35 口，合同签订后，作业者（香港中亚）又钻新井 30 口。目前，合作区内有油井 59 口，月生产原油 590 吨，综合含水 22.42%，该项目目前仍处于评价阶段。

【新签石油合同】　2004 年 2 月 24 日，股份公司与香港天时集团能源有限公司在北京签署了《中华人民共和国渤海湾盆地海南—月东区块开发和生产石油合同》。该石油合同的合同区位于渤海湾盆地东北部的辽东湾双台子河口国家自然保护区附近滩海，面积约 350 平方千米，该石油合同的先导性试验期为 3 年。外方将担任先导性试验作业的作业者，并承诺在先导性试验期第一阶段内钻井 2 口。该石油合同项目下油田的生产期为 20 年，整个合同期 30 年。

【技术管理和经验交流】　2004 年 5 月 25—26 日，在四川绵阳召开“对外合作项目管理研讨会”。苏树林高级副总裁到会并作重要讲话。有关油田的主管领导、股份公司主管部门领导、14 个国内合作项目的中方首席代表参加会议，印度尼西亚国家能源矿产部管理局（Bpmigas）、马来西亚国家石油（Petronas）、美国阿帕契（Apache）、柏灵顿（Burlington）、英国石油（BP）、能源咨询（IHS）、法国道达尔（Total）、斯伦贝谢（Schlumberger）、英荷壳牌（Shell）等国外公司也应邀派代表参加会议，并做相关技术与管理经验介绍，为增进股份公司与外国公司的相互了解，推动国内合作项目进展，起到积极的促进作用。

2004 年 9—11 月，为认真总结赵东合作项目的生产技术和管理经验，推动股份公司对外合作的进一步开展，总裁办公室和国际（勘探开发）公司多次进行研讨，并组织联合调研组深入现场和海上平台，对大港赵东合作项目进行认真调研，提交了《大港赵东项目合作成果及经营管理方式的调查》。赵东项目在开发过程中，为确保项目的综合效益，采用了套管钻井、PDC 钻头、LWD 随钻测井、多层压裂完井防砂、低密度水泥固井、窜列式弹性套管扶正器、水平井等新技术、新工艺，实现了国外先进技术在中国滩海油田的集成应用。同时，赵东项目在执行中，中外双方合作沟通，形成了以经济效益为中心，细致的静态、动态分析与动态快速决策有机结合，管理与技术融于一体，高度关注安全，在执行中强调注重细节和灵活性的管理理念。蒋洁敏总裁在调查报告上作了重要批示，强调“总结赵东，意在学习赵东、推广赵东、发展更多的赵东”，要求各单位在实际工作中学习、应用。

【人员培训】　根据 2003 年确定的国际（勘探开发）有限公司队伍建设五年规划，2004 年进一步明确培训工作的方向和目标，扎扎实实地开展合作项目培训工作。

2004 年 4 月底在厦门召开国内合作项目培训工作协调会，研究部署 2004 年股份公司和各个油田合作项目的培训计划安排，确定培训项目的承办单位，进一步规范资金的使用与管理，保证培训计划的实施。

督促作业者履行培训承诺，付足培训费用。按计划实施 2004 年度培训，培训 280 人次，国内对外合作项目完成培训 241 人次（含国外 39 人次）；继续举办国际合作骨干储备培训班，培训后备人员 70 名。

（王铁夫　罗念如）

石油化工进出口业务

【概述】　2004 年，中国石油加速拓展国际贸易业务，千方百计为其跨国经营战略的实施做好服务，原油、成品油、化工品业务不断强化一体化运作，发挥各自优势，形成合力，在扩大出口、增加转口、提高业务运作质量以及降低经营成本方面取得了显著成效，国际化的经营领域和规模得到了稳健、快速增长。

【原油进出口业务】　2004年，原油业务以满足客户要求为工作目标，以服务中国石油为己任，努力做好中国石油炼厂进口原油工作和海外油田的销售业务。努力加大资源与市场控制力度，业务运作质量不断提高，实现了持续、快速、有效发展。2004年实现经营量为4106万吨，比2003年同期增加1157万吨，增幅达39%，实现贸易额98亿美元，增幅达80%，租船运输量2021万吨，比2003年同期增长73.6%，已通过期租方式形成了由8艘油轮组成的船队，载重吨位超过100万吨，与国内外4家船公司签订了包运合同。

【成品油进出口业务】　2004年，成品油业务进一步重视调整业务结构、增加贸易手段，实现了业务稳步增长。实现经营量达1576万吨，较2003年同期增加540万吨，实现贸易额31亿美元。成品油业务单元继续巩固远东地区传统市场，分别与印尼、越南、日本等国签订汽油、石脑油出口长期合同，努力提高长期合同比率和最终用户销售比率，同时充分利用新加坡租赁的仓储设施，开展混兑和批发业务，首次实现了根据市场需求利用新加坡储罐调兑汽油业务，提升了业务运作的技术含量和附加值。

【石化产品】　2004年，化工品业务积极开拓新品种、新市场，实现贸易量67万吨，贸易额4亿美元，该业务在巩固传统石蜡、石油焦出口市场的同时，开发了纯苯、丁二烯、丙烯等化工产品，大宗有机原料采购如聚丙烯等也取得明显成效。

（中国联合石油有限责任公司）

对外工程技术服务

【概述】　2004年是中油国际工程有限责任公司（以下简称国际公司）继续快速发展的一年，海外业务持续快速发展，国际化经营水平不断提高，经济效益进一步增长；国内业务收入大幅攀升，经营管理进步明显，公司整体实力和企业运营质量进一步提高。目前国际公司已由2000年成立时规模小、盈利能力低的公司成长为中国石油天然气集团公司未上市企业除油气投资和金融服务以外规模第二、效益第一的企业。以提前全面超额完成“十五”计划（2001—2005）目标、海外业务收入比公司成立时翻两番为标志载入公司发展史册。

2004年国际公司总的营业收入148.7亿元，比2003年增长了31.7%；实现利润5.96亿元，比2003年增长18.3%。其中海外业务板块实现营业收入120.4亿元，比2003年增长29%；实现利润5.22亿元，比2003年增长13.7%。

截至2004年底，国际公司海外工程技术服务队伍已达到223支，钻、修井机达到124台。工程建设项目分布在10个国家，工程技术服务项目扩展到32个国家，物资装备及民品出口到59个国家和地区。

【地面工程建设】　地面工程建设全年共执行海外工程建设项目31项，总规模近15亿美元，其中投产（完工）14项，在建17项。工程项目主要分布在苏丹、巴基斯坦、委内瑞拉、哈萨克斯坦和利比亚等国家和地区。重点完成项目包括苏丹油田地面工程、苏丹喀土穆炼厂扩建、巴基斯坦成品油管线（WOPP）和利比亚西部陆上管线等项目。

重点在建项目：包括委内瑞拉乳化油脱盐脱水、苏丹3/7区Palouge和Jabalayn电站、苏丹3/7区Palouge FSF地面设施和苏丹3/7区Adar/Agordeed FSF地面设施等项目。

（1）委内瑞拉乳化油脱盐脱水项目，业主为中委奥里乳化油公司，项目的设计年处理能力为14万桶/日。

（2）苏丹3/7区Palouge和Jabalayn电站项目，业主为大尼罗河石油作业公司，项目主要内容包括12台发电机组及其附属设施。

（3）苏丹3/7区Palouge FSF地面设施项目，业主为大尼罗河石油作业公司，项目主要内容包括104口油井的管线及井口设施。

（4）苏丹3/7区Adar/Agordeed FSF地面设施项目，业主为大尼罗河石油作业公司，项目主要内容包括53口油井管线及井口设施。

【钻井】　长城钻井公司与地区公司密切合作，大力开拓国际市场，对外钻井技术服务取得新进展，钻机已分布在24个国家。2004年，钻井技术服务完成项目合同额3.94亿美元，完成年度计划指标的123.1%，同比增长21.6%；全年新带出国钻/修井机22台，完成上级下达任务指标的146%；2004年末，在国际市场上作业的钻/修井机总数达到122台，带出国钻机数量提前一年超额完成了“十五”期间的任务；全年开钻461口，完钻455口，钻井进尺928687米，修井398井次。

1. 苏丹钻井合作项目

自1997年进入苏丹以来，长城钻井公司先后与GNPOC大尼罗河石油公司、PETERODAR石油公司、CNPCIS石油公司签订项目服务合同。由大庆油田、辽河油田、华北油田、大港油田、吉林油田、四川油田等地区公司执行钻/修井、固井等工程技术服务任务。2004年，服务领域扩展到固井、机加工及锅炉车服务，新带出国钻/修井机6台。截至2004年12月，共有钻修井机18台，开钻93口，完钻93口，修井223井次，钻井进尺202500米。

2. 埃及钻井合作项目

自1998年4月“中埃钻井公司”成立以来，先后与QANTARA石油公司、WASCO石油公司、ESHPETCO石油公司、PETROBEL石油公司、QARUN石油公司、SCIMITAR石油公司、SIPETRO石油公司、WEPCO石油公司、GPC石油公司、AGIBA石油公司签订项目服务合同。由新疆油田、华北油田、大庆油田、南阳油田、玉门油田等地区公司执行钻/修井工程技术服务任务。2004年新带出国修井机1台，截至2004年12月，共有钻/修井机6台，全年开钻21口，完钻19口，修井76井次，钻井进尺50941米。

3. 哈萨克斯坦钻井合作项目

自1999年11月进入哈萨克斯坦以后，与CNPC—阿克纠宾油气股份公司、里海石油公司、中石化先后签订项目服务合同。由中哈长城钻井有限责任公司、吐哈油田、新疆油田、华北油田等地区公司执行钻井工程技术服务任务。2004年新带出国钻机2台，截至2004年12月，钻机25台，全年开钻44口，完钻42口，钻井进尺166364米。

4. 委内瑞拉钻井合作项目

自2001年5月24日进入委内瑞拉以来，长城钻井公司先后与PDVSA石油公司、ORIFUEL石油公司、Orifuels Sinoven, S. A. 石油公司签订项目服务合同。由长城钻井公司及大庆油田、辽河油田、大港油田、华北油田、四川油田、新疆油田、青海油田等地方公司执行钻/修井工程技术服务任务。2004年新带出国钻/修井机11台，截至2004年12月，共有钻/修机21台，全年开钻93口，完钻92口，修井44井次，钻井进尺124781.66米。

5. 巴基斯坦钻井合作项目

自2001年5月14日进入巴基斯坦后，长城钻井公司先后与Orient Petroleum Inc.、Pakistan petroleum limited、Oil & Gas Development Company Limited签订项目服务合同。由吐哈油田、四川油田等地方公司执行钻井工程技术服务任务。截至2004年12月，共有钻机3台，全年开钻7口，完钻8口，钻井进尺25698米。

6. 印度尼西亚修井合作项目

自2001年长城钻井公司正式接管此项目以来，先后与PT. CALTEX PACIFIC INDONESIA、DOH－PERTAMINA石油公司、PERTAMINA石油公司、PERTAMINA－PETROCHINA签订项目服务合同。由华北油田、长庆油田、大港油田、吉林油田执行钻/修井工程技术服务任务。2004年9月辽河GW35转泰国项目，截至2004年12月，共有钻/修井机5台，全年开钻11口，完钻14口，钻井进尺31930米。

7. 伊朗钻井合作项目

与伊朗国家石油公司签订的19口钻井＋2口修井项目，合同执行完毕。2003年8月，与OMV伊朗陆上勘探股份有限责任公司签订钻井合同，由长城钻井公司GW107队执行作业，2004年5月开钻。截至2004年12月，拥有钻机4台，全年开钻6口，完钻4口，修井1井次，钻井进尺23774米。

8. 墨西哥钻井合作项目

2002年11月，长城钻井公司与墨西哥国家石油公司PEMEX签订项目服务合同。由长城钻井公司、大港油田执行钻/修井工程技术服务任务。截至2004年12月，共有钻/修井机4台，开钻22口，完钻24口，钻井进尺61810米。

9. 阿塞拜疆钻井合作项目

自2003年3月，长城钻井公司先后与SALYAN OIL LTD.、GOBUSTAN OPERATING CO.、Kara Valley Operating Co. 签订项目服务合同。由大港油田、吐哈油田、玉门油田等地方公司执行钻/修井工程技术服务任务。2004年新带出国钻/修井机2台，截至2004年12月，共有钻/修井机6台，开钻6口，完钻6口，修井11井次，钻井进尺17800米。

10. 利比亚钻井合作项目

自2003年7月，长城钻井公司先后与TPOC石油公司、REPSOL石油公司签订项目服务合同，由长城钻井公司执行钻井工程技术服务任务。2004年新带出国钻机1台，截至2004年12月，共有钻机2台，开钻8口，完钻8口，钻井进尺15249米。

11. 泰国钻井合作项目

自2000年8月以来，长城钻井公司先后与PT-TEP石油公司、AMSERDA HESS石油公司签订项目服务合同。由长城钻井公司及华北油田、辽河油田执行钻/修井工程技术服务任务。2004年新带出国钻/修井机2台，截至2004年12月，共有钻/修井机3台，开钻6口，完钻6口，修井15井次，钻井进尺22089米。

（史力卫）

【测井、录井、测试】　中油测井技术服务有限责任公司是集团公司在海外开展测井、录井、测试、定向井/随钻测井技术服务的专业化公司，2004年是中油测井技术服务有限责任公司持续快速发展的一年，海外技术服务市场主要分布在苏丹、伊朗、委内瑞拉、哈萨克斯坦、巴基斯坦、阿塞拜疆、缅甸、叙利亚、利比亚、阿尔及利亚等国家。

1. 苏丹作业区

苏丹是中油测井技术服务有限责任公司最重要的海外市场，主要分为1/2/4区、3/7区和6区三个区块，2004年随着甲方作业规模的大幅度提高，经过努力，测井、录井及测试服务队伍的数量也在增加。目前服务领域已从测井扩展到测试、录井和资料解释评价。2004年进一步加大了苏丹市场开发力度，分别在1/2/4区块、3/7区块和6区块获得测井、录井、测试、射孔和资料处理服务新合同。

2. 伊朗作业区

伊朗是中油测井技术服务有限责任公司重点市场之一，2004年成功进入NIOC南部油田测井、测试市场，射孔作业也成功进入NIOC中部油田，特别是80174测试项目取得突破性进展，曾多次受到NIOC勘探部的表扬，合同顺利延期半年。同时获得NIOC海洋平台的测井合同，取得海洋测井的新突破。

3. 委内瑞拉作业区

2004年中油测井技术服务有限责任公司在委内瑞拉新签南部Barinas地区测井射孔合同，并中标东部PDVSA的测试、射孔项目。2004年10月，成功地为BP公司提供了MIT套管检测作业，并获得了BP的认同。

4. 哈萨克斯坦作业区

中油测井技术服务有限责任公司于2000年进入该市场，主要为阿克纠宾股份公司（AMG）提供测井、射孔、解释和录井服务。2004年除了继续巩固该市场外，成功进入滨里海地区的北部扎奇（NORTH BUZACHI）测井射孔市场。

5. 阿塞拜疆

阿塞拜疆是中油测井技术服务有限责任公司2003年新开辟的国际市场，经过一年多的努力，2004年与SALYAN OIL LTD续签测井和录井服务合同各一个。通过积极开展市场宣传和营销工作，成功进入GOBUSTAN、PIRSAGAT项目的测井射孔和录井市场，并进入ANSHAD PETROL射孔市场。

6. 巴基斯坦

作为公司2002年底新进入的市场，经过2年的努力开拓，已由起初单一的测井服务发展到目前的测井、测试和录井服务。

7. 叙利亚

2004年4月，中油测井技术服务有限责任公司叙利亚测井和录井服务项目正式启动，主要为GBEIBE油田提供测井和录井服务，通过与西方大公司同井对比作业，获得了SPC的资格审查。目前主要为GBEIBE油田提供测井和录井服务。

8. 利比亚

中油测井技术服务有限责任公司于2004年新进入利比亚市场，获得REPSOL测井和录井服务合同。

9. 阿尔及利亚

2004年中油测井技术服务有限责任公司成功获得有CNPC投资股份的OCTOUAT项目的测井、录井、试油和修井服务合同。

10. 缅甸

中油测井技术服务有限责任公司于2002年进入缅甸市场，2004年主要提供修井和射孔作业。

（姚玲玲）

石油物资装备出口

【概述】　中国石油技术开发公司作为集团公司专门从事石油物资装备和技术出口的专业公司，认真贯彻实施集团公司建设具有国际竞争力的跨国企业集团战略方针，发挥集团公司整体优势，充分发挥对外窗口作用，大力开拓国际市场，带动国内机械制造企业的产品进入国际市场，实现集团公司整体效益最大化。

【石油物资装备出口】　2004年，出口签约额超过5亿美元，比2003年增长24%；完成合同额3.85亿美元，比2003年增长12%；收汇36271万美元，比2003年增长69%；实现营业收入31.2亿元，比2003年增长18%。

出口产品结构不断改善，大型成套和高技术含量设备比例不断提高。截至2004年底，公司累计签约大型成套钻机38台、修井机80台、电泵287台、抽油泵3100多台、长输管线3000多千米、专用管材20多万吨。

市场规模不断扩大，在全球21个国家建立了28个海外机构，7个国家建立了9个寄售库和维修中心，产品销售到59个国家和地区。先后与近500家公司建立了贸易关系。

供货资源不断完善，在国内已组成了品种齐全的资源体系；同时，资源向国外延伸，继续加大海外资源建设力度。在扩大规模、提高效益的同时，公司还创造了显著的社会效益，已将国内上千家企业的产品带入国际市场，大大提高了国内机械制造企业的经济效益。

服务水平不断提高，竭力为用户提供专业化、全方位和及时快捷的服务。在扩大规模、提高效益的同时，公司还创造了显著的社会效益，由于公司出口的带动，不仅大大提高了国内机械制造企业的经济效益，而且公司还积极向工厂引入国际先进技术和管理理念，促进产品质量和性能上台阶。公司紧紧围绕CNPC海外发展战略，为海外项目提供优质的设备和服务，为CNPC海外业务发展做出了贡献。

（杜　娟　杨德林）

石油技术设备引进

【概述】　2004年，中国石油物资装备（集团）总公司（以下简称公司）发挥专业外贸优势，精心组织运作，积极为油田建设、炼化企业改造、管道建设等提供优质的外贸服务，全年共引进设备、材料及技术合计10.02亿美元；其中油田勘探开发设备及技术3.05亿美元，石油专用管1.03亿美元，管道用钢材0.73亿美元，管道设备0.6亿美元，炼油化工装置及软件4.17亿美元。

【石油技术设备引进】

1. *油田勘探开发设备及技术引进*

（1）集团公司进口设备联合集中引进项目。2004年，根据规划计划部的统一部署，公司组织了集团公司首次设备联合集中采购。完成了12家油田企业提出的地震数据采集系统、成像测井仪、随钻侧斜仪、固井水泥车、柴油发电机组、顶驱等6大类33台（套）设备的联合集中采购，累计签约5125万美元，约为集团公司节省投资额4600万元人民币。通过集中采购，集团公司树立了良好的整体形象；企业得到了批量实惠，降低了采购成本；公司利用比较优势走出了一条可持续发展之路；与供应商建立了良好的战略合作关系，实现了真正意义上的“四赢”。

（2）克拉Ⅱ气田地面建设项目。公司于2003年完成了气田主体设备的进口签约，2004年10月完成大部分设备的交货。

（3）玉门空气钻井技术服务合同。空气钻井技术是股份公司重点试验项目，从2004年4月开始，公司与股份公司一道与外商进行技术及商务谈判。2004年签约240万美元。

（4）沁水盆地煤层气开发项目。经股份公司考察调研，美国CDX公司拥有定向羽状分支水平井钻探专利技术，确定由CDX公司承担该项目第一阶段可行性研究工作及第二阶段两口试验井组的总承包。公司受股份公司委托，作为该项目的代理，负责钻探主服务合同的商务谈判及合同执行，从2004年7月2日开始，结合该项目性质拟出了第一份合同文本。至2004年底，与外商共进行了3轮谈判，历时20天，完成主服务合同的谈判工作。

2. *石油专用管材*

2004年，公司组织进口石油专用管1.03亿美元，其中为包括股份公司电子商务部在内的系统内企业共代理进口0.94亿美元。公司通过优质的专业化服务，密切配合股份公司电子商务部的工作，进一步强化了石油专用管进口主渠道作用，提高了运作效率，规范了进口程序，降低了进口成本。

3. 管道设备

（1）陕京二线联合集中采购项目。此次采购采用了人员、地点和项目三集中的集中采购形式。8月到10月，公司组织进行了主要机电设备的集中采购，以招标和谈判的方式集中购买了20多项机电设备，共开标评标17个，共签署进口合同12项，合同总金额为2069万美元。

（2）西气东输及冀宁联络线项目。签订合同70项，总金额3912万美元。2004年底，东段设备已全部验收；西段合同执行完毕并开始验收，冀宁线和计量测试中心的合同处于执行中。公司组织了西气东输西段投产现场服务组进行现场服务。靖边站和轮南站压缩机组全部按时到货，并现场调试验收。截至2004年底，压缩机组合同累计执行近9000万美元。

4. 管线钢

公司承担了西气东输工程输送管和制管用钢板的进口工作。通过归口引进，充分掌握了国际管材市场的需求动态，深入了解了各有关厂商的生产和履约能力，在外商中形成了较强的影响力，在国际钢材价格上涨、供货紧张的情况下，有效保证了重点管道建设的需要，维护了集团公司的整体利益。2004年，共为陕京二线引进UOE钢管、热轧卷板和宽厚钢板进口实际到货量27.6万吨；完成了冀宁支线UOE钢管和热轧卷板的订货工作，进口实际到货量2.04万吨。

5. 炼油化工装置及软件

积极围绕和股份公司炼化装置新建和改扩建项目，从项目筹备期就主动介入，了解工程动态，制定进口采购方案，从招标、签约、国际运保、国内配送到现场服务，开展一条龙服务，进一步提升了专业实力。

2004年，公司开展的主要炼化引进项目有：兰州石化分公司60万吨/年乙烯工程项目设备及软件包引进；大庆石化分公司80万吨/年乙烯改造项目软件包引进；大庆炼化分公司30万吨/年聚丙烯项目设备引进；辽阳石化分公司改造项目设备引进；吉林石化分公司80万吨/年乙烯改造项目设备及工艺包引进；宁夏石化分公司化肥扩能项目设备及软件包引进；大庆石化分公司化肥厂扩能项目设备引进等。

（范海威）

第七篇

科技发展

科技发展

【概述】　2004年，中国石油天然气集团公司科技工作在做好“四个加强”，实现“两个转变”的思路指导下，突出工作重点、集中资源投放。在解决生产技术瓶颈上，加强重大现场试验。在自主知识产权核心技术研发方面，加强提高工程技术竞争力装备的研制。在海外技术支持方面，加强对关键技术的攻关。加强应用基础研究，将国家项目与集团公司需求进一步结合。科技工作与生产紧密结合，在重大油气发现、提高采收率、降低生产成本和顺利实施重大工程等方面，为主营业务发展提供技术支持。股份公司科技系统深入贯彻“立足应用、推进共享、注重创新、追求卓越”的科技发展理念，不断完善科技管理体制和运行机制，突出重大技术攻关和新技术推广应用，为增强股份公司综合实力提供技术支持。

【年度科技计划】　2004年集团公司科技计划编制指导思想是：服从和服务于加快推进具有国际竞争力的跨国企业集团建设，加大具有自主知识产权核心技术的开发；实施技术创新战略，为勘探开发、炼油化工、管道建设业务发展，提高科技竞争力，加快海外业务拓展提供强有力的技术支持；根据生产发展需要，突出关键技术，依托重大工程，优选攻克一批市场前景大、经济效益好的新技术；按应用基础研究、技术开发、技术推广和产业化三个层次安排科技项目。

（谭　玫）

2004年，股份公司科技计划共安排38类科研项目261个课题，其中，股份公司总部超前与共性研究8类项目47个课题，勘探与生产分公司11类项目59个课题，炼油与销售分公司7类项目62个课题，化工与销售分公司7类项目63个课题，天然气与管道分公司5类项目30个课题。2004年股份公司科技计划经费预算总计69921万元，股份公司总部超前与共性研究部分预算17500万元，4个专业分公司经费预算52421万元，其中，勘探与生产分公司27000万元，炼油与销售分公司11780万元，化工与销售分公司11245万元，天然气与管道分公司2396万元。

（刘顺春）

【国家级科技项目】　集团公司承担的国家级科技项目研究，解决了一批重大工程技术瓶颈。

（1）“大中型油田勘探开发关键技术”项目，在中国东部岩性油藏地质评价与勘探技术、准噶尔大型叠合盆地油气富集规律与勘探关键技术、大庆油田开发关键技术、低渗透油田增产改造关键技术、矢量地震和山地地震勘探技术、国产化石油新设备与新材料研制及应用技术研究领域取得了重要进展。“中国东部隐蔽油气藏地质评价和关键技术”总结了中深层砂砾岩体、深层潜山、火成岩体隐蔽油气藏形成的地质理论；建立了隐蔽油气藏识别预测技术和方法、层序地层学岩性圈闭预测技术、优质储层评价与预测技术；提出了隐蔽油气藏勘探评价的流程和规范。

（2）“大中型气田勘探开发关键技术”项目，对天然气勘探开发关键技术、天然气成藏和富集规律、天然气储运等方面进行攻关，在塔里木盆地大型气田勘探开发关键技术、克拉通盆地天然气成藏规律与勘探技术、重点前陆盆地大中型气田形成主控因素与富集规律、复杂低渗气藏增产改造关键技术、天然气吸附储运关键技术、中国天然气储气库技术研究等方面取得了重要进展。“重点前陆盆地大中型气田形成主控因素与富集规律”，将我国前陆盆地划分为叠加型、早衰型和改造型；总结了三类前陆盆地石油地质特征，划分出四个油气成藏组合；提出前陆盆地油气在不同前陆构造带分布上具有有序性，在不同构造段具有差异性。

（3）“大幅度提高石油采收率的基础研究”项目，利用分子设计的思路来合成廉价、高效、无污染的驱油用表面活性剂；提出了聚合物溶液增粘新机理，用分子设计理论研制出了驱油用新型耐温抗盐聚合物；油藏精细描述取得了重大进展，形成了一套油田开发后期储层精细建模的理论和方法，使复杂非均质地质体油藏描述精度达到了“10米·厘米”级；油藏物理模拟和数值模拟研究在驱油机理、复杂非线性渗流理论方面取得新成果。

（谭　玫）

【技术开发项目】

1. 勘探开发技术

油气地质综合评价与预探目标研究成效显著，累计提出了22个石油有利预探区带和24个天然气有利区带，为2004年油气勘探获得13个重要发现和8个重要苗头，提供了强有力的地质依据和技术支持。

岩性地层油气藏地质理论研究进一步深化，提出了“三面”（断层面、不整合面、湖泛面）控藏、“五带”（沉积相带、成岩相带、超覆/剥蚀带、断裂裂缝发育带、流体性质变化带）富集和构造—层序组合等一系列理论亮点。层序地层技术工业化应用推广及配套勘探技术的发展，为松辽盆地、鄂尔多斯盆地、渤海湾盆地、准噶尔盆地等岩性地层油气藏勘探突破发挥了重要作用。

前陆盆地油气地质研究深化了中西部不同类型前陆盆地地质特征的差异性及油气富集规律的认识，加强了勘探工程技术的配套应用，在四川龙门山前陆盆地进一步完善了山地地震采集和气体钻井、欠平衡保护气层技术，在三叠系碎屑岩天然气勘探中取得重大突破。在塔里木库车山前开展速度精细攻关，带来了野云2井的突破。

地震叠前时间偏移技术日趋成熟，配套技术系列已经形成，具备大面积推广应用条件。在辽河大民屯、冀东南堡和塔里木轮南地区建立了叠前时间偏移处理示范区，各探区开始广泛推广应用叠前时间偏移，地震资料的成像质量普遍提高。

三次采油技术攻关和现场试验进展良好，复合驱油技术正在进一步配套。国产强碱三元复合驱体系在大庆油田杏二中工业试验区应用成功，综合含水下降15%—20%，低含水阶段已维持近3年，提高采收率11%，具备工业化应用条件；弱碱三元复合驱主表活剂已形成两个系列的产品和配方，基本具备产品工业生产和矿场试验条件。

稠油蒸汽驱技术基本配套，缓解了稠油产量的递减趋势。辽河齐40中深层蒸汽驱扩大先导试验成功开展，具备了工业应用条件。针对不适合转汽驱的稠油，探索了多井组组合吞吐、间歇汽驱等技术，改善了开发效果，超稠油重力辅助泄油技术应用也展示了良好前景。

天然气开发技术攻关和应用成效显著。高含硫气田培育单井高产的科技工程初战告捷，罗家16H－1、罗家11H井均达到了测试产量200万立方米/日以上。苏里格气田通过多学科联合攻关，具备了有效开发的条件。青海涩北疏松砂岩气田应用充填复合纤维防砂技术，对现场15口井进行试验，单井产量翻了一番。

低渗透油田开发技术进一步完善。长庆油田挑战特低渗透储层产能极限，在西峰油田已形成较大产能。裂缝预测技术在吉林油田进一步发展和应用，裂缝平面分布预测符合率达到70%—80%。超前注水技术进一步完善，可提高采收率3%—5%，在长庆、吉林、大庆、吐哈等油田的低渗透油区应用效果良好。

水平井技术在油气开发中应用效果显著。针对薄油气层、边底水油层的特点，主要油气田普遍进行了水平井开采试验和应用，见到了很好效果。塔里木哈得4油田应用水平井注水技术，实现了超深超薄油藏的高效开发；冀东油田已完成各类水平井100多口，油层钻遇率达98.3%，水平井产量是直井的2—5倍。

2. 炼油化工技术

两段提升管催化裂化技术已经在股份公司的7套催化裂化装置上应用，降低汽油烯烃含量和提高液收效果明显。同时，进一步完善了工艺设计，为下一步推广应用创造了有利条件。

清洁燃料生产技术开发为生产更高标准清洁燃料做了技术储备。完成了新一代降烯烃催化剂中试开发，在LBO－16催化剂的基础上，又可降低汽油烯烃含量3—5个百分点。催化汽油辅助反应器改质技术在抚顺石化分公司和哈尔滨石化分公司得到应用；离子液烷基化中试进展顺利。

5万吨/年重油悬浮床加氢工业化试验在抚顺石化分公司顺利开展，打通了工艺流程，初步的试验结果与中试基本一致。

炼化一体化技术开发取得良好进展，多产丙烯助剂在大连石化分公司、独山子石化分公司完成了工业试验，多产丙烯催化剂在兰州石化分公司完成了工业试生产。

乙烯齐聚合成己烯－1项目在大庆石化分公司取得较好进展。已经完成年产5000吨装置反应釜的设计，并编制完成了工艺软件包。

化工新技术、新产品开发取得重要成果。催化剂载体—硅胶正在进行工业应用试验；由尿素和甲醇直接合成碳酸二甲酯新技术开展了中试；开发了高速纺BOPP和聚乙烯管材等新型专用料；进行了原位共聚制备线性低密度聚乙烯中试，提高了聚合物的性能。

3. 油气储运技术

系统集成总结了西气东输管道建设工程设计、材料、施工、HSE管理、市场开发及价格制定等相关技术和先进经验，为整体提高管道技术水平奠定了基础。

陕京输气管道完整性评价技术的成功应用，为管线的维修、整改及投资决策提供了重要依据。

液体管道泄漏检测技术应用于铁大线和秦京线，较好地实现了管道泄漏报警和定位功能。

完成了大型储油罐低温储油技术研究，提出了大型储油罐低温储油技术可行性和经济性结论，制定了低温储存相应的操作运行规程，具有很好的推广价值。

（刘顺春）

4. 物探技术

在物探软件研发方面，GeoEast V1.0 地震数据处理解释一体化系统形成了具有自主知识产权的物探核心软件产品，于 2004 年 12 月 31 日进行了产品发布。该系统基本涵盖地震数据处理与解释的主要功能，实现对二维、三维地震数据的处理与解释。实现物探核心软件由跟踪模仿到自主研发创新的转变，被评为集团公司 2004 年十大科技进展项目之一。地震采集工程软件系统 KLSeis 新增了多波采集方法技术、表层结构动力学分析等新功能，拓展了该软件的应用领域。新开发的 KLSeis4.0 已完成产品发布、分步进行用户培训和市场投放。

在复杂区地震勘探技术研究方面，针对复杂地表、复杂地质目标油气勘探的技术需求，开展地震勘探新技术研究。应用沙漠区深井钻井、规则与不规则观测系统联合实施、地层对信号的非线性吸收衰减、不同地表条件下深层勘探激发与接收、高精度三维地震采集等技术成果，在多个地区取得显著的应用效果。可控震源高效数据采集技术在海外市场取得成功，生产效率大幅度提高。

在油藏地球物理技术方面，多波地震勘探技术在苏里格气田应用取得明显的效果。高分辨率地震勘探技术开发了时频域球面发散与吸收补偿、波动方程线性噪声衰减等处理新技术，在吉林、塔里木等地区应用使主要目的层地震反射主频提高 10—20 赫兹，显著提高了目标区地震资料的分辨率。时移地震勘探技术开展了对油藏动态特征的研究，开发了时频域球面发散与吸收补偿、可控震源反褶积等技术、方法，并在彩南油田进行了应用，为注采优化方案提供了直接依据。

在物探装备研制方面，针对不同的地表地质条件，进行了新型沼泽运载车辆、轻型山地钻机等一批关键特种设备的研制与开发。

5. 测井技术

以综合测井采集地面仪器、快速常规组合测井井下仪器为主体的成套测井系统，在华北、长庆等多个油田进行了 20 多井次的现场试验获得成功，该系统被评为 2004 年中国石油集团科技十大进展之一。微电阻率成像测井仪提高了小信号测量能力和电阻率测量动态范围，在测井试验中重复性较好，主测量与国外同类仪器对比效果一致。小直径仪碳氧比仪器研制在小直径中子发生器及电子线路上取得关键性突破，试验表明仪器源距、晶体尺寸、结构等关键数据设计合理，仪器具有很好的稳定性。研制了大直径电缆和大直径射孔枪的电缆防喷系统，完成了锚定射孔工艺技术及配套器材的研究，射孔枪的输送和捞取装置已通过下井试验，在塔里木克拉 2 油田应用成功，射出高产气井。测井资料处理与解释集成软件开发在进一步完善和推广应用 LEAD1.0 基础上，已投入 LEAD2.0 软件开发。针对大庆、新疆、吉林、大港等油田勘探开发中测井评价问题，开展了复杂地质区测井评价技术研究，形成以钙质含量的求取和对电阻率、孔隙度的矿物影响校正技术为核心的钙质砂岩储层测井定量计算技术与储层精细描述分析技术，新疆准噶尔盆地南缘地区高陡构造、复杂井眼条件下的测井解释技术等，并在研究目标区块实际测井处理和解释中取得较好效果。高性能测井系统研制项目完成了地面采集与解释平台、数据传输平台、井下参数测量平台总体方案设计、关键技术先期现场试验、可靠性研究及工艺试验研究，制定了技术规范和标准。

6. 钻井技术

2004 年，针对重点地区技术难点，开展重大科技现场试验，空气钻井在玉门窿 14 井以及长庆镇 206 井、苏里格气田苏 38－19 井成功应用，提高西部复杂深井钻速，大幅度降低苏里格气田开发成本。窿 14 井试验了空气、雾化、泡沫、空气锤、雾化复合钻井等技术，是邻井对应井段钻速的 2—3 倍。在雾化钻井过程中，试验了空气螺杆配 PDC 钻头的复合钻井技术，为空气/雾化/泡沫钻井使用 PDC 钻头和空气螺杆配合弯接头进行防斜或纠斜作业奠定了基础。在镇 206 井和苏 38－19 井采用空气钻井，钻速与邻井同层泥浆钻进相比，分别提高 9.2 倍和 3 倍。在四川威寒 1 井，利用空气锤，采用天然气钻进，同比钻速提高 10 倍以上。采用天然气钻成的水平井白浅 111H 井，单井产量是同井场、同产层采用常规技术钻成水平井的 22.6 倍。采用天然气钻井完井的平落 19 井产量大幅度提高，是邻近 4 口井平均产量的 4.28 倍。气体钻井现场试验取得了明显效果。

通过现场试验，对轻质泥浆、充气、空气、天然气、柴油机尾气、惰性气体、泡沫、雾化等多种工艺技术进行了成功的研究和应用。研发了旋转防喷器、液气分离器、不压井作业装置以及远距离防回火自动点火装置、欠平衡专用取心和测井工具等系列专用装备，进行了国产空气锤、空气螺杆、空气雾化泵、空气震击器、井下控制阀的下井试验，形成了欠平衡钻井工艺技术标准和规范。满足了各种不同井深、压力条件下欠平衡钻井的需要。研制的顶部驱动钻井装置在新疆准噶尔南缘深井钻井中发挥重要作用，并出口美国。通过大庆徐家围子深层快速钻井现场试验，使本地区深井钻井周期缩短 35 天、机械钻速提高了 28.3%。在吐哈油田陵 7－71 井完成波纹管堵漏现场试验，在 2450—2512.54 米封固井段共下入波纹管 62.54 米，实现了利用波纹管建立人工井壁进行堵漏的目的。先后召开“全国第四次钻井院所长会议”、“欠平衡钻井技术交流会”、“石油装备、钻井技术年会”、“固井技术研讨会”，各油田公司和工程服务相关技术人员赴四川、长庆欠平衡空气钻井现场进行观摩学习。

7. 地面工程技术

管道工程、管材研究、钢管制造和宝钢、武钢、鞍钢等企业协同合作，通过冶炼、轧制、制管、防腐、施工焊接、质量检测六个工业性试制程序，开发出 X80 钢级 15.3 毫米卷板、18.4 毫米宽厚板、直径 1016 毫米×15.3 毫米螺旋埋弧焊管和直径 1016 毫米×18.4 毫米直缝埋弧焊管，制定了 4 项产品企业标准，通过四项新产品的专家鉴定，完成在冀宁天然气管道联络线的应用工程施工方案设计，制定了 X80 应用工程管道焊接施工工艺。西气东输工程管道内检测直径为 1016 毫米高清晰度漏磁检测设备及光纤管道安全预警系统，取得阶段性成果。

8. 炼化延伸加工技术

2004 年，“PB 聚合、附聚和高胶 ABS 接枝小试、中试及工业应用技术开发”项目在关键技术上取得了重大突破。先后完成了小粒径 PB 胶乳的合成、附聚以及高胶接枝工艺路线、生产配方的研究确定，进行了小试、放大试验和工业化试验，截至 2004 年年底生产出符合技术指标的高性能 ABS 树脂产品 700 吨，形成一整套工业化生产技术。

在“T300 聚丙烯腈基碳纤维用原丝技术研究”项目中，通过对聚合配方、溶剂净化、油剂配方、改善纤维成形条件等关键技术攻关，使碳原丝性能达到生产 T300 碳纤维所需指标要求。该项目通过对聚合釜等关键设备改造、采用了 DCS 自控系统，提高了系统控制精度，通过研究聚合反应体系，确定了反应配方及工艺参数；通过采用纳滤膜分离技术及增设过滤网强化过滤，提高了反应体系的纯净度，原丝含杂量下降了 46.2%；通过对纺丝线改造、优化纺丝工艺及选择合适的油剂提高了原丝质量，原丝强度不匀率下降了 32.8%，抗拉强度提高了 10%。

在“粗旦多中空三维卷曲涤纶短纤维工业放大技术研究及应用”项目中，完成了制造工艺技术开发和多中空喷丝板、高风速低阻尼环吹装置两项关键部件研制，生产出 15 旦单中空和 15 旦 17 中空三维卷曲涤纶短纤维产品，已形成年产 7500 吨的生产能力，可生产多种差别化涤纶产品。

9. 海外工程技术

委内瑞拉英特甘博油田水平井开发配套技术，针对该油田油层对比难、砂体展布不清、钻井成本高、储层保护难度大、疏松砂岩防砂完井难度大的特点，确定以水平井为核心技术，进行高效开发的攻关路线。在油藏地质研究方面，结合层序地层分析与三维可视化等技术，建立精细三维地质模型，指导水平井井位部署；在钻采工程上，应用 MWD 和 LWD 地质导向系统，进行井眼轨道全过程跟踪，实现及时调整，保证水平井全部达到地质设计目标；在完井技术上因地制宜，采用预充填绕丝筛管加管外砾石充填复合防砂技术，防砂成功率 100%，延长了防砂有效期。截至 2004 年，该油田共部署水平井 44 口，完钻 34 口，地质成功率和钻井中靶率 100%，防砂投产一次成功。

肯基亚克盐下碳酸盐岩油藏评价与高效开发技术，以哈萨克斯坦肯基亚克盐下低孔、特低渗石炭系异常高压碳酸盐岩油田为研究对象，针对储层非均质性强，成藏控制因素复杂等难点，设置碳酸盐岩地震成像及构造与沉积体系研究、储层评价和有利储层发育带预测、复杂碳酸盐岩油藏综合评价及高产井位部署研究、油层改造技术等六方面联合攻关，对盐下石炭系储层的地质认识取得突破，找到了高产带的控制因素。共实施 10 口井，平均单井日产 312 吨，H8010 井最高产能 1170 吨/日。酸液体系及酸化压裂工艺实施 4 口井，平均单井增油 104 吨/日。2004 年年底，肯基亚克盐下已经建成 100 万吨产能。

阿曼 DALEEL 油田多分枝水平井注水开发配套技术项目，通过地质和工程、研究和生产的紧密结合，形成一套较完整的碳酸盐岩油藏多分支水平井注水开发配套技术体系。利用多种地震属性、高精度地震反演等先进开发地震手段，储层预测取得了重大突破，提出油气聚集的新认识，强调地堑断块含油气性，指导了AB块和EF块的钻探作业，AB块DL－63H井和E块DL－69井两口高产井初期产量分别达到2500桶/日和1600桶/日。

苏丹6区采用有限出砂冷采技术进行稠油高效开发，生产压差控制技术，大套管及中密度、孔径、深度适中的射孔、近平衡射孔作业，配合螺杆泵采油为主的井筒携砂举升工艺技术，实现限砂不限产的目标。

【应用基础研究】 立足集团公司重大关键技术需求与学科前沿相结合，为解决集团公司中长期核心业务发展重大科技问题提供技术储备，在海相烃源岩评价标准、四维地震软件开发、储层约束反演、复杂山地构造成像、高效天然气藏及低效气藏识别的测井新方法研究、钻井工程井下控制关键技术研究、复合驱主表面活性剂评价方法研究、苏里格低渗气藏压裂改造工艺适应性研究、中俄输气管线用钢管及相关技术研究、用于清洁油品生产的新型催化新材料和新型催化剂的研究等方面取得了重要成果。

【高新技术产业化】 18项产业化项目进展顺利，13项技术成果已成功完成产业转化，累计实现产值7.6亿元，为企业扭亏解困，培育新的经济增长点作出贡献。顶部驱动钻井装置产业化项目，已先后与多家油田签订了13台供货合同，其中4套分别在新疆、巴基斯坦、华北等油田完成多井次钻井作业。四川射孔弹厂通过实施“深穿透低伤害射孔弹、射孔枪开发与扩产产业化”项目，大幅度提升企业技术创新能力。研制出4种无枪身过油管射孔弹，已销往阿塞拜疆等国家；第三代复合射孔器已在滇黔桂、长庆油田投入使用；多种型号的有枪身油管穿孔弹、套管穿孔弹、无枪身穿孔弹，销往海外市场。

【国际科技交流与合作】 针对集团公司重大技术开发和应用基础研究中的技术难题，开展油藏动态监测、高清晰度管道智能化检测系统、高碳醇转产α－烯烃中试研究、地震资料静校正与叠前偏移成像一体化、高可靠核磁共振孔隙度测井新仪器研制、双三羟甲基丙烷工业化技术、油砂沥青合成原油加工利用技术等国际科技合作项目。裂隙性油气藏纵波识别技术开发研制了裂缝预测软件，该软件基于Promax平台，包括8个模块。通过物理模型数据处理，处理结果与实际情况基本一致，证明了方法、软件的有效性。油藏描述及监测项目，已完成资料处理、时移地震软件的培训、测试及原码移植。

（谭 玫）

针对岩性油气藏勘探、低渗透与稠油开发等股份公司重点研发领域的技术难点，与斯伦贝谢公司、美国斯坦福大学进行了合作研究。与IHS能源集团公司合作完成了“天然气战略制定方法、模型开发和发展优化”研究，建立了天然气战略规划模型，搭建了上、中、下游整体优化的工作平台。与D&M公司合作开展了煤层气和油砂矿储量评估方法的研究和专项培训，编写出版了《美国SEC油气储量评估方法》一书，使SEC储量评估方法在中国石油的应用走向深入。通过近两年新能源技术国际合作研究，提出了与股份公司节能工作相结合的新能源发展思路。

（刘顺春）

【中青年创新基金】 研究确定了申报条件和优先支持的研究领域，2004年经专家评审，遴选批准“基于分子尺度核磁共振识别岩石孔喉和流体的方法研究”等55个课题列入集团公司石油科技中青年创新基金科技计划。近两年立项的一批创新基金项目完成中期检查和结题验收，取得了一批研究成果。

【人才引进】 2004年，邀请国外67位专家进行了学术交流及技术培训。按照国家外国专家局安排，由集团公司担任第六届中美工程技术研讨会石油石化组组长单位，负责组织勘探开发方面的学术交流。会议于4月19日在西安召开。4位美方专家和69位中国石油集团、中国石化集团的专家参加会议，代表们就成像测井前沿技术和低渗油田提高开发效果适用技术进行了技术交流。研究开发与技术创新管理培训班，邀请加拿大专家讲述技术与技术创新管理的测评技术和工具，实现科技资源的优化配置和科技与生产经营的有效结合等问题。

【软科学研究】 2004年上半年对2003年以前立项的40个软科学研究课题进行清理。经过形式审查，6月份集中时间，验收委员会逐一听取课题组的汇报、答辩，对课题进行验收。通过清理，对软科学研究工作及存在的问题有了深入了解和认识，为规范软科学研究工作、提高研究水平打下基础。在征集有关部门和研究单位意见的基础上，提出了2004年软科学研究项目计划建议，发布了立项指南，并进行招标。集团公司发展战略研究、跨国企业集团管理体制及运作机制研究等软科学课题较好发挥了决策支持作用。

【技术中心建设】 2004年，集团公司技术中心通过国家发改委评估，全国排名第7位，比2003年上升一位。中国石油天然气管道局、兰州炼油化工总厂、新疆石油管理局、辽河石油勘探局等9个企业技术中心建设方案通过了由集团公司、国家发展和改革委员会、中国科学院组成的专家组评审，并相继启动运行方案。10月，在深圳国家技术中心成就展上，集团公司获国家四部委颁发的企业技术中心成就奖。集团公司科技、人事、规划等部门组成联合组对企业技术中心进行调研，总结技术中心建设经验模式。技术中心承担着国家、集团公司和企业约80%的科技研发项目，创造出一批具有自主知识产权的专有技术和专利技术，作为企业核心技术开发的主体地位已经基本确立，并为企业创出可观的经济效益。

【知识产权管理】　2004年，知识产权管理工作主要注重理顺工作机制，优化工作流程，加大队伍培训，实现管理信息化。专利申报、审查的网上办公系统正式运行。强调知识产权与科技项目立项、实施、验收、成果转化全过程的融和。全年共申请专利873件，发明专利占28.4%，获专利授权594件。申报甲类专利92件，登记计算机软件25件。全年专利、技术秘密等技术的应用、转化为企业带来了约10亿元的收益。经向国家推荐，1月在国家知识产权局、国家人事部召开的表彰大会上，大庆石油管理局科技处被评为全国专利系统先进集体，辽河石油勘探局汤琦被授予全国专利系统先进个人。4月配合“世界知识产权日”和国家知识产权专项行动计划组织宣传报导及相关活动。5月组织召开集团公司知识产权工作交流会。6月举办集团公司知识产权管理人员培训班，对46名企业知识产权管理岗位人员进行了培训。9月两个知识产权工作检查组，对锦西炼油化工总厂等16个单位开展知识产权工作检查。

【科技奖励】　2004年集团公司技术创新奖申报工作从6月21日到8月27日，共推荐项目111项，形式审查通过96项。专业评审从8月27日到9月15日，7个专业共评选出50个初评项目，9月21日在《中国石油报》和石油网公示并征求异议。10月20日周吉平副总经理主持召开了奖励委员会评审会，48个项目获奖。为确保科技奖励的激励作用向实际承担科研工作的一线科研人员倾斜，严格限制了集团公司和股份公司两级机关工作人员，以及二级企业的党政领导人员和机关的管理人员作为主要完成人。2004年11月20日经陈耕总经理批准，对获奖单位和个人颁发奖励证书和奖金，一等奖奖金25万元、二等奖奖金15万元，共发放奖金810万元。2004年，集团公司获国家科技进步奖7项。获奖项目明细见表1—表3。

【科技资源管理】　2004年，集团公司共拥有76家直属和企业直属科研机构，其中集团公司直属科研机构5家、企业直属科研机构71家。从事勘探开发的27家、炼油化工的22家、工程技术的16家，其他11家。科研机构从业人数为28486人，其中从事科技活动的21786人。集团公司所属科研机构拥有固定资产76亿元，其中科研仪器设备30亿元，占固定资产总额39.5%。

表1　2004年获国家科学技术进步二等奖项目

序　号	项目名称	主要完成单位	主要完成人
1	阵列阻抗相关产液剖面测井技术研究与应用	大庆油田有限责任公司	谢荣华、王玉普、刘兴斌、齐振林、胡金海、计秉玉、张玉辉、程杰成、吴世旗、王金钟
2	高含水后期钻井工程配套技术研究	大庆石油管理局	于洪金、周英操、李文斌、弓玉杰、陈晓楼、肖志兴、程　艳、季海军、邹　野、慕万军
3	新型FCC汽油降烯烃催化剂的研制与工业化开发	中国石油天然气股份有限公司兰州石化分公司	高雄厚、刘从华、秦　松、赵旭涛、邹旭彪、张海涛、郭洪明、许　延、赵春林、申建华
4	西气东输工程用X70板卷、螺旋埋弧焊管、涂敷作业线及涂料的研制与应用	宝鸡石油钢管厂、宝山钢铁股份有限公司、华北石油钢管厂、中国石油天然气管道局钢管厂、中国石油天然气集团公司管材研究所、中油管道防腐工程有限责任公司、中国石油集团工程技术研究院	丁晓军、郑　磊、王晓香、崔靖全、霍春勇、于洪波、钟裕敏、林　竹、丁建华、罗　超

续表

序　号	项目名称	主要完成单位	主要完成人
5	大、中型油气田成藏定量模式研究	石油大学（北京）、中国石油天然气股份公司新疆油田分公司、中国石化胜利油田有限公司、石油大学（华东）、大庆石油学院	金之钧、王宜林、庞雄奇、曾溅辉、张善文、查　明、刘洛夫、方朝亮、吕延防、王志章
6	丙烯酸及酯新工艺生产关键技术	上海华谊丙烯酸有限公司、中国石油兰州石化公司石油化工研究院、中国华陆工程公司	邵敬铭、马建学、张培璋、蒋兆飞、褚小东、印　俊、杨蓓兰、郑相潮、袁　青、赵旭涛
7	SCDMA综合无线接入系统	北京信威通信技术股份有限公司、西安大唐电信有限公司、大庆石油管理局通信公司	陈　卫、林　波、孟令华、蒋伯峰、郭书昌、薛胜利、李日光、袁　进、周炎钧、温　斌

表2　2004年获集团公司技术创新一等奖项目

序　号	项目名称	承担单位	主要完成人
1	中非裂谷系低勘探程度区快速发现大油田的预测技术和评价方法	中国石油天然气勘探开发公司 中国石油勘探开发研究院 东方地球物理勘探有限责任公司	童晓光、徐志强、窦立荣、肖坤叶、郭新峰、徐　烨、张　宏、史卜庆、程顶胜、黄人平、杨宝东、李早红、刘安成、申秀云、李章明
2	主要含油气盆地油气资源评价	中国石油勘探开发研究院	贾承造、赵文智、胡素云、柳广弟、杨文静、瞿　辉、王世谦、罗　强、张占文、刘新社、赵占银、刘蕴华、李世荣、杨海波、彭德华
3	体膨颗粒深部调剖技术研究与应用	中国石油勘探开发研究院 大庆油田有限责任公司 大港油田分公司	刘玉章、刘　合、李之燕、唐孝芬、熊春明、江如意、王　鑫、邵定波、白宝君、李宇乡、周万富、纪朝凤、刘戈辉、胡　频、胡菁华
4	西部复杂地区三维地震采集技术	东方地球物理勘探有限责任公司	钱荣钧、王卫华、李培明、唐东磊、严　峰、冯泽元、钱忠平、施海峰、王新全、胡永贵、王乃建、陈学强、邓志文、黄显国、李振华
5	四川气藏欠平衡钻井技术研究与应用	四川石油管理局 西南油气田分公司 西南石油学院	马宗金、冉隆辉、伍贤柱、孟英峰、陈　刚、杨令瑞、吴仕荣、肖新宇、郑有成、肖润德、陈更生、李艳丰、何　冶、程常修、姚坤全
6	西气东输大口径直缝埋弧焊钢管国产化	华北石油管理局 中国石油集团管材研究所	王晓香、任景辉、冯耀荣、李延丰、张远生、王　旭、武占芳、张　雷、霍春勇、宋宝刚、曹华勇、葛玉宏、王连海、王占理、周子钧
7	新疆油田采出水离子调整旋流反应法处理技术	新疆油田分公司 长江大学	张学鲁、傅绍斌、朱泽民、冉蜀勇、曾玉彬、王康军、周正坤、蒲子宁、柳　海、王卓飞、向瑜章、赵美刚、魏新春、王爱军、程文军

续表

序　号	项 目 名 称	承 担 单 位	主要完成人
8	催化裂化装置两段提升管催化新技术的应用	辽河石化分公司 石油大学（华东） 华北石化分公司 长庆石化分公司	张建芳、张世杰、魏斯朝、山红红、丛森滋、叶智刚、白跃华、杨朝合、刘勇纲、丁洪春、郭宇光、杨建国、赵　飞、李胜昌、王　磊
9	高分子量抗盐聚丙烯酰胺的研究开发与应用	大庆炼化分公司	周云霞、张跃虎、云　飞、金龙渊、杨洪孝、于占涛、张建晔、索庆华、姜国骅、李清涛、于江林、丁海中、吴金海、孙海波、王　忠

表 3　2004 年获集团公司技术创新二等奖项目

序　号	项 目 名 称	推 荐 单 位	主要完成人
1	榆林地区天然气勘探新突破	长庆油田分公司	徐黎明、付金华、付锁堂、魏新善、马振芳、孙六一、包洪平、陈志远、王大兴、石玉江
2	华北油田岩性地层油藏勘探实践与认识	华北油田分公司	邹伟宏、张以明、武耀辉、易士威、孙　平、雷怀玉、梁宏斌、张锐峰、李先平、金凤鸣
3	准噶尔盆地腹部石南地区岩性圈闭识别及石南 21 井区岩性油藏勘探	新疆油田分公司	张义杰、薛新克、徐常胜、王绪龙、张有平、凌立苏、雷德文、陈　扬、石　星、杨梦云
4	松辽盆地南部长岭凹陷大型岩性油藏的发现	吉林油田分公司	康伟力、赵志魁、赵占银、张大伟、修立君、江　涛、孙　岩、姜呈馥、孙家富、毛超林
5	苏丹 1/2/4 区油田高效开发技术与实践	中国石油天然气勘探开发公司	雷　明、胡辉平、白凤瀚、王印玺、乔振勇、董俊昌、赵　东、李　伟、成忠良、周作坤
6	防止污染、保持储层生产能力配套修井技术的研究与应用	辽河石油勘探局	张彦福、崔　斌、翟智勇、宋彦武、秦　铁、张　伟、刘　玲、刘秀平、侯存亿、于启海
7	油藏精细描述技术在油田高含水后期开发调整中的应用	大庆油田有限责任公司	赵翰卿、徐正顺、李　洁、付志国、吕晓光、杨会东、张永庆、郭万奎、王渝明、宋吉水
8	大庆油田薄互层细分注水工艺配套技术	大庆油田有限责任公司	韩修廷、裴晓含、孙洪志、谢朝阳、张书进、王贤君、王　阳、李德富、马　强、杨宝泉
9	吉林油田英坨地区油藏评价及开发技术	吉林油田分公司 中国石油勘探开发研究院	袁士义、宋新民、胡永乐、王月莲、王　峰、田昌炳、魏兆胜、尹　旭、于国栋、于孝玉
10	改善超稠油开采技术研究	辽河油田分公司 中国石油勘探开发研究院	刘喜林、尉小明、张义堂、刘德铸、杨立强、刘尚奇、余五星、由世江、高永荣、蔺玉秋
11	长庆靖边下古气田高效开发配套技术	长庆油田分公司	张明禄、张振文、李宪文、卢　涛、李安琪、朱天寿、达世攀、张书平、谭中国、张宗林

续表

序　号	项 目 名 称	推 荐 单 位	主要完成人
12	中低含硫天然气脱硫技术研究	西南油气田分公司	李必忠、张　伍、陈　惠、何金龙、马　波、黎德廷、常宏岗、杨仲熙、涂　彦、张德元
13	大庆探区复杂构造地震勘探技术	大庆石油管理局	张克民、王建民、刘振彪、贺玉山、高　君、傅朝奎、刘杰烈、王兆湖、崔凤林、许建军
14	模拟地层声、电成像测井评价方法与应用研究技术	辽河石油勘探局	朱世和、陶　果、李兴年、周　武、张胜文、伍　东、卢毓周、柯式镇、曾令强、汪　浩
15	吉林探区高精度三维地震资料采集、处理、解释技术方法研究及应用	吉林石油集团有限责任公司	刘　军、卢　军、秦文明、侯　平、黄　棱、王树平、杨俊英、苗　志、丛丽芬、张立新
16	大庆探区深层及英台地区钻井完井储层保护技术研究与应用	大庆石油管理局	周英操、杨智光、张书瑞、孔凡军、宋广顺、翟洪军、耿晓光、金永男、韩福彬、李国斌
17	提高天然气井固井质量技术研究与应用	长庆石油勘探局	刘硕琼、韩相义、马海忠、常占宪、魏周胜、胡福源、王文斌、郭卫军、周　兵、李宏峰
18	深井测试技术	新疆石油管理局 塔里木油田分公司 四川石油管理局 石油大学（北京） 西南石油学院	王祖文、王志章、陈中一、刘德海、杨万盛、李钦道、王新海、廖　涛、朱东明、梁　政
19	5½英寸套管内侧钻钻井及完井工艺技术研究	大港油田集团有限责任公司	徐学军、梁海臣、于成水、樊奖平、张　恒、胡永雄、樊松林、张景成、杨光远、李术满
20	105MPa 防喷器组系列	华北石油管理局	许宏奇、苏尚文、李永信、杨永宁、林庆合、赵荣军、张杏雪、张彦苏、刘英吉、孟宪宁
21	ZJ70/4500DB 钻机	宝鸡石油机械有限责任公司 新疆石油管理局	张永泽、杨向前、龚惠娟、田富林、郑明建、张洪生、黄悦华、于继成、王定亚、丛万生
22	无线传输有线接入钻井数据库管理系统	长庆石油勘探局 西安石油大学	杨再生、张宁生、潘应元、刘胜娃、刘　茜、程为彬、苏兴华、李天太、袁　铭、宋彩利
23	西气东输线路工程焊接工艺研究	中国石油天然气管道局 中国石油集团工程技术研究院	隋永莉、黄福祥、唐德渝、赵海鸿、尹长华、冯　标、项　阳、王福柱、冯大勇
24	大口径油气长输管线选用国产螺旋缝埋弧焊管的研究	中国石油集团管材研究所 中国石油规划设计总院	冯耀荣、霍春勇、王国丽、吉玲康、熊庆人、苗承武、庄传晶、刘文成、李为卫、马秋荣
25	天然气管道减阻耐磨涂料及涂层技术研究	中国石油集团工程技术研究院 中国石油天然气管道局	林　竹、袁中立、张宏义、张丽萍、黄骁卓、秦延龙、于洪波、刘本华、崔凤卓、王雪莹
26	喇嘛甸油田特高含水期合理产量规模及地面系统布局优化研究	大庆油田有限责任公司	李杰训、王宏伟、王德喜、桑广森、罗士平、赵玉华、黄伏生、杨文升、卢东风、杜祖荣

续表

序　号	项 目 名 称	推 荐 单 位	主要完成人
27	兰成渝成品油管道投产与运行技术研究	管道分公司 石油大学（北京）	梁静华、宫　敬、李惠朵、郝建斌、宋　飞、高　强、邵国泰、梁　俊、梁永图、于　达
28	复杂地形地貌地质条件下的非开挖管道定向穿越技术研究	中国石油天然气管道局 中国石油科学技术研究院江汉机械研究所 中国石油西安管材研究所 中国石油勘探开发研究院 四川石油管理局	续　理、刘寿军、张国正、唐仕忠、王　辉、孙泽义、葛新东、韩晓毅、李益良、孙　俊
29	稠油污水回用热注锅炉技术研究与工程应用	辽河油田分公司 辽河石油勘探局	谢加才、孙福禄、武俊宪、吴德兴、李明辉、丁建民、张义祥、孙绳昆、赵　刚、蒋生健
30	6000吨/年超稳分子筛装置新技术的开发与应用	兰州石化分公司	李裕如、秦　松、肖春景、王少飞、张向阳、周启慧、朱伟东、孙晓春、宋居东、尹九冬
31	新型催化汽油辅助提升管改质技术研究	华北石化分公司 石油大学（北京）	白跃华、高金森、徐春明、李胜昌、卢春喜、孙玉虎、刘耀芳、宋运通、齐建勋、刘植昌
32	乙醛酸法香兰素新工艺技术开发	吉化集团公司	魏国峰、金善淑、董传迎、曲世宏、张书陶、袁　宏、肖建业、蔡　臣、刘　宇、马　卓
33	增产万吨已二酸技术改造	辽阳石化分公司	杨成元、陈恩之、周亚绵、惠　春、翟长军、李彪昌、徐淑媛、解洪新、张元礼、高　月
34	粉末丁腈橡胶工业技术开发	兰州化学工业公司	席永盛、李红春、孙秀麟、卢六斤、李小玲、赵小龙、陆永卫、杨蜀黔、王津生、严增涛
35	加氢催化剂生产制备技术优化	抚顺石油化工公司	蒋月勇、崔德强、赵雪松、贺　新、杨恒吉、张家涛、王　忠、杨　军、马　毅、王　军
36	大庆油田电力系统节能降耗技术研究	大庆石油管理局	郭慧彬、徐建强、王焕勇、王懿德、刘智广、王少奎、梁亚东、仲维臣、李长仁、于开源
37	石油视频会议系统建立及应用	中国石油集团经济技术研究中心 中国石油规划设计总院	廖善榕、靖小伟、吕　捷、刘会军、邹衡岳、曲　京、王国丽、王海山、张均科、贾　军
38	中国石油物资分类与编码	中国石油勘探开发研究院 中国石油物资装备（集团）总公司 大庆石油管理局	刘春杰、高　雪、邓宏贵、秦莲香、李　伟、刘　丽、钟　辉、屈　挺、于爱丽、周显英
39	油气计量方式与国际惯例接轨研究	大庆油田有限责任公司 西南油气田分公司	郑　琦、方井涛、吴德贵、郭绪明、白兰军、张福元、甘丛笑、何润民、侯学志

（谭　玫）

股份公司科技管理：

（1）提升股份公司科技规划的质量，促进了科技“源头”管理的规范化。2004年，根据股份公司统一安排，科技与信息管理部牵头，各专业公司共同参与，地区公司紧密配合，全面启动了股份公司“十一五”科技规划的编制工作。构建了以勘探开发研究院、规划总院、炼化技术中心、管道科技中心有关人员为主的科技规划编制队伍；研究形成了股份公司科技规划编制流程与方法，进一步规范和完善了技术需求分析、技术能力评价、科研项目筛选、项目组合分析等方面；针对主要技术领域开展了一系列的专项技术研讨，进一步明确了关键技术发展方向和发展策略；在大量需求分析、技术研讨和系统总结基础上，提出了股份公司“十一五”科技规划的总体框架。

（2）全面推进了科技项目管理方法的应用。在前几年方法研究、理念培训的基础上，适时开展了项目管理应用的推广实施工作。组织专家指导组深入各地区公司，与研发项目经理面对面，针对正在进行中的研发项目，开展了教练式指导，重点进行了现代项目管理理念、项目管理基本素质及方法、股份公司项目管理规范及流程、项目管理软件及项目管理信息平台应用等实施推广工作，全年共有560多名科技项目经理和管理人员通过培训考核，取得了项目经理资格证书。搭建了统一的科技项目管理信息平台，在股份公司总部和28个地区公司及直属院所分别建立了中心站点和分站点，已有600多个科技项目在项目管理平台上运行，逐步进入了规范运作。勘探开发研究院及各分院通过培训辅导和开展自查，推进了项目管理方法的应用。大庆油田有限责任公司、大港油田分公司、兰州石化分公司、大庆石化分公司、独山子石化分公司等单位，都制定了本单位项目管理方法推广应用的运行时间表和有关保障措施。

（3）下发了科技研发项目管理、科技成果评价、推进科技成果共享、科技人才激励、科技对外协作管理办法，健全和完善了科技运行机制。依据科技人才激励机制设立了股份公司技术创新奖，按统一的成果评价办法和标准，评选出股份公司首批90项优秀科技成果并进行了奖励；评选出100名优秀科技管理者、98名杰出项目经理和200名优秀研发人员，在广大科技人员中起到了积极的激励作用，详见表4至表7。

表4　2004年股份公司技术创新一等奖项目

序　号	项 目 名 称	主要完成单位	主要完成人
1	主要含油气盆地油气资源评价	勘探开发研究院	贾承造、赵文智、胡素云、柳广弟、杨文静、瞿　辉、王世谦、罗　强、张占文、刘新社、赵占银、刘蕴华、李世荣、杨海波、彭德华
2	准噶尔盆地腹部石南地区岩性圈闭识别及石南21井区岩性油藏勘探	新疆油田分公司	张义杰、薛新克、徐常胜、王绪龙、张有平、凌立苏、雷德文、陈　扬、石　星、杨梦云、刘文峰、张越迁、何　辛、李　岩、王　斌
3	四川盆地欠平衡钻井完井技术攻关研究	西南油气田分公司，四川石油管理局，西南石油学院	冉隆辉、陈　刚、孟英峰、吴仕荣、郑有成、马宗金、姚坤全、杨令瑞、胡永东、米光勇、王兆年、肖新宇、陈　彬、张国斌、陈家明
4	油藏精细描述技术在油田高含水后期开发调整中的应用	大庆油田有限责任公司	赵翰卿、计秉玉、徐正顺、李　洁、付志国、薛家峰、房宝才、杨会东、郝兰英、赵　伟、吴艳菊、席国兴、胥　伟、马立民、张永庆
5	体膨颗粒深部调剖技术研究与应用	勘探开发研究院，大庆油田有限责任公司，大港油田分公司	刘玉章、刘　合、李之燕、唐孝芬、熊春明、江如意、王　鑫、邵定波、白宝君、李宇乡、周万富、纪朝凤、刘戈辉、胡　频、胡菁华
6	大庆油田薄互层细分注水工艺配套技术	大庆油田有限责任公司	韩修廷、裴晓含、孙洪志、谢朝阳、张书进、王贤君、王　阳、李德富、马　强、杨宝泉、朱　炎、李胜利、高　飞、刘崇江、陈国强

续表

序号	项目名称	主要完成单位	主要完成人
7	吉林油田勘探开发一体化实践和配套技术	吉林油田分公司，勘探开发研究院	袁士义、宋新民、胡永乐、王月莲、王峰、田昌炳、魏兆胜、尹　旭、于国栋、于孝玉、张应安、王安辉、李亚洲、葛　力、谢　雯
8	催化裂化装置两段提升管催化新技术的应用	辽河石化分公司，石油大学（华东），华东勘察设计院，山东石大科技有限公司，华北石化分公司，长庆石化分公司	张建芳、张世杰、魏斯朝、山红红、丛森滋、叶智刚、白跃华、杨朝合、刘勇纲、丁洪春、郭宇光、杨建国、赵　飞、李胜昌、王　磊
9	6000吨/年超稳分子筛装置新技术的开发与应用	兰州石化分公司	李裕如、秦　松、肖春景、王少飞、张向阳、周启慧、朱伟东、孙晓春、宋居东、尹九冬、黄月红、赵月生、姜永基、王世宏、朱熙萍
10	吉林石化资源优化结构调整研究	吉林石化分公司	李晓东、张　喻、赵朝文、柳文、张国良、于天杰、索延辉、王海泉、谷长洪、孙长江、刘洪吉、张殿奎、王兴宇、张清堂、姜昌泉
11	高相对分子质量抗盐聚丙烯酰胺的研究开发与应用	大庆炼化分公司	周云霞、张跃虎、云　飞、金龙渊、杨洪孝、于占涛、张建晔、索庆华、姜国骅、李清涛、于江林、丁海中、吴金海、孙海波、王　忠
12	新疆油田采出水离子调整旋流反应法处理技术	新疆油田分公司，长江大学石油工程学院，新疆时代石油工程公司	董培基、傅绍斌、朱泽民、张学鲁、冉蜀勇、曾玉彬、王康军、周正坤、蒲子宁、柳　海、王卓飞、向瑜章、赵美刚、魏新春、程文军
13	兰成渝成品油管道投产与运行技术研究	管道分公司，中国民用航空学院，石油大学（北京），兰成渝输油管道工程项目经理部	梁静华、陈世一、宫　敬、崔艳雨、李惠朵、郝建斌、宋　飞、高　强、邵国泰、梁　俊、梁永图、于　达、韩忠晨、张士军、于树青
14	中国石油电子邮件系统	勘探开发研究院	李　捷、刘国强、刘　晓、卢尔丰、胡宏涛、陆育锋、都邦玉、李　斌、曹戈俊、周月兰、杨　靖、刘淑芬、王从镔、谭东杰、史建新
15	中国石油财务模型系统	股份公司财务部，北京甲骨文软件系统有限公司，盘锦市辽河数码科技发展有限公司	王国樑、柴守平、李雪晶、谢海兵、关敏娟、余同钢、贺　荣、段永进、王晓峰、林　岩、张　凡、孙　玮、曹庆芬、薛印波
16	陕京管线完整性技术与应用研究	北京华油天然气有限责任公司	董绍华、张　鹏、王　强、刘毅军、毕治强、祁国成、葛艾天、王凤田、崔京辉、罗金恒、何学良、刘洪军、卢桂军

表 5　2004 年股份公司技术创新二等奖项目

序　号	项 目 名 称	主要完成单位	主要完成人
1	大民屯凹陷西部斜坡带复杂断块区目标评价技术及勘探效果分析	辽河油田分公司	孟卫工、王守刚、谷云飞、李晓光、郭彦民、王　丹、苗　振、顾国忠、尤桂彬、孙　卉
2	松辽盆地南部长岭凹陷大型岩性油藏的发现与满凹含油理论的实践	吉林油田分公司	康伟力、赵志魁、赵占银、张大伟、修立君、江　涛、孙　岩、姜呈馥、孙家富、毛超林
3	华北油田岩性地层油藏勘探实践与认识	华北油田分公司	邹伟宏、张以明、武耀辉、易士威、雷怀玉、李先平、梁宏斌、张锐峰、田建章、王　权
4	双源距脉冲中子伽马能谱测井技术研究与应用	大庆油田有限责任公司	王金钟、郑　华、李国欣、刘宪伟、董建华、吴世旗、刘玉艳、李淑苹、彭向阳、阙　源
5	榆林地区天然气勘探新突破	长庆油田分公司	徐黎明、付金华、付锁堂、魏新善、马振芳、孙六一、包洪平、陈志远、王大兴、石玉江
6	勘探开发一体化在准噶尔盆地陆梁油田的成功实践与应用	新疆油田分公司	闻玉贵、杨生榛、张义杰、薛新克、王延杰、贾希玉、刘明高、张年富、钱根宝、吕焕通
7	改善超稠油开采技术研究	辽河油田分公司，勘探开发研究院	刘喜林、刘德铸、张义堂、杨立强、尉小明、刘尚奇、由世江、余五星、高永荣、周大胜
8	中低含硫天然气脱硫技术研究	西南油气田分公司	李必忠、张伍、陈　惠、何金龙、马　波、黎德廷、常宏岗、杨仲熙、涂　彦、张德元
9	提高机采系统效率技术	辽河油田分公司，大港油田公分司	王　潜、唐　庆、暴富昌、陈树宏、蒋生健、李少甫、余中红、任桂山、安九泉、王翠霞
10	华北油田高含水开发期开发技术经济政策及稳产技术对策研究	华北油田分公司	杜玉洪、赵　英、王洪光、蒋　明、王晓芬、孟庆春、张崇军、陈博生、王红梅、常洪刚
11	聚合物注入井增注配套技术研究	大庆油田有限责任公司	王德民、王新纯、孙　智、王　林、王　研、张国良、任　刚、石常兰、李德胜、王家齐
12	大庆外围油田单井综合评价技术及滚动开发“百井工程”模式研究	大庆油田有限责任公司	计秉玉、牛彦良、曹瑞成、吉庆生、高彦楼、李　莉、周永炳、毛　伟、梁海龙、樊晓东
13	长庆靖边下古气田建设年产60亿立方米生产规模开发技术	长庆油田分公司	张明禄、张振文、李宪文、卢　涛、李安琪、朱天寿、达世攀、张书平、刘　祎、张宗林
14	国外清洁燃料的现状和发展趋势	润滑油分公司	李雪静、付兴国、周惠娟、朱庆云、王力波、行　程、张青蔚、孟言俊、伏喜胜、李桂云

续表

序　号	项 目 名 称	主要完成单位	主要完成人
15	基础油资源的合理利用	润滑油分公司	孙丁伟、续　景、贺　华、伏喜胜、安军信、聂　钢、糜莉萍、汤仲平、刘　岚、李雪静
16	8.53兆帕气化炉“油改气”技术	宁夏石化分公司	王建忠、马文生、陈　斌、闫小斌、孔继民、庞忠荣、梁惠英、陈攀峰、周化宇、张俊峰
17	增产万吨己二酸技术改造	辽阳石化分公司	杨成元、陈恩之、周亚绵、惠　春、翟长军、徐云阶、李彪昌、徐淑媛、解洪新、张元礼
18	300万吨/年重油催化裂化装置新技术应用	兰州石化分公司，中国石化工程建设公司	吴　凯、王少飞、吴　雷、鱼　济、冀　江、柴可良、刘怀元、陈云生、王　澍、熊新军
19	6万吨/年苯乙烯装置中乙苯脱氢成套技术工业化应用	兰州石化分公司	崔　伟、葛蜀山、汪建平、张才、刘吉平、辛国萍、陈东平、岳宝荣、武建生、王继龙
20	环氧乙烷/乙二醇装置扩能改造	抚顺石化分公司	万　鹏、尤成宏、李宏冰、刘新元、何晨光、范　宏、刘玉学、严文彩、邓新宇
21	新型催化汽油辅助提升管改质技术研究	华北石化分公司，石油大学（北京）	白跃华、高金森、徐春明、李胜昌、卢春喜、孙玉虎、刘耀芳、宋运通、齐建勋、刘植昌
22	加氢精制—临氢降凝组合工艺技术	哈尔滨石化分公司，抚顺石油化工研究院	王化国、孟祥兰、娄人杰、彭　焱、齐铁忠、刘丽芝、郭宗光、尹恩杰、李秀娟、齐邦峰
23	油气长输管道安全性评价技术研究	管道分公司，西南油气田分公司，西南石油学院，石油大学（北京）	梅云新、朱　勇、杨祖佩、刘明礼、孟坤六、王毅辉、帅　健、师春元、张　宏、罗　敏
24	稠油污水回用热注锅炉技术研究与工程应用	辽河油田分公司	刘喜林、谢加才、武俊宪、吴德兴、丁建民、张义祥、赵　刚、蒋生健、张春山、刘占广
25	原油流变学和改性输送技术研究	管道分公司，石油大学（北京），勘探开发研究院	张劲军、苗　青、黄启玉、李鸿英、谢慧专、张　帆、石　蕾、李玉凤、陈　俊、张付生
26	喇嘛甸油田特高含水期合理产量规模及地面系统布局优化研究	大庆油田有限责任公司	李杰训、王宏伟、王德喜、桑广森、罗士平、赵玉华、黄伏生、杨文升、卢东风、杜祖荣
27	中国石油物资分类与编码	勘探开发研究院，物资装备（集团）总公司，大庆石油管理局	刘春杰、高　雪、邓宏贵、秦莲香、李　伟、刘　丽、钟　辉、屈　挺、于爱丽、周显英
28	中国石油电视会议系统建设及运行维护	规划总院	靖小伟、刘会军、王国丽、葛雁冰、程晓春、王　晶、高　翔、柴先锋
29	中国石油营销体制研究报告	总裁办	李润生、曹政言、白智勇、张　宏、温铁民、李　荡、孙建业、刘　澎、陈　磊、梅　媛
30	油气计量方式与国际惯例接轨研究	大庆油田有限责任公司，西南油气田分公司	郑　琦、方井涛、吴德贵、郭绪明、王春鹏、白兰君、张福元、甘丛笑、何润民，侯学志

表6　2004年股份公司技术创新三等奖项目

序　号	项 目 名 称	主要完成单位	主要完成人
1	青西油田油气富集规律	玉门油田分公司	陈建军、魏　军、吴　辉、杜文博、王　炜
2	准噶尔盆地厚沙漠区高分辨率地震勘探技术及应用	新疆油田分公司	吕焕通、雷德文、邵　雨、杨晓海、黄永平
3	四川盆地三叠系上三叠统、嘉陵江组天然气成藏条件研究及勘探目标评选	西南油气田分公司	刘埃平、宋华清、段　勇、张国斌、钟子川
4	塔里木盆地复杂地区地震资料采集、处理技术攻关及效果	塔里木油田分公司，东方地球物理公司	杨举勇、杨金华、肖又军、胡建强、严　峰
5	准噶尔盆地前陆冲断带构造分析解释及勘探方向	勘探开发研究院，新疆油田分公司	何登发、张义杰、况　军、石　昕、杜社宽
6	华北油田油气勘探工程配套技术研究与应用	华北油田分公司，华北石油管理局	孙　平、罗　宁、王合林、邱　毅、许泽军
7	中国石油矿权数据库图形库研制与应用	勘探开发研究院杭州地质研究所	谢锦龙、李大成、黄　冲、丁成豪、郭庆新
8	综合应用录井新技术定量评价油气层方法研究	大庆油田有限责任公司	郎东升、韩殿杰、岳兴举、赵洪权、耿长喜
9	高精度全自动油气水三相流量测量系统研制	勘探开发研究院	沈平平、王家禄、张祖波、江如意、贾　旭
10	大港复杂断块油藏滚动勘探开发技术与研究	大港油田分公司	周嘉玺、王华崇、王俊明、王　娟、王大兴
11	玉门青西深井复杂岩性裂缝型油藏深度酸压技术研究与应用	玉门油田分公司，勘探开发研究院廊坊分院	刘永山、刘战君、胥　云、邢绍安、肖志明
12	克拉玛依油田CDG驱油技术现场试验	新疆油田分公司	董汉平、蔡圣权、顾鸿君、高晓勇、陈权生
13	克拉玛依油田九区侏罗系稠油油藏滚动勘探开发研究	新疆油田分公司	闻玉贵、霍进、喻克全、张新国、欧阳可悦
14	气井安全生产配套工艺及排水采气新工艺技术研究	西南油气田分公司	马发明、张守良、石　映、佘朝毅、肖学兰
15	实施勘探开发一体化技术，实现油气储量产量双增长	吐哈油田分公司	孙玉凯、张世焕、何　勇、罗权生、涂小仙
16	深井超深井井下作业技术研究及应用	塔里木油田分公司	刘建勋、陈　竹、钟家维、欧如学、秦世勇

续表

序　号	项 目 名 称	主要完成单位	主要完成人
17	东河塘油田精细油藏描述及综合调整研究与应用	塔里木油田分公司	唐明龙、施　英、练章贵、张　涛、刘加元
18	青海柴达木盆地花土沟油田增产工艺技术研究与应用	青海油田分公司	程　林、熊　健、钟道康、朱思俊、汪　健
19	地层深部防砂技术	辽河油田分公司	赵政超、王贤泸、吴宝华、张建军、朱富林
20	TS－65型耐温抗盐聚合物的研究	勘探开发研究院，大港油田分公司	欧阳坚、杨怀军、朱卓岩、李玉萍、王贵江
21	老油田提高采收率配套技术	吉林油田分公司	陈丙春、黎政权、钟显彪、齐耀春、于　友
22	出口石蜡调和工艺研究	抚顺石化分公司	刘荣江、郭永刚、宋生斌、张维军、王焕起
23	焦化柴油加氢生产分子筛料工艺技术开发	抚顺石化分公司	刘　昇、鲍　伟、孟宪筠、潘瑞丰、郭　奇
24	土工格栅专用料开发	独山子石化分公司	徐文清、马　进、武士波、王云红、雷军庆
25	裂解装置废碱液湿式氧化处理技术的工业应用	大庆石化分公司	邵李华、路　明、于庆恩、武兴彬、赵智武
26	高速电脱盐大型化技术开发	大连石化分公司	于明祥、史　刚、邹本泽、于海卫、邹浩洋
27	聚烯烃粉体料仓防爆技术研究	大连石化分公司	韩兆辉、娄仁杰、何明俊、吴秀敏、孙文勇
28	通过技术改造，实现重油优化加工	玉门油田分公司	刘永红、尤兴华、钱克强、段天平、李三友
29	3000平方米板壳式换热器研制	乌鲁木齐石化分公司，兰州石油机械研究所，中国石化工程建设公司	赵　亮、张延丰、张迎恺、宋秉棠、梁永智
30	丙烯液相本体与气相本体组合式连续聚合工艺（SPG）的工业应用	辽河石化分公司，中国石化上海工程有限公司	王继龙、刘洪江、高　煦、余昌信、王嘉涛
31	ABS装置压缩排污、提高产品收率工业化试验	兰州石化分公司	刘发强、葛蜀山、潘新明、赵旭涛、安晓峰
32	全白土抗钒助剂KRV－1的试生产和工业应用（LB－5助剂）	兰州石化分公司	高雄厚、秦　松、庞新梅、白　浩、郑淑琴
33	克拉玛依石化分公司50万吨/年催化装置技术改造	克拉玛依石化分公司	秦本记、齐宏伟、张华东、张建新、苑乃奎
34	用于高档汽车密封条系列乙丙橡胶新产品开发生产	吉林石化分公司	隋　军、潘国华、张　涛、王香瑛、王海泉

续表

序　号	项 目 名 称	主要完成单位	主要完成人
35	7 万吨/年苯胺流化床工业试验	吉林石化分公司	孙长江、康大方、王　芳、张　健、姜国玉
36	东北输油管网低输量安全运行与热力配置优化技术研究	管道分公司	王　平、张国忠、张　强、王大勇、田艺兵
37	储运设备在线检测评估及安全技术研究	管道分公司，大庆石油学院	刘　扬、戴　光、王　平、刘桂春、孙建刚
38	油气管道技术经济与管理研究	管道分公司	张　琦、于树清、刘广文、李海泉、姚四容
39	大庆油田地面生产动态管理系统工程研发	大庆油田有限责任公司	陈全印、李金亮、李国才、白春云、高　翔
40	化学法提高油水处理设备效率技术研究	大庆油田有限责任公司	吴　迪、邵华佩、李国才、孟祥春、赵凤玲
41	大港油藏数字化建设与应用	大港油田分公司	赵平起、程　华、刘志忠、徐　庆、赵郁文
42	西南油气田天然气生产与销售一体化管理信息系统	西南油气田分公司	张晋渝、张　威、桂成林、汪云福、蒋晓玲
43	西气东输管道工程 HSE 技术集成研究	西气东输分公司	姜昌亮、崔新华、赵　罡、彭建伟、王小彤
44	特大型采油企业员工系统培训应用平台研究与实现	大庆油田有限责任公司	董焕忠、孙洪志、孙文德、李　强、辛舒臻

表 7　2004 年股份公司优秀科技工作者名单

序　号	单　　位	优秀科技管理者	杰出项目经理	优秀研发人员
1	大庆油田有限责任公司	计秉玉、郭万奎、程杰成、刘　合、谢中立、吴世旗、常冠华、熊华平	李　强、杨步增、杨永华、张宝良、蔡　兵、莫爱国、张静媛、田　峰	刘国志、姜传金、曹维政、梁福民、韩　松、王梓栋、夏福军、郑　华、刘士军、林玉玺、邓庆军、梁跃东、辛舒臻、王中国、孟令尊、胡广斌、姬生柱、史连杰、管尊友、王　权、刘万伟
2	辽河油田分公司	刘喜林、陈韶生、任芳祥	关　仲、安九泉、张凤莲、赵洪岩	冯久鸿、徐凤廷、崔玉泉、丁亚军、郭　平、李鸿程、刘　威、陆福刚、王伟林、张守军
3	吉林油田分公司	景成杰、王南海、许　为	陈玉明、任玉学、马玉天、魏兆言	陈建文、关云东、宋立中、张玉林、薛国锋、李边生、王　峰
4	大港油田分公司	武站国、赵志勇、陈建平	冯庆贤、于学敏、王　羽、谢广禄	苏俊青、葛红江、陈　哲、刘卫林、李红香、徐建平、邸宝智
5	华北油田分公司	吴国栋、郑　宪、侯　荣	蒋　明、郭吉民、崔周旗、夏　健	曹兰柱、周明顺、周丛安、耿红江、毛　琼、田小川、杨合义

续表

序　号	单　　位	优秀科技管理者	杰出项目经理	优秀研发人员
6	长庆油田分公司	刘海浪、史成恩、郭自新	高春宁	石玉江、熊维亮、杨全安、戴亚权、吴宗福、张兴华、赵正军
7	新疆油田分公司	岳新建、刘楼军、刘荣军	张越迁、孙中春、覃建华、孙新革	欧亚平、杜社宽、池建萍、汪玉琴、石国新、尚建林、饶　政、魏新春、陈春勇、李清辉
8	塔里木油田分公司	彭晓玉、刘昌国、迟　军	唐明龙、邱　斌、李　勇	昌伦杰、邬光辉、练章贵、李宇平、高宏亮
9	吐哈油田分公司	李泳胜、王建辉	王志勇、刘　滨	杨爱生、崔英怀、刘　锋、王　仪、周　婕
10	西南油气田分公司	杨　光、沈耕田、罗玉宏	唐永凡、唐　蒙、孙万里、罗　敏	钟　兵、岳　登、杨跃明、王毅辉、王桂清、马辉运、胡述清、林钟灵、何　敏、冯青平
11	冀东油田分公司	刘蕴华、张宝玲	席庆福、马　乾	朱宽亮、郑家朋、张立民、贺廷昭、李文华
12	青海油田分公司	陈新领、邵文斌	屈信忠、窦红梅	江　波、郭子义、王兴宏、李江涛、朱文军
13	玉门油田分公司	王志松、方万军	陈建军、段天平	马国福、李晓军、杨谨敏、康建红、童秀珑
14	大庆石化分公司	朱连勋、商　平、梅　巍	郎笑梅、迟克彬、张志翔	李维彬、丘丽萍、贺得福、西晓丽、张洪达、孙继良
15	大庆炼化分公司	丁海中、周云霞	杨洪孝、张跃虎	云　飞、宋鸿远、金龙渊
16	吉林石化分公司	柳　文、张德胜、蔡小平	肖福魁、程延华、刘海军	董跃辉、邓广金、张　健、宋贵君、王皖林、邹向阳
17	辽阳石化分公司	刘景凤、赵建国、周亚绵	王　博、张元礼	刘黎明、韩玉茹、苗文海、鲍永忠
18	辽河石化分公司	叶　明	汪太龙	杨春凤、刘艳清、刘海澄
19	锦州石化分公司	王　强、李贵生	王家杰、曲　江	符时壮、张志强、王亚琦、杨　伟
20	锦西石化分公司	高　飞、杜志永	李　超、梁文博	陈艳春、董　言、金广琴、赵全庆
21	乌鲁木齐石化分公司	董志新	展江宏	张学军、龚　涛、陈蓝天
22	前郭石化分公司	耿铁群		
23	哈尔滨石化分公司	宋大勇		
24	抚顺石化分公司	王昌东、董卫兵、段　霞	孟宪筠、李秀洁	张　治、杨青松、郭志军、鲍　伟
25	大连石化分公司	韩兆辉、曹云芳、王　利、于海卫	何明俊、刘俊锋、娄仁杰、刘　勇	李卫东、屈清洲、吴　宇、赵　实
26	华北石化分公司	王新元		
27	大港石化分公司	崔秋凯	韩建立	王永海、张翠云、李建忠

续表

序　号	单　　位	优秀科技管理者	杰出项目经理	优秀研发人员
28	兰州石化分公司	赵振兴、王　彤、龚　辉	周正祖、陶惠平、王　燕	苏　润、冉卫东、刘宏海、荔栓红、刘发强、朱金明
29	克拉玛依石化分公司	于林会	李剑新	马忠庭、李　红
30	独山子石化分公司	朱光宇、周志宏	张　勇、周　豪	蒋　舰、吕　慧、吕　智
31	润滑油分公司	张青蔚、马书杰	续　景、魏文羽、李建明	谢建海、孙丁伟、刘伟艳、刘功德、张玲俊
32	宁夏石化分公司	蒙　军	杨继红	
33	呼和浩特石化分公司	王建军		
34	长庆石化分公司	韦　勇		
35	宁夏炼化分公司	曾贤麟		
36	庆阳石化分公司	石永江		
37	管道分公司	郑承震、刘广文、康力平	于树青、谭东杰、梁静华	周利剑、宋建河、邵英武、刘桂春、郝建斌、冯庆善、程德发
38	北京华油天然气有限责任公司	董绍华		
39	勘探开发研究院	杨　杰、钟太贤、李芳竹、赵应成、马　龙、崔思华、林英姬、郭庆新	曹　宏、刘建东、任荣权、尤　洵、杨占龙、王建功、高建虎、杨　威、熊　伟、李五忠、谢锦龙、斯春松	瞿　辉、赵长毅、贾进斗、何登发、朱友益、侯建锋、于立军、李秀峦、张付生、窦修荣、李　捷、刘国强、曾　萍、马　洵、张巧凤、胡自多、陆育锋、杨午阳、周相广、钟世敏、蒋廷学、黄洪春、杜卫东、王　鑫、郑兴平
40	规划总院	王　钦、程晓春	黄晓丽、寇　忠、刘一心、王　华	李秋忙、李占辉、余绩庆、朱纪宪
41	炼油化工技术研究中心	李振宇		
42	勘探与生产分公司	张仲宏		
43	天然气与管道分公司	崔红升		
44	炼油与销售分公司	乔　永		
45	化工与销售分公司	万丽翎		
46	股份公司总部		尚　真、杨大新	

【科技培训工作】　2004年，股份公司共举办了19期“科技项目管理骨干培训班”，重点培训了项目管理理念和基本知识、股份公司科技项目管理流程与规范、项目管理平台和软件的应用，股份公司共有590人参加了培训。

（刘顺春）

信息工作

【概述】 2004年，集团公司信息化工作大力推进，健康发展。股份公司按照“统一规划、统一标准、统一设计、统一投资、统一建设、统一管理”的原则，集中投入、稳步推进了以专业应用系统为重点的信息系统建设和应用。未上市部分继续按照《2003—2005年信息化工作计划》的部署，积极完善信息基础设施，开展应用系统建设。

继续加快集团公司信息基础设施建设。在集团公司规划计划部和股份公司科技与信息管理部的统一组织协调下完成的石油计算机网络二期工程，4月12日通过集团公司信息化工作领导小组组织的竣工验收，石油主干网、企业主干网和园区网三级互联的石油计算机网络得到大幅度完善和提升。由103家企业分会场组成的石油视频会议系统运行良好。新的石油电子邮件系统注册用户近20万，年收发邮件2000万封。集团公司总部园区网改造工程投入运行。信息安全体系建设的前期工作正在积极进行。

大力推进总部部门和企业信息系统建设。管理信息系统建设取得阶段性成果。集团公司系统财务信息化建设不断深入。3个未上市企业ERP试点单位的系统建设和应用成效显著。各级网站建设进一步扩展和深化。一批办公应用系统建成投运。专业应用系统试点起步并取得阶段进展。已建系统运行良好，发挥了重要作用。

不断加强信息化管理、制度和队伍建设。集团公司信息化工作会议成功召开，总结工作、表彰先进、交流经验、做出部署。相关信息化管理专项办法印发施行，信息标准化工作取得一批成果。集团公司总部信息服务实现承诺制和“一站式”服务，用户满意度显著提高。

【信息基础设施建设】

（1）石油计算机网络二期工程通过竣工验收。工程共包括石油主干网核心节点和企业出口节点、石油主干网网络设备管理及网络安全系统、石油主干网计费系统、石油计算机防病毒系统、石油视频会议系统、石油电子邮件系统、集团公司总部网络中心机房改造、集团公司总部视频会议室建设等8个项目。在2003年陆续完成了各项目的初步验收、系统试运行、系统测试、系统验收和整个工程竣工审计的基础上，根据《集团公司建设项目（工程）竣工验收管理办法》（中油计字［2003］267号文）的要求，结合信息工程项目的特点，收集、整理、归档工程8个项目的各类竣工验收文档共计28卷、107册，并成功通过了3月12日的二期工程竣工预验收和4月23日的竣工验收。由集团公司信息化工作领导小组全体成员组成的验收委员会认为，工程指导思想正确，项目管理规范有效，节约了大量投资；通过投入运行，发挥了很好的作用，取得了良好的经济效益，并为今后集团公司信息化建设奠定了较好的基础，提供了可贵的借鉴。

（2）区域数据中心建设取得良好进展。在大庆、辽河、新疆、成都、西安、大连、上海等地建设了7个区域数据中心，拓宽了36个单位的广域网络，改善了网络安全体系，为实现数据和应用系统的集中、高效管理，节省维护费用奠定了基础。根据工作需要，在集团公司总部和股份公司机关统一配置，以VPDN方式开通了移动办公系统。

（3）集团公司总部园区网改造工程圆满完成。在完成《集团公司总部网络改造项目建议书》的基础上，编制了项目可行性研究报告并通过专家论证。整个工程分工程监理、园区网改造、机房空调与供电系统改造、综合防雷系统建设、因特网出口备份等5个项目。各项目分别通过规范招标确定承担单位。成立了总部园区网改造项目服务组、监察小组和项目组，制定了工程安全、文明施工的各项协议和规定，在服务小组的组织协调和指导下，项目组协调各方通力合作，在不中断网络运行、不影响机关工作的情况下，周密安排，精心组织，充分利用节假日昼夜施工。截至11月底，工程的主要任务按期完成，各项目分别通过专项测试、验收，全面投入试运行，实现了千兆连主干、百兆到桌面、整体水平迈上新台阶的目标，为集团公司总部信息系统提供了高效的网络平台，为提高机关工作效率奠定了网络技术基础。工程通过了12月31日的竣工验收，竣工验收文档资料共6卷31册。

（4）集团公司信息安全建设的前期工作积极展

开。学习和落实公安部、国家保密局、国家密码管理委员会办公室、国务院信息化工作办公室“关于印发《关于信息安全等级保护工作的实施意见》的通知”（公通字（［2004］66号）精神，落实集团公司信息化工作领导小组“必须建立健全集团公司全系统统一的网络信息安全体系”的部署，规划计划部和办公厅于2004年11月4日组织召开了集团公司信息安全建设专家咨询会议。会议邀请有关主管部门和领域的信息安全专家，就集团公司信息安全建设任务、实施策略、保障措施等进行了深入讨论，并形成对集团公司信息安全工作有指导作用的专家意见。11月22日开始与国内著名的信息安全专业公司交流，研究安全风险评估启动的有关问题，形成工作的框架思路。

【信息系统建设及应用】

（1）一批办公应用系统建成并投入运行。集团公司总部和股份公司机关办公自动化系统上线运行，实现公文网上流转和两级公文网上传输，成为提高公文处理效率的平台。建成一些部门的网上业务处理系统。27家未上市企业已建设和应用企业办公自动化系统。

（2）各级信息网站、门户建设不断扩展和深化。集团公司外部网站用中英文两种文字向国内外介绍集团公司基本情况和工作动态。集团公司内部网站信息每日更新。总部12个部门建成了部门信息网页。石油人才交流网建成并投入运行。大多数成员企业都建成了内部网站。股份公司企业信息门户总数1600多个，信息量500GB以上，信息主门户日访问量5000人次，成为广大员工共享信息的统一窗口。

（3）管理信息系统建设与应用取得进展。集团公司会计集中核算系统设备完成集中招标采购，系统建设进展顺利。中油财务公司网上银行金融系统建成。集团公司企事业单位编码工作和人员基本信息收集基本完成。集团公司法人实体调查数据库投入运行。股份公司法律合同系统已在辽河油田等9个单位试点运行，具备了全面推广应用条件。国际工程公司ERP财务模块在12个国家35个项目点上线运行；北京石油机械厂ERP系统应用成效显著；东方物探覆盖公司全部主要业务的ERP系统年底基本完成。根据统一部署，股份公司开展了ERP系统实施的前期准备，搭建了系统演示环境；根据内控项目需要，建设了内控项目信息门户，制定了公司信息系统总体控制体系提升方案。

（张耀臣）

2004年，股份公司按照“统一规划、统一标准、统一设计、统一投资、统一建设、统一管理”的原则，集中投入、稳步推进了以专业应用系统为重点的信息系统建设和应用。

（1）专业应用系统试点实施进展顺利。地球科学与钻井系统和上游生产系统项目于2004年8月13日正式启动。承担试点、制作模板的大庆油田有限责任公司对项目进行了有效的管理，并投入了项目建设所需的业务骨干。项目组在调研分析基础上，完成了详细方案设计；进行了源数据和业务流程梳理，提出了数据模型框架和数据标准；制定了硬件配置方案，完成了硬件招标和订货工作，项目进入了实施阶段。炼油与化工运行系统、先进计划系统于8月下旬正式在大连石化分公司开始试点实施。炼油与化工运行系统开展了原型设计，先进计划系统搭建了基础模型，为项目按期完成迈出了坚实的一步。管道生产系统开始在北京华油天然气有限责任公司进行试点实施。质量安全环保信息系统、数据仓库系统、地理信息系统和客户服务系统可行性研究及试点方案设计已经完成，为系统实施奠定了基础。

（2）管理信息系统建设取得阶段性成果。办公自动化的公文管理子系统进入了全面推广阶段，为提高公文处理效率搭建了平台。法律合同系统已在辽河油田等9个单位完成了试点运行，具备了全面推广应用条件。根据股份公司的统一部署，开展了ERP系统实施的前期准备，搭建了系统演示环境。根据内控项目需要，建设了内控项目信息门户，制定了股份公司信息系统总体控制体系提升方案。

（3）区域数据中心建设取得新的进展。在大庆、辽河、新疆、成都、西安、大连、上海等地建设了7个区域数据中心，拓宽了36个单位的广域网络，改善了网络安全体系，为实现数据和应用系统的集中、高效管理，持续节省维护费用奠定了基础。在股份公司总部统一配置了因特网接入设备，开通了移动办公系统。

（4）已建信息系统运行良好。电子邮件系统新增注册用户3万个，总数已达到12万，全年收发邮件1000多万封，信息量超过300GB。企业信息门户总数1600多个，信息量500GB以上，股份公司信息主门户日访问量5000人次，成为广大员工共享信息的统一窗口。物资编码系统新增编码近30万条，注册用户净增2.78倍，对电子商务和各类物资管理发挥了重要作用。

（刘顺春）

【信息化管理和制度建设】

（1）集团公司信息化工作领导小组听取汇报，明确思路。4月23日，任传俊副总经理主持召开集团公司信息化工作领导小组2004年第一次会议，听取集团公司规划计划部、股份公司科技与信息管理部、石油经济技术研究中心工作汇报，听取股份公司电子商务以及东方地球物理公司、国际工程公司、北京石油机械厂ERP试点专题汇报，对石油计算机网络二期工程进行了竣工验收。会议就有关问题进行了研究，确定了坚持“统一规划、兼容共享、先进实用、积极推进”原则，共同建设中国石油集团公司的信息基础架构和应用体系，进一步推进集团公司整体信息化建设的基本思路，决定抓紧筹备召开集团公司信息化工作会议和尽快启动总部园区网改造工程。会后，根据集团公司规划计划部的部署，各企业完成本企业信息化工作的全面总结。

（2）集团公司信息化工作会议总结成绩，交流经验，表彰先进，部署工作。7月22—24日集团公司信息化工作会议在北京召开。集团公司任传俊副总经理到会作重要讲话，规划计划部江夕根主任作工作报告。会议围绕贯彻跨国战略，总结成绩、交流经验、表彰先进、部署工作，并进行了专题培训。集团公司总部有关部门和企业信息化工作的主管领导及技术负责人共180多人参加会议。会上，集团公司决定授予大庆石油管理局等18个单位“集团公司信息化工作先进集体”称号，授予王毅锴等10名同志“集团公司信息化工作标兵”称号，授予李长山等113名同志“集团公司信息化工作先进个人”称号。

（3）制度规范建设持续进行。《集团公司计算机网络安全运行管理暂行办法》、《集团公司管理信息系统管理暂行办法》印发各企事业单位施行；集团公司企事业单位编码和人员编码规则制定并付诸实施。《集团公司总部机关信息服务备件费使用管理办法》、《集团公司总部机关VPDN用户申请程序和保密承诺书》在内部试行。

（张耀臣）

【信息技术培训】　2004年，股份公司举办了“防病毒系统培训班”、“企业网络和安全管理培训班”和“信息技术应用培训班”。其中，防病毒系统培训班、企业网络和安全管理培训班，主要培训了病毒防御同网络安全的关系、股份公司企业网设备配置方法与规范、网络安全政策与标准、网络服务器安全配置规范等。信息技术应用培训班，主要培训了股份公司信息标准规范、信息分类与编码导则、基础设施标准、数据交换模型标准、物资分类与代码及相关标准、Exchange2000基础架构、基于Exchange2000应用开发基础、邮件系统高级应用，以及SPS2003版内容及升级、net编程、XML说明、管理模块的配置方式、实施步骤等，股份公司共有150名信息技术人员参加了培训。

（刘顺春）

【信息标准化】　石油信息与计算机专业标准化委员会（简称信标委）换届完成，第五届信标委由45名委员组成。其中：中国石油天然气集团公司29人，中国石油化工集团公司9人，中国海洋石油总公司4人，大专院校3人。

物资编码系统新增编码近30万条，注册用户净增2.78倍，对电子商务和各类物资管理起到了重要作用。

实现了标准化业务网上办公。通过自行开发的标准制修订审查管理系统，委员和专家可以了解信标委的工作动态和发展，以及信息标准化工作的近期、中期和远期方向，并通过网络在网上对年度制修订的标准进行投标。

股份公司信息标准化：（1）编制完成了股份公司信息技术标准总体规划，并于2004年12月7日通过了专家组的验收。围绕股份公司信息技术总体规划，结合国际信息技术的发展趋势，形成了《中国石油企业信息标准现状分析报告》、《中国石油企业信息标准展望报告》、《中国石油企业信息标准总体规划报告》，内容涵盖了信息标准政策、体系、流程和服务平台4方面，信息标准体系包括通用基础标准、数据层标准、应用层标准、基础设施层标准、安全标准和管理与服务规范6大类，36个子类，304项信息标准，计划按32个项目实施。（2）制定了《数据元设计规范》标准。在引用国际、国家有关数据元标准的规则、原则和方法的基础上，结合POSC等组织在数据模型设计和数据标准制定方面的技术和思路，提出了符合股份公司实际应用的实施细则和具体的方案。内容涵盖数据元的基本框架、分类、基本属性、命名、标识原则以及数据元定义的编写规则和指南。（3）实现了标准化网上办公。委员和专家通过自行开发的标准制修订审查管理系统，了解信息化标准技术委员会的工作动态和发展，以及股份公司信息标准化工作的近期、中期和远期方向，并通过网络在网上对年度制订、修订的标准进行投票。（4）研究和编制了《中国石油数据元目录》。

（刘顺春）

学会活动

【概述】　2004年，中国石油学会按照组织工作网络化、学术交流规范化、科技咨询市场化、学术刊物权威化的“四化”要求，努力为我国石油、石化工业的科研、生产服务，为广大会员和科技工作者服务，在组织建设、学术交流、科普教育、科技咨询、期刊出版等各个方面较好地完成了全年计划任务。

【组织建设及管理工作】

1. 十分重视学会系统的组织建设工作

中国石油学会新一届理事会十分重视学会系统的组织建设工作，更加强调充分发挥学会各级组织机构职能，发挥学会社会化大体系、大网络整体优势，结合换届，健全完善了各专业委员会和省市石油学会机构。

截至2004年底，石油炼制分会、海洋石油分会、石油物探专业委员会、石油地质专业委员会、石油工程专业委员会、石油测井专业委员会、石油统计专业委员会、石油经济专业委员会、石油科技装备专业委员会、石油储运专业委员会、石油质量可靠性专业委员会、石油物资管理专业委员会、天然气专业委员会、石油科普教育工作委员会、《石油学报》编辑部等单位已完成了换届工作。已届满到期的山东省石油学会、青海省石油学会、湖南省石油学会、河北省石油学会等在各省科协的领导和有关单位的大力支持下，也按期进行了换届选举，产生了新一届理事会，保证了学会工作的正常开展。

在中国海洋石油总公司（以下简称中海油）的大力支持下，天津市石油学会已由原挂靠单位渤海石油基地公司转为渤海石油分公司。鉴于海南省石油学会原挂靠单位已经撤销，该省石油学会工作处于瘫痪状态，而海南省在石油、石化行业方面又以中海油的企业为主，经与中海油、海南省科协和有关单位协商，初步商定由海洋石油富岛股份公司牵头重新组建海南省石油学会。关于辽宁省石油学会的挂靠问题，正在与辽宁省科协、辽河石油勘探局、辽河油田分公司等有关单位协商办理。

同时，在集团公司党组的关怀和人事劳资部的支持下，中国石油学会秘书处采取公开招聘、竞争上岗、人事部门考核的方式，聘任了学术交流部、科普咨询部、《石油学报》编辑部等部门的负责人，从组织上保障了学会工作的正常开展。

2. 十分重视组织工作的网络化与信息化建设

按照中国石油学会“六大”提出的组织工作网络化与信息化的要求，在集团公司的大力支持下，中国石油学会网站已经正式建立，并于2004年10月1日正式开通，网址为 www. cps. org. cn。今后中国石油学会所有大的学术交流活动、会议通知、各省市石油学会、各分会和专业委员会的情况等均可以在网上发布信息。

各省市石油学会、各分会和专业委员会也都相继建立或积极筹备建立网站，如广东省石油学会网站已开设了科技动态、学会活动、会员登录、学会论坛等20个栏目，网站的浏览点击与网员注册数不断上升。物探专业委员会的网站在筹备和承办“CPS/SEG2004北京地球物理国际会议暨展览”过程中发挥了重要的作用。

【重大学术交流活动】　2004年，中国石油学会以及各省、市、自治区石油学会、各分会和专业委员会，围绕企业在生产和科研中出现的热点问题，广泛开展了内容丰富、针对性强、具有学会特色的学术交流活动，为三大石油集团（总）公司的可持续发展和高层领导的决策起到了参谋、助手作用。

1. CPS/SEG2004北京国际地球物理会议暨展览

由中国石油学会（CPS）与美国勘探地球物理学家学会（SEG）联合主办、石油物探专业委员会承办的“CPS/SEG2004北京国际地球物理会议暨展览”于2004年3月31日—4月3日在北京召开。这是中美两国地球物理学界自1978年合作以来在华联合举办的第6次大型国际地球物理会议暨展览。本次大会的主题为“地球物理勘探走向西部”。大会共收到中国、美国、加拿大、英国、泰国、沙特阿拉伯、马来西亚、俄罗斯、乌克兰等9个国家390篇论文，按地震采集、处理、解释、偏移、井间、非地震、多分量等专题进行报告，来自美国、加拿大、英国、法国、意大利、日本、俄罗斯、乌克兰、蒙古国、以色列、马来西亚、印尼等10多个国家和国内中石油、中石化、中海油三大石油公司及国土资源部、国家地震局等近1200人参加了大会和展览。中国石油学会理事长黄炎、SEG主席邓肯、集团公司副总经理周吉平、中石化股份公司总裁助理兼总工程师宋万超、中海油股份公司副总裁陈伟和集团公司总经理助理徐文荣等到会并致辞，原石油部老领导阎敦实、地球物理资深专家孟尔盛和东方地球物理勘探有限公司董事长王小牧、总经理王铁军等出席了大会。会间同时举办了“高峰专题论坛”和“新产品、新技术推广介绍会”。在“高峰专题论坛”会上，来自国内外各大专业公司的9位高层专家针对“面向21世纪的世界地球物理技术和经济”这一主题发表了讲演。

2. 首届中国石油地质年会

由中国石油学会地质专业委员会与中国地质学会地质专业委员会联合主办，中石油、中石化、中海油三大石油公司协办的“首届中国石油地质年会”于2004年6月2—6日在北京召开。来自三大石油公司及全国有关单位的280多名代表参加了会议，会议征集论文148篇。邱中建、翟光明、李德生、胡见义、戴金星、张一伟、牟书令、贾承造、张国华、张大伟等院士和知名教授出席了大会。会议围绕我国东部老油区新的勘探潜力、中西部含油盆地再认识、碳酸盐岩沉积区勘探突破方向、海域石油新进展及勘探潜力以及社会各界十分关注的我国油气资源前景与发展战略等重大问题展开了讨论。

3. 钻井技术研讨会

为促进我国石油钻井技术的发展，中国石油学会石油工程专业委员会于2004年2月27—29日在大庆油田召开了“2004年度钻井技术研讨会”，来自三大石油公司和科研院所的专家、教授及科技人员180余人参加了会议，沈忠厚等4位院士分别做了“国际石油钻井技术现状及发展方向”、“地质导向和井下增压技术”、“石油钻井管材发展方向”等专业报告。会议通过研讨，为陆上石油钻井管理和技术提出了全新的理念和思路。

4. 中国天然气化工利用研讨会

为促进我国天然气化工利用的发展，提高天然气化工技术水平，由中国石油学会天然气专业委员会与中国石油天然气股份有限公司炼油化工技术研究中心联合举办、西南油气田分公司承办的“中国天然气化工利用研讨会”于2004年9月7—9日在四川成都召开。来自中石油、中石化、中海油、国家自然科学基金会、中国科学院、清华大学、浙江大学、石油大学(北京)、华东理工大学等单位的120多名专家学者和代表参加了会议。会议交流论文38篇。集团公司总经理助理廖永远出席会议并作了重要讲话。中国石油学会秘书长何庆华、中国石油西南油气田分公司总经理李鹭光到会表示祝贺。本次会议以“天然气化工与未来石化”为主题，围绕天然气化工面临的机遇和挑战，探讨了本行业发展的新思路、新进展和天然气化工利用新技术开发趋势，研究了天然气化工产业化发展方向，总结了我国天然气化工利用前期研究工作基础，指出了今后新技术研发的方向，明确了基础研究与工程研究紧密结合的研发模式，促进了国内天然气化工利用研究单位之间、研究单位与工程设计单位之间、研究单位与企业之间的相互交流。

5. 海洋石油隐蔽油气藏勘探技术研讨会

为解决我国海洋石油隐蔽油气藏的勘探技术问题，海洋石油分会于2004年11月15—17日在广东湛江召开了“海洋石油隐蔽油气藏勘探技术研讨会”，来自中石油、中石化、中海油三大公司以及科研院所的专家、学者和技术人员共80多人参加了会议。中海油高级顾问、原总地质师龚再升参加会议并作了重要讲话。这是海洋石油分会为企业有针对性地解决实际问题而召开的一次研讨会。专家们围绕我国陆上油田隐蔽油气藏勘探技术的成功经验以及海洋石油勘探实际情况，展开了广泛交流与研讨，交流论文20余篇，为利用陆上隐蔽油藏勘探技术解决海上油田勘探问题拓宽了思路。

6. 延长油矿特低渗透油田百年发展座谈会

2004年8月5—8日，中国石油学会在陕西省延安市召开了“延长油矿特低渗透油田百年发展座谈会”。原石油部副部长焦力人，陕西省委原书记、全国政协常委安启元，陕西省委原书记张勃兴，陕西省原副省长曾慎达以及陕西省、延安市的领导同志，中国科学院院士李德生、中国工程院院士韩大匡和中石油、中石化及有关省市石油学会的专家120多人参加了会议。会议听取了延长油矿百年发展历史回顾及特低渗透油田开发工作汇报和经验介绍，并实地考察了具有百年开发历史的七里村油田和中国大陆第一口油井，现场参观了川口采油厂、青化砭油矿丰富川油田和年加工能力500万吨的永坪炼油厂。代表一致认为，目前我国石油资源短缺，从国家石油安全战略高度，研究低品位资源开发利用的经验与对策是有重要意义的。

7. 第五届中国润滑油国际高峰论坛

由中国石油学会炼制分会主办的2004中国润滑油国际研讨会于2004年12月1—2日在北京举行。来自国内外近百名代表参加了会议，中石化科技发展部主任洪定一博士、中石油润滑油分公司总经理廖国琴、中石化润滑油公司总经理宋云昌等到会作了重要报告。来自中石油、中石化、埃克森美孚公司（ExxonMobil）、固瑞克公司、罗曼克斯公司（RohMax）及美国西南研究院等单位的专业技术人员进行了大会报告。会议共交流论文30余篇，报告发布了润滑油基础生产技术、润滑油脂的研究开发、各种添加剂在润滑油中的应用、润滑油脂评定技术及润滑油标准与技术规范等方面的最新进展，探讨了润滑油市场对润滑油行业经营、管理的新要求。

8. 第三届中俄测井国际学术交流会

中国石油学会测井专业委员会与俄罗斯欧亚地球物理学会联合举办的“第三届中俄测井国际学术交流会”于2004年11月24日在俄罗斯巴什科尔托斯坦共和国首府乌法市隆重召开。来自中国、俄罗斯联邦、哈萨克斯坦等国家的近40个组织、公司、科研院所和高等院校的200多名代表参加会议，共交流论文71篇，并在会场外组织了小型展览。俄方还安排中方代表到圣彼得堡、莫斯科等地参观了测井研究所和石油院校。

9. 承办中国科协学术年会“石油工业安全生产、环境保护的监测与控制”分会场

中国科协2004年学术年会于2004年11月20—23日在海南省博鳌亚洲论坛国际会议中心召开。中国石油学会及石油质量可靠性专业委员会承担了第17.1分会场的组织工作。第17.1分会场的内容为“石油工业安全生产、环境保护的监测与控制”，参会代表近百名，共收到论文近200篇，会议宣读论文16篇。中国石油学会秘书长何庆华及中石油、中石化、中海油的有关领导到会并主持了会议。

10. 积极参加国际学术会议（SPE年会）

2004年度的SPE技术年会暨展览会于9月26—29日在美国休斯敦举行。年会的主题为“技术日新月异的世界”，来自世界各地的近千名SPE会员和学生会员、200余名非会员以及一些世界著名石油公司和技术服务公司的CEO及高级管理人员参加了本次年会。年会共设钻井与完井、设备与施工、生产与作业、油藏描述与仿真、管理与信息、HSE等6大类、13个专业、73个专题分会场，由SPE会员撰写的450篇论文和50余篇张贴论文参与了会议交流，有近百家石油公司和技术服务公司参加了展览，展示其最新技术成果和产品。中国石油学会副理事长、中油股份公司副总裁、SPE北京分部主席刘宝和，中国石油学会常务理事、中油股份公司原副总裁、SPE北京分部原主席沈平平，中国石油学会秘书长何庆华以及中油股份公司勘探与生产分公司副总经理、SPE北京分部会员主席吴奇等9人组团出席此次年会，加强了与SPE高层的沟通，为进一步开展石油工程领域的国际学术交流奠定了基础。

11. 积极参与中国科协“2020年中国科学和技术发展研究——交通科学技术综合专题报告”的组织及撰文工作

根据中国科协的工作要求，中国石油学会组织部分储运专家积极参与了中国科协向国家提交的“2020年中国科学和技术发展研究——交通科学技术综合专题报告”管道运输分专题的撰写工作，由于组织及撰写工作突出，得到中国科协的充分肯定。

12. 积极参加中国科协第三届“全国优秀科技工作者”推荐评选工作

中国石油学会及各省市石油学会积极向中国科协推荐了在石油、石化行业科研、生产中做出突出贡献的优秀科技工作者，经中国科协第六届常务委员会批准，徐文荣、石亚华、朱伟林、刘杨、刘和平、孙龙德、金积铨、黄立本荣获中国科协第三届“全国优秀科技工作者”称号。

13. 各分支机构积极开展丰富多彩的学术交流活动

广东省石油学会2004年举办与参与国内外学术交流活动32项，有2652人次参加了活动，交流学术论文928篇。其中，中德水合物合作会议取得了显著的成果，会议邀请国内外专家就当前海洋能源的热点问题进行了讨论，并举办了南海天然气水合物钻探取样技术研讨会。由海洋石油分会主办的南海CO_2综合利用研讨会，展示了CO_2在提高原油采收率和作为化工原料等方面的广阔的市场前景。上海市石油学会以追求精品化为目标，举办高层次学术报告会，邀请李大东院士作“21世纪石油炼制技术的发展趋势”学术报告；隆重举办有130余人参加的2004年学术年会，举办以系列化、品牌化为目标的第五次东海石油地质研讨会。新疆石油学会组织参与自治区第五届青年学术年会，共组织论文169篇，59名代表参加了会议；组织有关专家赴俄罗斯进行技术交流，就三次采油技术与俄罗斯相关科研院所进行技术洽谈；组织有关专家与美国尼克松公司就美国吉昂公司的膜制氮技术用于稠油开采进行技术交流。物探专业委员会除了承办“CPS/SEG2004北京国际地球物理会议暨展览”外，还举办了“地震数据分析”讲座，邀请著名地球物理学家伊尔玛咨博士为会员单位作学术报告，

历时5天，参加人数达230人；举办了SEG高级课程教育培训班，共100人参加；每年4次的SEG北京联络部学术交流、三期地震方法高级研讨班，共300余人次参加培训；还举办了“东部地区第12次物探技术学术交流会”和“西部地区第12次物探技术研讨会”。

据不完全统计，2004年中国石油学会共召开学术交流会达335次，其中省市学会290次，秘书处和专业委员会45次，参加人员2万多人次，交流学术论文近2600篇，全面完成了年初的学术交流工作计划。

【期刊编辑出版】

(1)《石油学报》全年编辑出版6期，发表学术论文141篇，综合信息28篇，约140万字；发行《石油学报》(包括赠阅和交换期刊) 约11000册。根据2004年12月中国科学技术研究所信息分析中心最新提供的《期刊检索报告》,《石油学报》的影响因子由2003年的0.691上升到0.925，被引频次总计为952，在能源科学类期刊中继续名列前茅，并连续三年荣获“百种中国杰出学术期刊”奖。

(2)《石油学报》(石油加工) 全年编辑出版6期，发表学术论文94篇，约110万字，发行《石油学报》(石油加工) (包括赠阅和交换期刊) 约10000册。

(3)《石油知识》杂志全年编辑出版6期，发表文章380篇，总字数约45万字，发行12万册，全面完成了编辑出版任务。《石油知识》自筹办刊经费，以刊养刊，基本实现了自负盈亏，为中国石油学会逐步向适应市场经济转换做出了有益尝试。

(4) 各省、市、自治区石油学会、各分会和专业委员会所办期刊的质和量都有了长足的进步。物探专业委员会主办的《石油地球物理勘探》多次获得中宣部、国家科委和新闻出版署颁发的全国优秀期刊一等奖和双高期刊，已成为我国广大石油物探工作者的必读专业刊物。经济专业委员会主办的《国际石油经济》多年来一直注重期刊质量，在本领域内发表了大量学术文章，发挥了学术交流的平台作用。各省、市石油学会所办的学术期刊已经成为本地区石油、石化行业科技工作者学术交流的桥梁与工具。

【科普教育及咨询工作】 在2004年科普工作中，结合生产、科研实际，开展了多学科、多层次、综合性的石油科技知识普及工作。

(1) 中国石油学会科普工作委员会于2004年3月29日在北京召开了换届会议，来自中石油、中石化、中海油系统在京企事业单位的科普委员会成员30多人参加了会议。会议总结了第五届科普委员会的工作，聘任了新一届科普委员会成员，讨论了石油科普工作与企业发展相结合的工作方针，确定了科普工作的任务和方向。

(2) 中国石油学会、青海省石油学会、甘肃省石油学会于2004年6月共同举办了青海地质科普活动。来自三大石油公司系统60多名科技人员参加了科普考察活动。中国石油勘探开发研究院西北分院从事青海湖现代沉积和油田地质研究的3位专家，从青海湖自然地理概况、青海湖构造特征与湖盆演化、沉积环境与构造及沉积体系展布的关系，与古代陆相含油气盆地沉积体系域类比、现代沉积主要考察地点与考察内容以及青海湖环境演化与可持续发展等6个方面，对青海湖现代沉积与油田地质研究做了讲解，并与参加活动的科技人员一同对青海湖现代沉积现象进行了实地考察。

(3) 由中国石油学会主办的“2004年石油科普夏令营交流活动”于2004年7月在内蒙古呼伦贝尔市举行，来自各省、市、自治区石油学会近70名科技人员参加了此次活动。大庆油田物探专家为科技人员作了以“持续有效发展，创建百年油田”为主题的科普讲座。

(4) 2004年7月中国石油学会科普委员会与中石油科技发展部共同举办了3次科技讲座，分别由中国石油勘探开发研究院、中国石油集团东方地球物理公司、中科院化学所的专家作了“海外石油勘探开发关键技术发展趋势”、“纳米材料技术在石油工业中的应用”等专题报告，总计300多名领导干部和科技人员参加了科技讲座。

(5) 为了做好科普产品，面向社会普及石油知识，通过影视和动画的手段将石油的生产过程和产品的广泛应用表现出来，在更大的范围内宣传中国石油工业的成就和科学知识，中国石油学会向三大石油公司发出了“关于拍摄石油科普电视片的报告”，得到了各级领导的大力支持，成立了以黄炎理事长为组长的领导小组。目前此项工作正在积极进行之中。

(6) 积极参加了中国科协部署的“走向2049——全国公众科学素质大赛”设计赛题活动。

(7) 各省、市、自治区石油学会、各分会、专业委员会也积极开展了大量的科普宣传活动和科技咨询活动。新疆石油学会邀请新疆科技精英、自治区获得专利最多的罗仁全教授到油田举办“创新与发明”知识讲座，并积极参与克拉玛依市举办的第四届科普宣传周活动等。上海市石油学会在2004年度上海市科技周期间，邀请中石化上海海洋油气分公司信息所所长彭伟欣在科技会堂举办40余人参加的“中国近海油气勘探开发形势及海域划分状况”科普报告会，组织参观青浦地热勘探现场，组织上、下游科技人员进行互访和交流。广东省石油学会在2004年7月举办了第22届青少年石油科技夏令营，共有82名营员参加，在分会的精心组织下，孩子们受到了深刻的爱国主义教育；还组织开展了300多人参加的科普电影到社区和科技活动月以及1000多名学生参加的世界地球日活动；召开了北黄海油气勘察与井位咨询会，包括院士在内的30多位专家为北黄海油气勘察发表了咨询建议。河南省石油学会举办了8天40人参加的专利业务培训提高班，为企业培训专利工作骨干队伍；组织青少年参加全国机器人竞赛，并取得常规项目赛冠军，进入中国代表队。

据不完全统计，中国石油学会及其分支机构全年共开展各类科普宣传活动249次，参加人数29000余人次，编辑出版科普期刊10余种，印发材料近万册，提供技术咨询服务63项，合同金额200余万元。

（康　剑）

第八篇

质量安全与环境保护

综　述

【概述】　2004年，中国石油天然气集团公司全面贯彻和落实科学发展观，创建一流的社会主义现代化企业和具有国际竞争力的跨国企业集团，开创了安全生产、质量、标准化、计量、环境保护、职业卫生、节能节水等各项工作的新局面。

【安全生产】　集团公司牢固树立以人为本、安全第一的理念，广泛深入地开展“安全生产管理年”和“安全生产警示日”活动，完善落实安全生产责任制，认真实行HSE“两书一表”，加强安全监督管理，积极组织安全生产大检查、专项检查和专项整治，扎扎实实地开展安全生产系列教育活动，进一步加大了对交通、消防安全工作的领导力度。2004年，集团公司未上市企业发生员工伤亡事故72起，死亡15人，经济损失152.28万元。与2003年相比，员工伤亡事故起数上升53.19%，死亡人数、直接经济损失分别下降94.14%、98.35%。

2004年，中国石油天然气股份有限公司开展了以“强三基、反三违、除隐患、保安全”为主题的“安全管理年”活动，取得了很好的效果。2004年，股份公司共发生死亡人事故17起，死亡29人，直接经济损失403万元。与2003年相比，死亡人事故起数下降了32%，死亡人数下降了17%，直接经济损失下降了65%；66个地区公司中，54个地区公司未发生死亡人事故。

【质量管理与监督】　2004年集团公司全面贯彻国务院《质量振兴纲要》，进一步优化质量管理体系运行机制，推进实施名牌战略，积极开展质量管理奖、优质产品奖和“用户满意工程”活动。组织石油工程技术服务企业和队伍资质认证、产品质量监督抽查和油田化学剂产品质量认可工作。继续开展对重大设备和重点物资进行驻厂监造和监理。组织推荐“全国质量效益型先进企业”、“全国用户满意企业、产品和服务企业”等活动。2004年集团公司自产产品质量监督抽查综合合格率为97.4%，采购物资产品质量监督抽查综合合格率为86.6%，分别高于年度目标的2.4和6.6个百分点。

2004年，股份公司在质量工作上，对石油产品、化工产品、石油机电产品、油田化学剂和资源性产品等五大类产品进行了质量监督抽查。年度共抽查1300批次，综合合格率达到91.15%。

【标准化】　2004年，集团公司继续加大标准宣贯与实施工作力度，标准化工作在组织建设、运行机制、体系优化、标准国际化进程等方面取得了显著成绩。组织制定和发布了15项集团公司企业标准。完成了承担的11项国家标准、53项行业标准的制修订工作。

2004年，股份公司在标准化工作上，对勘探与生产、炼油与销售、化工与销售、天然气与管道和信息与计算机等标准化技术委员会进行了调整或增补，目前，股份公司共设有5个标准化技术委员会和6个标准化直属工作组；2004年，股份公司制定了《试油（气）完井总结编写规范》等38项股份公司管理的企业标准及各地区公司管理的股份公司企业标准备案3739项。股份公司还完成了6项国家标准和28项石油（SY）、石化（SH）行业标准的制修订工作。

【计量】　集团公司积极开展计量器具管理工作，不断强化计量器具的动态管理和技术机构的建设，组织石油专用计量器具量值溯源工作。重点开展了石油企业硫化氢、可燃气体检测仪及有毒有害气体报警器等计量检测设备的专项调查。

【特种设备】　认真贯彻国务院《特种设备安全监察条例》等法律法规，组织开展首次特种设备安全质量大检查活动。举办了集团公司特种设备安全监督管理技术培训班。进一步加强了对特种设备的管理。

【环境保护】　集团公司认真落实环境保护目标责任制，加强重大项目的环境影响评价和“三同时”管理，确保重大投资的环境安全。认真贯彻《清洁生产促进法》，积极推行HSE管理体系和推行ISO 14001认证，实施重大环境污染治理和生态保护工程，杜绝了特大环境污染与破坏事故。

2004年，股份公司继续坚持做好污染治理和环境建设工作，股份公司所属独山子石化分公司成为全国首批（共8个）获得“国家环境友好企业”称号的单位。

【职业卫生】　集团公司认真贯彻《职业病防治法》，坚持“预防为主，防治结合”的方针，树立“以人为本、健康至上”的理念，注重 HSE 健康管理，开展健康风险识别、职业健康检查和职业病危害场所监测工作。通过加强了放射卫生管理，开展了作业场所职业病危害因素治理和“送健康到一线”的系列服务活动，组织完成了 5104 个职业病危害作业场所的监测评价工作，作业场所职业病危害因素监测率达到 92%。组织完成对 55302 名接触职业病危害因素作业员工的职业健康检查，职业健康检查率达到 93.1%。

2004 年，股份公司积极开展职业健康工作，共检测有毒有害作业场所 25429 个，为 135168 名员工进行了职业性体检，并为 179335 名员工进行了一般性体检。

【节能节水】 集团公司按照开展节能节水型企业创建工作的部署，制定了节能节水型企业评定办法。参与了《中国节能技术政策大纲》修订工作。组织了对重点用能用水单位基本情况的调查和对部分重点用能单位锅炉能效水平的监测。积极宣传和树立了集团公司落实科学发展观、走新型工业化道路的成绩和形象。集团公司全年消耗各种能源折标准煤 5021 万吨，新鲜水用量 10.04 亿立方米，耗能用水费用约 407 亿元。其中未上市企业购入能源消耗量为 823.73 万吨标准煤，新鲜水用量 3.26 亿立方米。

2004 年，股份公司能源消耗总量占所生产一次能源的比例由 2003 年的 23.18%下降到 22%左右。在股份公司生产规模不断扩大、油气及其加工产品产量逐年上升的情况下，有效地控制了能源消耗总量及能耗总费用的增长。2004 年，股份公司新鲜水总用量比 2003 年减少 8526 万立方米，下降了 11.2%，新鲜水取水总费用减少 0.63 亿元，下降了 4.4%。在新鲜水价格不断上涨的情况下，首次实现了新鲜水取水总费用的下降。

【健康安全环境管理体系】 集团公司始终把建立和实施 HSE 管理体系、推行 ISO 14001 认证作为建立现代企业制度的重要内容。截至 2004 年底，已有 74 个未上市企业和地区公司实施了 HSE 管理体系。共有 116 个单位通过 ISO 14001 环境管理体系认证，比 2003 年之前增加了 115%，促进了市场竞争力的提高。

2004 年，股份公司组织对 21 家地区公司健康安全环境（HSE）管理体系运行情况进行了内部审核；组织举办 HSE 管理体系培训班 20 期，培训内部审核员 985 名；促进了各地区公司 HSE 管理体系的规范建立及有效运行。截至 2004 年底，股份公司已有 54 家地区公司建立实施了 HSE 管理体系，股份公司整体 HSE 管理体系水平进一步提高。

【股份公司 QHSE 信息系统】 2004 年，根据股份公司信息总体发展规划的统一部署，质量安全环保部组织开展了“中国石油 QHSE 信息系统方案设计”研究，通过与国外知名咨询公司合作的方式，规划了股份公司 QHSE 管理信息系统的未来发展蓝图，提交了《QHSE 现状分析报告》、《QHSE 展望报告》、《QHSE 信息系统实施方案》等研究成果，并在此基础上研究制定了《QHSE 信息系统可行性研究报告》和《QHSE 信息系统试点实施方案》。该可行性研究报告，提出了 QHSE 信息系统按三个阶段分步实施：第一阶段为初期试点实施，第二阶段为中期小范围推广，第三阶段为全股份公司范围推广。

安全生产

【概述】 2004 年集团公司所属企业坚持全面贯彻和落实科学发展观，牢固树立以人为本、安全第一的理念，认真贯彻落实《集团公司关于进一步加强安全生产工作的决定》，广泛深入地开展“安全生产管理年”和“安全生产警示日”活动，认真组织以“吸取教训、抓好安全、振奋精神、推进发展”为主题的宣传教育活动和全国安全生产月活动，立足夯实“三基”工作，不断完善监管机制，各方面工作得到了进一步加强和改善，取得了实质性的成果。

2004 年，股份公司按照安全生产“五严”和“四个到位”的要求，广泛深入地开展了以“强三基、反三违、除隐患、保安全”为主题的“安全管理年”活动，积极采取各项措施，从严管理，落实全员安全生产责任制，推进健康安全环境管理体系建设，做了大量扎实有效的工作，安全生产工作创近 3 年最好业绩。

（佟铁墉　刘春生）

【安全生产基本情况】 2004 年，集团公司未上市企业发生员工伤亡事故72起，死亡15人，重伤18人，轻伤55人，经济损失152.28万元；发生交通事故41起，死亡39人，受伤29人，经济损失173.56万元；发生火灾事故5起，经济损失125.1万元。与2003年同期相比，员工伤亡事故起数、重伤人数分别上升53.19%、100%，死亡人数、直接经济损失分别下降94.14%、98.35%；交通事故死亡人数、直接经济损失分别上升14.71%、147.59%，受伤人数下降36.96%，交通事故起数与2003年持平；火灾事故起数、直接经济损失呈上升趋势。

（佟铁墉）

2004年，股份公司共发生死亡人事故17起，死亡29人，直接经济损失403万元。与2003年相比，死亡人事故起数下降了32%、死亡人数下降了17%，直接经济损失下降了65%；66个地区公司中，54个地区公司没有发生死亡人事故。

（吴庆善）

【安全生产责任制】　2004年各单位认真贯彻落实《安全生产法》，坚持把完善落实安全生产责任制作为抓好安全工作的关键，把实行安全生产目标管理作为重要控制措施。一是集团公司出台《关于进一步加强安全生产工作的决定》。印发了《集团公司关于进一步加强安全生产工作的决定》，狠抓落实，各方面工作迅速推进，取得较大的进步。二是明确安全生产“一岗一责”制度。制定了《集团公司安全生产责任制通则》。各单位对7086项安全生产责任制进行修订，进一步建立、健全了各级人员、职能部门安全生产责任制。三是全面推进安全合同管理。股份公司对5761个施工作业队伍进行了安全资质审查，对7274个施工作业承包商安全合同进行了监督审查。四是实行安全工作述职制度。各单位认真试行领导干部安全述职工作，全年4233名局处两级干部在关键装置和要害部位建立安全联系点。五是严肃行政责任追究制度。按照事故“四不放过”原则和干部管理权限，共处理事故相关责任者725人，其中局级干部8人，处级干部138人，有力地促进了安全生产责任制的落实。

【HSE管理体系的建立与实施】　2004年，各单位把安全工作的着力点放在基层、把安全工作的重心下移至岗位，安全生产管理基础工作得到普遍加强，基层安全生产管理不断上水平。一是集团公司统一规范安全制度。集中颁布了以《集团公司安全生产管理规定》为主体制度的7项集团公司管理办法，明确安全生产规章制度基本框架，进一步规范了安全生产管理工作。二是“风险管理”在基层普遍实施。各单位结合生产实际，加大生产过程的动态风险管理力度，在生产和主要工程技术服务基层单位认真实行HSE“两书一表”管理。辽河石油勘探局对作业系统“两书一表”重新评估、规范，统一标准、内容、检查方式；长庆石油勘探局在HSE体系的细节管理上下工夫，在执行效果的检查上加大工作力度，基层安全管理进一步增强；华北油田公司等单位强化了危害识别与评价工作；大港油田有限责任公司通过创建HSE“两书一表”样板现场，推动HSE体系管理；抚顺石化公司采取基层生产技术人员与安全管理人员共同识别风险，解决“两书一表”运行与实际工作脱节问题。经统计，已有74个未上市企业和地区公司实施了HSE管理体系。未上市企业已有5982个基层队（站）实施“两书一表”管理，约占基层队（站）总数的80%。三是启动安全质量标准化试点工作。按照国家安全生产监督管理局要求，各单位从实际出发，认真组织开展安全质量标准化试点工作。大港油田集团有限责任公司采用“基层管理标准化、岗位操作标准化、作业现场标准化”考核“两书一表”的实施效果，推动安全质量标准化样板单位工作。吉林石油集团通过创建钻井、井下作业、试油等基层示范队，推进施工现场标准化、岗位操作标准化和基层管理标准化。大庆、辽河、新疆等企业也都通过建立安全生产示范点、现场观摩、班组达标等形式，推动安全质量标准化试点活动进一步深化。四是事故隐患治理取得新结果。一年来，各单位加大事故隐患的督查和整改力度，未上市企业对1435项事故隐患投入整改资金7.23亿元。集团公司机关有关部门还落实了大港防汛设施、东方物探公司遗留炸药清理、四川石油管理局报废低效油气井治理、青海石油管理局安全生产隐患的整改资金，积极协调部分炼化企业存在的事故隐患治理工作。通过生产、施工作业现场安全生产基本条件的改善，使本质安全系数有了提高。四是事故应急预案进一步完善。各单位认真吸取“12.23”事故教训，按照层次、类别编制、修订应急预案，加强演练。新疆石油管理局从健全应急救援组织、配备应急救援物资入手，编制各类应急预案439份，并按规定认真演练。吉化集团公司重新制定各类预案2527个，健全了公司、工厂到车间、岗位的“四级”事故救援体系，提高了应对突发险情的处置能力。经统计，各单位共编制企业级应急预案191份，基层单位编制各级应急处置预案近3万份，组织各级应急预案演练2900多次。

（佟铁墉）

2004年，股份公司组织对21家地区公司健康安全环境（HSE）管理体系运行情况进行了内部审核；组织举办HSE管理体系培训班20期，培训内部审核员985名；促进了各地区公司HSE管理体系的规范建立及有效运行。截至2004年底，股份公司已有54家地区公司建立实施了HSE管理体系，股份公司整体HSE管理体系水平进一步提高。

【股份公司清理完善安全生产规章制度】 2004年，股份公司和专业公司通过全面检查和清理，进一步修订完善了事故应急、监督检查、炼化检维修和交通安全管理等系列规章制度和文件；各地区公司修订完善了基层站队、车间的岗位责任制和安全操作规程，健全了安全管理台账和记录。全年共清理安全生产各项规章制度、工艺操作规程等12800多项、修订3000余项、新制定1814项，形成了较完整的安全生产制度保障体系。

（吴庆善）

【安全监督】 2004年，大部分单位把加强安全监督管理机构建设和人员配备作为重点，并认真规范安全监督运行模式，完善安全监督体制，安全监督体制建设和运行有了新进展。一是安全监管机构得到加强。各单位按照集团公司《决定》要求设置安全机构，配备安全管理人员。经统计，各企业、地区公司配备安全总监101人，安全副总监83人，所属二级单位配备专（兼）职安全总监、副总监1183名，安全管理机构从原来的1043个，增加到1127个；三级重点生产经营单位新设安全机构1665个。未上市企业建立专业监督站167个，配备1632名专职监督员。集团公司成立井控巡视组，安全管理队伍整体力量得到加强。二是安全监督模式基本形成。各企业在推行“钻井实行驻井监督、井下实行划片监督、物探和炼化检维修实行项目监督”运作模式基础上，积极建立适应本企业生产实际的安全监督运行机制。大庆石油管理局根据施工作业季节特点、重点井运行情况，采取巡井、驻井和专项监督的方式，加强对基层单位施工作业安全管理；各负其责、各司其职，合分有度、互相约束的管理监督格局已初步形成。三是安全监督人员素质提高。为提高安全监督质量，规范安全监督行为，集团公司所属各企业充分利用培训资源，分别举办安全总监、安全处长、安全科长以及监督员培训班，极大地提高了安全监督人员的素质，有力地促进了监督工作的开展。四是加大工程项目安全监督力度。各单位把要害部位、关键装置和重大危险源的监控作为重点，严格票证管理，强化施工、工艺、操作、劳动等四项纪律，有针对性地搞好风险识别，认真制定削减措施和应急预案。岗位员工安全责任、安全意识和安全防范能力有明显提高。东方地球物理勘探有限责任公司在基层单位建立安全费用提取制度，并纳入年度财务审计，有效地保障了安全投入的足额到位。辽阳石化公司认真落实施工作业许可制度，强化作业过程安全管理，确保了危险作业的安全。五是“三违”行为得到初步控制。2004年，各单位普遍加大反“三违”工作力度，特别是把反习惯性违章作为安全管理的重点，采取各种有效措施，纠正“三违”行为。各单位都进一步健全、完善反“三违”规章制度，不断拓宽反“三违”的途径和方法。华北石油管理局分层界定100种违章，并采取发“建议信”的方式，督促各单位严肃查处“三违”行为；四川石油管理局制定了“四条禁令，五个不准”反违章制度；塔里木油田分公司实行“违章记分、满分离岗培训”的“三违”处罚制度。各企业都对各类“三违”行为和事故单位的行政领导进行了严肃处理。据不完全统计，各单位共处理“三违”人员12800多人，对广大员工起到了很大的警示和教育作用。

（佟铁墉）

2004年1月份，集团公司党组成员带队在股份公司范围内组织了安全生产大检查；5月份，组织9个督查组，对6个油田公司、14个炼化分公司、16个销售分公司和2个直属单位等38个单位进行了安全生产专项督查；9月份，开展了西气东输工程全线竣工前安全大检查；11月份，组成5个检查验收组对27个地区公司开展了“安全管理年”活动的验收暨安全检查工作。同时，对辽河油田、新疆油田、冀东油田、克拉玛依石化、独山子石化、宁夏石化、宁夏炼化和庆阳石化等20多个地区公司进行了安全工作调研和监督检查。

（吴庆善）

【安全生产专项整治】 按照集团公司安全生产“十个加强”的要求，各单位突出专业特点，进一步推动整治工作向纵深发展，安全生产检查、专项整治取得阶段性成果。一是安全生产大检查效果明显。各单位认真贯彻落实集团公司关于安全生产“十个加强”和危险化学品专项整治工作会议要求，积极组织安全生产大检查、专项检查和专项整治。结合季节变化、重大节日，有针对性地组织井控、生产作业现场、危险化学品、消防安全、交通安全等方面的检查，取得较好的效果。经统计，各企业、地区公司组织安全大检查379次，专项检查483次，查出问题30700多个，整改率为99%，关停场所91个。二是安全专项整治进一步深入。在安全生产评估、整治基础上，各单位结合生产实际，继续加大专项整治力度。油气田企业以生产施工安全为重点，有针对性地开展井控、采油气、施工作业现场、防火防爆等方面的安全生产专项整治活动，进一步规范了员工的操作行为和现场管理。炼化企业以“五项整顿”、“两个关闭”为重点，认真开展危险化学品专项整治，组织在役生产装置安全评价，开展7个方面的专项检查，进一步规范危险化学品各个环节安全管理。2004年5月，国务院危险化学品整治督察组，对集团公司危险化学品专项整治工作进行了督查验收，充分肯定了集团公司的工作和做法。三是井控管理得到加强。按照集团公司井控管理制度要求，油气生产、工程技术服务单位加大井控监控力度，认真查找薄弱环节，分析存在问题，从组织上、制度上、管理上采取一系列切实有效措施，杜绝井喷失控着火爆炸事故。大庆石油管理局、新疆油田等企业加强井控培训基地建设，充分利用具备IADC井控培训资质，采取情景模拟、案例分析、问题研究、基地实习等方式，极大地提高井控培训水平。四川石油管理局组建安全督查组，加大对钻井施工现场的安全监督，保证关键工序的作业安全。吉林石油集团有限责任公司成立了安全总监、总工程师、安全副总监、副总工程师组成的井控领导小组，形成机关职能部门、专业公司、基层井队井控工作四级网络体系。大港油田集团公司注重井控装备的改善，投资700万元对钻井公司的井控车间进行改造，实现了清洗、维修、试压、检测全程自动化。由于各油气田企业、地区分公司对现场井控工作重视，广大员工的井控意识进一步增强。

（佟铁墉）

2004年，股份公司组织召开了《油气管道违法占压清理工作会议》，加强了管线检测和日常管理工作，把好设计审查源头关，有效防止新建、改建、扩建油气管道产生新的管道违法占压问题，积极配合地方政府清除违章占压输油气管道的各类市场、民房、厂房等建筑物。

组织制定并下发了《关于进一步加强炼化检修安全管理的通知》，各地区公司加强了对检维修施工单位和人员的资质管理，建立健全作业现场安全确认管理制度，严格动火管理，强化工程设计、采购、施工等环节的质量监督管理，认真落实安全生产各项防范措施，全面加强了检维修施工安全管理。

（吴庆善）

【安全生产宣传培训】 2004年，各单位开展扎扎实实的安全生产系列教育活动，取得了较好的效果。一是安全培训有新进展。各单位采用各种形式，认真组织开展以岗位为中心的安全生产知识教育。大庆石油管理局供水公司、冀东石油勘探开发公司利用仿真培训基地，开展形象具体化的岗位操作技能和安全知识培训。经统计，各单位共举办管理干部培训班918期，培训各级干部26500多人，举办岗位员工培训班4539期，培训员工22万人。二是安全宣传教育活动广泛深入。各单位以“12.23”井喷事故为案例，结合“安全生产管理年”活动，认真组织开展“吸取教训、抓好安全、振奋精神、推进发展”为主题的安全生产宣传教育活动和全国安全生产月活动。大庆石油管理局以“观念文化、行为文化、制度文化、物质文化”为内容，以安全亲情为切入点，全面推行安全文化建设，收到明显效果。长庆石油勘探局创建安全文化示范单位，带动整个企业文化建设，在管理层突出责任制落实，严肃责任追究，操作层狠反违章，推动了基层基础安全工作上水平。大部分企业还充分利用各种宣传工具，采取多种宣传形式，将宣传教育活动引向深入，在企业决策层开展“安全生产责任重于泰山”的讨论，在管理层开展“以人为本抓安全”的讨论，在一线操作层开展“从我做起，安全在我身边”的讨论，并且组织了“学习安全知识、树立正确安全生产观”的知识竞赛，形成了声势浩大、人人关注安全的浓厚氛围。三是“安全生产警示日”活动效果明显。各单位按照集团公司统一安排，围绕“以人为本除隐患，狠反‘三违’保安全”活动主题，认真组织开展“十个一”活动，深刻进行六个反思。四川石油管理局开展“抓三标、强三基、反三违”为主题的六项活动，12月23日举行“勿忘‘12.23’、安全在我心中”敲警钟、安全警示讲话仪式。大庆石化分公司和大庆石化总厂针对“10.27”重大责任事故暴露出来的问题，举一反三，认真反思，开展以“六查十整顿”为主要内容的安全生产整治。其他单位也都结合实际，开展了多种形式的活动，确保活动开展扎实深入有效，奠定了安全生产很好的基础。

（佟铁墉）

2004年，股份公司上下以全国安全生产月、消防宣传日、安全生产警示日等活动为契机，通过组织收看安全教育专题录像、举办安全知识竞赛等多种有效形式，坚持开展了针对性强、讲求实效的群众性安全宣传教育活动。一些地区公司还创造性地开展了“安全进家庭”、“安全宣誓”、“亲情链接”等活动，促进了广大员工从“要我安全”到“我要安全”和“我会安全”的转变。同时，认真吸取并借鉴美国杜邦公司等安全管理先进理念，配合党群工作部，聘请杜邦安全专家，为集团公司党组成员和股份公司管理层介绍了杜邦的安全文化建设情况。组织杜邦专家分别到长庆油田、兰州石化、西北销售和管道分公司等18个地区公司，对地区公司领导、部门负责人及其所属单位主要领导进行了培训；其他地区公司都组织安全委员会成员观看了讲解录像。

配合党群工作部为股份公司机关500余人举办了“2110”安全管理模式、《交通安全法》和安全文化讲座。举办了安全总监培训班，来自各专业公司、地区公司的安全总监共91人参加了培训；举办了2期安全监督培训班，来自各地区公司安全部门的安全处长和安全科长共130人参加了培训。各地区公司扎实开展转岗、新上岗、一线人员和特种作业人员的岗位培训工作，全年共培训各类岗位员工332722人次，所有特种作业人员全部做到持证上岗。

（吴庆善）

【交通消防安全工作】 集团公司各企业普遍加大了对交通、消防安全工作的领导力度，采取了一系列有效措施，特大交通事故得到控制，消防队伍建设得到加强，特大火灾事故得到了遏制，为全系统整体安全稳定提供了强有力的保障。一是部分企业在基层车队推行了HSE“两书一表”管理，在交通运输过程中实行动态风险管理，开展了对驾驶员、道路环境、车况等方面的风险评估工作，推广了行车记录仪，进一步规范了驾驶员的安全行为，大大降低了交通事故的发生。长庆石油勘探局根据交通运输的特点和道路状况，对陕、甘、宁、蒙4个省、自治区的主要交通干道的桥梁、涵洞、弯道等情况进行了全面识别，编制了交通道路风险识别图，针对重大危害，制定了相应的风险削减措施和控制方案。在出车前对驾驶员进行培训教育，扭转了交通安全的被动局面。塔里木油田开展了治理超速、酒后驾车、违章行车等方面的交通安全专项整治活动；新疆石油管理局在危险化学品运输车辆上全部安装了行车记录仪，制定严格的考核办法，全年没有发生一起危险化学品运输交通事故。大庆石油管理局客运公司，对57条客运线路和所有通勤线路的风险进行了识别，确定了危险源，制定了风险削减措施，对重点线路、重点人员实行重点监控，确保了客运交通的安全。由于各企业的努力，交通事故明显下降。二是各企业以做好关联交易的消防服务为工作出发点，以加强队伍管理和值勤战备为重点，认真编写灭火预案，强化战训演练，有力地保障了责任区内的消防安全稳定。辽河石油勘探局消防支队坚持“火怎样灭，兵就怎样练”和“练为战”的指导思想，狠抓队伍管理和灭火训练，收到了很好的效果，有6个中队被辽宁省消防总队评为“正规化建设先进单位”。兰州化学工业公司消防支队以提高消防服务质量和消防基本功训练科目为基础，广泛开展科技兴训等多样化的练兵形式，实现了指挥、灭火、抢险、救援、防护能力和技术战术水平全面提高。大庆、大庆石化、吉林、大连等企业专职消防也都针对消防责任区的防灭火特点开展了形式不同的灭火演练，为生产经营的顺利进行起到了保驾护航的作用。经统计，2004年共出警1507起，保护企业财产价值10.8亿元，重大施工作业消防保镖2041次。

（佟铁墉）

2004年，股份公司在内蒙古销售分公司和长庆油田分公司开展了德国西门子车队管理系统的应用试点工作；对领导专车、危险化学品运输车辆和客车等在用关键车辆进行了调查，下发了《关于进一步加强交通安全管理工作的通知》，要求所有七座以上载人车辆、危险化学品承运车辆及领导用车要逐步安装行车记录仪，并建立相应的管理制度。目前，各地区公司都在进行行车记录仪的选购和试点，已经有1500台车辆安装了行车记录仪。对股份公司的消防车辆状况进行了调研，组织了进口消防车技术研讨会，通过规划计划部立项对部分消防车辆进行更新。

【事故隐患处理及其完善事故预警和应急救援体系】

据不完全统计，2004年股份公司投入事故隐患整改资金达27亿多元，完成事故隐患治理项目9150项，是历史上最多的一年。勘探与生产分公司对吉林油田套返井、西南油气田南充炼油厂二号罐区、塔里木油田塔西南石化厂三个重点隐患项目进行了有效治理。炼油与销售分公司对454座油库进行了安全评价，查清了隐患，安排2.1亿元资金对油库和加油站事故隐患进行治理。化工与销售分公司组织了在役装置安全评价，确定了重点隐患74项，并已安排治理。

2004年，股份公司组织制定了《事故应急管理规定》，组织编制了西气东输管道、陕京输气管道、涩宁兰输气管道和兰成渝输油管道四条管线的《重特大事故应急救援预案》；与甘肃省建立了石油天然气管道保护联席会议制度。勘探与生产分公司发布了《重特大事故应急机制》。炼油与销售分公司编制完成了炼油企业、销售企业、重点炼油装置、油库和加油站的重特大事故应急救援预案标准范本。化工与销售分公司组织两个地区公司进行了应急预案的实战演练。天然气与管道分公司下发实施了《输油气管道维抢修体系规划方案》。各地区公司制、修订地区公司级事故应急救援预案75个，开展不同层次的事故应急演练700多次，增强了应对突发事件的应急救援能力。

【海洋作业安全生产】　股份公司成立了海洋石油作业安全办公室中油分部，辽河油田、大港油田、冀东油田调整充实了海上安全监督人员，海上安全监督体系基本建立。开展了海上石油生产设施作业许可、认可办证工作，海上石油设施办证率达到100%，出海作业人员持证出海率达到100%；加强海上石油作业安全监督检查，确保了全年海上石油作业安全生产无事故。

【安保基金】

1. 安保基金理赔

2004年，投保企业向股份公司提出安保基金理赔申请33起，申请赔偿金额1265万元。其中100万元以上的申请2起，100万元以下的申请31起；自然灾害损失申请31起，事故损失申请2起；炼化企业申请1起，销售企业申请32起。经现场核查和审核，股份公司对其中32起损失进行了赔偿，实际赔偿金额852万元，另有1起不属于安保基金赔偿范围。

2. 安全资金投入

2004年，股份公司共计投入安保基金37859万元，用于隐患整改、安全研究、安全教育培训和安全生产先进个人及单位的奖励。其中，向投保地区公司返还安保基金23229万元，股份公司总部从结余安保基金中拨款14630万元，对炼油和化工企业的电器隐患、西藏销售分公司加油站隐患等重大隐患进行了专项治理。在加大隐患治理的同时，股份公司加大了安保基金投资项目的监管力度，对安保基金项目进行专家评审、过程监控、检查验收和审计监督，进一步提高了安保基金的使用效率。

3. 安保基金前景研究

2004年，股份公司组织有关研究单位，对安保基金发展前景进行了专题研究，包括《扩大安保基金责任范围可行性研究》、《天然气与管道分公司安保基金投保方案研究》、《提高安保基金使用效率及优化管理模式的研究》、《巨灾风险转移与分散方法的研究》、《股份公司安保基金投保固定资产状况分析》和《投保财产风险评价方法》等6项课题，为安保基金工作的下一步发展打下了一定基础。

（施绪金）

质量管理与监督

【概述】　2004年，是集团公司推进具有国际竞争力的跨国企业集团建设的重要一年，集团公司质量标准化计量工作，认真落实集团公司统一要求和部署，全面贯彻科学发展观和国务院《质量振兴纲要》总体要求，积极推进质量管理各项重点工作，不断强化基础工作建设，认真履行质量监督管理职能，在推动企业质量管理升级、提高企业竞争能力、优化管理运行机制等方面做了大量工作。质量管理各项工作稳步推进，质量整体水平持续提高，集团公司主要质量指标持续稳定并保持在较高水平，多项质量工作创出新业绩。

2004年，股份公司认真贯彻国家质量法律法规，健全质量管理制度，完善质量管理体系，推行卓越绩效管理。按照集团公司统一部署，组织开展了集团公司质量管理奖评审工作。继续推进名牌战略的实施，开展重点产品品牌培育和申报国家名牌产品，实行化工产品用户满意测评制度。继续优化油品质量升级措施，强化对油气田采购物质的质量监控，开展对直属产品质检机构的评价考核。质量工作总体水平有了提高。

（佟铁墉　刘春生）

【质量体系运行】　各企业认真落实集团公司要求，突出强化质量方针、目标责任制管理，把质量责任制作为企业责任制建设的首要环节，质量管理体系运行机制进一步优化。各企业进一步建立和完善企业质量方针，健全和完善各级质量目标体系和质量责任制，将质量工作纳入企业各级领导的业绩考核，层层分解落实质量责任，坚决执行质量事故一票否决制度，质量业绩考核及奖惩激励约束机制进一步完善，质量管理工作逐步走上了制度化、科学化、规范化的轨道。各企业进一步把贯彻GB/T 19000族标准、建立和实施质量管理体系纳入企业管理行为，积极推进质量管理体系认证工作。以 2000 版 GB/T 19004 标准提供的指南，进一步改进、完善和拓展质量管理体系，采取切实措施，强化自我完善机制，提高体系审核和管理评审质量，不断提高管理的科学化、系统化和规范化。

【质量管理奖评审】　2004 年 2 月，集团公司质量管理奖和优质产品评审委员会成立，委员会由 9 人组成，任传俊副总经理任主任委员，王海森同志任副主任委员，江夕根、温青山、严绪朝、刘振武、刘兴和、史习盐和杨果同志任委员。委员会办公室设在集团公司质量安全环保部，杨果同志兼任办公室主任。

2004 年集团公司质量管理奖评审委员会办公室组织对提交申报材料的 30 家企业进行了资料审查，并组织有关专家分成四个组对资料型式审查通过的 22 家企业进行了现场评审。经过评审，拟推荐宝鸡石油机械有限责任公司等两家企业为集团公司质量管理奖获奖企业；推荐中国石油天然气管道局等 10 家企业为集团公司质量管理卓越企业；推荐辽河石油勘探局等 9 家企业为集团公司质量管理先进企业。评审结果已报集团公司质量管理奖评审委员会评审。

各企业认真贯彻落实集团公司《质量管理奖评审管理办法》的要求，积极推行卓越绩效管理模式，努力追求企业卓越经营绩效，争创国家、地方和集团公司质量管理奖。华北石油管理局第一机械厂坚持高质量、低成本、科技兴厂的可持续发展战略，全面强化质量管理，大力推行卓越绩效管理模式，积极争创全国质量管理奖，获得中国质量协会颁发的 2004 年“全国质量管理奖鼓励奖”。

（佟铁墉）

股份公司按照集团公司统一部署和要求，在所属地区公司组织开展了集团公司质量管理奖评审工作。依据《质量管理奖评审标准》，在核查、筛选、审查、评议基础上，组织对大连石化分公司等 4 家质量管理奖候选企业进行了现场评审和评定。推荐出获集团公司质量管理奖企业 3 家，质量管理卓越企业 8 家，质量管理先进企业 11 家，优质产品 17 个。

（王学文）

【质量监督检查】　2004 年，石油工程技术服务企业重点开展了钻井、物探、录井、测井、井下作业、油田地面建设工程等施工作业现场质量的监督检查工作，及时总结质量工作中好的经验和做法，督促整改不良质量行为，有效降低了质量损失，提高了质量水平。炼化检维修企业质量管理部门采取定期监督检查与不定期检查相结合、现场监督检查与日常管理相结合、过程检查与最终检验相结合的形式，加大检查力度和频次，积极稳妥地推进石油石化产品质量水平的提高。石油机械生产企业注意质量管理重心向供方管理延伸，严格控制外购、外协配套产品质量。产品质量总体水平稳中有升。2004 年集团公司自产产品质量监督抽查综合合格率为 97.4%，采购物资产品质量监督抽查综合合格率为 86.6%，分别高于年度目标的 2.4 和 6.6 个百分点。

（佟铁墉）

2004 年，股份公司直属的 13 个质检机构和 1 个实验室，按季度对石油产品（车用无铅汽油、轻柴油）、化工产品（合成纤维、合成橡胶、聚乙烯树脂）、石油机电产品（潜油泵机组、磁技术产品、流量计量仪表、射孔器材）、油田化学剂（采油用化学剂、油井注水、钻井液及处理剂）和资源性产品（原油、天然气、石油液化气）等五大类产品进行了监督抽查。全年共抽查 1300 批次，综合合格率 91.15%。其中，石油产品 715 批次，合格率 94%；化工产品 97 批次，合格率 100%；石油机电产品 286 批次，合格率 85%；油田化学剂产品 154 批次，合格率 82.47%；资源性产品 48 批次，合格率 95.83%。

（王学文）

【用户满意工程】　各企业充分认识开展“用户满意工程”的重要意义，确保领导到位、组织到位和工作到位，把“用户满意工程”作为工作重点抓紧抓实。各企业积极探索以用户为经营导向，以“四服务、四满意”为重点，在组织开展试点的基础上，加强与用户沟通和质量回访，及时了解用户的需求和意见，制定改进措施，以忠诚的服务态度、良好的服务质量取得了较好的经济效益和社会效益。

【名牌战略推进】　各企业积极贯彻集团公司《关于推进实施名牌战略的若干意见》的要求，围绕打造“中国石油”大品牌的战略目标，统筹规划，积极推进名牌战略的实施，努力追求卓越绩效。各企业充分认识实施名牌战略的重要性和紧迫性，不断更新质量观念，树立名牌意识，稳步推进实施名牌战略。2004 年，对未上市企业申报集团公司首批优质产品的 40 家企业的 73 种产品进行了材料型式审查和专业组评审。经过评审，16 种产品满足中国石油优质产品评审要求。评审结果已报集团公司中国石油优质产品评价委员会评审。

【施工作业资质认证与管理】

（1）集团公司调整石油工程技术服务企业和队伍

资质认证委员会。集团公司副总经理王宜林担任资质认证委员会主任委员，王海森、贺荣芳、胡文瑞担任副主任委员，孙宁、裴颖、秦文贵、刘志华、杨果、吴奇、冉新权、吴国干、李越强任委员。资质认证委员会办公室设在集团公司质量安全环保部，杨果同志兼任办公室主任。

（2）集团公司石油工程技术服务企业和队伍资质认证委员会对2003年专业现场审核推荐的5家施工企业和177支甲级队伍（2003年申报甲级资质的203支）和322支乙级队伍（2003年申报乙级资质的320支）进行了审议和评定，集团公司批准5家企业和499支队伍取得资质，其中甲级队伍173支，乙级队伍326支。

（3）开展第三批石油工程技术服务企业和队伍资质认证申报和现场评审工作。2004年，6家企业和160支队伍提出资质认证申请（其中申请甲级资质61支，申请乙级资质99支）。集团公司资质认证办公室组织从地区服务公司和中国石油天然气股份有限公司选聘的29位审核员，按照施工作业专业的不同和施工作业地域的不同，组成7个审核组，对申请资质的企业和队伍进行了现场审核。7家企业（包括复检企业1家）和136支队伍通过了现场审核，其中甲级队伍37支，乙级队伍99支。

（4）为了加强对取得石油工程技术服务资质的企业和队伍的动态管理，组织开展了首次资质年检工作。对第一批取得资质的78家企业和2559支施工作业队伍，在各企业资质认证初审委员会组织初检的基础上，集团公司对部分企业的资质年检工作进行了监督抽查，集团公司批准70家企业和2538支队伍通过了年检。

【产品质量认可】　集团公司发布了《中国石油天然气集团公司油田化学剂产品质量认可管理办法》（中油质安字［2004］342号）。根据《管理办法》的有关规定，集团公司质量安全环保部组织有关产品质量监督检验机构和相关质量管理部门，对提出油田化学剂产品质量认可申请的第十七批59个生产企业进行了质量管理体系考核、现场设备考察及产品抽样检测。批准对56个企业的270项产品发放集团公司产品质量认可证书。2004年8月2—3日，在四川省成都市召开了集团公司油田化学剂产品质量认可工作会议。会议主要内容有：宣贯《管理办法》，石油企业质量管理部门和生产企业交流经验，总结集团公司油田化学剂产品质量认可工作情况，向获得第十七批证书的企业颁发证书，油田化学剂产品质量认可技术讲座。石油企业质量管理部门的管理人员、油化剂生产企业代表、集团公司油化剂产品质量认可办公室负责人等100多人出席会议。

【监督监理工作】　2004年，集团公司认真执行质量管理重心前移的质量控制方法，继续对重大设备和重点物资进行驻厂监造和监理，有效预防了不合格产品的产生。集团公司石油管材研究所共对陕京二线、冀宁联络线在内的26条重要管线，25个钢管生产厂生产的90.9万吨钢管进行了驻厂监造。2004年，经监造的钢管综合合格率达到97.18%，比2003年的96.4%提高了0.78个百分点，对国家重点工程建设做出了积极的贡献。江汉机械研究所北京康布尔石油技术发展有限公司2004年监造钻机20台、修井机14台、钻采工具（配件）16批次。提出整改意见和建议500余项，其中重要问题有59项，并监督生产企业落实整改措施。

【群众性质量活动】　围绕“人人创造质量，人人享受质量”活动主题，集团公司质量安全环保部和中国石油报社联合举办“卓越质量杯”新闻大赛。比赛共收到来稿100余篇，其中27篇新闻稿件于“2004年全国质量月”期间在《中国石油报》专栏刊发。各企业结合“安全生产管理年”活动，进一步推进“用户满意工程”和“5S”活动，开展形式多样的质量教育、宣传教育，取得了明显的效果。各企业把开展QC小组活动作为群众性质量活动改进的重要载体，鼓励职工群众参与企业质量管理、增强质量意识和管理热情。组织生产一线岗位职工，紧紧围绕企业的中心工作，选择本企业生产、经营、建设、服务管理中急需解决的主要矛盾和问题，作为QC小组开展活动的课题，创新活动方式方法，集中力量攻关，增强了QC活动的针对性，QC小组活动向纵深发展。

【石油质协工作】

（1）辽河石油勘探局被评为“2003年度全国质量效益型先进企业”，受到中国质量协会的表彰。经有关省、市推荐，华北石油管理局第一机械厂获得“全国质量效益型先进企业”特别奖；中国石油化工股份有限公司济南分公司、中国石油天然气股份有限公司独山子石化分公司、乌鲁木齐石化分公司分别获得“2003年度全国质量效益型先进企业”称号。石油质协启动了先进企业工作站、先进会员单位和先进质协工作者的评选工作，发布了《石油质协先进企业工作站、会员单位和先进质协工作者评选表彰办法》。

（2）全国用户委员会批准，表彰2004年全国用户满意企业、产品和服务企业。长庆石油勘探局钻井总公司荣获“2004年全国用户满意企业”称号；北京石油机械厂生产的京石牌地面防喷器控制装置荣获“2004年全国用户满意产品”称号。

中国质量协会、中华全国总工会、中国共产主义青年团中央、全国用户满意工程联合推进办公室共同授予新疆石油管理局物资供应总公司杨锋同志“2004年全国用户满意服务明星”称号。

（3）召开了2004年石油工业优秀QC小组成果暨“石油质量奋进杯”、“石油质量效益杯”QC小组邀请赛发布会。91项QC小组活动成果在大会发布。评选出85个石油工业质量科技成果。向中质协推荐25个国家级优秀QC小组，1个国家级信得过班组。石油质协表彰了2004年石油工业质量科技成果一等奖85项、二等奖164项、三等奖218项、石油工业优秀QC小组85个、QC小组活动优秀企业47家、QC小组活动优秀推进者81人、QC小组活动卓越领导者21人。

（4）批准设立石油分会中国石油管道分公司企业工作站，批准8个会员单位为企业会员。截至2004年底，石油质协共有企业工作站35个，所属会员单位共计623个。

（5）举办了“石油工业质量学术论坛”2004年年会，论坛主要内容有：质量学术研究成果交流、专题技术讲座、表彰优秀论文。论坛共收到论文155篇，其中18篇优秀论文在论坛发布。经组织专家初评和现场发布评审，评选出石油工业质量管理优秀论文特别奖26篇；一等奖7篇；二等奖13篇；三等奖21篇；鼓励奖30篇。论坛邀请了质量管理专家宣讲《卓越绩效模式评价准则》国家标准。企业工作站和直属会员单位代表和论文作者70多人出席论坛。

（6）与集团公司、北京纳威尔格咨询公司合作，举办了三期国家注册质量管理体系审核员培训班。共有57名学员参加了培训，56名学员通过考试，获得了国家注册质量管理体系审核员资格。在四川省成都市举办了石油工业质量管理统计技术培训班，参加培训的57名学员全部通过了考核。

（7）集团公司质量安全环保部、石油质协和宝鸡石油机械有限责任公司共同组织承办了中国质量协会六西格玛管理中国行石油宝鸡站活动。大庆石油管理局、辽河石油勘探局等近30家石油企业共计200余人参加了活动。中国质量协会副秘书长周宏宁、集团公司质量安全环保部主任王海森到会并讲话。

（佟铁墉）

【股份公司质量培训】　股份公司举办“卓越绩效管理模式培训班”，对地区公司质量管理人员共计80余人进行了培训。根据《股份公司产品质量监督员管理规定》，继续开展股份公司直属产品质量监督检验机构的人员培训工作。共组织两期培训班，对直属质检机构135人进行了质量监督员取证培训，以全面提高直属质检机构人员的业务能力和政策水平，确保产品质量抽检工作的科学、公正和高效。

【股份公司质量研究】　股份公司组织开展了《股份公司产品质量监督抽查规范》的研究。该项目通过调查和对比分析，编写完成《股份公司产品质量监督抽查规范研究报告》，制定出《股份公司产品质量监督抽查规范》企业标准，提出了解决当前产品质量监督抽查工作所存在问题的具体建议和措施，规范了股份公司产品质量监督抽查工作。

【股份公司机构管理】　股份公司为加强产品质量监督检验机构的管理，对直属的13个产品质量监督检验机构和1个实验室的产品监督抽查工作实行考核。股份公司质量安全环保部下发了《产品质量监督检验机构自我评价问卷》和《产品质量监督抽查工作调查问卷》，从质检机构的检测能力和自身建设，现场抽样和服务水平，抽查完成情况和抽检报告的质量与水平等方面，对各质检机构进行了调查及考核评价。

（王学文）

标准化工作

【概述】　集团公司各企业自觉运用标准化手段增强竞争能力，把标准化工作作为生产和经营管理的重要技术基础，作为提高企业产品和服务质量、保证生产安全、保护环境、保障企业员工健康的重要手段，不断强化基础技术规范工作。2004年，集团公司继续加大标准宣贯与实施工作力度，标准化工作在组织建设、运行机制、体系优化、标准国际化进程等方面取得了显著成绩，初步具备了满足企业生产经营实际需要的能力和进一步加快发展的基础，有效促进了企业提高竞争实力。

2004年，股份公司进一步加强企业标准化工作，不断完善企业标准的制修订体系。组织建立企业标准化信息系统，加强股份公司国际标准化体系建设，加大前期跟踪研究力度。积极参与行业标准制修订。企业标准的制修订水平和质量有了提高。

（佟铁墉　刘春生）

【标准的清理和制定、修订】　组织制定和发布了15项集团公司企业标准。完成了承担的11项国家标准、53项行业标准的制修订工作。分别组织钻井、安全、采油采气等专标委，集中对265项涉及含硫油气井钻井、井控和安全等方面的行业标准进行了全面复审和清理。对SY/T 5087《含硫油气井安全钻井推荐做法》等7项行业标准进行了修订，使安全技术标准得到进一步完善，满足了安全生产的需要。按照国家标准化管理委员会的安排，组织对石油工业上游领域现有的89项国家标准、48项国家标准计划项目进行了清理和评价工作。

（佟铁墉）

组织召开"2004年股份公司企业标准计划协调会"，下达了《2004年股份公司企业标准制修订项目计划》。组织制定了《试油（气）完井总结编写规范》等38项股份公司管理的企业标准；各地区公司管理的股份公司企业标准备案3739项。组织完成了6项国家标准和28项石油（SY）、石化（SH）行业标准的制修订工作。

股份公司对勘探与生产、炼油与销售、化工与销售、天然气与管道和信息与计算机等5个标准化技术委员会及节能标准化直属工作组的委员和成员进行了调整或增补。目前，股份公司共设有5个标准化技术委员会和6个标准化直属工作组，委员和成员共计269人。

（王学文）

【标准的实施与宣贯】　集团公司各企业共计对10558项次技术标准进行了重点宣贯，标准配备率达到96.3%，标准实施率达到98.3%；集团公司为各企业的标准化管理部门和所涉及的专业处室统一配发《石油企业标准配备规范》3200本。举办了"集团公司企业标准化技术管理培训班"，共70人参加了培训；举办了"石油工业标准化学术论坛"，其中集团公司所属企业获得论文二等奖4篇，三等奖19篇，优秀奖99篇。

（佟铁墉）

股份公司下达了《2004年股份公司重点实施标准目录》。勘探与生产分公司和勘探与生产专业标准化委员会联合开展了《油气田开发生产井报废规定》和《石油天然气井别分类及命名规范》两项标准的宣贯和培训，13个油田公司的55名专业技术人员参加了宣贯。对已发布实施的31项股份公司企业标准进行了摸底调查。化工与销售专业标准化委员会依据股份公司企业标准Q/SY 3—2002《标准实施监督抽查规范》，对乌鲁木齐石化分公司、宁夏石化分公司实施Q/SY 27—2002《大颗粒尿素》企业标准的情况进行了现场监督。

（王学文）

【标准化技术委员会】　集团公司参与组织石油工业标准化技术委员会的工作和活动，同中国石油化工集团公司、中国海洋石油总公司相关部门协作，做好石油天然气国家标准和行业标准的技术归口管理工作；组织参加了"石油天然气行业标准复审"工作；承办了石油工业标准化技术委员会第五届年会，阎三忠主任委员在会上做了《以科学发展观为指导，大力推进石油工业标准化工作》的主题报告。

（佟铁墉）

标准化技术委员会积极协调国家标准化管理委员会及中国石油化工集团公司，共同完成了"全国石油产品和润滑剂标准化技术委员会"的组建筹备，加大了股份公司对石油产品及润滑剂标准的参与力度。协同参与了石油工业标准化技术委员会的各项活动。

（王学文）

【标准化的研究工作】　集团公司组织开展了"集团公司企业标准体系规划指南研究项目"的研究和初稿编写工作。对集团公司企业标准体系的功能、范围、内容、结构等进行了深入的研究和论证。为今后集团公司标准化工作的开展和集团公司标准化管理办法等规章制度的修订和完善起到重要作用。

（佟铁墉）

股份公司标准化研究所承担的"股份公司标准化信息系统"，经过两年的研究开发和半年的试运行，已经投入使用。组织开展了"股份公司企业标准体系研究"与"股份公司企业标准分类与评估方法研究"等标准化课题研究。

（王学文）

【国际标准化工作】　与国际油气生产者协会标准化委员会（OGP）联合举办了石油工业标准化国际研讨

会。ISO、OGP、API等国际、国外标准化组织以及Shell、BP等国外石油公司及中石油、中石化、中海油三大石油公司的标准化专家和代表参加了研讨。集团公司原副总经理、咨询中心主任阎三忠出席会议并致辞，并与ISO、OGP等国际标准化组织的有关人员就中国石油工业标准化技术委员会加入OGP标准化委员会、加快石油工业标准国际进程等方面的问题进行了讨论。研讨会的召开对推进我国石油工业标准化与国际接轨，扩大我国石油工业标准化工作的国际影响，起到了良好的作用。

（佟铁墉）

股份公司成功地举办了“石油工业标准化国际研讨会”，召开了“股份公司国际标准化技术归口单位工作会议”，加大了对国际标准和国外先进标准的跟踪研究力度。全年派人参加了“API/COPM春季与秋季石油测量年会”、“美国腐蚀工程师国际协会（NACE International）第59届腐蚀年会”、“ISO/TC67第24届年会”、“ISO/TC61塑料技术委员会第53届年会”和“第十届国际能源会议”。

（王学文）

【标准化管理】 成立了集团公司安全专业标准化技术委员会。集团公司质量安全环保部副主任董国永担任主任委员，秘书处挂靠在辽河石油勘探局质量安全环保部。

（佟铁墉）

【重点燃油标准协调】 股份公司加强与国家环境保护部门和标准化管理部门的沟通协调。对国外排放和油品标准进行跟踪研究，根据相关动态及时研究提出未来几年油品质量标准的发展预测，为炼油企业质量升级和产品结构调整提供决策依据。跟踪车用无铅汽油国家标准的修订动态，以及汽油清净剂国家标准的制定和执行情况，及时反馈、协调和处理有关问题；跟踪协调北京地方燃油标准的进展；积极参与国内相关油品政策研究。

（王学文）

【荣誉和表彰】 由宝鸡石油机械有限责任公司负责起草的《钻井设备规范》（GB/T 17744—1999）和《天然气计量系统技术要求》（GB/T 18603—2001）两项国家标准，被国家标准委评为全国优秀国家标准，集团公司质量安全环保部发文通报表彰了两项标准的起草单位。在“世界标准日”纪念日活动中，集团公司有78名同志被国家标准委授予“从事标准化工作20年”的荣誉称号。

（佟铁墉）

计量工作

【概述】 2004年，各企业按照《计量法》的规定，结合企业经营和安全生产需要，依法开展计量器具管理工作，不断强化计量器具的动态管理和技术机构的建设，做好专用计量器具的校准工作，加强计量测试手段和方法的研究，统筹规划，建立和完善企业计量检测体系，保证计量数据的准确可靠，有效地提高了计量工作的基础保证能力。计量检测体系不断完善，计量管理工作进一步加强。

2004年，计量工作紧紧围绕生产经营管理实际，以油气贸易计量为重点，强化监督管理，加强技术研究，完善检测体系建设，推动器具管理向数据管理的深化。从源头抓起，强化对重大建设项目的计量监督审查。计量的基础保证作用得到加强。

（佟铁墉　刘春生）

【石油专用计量器具量值溯源】 由东方地球物理公司石油物探专用计量器具检定中心和石油仪器仪表质检中心联合承担完成的“数字地震仪校准装置”项目，通过了集团公司质量安全环保部组织的技术鉴定。大港油田集团定向井技术服务公司测斜仪校准实验室完成了“测斜仪校准装置”的研制及建标工作。

【计量技术机构与实验室建设】 为配合集团公司开展的“安全管理年”活动，集团公司重点开展了石油企业硫化氢、可燃气体检测仪及有毒有害气体报警器等计量检测设备的专项调查，有效地促进了企业强化硫化氢、可燃气体检测仪及有毒有害气体报警器等计量检测设备的配备、校准和维护保养工作。四川石油管理局和长庆石油勘探局筹备建立了硫化氢和可燃气体报警仪的标准检定装置和实验室。

【计量技术研究学术交流与培训】 国际石油管螺纹检测技术研讨会在陕西省西安市召开。美国、日本、德国等国外钢管生产企业和国内有关企业及检验机构等30多家单位的60余名代表出席会议。会议就油井管螺纹特别是特殊螺纹的设计、检测、溯源、评价、使用等热点问题进行了研讨。

（佟铁墉）

股份公司组织参加“世界计量日大会暨全国能源计量工作研讨会”。举办了“股份公司计量主考员培训班”，新聘任 89 名股份公司计量主考员，满足了所属地区公司计量人员培训考核和发证需要。在总部机关和专业公司组织开展了计量知识竞赛。

【油气贸易计量检定】　股份公司按照《计量法》要求和强制检定计划安排，组织国家原油大流量计量站和国家原油大流量计量站成都天然气分站对股份公司所属原油、天然气、轻烃、成品油等油气贸易计量站（点）的计量器具实施了强制检定。共检定原油及液态烃流量计 605 台（次），体积管 27 台（次），天然气流量计 1510 台（次），保证了油气贸易交接计量器具的准确可靠。组织在全公司范围内开展了对原油、天然气、成品油及化工产品计量工作的专项检查，强化了企业依法监督管理的力度。

【计量技术研究】　股份公司组织完成了“多相流量计计量性能的试验研究”等 3 项计量研究项目的验收工作，开展了“自动取样器计量性能的试验评价研究”、“原油贸易动态计量系统技术要求研究”等 6 项计量项目研究。所完成的“油气贸易计量方式与国际惯例接轨研究”项目获得了 2004 年集团公司技术创新二等奖及股份公司技术创新二等奖。

【重点项目计量管理】　股份公司向国家质检总局起草了《关于陕京二线输气管道工程超声波流量计首次检定问题的请示》，协调解决了陕京二线应急工程及全线站场共计 23 套高压、大流量天然气超声流量计的国外首次检定问题。跟踪、协调西气东输计量测试中心的设计、建设及建站授权。组织完成了对新疆油田乌石化原油分输站的计量验收，保证了新疆油田与乌鲁木齐石化原油动态交接计量站的正常投用。

（王学文）

特种设备质量安全监督管理

【概述】　2004 年，各单位按照集团公司质量安全环保部“关于加强特种设备管理工作的通知”要求，认真贯彻国务院《特种设备安全监察条例》等法律法规，严格加强管理，特种设备质量安全监督管理工作取得明显成绩。锅炉、压力容器、起重机械等主要特种设备的注册率为 99.16%，定期检验率为 99.50%，分别比 2003 年高 3.16 个百分点和 1.30 个百分点。全年没有发生严重以上特种设备事故。

【安全质量专项检查】　2004 年，集团公司组织开展首次特种设备安全质量大检查活动。检查的内容主要包括特种设备安全管理组织机构设置情况、安全管理规章制度建设情况、安全管理情况、特种设备的运行情况和特种作业人员的管理情况等 5 大项 33 小项。在各单位自查的基础上，从 2004 年 9 月 21 日至 9 月 29 日，集团公司组织 15 位从事特种设备管理或特种设备监督检验管理人员，分成五个检查组，对大庆石油管理局、大庆石油化工总厂等 17 个单位特种设备质量安全专项检查活动的开展情况和特种设备的管理情况进行了监督检查。检查组共计检查了 58 个二级单位。通过专项检查工作，基本摸清了各单位特种设备的基本情况和管理现状，促使各企业认真贯彻实施国务院《特种设备安全监察条例》、《集团公司特种设备安全监督管理规定（试行）》和集团公司《关于进一步加强安全生产工作的决定》，提高特种设备安全性能和管理水平，增强防范事故的能力，保证特种设备的安全运行。

【专业培训】　在重庆举办了集团公司特种设备安全监督管理技术宣贯培训班，对在用工业管道在线检验人员进行岗位资格培训。邀请国家质量监督检验检疫总局特种设备安全监察局有关领导和专家，就特种设备安全监察等方面的法律法规、理论知识进行了宣贯。集团公司未上市企业共有 50 多位从事特种设备管理和管道在线检验的人员参加了培训。

环境保护

【概述】 2004年，集团公司认真贯彻和落实科学发展观，围绕持续有效较快协调发展目标，认真落实环境保护管理目标责任制，依法大力推行清洁生产，积极实施HSE管理体系和ISO 14001认证，环境保护绩效稳步提高，实现了生产经营与环境保护的协调发展。2004年，集团公司杜绝了特大环境污染与破坏事故，主要污染物排放达标率稳步提高。

2004年，股份公司认真落实党的十六大提出的科学发展观，努力按照公司提出的可持续发展战略的要求开展各项环境保护工作，在生产不断发展的情况下，把污染源治理放在环境保护工作的首位，主要污染物排放得到了有效的控制，环境保护形势总体比较平稳。

（佟铁墉 刘春生）

【环境管理】

1. 环境保护目标责任制

集团公司认真贯彻《中华人民共和国环境保护法》，认真落实"党政一把手亲自抓、负总责"环境保护目标责任制。将环境保护指标纳入生产经营考核范畴，把污染达标、环保事故等考核指标与企业领导干部的业绩挂钩，建立了严格的激励约束机制。通过实施环保风险抵押金、分级签订安全环保责任状等方式，强化了环境保护责任管理，环境保护各项控制指标稳中有升，全面实现了"增产不增污"的环境保护目标。

2. 建设项目环境管理

集团公司认真贯彻《中华人民共和国环境影响评价法》，严格按照《建设项目环境保护管理条例》的规定要求，加强重大项目的环境影响评价和"三同时"管理，确保重大投资的环境安全。

2004年，共完成大庆肇州州13（3—6）区块油田开发工程、大港石化分公司500万吨/年完善配套改造工程等18个大型项目环境影响报告书技术评审工作，新疆石西油田开发工程等10个项目的竣工环境保护验收。按照国家环保总局和集团公司等六部门《关于在重点建设项目中开展工程环境监理试点的通知》（环发［2002］141号）精神，完成了西气东输管道工程环境监理试点工作，西气东输工程在生态保护方面取得了良好的环境绩效，被誉为"绿色工程"。

（佟铁墉）

2004年，股份公司继续实行将环境保护要求纳入领导业绩考核的做法，不断完善股份公司环境保护管理制度。

各地区公司在做好污染源治理工作的同时，不断改进现场环境保护管理，加强部门之间的协调，保证了环境保护工作目标的实现。

由于长期坚持做好污染治理和环境建设工作，公司所属独山子石化分公司成为全国首批（共8个）获得"国家环境友好企业"称号的单位。

为做好《股份公司"十一五"环境保护规划》编制工作，委托环境监测总站提前起草了《"十一五"环境保护计划编制指南》，并组织征求了意见。为各地区公司编制"十一五"环境保护规划打下了良好的基础。

【环保科研】 股份公司在开展污染治理技术研究的同时，为更好地认识和做好环境保护工作，组织了《中国石油环保发展总体战略的研究》课题的研究，通过分析中国石油环境保护工作现状，对比与国际各大石油公司的差距，提出了在"五大战略领域"实施24个战略方案，通过三个战略阶段的努力，使股份公司的环境保护达到"世界一流公司"的水平。

（饶一山）

【环境统计】 2004年，集团公司有控工业废气排放总量3577.8亿立方米。废气中主要污染物二氧化硫排放总量为14.29万吨，烟尘为8.51万吨。与2003年相比，二氧化硫增加了4.6%，烟尘减少了5.2%。

2004年，集团公司固定源工业废水排放总量为52039万吨。废水中主要污染物石油类排放量为2610吨，COD排放量为32513吨，分别比2003年减少了7.9%、1.7%。

2004年，集团公司杜绝了特大环境污染与破坏事故，共缴纳排污费23300万元，比2003年增加了35.85%。

【HSE和ISO 14000管理体系】 集团公司始终把建立和实施HSE管理体系、推行ISO 14001认证作为建立现代企业制度的重要内容。2004年颁布了《健康、安全与环境管理体系第一部分：规范》（Q/CNPC 104. 1—2004），完善和修订了《中国石油集团HSE管理体系管理手册》，结合HSE“两书一表”的落实，组织开展了环境因素识别和筛选活动，以及“清查放射源、让百姓放心”专项行动。各企业筛选重大环境因素1. 2万多个，清理登记放射源2805枚。积极采取措施，认真治理隐患，加强现场管理，提高了环境风险控制能力。截至2004年底，共有116个单位通过ISO 14001环境管理体系认证，比2003年之前增加了115%，促进了市场竞争力的提高。

【清洁生产】　集团公司认真贯彻《清洁生产促进法》，2004年制定颁布了《关于加快推进清洁生产的实施意见》、《清洁生产技术指南》等技术规范，开展了清洁生产审核试点和创建“绿色基层队（站）、车间（装置）示范活动”。截至2004年底，共有277个物探、钻井、井下作业和炼化检维修等基层队达到集团公司绿色基层队标准，形成清洁生产实用技术50多项，促进了生产现场环境保护规范化管理。辽河石油勘探局积极开展清洁生产审核，大力推广井下作业清洁生产技术，取得减排落地油3万余吨、节约污染治理和生态恢复费用5000余万元的良好绩效，国家环境保护总局专门在辽河油田召开全国清洁生产技术现场交流会，树立了中国石油环境保护的良好形象。

（佟铁墉）

2004年，股份公司各地区公司努力探索推行清洁生产的途径，从源头减少污染物的产生量，提高资源的利用率。

化工与销售分公司组织制订、发布了《化工与销售分公司清洁生产管理办法（试行）》，并组织了对各地区公司共18套装置的清洁生产审核工作，提出清洁生产方案306个。通过实施清洁生产方案，产生了可观的经济效益。

（饶一山）

【环境保护宣传】　集团公司领导高度重视环境保护工作，2004年“6. 5”世界环境日期间，陈耕总经理在《中国石油报》发表《树立并落实科学发展观，创造能源与环境的和谐》的文章，要求以科学发展观指导环保工作，形成有利于可持续发展的思路和规划；全面推进清洁生产，大力发展循环经济；深化HSE管理体系，大力实施ISO 14001认证。各企业认真贯彻集团公司领导指示精神，创造性地开展环境保护工作。各企业领导干部发表环保文章或电视讲话112篇（次），举办各类环保培训班310多期，发放环保宣传册20多万份，全面营造了“关爱环境、关注社会、创造能源与环境的和谐”的氛围。独山子石化公司被国家环境保护总局评为“环境友好企业”。

【污染治理与环保科技】　2004年，集团公司各企业共完成环保投资总计23. 59亿元，实施重大环境污染治理和生态保护工程320多项，提高了本质环境保护能力。完成了“环境保护关键技术、石化特种污水处理技术研究、工业节水关键技术”等专项研究，有3项环境科技项目获得中国石油集团技术创新奖，其中一等奖1项，二等奖2项。

（佟铁墉）

2004年，股份公司各地区公司继续加大污染源治理力度，完成了一批重点治理工程。

吉林石化分公司投资采用催化燃烧技术，利用丁辛醇驰放气做还原剂，彻底根治了化肥厂硝酸尾气。

兰州石化分公司完成了化工综合废水治理、催化剂废水处理、陈官营污水缓冲池改造等29项治理项目，解决了多年的环保隐患。

锦州石化分公司、克拉玛依石化分公司等单位污水深度处理、回用工程的投产，减少了污水排放量，节约了新鲜水资源。

【股份公司环保培训】　2004年，股份公司举办了环保处长培训班，来自各地区公司和股份公司总部的69名环保人员参加了这次培训。培训讲授了事故应急技术和预案编制基本理论，分析了有代表性的特大环境污染事故案例，讲解和探讨了国家环境政策和股份公司环境管理、环境监测和环境保护的工作重点和思路，介绍了股份公司环境保护总体方案和“十一五”发展规划编制指南。

（饶一山）

职业健康

【概述】　2004年集团公司职业健康工作认真贯彻《职业病防治法》，坚持“预防为主，防治结合”的方针，树立“以人为本、健康至上”的理念，狠抓职业健康监护工作落实，突出基层和施工作业现场健康管理，积极开展“送健康到一线”服务活动，企业职业健康工作有了进一步发展。

2004年，股份公司进一步加强了健康管理制度的建设。按照国家《职业病防治法》对建设项目的要求，制定并发布了《股份公司建设项目职业病防治管理暂行规定》。进一步规范了公司建设项目的管理，使建设项目符合国家有关职业病防治的要求。公司还制定发布了职业防治档案文本和员工健康档案文本，为各地区公司提供了范本，统一了档案的内容和形式。另外，公司还印发了《职业健康检查项目及周期》，使职业性体检更加规范。

（佟铁墉　刘春生）

【职业健康管理】　认真贯彻《职业病防治法》，完善各级职业健康工作责任制，并将职业健康工作纳入企业绩效考核范畴。重视对二级单位和基层的职业健康管理机构与岗位设置，加强专兼职人员的配备，开展了对企业的职业健康工作的考核检查。依据集团公司《职业病防治管理办法》以及职业健康管理规范的要求，各企业结合企业自身特点制定各类管理制度、工作规范等百余项，涵盖了整个职业健康管理、职业病防治工作，促进了集团公司职业健康规范化管理。

注重HSE健康管理，开展健康风险识别，完善HSE健康管理方案和预案，加强健康审核，修订完善HSE“两书一表”，将职业健康危害风险识别、控制、防护，以及应急救治等内容作为健康管理工作重点加以落实。广泛开展现场可靠防护与紧急救治工作，健全应急救援组织、配备应急救援设备，并按规定认真组织了演练。

【职业健康监护与监测】　突出企业职业健康检查和职业病危害场所监测工作，作为保护员工健康和职业病防治的重要工作来抓，认真落实员工岗前、岗中和离岗时的职业的健康检查，抓紧了野外施工作业和从事放射作业人员的健康检查，注重健康检查的评价、资料整理归档和情况反馈。全年所属企业组织完成对55302名接触职业病危害因素作业员工的职业健康检查，职业健康检查率达到93.1%。稳步推进作业场所职业病危害因素监测与评价，采取切实有效措施保证监测计划的落实，完成了5104个职业病危害作业场所的监测评价工作，作业场所职业病危害因素监测率达到92%。认真组织对体检中发现的职业禁忌证或疑似病人以及职业病患者进行复查、诊治和随访。

（佟铁墉）

2004年，股份公司积极贯彻落实职业病防治责任制，认真开展健康工作，共检测有毒有害作业场所25429个，为135168名员工进行了职业性体检，并为179335名员工进行了一般性体检。

（刘春生）

【作业场所职业病危害治理与防护】　集团公司开展作业场所职业病危害因素治理，加大对作业场所粉尘、毒物和噪声等整治与改造力度，改善作业环境与防护条件。加强了对防护设施与防护用品管理，严格按新标准初步设置警示标识、岗位告知卡等，对防护设备和设施实行专人承包，定期检测，加强了维护保养、更新，保证了防护用品正确使用。依据卫生部《建设项目职业病危害分类管理办法》，按照分级、分类管理原则，启动了建设项目职业卫生预评价工作。

【“送健康到一线”服务活动】　集团公司首次组织由大庆、吉林、辽河、华北、长庆油田和管道局企业参加的六个职业健康小分队，分别深入到陕、甘、宁、吉、蒙等油田管道施工作业现场，开展“送健康到一线”的系列服务活动。行程25000多千米，为施工作业一线两万多名员工进行职业健康体检。对620多个作业场所的粉尘、毒物及噪声等因素进行了采样检测和评价，对近80个饮用水水样进行了采集和化验，为2000多名员工进行义诊、健康指导和心理咨询。指导施工作业单位开展夏季“三防”工作（防传染病、防中暑、防食物中毒），深受广大干部员工的欢迎。

【放射卫生工作】　集团公司结合“清查放射源，让百姓放心”专项行动，加强了放射卫生管理。对从事放射工作的近2900名员工进行了职业健康体检和个人剂量监测。各企业注重对放射源库的改造，购置比较先进的剂量率监测仪，提高了操作自动化水平，增强了安全防护功能。为放射从业人员配备铅椅、铅围裙、铅手套、铅眼镜等防护设施与个人防护用品，落实放射从业人员的各项待遇。

【宣传与培训】　集团公司认真开展《职业病防治法》宣传周活动，突出宣传主题，注重实效。在《中国石油报》上发表了特约评论员文章。宣传周活动期间，各企业在报纸、广播、电视上发表文章350多篇，张贴宣传标语和横幅5500多张，发放《职业病防治法》等宣传品3万多册，出宣传板报1900多块，组织了职业病防治的知识问答和竞赛，开展职业病防治和防护知识专题讲座。重视职业健康培训工作，组织了急性职业中毒预防与救护、职业健康管理和放射卫生管理培训班。各企业组织了近百期的培训班，培养了一批职业健康管理和业务技术骨干。

【基础工作】　集团公司重视职业卫生技术机构建设，抓紧了资质认证工作。注意发挥技术服务机构在企业健康监护工作中积极作用，为企业职业健康工作提供技术支持和保障服务。抓紧建立健全企业职业卫生档案和员工职业健康监护档案。修改了集团公司职业健康统计信息系统，统计效率和质量得到进一步提高。

（佟铁墉）

节能节水工作

【概述】　2004年集团公司认真贯彻落实国家有关节能节水的法律法规和方针、政策，按照国家开展资源节约活动、建设资源节约型社会的总体要求和集团公司开展节能节水型企业创建工作的部署，加强节能节水管理工作，推广应用节能节水新技术，组织节能节水监测，深入进行节能节水宣传，取得了较好的节能节水实效。

2004年，股份公司认真贯彻党中央、国务院的资源节约精神，紧紧围绕成本控制和可持续发展，在所属各生产单位全面启动了节能节水型企业的创建活动。通过加强管理，优化运行，落实措施，努力挖潜，在生产规模不断扩大、产品产量大幅增长的情况下，实现了新鲜水总用量大幅下降，有效控制了能源消耗总量的增长，能源和水资源综合利用效率不断提高。

（佟铁墉　刘春生）

【节能节水管理】

1. 组织召开了2004年节能节水工作会议

4月，质量安全环保部组织召开了年度节能节水工作会议，总结了上一年度企业的节能节水工作，提出了创建节能节水型企业的工作目标，安排了2004年企业节约增效任务。这次会议采取了现场会的方式在抚顺石化公司召开，与会企业学习、参观了抚顺石化公司创建省级节水型企业的好做法和重点节水单位，普遍感到受益匪浅。

2. 制定了节能节水型企业评定办法

为使未上市企业节能节水型企业创建与评定工作更具体化、有可操作性，8月，集团公司批准印发了《中国石油天然气集团公司节能节水型企业评定办法》。这个《评定办法》进一步明确了石油集团节能节水型企业的内涵，规定了节能节水型企业申报方式和申报条件、考核方式和评定程序，细化了考核评分标准。其中考核评分内容根据各企业实际情况分为应该普遍做到的节能节水工作和因地制宜做到的节能节水工作两大部分。在应该普遍做到的节能节水工作中考核节能节水管理、合理用能用水、节能节水技术进步和用能用水指标等4项内容，共28个考核点；因地制宜做到的节能节水工作中考核开发利用新能源和可再生能源、开发利用非常规水资源、回收利用余能、一水多用，以及综合利用废旧物资等内容。

3. 组织了对重点用能用水单位基本情况的调查

为做好未上市企业节能节水型企业创建与评定基础工作，6月，质量安全环保部组织了重点用能用水单位基本情况的调查。调查结果表明，未上市企业的566个二级单位年耗能量在1万吨标准煤以上的有123个，占二级单位总数的21.7%，耗能量占总耗能量的84.6%；新鲜水用量在35万立方米以上的有122个，占二级单位总数的21.6%，新鲜水用量占总新鲜水用量的81.0%。这次基本情况调查，掌握了未上市企业耗能用水重点单位数量与消耗量的“28”原则，为抓好生产服务、工程技术服务、加工制造等业务系统的节能节水型企业创建工作，明确了重点单位。

（佟铁墉）

股份公司节能节水管理：

在全股份公司范围内组织开展了节能节水型企业创建活动。修订下发了《节能节水管理办法》及统计、监测等配套管理规定，制订下发了《开展创建节能节水型企业活动实施方案》、《节能节水型企业评价考核实施细则》及《节能节水型企业工作指南》。下达了2004年节能节水考核目标，组织开展了节能节水型企业创建活动的阶段检查和现场考核。

【节能节水技术交流与宣传】　2004年，股份公司在开展节能节水型企业创建活动中，加大了节能节水宣传力度，先后编发15期《节能节水简报》和4期《节能信息》，举办了“创建节能节水型企业培训班”。组织召开了“油气田节能节水现场工作会”、“炼油生产和技术工作现场经验交流会”及“炼化企业循环水管理现场交流会”，及时总结推广节能节水工作中的先进经验，起到了以点带面的作用。组织开展了股份公司2004年节能宣传周活动，在股份公司总部和专业公司举办了节能知识竞赛。

【能源消耗状况】 2004年，股份公司能源消耗总量为4197万吨标准煤，能耗总费用为319.26亿元。与2003年相比，在原油产量稳中有升，天然气产量、原油加工量大幅度提高的情况下，能源消耗总量上升了1.52%，能耗总费用增加了8.05%。能源消耗总量占所生产一次能源的比例由23.18%下降到22%左右。总体上，在生产规模不断扩大、油气及其加工产品产量逐年上升的情况下，有效地控制了能源消耗总量及能耗总费用的增长。

（王学文）

【用能用水状况】 2004年，集团公司全年消耗各种能源折标准煤5021万吨，新鲜水用量10.04亿立方米，耗能用水费用约407亿元。其中未上市企业购入能源消耗量为823.73万吨标准煤，新鲜水用量3.26亿立方米。各未上市企业新建技术措施节能能力16.48万吨标准煤，当年节约各种能源14.18万吨标准煤，价值约1.14亿元，技术措施节能率1.72%；新建技术措施节水能力1708万立方米，节水1108万立方米，价值约3039万元，技术措施节水率3.4%，工业水重复利用率90.68%；新上代油项目替代节约重油10.49万吨。

（佟铁墉）

2004年，股份公司新鲜水总用量为6.78亿立方米，新鲜水取水总费用为13.74亿元。与2003年相比，新鲜水总用量减少8526万立方米，下降了11.2%，新鲜水取水总费用减少0.63亿元，下降了4.4%。在新鲜水价格不断上涨的情况下，首次实现了新鲜水取水总费用的下降。

【节能节水规划与政策研究】 股份公司开展了《东北地区石油石化工业用水和可持续发展战略》研究，参与研究编制《中国节能技术政策大纲》和《中国节水技术政策大纲》。开展了股份公司《节能技术发展总体规划》的研究。

【节能节水潜力研究与示范工程】 股份公司组织完成了“新疆油田稠油开采注汽锅炉节能技术综合应用”示范工程，对该示范工程进行了总体验收。完成了“炼油节能潜力研究”项目，落实和启动了“大庆萨北油田高含水后期系统优化调整及节能技术综合应用”示范工程的方案设计和工程实施工作。

【节能节水统计监测工作】 股份公司制定下发了《2004年股份公司节能节水监测计划》，组织4家直属监测机构，对21家地区公司的油田（管道）用加热炉、输油泵、炼化常减压炉、裂解炉、疏水器、蒸汽管线及乙烯装置等1400多台（套）耗能用水设备，开展节能监测和水平衡测试。编制印发了《股份公司2003年节能节水工作年报》，对所属各公司的主要能耗用水指标和技术措施实施情况等进行了统计分析，对有关用能单位的节能监测结果进行了评价。

（王学文）

【节能节水型企业创建】

1. 提出了节能节水型企业创建工作意见

根据党的十六大和中央经济工作会议提出走新型工业化道路和树立全面、协调、可持续发展观的精神，4月，集团公司领导批准印发了《中国石油天然气集团公司关于推进节能节水型企业创建工作的意见》。这个《意见》在分析创建节能节水型企业重要性和迫切性的基础上，明确了创建节能节水型企业的指导思想和工作目标，对企业提出了五条创建措施和工作要求，规定了节能节水型企业考核评定、表彰奖励和监督检查的办法。其中创建工作的目标是力争经过3—5年的努力，在2010年前，集团公司所属企业全部达到集团公司节能节水型企业标准，全员节能节水意识增强，节能节水管理水平提高，节能节水工作机制更加完善，各项主要生产经营业务的能源和新鲜水平均单耗达到同行业可比先进水平；其中有三分之一以上的企业达到集团公司节能节水型先进企业标准，其主要生产经营业务能源和新鲜水平均单耗达到同行业可比领先水平；取得良好的节能节水经济效益和环境效益。这个《意见》的提出，把石油集团节能节水型企业创建工作的一般性号召具体化，为石油集团各企业如何开展节能节水型企业创建活动明确了方向和目标。

2. 发出了创建资源节约型中央企业的倡议

为深入贯彻落实党的十六大和十六届三中、四中全会精神，牢固树立和落实科学发展观，加快建设资源节约型社会，推动循环经济发展，解决全面建设小康社会面临的资源约束和环境压力问题，根据《国务院办公厅关于开展资源节约活动的通知》要求，按照国资委业绩考核局的具体安排，集团公司牵头并与鞍钢集团公司、上海宝钢集团公司、中国铝业公司、中国华能集团公司、中国第一汽车集团公司等5家中央企业于11月共同发出了“在中央企业创建资源节约型企业的倡议”。这个倡议的主题是：迅速行动起来，全面开展创建资源节约型企业的活动，扎扎实实地推进资源节约工作，努力把中央企业的资源节约工作提高到一个新的水平。

【节能节水技术】

1. 组织参与了“东北地区石油石化企业用水和可持续发展”专题研究

该项研究工作是为了保证国家振兴东北老工业基地战略实施，由中国工程院负责组织的国家重大咨询项目“东北地区水土资源配置、生态环境建设和可持续发展战略研究”的子课题之一。按照该项研究工作的职责分工，7—9 月，集团公司质量安全环保部和股份公司质量安全环保部共同发函调查了东北地区服务企业用水基本情况，组织专家组到东北地区 10 个主要石油石化企业现场调查，召开座谈会 12 个，查看供、用、节、排水设施 80 个。

2. 参与了《中国节能技术政策大纲》修订工作

根据国家发展和改革委员会的安排，集团公司负责了《中国节能技术政策大纲》陆上石油天然气工业部分相关技术政策的制定。包括目前陆上石油天然气工业石油领域的节能技术发展现状、存在的问题，以及与国外先进水平的差距，提出了中长期节能技术发展方向，明确了近期和中长期节能技术发展的目标、水平和途径。

3. 参与组织了集团公司“十五”节水科研项目的验收

8 月，质量安全环保部会同科技发展部组织验收了集团公司“十五”节水科研项目子课题之一即《大庆石油管理局区域供水节水综合研究技术》，课题成果全部通过专家验收，其中水厂废水回收已开始工程应用，具有较好的示范作用。同时协助科技发展部向国家申报节水高新技术项目。

【节能节水监测】

1. 组织了对部分重点用能单位锅炉能效水平的监测

9—12 月，集团公司质量安全环保部组织油田节能监测中心和西北节能监测中心对大庆石油管理局、大庆石化总厂等 14 个企业 31 个重点用能单位的 106 台锅炉进行了能效水平监测，其中重点是集团公司实施代油工程以来新投用的燃煤燃气锅炉和部分重点用能单位在用锅炉。监测结果是：依据执行的标准，所测试的 106 台锅炉综合合格 46 台，综合合格率为 43.40%，比近几年的锅炉监测综合合格率有较大幅度提高。其中共监测东部企业以煤代油锅炉 47 台，综合合格率为 61.70%，高出平均综合合格率 18.3 个百分点。

2. 组织开展了节能监测机构技术能力比对活动

根据国家发展和改革委员会加强节能技术服务机构业务能力建设和国家《计量认证/审查认可评审准则》的有关要求，为提高节能监测机构技术水平，考核、验证和评估节能监测机构对主要测试和检验指标的检测能力，保证检测数据的准确性和监测机构之间数据的一致性，同时也是为节能节水型企业创建工作提供技术保证，7—12 月，质量安全环保部组织开展了石油行业节能监测机构的技术能力比对工作。石油、石化两大集团共有 14 个机构参加了现场和固定实验室比对。比对结果表明大多数监测机构对测试方法、标准以及测试仪器的掌握都是比较熟练的，具有良好的检测能力。这是第一次开展比对工作，对提高节能监测机构技术能力、发现不足和改进提高的促进作用很大。

【节能节水宣传与交流】

1. 集团公司组织参与了有关节能节水宣传活动

7 月 6 日，集团公司质量安全环保部起草并协调在《人民日报》头版头条发表《中石油集团向资源节约要效益》一文；10 月，质量安全环保部起草了《关于在中央企业开展创建资源节约型企业的倡议》。这两篇宣传文章，较好地在国家层面上宣传和树立了集团公司落实科学发展观、走新型工业化道路的成绩和形象。

2. 集团公司组织了节能节水管理干部培训和节能节水标准宣贯

5 月，集团公司质量安全环保部与石油工业节能节水专标委联合举办节能节水标准宣贯班，共有 122 人参加，宣贯了石油上游系统主要耗能系统测试与评价、水平衡测试等 9 项行业和国家标准，并组织了现场的测试实习操作。

9 月，集团公司质量安全环保部组织举办了未上市企业节能节水管理干部培训班，共有 59 人参加，学习和培训了国家节能节水形势与战略、节能节水基础知识、节能节水统计与评价方法、工程项目节能节水管理标准、节能节水技术等。

（佟铁墉）

第九篇

企 业 管 理

企业管理

【概述】　2004年，集团公司积极推进管理创新，促进了效率和效益的提高。在集团公司的统一组织下，抓住具有全局性、长远性的重大问题进行深入研究，制定了发展战略纲要及一批总体规划和区域规划，发展思路和目标更加明确。投资项目论证、评估和监督体系逐步完善，重大项目的过程管理和后评价工作有效加强。推行资金与会计核算集中管理取得重要成果，正逐步接近国际先进水平；完善全面预算管理，强化目标成本管理，推进资产管理，均见到显著成效。薪酬总额与经济效益挂钩考核办法不断完善，激励约束机制进一步强化。电子商务工作继续推进，集中采购和网上采购的范围和额度进一步扩大。法律工作与经营管理紧密结合，在防范经营风险、维护企业权益等方面发挥了积极作用。内控体系建设全面展开，流程梳理、差异分析、风险识别、制度建设等各阶段工作顺利推进。创建节能节水型企业活动扎实开展，效果明显。全年节能103万吨标煤，节水9084万吨，煤、气代油总量达136万吨。积极推进新油田优化和老油田简化，通过实施十项优化工程和十项简化工程，共节省投资2. 5亿元以上，节约运行费用约1亿元。

重点改革稳步推进，资源配置更趋合理。根据发展需要，完成了海洋石油工程、南方销售业务的整合，以及宁夏大元与长庆马家滩炼厂、庆阳炼化公司与长庆马岭炼厂、塔里木油田分公司与塔石化的重组工作。国际勘探开发业务的重组整合顺利进行。油品营销体制改革取得新的进展。同时，企业内部的专业化重组进一步深化，分离办社会职能工作积极稳妥地推进，全面启动清理整顿法人实体工作，产权制度改革继续推进。

在2004年度《财富》世界500强中，集团公司列第52位。在全球2000家大企业最新排名中，股份公司以其销售额367亿美元、利润84亿美元、资产642亿美元、市值1110亿美元列第57位，位居入选的中国公司之首。在《亚洲货币》举办的“最佳管理公司及最佳企业管治”年度调查与评比中，股份公司获得中国地区“2004年度大型公司最佳管理奖”及“2004年度最佳管理进步奖”。

（付建昌　王黎明）

【深化企业改革】　2004年，集团公司围绕解决发展的深层次矛盾和问题，突出重点，稳步推进各项改革。一是完成了海洋石油工程服务业务、南方销售业务的整合，成立了海洋工程有限公司，组建了华南、华中成品油和天然气销售分公司，调整了天然气与管道华北分公司的管理体制。对13个油田和炼化公司的加油站，实施了划归油品销售地区公司管理的工作。二是完成了宁夏大元与长庆马家滩炼厂、庆阳炼化公司与长庆马岭炼厂、塔里木油田分公司与塔石化的重组工作。三是采用集团公司和股份公司共同出资，成立合资公司的方式，对海外勘探开发业务实施了整合。四是分离办社会职能工作积极稳妥地推进，先后与18个省市区及计划单列市签署了移交协议，确定移交机构464个、人员5.4万人。五是全面启动清理整顿法人实体工作，共清查登记法人实体4303家，明确需要清理处置的2106家。六是集团公司住房分配货币化工作逐步深入，截至年底，正式批复实施办法的有37家，住房补贴发放工作已经全部完成的有18家。同时，研究制定并实施了集团公司《易地调动职工住房管理暂行办法》和机关及在京单位的《易地调动职工住房管理实施细则》等。

（付建昌）

股份公司围绕解决影响发展的深层次矛盾和问题，突出重点，稳步实施各项改革，2004年股份公司主要在以下几方面取得了新的进展。

营销体制改革有序展开。提出了今后几年营销体制改革的总体目标是基本建立起大物流、专业化、扁平式、高效率的现代营销体制；明确了营销体制建设总的方向是以销售利润最大化、投资回报最大化和市场份额最大化为目标，以市场为导向，以客户为中心，逐步建立起销售业务统一调控、物流组织相对集中、主导产品销售专业化、组织结构扁平化、产销连接市场化、管理决策信息化的大物流、专业化、扁平式、高效率的营销体制。按照这样的总体目标和方向，为适应股份公司主营业务发展和营销网络建设的需要，2004年，成品油销售新组建了华南、华中销售分公司，强化了这两个地区的市场开发和销售业务管理；打破以行政区划为界限的营销机构设置方式，按照经济半径整合省市公司，减少流通环节和管理层次，推行配送中心和销售代表制，实行扁平化管理、集约化经营和专业化管理的新的营销体制，进一步完善运行机制。化工销售新组建了华南销售分公司和25个地区销售部，有效地构建了重点地区的化工产品销售网络。天然气销售新组建了华中销售分公司，调整了天然气与管道华北分公司的管理体制，营销体系建设迈出实质性步伐。积极推进现代物流，大力推行一体化配送，促进了成本费用的降低和运营效率的提高。

内部持续重组继续推进。按照集团公司整体发展战略的要求，采用集团公司和股份公司共同出资成立合资公司的方式，对海外勘探开发业务实施了整合，这既有利于国际业务的统一规划和统一协调管理，也是公司管理体制上的一项重大创新。完成了塔里木石油勘探开发指挥部、塔里木石油化工工程建设指挥部与塔里木油田分公司重组整合，马岭、马家滩炼厂关停，以及整体收购庆阳炼油化工有限责任公司、宁夏大元炼油化工有限责任公司等工作。对13个油田和炼化公司的加油站，完成了划归油品销售地区公司管理的工作。

人事劳动分配制度改革不断深化。制定了《关于进一步加强领导班子思想作风建设的意见》、《领导人员选拔任用工作暂行规定》、《领导班子行政副职公开选拔实施办法》等规定性文件，为进一步加强领导班子建设，推进干部制度改革奠定了基础。继续推行领导班子行政副职竞聘上岗，加大干部交流力度，一大批能力素质好、进取意识强的中青年干部走上各级领导岗位。研究制定了市场化临时用工管理办法，规范用工行为，有效调控用工数量和用工费用，进一步加强了所属单位市场化临时用工的管理。完善了薪酬总额与经济效益挂钩考核办法，进一步调整了工资结构，改善了分配关系，提高了工资标准。修订了高级管理人员年薪制管理办法。针对赴海外工作人员薪酬水平偏低、缺乏激励，难以适应海外业务发展需要的情况，借鉴跨国公司通用的薪酬模式，初步建立了在统一制度框架内、具有一定竞争力、富有弹性空间、管理规范的薪酬制度，薪酬激励作用进一步增强。对油品销售企业实行了岗位基薪工资制度的工资标准，参照岗位工资制度方案对各类人员增资水平进行了调整。同时，制定了离退休人员生活补贴发放暂行办法。

（王黎明）

【战略管理】　现代企业竞争已进入战略制胜的时代。2004年，集团公司面对国内外宏观环境和市场环境的变化，在全面剖析自身优劣势的基础上，紧紧围绕战略分析、战略制定、战略实施与控制，进一步加强战略管理，取得了显著成效。

一是开展了深入细致的战略环境分析。主要包括国内外宏观环境、石油石化市场环境等外部环境和集团公司内在条件。通过分析，进一步明确了集团公司的发展机遇与挑战、优势与劣势。分析认为，全球化、工业化、城市化和市场化成为国内外宏观环境变化的基本特征，随着其进程的加快及进一步演变，会给集团公司的发展带来难得的战略机遇，提供良好的外部环境与发展空间，但同时对我们加快发展的制约也在加大，挑战不断增加，各种风险不可低估，必须全面而辩证地分析、判断与应对。

二是围绕集团公司发展的长远性、全局性重大问题开展战略研究工作。参与完成了中国工程院牵头组织的国家级课题“中国可持续发展油气资源战略研究”项目，科学地分析了国内外油气资源现状及供需趋势，提出了中国油气资源可持续发展的总体思路、重点战略、主要措施和政策建议，对加快集团公司发展、保障国家油气供应安全具有重要指导意义。完成了“中国石油集团公司发展战略研究”项目，对面临的战略环境进行了系统分析，国内外大石油公司发展战略演变进行了深入研究，在此基础上提出了集团公司的发展战略目标、战略重点、战略部署和战略保障。同时，还完成了“跨国企业集团管理体制与运作机制研究”、“集团公司全面协调可持续发展研究”、“未上市企业成长性问题研究”等一批重大研究课题，较好地发挥了决策支持作用。

三是明确了推进集团公司“持续有效较快协调发展”的战略方针。持续发展，就是要充分发挥各方面的资源优势，注重企业的成长性和发展的可持续性，保持持续盈利能力和长时期的发展活力；有效发展，就是要把“效益第一”的思想贯穿于生产经营的各环节，化为广大职工的自觉行动，保持各项生产经营活动的低成本、高效益，保证各项投资项目的有效性、高回报；较快发展，就是要抓住机遇，保持较快的发展速度，不断提高规模实力、产品数量和质量，增加销售收入和利润，实现速度与质量、效益的统一；协调发展，就是要坚持发展共谋、责任共担、稳定共抓、环境共建，实现上市与未上市企业、国内业务与国外业务、油气上游产业与中下游产业、石油石化生产与销售贸易、生产发展与职工生活改善的协调发展，让改革发展的成果回报社会、惠及全体职工。

四是从保障国家石油安全供应和加快集团公司发展的战略高度，提出了发展中的“六个必须坚持”。即必须坚持把发展作为第一要务，以经济效益为中心，实现持续、有效、较快发展，努力建设具有国际竞争力的跨国企业集团；必须坚持整体协调发展，从集团公司整体利益出发，统筹兼顾，突出重点，实现上市与非上市企业、国内业务与国外业务、油气上游产业与中下游产业、石油石化生产与销售贸易的协调发展；必须坚持科技创新、体制创新和管理创新，大力推进科技进步，不断深化企业改革，进一步强化企业管理，努力提高企业的整体素质；必须坚持企业发展与员工的全面发展相统一，坚持以人为本，重视人才，关爱员工，把公司发展建立在提高劳动者素质的基础上，让改革发展的成果惠及全体员工；必须坚持物质文明建设和精神文明建设相统一，进一步加强领导班子建设和职工队伍建设，大力培育和弘扬企业文化，继承和发扬石油石化企业的优良传统和作风；必须坚持公司发展与经济社会发展相协调，认真履行社会责任，贯彻资源开发与节约并重的方针，努力创造能源与环境的和谐、公司与社会的和谐、人与自然的和谐，树立企业良好的社会形象。

五是做出了做好“四篇文章”的重点战略部署。第一，坚持把勘探放在重中之重的地位，做好国内油气加快发展的文章。按照“加强前期、注重技术、突出重点、积极有效”的勘探工作方针，以寻找经济规模储量、获取新发现大发现和建立战略性资源接替阵地为目标，积极调整东部，加快发展西部，努力开拓海域，落实三年、准备五年、规划十年，打好勘探进攻仗，掌握勘探主动权。2010 年前，原油产量继续保持稳中有增，天然气产量快速增长。第二，以提高产品竞争力为中心，做好炼油化工加快发展的文章。坚持炼油化工一体化协调发展，做精炼油，做强化工，做大做好销售。按照“优化东北、发展西北、加强华北、开拓华南和海外”的方针，突出结构调整，优化产业布局，强化科技带动，尽快形成 6 个千万吨级炼油基地和 7 个百万吨级乙烯基地，逐步建立灵活、高效、协调的营销网络。争取到 2010 年，炼化业务主要技术经济指标达到国内领先、国际先进的水平，成为集团公司的盈利支柱。第三，大力实施“走出去”战略，做好国际业务加快发展的文章。按照“讲究效益、注重保障、培育规模、协调统一”的原则，充分发挥集团公司整体优势和比较优势，大力发展国际油气勘探开发业务，以现有项目为基础，积极优选和扩展新项目，加快建成几个具有较大规模的海外油气生产供应基地。同时，要拓展油气贸易业务，积极建设多元化的国际贸易网络。在更大范围、更广领域、更高层次上参与国际合作与竞争。争取到 2010 年，海外油田作业产量和石油贸易量比目前翻一番以上，整个集团公司国际业务获得更大发展。第四，以提高核心竞争力为目标，做好工程技术服务业务加快发展的文章。要以培育“国内第一、国际一流”的专业技术服务公司为重点，大力推进集团公司和地区服务公司两个层面的专业化重组，集中资金择优扶强，加快装备结构调整和更新改造，不断提高各专业服务的技术含量和竞争能力。按照研发、制造和服务一体化的要求，组织力量，集中攻关，形成一批具有自主知识产权的集成化、系列化的特色技术和核心技术。在为油气勘探开发、炼油化工提供优质服务的同时，大力开拓社会市场和国际市场。到 2010 年，工程技术服务外部收入比例达到一半以上。

（郝鸿毅）

【管理创新】 积极推进管理创新，促进了效率和效益的提高。在集团公司的统一组织下，抓住具有全局性、长远性的重大问题进行深入研究，制定了发展战略纲要及一批总体规划和区域规划，发展思路和目标更加明确。股份公司加强战略研究，制订了公司《发展战略纲要》及一批总体规划、专项规划和区域规划，进一步明确了发展思路和目标。各企业深入开展以“强三基、反三违、除隐患、保安全”为中心的“安全生产管理年”、创建节能节水型企业、积极推进新油田优化和老油田简化、“技术效益年”等多种形式的强化管理和挖潜增效活动，取得了显著效果。投资项目论证、评估和监督体系逐步完善，重大项目的过程管理和后评价工作有效加强。资金与会计核算集中管理取得重要成果，正逐步接近国际先进水平；全面预算管理、强化目标成本管理、资产管理等均见到显著成效。薪酬总额与经济效益挂钩考核办法不断完善，基本工资制度得到合理调整，激励约束机制进一步强化。电子商务工作继续推进，集中采购和网上采购的范围和额度进一步扩大。法律工作与经营管理紧密结合，在防范经营风险、维护企业权益等方面发挥了积极作用。监察工作以降本增效和投资管理为重点，加大源头治理和案件查处力度，维护了正常生产经营秩序。加强对重点单位、重点资金及重点工程的审计监督，促进了依法经营和管理效益的提高。内控体系建设全面展开，流程梳理、差异分析、风险识别、制度建设等各阶段工作顺利推进。

（付建昌）

在总结几年来股份公司上市运作实践的基础上，以实行企业薪酬总额及员工收入与产量、销量、投资、成本和效益等指标挂钩联动为核心，研究制定了新的经营管理机制，进一步明确利润、成本与投资、回报、油价等挂钩，通过完善投资决策、预算管理和业绩考核体系，充分调动专业公司、地区公司和广大员工增产增收、降本增效的积极性。完善投资项目论证、评估和监督体系，加强重大项目的过程管理和后评价工作。完善全面预算体系建设，加强了资金、资产和会计核算的集中管理。内控体系建设全面展开，流程梳理、差异分析、风险识别、制度建设等各阶段工作顺利推进。法律、审计、效能监察等工作在防范风险、降本增效、促进依法经营和规范运作方面发挥了重要作用。

以活动为载体，深入开展多种形式的强化管理和挖潜增效活动，取得了显著效果。一是全面开展以“强三基、反三违、除隐患、保安全”为中心的“安全生产管理年”活动，重点隐患得到逐步治理，安全生产形势有所好转。继续与公安机关等政府部门联合开展专项整治行动，使油气区及油气管道周边秩序得到改善。二是按照建设节约型社会的要求，扎实开展创建节能节水型企业活动。在生产规模不断扩大、产品产量大幅增长的情况下，全年节能80万吨标煤，节水7000万吨，煤、气代油总量达80万吨。三是在油气田企业积极推进新油田优化和老油田简化，通过实施“十项优化工程”和“十项简化工程”，共节省投资和节约运行费用约4亿元。四是在炼油化工企业开展“技术效益年”活动，进一步消除了生产瓶颈，促进了装置达标和产品质量升级，主要技术经济指标继续改善，炼油单位现金加工成本比2003年降低3.4元，装置“三年一大修”的要求逐步落实。五是在销售企业深入开展“销售效益年”活动，紧盯市场，调整策略，努力促销推价降费，主要炼化产品销售量大幅增长，成品油零售量达到3018万吨、比2003年增长35%，化工终端网络有效延伸，大用户开发取得新进展，直销率达到61%，销售质量和效益明显提高。

【经验与差距】　2004年，股份公司生产持续有效快速发展，盈利能力、竞争能力和抗御市场风险能力显著增强，科技水平、管理水平有了新提高，员工工作条件和生活质量进一步改善，得到资本市场一致好评和认可。主要是始终坚持发展是硬道理，有效加快主营业务发展；坚持深化改革，不断推进体制机制创新；坚持抓好安全和稳定，努力构建和谐发展环境；坚持加强班子和队伍建设，全面提高队伍政治业务素质；坚持两个文明建设一起抓、做到两手抓两手硬。但是，股份公司发展中仍然存在一些矛盾和问题，主要是资源基础薄弱的状况尚未根本扭转，结构性矛盾还比较突出，内部体制、机制性障碍仍未得到完全解决，安全稳定形势依然严峻。对这些矛盾和问题，必须通过深化改革、强化管理，以及加快发展等办法，逐步加以解决。

（王黎明）

财务资产管理

【概述】　2004年，集团公司财务资产工作，围绕集团公司建设具有国际竞争力跨国企业集团战略目标，认真学习贯彻集团公司工作会议精神，按照“预决算、筹融资、政策信息服务”职能定位要求，加快构建与跨国企业集团相适应的财务资产管理体系，进一步加大资金、预算、会计核算、资产管理、税收价格、队伍建设等管理工作力度，为确保集团公司改革发展与年度生产经营目标的实现做出了积极的努力。股份公司财务工作着眼于形成有利于提高国际竞争力和实现跨国经营的财务管理体制、运行机制和指标考核体系，逐步建立起与国际接轨、适应跨国石油公司需要的国际责任体系，内强外拓，全面理财，为实现股份公司持续有效快速发展提供强有力的支持。2004年集团公司整体经济效益显著提高，全年实现销售收入5707亿元，比2003年增长20%；利润总额1289亿元，比2003年增长75%；实现税费1076亿元，比2003年增长32%；国有资本保值增值率114.4%；在2004年度《财富》世界500强公司排名中，集团公司排名52位，位于上榜的中国公司第2名。

（万　钧　孟晓玲）

【资金管理】

（1）集团公司以所得税退税为重点，积极筹措资金，确保总部现金收入。规范内部各单位及控股公司所得税入库，加强对单据的传递管理，积极协调财政、税务等部门，确保退税资金应退尽退和及时到账。2004年，共计收到所得税缴款书1466张，实际取得退税199.7亿元，超额完成年初集团公司确定的退税目标；积极协调财政部、科技部等国家有关部门，办理财政资金请款取得国家财政资金4.16亿元；积极协调，全年取得股份公司股利304.2亿元（其中2003年下半年股利120.7亿元，2004年上半年股利183.5亿元）；严格把关，全年收取其他参、控股公司分派的股利以及应上交利润单位上交的利润2.5亿元；此外，为企业申请并取得国家对开拓海外市场贷款贴息、外贸发展基金等项资金。

（2）发挥集团公司整体优势，降低筹资成本。与中国银行续签100亿元授信额度协议；办理中哈管道项目融资担保3亿美元；办理俄罗斯原油贸易融资60亿美元。

（3）推进总分账户管理。为适应未上市企业跨地域施工作业频繁、资金管理难度大的情况，积极推进以一级企业为核心的总分账户管理工作，提高资金集中度，强化资金监管。

组织到东方物探、管道局等单位进行调研，研究确定总分账户管理的基本模式及思路，草拟总分账户实施指导意见，在长庆油田召开的现场会上就实施总分账户管理提出总体要求，与金融机构接触，协商网上银行服务协议。

（4）积极准备境外资金集中管理，为海外项目提供资金支持。集团公司在深入调研的基础上，根据集团公司境外业务的实际特点，借鉴部分国际大石油公司及部分国内企业的全球资金集中管理经验，研究制订了《中国石油天然气集团公司境外资金管理框架方案》，国家外汇管理局于2004年11月2日批准集团公司境外资金集中管理方案，并给予10亿美元境内外外汇资金调剂额度。

（5）境外投资联合年检。2004年，集团公司共有中国石油天然气股份有限公司、中国国际工程有限责任公司等13家单位的34个境外投资企业参加了2003年度年检和绩效评价，其中：直接年检企业27个，比2003年增加7个；备案企业7个。在直接年检的企业中，获得年检等级一级的企业19个，占年检企业的70.4%；获得年检等级二级的企业7个，占年检企业的25.9%；获得年检等级三级的企业1个，占年检企业的3.7%。

（6）实施离退休生活补贴方案。落实党组的决策，研究设计离退休生活补贴商业保险运作方案和监管制度，为39.4万人投保，保费支出210亿元，节约保费65亿元，与年金托管相比节约管理费14.9亿元，节约个人账户管理费4.7亿元。一次性投保避免了政策风险，确保离退休人员生活补贴资金来源，得到了职工和离退休人员的广泛拥护。2004年，下拨14亿元生活补贴资金，实现了党组如期发到离退休人员手中的要求，维护了企业的稳定。

（吉寿松）

2004年3月，股份公司财务部资金管理中心正式成立，担负起管理股份公司资金运行的任务。按照内控制度的要求及优化业务运行、细化管理的原则，中心设立了计划处、出纳处、结算处、票据处、清欠办公室5个业务处室，形成了有利于资金安全、高效运行的协作与制约机制。股份公司的收支两条线单位达到108家，除西藏销售分公司外，涵盖了所有分公司和全资子公司，全额集中的资金管理模式基本形成。增加股份公司总部的付款流程风险控制点，由原来加盖2枚银行预留印鉴改为目前须加盖3枚印章，并进一步明确了各控制节点的职责。此外，对部分所属单位的资金管理情况进行专项检查，举办资金管理培训班，针对近年来发生的几起资金安全事故，从管理的角度认真剖析原因，吸取教训。

同时，FMIS下资金管理子系统实现试运行。该系统分为预算对接分析、计划管理、账户管理、银企直联、核算管理、票据管理、清欠管理、加油站上门收款管理、价格分析、汇率分析、利率分析等11个模块，通过信息平台，变低效重复手工工作为自动化处理，提高了效率；实现股份公司总部与地区公司资金管理的网络化协同办公，完成了股份公司与合作银行之间点对点业务对接，银企数据及时交换；通过网络管理，将资金管理岗位流程和授权职责予以固定化，按日与银行对账及地区公司对账，实时监控公司所有银行账户，跟踪预警；建立收付实现制的资金计划与权责发生制的损益预算、与股份公司月度的产品销售量、价格的联动模式，基于预算数据按要素编制计划对现金流量的控制更具操作性；运用数理方法，提升分析水平，利用资金管理基础信息，出具标准化资金分析报告。

（朱晓旸）

【预算管理】

（1）进一步加强预算管理的制度化建设。为贯彻落实集团公司2004年财务资产工作要点，下发了《关于进一步加强预算管理的通知》，按照建立具有国际竞争力跨国企业集团的要求，加强全面预算管理，逐步实现由目标管理向过程管理的转变，增强实现预算目标的主动性和科学性。在预算目标的分解、预算执行情况分析、预算完成的手段和措施、预算资料数据库等多个环节提出了具体要求。

(2) 保持预算政策的延续性，落实了2005年预算。在预算编制上，继续保持既定的“十五”预算政策，强化并贯彻了投资回报理念。在预算利润指标上，直属企业按照既定的环比增长机制确定，主要考虑固定资产投资、科技投入、反哺资金投入增效；公司制企业主要按照占用的净资产并参照同行业净资产收益率平均值确定；事业单位按照“谁受益、谁付费”和财政资金不挤不占、集团公司补贴维持上年不减的原则确定经费预算。

（黄　鸿）

2004年，股份公司进一步深化全面预算管理，推进机制创新，逐步推动“激励型”预算体制的建立，经营管理机制研究取得阶段性成果。一是深入调查研究，形成和完善了油价与操作成本挂钩机制、原油超产奖励机制、成本节约奖励机制、新增可采储量奖励机制、增效奖励机制、天然气推价和增量奖励机制等方案，进一步健全了经营激励机制。二是为进一步调动地区公司实现预算目标的积极性，使生产经营更加贴近市场，研究和总结了上市以来预算管理运行情况，针对各专业公司生产经营不同特点，建立了勘探投资与新增可采储量挂钩，开发投资与油气商品量挂钩，原油销价与单位操作成本挂钩、利润与现金营销成本联动，炼油板块、化工板块利润增长与投资挂钩的预算指标确定体系，实现了投资预算、生产预算与财务预算的有机结合。三是进一步完善预算分析体系，初步理清了股份公司财务和专业公司财务两级财务分析工作的重点和职责，加强了业务沟通和数据共享，并细分为分析重点、跟踪市场动态，发挥财务预警职能，为股份公司整体财务分析体系的建立和完善创造了条件。四是针对石油市场油价波动较大的情况，改进盈利预测方法，增加分析参数，适时进行滚动盈利预测，及时为管理层提供决策信息。五是配合资金信息管理系统建设，提供业务支持，输入预算数据，进行了月度预算编制系统测试。

（张银河）

【债务管理】 2004年，股份公司进一步完善债务集中管理，在确保生产经营及大型项目融资需求的前提下，继续加强内部债务管理，努力降低总体财务费用。

1. 加强授信额度管理，拓展新的融资渠道，保证海外项目发展和大型重点项目融资需求

在保持国内金融机构有效授信额度1153亿元的基础上，开辟了3条新的海外融资渠道，具备10亿美元以上的海外直接融资能力，基本满足了海外项目对资金的紧急需要。同时，积极与银行沟通降低融资成本，2004年新增人民币贷款利率均比央行规定的利率水平下浮10%以上，新增外汇贷款利率也比同期市场利率低15—20个基点，体现了股份公司的整体优势。

2. 及时偿还现有债务，保证贷款本息逾期率为零

为维护股份公司良好信誉，降低财务费用，坚持做好贷款的还本付息工作。有息债务由年初的708.48亿元下降到年末的657.35亿元，下降了7.22%，资本负债率（国际准则）由16.57%下降到13.45%，降低3.12%。

3. 进一步加强债务集中管理，加大控股子公司债务集中管理力度

按照股份公司债务集中管理的目标，为更好地发挥股份公司整体优势，2004年继续加强债务集中管理工作，提高股份公司总部管理债务比例。截至2004年12月31日，股份公司总部管理的债务余额为572亿元，占债务总额的87%。在地区分公司全面实现债务集中管理的基础上，股份公司加大了对所属控股子公司的债务集中管理工作力度，督促控股子公司树立风险和效益意识，规范操作程序，明确工作责任，强化地区公司对控股子公司的监督管理作用。

（马保华）

【资本市场业务管理】 2004年，股份公司财务信息披露工作取得了新的进步。起草了股份公司“截至2003年12月31日之全年业绩公布”和“截至2004年6月30日之中期业绩公布”，并根据股份公司实际情况和新的披露要求，对业绩公布的内容加以完善，分析更加详细；起草了股份公司2003年度和2004年中期利润分配预案和股息派发方案；拟定派息时间表，并计算港币与人民币兑换率及H股股息。配合董事会秘书局编制“2003年度报告”、“2004年中期报告”和2003年度美国版年报。其中，年报中有关财务信息内容得到了以巴菲特为代表的海外投资者的高度认可。

2004年，国债回购市场行情较2003年同期低迷。为提高股份公司富余资金的使用效率，不断调整国债回购交易策略，努力做大交易量。扣除交易费用

后，全年国债回购交易共实现投资收益8亿元，年本金收益率2.28%，高于同期活期存款利率1.56个百分点。同时继续少量开展资产委托管理业务，并起草了《中国石油天然气股份有限公司短期投资业务管理办法》。

（穆秀萍）

【资产管理】 2004年，股份公司资产管理工作认真贯彻集团公司工作会议关于“加强资产管理，逐步实现从注重资产实物管理向注重价值管理转变，从管住资产向盘活资产、不断优化资产结构转变，提高资产使用效益”的要求，继续深化改革，强化管理。

一是稳步推进资产管理信息化。根据资产管理信息系统在部分地区公司试运行中发现的问题，4月份与信息处一起组织召开了研讨会，提出了进一步完善资产管理信息系统的总体思路和需求框架方案；5月份配合信息处组织了12家地区公司的20多名资产管理人员，成立了资产集中核算项目组，进行了为期2个月的封闭研发，优化了业务流程，整合了系统资源，突出了资产新增、运行、退出3个阶段的过程管理，并先后在长庆油田、大庆油田进行了系统测试，丰富并提高了账务管理、设备管理模块，完成了系统第一阶段改进目标，具备了在较大范围推广的条件；11月份举办了资产信息系统培训班和资产管理经验交流会，为2005年新系统的推广应用打好基础。

二是继续推进“整章建制”工作。2004年先后下发了《固定资产转资管理暂行办法》、《资产后续支出管理暂行办法》，修订了《资产管理暂行办法》、《资产报废及处置管理暂行办法》，起草了《资产调剂与重组调拨管理暂行办法》。

三是启动“盘活存量资产”工作。3月份下发了闲置资产调查通知，摸清了闲置资产家底；7月份下发了加强资产内部调剂工作通知，对地区公司资产调剂工作进行了统一安排。全年共调剂闲置资产原值2.7亿元、净值2.2亿元，为股份公司直接节约投资上亿元。

四是开展“债务重组收回资产”调查工作。针对2003年决算中发现的问题，对债务重组收回资产进行了专项调查。经统计2000—2003年股份公司通过债务重组收回资产15.2亿元，其中固定资产11.7亿元，其他资产3.5亿元。鉴于债务重组收回的资产中存在价值确认不够规范、非生产用设备较多、入账不及时、闲置资产较多等问题，提出了进一步完善债务重组收回固定资产管理办法的建议。

五是开展账外资产清查，对报废资产在用情况进行调查摸底。2004年共收到地区公司请示文件156份，提交各类报告90余份，下发批复文件128份。

六是积极配合财税大检查，并对检查中发现的资产问题配合有关处室提出整改意见。在自查阶段，对80余家地区公司自查报告中反映出的资产问题进行整理、汇总、分析，提出了初步整改意见。

七是组织了股份公司对庆阳炼油化工有限责任公司、宁夏大元炼油化工有限责任公司的资产收购工作。按照集团公司党组和股份公司管理层的指示，依据国务院国有资产监督管理委员会备案要求和香港联合交易所监管要求及对外披露的需要，组织有关部门、中介机构开展了资产评估、收购方案研究等前期工作，并向集团公司提交了对这两家地方炼化企业的收购方案，备案材料已上报国资委。

八是参与组织了对塔里木石油化工工程建设指挥部、淮潢管道项目、昆仑项目以及819项目等资产收购工作。

（马平原）

【会计核算】 会计核算工作按照财政部、国资委及集团公司对财务报表的要求，本着“满足信息报送要求，减少企业工作量”的原则，完成了集团公司2003年度会计决算的汇编上报工作。在决算审核中严格把关，确保政策的一致性和信息的真实、完整性，为国家的经济运行和平稳及集团公司的运营发展提供了高质量的会计信息。2003年，集团公司纳入会计决算报表合并范围的单位67家，向财政部、国资委上报了企业类、预算类会计报表，上报企业户数367家，比2003年增加168家。决算报表获得财政部的通报表扬，财务决算工作和会计报告质量得到国资委统计评价局的充分肯定。做好决算对外报告的同时，就预算考核与财务决算的关系，投资计划与固定资产转资的关系，工资总额管理与应付工资核算的关系，资产减值、核销与后续管理、责任追究之间的关系，审计检查与财务部门的关系等方面的问题，从对外、对内、对下三个层面认真做好决算资料分析和研究，就全年度的财务状况和经营成果等内容向集团公司党组作了全面汇报。

完成了2004年度间的月度财务快报汇编上报工作，对季度生产经营和经济效益情况进行了重点分析。2004年起，集团公司全面向国资委、财政部同时上报月报，我们从几个方面入手确保做好月报报送工作。一是全面加强数据来源准确性和广泛性；二是全面提高数据报送的速度和质量；从8月份开始启用了数据传输系统，使得上报时间更加及时，上报质量明显提高；三是严格管理、明确要求，对各单位月报报送的及时与否及质量高低进行记录，对上报情况及存在的问题进行通报，引起基层单位的充分重视，使各单位快报及时上报，完成质量显著提高。同时认真做好月报审核分析，对上报数据及时汇总、校验，提炼有价值的会计信息。对每季度的生产经营和经济效益情况进行分析，为领导决策及时提供了信息支持，按要求及时向国务院办公厅、财政部、石化协会等国家部门及集团公司发展研究部、规划计划部等提供经济运行分析资料。

认真研究财政部、国资委要求的财务决算报表和编制要求，做好2004年度决算工作部署。继续按照“简练有用”的原则，以国资委企业报表为基础，融合财政部和监事会以及集团公司内部管理需要，安排集团公司2004年决算报表。2004年，集团公司需分别向国资委和财政部报送决算，其中国资委企业财务决算报表47张，财政部企业会计决算报表12张。我们认真学习、深刻领会国资委、财政部2004年财务决算部署工作的精神、总体要求、主要变化等内容，针对决算报表多，数据量大，表间逻辑性和勾稽关系更为复杂的情况，统筹布置，精心设计，严格规范。一是在保证决算报表格式不做大的调整的原则下，对上一年填报有差异的报表进行修订，同时根据本年管理需求，增加相应的报表，参照国资委、财政部报表体系，将集团公司决算与境外企业决算报表融为一体；二是在报表的公式审核方面，对信息系统报表模块提出了需求改进意见，参照国资委的审核方式进行完善；三是规范了上年报表填报中出现歧义的一些报表的填报方法与口径，并修改了部分报表的格式，确保数据填报的实用性。

加强会计制度建设，分别制定下发了《财务会计基础工作规范》、《合并会计报表操作指南》、《境外钻井业务会计核算及财务管理暂行办法》以及《固定资产转资管理暂行办法》，查缺补漏完善了会计制度，规范了会计核算，打牢了工作基础。

（陈　奕）

股份公司财务部提前完成2003年度财务会计报告审核与编制工作。按照股份公司领导关于2003年决算在2002年基础上提前10天的要求，股份公司财务部认真总结以前年度决算工作经验，对2003年度决算和审计工作进行了充分准备和精心组织，确立了规范核算、突出重点、强化分析、为企业服务等决算审核基本原则，制定了完善的决算编制程序。

及时出具月（季）度分析资料。会计信息的质量和时效性与财务管理工作息息相关，直接影响着整个财务管理工作质量的好坏。为此，坚持每月（季）都按照有关规定，及时接收和审核各地区公司报表，进一步加强对数据的真实性、准确性、合规性、合理性的审核，并进行深入分析，高质量地向有关信息使用者报送财务会计报告和相关分析资料。

积极利用会计政策，稳健处理低（无）效资产。本着“谨慎处理，夯实基础，优化资产”的原则，严格遵照企业会计制度和企业会计准则的有关规定，积极利用计提减值准备等会计政策，对地区公司上报的资产进行了解、确认和计量，稳健地对其中部分低效、无效资产，按照谨慎性原则的要求进行处理，进一步提高了股份公司的资产质量，规避了股份公司的经营风险，增强了股份公司持续发展的核心竞争力。

研究相关会计政策和国际会计准则。为争取对股份公司有利的会计政策，实现股份公司价值长期最大化，加大了对相关会计政策的研究，深入研究了弃置成本政策的必要性、范围、环境恢复方面的规定和会计处理方法。加强对国际会计准则的跟踪研究，分析国际会计准则变化对股份公司的影响，并提出应对措施和落实办法。积极参加财政部会计准则委员会组织的“会计准则国际研讨会”、财政部和证监会组织的“会计准则国际协调座谈会”等高层会议，得到与会代表、会议主办方和国家相关主管部门的认可。

（荆宝森）

【清理应收应付往来款项】　2004年，股份公司货款回收和清欠工作紧紧围绕年初制定的工作目标，齐心协力，坚持不懈，较好地完成了全年工作任务。

一是加大货款回收监督力度，落实欠款责任追究制度，货款回收和清欠工作取得了显著成绩。2004年末，股份公司应收账款余额74亿元，比年初下降17亿元，比1999年末下降126亿元，达到了公司上市以来最低水平。

二是研究探索货款回收新手段。2004年通过采用“买方付息票据贴现”方式，将中国航空油料总公司西北地区航油欠款，由以前年度平均8000万元下降到3100万元，平均欠款期从以前年度的15个工作日下降到6个工作日，成效显著。

三是修订完善了《中国石油天然气股份有限公司坏账核销管理办法》，为规范坏账核销行为、保护国有资产提供了制度保证。

四是研究开发了清欠信息系统。该系统与目前的账务处理系统连接，直接从账务处理系统中析取往来数据，并上传股份公司总部汇总，为避免客户多头赊欠、有效开展联合清欠提供了信息支持。

（贾永昌）

【扭亏解困】　六户特困企业紧紧围绕集团公司党组确定的扭亏解困工作目标，在集团公司各项扶持政策的支持下，经过自身努力，扭亏解困工作取得较大成效。2004 年，吉林油田、四川油田、吉化集团、兰炼已全面完成扭亏解困任务，进入良性发展轨道，其中兰炼提前一年实现盈亏持平目标，吉化集团连续四年实现不补贴不亏损。大庆石化、兰化两户企业由于各种原因，未能完成当年扭亏目标，预计将延长至 2006 年实现扭亏解困目标。

同时，由于未上市企业普遍存在富余人员多、社会负担重、企业积累不足的问题，特别是部分企业人均净资产、人均主营业务收入较低，经营性资产比重小，实现可持续发展仍存在较大困难。为了扶持这些企业的发展，确定了大港、玉门、新疆、乌石化、前郭为 5 家重点跟踪单位，确定了相关业务部门对口支援，并给予相应的政策扶持。

【企业办社会职能移交】　经过努力和争取，集团公司成为国办发［2004］22 号文件确定的首批中央企业分离办社会职能的三家试点单位之一。在集团公司领导高度重视和指导下，各企业积极与地方政府沟通协商，稳步推进分离办社会职能工作。2004 年 12 月 31 日，财政部、国资委联合发文，批准了集团公司与 18 个省、市、自治区及计划单列市签署的移交协议，标志着中国石油集团将企业自办中小学、公检法机构全部移交地方政府管理，圆满地完成了国办发［2004］22 号文件明确的试点工作。

2004 年，集团公司共向地方政府移交社会职能机构 464 个，其中中小学校 431 个、公检法机构 33 个，占中央企业三家试点单位应移交总数的 58%；移交各类人员 54606 人，其中中小学校在职教职工 36733 人，公检法人员 4305 人，离退休教师 13568 人，移交人员数占中央企业三家试点单位总数的 58%。协议签署移交资产 23.9 亿元，占中央企业三家试点单位应移交资产总额的 57%。

（黄　鸿）

【监事会监督检查】　2004 年，集团公司财务资产部积极适应监事会监督检查的几方面变化，人员方面，适逢国资委对集团公司监事会换届调整，35 办事处人员换届接替 37 办事处人员；观念转变方面，新一届监事会以借助外力并积极推动国有企业进一步严格规范为理念，对发现的问题，以着力查深查实查细为工作原则；具体到组织方式，在人员调配上，继续本着以监事会检查为主并凭借中介机构力量为原则，最大限度地赢得企业的自身力量进行检查。抽调企业人员在原来的基础上增加到 10 人，检查力量明显增强。企业自查方面，要求企业定期进行自查，及时出具自查报告，经企业盖章后报监事会；进行企业现场检查分工方面，召开企业领导见面会、各层次座谈会的同时，财务账目检查人员同步进行检查；文件会议要求方面，涉及企业集团公司重大事件的文件，同时需报监事会，重要会议需邀请监事会列席参加，以全面了解集团公司生产经营的最新动向。

2 月 5 日，集团公司召开见面汇报会，35 办事处正式进驻集团公司监督检查；2 月份监事会现场检查勘探院、中油财务有限责任公司；在 2 月至 4 月份，配合监事会先后现场检查大庆地区 6 户企业、哈尔滨地区 4 户企业、盘锦地区 2 户企业、抚顺地区 2 户企业、沈阳地区 3 户企业、大连地区 4 户企业；4 月 19—23 日，监事会现场检查股份公司总部；4 月 26—30 日，监事会现场检查集团公司总部，针对监事会提出的问题，认真细致的作出解释，如实汇报集团公司的情况。

集团公司财务资产部针对 2003 年度《企业基础材料》填报新要求及软件变化，充分利用国资委决算报表的数据，将审核后的财务决算数据下传给各企业，各企业直接转入基础材料填报系统，减少了企业工作量，确保《企业基础材料》填报质量。及时收集、认真审核各企业上报的《企业基础材料》；积极与各相关部门协调配合，顺利完成集团公司本部《企业基础材料》填报，按时上报监事会；圆满完成了 2003 年度集团公司本部及所属企业的《企业基础材料》的组织、收集、整理，质量为近年来最好的一次。

（肖文建）

股份公司作为国有控股企业，成立以来一直严格遵守《国有企业监事会暂行条例》的规定和集团公司的要求，积极配合监事会的监督检查，按照监事会提出的整改意见进行认真整改，得到监事会和集团公司有关领导的认可。

（荆宝森）

【年报社会审计】　集团公司财务资产部针对 2003 年决算报表审计情况，下发了《关于对会计师事务所年报审计所披露问题进行整改的通知》，及时收取各企业书面上报的整改情况，关注整改效果，收集分析、跟踪了解集团公司审计部对企业 2003 年财务收支审计、离任审计等反映出的问题，督促企业整改纠正。结合这些情况，为进一步加强财务决算审计工作，提高会计信息质量，集团公司研究决定第一次采取邀请招标方式，确定参与集团公司 2004 年度决算报表注册会计师审计的会计师事务所。通过到国资委、国家电网公司等单位调研，向机关采购领导小组申请并获得批准，制定了《年报财务决算注册会计师审计招标管理暂行办法》，成立招标工作小组并建立了集团公司财务决算审计评标专家库，专家库由会计审计方面的 25 名专家组成，财务资产部主任温青山担任招标工作小组组长。2004 年招标共有 22 家审计力量雄厚、具有石油审计经验的事务所参加投标，向 9 个任务包投递了 74 份投标文件。按照规定的招投标程序，经过标书设计、发函、建立评标专家库、召开投标事务所代表及评审专家会议、随机确定现场评标专家、开标评标及签订审计业务约定书等程序，最终确定信永中和等 9 家会计师事务所承担 2004 年度未上市企业的年报审计任务。加上股份公司聘请的 3 家事务所，参与集团公司年报审计的事务所共 12 家，与 2003 年相比，减少 11 个事务所。

召开了集团公司 2004 年度审计工作布置会，严格规范审计秩序，严肃审计纪律。由集团公司指定的会计师事务所对 64 家决算报表上报单位进行了决算审计，每家主审会计师事务所对所审单位都出具了无保留意见的审计报告和管理建议书，所有接受审计的单位就审计报告和管理建议书所列示和反映的问题进行了分析，按提出的建议和改进方法进行了整改，并向财务资产部上报了整改报告。

股份公司成立以来，一直严格按照有关监管机构要求，接受社会审计机构的年度审计。普华永道会计师事务所连续 6 年对股份公司财务报告出具无保留意见审计报告。

（陈　奕　荆宝森）

【会计集中核算及信息系统建设】　信息系统建设方面，中油财务管理信息系统财务分系统升级后进一步完善软件，为会计集中核算提供平台。一是测试完善 b/s 版软件；b/s 版软件在中油测井、吐哈油田的测试工作基本完成，通过在这两个单位的测试，软件达到了可推广使用的程度。二是建立了数字证书认证系统；通过数字证书系统，实现了安全的身份认证和数据传输的加密。三是建立起财务信息自动传输系统；通过这个具有较高可靠性、互动性、自动性、可访问性、安全性的通道，建立起集团总部和各单位财务处之间的信息传输网络。四是组织开发系统中机械成本核算模块；填补了 FMIS6.0 中机械成本这一空白，满足了所属机械厂等企业的需要。五是增强了报表功能；依据 2003 年决算时发现的问题不断完善，增强了报表校验功能，添加了封面信息处理，改进变动表的处理方法。六是出版编写了《会计集中核算系统手册》；包括 FMIS6.0 c/s 操作手册、FMIS6.0 b/s 操作手册、会计集中核算指导意见三个分册。七是协助外事局海外办事处实施中油财务管理信息系统；根据海外办事处的核算特点，组织定制了 FMIS 简化版，固化了标准化编码，定义了报表格式和公式，编写了操作速查手册。2004 年 5 月，FMIS 简化版首先在伊朗和印尼两个办事处正式启用。

会计集中核算方面，为全面稳定推进会计集中核算工作，积极做好各项准备。在长庆油田组织召开了会计集中核算现场会，组织会议材料 16 份，约 17 万字，选择了 7 个具有代表性的观摩点，统筹安排 4 个观摩路线，长庆、大港、中油测井公司等 9 个单位介绍了会计集中核算工作情况；进行了 FMIS6.0 系统设计思路、关键点及常见问题处理方法讲座，系统介绍了会计集中核算工作情况和 FMIS6.0 系统设计情况；联合规划计划部等相关部门完成了会计集中核算服务器联合集中采购及安装、维护工作；对 b/s 版软件做了进一步测试，多次到各企业对会计集中核算的实施方案、运行系统进行现场指导，确保会计集中核算工作按进度运行；举办两期中油财务管理信息系统培训班和针对系统管理员的培训班，精心设计培训课程，聘请具有 IBM 认证的教师上课，共有 220 人参加了培训，为推进集中核算培养了骨干；深入到新疆油田、吉林油田、大港油田、管道局、华油集团、香港公司等基层单位为其举办培训班，使这些单位培训覆盖面达到 90%以上；定期了解各单位动态情况，每季度发一次进展情况简报，夯实炼化企业会计集中核算工作，督促油田企业加快会计集中核算进程，及时发现并协调解决问题；组织软件公司和长庆油田、大港油田的业务骨干到大庆油田、物资装备公司等业务较复杂的单位，共同制定会计集中核算方案；帮助运输公司、管干院、勘探院、出版社等基础较薄弱的单位安装软件、进行初始化等工作。2004 年底，各单位已基本完成了会计集中核算的实施工作或处于初始化和新旧系统的并行阶段，2005 年 1 月 1 日基本正式启用新系统。

（陈　奕）

股份公司推进会计集中核算，地区公司级集中基本全面完成。会计核算账套数量由 2700 多个减少到 80 多个，减少 96.9%，简化了核算层次和报告层次；信息更为集中和共享，会计核算更为统一规范，报表生成更为及时准确，报表时间平均提前1—3天；报表数量大幅度减少，降低了财务管理成本；集中核算还为细化管理、堵塞漏洞、降本增效、争取集中纳税政策提供了良好的途径和有效的手段。销售公司集中核算后，不仅减少了资金占用，而且由于内部销售改为调拨，不再开具发票，使按照销售收入交纳的各种税费大幅度削减。

开展资产集中管理系统改进升级工作。根据新的业务需要，重新梳理资产系统业务流程，确定系统新的功能需求，经过近3个月的封闭开发，完成了资产软件改进工作。10月份在大庆油田进行现场测试，进一步改进系统功能和性能，并把大庆油田所有41万条资产数据转换到新系统中进行了实际测试，结果表明，该系统软件功能达到了资产集中管理的要求，性能可以满足多用户较大数据量并发操作的需要，基本达到了全面推广应用的条件。

财务模型项目通过专家评审验收，股份公司总部和专业公司、地区公司的月报、季报全部纳入模型系统管理。通过仓库数据的模型化、规范化、程序化处理，大大减少了分析报表的编制工作量，降低了人为操作的差错几率，提高了数据质量，满足了股份公司总部基于统一的数据平台、统一的分析模式、统一的数据口径的多层次、多角度应用分析需求，提高了数据的利用率和信息系统的决策支持水平，并使月报时间提前1天。

积极推动信息集成，拓展了系统管理空间。成功开发了资金系统和银企直连系统，实现了网上资金计划的上报、审批、收、付、查、对、资金归集、计划管理、票据管理、信贷管理等业务的集中管理；开发成功FMIS与税控系统集成软件，选择大庆化工销售分公司和河南销售分公司进行试点，直接采集税控系统的数据自动生成财务凭证，降低了重复录入工作量，提高了数据质量。

（闵广富）

【国有资产管理与评估】

（1）主辅分离辅业改制中的资产评估备案工作。一是严格按照集团公司规定，把好企业改制过程中的资产处置关和做好一次性优惠比例的测算确定等工作。二是规范改制过程中的资产评估工作，按照国资委的有关规定，对所属企业进行资产评估的程序、备案等提出了具体要求。全年共完成资产评估报告备案21项，涉及账面资产总额27.7亿元，负债8.5亿元，净资产19.2亿元；评估后资产总额27.8亿元，负债8.4亿元，净资产19.4亿元。净资产评估增值0.2亿元，增值率1%。积极研究和规范改制中的财务行为，保证了主辅分离辅业改制工作的顺利开展。

（2）国有产权登记管理工作。按照国资委《关于2003年度企业产权登记信息汇总工作的通知》要求，结合集团公司实际，确定了集团公司及其所属的82个单位进行的长期投资企业作为这次产权登记信息汇总的范围。全年共汇审一级企业1户、二级企业82户、三级企业517户、四级企业117户。汇总占有登记的717户企业中，按国有资本持股比例分类，国有独资企业416户、国有控股企业248户及其他53户。按组织形式分类，非公司制企业397户、公司制企业318户、非银行金融机构2户。2003年度办理国有资产占有产权登记32户（新设立企业21户），变动产权登记111户、注销产权登记543户。本次汇总的143户占有登记企业中，按级次划分，一级企业1户、二级企业45户、三级企业90户、四级企业7户。通过产权登记工作，使企业产权归属清晰、责任明确。更能及时、真实、完整地反映国有资产的分布及变动使用和经营状况，为加强国有资产管理、考核国有资产的保值增值奠定了基础。

（吴盛龙　周　晶）

【财税政策】

（1）集团公司争取企业矿区公共费用在税前列支的政策。近年来，国家审计署及各地税务部门对集团公司所属的大庆油田、辽河油田、新疆油田等企业进行审计和税务检查时提出，集团公司所属企业（包括股份公司）支付的矿区公共费用，为职工承担的采暖、物业费等不应在所得税税前列支，要求企业进行所得税纳税调整，补缴税款并缴纳税收滞纳金。我们以《关于企业矿区公共费用税前列支等有关问题的请示》（中油财字［2004］17号）正式上报财政部和国家税务总局，请求国家考虑集团公司办社会的实际情况，允许企业办社会支出及为职工承担的采暖物业等支出在税前列支。2004年12月，财政部、国家税务总局紧急下发了《关于石油石化企业办社会有关企业所得税问题的通知》（财税［2004］207号），明确集团公司发生的社会性支出及股份公司以关联交易形式支付给集团公司的社会公共支出，企业为职工提供的供暖、物业管理费等补助性支出，可以按实际发生全额在税前据实扣除。该政策的落实，极大减轻了成员企业的税收负担。

（2）协调自备电厂价格基金。《国家发改委关于疏导东北电网电价矛盾有关问题的通知》要求企业自备电厂缴纳四项政府性基金及附加，将大大加重相关企业的税费负担。在对问题进行分析研究的基础上，财务资产部上报国家发改委《关于请求解决我集团所属大庆石油管理局等自备电厂缴纳农网还贷资金有关问题的请示》，阐述了不应对自备电厂征收相关基金的理由。国家发改委、国家电监会以明传发电形式联合下发了《关于进一步落实差别电价及自备电厂收费政策有关问题的通知》，规定资源综合利用和热电联产的自备电厂不属于征收政府性基金及附加的范围。该项政策的落实，大大节约了相关企业的税收成本。

（桂王来　王集杰）

2004年，股份公司继续做好税收政策的争取与落实工作。继续推进增值税集中缴纳工作，实现区内13家省级销售公司的增值税集中缴纳。向国家税务总局争取2004年度所得税合并缴纳政策，下发了《国家税务总局关于中国石油天然气股份有限公司合并缴纳企业所得税问题的通知》(国税函［2004］1072号)，明确规定：炼油与销售板块新成立的华中、华南销售分公司继续在北京预交所得税；化工与销售板块地区销售公司下属经营部不在当地预交所得税，由地区销售公司汇总预交；将山东销售分公司纳入大区销售合并纳税范围。实行这项政策，不仅减少了地区销售公司的纳税成本，也为实现会计、资金集中管理创造了必要条件。研究落实振兴东北老工业基地的相关税收优惠政策，专门组织东北各地区公司进行了讨论，力争将政策用足用好。积极争取矿区公共费用、职工采暖等物业费税前列支政策，财政部、国家税务总局发布《关于石油石化企业办社会有关企业所得税问题的通知》(财税［2004］207号)，明确了石油、石化企业办社会职能尚未完全移交前的有关税收政策。

加强价格机制的研究与落实工作。推动国内天然气价格机制研究工作，抓住石油、煤炭、液化气价格大幅上涨的有利时机，与中国石化集团公司、中国海洋石油总公司及有关省市物价部门联合组成天然气价格机制研究课题组，在对国内市场承受能力充分调研的基础上，提出了改革我国天然气定价的中长期目标和2005年天然气价格调整实施方案。推进国内成品油价格的调整，经与中国石化集团公司共同积极争取，国家发展与改革委员会将调价方案报国务院批准后，适当调整了成品油价格。进行忠武线定价的研究，在忠武线首次推行了“两部制”，使天然气价格的研究与改革取得了重大进展。

（王　健）

【纳税筹划】　在法律法规框架内，适时适当地进行纳税筹划，合理节约企业税收成本。集团公司总部层面重点是税收政策性筹划，所属企业层面侧重技术性筹划，总部对所属企业税收筹划实行指导。

2004年，规范了境外工程技术服务带出国物资的出口退税。长城钻井公司带动了国内工程技术服务及物资的出口，但少数油气田企业设备物资出口退税不规范。在广泛征求意见的基础上，印发了《集团公司境外工程技术服务国内采购及办理出口退税内部操作暂行办法》（财资字［2004］38号)，避免了税收风险，合理节约了税收成本。

（桂王来　何　焰）

【工程技术服务价格】　编印了第二期、第三期《国际石油工程技术服务价格信息》，为领导及相关企业提供了信息参考。国际石油工程技术服务价格信息对了解和参与国际石油工程技术服务竞投标、提出合理报价具有一定实用性，也对国内石油工程服务价格起到了参考作用。

（桂王来　路云鹏）

【财会队伍建设】

(1) 继续加大高级财务管理人员培养力度。与人事劳资部共同组织在国家会计学院举办了集团公司第二期高级财务管理人员培训班，培训班为期半年，股份公司与未上市企业42名同志参加了培训。在总结第一期培训班经验的基础上，与学院一道借鉴国际上特别是哈佛“EMBA”培训思想和培训“首席财务执行官”的做法，制订并实施了包括7个教学模块、18门培训课程在内的培训方案。两期高级培训班拓宽了高级财务管理人员的知识面及管理思维，提高了高级财务管理人员的职业与执业能力，同时，为改善集团公司财会队伍特别是高层次管理队伍结构奠定了基础。

(2) 加强了财会业务骨干人员培训工作。一是牵头组织举办了财务、资产业务骨干培训班13个，培训各单位财会人员1300余人，提高了财会人员业务素质与执业能力；二是按照《财会队伍建设规划》，所属各单位组织开展基层财会人员业务技能培训工作，据统计，全年各单位共举办各类培训210个(期)，有1.6万余人参加了培训，财会人员业务素质和操作技能得到进一步提高；三是按照国管局要求，组织举办了在京单位会计人员高、中、初级继续教育培训工作，累计培训人员2100余人，集团公司还被国务院机关事务管理局评为优秀培训单位。

(3) 组织开展了会计职业道德教育活动。在全体财会人员中组织开展了以“爱岗敬业、诚实守信、廉洁自律、客观公正、坚持原则、提高技能、参与管理、强化服务”为内容的职业道德宣传教育活动，并取得了较好效果。

(胡宝顺)

2004 年，股份公司强化了总会计师队伍建设，建立了总会计师工作汇报制度，先后配备了 8 名总会计师，使油气田地区公司全部配齐了总会计师。

加大了培训工作力度，在大庆油田公司和吉林石化分公司建立了两个生产工艺流程培训基地，先后组织了 18 个项目，共培训 1040 人次。进一步树立以人为本、民主科学、诚信进取的文化理念，组织青年员工赴井冈山接受革命传统教育，邀请高校理论专家讲授党课，增强了财会队伍的凝聚力和战斗力。

(孟晓玲)

【制度建设】 2004 年，集团公司组织制定、修订和完善了一系列财务资产管理制度，进一步加强了制度建设和监督检查，规范了财务资产管理工作。在会计监督方面，2004 年新制定了《已核销资产管理办法》、《固定资产转资管理暂行办法》、《财务会计基础工作规范》、《合并会计报表操作指南》等规章制度；针对 2003 年决算审计中反映出的问题，提出了整改要求，下发了《关于对会计师事务所年报审计所披露问题进行整改的通知》；收集分析并跟踪了审计部对企业 2003 年财务收支审计、离任审计等反映出的问题，督促企业整改纠正；专题研究了企业会计核算中的不规范现象；组织对 619 家多种经营企业进行审计。进一步加强了内控体系建设，为规范会计行为起到了积极的作用。在资金管理方面，为进一步强化资金管理基础工作，制订下发了《中国石油天然气集团公司货币资金和银行账户管理规范》，要求企业严格执行；针对部分单位资金管理基础工作中存在的问题，下发明传电报，要求企业对资金安全工作进行专项检查，并对资金岗位人员配备、银行票据及备用金管理等重点控制环节提出了具体要求，严格把关，保证了资金安全。

(胡宝顺)

股份公司为进一步提高会计信息的可比性、一贯性和可集成性，为股份公司的会计核算提供一个统一的、科学的运行方案，为各级财会人员提供一部工作指南，2004 年，组织专业公司财务处、地区公司相关人员在调研、研讨的基础上，编写了中国石油第一部《会计手册》。同时，编写完成了《中国石油财务手册——资金分册（总部卷）》，整理收录了股份公司成立以来涉及资金管理的各项规章制度。对股份公司总部资金管理机构、人员、岗位的职责权限，各项业务的审批操作流程、处理依据、工作标准等作了明确、严格、细致的规定；修订完善了《对外披露主要经济技术指标定义手册》，对信息披露和路演工作具有十分重要的指导作用。

(孟晓玲)

【股份公司关联交易】 2004 年，股份公司关联交易管理工作坚持规范有序运作，认真协调和指导地区公司关联交易协议签订工作，落实股份公司《关联交易协议签订管理暂行办法》；拟定股份公司《工程技术服务市场准入原则》，增强《工程技术服务市场准入管理办法》的可操作性；调查研究和分析总结关联交易结算矛盾产生原因，提出《关联交易结算管理办法和实施细则》修订意见，深入关联交易结算矛盾突出单位解决具体问题，有效维护关联交易结算秩序；精心准备关联交易联席会，认真落实会议精神；向定额编制工作组提供“井控装置配备和费用摊销情况”调研第一手材料，并随时提供关联交易相关数据，支持定额编制工作；依据股份公司管理制度，及时明确回复地区公司的各种请示、报告和监事会等相关方面的征询、问责等，公平处理和妥善解决各种关联交易矛盾纠纷；及时、准确、全面地向资本市场披露关联交易信息。

同时，积极协同开展监事会检查、昆仑项目、404 项目、819 项目、《难动用储量合作开发管理办法》研究制定、财务税收检查、工程技术服务市场准入审查、财务决算会准备等专项工作。

通过上述工作，股份公司关联交易运行平稳，管理工作基础得到进一步夯实，信息披露进一步满足了资本市场需求。

(辛 欣)

【股份公司财务基础工作】 2004 年，股份公司电子化报销平台建设又向前推进了一步。一是在电子化支付的基础上，逐步实现了工商银行网上银行与财务管理系统的对接。二是员工工资和日常报销的货币资金全部通过银行网络，以电子支付方式打入员工个人银行卡。三是调整和充实了员工薪资查询系统，员工可随时通过办公网络查询工资及补贴的发放情况。四是银行对账能够根据系统数据与经过编辑的网上银行数据对接，自动生成银行存款余额调节表。信息处理采取自动控制，提高工作效率和准确性；现金支付转为银行电子支付，有效减少差错和风险。

为方便员工出行，进一步节约办公费用、提高经济效益，于2004年6月1日起在股份公司机关试行了员工出差集中定点订购机票，股份公司与中国国际航空公司签订《直销合作协议》，除折扣票外，需订购全价票时，可获得9.5折优惠。试行半年来，一是为员工提供了便利，员工只需填写订购单，无需个人结算，由财务统一定期付款，减少了员工备用金借款。二是节约了费用支出，截至2004年12月底累计集中订购国内机票近3000张，节省经费支出43.9万元。

（于江华）

资本运营

【概述】 2004年，资本运营工作围绕集团公司建设具有国际竞争力跨国企业集团战略部署，贯彻落实集团公司工作会议精神，全面清理各类法人实体，规范公司法人治理结构，稳妥实施辅业改制，加大专业化重组工作力度，稳步开展境内外股本融资、战略并购与战略合作等业务，为促进集团公司结构的调整和优化，加快建立现代企业制度起到了积极的作用。

（集团公司资本运营部　股份公司资本运营部）

【股权管理】 继续从集团公司和企业两个层面加强集团公司出资人行权体系建设，完善公司制企业法人治理结构。

（1）专职董事制度促进了出资人行权管理到位。2004年，集团公司首批配备的3名专职董事，按照“信息员、分析员、参谋、代表”的职责定位认真行权履职，在对任职公司认真研究分析的基础上，全年共向集团公司提交分析研究报告30份，对集团公司直接投资的公司完善法人治理结构、改进经营决策机制提出了积极的意见，促进了公司议事决策程序的规范运行。如对第八建设公司、深圳实业公司提出建议，促进其股东会、董事会会议程序、议事规则的完善。2004年，专职董事共参加股东会17次，董事会26次，均做到了会前认真研究议案并向集团公司提出审核建议，会上忠实表达集团公司的决策意见，有效促进了出资人行权管理到位。

（2）对集团公司直接投资控、参股公司的分析加强对所投资公司的管理。结合专职董事工作，首次对集团公司直接投资控、参股公司运营状况和投资收益情况进行较为全面的分析，按照持有、观察和退出，对所投资的公司进行分类评价，并提出了处置意见，包括择机出让集团公司所持有的华夏、国泰证券、华证和国泰资产管理公司股份，加快实现煤层气商业性开发等建议，为集团公司对所投资公司的股权管理到位、规范行权发挥了支持作用。

（3）加强董事、监事队伍建设。先后于9月、11月，分别举办了两期董事、监事培训班，聘请国内知名学者、企业高级管理人员授课，从现代产权制度理论、董事监事行权履职相关知识和集团公司股权管理制度等方面，对集团公司及企业向所投资公司派出的87名董事、监事进行了培训。

（4）指导部分企业建立并完善了公司基本治理制度。2004年，帮助中油测井、冀东石油勘探开发公司、西部管道、海洋工程等单位建立或完善了公司治理制度。

（集团公司资本运营部）

2004年，股份公司股权管理重点抓了以下几项工作。

1. 集中进行股权处置，解决历史遗留问题

在2003年股权投资清理整顿的基础上，为妥善解决历史遗留问题，2004年资本运营部组织了股份公司首次集中性的股权处置工作。一是先后起草、下发《关于积极开展股权处置、规范股权管理的通知》和《股权处置实施细则》，提出股权处置的目标任务、时间安排和具体要求，明确股权处置的原则、程序、范围和方式。处置过程中，加强股份公司总部与地区公司之间的沟通、联系，确保信息交流通畅、问题及时得到解决。二是举办股权管理培训班，提高地区公司对本次工作的认识，并进行了认真讨论和答疑。三是针对处置项目多、问题复杂、法律风险高等实际情况，为提高效率，突破常规工作方式，在资本运营部初审的基础上，牵头组织有关部门、专业公司进行联合审查，本着态度积极、实事求是和谨慎规范的原则，逐项对处置项目进行认真审核。经充分讨论，形成正式审查意见统一上报管理层。经股份公司办公会议审议，批准了204个项目的处置方案，剩下109个

项目因处置依据不充分，确定为暂不处理。

截至 2004 年 12 月 31 日，地区公司共完成 114 个项目的处置。其中，批准内部重组、账务调整、核销、账销案存的 103 个项目，由于只涉及账务处理和内部协调，已全部完成。批准对外转让、解散清算的 101 个项目，由于大部分经营状况不良，历史遗留问题多、情况复杂等原因，处置难度较大，只完成 11 项，其他项目正在实施中，有的在按照要求办理公告等，有的正在商谈转让价格。

2. 组织账外投资清理整顿

为规范会计核算和加强对外投资管理，根据股份公司管理层的要求，2004 年 10 月，资本运营部开展了账外投资清理整顿工作，组织地区公司按照《关于清理整顿账外资产和股权、规范核算和管理的通知》，对账外投资进行全面彻底的清理。经过全面清理，共有 24 个地区公司上报 162 个项目。其中，发现账外长期股权投资项目 76 项，挂往来账核算、企业认为实质是长期股权投资的项目 86 项。账外投资原始投资成本 29383 万元，往来账账面值 55000 万元。

经过与地区公司的充分交流，本着态度积极、实事求是和规范操作的原则，确定了处理账外投资的主要思路：对产权归属及价值进行认真核实和界定，根据项目自身特点，该合并的合并，能撤销的尽量撤销，确实需要保留独立核算单元的，尽可能注销法人资格，纳入账内核算，按照分公司管理；如确需保留法人资格的，予以保留，纳入账内核算，按照股份公司股权管理有关规定，规范管理。对于投资挂往来账的项目，确实有依据证明是投资，而且也在正常经营的，转为投资，规范核算。截至 2004 年 12 月 31 日，地区公司已按照股份公司要求，基本完成账外投资项目的清理、入账。下一步主要工作是完成公司注销、企业改制等相关手续，或对变现清理项目按要求进行处置。

3. 多种经营投资清理整顿

针对个别地区公司多种经营不规范的现状，根据股份公司管理层的指示，2004 年资本运营部还开展了多种经营的清查，组织地区公司按照《关于对多种经营投资进行调查的紧急通知》，对股份公司成立后兴办的多种经营项目，以及重组时划入、目前仍从事多种经营业务的项目进行清查。通过清查，发现不少地区公司仍然在兴办各种形式的多种经营，这不符合集团公司重组上市的专业化管理原则，导致产权、人员、经营管理不清，运作不规范，以及冲击内部市场秩序，滋生违法违纪现象，引发股份公司和未上市企业的矛盾等问题。本次清查共发现多种经营投资项目 68 个，涉及 13 家地区公司，我方投资总额 30656 万元，共有职工 8298 人。针对本次调查发现的问题，研究提出了整改意见，并以专题报告形式上报股份公司管理层。

4. 继续推动股权管理“制度化、信息化、专业化和责任化”的落实

一是完善有关规章制度。根据实际情况，对《中国石油天然气股份有限公司股权管理暂行办法》进行了修订，并着手起草《中国石油天然气股份有限公司控股、参股企业专职董事、专职监事业务管理实施细则》、《中国石油天然气股份有限公司股权投资企业议事导引（试行）》、《中外合资企业章程导引》等规章制度，进一步完善规章制度体系。

二是进行股权管理信息系统优化升级。为适应新形势的要求，2004 年下半年，对股权管理信息系统进行优化升级。优化升级后的股权管理信息系统功能更加完善、基础信息更加全面。股份公司股权投资项目的信息，例如公司地址、法人代表、成立时间等项目基本情况；原始投资、持股比例、核算方法等长期投资核算情况，以及我方股权代表、委派董事监事、公司财务报告等股权管理情况，基本可以在系统里查询到，而且一有变动，及时更新。通过股权管理信息系统，可以实现适时、动态管理股权，提高工作效率。

三是推行专职董（监）事和股权代表委派制，实现股权管理专业化。为克服现行委派的董（监）事均为兼职，不利于对被投资项目有效行使管理的弊病，股份公司决定实行专职董（监）事和股权代表委派制，由专业人员实行专业化的管理，落实对控（参）股公司的管理责任。资本运营部已设立专职董（监）事办公室，并全面推广专职董（监）事委派工作。目前，2 名专职董事已到位，其他相关工作正按计划进行。

四是积极推动股权投资收益预算管理和考核工作，落实股权管理责任化。为了加大管理责任，激励各地区公司做好股权管理工作，提高股权管理的积极性和主动性，资本运营部积极推动股权投资收益预算管理和考核工作，并得到股份公司管理层批准，决定从 2005 年开始，实行股权投资收益预算管理和单项考核，权重为 5%，进入各单位业绩考核指标体系。2004 年底，经与各地区公司和专业公司多次沟通确认，股权投资预算指标已分解到各地区公司和专业公司。

【股份公司资本市场与股本融资】　股份公司自海外上市以来，严格履行承诺，规范经营管理，推进上市公司整合，收到了良好效果，在国际资本市场树立了良好形象。2004年，积极跟踪资本市场变化，推动实施境内外股本融资工作。年初，针对股份公司股价变动，提出了应对资本市场的主题思路、策略分析和运作理念。在2004年股份公司股东大会上，提出了提请股东大会给予董事会20%常规发行授权的建议并获得批准，标志着股份公司已建立境外快速发行股票的机制。

（股份公司资本运营部）

【股权投资管理】　进一步规范了对外股权投资项目管理。一是严格审查程序。制订下发了《对外投资项目上报材料编制基本要求》，对企业申报项目材料的内容、格式予以规范，同时，进一步明确了审批流程。二是较好地执行了投资限额以下的对外股权投资项目限期备案制。遵照集团公司发展战略和企业产业定位，严格组织项目的合规性审查，突出了市场前景、竞争力、风险控制、效益和投资回报等重点审查要素，强化了投资论证。2004年共审核对外股权投资项目34项，批复同意18项，其中新投资项目8项，增资项目6项，股权转让项目4项，批复项目涉及投资金额55169万元。如辽阳石油化纤公司以设计院资产入股工程设计公司，进一步整合了集团公司工程设计资源；东方地球物理勘探有限公司在苏丹成立地球物理合资公司、抚顺石油化工公司收购抚顺醇醚化学厂和化工二厂等，通过合资合作、兼并收购等资本运营手段，提升企业核心竞争力，做优做强主营业务。

【资产重组】　认真贯彻国资委《关于规范国有企业改制工作的意见》，结合集团公司实际，有计划、有步骤、积极稳妥地推进改制工作，同时加大专业化重组工作力度，取得了较好进展。

（1）稳妥实施辅业改制。经与国资委、财政部、劳动保障部进行多次沟通协调及专题汇报，2004年3月，国资委、财政部、劳动和社会保障部、国家税务总局4部委以国资分配［2004］108号文对集团公司主辅分离辅业改制总体方案进行了批复，原则同意集团公司上报的方案，并批复了110家拟第一批改制单位名单。同时，对集团公司提出的3项改制优惠政策给予了支持，即整体分流改制补偿金标准可继续执行试点政策，工龄每满一年给予2.5个月企业平均工资；用资产支付补偿金可给予不超过30%的一次性付款优惠；8部委859号文下发前已完成整体分流改制的试点单位，享受3年免征所得税政策。资本运营部按照国资委批复精神以及企业上报的主辅分离辅业改制总体方案，对具有辅业改制任务的36家企业总体方案进行了批复，明确了各企业辅业范围、辅业单位名单以及经国资委批复纳入拟第一批改制的单位名单。及时对已改制企业出具了“三类资产认定证明”，东方物探装备总厂等改制单位已免征企业所得税3700多万元。

2004年，按照国资委《关于规范国有企业改制工作的意见》要求，继续坚持“加强组织领导、统一制定政策、严格履行程序、依法规范操作、立足转换机制”，以及有利于发展增盈和尊重职工意愿的原则，积极稳妥地推进条件成熟单位的改制。全年批复整体分流改制立项项目5个，涉及总资产17282万元、职工498人；批准整体分流改制并已实施完成的单位3个，涉及总资产681万元、职工75人；批复国有控股改制项目5个，共涉及总资产174553万元、职工2779人。

（2）专业化重组工作取得进展。一是企业内部专业化重组。与重点企业结合，进一步研究工作方案，加大分离整合工作力度。与四川石油管理局共同研究落实了局主辅分离、专业化重组总体方案，在全局范围通过分离、重组、整合，组建了钻井、井下作业等14个专业化公司，彻底解体“大而全、小而全”体制。抚顺石油化工公司在前几年分离整合的基础上，将6个二级单位工贸中心整合为一家工贸集团。二是制订海洋公司重组方案。根据集团公司工作会议精神，在海洋石油工程技术服务公司组建工作领导小组的领导下，经过充分调研，提出了集团公司海洋石油工程公司组建方案，经集团公司决策通过，海洋石油工程公司于11月初完成工商登记注册及挂牌，已正式运营。

（3）编制政策性破产总体方案。根据国家政策性破产政策，围绕优化企业结构，提高企业核心竞争力，经全面了解、系统分析、逐家筛选，组织编报了集团公司国有困难企业政策性关闭破产总体规划方案，共确定了17家符合条件的困难企业，向国家申请纳入政策性破产总体规划。该17家企业拟在今后4年内实施政策性破产，共涉及职工11357人，总资产10368万元，累计亏损额205745万元。

【清理法人实体】　为解决集团公司所属企业兴办的多种经营、集体经济和对外投资等形成的法人实体中产权归属不清、管理不规范、劳动关系复杂等突出问题，2004年，资本运营部按照集团公司工作会议提出的用两年时间全面清理规范企业兴办的各类法人实体的工作要求，以建立“归属清晰、权责明确、保护严格、流转顺畅”的现代产权制度和完善“两级出资、三级法人”的管理体系为目标，全力以赴抓好清理工作。

（1）明确政策和要求。2004 年 2 月 28 日，集团公司下发了《关于清理企业投资兴办的法人实体的意见》（中油资字［2004］74 号文），明确了法人实体的清理目标、清理范围、清埋工作的主要内容和处置方法，以及 2004 年度、2005 年度清理工作的重点和分阶段工作安排，要求各企业做好宣传工作、加强组织领导、落实办事机构、建立工作制度、严格执行有关法律法规和制度，确保在 2004 年 9 月底前完成清查登记工作，2005 年末完成法人实体处置工作。《意见》还明确了 3 类法人实体只进行登记但不列入本次清理处置范围，即已规范地实施整体分流改制的法人实体，以集体职工为主的集体经济法人实体，以及产权关系清晰、劳动关系清楚、已经建立规范法人治理结构的法人实体。

（2）建设信息化管理系统。为实现口径统一、数据全面，编制了法人实体清查登记、产权界定、产权处置系列报表共 3 类 19 张，涵盖了法人实体的管理现状、历史沿革、资本变动、财务信息、人员情况 5 方面内容，并以此为基础，组织开发了清理法人实体及股权管理信息系统软件，设计了在线离线录入、分类、统计及查询等功能，实现了清查登记数据的信息联网操作，提高了清查登记工作的质量与效率。

（3）加强业务指导。先后制订下发了《关于做好法人实体清查登记报表填报、审查和上报工作的紧急通知》、《对法人实体进行分类分析的通知》、《关于对法人实体分类分析的补充通知》、《企业法人实体处置规划方案编制要求》、《关于进一步做好法人实体处置规划方案编报的通知》和《关于做好国有企业兴办集体企业专项调查和企业法人实体清查登记结果分析工作的通知》6 个文件，明确了清查登记报表填报、产权分类分析方法和清理处置方式，并对企业编制法人实体处置方案提出了规范性要求。通过举办清理法人实体政策与信息系统软件操作培训班，对企业负责法人实体清理工作的业务骨干 150 多人进行了培训。

2004 年，集团公司 51 户直属企事业单位（包括全资公司、控股子公司），共清查登记 3 级及 3 级以下法人实体 4303 家（含中油股份公司所属的法人实体 866 家），其中，43 户企业的 1380 家法人实体列入本次清理处置的范围，集团公司产权制度改革领导小组办公室以资字［2004］26 号文对各企事业单位的法人实体处置方案进行了批复，明确了各企业法人实体清理处置工作目标。

（集团公司资本运营部）

【收购兼并】　股份公司在收购兼并方面，经过大量的探索与实践，把握了适应股份公司跨越式发展的海外收购大方向，积累了并购知识和经验，也培养锻炼了队伍。针对油价较高，并不是最佳购并时机的现状，重点抓好基础性工作。一是开辟信息渠道，捕捉并购机会。二是独立开发建立了股份公司并购估值模型。该模型借鉴国外先进理念和方法，系统地梳理资本市场估值的分析方法，相对于以往的资产估值而言，具有考虑因素更全面、估值方法更复杂、分析和计算的工作量更大的特点。该模型为实施股份公司并购作了技术上的准备。同时，根据股份公司战略和市场时机，积极推进股份公司收购及战略合作等领域的工作。

（股份公司资本运营部）

规划计划管理

【概述】　2004 年，集团公司规划计划部围绕全面建设具有国际竞争力的跨国企业集团的战略目标，坚持把发展作为第一要务，根据“发展科学化、服务品牌化、管理规范化、队伍职业化、创新制度化”的部门工作目标，从部门的工作定位和实际出发，立足全局抓发展，着眼长远抓规划，转变职能抓服务，规范运行抓管理，提高素质抓队伍，进一步完善各项规章制度，确立了一整套职责明确的管理办法，使规划计划工作向规范化运作又迈进了一大步。同时，根据集团公司发展战略要求，制定发展规划、部署发展项目、配置发展资源、安排发展计划、统计发展信息，推进企业的持续、有效、快速、协调发展，较好地完成了各项工作任务。

2004 年股份公司规划计划工作紧紧围绕股份公

司工作目标和任务，突出前瞻性、综合性、科学性，切实加强战略规划和项目全过程管理，认真组织实施年度投资和产运炼销计划，跟踪分析、解决生产建设和经营中出现的突出矛盾和问题，全面完成既定工作目标，较好地发挥了决策参谋、综合平衡、协调服务和监督检查职能。

（张仙珍　岳　巍）

【战略研究和中长期规划】

1. 制定集团公司战略规划

按照2004年集团公司工作会议精神，在征求各方面意见的基础上，2004年3月下发了《集团公司建设具有国际竞争力跨国企业集团战略纲要》；根据国务院国有资产监督管理委员会关于开展中央企业发展战略与规划编制工作的要求，编制了《中国石油天然气集团公司发展战略》，研究提出了集团公司坚持突出主营业务、坚持整体协调发展、坚持市场全球化、坚持依靠科技进步、坚持低成本发展的战略方针，并具体安排了2004—2006年发展调整重点；为落实集团公司领导干部会议精神，从2004年7月开始，组织勘探开发公司、中联油、国际工程公司、国际事业部、东方物探公司等单位编制了《集团公司国际业务发展规划》，明确了国际油气投资业务、油气贸易业务、石油工程技术服务业务的发展原则和思路，提出了发展目标，并进行了战略部署，为实现集团公司国际业务持续高效、规范协调和全面发展提供有力保障；为确保"十五"目标的实现，做好五年规划与年度计划的衔接，组织部署未上市企业结合内部条件和外部环境的变化，于2004年9月编制了《2005—2009年滚动计划》，实现了企业发展目标和工作部署的滚动调整；为全面部署和安排"十一五"规划编制工作，从2004年11月起，起草完成了《关于编制集团公司"十一五"规划的指导意见》。

2. 制定业务发展指导意见

2004年1月，制订下发了《未上市企业化工业务产品发展方向指导意见》，明确了集团公司化工延伸加工业务总体发展的原则、重点发展领域和保障措施。2004年9月，制订下发了《集团公司工程建设企业改革与发展指导意见》，分析了石油工程建设企业的现实基础，提出了打造具有国际竞争力的石油工程建设企业的发展目标、指导方针及保障措施。2004年11月，制订下发了《集团公司机械制造业务发展指导意见》，研究了集团公司机械制造发展战略，提出了进一步调整产品结构，提高产品质量，优化区域布局，创新管理体制，实现加快发展的具体目标和部署。

（韩　梅）

股份公司战略研究和中长期规划：

（1）发布《战略发展纲要》，开展《战略发展纲要》宣传贯彻工作。经过股份公司管理层审议，发布实施了《战略发展纲要》，并在股份公司总部、地区公司党委书记和销售系统处以上干部等培训班上进行了宣讲，使各级管理者掌握了《战略发展纲要》的总体思路、指导方针、战略目标和发展战略。

（2）"十一五"计划编制工作全面展开。一是成立了领导小组和办公室，明确了要求和工作进度。二是召开了四次领导小组办公室会议，就宏观政策、区域规划、海外业务、保障措施等有关问题进行了研究和部署。三是初步完成了《中国石油天然气股份有限公司"十一五"计划及中长期发展规划纲要》编制工作，并向股份公司管理层作了第一次汇报。四是建立了"十一五"计划工作网站，方便了股份公司各级单位在编制"十一五"业务发展计划中的信息沟通。

（3）编制出版《中国石油天然气股份有限公司2004—2008年业务发展计划》。五年滚动业务发展计划的编制工作更加规范和简化，初步实现了编制的表格化、程序化和模型化。

（4）积极参与国家重点战略规划。参加国家发展和改革委员会、中国工程院组织的《中国石油天然气发展战略》、《全国炼油工业中长期发展规划》、《全国乙烯工业中长期发展规划》的编制，积极争取股份公司业务发展的主动权。

（5）深化区域和专业规划编制工作，加强专项工作和专题研究。组织《股份公司沿海发展规划研究》，滚动编制《股份公司全国成品油管网规划》和《天然气产运销规划》；制定《华北地区产炼运销总体发展规划方案》、《西部地区化肥专项发展研究和发展规划》、《陕西省下游发展总体规划》和《川渝地区天然气发展规划》；组织完成《股份公司西部甲醇发展规划研究》和《新疆石油天然气"十一五"及中长期发展战略研究》。

组织《股份公司LNG发展规划研究》、《引进阿尔及利亚石脑油利用方案研究》、《未来5—10年国内成品油需求预测分析及股份公司炼油发展对策研究》、《股份公司"十一五"炼油化工发展战略研究》和《股份公司乙烯及后续产品差异化发展规划研究》。

通过专业规划和专题研究，进一步明确了天然气发展和LNG建设的部署、炼油化工发展与热点产品布局等，提高了规划的统筹性和可操作性。

（6）决策支持系统初步形成。形成了股份公司内、外部研究机构相结合、国外咨询、研究机构作补充的支持体系，为完成战略研究和业务规划提供了技术支持。

（李　娥）

【项目全过程管理】

1. 工程技术服务

2004年，集团公司进一步明确了工程技术服务装备的投资方向、结构调整方向以及主要装备的总量调控目录，确保了工程技术服务业务发展的装备需要。共审查办理工程技术服务装备论证项目136项，办理批复85项，累计批复投资54.12亿元（其中工程技术服务装备42.49亿元，合作开发11.63亿元）。同时加强基础工作，开展设备联合集中采购，制订了滩海海洋工程公司初步组建方案，总结了工程技术服务专业装备结构调整情况，下发了工程技术服务总量调控设备目录。

2. 合作开发

2004年，集团公司合作开发按照“资源统一管理、销售统一组织、维护油区秩序、市场化运作、利益共享”的原则，加快推进，已在除玉门、塔里木外11个油气田全面展开，合作范围由探明未动用难采储量的合作扩展到低产、低效区块和边零井的合作。

2004年，集团公司合作区探明石油地质储量3.5亿吨，动用1.33亿吨，储量动用率38%。共有采油井4858口，开井2141口，平均单井日产油1.9吨；采气井137口，开井112口，平均单井日产气418立方米。全年新钻井533口，恢复老井559口，新建和恢复产能62万吨，生产原油117万吨，比2003年增长46.3%，生产天然气4.3亿立方米。

（刘玉贵）

3. 化工延伸加工

根据集团公司《未上市企业化工业务产品发展方向指导意见》，2004年共批复未上市企业化工延伸加工项目16项，项目总投资46亿元。项目建成后，预计年增销售收入56亿元，年增利润10亿元。重点项目有：大庆石油管理局20万吨/年醋酸项目、前郭炼油厂2万吨/年聚四氢呋喃项目、大庆石化总厂5万吨/年顺丁橡胶装置扩建项目、辽化公司20万吨/年聚酯及差别化涤纶短纤维扩建工程、吉化集团公司1万吨/年三羟甲基丙烷扩建工程、锦西炼化总厂6万吨/年苯乙烯项目、锦州石化公司8万吨/年苯乙烯项目、兰炼总厂2万吨/年顺酐项目、乌石化总厂3万吨/年高压法三聚氰胺装置、青海石油管理局5万吨/年氯酸钠项目、新疆石油管理局20万吨/年甲醇项目和玉门石油管理局10万吨/年甲醇项目等。

2004年，采取委托企业自行审查和集团公司组织相结合方式，办理5个限上项目初步设计的审查，即：辽化公司8000吨/年薄型纺粘非织造布生产装置、辽化公司20万吨/年聚酯及差别化涤纶短纤维扩建工程、乌石化总厂30万吨/年复合肥装置、大庆石油管理局20万吨/年醋酸项目、锦西炼化总厂6万吨/年苯乙烯项目；办理2个限上项目竣工验收，即：大庆石油管理局2万吨/年BOPP项目、抚顺石化2万吨/年BOPP项目。

（岳　鹏）

4. 机械制造

2004年，集团公司共批复机械制造项目8项，批复项目总投资4.5亿元。预计项目全部建成后，年增加销售收入可达7.5亿元。所批复的项目是：物资装备总公司宝鸡石油机械厂400台/年钻井泵生产线扩建项目；四川石油管理局资阳钢管厂174万平方米/年钢管外防腐生产线合资项目；吉化集团中油化建股份公司管道预制30万焊接当量/年、钢结构预制5000吨/年、非标设备5000吨/年、大弯管1000吨/年上海预制维修分公司项目；吉化集团中油化建股份4.5万吨/年长春钢结构预制分公司项目；华北石油管理局第一机械厂2万吨/年管端加厚钢管合资项目；辽阳石油化纤公司机械厂2000吨/年重型压力容器扩能改造项目；中油国际第六建设公司10000吨/年金属结构厂易地建设项目；物资装备总公司宝鸡石油钢管厂防腐涂料15000吨/年、焊丝3000吨/年、烧结焊剂4000吨/年、管端保护器45万件/年、护丝10万套/年钢管辅助材料加工项目。

（尹成昌）

5. 供热供电

集团公司“十五”期间以煤代油项目中，替代燃料油量最大的项目大庆石油管理局让乘地区热电联产集中供热工程于10月份投产，热源由宏伟热电厂扩建的100兆瓦燃煤热电机组提供，对大庆让胡路乘风庄地区1000万平方米民用与工业建筑实施集中供暖，替代原分散采暖锅炉房消耗的燃料油约32万吨。截至2004年底，集团公司所属各企业已投产代油项目33项、代油量136万吨/年；在建项目8项，投产后可实现代油量37万吨/年。预计可提前一年实现替代燃料油168万吨/年的“十五”计划目标。

2004年批复了大庆石油管理局南垣和拥军地区以煤代油集中供热锅炉房工程，预计实现代油量4.4

万吨/年；批复了锦西炼油化工总厂中心换热站扩建改造及新区二环管线建设项目，为葫芦岛市区350万平方米民用与工业建筑供暖，可提高锦西炼化热电厂的全厂热效率和经济效益，同时减少环境污染，为葫芦岛市蓝天工程做出贡献。

6. 油气储运

2004年批复同意中国石油天然气管道局、大庆石油管理局成立专门机构，发展城市燃气等天然气业务。批复了大连石油化工公司5万吨成品油码头工程，工程实施后将有效消除大连石化顺岸码头的安全隐患，保障油品下海和上岸对码头吞吐能力的需求。

西部原油、成品油管道工程正式启动。2004年7月，项目报国家发展和改革委员会申请立项核准。10月14日，由集团公司、股份公司与所属6家企业共同出资组建中国石油集团西部管道有限责任公司，注册资本金80亿元。2004年8月31日，鄯善、高台试验段开工。

（杜国敏）

股份公司项目全过程管理。

1. 项目前期管理

（1）勘探开发项目管理。

继续加大勘探开发项目管理力度。根据股份公司勘探开发一体化的要求，完成了一批重大油气田开发项目（含对外合作）的上报、审查和批复工作，为油气田顺利开发打下了基础。

获国家发展和改革委员会批复的项目为吉林大安油田总体开发方案；上报待批准项目为赵东油田开发调整方案。

获股份公司批准的项目有：长庆西峰油田150万吨开发方案、新疆油田石南21区块开发方案、塔里木油田哈得4区块开发方案、冀东油田原油外输管道工程、华北油田冀中地区原油流向调整工程、冀东油田天然气处理厂扩建工程、忠县天然气净化厂硫磺回收装置工程等。

同时，还组织编制了《油气勘探、开发项目可行性研究报告编制指南》教材，开展了股份公司油气勘探开发及管道项目可行性研究报告编制及项目管理培训工作。

（2）油气管道及系统工程项目管理。

加大了油气管道及系统配套工程前期工作的力度，股份公司一批重大油气管道和系统工程项目获得上报、批复及开工建设，油气管道建设进入快速发展阶段。

获国家发展和改革委员会批准项目为陕京二线输气管道工程。

获股份公司批准项目有：阿拉山口—独山子输油管道工程、西气东输与陕京二线在长庆气田联络线工程、涩北—西宁—兰州输油管道增压工程、邛西构造外输管道工程、麻六场气田外输管道工程和兰州车用天然气终端销售网络工程等。完成了股份公司先进计划系统试点方案、炼油与化工运行系统试点方案、广域网改进项目试点方案和质量安全环保系统试点方案等。

同时，还开展了中缅原油管道、兰州—郑州、东北—华北成品油管道工程、西气东输二线工程、股份公司LNG等重点项目前期研究工作。

（刘　琨）

（3）炼油化工项目管理。

为进一步加强项目前期管理工作，制定并实施了《中国石油天然气股份有限公司工程建设项目审批管理办法》，进一步提高了项目前期工作研究质量，加快了项目的运作速度，一批重点项目获得批复。全年共批复重点炼化销售项目30项（炼油项目16项，化工项目11项，销售项目3项），其中经国家批准的重点项目有：吉林石化60万吨/年乙烯扩能改造工程、辽阳石化20万吨/年乙二醇及配套工程、克拉玛依石化大比重煤油等。其中大连石化加工含硫油改造工程被列入国家振兴东北老工业基地计划重点项目，现已开工建设。

2004年还组织编制完成并向国家发展和改革委员会上报了《四川80万吨/年乙烯工程可行性研究报告》。

（李　军）

2. 项目后评价管理

（1）项目后评价工作开展情况。

为加强股份公司建设项目全过程管理，提高项目决策、管理水平和投资效益，股份公司成立以来，管理层就十分重视建设项目的后评价工作，确定由规划计划部负责组织和开展。规划计划部从建立管理体制，理顺关系；健全制度办法，规范程序；开展典型评价，积累经验；扩大评价成果，全面推广等四个方面入手开展工作。2001年7月发布了股份公司建设项目后评价工作管理办法、后评价报告编制规定及后评价情况简表。4年来，股份公司项目后评价工作经历了一个不断积累经验、不断提高认识、不断完善管理的发展过程，取得了显著的成效。

2004年末规划计划部成立了后评价处，主要负责规范管理，全面开展投资项目的后评价工作。后评价处从建章立制、完善制度入手，首先组织对股份公司建设项目后评价工作管理办法进行了修订，组织编制了油气勘探项目、开发项目、销售项目、油气管道项目和炼油化工项目的后评价报告编制细则和简化后评价模板。目前油气勘探项目、开发项目和销售项目后评价报告编制细则和简化后评价模板已基本完成，其他正在加紧编制。

（2）项目评价情况。

股份公司成立以来，共开展了340个投资项目的后评价。按管理层次划分，股份公司规划计划部组织限上项目后评价22项，各专业公司组织开展典型项目后评价23项，地区公司组织开展限下项目后评价295项。开展后评价的项目中，勘探项目5个、油气田开发项目67个、炼油项目59个、化工项目106个、销售项目76个、油气管道项目19个及其他项目8个，基本覆盖了股份公司的所有投资领域，对股份公司规范管理，提高投资效益起到了积极的促进作用。

股份公司共安排限上项目后评价22个，目前已完成11个、基本完成3个。经过评价，总体上项目的投资得到有效控制，投资回收期低于可研和行业基准投资回收期，大部分项目财务效益指标好于可行性研究值和行业基准值。

（李　刚）

【年度业务发展计划】

1. 汇总集团公司2004年业务发展计划

按照“生产经营计划和固定资产投资计划、上市业务发展计划和未上市业务发展计划”相结合的原则，以股份公司业务发展计划和未上市企业主要生产经营指标为基础，从投资、利润、油气储量和产量、原油加工量、炼油化工产品产量、技术服务与生产服务工作量等方面汇总了集团公司2004年业务发展计划。

2. 编制2004年固定资产投资计划

在未上市企业固定资产投资安排上，按照全面、协调、可持续的科学发展观，围绕中心，服务全局，科学把握投资方向，推进企业持续有效加快发展。2004年，按照项目基本建设程序和分级管理权限，全年分4批共下达投资371亿元。

在投资重点上，继续加快海外业务发展步伐，突出重点项目开发，促进规模和效益增长；继续强化技术服务结构调整，突出开拓国际市场，提升竞争能力；继续加强生产服务配套完善，突出提高商品率，增强保障能力；继续推进加工制造项目建设，突出统一规划，提高产品竞争力；继续推进油气合作开发，突出优化简化，实现双赢互利；继续推进矿区生活区调整改造，突出以人为本，实现协调发展。以加快发展为主体，继续突出做强做优主营业务，积极调整优化结构。

3. 加强投资计划执行情况的监督和检查

继续实行固定资产投资计划执行定期报告制度，跟踪和了解重点项目进度和存在的问题，加强计划执行的过程控制和信息反馈，及时制定调整措施和解决方案。委托审计服务中心从“管理制度建设、投资决策程序、建设资金来源和使用、重点工程与装备、项目招投标、小轿车更新”等6个方面，对29家未上市企业2003年固定资产投资计划执行情况进行审计调查。通过坚持执行投资审计调查制度，有效地规范了企业的投资行为，提高了投资管理水平。按照《国务院办公厅关于清理固定资产投资项目的通知》要求，2004年5—6月，全面清理和核查了集团公司在建和拟建的固定资产投资项目。经清理，未发现有国家明令禁止建设项目，在建项目严格按照土地管理、环保等有关法律法规和国家政策办理了相关手续。

【招投标管理】　针对近年来在集团公司招投标效能监察和投资计划审计调查过程中发现的招投标工作存在问题，下发了《关于进一步规范投资项目招投标管理工作的通知》，就企业健全和完善招投标管理组织、加强归口集中管理、完善内部管理制度、加大招标力度、规范招标程序等方面进一步提出了要求。从2004年8—10月，会同集团公司纪检监察部开展了招投标管理效能监察工作。通过加强招投标管理工作，有力地促进各企业不断规范内部市场，增强内部队伍的市场竞争能力，保护企业利益和招投标活动当事人的合法权益，促进了投资项目整体管理水平的提高。

（韩　梅）

【股份公司投资计划管理】　2004年，在总结近几年投资管理工作的基础上，为充分发挥股份公司、专业公司、地区公司的积极性，经报股份公司管理层批准，对股份公司年度投资计划衔接和下达方式进行了适当调整：一是无论限上项目和限下项目，一律按项目核准投资规模、投向、结构、效益标准和基建程序，按项目申报建议计划、监督检查和组织进行后评价；二是在股份公司确定的年度计划大纲范围内，由专业公司直接与地区公司进行衔接，自求平衡；三是股份公司向专业公司下达分单位分项目的投资计划，专业公司按股份公司计划要求下达地区公司投资计划；四是调整计划，限上项目报股份公司审批，限下项目报股份公司核准备案；五是可行性研究报告和初步设计未经批准的项目，不得列入年度投资计划，更不得提前开展设备采购订货和开工建设，特殊情况要按规定程序报批。

在进一步调整和理顺投资管理体制、机制的同时，重点加强了投资计划全过程管理。建立了季度投资活动分析制度，组织完成了《2000—2003 年投资计划执行与效益分析》报告。通过开展投资活动分析，及时发现投资计划执行中出现的问题，提出了改进措施和调整建议。各专业公司根据业务特点，采取相应措施控制投资规模、优化投资结构、提高投资效益，通过抓典型，带动整体水平上台阶，取得了明显成效。勘探与生产分公司继续实施勘探开发一体化，实行油藏管理、工程技术和效益评价相结合，深入做好“新区优化、老区简化”两篇文章，“双十工程”全年节省项目投资 2.5 亿元，降低成本 1 亿元，并涌现出塔里木哈得 4 和新疆陆梁勘探开发一体化、长庆油田“单、短、简、小、串”和辽河油田“关、停、并、转、减”等先进典型和先进经验。

（张桐郡）

【概算管理】

1. 严格把关，控制好工程建设投资

2004 年，全国钢材等原材料市场价格迅速上涨，给投资控制带来巨大压力，面对这种情况，进一步加大了对股份公司概算审查的力度，抓住设计方案优化和控制建设标准两个关键环节，与各专业公司密切配合，严格把关，控制好工程建设投资，力争将涨价造成的建设项目投资增加控制在最小的范围之内。2004 年初步设计概算审查情况详见表 1。

表 1　2004 年初步设计概算审查情况一览表

单位：万元

序号	各专业公司	已审项目（项）	已批项目（项）	可研估算控制投资	报审初设概算投资	批准初设概算投资	审核调整		
							小计	增加	减少
1	勘探与生产分公司	6	5	124936	138240	126692	－11548	3450	14998
2	炼油与销售分公司	14	7	195953	199798	184103	－15695	3005	18700
3	化工与销售分公司	15	10	278065	277640	258936	－18704	5916	24620
4	天然气与管道分公司	12	5	95476	96685	80214	－16471	553	17024
5	规划计划部	11	10	23366	25279	12250	－13029	551	13580
	小计	58	37	717796	737642	662195	－75447	13475	88922
6	调整概算	2	2	490075	476460	464872	－11588	0	11588
	总计	60	39	1207871	1214102	1127067	－87035	13475	100510

全年共审查限上初步设计及概算项目 60 项，其中已审查完发批复文件有 39 项。已批复的 39 个项目报审总投资 121.4 亿元，批准总投资 112.7 亿元，净核减投资 8.7 亿元，审减率达 7.2%。

2. 完善基础工作，推动造价系统建设

（1）在造价管理工作上，始终把造价体系建设作为重点。2004 年，主要工作有：一是组织对股份公司各单位的造价管理工作进行全面的检查和调研，通过自检、抽检和互检，各单位认真对比查找差距，有针对性地提出了相应的整改措施。二是加强沟通与交流，除了召开年度工程造价管理工作座谈会外，有针对性地召开地区性的造价管理研讨会，对当前影响工程造价的主要问题进行了讨论和研究，并确定解决这些问题的方案和方法。三是加强人员培训，提高造价管理人员的素质。举办了“造价专业人员初级班”、“造价人员提高班及造价工程师继续教育班”、“工程量清单规则交底班”和“造价人员国外技术培训班”等不同层次的培训班。

（2）不断完善工程计价依据等基础工作。加强对已形成体系的各项石油工程建设计价依据的管理，做好概算指标、费用定额执行情况的调查和研究分析，及时进行合理、必要的调整和完善，以保证和提高这些计价依据的科学性和合理性，为发布调整系数和修编工作奠定扎实的基础。主要工作有：①《石油建设安装工程概算指标》的补充调整；②《石油工程建设费用定额》的修编工作；③《炼油化工检维修工程计价依据》、《长输管道修缮工程计价依据》的修编工作；④《国外工程建设投资参考指标（苏丹、阿塞拜疆册）》。

（3）积极做好价格信息管理工作。一是编辑和发行《石油工程常用设备材料价格信息（中、下册）》；二是积极组织股份公司价格信息共享平台建设的论证和研讨工作，召开了建设方案的研讨会。

（翁中原）

【机电产品进出口管理】 筹备召开了集团公司机电产品进出口工作座谈会。会上传达、学习了全国机电产品进出口工作会议精神，总结了近年来机电产品进出口工作的成绩，交流了在机电产品进出口工作中取得的经验，提出今后一个时期机电产品进出口工作的总体思路是："树立一个观念，适应两个要求，发挥两个优势，完善两个体系，服务两个重点，实现三个转变"。会后，为贯彻落实会议精神，印发了《关于进一步加强和改进集团公司机电产品进出口工作的通知》，对今后一个时期机电产品进出口工作作出具体部署。

组织开展了集中采购工作。按照《中国石油天然气集团公司设备联合集中采购管理办法》，根据未上市企业2004年固定资产投资计划，组织完成了6类33台（套）设备的联合集中采购工作，取得了显著成果。

积极落实各项减免税政策。2004年共办理特定地区免税项目968项，涉及进口机电产品总金额30474万美元。2004年办理的鼓励项目免税确认书，具有以下特点：数量多，共52项；项目大且集中于炼化、管道项目，涉及金额13514万美元。按汇率1美元兑换8.3元人民币、复合税率25%测算，免征进口税收约7.9亿元人民币。

规范机电产品进口管理工作。针对有些企业离京较远、办证时间长、出差费用高的实际情况，学习商务部网上申报机电证的做法，结合集团公司办公自动化系统，与有关部门研究，在新疆、塔里木两家单位实行网上申办机电证试点取得成功的基础上，形成网上申办机电证操作规范，并普遍推广，节约了时间和费用。

（史彦清）

【综合统计】

1. 加快统计工作三大体系建设，夯实统计基础工作

进一步明确了统一管理、专业分工、分级负责的以综合统计为中心、专业统计为支撑的统计工作体系，完善了统计数据采集体系、统计分析评价体系、统计信息发布体系、统计工作保证系统的内容。通过上下结合、反复研究，对内部资源情况、生产经营成果、固定资产投资、外部环境情况等方面的统计指标进行了修订，并按照集团公司国际化经营和建设资源节约型企业的需要，整合国际业务报表内容，增加了土地资源、原材料、能源、水资源消耗等相关报表。2004年综合统计年报共计54种137张。

2. 强化基础统计工作，提高统计服务质量

按照部门服务承诺，按需提供优质、差别化的统计信息服务。每月10日向总部领导、基层企业和机关部门提供月度统计资料，同时为集团公司总经理办公会提供未上市企业生产经营情况，为集团公司领导提供分省市区的集团公司所属企业生产经营情况，在全国"两会"、集团公司工作会议期间，为集团公司领导提供相关情况和数据。完成了未上市企业2003年统计年报汇总工作，编制了2003年集团公司和未上市企业综合统计资料汇编。按照国资委、国土资源部、商务部、国家统计局、国家海洋局等政府部门要求，及时提供集团公司月度、季度和年度共40张报表的统计资料以及季度生产经营分析材料。

3. 加强统计分析和统计评价工作，延伸统计业务价值链

在做好统计月报的基础上，对未上市企业月度生产经营运行特点、分类业务具体情况和固定资产投资完成情况进行分析。按照国家发改委、国资委等政府部门的要求开展季度经济形势分析，及时了解石油石化市场、油气供需和国际油价走势，分析集团公司生产经营情况，提出政策建议，并按时上报。引导企业针对生产经营管理中的重点、难点和热点问题，开展专题分析和综合分析。2004年9月组织2003—2004年度统计分析评选活动，共评选出特等奖10篇、一等奖22篇、二等奖20篇、三等奖102篇。根据企业总体和分专业经营情况，修订和完善评价指标，增加人均指标，发布了2003年度未上市企业生产经营总量指标、人均指标和综合效益指标排序，以及物化探、钻井等9个专业的主要指标排序，为企业开展对标分析提供了参考。

4. 稳步推进综合信息系统建设，提高工作效率

2004年2月启动规划计划部综合信息系统建设工作。按照统一部署、分步推进的原则，专门抽调人员组成信息化推进办公室，开展前期调研工作和目标分析，并组织各单位业务骨干共同进行对综合统计、土地管理、工程建设企业管理3个模块的工作流程、

业务需求、功能定位和系统框架等需求分析。目前已完成综合统计模块概要方案设计，并进行详细方案设计；初步完成土地资源以及工程建设企业基本情况、企业资质、人员资格、评优管理、人员培训和质量监督等6个方面的需求分析。

5. 加强统计制度建设，规范统计工作管理

为科学、有效地组织综合统计工作，制订下发了《集团公司综合统计工作管理办法》，明确统计机构和人员、统计基础工作、统计调查、统计分析、统计评价、统计发布和统计检查等方面的具体要求。为适应集团公司经营管理需要，按照国资委批复集团公司主营业务的通知要求，对未上市企业业务板块进行了调整。调整后，未上市企业业务划分为未上市业务、国内油气业务和国际投资业务。

（陈　倩）

股份公司综合统计：

（1）统计管理运行机制进一步完善。2004年，继续坚持“统一领导、分工协作、各方配合、信息共享”的原则，进一步对股份公司、专业公司、地区公司之间的业务流程进行规范，重点是“三个理顺”，即理顺统计口径、理顺核算范围、理顺业务关系。在统计口径上，凡是对外披露的生产经营数据，以统计部门的口径为准。在核算范围上，明确界定股份公司与专业公司的核算内容，避免重复、交叉。在业务关系上，股份公司总部统计部门与专业公司业务之间合理分工，信息共享。

（2）统计决策支持作用有所提升。2004年，加大了统计分析的力度，有针对性地收集行业、国内外竞争对手的有关信息，努力在分析的广度和深度上下功夫。牵头编写了2004年一季度和上半年股份公司生产经营活动分析，同时，又根据上半年出国路演情况，针对国际资本市场部分投资者提出的一些问题，编写了主要石油公司业绩比较及市场表现分析，为股份公司领导加强企业管理、提高经济效益提供依据。

（3）统计核算方法制度体系改革取得重要成果。把改革统计方法制度作为建立新统计体系的突破口和提高统计数据质量的基础工程，取得了显著效果。

一是建立了较为完整的股份公司统计核算方法体系。组成有关职能部门、专业公司和地区公司业务骨干参加的研究小组，与各类专业技术人员密切合作进行研究攻关，经过艰苦努力，基本建立了一套适应社会主义市场经济需要，符合可持续发展要求，与国民经济核算体系衔接、与国际接轨，满足股份公司生产经营管理需要的系统、规范的综合统计核算指标体系和方法体系。在此基础上编写的《股份公司综合统计核算指标解释》，统一了股份公司的统计核算标准，对核算体系、原则、方法、范围作了明确的规定。

二是进一步完善统计核算制度体系。根据企业管理的需要，按照市场经济的要求，对现行统计核算制度进行改革，增加了反映市场、销售、价格、竞争力等情况的统计指标，注重产品的产、运、销全过程跟踪。投资核算制度将改变过去的传统做法，进一步与国际接轨，核算范围从计划规模内投资的统计，扩大到股份公司所有的投资支出，不论资金来自何处，只要是股份公司支出的投资都要进行统计，以确保股份公司投资支出的完整性和一致性。

三是进一步修订投资核算办法。规划计划部会同财务部，共同召开了股份公司投资核算办法研讨会，在股份公司历史上统计人员和财务人员第一次坐在一起共同研究、探讨核算问题。会议紧贴投资核算工作实际，清理出九类问题，初步整理出投资核算业务流程，对项目前期、项目实施和项目竣工各个环节投资额的确定基本达成共识。目前，股份公司投资核算办法的讨论稿已经完成，正在征求各方意见。

（4）统计信息服务水平不断提高。主要表现在两个方面：一是满足国际资本市场信息披露的需求。在为编制香港版年报和美国版年报、股份公司管理层出国路演、季度和半年度对投资者信息披露、回答投资者提出的有关问题等方面做了大量的工作。二是统计信息产品形式的多样化。为进一步提高统计信息的实用性，为股份公司领导正确指导生产经营和企业管理服务，加大了对统计咨询产品改革的力度，对格式、版面和内容进行调整，力求使指标更为科学、规范，内容更为精练、实用，版式更为新颖、美观，充分展现国际大石油公司的形象。2004年编写、编辑的统计咨询产品包括生产经营运行监测报告、统计年报、统计摘要、统计工作年鉴、统计分析集锦、统计简报等，满足了多层次、不同方面对统计信息的需求。

（5）统计业务系统建设取得成效。一是利用多种渠道进行业务培训。为适应新形势的要求，进一步提高地区公司统计人员的业务水平和分析能力，2004年对统计培训内容进行调整，增加了宏观经济形势分析、上游市场行情分析、下游市场发展方向及行情分析、股份公司战略发展纲要等内容，并对统计基础知识与统计分析方法、管理会计基础、综合统计指标解释等专业理论知识进行深入讲解，收到较好效果。同时，选派2名统计业务骨干参加了商务部在德国举办的国外直接投资统计及统计管理自动化培训班，学习

和借鉴欧洲发达国家先进的投资统计理论、方法和经验，了解国外FDI统计体系结构。二是加大统计业务交流的力度。规划计划部组织了东、西部油气田和炼化地区公司综合统计工作业务对口交流活动，互相取长补短、共同发展，促进股份公司统计工作整体水平的提高。

（6）统计科研工作取得阶段性成果。一是股份公司生产经营监测预警系统研究。该课题已经确定了预警指标体系，建立了预警模型和方法，目前正在用数据进行测试。二是数理统计分析方法应用研究。该课题属于开拓性、创新性和应用性相结合的软科学研究项目，项目组成员参阅了大量的数理统计应用资料，分析了生产经营的各类指标，对数据类型和数据时间关系进行梳理和归类，建立了上游勘探、开发数据与时间相关联的数学分析方法和模型，并用实际数据进行了测试。三是股份公司工业生产发展速度研究。该课题的数学模型已经确定，正在用历史数据进行测试。

（孙效娴）

【土地管理】　2004年5月，集团公司在四川成都召开土地管理工作会议。集团公司副总经理任传俊作了重要讲话。集团公司、股份公司有关部门负责人等110多位代表参加了会议。会议总结了集团公司内部重组改制以来的主要成绩，交流了土地管理经验。集团公司所属28家企业土地管理部门、74名土地管理干部受到表彰。集团公司规划计划部主任江夕根作了题为《依法管好土地、集约用好土地、推进集团公司全面协调可持续发展》的工作报告，提出了近期土地管理工作总体目标和6项重点工作。按照土地管理工作会议部署，规划计划部下发了企业工矿区土地利用规划编制提纲，要求各企业在2005年6月底之前完成。

宁夏大元和庆阳炼油化工有限责任公司由股份公司收购重组，涉及国有划拨土地资产采取授权经营方式处置，共有28宗土地，总价值1.27亿元。宁夏回族自治区和甘肃省国土资源厅批准将上述土地授权集团公司经营管理。

（张维全）

股份公司土地管理。

1. 对有关用地政策进行研究，并上报国土资源部协调解决

（1）协调钻井用地预审申报中取消压覆矿床调查和地质灾害评价材料。召开石油用地工作研讨会，摸清情况；联合中国石油化工集团公司就影响石油建设及时有效使用土地的有关问题共同起草请示报告，上报国土资源部。国土资源部在修改后的预审办法及审批意见中，明确了钻井用地预审上报材料、投资体制改革后的石油用地预审和审批问题。

（2）研究、形成对矿业用地管理制度的意见并上报国土资源部政策法规司。根据国土资源部《矿产资源法》、《土地管理法》修改的信息和有关司局征求意见的契机，组织主要油气田和用地问题集中的油气田地区公司用地管理、矿权管理人员，对现有的《矿产资源法》、《土地管理法》进行研究，结合用地工作中存在的问题，提出解决问题的意见，形成了对矿业用地管理制度改革的建议，先后以文字和座谈会方式向国土资源部“两法”修改部门作了汇报。

2. 协调重大用地问题，为生产建设服好务

（1）及时完成陕京二线工程、陕京二线与西气东输联络线工程项目的用地预审工作，保障项目在管制期间顺利用地。

（2）解决关联交易和企业划转过程中土地处理问题。及时对宁夏大元炼油化工有限责任公司和庆阳炼油化工有限责任公司划转中的土地问题进行协商，并提出统一意见。

3. 加强基础工作，规范内部管理

颁布实施了《中国石油天然气股份有限公司用地管理规定（试行）》，进一步规范内部用地管理。

（李　娥）

【技术设备引进管理】　2004年股份公司机电产品进口管理工作，坚持为重点工程建设服务、为企业生产经营服务，实施全过程管理，努力做到规范运作，主要抓了四项工作：一是编制和印发了《机电产品采购国际竞争性招标文件（试行）》（石油计字［2004］97号），提高招标文件编制质量，规范引进采购行为，避免和减少了投标人的疑虑。二是编制了《机电产品进口管理文件汇编》，收集、整理了国家有关进口管理的法律法规，涵盖了国家现行的所有关于进口管理的实体法和程序法，方便了各级管理人员学习研究和贯彻执行。三是进一步规范了采购阶段管理和报批程序。所有引进设备采购，原则上都必须采取招标方式。特殊情况必须经专业公司管理层集体研究后，与规划计划部共同上报计划主管副总裁批准。四是积极协调服务。本着既坚持原则、公正公开，又实事求是、有利生产的精神，搞好与集团公司机电办公室和国家有关部委的沟通和协调，及时协助处理招标评标和谈判采购中出现的热点难点问题，保证了重点项目建设的顺利进行。

（张桐郡）

【石油工程建设】

1. 队伍现状

（1）石油工程建设企业数量。截至2004年末，集团公司石油工程建设企业共有122家。其中：勘察设计单位33个，其中甲级20个、乙级13个，主营石油天然气工程设计的19个、石油化工工程设计的9个、通信工程设计的1个、建筑工程设计的1个、工程勘察的3个；施工企业55个，其中特级施工总承包企业3个、一级施工总承包企业28个、一级施工专业承包企业24个。施工总承包企业中，主营化工石油的28个、房屋建筑的1个、公路工程的3个。施工专业承包企业中，主营化工石油设备管道安装的10个、管道工程的1个、电信工程的2个、无损检测的8个、防腐保温的2个；工程建设监理企业34个，其中甲级26个、乙级8个。

受国务院有关部门委托，设置石油天然气工程质量监督总站，所属30个监督站中有21个行政隶属于集团公司，9个行政隶属于股份公司。

（2）石油工程建设企业人员情况。截至2004年末，石油工程建设企业共有职工130482人。其中：勘察设计企业共有职工12108人，其中专业技术人员9327人，高、中、初级人员分别占26%、44%和30%；一级以上施工企业共有职工114091人，其中专业技术人员19313人，占职工总数的17%。施工项目经理4759人，其中一级1634人，二级1590人，三级1535人。经国家审定，取得一级建造师执业资格考核认定293人；建设监理企业从业人员3895人，其中高级职称895人，占23%，中级职称1896人，占48.7%。现有国家级注册监理工程师1139人。

工程质量监督系统共有从业人员388人。其中，高级职称75人，占19.3%；中级职称247人，占63.7%；初级职称61人，占15.7%；其他辅助人员20人，占4.9%。

2. 生产经营

截至2004年末，石油工程建设企业拥有资产总额345.54亿元，负债总额206.98亿元。其中：勘察设计单位资产总额25.85亿元，固定资产9.44亿元，流动资产15.30亿元，负债总额10.75亿元。全年完成工程勘察合同693项，合同额2.40亿元；完成工程设计合同3668项，合同额17.98亿元；完成初步设计投资额225亿元，施工图投资额554亿元，施工图建筑面积261万平方米；完成工程咨询合同507项，合同额0.84亿元；完成工程总承包合同16项，合同额9.59亿元；完成工程监理合同210项，合同额1.17亿元。全年营业收入32.20亿元，实现利润总额3.14亿元。施工企业资产总额为319.69亿元，负债总额为196.23亿元，共有技术设备60232台，设备总功率192万千瓦，主要装备新度系数0.54，动力装备率15.5%。全年完成建筑业总产值313.97亿元，利润总额1.97亿元。建设监理企业完成监理费收入2.75亿元。

3. 资质管理

2004年度，设计企业中，中油集团工程设计有限公司等29家企业实现了87项主营或兼营甲级或乙级资质转正或增项。施工企业中，辽阳石油化工工程有限公司和锦西炼油化工工程公司等12家企业分别取得了主营或兼营资质的15项升级和增项。监理企业中，大连七星工程建设监理公司等3家企业晋升甲级，大庆石油工程监理有限公司等6家甲级监理企业通过增项资质。在建设部组织的资质年检工作中，石油工程建设企业全部通过年检考核，并进一步拓宽了建设市场准入范围。

4. 工程质量监督

（1）监督设备。工程质量监督机构拥有各种检测仪器设备总价值约3900万元，基本满足了石油工程质量监督工作的需要。

（2）监督业务。各监督机构树立监督与服务意识，工作质量明显提高，内部管理进一步规范。据不完全统计，2004年共完成监督项目672项，投资总额约420亿元，监督覆盖率达到99.3%。监督过程中共签发质量问题整改、停工通知单609份，实现在监单位工程合格率100%。

2004年10月，西气东输工程实现全线贯通。在总站项目部的统一领导下，参加西气东输工程质量监督工作的人员，认真履行监督职责，为确保国家重点工程质量做出了突出的贡献。

（3）队伍建设。组织了第二次石油工程质量监督工程师培训、考试工作，经石油工程质量监督工程师考核委员会考核，分别有64和92人取得一级和二级质量监督工程师任职资格。

为进一步加强大庆油田工程质量监督管理，集团公司批准设立石油天然气大庆油田工程质量监督站。

加快了监督机构向独立法人转变的改革进程，截至2004年底，总站及大庆等21个监督站完成了事业法人登记工作。

5. 企业改革与管理

（1）加强政策引导。召开集团公司工程建设企业工作会议，贯彻落实集团公司建设具有国际竞争力跨国企业集团战略，交流1999年集团公司实施战略重组以来，石油工程建设企业在服务主业、开拓市场、深化改革、强化管理等方面取得的经验。会议表彰了优秀企业、优秀管理者和优秀项目经理，研讨了今后工作的总体思路、发展目标和战略方针，印发了《关于提高中国石油天然气集团公司工程建设企业竞争力的指导意见》，对打造具有国际竞争力的石油工程建设企业起到积极的指导和推动作用。

（2）开展评优活动，促进工程建设上水平。组织年度集团公司优秀工程勘察设计评选工作，评选出优秀工程设计44项（其中一等奖11项、二等奖14项、三等奖16项），优秀工程勘察5项（其中二等奖2项、三等奖3项），优秀标准设计三等奖1项，并推荐9个项目参加建设部优秀勘察设计评选；组织优秀工程建设企业、优秀管理者和优秀项目经理的评选活动，对中国石油集团工程设计有限责任公司等35个优秀企业、曲广学等28名优秀管理者、罗志富等280名优秀项目经理进行了表彰；组织石油工程建设企业管理现代化成果评选工作，共有13项成果获奖（其中一等奖3项、二等奖5项、三等奖5项）。向中国施工企业管理协会推荐6项成果，其中获全国工程建设管理现代化成果一等奖1项、二等奖5项。

（3）推进工程建设组织实施方式改革，培育发展工程总承包和工程项目管理企业。贯彻落实集团公司《关于培育发展工程总承包和工程项目管理企业的指导意见》，在认真总结管道工程公司、兰化工程公司、工程设计公司、长庆科技工程公司和大庆石油工程监理公司工程总承包和工程项目管理服务试点经验的基础上，部署西部管道工程建设采用EPC和PMC模式组织建设的试点工作，组织召开了西部管道工程项目管理研讨会，协调业主、承包商、监理各方工作关系，界定项目建设责任主体的工作界面和职责，为保证西部管道试点工作顺利实施奠定了基础。

（乌力吉图 吴延华）

【定额管理】 2004年2月27日下午，集团公司工程技术服务定额编制领导小组组织召开钻井工程定额编制工作视频会议，总结了两年多来集团公司钻井工程定额编制工作，安排部署了2004年工作任务。集团公司总经理助理、定额编制领导小组组长刘海胜出席会议并作重要讲话，集团公司规划计划部主任江夕根、股份公司规划计划部总经理刘宏斌分别就做好2004年钻井工程定额编制工作提出了要求，集团公司、股份公司机关有关部门和所属21个单位400余人分别在主会场和12个分会场参加了会议。

根据建设部、财政部《关于印发〈建筑安装工程费用项目组成〉的通知》（建标［2003］206号文），集团公司工程技术服务定额编制领导小组决定对原中国石油天然气总公司1995年批准颁布的《石油建设安装工程费用定额》（中油基字［1995］第79号文）进行修编。2004年12月《石油建设安装工程费用定额》修编工作正式启动。

（陈晓平）

【培训工作】 集团公司规划计划系统培训围绕队伍建设的革命化、职业化、国际化目标，按照“大规模、高起点、严要求”的原则，认真组织系统培训工作，做到“真学、真懂、真考”。2004年，举办各类培训班9个，培训人数1526人，其中A级班1个，培训人数26人，B级班8个，培训人数1500人，培训内容主要包括：战略管理、财务管理、投融资、职业资格考试考前辅导等，培训人员有规划计划处长和业务骨干。另外，适应工程建设企业“走出去”的需要，举办了国际工程建设项目骨干人员英语培训班，培训人数43人。各培训班都做到了准备充分、组织严密、管理严格，取得了良好效果。

加强员工在职学历教育。规划计划部34人中已有15名获研究生毕业，另有在读8名、已考待上2名，45岁以下除1人外全部通过集团公司组织的考试参加研究生教育。

有针对性地开展部门学习讲座。举办各类业务知识学习讲座7次，内容涉及工程技术、经济管理、信息技术、国家有关政策等多个方面，受到员工普遍欢迎，对提高员工素质和管理水平起到了促进作用。

（张仙珍）

人事管理

【概述】 2004年，集团公司人事工作认真贯彻落实全国人才工作会议、全国组织部长会议和中央企业人才工作会议精神，围绕集团公司领导干部会议提出的各项任务，坚持科学的发展观、人才观和正确的政绩观，不断加强经营管理、专业技术和操作技能人才三支队伍建设，继续深化选拔任用、培养培训、薪酬分配、社会保险等制度改革，突出抓好两级专家队伍和一线主体队伍建设，各方面工作取得明显进展。

2004年，股份公司人事工作深入贯彻集团公司工作会议精神，主动服从和服务于股份公司改革发展的大局，大力加强领导班子和后备干部队伍建设，不断深化人事制度改革，全面强化“三支队伍”建设，持续推进内部重组，调整优化组织结构，健全薪酬分配制度，为股份公司持续有效快速协调发展提供了组织人事保证，各项工作都取得了新的重要进展。

（集团公司人事劳资部　股份公司人事部）

【领导班子建设】

1. 紧紧围绕党组的工作部署，大力加强领导班子建设

集团公司人事劳资部在对企事业领导班子认真分析的基础上，年初制定了工作计划，以增强能力、优化结构为重点，认真做好领导班子考核调整和交流工作。共考核调整领导班子21个，任免调整党组管理的干部70人。逐步加大干部交流力度，先后交流领导干部25人。组建了西部管道公司、海洋工程公司。在考核工作中，紧紧围绕企业改革发展稳定大局，加大一把手的考核调整力度。先后调整充实五个企业或部门一把手，实现了平稳交替。积极配合中组部、国资委进行了后备干部考察。通过调整充实和交流，企业和总部机关领导班子的年龄、专业结构更趋合理，班子的整体力量得到加强，干部工作的活力进一步增强。

2. 开展处级以上领导干部思想作风建设和提高领导管理能力的政策研究

按照集团公司党组关于把各级领导班子建设成为“坚定、勤勉、团结、清廉”，朝气蓬勃、奋发有为、团结坚强的领导集体的要求，研究起草了《集团公司党组关于进一步加强处级以上领导干部思想作风建设的意见》。党的十六届四中全会召开后，按照集团公司领导关于提高处以上党政领导班子五个方面的领导管理能力的要求，牵头组织研究起草了《集团公司党组关于加强各级领导班子领导管理能力建设的意见》，提交2005年集团公司工作会议讨论后下发。同时，适应新形势和新要求，深化完善干部管理的各项制度和规定，分别就加大干部交流、理顺企业管理体制、完善企业党委委员、常委设置、完善选拔任用机制、完善综合业绩考核、加强后备干部管理等工作和制度，研究提出了初步意见。

3. 加强产权代表和总会计师后备人选培养

集团公司围绕建立现代企业制度，加强财务和股权管理，加快了董事、监事和高级财会人员队伍的建设步伐，配备了专职董事、监事，在国家会计学院、石油管理干部学院分别举办了董事、监事培训班和高级财会人员培训班，共有174人参加了培训。

（集团公司人事劳资部）

股份公司领导班子建设：

（1）认真做好领导班子考核调整工作。先后对46个机关部门和所属单位领导班子进行了考核调整，共任免股份公司直接管理的干部170人次，15名综合素质好、进取意识强的中青年干部走上了主要领导岗位，40名年轻干部进入了机关部门和所属单位领导班子，进一步优化了班子结构。

（2）进一步加大干部交流力度。先后对51名班子成员进行了交流，其中党政主要领导23人。通过交流，激发了干部工作热情，增强了班子活力，推动了工作开展。

（3）继续推行领导班子行政副职竞聘上岗。先后组织了16个单位领导班子行政副职的全员竞聘和差额竞聘，有35人通过竞聘进入领导班子。

（4）加强领导班子思想作风建设和制度建设，印发了《关于进一步加强领导班子思想作风建设的意见》。

（股份公司人事部）

【人事制度创新】　集团公司认真贯彻中组部干部制度改革“5+1”法规性文件，全面推进并不断完善企业领导人员公开选拔、竞聘上岗、评聘分开、岗位管理等人事制度综合配套改革。初步形成了相互衔接、综合配套的具有中国石油特色的人事制度体系框架。

【人才队伍建设】

1. 认真抓好工程技术两级专家队伍建设

深入贯彻全国人才工作会议精神，结合集团公司实际，明确以高层次人才开发为龙头，带动三支人才队伍建设的工作思路，围绕集团公司主营业务和发展需要，提出集团公司工程技术两级专家岗位分布框架和选聘工作实施方案，并组织咨询中心有关专家进行论证，形成了集团公司高级技术专家岗位设置和选聘工作实施方案，为建立集团公司工程技术两级专家队伍奠定了良好的基础。

2. 深化专业技术人员管理制度改革

根据集团公司《关于专业技术人员管理制度改革

的指导意见》，进一步推行专业技术人员“评聘分开”，变身份管理为岗位管理。建立起适应专业技术人员职业特点的分类分级岗位管理制度，科学设置岗位，按岗考核、易岗易薪，实现专业技术人员的优化配置。进一步完善专业技术人员职业资格制度，以建造师执业资格为试点，积极探索建立人事部门牵头、业务部门配合、个人自主申报的执业资格管理体系。

3. 加强操作技能人才队伍建设

先后对14家企业进行了一线操作技能队伍建设问题专项调研，针对一线队伍建设存在的问题，提出了针对性强的意见和建议。召开集团公司职业技能开发工作会，总结加强职业技能开发和操作服务人员队伍建设工作的基本经验，对近几年来在培养技能人才方面做出突出贡献的15个先进单位和30个先进技能鉴定站（所）和200名优秀技能鉴定工作者进行了表彰。制定《集团公司加强高技能人才队伍建设的意见》和《技师、高级技师管理办法》，提出集团公司高技能人才队伍建设的工作思路、目标和措施方案，对技师、高级技师的考评、培训、聘用、管理等具体政策提出新的要求，为进一步抓好操作技能人才队伍建设奠定了基础。

4. 加强人才交流、人才引进、奖学金管理工作

组织编印《中国石油毕业生招聘宣传册》。召开中国石油2004年毕业生引进工作会议暨人力资源开发专业委员会负责人会议，并在清华大学和北京大学组织首次“中国石油专场招聘会”。统一组织企业参加全国人才交流大会和“2004海外学人回国创业周”人才交流活动。2004年共引进本科以上毕业生6773人。加强中国石油奖学金管理，设奖院校增至18家，并在6所石油院校增加了设奖名额，2004年共有881人获得中国石油奖学金。出台《集团公司海外项目人员借聘工作暂行规定》，建立了借聘人员数据库，全年办理新借聘人员117人，续聘264人。依托石油人才交流中心的人事代理资质，先后与8个单位签署了人事代理协议，共代理人员93人，代理档案82份，为60名代理人员接续和新建了社会保险。加快网络人才市场建设，组织开发和建设了“中国石油人才网”网站。统一组织参加由中宣部、人事部、教育部、科技部共同举办的“中国留学回国人员创业成就展”，荣获组委会颁发的“最佳组织奖、最佳设计奖”“双佳”奖牌。

（集团公司人事劳资部　人事服务中心）

股份公司人才队伍建设：

（1）开展人才开发战略和规划研究。贯彻落实全国人才工作会议精神，结合股份公司“十一五”发展规划的编制，启动了股份公司“十一五”人力资源规划编制工作。

（2）抓好重点培训项目。举办了股份公司高级营销班、高级财务管理人员培训班、地质勘探高级研修班、清华大学工商管理强化培训班、党委书记培训班、党校及工商管理培训班和勘探、开发、炼油、化工等专业培训班，并选送外语基础好、业务能力强、发展潜力大的优秀班子成员和后备干部到斯坦福大学等国外著名院校进行培养。全年股份公司总部共举办各类培训班75期，培训各级各类人才4000余人。

（3）深化专业技术人员管理制度改革。全面启动了专业技术人员管理制度改革，推行岗位管理，开展岗位竞聘，逐步实施“评聘分开”。

（4）抓好两级技术专家队伍建设。完成了股份公司154名高级技术专家候选人的推荐聘任和429名地区公司级技术专家的选聘工作。

（股份公司人事部）

【员工培训】　集团公司按照人才队伍建设规划的目标和年度培训计划，组织运行国外MBA培养、国内管理硕士和工程硕士培养，组织了董事、监事、高级财务管理人员培训，党校及工商管理培训，处长岗位培训，对外合作骨干人员培训，班组长培训，技师培训等21个重点培训项目，共培训1800多人。加强企业博士后工作站建设，集团公司15个企业博士后工作站累计招收博士189人、出站95人。制定《集团公司公派出国留学人员管理办法》。加强出国前外事和安全自救教育，编印《留学人员出国教育培训手册》，完成了61人的赴独联体国家的留学任务和四批61人赴美PMP培训。全年共有42名赴俄留学生和44名PMP学员回国。组织力量分别对集团公司培训体系建设、海外人员培养、石油高校共建、培训基地评估等工作开展认真研究，并下发了集团公司安全培训管理办法。开发班组长培训考试题库，统一制定了23个石油主体工种的技师培训大纲。开展部分职业资格培训工作，举办高级营销师、物流师、企业培训师、技能鉴定管理人员和考评员等8期培训班，共培训860多人。

（集团公司人事劳资部　人事服务中心）

股份公司高技能人才培训与技能竞赛：

在大庆油田有限责任公司和大庆石化分公司建设了2个股份公司高级技能人才培训基地，承担油田、炼化主干工种技师、高级技师培训任务。组织了4期采油、常减压装置、合成装置的高级技师和技师培训

班，对近200名技师及部分优秀高级工进行了培训。

（股份公司人事部）

【职（执）业资格评定】 集团公司开展职业技能鉴定机构质量认证工作，大庆、新疆两个鉴定中心一次通过了劳动保障部组织专家进行的检查验收。向劳动和社会保障部申报销售系统加油站操作员、汽车加气站操作员两个新职业，与中国石化集团公司共同制定了相应的国家职业标准。安排第三批88个工种鉴定题库的开发修订工作。与中国石油化工集团公司共同安排第四批93个石油化工工种的鉴定题库的开发工作。全年共鉴定取证12.1万人，其中高级技师210人，技师1665人。2004年末集团公司技师、高级技师总数达到1.2万人，高级工达到17.3万人。

【技能竞赛与技术能手评选】 集团公司组织车工、工具钳工等4个工种，31个企业117名选手参加国资委、劳动和社会保障部组织的中央企业技能竞赛的选拔赛，在全国决赛中集团公司派出的8名选手中有7人获得银奖和铜奖，被国资委授予“中央企业技术能手”荣誉称号。与中国石油化工集团公司、劳动和社会保障部共同组织井下作业工、乙烯装置操作工等4个工种的第三次全国石油石化行业职业技能竞赛，集团公司7名选手获得各工种竞赛前三名，被劳动和社会保障部授予“全国技术能手”荣誉称号；同时还获得3个团体第一，1个团体第二，2个团体第三的优异成绩。在2004年劳动和社会保障部组织开展的第七届“中华技能大奖”、“全国技术能手”评选表彰活动中，大庆石油管理局测井公司测井高级技师楮霞光被授予“中华技能大奖”荣誉，6人被授予“全国技术能手”称号，大庆石油管理局、管道局等两个单位被授予“国家技能人才培育突出贡献奖”先进单位。

（集团公司人事劳资部　人事服务中心）

股份公司组织参加了第三届全国石油、石化行业技能大赛，共有9个地区公司74名选手参加了4个工种中3个工种的比赛，取得了2个工种团体第一名、2个工种个人第一名、3个工种个人第二名的优异成绩。

（股份公司人事部）

【劳动组织管理】

1. 大力推进分离办社会及主辅分离、辅业改制工作

积极参与集团公司分离办社会职能工作，对纳入移交范围的机构和人员实施整体成建制移交。重点做好移交人员的界定、福利待遇及机构的移交级次及移交方案的审查，妥善处理与地方同类人员的相关差异和稳定问题。2004年共办理移交机构394个，涉及职工36514人。全面参与公司法人清理工作，先后对集团公司所属40余家企业进行调研，重点解决产权归属不清、运作不规范和管理混乱等问题。指导所属单位继续做好主辅分离辅业改制中的劳动关系调整及人员安置工作。重点抓好整体分流改制中参与改制人员解除劳动合同手续的办理、补偿金的核定及其他相关人员的安置工作。

2. 加强机构编制管理，积极推进企业专业化管理和持续重组

加强机关总部机构编制管理，理顺管理体制，完善总部功能。在原市场管理部基础上，组建工程技术与市场部。加强对维护稳定工作的领导，成立了集团公司维稳办。优化资源配置，制定并实施塔里木石油勘探开发指挥部、塔里木石油化工工程建设指挥部重组方案。积极参与西部管道、海洋工程公司的组建工作。结合产业结构和组织结构调整，积极推动各企业内部的专业化重组。

3. 努力配合做好维护稳定工作

认真落实集团公司领导干部会议精神，深入分析各类群体影响稳定的突出矛盾和问题，提出维护稳定的政策和措施，热情接访，耐心细致地做好解释工作，稳定工作有明显改善。积极推进再就业工作，进一步研究制定再就业的工作方案。

（集团公司人事劳资部）

股份公司劳动组织管理：

（1）规范地区公司机构管理工作。

根据股份公司的管理体制，结合地区公司实际，制定了《中国石油天然气股份有限公司油气田地区公司组织结构设置指导规范》和《中国石油天然气股份有限公司炼化地区公司组织结构设置指导规范》，指导和规范各油气田、炼化地区公司组织机构设置和编制的确定，进一步加强了股份公司的组织机构管理。

（2）调整优化营销体制。

为适应股份公司主营业务发展和营销网络建设的需要，与有关部门一起完成了华南、华中两个成品油销售分公司和华中天然气销售分公司等地区公司的组建工作；调整了天然气与管道华北分公司的管理体制，作为地区公司管理，并更名为华北天然气销售分公司；组建了化工与销售华南分公司。

（3）抓好内部持续重组。

按照集团公司党组和股份公司管理层的要求，参与完成了塔里木石油化工工程建设指挥部与塔里木油田分公司重组，塔里木石油勘探开发指挥部由股份公

司代为管理，关停长庆油田分公司第一助剂厂（原马岭炼厂）、第二助剂厂（原马家滩炼厂）以及整体收购庆阳炼油化工有限责任公司、宁夏大元炼油化工有限责任公司的协调工作。组织完成了油田、炼化地区公司加油站划归成品油销售地区公司经营管理工作。

（股份公司人事部）

【工资管理】

1. 严格执行工效挂钩和工资总量调控

根据国家对集团公司的工效挂钩办法，编制集团公司年度工效挂钩方案和工资总额计划，为集团公司实施工资总量调控提供依据，为进一步推进工资分配制度改革、在企业效益提高的前提下逐步提高职工收入创造了条件。根据集团公司工资总量调控办法，坚持工资总量与单位经济效益紧密挂钩的原则，核定所属单位的工资总额，按照效益高低拉开单位之间的分配差距，增强了工资分配的激励作用，促进了企业内部激励约束机制的建立和完善。

2. 积极推进工资分配制度改革

根据集团公司经济效益和社会平均工资的增长情况，适当调整提高企业领导人员的年薪标准，强化企业领导人员履行岗位职责的压力和动力，激发了其创造良好业绩的积极性和主动性。制订和实施完善基本工资制度方案，适当调整提高管理、专业技术和操作服务岗位职工的工资标准，适当拉开了各类岗位人员的工资差距，责任重、贡献大的岗位职工收入有较大幅度提高；实行工龄津贴标准分段确定的办法，解决了新老职工工资差距缩小、对老职工累积贡献体现不足所产生的矛盾；适当拉大一线艰苦岗位与后勤服务岗位人员岗位技能工资标准的差距，加大向一线艰苦岗位职工倾斜的力度，提高了技师、高级技师津贴标准。对在西部艰苦地区工作的石油职工实行新的地区补贴制度，建立提高西部艰苦地区工作职工待遇的新机制，促进石油企业的持续稳定发展。制定实施集团公司赴境外工作职工薪酬管理办法，对赴境外工作职工实行“岗位工资＋津贴＋奖金”的薪酬制度，较大幅度提高赴境外工作职工的待遇，稳定了集团公司海外项目人才队伍，为集团公司“走出去”战略的实施和具有国际竞争力跨国企业集团目标的实现提供了有力的保证。

（集团公司人事劳资部）

股份公司在薪酬管理方面具体做到以下几点：

（1）抓好基本工资制度的完善。

在2003年完成基本工资制度改革工作的基础上，又先后组织召开东部、西部企业和油品销售企业专业人员参加的座谈会，分析基本工资制度改革存在的矛盾和问题，研究制订完善基本工资制度的方案，进一步调整了工资结构，改善了分配关系，提高了工资标准。

（2）修订高级管理人员年薪制管理办法。国务院国有资产监督管理委员会有关文件下发后，与集团公司相关部门一起，经过研究、测算，对高级管理人员年薪标准提出了调整意见，制定了各类领导人员的基薪标准、效益年薪标准以及效益年薪的考核发放方式。

（3）完善地区补贴制度。在对地区类别进行归并调整的基础上，制定了分类区的地区津贴高限标准，并明确本着同一地区统一政策、统一标准的原则，由各单位制定地区补贴办法，报股份公司总部审批后与工资制度方案同步实施。

（4）研究制定市场化临时用工管理办法。为进一步加强所属单位市场化临时用工管理，规范用工行为，有效调控用工数量和用工费用，结合股份公司的实际情况，制定了《市场化临时用工管理暂行办法》。

（5）制订了油品销售企业岗位基薪调标方案。

（6）印发了离退休人员生活补贴发放暂行办法，以弥补退休后的收入落差，稳定离退休人员群体。

【业绩考核】　集团公司按照国资委制定的《中央企业负责人经营业绩考核暂行办法》，在认真测算的基础上，制定并上报集团公司领导年度及任期业绩考核指标值，经审定后，国资委与集团公司领导签订了经营业绩考核责任书，为实施经营业绩考核及确定薪酬等提供了依据。根据集团公司《企业领导人员综合业绩考核暂行办法》，核定企事业单位年度综合业绩考核主要指标的标准值，据此制定、印发了企事业单位综合业绩考核责任书。配套运作综合业绩考核办法与年薪制管理办法，强化企业领导人员的业绩考核结果与奖惩、薪酬之间的联系，促进了企业领导人员激励约束机制的建立。

（集团公司人事劳资部）

股份公司业绩考核：

（1）组织完成了2003年度总裁班子和高级管理人员业绩考核。分别向董事会和总裁办公会提交了《总裁班子成员2003年度业绩考核情况的报告》和《专业公司和地区公司党政主要领导2003年业绩完成情况的考核报告》，并获得审议通过。

（2）组织完成了2004年度总裁班子和高级管理人员业绩合同的制定签订工作。组织有关部门、专业公司制定了2004年度总裁班子成员、股份公司总部职能部门、专业公司、地区公司和在京单位党政主要领导的业绩合同，并首次采取网上签字方式组织完成了业绩合同的签订工作。

（3）修改完善了《总裁班子成员业绩考核办法》。邀请专家和相关部门领导进行了两次专题研讨，并在借鉴国务院国有资产监督管理委员会等国内外单位和公司业绩考核经验的基础上，进行修改完善，形成了《总裁班子年度业绩考核办法》，经董事会审议通过后印发实施。

（股份公司人事部）

【社会保险】

1. 建立企业离退休人员生活补贴制度

按照集团公司党组的要求，在深入调查研究，广泛征求企业意见的基础上，制定并组织实施《企业离退休人员生活补贴发放暂行办法》，内部实行统一政策，统一标准，统一管理，从 2004 年 1 月起，开始向所属企业离退休人员发放生活补贴。到 2004 年末，共有 41.41 万离退休人员领取了生活补贴。生活补贴方案的实施，对促进企业发展、维护社会稳定起到积极作用。

2. 积极推进企业建立工伤保险

为切实保障企业职工的工伤保险待遇，根据石油企业队伍跨地区生产、流动性较大的现状，向劳动保障部汇报并提出落实国务院《工伤保险条例》的具体意见：集团公司所属单位均按所在地规定参加工伤保险，执行参保地区的工伤保险政策。油田勘探开发生产企业采取相对集中的方式异地参加工伤保险；炼油化工企业、销售企业、事业单位直接参加所在统筹地区的工伤保险。以上意见得到劳动保障部的基本认可。

3. 提出分离企业办社会移交人员社会保险接续的意见

按照国务院分离企业办社会职能试点工作的精神及集团公司工作安排，对属于移交范围的中小学教师、已离退休人员的社会保险参保情况以及地方相关政策进行调研，提出了移交人员移交地方管理后，社会保险接续问题的处理意见，并在移交协议中予以明确。

（集团公司人事劳资部　人事服务中心）

【基础工作】

1. 进一步完善总部机关有关管理制度

在继续落实、完善企业人事制度改革的基础上，2004 年重点加强了总部机关的建设，研究起草了《总部机关人员工资管理暂行办法》、《总部机关员工休假的规定》、《总部机关人员选调暂行办法》、《总部机关人员借调暂行办法》、《总部机关人员到基层挂职锻炼暂行办法》、《集团公司援藏干部管理暂行办法》等规定。

2. 统计工作取得新进展

全面完成向劳动和社会保障部、国家统计局、中央机构编制委员会办公室及国资委报送统计报表和有关资料，定期对统计资料进行加工整理，为集团公司领导及有关部门提供了图文并茂的人事劳资方面的统计资料和统计分析报告。2003 年度集团公司人事劳资部被国资委评为“干部统计全优报表单位”。依据《中国石油天然气集团公司人事统计工作考评办法》，对各单位的人事统计工作进行考评，促进了统计数据质量的提高。

3. 人事档案管理不断加强

对国家、集团公司有关人事档案管理的文件、规定、办法等进行收集整理，印刷成册并下发各档案管理单位。结合实际制作档案业务培训多媒体教材，举办了一期有 144 人参加的档案业务培训班。组织修改人事档案管理软件指标体系和使用功能，对人事信息进行微机录入，建立人事档案信息局域网络。设计并汇总人事档案管理信息统计报表，积极开展人事档案目标管理等级检查验收工作，对 51 个管档单位分两批上报中组部进行审批备案。到 2004 年末，已有 691 个管档单位晋升中组部目标管理等级，占全国总数的 14.4%，居国有大企业之首。

（集团公司人事劳资部）

股份公司基础工作：

（1）推进人事信息化建设。设计建立了人事部门户及处室门户，基本实现门户与人事档案数据库的联接。研究开发了“高级管理人员信息管理系统”。

（2）严格人事档案管理工作。完成了股份公司总部机关和在京单位局级领导 100 人、处级干部 377 人的学历、学位清查及确认工作，进一步清理核查和完备了人事档案信息。组织开展了对地区公司人事档案目标管理的检查验收工作，举办了两期人事档案业务培训班。

（股份公司人事部）

物资采购与电子商务

【概述】　经过3年的实践，中国石油电子商务在国内已处于较高水平，得到国家有关部门的高度肯定和认同。

2004年，股份公司电子采购考核目标为120亿元，工作目标为140亿元。全年实际完成电子采购160亿元，完成年度计划的133%，电子销售34.52亿元。能源一号网上共有2482家供应商，涉及59个大类的物资品种，共12.3万条产品目录。其中电子采购系统Ⅰ类物资354家，涉及12个大类、80个中类、326个小类，共有9.6万条产品目录；电子市场系统Ⅱ类物资供应商2128家，涉及47个大类、334个中类、1527个小类，共有2.6万条产品目录。

2004年，制定下发了关于加强物资采购质量管理和供应商考评办法，健全完善了物资采购质量保证体系，加强供应商管理与考核，严格供应商的入围管理，研究提出了物资信息化建设指导意见。

2004年，在物资采购管理上，一是加大了业务整合力度，推行了Ⅰ类物资的集中采购。按照股份公司管理层提出的大力推行重点物资集中采购的要求，从Ⅰ类物资业务整合入手，继石油专用管、管线物资进行集中上网采购之后，2004年对普通钢材、“三抽”（抽油机、抽油泵、抽油杆）、“三剂”（催化剂、添加剂、助剂）等其他物资集中批量、网上采购的办法进行了完善，规范了运作。二是组织对53.8万吨石油专用管的网上集中采购。本次交易量占下半年总需求的70%，交易金额约为45亿元。由于将股份公司和未上市企业的分散需求集中起来，形成超大型批量采购，发挥了集团整体优势，取得了可观的经济效益，与当期市场价格相比，降低采购总成本达7%。三是加强了对外包工程物资采购的管理力度。在外包工程项目中，积极推行甲方供料和上网采购，外包工程物资采购中已具备上网条件的，如普通钢材、电缆等，都实行上网采购。四是对非安装设备和进口物资也开始探索网上采购。五是在财务部门的支持下，通过试点，积极探索建立Ⅰ类物资货款集中支付流程。六是按照股份公司管理层的要求，继续扩展电子销售业务，努力实现企业内部网和能源一号网优势互补、密切衔接，通过信息发布、宣传品牌、树立形象，不断扩大影响，不断扩大网上交易。此外，还积极探索股份公司总部层面上的采购主体整合问题，对于目前暂不能实现网上采购的物资，除加强管理外，研究建立在互联网上的信息发布制度。

【业务指标】　3年来，股份公司电子商务共实现电子交易583.4亿元，其中电子采购398.9亿元，电子销售184.5亿元。2002年电子采购工作目标100亿元，实际完成106亿元；2003年电子采购工作目标126亿元，实际完成132.9亿元；2004年电子采购工作目标140亿元，实际完成160亿元，实现了持续快速发展。各地区公司认真执行股份公司下达的业务计划，38个考核单位全面超额完成任务，为股份公司发展电子商务做出了重要贡献。

【采购业务量】　据统计，2004年股份公司物资采购总额约542亿元。2004年股份公司电子商务系统和集团公司相关单位通过“能源一号”网站采购的主要物资有：石油专用管56.44亿元、普通钢材37.08亿元、石油专用设备13.60亿元、“三剂”10.56亿元、石油专用化工产品10.09亿元、炼化专用设备4.47亿元、电力电工设备4.21亿元、阀门2.81亿元、通用机械设备2.40亿元、电工材料2.23亿元。

【招标选择部分物资供应商】　电子商务部为进一步扩大供应商范围，优化“能源一号”网上Ⅰ类物资采购品种结构，2004年10月组织了第六期“能源一号”入围招标。经过近2个月的准备和实施，通过无缝钢管、焊接钢管、石油专用管、电缆、变压器、电机、抽油杆、抽油机、抽油泵、聚丙烯酰胺、化工三剂、仪器仪表等13个品种的产品招标，共有192家供应商参加了投标。经电子商务部邀请机关有关部门、行业专家、用户组成的招标小组评审，有138家供应商优选入围。

“能源一号”网上供应商已达2500家。2004年通过加强动态考核，对Ⅰ类物资353家供应商打分评比，评选出33家优秀供应商予以表彰。

【重点物资采购】　2004年10月份组织53.8万吨国产石油专用管网上集中采购。在专用管处于卖方市场，供应商结成价格同盟的被动情况下，运用各种技术手段和采购策略，获得每吨低于市场价格300元的优惠价格，仅此一项节约采购资金 1.6 亿元。

在西气东输工程项目实施“阳光采购”的全过程中，网上钢材采购总量达 167 万吨，降低采购成本 22.4 亿元人民币，平均每吨节约 1340 元。

【发挥物资采购管理小组作用】 2004 年，国内外市场部分材料价格大幅波动，为保证生产需要、降低采购成本，电子商务部及时组织召开了石油专用管、普通钢材、“三抽”产品、电缆、电机变压器、加油机、聚丙烯酰胺等物资管理小组的工作年会，分析网上交易中存在的问题和市场变化情况，制订应对措施，对近 5 万个型号进行了价格调整，及时维护了网上价格。普通钢材经过初步整合，19 家地区公司上报了 90 多个规格 3 万吨的采购需求。尽管国内钢材市场全面涨价，但本次集中采购价格比市场价格低 300 元/吨，按统一分配的 2.3 万吨计，节约资金 690 万元。组织聚丙烯酰胺物资管理小组与厂家谈价议价，在原材料价格大幅上涨的情况下，最终采购价格在 2003 年的基础上降低了 2%，与当期市场价格相比，共节约采购资金约 1.5 亿元。

通过一年扎实有效的工作，涌现出炼油板块加油机管理、长庆油田物资采购信息化管理、辽河油田化工产品管理、大庆石化三类物资管理、锦州石化物资网上采购管理等一批物资管理先进典型单位。

【电子商务技术平台建设与发展】 2004 年，一是完善了对电子采购系统的分区和电子市场应用系统数据加载功能；二是对供应商管理、会员管理、交易管理系统进行了功能拓展；三是对“能源一号”PORTAL 系统进行了全面的改版和升级，完善了系统界面、丰富了功能，实现了平台对 IE6.0 版本的全面支持，使客户端用户界面不受 IE 版本影响；解决了从微软 java 虚拟机到 SUN java 虚拟机的转换，保证了客户使用任意版本微软操作系统都能正常访问“能源一号”网。四是部署了 Siteview 监控报警系统并进行两次升级，实现对平台进行 24 小时不间断的监控，保证维护人员及时了解平台的运行状态并实时管理。五是实现“能源一号”与华北油田等地区公司信息系统订单等数据的集成，满足了信息共享和提高工作效率的需求。六是建立了供应商企业用户邮件系统，为供应商提供了更多更好的服务。

【供应商、采购商培训】 2004 年，继续完善了 I、II 类供应商培训流程，建立了大型集中采购培训流程，进一步规范和完善了培训内容。全年组织实施电子商务培训 29 期，培训 685 人次。其中电子商务用户培训 2 期，培训 130 多人次；协调地区公司组织 II 类供应商技术培训 27 期，培训 555 人次。

【石油物资分类与代码】 推广应用统一的石油物资分类与代码是加快物资信息化工作的重要基础性工作，是实现电子商务系统、物资管理信息系统等系统间相互集成、信息共享的桥梁和纽带。中国石油物资编码网站已投入运行两年半，为用户提供了及时申请、及时编制、及时发布、及时查询、及时下载、及时使用的功能，逐步成为电子商务平台和地区公司物资信息管理的重要辅助系统。

2004 年，继续完善了物资分类与代码数据库，现有 60 个大类、644 个中类、3424 个小类、19631 个品种、1055656 项物资明细码信息，数据资源丰富。物资分类与编码网站逐步得到各地区公司的广泛使用，共有 143 个单位在本系统拥有账号，注册用户总数 934 名。在原有大庆油田、大庆物资装备公司、辽阳石化分公司应用的基础上，2004 年华北油田、西南油气田也相继将原有企业信息系统的物资分类与编码，转换为中国石油物资分类与编码网站 60 大类 18 位编码。

【机关采购】 2004 年初，股份公司增加了监察部和科技与信息管理部为机关采购领导小组成员单位，电子商务部会同监察部对股份公司机关及专业分公司采购情况及相关要求进行了专项检查。年底下发《关于建立机关采购供应数据库的通知》，启动建立机关采购供应商数据库工作。2004 年共协助机关 6 个部门及专业分公司，办理机关服务采购项目 17 个，涉及金额约 3000 万元。

【重要专业会议】 2004 年 2 月 27 日，股份公司召开电子商务工作视频会议，王福成副总裁在讲话中，对进一步加大石油专用管等一类物资采购业务的整合力度；加强管理，完善制度，保证电子商务业务稳定、健康发展；加强领导，搞好协调，提高队伍整体素质提出了要求。电子商务部李斌总经理做了工作总结，安排部署了 2004 年电子商务工作。会上表彰了 2002—2003 年度电子商务先进工作者，大庆油田有限责任公司、新疆油田分公司、华北石化分公司、大庆炼化分公司、中国石油销售有限责任公司、西气东输管道分公司等单位做了开展电子商务典型经验介绍。

【重大事件】 鉴于 2004 年钢材市场资源紧张，价格不断上扬，电子商务部于 2004 年 8 月 18 日在哈尔滨召开石油专用管专题会议，研究确定下半年国产石油专用管网上集中采购事宜，通过集中采购，以批量优势，抑制专用管价格上涨幅度，并锁定资源，保障生产。在各有关单位的支持和配合下，2004 年 10 月 20 日电子商务部在北京组织开展了 53.8 万吨石油专用管网上集中采购。通过加强管理、发挥整体优势、网上集中采购等各项措施，使国内石油专用管价格全年平均涨幅控制在 33.8%，并且争取到与国内市场价格相比税前每吨优惠 300 元的采购价格，节省采购资金近 2 亿元人民币。

（股份公司电子商务部）

【物资采购】 中国石油物资装备（集团）总公司作为集团公司的专业物资供应企业，2004 年抓住中石油发展的大好机遇，不断延伸服务环节，积极开拓内外部市场，综合服务能力和专业化优势得到进一步发挥。2004 年签订长期代理协议生产厂商达到 42 家，通过产品代理实现销售收入 19.91 亿元，占总销售收入的 45.4%，同比增幅超过 80%。2004 年重点代理产品是武钢钢材和宝钢专用管，其中武钢产品的代理量销售全年达到 16 万吨，在其代理商中排名第二，宝钢产品的代理销售量达到 6 万吨，在其油井管代理商中位居前列。

2004 年加强集团公司一级供应网络建设，截至年底公司共管理 6 大类 17 个专业物资供应网络，入网厂家达到 1290 家，2004 年重点对厂家实施动态管理，建立和完善了厂商资源信息库。

全年物资采购合计 41.69 亿元，其中为中石油系统内企业采购 26.94 亿元，为系统外企业采购 14.24 亿元。

（范海威）

审计监督

【概述】 2004 年，集团公司（含上市部分）各级审计部门认真贯彻落实集团公司工作会议精神，围绕率先建成一流社会主义现代化企业和具有国际竞争力的跨国企业集团的战略目标，依法履行审计监督职能，在加强企业管理、维护财经纪律、节支增效、规避企业经营风险、保证集团公司经营目标的实现和公司价值的提升等方面发挥了重要作用。股份公司内部审计工作，在继续开展基本建设工程项目、经济责任、财务、对外合作项目、成本费用、合同、物资采购等审计项目的基础上，抓住股份公司管理中的重点难点，积极开展了基本建设投资项目管理、股权管理、固定资产管理等内部控制情况的审计调查，为股份公司规避经营风险和加强规范化管理，发挥了积极作用。

2004 年，全系统完成审计项目 5664 个，审计资金 13066 亿元，审出违纪违规问题 56 亿元，纠正处理违纪违规问题 38 亿元，占审计资金的 0.29%。取得直接经济成果 21 亿元，其中：基建工程审减额 8.63 亿元，经济合同审减额 3.45 亿元；审计人员人均取得直接经济成果 104 万元。移送违纪违法案件 19 件，移交纪检、监察部门处理 15 人。

（武　君　左建东　樊玉英）

【主要审计活动】 2004 年 2 月 3 日，集团公司审计部下发《关于 2004 年审计计划的通知》（审计字［2004］1 号），对集团公司 2004 年审计工作做出具体安排部署。

2004 年 3 月 2 日，集团公司在北京石油疗养院召开审计工作会议，总结 2003 年审计工作及近年来审计工作取得的基本经验，对今后一个时期的工作重点做了部署，表彰了两年来审计战线涌现出的先进集体和先进个人。

2004 年 3 月 12 日，审计部在福建省武夷山市召开中油审计信息管理系统研讨会，进一步修订完善中油审计信息管理系统，规范审计信息工作。

2004 年 4 月 14 日，集团公司党组研究决定孙先锋任审计部主任，免去陈维忠审计部主任职务。

2004 年 5 月 12 日，审计部在辽河油田组织召开物资审计现场会，介绍交流辽河石油勘探局物资采购审计的先进经验，推动集团公司支出性经济合同审计工作深入开展。

2004 年 7 月 19 日，集团公司党组研究决定，聘任刘东徐为集团公司审计部副主任，免去其中国石油审计服务中心总审计师职务。

2004 年 7 月 26 日，审计部组织召开审计管理信息化建设专题研讨会，观摩了北京诚创易通科技发展有限公司、中审博大（北京）资讯有限公司和北京用友政务软件有限公司等 3 家公司的计算机辅助审计软件演示和讲解。

2004 年 8 月 3 日，集团公司审计部被中国内部审计协会评为2004年度中国内部审计杂志通联宣传工作先进单位。

2004年8月3日，审计部按照中央五部委经济责任审计工作联席会议办公室《关于做好全国经济责任审计工作会议准备工作的通知》要求，对2000年以来集团公司经济责任审计情况进行了总结，并以集团公司文件（中油审字［2004］401号）上报。

2004年9月21日，集团公司下发《中国石油天然气集团公司（未上市部分）2004—2007年审计信息化建设指导意见》，加快推进集团公司审计信息化建设的步伐。

2004年10月25日，审计部在杭州中油宾馆召开集团公司审计统计工作会议，安排部署审计统计工作。

股份公司主要审计活动：

2004年2月6日，股份公司召开了2004年审计工作电视会议，集团公司党组成员、股份公司总裁陈耕、股份公司副总裁王福成、财务总监王国樑、董事会秘书李怀奇等领导以及相关部门参加了会议，各地区公司的主要负责人以及全体审计人员也参加了会议。会议由财务总监王国樑主持。会议总结了过去一年股份公司内部审计工作开展情况，对今后的工作提出了要求。王福成副总裁作了重要讲话。

2004年4月2日，审计部以油审字［2004］136号文印发了《关于2004年股权投资项目审计工作要求的通知》，通报了2003年股权投资项目审计情况，对2004年的股权处置审计工作提出了要求。

2004年12月29日，《管道工程建设内部控制机制研究》项目向股份公司主管领导王福成副总裁以及规划计划部、法律事务部、监察部、财务资产部、科技信息部等单位进行了汇报。

2004年7月14日，股份公司以石油审字［2004］157号文下发了《关于公布2003年度股份公司优秀审计项目评选结果》。

2004年7月26—28日，审计部在股份公司吉林地区所在单位进行了处级干部内部控制审计学习、交流、培训。大庆、辽河、华北、长庆、新疆、大港油田分公司，抚顺、吉化、辽化、兰化、大庆石化分公司，炼油与销售、西气东输、四川销售、辽宁销售、宁夏销售分公司等16家单位作了交流，进一步总结和完善了“三种组织方式两个切入点”的实施模式，认识和操作技能得到了进一步提升，促进了内部控制审计的全面开展。

2004年10月11日，股份公司人事部以油人字［2004］454号文批准审计部增设内控制度审计处，审计部定员由13人增加到18人，并增设2个副总审计师岗位，分别由一处和二处处长兼任。

（樊玉英）

【重要审计项目及成果】

1. 经营成果考核和财务收支审计

2004年，集团公司及所属各单位组织开展经营成果考核和财务收支审计项目1306项，审计覆盖面达到99.81%，为考核兑现提供了依据。

为解决考核审计工作量大与考核兑现时间紧的矛盾，各单位结合自身特点采取了不同的审计方式。集团公司、华北石油管理局采取先按照财务决算预兑现，然后根据审计结果再调整的办法。四川石油管理局对于初步考核完成指标的单位，先预兑现75%，剩余的25%待全面审计后再兑现。前郭炼油厂对来不及在兑现前审计的单位，也预留20%兑现额，待审计后再调整。这样做，既硬化了考核审计任务，也增强了可操作性。

从审计的结果看，部分单位还存在一些违反财经纪律的问题，主要是一些单位收支不实，搞潜盈、潜亏；往来账核对清理不力；甚至有的单位擅自对外投资及搞计划外工程等。如抚顺石化2003年投资4000万元，收购沈阳醇醚化学厂未经集团公司批准；乌石化2003年出资500万元成立新疆博乐乌石化边贸有限公司，出资50万元成立新疆天山石油化工安全环保技术中心，均未经集团公司批准。另外，审计还发现有的单位存在个别领导违反中纪委和集团公司有关规定，在其他盈利性机构任职的行为。

对审计发现的问题，各单位都依据有关规定进行了处理处罚，在经济上采取了相应的措施，进一步规范了财务管理和会计核算，维护了财经法纪。大庆石油管理局、宁夏化工厂等单位对经营成果不实，没有完成经营任务的单位，取消了年终兑现和评比先进的资格。四川石油管理局根据审计结果，调整了6个单位兑现奖金额。长庆石油勘探局调减了6个单位2003年内部利润完成额及节约额，并建议调整18个单位2004年内部利润考核指标或费用补贴额指标。

2004年，各单位在全面开展经营成果考核和财务收支审计的基础上，开始注重内部控制制度评价和经营性现金流分析。如新疆石油管理局对某单位内部控制制度进行初步测试时，发现其银行未达账项未按规定及时清理，其中50万元银行已支出，而企业未作支出，经查证该款已被挪用。经审计人员努力，最终收回被挪用的资金，责任人也受到应有的处理。大庆、玉门、华北石油管理局等单位在审计中还注重了对经营性现金流的评价分析，取得了较好的效果。

2. 基建工程预、结（决）算审计

2004年，各单位重点加大了基建工程预、结（决）算审计的力度，严把基建工程和重点维修项目决算审计关，坚持“不经审计，不予付款”，为企业节约了资金，创造了实实在在的效益。全年应审计基建工程项目6562项，已审基建工程项目6488项，审计覆盖面98.87%，审计基建资金120.39亿元（含维修项目），审减支出4.07亿元。

审计部组织审计服务中心完成18个基建项目审计，审计资金23.08亿元，审出基建违纪违规资金1.72亿元，其中，审减支出7259万元，综合审减率3.15%。从审计情况看，这些基建项目基本能按照基本建设程序进行建设和核算，但也存在一些问题，主要是工程项目违规对外分包、项目超概算和成本核算不完整等。

大庆石油管理局采取过程控制和现场跟踪审计相结合的方式，严把基建工程和重点维修项目决算审计关。全年共完成基建审计项目24项，审计资金10.2亿元，审减工程投资3750万元，综合审减率3.68%。

辽河石油勘探局实行外包工程结算局、处两级审计制度，严把工程合同和标底审计关、现场签证关、工程结算审计关，全年审计基建资金14.2亿元，审减工程价款6126万元，综合审减率4.3%。

华北石油管理局严把设计变更、现场签证等关键环节，共审计各类单项工程1102项，经审计扣减工程价款2978万元，防止了工程建设资金的流失。

四川石油管理局克服基建专业审计人员紧缺的困难，共完成基建审计项目189项，审计资金1.84亿元，审减额1015万元，审减率达5.52%，为企业创造了较好的经济成果。

新疆石油管理局基建工程审计做到“勤、严、全”，审计人员深入现场，在内部控制上严格把关，做到了基建审计全覆盖，全年审计基建维修工程2655个，审计总金额7.73亿元，净审减1070万元。

吉化集团、长庆、大港、锦州石化、管道局、中油测井、国际公司、东方物探等单位，在基建审计中也都取得了很好的成果。

3. 专项审计和审计调查

2004年共开展专项审计调查230项，不仅查清了问题，而且为集团公司领导和有关部门科学决策提供了依据。

审计服务中心根据集团公司规划计划部的委托，开展了固定资产投资计划执行情况审计调查，共调查29个单位，涉及资金148亿元，发现计划外建设项目8项，投资5.89亿元，另外还发现一些招投标不合规、投资超计划及一些管理问题，为计划部门加强投资管理及时提供了真实信息。受科技发展部委托，审计中心还对67个科技项目进行了专项审计，涉及合同金额4.1亿元，审出违规违纪问题3706万元；东方物探开展了25项科研经费专项审计，涉及合同金额1.37亿元，审出违规违纪问题1529万元。从审计结果看，这些科技项目立项程序基本符合集团公司要求，项目内部控制基本健全，科研经费使用基本能按经费管理要求进行财务核算，但也发现一些项目存在超范围及标准列支费用、挤占科技经费、企业配套科研经费不到位等问题，为有关部门加强和改进科研项目管理提供了依据。

部分单位还围绕职工关注的热点问题和专项资金使用情况，有针对性地开展了审计调查。大庆石油管理局、青海石油管理局等单位以医疗保险基金为重点，对保险资金管理情况开展了审计调查，保证了统筹基金的安全管理和有效利用。辽河石油勘探局对关系全体职工切身利益的住房维修基金的管理和使用情况做了专项审计，促进企业加强对住房维修基金的管理和规范核算，维护了广大职工家属的利益。吉化集团公司对车辆费用支出与管理情况进行了专项审计调查，规范了用车行为。大港油田集团有限公司对所属39个单位的职工教育经费、职工福利费、科研费等专项资金进行了审计调查。抚顺石油化工公司对计划外用工管理及劳务费支出情况进行了审计，统一了公司劳务用工管理口径，规范了管理。中油国际工程公司根据经营管理的需要，开展了工资支出、招待费支出、领导干部奖金发放情况、职工住房补贴发放等方面的专项审计8项，提出了管理建议与整改措施，为公司管理层提供了信息和决策依据。新疆石油管理局还就安全技术措施资金开展了专项审计，及时纠正了有的单位安全专项资金管理不到位，安全技措资金被挪用，甚至虚报安全技措项目等问题，得到局安全生产委员会的充分肯定。四川石油管理局对某多种经营单位进行了注销前审计调查，追回现金30万元，挽回了经济损失。

另外，各级审计部门还根据领导的批示，积极开展信访专项调查，揭露了存在的严重违纪违规问题，追究了责任人的责任。如集团公司审计部根据领导的指示，组织调查组赴华北石油管理局对信访反映的靖咸管道工程问题进行调查，发现长庆油田分公司靖咸输油管道部通过设计变更、提高项目工程量等方式，多给华北石油管理局油建一公司靖咸项目部结算工程费用451万元，并以虚假名义和虚假合同从该局油建一公司靖咸项目部套取资金410万元，形成账外资金；同时该局油建一公司靖咸项目部也以同样的方式从分包单位套取资金138万元，形成账外资金。在对原长庆石油勘探局地球物理勘探处综合楼的专项审计调查中，发现该单位通过虚假业务、转移收入、挤占成本等手段，截留、套取资金2300多万元，设立“小金库”，同时该单位还存在虚列、挤占生产成本1900多万元及多结算工程款500多万元等问题。对于以上调查发现的问题，审计部已上报集团公司领导及有关部门处理。四川石油管理局对职工上访反映的物资总公司原职工学校校长的有关经济问题进行了调查，发现这个仅有29名职工的单位，就设有“小金库”110多万元，该校主要负责人参与弄虚作假。纪检监察部门根据审计部门的意见，对该校校长给予了党内严重警告处分和降级处分，对其他有关的人员也分别给予了党内警告处分。这一处理决定受到了该校职工的拥护，集体上访事件也得以平息。

4. 离任经济责任审计

2004年，各单位共开展领导干部离任审计437项，涉及局级干部14名，处级干部316名，基本做到了离任必审，审计覆盖面100%，其中审计部组织对13名领导干部进行了离任审计。

为做好这项工作，集团公司审计部积极开展经济责任审计软科学课题研究工作，组织人员对经济责任的审计程序、审计方法、评价标准进行专项研究，在审计内容方面提出“六个必审”，使经济责任审计规范化。大庆石油管理局积极探索和尝试“先审计、后离任”的做法，审计部门在党委调整干部前提前介入，先后对66名领导人员开展了离职、离任前的审计工作，审计资金98亿元，纠正违纪违规问题1.17亿元。同时，大庆石油管理局还推行了经济责任审计公开制度，2004年审计的处级行政正职干部全部实行了审计结果公开，提高了审计工作的透明度。新疆石油管理局进一步加大了届中审计力度，对任期届满继续连任及新任领导任期满一年的都必须进行经济责任审计。2004年新疆石油管理局共开展经济责任审计21项，其中7项是届中审计，及时纠正了领导人员任期届中发生的违纪违规问题900多万元。华北石油管理局还探索开展了工会主席离任经济责任审计。

离任审计不仅正确评价了干部的业绩，明确了经济责任，同时也揭示了违规违纪问题，为接任者划清了经济界限。如审计部组织审计服务中心在对塔里木石油勘探开发指挥部原指挥离任审计中，发现该单位存在严重的违规对外投资行为，主要是新投资8个项目，金额达1800多万元，只由离任者本人签字批准，未经塔指办公会讨论研究，也未报集团公司审批。四川石油管理局对输气公司原经理离任审计时，发现该公司存在5000多万元资金未纳入财务核算，而是另行设账进行管理，及以多种经营单位名义对外投资910万元、截留全民劳务收入私设“小金库”78万元等严重违纪违规问题，局领导十分重视，有关责任人受到了处分。

5. 经济合同审计

2004年，各单位积极建立健全经济合同审计机构及经济合同审计制度，不断扩大支出性经济合同审计覆盖面，全年应审支出性经济合同67720个，已审计63033个，审计覆盖面93%，审计合同标的金额214亿元，审减1.41亿元。

辽河石油勘探局严格执行“不经审计，不得签约”的规定，加强对经济合同的审计力度，实现了支出性经济合同审计覆盖面100%，全年共审减2500万元。物资装备总公司全年审计经济合同3070份，审计金额7.03亿元，审减额1314万元。四川石油管理局合同审计788项，送审标的金额7826万元，审减722万元，审减率9.2%。兰州炼化总厂审核技术、物采、施工、设计等各类合同635份，涉及金额1.74亿元，合同审减额259万元。冀东石油勘探开发公司共审计213个经济合同，审计标的金额8792万元，审减327万元。大庆石化总厂2004年4月正式开展合同审计，全年共审计合同2524份，审计合同金额7.1亿元，共审减合同价款106万元。

一些单位还把经济合同审计扩展到外付款审计。吉林石油集团有限公司审计外付款资金33亿元，审减591万元。长庆石油勘探局审计外付款资金6.28亿元，累计审减金额753万元。

一些单位积极为2005年实现经济合同审计覆盖面100%做准备。大庆石油管理局制定了《经济合同审计暂行管理办法》，管理局一级审计增加编制，设立合同审计机构。辽阳石油化纤公司调整了审计处内部机构设置，新设合同审计科，配备了3名专职合同审计人员。新疆石油管理局、大庆石化总厂、林源炼油厂、冀东石油勘探开发公司、辽阳石油化纤公司、独山子炼油厂、青海石油管理局、吉化集团公司等单位也都建立健全了经济合同审计制度，确立了“不经审计，不得签约”的原则。

6. 海外公司（项目）审计

2004年，各单位共开展海外项目审计52项，对促进海外公司进一步规范运作，保证资金、资产安全，发挥了积极作用。

审计部遵照集团公司领导关于海外项目每年必须审计的指示，对13个海外公司（项目）进行了审计。审计的重点一是资金安全性，即重点审查资金内控制度，不能有“体外循环”，保证资金的绝对安全；二是效益性，就是核实投资回报，维护我方权益。海外项目的运作和管理总体上是比较规范的，效益也是比较好的，但个别项目在规避经营风险上还需要进一步加强和完善。如苏丹炼厂投产多年仍未办理转资手续；化工公司投产两年多了，还未办理苏丹政府对投资的确认手续；化工公司的编织袋生产线计划投资300万美元，实际达到833万美元，超投资533万美元。此外，其他单位也都十分重视所属海外项目的审计。国际工程公司对苏丹、哈萨克斯坦和伊朗地区的12个海外项目进行了审计，从内控制度的建立与执行、业务流程设计、人员素质等方面提出了管理建议和改进措施，审计覆盖面达100%。新疆石油管理局在对哈萨克斯斯坦项目进行审计时，发现该项目现场剩余材料达723万美元，其中价值23万美元的材料已经过期，还有价值约157万美元材料也即将过期，如果不及时使用或处置，将给企业造成经济损失。被审计单位根据审计意见及时采取了措施，避免了损失的扩大。大庆、吐哈、东方物探、华北等单位也都积极进行了海外项目的审计。

（武 君 左建东）

股份公司重要审计项目及成果。

1. 全面推进内部控制审计

2004年，股份公司两级审计组织共实施内部控制专项审计159个，比2003年增长70%。

股份公司审计部组织的对长庆油田、冀东油田、大庆石化、乌鲁木齐石化等4个单位专项固定资产控制与管理情况的审计调查，通过确定16个控制环节、151个控制点、10张调查表、16张测试表以及恰当的抽样比例提高了审计质量。经对审计资料的分析，发现在对这些单位的固定资产购建、退出、在用资产管理、实物资产管理等控制环节抽样率大于60%的情况下，固定资产管理制度总体遵循率为81.3%。针对存在的偏差，审计分析认为在四个方面存在风险：一是普遍存在组织机构与有些管理程序不健全、衔接不顺畅；二是固定资产的价值与实物管理信息系统还未建立起来；三是股份公司有关固定资产的管理制度规定较少，在资产管理的有些方面还没有明确的规定，没有实施细则，需要用文件的形式进行细划与规范，以便指导地区公司的工作；四是从资产的购建、转资到退出，以及实物管理、会计核算等各环节中存在有制度规定但执行不到位、运行不规范、责任不落实等问题。针对这些问题，向有关部门提出了审计建议。

2004年组织的股权管理审计，审计部对三个股权投资项目的控制风险进行了审计，以公司治理、资金管理、主要经营业务管理等为重点，选取一定的样本量从制度和关键程序的健全、执行等进行了测试。通过审计发现：部分地区公司对股权管理工作重视不够、股权投资单位的内部控制存在一定的缺陷、股权投资单位的资金管理存在盲点、销售公司在收购加油站的决策和投资程序中存在薄弱环节等问题。

2004年是股份公司内部控制体系建设的关键年，两级审计机构积极参与股份公司内部控制体系建设工作，熟悉股份公司内控体系建设情况。审计部派人参加股份公司内部审计业务流程研究工作，绘制出了审计部业务流程图；对于项目组提出的控制环境中内部审计需要跟进的建议书，组织整改后按月提交了改进情况报告，保证了两个部门间工作的正常衔接；对于普华永道会计师事务所在内部控制体系建设中提出的股份公司内部审计的定位、独立性以及开展内部控制审计等方面的问题，向管理层提交了“关于落实普华永道会计师事务所提出的管理层建议书中有关情况的报告”，并就存在的问题提出了建议，蒋洁敏总裁和王福成副总裁给予了认可；为保证内部控制测试任务的顺利开展，组织部分审计人员进行了培训，在内部控制测试中发挥了主力军作用。

2. 基本建设工程审计

2004年，两级审计组织共完成基本建设审计项目918个，占完成审计项目总数的45%，审计工程建设资金536.49亿元，审减资金4.66亿元。其中，审计部完成了19个项目，涉及资金214.53万元，审减额达2530万元，审减率为0.15%。同时，针对有的“项目管理不规范、监理工作有漏洞、设计质量不高”等问题提出审计建议61条均被采纳。在工程建设审计工作中，下大力气改变片面注重审减额、忽视过程监督的做法，着重抓好投资管理的过程监督，从合同、监理审起，努力从源头上控制工程量不实和粗估冒算行为。广大审计人员就工程施工、质量、结算等管理方面存在的不足及时与有关部门沟通，力争将隐患解决在萌芽状态，避免资金流失和不规范行为的继续和蔓延。

3. 经济责任审计

2004年，两级审计组织共完成经济责任审计242项，其中股份公司审计部完成了15个地区公司原任总经理离任经济责任审计。从审计情况看大部分总经理在任职期间能够认真履行职责，100%完成了股份公司下达的各项业绩目标，保证了国有资产的安全完整，资产负债损益情况清楚，没有发现应追究责任的问题。但是个别单位还是存在一些问题，如宁夏大元炼油化工有限责任公司、庆阳炼油化工有限责任公司两个股份公司托管单位问题较多，存在管理体制不顺，经营情况严峻，欠税、潜亏问题多，管理风险大等问题。这两个企业是在2001年由地方划转过来的，资产划归集团公司，由股份公司托管。通过审查认为，这几年实际上集团公司和股份公司都未真正管理，企业除了存在一些划转前的问题，划转后又出现了一些新的问题。这两个企业也有一些怨气，有些问题不知道找谁去解决，两边的制度规定传递也不及时，有些还看不到。所以，审计提出了应尽快明确其隶属关系，以便加强管理等建议，并得到了解决。

2004年，股份公司审计部对股份公司独立运作以来总部开展经济责任审计情况进行了汇总分析，提交了综合情况报告。蒋洁敏总裁和王福成副总裁对我部开展经济责任审计给予了肯定，人事部也就报告中提出的建议进行了研究，提出了与审计部就经济责任审计的开展建立联系制度等意见，使审计成果能够得到重视与利用，为充分发挥经济责任审计的效应起了积极的作用。

4. 西气东输跟踪审计

2004年，派驻西气东输的审计人员，结合工程建设实际，适时地将审计工作重点由财务收支、经济合同审计转向非招标工程费用结算和内部控制审计，主要开展了管道工程东段工程量变更费用结算审计和管道工程场（站）、阀室及水工保护项目费用结算审计等审计项目。其中，东段工程量变更及索赔事项费用结算报审金额76613万元，审计核减金额1842万元；管道工程场（站）、阀室及水工保护项目费用结算报审金额30699万元，审计核减金额441万元。2004年12月30日，西气东输管道工程正式投入商业运行。经过几年来对西气东输管道建设工程的跟踪审计，为股份公司特大型工程建设项目的跟踪审计奠定了基础，初步建立了一套特大型建设工程项目跟踪审计模式。

5. 对外合作项目审计

2004年，审计部对8个风险勘探项目联合账簿进行了审计。通过审计，查出外方作业者在联合账簿中不应列支的费用14223万元，同时还发现有的石油合同执行不严肃，许多项目未按规定进行联合账簿核算等管理中的问题。对合作规模较大的吉林油田的合作项目，从相关的管理制度、合作项目决策、监控、合同履行、项目的生产经营、经济效益，以及联合账簿的管理等方面进行了重点解剖。通过审计，发现部分项目存在一定的控制缺陷，风险较大，审计部及时提出了意见和建议，促进了被审单位的规范化管理。同时，2004年审计部首次组织了对股份公司海外业务——印尼DEVON油田的审计。

6. 财务收支、预算执行、成本费用、经营效益等审计

2004年，两级审计组织共完成财务收支、预算执行、成本费用、经营效益等审计项目318个。项目实施中，广大审计人员努力在做深、做细上下功夫，为股份公司的规范化管理做了大量的工作。通过这些项目的开展，对规范管理、规避风险发挥了积极的作用。经对2004年底审计资料的分析，股份公司成本核算制度的遵循率达到90%以上，其他方面的管理也有了进一步的提高。

7. 合同审计

2004年，两级审计组织开展了合同审计，审计合同价款188.7亿元，审减额达1.75亿元，审减率为0.63%。广大审计人员从合同立项、条款、标的额，以及合同管理程序、合同履行等方面进行审查，通过参与重要合同的谈判，在规范合同管理、监督资金支出、维护股份公司利益上发挥了积极的作用。

8. 坏账核销审查

2004年，两级审计组织积极开展了坏账核销的审查工作。股份公司审计部共对183笔坏账进行了审查，通过深入现场检查取证，严格把关，防止了国有资产的流失。

9. 股权清理处置审计

2004年，股份公司为提高股权质量，改进股权管理，进行了股权清理处置工作。由于股权的处置直接关系到资产流失与否问题，两级审计组织及时把股权处置列为重点，积极参与、严格把关。审计部在各地区公司普查的基础上，对6个地区公司33个拟处置的股权项目进行了抽审。通过抽审发现部分地区公司存在“在股权清理处置中调查核实不深入、处置依据不充分，有的将借款列为应处置股权项目，有的将

过去虚列投资的项目也申请处置，有的存在隐瞒与拟处置股权项目相关的资产”等不认真执行规定的情况，及时向管理层提交了专题报告，蒋洁敏总裁作了“要积极稳妥，成熟一个处置一个”的重要批示，随后又发了情况通报，保证了此项工作的顺利、稳妥进行。

（樊玉英）

【审计业务培训】 2004年集团公司共举办各类审计培训班33期，培训审计人员988人次。集团公司审计部针对不同层次审计人员的实际情况，先后举办审计培训班3期，其中1期审计处长岗位培训班，培训了30多名审计处长。在南京举办了两期主审培训班，对130多名科级以上的审计骨干进行了强化集中业务培训。同时，各单位还鼓励审计人员在职学习，不断提高业务本领。截至2004年底，整个审计队伍中，具有大学以上学历的人员占总数的39%，中、高级专业技术人员占总数67%，同时还有142人通过了注册会计师、国际注册内部审计师和注册造价师等资格考试，审计队伍的知识结构和专业结构有了明显改善。

（武　君　左建东）

2004年，股份公司两级审计组织共举办各类培训班23个，503人次接受了培训，占总人数的58%。其中股份公司总部举办的内部控制审计、对外合作审计和基建工程项目审计三个培训班，有204名学员参加了学习。另外，广大审计人员通过自学及参加各类培训，促进了审计人员的知识更新。截至2004年末，股份公司内审队伍中具有大学本科及本科以上学历的人员达到410人；具有高级职称的91人，中级职称的451人；一级预算人员63人，二级预算人员49人，三级预算人员46人；造价工程师51人。截至2004年底，股份公司通过国际注册内部审计师全部课程考试的人员已占内部审计人员总数的10%以上。

（樊玉英）

【审计协会工作】 2004年3月18日，中国内部审计协会石油分会下发《三年来学会工作通报及今年工作重点》，对3年来的学会工作进行了认真总结，明确了2004年学会工作的重点，确定了审计研究的方向，对加强内审应用理论研究及论文写作等提出了具体的要求。

2004年上半年，中国内部审计协会石油分会督促各单位分片召开了华北、西北、东北、西南四个片组的审计学术研讨会，以促进各单位学术研讨和经验交流。

2004年7月20日，中国内部审计协会石油分会根据工作需要和人员变动情况，对中国内部审计协会石油分会第四届理事会成员进行了调整。

2004年8月3日，中国内部审计协会石油分会在贵阳召开2004年优秀论文评审会，审查评选出2004年度石油审计优秀论文54篇，其中：一等奖10篇；二等奖18篇；三等奖26篇。同时选拔出参加中国内部审计协会石油石化协作组审计专业研讨会的论文。

2004年8月11日，中国内部审计协会石油石化协作组在大连召开石油、石化、海洋三个单位的优秀论文评审会。经评选，中国内部审计协会石油分会推荐的论文有3篇获得一等奖、3篇获得二等奖、3篇获得三等奖。

2004年，中国内部审计协会石油分会编辑出版《中国石油审计》4期，刊登稿件和获奖论文100多篇，约35万字，在宣传石油内部审计，开展石油内审理论研究和交流实务经验等方面发挥了重要作用。

【优秀审计项目】 2004年，在各企事业单位评选推荐的基础上，集团公司审计部按照集团公司优秀审计项目评选办法，在武夷山市召开优秀审计项目评审会，对2003年度优秀审计项目进行评审，评选出集团公司2003年度优秀审计项目67个，其中：一等奖14个、二等奖22个、三等奖26个、优秀奖5个。

（武　君　左建东）

2004年，股份公司在各地区公司推荐申报2003年度优秀审计项目的基础上，股份公司审计部按照股份公司优秀审计项目评选办法组织人员进行评审，评选出2003年度优秀审计项目60个，其中，一等奖6个、二等奖10个、三等奖14个，并对30个审计项目给予了表扬。

（樊玉英）

法律顾问工作与管理

【概述】 2004年，集团公司法律事务室全面贯彻落实集团公司工作会议精神，以为集团公司改革发展稳定提供良好的法律服务为宗旨，积极参与重大生产经营管理活动，参与国家立法活动，着力推进企业总法律顾问制度建设，认真做好合同管理、法律纠纷案件处理、工商事务、普法宣传等法律事务工作，较好地防范了企业经营中的法律风险，维护了企业合法权益，集团公司的法制化管理水平有了进一步提升。按照集团公司领导的要求，法律事务室广泛参与了专业化重组、主辅分离、辅业改制、清理法人实体等专项工作，提供法律意见书80多份；安排专人全程参加分离企业办社会工作，全面参与集团公司同18个省区市签订移交协议的谈判、起草与审查，确保该项工作依法规范进行；积极参与集团公司统一标识工作，提供相关法律论证，并负责办理统一标识的商标注册国内及国外申请等法律事务。未上市企业法律部门参与企业重大生产经营活动和重大项目论证广度和深度也都有较大提高。据不完全统计，共参与重大生产经营活动和项目论证1000余件，较好地减少了经营损失，避免了法律风险。

2004年，股份公司法律事务部积极贯彻集团公司工作会议精神，按照年初法律工作会议的部署，在探索和实践中持续拓宽业务领域，创新工作机制，各项工作获得快速发展。通过股份公司上下共同努力，法律风险防范与控制体系建设由浅入深，取得阶段性成果；股份公司规章制度管理初步纳入规范化轨道；以信息化、标准化为特征的合同管理创新有了质的提高；法律授权不断优化，重大项目全过程法律服务基本形成机制的保障；依法处理纠纷案件、维护公司权益的能力有所增强；通过立法改善股份公司外部环境的努力见到实效；总法律顾问制度在地区公司开始推行，机构、队伍建设日益加强，法律工作体制趋于完善。总体上看，股份公司法律工作开始从制度、体制、机制的更高层面对规范公司管理，防范、控制与化解法律风险，维护交易安全和合法权益，发挥更大的作用。

【法律风险防范与控制】 股份公司法律事务部进一步深化法律风险源的研究，组织建立法律风险防范与控制体系，抓源头治理，在四个方面取得了重大进展。一是对法律风险的概念、特征、成因及分布规律作了深入研究，形成了一些较为理性的认识。主要是：法律风险是招致法律责任进而产生实际损害的现实可能性；法律风险成因复杂，但企业自身行为失范产生的风险占绝对比例；法律风险基于法律责任，因而更具颠覆性；法律风险不可避免但可防可控；法律风险防控是系统工程，必须从体制机制入手，建立全员参与的防控体系。这些基本认识，突破了就事论事的局限，对建立防控体系有一定指导意义。二是对股份公司总部及地区公司法律风险的分布特点和规律，作了全面分析和系统概括。即股份公司适用法律的广泛性决定了法律风险分布广；法律风险在上下游业务分布各有侧重，且不均衡；多专业、多层次的管理格局决定了法律风险防范与控制的难度大；石油行业的特点决定了某些风险隐患造成的实际损害，对股份公司的颠覆性很强；风险意识和现行管理水平决定了股份公司主观因素导致风险变为现实损害的几率高；股份公司一级法人体制决定了规避风险责任的回旋余地小。股份公司防范和控制法律风险的任务繁重。三是组织地区公司细化各经营管理领域法律风险具体分布。在地区公司工作的基础上，确定了重大决策、资本市场、对外投资、交易管理、财税管理、劳动用工、安全生产、产品质量、资源环境管理、知识产权、内部行政和外部关系等13个风险领域、若干个风险点和风险要素，基本概括了以往企业经营管理实践中容易发生风险的各类法律问题，并按照识别、分析、评价、防范的逻辑体系，对每个风险点作出通俗易懂的描述，目的在于让所有经营管理人员都掌握，并从机制上保证实施。四是地区公司已开始实施或准备实施。华东销售分公司领导班子集体研究审定了体系方案，已开始在全公司组织实施。吉林油田、华北油田、长庆油田、大庆石化、抚顺石化、吉林石化、华北销售、新疆销售、重庆销售等地区公司也在加强组织协调，积极为实施创造条件。

法律风险防范与控制体系的建立，对促进股份公司法律工作与经营管理的高度融合，实现由被动处理向积极预防转变，具有机制创新的积极意义，得到了国务院国有资产监督管理委员会的高度重视。

【重大项目法律服务】 重大项目是股份公司商业投资或重大改革举措的集中体现，直接影响公司资金安全、经营业绩和市场形象。2004年，股份公司各级法律部门进一步加强重大项目法律把关，推进项目全过程法律支持与服务，项目运作比以往更加注重法律与业务的结合，法律部门介入项目前期论证、筹划和项目谈判，整体上由法律文件审查提升到项目法律管理的层面，并有了相应的机制保障，股份公司项目运作方式得到进一步优化。

法律事务部直接参与了股份公司工程建设、合资合作、业务整合、资本市场、改革管理、资产收购、技术设备引进等各类重大项目30多项，其中包括中俄原油管道合作、西气东输配套项目、中哈原油管道、液化天然气（LNG）、国内区块对外合作、煤层气合作开发、中油BP合资公司、中航油重组等事关公司长远发展且关系复杂项目。对每一重大项目，法律事务部都投入重要骨干力量，为项目提供全方位、全过程、强有力的法律支持，并注重从法律角度研究项目运作中存在的管理问题，会同业务部门探索解决办法。特别是对化工技术引进中出现的业主参与程度低，文本不统一，权利义务失衡，合同条件、产权保护条款及现行分散的引进体制对公司消化吸收新技术构成很大限制等问题，法律事务部均会同化工与销售分公司研究应对办法，组织制定标准合同文本，协调地区公司与代理商改进代理方式；同时积极探索从知识产权保护与有利于引进方开发自有技术的结合上，寻求法律空间和改进引进体制机制的可行性问题。各地区公司法律部门广泛参与股权式企业清理规范、内控体系和QHSE体系建设、油气田勘探开发项目、土地征用与相邻关系处理、基建技术改造项目、技术设备引进等重大项目，提供全面的法律支持，对股份公司防范与控制法律风险、提高规范运作水平，起到了重要作用。

（股份公司法律事务部）

【合同管理】 集团公司进一步强化对合同的管理，从源头上预防法律纠纷。据不完全统计，全年共完成各类合同的法律审查18.6万份，涉及标的额1966.7亿元。通过规范的合同管理，提升了企业的市场信誉和社会形象。大庆、辽河、大港等14家企业被国家工商总局授予“守合同重信用”单位。此外，被省（市、区）工商局授予“守合同重信用”的单位有60家，被省辖市（地）工商局授予“守合同重信用”的单位有44家。

（石碧波）

股份公司为改进合同管理方式，提高管理水平，防范交易风险，法律事务部进一步加强合同信息化和标准化建设，突出抓了信息系统建设和标准文本编制工作。2004年，开发完成股份公司统一的合同管理动态系统，实现了合同立项选商、审查审批、签约授权、履行监控以及信息管理工作的网上运转。系统运行在9家试点单位产生积极反响，共有5969份合同进入系统运行，效果良好，得到各级领导和业务人员的高度认同。2004年，编制并发布了19个合同标准文本，股份公司统一推广使用的标准文本达到了41个。合同信息系统和标准化文本的全面实施，将推动合同管理进入一个新的阶段，对于整合管理资源，降低成本，提高效率，有着积极的意义。特别是合同信息系统，作为规范运作的“阳光工程”，也为反腐倡廉提供了机制保障。

各地区公司在实践中不断总结合同管理的经验教训，积极探索深化合同管理的措施，并在一些主要方面有了新的提高。化工销售华东公司、吉林公司、兰州公司等新建单位，强调合同对销售活动的全覆盖，注重发挥合同的保障和促进作用，建立起较好的工作基础；大庆、辽河、吉林、大港、华北、长庆、西南、玉门、冀东等油气田地区公司，大庆、抚顺、大连、大庆炼化、华北等石化地区公司和华东、华北、辽宁、四川等销售地区公司，在深化合同集约管理上取得很大进步；华北油田、吉林石化、东北销售等地区公司将合同管理纳入考核，与奖惩挂钩；辽阳石化、兰州石化等地区公司实行合同集中管理后，又积极推进市场准入和招投标统一管理等。这些好的做法，推动了股份公司合同管理更加科学、精细、严格和高效，使合同管理在股份公司管理中的地位和作用越来越突出。根据2004年合同检查情况，全年合同三项审查率达到96%，履约率超过98%，当年新签合同纠纷发生率为零，地区公司中被评为“守合同重信用”的单位由38家增加到42家，其中国家级的有20家，省级的有14家，市级的有8家，极大地提升了股份公司市场形象。

（股份公司法律事务部）

【纠纷案件管理】 集团公司加大对重大法律纠纷案件管理力度。全年共协调处理了集团公司领导交办的重大纠纷案件10多件，其中多数案件的处理取得了较好的效果。大庆、辽河、长庆、华北、大港等企业的法律部门转变工作思路，主动维权，积极应诉，较好地处理了一批发案时间长，涉及金额大，情况复杂的重大法律纠纷案件，维护了企业的合法权益。据不完全统计，全年各级法律部门共处理法律纠纷案件483起，涉案金额21亿元，通过有效开展工作，避免和挽回经济损失达4.46亿元。

【工商事务管理】 随着重组改制的不断深化、多种组织类型企业的设立、变更、注销等新情况的出现，致使工商事务涉及的法律问题更加复杂，工作量和工作难度进一步加大。针对出现的新情况、新问题，改变工商事务管理，由形式审查管理方式向实质审查管理方式转变，大大降低了工商事务中的法律风险。据不完全统计，全年各级法律部门共审查和办理企业设立、变更、注销以及年检等工商登记事务1437件，有效地促进了重组改制的规范化运行。

（石碧波）

股份公司各级法律部门进一步加强纠纷案件和商标侵权处理，提高了依法维权的能力，案件胜诉率较高。地区公司在纠纷案件处理中发挥了重要作用，为股份公司避免和挽回了巨大的经济损失。法律事务部加强组织协调，与地区公司逐一分析重大案件，共同研究应对方案，利用一切可利用资源推进案件处理进程，最大限度地维护股份公司合法权益。通过上下共同努力，有些积存多年的案件得到较好的处理。

2004年，针对股份公司服务商标被不法竞争者仿冒、盗用日益严重的情况，法律事务部抓住国家开展保护注册商标专用权专项行动的时机，及时安排部署各销售地区公司开展了为期5个月的服务商标维权专项整治工作。各地区公司成立了由本公司领导负责的维权专项整治领导小组，对本区域内商标侵权情况进行了深入细致的调查摸底工作。股份公司推广了四川销售、甘肃销售的经验和做法，各地区公司结合当地情况制定有针对性的维权措施和实施方案，主动配合工商部门进行行政执法，对侵犯股份公司服务商标专用权的行为给予有力打击。截至2004年底，共有1100余家侵权单位受到了查处和制裁，634家特许经营单位被清理出特许经营之列，543家单位补办了服务商标使用许可手续，规范了使用行为。这项工作取得了明显成效，对净化市场环境具有重要意义。

【规章制度管理】 规章制度是股份公司管理体制和机制的载体，是公司长远发展和规范运作的基础和保障，制度的先进性是管理科学的重要标志。2004年，股份公司进一步加强规章制度管理，积极推进规章制度体系建设。股份公司总部建立了常务会议审议规章制度的机制，明确了规章制度的制订程序和要求。2004年下半年，法律事务部配合各业务部门受理了28项规章的起草、征询和审核，经常务会议审议通过了13项规章，规章制度质量明显提高，制度意识普遍增强。同时，围绕建立规章制度体系框架的目标，组织股份公司总部各部门对470多项现有规章进行系统清理和评价，编制《规章制度项目三年规划》，研究起草《公司规章制度管理办法（草案）》和《公司规章制度建设纲要（草案）》，推进制度管理向规范化方向进展。

地区公司规章制度管理工作也在进一步加强。塔里木油田分公司开展了“规范管理年”活动，在对全公司292个规章文件进行梳理的基础上，结合理顺各管理机构的职能，废止、新增、修订了一批规章制度，并形成了油田公司新的制度体系建设方案。华北油田、吉林油田、西南油气田、玉门油田、辽阳石化、兰州石化、华北销售、宁夏销售等地区公司也对本单位制度性文件进行了全面清理分析，研究立废整合、规范管理的方案，着手改进规章制度管理体制和机制。

（股份公司法律事务部）

【参与国家立法活动】 2004年，集团公司法律事务室广泛参与国家有关立法活动，全年接收全国人大常委会法工委和国务院法制办等单位关于《破产法》、《可再生能源法》、《固体废物污染环境防治法》、《建筑法》、《普查法》、《电子签名法》、《传染病防治法》等7部法律征求意见稿，共提出修改意见68条；接收国务院法制办、国务院国资委等单位关于《中央企业重大法律纠纷案件管理办法》等8件法规和规章征求意见稿，共提出修改意见51条，从已公布的法律法规来看，部分意见被立法机关所采纳，取得了良好的效果。

（石碧波）

股份公司加强立法建议工作，努力推进建立油气田、管道保护的长效机制，在争取外部环境上见到了实效。2004年，在国家开展油气田、管道生产治安秩序专项整治活动中，法律事务部根据股份公司统一安排，会同总裁办公室和专业公司深入调研，向最高人民法院、最高人民检察院、公安部及相关部委积极反映立法要求和执法建议，并参与起草了《油气管道设施保护司法解释》，将于2005年上半年提交最高人民法院审判委员会审议。这个司法解释的颁布实施，对依法严厉打击危害油气田、管道治安秩序的违法犯罪行为，规范油气开发和流通秩序，实现企业治安环境的根本好转，将产生积极的影响。同时，为适应油气发展和管道建设的需要，法律事务部与相关部门收集整理、研究分析各方面基础材料，积极推动《管道保护法》立法工作，在国务院法制办公室的大力支持下，该法已列入2005年国务院立法计划，并委托股份公司论证起草。2004年法律事务部还积极就《破产法》、《公司法》等十几项法律法规的立法和修正草案，向国家立法机关反映股份公司意见，得到了有关部门的认同。

各地区公司积极参与地方相关法规政策的制定修订工作。大庆油田就《黑龙江省石油天然气勘探开发环境保护管理条例》规定过于严格、无法执行的情况，提出合理意见并得到了采纳。大港油田向政法部门反映对涉油案件法律适用的意见，为油区环境的依法治理提供了法律支持。西南油气田向省人大常委会反映油气田设施保护的立法建议列入了省人民代表大会的工作日程。这些都有力地推动了法律环境的改善，从根本上维护了国家和公司权益。

（股份公司法律事务部）

【总法律顾问制度建设】　为贯彻落实国务院国资委《关于在国有重点企业加快推进企业总法律顾问制度建设的通知》、《国有企业法律顾问管理办法》等文件精神，提升法律工作层次，加大推进企业法制建设工作力度，集团公司党组决定，率先在集团公司实行总法律顾问制度，并决定由集团公司副总经理郑虎同志兼任集团公司总法律顾问。2004年11月，集团公司下发了《关于贯彻落实〈国有企业法律顾问管理办法〉全面推进企业法制建设的通知》，对在所属大型企业实施总法律顾问制度等法制建设工作做了部署和安排。总体目标是：力争2—3年内在所属二级及以上企业实行总法律顾问制度，并设置专门的法律部门。专职总法律顾问按企业总经理（总裁）助理或副总经济师等岗位进行管理。暂时没有合适人选的企业，总法律顾问先由企业负责人兼任。同时要求，凡实行总法律顾问制度的企业，设置专门的法律部门，暂时未实行总法律顾问制度的企业可以先行设置专门的法律部门。

【法律工作制度建设】　为了进一步加强合同管理和法律纠纷案件等法律事务管理，规范经营行为，防范和化解经营风险，集团公司法律事务室加大了法律事务工作制度的建设力度。在广泛调研和征求所属企业和机关有关部门意见的基础上，组织起草了《合同管理办法》和《法律纠纷案件管理办法》。为规范企业法人营业执照的管理和使用，防止利用集团公司企业法人营业执照进行违法活动，制定了《企业法人营业执照管理办法》。此外，还对集团公司名称的规范使用及保护问题做了研究，草拟了相关管理办法。

（石碧波）

【“普法”和企业依法治理】　根据全国普法办和国务院国资委关于法制宣传教育工作的整体部署，结合集团公司实际情况，法律事务室组织制定下发集团公司2004年普法和依法治企工作要点，深入开展了法制宣传教育和依法治企工作。一是大力宣传宪法修正案。大庆、辽河、管道等单位邀请有关专家对宪法修正案做详细的专题讲解，增强广大干部职工的宪法意识，树立宪法至上的观念；二是着重落实领导干部与经营管理人员学法用法制度。集团公司和股份公司领导成员及两大机关局级干部参加了集团公司举办的《行政许可法》专题讲座，大庆、管道、华北等单位安排企业中层以上领导干部与经营管理人员学法时间都在30小时以上，其中华北石油管理局还组织对全局所有处级以上干部进行法律知识考试，考试合格率达98%；三是紧密结合岗位工作需要，开展法制宣传教育。长庆、四川、新疆等单位根据企业内部不同部门职工具体岗位工作的不同，加强相关专业法律知识的培训和考核，如安排企业财务人员学习会计法、生产人员学习安全生产法、科技管理人员学习知识产权法等；四是坚持法制宣传和法治实践相结合，全面推进依法治企。在大力开展法制宣传教育的同时，重点抓好依法治企工作，逐步把企业各项工作纳入法制化轨道。

（石碧波）

2004年，股份公司上下继续全面贯彻股份公司《“四五”普法规划》和《依法治理指导意见》，着重强化法律培训和依法治理体制机制完善，成效显著。法律事务部针对股份公司法律人员素质情况，研究制定了2004年法律培训计划，落实了地区公司培训任务。4月份，法律事务部组织举办了70多人参加的地区公司法律处长培训班，采用专家学者授课与法律工作研讨相结合的方式，培训质量较好。11月份，法律事务部组织举办了130多人参加的地区公司法律工作骨干培训班，提高了基层法律工作人员的专业素质和工作技能。各地区公司采取举办法律培训班、法律知识竞赛、法律知识考试、编制普法宣传手册、以案说法等方式，广泛开展普法宣传教育活动，普遍产生了积极效果。

股份公司法律事务部以地区公司总法律顾问制度建设为重点，从体制机制层面进一步推动企业依法治理工作。按照国务院国有资产监督管理委员会《国有企业法律顾问管理办法》和《关于在国有重点企业加快推进总法律顾问制度建设的通知》要求，法律事务部会同人事部研究制订了地区公司总法律顾问制度建设方案，下发了《关于加快推进地区公司总法律顾问制度建设的通知》。方案确定的地区公司总法律顾问制度建设总体目标是：通过选择部分具备条件的地区公司进行试点，在1—2年内逐步完善地区公司总法律顾问制度体系，建立起股份公司总部和地区公司两级总法律顾问体制，全面提高股份公司法律工作水平和法律顾问队伍素质，形成与股份公司一级法人体制相适应的法律工作管理体制、工作体系和法律风险防范机制，加快实现法律工作与国际大公司接轨。方案还确定了地区公司建立总法律顾问制度的原则、条件、范围、实施步骤和时间安排，以及地区公司总法律顾问的地位和职责，将对股份公司依法治理体制机制的进一步健全和完善产生重要作用。

（股份公司法律事务部）

其　他

【机关行政事务】　集团公司机关行政事务中心（简称中心）是“为了精干综合管理部门，同时加强行政事务服务”而于2002年底成立的集团公司机关附属机构，下设办公室、行政处、文印处、通信处、人防办及机关车队。其管理模式是“业务工作由办公厅归口管理，独立运作；人事劳资关系和党、团、工会组织关系分别由人事劳资部和直属党委直接管理。主要职责是根据办公厅的要求，编制总部机关低值易耗品及相关行政费用计划，编制服务于机关办公的专用设备、设施投资计划并组织实施；管理好各类行政事务设备、设施及器具为总部机关提供优质的交通保障、通信保障、文件印制保障及办公用具配置等服务；负责办公区域的空间、视觉、听觉、微气候环境管制；根据国家有关政策法令及集团公司有关规定，做好集团公司所属在京单位人防工程、计划生育、交通安全管理及相应的社会公益事业组织。主要工作如下：

（1）狠抓队伍的思想、作风、能力建设，着力培养一支规范高效的行政事务队伍。2004年中心在队伍建设上重点抓了三个方面的工作：一是抓思想建设，培养三种精神。即热爱本职的敬业精神；积极向上的奋斗精神；勤奋工作的奉献精神。二是抓作风建设，围绕六个方面找差距。以陈总提出的“五项作风”和“员工十字准则”为标准，结合工作实际，着重从岗位职责清不清，服务意识浓不浓，业务素质强不强，服务行为文明不文明，服务效率高不高，服务效果好不好六个方面持续地查找差距与不足，并适时加以整改。三是抓能力建设，着力培养干部带队伍能力和注重提高职工的业务技能。

（2）完善规章制度，强化制度执行刚性，不断改进管理的方式方法。2004年中心紧紧围绕为总部机关提供“安全、优质、高效”服务目标，持续加强制度化、规范化、标准化建设，不断改进管理的方式方法。中心根据各处室业务性质，突出工作重点，细化考核指标，与各处签订综合管理目标责任书，并通过目标责任的层层分解，来强化系统责任链的传导功能，防止目标责任的悬空，有效地提高了各项重点服务工作的服务质量和效率；通过认真执行年度预算管理制度，实行经常性支出预算和资本性支出预算分立，以加强对经常性支出的考核、控制和监督，将行政经费自支项和为机关服务代垫代支项分立，以加强对自支项控制，从而切实做好机关行政开支的管理工作，有效地压缩了不必要的经费开支；坚决贯彻服务品采购管理制度，依据不同采购对象、采购规模及采购时间要求，采取了不同的采购模式，并规定了不同管理能级的采购核决权限。对购买劳务性采购项目，如机关大楼的保洁服务、鲜花租摆服务，采用竞争性谈判的采购模式；对资产设备购置项目，如机动车辆购置项目，选择了竞价招投标的采购模式，这些措施有力规范了机关大宗服务设备、设施和劳务的采购与供、用行为。

（3）改进服务方式、强化服务功能，拓展服务范围。中心2004年坚持以服务为宗旨，精简服务召唤、受理、执行等程序，加快服务响应速度，提高服务时效性，并坚持分层级地，采用多种形式，针对28个具体服务项定期进行质量回访，来分析服务效果，查寻工作差距，改进服务方式。同时坚持换位思考，分析服务需求，针对需求来配套改善服务设备和设施，来不断增强服务功能，拓展服务范围。2004年，中心购置了机动车辆，提高机关车队设备完好率和新度系数，强化交通安全保障的同时，还扩大了机关公务用车服务范围；经与某通信公司反复商洽，免费更新已经连续运行17年的、技术落后的电话程控交换机，加之完成一系列的配套设施改造，为机关办公的通信安全和多样化的通信服务提供了充分的技术保障；此外，中心还更新部分文印设备、人防除湿设备、饮用水设备等等。这些工作的完成，为增强服务功能，提高服务层次，延伸服务内容，改善服务质量，打下了很好的物质基础。

(4) 切实贯彻集团公司关于安全生产的各项指示精神，认真开展安全生产管理年活动。为贯彻落实陈耕总经理关于“坚持‘安全第一，预防为主’的方针，把安全管理的重点切实放到系统控制和过程控制上来，以一万的预防，防止万一的发生”的重要指示，中心2004年采取了以下安全管理措施：一是切实落实安全岗位责任制，强调安全来自每名干部职工的责任心。二是狠抓安全宣传教育，牢固树立安全意识。三是采取有效措施，实现安全管理的系统控制和过程控制。如机关车队坚持安全例会制度使强化全体职工安全意识和适时进行安全指导有了制度上的保障；坚持班组长联席会议制度，充分发挥班组长的作用，把安全管理的关口前移；坚持月度车辆抽检制度，保证车辆各部机件牢固安全、灵敏有效。此外，还坚持机动车换季安全保养制度，定期上网了解所属车辆的违章情况，并加以通报和相关惩治等等。这些有效的系统控制和过程控制措施对保障全年安全行驶起到了积极作用。2004年，机关车队全年出车2.2万台（次），安全行车160多万千米。四是坚持按照集团公司关于安全工作要“严、细、实”的要求，以“反违章、查隐患、促整改”为主题，开展安全月、安全警示月和安全大检查活动。

(5) 认真贯彻国家有关政策法令及集团公司相关规定，做好集团公司所属在京单位人防工程、计划生育、交通安全管理及相应的社会公益事业组织工作。2004年，中心全体干部职工勤奋工作、默默奉献，在认真做好机关行政事务服务工作的同时，也在人民防空、计划生育、交通安全等社会公益事业方面取得了优良成绩：2004年度，机关行政事务中心有关处室代表集团公司总部机关被国务院机关事务管理局授予“中央国家机关人防工作目标管理先进单位”、“中央国家机关计划生育工作先进集体”、“中央国家机关交通安全工作先进集体”、“中央国家机关爱国卫生工作先进红旗集体”。被北京市政府有关部门授予“北京市义务献血工作先进集体”和“北京市交通安全工作先进集体”。被北京市西城区授予“义务献血工作先进集体”和“交通安全先进单位”等一系列荣誉称号，同时获中央国家机关、北京市政府、集团公司所在城区政府所授予的各种先进个人荣誉称号有20多人次。这些成绩反映出：中心通过有效开展各项公益事业的工作，为集团公司树立良好的社会公共形象做出了自己的贡献。

（刘俊戈　庞玉洁）

【综合治理工作】 2004年，集团公司机关综合治理工作，坚持以“三个代表”重要思想和党的十六届四中全会精神为指导，认真贯彻中央有关综合治理、安全保卫各项方针、政策。在集团公司办公厅的直接领导和中央国家机关综治办的指导下，紧紧围绕“稳定压倒一切”的工作方针，针对机关实际，认真做到了“看好自己的门，管好自己的人，办好自己的事”。同时积极推进油区及管道生产治安秩序专项行动的开展，取得了明显成效。

1. 排除干扰，认真落实稳定压倒一切的工作方针

(1) 全力以赴做好党的十六届四中全会和“两会”期间的安全保卫工作。

为确保党的十六届四中全会和“两会”期间的安全稳定，认真贯彻落实各项防范措施：一是成立了十六届四中全会和“两会”安全保卫工作领导小组。二是制订了十六届四中全会和“两会”期间安全保卫工作方案。三是下发通知，要求在京单位拿出工作预案，深入开展各项安全检查工作。四是在会议期间安排专人24小时值班，并进一步强化了巡检、信息反馈、临时抽查制度等工作。

(2) 配合信访部门加大维稳工作力度，把维稳工作作为头等大事列入重要议程，确保机关办公平稳有序。

①总结经验，认真执行工作预案。根据访情及时总结建立“三道防线”，取得显著成效。尤其是采取了“第一时间发现，第一时间报告，第一时间布防和第一时间妥善处置”等项工作，使值勤警员在工作中牢牢掌握了工作主动权。

②靠前工作，积极配合信访部门处理群体进京上访事件。为维护集团公司总部机关稳定，在完成办公楼各岗值勤任务的同时，又配合信访部门多次处置集体访，一年来配合信访部门有序处理进京上访事件共410起（同比上升57.09%），4691人次（同比上升24.83%）。其中，集体上访事件115起（同比上升66.67%），3931人次（同比上升23.66%），出警3060人次，其中参与处置20人以上的集体访就有67批。同时，刻录上访人员静坐、集会时场景的光盘

15张，随时提供给地方公安机关作为打击极少数混杂在上访人员中的骨干分子证据使用。

2. 夯实基层创安业务建设基础，做好“三防”工作

（1）签订《综合治理责任书》，形成综治工作领导重视，各单位齐抓共管的良好局面。

在落实综合治理领导目标责任制的工作中，坚持“谁主管，谁负责”的原则。办公厅主管领导先后与德外地区综治委和北京市公安局签订综合治理目标管理及治安管理责任书；同时还分别与机关24个单位签订了《2004年社会治安综合治理责任书》。综治工作基本形成齐抓共管的良好局面。

（2）不断完善机关“三防”工作建设。

2004年投入必要经费；“花钱买平安”。聘请专业消防、安全设备工程公司对全楼1000多个烟感探头进行清洗，发现失灵的60多个，进行全部更换，以确保灵敏有效，常备不懈，达到了防患未然的要求。

（3）将机关防火工作列入重要议事日程抓出成效。

2004年，保卫处责成专人将机关防火工作作为重点抓紧抓好。

①根据人员变动的现状，对机关义务消防队的成员进行了调整，同时于4月6日及7月20日两次邀请北京安居防火教育培训中心教员给机关义务消防队就防、灭火及逃生自救等问题授课，并进行实地灭火演练，共有120余人次参加培训。

②针对机关文体中心等娱乐场所人员密集，有针对性地开展系列消防知识培训工作。5月14—18日，分别派员在机关文体中心和老干部活动中心，给全体职工、服务员和经警80余人开办消防安全知识讲座，讲授消防安全知识；6月1日，将消防宣传知识挂图在石油单身职工公寓进行巡回展示教育，使百余名单身职工受到教育。

③将40余份《北京市人民政府致全市单位法定代表人的公开信》转发机关各部门及在京各单位，进行广为宣传。

④积极参加德外地区“119”消防宣传日活动，并送交参展宣传板6块。

（4）尽职尽责地做好重大节日、重大政治活动等保卫工作。

2004年，为做好“两会”、党的“十六届四中全会”和“国庆五十五周年”庆典活动的保卫工作，提前做出《中油集团保卫处“国庆节”及“十六届四中全会”保卫工作预案》。代办公厅起草办函字［2004］55号文件《关于做好国庆节期间安全保卫和保密工作的通知》下发各有关单位认真执行。保卫处还专门抽调几名保卫处、科长与股份公司信访保卫处联手对在京单位进行安全检查。

为确保中组部召开的“4.5”集团公司系统干部大会和4月14日国务院领导到集团公司机关现场办公的两次重要会议的安全，绘制集团公司机关交通、疏散平面图；起草《企事业单位领导干部会议会场紧急疏散预案》和《“4.14”国务院领导到集团公司现场办公安全保卫工作预案》；并对会场、车场、领导住地等进行系统检查；确定专人做好领导住地24小时值班守卫工作等。

10月17—20日，在世界石油大会首届青年论坛会议期间，按照大会组委会要求，保卫处派出10多名同志与兄弟单位在北京市公安局统一指挥下，较好地完成了会议期间交办的安全保卫工作，做到了万无一失。

（5）配合公安机关，对侵害集团公司利益的不法分子开展专项治理。

为保护集团公司职工正当合法权益，针对有人冒用集团公司领导同志的秘书名义，向企业兜售书刊一事。主动与西城分局警方联系，先后将3名违法分子抓获，起获该团伙推销的盗版书籍19套，价值5万余元。同时对有人私刻集团公司办公厅公章，以办公厅名义下发征订书刊的通知。派员配合北京市公安局内保局抓获1名违法人员，当场查扣书籍5套，价值9千余元，有效地打击了极少数不法之徒到处进行招摇行骗的违法犯罪行为。

另外又发现常海英等人私刻集团公司公章，伪造集团公司出资证明，非法设立中油五洲石油天然气有限公司（以下简称五洲公司），并对外打着中国石油天然气集团公司旗号开展业务，从事诈骗活动。

遵照陈耕总经理批示，我们正式向北京市工商行政管理局申请对私刻集团公司公章，非法设立的“五洲公司”予以注销，同时向北京市公安局内部单位保一局报案，请求对常海英等人进行立案查处。

（6）认真做好机关安全保卫、综合治理各项基础工作。为严格机关门卫管理，一年来机关办公区办理登记手续进楼者总计48103人次，其中工作时间登记允许进楼联系工作人员31736人次，另有登记外宾进楼265人次，非工作时间登记进入办公区工作人员16102人次；登记进出办公楼后院车辆4314台次；查验物品出门条214张；查出冒用他人证件4人；夜

查中发现129间办公室未锁门，161间办公室未关灯，一层楼道窗户12次未关闭上锁；拦阻推销等不该进楼人员236人次；拦阻上访人员冲击办公楼2942人次；机关"110"报警服务中心接报警271次，出警271次；协助有关部门安全押送现款1506.16万元。

3. 企业治安专项整治工作取得显著成效

2004年7月，经国务院同意，公安部等10个部委联合下发了《关于在重点地区进一步开展整治油气田及输油气管道生产治安秩序专项行动工作方案》。2004年8月3日，集团公司召开视频会议，贯彻落实国务院10部委联合开展的全国整治油气田及输油气管道生产治安秩序专项行动，要求油气田及输油气管道企业要抓住机遇，以确保油气能源安全生产和供应为目标，组织开展专项行动，进一步消除影响油气田及输油气管道生产治安秩序的不利因素。油气田和输油气管道企业积极贯彻落实集团公司会议精神，结合本单位实际制订实施方案，落实工作责任，形成了党政工团齐抓共管、各负其责、通力合作的工作格局。各企业还普遍将专项行动，与生产经营工作同部署、同检查、同考核、同奖惩，收到了良好的效果。据统计，2004年专项行动共破获刑事案件1455起，抓获犯罪嫌疑人1489人；打掉犯罪团伙123个，抓获团伙成员609人；查处治于案件817起，处理违法人员1609人，抓获盗油机动车1012辆，收缴被盗原油6394吨，挽回直接经济损失3400万元。清理取缔土炼油点393个，取缔、查处非法经营厂点287个，清理违章占压物1869处，收缴被盗割电缆、铝线24870延长米，收缴被盗变压器13台。打孔盗油、开井放油、被盗电力案件分别比2003年同期下降了51%、36.5%和52.6%。

（张世显）

【保密工作】 2004年，在中央保密委员会办公室、国家保密局和集团公司保密委员会的直接领导下，以邓小平理论和"三个代表"重要思想为指导，认真贯彻党的十六大精神，落实2004年全国保密局长保密办主任会议精神和中央保密委员会工作要点，结合集团公司实际，顺利开展了保密工作。

1. 认真总结工作，安排部署2004年保密工作

按照中保办的工作要求，完成了《集团公司保密办2003年工作总结》。同时按照中保委2004年工作要点精神，结合集团公司保密工作实际，起草了《中国石油天然气集团公司保密委员会2004年工作要点》，下发所属企事业单位和机关各部门贯彻执行。

2. 加强信息反馈，及时向有关部门报告保密工作情况

一是在中办机要局来集团公司检查有关密码通信、办公自动化系统安全保密工作会议上，保密办应邀出席并汇报了2003年集团公司开展涉密计算机及其网络的保密管理大检查情况。

二是按照国家保密局《关于召开中央国家机关保密工作协作组组长会议有关事宜的通知》文件精神，起草了《保密工作汇报材料》以油密办3号函件报给了国资委保密办。

三是按照集团公司领导批示，责成股份公司总裁办开展调查，并就国办《专报信息》(134)中有关集团公司涉密文件被海关查扣情况的调查情况向国资委作了书面报告。

四是根据国资委办公厅［2004］56号文件"关于调查保密工作基本情况的通知"要求，按照办公厅领导的指示，向国资委办公厅汇报了集团公司保密工作组织机构、规章制度和关于涉密载体、涉密人员和涉密计算机及网络的管理情况及当前中央企业保密工作迫切需要解决的问题等方面的情况。

3. 健全组织机构，完善保密规章制度

遵照集团公司保密委员会领导指示，鉴于人员变动等情况，集团公司分别于6月2日和12月13日下发了《关于调整中国石油天然气集团公司保密委员会组成人员的通知》(中油人劳字［2004］282号和657号)。同时，修订了集团公司保密委员会工作职责、保密办公室工作职责和工作制度。

另外，为做好保密工作，国家保密局会同中石油等三个石油、石化企业于1996年联合颁布的《石油、石化工业国家秘密及其密级具体范围的规定》(中油办字［1996］第193号)的修订工作，主动联系中石化、中海油等单位，召开了碰头会，就修订工作的范围、程序等达成了一致意见后，起草了"关于征求对《石油、石化工业国家秘密及其密级具体范围的规定》修改意见的通知"以办公厅函件发各企事业单位和机关各部门征求意见。修改意见待报集团公司保密委员会审定，再经三家研究，共同拟定修订后的具体内容，报国家保密局审定并发布实施。

4. 利用不同形式，广泛开展保密宣传教育活动

为纪念《中华人民共和国保守国家秘密法》实施15周年，于5月31日—6月30日在集团公司机关和在京单位开展了保密宣传月活动，收到了明显成效。

(1) 专门购置了保密知识宣传挂图和保密教育光盘及有关书籍，在机关大楼广为宣传。

（2）及时召开了机关和在京单位保密工作情况通报会。通报了国家保密局《关于2003年泄密事件的情况通报》；播放了两盘内部防失泄密宣传教育片，布置了2004年下半年的几项重点保密工作任务。

（3）组织编写了保密知识测试题；在机关各部门和在京各单位举办了保密知识答卷活动。参加答题的有总部机关和在京单位的各级领导、机关各部门全体员工、在京的11个单位和管道局、中国石油报社等单位的重点部门、部位的涉密人员共计2562人；其中局级以上领导123人，处级干部526人。

5. 加大保密工作检查力度，严防失泄密事件发生。

按照国家保密局《关于切实加强计算机网络安全保密管理的紧急通知》（国保密电［2004］1号）和集团公司领导的批示精神。

首先；起草了《关于切实加强计算机网络安全保密管理的紧急通知》用密码传真发到各企事业单位和机关各部门，提出了“三个严禁”和“五套”的具体要求，切实抓好此次专项检查的落实。

其次，由保密办牵头，会同规划计划部、人事劳资部、经济信息研究中心、股份公司总裁办、科技信息部等部门及时召开会议，成立检查组，分别对机关及在京单位进行了抽查。通过检查，集团公司系统涉密计算机及信息网络安全工作得到了有效的加强。

再次，认真总结了机关和在京单位进行的计算机网络安全保密管理专项检查工作，并汇总了集团公司（包括股份公司所属）的60余个企事业单位的有关情况，如期完成了《关于贯彻落实国家保密局〈紧急通知〉的情况报告》，上报给国家保密局。

6. 切实做好要害部门、部位审定和信息安全等级保护工作

第一，以办公厅办字［2004］37号文件转发了公安部等四部委联合发布的《关于信息安全等级保护工作的实施意见》（公通字［2004］66号），要求所属企事业单位和机关各部门认真贯彻实施。

第二，根据中保办《关于开展保密要害部门、部位确定工作的通知》（中保办发［2002］1号）文件和国家保密局的要求，参照《中央、国家机关和省级党政机关保密要害部门、部位确定办法》，按照集团公司对机关保密工作的重要指示，研究制订了《集团公司确定保密要害部门、部位工作方案》，并印制了《集团公司保密要害部门、部位登记表》，于9月上旬发至两机关有关部门根据本部门涉密情况填报。最后在两机关拟定了5个保密要害部门和8个保密要害部位，并形成《关于拟定集团公司及股份公司两机关保密要害部门、部位的工作报告》，报经集团公司保密委员会审定并上报中保委办公室，得到中保委办公室的确认。

（张世显）

【维护稳定工作】　2004年，集团公司党组认真贯彻落实中央领导同志对维护稳定工作的一系列重要指示精神，高度重视企业在改革和发展中保持稳定的问题，始终把维护稳定作为各项工作的重中之重。上半年，集团公司领导班子调整后，进一步加强了对维护稳定工作的领导，充实了集团公司维护稳定工作领导小组，成立了维护稳定工作办公室，确立了“标本兼治、区别对待、疏堵结合、统筹协调”的工作方针，全面落实稳定工作责任制，进一步健全稳定工作网络体系，积极解决实际问题，主动化解现实矛盾，注重在治本上下功夫，注重从源头上消除各种不稳定因素，着力构建维护稳定工作的长效机制，并提出了努力实现集团公司总体稳定形势明显好转的工作目标。党组在研究全系统的重大问题时，始终把改革的力度、发展的速度和职工群众的承受程度统一起来；在出台涉及职工群众切身利益的重大决策时，始终把职工群众的利益放在首位，深入调查研究，反复权衡利弊，审慎做出决策；以科学发展观为统领，始终不渝地抓好发展这个根本，实现了集团公司持续有效较快协调发展，从根本上保证和促进了企业的和谐稳定。

各企事业单位认真按照党组的部署和要求，把全力确保企业稳定、全力预防和处置群体性事件、全力化解影响稳定的信访突出问题，作为维护稳定工作的着力点，认真抓紧抓好。

（1）把维护稳定作为首要政治任务，切实加强了对稳定工作的组织领导，稳定工作责任制进一步得到落实。各企业进一步明确各级党政一把手同是稳定第一责任人，把维护企业稳定的责任落实到基层和每一名领导干部，全面加强和组织本单位稳定工作的开展。多次召开各级稳定工作会议，分析形势，部署任务，落实责任，明确要求，实现了全年各阶段稳定工作的目标。

（2）加大了排查工作的力度，做到随时掌握态势，主动出击超前开展工作，及时发现、预防和化解信访矛盾。定期滚动式开展摸底排查，了解掌握各类不稳定因素和存在的问题，有针对性地超前开展工作。主动排查苗头掌握信息，主动深入基层化解矛盾，主动深入群众了解实际情况，主动分析研究提出超前处理的办法，有力地化解了不稳定因素，对保证企业和社会的稳定产生了积极效果。

（3）发挥党组织和思想政治工作的政治优势，加

大宣传教育和思想政治工作的力度，群策群力做好化解矛盾的工作。针对不稳定因素和信访问题，各级党组织充分利用报纸、广播、有线电视、宣传栏和宣传手册等多种手段，广泛地宣传党和国家的有关法律法规、方针政策，努力营造和形成人人讲发展、家家谈发展、层层谋发展的良好氛围。深入开展“包保”、“帮扶”等活动，组织党员干部登门入户、挨家走访，面对面地与群众谈心，交流思想，宣传政策，沟通感情，增强了思想工作的针对性。

(4) 把解决实际问题与思想政治工作结合起来，尽职尽责为群众办实事，进一步增强稳定工作的实效性。从实际问题入手，着力解决影响稳定的突出矛盾和问题。先后制定和采取了帮助落实再就业、协助接续建立社会保险、支持纳入低保范围等具体措施办法，广泛开展送温暖、献爱心活动。努力做到不让一户家庭生活上过不下去、不让一个困难家庭的子女上不起学、不让一个特困人员看不起病。为广大职工群众办了大量的好事、实事，从源头上化解了不稳定因素。

(5) 加强与各级党委、政府的联系，最大限度寻求各级党委、政府对企业稳定工作的支持帮助。进一步健全完善了企业与政府部门的维护稳定工作联系制度和工作机制。最大限度地寻求地方党委、政府在政策、信息、力量和措施上的支持，形成企地联动共同维护稳定的格局，促进维稳工作的有效开展。

(6) 高度重视并进一步加强了企业稳定工作机构和干部队伍建设。各企业均成立了维护稳定工作领导小组，各级维持稳定工作和信访工作机构进一步得到充实和加强，管理规范和工作制度进一步健全和完善。在重视信访干部的思想政治工作和作风建设的同时，注重对信访干部的教育和培训，选配政治素质高、专业知识好、工作能力强的同志充实到各级维稳信访部门，维护稳定工作队伍的整体素质进一步得到增强。通过大量艰苦细致的工作，2004 年下半年，随着相关政策性措施的贯彻落实，集团公司进京访和异常访总量分别比上半年减少 6.7%和 8.9%，总体稳定形势有所好转，维护稳定工作的良好格局已经形成。

(吕春阳)

【档案工作】　2004 年，集团公司广大档案人员围绕集团公司战略目标和企业中心任务，积极进取、勇于开拓，不断拓宽档案服务新领域。在加强档案基础业务建设、档案工作理论研究、档案信息资源开发和档案信息化建设等工作中取得优异成绩。

(1) 档案基础业务建设得到加强。档案收集工作是档案管理的重要基础，档案收集是否齐全、完整，直接影响档案信息的开发利用。各单位档案人员转变观念、改进方法、完善规章制度、强化档案收集工作。针对企业实际情况，加大档案业务指导的力度，尤其是建设项目档案、境外工程档案得到有效的控制。2004 年集团公司各级档案部门共接收档案 8445715 卷（件）；音像档案 19228 盘，照片档案 77105 张，底图 708002 张，电子档案 81554 张（盘），为开发档案信息，实现档案资源共享奠定基础。

(2) 积极探索企业档案工作理论。为实现企业档案管理制度和管理方法的创新，以应对企业信息化给档案管理工作带来的变革，集团公司于 4 月在江苏常州召开档案论文交流会。广大档案工作人员围绕集团公司“十五”期间档案工作发展奋斗目标，以新形势下企业档案工作和档案信息化建设等为主题，以科技档案信息的开发、计算机网络技术在档案管理中的应用、境外项目档案管理为内容，以现代企业制度档案工作发展为切入点进行理论探讨和交流。本次会议获奖者共计 36 名，其中：一等奖 3 名，二等奖 5 名，三等奖 9 名，优秀奖 19 名。各单位组织档案人员结合档案工作发展中遇到的新情况，加强理论研究。据不完全统计，一年来，档案人员撰写论文 120 余篇，为广大档案人员转变观念、拓宽视野、储备知识起到积极促进作用。其中，部分论文在省、市获奖。这批成果的发表与交流，为广大档案人员转变观念、拓宽视野、储备知识起到积极促进作用。

(3) 开发档案信息资源，为企业提供利用服务。集团公司系统企事业单位的档案馆（室）保存各类档案约 2818.3 万卷（件），底图 1258 万张，音像档案 9.85 万盘（张），电子档案 135 万盘（张），资料 469 万册，档案人员以突出档案信息服务为主题，在强化服务意识、拓展服务领域、优化服务方式、提升服务质量的基础上创造性的开展档案信息服务工作。各企事业档案人员采取电话调卷、跟踪服务、引导查询等多种形式，为企业各项工作提供档案信息服务，仅 2004 年，各级档案部门共接待档案利用者 415289 人，利用档案 3210630 卷（件），利用各类资料 72200 人，294951 册。为企业的生产、科研、经营管理的需要。充分利用档案信息资源积极开展编研工作，档案人员结合实际需要编写的通用性编研材料和档案信息参考资料，深受有关部门和利用者的好评。档案人员的编研成果公开出版材料有 20 种，约 475 万字，内部参考的材料 787 种，约 220848 万字。档案是一种资源，档案也可以创造效益已越来越被人们所重视。

(4) 档案现代化建设取得显著成绩。档案现代化管理是提高档案工作效率的必要手段，利用现代化手段管理档案是集团公司档案管理发展目标。吉林石油集团、东方物理公司、庆阳石化公司等单位加大对档案信息化建设专项资金的投入，使档案信息系统建设、改造，设备配置得到保证；2004 年，集团公司机关档案管理系统正式运行，实现发文—归档一体化管理。利用现代化技术手段，提高档案管理水平已在集团公司系统取得突破性进展，取得良好效果。

(5) 加强队伍建设，提高管理水平。集团公司系统共有档案机构 1450 个（馆、科、室），档案专职人员 2350 人，兼职人员 7000 余人。文化程度大专以上 1635 人；档案专业技术职务初级 1092 人，中、高级 646 人，其中高级 58 人。随着企业档案工作的发展，对档案人员的要求越来越高，为适应新形势档案工作的需要，集团公司始终把加强档案队伍建设、提高业务水平作为重要大事来抓。2004 年 8 月举办档案培训班 1 期，共 100 余人参加。各单位也采取多种形式开展档案业务培训，大庆油田、新疆石油管理局、大港油田集团有限责任公司、兰州化学工业公司等单位积极开展档案业务培训，共计 1100 余人参加业务培训。通过学习与交流，档案人员拓宽了档案工作思路，为提高服务质量和管理水平奠定基础。

(6) 总部机关档案移交工作取得优异成绩。根据国家档案局关于向中央档案馆移交档案的总体要求，总部机关于 2004 年 11 月向中央档案馆移交石油部、燃化部、石化部、石油部（1955—1988）四个全宗的档案。本次移交档案总数为 8046 卷，其中永久卷为 4388 卷，长期卷为 3658 卷，电子文件 68 张（光盘）。这些档案基本能够反映新中国石油工业的发展历程，对国家、对社会具有重要的查考和利用价值。集团公司移交档案鉴定整理工作从 2002 年底启动，历时近两年的时间，完成向中央档案馆移交档案的工作。集团公司档案移交工作以 96 分的优异成绩名列中央、国家机关和中央企业榜首。在国家档案局召开的档案工作移交会上，办公厅王志刚副主任介绍了档案移交工作经验。国家档案局局长、中央档案馆馆长毛福民同志对中国石油天然气集团公司档案整理及移交档案质量给予了充分的肯定，同时对移交档案的统计表和与移交档案总目录互相参见的数字化档案目录给予了表扬。

（续桂春）

2004 年，股份公司文档工作紧紧围绕实现办公自动化的目标，致力于构建股份公司办公新模式，推进股份公司信息化和网络化的建设，初步实现了股份公司机关电子文件流转和远程传输。截至 2004 年末，股份公司所属企业共有档案机构 632 个，其中档案室 624 个、档案馆 8 个，有专职档案人员 1217 人，兼职 2982 人，档案案卷（件）排架长度 24.68 万米；以卷为保管单位的档案有 584.44 万卷，以件为保管单位的档案有 977.57 万件；有声像档案 13.57 万盘，照片档案 44.79 万张，底图 437.77 万张，电子档案 57.70 万盘；全年档案利用人数 24.81 万人次，利用档案总计 78.76 万卷次、139.90 万件次；共编研档案资料公开出版 6 种，266 万字，内部参考 356 种，19.87 万字；档案库房总建筑面积 19.66 万平方米；计算机 1313 台，服务器 88 个。

1. 着力推进办公自动化，提高工作效率和水平

2004 年，文档处紧紧围绕实现办公自动化这一目标，以需求为中心，以应用为导向，以信息安全为保障，牵头协调各方，历时 10 个月，从项目启动、需求分析、系统开发、测试、试点运行到全面试运行，做了大量的工作，保证了电子文件子系统在 12 月 1 日上线试运行目标的实现。截至 2004 年底，该系统已与股份公司总部 18 个机关部门、80 个地区公司共计 98 个单位连通，股份公司总部与地区公司之间的文件快速传输通道已建成，共收发处理各类文件 4854 件，其中股份公司总部机关 1688 件，发出 261 件，地区公司 3166 件，上传 186 件。同时，举办各种培训班 31 期，培训局级领导 43 人，一般业务人员 400 多人次。该系统的应用，极大地提高了文件信息的共享程度和文件传输速度，杜绝了重复劳动，从原来的以天计算发文到现在以分秒计算发文，大大地节省了办文人员的时间和精力，同时为股份公司节省了文件印刷、邮寄等费用，降低了管理成本，提升了管理水平和形象，更重要的是，它引发了工作习惯乃至管理方式的重大转变。

2. 开发利用档案资源，加强档案信息化建设

开发利用档案信息资源是档案管理的主要任务和最终目的。2004 年，“中油档案信息管理系统 V2.0”的应用更加广泛深入，充分发挥了档案数据统一管理和查阅快速、高效的作用，大大提高了档案信息化管理水平和档案工作效率，改进、完善了档案归档功能。增加了二维条形码打印借阅功能，增强了客户/服务器工作方式的稳定性与安全性；实现了档案信息 Web 发布；利用数字化技术，实现油气勘探开发档

案现代化管理；将电子文件与录入项分库管理，提高检索和录入速度，使办公自动化系统流转的文件直接进入档案信息系统，减少了文件的重复录入工作量，提高了档案的工作效率。各单位档案馆（科）针对档案管理的特点，根据档案系统的特殊性，分层次、按系统地将任务分解为短期、中期、长期目标，有计划地分步实施，以确保处理好循序渐进和整体提升的关系。一是加强档案信息化软、硬件环境建设。目前，各单位档案信息化所需的计算机、扫描仪、打印机等基础硬件设施基本齐备。同时，以“中油档案信息管理系统 V2.0”推广为契机，启动档案信息化。档案系统目录著录、检索、统计、借阅、销毁以及电子文件利用等均实现了计算机辅助管理。二是以目录中心建设带动档案信息基础数据库建设。档案基础信息涉及企业生产、经营、管理等各个方面，统一部署、分步实施显得尤为重要。2004 年将重点放在目录中心建设，着力重点抓好目录数据库建设、全文信息库建设和目录中心应用系统开发。三是加强档案信息化标准规范建设。数据的标准化、规范化是信息化的重要基础和前提条件。2004 年，各单位档案部门结合档案工作实际，经过不断地摸索和完善，制定了《档案电子文件管理规范》等一系列的标准、规范，确保档案基础数据库的质量。四是档案数字化建设得到快速加强：（1）加强计算机网络技术的应用；（2）加强档案数字化建设；（3）加强信息网站建设。五是利用档案信息平台，充实档案主页内容。按照股份公司“要积极参与企业信息门户建设，做好档案主页维护工作”的要求，档案主页的建立将成为档案管理人员相互学习、相互沟通的平台，同时也是展示档案工作的窗口。

3. 完善档案管理制度，加强基础管理工作

在完善档案管理制度上，各级档案部门对已制定的档案管理制度进行重新修订和完善。管道分公司修改完善《管道分公司档案归档制度》等七项制度，编印了 10 万余字的《中国石油管道分公司档案工作必备资料汇编》手册，成为指导管道分公司档案基础管理的重要资料。西气东输管道分公司为适应西气东输的实际情况，对《档案分类、档案的职责范围及建设项目档案管理办法》等十项档案管理规章制度进行了修改和完善，对档案管理工作更具指导性。

在加强基础管理工作上，各级档案部门制订档案归档计划，规范、验收、归档各类文件，做到了有安排、有落实、有检查，使档案基础工作更加扎实，档案库藏量大大增加。同时，加强业务培训，提高档案人员的业务素质。一年来，举办了档案业务、专业理论、计算机操作技术、软件应用等各种适应性培训班；另一方面，结合工作实际加强理论研究，着力研究解决档案工作中遇到的新问题、产生的新矛盾，大力加强理论研究和方式、方法的探讨。此外，注重档案宣教工作，统一档案人员的思想认识。利用系统培训机会专门讲，利用检查指导机会重点强调讲，利用网络传媒结合事例具体讲，使宣教工作贯穿于推进档案管理工作的全过程，保证了重点工作的落实。2004 年完成了《股份公司管理规程》（2003 卷）约 240 万字的收集、出版、发行及上网发布工作，提供了信息服务；完成《中国石油天然气集团公司年鉴》大事纪要、专稿 2 万多字的编纂及审稿工作；配合完成《中国能源年鉴》的审稿工作。

4. 加强项目档案管理，保证工程资料完整

按照国家档案局和股份公司对建设项目（工程）档案管理的有关规定，坚持以工程档案管理为重点，始终把做好建设项目档案工作作为工作的重心抓紧抓好，先后对忠武管道工程、涩宁兰管道工程、沧淄管道工程竣工资料进行现场检查指导，及时提出存在问题，确保竣工资料完整、准确、规范。同时，还对大修、更改及扩建项目工程竣工资料进行现场指导、检查验收。

积极与建设项目管理主管业务部门协调，推进项目档案管理“三同步”。2004 年完成了沧淄管道工程项目、新疆油田产能建设项目、辽河油田欢三联污水处理工程竣工资料验收工作，完成陕京二线工程竣工资料编制规定和股份公司油田地面工程建设竣工资料手册审定工作及西气东输建设项目档案工作检查。召开地质资料工作会议，印发地质资料管理条例实施细则，地质资料汇交管理逐步规范。

（张桂珍）

【离退休职工管理】 截至 2004 年 12 月 31 日，集团公司共有离退休职工 389356 人。其中，离休干部 8925 人，占离退休职工总数的 2.3%，年龄 70 岁以上的占离休干部总数的 98.8%；退休人员 380431 人，占离退休职工总数的 97.7%。专职离退休管理工作人员 5467 人。

1. 通过制度建设，落实老同志政治待遇

（1）通过坚持政治学习、组织生活制度加强离退休职工的政治理论学习和支部生活。有的单位组织离退休职工就地、就近参观石油石化改革发展成果，增强学习效果。大部分企事业单位的主要领导通过座谈会、通报会等形式向离退休职工通报企业生产经营情

况，使老同志及时了解党和国家、集团公司的方针政策和企业改革发展情况，增强大局意识，理解支持改革。同时在日常的管理服务工作中较好地坚持了老干部阅读文件、走访慰问、住院探视等制度，使老同志的政治待遇落到实处。

(2) 推荐先进，参加“双先”表彰会。根据中组部《表彰全国老干部先进个人和先进离退休干部党支部》通知精神，经过审核上报中组部，确定集团公司科学技术研究院原副院长张邦杰为“全国老干部先进个人”、大港油田机关离休干部党支部为“先进离退休干部党支部”。10月22日在人民大会堂召开的全国老干部先进个人和先进离退休干部党支部表彰大会上，400名老干部先进个人和150个先进离退休干部党支部受到了表彰，曾庆红参加会议并讲话。集团公司党组成员、纪检组组长李克成，老干部局局长蒿成及先进单位代表大港油田机关离休干部党支部书记冯浩参加了表彰大会。

2. 坚持为老同志办实事，落实提高老同志生活待遇

(1) 根据中组部“关于提高部分老同志医疗待遇的通知”(组电明字［2003］74号) 精神，中组部批准焦力人、陈烈民、薛仁宗、程浩同志享受国家机关部长级医疗待遇 (干薪字［2004］154号)；批准夏云昌、连庆溥、苗德胜同志享受国家机关副部长级医疗待遇 (干薪字［2004］410号)。

(2) 按照中组部《关于对1949年10月1日至所在地解放期间参加革命工作的退休干部在生活上给予适当照顾的通知》(中组发［2002］13号) 文件精神，完成了集团公司所属单位符合条件人员的摸底、审核和上报工作。集团公司向中组部上报10名，最后批准新疆石油管理局退休干部张忠义和华北石油管理局退休干部姬兴祥两名同志享受此文件待遇。

3. 开展健康有益、丰富多彩的文体活动

(1) 5月下旬，大庆老年体协风筝队代表中国石油体协参加了“2004年大连国际风筝会暨全国风筝邀请赛”。在21支国际风筝队和34支国内风筝队参赛的多项目比赛中，获得7个单项第一和团体总分第一名，创造了中国石油体协参加国际体育赛事历史最好成绩，为中国石油的老年体育工作和中国石油争了光。为表彰大庆油田老年体协风筝队所取得的优异成绩，中国石油体育协会授予了大庆油田老年体协“特殊贡献奖”奖牌。

(2) 7月份，在吉化集团公司举办集团公司第七届离退休职工台球赛。有9个代表队63名离退休老同志，经过36场180局的复赛、决赛决出胜负。长庆石油勘探局、大庆石油管理局、大港油田集团公司和新疆石油管理局代表队分别获得前四名，吉化集团公司代表队获得体育道德风尚奖。

(3) 九九重阳节前夕，举办了集团公司第二届离退休职工文艺调演。选调了26个单位的31个精彩节目，共465名演员，分两场向集团公司和各部门领导及在京单位部分离退休职工汇报演出。党组成员观看了演出，陈耕总经理和其他党组成员对演出的节目给予了极高的评价，并对离退休演职人员及参演单位的离退休工作部门给予了奖励。

4. 加强老年大学工作，召开经验交流会

为了进一步推动全系统老年大学工作的开展，9月在吐哈石油勘探开发指挥部召开了集团公司老年大学工作经验交流会。老干部局局长蒿成同志做工作报告，有15个单位介绍了经验。党组成员、纪检组组长李克成同志到会并做重要讲话。目前，集团公司所属单位建有离退休职工活动中心 (站、室) 933个，总建筑面积62.1万平方米。兴办老年大学28所，下设分校68所，总使用面积29772平方米。老年大学学员18969人，累计毕业学员61890人次。这次经验交流会有效地促进了老年大学工作的开展。

5. 加强培训工作，提高工作人员政治、业务素质

(1) 5月21日—6月5日，在江苏无锡举办了集团公司第12期离退休处 (科) 长培训班，30个直属单位的84名离退休工作人员参加了培训。

(2) 11月1—3日，在青岛举办了集团公司第三期离休干部信息管理软件培训班，71个直属单位的86名离退休统计工作人员参加了培训。

(马　红)

第十篇

精神文明建设

党建工作

【概述】 截至2004年底，集团公司共有各级党委1743个、党总支2316个、党支部27646个，其中，股份公司所属党委664个、党总支585个、党支部9045个。党员总数505145名，其中股份公司有党员142563名，占集团公司党员总数的28.2%；在职职工党员318723名，占集团公司党员总数的63.1%。各级党组织按照党组《关于学习贯彻〈中央组织部、国资委党委关于加强和改进中央企业党建工作的意见〉的通知》精神要求，积极适应企业管理体制、经营机制、运行流程和劳动组织结构等方面发生的新变化，切实加强以党的建设为核心的基层建设。

【党的十六届四中全会精神的学习】 党的十六届四中全会做出了《中共中央关于加强党的执政能力建设的决定》。全会闭幕后，直属党委立即下发了《关于学习贯彻党的十六届四中全会精神的通知》，对如何学习贯彻会议精神进行了部署，提出了明确要求。同时，为机关党员干部配备了相关学习材料；10月22日，邀请国资委党委书记李毅中同志做了专题报告；举办了学习《中共中央关于加强党的执政能力建设的决定》知识竞赛。股份公司党群工作部在青岛举办了股份公司党办主任、宣传部长、党群工作处长培训班，请中央党校党史教研部主任柳建辉作十六届四中全会精神的辅导，就股份公司党建工作进行了培训与交流，使大家增强了加强执政能力建设的责任感、使命感。

【学习和落实科学发展观】 各级党组织把树立和落实科学发展观与学习贯彻“三个代表”重要思想、党的十六大和十六届三中、四中全会精神结合起来，与学习胡锦涛同志关于在全党大力弘扬求真务实精神、大兴求真务实之风的讲话精神结合起来，把科学发展观具体落实到企业改革发展稳定各项工作中去。直属党委为机关干部职工编发了《树立和落实科学发展观》学习材料；举办了学习贯彻“两会”精神辅导报告，邀请全国人大环境与资源保护委员会委员、集团公司老领导阎三忠同志为机关领导干部做了辅导讲座；邀请国务院法制办工交商事法制司司长胡可明同志作了学习贯彻《国家安全生产法》辅导报告，邀请杜邦（中国）公司安全咨询顾问戴维明先生介绍了杜邦公司安全理念及安全管理；举办了“中国可持续发展油气资源战略研究”学习讲座，邀请中国石油勘探开发研究院副院长赵文智同志作报告。股份公司党群工作部在西安举办了党委书记培训班，联合有关部门在京举办了两期机关干部和直属单位局级干部培训班，对机关干部进行科学发展观、股份公司发展战略以及企业文化、安全文化方面的培训，使机关广大干部职工进一步加深了对科学发展观的理解和把握。

【中国共产党两个《条例》的学习】 各级党组织广泛深入地开展了以学习《中国共产党纪律处分条例》和《中国共产党党内监督条例（试行）》为重点的党内法规学习教育和竞赛活动。直属党委邀请国家监察部副部长屈万祥同志为总部机关和直属单位党员干部做了学习两个《条例》辅导报告；组织收看了中纪委和中央电视台联合举办的学习两个《条例》电视大赛；开展了机关党员干部学习两个《条例》知识竞赛，党员干部都认真参加了两个《条例》学习教育活动。

【保持共产党员先进性教育活动准备工作】 集团公司党组下发了《关于认真做好保持共产党员先进性教育活动准备工作的通知》，成立了集团公司保持共产党员先进性教育活动准备工作领导小组。各单位按照党组的要求，成立了领导小组和工作机构，制定了工作实施方案，扎实有效地推进各项工作。准备工作从5月初开始，历时3个多月，通过广泛开展宣传动员，统一了思想认识；大力宣传先进基层党组织、优秀共产党员的事迹，开展了党员先进性教育优秀电视片展评活动，从收集到基层上报的71部电视专题片中，将获奖作品制作成系列电视片《高扬的党旗》，作为党员先进性教育教材；深入进行调查摸底，摸清了党员和党组织的底数；加强基层党组织建设和党员队伍管理，为开展保持共产党员先进性教育活动打下了坚实的基础。

【加强基层党组织建设和党员队伍管理】 各单位普遍组织了精干的调研组，通过问卷调查、专题座谈、个别访谈等形式，深入进行调查摸底，做到了“四个摸清”，即摸清了党组织和党员队伍基本情况、摸清了党员队伍的思想状况、摸清了党员教育管理工作和基层党组织建设中存在的主要问题、摸清了流动党员的底数。股份公司党群工作部受集团公司党员先进性教育活动准备工作领导小组的委托，聘请社会中介机构统一设计了集团公司系统党员队伍思想状况问卷调查，按照党员的比例，在集团公司所属 18 个企事业单位的 3520 名党员和群众中进行了抽样问卷调查，问卷共 9 个方面问题，调查对象为副处级以上党员干部 344 名，一般党员 2326 名，非党群众 850 名。调查表明，对党组织发挥政治核心作用与战斗堡垒作用在整体上肯定的占 73.2%，对党员队伍的整体满意率为 71.4%。在调查摸底的基础上，各单位进一步加强党的基层组织建设，使基层党组织建设进一步制度化和规范化。集中时间、集中精力对软弱涣散的基层党组织进行了整顿。经统计，集团公司各单位对 143 个软弱涣散的基层党支部进行了调整和补充，使这些基层党组织的面貌有了明显转变。各单位以加强流动党员管理为重点，认真掌握与企业有偿解除劳动关系党员、内部退养职工党员、离退休党员、社会用工党员等特殊类型党员的情况，落实每一位党员的组织关系，使每一位党员都在党支部的管理之中。目前，集团公司已经接收社会用工党员正式党组织关系 1296 人，其中绝大部分分布在炼油与销售系统。

【开展共产党员扶贫济困献爱心捐款活动】　按照集团公司“关于元旦春节期间开展送温暖活动的通知”（中油政字［2004］641 号文件）要求，集团公司直属党委 12 月下发了关于组织开展“共产党员扶贫济困献爱心”捐款活动的通知（直属党字［2004］41 号），在集团公司机关、股份公司机关和直属单位广泛开展“共产党员扶贫济困献爱心”捐款活动。各级党组织通过支部党员大会、党小组会、宣传栏等形式，向党员讲清这次活动的目的和意义，使广大党员充分认识到，开展好这项活动，是实践“三个代表”重要思想，牢记全心全意为人民服务的根本宗旨，怀爱民之心、办利民之事的体现，是保持共产党员先进性，进一步密切党群、干群关系，维护集团公司改革发展稳定大好局面的需要。各级党员领导干部发挥表率作用，带头捐款献爱心，并切实转变作风，深入基层、深入群众，推动活动的开展。广大党员积极响应各级党组织的号召，踊跃捐款，半个月之内捐款总数达 367205 元。

【《集团公司基层建设纲要》的制定】　集团公司成立了基层建设工作领导小组。集团公司、股份公司机关有关部门和人员组成了《纲要》起草小组。在集团公司范围内开展大规模基层建设调查活动的基础上，起草组开展了有针对性的调查研究工作，努力摸清集团公司基层建设的现状，为制定《纲要》掌握了第一手资料。起草组成员认真学习了党和国家有关党的建设、经济工作、队伍建设、人事劳动、安全生产等方面的重要文件，认真落实党中央、国务院有关基层建设的精神。还查阅了石油部、总公司期间有关基层建设的重要文件资料和领导讲话，汲取了有关单位加强基层建设的成功经验。在起草过程中，广泛征求、充分吸收了各方面的意见，通过召开座谈会的形式，征求了企业领导、基层单位领导和集团公司、股份公司机关负责同志的意见。据不完全统计，40 多家企事业单位共组织召开《纲要》征求意见座谈会 80 余场，征求了 1500 余名企业领导、机关部门和二级单位负责人及基层干部员工的意见。起草组还邀请了国家有关方面的专家进行了咨询论证。《纲要》的起草历时半年，经过了 6 次集中封闭写作、16 易其稿，3 次向集团公司基层建设工作领导小组汇报，在广泛吸收各方面意见和建议的基础上，集中大家智慧，12 月 16 日经集团公司总经理办公会原则通过，形成了《纲要（征求意见稿）》，并提交集团公司 2005 年工作会议讨论，经修改完善后正式颁布实施。《纲要》进一步明确了加强基层建设的重要意义、指导思想和工作标准，规范了基层建设的主要内容，提出了加强基层建设的主要措施，是指导集团公司基层建设的纲领性文件。

宣传思想工作

【概述】　各级党组织认真学习贯彻集团公司工作会议和年中领导干部会议精神，围绕集团公司改革发展稳定的大局，坚持继承与创新相结合，贴近实际、贴近基层、贴近群众，不断提高思想政治工作的针对性和实效性。积极引导干部职工充分认识集团公司所肩负的保障国家油气供应安全的历史使命和改革发展稳定面临的形势，按照“六个必须坚持”、做好“四篇文章”和“四共”的要求，统一思想，鼓舞干劲，为集团公司2004年骄人业绩的取得和西气东输等重点工程建设任务的完成做出了突出贡献。

【集团公司深化“形势、目标、责任”主题教育和推进基层建设工作视频会议召开】 4月23日，集团公司召开深化“形势、目标、责任”主题教育和推进基层建设工作视频会议。集团公司党组成员、副总经理郑虎主持了会议，集团公司党组成员、纪检组组长李克成在会议讲话中要求，继续深化主题教育活动，扎实推进基层建设工作，进一步增强基层党组织的凝聚力和战斗力，把基层各项工作提高到一个新水平，全面完成2004年各项生产经营任务。会议提出2004年开展“形势、目标、责任”主题教育活动总的要求是：在2003年主题教育活动的基础上，按照集团公司2004年工作会议部署，紧密围绕和结合本单位工作实际以及职工思想实际，在教育内容上进一步深化，在教育方式上进一步创新，使主题教育活动更加扎实有效。并指出要从进一步提高思想认识、加强调查研究、加强基层基础工作等三个方面推进基层建设。会上，大庆油田公司、辽河石油勘探局、四川销售分公司和抚顺石化分公司分别做了关于“形势、目标、责任”主题教育和加强基层建设工作的典型发言。

【开展群众性安全生产宣传教育活动】 结合集团公司“安全生产管理年”的要求，各级党组织认真组织开展了以“吸取教训、抓好安全、振奋精神、推进发展”为主题的群众性安全生产宣传教育活动。广泛开展了“从我做起、安全在我身边”群众性大讨论，引导干部职工认真查找本单位、本岗位安全生产中存在的薄弱环节、思想上的模糊认识、操作上的“三违”行为，提出相应的整改措施。开展了以“学习掌握安全知识、树立正确安全生产观”为主要内容的安全生产知识竞赛活动，总部机关和直属单位职工的参赛率达到94.6%。报纸、电视、网络等媒体联动，组织开展了以“营造氛围、加强舆论”为主题的安全宣传教育工作，有力地促进了安全生产形势的进一步好转。

【选树和宣传先进典型】 各级党组织按照党组《关于进一步加强选树和宣传杰出先进典型的意见》要求，大力选树和宣传各级各类先进典型。认真组织向国资委推报先进典型，有20个集团公司所属企事业单位被评为“中央企业先进集体”，68人被评为“中央企业劳动模范”，分别占表彰总数的10%和11.3%。选树和推荐了苏永地、冯志强、张吉海、王萍、喻著成作为集团公司5位重大典型在集团公司2005年工作会议上作先进事迹报告，引起了强烈地反响。在纪念全国青年文明号活动十周年期间，塔里木油田塔中作业区、大庆石油管理局钻井二公司1205钻井队、管道局管道二公司“杨庆机组”被评为“全国青年文明号十年成就奖”。

【群众性精神文明创建活动蓬勃开展】 各在京直属单位贯彻落实党组加强精神文明建设的部署，坚持“两手抓、两手硬”，把加强精神文明建设作为促进经营、加强管理、提高效益、加快发展的大事来抓，把精神文明建设纳入发展总体规划，坚持两个文明一起部署、一起检查、一起落实，按照中央国家机关文明单位标准，健全组织，落实措施，形成了党政工团齐抓共管，全体职工齐创共建的良好局面，精神文明建设取得了丰硕成果。中国石油勘探开发研究院、华油（北京）服务总公司、华服总物业管理公司、中国石油物资装备（集团）公司、北京天然气集输公司、中国石油规划院、石油管理干部学院、中国石油技术开发公司、长城钻井公司、中国石油工程建设（集团）公司、中油测井有限责任公司等11家被评为“中央国家机关精神文明单位”，中国石油物资装备（集团）公司、北京天然气集输公司、中国石油规划院被评为“首都精神文明单位”，其中，中国石油物资装备（集团）公司被评为“首都精神文明单位标兵”。

【机关为基层服务受到表彰】 集团公司、股份公司机关各部门按照集团公司党组提出的领导干部“坚定、勤勉、团结、清廉”八字要求，机关工作人员“勤勉、诚信、团结、高效、自律”十字行为准则和机关“求真务实，多做奉献；勤奋学习，开拓创新；顾全大局，团结协作；规范高效，优质服务；艰苦奋斗，戒骄戒躁”五项作风，坚持为企业改革发展服务、为基层服务，切实加强机关建设，积极发挥“两个表率”作用，进一步转变工作作风，加强调查研究，为基层解决实际困难，取得了较好的经济效益和社会效益，受到了基层单位普遍好评。在各部门认真总结全年工作的基础上，采用各部门申报、初评委员会评审、终评委员会审定和党组批准的程序，进行了认真评选。直属党委对“集团公司财务资产部与股份公司财务部争取企业矿区公共费用在税前列支政策”等2004年度集团公司、股份公司机关为基层服务十大实事予以表彰，对“股份公司总裁办整治油气田及输油气管道生产治安秩序”等20件实事提出书面表扬。

2004年度集团公司、股份公司机关为基层服务十大实事：

（1）集团公司财务资产部与股份公司财务部为企业矿区争取公共费用在税前列支政策的实事。

（2）股份公司规划计划部争取国土资源部取消用地预审中地质灾害评价和压覆矿床调查内容的实事。

（3）炼油与销售分公司为油田炼化企业有偿解除劳动关系人员和待业子女提供再就业岗位的实事。

（4）化工与销售分公司全心全意解决基层运输困难，确保一体化物流全面实施的实事。

（5）集团公司规划计划部开展设备联合集中采购，为基层降低采购成本的实事。

（6）集团公司资本运营部为先期改制试点企业争取享受所得税减免政策的实事。

（7）集团公司国际事业部整体加入国际SOS救援中心，为海外项目人员生命安全提供保障的实事。

（8）集团公司科技发展部组织14项现场试验，为基层解决重大工程技术瓶颈的实事。

（9）勘探与生产分公司协调组织开展大庆徐家围子深层天然气勘探开发会战的实事。

（10）集团公司人事劳资部与股份公司人事部建设集团公司两级技术专家队伍的实事。

提出表扬的2004年度机关为基层服务20件实事：

（1）股份公司总裁办整治油气田及输油气管道生产治安秩序的实事。

（2）集团公司人事服务中心建立企业离退休人员生活补贴制度，提高职工退休后的生活保障水平的实事。

（3）股份公司科技与信息管理部积极热情为科研机构办理进口仪器减免税审核工作的实事。

（4）中国石油国际事业有限公司（中联油）积极组织哈油进口，为满足西部炼厂加工需求提供优质服务的实事。

（5）集团公司工程技术与市场部积极为基层解决紧急、特殊、难办的实事。

（6）股份公司财务部优化会计核算流程和方法，减轻基层会计人员工作量的实事。

（7）股份公司电子商务部协助地区公司应用石油物资分类与编码的实事。

（8）勘探与生产分公司帮助辽河油田分公司解决超稠油堵库问题的实事。

（9）集团公司咨询中心深入基层调研为油田发展献计献策的实事。

（10）股份公司人事部制订《中国石油天然气股份有限公司油气田地区公司组织结构设置指导规范》、《中国石油天然气股份有限公司炼化地区公司组织结构设置指导规范》的实事。

（11）股份公司规划计划部为炼化企业协调油田轻烃及液化气做乙烯原料的实事。

（12）集团公司科技发展部组织实施Geo－EastV1.0物探处理解释一体化软件开发，提升东方地球物理公司国际竞争力的实事。

（13）股份公司财务部落实化工销售集中纳税政策的实事。

（14）集团公司规划计划部推行全员服务承诺，努力促进企业发展的实事。

（15）集团公司发展研究部提出基地服务系统管理创新意见的实事。

（16）集团公司财务资产部协调解除大庆石油管理局3.1亿元借款担保责任的实事。

（17）集团公司国际事业部为企业提供国际先进的高含硫气田开发HSE规范及应急技术信息服务和培训的实事。

（18）集团公司离退休职工管理局主办中国石油第二届离退休职工文艺调演的实事。

（19）股份公司法律事务部建立并推行地区公司法律风险防范与控制体系的实事。

（20）中国石油天然气国际有限公司多部门合作协调解决赵东油田增储上产问题的实事。

【《股份公司机关员工作风八项要求》的制定】　为加强股份公司机关作风建设，规范员工行为，根据股份公司管理层的要求，直属机关党委在机关作风建设大讨论基础上，反复研究制定了“遵守作息时间、上班着装规范、言谈举止文明、热情礼貌待人、恪守职业道德、工作优质高效、保守商业秘密、遵守安全规定”为内容的《中国石油天然气股份有限公司机关员工作风八项要求》，经管理层批准正式颁布实施。股份公司机关各部门、专业公司在实施《机关员工作风八项要求》的过程中，进一步对本单位员工着装仪表、文明用语及办公环境、物品摆放等方面做出详细规定，呈现出机关文明、高效、廉洁的新形象。

【西气东输投产庆典暨总结表彰大会在人民大会堂召开】　12月30日，集团公司与中宣部、团中央、全国妇联、国家西气东输工程建设领导小组联合在人民大会堂召开“西气东输投产庆典暨总结表彰大会”，集团公司16个基层单位被评为“全国五一劳动奖状”，19人被评为“全国五一劳动奖章”；有7个单位被评为“全国青年突击队标兵”，有15人被评为“全国杰出青年岗位能手”；有7个单位被评为“全国三八红旗集体”，有8人被评为“全国三八红旗手”；有11个单位被团中央和国资委党委评为“国家重点工程建设青年贡献奖（集体）”，有31人被评为“国家重点工程建设青年贡献奖（个人）”；有60个单位被国家西气东输工程建设领导小组评为“国家西气东输工程建设先进集体”，有667人被评为“国家西气东输工程建设先进个人”。集团公司表彰了100个西气东输工程建设先进集体和1000名西气东输工程建设先进个人。此外，还举办了西气东输工程投产竣工专场文艺晚会。

【对外宣传工作】 对外加强了对集团公司生产经营业绩形象、公众形象、典型形象和重点工程建设的宣传。据统计，全年在中央电视台、新华社、人民日报、经济日报等中央各大媒体刊（播）发有关集团公司的报道230多条。特别是加大了对大庆油田的宣传，组织了中央媒体赴大庆油田采访报道，在《人民日报》5月24日头版头条刊登“踏上持久繁荣路”——看大庆如何落实科学发展观的文章。

企业文化建设

【概述】 2004年是《中国石油天然气集团公司企业文化建设纲要（试行）》颁布实施后的第一年。各级党组织进一步加大对《纲要》的宣贯力度，落实《纲要》提出的各项任务，大力加强本单位企业文化建设，推动了各项工作蓬勃发展。按照统一企业精神、统一核心经营管理理念、统一企业标识的“三统一”要求，加强对企业文化建设的指导和检查，目前已有近80%的直属单位制定了企业文化建设规划和《企业文化手册》。

【中央企业企业文化建设研讨交流会在大庆油田召开】 7月6—9日，国资委在大庆油田召开了“中央企业企业文化建设研讨交流会”。187家中央企业领导同志、国资委有关厅局负责同志、16家中央新闻媒体记者共计300多人参加了这次会议。国资委党委委员、副主任王瑞祥同志自始至终出席了会议，并在大会开始和结束时做了重要讲话。集团公司党组成员、纪检组组长李克成同志，集团公司总经理助理、大庆石油管理局局长曾玉康同志，中国企业文化研究会常务副理事长、秘书长孟凡驰同志出席了会议，中油集团公司部分单位的主要负责同志列席了会议。这次会议是国资委组建以来，第一次召开的全国较大型规模的会议，也是大庆油田近20多年来第一次承办这样规模的会议。集团公司和所属大庆石油管理局、大庆油田公司在会上做了经验介绍发言。全体与会代表现场参观学习了大庆地区6家企业的13个基层单位，他们是：铁人纪念馆、1205钻井队、西水源、十一中队、燃机电厂、中四队、北二注水站、北十五联合站、中十六联合站、大庆石化总厂保洁公司、催化重整车间、抗盐聚合物装置、丙烯酰胺装置。《人民日报》、《光明日报》、《工人日报》、新华社、中央电视台、中央人民广播电台等十几家中央新闻媒体的记者对会议情况及大庆油田的改革发展情况进行了深入报道，与会人员反响强烈。通过这次会议充分展现了大庆石油石化企业良好的形象和职工的精神风貌，同时展现出大庆企业文化的魅力，也是对大庆精神、铁人精神和大庆石油石化企业的一次极好的宣传。

【集团公司召开企业文化建设推进会】 7月8日，在大庆油田召开了“集团公司企业文化建设工作推进会”。集团公司党组成员、纪检组组长李克成，集团公司总经理助理、大庆石油管理局局长曾玉康出席了会议，集团公司41家单位的主要领导参加了会议。各单位向会议提交了20份书面经验材料，有11个单位的领导进行了大会发言。李克成同志在讲话中要求各单位要认真贯彻这次会议精神，进一步提高认识，增强企业文化建设的自觉性；加大《纲要》宣贯力度，建设集团公司统一的企业文化；大力弘扬求真务实精神，把企业文化建设落实到基层；紧密结合企业文化建设，统筹协调做好当前各项工作，把集团公司企业文化建设提高到一个新水平。

【集团公司命名首批企业精神教育基地】 为了进一步贯彻落实《集团公司企业文化建设纲要》精神，整合教育资源，更好地发挥这些场所的教育功能，促进企业文化建设，增强集团公司的凝聚力和影响力，经各单位申报，政治思想工作部组织评审，集团公司党组研究同意，决定首批命名“大庆铁人王进喜同志纪念馆”等36个场所为“中国石油天然气集团公司企业精神教育基地”（名单附后）。集团公司希望被命名的“中国石油天然气集团公司企业精神教育基地”，在展现企业形象、传播企业文化、弘扬企业精神、推广企业核心经营管理理念方面，继续发挥示范作用，为提高职工队伍整体素质，全面实现建设具有国际竞争力的跨国企业集团目标做出新的贡献。集团公司要求各单位把“中国石油天然气集团公司企业精神教育基地”作为宣贯中国石油企业文化的重要场所，进一步加强对职工队伍的教育，使广大干部职工不断加深对“爱国、创业、求实、奉献”企业精神和“诚信、创新、业绩、和谐、安全”核心经营管理理念内涵的理解和认同，增强责任感和自豪感，鼓舞广大干部职工为加快建设具有国际竞争力的跨国企业集团而奋斗。

【集团公司获全国企业文化建设组织推动奖】 2004年11月13—15日，由中国企业文化研究会等单位组织的“国际化进程中的中国企业文化——中外企业文化2004龙岩峰会”在福建召开，集团公司所属40多名企业领导及负责企业文化建设的同志参加了会议。会上，集团公司政治思想工作部主任关晓红代表集团公司做了题为《培育中国石油特色企业文化，加快具有国际竞争力的跨国企业集团建设》的发言，介绍了实施企业文化建设工程，以人为本，继承创新，以企业文化建设提升企业凝聚力、竞争力的做法，受到与会代表的好评。这次会议上，集团公司5个单位获组织推动奖，16个单位荣获实践创新奖，6人获企业文化建设个人贡献奖，5个单位和作者获研究成果奖，充分展示了中国石油企业文化建设的勃勃生机（获奖名单附后）。

【对集团公司《企业文化建设纲要》进行调整补充】 为更好地树立和落实以人为本，全面、协调、可持续的科学发展观，切实加强集团公司安全生产管理，集团公司对《中国石油天然气集团公司企业文化建设纲要（试行）》进行了调整补充。一是将安全作为集团公司核心经营管理理念的重要组成部分。指出“诚信、创新、业绩、和谐、安全”集中体现了集团公司经营管理决策和行为的价值取向，是有机的统一整体。其中诚信是基石，创新是动力，业绩是目标，和谐是保障，安全是前提。二是将“以人为本，安全第一”作为集团公司安全文化的核心。指出安全理念是既符合当前实际，又代表长远方向的文化理念；安全是集团公司创造优良业绩，实现全面、协调、可持续发展的前提；集团公司充分尊重人的生命价值，把社会公众和广大职工的生命安全放在首位。同时，积极承担保护企业财产和人类赖以生存的自然环境的责任，积极倡导以人为本的安全文化，努力追求零事故的目标。全面推进HSE管理体系，持续改进安全管理，落实安全生产责任制，强化安全教育和安全行为的培养和规范，坚决纠正违章指挥和违章作业，使安全第一的理念化为所有职工身体力行的自觉行动，确保生产安全和生活中的安全。做到安全思想要严肃，安全管理要严格，安全制度要严密，安全组织要严谨，安全纪律要严明。持续改进工艺条件和环境，加强对变化着的环境中不安全因素的风险识别和风险预测，不断提高风险防范能力，努力消除各种事故、灾害隐患，实现本质安全。

【加强《企业文化建设纲要》的学习培训】 各单位纷纷举办不同类型的培训班，利用学习研讨、辅导宣讲，帮助基层领导干部和广大员工深入理解《纲要》的基本精神，明确《纲要》提出的各项任务。利用各种大众传媒特别是采取培训的方式，大力宣传普及《纲要》，使“爱国、创业、求实、奉献”的企业精神和“诚信、创新、业绩、和谐、安全”的核心经营管理理念，以及“奉献能源、创造和谐”的企业宗旨家喻户晓、人人皆知，成为企业发展和职工行为的指南。股份公司党群工作部分别举办了股份公司党委书记培训班、党群部门负责人培训班以及机关处以上干部培训班，对领导干部和骨干进行了培训，并组织党群部门负责人培训班学员学习考察了青岛啤酒集团、海信集团的企业文化。

【编辑出版《中国石油企业文化故事集》】 集团公司政治思想工作部和中国石油职工思想政治工作研究会向各企事业单位征集文稿，编辑出版了《中国石油企业文化故事集》。集团公司党组成员、纪检组组长李克成同志为该书作序。该书辑录了能够体现中国石油企业文化的100多篇故事。这百余篇故事，采集于基层，来源于生活，其深厚的文化底蕴反映着石油职工的本质和主流，属于石油企业文化长河的源泉的一个部分。在一个个具体、鲜活的故事中，浓缩着百万石油职工“爱国、创业、求实、奉献”的大庆精神，凝结着各个发展时期石油企业先进的文化成果。

【西气东输工程建设书法、美术、摄影作品展览在国家博物馆举行】 10月28日—11月2日，由集团公司政治思想工作部和石油文联主办的“穿越神州，造福中华——中国石油西气东输摄影、美术、书法获奖作品展览”在中国国家博物馆举行。中国文联主席周巍峙为展览题词并出席了开幕式，集团公司党组成员、纪检组长、中国石油文联主席李克成等领导为展览剪彩，政治思想工作部主任、石油文联常务副主席关晓红主持开幕式。共有 3000 多名社会各界人士参观了展览。此次展出的 50 幅书法作品、48 幅美术作品、100 幅摄影作品是从“气龙杯”西气东输书法、美术、摄影比赛中征集的 2600 多幅作品中优选出来的获奖作品。此次展览引起了社会广大人士的关注和欢迎，起到了宣传西气东输工程的目的，展示了工程建设者们的精神面貌，鼓舞了石油人的士气，树立了中国石油的企业形象。

群团工作

【概述】　各级工会、共青团等群众组织坚持党的全心全意依靠工人阶级的根本方针，充分发挥党联系职工群众的桥梁和纽带作用，互联互动形成合力，共同作好新形势下的群众工作，为企业改革发展稳定服好务，为职工群众服好务，充分调动了职工群众投身企业改革发展的积极性和创造性。

【直属机关工会、共青团工作会议召开】　2004 年 3 月 16—17 日，集团公司直属机关工会、共青团工作会议在长沟召开。这是直属机关工会和共青团第一次联合召开工作会议，以利于工会、共青团组织加强交流。集团公司党组成员、纪检组组长李克成同志出席会议并发表重要讲话，对直属机关工会、共青团工作给予了高度评价，向与会的各单位党委领导和各级党组织提出了重视和加强工会、共青团工作的具体要求。阎启锡和宋新辉同志分别代表直属工会、直属团委作了工作报告。

【工会组织建设和职工之家建设取得新成绩】　各级工会组织大力加强基层组织建设，突出抓好换届选举、新建单位的工会组建、干部配备，营造了加强工会基层组织建设的浓厚氛围。物资装备（集团）总公司、财务公司、经济技术研究中心、中国石油报社等直属单位召开了工会换届大会，国际工程公司、西部石油管道公司等新建单位及时组建了工会组织。职工之家建设工作做到了统筹规划，分步实施，形成了党组织统一领导、行政积极支持、工会具体实施、职工热情参与的建家工作格局。据统计，直属单位有职工之家 111 个，建家率达到 85%。其中，有全国职工之家 1 个，全国模范之家 1 个；模范职工之家 9 个，先进职工之家 41 个（其中在苏丹、哈萨克斯坦、秘鲁、委内瑞拉有先进职工之家 4 个）。

【困难职工帮扶机制的进一步建立和完善】　做好困难职工帮扶工作，是实现好、维护好、发展好广大职工群众根本利益的重要方面，也是各级工会组织的一项长期而艰巨的任务。11 月 23 日，集团公司党组下发了《关于元旦春节期间开展送温暖活动的通知》，对各级党组织和工会组织开展困难职工帮扶工作提出了明确的要求。通过财务资产部将 5650 万元的专项帮扶资金下拨到各企事业单位，提出了集团公司困难职工帮扶资金使用和分配的五条原则意见，明确资金的管理和使用由本单位工会组织负责。各级工会组织从致力于建立送温暖长效机制出发，采取集团公司拨款、部分工会经费、党员和职工捐助等形式，建立了扶贫助困专项资金。直属工会建立了 336 万元扶贫助困资金，制订了《集团公司直属机关困难职工帮扶资金管理办法》等制度，建立起为职工群众做实事办好事的服务平台。据统计，元旦春节期间，直属机关各级工会组织走访慰问困难职工、劳动模范 1268 人次，发放慰问金 128 万元。

【加强职工民主管理的新探索】　各级工会组织认真按照中央办公厅、国务院办公厅《关于在国有企业、集体企业及其控股企业深入实行厂务公开制度的通知》精神和集团公司党组《关于在深化改革中进一步推进厂务公开工作的意见》要求，积极推行和规范深化厂务公开民主管理制度，努力把厂务公开民主管理的要求融入到依靠职工办企业的体制机制制度之中，使厂务公开民主管理真正成为现代企业制度的组成部分，不断完善职工代表大会制度，重点推进基层民主政治建设，职代会的建制率达到 90%以上。工程设计公司、国际事业有限责任公司、中国石油报社、济南柴油机厂、勘探开发研究院北京石油机械厂、工程建设公司、华油（北京）服务总公司等直属单位都及时召开了职代会。经集团公司党组批准，建立了集团公司机关职工代表会议工作制度，代表机关职工行使民主管理职能。凡涉及机关职工切身利益的问题，如工资、福利、安全、健康、社会保险、职工培训等，职工代表会议具有知情权、审议权、建议权。许多单位建立了规范的厂务（企务、院务）公开制度，把企业生产经营方面的重要问题、涉及职工切身利益方面的问题、与企业领导班子建设和反腐倡廉密切相关的问题，作为厂务公开的重要内容加以公开，提高公开的针对性和时效性。

【开展集团公司青年工作调研】 按照集团公司党组和中央企业团工委的要求，在集团公司开展了大规模的青年工作调研。调研主要采取了问卷和座谈走访两种方式。调研问卷由集团公司政治思想工作部统一制定，共发放团员青年思想状况和团干部思想、学习和工作状况两份问卷4万余份。座谈走访调研共分两个层次进行，一是各企事业单位深入基层，进行走访座谈；二是集团公司政治思想工作部青年工作部以二级企业团组织为主要对象，进行座谈走访，共调研走访50余家单位，收到了许多好的意见和建议。通过调研形成了一份比较全面客观的集团公司青年工作调研报告。党组专门听取了这次调研情况的汇报。

【十大杰出青年的评选】 在纪念“五四”爱国运动85周年之际，评选表彰了集团公司第三届十大杰出青年和直属机关第四届十杰青年。他们是从各企事业单位和总部机关选拔推荐的51名候选人中，经过评委会投票评选和集团公司党组批准产生的（获奖青年名单附后）。并隆重召开了表彰大会，集团公司党组成员、副总经理郑虎出席会议并发表重要讲话。他在讲话中勉励集团公司广大青年要继承和发扬石油石化工业光荣传统，努力在跨国企业集团建设中建功立业；要肩负起神圣的历史使命，在企业改革发展的实践中成长成才。他要求共青团组织要为青年人才的脱颖而出搭建广阔舞台，大力培养和开发青年人才资源；各级党组织要高度重视青年工作，为广大青年的健康成长创造良好环境。同时，还表彰了107名集团公司第二届优秀青年工作者。经集团公司和黑龙江联合推荐，大庆油田公司井下作业公司经理王新纯当选为第十五届“中国十大杰出青年”，成为集团公司获此荣誉称号的第一人。

【集团公司第四期团干部培训班举行】 来自集团公司所属单位的团委书记、副书记及部分基层团干部骨干共73人参加了培训学习。集团公司团干部培训班每两年举办一期。培训班先后安排了“现代企业人力资源管理概论”、“集团公司发展战略”、“党的十六届四中全会精神辅导报告”、“简读财会三张表”、“团队建设”、“集团公司企业文化与青年工作”和拓展训练、青年工作研讨等课程和活动。大家一致认为这次培训班主题明确，内容丰富，使大家明确了工作思路，提高了认识，是一次难得的提高自身素质和学习交流的机会。

【“西气东输”入选歌词征集谱曲活动评选揭晓】 由集团公司政治思想工作部、中国石油文联、石油音乐家协会组织的“西气东输”入选歌词征集谱曲活动评选于近日揭晓。这次面向全国的西气东输歌曲创作征集活动，是为了更好地宣传西气东输重大工程，大力弘扬石油企业无私奉献精神，用优美的旋律唱响这项宏伟工程。这次征歌活动组织严密，产生了广泛的社会反响，整个活动从组织专业作者赴西气东输工程施工沿线深入生活，创作产生了20首歌词，再通过新闻媒体向全社会广泛征集谱曲，历时一年时间，共收到来自全国专业、业余曲作者应征作品1530首，在隐去作者姓名对应征作品进行统一编号的情况下，经总政歌舞团创作室主任、作曲家丁晓里，国家一级作曲张卓娅，中国歌剧院创作室主任、作曲家温中甲，中国音协杂志社社长、作曲家冯世全，中国音协《歌曲》编辑部主任、作曲家田晓耕等首都音乐界专家的认真评选，共有80首作品入围，20首作品获奖。此外，中国作协还选派了全国著名作家孙晶岩创作了西气东输工程报告文学《中国动脉》。

光 荣 榜

【2004年集团公司获全国荣誉称号名单】

1. 全国五一劳动奖状（16个）

中国石油西气东输管道分公司；

大庆石油管理局建设集团管道工程公司；

辽河石油勘探局建设工程一公司西气东输工程项目部；

华北石油管理局钢管厂；

四川石油管理局石油天然气建设工程有限责任公司；

长庆石油勘探局建设工程总公司西气东输工程项

目部全自动机组；

新疆石油管理局工程建设公司西气东输工程项目部；

管道局管道工程公司；

管道局第三工程公司；

工程设计公司西南分公司；

塔里木油田分公司克拉 2 气田项目部；

长庆油田分公司第一采气厂第一净化厂；

东方地球物理公司塔里木前指 2100 队；

管道局第一工程公司西气东输 25 标段项目部；

管道局穿越分公司一处；

管道分公司科技研究中心。

2. 全国五一劳动奖章（19 人）

黄维和　西气东输管道分公司总经理、党委书记；

孙龙德　塔里木油田分公司总经理、党工委书记；

马　骅　管道局西气东输项目总指挥；

李道远　大庆石油管理局建设集团管道工程公司经理；

王品毅　辽河石油勘探局油建二公司总工程师；

张德民　华北石油管理局工程建设公司西气东输项目部经理；

杨胜金　四川石油管理局建设工程公司总工程师、西气东输中卫黄河跨越项目负责人；

蒋华雄　新疆石油管理局工程建设公司西气东输项目部经理；

郝虹晓　管道局三公司西气东输项目机组长；

陈金龙　西气东输管道公司工程甘肃管理处处长、高级工程师；

褚永杰　西气东输管道公司山西管理处处长、高级工程师；

罗世芳　塔里木油田分公司西气东输气田建设项目部常务副经理；

朱天寿　长庆油田分公司第一采气厂副厂长；

向　波　工程设计公司西南分公司西气东输项目设计负责人；

温声明　东方地球物理公司库尔勒分院院长、克拉 2 气田技术负责人；

梅广庆　管道局管道一公司储罐安装处焊工；

李明辉　辽河石油勘探局油建一公司机组长；

余学峰　管道局管道二公司第二安装公司焊工；

牟新华　华北石油管理局钢管厂华油钢管公司焊接技师。

3. 全国青年突击队标兵（7 个）

大庆石油管理局建设集团管道工程公司西气东输 7B 项目部；

辽河石油勘探局建设工程二公司西气东输项目部半自动焊五机组；

管道局第一工程公司工程一处陆国军机组；

华北石油管理局工程建设公司西气东输项目部第一机组；

塔里木油田分公司勘探开发研究院勘探所；

四川石油管理局天驰公司第二机械化作业组；

吉林石油集团建设公司西气东输项目部。

4. 全国杰出青年岗位能手（15 人）

杨　庆　管道局管道二公司西气东输 21 标段三机组组长；

夏　刚　管道局管道四公司经理助理兼西气东输项目部经理；

杨　昆　大庆石油管理局建设集团管道工程公司第二分公司焊工；

杜友军　大港油田集团有限责任公司工程建设公司三分公司项目经理；

常　宏　长庆石油勘探局建设工程总公司西气东输项目部副经理；

薛　斌　新疆石油管理局时代石油工程公司工艺所工程师；

潘晓丹　石油物资装备（集团）总公司运输保险部业务主管；

李　波　西气东输管道公司生产运行处高级主管；

张福东　中国石油勘探开发研究院廊坊分院天然气地质所规划室副主任；

朱力挥　塔里木油田分公司西气东输项目部地面工程部副主任；

李文武　四川石油管理局油建公司三公司电焊工；

林泊成　西气东输管道分公司甘肃管理处副处长；

高　慧　管道分公司西气东输压缩机维检修中心助理工程师；

刘金成　吉林石油集团公司建设公司焊工；

黄会增　大港油田集团公司工程建设公司三分公司副经理。

5. 全国三八红旗集体（7 个）

管道局第三工程公司三八女子焊工班；

管道局管道一公司西气东输女子“战地”宣传小分队；

西气东输管道公司生产运行处女子调试投产组；

西气东输管道公司文控与竣工资料管理组；

塔里木油田公司勘探开发研究院开发所；

工程设计公司西南分公司克拉2项目部；

工程技术研究院防腐保温产品质量监督检验中心防腐产品检测组。

6. 全国三八红旗手（8人）

刘玉英　管道局管道三公司女子焊工班班长；

裴亚萍　华北石油管理局工程建设公司管道分公司管焊二队电焊工；

郭艳林　工程设计有限责任公司西南分公司；

汤立新　塔里木油田公司西气东输气田建设项目经理部综合部生产协调；

余淑明　塔里木油田公司西气东输气田开发处副处长；

张文伟　管道局管道工程有限公司工艺室副主任；

钟　梅　管道局西气东输项目部控制合同部、文控部；

侯晓辉　管道公司廊坊油气储运分公司工程师。

【集团公司获“中央企业劳动模范”称号名单】　共68人。

李新民　大庆石油管理局钻井二公司1205钻井队队长；

刘忠波　大庆石油管理局油田建设集团焊工；

董国昌　吉林石油集团有限责任公司钻井工艺研究院工艺所所长；

吕文起　辽河石油勘探局录井公司技术开发公司经理；

张　伟　辽河石油勘探局钻井二公司GW75钻井队司钻；

庞思扬　大港油田集团公司钻井工程公司第一钻井公司陕北项目副经理；

郭庆平　华北石油管理局井下作业公司南疆分公司经理；

吴立斌　四川石油管理局油建公司总工程师；

慕甲锋　长庆石油勘探局水电厂厂长兼党委书记；

周　丰　长庆石油勘探局井下技术作业处压裂大队副队长；

钱立强　玉门石油管理局油田作业公司侧钻队队长；

赵海基　青海石油管理局井筒工程公司作业17队队长；

高秋涛　新疆石油管理局测井公司测井研究所副所长；

徐凯军　独山子分公司炼油厂蒸馏车间技术员；

周　杰　塔里木石油勘探开发指挥部工程技术服务公司副总工程师；

王　强　吐哈石油勘探开发钻采工艺研究院海外项目部经理；

张秀君　东方地球物理公司国际勘探事业部副总经理；

申玉春　大庆石油化工总厂第一安装工程公司电焊工；

于　庆　大连石油化工公司消防大队值班班长；

高树来　抚顺石油化工公司石化二厂粉煤灰制砖厂厂长；

崔敬东　锦州石油化工公司工程公司副经理；

王旭东　兰州炼油化工总厂第二建设公司第一分公司铆工班班长；

陆一民　乌鲁木齐石油化工总厂化工厂副厂长；

朴春生　锦西炼油化工总厂维修车间班长；

袁　波　辽阳石油化纤公司机械厂特钢分厂厂长；

聂金泉　吉化集团公司高碳醇厂厂长兼党委书记；

杜国忠　兰州化学工业公司有机厂苯胺车间主任；

姜梅玲　宁夏化工厂幼儿园园长；

张吉海　石油天然气管道局工程部副经理；

张自修　物资装备总公司宝鸡石油机械有限责任公司钻机分厂工区主管；

程双启　石油天然气运输公司沙漠运输公司工程机械大队队长；

苏永地　勘探开发公司苏丹1/2/4项目勘探部副总地质师；

许建民　国际工程公司长城钻井公司装备事业部副经理；

杜　光　国际工程公司工程建设（集团）公司苏丹分公司经理；

韩维友　大庆油田有限责任公司呼伦贝尔分公司经理；

王玉华　大庆油田有限责任公司勘探分公司经理；

孙厚利　辽河油田分公司钻采工艺研究院防砂中

心主任；
孟宪威　辽河油田分公司高升采油厂合作开发作业区区长；
王安辉　吉林油田分公司勘探开发研究院油藏评价所所长；
朱文春　大港油田分公司第一采油作业区经理助理；
刘凤芸　华北油田分公司第五采油厂地质研究所滚动开发室主任；
喻　建　长庆油田分公司勘探开发研究院石油勘探室主任；
高静乐　长庆油田分公司第二采油厂厂长；
杨学文　新疆油田分公司百口泉采油厂厂长兼党委书记；
段吉斌　新疆油田分公司采油二厂生产监督；
王一刚　西南油气田分公司勘探开发研究院教授级高工；
周建华　青海油田分公司钻采工艺研究院室副主任；
塔依尔·吾布利　塔里木油田分公司塔西南勘探开发公司党委副书记；
周　波　吐哈油田分公司鄯善采油厂厂长兼党委书记；
苗国政　玉门油田分公司青西油田作业区党委书记；
张顺清　冀东油田分公司作业三区经理；
张俊民　大庆石化分公司化工二厂丙烯腈车间主任；
王　海　抚顺石化分公司石油三厂分子筛脱蜡车间运行班长；
韩玉茹　辽阳石化分公司烯烃厂高级工程师；
唐文奎　兰州石化分公司人事处党委组织部部长；
马军生　乌鲁木齐石化分公司热电厂厂长；
李　岩　吉林石化分公司双苯厂厂长；
吴炎增　宁夏石化分公司副总经理；
宋仕运　大连石化分公司第一联合车间主任；
袁庆斌　锦州石化分公司机动设备处副总工程师；
李伍生　锦西石化分公司催化气分车间班长；
李泓波　哈尔滨石化分公司油品储运车间主任；
王浩峰　大庆炼化分公司工程技术服务公司电气工区主任；
苏　跃　西北销售分公司新疆公司经理；
赵学军　辽宁销售分公司本溪销售公司解放路加油站经理；
陶月星　内蒙古销售分公司锡林郭勒销售公司经理党委书记；
徐卫中　管道分公司长庆输油公司副经理；
苏义脑　中国石油勘探开发研究院钻井所副所长。

【集团公司获“中央企业先进集体”称号名单】　共20个。

大庆石油管理局；
辽河石油勘探局钻井一公司；
长庆石油勘探局钻井工程总公司40102钻井队；
新疆石油管理局钻井公司；
东方地球物理勘探有限责任公司；
抚顺石油化工公司；
吉化集团公司；
石油天然气管道局工程有限公司；
国际工程公司中油测井技术服务有限责任公司测井事业部；
勘探开发公司中油国际（尼罗）有限责任公司；
大庆油田有限责任公司；
辽河油田分公司；
长庆油田分公司第一采气厂；
新疆油田分公司彩南油田作业区；
西南油气田分公司重庆气矿；
大庆石化分公司炼油厂常减压二车间；
抚顺石化分公司；
吉林石化分公司；
炼油与销售公司甘肃销售分公司；
中国石油勘探开发研究院。

【中国石油天然气集团公司2003年度全国青年文明号名单】

新命名的青年文明号是（38个）：
大庆石油管理局钻井二公司1205钻井队；
大庆石油管理局钻井二公司1202钻井队；
大庆油田公司勘探开发研究院勘探一室；
辽河石油勘探局油建二公司西气东输工程青年突击队；
辽河油田分公司高升采油厂油气水电大队高一联合站；
吉林石油集团有限责任公司第一钻井工程公司30550钻井队；
吉林油田分公司英101中转站；
大港油田集团公司测井公司5701队；

华北石油管理局第三钻井工程公司 40546 钻井队；

华北油田分公司第四采油厂永清工区苏桥站净化岗；

四川石油管理局测 611 队；

西南油气田分公司蜀南气矿乐山采气作业区威五井；

长庆石油勘探局建设工程总公司第七工程公司；

长庆油田分公司第二采油厂油气集输大队华联站；

玉门油田分公司青西油田青西联合站；

青海石油管理局井筒工程公司压裂技术服务公司；

新疆石油管理局机械制造总公司工具车间；

新疆油田分公司采油三厂地质研究所开发室；

独山子石化公司研究院合成树脂所；

吐哈石油勘探开发指挥部井下压裂一队；

大庆石化总厂万隆物业公司龙凤车棚管理中心；

抚顺石油化工公司腈纶化工厂丙烯腈车间主控室；

抚顺石化分公司石油一厂青年安全宣讲队；

兰州石化分公司化肥厂中央控制室；

兰州化学工业公司有机厂苯胺车间加氢工段；

乌鲁木齐石油化工总厂信息技术中心市场部；

锦西炼油化工总厂保卫处保安大队；

锦西石化分公司重油催化车间；

中油吉林化建自动化工程公司仪表工程青年突击队；

中国石油天然气管道局管道二公司西气东输工程杨庆机组；

中国石油管道分公司长庆输油分公司曲子输油站；

西气东输管道公司苏浙沪管理处；

中国石油天然气股份有限公司新疆销售分公司红山路加油站；

中国石油天然气股份有限公司北京销售分公司右安门加油站；

中国石油天然气股份有限公司深圳先进加油站；

中国石油天然气股份有限公司重庆销售分公司黄花园加油站；

中油国际（尼罗）有限责任公司；

中油国际（苏丹）炼油有限公司。

【全国企业文化获奖名单】

1. 实践创新奖（16 个）

大庆石油管理局；

大庆油田有限责任公司；

辽河油田分公司；

大庆石化总厂；

大庆炼化公司；

吉化集团；

抚顺石化公司；

兰州石化分公司；

吐哈石油勘探开发指挥部；

长庆油田分公司；

管道局；

管道分公司；

青海石油管理局；

吉林销售分公司；

华北销售分公司；

中国石油第一建设公司。

2. 组织推动奖（4 个）

中国石油天然气集团公司；

大庆炼化公司企业文化研究会；

大庆油田公司党委宣传部；

大庆石油管理局企业文化部。

3. 个人贡献奖（6 名）

苏玉添　大庆石油管理局党委书记；

孙淑光　大庆油田公司党委书记、监事会主席；

孙崇仁　辽河石油勘探局党委书记、辽河油田分公司党委书记；

于宝祥　大庆炼化公司党委书记；

王道富　长庆油田分公司总经理、党委书记；

赵益红　中国石油第一建设公司党委书记。

4. 研究成果奖（5 个）

《以观念更新推动理念创新，以文化发展推动管理升级》作者大庆油田公司；

《以区站为重点的辽河油田企业文化建设》作者辽河油田分公司；

《铸魂炼魄，以文化人》作者大庆炼化公司；

《青海油田企业文化探索》作者青海油田；

《大庆石油管理局企业文化的个性特征》作者大庆石油管理局王显平。

【首批“中国石油天然气集团公司企业精神教育基地”名单】　共 36 个。

大庆铁人王进喜同志纪念馆；

大庆“铁人第一口井”；

大庆油田“松基三井”；

大庆油田 5—65 井组；

大庆油田北二注水站；

大庆油田中四采油队；
大庆油田科技博物馆；
大庆 1205 钻井队；
大庆 1202 钻井队；
大庆供水公司西水源；
大庆油田中十六联合站；
辽河油田科技馆；
华北油田“任四井”；
毛泽东主席视察隆昌气矿纪念馆；
西南油气田“自二井”；
长庆油田“陕参一井”；
长庆油田“好汉坡”；
长庆油田“流芳亭”；
玉门油田矿史展览馆；
老君庙油田展览室；
青海油田冷湖五号“地中四井”；
世界海拔最高的油井——青海油田“狮 20 井”；
青海油田冷湖四号公墓；
格尔木炼油厂展览厅；
青海油田发展史厅、勘探开发厅；
克拉玛依展览馆；
新疆“克一号井”；
塔里木石油展览馆；
塔里木油田“塔中四井”；
塔里木油田“轮南二井”；
东方地球物理公司征服塔克拉玛干纪念碑；
大庆石化公司展览中心；
抚顺石化“中国第一套催化裂化装置”址；
乌鲁木齐石油化工总厂展览厅；
兰州炼油化工总厂展览厅；
兰州化学工业公司展览馆。

【集团公司第三届十大杰出青年名单】

李新民　大庆石油管理局钻井二公司 1205 钻井队队长；
冯志强　大庆油田有限责任公司勘探开发研究院总地质师；
王德军　辽河油田分公司锦州采油厂采油作业四区地质工艺队副队长；
朱育蓉　中国石油新疆销售乌鲁木齐分公司红山路加油站站长；
朱爱军　中国石油天然气勘探开发公司中油—阿克纠宾油气股份现场作业管理中心副经理；
易发新　辽河石油勘探局工程技术研究院副院长；
骆　伟　新疆石油管理局勘察设计研究院油气田工艺设计所副所长兼总工程师；
王维强　兰州石化分公司炼油厂重整联合车间班长；
王贵重　东方地球物理公司研究院库尔勒分院总地质师兼塔里木前线指挥部总地质师；
张成中　锦州石油化工公司技术发展部副部长。

【集团公司优秀青年名单】

熊　军　长庆油田分公司第一采油厂坪桥作业区工程技术员；
张　勇　大港油田集团公司钻井工程公司第二钻井公司 40572 钻井队司钻；
窦松江　大港油田分公司勘探开发技术研究中心开发一所副所长；
王锡军　青海石油管理局油田工程建设有限责任公司管工；
娄玉良　大庆石化总厂化工厂 ABS 车间主任；
杨海军　塔里木油田分公司勘探事业部项目经理部经理；
吴礼君　吐哈石油勘探开发指挥部油田建设有限责任公司焊工；
于　飞　抚顺石油化工公司腈纶化工厂丙烯腈车间主任；
于　强　独山子石化分公司乙烯厂乙烯车间主任；
朱清海　华东销售无锡分公司经理兼党支部书记；
李海防　华北销售北京分公司副经理；
徐常胜　新疆油田分公司勘探开发研究院勘探研究所区带勘探综合研究项目组副组长；
张建国　大庆石化分公司炼油厂厂长；
张越亮　呼和浩特石化分公司常减压车间主任兼党支部书记；
熊　战　华北石油管理局钻井一公司副总工程师；
王安辉　吉林油田分公司勘探开发研究院油藏评价所所长；
刘学锐　乌鲁木齐石化总厂塑料厂一编车间主任兼党支部书记；
郭艳林　工程设计有限责任公司西南分公司油气储运室高级工程师；
严　九　集团公司财务资产部会计处处长；
钟　华　中国石油股份公司人事部机关人事与综合处干部。

【集团公司直属机关第四届十杰青年名单】

董　旭　中国石油天然气管道工程有限公司副总

经理，西气东输管道工程设计联营体项目副经理；

张维斌　管道分公司兰州输气分公司德令哈站站长；

张　峰　济南柴油机股份有限公司内燃机研究所车船部副主任；

蔡文浩　集团公司人事劳资部干部二处副处长，西藏那曲地区地委副秘书长、那曲地区双湖特别区区委书记（挂职）；

符　鹏　长城钻井有限责任公司市场三部副经理；

刘俊峰　中国石油规划总院管道所副所长；

姜增所　冀东石油勘探开发公司井下作业公司6501队队长；

柴玉军　华油北京服务总公司物业管理公司经理、副书记；

曹　宏　中国石油勘探开发研究院物探技术研究所储层室副主任兼集团公司油气储层重点实验室副主任；

李　波　西气东输管道公司生产运行处工程师。

（集团公司政治思想工作部
股份公司党群工作部）

纪检与监察工作

【概述】　2004年，集团公司各级组织和纪检监察部门以邓小平理论和“三个代表”重要思想为指导，认真贯彻中共中央关于反腐倡廉一系列指示精神，树立和落实科学发展观，紧紧围绕集团公司改革发展稳定，认真落实领导人员廉洁自律、查办违纪违法案件、效能监察和治本抓源头四项重点工作，不断加强以建立“三个机制”、规范“四项权力”为核心的惩治和预防腐败体系建设，党风建设和反腐倡廉各项工作有序推进、健康发展，取得了新的成效。

【党风建设】　中共中央颁布实施《中国共产党党内监督条例（试行）》、《中国共产党纪律处分条例》以后，集团公司党组及时下发文件，对学习贯彻两个《条例》做出具体部署，并以学习贯彻两个《条例》为主线，在全公司广泛开展了理想信念教育，党的优良传统教育，党纪条规教育，依法经营、廉洁诚信教育和正反面典型教育。

集团公司各单位通过组织中心组学习、召开民主生活会专题讨论、举办学习班、听讲座辅导、撰写心得体会、开展知识测试和答题活动、组织全体党员收听收看两个《条例》知识竞赛录像等灵活多样的教育活动，深入学习贯彻两个《条例》；通过报刊、电视、广播、网络、宣传挂图展览、征集漫画警言、开展家庭助廉活动等多种形式加大宣传力度，营造学习贯彻两个《条例》的良好氛围，不断强化广大党员干部对两个《条例》的熟悉、理解和掌握。集团公司还积极承办了全国党内法规知识竞赛中央直属机关、中央国家机关和中央企业赛区的初赛、复赛的组织工作，并夺得本赛区预赛、复赛第一名和全国决赛三等奖。

据统计，2004年，全集团公司共购买两个《条例》读本和学习材料36万多份；组织辅导报告、专题讲座1263场，举办学习班、培训班1660期，参加9万人次；局、处两级党委中心组组织学习5420次，参加3万多人次；集中组织学习宣传两个《条例》4200多场，参加32万多人次；组织两个《条例》知识竞赛和答题测试1845场，参加22万多人次；收看法规知识竞赛达到44万多人次。还结合两个《条例》的学习，组织观看反腐倡廉电教片5474场。

按照集团公司纪检字［2004］9号文件要求，各单位认真执行党风廉政建设责任制，重在落实。普遍对党风廉政建设责任制的落实情况进行了自检自查，重点检查范围是：党风廉政建设责任制制度是否健全，责任书的签订比率是否符合要求，责任范围与内容是否明确，责任分解是否落实，责任考核是否到位，责任追究是否严格。

据统计，全集团公司共签订党风廉政建设责任书30797份，签订个人廉洁自律承诺书30976份；新制定和修订党风廉政建设责任规章制度481个；对因责任范围内发生严重违纪违规问题、造成重大经济损失或重大安全生产事故的1492名科级以上党员干部实施了责任追究，其中局级干部1人，处级干部242人，科级干部1249人；受到责任追究的1492名人员中，诫勉谈话887人，通报批评292人，组织处理

156人，党纪政纪处分157人，有效促进了党风廉政建设责任制工作的进一步深化。

（集团公司党组纪检组、监察部）

2004年，股份公司监察部以学习贯彻《中国共产党党内监督条例（试行）》和《中国共产党纪律处分条例》（简称：两个《条例》）为重点，加强反腐倡廉宣传教育，增强党员干部廉洁自律意识。

（1）深入开展两个《条例》学习教育，筑牢思想道德防线。据统计，各单位共组织学习宣传两个《条例》1453场次，140295人次参加；组织观看各类教育片1279场次，92368人次观看；组织学习两个《条例》知识测试和竞赛367场次，71992人次参加。中国石油勘探开发研究院、大庆油田有限责任公司、辽河油田分公司、哈尔滨石化分公司和独山子石化分公司等单位代表中国石油参加了中纪委组织的《全国党内知识法规竞赛》，获得了复赛第一名、决赛第三名的好成绩。

（2）树立廉洁自律先进典型，开展正反典型教育。2004年股份公司系统有10个单位获得"集团公司纪检监察工作模范集体"荣誉称号；5个办案组获得"集团公司优秀办案组"荣誉称号；10个项目获得"集团公司优秀效能监察项目"荣誉称号；9名同志获得"集团公司纪检监察模范干部"荣誉称号；10名同志获得"集团公司廉洁自律模范干部"荣誉称号。各单位普遍开展了选树廉洁自律先进典型活动，共评选表彰廉洁自律先进集体典型150个，先进个人典型608人。各单位利用典型案例，开展警示教育，共计剖析典型案例212个，组织播放各类教育片1279场（次），有92368人次观看。

（3）加快信息门户建设，充分利用互联网开展反腐倡廉教育，扩大教育面和教育的实效性。股份公司监察部加强信息门户建设，按业务类别建立了信息网上传送系统，实现了信息、资料的网上传输，全年在门户上发布信息60条。通过近一年的努力，股份公司监察部研制开发了廉洁从业档案软件系统，为建立股份公司高级管理人员廉洁从业档案打下基础。在2004年底股份公司科技与信息管理部组织的"企业信息门户建设、运营和运用评比"活动中，辽河油田分公司纪委监察处、长庆油田分公司纪检监察处、玉门油田分公司审计监察处、抚顺石化分公司监察处、前郭石化分公司审计监察处、大港石化分公司审计监察部、辽河石化分公司纪检监察处、呼和浩特石化分公司纪检监察处、大庆炼化分公司审计监察处、克拉玛依石化分公司纪委监察处等10个部门获得了"门户评比先进集体"的称号。

（股份公司监察部）

【领导干部廉洁自律】 各企事业单位党委、纪委深入贯彻集团公司《关于认真落实2004年领导干部廉洁自律重点工作的通知》精神，认真执行中央纪委第三次全会提出的"四大纪律"、"八项要求"和"三个不得"的规定，以此为重点开好领导班子民主生活会，逐条进行对照检查，班子成员之间认真开展批评与自我批评。

许多单位结合实际，采取有效措施，把遵守"四大纪律"、"八项要求"和"三个不得"的规定与整顿机关作风和领导作风紧密结合，在党员干部中广泛开展权力观教育和预防职务犯罪教育，加强对新提拔的领导干部廉洁自律教育；将"四大纪律"、"八项要求"和"三个不得"的规定制成警示牌、警示卡随身携带，自警自醒；在纪检监察网页上，开通"警钟长鸣"、"反腐扫描"、"廉政影视"、"网上举报"等专栏强化教育；在领导干部中深入开展廉洁承诺、述廉、考廉、评廉活动，并进行公开公示，加强监督，进一步建立完善领导人员廉洁从业档案等。

2004年，制订完善领导人员廉洁从业制度481项，有2147名科级以上领导人员进行了个人重大事项报告，其中局级干部19人次，处级干部1482人次；严格控制公费出国51人次；纠正超标准配备使用小轿车6辆；全公司共有381人主动上交了无法退回的礼金、有价证券、支付凭证共367万元。查出违反廉洁自律规定问题164个，处理151人，表彰廉洁自律先进典型2530个，剖析典型案例631个。

（集团公司党组纪检组、监察部）

股份公司各级纪检监察部门认真落实中纪委三次会议提出的"四大纪律"、"八项要求"和"三个不得"的要求，采取有效措施，抓好企业领导人员廉洁自律各项规定的落实，各级领导干部党性党风党纪观念、廉洁从业意识不断增强，带头廉洁自律，树立了良好形象，共有173名领导干部主动上缴价值156.11万元的礼金、礼品。各单位通过签订责任书、责任状和承诺书的方式，明确了各级领导干部的党风廉政责任。2004年，共签订局、处、科三级党风廉政建设责任书11459份，廉洁自律承诺书14884份。

（1）完善制度，夯实基础，强化措施，进一步促进党风廉政建设责任制的落实。各单位有针对性地建立健全各项规章制度，2004年共制定完善党风建设和廉洁自律制度规定81个。

（2）强化监督，开展责任制落实情况的检查，加大责任追究力度。各单位在完善党风建设各项制度的同时，加大了对制度落实、执行情况的监督检查和责任追究力度。2004 年，共与 303 人进行诫免谈话，责任追究 231 人，其中通报批评 115 人，组织处理 53 人，党纪政纪处分 63 人。

(3) 加强重点工程建设中的党风建设，筑起重点工程的“防火墙”。各单位纪检监察部门加强重点工程建设项目的监督工作，保证“工程优质、干部优秀”目标的实现。全年参与监督工程项目招投标金额达 78.79 亿元，物资招标采购金额达 275.82 亿元。

（股份公司监察部）

【查处违法违纪案件】 2004 年，按照集团公司纪检监察工作会议的部署，各级纪检监察部门加大查办案件力度，坚持依纪依法办案，严肃查处违纪违法案件，为企业的改革发展稳定提供了坚强的政治保证。通过查办案件，挽回直接经济损失 3297 万元。

1. 信访举报与初查核实情况

2004 年，各级纪检监察部门共收到群众信访举报 3823 件（次），同比增加 33 件（次），增加了 0.9%。其中，检举控告类 3602 件（次）、申诉类 52 件（次）、批评与建议类 91 件（次）、其他类 78 件（次）。其中，重复信访 631 件（次）、署名举报 504 件（次）。

在检举控告类的信访件中，反映局级干部 276 件（次）、处级干部 1216 件（次）、科级干部 1151 件（次）、其他人员 959 件（次）。检举控告中，反映经济类问题的有 2170 件（次），占信访总量的 56.8%。

2004 年，共初查核实举报线索 1739 件，初核率为 45.5%，比 2003 年上升了 6.5%。经初核，转立案 303 件；了结 1298 件，其中失实 764 件，作出适当处理 534 件，组织处理 124 人。

2. 立案与结案情况

2004 年，各级纪检监察部门累计办案 641 件（内含 2003 年度遗留案件 64 件）。其中，新立案 577 件，比 2003 年增加 95 件，增加了 19.7%。在新立案件中，经济类案件 324 件，比 2003 年增加 46 件，占案件总数的 56.2%，其中贪污案 51 件、受贿案 61 件、挪用公款案 11 件、索取收受财物礼品案 11 件、违反财经纪律案 60 件、违反规定从事经营活动案 1 件、其他经济类案 129 件；政治类案件 3 件，占案件总数的 0.5%；组织人事类案件 9 件，占案件总数的 1.5%；失职类案件 181 件，占案件总数的 31.4%；违反社会管理秩序类案件 26 件，占案件总数的 4.5%；侵犯党员公民民主权利类案件 3 件，占案件总数的 0.5%；严重违反社会主义道德类案件 5 件，占案件总数的 0.9%；其他类案件 26 件，占案件总数的 4.5%。

2004 年，共结案 581 件，综合结案率为 91%，比 2003 年上升了 3%。结案共处分 800 人，比 2003 年增加 207 人，其中处分局级干部 8 人，处级干部 77 人，科级干部 290 人，一般干部 260 人，其他人员 165 人。有 323 人受到党纪处分，其中受撤销党内职务以上处分的 183 人；有 677 人受到政纪处分，其中受撤职以上处分的 243 人；有 200 人受党纪、政纪双重处分；免予处分 10 人；移送司法机关 15 人；受刑事处理 117 人；受组织处理 79 人。

3. 查处大要案情况

2004 年共查处大要案 189 件，涉及 229 人，比 2003 年增加 56 件，上升了 42.1%。在查处的大要案中，涉及金额在 5—10 万元的案件 38 件，10—50 万元的案件 40 件，50—100 万元的案件 19 件，100—500 万元的案件 14 件，500 万元以上的案件 1 件。处级以上领导干部要案 55 件。

2004 年，立案结案总数位于前 10 名的单位依次是：大庆石油管理局、吉林石油集团有限责任公司、辽河石油勘探局、大港石油集团有限责任公司、华北石油管理局、四川石油管理局、长庆石油勘探局、玉门石油管理局、青海石油管理局、新疆石油管理局。

（集团公司党组纪检组、监察部）

股份公司各级纪检监察部门加大信访和案件查办工作力度，全年共受理群众信访举报 1083 件（次），信访综合办结率达到 96.1%；初查核实线索 729 件，初查核实率达到 67.3%；办案 138 件，处分 285 人，案件综合结案率达到 97.8%。

1. 信访举报和初查核实情况

股份公司各级纪检监察部门全年共受理群众信访举报 1083 件（次）。其中，来信 1003 件，来访 32 次，电话举报 48 件；检举控告类 1031 件，申诉类 12 件，批评与建议类 25 件，其他类 15 件；重复信访举报 105 件，署名举报 146 件。检举控告件中，涉及局级干部 91 件，处级干部 367 件，科级干部 283 件，一般干部 200 件，其他人员 90 件。

初查核实线索 729 件，含 2003 年度遗留线索 8 件。在本年度受理的初核线索中，涉及局级干部 29 件，处级干部 236 件，科级干部 246 件，一般干部 163 件，其他人员 47 件。经初核，转立案 49 件，了结 637 件（其中失实 363 件，做出适当处理 274 件），组织处理 40 人。

股份公司监察部共受理信访举报299件，检举控告类282件，申诉类4件，批评建议类13件，其中重复信访举报63件，署名举报67件。在检举控告类中，涉及局级干部80件，处级干部143件，科级干部23件，一般干部10件，其他人员26件。初核了结75件（其中自办35件，转办要结果40件），涉及局级干部19件，处级干部42件。信访综合办结率为97%。

2. 查办案件情况

全年共办案138件，结案135件。其中，2003年度遗留案件3件，新立案135件。在新立案件中，涉及局级干部3件，处级干部18件，科级干部50件，一般干部36件，其他人员28件。共处分285人，其中局级干部5人，处级干部36人，科级干部103人，一般干部81人，其他人员60人。受党纪处分77人，其中留党察看、开除党籍分别为11人和31人。受政纪处分254人，其中开除留用察看、开除分别为32人和26人。受党纪、政纪双重处分46人。

3. 查处大要案情况

全年共查处大要案36件，其中大案14件，要案28件，既是大案，也是要案的6件。

通过信访和查办案件，共挽回经济损失864万元。

（股份公司监察部）

【效能监察】　2004年，效能监察工作紧紧围绕集团公司建设具有国际竞争力的跨国企业集团的目标，按照“围绕中心、科学布置、规范管理、机动灵活”的工作思路，突出工作重点，深入开展工作，取得了很好的效果。

据统计，集团公司所属各单位共开展效能监察1351项，检查发现问题15149个，整改问题14053个，发现案件线索35个，已立案查处29件，其中，大案要案4件，给予党政纪处分65人，经济处罚218人，移送司法机关3人，被追究领导责任51人，为企业挽回经济损失9632万元，避免经济损失45306万元，协助建章立制2362个。

一是重点组织开展了招投标管理效能监察。按照集团公司效能监察统一要求，有24个未上市企业对本单位2003年度在工程建设项目、货物采购中，执行国家和集团公司有关招投标管理法规和规定的情况进行了检查。检查的重点是：招投标管理的组织机构是否健全、职责是否明确、是否实现归口统一管理；招投标管理制度是否健全；在招投标活动中有无应招标而未招标、违规操作及其他舞弊问题等。集团公司监察部在抓好所属单位效能监察工作的同时，加强上对下直接监督检查力度，于2004年8月28日至9月20日组织大港油田集团有限公司、新疆石油管理局、大庆石化总厂、兰州炼油化工总厂4家单位的纪检监察人员和专业人员，组成4个检查组，代表监察部分别对吐哈石油勘探开发指挥部、吉林石油集团有限公司、大连石化公司、抚顺石化公司四个单位的招投标管理工作进行检查。

二是参与清理企业投资兴办法人实体工作。各企业纪检监察部门按照集团公司效能监察安排意见要求，组织力量紧密配合清理工作开展效能监察。督促落实集团公司的有关政策规定和各项要求，防止出现利用清理改制之机转移、侵占国有资产以及在清理工作中弄虚作假等问题。

三是各企业自立项目开展各类效能监察和专项监督检查。各企事业单位监察部门在完成招投标管理效能监察和参与清理法人实体工作的同时，还结合本单位实际需要，围绕企业管理的重点、难点问题和薄弱环节选题立项，重点开展了资金管理、资产管理、成本管理、电子商务和物资采购管理、产品销售管理、重大项目投资管理、合同管理、清理欠款等方面的效能监察，也都取得了较好的成效。

四是开展效能监察规范化管理活动。为认真贯彻中纪委监察部、国资委纪委监察部关于加强中央企业效能监察工作的精神，创新与发展石油石化企业效能监察，推动企业效能监察科学化、制度化、规范化建设，进一步提高效能监察工作水平，更好地为企业改革、发展与稳定服务，集团公司监察部组织开展了效能监察规范化管理活动。所属各单位按照集团公司监察部的工作要求，结合企业的生产经营实际认真思考，统筹安排，制定了具体的规范化建设活动方案，开展了形式多样的规范化建设活动，进行了一系列有益的探索和尝试。8月份，集团公司监察部根据各单位规范化建设情况，适时召开了部分单位参加的效能监察规范化建设研讨会，进一步统一了思想，提高了认识，明确了任务，推动了效能监察规范化建设的进程。

五是开展效能监察培训工作。2004年5月，集团公司党组纪检组、监察部在广州培训中心举办了效能监察培训班，培训效能监察干部56名。吉林石油集团有限公司、辽河石油勘探局、玉门石油管理局、新疆石油管理局、吐哈石油勘探开发指挥部、冀东石油勘探开发公司、大庆石化总厂、抚顺石油化工公司、辽阳化纤公司、兰化公司、兰炼总厂、东方物探公司、股份部分分公司等单位，结合效能监察工作内容和规范化管理活动，共举办各类效能监察培训班55期，培训2362人次。通过培训，提高了对效能监察的认识，扩大了专业知识面，促进了效能监察工作质量的提高。

六是积极参与事故调查。参与了大庆石化分公司炼油厂“10.27”重大爆炸事故的调查，并对有关领导人员进行了责任追究。

（集团公司党组纪检组、监察部）

股份公司系统效能监察工作，以“紧密围绕股份公司实现持续有效快速发展、建设具有国际竞争力的大型石油公司的战略目标和企业改革与生产经营管理中心工作开展效能监察”为指导思想，按照把握效能监察选题立项，组织协调到位，健全工作机制，实施效能评价，完善规章制度，提高管理水平的要求，发挥效能监察综合监督检查的职能作用，为企业挖潜增效、规范管理服务。股份公司系统共投入专兼职效能监察人员1980人次，开展效能监察项目588项，涉及工程建设、物资采购、招投标管理、重大项目投资管理、生产成本管理、油品销售管理等多个方面。完成560项，完成率为95.2%；监察出各类问题9630个，整改问题9439个，整改率98%；提出管理意见建议1886条，被采纳1719条，采纳率98%；建立完善规章制度526项；挽回经济损失2390.13万元，避免经济损失3.32亿元；对112人进行了责任追究，其中37人受到党政纪处分；发现案件线索8个，立案6个；推广先进典型86个。

股份公司监察部在组织地区公司开展效能监察的同时，开展了电子商务采购管理、招标投标管理、化工产品销售管理等专项效能监察。一是会同电子商务部对大庆油田公司等19个单位电子商务管理进行了效能监察，发现问题63个，提出整改问题和管理建议70条，下发监察建议书3份；二是会同法律事务部对长庆油田分公司等3个地区公司2003年以来工程建设项目招投标管理进行效能监察，股份公司监察部、法律事务部共同组成招投标管理效能监察组，对大庆油田有限责任公司、大连石化分公司和管道分公司2003年以来工程建设项目招投标管理工作情况进行了专项检查。发现问题55个，提出整改建议15条；三是会同化工与销售分公司对其所属4个单位的化工产品销售管理进行效能监察，发现问题38个，提出整改意见和管理建议23条。

监察部组织召开了股份公司效能监察工作总结交流座谈会，总结分析了股份公司成立以来效能监察工作情况，交流了工作经验，对推动效能监察工作的深入起到了积极作用。

（股份公司监察部）

【源头治理】　集团公司认真贯彻中央部署，把建立治本抓源头的长效机制作为反腐倡廉的一项根本性措施，明确提出从建立自律、防范、监管“三个机制”，规范事权、财权、人事权、物权“四项权力”和构筑思想道德、制度建设、监督约束“三道防线”入手，建立健全治本抓源头的制度体系。

各单位在规范事权方面，普遍建立了较为严谨规范的议事制度，对涉及“三重一大”决策性问题，坚持按照民主决策程序和议事规则，集体讨论研究决定，杜绝“一言堂”。在规范财权方面，进一步规范资金、预算、会计核算等业务流程，全面推进会计集中核算制度，促进会计信息的真实可靠，部分企业推行了财务总监或总会计师派驻制，加大对财务资产系统监管力度。在规范人事权方面，实行干部选拔任用前必须进行考察，考察必须民主推荐，任免调整必须通过党委会议研究审定的“三个必须”和推行公开选拔、差额竞聘领导干部制度，按照“公开岗位条件、公开竞争、民主推荐、组织考察、征求纪检部门意见、党委会议集体讨论、任前公示”等7个程序，加强对选拔任用干部的全过程监督，防止和杜绝领导干部“带病上岗”。在规范物权方面，充分发挥市场配置资源作用，大力推行电子商务，建立新的采办体制，防止物资购销中以权谋私、暗箱操作，健全完善物资采购质量保证体系和销售监督体系，落实采购责任、管理责任和法律责任，有效地促进了治本抓源头工作向纵深推进。

（集团公司党组纪检组、监察部）

股份公司各单位从完善“三个机制”，规范“四项权力”入手，按照中央关于建立教育、制度、监督并重的惩治与预防腐败体系的要求，深化源头治理工作。

1. 加强制度建设，促进企业规范管理

股份公司监察部建立完善了《股份公司工程建设项目监督办法（试行）》、《股份公司效能监察办法》等制度。同时，对公司成立以来监察部制定的规章制度进行了清理，制定了《监察部规章制度建设三年规划》。各单位共建立健全规章制度78项。

2. 企检联合，建立预防职务犯罪体系

股份公司监察部与北京市东城区检察院建立了联合预防职务犯罪工作机制，定期开展预防职务犯罪展览等教育活动。

3. 配合公司内控制度体系建设，改进反舞弊工作

股份公司监察部按照内控项目组提出的“完善监察部门的作用”和“改进反舞弊机制”等问题，研究了改进意见，修订了《股份公司纪检监察部门信访举报工作规定》，增加了反舞弊的内容。与审计部建立了联合反舞弊工作机制，制定了《审计部与监察部在反舞弊工作中的协调配合的组织形式与工作程序》，加强反舞弊工作的协调配合。

4. 抓好关联交易中廉洁自律规定的落实，促进甲方管理人员廉洁从业

股份公司监察部重点抓好《关于加强关联交易中甲方廉政建设的意见》的落实，加强对甲方管理人员执行廉洁自律规定情况的检查，促进关联交易协议的执行和各项任务的完成。

（股份公司监察部）

【党内监督巡视】 认真贯彻落实《中国共产党党内监督条例（试行）》，进一步加强对各企事业领导班子和领导干部特别是党政主要负责人的监督。在建立《集团公司巡视工作制度（试行）》的基础上，成立了集团公司巡视工作领导小组，制定实施了《巡视工作联席会议制度（试行）》和《巡视员聘用和管理办法（暂行）》等配套制度，建立起一支巡视员队伍，并派出两个巡视组，对长庆石油勘探局、长庆油田分公司、华北石油管理局、华北油田分公司、锦州石油化工公司、锦州石化分公司、黑龙江销售分公司等7个单位进行了党内监督巡视。主要了解领导班子及其成员贯彻党的路线、方针、政策和集团公司决策以及重大工作部署情况；贯彻执行民主集中制的情况；遵守廉洁自律各项规定的情况；了解在“三重一大”决策问题上，坚持“集体领导，民主集中，个别酝酿，会议决定”的情况；了解贯彻落实党风廉政建设责任制和处理改革、发展、稳定关系的情况，以及安全生产的工作部署和落实情况等。通过听取汇报、列席有关会议、召开座谈会、个别谈话、走访家庭、接待群众来信来访、进行民主测评等方式，发现新问题30多个，向被巡视单位提出整改意见或巡视组建议20多条，向集团公司党组提交巡视建议20多条，初步核实信访举报9件，了结7件，警示谈话3人，对巡视了解到的真实情况，客观求实地向巡视工作领导小组和党组进行了汇报，给领导层的决策提供了具有较高参考价值的依据，所取得的效果，得到了广大干部职工和集团公司党组的充分肯定。

部分单位也相继开展了巡视工作，建立健全组织机构，制订巡视工作制度，组建巡视员队伍，划分巡视责任区域，结合本单位实际，制定巡视工作方案，加大党内监督巡视工作力度，都取得了较好的效果。

（集团公司党组纪检组、监察部）

【队伍建设】 按照“政治坚强、公正廉洁、纪律严明、业务精通、作风优良”的要求，加强纪检监察队伍思想政治建设和作风建设，在行使监督权力的同时，自觉遵守党纪国法，接受各方面的监督。加强教育培训，共举办纪检监察干部培训班334期，培训3746人次，选派12名纪检监察干部到境外学习考察，进一步转变观念、开阔视野。加强组织建设，通过派驻监察室、建立查办案件人才库、推行案件主办人任职资格考试制度、提高人员职级待遇等方式，优化纪检监察工作力量。截至2004年底，全系统共有纪检监察机构1262个，专职纪检监察干部2480人，兼职人员1699人。其中，党员2892人；局级干部98人，处级干部1272人，科级以下干部1527人；大学本科以上学历1426人。同时，充分利用现代信息技术，推进纪检监察信息化建设，2004年5月，国资委纪委在集团公司召开了“运用现代信息技术提高监督水平现场会”，党组纪检组、监察部作了交流发言。

（集团公司党组纪检组、监察部）

股份公司各单位不断加强纪检监察队伍自身建设，进一步提高纪检监察工作能力。全年共有59名纪检监察干部依法定程序进入监事会，地区公司纪检监察人员交流达37人，地区公司二级单位纪委书记交流达61人，举办各种培训班135期，培训专、兼职纪检监察干部2943人次。

（1）加强学习培训，提高业务水平和综合素质。股份公司监察部举办了1期纪检监察干部财会知识培训班，重点就财务会计、审计基础知识、查账技巧和股份公司财务管理体制等内容，对59名纪检监察干部进行了培训。此外，还组织了80多名纪检监察干部参加了集团公司党组纪检组举办的纪委书记监察处长、党风建设及效能监察等4期培训班。

（2）加强作风建设和保密工作，树立纪检监察干部良好形象。股份公司监察部制定了《关于股份公司监察部工作人员外出执行公务的十项规定（暂行）》，以加强工作人员外出执行公务管理，树立股份公司总部和纪检监察干部的良好形象；制定了《关于加强股份公司纪检监察保密工作的意见》，加强纪检监察保密工作，防止泄密等违纪问题的发生。

（股份公司监察部）

【理论研究】 2004年，在开展党风建设和纪检监察理论研究工作中，注重理论创新，以构建惩治和预防

腐败体系、加强“一把手”监督和案件查处3个课题为重点，各片区共组织理论研讨会5次，撰写论文1498篇。中国监察学会石油分会召开理论研讨会，认真研讨和回答反腐倡廉工作中遇到的重大理论和实践问题，推动纪检监察工作不断创新发展。同时，编发《源头治理》专刊，在《中国纪检监察报》、《中国监察》杂志、《中国石油报》上组织专稿，交流理论成果和工作经验。

（集团公司党组纪检组、监察部）

股份公司监察部针对成品油销售中出现的超限价销售等新情况，分两路对部分销售公司进行了调研，掌握并分析了这一新情况产生的原因，向股份公司管理层提出了解决问题的建议。此外，股份公司监察部还派员参加了集团公司纪检组组织的纪检监察工作调研，了解掌握了集团公司系统纪检监察重点工作进展情况以及好的做法和存在的问题，有针对性地提出工作建议。2004年股份公司所属各地区公司共设立调研课题166个，撰写论文655篇，其中有190篇论文获得不同层次的奖励。在中国监察学会石油分会优秀论文评选中，有2篇获一等奖，1篇获二等奖，3篇获三等奖。

（股份公司监察部）

第十一篇

机构与人物

中国石油天然气集团公司组织机构

（机关部门14个，机关附属及挂靠单位3个，控股、全资、参股公司及直属企事业67个）

一、集团公司机关（14个部）	北京市
1. 办公厅	
2. 发展研究部	
3. 规划计划部	
4. 财务资产部	
5. 资本运营部	
6. 人事劳资部	
7. 科技发展部	
8. 国际事业部（外事局）	
9. 工程技术与市场部	
10. 质量安全环保部	
11. 审计部	
12. 党组纪检组、监察部	
13. 政治思想工作部、直属党委	
14. 离退休职工管理局（老干部局）	
二、机关附属及挂靠单位（3个）	北京市
1. 人事服务中心	
2. 机关行政事务中心	
3. 中国石油学会	
三、控股公司（12个）	
1. 中国石油天然气股份有限公司	北京市
2. 中国石油集团东方地球物理勘探有限责任公司	河北省涿州市
3. 中国石油集团测井有限公司	陕西省西安市
4. 中国石油集团工程设计有限责任公司	北京市
5. 深圳石油实业有限公司	广东省深圳市
6. 中油财务有限责任公司	北京市
7. 吉林燃料乙醇有限责任公司	吉林省吉林市
8. 奥伊尔投资管理有限责任公司	北京市
9. 中国华铭国际投资有限公司	北京市
10. 北京华昌置业有限责任公司	北京市
11. 中国石油集团西部管道有限责任公司	新疆乌鲁木齐市
12. 中国石油集团海洋工程有限公司	北京市
四、全资公司（4个）	
1. 吉林石油集团有限责任公司	吉林省松原市
2. 大港油田集团有限责任公司	天津市大港区
3. 中油国际工程有限责任公司	北京市

4. 中国石油天然气香港有限公司	香港
五、直属企事业（42个）	
（一）油田企业（12个）	
1. 大庆石油管理局	黑龙江省大庆市
2. 辽河石油勘探局	辽宁省盘锦市
3. 华北石油管理局	河北省任丘市
4. 四川石油管理局	四川省成都市
5. 长庆石油勘探局	陕西省西安市
6. 玉门石油管理局	甘肃省玉门市
7. 青海石油管理局	甘肃省敦煌市
8. 新疆石油管理局	新疆克拉玛依市
9. 吐哈石油勘探开发指挥部	新疆哈密市
10. 塔里木油田服务公司	新疆库尔勒市
11. 冀东石油勘探开发公司	河北省唐山市
12. 中国石油天然气勘探开发公司	北京市
（二）炼化企业（14个）	
1. 中国石油大庆石油化工总厂	黑龙江省大庆市
2. 中国石油哈尔滨炼油厂	黑龙江省哈尔滨市
3. 中国石油大连石油化工公司	辽宁省大连市
4. 中国石油抚顺石油化工公司	辽宁省抚顺市
5. 中国石油辽阳石油化纤公司	辽宁省辽阳市
6. 中国石油林源炼油厂	黑龙江省大庆市
7. 中国石油前郭炼油厂	吉林省松原市
8. 吉化集团公司	吉林省吉林市
9. 中国石油锦州石油化工公司	辽宁省锦州市
10. 中国石油锦西炼油化工总厂	辽宁省葫芦岛市
11. 中国石油乌鲁木齐石油化工总厂	新疆乌鲁木齐市
12. 中国石油兰州炼油化工总厂	甘肃省兰州市
13. 中国石油兰州化学工业公司	甘肃省兰州市
14. 中国石油宁夏化工厂	宁夏银川市
（三）科技企业（4个）	
1. 中国石油集团科学技术研究院	北京市
2. 中国石油集团工程技术研究院	天津市塘沽区
3. 中国石油集团经济和信息研究中心	北京市
4. 中国石油天然气集团公司咨询中心	北京市
（四）专业公司（5个）	
1. 中国石油天然气管道局	河北省廊坊市
2. 中国石油物资装备（集团）总公司	北京市
3. 中国华油集团公司	北京市
4. 华油北京服务总公司	北京市
5. 中国石油天然气运输公司	新疆乌鲁木齐市
（五）事业单位（7个）	
1. 中国石油天然气集团公司管材研究所	陕西省西安市
2. 中国石油天然气集团公司广州培训中心（广州石油培训中心）	广东省广州市

3. 中国石油审计服务中心	河北省廊坊市
4. 北京石油管理干部学院	北京市
5. 石油工业出版社	北京市
6. 中国石油报社	河北省涿州市
7. 浙江石油勘探处	浙江省杭州市

六、参股公司（9个）

1. 中联煤层气有限责任公司	北京市
2. 中油和黄信息技术有限公司	北京市
3. 华夏证券股份有限公司	北京市
4. 华证资产管理有限公司	北京市
5. 国泰君安证券股份有限公司	上海市
6. 国泰君安投资管理股份有限公司	上海市
7. 中国石油天然气第八建设有限责任公司	辽宁省抚顺市
8. 中银国际证券有限责任公司	上海市
9. 中国长江电力股份有限公司	北京市

（集团公司人事劳资部）

中国石油天然气股份有限公司组织机构

一、机关（14个）

（一）董事会、监事会机构（2个）　北京市

1. 董事会秘书局
2. 监事会办公室

（二）总部职能部门（12个）　北京市

1. 总裁办公室（外事办公室）
2. 规划计划部
3. 财务部
4. 人事部
5. 监察部
6. 法律事务部
7. 审计部
8. 质量安全环保部
9. 科技与信息管理部
10. 电子商务部
11. 资本运营部
12. 党群工作部（企业文化部）、直属机关党委

二、专业公司（4个）　北京市

1. 中国石油天然气股份有限公司勘探与生产分公司
2. 中国石油天然气股份有限公司炼油与销售分公司
3. 中国石油天然气股份有限公司化工与销售分公司
4. 中国石油天然气股份有限公司天然气与管道分公司

三、地区公司（65 个）

（一）勘探与生产板块（15 个）

1. 大庆油田有限责任公司	黑龙江省大庆市
2. 中国石油天然气股份有限公司吉林油田分公司	吉林省松源市
3. 中国石油天然气股份有限公司辽河油田分公司	辽宁省盘锦市
4. 中国石油天然气股份有限公司大港油田分公司	天津市
5. 中国石油天然气股份有限公司华北油田分公司	河北省任丘市
6. 中国石油天然气股份有限公司新疆油田分公司	新疆克拉玛依市
7. 中国石油天然气股份有限公司西南油气田分公司	四川省成都市
8. 中国石油天然气股份有限公司青海油田分公司	甘肃省敦煌市
9. 中国石油天然气股份有限公司长庆油田分公司	陕西省西安市
10. 中国石油天然气股份有限公司玉门油田分公司	甘肃省玉门市
11. 中国石油天然气股份有限公司吐哈油田分公司	新疆哈密市
12. 中国石油天然气股份有限公司塔里木油田分公司	新疆库尔勒市
13. 中国石油天然气股份有限公司冀东油田分公司	河北省唐山市
14. 中国石油天然气股份有限公司浙江勘探分公司	浙江省杭州市
15. 中国石油天然气股份有限公司对外合作经理部	北京市

（二）炼油与销售板块（36 个）

1. 中国石油天然气股份有限公司哈尔滨石化分公司	黑龙江省哈尔滨市
2. 中国石油天然气股份有限公司大连石化分公司	辽宁省大连市
3. 中国石油天然气股份有限公司锦州石化分公司	辽宁省锦州市
4. 中国石油天然气股份有限公司前郭石化分公司	吉林省松源市
5. 中国石油天然气股份有限公司锦西石化分公司	辽宁省葫芦岛市
6. 中国石油天然气股份有限公司大港石化分公司	天津市
7. 中国石油天然气股份有限公司华北石化分公司	河北省任丘市
8. 中国石油天然气股份有限公司呼和浩特石化分公司	内蒙古呼和浩特市
9. 中国石油天然气股份有限公司辽河石化分公司	辽宁省盘锦市
10. 中国石油天然气股份有限公司长庆石化分公司	陕西省咸阳市
11. 中国石油天然气股份有限公司克拉玛依石化分公司	新疆克拉玛依市
12. 中国石油天然气股份有限公司庆阳石化分公司	甘肃省庆阳市
13. 中国石油天然气股份有限公司宁夏炼化分公司	宁夏银川市
14. 中国石油天然气股份有限公司润滑油分公司	北京市
15. 大连西太平洋石油化工有限公司	辽宁省大连市
16. 中国石油天然气股份有限公司西北销售分公司	甘肃省兰州市
17. 中国石油天然气股份有限公司东北销售分公司	辽宁省沈阳市
18. 中国石油天然气股份有限公司西南销售分公司	四川省成都市
19. 中国石油天然气股份有限公司华东销售分公司	上海市
20. 中国石油天然气股份有限公司华北销售分公司	北京市
21. 中国石油天然气股份有限公司华南销售分公司	广东省广州市
22. 中国石油天然气股份有限公司华中销售分公司	湖北省武汉市
23. 中国石油天然气股份有限公司黑龙江销售分公司	黑龙江省哈尔滨市
24. 中国石油天然气股份有限公司吉林销售分公司	吉林省长春市
25. 中国石油天然气股份有限公司辽宁销售分公司	辽宁省沈阳市
26. 中国石油天然气股份有限公司大连销售分公司	辽宁省大连市

27. 中国石油天然气股份有限公司陕西销售分公司 陕西省西安市
28. 中国石油天然气股份有限公司甘肃销售分公司 甘肃省兰州市
29. 中国石油天然气股份有限公司青海销售分公司 青海省西宁市
30. 中国石油天然气股份有限公司四川销售分公司 四川省成都市
31. 中国石油天然气股份有限公司重庆销售分公司 重庆市
32. 中国石油天然气股份有限公司内蒙古销售分公司 内蒙古呼和浩特市
33. 中国石油天然气股份有限公司新疆销售分公司 新疆乌鲁木齐市
34. 中国石油天然气股份有限公司西藏销售分公司 西藏拉萨市
35. 中国石油天然气股份有限公司宁夏销售分公司 宁夏银川市
36. 中国石油天然气股份有限公司大连海运分公司 辽宁省大连市

（三）化工与销售板块（地区公司 9 个，销售单位 14 个）

A. 板块归口管理的地区公司（9 个）

1. 中国石油天然气股份有限公司大庆石化分公司 黑龙江省大庆市
2. 中国石油天然气股份有限公司吉林石化分公司 吉林省吉林市
3. 中国石油天然气股份有限公司抚顺石化分公司 辽宁省抚顺市
4. 中国石油天然气股份有限公司辽阳石化分公司 辽宁省辽阳市
5. 中国石油天然气股份有限公司兰州石化分公司 甘肃省兰州市
6. 中国石油天然气股份有限公司乌鲁木齐石化分公司 新疆乌鲁木齐市
7. 中国石油天然气股份有限公司宁夏石化分公司 宁夏银川市
8. 中国石油天然气股份有限公司独山子石化分公司 新疆独山子
9. 中国石油天然气股份有限公司大庆炼化分公司 黑龙江省大庆市

B. 化工销售单位（14 个）

1. 中国石油天然气股份有限公司化工与销售华北分公司 北京市
2. 中国石油天然气股份有限公司化工与销售东北分公司 辽宁省沈阳市
3. 中国石油天然气股份有限公司化工与销售西北分公司 甘肃省兰州市
4. 中国石油天然气股份有限公司化工与销售西南分公司 四川省成都市
5. 中国石油天然气股份有限公司化工与销售华东分公司 上海市
6. 中国石油天然气股份有限公司化工与销售华南分公司 广东省广州市
7. 中国石油天然气股份有限公司大庆化工销售分公司 黑龙江省大庆市
8. 中国石油天然气股份有限公司吉林化工销售分公司 吉林省吉林市
9. 中国石油天然气股份有限公司抚顺化工销售分公司 辽宁省抚顺市
10. 中国石油天然气股份有限公司辽阳化工销售分公司 辽宁省辽阳市
11. 中国石油天然气股份有限公司兰州化工销售分公司 甘肃省兰州市
12. 中国石油天然气股份有限公司乌鲁木齐化工销售分公司 新疆乌鲁木齐市
13. 中国石油天然气股份有限公司独山子化工销售分公司 新疆独山子
14. 中国石油天然气股份有限公司宁夏化工销售分公司 宁夏银川市

（四）天然气与管道板块（5 个）

1. 中国石油天然气股份有限公司管道分公司 河北省廊坊市
2. 北京华油天然气有限责任公司 北京市
3. 中国石油天然气股份有限公司西气东输管道分公司
（西气东输销售分公司） 上海市
4. 中国石油天然气股份有限公司华北天然气销售分公司 北京市
5. 中国石油天然气股份有限公司华中天然气销售分公司 湖北省武汉市

四、其他单位（5个）

1. 中国石油天然气国际（勘探开发）有限公司　　北京市
2. 中国石油国际事业有限公司（中国联合石油有限责任公司）　　北京市
3. 中国石油勘探开发研究院　　北京市
4. 中国石油规划总院　　北京市
5. 中国石油炼油化工技术研究中心　　北京市

（股份公司人事部）

中国石油天然气集团公司领导

序　号	姓　名	职　　　务
1	陈　耕	中国石油天然气集团公司党组书记、总经理
2	蒋洁敏	中国石油天然气集团公司党组副书记、副总经理
3	任传俊	中国石油天然气集团公司党组成员、副总经理
4	苏树林	中国石油天然气集团公司党组成员、副总经理
5	郑　虎	中国石油天然气集团公司党组成员、副总经理
6	周吉平	中国石油天然气集团公司党组成员、副总经理
7	段文德	中国石油天然气集团公司党组成员、副总经理
8	王宜林	中国石油天然气集团公司党组成员、副总经理
9	李克成	中国石油天然气集团公司党组成员、党组纪检组组长
10	贡华章	中国石油天然气集团公司党组成员、总会计师

中国石油天然气集团公司其他在职部级领导

序　号	姓　名	职　　　务
1	侯祥麟	中国石油天然气集团公司高级顾问、两院院士
2	邱中建	原中国石油天然气总公司副总经理、中国工程院院士
3	阎三忠	中国石油天然气集团公司原副总经理，中国石油天然气集团公司咨询中心主任
4	黄　炎	中国石油天然气集团公司原副总经理，现第十届全国政协委员、中国石油学会理事长
5	吴耀文	中国石油天然气集团公司原副总经理，现第十届全国政协委员

中国石油天然气集团公司总经理助理

序　号	姓　名	职　　务
1	刘海胜	中国石油天然气集团公司总经理助理
2	曾玉康	中国石油天然气集团公司总经理助理
3	廖永远	中国石油天然气集团公司总经理助理
4	徐文荣	中国石油天然气集团公司总经理助理
5	汪东进	中国石油天然气集团公司总经理助理

中国石油天然气集团公司机关部门主要领导

序　号	单　　位	主任（局长、书记、组长）
1	办公厅	李润生
2	发展研究部	严绪朝
3	规划计划部	江夕根
4	财务资产部	温青山
5	资本运营部	李庆毅
6	人事劳资部	李万余
7	科技发展部	刘振武
8	国际事业部（外事局）	章　欣
9	工程技术与市场部	刘兴和
10	质量安全环保部	王海森
11	审计部	孙先锋
12	党组纪检组、监察部	祖凤鸣
13	政治思想工作部、直属党委	关晓红
14	离退休职工管理局（老干部局）	嵩　成

中国石油天然气集团公司所属企事业单位主要领导

序　号	单　　位	局长（经理、指挥、所长、厂长、校长、院长、主任、社长）	党委书记
1	大庆石油管理局	曾玉康（兼）	苏玉添
2	辽河石油勘探局	张凤山	孙崇仁
3	新疆石油管理局	唐　健	唐　健
4	华北石油管理局	单祥国	马桂成
5	大港油田集团有限责任公司	朱敬成	郭德宝
6	四川石油管理局	廖永远（兼）	廖永远（兼）
7	长庆石油勘探局	孙玉辰	孙玉辰
8	吉林石油集团有限责任公司	何树山	单纪宽
9	吐哈石油勘探开发指挥部	杨盛杰	张国栋
10	青海石油管理局	李建青	郑玉宝
11	玉门石油管理局	田玉军	高玉江
12	冀东石油勘探开发公司	张国旗	张国旗
13	浙江石油勘探处	薛静诚	叶　舟
14	中国石油集团东方地球物理勘探有限责任公司	王铁军	王小牧
15	中国石油集团测井有限公司	李剑浩	饶永久
16	吉化集团公司	张晓霈	李志深
17	抚顺石油化工公司	耿承辉	玄昌伟
18	大庆石油化工总厂	郑怀义	郑怀义
19	辽阳石油化纤公司	栗东生	孙洪来
20	大连石油化工公司	马平凡	马平凡
21	锦州石油化工公司	陈青松	赵增和
22	锦西炼油化工总厂	张维君	田庆峰
23	兰州化学工业公司	王庭富	谢延凯

续表

序　号	单　　位	局长（经理、指挥、所长、厂长、校长、院长、主任、社长）	党委书记
24	兰州炼油化工总厂	姚志强	姚志强
25	乌鲁木齐石油化工总厂	杨炳升	杨炳升
26	独山子石油化工总厂	付德新	付德新
27	哈尔滨炼油厂	孙淑红	刘守信
28	宁夏化工厂	许　飞	许　飞
29	林源炼油厂	李殿敏	李殿敏
30	前郭炼油厂	刘　迪	宫云喜
31	吉林燃料乙醇有限责任公司	王学泠	王学泠
32	中国石油集团西部管道有限责任公司	凌　霄	
33	中国石油集团海洋工程有限公司	石　林	
34	中国石油天然气勘探开发公司	汪东进（兼）	汪东进（兼）
35	中国石油天然气管道局	苏士峰	苏士峰
36	中国石油物资装备（集团）总公司	王　涛	史习盐
37	中国石油天然气运输公司	刘　志	刘　志
38	中油国际工程有限责任公司	许大坤	李亚平
39	中国石油集团工程设计有限责任公司	迟尚忠	刘　毅
40	中国华油集团公司	王煌今	王煌今
41	深圳石油实业有限公司	陶玉春	李华林
42	中国石油天然气香港有限公司	王明才	
43	华油北京服务总公司	王忠华	王忠华
44	北京石油管理干部学院	李玉平	李玉平
45	新疆职工培训中心	凌霄（兼）	张守梅
46	中国石油天然气集团公司广州培训中心	戴向东	戴向东
47	中国石油天然气集团公司管材研究所	杨　龙	杨　龙
48	中国石油集团工程技术研究院	屈建省	刘希和
49	中国石油集团经济技术研究中心	许永发	张振明
50	中国石油审计服务中心	孙先锋	朱　龙
51	中国石油报社	肖　平	肖　平
52	石油工业出版社	白泽生	韩世全
53	中油财务有限责任公司	梁　萍	
54	中国华铭国际投资有限公司	穆华东	

（集团公司人事劳资部）

中国石油天然气股份有限公司董事会成员

序　号	姓　名	职　　　务
1	陈　耕	中国石油天然气股份有限公司董事长
2	蒋洁敏	中国石油天然气股份有限公司副董事长
3	任传俊	中国石油天然气股份有限公司副董事长
4	苏树林	中国石油天然气股份有限公司董事
5	郑　虎	中国石油天然气股份有限公司董事
6	周吉平	中国石油天然气股份有限公司董事
7	段文德	中国石油天然气股份有限公司董事
8	贡华章	中国石油天然气股份有限公司董事
9	王福成	中国石油天然气股份有限公司董事
10	邹海峰	中国石油天然气股份有限公司董事
11	董建成	中国石油天然气股份有限公司独立董事
12	刘鸿儒	中国石油天然气股份有限公司独立董事
13	Franco Bernaba	中国石油天然气股份有限公司独立董事

中国石油天然气股份有限公司监事会成员

序　号	姓　名	职　　　务
1	李克成	中国石油天然气股份有限公司监事会主席
2	温青山	中国石油天然气股份有限公司监事会监事
3	孙先锋	中国石油天然气股份有限公司监事会监事
4	徐丰利	中国石油天然气股份有限公司监事会监事
5	孙崇仁	中国石油天然气股份有限公司监事会监事
6	张佑才	中国石油天然气股份有限公司监事会独立监事
7	吴志攀	中国石油天然气股份有限公司监事会独立监事

中国石油天然气股份有限公司总裁班子成员

序　号	姓　名	职　　务
1	蒋洁敏	中国石油天然气股份有限公司总裁
2	苏树林	中国石油天然气股份有限公司高级副总裁
3	段文德	中国石油天然气股份有限公司副总裁
4	王福成	中国石油天然气股份有限公司副总裁
5	王国樑	中国石油天然气股份有限公司财务总监
6	刘宝和	中国石油天然气股份有限公司副总裁
7	贾承造	中国石油天然气股份有限公司总地质师

中国石油天然气股份有限公司机关部门主要领导

序　号	单　　位	总经理（主任、书记）
1	董事会秘书局	李怀奇（秘书）
2	总裁办公室	李华民
3	规划计划部	刘宏斌
4	财务部	周明春
5	资本运营部	于毅波
6	人事部	王永春
7	监察部	陈　明
8	法律事务部	郭进平
9	审计部	陈桂儒
10	质量安全环保部	贺荣芳
11	科技与信息管理部	刘希俭
12	电子商务部	李　斌
13	党群工作部（企业文化部）、直属机关党委	刘敏星
14	监事会办公室	徐丰利

中国石油天然气股份有限公司
专业公司主要领导

序　号	单　　位	总经理
1	勘探与生产分公司	胡文瑞
2	炼油与销售分公司	蔺爱国
		覃国军（党委书记）
3	化工与销售分公司	孙　立
4	天然气与管道分公司	黄维和

中国石油天然气股份有限公司
地区公司主要领导

序　号	单位名称	总　经　理	党委书记
1	大庆油田有限责任公司	王玉普	孙淑光
2	辽河油田分公司	王春鹏	孙崇仁
3	新疆油田分公司	陈新发	徐卫喜
4	华北油田分公司	苏　俊	郭开旗
5	大港油田分公司	姚和清	姚和清
6	西南油气田分公司	李鹭光	张书铭
7	长庆油田分公司	王道富	王道富
8	吉林油田分公司	侯启军	梁春秀
9	塔里木油田分公司	孙龙德	孙龙德
10	吐哈油田分公司	蔡志刚	蔡志刚
11	青海油田分公司	黄立功	黄立功
12	玉门油田分公司	孔繁瑾	孔繁瑾

续表

序　号	单位名称	总　经　理	党委书记
13	冀东油田分公司	周海民	周海民
14	浙江勘探分公司	叶　舟	
15	吉林石化分公司	于　力	于　力
16	抚顺石化分公司	李若平	李若平
17	大庆石化分公司	勾振东	勾振东
18	辽阳石化分公司	沈殿成	韩述岐
19	兰州石化分公司	喻宝才	喻宝才
20	大连石化分公司	蒋　凡	蒋　凡
21	大庆炼化分公司	李正光	于宝祥
22	锦州石化分公司	吕文君	吕文君
23	锦西石化分公司	王洪斌	王洪斌
24	乌鲁木齐石化分公司	郑明禹	郑明禹
25	独山子石化分公司	徐福贵	徐福贵
26	宁夏石化分公司	康建华	康建华
27	哈尔滨石化分公司	魏　强	魏　强
28	前郭石化分公司	曾宪君	曾宪君
29	大连西太平洋石油化工有限公司	于国文	朱廉宝
30	呼和浩特石化分公司	李文勖	李文勖
31	华北石化分公司	刘存柱	
32	大港石化分公司	庞晓东	庞晓东
33	辽河石化分公司	李占宁	刘文华
34	长庆石化分公司	张喜文	张　锋
35	克拉玛依石化分公司	张友林	张友林
36	庆阳石化分公司	张栋杰	张栋杰
37	宁夏炼化分公司	陈　忻	陈　忻
38	化工与销售西北分公司	黄克平 (临时负责人)	
39	化工与销售东北分公司	霍建中	祖国繁
40	化工与销售西南分公司	秦明星	
41	化工与销售华东分公司	丛瑜滋	

续表

序　号	单位名称	总　经　理	党委书记
42	化工与销售华南分公司	张培华	
43	吉林化工销售分公司	刘　羽	
44	抚顺化工销售分公司	王会奇	
45	大庆化工销售分公司	黄国春	
46	辽阳化工销售分公司	王　毅	
47	兰州化工销售分公司	黄克平	
48	乌鲁木齐化工销售分公司	杨继胜	
49	独山子化工销售分公司	刘玉新	
50	宁夏化工销售分公司	戴良才	
51	东北销售分公司	董仁平	李绍双
52	西北销售分公司	郭文祥	张贵生
53	西南销售分公司	杨宁海	王建中
54	华东销售分公司	刘合合	瞿国忠
55	华南销售分公司	佟福财	王立学
56	华中销售分公司	何瑞林	何瑞林
57	大连海运分公司	张本良	
58	黑龙江销售分公司	刘松林	王世清
59	吉林销售分公司	王振刚	顾希山
60	辽宁销售分公司	郭秀竹	杜　斌
61	大连销售分公司	沈庆凯	鲁发展
62	内蒙古销售分公司	赵永起	王永和
63	陕西销售分公司	卢济新	曹俊文
64	宁夏销售分公司	刘德祥	严进元
65	甘肃销售分公司	张德义	何能祯
66	青海销售分公司	杨顺义	封希声
67	新疆销售分公司	王梓桐	刘战明
68	西藏销售分公司	唐胜云	阿　丁
69	四川销售分公司	杨顺成	胡兴东
70	重庆销售分公司	卢乃洪	
71	山东销售分公司	刘宪华	陈　伶
72	管道分公司	刘　磊	张加林

中国石油天然气股份有限公司在京单位主要领导

序　号	单　　位	总经理（院长）	党委书记
1	中国石油天然气国际（勘探开发）有限公司	寿铉成	薄启亮
2	中国石油国际事业有限公司（中国联合石油有限责任公司）	王立华	王立华
3	中国石油勘探开发研究院	贾承造（兼）	李学志
4	中国石油规划总院	王功礼	
5	中国石油炼油化工技术研究中心	吴冠京（主任）	
6	中国石油天然气股份有限公司西气东输管道分公司（西气东输销售分公司）	黄维和（兼）	黄维和（兼）
7	北京华油天然气有限责任公司	刘　勇	刘　勇
8	中国石油天然气股份有限公司华北天然气销售分公司	汤亚利（负责人）	
9	中国石油天然气股份有限公司润滑油分公司	廖国勤	梁国藩
10	中国石油天然气股份有限公司华北销售分公司	项平生	高栋平
11	油气储量评审办公室	萧德铭（主任）	
12	中油燃料油股份有限公司	吴国志	
13	中国石油天然气股份有限公司化工与销售华北分公司	杨天奎	
14	中油和黄信息技术有限公司	李　斌（兼）	

（股份公司人事部）

中国石油天然气集团公司两院院士名单

序　号	单　　位	姓　　名	院士类别
1	中国石油天然气集团公司机关	侯祥麟	两院院士
2	中国石油勘探开发研究院	李德生	科学院院士
3	大庆石油管理局	王德民	工程院院士

续表

序　号	单　　位	姓　　名	院士类别
4	中国石油天然气集团公司咨询中心	翟光明	工程院院士
5	中国石油勘探开发研究院	郭尚平	科学院院士
6	中国石油集团东方地球物理勘探有限责任公司	李庆忠	工程院院士
7	中国石油勘探开发研究院	戴金星	科学院院士
8	中国石油勘探开发研究院	胡见义	工程院院士
9	中国石油勘探开发研究院	田在艺	科学院院士
10	中国石油天然气集团公司管材研究所	李鹤林	工程院院士
11	中国石油天然气集团公司机关	邱中建	工程院院士
12	中国石油勘探开发研究院	韩大匡	工程院院士
13	中国石油勘探开发研究院	贾承造	科学院院士
14	中国石油勘探开发研究院	苏义脑	工程院院士

注：按当选时间先后排序。

（集团公司人事劳资部）

（本篇资料截至日期：2004 年 12 月 31 日）

中国石油辽阳石油化纤公司

公司经理　栗东生

公司党委书记　孙洪来

中国石油辽阳石油化纤公司地处辽宁省辽阳市，是中国石油天然气集团公司直属的具有独立法人资格的大型国有企业，主要从事化工化纤产品生产、工程技术服务、机电仪加工制造和石化建筑安装等业务。截至2004年底，公司总资产26.7亿元，职工1万人。

公司拥有15套生产装置，可年产稀硝酸11.6万吨、浓硝酸4万吨、涤纶纺粘无纺布8000吨以及涤纶短丝、差别化聚酯、锦纶66切片和纳米材料改性工程塑料等产品。年产20万吨聚酯及12万吨涤纶短纤维项目将于2005年末投产。薄型涤纶纺粘无纺布是引进国外先进技术设备、在国内率先自主开发的产品，可按照客户需求定制批量生产涤纶S、SS和丙纶SMS20—120克／平方米超薄型、薄型无纺布产品，具有滤效高、滤阻小、使用寿命长、耐高温性能好等特点，可广泛应用于高级服装内衬、过滤材料、电器绝缘材料、防水卷材基布、农用膜布、卫生材料等领域。

目前，公司正深入实施强化服务经济、资产重组置换、内涵升级发展、管理流程再造、企业文化建设“五大系统工程”，在以人为本、全面协调可持续的科学发展观指导下，协调上市公司与未上市公司同步发展，保持支柱产业与基础产业协调发展，坚持国有经济与集体经济统筹发展，带动职工与企业共同发展，团结和带领全体职工向“核心业务突出、资本结构合理、管理规范高效、经济效益良好的中国石油化纤纺织原料基地和化纤产品技术研发中心”的目标迈进。

地址：辽宁省辽阳市宏伟区火炬大街5号
邮编：111003
电话：(0419) 5154581

公司机械厂生产的重型压力离心机，是国家“九五”重点科技项目。该产品适应性能强、处理量大、分离效果好，并且制造成本低廉，经济效益显著，达到国内领先水平

年产稀硝酸11.6万吨、浓硝酸4万吨的硝酸装置

无纺布装置，设计能力为8000吨／年。目前该装置生产出的15—17克／平方米涤纶纺粘无纺布、12—60克／平方米丙纶SMS医疗卫生领域无纺布，广泛用于医疗卫生、过滤、土建、农业、服装、绝缘、包装、装饰等领域

贸易量居世界第一。主要原料为大庆原油、沈北原油和进口原油。汽油和柴油的产品质量均达到欧洲III号排放标准。公司化工生产能力88万吨／年，其中烷基苯20万吨，脂肪醇5万吨，乙烯17.5万吨，聚苯乙烯6万吨，丁苯透明抗冲树脂5000吨。生产装置和技术大部分从国外引进，所需资源基本自给，产品独具特色。

公司生产150余种石油化工产品，其中56种产品获国家、省（部）级优质产品荣誉称号；产品采标率达到70%，出厂合格率始终保持100%。产品远销世界50多个国家和地区，石蜡出口占全国35%，石蜡被美国等商检认证为免检产品；烷基苯国内市场占有率50%以上。公司坚持“诚信双赢”的经营宗旨，欢迎海内外各界朋友前来交流与合作。

公司现有石蜡、石油炼制、临氢催化、表面活性剂、树脂等5个专业研究所。近年来，完成科研成果202项，替代进口20余项，其中有10项获国家奖励，25项获省部级奖励，并拥有专利30多项。

公司整体通过了质量、环境、职业安全健康管理体系认证；致力于建设节约型企业，实现能源与环境相互和谐，经济与社会协调发展，持续满足社会需要。

按照中国石油天然气集团公司的整体发展战略，本着“炼油做精，化工做强”的原则，充分挖掘大庆、沈北原油资源潜力，实现炼油大而有特色，化工专又有规模，全力打造“千万吨炼油，百万吨乙烯”世界炼化生产基地，“十一五”期间完成“1145”目标，即：1000万吨炼油，100万吨乙烯，4个世界石油化工原料生产基地（石蜡年产60万吨、润滑油基础油年产50万吨、烷基苯年产30万吨、合成树脂年产140万吨），销售收入达到500亿元以上，实现“百年企业，世界品牌”宏伟目标。

地址：辽宁省抚顺市新抚区凤翔路45号
邮编：113008
电话：(0413) 2433312
传真：(0413) 2420988

“劳动光荣”文艺演出

60万吨／年酮苯脱蜡装置奠基仪式

机关大楼

乙烯装置夜景

全力打造“千万吨炼油、百万吨乙烯”世界炼化生产基地

中国石油抚顺石化公司

总经理、党委书记 李若平

安全剧场演出

采集水质样品

污水处理场

中国石油抚顺石化公司隶属于中国石油天然气股份有限公司，是集"油、化、塑、洗"为一体的大型石油化工联合企业，是我国炼油工业的摇篮，为全国各地输送了7000多名优秀管理和技术人才。现有员工近万人，工程技术管理人员2800多人，资产过百亿，年销售收入300亿元。致力于生产一流产品，创造优良业绩，成就完美人生，构建和谐社会，切实履行所承担的经济责任、政治责任和社会责任。

公司已有70多年发展历史，得到了党和国家领导人广泛关注，朱德、陈云、乔石、朱镕基、吴邦国、温家宝、曾庆红、尉健行等先后来公司视察。

公司原油一次和二次加工能力均为1000万吨／年，主要年产装置68套，年产气、煤、柴油600万吨以上，蜡72万吨（液蜡30万吨、石蜡42万吨），其中石蜡单地产量和

成品油在营口鲅鱼圈码头下海外运

“十一五”期间，公司将围绕中国石油天然气集团公司批复的产业发展定位，继续抓好催化剂、精细化工两大基地建设，做强化纤、热电、塑料后加工、蜡精加工四大产业，计划投资40亿－50亿元，重点建设2台13.5万千瓦发电机组、10万吨丙烯腈、6万吨腈纶、5万吨蜡制品、8万吨C_5综合利用等项目。与此同时，公司还将进一步加快“走出去”步伐，积极与国际大公司合作，寻求新的技术支撑。拟与美国Dupont公司合作建设4万吨固体氰化钠项目，与意大利Basell公司合作建设260吨聚丙烯催化剂项目，与韩国Ant公司合作建设偏苯三酸酐项目，不断增强企业的总体实力和核心竞争力，力争在“十一五”期末实现资产、销售收入“双百亿”目标。

地址：辽宁省抚顺市新抚区东二街3号
邮编：113008
电话：(0413) 2625777
传真：(0413) 2629892
网址：www.fspcc.com

年产2万吨BOPP的生产线

热电厂主机房

公司机关办公大楼

腈纶毛条生产线

建设中的北方催化剂厂

催化剂生产线

中国石油抚顺石油化工公司

经理　耿承辉

党委书记　玄昌伟

中国石油抚顺石油化工公司是中国石油天然气集团公司一级企业。截至2004年底，公司全民企业资产总额为51亿元，集体企业资产总额为7亿元，下辖8家生产企业、8家专业公司以及工贸（多种经营系统）、北天（集体企业）2个企业集团。现有职工2万人，集体企业职工1.2万人。

公司主营业务包括制造加工、生产服务、工程技术服务、社会服务四大板块，主要承担炼化产品延伸加工、精细化工、非油化工产品生产，供水供电供汽、工程施工、检修维修、通信及生活后勤服务等业务。有主要生产装置39套，可生产腈纶、丙烯腈、甲乙酮、催化剂、BOPP、蜡制品、溶剂油等十几个系列上百种产品，是我国最大的石油化工贵金属催化剂生产基地。

装置夜景

2000年以来，公司始终以发展为第一要务，抓机遇、上项目、拓市场，相继建成了甲乙酮、煤代油二期改造、BOPP等一大批重点项目。引进美国UOP公司技术建设的3000吨/年催化剂生产线也已经进入了设备安装阶段。企业的产业实力和发展后劲显著增强。与重组之初相比，公司炼化产品总量增长4倍多，主营业务收入年均增长6亿元以上。近年来，公司先后荣获了“全国精神文明建设先进单位”、“全国五一劳动奖状”、“中央企业先进集体”等荣誉称号。

年产2.5万吨甲乙酮装置

丙烯腈装置

中国石油吉化集团公司

总经理 王学泠

党委书记 申尧民

年产万吨异丁烯装置

具有自主知识产权的年产 1.5 万吨三羟甲基丙烷装置

年产 21.2 万吨丙烯腈装置一角

中国石油吉化集团公司（简称吉化集团公司）是中国石油天然气集团公司的全资子公司。前身为吉林化学工业公司，是新中国第一个化学工业生产基地。1954 年破土动工，1957 年建成投产。

截至 2004 年末，吉化集团公司在册职工 17428 人，资产总额 100 亿元；公司机关现设职能部室 21 个，下辖直属二级单位 42 个。可提供的产品和服务主要有：

1. 化工延伸加工类产品：丙烯腈、丙酮氰醇、乙腈、硫铵、甲基丙烯酸甲酯（MMA）、硫酸、精萘、甲基萘、异丁烯、高活性聚异丁烯等；

2. 精细化工类产品：甲基异丁基酮（MIBK）、高效低残留农药、H− 酸、三羟甲基丙烷（TMP）、抗冲改性剂 ACR、润滑剂 EBS（EBA）、甲基香兰素、乙基香兰素以及硝基苯加氢催化剂、白炭黑、吗啉、CLT 酸等；

3. 非化工类产品：氮气雾化超细球型铝粉、包装物；

4. 机械仪表类产品：各类铁道罐车、非标设备制造、智能变送器等；

5. 工程技术服务：工程施工（国家施工总承包一级资质）和工程监理服务。

2005 年，是吉化集团公司实现新时期新阶段发展目标的第一年。公司牢牢抓住“生产与效益、发展与建设、改革与稳定”三条主线，扎实培树“以人为本”、“和谐发展”两个支点，大力弘扬“爱国、创业、求实、奉献”的企业精神，恪守“诚信、创新、业绩、和谐、安全”的核心经营理念，正在向着持续有效快速协调发展目标奋进！

地　　址：吉林省吉林市昌邑区解放北路 1 号

邮　　编：132002

电　　话：(0432) 3903366

传　　真：(0432) 3037738

电子邮箱：jhbgs@jcic.com.cn

吉化集团公司 21.2 万吨/年丙烯腈装置全景

中国石油大庆石油化工总厂

厂长、党委书记　郑怀义

中国石油大庆石油化工总厂（以下简称总厂）隶属于中国石油天然气集团公司，始建于1962年4月，1999年9月实施重组。重组后的总厂主要从事部分化工生产和化工延伸加工、复合肥料生产、大型石油化工及民用建筑公路工程的设计施工、石油化工建筑安装、工程监理、设备维修、机械仪表制造与加工、计算机软件开发利用、网络管理、客货运输、物资采购、物业管理、文教卫生和多种经营等业务。截至2004年底，总厂共有职工20269人，其中管理人员2468人，专业技术人员3444人，女职工8167人。下设人力资源部、财务资产部、审计部、总厂办公室等机关处室14个；化工厂、工程公司、复合肥厂、实业公司等二级单位19个。固定资产净值41亿元。2004年，总厂主营业务收入30.72亿元，比预算增加了6.48%，比上年同期增加6.04%；实现考核利润-1.74亿元，比上年同期减亏42.57%，超额完成集团公司下达的利润考核指标。

中国石油大庆石油化工总厂具备从石油化工工程项目可行性研究、论证到设计、施工、设备安装直至投料试车、正式投产全过程工程总承包能力。大庆石油化工工程公司持有工程设计、工程总承包、工程咨询、工程造价咨询等多项国家甲级资格证书，三类九种《压力容器设计单位批准书》和《压力容器设计许可证》，通过国家ISO 9001质量体系认证，并获英国皇家认可委员会颁发《UKAS国际标准认证证书》，年设计能力15亿元。大庆石油化工建设公司具备国家工程施工总承包一级资质，通过国家ISO 9002质量体系认证，相继建成850万吨/年大庆炼油厂、大庆30万吨/年合成氨、48万吨/年尿素、大庆30万吨/年乙烯及二、三期改扩建和福建泉州500万吨/年炼油厂工程总承包施工任务。创各类优质工程1327项，其中大庆30万吨/ 年乙烯工程获国家优质工程金牌奖，乙烯装置、丁辛醇装置和顺丁橡胶装置分获国家优质工程鲁班奖。

化工生产有年产6万吨苯乙烯装置、年产2.5万吨聚苯乙烯装置、年产5万吨ABS装置、年产5万吨顺丁橡胶装置和年产1.2万吨丙烯腈装置等5套主体生产装置以及相配套的公用工程装置，年产量30万吨的复合肥装置。

在大型石油化工机械、自动化仪表、电器制造和安装方面具有较强实力；工程公司所属的建筑安装公司、设备制造公司和仪表安装公司，持有国家颁发的一、二、三类及高压容器制造、安装许可证，通过了国家ISO 9002质量体系认证，设备制造公司还持有美国机械工程师学会压力容器“V”钢印制造许可证，年设备制造能力6500吨。计算机开发公司能够承担石油化工装置控制系统组态设计安装、软件开发、化工流程模拟、仿真培训等任务。

乙烯装置

化肥装置

炼油厂区

低压聚乙烯包装线

毛条车间

地址：黑龙江省大庆市龙凤区
邮编：163714
电话：(0459)6763987
传真：(0459)6767025
网址：www.dqsh.com.cn

炼油装置区全景

中国石油大庆石化公司

总经理 杨继钢

党委书记 勾振东

中国石油大庆石化公司（以下简称大庆石化公司）是中国石油天然气股份有限公司的地区分公司，是以大庆油田原油、轻烃和天然气为主要原料，从事炼油、化工、化肥、化纤生产的特大型石油化工联合企业。公司现有 6 个生产厂、2 个辅助生产厂、1 个研究院和 1 个储运公司，总资产 146.53 亿元，员工 1.3 万人。原油加工能力达到 600 万吨 / 年，乙烯生产能力 60 万吨 / 年，聚乙烯 56 万吨 / 年，聚丙烯 10 万吨 / 年，丙烯腈 8 万吨 / 年，丁辛醇 8 万吨 / 年，腈纶丝 6.5 万吨 / 年，合成氨 30 万吨 / 年，尿素 48 万吨 / 年，可生产 48 个品种 187 个牌号的产品。

经过 40 多年的发展，大庆石化公司在发展中形成了自身的优势。在产品质量方面，公司整体通过了 QHSE 体系国际认证，每年都有新品种或新牌号的产品投放市场，是国内石油化工产品种类较全的生产商之一。产品出厂合格率始终保持 100%，100 个牌号采用了国际标准。柴油、汽油产品质量均好于国家标准和欧 II 标准，石蜡产品一直以高品质赢得国内外用户的青睐，尿素是国家优质产品和首批免检产品，以乙烯为龙头的塑料、腈纶生产，上下游结合紧密，产品质量好，品种齐全。腈纶产品质量全国排头，差别化率 35% 以上，扁平纤维、凝胶染色纤维、荧光增白纤维、抗起球纤维等产品畅销全国。2004 年，公司被评为国家“守合同重信用”企业。在技术创新方面，大庆石化公司具备较强的研发能力，在加氢催化剂及工艺、天然气化工、聚烯烃催化剂及共聚单体合成技术等方面形成了自己的特色。先后被中国石油天然气股份有限公司确定为中国石油聚烯烃催化剂及树脂后加工研究中心、中国石油加氢技术研究中心、中国石油中国科学院天然气化工联合中试基地。近年来，有百余项科研成果实现了工业化应用，140 多项科研成果通过了技术鉴定，5 项重大科研成果获国家奖励。在企业文化建设方面，公司自觉弘扬“爱国、创业、求实、奉献”的企业精神，全面贯彻“诚信、创新、业绩、和谐、安全”的核心经营管理理念，努力实践“奉献能源，创造和谐”的企业宗旨，树立“注重执行，关注细节，追求卓越”的工作理念，倡导责任意识和求真务实的作风，用“全国优秀，中油排头”的目标激励和引领员工，培育了健康向上的团队精神。公司先后荣获了“全国五一劳动奖状”、“全国思想政治工作优秀企业”、“黑龙江省文明单位标兵”等称号。

展望未来，大庆石化公司将以科学发展观为指导，按照中国石油的整体发展战略，切实转变经济增长方式，在三到五年内对炼油、化工、化肥三大系统进行扩能改造，做精做优炼油，做强做特化工，把公司建设成为中国石油乃至国内最具竞争力的石化企业，以良好的经营业绩为中国石油的发展做出更大的贡献。

中国石油重庆销售公司

总经理 卢乃洪

中国石油重庆销售公司是中国石油天然气股份有限公司所属省（自治区、直辖市）级销售企业，是国务院确定的重庆市成品油供应的主渠道。公司员工近万人，资产总值21亿元，储存、接卸设施设备齐全，销售网络遍布全市。公司机关设9处1室，下辖10个专业分公司、2个直属油库和26个区县经营部；拥有营运加油站548座、加气站6座、油库15座。

1998年重组以来，公司坚持“大市场、大营销、大流通”的工作方针和“做大、做好、做精销售”的工作要求，强化营销、安全、加油站管理等各项工作，千方百计落实油品资源，努力保持市场供应和价格平稳。到目前已累计向重庆地区供应成品油500多万吨，纳税9亿元。2004年，全年销售成品油142万吨。2005年1—7月，公司销售油气当量84.87万吨，其中零售62.21万吨；实现销售收入32.49亿元，同比增长13.32%；实现利润3.68亿元，同比增长71.79%。

2005年，公司的工作任务主要有三个方面：一是坚决完成各项生产经营指标，确保市场供应；二是加快网络建设，更好地为地方经济服务；三是按照“巩固、完善、提高”的工作方针，力求从理念创新、基础工作、细节管理等方面取得突破，全面提升公司各方面的管理水平和质量，一点一滴擦亮“中国石油”品牌。

环境优美的加油站

地址：重庆市渝中区五四路46号
邮编：400010
电话：(023) 67325623
传真：(023) 67325514

管理规范的油库

便利店宣传

中国石油内蒙古销售公司

总经理　赵永起

党委书记　王永和

中国石油内蒙古销售公司（以下简称内蒙古销售公司）是中国石油天然气股份有限公司在内蒙古地区的分公司，主要从事成品油、车用天然气的经营业务，是内蒙古自治区境内大型的成品油供应商。2004年，内蒙古销售公司共销售成品油244.68万吨，同比增长36.2%，零售量190.84万吨，同比增长43.03%，零售比例78%，同比增长3.73个百分点，市场占有率85.85%，实现利润4.4亿元。

努力开拓市场，获得自治区境内所有高速公路加油站的经营权

面对资源相对紧张的状况，内蒙古销售公司实行调运分级责任制，强化油品的采调工作，根据市场变化，适时调整营销策略，控制销售节奏，优化销售结构和销售进度，控制市场投放量，合理安排销售，缓解供需矛盾，扩大了市场，扩大了销售。内蒙古销售公司注重生命工程建设，投资新建、收购、改造加油站113座，以提高加油站综合管理水平、综合形象水平、综合服务水平、综合效益水平为方针，强化加油站的经营管理和服务工作，增大了零售量，提高了零售比例。

丰富多彩的企业文化活动增强了企业的凝聚力

内蒙古销售公司加强领导班子、党员及员工队伍的教育管理，开展“形势、目标、责任”主题教育，“执政为民、加快发展”培训教育和“讲成长故事，做发展文章，树中国石油内蒙古销售形象”大讨论活动，进一步加强了基层领导班子政治建设、组织建设、作风建设及员工队伍的素质建设，为企业发展提供了保障。

“中国石油”宝石花绽放在祖国北疆

地址：内蒙古自治区呼和浩特市新城区北垣街41号
邮编：010010
电话：（0471）6965629
传真：（0471）6905319

South China Markting Company

在整合工作中，公司坚决贯彻中国石油天然气股份有限公司领导关于“新成立的华南公司，要坚持采用新体制、新机制，努力创出高水平、高效益”的指示精神，按照“组织扁平化、业务专业化、管理垂直化、权责清晰化”的指导思想，积极稳妥地推进“四化”管理体制改革，有效整合公司优质资源，完善公司治理结构，积极应对市场的复杂变化，取得了良好业绩。公司2004年共实现销售成品油突破700万吨，其中零售完成199万吨，同比增长39.2万吨；共实现利润11亿元。加油站总数突破1000座，其中万吨级加油站69座，占中国石油万吨级加油站总数的23%。通过改革创新和持续的发展，预计到2007年华南销售公司年销售能力将达到1000万吨，市场份额达38%左右，加油站数量达1500多座，年利润达10亿多元。

腾溢油站

为保证经营目标的实现，公司强化内部管理，着重进行了以提高领导力为核心的班子建设，自觉提高班子成员的政治鉴别力、战略决策力、统筹协调力、组织执行力和清廉自律力5种能力，切实提高领导班子的领导艺术和执政水平。在队伍建设方面采用了市场化的用人机制，全面推行岗位竞聘，让能者上、庸者下；加强职工的培训，改进绩效管理，提高工作效率，体现多劳多得、奖勤罚懒；同时大力加强党风廉政建设，提高干部队伍拒腐防变的能力。落实“党政领导是党风廉政建设的第一责任人”制度，做到党风廉政建设与公司中心工作一起部署、一起检查、一起考核、一起落实，公司全年廉政案件发案率为零。

新联油站（北站）

地址：广州市珠江新城花城大道66号中国检验检疫大厦西塔楼16层　邮编：510623
电话：(020) 38291375　38291300　传真：(020) 38291301

中国石油华南销售公司

总经理　佟福财

2004年4月，中国石油华南销售公司（以下简称华南销售公司）成立，这是中国石油从全面发展战略需要做出的重大决策。华南销售公司负责中国石油在广东、福建、海南三省的成品油市场开发和销售业务，并将中油—BP公司纳入业务管理范畴。华南销售公司总部设在广州市。公司领导班子成员为：总经理佟福财，党委书记王立学，党委副书记兼纪委书记黄永祥，副总经理马生荣、刘树志、王明富，总会计师董磊。

华南销售公司机关设总经理办公室、营销处、加油站管理处、调度运输处、油库管理处、规划计划处、工程建设处、财务资产处、质量安全环保处、人事处、党群工作处、审计监察处、综合管理处、信息化管理处共14个处室，下设广州、深圳、珠海、福州、厦门、海口等26家地市级分销公司和中油仓储、海南宝源、深圳通达、高要中油等11家控股分销公司，现有员工13000余人。

华南销售公司目前已基本形成了“一级分散、二级分销、三级零售”的销售网络，已租赁、新建、收购一、二级油库34座，拥有加油站852座，年销售成品油700多万吨，年销售收入达200多亿元，已经成为华南地区主要的油品供应商。

2004年是华南销售公司的开局之年，整合和创新是公司一切工作的主旋律。

中国石油辽宁销售公司

总经理、党委副书记　王振刚

党委书记、副总经理　杜斌

中国石油辽宁销售公司地处东北老工业基地的辽宁省。服务范围覆盖13个地级市，14个县级市，26个县；设立14个分公司，32个经营部；总库容量60余万立方米，资产型加油站近千座。企业在岗员工1.3万余人。

伴随共和国的工业长子——辽宁老工业基地前进的脚步，中国石油辽宁销售公司走过了半个多世纪风雨历程。1998年，企业整体划转中国石油天然气集团公司以来，坚持科学发展观，聚精会神搞经营，精雕细刻抓管理，一心一意谋发展，取得了显著的经营业绩，主要经济指标实现历史性飞跃。2004年，实现销售量400.6万吨，零售量205.8万吨，销售总收入137.4亿元，利润10.4亿元，分别比1998年增加181万吨、143万吨、82.7亿元、10亿元。

目前，中国石油辽宁销售公司围绕效益中心，加大市场开发力度，加速向零售重心转移，加快网络开发，加强意识创新、管理创新和机制创新，紧跟辽宁老工业基地改造的脚步，为振兴加油，铸企业辉煌。

丹东振八巾帼加油站经理王萍

节日中的加油站

机关办公大楼

地址：辽宁省沈阳市皇姑区昆山中路1号
邮编：110031
电话：(024)86268680
传真：(024)86221613

中国石油华东销售公司

总经理　刘合合

党委书记　瞿国忠

储油罐

足球友谊赛

中国石油华东销售公司成立于1998年5月，主要负责中国石油在华东四省一市的成品油经营销售、市场开发、网络建设等工作，是中国石油在华东地区的经销商和供应商。

公司下设浙江、上海、江苏、安徽、江西分公司及江苏有限公司，在册员工13000余人，截至2005年6月，公司共拥有资产型油库43座，资产型加油站1606座，初步形成了一级集散、二级批发、三级零售的成品油销售体系。目前公司年销售能力近千万吨，已经具有相对稳定的市场份额及合理配套的集散分销能力。

公司坚持“以市场为导向，以效益为中心，以终端销售为重点，以大物流为支撑”，努力创建国内一流的成品油销售企业，为实现中国石油集团整体的战略目标而贡献力量。

地址：上海市浦东新区东方路969号

邮编：200122

电话：(021)50814108

传真：(021)68755556

南京恒友加油站

上海销售昕鑫加油站员工正在为客户进行加油服务

中国石油华北销售公司

总经理　项平生

党委书记　高栋平

中国石油华北销售公司成立于1999年5月，主要承担中国石油在北京、天津、山西、河北等两市两省的成品油销售业务。现有员工19666人，资产总额67.8亿元，资产型油库21座、库容37万立方米，资产型加油站1106座。公司机关设13个处室、3个附属机构；下辖5个分公司，3个驻厂分公司，1个驻外办事处和38个控股子公司。

2004年，公司共销售成品油979万吨，同比增加164万吨，增长20%；其中零售191万吨，同比增加107万吨，增长128%；实现销售收入309亿元，同比增加86亿元，增长39%；实现考核利润15.6亿元，比挖潜增效利润增加4.4亿元。华北市场发展空间广阔，竞争十分激烈，是现实的高效市场，是打造中国石油品牌的重要市场。为进一步加快发展，公司提出了今后三年的“三三三”工作思路，即实施“市场开拓、效益领先、和谐发展”三大战略；搞好“形象塑企、体制强企、人才兴企”三大工程；实现“销量、网建、利润”三大目标，到2007年，年销售量达到1200万吨，辖区内市场份额达到45%以上，其中零售量达到500万吨，零售市场份额达到30%以上。加油站总数达到2500座，油库库容达到80万立方米以上，基本形成与市场份额相匹配的调、配、销、运营网络体系。在剔除油价波动和不可预测因素的基础上，经营利润年递增8%，投资回报率达到上级要求。

目前，公司各项业绩指标不断刷新，员工队伍士气高昂，企业管理和文化建设取得新的进步，公司步入了效益突出、全面发展的历史新阶段。

地址：北京市朝阳区北辰东路8号
汇宾大厦14层
邮编： 100101
电话： (010) 84985444

中国石油长庆石化公司

总经理 张喜文

中国石油长庆石化公司位于古都咸阳渭水河畔，始建于1990年，目前已经发展为拥有固定资产30.6亿元、原油加工能力500万吨／年的炼油企业。现有生产装置12套，可生产高清洁车用汽油、轻柴油、3号喷气燃料、石脑油和丙烯等十多种产品。

公司采用扁平网络化管理法，机构设置七部一室，没有分厂，也没有车间（队部），由事业部派出队长直接管理到班组；同时，积极建立公司与外部企业的战略联盟，构筑公司网络组织。现有员工725名，平均年龄35.2岁，与国内同规模炼油企业相比人数少，人工费用和管理费用在中国石油炼油企业中较低。

2001年以来，公司先后通过了ISO 9001、ISO 14001和HSE/OHS18001管理体系认证，2004年完成QHSE管理体系的整合运行。连续多年保持了安全生产无上报事故的良好态势，多次被评为“安全管理先进单位”，获得全国“设备管理优秀单位”和“创建绿色社区先进单位”称号，被陕西省政府授予“绿色企业和绿色社区”、“环境保护杰出贡献单位”、“制造业信息化应用示范企业”、“园林式单位”和“文明单位”。目前，公司正在创建“国家环境友好企业”。

2004年加工原油172.09万吨，实现含税销售收入52.48亿元，完成考核利润1.18亿元，上缴税金3.86亿元。2005年计划加工原油205万吨，销售收入将达到60亿元以上。

公司立足大西北的最前沿，面向中原及两湖市场，有着良好的发展前景。目前，公司500万吨／年炼油技术改造工程配套完善的其他单元项目正在抓紧建设，预计2006年10月可全部完成。

设施完备的室内温泉游泳池

140万吨／年重油催化裂化装置

500万吨／年常减压装置

装置夜景

地址：陕西省咸阳市金旭路 邮编：712000
电话：(029) 86509125 传真：(029) 86509123
网址：www.cqsh.net 电子邮箱：zjlb@petrochina.com.cn

中国石油庆阳石化公司

总经理、党委书记 张栋杰

中国石油庆阳石化公司（原名甘肃庆阳炼油化工有限责任公司）始建于1971年9月，2001年8月以国有资产整体划拨方式划归中国石油天然气集团公司，2004年11月，重组进入中国石油天然气股份有限公司。

公司业务以石油炼制、石油助剂和石油化工为主，生产能力为加工原油150万吨／年，生产聚丙烯1.5万吨／年，生物制品80吨／年。现有职工1700多人，专业技术人员600多人，拥有固定资产8亿多元。

公司主要产品有$93^{\#}$、$90^{\#}$汽油，煤油，$0^{\#}$、$-10^{\#}$、$-20^{\#}$柴油，石油液化气，聚丙烯，MTBE，甘草甜素系列产品等。

多年来，公司保持了在庆阳市的利税大户和工业骨干地位，平均每年上缴税金占庆阳市年度财政收入的10%以上，2004年实现销售收入17亿元，上缴税金1.39亿元，被誉为"陇原明珠"，在甘肃省和庆阳市的经济建设中发挥着重要作用。

面对新形势、新机遇、新目标、新任务，公司将以科技进步为支撑，充分利用地处西峰油田腹地的地域优势，按照"做精、做特、做优、做强"的总体思路，以发展为核心，改革为重点，稳定为基础，安全为保障，全力促进扩能改造升级和体制机制创新，利用2—3年时间，实现原油加工量、工业增加值、销售收入、上缴税金、职工收入"五个翻番"，全力塑造具有庆化特色和创新精神的企业新形象，为中国石油率先建成一流的社会主义现代化企业和具有国际竞争力的跨国企业集团而努力奋斗！

中国石油天然气股份有限公司总裁蒋洁敏在公司总经理张栋杰陪同下视察工作

地址：甘肃省庆阳市庆城县三十里铺镇
邮编：745115
电话：(0934) 3266577
传真：(0934) 3266002
网址：www.qysh.petrochina
电子邮箱：zhouzhongp@petrochina.com.cn

职工健身操比赛

全体党员重温入党誓言

中国石油宁夏炼化公司

党委书记、总经理 陈忻

中国石油宁夏大元炼油化工有限公司于2005年4月1日划入中国石油天然气股份有限公司，正式更名为中国石油宁夏炼化公司，是集石油炼制、化工生产和氯碱加工为一体的中型炼化企业。公司现有在册员工3329人，各类专业技术人员700人。公司资产总计13.47亿元，年销售收入36亿元。

公司现已具备225万吨/年原油一次加工能力，初步形成了原油一次、二次加工体系。主要装置有150万吨/年常压、60万吨/年重油催化裂化、15万吨/年催化重整、75万吨/年常减压和20万吨/年重油催化裂化等炼油装置以及5万吨/年液化气双脱及气分、3万吨/年聚丙烯、2万吨/年MTBE、2万吨/年氢氧化钾、4万吨/年合成氨、8万吨/年碳酸氢铵等化工装置。主要产品有汽油、柴油、聚丙烯、液化气、高纯氢氧化钾、液氯、盐酸、碳铵、液氨等。

伴随着中国石油"持续有效较快协调"发展的步伐，中国石油宁夏炼化公司正按照"做精炼油，做特化工，做优合成氨"的发展战略，强化"三基"，优化结构，逐步提升管理水平和盈利能力，努力为中国石油"率先建成一流的社会主义现代化企业和具有国际竞争力的跨国企业集团"的宏伟目标做出更大贡献。

地址：宁夏银川市西厦区文昌南街
邮编：750021
电话：(0951)2060021
传真：(0951)2060029

2005年5月8日投产的瓦斯发电项目是一项实现资源的再利用和瓦斯能量回收利用的节能环保项目

2000年投产的60万吨重催装置是公司目前运行的主要炼油装置

装置夜景

中国石油克拉玛依石化公司

总经理、党委书记 张有林

中国石油克拉玛依石化公司是中国石油天然气股份有限公司所属集炼油化工为一体的年加工能力为500万吨的燃料油—润滑油—沥青型石化企业，现有主体装置38套，固定资产38.28亿元。其中稠油加工能力为300万吨/年，是一个加工手段灵活，工艺技术先进，产品种类齐全的特色炼化企业。公司具有40多年润滑油生产历史，润滑油加工装置完善、配套，工艺先进齐全。经过长期的摸索，克服了稠油酸值高、粘度大、腐蚀设备严重、加工难度大、流程长、成本高等困难，总结出一套合理的稠油加工工艺路线，产品质量高，稠油加工工艺居国内领先水平。

公司目前可生产各类石油化工产品160多种，其中28种产品获省、部优产品称号；L—DRA/A46冷冻机油等5种产品荣获国家银质奖；“翼龙牌”高等级道路沥青获得国家新产品称号。环烷基橡胶油产品被中国质量协会评为2003年“全国用户满意产品”，重交通道路沥青被新疆维吾尔自治区（以下简称自治区）评为“新疆名牌产品”。

公司连续11年保持了新疆维吾尔自治区“文明单位”荣誉称号。近年来，公司先后荣获自治区“模范职工之家标兵单位”、“促进就业和再就业先进单位”、自治区“重合同、守信用企业”等诸多荣誉称号，2003年荣获了国家工商行政管理局授予的全国“重合同、守信用企业”荣誉称号，获得新疆维吾尔自治区总工会颁发的“开发建设新疆”奖状，被中华全国总工会授予“五一劳动奖状”。2005年获得“中国企业诚信经营示范单位”称号，获得中国石油天然气集团公司“质量管理卓越企业”称号。

领导班子合影

地址：新疆克拉玛依市

邮编：834003

电话：(0990) 6833414

传真：(0990) 6991149

E—mail：jlb@ksh—cn.com

夜景

中国石油锦西石化公司

总经理、党委书记 王洪斌

350 万吨／年常减压蒸馏装置

中国石油锦西石化公司位于关外第一市——辽宁省葫芦岛市，地理位置优越，交通便利，距国家一类开放口岸锦州港及葫芦岛港分别为 30 千米和 12 千米，京哈铁路及秦沈高速铁路贯通东西，京沈高速公路及 102 国道穿越而过。

公司占地面积 640 万平方米，固定资产原值 50 亿元，现有员工 5076 人，直属二级单位 42 个，现代化的生产装置 51 套，年原油加工能力 650 万吨。主要加工辽河油、大庆油和进口油，主要产品为汽油、航煤、柴油、润滑油、石油焦等。大庆原油、辽河原油直接管输进厂加工，在锦州笔架山设有完备的进口原油和产品出口接卸码头，并拥有完善的铁路专用线，公司是供应京津地区清洁汽油及柴油主要生产企业，是目前北京地区欧Ⅲ标准汽油的主要供应厂家。

公司科研、计量和产品质量检验设备和设施配套先进，2003 年 9 月通过 QHSE 管理体系认证，2004 年，荣获“辽宁省五一劳动奖状”、“辽宁省安全生产先进单位”。2004 年公司加工原油 614 万吨，实现销售收入 150 亿元，上缴利税 14.2 亿元。

60 万吨／年连续重整装置

100 万吨／年柴油加氢改质装置

2005 年 5 月 4 日，首列欧Ⅲ标准汽油专列由锦西石化驶向北京

地址：辽宁省葫芦岛市新华大街 42 号
邮编：125001
电话：(0429)2178057

150 万吨／年重油催化裂化联合装置

中国石油锦西炼油化工总厂

厂长、党委副书记 张维君

党委书记、副厂长 田庆峰

中国石油锦西炼油化工总厂（以下简称总厂）位于渤海之滨、辽西走廊的辽宁省葫芦岛市，现有职工6754人，资产总额24亿元，直属单位51个。

重组以来，总厂始终把发展作为第一要务，不断强化“诚信、创新、业绩、和谐、安全”的核心经营管理理念，着力建设能源基地、油品储运基地、石油化工基地和工程技术服务队伍。

总厂现有装机容量7.4万千瓦的火力热发电厂一座；在锦州港和葫芦岛港建有60万立方米和6200立方米的油品储运、输转设施；拥有16万吨／年石油焦煅烧、1万吨／年碳酸二甲酯、6万吨／年苯乙烯、4000万块／年蒸氧砖粉煤灰综合利用装置以及2万吨／年油漆涂料等生产装置。另外，总厂在石油化工装置的检维修、电气、仪表安装和维护方面技术精湛；在金属检测、计量器具检定、信息数据采集、软件开发等方面设施齐全、技术先进；在机械加工，一、二类压力容器制造方面力量雄厚；在工程建设和设计方面具有国家工程施工总承包一级资质和石油化工甲级设计资质。

地址：辽宁省葫芦岛市新华大街42号　邮编：125001

电话：(0429)2178015　传真：(0429)2177777

网址：www.jclh.cn

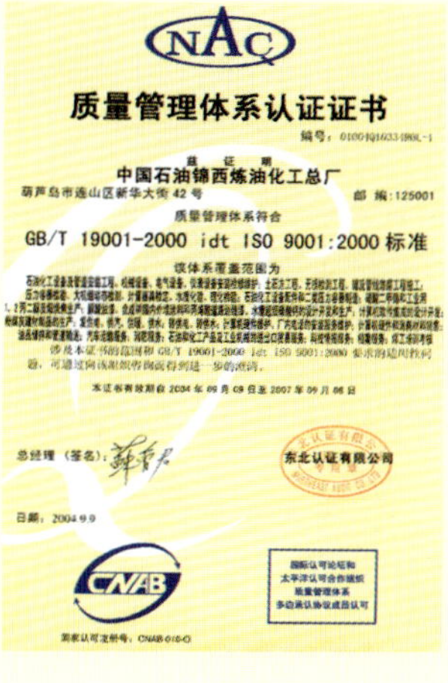

中国石油锦州石化公司

总经理 裴宏斌

党委书记 吕文君

中国石油锦州石化公司（以下简称锦州石化公司）是我国大型的炼油化工基地之一。现有员工5000名，拥有70余套炼油化工装置，可生产汽油、柴油、航煤、溶剂油、异丙醇、聚丙烯、顺丁橡胶、石油针状焦和润滑油添加剂等80多种炼油化工产品，其中20多种产品出口（如93号汽油、石油针状焦、异丙醇等），原油加工能力650万吨/年。2004年企业加工原油610万吨，完成工业总产值156亿元，实现销售收入151.25亿元。

公司严格按照现代企业制度的要求规范管理，人员管理立足科学、精干、高效，生产管理面向市场，形成了品牌优势。10万吨/年异丙醇装置是目前亚洲规模较大的生产装置，异丙醇产品国内市场占有率保持75%以上，产品质量曾获国家银质奖。10万吨/年石油针状焦是国内惟一的石油针状焦装置，市场前景可观。公司于1998年整体通过ISO 9000国际质量认证审核，并连年通过复审，企业质量管理不断迈上新台阶。

锦州石化公司现有各类专业技术人员1000余名，其中工程技术人员820多名，拥有高级职称人员80多名，中级职称人员300多名，形成并储备了一支能适应发展的人才队伍。

近年来，公司重视并积极加强企业文化建设，培育“爱国、创业、求实、奉献”的企业精神，树立“诚信、创新、业绩、和谐、安全”的核心经营管理理念，以“勇于实践、求实求效、和谐有序”作为企业管理目标，形成了良好的内部发展环境。

总调度室

地址：辽宁省锦州市重庆路2号　邮编：121001
电话：(0416) 4152240　传真：(0416) 4567532
网址：www.jzpc.com.cn

催化装置主控室

催化装置总加工能力340万吨/年

加工能力200万吨/年延迟焦化装置

中国石油锦州石油化工公司

总经理 陈青松

党委书记 赵增和

中国石油锦州石油化工公司（以下简称锦州石油化工公司）是中国石油天然气集团公司直属的国有特大型企业，前身是石油工业部石油六厂，是我国第一滴人造石油、第一块合成顺丁橡胶的生产技术诞生地和国内润滑油添加剂的科研生产基地，其综合经济效益在国内炼化企业中名列前茅。

锦州石油化工公司以工程技术服务、生产服务和石化下游产品加工制造业务为主，业务范围涉及供热、发供电、工程设计与施工、油品储运、液化气储运经销、精细化工生产和机械制造等。现有企业员工 10667 人，拥有各类专业技术人才 1773 人，其中高级专业技术人才 145 人，中级专业技术人才 736 人。截至 2004 年末，总资产为 30.81 亿元，资产负债率为 26.05%。拥有辽西首家经国家人事部批准成立的企业博士后科研工作站。

博士后科研工作站揭牌仪式

工程技术服务板块施工检修队伍技术力量雄厚，施工设备齐全，能独立完成炼油化工装置的建设安装和检修任务，拥有建设部颁发的化工石油施工总承包一级资质和设计甲级、监理甲级资质。

生产服务板块主要包括石化产品仓储业务、液化气储运经销业务和煤代油热电厂。公司所属的六陆兴海油港分公司现有油品仓储能力 42 万立方米，2005 年年底将达到 62 万立方米。管输原油能力 900 万吨／年，成品油下海输送能力 300 万吨／年，液化气下海输送能力 10 万吨／年，集海路、公路、铁路、管道运输于一体，配套设施齐全，是东北大型的原油、成品油、石油焦仓储基地之一。总投资 6.1 亿元的“煤代油”热电厂已建成投产，年发电量 4 亿千瓦·时，生产蒸汽 400 万吨。

职工赛歌会

石化下游产品加工制造板块是锦州石油化工公司三大主营业务之一。拥有国内较大的重整重芳烃深加工生产偏三甲苯装置，重芳烃加工能力达到 4.5 万吨／年。5000 吨／年环丁砜装置是目前世界上较大的工业生产装置，质量达到国际同类产品先进水平，在与国外大公司激烈竞争的情况下，国内市场占有率一直保持在 87% 以上。总投资 4 亿元的 8 万吨／年乙苯／苯乙烯装置于 2005 年开工建设。锦州石油化工公司正以打造一流团队精神和提升企业核心竞争力，实现企业跨越式发展为目标开拓进取、创造辉煌。

地址：辽宁省锦州市古塔区重庆路 2 号
邮编：121001
电话：(0416) 4156918
传真：(0416) 4156363
网址：www.jzpcc.com.cn

工程自营队伍装置大修施工现场

兴海油港分公司

中国石油前郭石化公司

总经理 刘德佳

党委书记 宫云喜

中国石油前郭石化公司是中国石油在吉林省西部的惟一一家现代化炼化企业，位于吉林省松原市，毗邻吉林油田，具有得天独厚的区域优势和资源优势。

公司始建于1969年。2005年7月，根据中国石油天然气集团公司整体发展战略，公司与前郭炼油厂实施整合，成立了新的前郭石化公司。在36年的发展历程中，公司抓住机遇，创新管理，与时俱进，从规模到效益实现了快速发展。尤其是2004年2月，经中国石油天然气集团公司批准，投资6.5亿元兴建的2万吨／年聚四氢呋喃项目尚属国内首套，对企业发展和吉林省玉米化工产业发展起到巨大的推动作用。

目前，公司拥有总资产23.41亿元，员工总数3371人。有250万吨／年常减压、100万吨／年重油催化裂化、16万吨／年气体分馏、4万吨／年聚丙烯、2万吨／年MTBE、15万吨／年重整、20万吨／年加氢联合装置、2万吨／年聚四氢呋喃装置（在建）、10万吨／年非选择性叠合装置、10万吨／年丙烷脱沥青装置、1万吨／年聚丙烯装置11套主要生产装置，并拥有比较完善的辅助生产设施和公用工程系统。

公司主要产品有汽油、煤油、柴油、聚丙烯树脂、石油液化气、车用液化气、石油沥青、塑钢门窗、新型防水卷材，吉原系列洗涤用品等30多个品种。

近年来，公司先后获得“全国模范职工之家”、“全国环境优美工厂”、“国家守合同重信用企业”、“省模范集体”、“省三好企业”等国家、省级荣誉称号30多个。

“十一五”期间，公司将紧紧抓住机遇，坚持以人为本，大力推进技术改造、技术创新和管理创新，面对新形势，谋求新发展，实现做精做特做强前郭石化的目标。

地址：吉林省松原市宁江区石化街56号　　**邮编**：138008
电话：(0438)6135223　　**传真**：(0438)6135229

100万吨／年重油催化裂化装置

4万吨／年聚丙烯装置

250万吨／年常减压装置

大连西太平洋石化有限公司

总经理　于国文

党委书记　朱廉宝

经济效益名列全国同行业前茅

2004 年，大连西太平洋石化有限公司（单位全称：大连西太平洋石油化工有限公司）通过技术改造，实施产品结构调整，强化管理，开拓市场，生产经营和改革发展都取得可喜成绩，主要经济指标再创历史新高。全年实现销售收入 211.2 亿元，比 2003 年增长 33.2%；实现利润 14.24 亿元，比 2003 年增长 87.4%。2004 年，公司被中国外商投资企业协会评为全国外商投资“双优”企业。

成品油出口量居全国炼化行业前茅

2004 年，公司通过召开外贸用户座谈会，外出走访，开拓国际市场，成品油出口继续保持良好势头。全年出口成品油 245 万吨，实现出口创汇 9.6 亿美元，成品油出口量连续 6 年位居全国炼化行业前茅，出口创汇连续 6 年名列大连市榜首。产品主要出口朝鲜、日本、韩国、新加坡、地中海等国家和地区。

纳税额连续 6 年位居大连市亚军

2004 年，公司实缴税金 9.17 亿元，比 2003 年增加 0.78 亿元，连续 6 年名列大连市纳税大户，并连续 6 年被评为市 A 级纳税信誉等级纳税人。2004 年，公司还被评为辽宁省纳税大户。

安全生产连续 6 年实现无重大事故

2004 年，公司通过落实《安全生产法》，实施 GB/T 28001 职业健康安全管理体系认证，实现良好的安全绩效。全年完成原油加工量 752.6 万吨，比 2003 年增长 5.6%，主要生产装置开工率达到 100%，顺利完成为期 45 天的装置停工大检修，实现了三年一检修和全年安全生产无事故。自 1998 年全面投产以来，连续 6 年保持安全生产无重大事故。

主要生产装置加工能力增强

为了提高装置的加工能力，2004 年，公司对 4 套主要生产装置实施扩能改造，常减压蒸馏装置加工能力由 800 万吨/年提高到 1000 万吨/年；催化重整装置保持 60 万吨/年加工能力不变，但技术含量大大提高；煤柴油加氢精制、馏分油加氢精制装置加工能力分别由 100 万吨/年提高到 130 万吨/年。装置扩能改造后，为提高装置加工负荷、降低各项消耗、实现良好经济效益奠定重要基础。

地址：大连市经济技术开发区海青岛　　邮编：116600
电话：(0411) 87506666　　传真：(0411) 87510033
网址：www.wepec.com

200 万吨/年重油加氢脱硫装置

300 万吨/年重油催化裂化装置

罐区

1000 万吨/年常减压蒸馏装置

中国石油大连石化公司

总经理、党委书记 蒋凡

中国石油大连石化公司是中国大型炼油化工生产企业，始建于1933年。公司现有员工4468人，占地245万平方米。有炼油生产装置50套，化工生产装置14套，年原油加工能力1050万吨，能生产汽油、煤油、柴油、润滑油、石蜡、苯类、聚丙烯、细旦纤维、EPS等石化产品200多种。

公司地处黄海之滨大连，与著名的大连港共居一个海湾，隔海相望，海陆运输条件方便、完善，是我国重要的石化产品出口和转运基地之一，有多种高标号、环保型主导产品销往国际市场。

几十年来，公司严细管理，艰苦创业，坚持走内涵发展道路，为我国石化工业的发展做出了突出的贡献，成为全国闻名的大型炼油骨干生产企业。曾有"哪里有炼油厂，哪里就有大连石化人"的美誉，创造了许多全国"第一"，并且企业也实现了健康、快速、稳步发展。

2000年重组改制5年来，特别是2002年以来，公司在中国石油天然气集团公司、中国石油天然气股份有限公司的领导和支持下，经过全体员工的共同努力，三年迈出三大步，实现了快速、平稳发展。

公司致力于管理创新，实行"扁平化"管理模式。先后荣获全国首批企业管理金马奖、"全国五一劳动奖状"、"全国守合同重信用企业"等20多个国家荣誉称号。

公司坚持"以人为本，以质取胜，诚信至上，持续改进"的质量方针，产品出厂合格率连续25年保持100%。公司的"七星"注册商标为全国驰名商标，辽宁省著名商标，在国内外用户中享有良好的信誉。"岩山"牌聚丙烯树脂、短纤维为辽宁名牌产品。公司自1996年整体通过ISO 9002质量体系认证以来，连年通过复评，并于2002年同时通过了ISO 9000质量体系2000版的换版和ISO 14000环境管理体系认证，公司已运行QHSE管理体系。

"十五"建设期间，公司以"做强、做精、做好"为工作宗旨，以"国内争排头，国际创一流"为目标，致力于建设具有国际竞争力的标志型炼化企业。公司将新建8套炼化生产装置，至2005年年底，公司原油加工能力将增长到2050万吨/年，成为国内领先的大型炼油基地，同时，也为发展建设大型化工基地——120万吨/年乙烯项目奠定了坚实的基础。不久的将来，一个更大、更强、更具竞争能力的现代化大型炼化企业将屹立于黄海之滨。

地址： 辽宁省大连市甘井子区山中街1号

邮编： 116032

电话： (0411) 86670557

传真： (0411) 86672517

网址： www.dlpec.com

国内一流的350万吨/年重油催化裂化装置

10万吨/年乙苯—苯乙烯—聚苯乙烯装置

600万吨/年蒸馏装置满负荷运行，保证了全年原油加工量超过1200万吨

中国石油冀东油田公司

总经理、党委书记 周海民

中国石油冀东油田公司为中国石油天然气股份有限公司的地区公司，是集油气勘探、开发、研究、集输、销售为一体的大型石油公司。公司总部坐落在河北省唐山市。勘探区域北起燕山南麓，南至渤海5米水深线，西起涧河，东至秦皇岛一带，勘探面积5797平方千米，其中陆地面积4797平方千米，滩海面积1000平方千米，新一轮资源评价总资源量达10亿吨。

南堡陆地已发现并投入开发了高尚堡、柳赞、老爷庙3个主要油田，年原油生产能力125万吨，年天然气生产能力6000万立方米。近年来发现了南堡油田。南堡滩海于2002年收回探矿权，经过3年的潜心研究、前期准备和科学勘探，实现了勘探重大突破。南堡油田以其整装、储量规模大、单井油层厚、单井产量高成为近年来中国石油东部的重要发现。

公司下设8个二级单位（包括勘探开发研究院、南堡油田公司等）、1个勘探开发事业部、3个直属采油作业区、11个机关处室、4个直属机构和3个控股公司。

公司坚持高举邓小平理论和“三个代表”重要思想伟大旗帜，树立和落实科学发展观，认真落实中国石油天然气集团公司、中国石油天然气股份有限公司各项工作部署，以提高经济效益为中心，积极实施“科技兴油、低成本、人才开发”三大战略，大力弘扬“爱国、创业、求实、奉献”的企业精神，求真务实，开拓创新，扎实工作，各项工作都有新的进展。

进入新世纪新阶段，中国石油冀东油田公司有信心、有决心在中国石油天然气股份有限公司的正确领导下，按照讲科学、快节奏、高效益的方针，努力把南堡油田建成样板工程、精品工程，为中国石油天然气股份有限公司率先建成一流的社会主义现代化企业和具有国际竞争力的跨国企业集团而奋斗！

地址：河北省唐山市新华西道光明西里
邮编：063004
电话：(0315) 8766065
传真：(0315) 8766065
网址：10.86.10.16

标准化采油井场

庆祝原油产量突破100万吨

丰富多采的文化生活

建设中的南堡油田

中国石油冀东石油勘探开发公司

经理、党委书记 张国旗

中国石油冀东石油勘探开发公司成立于1988年4月，地处渤海之滨、燕山南麓的京津唐地带。乘借改革的东风，公司始终坚持"两个文明一起抓，两个成果一起要"的方针，艰苦创业，在昔日的盐碱荒滩上建起了一座现代化的石油基地。唐山生活基地被列为全国"文明示范小区"，公司先后荣获中国石油天然气集团公司"安全生产先进企业"、河北省"百强企业"、"企业文化先进单位"、"思想政治工作优秀企业"、唐山市"文明单位"和"思想政治工作优秀企业"等称号。

1999年重组改制以来，公司作为未上市企业，经过艰苦的探索与实践，各方面都发生了深刻变化，步入了发展的快车道。截至2004年底，公司共有职工2201人，资产总值14.27亿元，实现经营收入14.8亿元，经营收入、利润与2000年相比，分别增长了2.6倍和5.9倍。公司下设17个二级及直属单位，主要分为三大板块：一是石油工程生产技术服务板块，主要从事难采未动用储量开发、井下作业、交通运输、油田建设、物资供应、通信信息等业务；二是多元开发板块，主要从事油气报废井开发利用、机械制造、油（日）化产品开发、建筑施工、餐饮服务、印刷等业务；三是社会服务板块，主要承担油区唐海、唐山等生活基地的后勤服务工作，主要产品有"新远"牌真空加热炉、燃烧器，轻质油，液化气等。

油田运输

油井作业施工现场夜景

油田外排污水塔式曝气—生化处理装置

管道施工

地　址：河北省唐山市新华西道51# 甲区
邮　编：063004
电　话：(0315)8766256
网　址：www.jywz.com.cn

中国石油青海石油管理局

局长、党委副书记　李建青

党委书记　郑玉宝

中国石油青海石油管理局是中国石油天然气集团公司所属的从事石油天然气工程技术服务、生产技术服务和基地服务业务，兼营其他业务的综合服务公司。主要生产工作区域位于素有“聚宝盆”之称的青海柴达木盆地。主要经营范围包括：石油天然气钻井、固井、试油、井下作业，钻井液及化工原料研制、销售；建筑安装、油田建设、工程总承包、工程监理、特种工程施工；机电设备制造、加工、修理；水、电、暖生产与供应；客、货运输；建筑建材生产和销售；物资采购、储存、批发、零售；锅炉压力容器除垢及修理；通信工程；幼儿教育，医疗卫生，社区物业管理，生活后勤服务，旅游服务，多种经营等相关服务。截至 2004 年 12 月底，全局共有职（员）工 12752 人，拥有资产总额 28.31 亿元。

昆仑山矿泉水生产线

时代螺旋藻产品

地址：甘肃省敦煌市七里镇
邮编：736202
电话：(0937)8934345

油建职工在陕京二线施工

压裂酸化施工

花格管道复线建设

涩北气田9亿立方米产能建设

管道建设

财政支柱企业龙头的地位。

面对新形势，青海油田公司落实科学的发展观，提出了实施“5355”三步走战略，到“十一五”末实现“年产油气一千万”的目标。第一步：谋求突破，夯实基础。力争在近两年找到1至2个5000万吨级以上规模的石油优质储量，探明天然气地质储量1000亿立方米，实现柴达木盆地油气勘探上的大突破。第二步：提升加速，快速发展。通过勘探上的大突破，促进油气产量大幅度增长，“十一五”中期实现年产油气800万吨，为油田加快发展奠定物质基础。第三步：油气并举，实现跨越。“十一五”末，实现年产油气1000万吨，其中天然气70亿立方米，石油300万吨，跨入千万吨级大型油气田行列。为此，公司将大力实施“油气并举、质量效益、科技创新、持续发展、人才强企”五大战略，努力为中国石油天然气集团公司和地方经济的发展做出积极贡献。

以50年的勘探、开发成果为基础，以得天独厚的资源优势为依托，以高新科技为手段，未来的柴达木盆地石油、天然气工业将拥有更美好的明天。

文体活动

炼厂夜色

地址：甘肃敦煌七里镇
邮编：736202
电话：(0937) 8926811

中国石油青海油田公司

总经理、党委书记　黄立功

青海油田公司党政领导班子

油田开发

高原小站

中国石油青海油田公司（以下简称青海油田公司）是隶属于中国石油天然气股份有限公司的地区公司，主营业务包括石油天然气勘探、生产、销售，油气化工生产、销售，石油天然气管道运营，石油天然气勘查、研究、技术服务等。

公司的主要勘探领域在素有“聚宝盆”之称的柴达木盆地，平均海拔在2700—3000米，盆地石油总资源量达21.5亿吨，天然气总资源量25000亿立方米，经过50年的勘探，先后找到25个油气田，累计探明加控制石油地质储量4.0825亿吨，累计探明和控制天然气地质储量3663亿立方米，是全国陆上四大气区之一。

公司独立运行五年来，认真实践“三个代表”重要思想，坚持油气并举、勘探与开发并重、生产经营与企业文化并行的原则，紧紧围绕油气勘探开发主营业务，深化改革，开拓创新，使油田步入了加速发展的轨道，2000年，原油产量突破200万吨，2003年首次实现了利润加折旧大于年度勘探开发总投资，实现了从投入型企业向产出型企业的历史性转变。特别是2004年，新增探明石油地质储量1242万吨，新增探明天然气地质储量526亿立方米，生产原油222万吨，生产天然气17.8亿立方米，油气年产量历史性地突破了400万吨，天然气累计探明储量突破3000亿立方米大关，青海油田大气区的地位更加稳固。油田先后被评为“全国520家‘重合同，守信用’企业”、“青海省经济运行先进单位”、“青海省文明单位标兵”、“思想政治工作优秀企业”，连续5年保持了青海省

中国石油吐哈油田公司

中国石油吐哈石油勘探开发指挥部

指挥、党委副书记 袁明生

党委书记、副指挥 张国栋

中国石油吐哈石油勘探开发指挥部（以下简称指挥部）成立于 1991 年 2 月。1999 年重组改制后，指挥部形成了以石油工程技术服务、生产服务和油气产品生产、机械加工制造为支柱产业，以科研、基地后勤社会化服务、宾馆旅游、国内外贸易为补充的多种产业结构并存的地区综合服务公司。现有二级单位 29 个，在册职工 12500 多人。总资产 59.78 亿元，2004 年实现收入 34.48 亿元。

近年来，指挥部在中国石油天然气集团公司的正确领导下，以持续有效较快协调发展为主题，以“五个一流、强精特优”为目标，持续推进“市场开发、国际化经营、凝聚人心”三大战略，狠抓生产经营和安全稳定工作，企业发展势头强劲，物质文明、精神文明和政治文明协调发展，稳步推进。工程技术服务主营业务在稳定吐哈油田内部市场的同时，进入并不断拓展玉门、塔里木、塔河、青海、克拉玛依、长庆、陕蒙等周边油区和社会市场，27 支队伍先后进入了哈萨克斯坦、乌兹别克斯坦、巴基斯坦、阿塞拜疆、委内瑞拉、印度尼西亚、苏丹等国市场。

指挥部加强党的建设和精神文明建设，先后荣获“全国精神文明建设工作先进单位”、“全国厂务公开工作先进单位”、“全国思想政治工作优秀企业”、“全国企业文化建设实践创新奖”、“全国创建学习型组织，争做知识型职工活动示范单位”等荣誉称号。哈密石油基地被国家建设部命名为“全国城市物业管理优秀示范住宅小区”，进入全国绿化 400 佳先进单位行列。指挥部和钻井公司、井下公司先后分别荣获“全国五一劳动奖状”。供水供电处、特车工程公司、油建公司分别荣获“全国安康杯优胜企业”称号，井下公司压裂队、哈密物业公司维修中心被中国石油天然气集团公司授予“百面红旗单位”，涌现出一批国家、省部级劳动模范和先进典型。

地址：新疆哈密石油基地　　**邮编**：839009
网址：www.tuha.net　　**电话**：(0902)2763833

袁明生指挥向中国石油天然气集团公司领导现场汇报生产情况

党委书记张国栋慰问勘探一线职工

先进的 70D 钻机

指挥部与油田公司签署《吐哈油田共同发展纲要》

个不超、一个确保”的预期目标。2004 年公司荣获“吉林省安全生产先进企业”称号。

2004 年，吉林石油集团公司精神文明建设取得可喜成果。公司党委被松原市委授予“先进基层党组织标兵”、公司被吉林省委、省政府命名为“模范单位”、“全国职工职业道德建设十佳单位”和“五一劳动奖状”等荣誉称号。吉林石油集团公司董事长、总经理何树山荣获吉林省特等劳动模范称号。

2004 年吉林石油集团公司和中国石油吉林油田公司坚持共举一面旗，同心谋发展，以增储上产实现持续有效较快协调发展为第一要务，原油年产量突破 500 万吨，创造了历史新辉煌

中国石油天然气集团公司副总经理周吉平向吉林石油集团公司 GW56 队颁发象征苏丹工程技术队伍最高荣誉的 PDOC 奖杯

2004 年吉林石油集团公司建房 26.92 万平方米，有 3 个小区被国家建设部评为国家优秀住宅小区

吉林石油集团公司在工程技术服务理念创新上，坚持“一口井就是一项工程”、“一百减一等于零”的服务理念。2004 年共完成钻井 1786 口，实现钻井进尺 233.5 万米，同比增加 68.7 万米。其中，第二钻井工程公司 30567 钻井队截至 2004 年末共进尺 120 万米，创造了吉林油田 23 项钻井记录，为吉林油田原油产量突破 500 万吨作出贡献。该队被评为中国石油天然气集团公司金奖钻井队

2000 型压裂车组在英台压裂施工现场

地址：吉林省松原市锦江大街 29 号　邮编：138000
电话：(0438) 6224561　传真：(0438) 6224140

中国石油吉林石油集团有限公司

董事长、总经理 何树山

党委书记 单纪宽

中国石油吉林石油集团有限责任公司（简称吉林石油集团公司）是中国石油天然气集团公司的直属企业，国有独资有限公司。坐落在吉林省西北部辽阔的科尔沁草原，美丽的松花江畔，北依大庆、南临辽河，横跨长春、松原、白城3个地区20个县（区）。公司机关设在吉林省西北部的新兴城市——松原市。公司的前身——吉林油田，始建于1961年。目前，吉林油田原油生产能力已达到年产500万吨。2004年生产原油505.5万吨。主要从事石油及天然气地质勘查、钻井、录井、测井、试油、井下作业、科研设计、油建施工、工程监理、机械制造、汽车运输、发供电、物资供应、物业、通信、医疗卫生等业务。

2004年，吉林石油集团公司职工总数3.5万人，其中管理和专业技术人员1.1万人。公司拥有主要专业设备6024台（套），总资产83.98亿元，固定资产原值70.43亿元，净值48.31亿元。全年实现主营业务收入48.15亿元，实现利润6300万元。

2004年，吉林石油集团公司认真贯彻落实党的十六大和十六届三中、四中全会以及中国石油天然气集团公司工作会议精神，牢固树立和落实以人为本、全面协调可持续的科学发展观，以精心做好“三篇文章”和全面搞好“一个加强”为主线，创新服务理念，加快市场拓展，深化结构调整，强化管理创新，各项事业竞相发展，取得了辉煌的业绩，提前一年实现了“两个跨越、两个翻番、一个改善”的“十五”规划目标，企业步入了跨越式发展的新阶段。石油工程技术服务从双赢互利、共谋发展大局出发，团结协作，密切配合，为吉林油田公司累计新增探明石油地质储量2.42亿吨，实现年产石油500万吨的历史性跨越作出了贡献。2004年共完成三维地震1149.24平方千米、二维1123.3千米；完成钻井进尺233.5万米，同比多完成68.7万米。实施“走出去”战略成果显著，2004年外部市场实现收入12.15亿元。海外施工队伍总数已达到12支。2004年海外市场收入达到2259.7万美元。GW56钻井队蝉联象征苏丹工程技术队伍最高荣誉的PDOC奖杯。大力实施多元开发战略，积极有效地规划和发展相关产业。已投产的热电联供、油气资源开发、矿泉水、天然气资源开发利用、二氧化碳资源开发利用、粉煤灰烧结砖、糠醇厂等相关产业项目，2004年实现收入和利润分别达到4.83亿元和4110万元。全员劳动生产率由2003年的44212元增长到59999元，比重组时增长了40384元。企业经营活力显著增强，2004年实施“541”工程和以“四查四提高”为内容的“管理增效年”活动，消化各种成本上升因素近5亿元，实现管理增效1亿元。在质量管理上，公司直属的物探、钻井、固井、录井、测井、试油、井下作业、油建安装、机械加工制造、钻井工艺设计、物业管理、物资供应等25个企业先后通过了ISO 9000质量体系认证。实施科研攻关项目76项，申请专利16项，创产值5000万元。设备新度系数达到0.55以上。牢固树立“安全第一”的思想，修订各类安全生产规章1146项，制定安全应急预案523份，实现了“六个杜绝、三

中国石油吉林油田公司

总经理 侯启军

2004年，中国石油吉林油田公司原油产量突破500万吨，实现了几代吉林石油人的夙愿。

油气勘探取得丰硕成果。全年提交石油探明储量5118万吨，控制储量5299万吨，预测储量6657万吨，分别完成年计划的102%、105%和111%，新增三级储量之和在中国石油所属油气田中排名前列。

原油产量实现历史性跨越。全年生产原油505万吨，实现了年产500万吨的历史性跨越。

经营管理创造了新业绩。全年销售收入89亿元，实现利润39.46亿元，税费18.08亿元。严格投资管理，投资回报率达到8.22%。加强财务和成本管理，储量发现成本1.53美元／桶，油气开发成本4.34美元／桶，油气操作成本5.95美元／桶。狠抓安全环保管理，实现了"五个杜绝"目标。以"15544"工程为主线，深入开展管理创新创效活动，收到了良好效果。

技术创新步伐进一步加快。全年投入科研经费3940万元，组织实施科研项目44项，获部级一等奖、二等奖、三等奖各1项。扶余城区三维地震采集和全三维处理解释技术，为老区发现新的含油层系起到重要作用，新增探明储量2147万吨。信息化建设跨上新台阶，工作效率进一步提高。

队伍建设水平有新提高。注重加强领导班子思想、组织、作风和制度建设，各级班子素质和战斗力进一步增强。实施"123"人才培养工程，99人被评为公司级专家，197人被评为厂级专家，300人被评为高级操作岗位明星。

企业文化建设扎实推进。加强厂院、站队、班组三级文化建设，围绕"跨越500万"目标，深入开展"讲成果话发展，讲责任做主人，讲奉献塑形象"主题教育活动，增强了队伍凝聚力和向心力。

总经理侯启军（左二）、党委书记梁春秀（左一）深入基层调查研究

地址：吉林省松原市沿江东路1219号
邮编：138000
电话：(0438) 6258503
网址：10.217.101.1

现代化的输油中转站

中国石油华北石油管理局

局长 单祥国

党委书记 马桂成

中国石油华北石油管理局（以下简称华北石油管理局）是中国石油天然气集团公司下属的集工程技术服务、生产服务、机械制造、物业管理、社会服务和多种经营于一体的大型国有企业，现有不同专业类别的下属单位44个，控股子公司5个，职工4.8万人；固定资产76.3亿元，主要装备和辅助生产设施8561台(套)，新度系数0.58。

华北石油管理局总部位于著名的"华北明珠"白洋淀之畔，邻近北京、天津、石家庄等城市，铁路、公路四通八达，具有得天独厚的经济环境和良好的人文社会条件。

华北石油管理局拥有雄厚的技术实力和齐全的专业门类，专业技术人员占职工总数的26.3%，具有较强的科技开发和创新能力，在钻井、录井、油气井测试、井下作业、油田地面工程、管道工程、炼油化工工程、路桥工程、地热开发、机械修造、供水供电、通信、运输以及新产品开发等方面，拥有强大的施工作业、生产服务能力和一流的服务水平。近年来，各专业队伍以先进的技术、精良的装备、过硬的质量、良好的信誉，积极开拓市场，参与竞争，许多队伍和产品已走向全国，有些进入了国际市场，在国内外市场树立了良好的形象。

钻井队伍在陕甘黄土塬施工

地址：河北省任丘市会战道
邮编：062552
电话：(0317) 2725213
网址：www.hb.cnpc.com.cn

油建队伍在西气东输建设中

繁忙的钢管生产车间

井下作业队伍在冀中油井施工

中国石油大港油田公司

总经理、党委书记　姚和清

中国石油大港油田公司是中国石油天然气股份有限公司下属的一个从事石油天然气勘探开发的特大型石油企业。大港油田东临渤海，西接冀中平原，东南与山东毗邻，北至津唐交界处，地跨津、冀、鲁 25 个区、市、县，勘探开发建设始于 1964 年 1 月，勘探开发总面积 18698 平方千米。公司总部位于天津市东南 60 千米的渤海之滨，地理位置优越，海陆空交通发达，往来便捷。

根据我国第三次油气资源评价，大港探区石油资源蕴藏量 20.6 亿吨，天然气资源蕴藏量 3800 亿立方米。截至 2004 年底，累计探明石油地质储量 9.2 亿吨、天然气地质储量 720 亿立方米；累计生产原油 1.3 亿吨，天然气 162.5 亿立方米。目前，公司原油年生产能力 480 万吨，天然气年生产能力 3.4 亿立方米，拥有资产总额 157.6 亿元，有员工 12000 余人。

近年，公司先后与美国阿帕契公司成功开展了赵东合作区块风险勘探开发，与加拿大泛华公司合作开发了孔南未动用储量。在新的时期，大港油田公司愿与国内外朋友友好往来，精诚合作，共谋发展。

机关办公大楼

QHSE · IC 综合管理体系文件发布会

团结奋进的领导班子

晨曦中的油井

地址：天津市大港区三号院
邮编：300280
电话：(022) 25971708
传真：(022) 25915115

大港油田赵东合作区海上平台

中国石油集团“百面红旗”落户油田

油城一瞥

多彩的文化活动

特大型加砂压裂作业现场

ECUPS（5700）成像测井系列

勘探突破　产量上坎 川气出川 油气主业取得重大进展

四川盆地满盆开花，新区老区均获突破

2004年，四川油气田坚持将勘探工作放在首位，认真落实“加强前期、注重技术、突出重点、积极有效”和以寻找大中型油气田为首要目标的勘探工作方针，立足新地区、新类型、新层系的目标，盆地油气勘探全面开花，新区老区均获突破。川渝地区新钻圈闭11个，完成钻井进尺37.8万米，新获含油气构造6个，新获气藏9个，获工业气井19口；油气勘探取得12个重要新发现、8个重要新进展和4个重要新苗头；新增天然气三级储量近2000亿立方米，为50年三级储量总和的五分之一左右，是历史上勘探成果最好的一年，实现了历史性的突破。

产能建设步伐加快，成为首个百亿气区

2004年，四川油气田首次建成新增20.03亿立方米天然气生产能力；西南油气田分公司生产天然气97.77亿立方米；四川石油管理局生产份额天然气3.8亿立方米，两家共生产天然气101.57亿立方米，成为中国石油史上第一个天然气年产量超过100亿立方米的气区而载入史册。

川气出川成为现实，市场领域更加广阔

历经几代川渝石油人的拼搏努力，2004年，四川油气田天然气三级储量累计达12700亿立方米，剩余可采储量的储采比为30：1，这为天然气上产和“川气出川”奠定了坚实基础。2004年11月16日四川油气田忠武输气干线忠县集输气站正式向湖北省供气，实现了几代川渝石油人的夙愿，展示出四川油气田未来天然气市场的美好前景。

安全好转　扭亏为盈 改革深化 川局三大任务全面推进

刚性措施狠抓安全，被动局面初步扭转

四川石油管理局针对“12.23”特大井喷责任事故暴露出的问题，从作风整顿入手，以固本强基为重，落实责任为要，建立长效机制为本等4个方面抓安全整改，制定了“五项廉政承诺”、“六条约束”、“四个严禁”、“五个不准”一系列约束领导干部和员工队伍的刚性措施，收到了“强三基，反三违，除隐患，保安全”的良好效果。投入2亿多元资金整改，更新安全设施、装备。2004年，实现了“四个杜绝，三个不超，一个确保”，初步扭转了安全生产的被动局面。

如期实现扭亏为盈，自我发展能力增强

2004年，四川石油管理局从抓强化扭亏责任、消灭亏损点和堵住亏损源着手，全力打好扭亏增盈攻坚仗，全年实现总收入110.41亿元、利润5.34亿元，其中主营业务收入79.1亿元，同比增长28.2%，利润2.74亿元；多种经营收入31.31亿元，同比增长32.05%，利润2.6亿元。实现三年扭亏增盈的奋斗目标。

专业化重组力度大，改革实现了新突破

2004年，四川石油管理局打破长期形成的条块结合的管理模式和“大而全”、“小而全”体制的格局。用3个多月的时间平稳实现全局专业化重组，形成了适应四川油气田勘探开发和对外工程技术服务需要的物探、钻井等19个专业化公司的新格局，展现了主营专业精干高效、队伍结构更趋合理、技术优势得以充分发挥的新局面。

企业团结　油地融洽 整体发展态势初步形成

成员企业更加团结，整体协调共同发展

四川石油管理局和西南油气田分公司，把实现“52135”核心战略和“8532”发展目标作为共同的责任，双方从思想观念、关联交易、合作开发、技术发展、安全管理以及日常工作方面，切实遵循“发展共谋、责任共担、稳定共抓、环境共建”的原则，做到了识大体、顾大局，真正建立起了整体协调发展的战略联盟。

协调一致加强沟通，油地关系更加融洽

2004年，川渝地区石油企业协调组按照集团公司党组要求，积极依靠四川省和重庆市各级地方政府开展协调工作，在天然气供需方面，使双方更加理解、信任和支持，石油企业和地方政府的关系更加紧密，融洽，进而改善了油地环境，维护了集团公司整体利益。

中国石油四川石油管理局

地址：四川省成都市府青路一段3号
邮编：610051
电话：(028) 86011276
传真：(028) 86011694

中国石油西南油气田公司

地址：四川省成都市府青路一段5号
邮编：610051
电话：(028) 86011689
传真：(028) 86011371

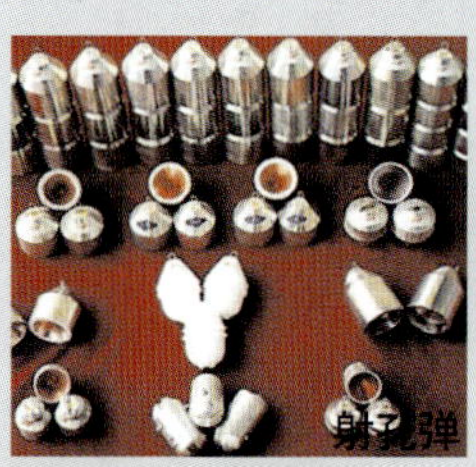
射孔弹

三牙轮钻头

压缩机

防喷器

CNPC SICHUAN OIL AND GAS FIELDS

中国石油
四川油气田

The bigestin china

我国大型的
天然气生产销售基地

醚化装置

钻井装备现场

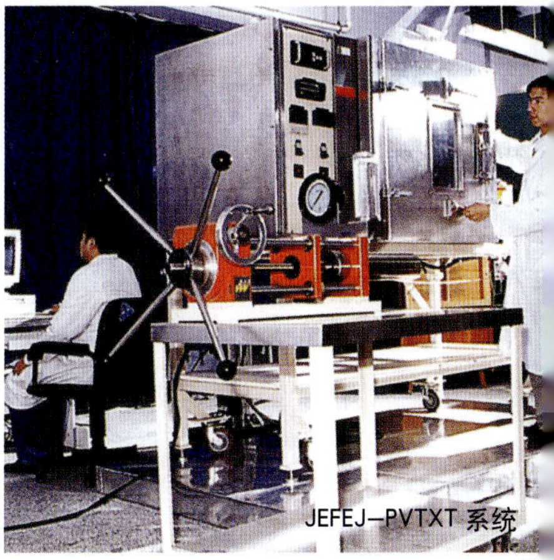

JEFEJ—PVTXT 系统

西气东输跨线工程

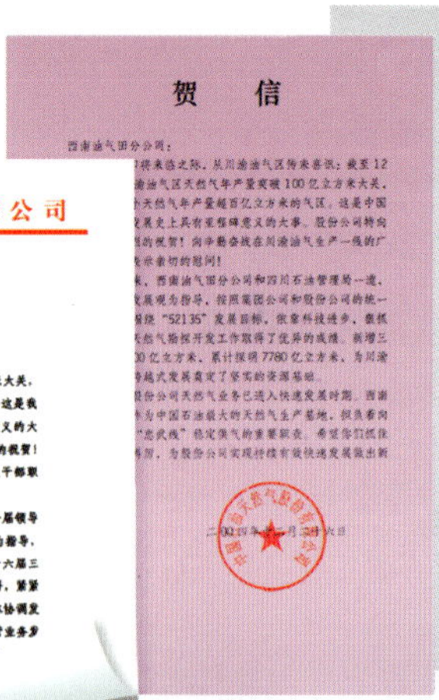

贺 信

西南油气田分公司：

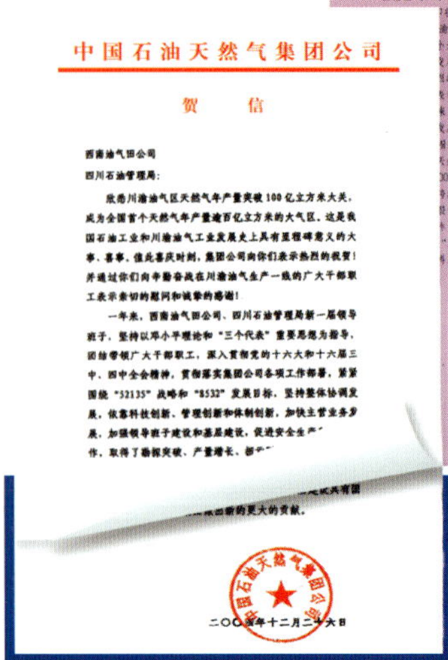

中国石油天然气集团公司

贺 信

西南油气田公司

四川石油管理局：

欣悉川渝油气区天然气年产量突破100亿立方米大关，成为全国首个天然气年产量逾百亿立方米的大气区。这是我国石油工业和川渝油气工业发展史上具有里程碑意义的大事、喜事。值此喜庆时刻，集团公司向你们表示热烈的祝贺！并通过你们向辛勤奋战在川渝油气生产一线的广大干部职工表示亲切的慰问和诚挚的感谢！

一年来，西南油气田公司、四川石油管理局新一届领导班子，坚持以邓小平理论和"三个代表"重要思想为指导，团结带领广大干部职工，深入贯彻党的十六大和十六届三中、四中全会精神，贯彻落实集团公司各项工作部署，紧紧围绕"52135"战略和"8532"发展目标，坚持整体协调发展，依靠科技创新、管理创新和体制创新，加快主营业务发展，加强领导班子建设和基层建设，促进安全生产……作，取得了勘探突破、产量增长、……

……出新的更大的贡献。

二〇〇四年十二月二十六日

The bigestin china

我国大型的
天然气生产销售基地

川渝石油人"川气出川"的心愿变成现实

向忠武线输气庆典仪式

钻井作业现场

山地物探队伍

中国石油四川油气田

中国石油四川石油管理局
局长、党委书记 廖永远

中国石油西南油气田公司
总经理 李鹭光

中国石油西南油气田公司
党委书记 张书铭

中国石油四川石油管理局（简称四川石油管理局）和中国石油西南油气田公司（简称西南油气田分公司）是中国石油天然气集团公司在四川油气田的直属企业和地区公司。四川石油管理局主营石油天然气工程技术服务、机械制造、油气合作开发；西南油气田分公司主管石油天然气勘探开发、炼油化工、油气集输和销售业务。四川油气田共有员工 63962 人，资产总额 271.22 亿元，专业化公司和二级单位 64 个。

四川油气田是我国目前大型的天然气生产销售基地。截至 2004 年，已在四川盆地 16.8 多万平方千米范围内累计获天然气三级储量 12700 亿立方米，生产天然气 2240.21 亿立方米，生产原油 436.71 万吨。半个多世纪以来，四川油气田塑造了一支被中央领导同志誉为“特别能战斗”的“川军”队伍，地震勘探、钻井、油气田开发及油气田建设等创造和保持了一批全国纪录；复杂碳酸盐岩勘探开发配套技术、含硫天然气净化及硫磺回收技术、深井及定向井钻井技术、欠平衡钻井技术、井控及井喷失控处理技术等一批工艺技术处于国内领先和国际先进水平。2002 年度四川石油管理局和西南油气田分公司双双荣获“全国五一劳动奖状”。

2004 年，是四川石油管理局和西南油气田分公司新一届领导班子共同实施“52135”和“8532”目标的开局之年，是四川油气田油气勘探开发史上具有里程碑意义和取得重大进展之年。

中国石油塔里木油田公司

中国石油塔里木油田公司（以下简称塔里木油田公司）是中国石油天然气股份有限公司的地区公司，共有员工12473人，资产总量226亿元，是一家集油气勘探、开发、炼油、化工、研究、销售为一体的大型石油公司。公司总部坐落于新疆库尔勒市风光旖旎的孔雀河畔，作业区域遍及塔里木盆地周边5地州20多个县市。

2005年6月沙漠公路绿化工程完工

塔里木油田公司始终坚持“采用新的管理体制和新的工艺技术，实现石油会战的高水平和高效益”的“两新两高”工作方针，实行市场化运行、合同化管理、专业化服务、社会化依托，工程技术服务队伍主要来自中国石油天然气集团公司、中国石油化工集团公司、中国海洋石油总公司三大石油公司，生活服务也主要依托当地专业化服务队伍，是中国陆上油田较早建立并实施与国际接轨的规范油公司体制的企业。

塔里木盆地总面积56万平方千米，是我国大型的含油气沉积盆地。盆地可探明油气储量当量123亿吨，其中石油60亿吨、天然气80000亿立方米，被中外地质家称为中国石油工业的希望之地。1989年开始大规模石油会战勘探开发以来，取得了举世瞩目的成就。

西气东输主力气田克拉气田全貌

塔里木油田公司现已落实油气三级储量当量21亿吨。已建成1000万吨/年以上油气生产能力。2004年12月30日西气东输工程正式全线商业运营。目前探明的天然气地质储量可以确保西气东输工程年输气300亿立方米，向外稳定供气20年以上。2004年，实现主营业务收入132亿元、利润48亿元、税费20亿元，综合盈利能力和收入利润率在全国各油气田中名列前茅。

经过16年艰苦卓绝的努力，塔里木油田已经进入油气并重、规模化加快发展的新阶段。当前，塔里木油田正瞄准“1521”的新目标加快发展。“15”就是到2010年每年新增探明石油储量1亿吨、天然气储量500亿立方米；“2”就是到2010年油气产量当量超过2000万吨；“1”就是建成一流的现代化油气田。

地址：新疆库尔勒市78号信箱　　邮编：841001　　电话：（0996）2171208

2005年有10口油井获得工业油气流

中国石油长庆石油勘探局

局长 江夕根

中国石油长庆石油勘探局（以下简称长庆局）组建于1970年，局机关设在陕西省西安市，国内工作区域以鄂尔多斯盆地及周边地区为主，横跨陕、甘、宁、蒙、晋五省（区）。主要提供油气勘探、开发、加工及销售领域工程技术服务、生产服务、社会服务，具备石油钻井及配套服务、压裂酸化、井下作业、油气田地面工程设计与施工、道桥建设、机械修造等能力，能提供从油气田勘探开发到地面建设、炼化设施安装与维修等一条龙工程技术服务。经营范围涉及8个板块共39类业务。长庆人经过30多年的艰苦奋斗，在鄂尔多斯盆地建成了油气当量逾千万吨的特大型石油天然气基地。长庆局的施工队伍还走出国门，在厄瓜多尔、乌兹别克斯坦、印度尼西亚、孟加拉国等打响了“长庆品牌”。

地　址：陕西省西安市未央路151号
电　话：(029) 86598888
传　真：(029) 86592222
网　址：www.cnpccq.com

长庆局加强领导班子管理能力建设，努力做到决策民主化、科学化

局长江夕根在基层现场办公

长庆局在厄瓜多尔、乌兹别克斯坦等取得不凡的业绩，厄瓜多尔总统、执政党主席先后来长庆访问

局党委书记杨庆理在基层现场办公

长庆局的指挥中心、科研中心设在古城西安

2004 年 7 月 5 日，甘肃省省委书记苏荣一行在王道富等领导的陪同下视察西峰油田

科技进步进入石油系统先进行列

获得中国石油天然气集团公司技术创新二等奖2项；中国石油天然气股份有限公司高效开发油气田奖3项，提高采收率典型油田奖1项，油气田开发优秀项目奖5项、油气田开发先进技术奖6项、油气田开发先进管理奖3项。累计获得科技成果2693项，其中国家发明奖2项，国家科技进步奖21项，省部级科技成果奖102项，专利50项。

油田公司十分重视企业内控体系建设，建立和完善了运行机制、激励机制、监管机制、民主管理机制

构建新时期“报效国家、奉献社会、回报员工”的价值准则，形成独具特色的长庆文化，增强了企业的凝聚力和竞争力，形成了争作贡献的良好风气，协调发展的良好环境，使公司充满勃勃生机。

2004年，油田公司富有长庆特色的企业文化获中国企业文化研究会“全国企业文化建设实践创新奖”。

鄂尔多斯盆地油气资源十分丰富，具有广阔而美好的勘探开发前景

公司以“三个代表”重要思想为指导，聚精会神搞建设，一心一意谋发展，再创长庆油田新辉煌！

地址：陕西省西安市未央区长庆兴隆园小区　　**邮编：**710021
电话：(029) 86595117　　**传真：**(029) 86595117

靖安油田（靖一联合站）

内蒙古自治区政府主席杨晶（右一）一行在长庆气田调研

公司总经理王道富与西安石油大学校长张宁生在校企合作协议上签字

2004 年 12 月 26 日，长庆油田公司第三采油厂、第二采油厂、第一采油厂原油产量先后突破 200 万吨

2004 年 11 月 20 日，长庆油田艺术团代表中国石油在人民大会堂演出反映西气东输伟大工程的舞蹈“穿越梦想”

2004 年 11 月 15 日，长庆油田公司获中国企业文化研究会“全国企业文化建设实践创新奖”

中国石油长庆油田公司

总经理、党委书记　王道富

2004年，中国石油长庆油田公司（以下简称长庆油田公司）认真落实中国石油天然气集团公司、中国石油天然气股份有限公司工作部署，坚持用科学发展观统领各项工作，坚持持续、有效、快速、协调发展的方向，各项业绩指标全面超额完成。

油气勘探坚持甩出去，打下去，取得了重大成果

新增石油探明储量1.27亿吨，控制储量1.06亿吨，预测储量1.70亿吨；新增天然气探明储量813亿立方米，控制储量1057亿立方米，预测储量1242亿立方米。累计探明石油储量13.19亿吨，探明天然气储量11955亿立方米，形成了良性接替的储量序列。

油气田开发形势良好

2004年生产原油811万吨，比2003年净增长109万吨；生产天然气74.46亿立方米，比2003年净增长22.61亿立方米。油气年产量（当量）达到1404.3万吨，居中国石油前列。累计生产原油7315万吨，生产天然气244.5亿立方米。已连续多年向北京、天津、西安、石家庄、呼和浩特、银川、上海及华东地区等大中城市供气。

集团公司总经理陈耕、总经理助理刘海胜在长庆油田现场办公期间，视察长庆油田

2004年10月1日集团公司副总经理、股份公司总裁蒋洁敏在靖边压气站启动西气东输工程阀门向上海供气，标志着中国西气东输工程全线投产

2005年2月7日陕西省省长陈德铭（右）一行来长庆油田慰问并进行工作调研，王道富（左）代表长庆油田汇报工作

宁夏回族自治区总工会主席张小素与“全国五一劳动奖章”获得者王道富亲切交谈

准噶尔盆地沙漠腹地莫10井获得新突破

重油开发区

巡井的采油工

一步扩展和提升了加快发展"三部曲"目标的内涵，按照"贯彻落实科学发展观，实事求是，可持续发展"的原则，确立了公司今后一个时期的发展思路和目标。发展目标是：坚持加快发展战略、科技创新战略和人本战略，实施"121"工程（今后五年，年均新增探明油气地质储量1亿吨、新建原油生产能力200万吨、油田老区自然递减降低1个百分点），到2010年实现年产油气当量2000万吨；用5—10年时间，把新疆油田公司建设成为国内一流水平的油气生产企业；到本世纪中叶，油田继续保持生机与活力，把新疆油田建设成为具有创造力、竞争力、生命力的世纪油田。

新疆油田公司党委围绕加快发展"三部曲"奋斗目标，积极探索新体制下党建、思想政治工作和企业文化建设的新形式、新途径、新方法，在实践中逐步形成了具有新疆油田特色的企业文化，精神文明建设取得了累累硕果。2002年新疆油田公司荣获"全国五一劳动奖状"，"新疆维吾尔自治区重合同守信用单位"，2003年荣获"中央企业厂务公开先进单位"等荣誉称号。

新疆油田公司这颗西部明珠，已迈入加快发展的快车道。

党委书记徐卫喜（左）和总经理陈新发（右）到勘探开发现场指导工作并出谋划策

地址：新疆克拉玛依市迎宾路66号　邮编：834000
电话：（0990）6865841　传真：（0990）6887790

锻炼好身体

如画的沙漠油田——彩南

中国石油新疆油田公司

总经理 陈新发

党委书记 徐卫喜

中国石油新疆油田公司（简称新疆油田公司）是我国西部地区大型的石油生产企业，主要从事油气勘探开发、集输及勘探开发研究等业务。共有员工15500余人，总资产334.47亿元；原油产量持续稳步增长，连续12年居中国陆上石油工业前列，是中国陆上石油工业“积极调整东部，加快发展西部”的重要战略接替地区。2002年原油产量突破1000万吨大关，建成了中国西部千万吨大油田。2004年生产原油1111万吨，天然气25.5亿立方米。

新疆油田公司的主要勘探开发区域——新疆准噶尔盆地油气资源总量达到103亿吨，其中石油86亿吨，天然气21000亿立方米。目前石油探明率仅为20.5%，天然气探明率3.5%，勘探前景十分广阔，发展潜力巨大。

新疆油田公司紧紧抓住西部大开发的历史机遇，大力实施加快发展战略、低成本战略和科技创新战略，制定了加快发展的“三部曲”奋斗目标。2002年第一部曲目标顺利实现，建成了中国西部千万吨大油田。随着形势的发展，公司进

朝气蓬勃、团结奋进的领导班子

中国石油新疆石油管理局

克拉玛依市市委书记、新疆石油管理局党委书记、局长 唐建

中国石油新疆石油管理局（简称新疆石油管理局）是中国石油天然气集团公司的子公司，主要从事石油及天然气的钻井、录井、测井、试油、井下作业等钻采工程技术服务与工程建设施工、机械制造、公路运输、发供电、供排水、通信等业务，拥有主要专业技术设备5000多台（套），各种石油工程技术队伍309支，技术和装备水平位居全国前列，是中国西部具有先进技术的、实力强的大型石油技术服务企业。工作区域在新疆准噶尔、塔里木和吐哈三大盆地。近年来，为了拓展市场空间，实现加快发展，新疆石油管理局大力开发国际市场，在中亚、中东、南美洲、非洲等4个地区9个国家的石油市场，开展钻井、测试、勘察设计、采油工程技术、地面工程建设、物资供应等多项技术和产品服务。

随着国家西部大开发战略的实施和西气东输工程的建设，给西部石油加快发展带来了千载难逢的历史机遇，新疆石油管理局放眼未来，开拓创新，以建设具有"强、精、特"（即主营业务强，竞争实力强，精良装备，精干队伍，精细管理，特色技术，特色文化）特色的现代企业为依托，以可持续发展为根本，超越自我，追求卓越，愿与各界真诚合作，携手共创新辉煌。

海外施工

新疆石油管理局自行研制的XZL—4型综合录井仪

地址：新疆克拉玛依市友谊路98号

邮编：834000

电话：(0990)6887173

传真：(0990)6882693

勘探喜获重大发现

新疆石油管理局承建的石西油田原油集中处理站工程获国家建筑企业工程质量最高奖——鲁班奖

中国石油辽河油田公司

总经理 谢文彦

党委书记 刘振军

中国石油辽河油田公司(以下简称辽河油田公司)重组上市5年来,认真贯彻落实中国石油天然气集团公司、中国石油天然气股份有限公司各项部署和要求,高举“中国石油”大旗,恪守“奉献能源,创造和谐”的企业宗旨,积极进取,开拓创新,全面实践集团公司和股份公司领导陈耕总经理和蒋洁敏总裁对辽河油田公司提出的“51286”和“硬稳定、快发展”的目标,努力唱响增储上产、持续发展的主旋律,在推进辽河油田“持续繁荣、和谐稳定”进程中,迈出了铿锵稳健的步伐。

回眸上市以来的历程,辽河油田公司积聚了发展的能量,增强了创新的动力,勘探开发主营业务有新突破,生产经营管理基础不断夯实,科技创新能力持续提升,安全环保水平不断提高,党建思想政治工作开创新局面,企业文化建设硕果累累。上市5年来累计探明石油地质储量2.38亿吨,生产原油6743万吨,生产天然气55.24亿立方米,外供天然气24.84亿立方米,完成销售收入954亿元,实现税费总额219亿元,连年超额完成股份公司下达的各项业绩考核指标,上缴利税始终位于辽宁省前茅,先后荣获了“全国五一劳动奖状”、“全国精神文明建设先进单位”、“中国企业文化建设优秀单位”、“全国企业文化优秀奖”、“企业文化建设实践创新奖和研究成果奖”、“第十届国家企业管理现代化创新成果一等奖”、“全国重合同守信用单位”、“中央企业先进单位”、“辽宁省2001年度最有影响企业”,连续4年跻身全国纳税百强。

全国大型的污水处理站——辽河油田欢三联污水处理站

地址:辽宁省盘锦市兴隆台区石油大街90号　邮编:124010
电话:(0427) 7298665
网址:www.lhyt.petrochina

辽河油田大力推进勘探开发一体化进程,勇于创新,不断超越,加快增储上产的步伐,提前实现“十五”超产原油商品量100万吨的工作目标

辽河油田大力推进技术创新,加快成熟技术的推广应用,狠抓关键主导技术的攻关,为油田发展提供有力的技术支持

辽河油田积极推行“扁平式”管理体制,优化劳动组织结构,将过去的厂—矿—队—站管理结构压缩成厂—区—站管理模式,进一步优化了人力资源配置,激发了人力资源的潜能,提高了劳动生产率

辽河油田以科技增油、科技增效为目标,针对制约油田发展的关键技术难题,相继攻克一批重大技术难题,如蒸汽非混相驱转换开采方式、掺活性水替代井筒电加热开采超稠油工艺技术、锅炉改烧煤技术、稠油污水回用热注锅炉技术、超稠油管道输送技术、管道泄露自动监测系统、深部防砂工艺技术、深层水力压裂工艺技术等8项技术取得重大突破

辽河施工队伍依靠优质的服务、过硬的技术在国际市场竞争中不断扩大市场占有份额，拓展企业生存发展空间

项目；装备工程公司有三种型号4部车载钻机首次出口美国，总金额1425万美元；总机械厂成功销往胜利油田14000米隔热管；物探公司先后获得伊朗和阿尔及利亚勘探项目，合同金额2000多万美元，正在开发的还有巴基斯坦等4个国际项目；在国内的新疆、大庆、吉林3个市场收入超过1亿元。前10个月勘探局国内市场共完成产值21.67亿元，同比增加31.52%；国际市场完成产值4.79亿元，同比增长54.02%。外部市场产值占全局生产经营总值的29.86%。目前，勘探局外部市场队伍已经遍布世界12个国家和地区、国内22个省（市）、自治区近6000余人。这些重大项目的获得为辽河石油勘探局搭建了持续发展的平台，也为职工队伍的稳定，职工生活水平的提高，矿区环境的不断改善提供了坚实的经济基础。在此基础上，突出做好加快企业发展的"六篇文章"，即做好工程技术服务的文章，做好油气合作开发的文章，做好燃料结构调整的文章，做好天然气深加工及综合利用的文章，做好拓展新业务的文章，做好多种经营发展的文章。进一步提高主营业务的集中度和竞争力，做强一块；限制和压缩技术滞后、能力过剩、市场饱和的业务，控制一块；放开和退出与主业无关或关联度不高的业务，退出一块；关闭长期亏损、扭亏无望的企业或装置，淘汰一块。努力提高企业核心竞争能力、创效能力，全面实现"13253"和持续有效较快协调发展目标。

"十一五"期间，勘探局的总体发展目标是：加快"国内一流，具有国际竞争力"的石油工程技术服务商和初具规模的能源供应商的建设进程，五年累计实现营业收入849亿元，比"十五"收入增加363亿元，增长74.7%。到2010年营业收入突破200亿元，年平均增长速度达到13.25%，利润突破6亿元；成为社会推崇、客户满意、职工自豪的中国石油骨干成员企业。为确保这一目标的实现，勘探局将以提高核心竞争力为目标，做大做强工程技术服务业务；以跻身能源供应领域为目标，加快能源开发与综合利用；以在能源价值链上做增值发展为目标，加快发展加工制造业务；以提供保障服务为目标，扩大生产贸易服务业务。同时，围绕勘探局整体战略目标，以提高企业核心竞争能力为重点，以体制、机制创新和科技、管理创新为推动力，积极推进"13253"工程，进一步加强新形势下的党建和思想政治工作，把认真做好"五个一系统工程"作为新时期企业党建思想政治工作的主要任务，引导各级党组织与时俱进服务好企业发展这个"第一要务"，拓宽思路开发好人才这个"第一资源"，求真务实抓好党政领导这个"第一责任者"，面对市场打造好"第一品牌"，以人为本把握好群众呼声这个"第一信号"。有效推进精神文明创建活动和企业文化建设，充实完善企业文化理念体系，增强企业的凝聚力、吸引力和向心力，提高职工队伍整体的责任感、荣誉感和使命感。

地址：辽宁省盘锦市石油大街98号
邮编：124010
电话：(0427) 7299001
传真：(0427) 7822176

环境优雅、居住舒适、文明祥和的住宅小区

中国石油辽河石油勘探局

党委书记孙崇仁、局长张凤山共商企业发展大计

中国石油辽河石油勘探局（简称勘探局）是中国石油天然气集团公司（CNPC）所属的以工程技术服务、能源开发与综合利用、机械加工制造、生产服务保障为主营业务的大型石油工程技术企业，总部坐落于新兴沿海城市——辽宁省盘锦市。

1999 年石油行业重组分立后，勘探局坚持以发展为主题，以市场为导向，以效益为中心，以创新为动力，以人才为支撑，以稳定为保障，恪守诚信为本、互利双赢的经营理念，在服务好地区市场的同时，大力实施"走出去"战略，积极开拓国内外市场，外部市场收入由 2000 年的 7.3 亿元增至 2004 年的 15 亿元，施工队伍分布在国内 20 多个省（市、区）和 10 多个国家和地区，形成了北非、中东、拉美、中亚四大国际市场开发战略区，在为甲方和用户提供优质工程、优质产品、优质服务中打造"辽河"品牌，树立了良好的信誉和企业形象。2005 年以来，勘探局进一步统一思想，创新思路，科学调整产业布局，深挖内部资源潜力，创造性地开展工作，全局生产经营形势取得了良好的发展势头，实现了 10% 以上的经济增长速度。为了实现资源和产业的最优组合，勘探局打破旧的经营框架，重新调整产业结构和市场定位，形成了以工程技术、能源开发与综合利用、加工制造和生产贸易服务为主体的主营业务"四大板块"；围绕加快"四大板块"的发展，确定了以项目促发展的基本经营思路，实现"一保两扩"和"一稳多增"，即在确保中国石油辽河油田公司增储稳产的基础上，进一步扩展国内市场业务和国际市场业务；在稳定地区市场收入的基础上，利用两种资源、两个市场，实现多项增收、多点增收。实施项目牵动战略，拉动企业快速发展。勘探局把 2005 年确定为"建设年"，2006 年确定为"见效年"，2007 年确定为"跨越式发展年"。全局初步确定了 4 批共 40 个发展项目，2005 年已经启动了第一批 10 个项目，并着手对 2006 年准备实施的 25 个项目开展前期准备工作，从中优选部分技术成熟、资源和市场落实、效益较好的项目进行充分的经济技术评价和论证，其中 8 个重点续建和新建项目已基本落实。力争到 2008 年增加收入 60 亿元。在外部市场的开发上，勘探局核心竞争力有了显著提高：中标英国壳牌长北气田项目钻井合同 2.6 亿美元，地面工程总承包合同 1.18 亿人民币，长庆油田苏里格气田苏 10 区块天然气开发项目 499 亿立方米天然气储量等一批重大

辽河职工队伍勇于吃苦、乐于奉献，在市场竞争中创造了一个又一个精品工程，树立了企业的良好形象，赢得了甲方的肯定和好评

辽河石油勘探局加强安全制度建设，认真实施 HSEOSH 管理体系，广泛开展争创"安全质量标准化"示范点活动，提升安全管理水平

松辽盆地北部深层天然气勘探取得重大突破，已探明1000亿立方米的天然气储量规模，并力争在“十一五”期间再探明2000亿立方米

中国石油大庆油田公司介入世界石油贸易领域，取得了进口俄油的经营权。年接卸1200万吨俄油工程正式启动，标志着公司开始由单纯油气生产型向生产贸易型转变

大庆油田开发建设45年来，累计生产原油18多亿吨，建成了大型的石油生产基地

中国石油大庆油田公司

董事长、总经理 王玉普

党委书记 孙淑光

中国石油大庆油田公司是中国石油天然气股份有限公司的全资子公司，以石油、天然气勘探开发为主营业务，是国家控股的特大资源采掘型企业。2000 年 1 月 1 日注册成立，注册资本 475 亿元，资产总额 858 亿元。下属勘探开发、技术服务、科研设计等厂（分公司）23 个，现有员工 90427 人。

中国石油大庆油田公司以科学发展观为指导，大力实施“持续有效发展，创建百年油田”战略，坚持走自主创新和人才强企之路，形成了一套自主研发、系统配套、具有独立知识产权、世界领先的勘探开发配套技术，创造世界同类油田开发奇迹，各项工作取得突破性进展，勘探领域日益扩大，开发水平世界领先，经营效益显著提升，发展空间不断拓展。从 2000 年 1 月 1 日到 2004 年底，累计生产原油 2.5 亿吨，上缴利税总额 3528 亿元，保持中国陆上石油企业原油年产量、油田采收率、纳税前列的历史纪录，为维护国家石油能源战略安全，促进国民经济全面、协调、可持续发展发挥了积极作用。

油田开发达到世界领先水平，主力油田采收率突破 50% 大关，比国内外同类油田高出 10 多个百分点

重点工程

由大庆石油管理局建设集团承建的南三油库接卸俄罗斯原油改造工程是中国石油天然气集团公司2005年重点建设项目之一，是大庆油田创建百年油田的“战略工程”，也是涉及中俄两国商业信誉的“焦点工程”

核心技术

钻探集团围绕集团发展目标，以满足油田二次创业和创建百年油田需要的勘探开发技术和市场需求为主攻方向，不断进行科技创新和研究，形成了以高分辨率地震勘探技术为特色的8个采集技术系列、5个处理技术系列、6个解释技术系列的地球物理勘探技术。图为勘探队伍挺进“死亡之海”

市场拓展

钻探集团坚持“立足油田一流服务，面向市场二次创业”。自2000年起，先后有6支地震队、21支钻井队、14支测井队、10支试油队、9个固井车组走出大庆。外部市场完成合同额由2000年的1.2亿元增长到2004年的7亿元。5年间共完成外部市场合同额21.5亿元，其中国内14.1亿元，国外7.4亿元。图为委内瑞拉钻井施工现场

装备水平

集团拥有各类主要设备5529台（套），包括SYSTEM－Ⅱ、408UL型地震仪，ZJ－70D(ZJ70DB)、ZJ－50(ZJ50DB)、DQ－7500型钻机，EXCELL－2000、ECLIPS－5700成像测井系统，CPT－Y4大功率固井水泥车，LWD等先进的钻探装备和各种运输设备。可提供平原、草地、沼泽、水域、沙漠、城镇等陆上各种地表条件及恶劣自然环境下的地球物理勘探资料采集服务，可承担7000米以内的直井、定向丛式井、水平井、斜直井、侧钻水平井、小井眼井、欠平衡井、煤层气井和地热井等多种井型的钻井、固井和测井施工。图为固井设备

奥维涂料彩涂板生产线

“油龙牌”水泥生产线

BOPP生产线

中国石油大庆石油管理局

中国石油天然气集团公司党组成员、副总经理、大庆石油管理局局长、党委书记 曾玉康

中国石油大庆石油管理局（以下简称管理局）是中国石油天然气集团公司（CNPC）所属大型的地区服务公司，主要从事地球物理勘探、钻井、基建、供排水、发供电、精细化工、机械制造等业务。截至2004年底，管理局所属单位有12个集团、9个专业公司以及文教卫生等单位。拥有在职职工113831人；主体单位资产总额436.89亿元，其中国有固定资产原值284.16亿元，净值178.18亿元。2004年实现主营业务收入307.99亿元。

管理局共有各类专业技术人员31803人，其中，硕士以上学历470人，中级以上职称16025人，工程技术人员10403人。拥有技术中心、钻井研究院、化工研究院、农科所等15个科研机构，每年可完成局级以上科技成果近200项；拥有不同规模的科研实验室41个，其中通过国家、省（部）认证的16个。万元以上主要仪器设备439台（套），资产原值8916万元。拥有的调整井钻井完井技术，以及荧光增白剂和导爆索等产品生产技术已达到国际先进水平；具有了隧道盾构施工、混凝土包履层技术、大跨距水平定向穿越等国际上先进的施工技术，还具有居于国内先进水平的管、罐、塔、釜、道桥施工等配套生产技术。低压法合成甲醇、表面活性剂、超高分子量聚丙烯酰胺等产品的生产和配套技术处于国内领先水平。

近年来，管理局先后在胜利、南阳、辽河、吉林、新疆、青海、大港、吐哈、玉门、冀东等油田开展技术服务；在国外市场，为委内瑞拉PDVSA国家石油公司、印度尼西亚PERTAMINA国家石油公司、美国EXXON公司、加拿大SUNWING公司、埃及ECDC公司等多家石油公司提供了地震勘探施工、钻井、固井和测井等技术服务。拥有化工石油工程施工总承包一级、市政公用工程施工总承包一级、化工石油设备管道安装工程专业承包一级、管道工程专业承包一级、钢结构工程专业承包二级、送变电工程专业承包二级、无损检测工程专业承包一级等多项施工资质。具有年完成建安工作量50亿元的施工作业能力，曾参与西气东输以及中国较大的球罐工程施工，并远赴巴基斯坦、孟加拉国，出色地完成了超大型储罐建安施工。同时具有修建4000多千米道路桥梁的丰富施工经验，参加了素有"神州第一路"之称的沈大高速等多条中国高等级公路的施工建设，施工队伍远及浙江、江苏、新疆、青海、西藏，以一流的技术和优质的服务，创出了企业良好的商誉，并荣获中国国家质量管理奖和国家先进施工企业。石油专用机械设备加工制造业务形成了成熟的工艺技术和较强的研发、制造能力。大庆石油装备制造集团、力神泵业有限责任公司和射孔弹厂三家企业年生产铸造能力达15000吨。

面对经济全球化的新形势，管理局明确了"发挥大庆精神，搞好二次创业，实现持续发展，再铸企业辉煌"的二次创业战略方针，提出了21世纪头20年的长远目标规划，制定了新的战略组合，为持续发展搭建战略平台。

地址：黑龙江省大庆市让胡路区　　邮编：163453　　电话：(0459) 5928192　　5999191

管理局昆仑集团总部办公大楼

钢骨架塑料复合管生产线

奥维电缆生产线

中国石油乌鲁木齐石化公司

中国石油乌鲁木齐石化公司（简称乌石化公司）地处乌鲁木齐市东北郊，位于新疆准噶尔、塔里木、吐哈三大油田中央，毗邻吐乌大高速公路。

乌石化公司是炼油、化工一体化企业，现有固定资产原值近94.47亿元，员工4544人，其中专业技术人员911人。公司原油加工能力为550万吨/年；尿素生产能力为110万吨，是国内大型的氮肥生产基地之一；化纤产品产能达到16万吨/年，是目前西北地区大型的化纤生产企业；公司自备热电厂属汽电联产型，有三炉三机，产汽900吨/小时，发电能力达到10万千瓦·时。目前公司可生产9大类56种石油化工化纤产品，具有较强的资产和技术优势。2002年公司在中国石油系统内率先通过职业安全卫生、质量、环境三项管理体系整合认证，构筑起了具有乌石化特色的QHSE管理体系。

截至目前，乌石化公司已取得了近100项科研成果，曾多次荣获新疆维吾尔自治区、中国石化、中国石油颁发的新产品开发、科技进步奖，并获多项专利。先后荣获“全国五一劳动奖状”、“全国环境优美工厂”、“自治区文明单位”等荣誉称号。

面对新的形势和任务，乌石化公司将结合国家西部大开发战略，依托新疆丰富的石油和天然气资源，充分利用自身技术和人才优势，全力以赴建设好大化肥、大芳烃基地，谋求企业最大利润，为中国石油率先建成一流的社会主义现代化企业和具有国际竞争力的跨国企业集团做出应有的贡献。

地址：新疆乌鲁木齐市东山区
邮编：830019
电话：（0991）6901522
传真：（0991）6908888
网址：www.upc.com.cn

塔林林立的炼油生产装置

化肥生产装置

化纤生产装置

自备热电厂

中国石油兰州石油化工公司

总经理 姚志强

党委书记 王庭富

中国石油兰州石油化工公司（简称兰州石化公司）是2005年5月12日由兰州炼油化工总厂（简称兰炼）和兰州化学工业公司（简称兰化）整体合并成立的。兰炼、兰化都是我国“一五”时期156项工程中的重点项目，自1958年建成投产后的40多年来，以“出产品、出技术、出人才、出经验、出效益”而闻名全国，为我国石油石化工业的发展和国民经济建设作出了重大贡献，被誉为共和国炼油工业长子、化学工业的摇篮。

目前，兰州石化公司拥有总资产33.6亿元，净资产18.8亿元，在册员工18189人。围绕化工延伸加工，工程技术服务，机械仪表制造，生产技术服务，生活后勤服务形成了五大产业板块。全公司现有石油化工生产装置20多套，可生产甲乙酮、加氢石油树脂、正己烷、有机助剂等化工产品40余种；拥有石油化工工程总承包资质，能够独立承揽大型炼油、化工装置的设计、建设和施工监理；可自行设计安装一、二、三类压力容器；可生产2000—33000千瓦8个类别的烟气轮机和5大类11个系列的石油化工机械产品及6大类100多个品种的仪表产品，其中烟气轮机在国内市场占有率80%以上；具备为大型石化企业生产提供物资供应、交通运输、装置检修和日常维护等生产服务能力。

兰州石化公司以“奉献能源、创造和谐”为宗旨，倡导“爱国、创业、求实、奉献”的企业精神，“高、严、细、实”的企业作风，“以人为本、关爱员工、关心他人比关心自己为重”的企业核心价值观，积极履行国有大中型企业的经济责任、社会责任和政治责任。

地址：甘肃省兰州市西固区　　邮编：730060
电话：(0931)7930952　　传真：(0931)7361920

新装置建设吊装施工现场

33000千瓦烟气轮机

部分化工产品

中国石油兰州石化公司

中国石油兰州石化公司是中国石油天然气股份有限公司所属的地区分公司，是中国西部地区集炼油、化工、化肥生产为一体的大型石化企业。

公司地处甘肃省兰州市西郊，黄河南岸，陇海、兰新、兰青铁路交会地。拥有总资产 152 亿元，原油一次加工能力 1050 万吨／年，乙烯生产能力 24 万吨／年，合成氨 30 万吨／年，尿素 52 万吨／年，并具有相配套的二次加工能力，能生产汽油、煤油、柴油、润滑油基础油、合成树脂、合成橡胶、化肥及催化裂化催化剂等多品种、多牌号的石化产品。2004 年，加工原油 824 万吨，实现销售收入 255 亿元，上缴税费 18 亿元。

公司科研开发实力雄厚，在炼油技术、乙烯技术、苯乙烯单体和催化剂生产技术、高分子聚合、加氢与脱氢催化剂、液体橡胶、塑料加工功能母粒科研开发等科研领域处于国内石化行业的领先地位。2004 年，公司通过 QHSE 体系认证，获得国家科技进步二等奖 2 项，并荣获“全国五一劳动奖状”。

国家实施西部大开发战略为公司带来了历史性的发展机遇。按照中国石油总体战略部署，公司迎来了 60 万吨／年大乙烯改扩建项目的重要建设期。公司坚持科学发展观，以“建设先进文化，培育优秀员工，创造高效组织”为目的，“做好做强，做大做精，建设具有国际竞争力的社会主义现代化企业”为目标，通过实施技术进步、低成本、人力资源开发和企业文化建设四大战略，力争在较短时间内使公司的炼油化工工艺、设备、控制手段、产品产量、安全环保和主要经济技术指标等达到国内外先进水平，在盈利能力、竞争能力、员工健康安全、环境保护以及履行社会职责方面达到优秀企业的标准，为中国石油率先建成一流的社会主义现代化企业和具有国际竞争力的跨国企业集团做出新的、更大的贡献。

地址：甘肃省兰州市西固区
　　　兰炼街 10 号
邮编：730060
电话：(0931)7933707
传真：(0931)7561499
网址：www.lzsh.petrochina

①企业文化建设与管理创新研讨会
②60 万吨／年乙烯改扩建工程开工仪式
③年产 300 万吨的重油催化装置
④美丽如画的厂区环境

中国石油独山子石化总厂

厂长 傅德新

中国石油独山子石化总厂（以下简称总厂）是集生产经营、设计施工、机械仪修、运输通讯、供电供水、炼化工程技术服务为一体的联合企业，有职工6000多人，其中大专以上学历员工占职工总数的37.4%。通过了ISO 9001、ISO 14001和QHSE体系认证。

总厂具有国家石油化工工程施工总承包一级资质、国家监理资质、炼油化工乙级规模工程设计和一、二、三类压力容器设计、制造资质，取得了独立承包境外化工石油工程及参与国际招标工程的资格。曾先后承担乌鲁木齐石化总厂、独山子14万吨乙烯工程、苏丹喀土穆炼油厂等近百套炼化装置的设计、施工、监理工作。

2001至今，独山子石化总厂先后建成集中供热锅炉、1.5万吨预焙阳极、3万吨／年甲醇以及偏三甲苯等项目，建成了全国大型的甲乙酮厂和西北特大型的无纺布生产基地，2000千克／年透明质酸装置顺利投产，成功挺进生物化工领域，使企业的盈利能力和发展后劲明显增强。

总厂抓住1000万吨炼油120万吨乙烯工程在独山子建设的历史机遇，全面介入工程设计、施工、监理及物资供应等工作，积极规划与之相关的重大依托项目及相应延伸工程，目前，供热扩建、水源配套等工程配套、服务配套项目已全面启动。

总厂坚持"以人为本"，打造一流企业，建设一流文化，创造一流环境。先后获"全国五一劳动奖状"、"全国质量效益型企业"、"国家人居环境范例奖"、"全国守信用、重合同企业"等荣誉称号。

工程设计人员在生产装置现场研究改进方案

大庆路街景

地址：新疆独山子
邮编：833600
电话：(0992) 3871033

中国石油独山子石化公司

领导视察中国石油独山子石化公司

中国石油独山子石化公司隶属于中国石油天然气股份有限公司，是炼油乙烯一体化大型综合企业。现有600万吨/年炼油厂、22万吨/年乙烯厂和装机15万千瓦、供汽1400吨/小时的热电厂等13个基层单位，员工总数6000多人（大专以上比例47.1%）。资产总值114亿元，资产负债率32%，2004年加工原油432万吨，生产乙烯25万吨，实现销售收入128亿元，上缴税费10.96亿元，取得经营利润13.8亿元。可生产350多种石化产品。独家开发研制的船用系列油替代进口，成为中国人民解放军引进舰艇的专用油。

目前，正筹建1000万吨/年炼油和100万吨/年乙烯工程，总投资估算262亿元（含外汇7.8亿美元），税后财务内部收益率11.2%，税后投资回收期8.77年。工程包括：炼油部分新建1000万吨/年常减压等7套装置，改造3套催化重整装置，利旧10套装置；化工部分新建100万吨/年乙烯、60万吨/年全密度聚乙烯、60万吨/年芳烃、60万吨/年芳烃抽提、10万吨/年丁苯橡胶、8万吨/年SBS橡胶等11套装置；动力部分主要建设五炉三机（单机产汽能力440吨/小时，发电能力12.5万千瓦）的电站及系统工程。炼油部分及公用工程系统计划于2007年联动试车，化工部分计划于2008年开始联动试车。工程建成后，中国石油独山子石化公司年销售收入超过300亿元，利润超过100亿元。

公司先后获得"全国五一劳动奖状"、"全国质量效益型企业"、"设备管理国优单位"、"全国青年文明号"、"开发建设新疆奖章"等多项荣誉。2004年被评为全国首批"国家环境友好企业"。

地址：新疆独山子市　　邮编：833600
电话：(0992)3863399　　传真：(0992)3860758
电子邮箱：gsbgs@dszsh.com.cn

600万吨/年炼油

22万吨/年乙烯

1000万吨/年炼油、120万吨/年乙烯工程"四通一平"现场

中国石油宁夏化工厂

厂长、党委书记 许飞

中国石油宁夏化工厂自1985年5月正式动工建设，1988年投料试车，设计能力为年产30万吨合成氨、加工52万吨尿素，1996年开始建设第二套大化肥装置，1999年建成投产。中国石油宁夏化工厂原隶属于中国石油化工总公司，1998年划归中国石油天然气集团公司，1999年中国石油天然气集团公司重组，主要生产装置划归宁夏石化分公司，作为未上市部分的宁夏化工厂主要以工程技术服务、生产服务、仓储、生活服务、社会服务和多种经营业务为主。主要业务包括：复合肥、精细化工产品及新型建材的生产，化工设备的安装检修，压力容器制造，设备清洗，石油制品销售，饮用水生产销售，建筑施工，园林绿化工程设计、施工，运输，通信，物业管理，旅游，房地产开发等。

复合肥成品库

目前复合肥的总生产能力为40万吨/年，可生产多种专用肥，已建立了较完整的销售网络，产品销售十多个省区，产品质量及品牌形象良好。14万立方米/年粉煤灰混凝土砌块运行良好，占据区内同类建材市场主要份额。两套原水生产供应系统共有50口中、深井，日生产原水能力为10.4万立方米。生产管理和技术及运行情况良好。1.2万吨/年甲醛生产装置采用国内成熟的银法催化技术，现满负荷运行，生产经营状况较好。工程技术服务主要单位安装检修公司具有化工石油设备管道安装工程专业承包二级企业资质，钢结构工程专业承包二级企业资质，炉窑工程专业承包二级企业资质，防腐保温工程专业承包二级企业资质，无损检测工程专业承包三级企业资质，BR1级（一、二类中低压）压力容器制造许可证，GB类、GC1级（各种公用管道、各种工业管道）安装资质，具有近20年的大化肥装置、炼油装置等的检维修、安装建设经验，在石化装置检维修、大型设备运输吊装、石油设备管道安装、钢结构制作安装、炉窑砌筑、防腐保温工程方面具有较强的技术能力和施工能力。

重组几年来，全厂认真贯彻落实"争创效益求生存，自强创业谋发展，顾全大局促改革，奋发图强创佳绩"的指导方针，精心谋划未上市企业二次创业的蓝图，全力培育企业核心竞争力，从重组后的现实出发，确定内部各板块的经营、发展思想，先后积极、稳妥地进行了产权制度、劳动用工分配人事制度和经营机制的转换，企业医疗制度改革等一系列重大改革。在全员中倡导"我靠企业生存，企业靠我发展"的新型人企关系，逐步形成了适应重组改制后新形势要求的经营管理模式，做到了队伍不乱、人心不散、团结实干、勇闯市场、争创效益、共谋发展的良好局面。几年来，企业做到了持续、协调、稳定的发展，实现了重组改制后平稳过渡不动荡和再谋发展、二次创业的目标。

复合肥装置外景

技术先进的新型建材生产线

施工现场一角

地址：宁夏银川市北京西路1338号

邮编：750026

电话：（0951）2972760

网址：www.ninghuacnpc.com.cn

花园式工厂

环境优美的职工住宅小区

中国石油宁夏石化公司

总经理、党委书记 康建华

“昆仑”牌尿素产品铁路运输线

大颗粒尿素生产装置区

一化肥合成氨生产装置区

花园式工厂一角

中国石油宁夏石化公司位于素有“塞上湖城”美誉的宁夏回族自治区首府银川市西夏区，毗邻包兰、宝中铁路和109国道。企业始建于1985年，拥有两套大化肥生产装置，是全国大型的百万吨尿素生产企业之一。

公司第一套大化肥装置是国家“六五”重点建设项目，原设计以渣油为原料，1985年开工建设，1988年建成并投入生产。2000年在全国率先成功地实施原料结构调整，生产合成氨用原料由渣油改天然气的技术改造，为国内同类型装置技术改造提供了经验。第二套大化肥装置是国家“九五”重点建设项目，以陕甘宁盆地天然气为原料，合成氨装置引进国外二手设备，1997年开工建设，1999年建成投产。为充分发挥装置潜能，积极吸收引进技术，二化肥年增产50%扩能改造项目2005年底建成投产，尿素设计生产能力增加到78万吨/年，企业市场竞争能力进一步提升。

公司“昆仑牌”尿素产品质量国家免检，产品遍及全国28个省市、自治区，并打入美国、韩国及东南亚等国际市场。公司先后获得“全国五一劳动奖状”、“全国民族团结进步先进集体”、中华全国总工会“模范职工之家”等殊荣，有力地推进了公司各项工作不断取得新业绩。

地址：宁夏银川市北京西路1338号
邮编：750026
电话：(0951) 2972361
网址：www.nxsh.com.cn/www.nxsh.com

中国石油天然气管道局

总经理、党委书记 苏士峰

总经理致辞

中国石油天然气管道局（CPP），将按照中国石油天然气集团公司建设具有国际竞争力跨国企业集团的总体要求，以科学发展为指导，以建设世界驰名品牌为目标，秉承“诚信、卓越、创新”的企业宗旨和“创造新优势、创造新商机、创造新活力”的企业经营理念，坚持发展第一要务，大力开拓国内外市场，不断提升核心竞争能力和持续发展能力，建设快速、持续、和谐发展企业。

我们愿与国内外石油天然气管道业的同行和各界朋友加强沟通与交流，为促进中国和世界石油天然气管道事业的发展，为经济的繁荣和人类的和平进步做出应有的贡献！

中国石油天然气管道局（以下简称管道局）在国内先后承担涩宁兰、兰成渝、西气东输、忠武管道、陕京二线、冀宁联络线等大型油气管道工程的设计、施工，并以EPC总承包方式承担3690千米的西部原油、成品油管道建设，累计3万多千米，占国内管道建设总量的85%以上；设计、安装各类储罐500多座，总容量达900多万立方米；先后完成黄河、长江、尼罗河等国内外大型江河穿跨越工程，穿跨越总长度16万米，承担的长江红花套盾构穿越，被誉为“中国石油第一盾”。

在国外，先后承担伊拉克、突尼斯、科威特、哈萨克斯坦、苏丹、利比亚、莫桑比克等国家的油气管道、储罐和水利工程，其中独立承揽的利比亚1054千米油气管道建设项目，成为外国公司在利比亚第一个按时完工的项目，为中国公司争了光。在巩固苏丹、利比亚国际市场的同时，2004年又实现了中亚地区和南部非洲地区市场的突破。

管道局和所属4个单位分别荣获“全国五一劳动奖状”。2004年，被中国企业联合会评为年度最具影响力企业，创造63项中国企业新纪录。忠武管道设计与“神舟五号”载人飞船齐名，荣获全国十大创新称号。

管道局先后在国内建设了各类介质大口径、长距离管道近30000千米

陕京天然气管线检测施工现场

地址：河北省廊坊市广阳道87号　邮编：065000
电话：（0316）2171609　传真：（0316）2171610
网址：www.cpplb.com

管线跨越

由中国管道队伍施工建设的中哈原油管道

中国石油管道公司

总经理、党委书记 刘磊

中国石油管道公司作为中国石油天然气股份有限公司的地区分公司，主要承担国内陆上大部分油、气田油气外输管道的建设组织及运营管理任务，是在中国管道运输领域占主导地位的专业化公司。公司现有员工 5955 人，总资产 190 多亿元。

公司下辖大庆、长春、沈阳、大连、锦州、丹东、秦京、中原、长庆、塔里木、乌鲁木齐、兰州、兰成渝、华中、廊坊油气储运等 15 个输油（气）分公司和 4 个管道工程项目经理部、1 个管道科技中心，所属单位分布在全国 17 个省、自治区、直辖市，运营管理的原油、成品油、天然气管道北起大庆，南到川渝，西至阿拉山口，东达鸭绿江，共 8900 多千米。目前年输油能力 7700 多万吨，输气能力 80 多亿标准立方米。

近年来，中国石油管道公司审时度势，对公司发展进行了新的定位，确立了“建设具有强大竞争力的专业化管道公司”的战略目标，并把在役管道管理、新管道建设和主营业务拓展确定为公司的“三大任务”。按照“抓安全、保稳定、上水平、促发展、办实事”的总体思路，坚持以人为本，依靠科技进步，推进管理创新，加强了生产经营各项工作。在全体员工的共同努力下，顺利完成了涩宁兰、兰成渝、沧淄、和田、大连石化、忠武、阿独等多条输油气管道建设任务。采取有效措施，确保了在役管道安全经济运营，全面完成了输油气生产任务和各项经济技术指标，为保证上下游的正常生产和中国石油的持续有效较快协调发展做出了重要贡献。

地址：河北省廊坊市广阳道 87 号甲
邮编：065000
电话：(0316)2170803

管道跨越

站区工艺管网及储油设备

管道施工现场

输油气生产调控中心控制室

输气站场

北京华油天然气有限公司

总经理、党委书记 刘勇

为满足北京市经济和社会发展对天然气的需求，原中国石油天然气总公司和北京市政府经协商于 1991 年 7 月 12 日组建了北京天然气集输公司，主要承担陕京输气管道的建设和运营管理工作。2001 年 5 月，公司改制为北京华油天然气有限责任公司。公司在 1997 年 9 月圆满完成国家“九五”重点项目——陕京输气管道一线工程以后，为进一步满足北京市对天然气日益增长的需求和确保北京及周边地区的安全供气，1999 年起公司又陆续建成 3 座地下储气库和 4 座增压站等增输配套项目。2005 年 7 月国家又一重点工程——陕京二线输气管道经过 3 年多的紧张施工提前建成投产，同时，陕京二线配套工程天津大港区第四座储气库也建成注气。自此，陕京输气管道实现了“双管线”、“多气源”供气。目前，已建成的陕京输气管道总长为 2250 多千米，总投资达 130 多亿元人民币。日供气能力达到 4450 万立方米，地下储气库日调峰能力达到 2800 万立方米。公司正以“以人为本，诚实守信，科技创新，持续发展”的企业精神，强化管理，开拓进取，为创建国际一流的管道公司而奋发努力。

集团公司副总经理、股份公司高级副总裁苏树林和北京市副市长吉林参加陕京二线永清—采育段工程通气仪式

板中南储气库 C 井场施工现场

陕京二线线路施工现场

地址：北京市朝阳区慧忠里甲 118 号
邮编：100101
电话：(010) 84976804

中国石油西部管道有限公司

董事长、党委书记、总经理　凌霄

中国石油西部管道有限公司（单位全称：中国石油西部管道有限责任公司）于2004年8月由中国石油天然气集团公司批准成立，是中国石油天然气集团公司的成员企业，主要负责西部原油、成品油管道工程的建设和运行管理。公司由中国石油天然气集团公司、大庆石油管理局、新疆石油管理局、中国石油天然气管道局、长庆石油勘探局、吐哈石油勘探开发指挥部及塔里木石油勘探开发指挥部等7家企业出资联合组建，注册资本总额82亿元。

西部原油、成品油管道西起新疆乌鲁木齐，东至甘肃兰州，一期工程新建管道总长度3808千米，其中原油管道干线全长1562千米，设计输量2000万吨／年；成品油管道干线全长1858千米，设计输量1000万吨／年。该工程建成后，对构建我国西部地区的石油管网，打通我国陆上进口石油通道，合理利用新疆地区的原油资源和中亚地区原油资源，带动西部经济的发展，都具有重要的战略意义和积极的促进作用。

通信地址：北京市西城区六铺炕街6号
中国石油天然气集团公司通信楼507室
邮编：100724
电话：(010) 62095382
传真：(010) 62095861
网址：www.wopc.cn

公司领导班子合影

新疆维吾尔自治区主席司马义·铁力瓦尔地视察西部管道建设工地

集团公司党组成员、副总经理任传俊赴西部管道工程现场视察指导工作

集团公司党组成员、副总经理苏树林视察西部管道工程

中国石油东方地球

党委书记 王小牧

总经理 王铁军

中国石油物探技术行业地震数据处理解释一体化大型软件发布现场

科研人员技术攻关

中国石油东方地球物理勘探有限公司（企业全称：中国石油集团东方地球物理勘探有限责任公司，英文名称BGP）是中国石油天然气集团公司控股的专业子公司，是以地球物理勘探业务为龙头，集物探主业、公共事业、多元开发和旅游接待为一体的跨国石油工程技术服务企业。

公司国内业务分布在12个省区15个油田，国际业务分布在全球4大洲29个国家，累计为60多家国际油公司和国家油公司提供地球物理技术服务。公司在业务持续有效一体化发展的进程中，始终坚持把国内勘探作为公司发展的基础，不断加大国内石油勘探力度，为国内油气田的发现和保障国家石油安全作出了积极贡献。海外作业队伍发展到40支，建立海外办事处29个、海外资料处理研究中心12个。先后通过CHEVRON、SHELL、TOTAL、ENI等全球大油公司的资审。目前，陆上地震勘探市场占有份额居全球前茅，综合实力位居全球物探行业前列。

公司具有独特的一体化技术服务优势，集野外采集、数据处理、资料解释、装备制造、软件开发等业务于一体，具有全面、系统、强大的服务功能。拥有雄厚的人才优势，形成了以1名中国工程院院士、8名集团公司专家、50名公司专家、156名科技带头人为骨干的科技人才队伍。拥有完善的科研体系，形成国内大型的地震数据处理中心和地质研究中心，并先后挂牌国家人事部博士后科研工作站、CNPC物探技术研发中心和石油大学硕士研究生工作站。拥有全面的技术优势，形成了以复杂区勘探技术、开发地震技术、物探软件研发、浅海OBC处理技术和非地震CEMP技术、新区新领域综合研究等为代表的一批具有国内、国际领先水平的技术系列。拥有一批具有自主知识产权、符合国际工业标准的主要软件产品，包括数据处理解释一体化软件系统GeoEast V1.0、地震采集设计系统KLSeis、地震资料处理系

物理勘探有限公司

统 GRISYS、地震资料解释系统 GRIStation 等。

公司以建设"国际一流地球物理公司"为目标，肩负"中国石油工业找油找气战略部队"和"海外业务先行官"的重任，秉承"爱国、创业、求实、奉献"的企业精神，恪守"诚信、业绩、创新、和谐、安全"的企业价值观，全面实施"全球化、一体化、数字化"发展战略，竭力完成"矢志找油，当好主力军；持续创新，再作新贡献"的历史使命。

直升机支持山地勘探

在撒哈拉沙漠施工

在浅海过渡带勘探

地址：河北省涿州市范阳西路 189 号
邮编：072751
电话：(010) 81201324
传真：(010) 81201636
网址：www.bgp.com.cn

中油长城钻井有限责任公司

党委书记、总经理 王忠仁

几年来，中油长城钻井有限责任公司（简称长城钻井公司）充分利用和整合中国石油天然气集团公司全部钻井资源，统一组织开拓国际钻井市场。2001 年重组后，平均 15 天带出国钻修机 1 台，年平均增长速度 32%。截至 2005 年 10 月，完成合同额 4.9 亿美元，海外钻修机总量 146 台，分布在 26 个国家。作业范围包括海外钻井、修井、固井、钻井液、取心、顶驱等。公司员工总数 7064 人，其中外籍员工占 74%。

委内瑞拉钻井项目标准化井场

长城钻井公司在提供国际钻井技术服务过程中，发挥中国石油的整体技术优势，以优良的服务业绩和突出的服务能力创造了良好的信誉，不断攻克钻井技术难关，逐步形成了具有自身特色的钻井技术系列，如伊朗空气泡沫钻井及钻井液技术，肯基亚克盐下油藏钻、完井技术及盐岩层钻井液技术，委内瑞拉、伊朗超高压喷射钻井技术，阿曼分支井技术等，不断提升了国际市场竞争实力。

面对国际市场更加激烈的竞争，长城钻井公司要在找到更多优质市场的基础上，统一协调，优化配置十几个地区公司的各种资源，以优秀的队伍和设备、良好的作业业绩巩固市场，与各地区公司共同把集团公司的整体钻井优势发挥到极致，全力打造具有竞争力的国际钻井承包商，为集团公司建设一流的社会主义现代化企业和具有国际竞争力的跨国企业集团而努力奋斗。

哈萨克斯坦钻井项目
肯基亚克油田千吨井——8010 井

苏丹 124 区油田现场
钻井平台上工作的员工

地址：北京市西城区六铺炕街 6 号
邮编：100724
网址：gwdc.china.com
电话：(010)62094976
传真：(010)62094976

伊朗项目空气泡沫钻井设备现场

中国石油测井有限公司

中国石油测井有限公司（单位全称：中国石油集团测井有限公司）成立于2002年12月6日，是中国石油天然气集团公司控股的集测井技术研发、测井装备制造、测井技术服务为一体的专业公司。

公司拥有成像测井系统和数控测井、射孔系统、综合录井等设备近200套以及6个测井资料处理、解释中心和测井数据卫星遥传系统，配备有先进的资料处理解释软件包和自行研制开发的各种应用软件，能够为国内外油气田勘探开发提供测井、射孔、录井等工程技术服务。具备在各种复杂地质、工艺条件下测井作业、射孔施工、综合录井及资料处理解释工作的能力和经验。

公司拥有CNPC测井重点实验室和符合国际标准的测井仪器刻度、量值传递井群，能够开展测井技术应用基础研究、综合化仪器开发以及测井软件集成等研究。在CNPC安排的测井重大科研项目的基础上，研制成功国内首套具有自主知识产权的测井成套装备——快速与成像测井系统EILog-05，整体技术性能接近国外在用的快速测井（PLATFORM EXPRESS）和成像测井（ECLIPS-5700、EXCELL-2000）技术水平，目前已投产验收3套。

公司研制成功具有自主知识产权、满足油田勘探开发需要的测井成套装备——快速与成像测井系统EILog-05

公司全面贯彻落实科学发展观，努力实现市场—队伍—成本整体优化、研发—制造—服务良性循环、生产—效益—分配直接联系、能力—培训—岗位动态管理，提高了核心竞争力，促进了公司持续、有效、较快、协调发展。2003年完成完井测井同比增长3.4%、生产测井同比增长10.1%；实现主营业务收入同比增长22.6%，实现利润同比增长14.4%；测井曲线合格率为100%，测井解释符合率为87.01%，内部市场占有率为94.83%。2004年完成完井测井同比增长5.2%、生产测井同比增长13.9%、射孔作业同比增长10.6%；实现主营业务收入同比增长16.1%，实现利润同比增长11.1%；测井曲线合格率为100%，测井解释符合率为88.57%，内部市场占有率为96.36%。

“雄关漫道真如铁，而今迈步从头越”。公司面向国内外，竭诚用先进技术为油气田勘探开发提供优质服务，努力建设成为职工、用户、股东、同行和公众认同的“国内第一、国际一流”企业。

测井现场精细作业

精细解释测井资料

地址：陕西省西安市未央路142号
邮编：710021
电话：(029)86530118　86598891
网址：www.cpl.com.cn

中国石油宝鸡石油机械有限

总经理 张永泽

中国石油宝鸡石油机械有限责任公司（以下简称宝石机械公司）是中国石油天然气集团公司（CNPC）所属的大型石油机械专业制造企业。公司现有员工2900人，总资产约9亿元，占地面积70多万平方米。公司可设计制造油、气和地质勘探开发所需的各种成套钻机、泥浆泵、采油设备、井口装置、井控系统、特种工程车、钻机配件和钻采工具等50多个大类、600多个品种、1000多个规格的产品，年生产能力3.5万吨，产值和销售收入达12亿元以上。

宝石机械公司具有完善的质量管理和质量保证体系。1995年通过了挪威船级社ISO 9001认证；2002年通过了ISO 14001环境体系认证；2004年通过了HSE健康、安全与环境管理体系审核认证；公司8大类60项产品获得美国石油学会（API）会标使用权，是全球拥有该会标使用权较多的企业。

宝石机械公司多项产品在国内外享有盛誉，其中ZJ70D电驱动钻机获"中油集团2000年十大科技进步项目"殊荣，承担了中国大陆科学钻探工程——科钻一井的钻井任务；ZJ70DB数字控制交流变频钻机、ZJ30DBT半拖挂式交流变频电驱动钻机达到当今世界先进水平，其中ZJ30DBT钻机是我国具有自主知识产权的3000米半拖挂式交流变频钻机，填补了我国在该类型钻机方面的空白；吊环、螺纹规和抽油机分别荣膺国家金质奖和银质奖，"宝石牌"F系列泥浆泵已成为世界名牌产品。

宝石机械公司2001年获陕西省"企业管理示范单位"称号；2002年获陕西省"精神文明标兵单位"称号；2003年5月，被陕西省认定为"高新技术企业"；2003年11月，被中国石油和石油化工设备工业协会评定为"中国石油钻采设备制造业2003年十强企业"，2003年至2005年，公司连续3年入选"中国机械500强"，2004年被评为"中国机械工业最具成长性的公司"之一；2004年获得了"中国企业新纪录优秀创造单位"称号，被国家科技部和陕西省政府认定为

2004年中国机械500强
荣誉证书

2005年中国机械500强
荣誉证书

技术中心

责任公司

“制造企业信息化示范单位”。

目前，公司产品不仅销往国内各大油田，而且远销美国、加拿大、英国、中东、南亚、东南亚、独联体等20多个国家和地区，并与世界70多家厂商有着商务和技术往来，年出口创汇近3000万美元以上。

宝石机械公司将秉承中国石油“爱国、创业、求实、奉献”的企业精神，在平等互利的基础上与广大新老用户建立和发展长期稳定的友好合作关系，共同为中国石油工业的发展做出积极的贡献！

特种车辆

钻井泵

地址：陕西省宝鸡市东风路2号
邮编：721002
电话：(0917) 3462000　3462150
传真：(0917) 3213839　3242134
网址：www.bomco.com.cn

海油钻机模块

中国寰球工程公司

总裁 汪世宏

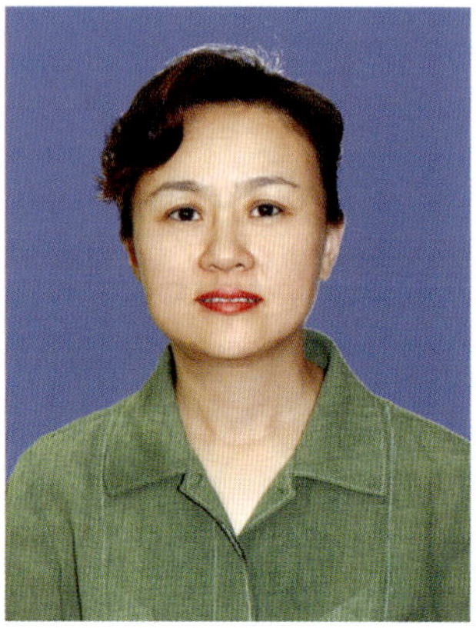

党委书记 胡兢克

中国寰球工程公司（以下简称寰球公司）成立于1953年，隶属于中国石油天然气集团公司，是集设计、采购、施工管理和开车指导等多种功能为一体的，具有工程总承包能力的国际工程公司，是智力密集、技术密集的科技型国有骨干企业。

公司成立50多年来，先后完成了千余项化工和石油化工、煤化工、精细化工、轻工、医药、电力、市政、油品储运、环保等多行业国家重点大中型工程项目的咨询、设计和总承包等建设任务。业务遍及全国30个省、市、自治区以及东南亚、西欧、美洲、中东的近20个国家和地区，为国内外石油化工行业的发展做出了重要贡献。

近几年来，寰球公司相继承担了中国石油天然气集团公司、中国石油化工集团公司、中国海洋石油总公司、巴斯夫公司、壳牌公司和英国石油公司等国内外著名公司的石油化工项目，并与日本日挥、千代田、东洋、意大利泰克尼蒙特、美国福陆丹尼尔、英国克瓦纳、德希尼布（意大利）等公司合作承包了在国内具有重要影响，在世界上具有领先技术的石油化工项目建设，为业主提交了高水平、高质量、高效益、安全可靠的优质工程。良好的信誉、满意的服务、成功的项目总承包运作，为寰球公司在海内外赢得了信誉和市场。公司被中国商务部、对外承包工程商会评为2000—2002年度对外承包工程特别奖。斯里兰卡油罐紧急修复项目、孟加拉天然气处理项目在首届优秀工程总承包项目评比中被授予工程总承包金钥匙奖和银钥匙奖。

公司建立了有效的项目管理体系、国际工程公司通行的矩阵式组织管理体系，建立了ISO 9001质量保证体系、ISO 14000环境管理体系和OHSAS 18000职业健康安全管理体系并通过认证，形成了以“四百”（即获博士、硕士学位的200余人；在国外工程公司工作和培训两年以上的专业技术及管理骨干100余人；教授级高级工程师100余人；具有丰富经验的高级项目管理人员100余人）为代表的技术及管理人才队伍。

1998年以来，公司已连续6年被世界工程界的权威刊物美国《工程新闻记录》(ENR)评为全球最大225家国际工程承包商之一和全球最大200家国际设计公司之一，是连续6年同时进入上述排行榜的惟一一家中国公司。

“国内第一，国际一流”。中国寰球工程公司正向打造炼化工程建设领域主力军，提前进入全球百强工程公司行列前进！

惠州年产80万吨乙烯项目（建设中）

斯里兰卡紧急修复罐区

北京乙烯

德州大化肥

抚顺乙二醇

广州乙烯

新疆聚丙烯

上海焦化有限公司年产20万吨甲醇项目

地址：北京市朝阳区樱花园东街7号
邮编：100029
电话：(010) 64413704
传真：(010) 64415884
网址： www.hqcec.com

吉林燃料乙醇有限公司

总经理、党委书记 孙树祯

吉林燃料乙醇有限公司是中国和亚洲大型的玉米生化产业发展商及新兴能源供应商，是中国石油天然气集团公司控股建设与经营的国内大型燃料乙醇生产基地。

公司创立于 2001 年 9 月 19 日，地处吉林省吉林市。公司的发展基础是国家“十五”期间新兴能源的试点、示范工程——吉林 60 万吨／年燃料乙醇项目。项目分两条生产线建设，单线生产能力 30 万吨／年，第一条生产线于 2001 年 9 月 22 日正式启动，2003 年 8 月 31 日建成投产。公司引进国外先进技术和设备，建立了行业领先的生产运行系统，主导产品燃料乙醇作为新兴能源已成功在吉林、辽宁等地封闭运行推广使用，社会效益和环保效益显著。公司广泛借鉴国内外先进管理经验，严格按照现代企业制度规范运作，不断向国际一流、国内领先的发展目标迈进，2004 年一次通过了 ISO 9001 质量、ISO 14001 环境和 OHSAS 18001 职业健康安全三项管理体系国际和国家认证。

“搭建产业桥梁，点燃绿色希望”是公司衔接工农两大产业，发展新兴绿色能源的真实反映。推广使用燃料乙醇是国家的一项战略举措，也是发展循环经济，构建和谐社会的一个崭新途径。公司真诚期待与海内外各界共创美好未来。

地址：吉林省吉林市吉林经济技术开发区
邮编：132101
电话：(0432)3501035
网址：www.jfa.com.cn

厂区图

吉林燃料乙醇精馏塔

中国石油规划总院

院长 王功礼

党委书记 张加林

中国石油规划总院（英文缩写 CPPEI）是中国石油天然气股份有限公司直属的决策支持机构，是石油石化工程总体规划及建设项目前期研究中心、油气田开发地面建设技术支持服务中心和石油技术经济发展研究中心。在战略研究、规划、可行性研究、咨询评估、技术经济研究、科技开发与设计论证等领域中，具有较强的技术实力，建院 20 多年来，CPPEI 已发展成为中国石油行业具有较高知名度的综合性咨询机构。

CPPEI 现有油气集输、油气储运、炼油、石油化工、技术经济、环境工程、安全工程、信息工程和计算机应用等 20 多个主体专业和辅助专业的各类工程技术人员及管理人员 300 余人，其中博士研究生 9 人，硕士研究生 88 人，本科以上学历人员占员工总数的 88.5%。建院以来，先后主持或参加了“西气东输”、“科威特 27 号集油站”、“中俄油气管道”等国内外大、中型项目的规划、可行性研究、咨询以及设计工作，共获得国家及省部级奖励 120 余项，取得一大批专利和专有技术。

CPPEI 将坚持以“中国石油效益最大化”为工作基点，以“创新、求实、服务、奉献”为工作准则，以更高层次的“一流成果、一流人才、一流管理、一流装备”为工作目标，按照国际咨询顾问公司模式，为创建一流的决策支持机构而奋斗。愿与各界朋友一道，携手共创中国石油工业美好明天！

地址：北京市海淀区志新西路 3 号 938 信箱
邮编：100083
电话：(010)82383300
传真：(010)82383301

中国石油工程设计有限公司

董事长、党委书记 朱忠虎

总经理 迟尚忠

中国石油工程设计有限公司（单位全称：中国石油集团工程设计有限责任公司）（CPE）是中国石油天然气集团公司（CNPC）控股的、以石油天然气和炼油化工工程设计为核心业务，大力发展工程总承包和科技产业化，与国际接轨的大型科技企业。

CPE 下设西南、东北、抚顺、北京、大连、青海、辽阳 7 个分公司，迪威尔科技开发公司、兴油监理公司、爱索环境工程公司、实业开发公司、辽河石油工程公司 5 个子公司，资产总额 6.6 亿元，注册资金 2.9 亿元，员工 2790 人。

CPE 实力雄厚、专业配套齐全，经营范围主要涉及国内外工程设计、工程总承包、工程勘察、工程监理；高新技术产品研制、开发、销售；新工艺、新技术开发、成果转让。

目前，CPE 拥有教授级高级工程师 54 人，高级工程师 535 人，一级注册建筑师 7 人，一级注册结构工程师 64 人，注册监理工程师 87 人，工程建设项目经理 43 人。拥有石油天然气、化工石化医药 2 个行业工程设计甲级资质和工程勘察综合类甲级资质；拥有建筑等 7 个行业共 19 个专业工程设计甲、乙级资质和环境污染防治等 3 个专项工程设计甲级资质；拥有工程咨询等甲级资质和城市规划编制乙级资质；拥有一、二、三类压力容器，压力管道设计证书和进出口企业资格证书，并且已通过 ISO 9001：2000 质量体系认证和 HSE 管理体系认证。

截至 2004 年末，CPE 累计完成国内外重点工程项目 5397 项；获得专利和专有技术 34 项；荣获省部级以上科技进步奖 252 项；荣获省部级以上优秀设计奖 595 项。

CPE 建立了国内外先进的计算机软、硬件系统，拥有 GPS 双频接收机、全站测距仪和卫星定位仪等国际先进的工程勘察设备以及 RDS 型腐蚀检测系统。

地址：北京市海淀区志新西路 8 号　邮编：100083
电话：（010）82383453　传真：（010）82382347

西南分公司设计的西气东输主力气源——克拉 2 中央处理厂

东北分公司设计的吉化公司年产 60 万吨乙烯改扩建工程

抚顺分公司设计的 6 万吨苯乙烯装置

西南分公司设计的陕京二线输气管道工程

大连分公司设计的液化气码头

中国石油炼油化工技术研究中心

中心主任 吴冠京

中国石油炼油化工技术研究中心（以下简称炼化技术中心）成立于2003年9月，是中国石油天然气股份有限公司优化炼化科研资源配置、提高炼化科研水平、为下游业务发展提供强有力的技术支持而组建的炼化技术研究开发和组织协调机构，中心下设发展战略研究处、项目管理一处、项目管理二处、综合办公室，人员编制30人，现有16人，其中具有博士研究生学历8人，平均年龄36岁。

炼化技术中心围绕炼化业务需求，重点在清洁燃料生产技术、重油深加工技术、特色炼油产品生产技术、低成本化工原料生产技术、差别化化工产品生产技术、天然气化工利用技术等领域进行科研开发，多产柴油的高轻收两段提升管重油催化裂化工艺技术已在国内8个大型石化企业得到推广应用。LBO系列降烯烃催化剂在30余家炼油企业推广应用，成为汽油产品升级的重要技术措施。"重油悬浮床加氢裂化"、"C4催化汽油芳构化生产清洁高辛烷值汽油技术"、"增产低碳烯烃"等项目取得了重要进展，先后与ABB、IFP、UOP、LG化学、GTC和AKZO公司等国外研发机构就清洁油品生产、合成α烯烃、芳烃生产、天然气化工等进行了专项技术交流，积极探索合作领域。

炼化技术中心以构造一流的研发新体系，打造一流的研发队伍，创造一流的研发成果为目标，在新技术研究领域寻求应用突破，构建起内外结合、开放式、高水平的炼油化工科研开发新模式。

领导班子成员

与IFP技术交流

地址：北京市海淀区学院路20号910信箱
邮编：100083
电话：(010) 62097846

中国石油工程技术研究院

院长　屈建省

党委书记　刘希和

中国石油工程技术研究院（单位全称：中国石油集团工程技术研究院）是中国石油天然气集团公司直属科研机构，拥有国际先进水平的固井外加剂技术和国内先进水平的防腐、保温、焊机技术。主要从事油井水泥外加剂技术、特殊地带工程材料及施工技术、防腐蚀及建筑涂料技术、防腐涂料工艺技术、储罐及管道自动焊接技术、管道直埋保温技术、旧管道修复技术的研究开发及推广应用。

中国石油工程技术研究院科研实力雄厚，拥有高、中级专业技术人员 340 名，客座教授 6 名；先进的科研仪器设备 675 台（套）；5 个通过国家技术监督局认证的检测中心和实验室；2 个中国石油天然气集团公司重点研究室；具有科技产品进出口自营权等各种资历 24 项；近三年共完成各类科研项目 75 项，取得具有国际先进或国内领先水平、具有自主知识产权的科研成果 50 项，获国家、中国石油天然气集团公司、天津市科技进步奖 8 项，获得国家重点新产品 13 项。

在固井技术研究领域，形成了深井和超深井、低压易漏长封固段、欠平衡钻井、长封固段固井、高压气井固井和岩盐层固井优势技术，拥有十大系列 60 个品种的固井材料。在长庆、大港等 15 个油田固井 1000 余井次，并且在伊朗 TABAK 区块、委内瑞拉、苏丹十多个国家和渤海 PHILLIPS 等项目中应用。

在"西气东输"工程配套技术研究领域，AW–01 天然气管道减阻耐磨涂料填补了我国天然气输送管道内涂层的技术空白，经国内外权威检测机构检测，增输效果在 15% 以上，性能指标达到了英国 Copon BP2306 涂料及德国 Permecor337 涂料的水平。APW–II 型外环缝自动焊机性能稳定，控制技术先进，在适应坡口组对公差和仰焊位置的能力超过了国外同类产品，抑制了进口自动焊机的价格，目前在西气东输工程中有 28 台（套）在应用。焊接 1000 余道焊口，合格率达 99.9%。水下不分散混凝土的工程强度可达到 90 兆帕；土石固化剂的工程强度可达到 45 兆帕，技术指标处于国际先进水平，分别在涩宁兰管线上进行了"水下稳管施工"和"护坡"工程试验，不仅提高了质量，还使成本降低 15%—30%。此产品已占国内市场的 85% 以上。

苏丹输油管线施工现场

固井外加剂出口

在防腐保温技术研究领域，形成了材料研究、工艺装备开发、质量监督与检测领域的技术优势，已经开发出 40 个品种的质量稳定，性能优良的防腐涂料和功能性涂料广泛应用于各个行业。

中国石油集团工程技术研究院重视科技成果的产业化建设，拥有先进的自动化生产设备和完善的质量保障体系，已经形成年产符合 API 标准的油井水泥外加剂 10000 吨，防腐涂料 5000 吨，环保型建筑涂料 10000 吨，年预制高、中、低温直埋保温管 100 千米的生产能力。

地址：天津市塘沽津塘公路 40 号
邮编：300451
电话：(022) 66316099　66313155

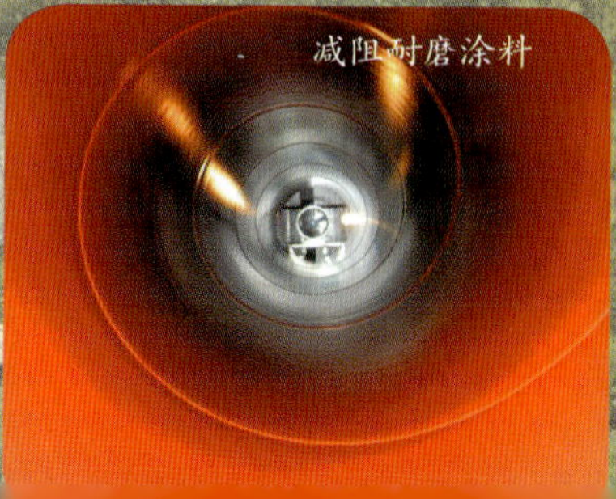

减阻耐磨涂料

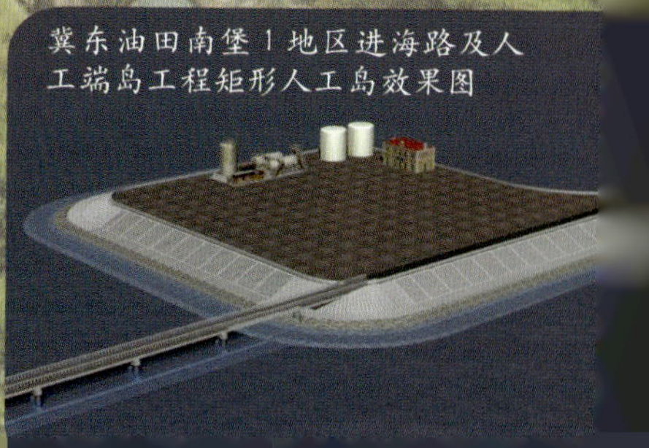

冀东油田南堡 1 地区进海路及人工端岛工程矩形人工岛效果图

第十二篇

上市企业概览

大庆油田有限责任公司

【概述】 大庆油田有限责任公司（以下简称公司）是中国石油天然气股份有限公司以油气勘探开发为主营业务的全资子公司，员工90427人，注册资金475亿元，资产总额912.8亿元。

2004年，公司以科学发展观为指导，牢牢抓住可持续发展这个第一要务，围绕创建百年油田目标，以科技攻关为先导，夯实发展基础，提升核心能力，扎实推进各项工作，公司销售收入首次突破1000亿元大关，开创了企业经营管理新局面。

全年生产原油4640万吨、天然气20.3亿立方米，超额完成了年度生产计划；实现销售收入1049亿元、利税总额880亿元，经济效益创历史最高水平，居国内纳税百强与油气开采行业效益十佳之首。一年来，在油价持续走高的同时，面对投资和成本紧张、高成本油气产量增加、主要物耗价格上涨等诸多不利因素，公司上下切实加大内部挖潜力度，有效地控制成本增长，实现降本增效。同时，在股份公司的支持下，成功取得进口俄罗斯原油的经营权，首次进口俄罗斯原油130多万吨，贸易额达30多亿元，在提高经营效益的同时，初步实现由单纯油气生产型企业向生产、贸易型企业的转变。

【油气勘探取得双丰收】 2004年，公司在太东地区预探发现一个5000万吨级整装区块，海拉尔苏德尔特、松辽北部敖南地区探明两个5000万吨级油田，全年新增石油探明储量10409万吨、天然气控制储量315亿立方米，各级储量任务全面超额完成。特别是通过加快徐家围子深层天然气勘探步伐，在实施油气并举、以气补油，培育新的经济增长点的发展战略上，迈出了坚实的步伐。目前，在天然气勘探领域基本控制了1000亿立方米的储量，这不仅为今后大庆地区天然气产业的发展奠定了资源基础，而且将为平衡国内天然气市场的宏观布局发挥重要作用。

【油田开发指标再创新纪录】 2004年，公司油田开发各项主要技术指标继续保持较高水平。水驱开发，通过实现由层间向层内、主力油层向薄差油层“两个转变”，喇萨杏主力油田含水上升率控制在0.33%、水驱自然递减率控制在9.45%以内，均创“十五”以来最好水平；聚驱开发，通过实施由一类油层向二类油层、北部好油层向南部差油层“两个转移”，年产油量继续保持在1000万吨以上；外围开发，通过实施勘探开发、地面地下“两个一体化”，年产油量达到481万吨，比2003年增产50万吨，增产幅度创历史新高。

【推进10大现场试验，挑战油田开发极限】 2004年，公司面对高含水后期油田开发的诸多矛盾，以及外围难采储量动用的一系列难题，最大限度地发挥第一生产力的作用，围绕精细老区控水挖潜，加快外围开发，提高油田采收率，明确提出并启动实施10项重大现场试验，以期进一步发展勘探技术，完善水驱技术，配套聚驱技术，攻克复合驱油与特低渗透复杂油藏开发技术，探索聚驱后进一步提高采收率和准确识别油气藏的新技术。从课题立项、人员组织、经费投入到后勤保障，都做到突出重点、精细安排，真正把科技投入的方向锁定在挑战油田开发技术极限上。这10大试验项目，都是维系大庆油田生存与发展的重大课题，如果在今后几年内相继取得成功，势必导致大庆油田开发技术的一场革命，油田采收率将得到大幅度提升，有望新增可采储量4—5亿吨，并进一步拓展勘探领域，为企业可持续发展开辟广阔的前景。

【外部市场开发取得重大突破】 2004年，公司外部市场开发实现“一个增长、两个突破”：即国内外工程技术服务产值有较大幅度增长，在胜利、大港等30多个国内市场实现产值3亿多元，在哈萨克斯坦、伊朗、印尼等国际市场实现产值800多万美元。同中国海洋石油总公司天津分公司签订地质油藏一体化研究项目合作合同，首次进入中国海洋石油总公司市场；在集团公司、股份公司的大力支持下，在参与海外油田勘探开发上取得实际性成效，企业的生存和发展空间进一步拓展。

【控制基建投资成效显著】 2004年，公司在投资安排上，坚持效益第一的原则，优化结构，统筹兼顾，综合平衡，保证了各项生产建设任务的顺利完成。认真贯彻国家政策和行业标准，投资管理科学规范，挖掘节支潜力，基建投资规模得到有效控制。（1）强化设计概算管理，油田产能工程、改造工程设计概算覆盖率首次达到了100%。(2)实施指标定价，合理降低工程造价。全年共完成招标项目535项，累计确定标的金额28.86亿元，节约投资0.33亿元。(3)严把结算收口关，最大限度地减少不合理投资。全年共审查2003年竣工结算1321份，审查金额29.77亿元，核减不合理投资0.21亿元。

【会计一级集中核算系统开发测试成功】　公司会计一级集中核算系统是股份公司财务系统重点科研项目。股份公司为此专门成立项目委员会和工作组，并为该项目确定了将各二级单位、控股子公司和财务结算中心全部纳入一个账套之中，实现全公司会计报表一次生成的一级核算模式。在研发过程中，软件开发人员与业务管理人员密切配合，进一步优化一级核算系统和业务流程，使之比原计划方案更趋合理，操作性更强。2004年9月，公司组织业务骨干400多人，开始大规模培训建账，历经21天，初始建账工作顺利完成，共建立327个责任中心，输入凭证30000张，梳理往来单位20000多个，建立7500多个基建合同和工程项目数据库（初始建账数据库25G），并通过了系统测试，取得了阶段性成果。会计一级集中核算系统的开发应用，提高了财务工作效率和会计信息质量，会计核算实体由二级集中核算后的33个减少到1个，所有内部交易一次性抵消；成本核算进一步规范，其流程进一步简化；优化了往来账龄分析和核销管理，提高了基建核算质量，特别是通过穿透查询功能，加强了会计监督。

【内控体系建设取得成效】　2004年，公司以文本为载体的制度化建设向纵深推进，并在股份公司各地区公司中率先将管理制度文本化工作纳入内控体系建设之中，统一认识，加强领导，精心组织，编制完成并组织落实公司关键控制文件和内控体系建设实施方案；完成组织机构及公司机关和二级单位的部门职能界定；完成公司机关、二级单位和控股子公司的业务流程描述，内含13大类2055个末级子流程及其相关节点文字描述和2051个RCD文档；组织实施公司机关、二级单位和控股子公司的跟单测试，并针对发现的问题落实了整改措施；完成高级管理人员和财务、审计、结算、物资、合同、工程造价管理人员岗位描述以及公司权限指引表的编制工作，进而将符合国际标准的内控体系模式引入经营管理实践中，初步构建起内控体系框架，为股份公司全面推进内控体系建设积累了经验。

【预算及成本管理向深层次渗透】　2004年，公司通过加强全面预算管理，落实一系列切实可行的降本增效措施，继续实施低成本战略。按照“促机制，保重点，严控制，抓执行”的工作思路，调整完善财务经营机制，继续实行水、电、聚合物等关键成本要素的节余奖励办法，提高清欠兑现比例和外部市场开发兑现比例，进一步调动了基层增收节支、降本增效的积极性；内部各系统密切配合，对“控水挖潜”和重大科技攻关等事关油田长远发展的项目，优先安排资金；通过下达货币资金指标，对非生产性支出进行专项控制，将有限的资金用在刀刃上；实施月度执行预算管理，进一步强化预算执行过程的监督和控制，初步建立起预算预警机制，提高了预算动态管理水平。同时，为了使成本管理向生产经营全过程延伸，将作业成本法引入成本管理工作中，进一步完善成本精细管理信息系统，并通过生产经营信息与细化的成本数据相结合，进一步加强了成本分析工作，为生产经营决策提供了有力支持。

【效益型资产管理机制进一步健全】　2004年，公司应用重大装备投资评价系统，从技术和经济两个方面，对修井机、地面计量系统等23项投资额在100万元以上的重大装备项目进行综合评价，其中22项一次性通过专家评审，1项通过二次评审；细化基建完工转资管理，以建立固定资产投资的全过程管理模式为目标，资产管理人员从年初开始参与投资计划、现场施工、完资验收、清点实物直至转资进账，实施全过程管理，保证了增量资产质量；通过开展油气资产运营质量状况调查，对油气资产分6个专题进行分析，科学评估资产质量，为优化存量资产提供决策支持；针对设备管理中存在的安全隐患，开展专项设备检查工作，对14个二级单位33座锅炉房的109台锅炉进行检查、对32部修井机井架承载能力进行检测和安全评定，制定8类设备操作与保养企业标准，完成了97种主要设备的巡回检查点（项）规范；加大闲置资产调剂力度，全年调剂利用低效闲置资产1.5亿元。为了进一步提高资产管理信息化水平，参与了股份公司资产集中管理信息系统的开发和测试工作，主要承担资产数据集中管理软件设计及其现场测试项目，并顺利完成第二阶段软件的现场测试工作，为2005年全面推广应用该项成果奠定了坚实的基础。

【领导班子和人才队伍进一步优化】　2004年，公司以厂（分公司）领导班子换届为契机，大力推进领导干部竞争上岗。公司所属各单位领导班子副职全面实行差额竞聘，空缺的总会计师岗位面向全公司招聘能人，先后有29人通过竞争走上厂（分公司）领导班子副职岗位，49人进行岗位交流，各单位领导班子结构进一步优化。同时，研究制定公司2010年人力资源战略规划，以核心专业技术人才队伍建设为重点，完善选拔、使用、管理和激励机制，试行竞业限制承诺制度，并通过层层选拔，选聘公司级技术专家64人、公司级学术技术带头人117人、厂（分公司）级学术技术带头人323人、专业技术骨干1015人，公司核心人才队伍体系进一步完善。

【与管理局共谋发展、合作双赢】　公司站在讲政治、讲大局、讲稳定的高度，坚持与大庆石油管理局发展共谋、责任共担、稳定共抓、环境共建，携手共创百年油田，深层气勘探会战取得前所未有的丰硕成果，关联交易保持平稳运行，交易金额达到143.9亿元，比2003年增长12亿元，价值工作量比2003年增长9.4%。特别是就采油九厂地区已探明地质储量的合作开发问题，与大庆石油管理局共同做了大量调查研究和前期准备工作，目前方案已上报国家有关部委，待方案批复后，双方的合作领域会进一步拓展，将在整体协调发展上步入一个新阶段。

【企业文化建设再展风采】　2004年，公司总结提炼并大张旗鼓地表彰了以“四个不一样”为代表的48项基层企业文化建设创新成果，编辑出版了《大庆油田有限责任公司企业文化创新实践风采录》；与大庆石油管理局一道，成功承办国务院国有资产监督管理委员会组织召开的中央企业企业文化建设交流研讨会，使大庆精神、大庆传统和大庆油田企业文化声名远播，得到社会各界广泛认同和好评；在中外企业文化2004龙岩峰会上荣膺“实践创新奖”、“个人贡献奖”、“组织推动奖”和“研究成果奖”四个奖项，展示了大庆油田企业文化建设蓬勃发展的良好态势。

【思想政治工作立足稳定促发展】　2004年，公司以科学发展观为指导，把党建和思想工作的着力点放在推进落实发展要务和力保队伍稳定上，员工队伍继续保持积极向上的良好精神风貌。制定出台《关于加强基层建设的指导意见》，把党建和思想政治工作的任务通过“六好”的硬性指标来落实，使基层建设的方向更加具体明确，各级班子引领发展、奋发振兴企业的自觉性进一步增强。选树以“全国五一劳动奖章”获得者冯志强、全国“十大杰出青年”之一的王新纯等一批英模人物，员工教育既入情入理，且具典型示范，做到理性灌输与寓教于乐相结合，队伍建设搞得扎扎实实，生动活泼。

（权哲珠）

中国石油天然气股份有限公司吉林油田分公司

【概述】　2004年，中国石油天然气股份有限公司吉林油田分公司（以下简称公司）按照年初工作部署，围绕增储、增产、增效目标，突出重点，科学安排，精心组织，生产经营及各项工作均取得了新的成果。

（1）油气勘探取得丰硕成果。全年提交石油探明储量5118万吨、控制储量5299万吨、预测储量6657万吨，分别完成年计划的102%、105%和111%，三级储量在股份公司所属油气田中排名第四位。油气勘探取得一批新成果：扶新地区揭示亿吨级储量规模；红岗北地区落实1个5000万吨级储量目标区；海坨子—大布苏、花敖泡—查干花、乾东—孤店地区发现3个3000—5000万吨级勘探接替目标区；伊通盆地梁家构造昌30井钻遇良好油气显示；双坨子地区坨深6井首次在下白垩系沙河子组地层获得发现，揭示了深层天然气勘探良好前景。

（2）原油产量实现历史性跨越。全年生产原油505万吨，突破500万吨大关，实现了历史性跨越。自营区新建产能80万吨。老区增加可采储量450万吨，保持了储采平衡。自然递减、综合递减、综合含水上升率分别为11.05%、5.91%和1.7%。措施增油21.6万吨，措施经济有效率为80%。油井免修期达到465天。加快难采储量动用，全年合资合作油田生产原油83万吨。

（3）经营管理创造新的业绩。全年销售收入89亿元，实现利润39.46亿元、税费18.08亿元。严格投资管理，投资回报率达到8.22%。加强财务和成本管理，储量发现成本1.53美元/桶，油气开发成本4.34美元/桶，油气操作成本5.95美元/桶。狠抓安全环保管理，实现了“五个杜绝”目标。深入开展管理创新创效活动，收到了良好效果。同时，切实加强了基层基础、物资采购、内部市场、审计和效能监察、法律事务、油区治安等工作，取得了新成效。

（4）技术创新步伐进一步加快。全年投入科研经费3940万元，组织实施科研项目44项，获部级一、二、三等奖各1项。扶余油田城区三维地震采集和全三维处理解释技术，为老区发现新的含油层系起到重要作用，新增探明储量2147万吨。针对低渗透油藏特点，实施超前注水，提高了单井产能，加强储层改造技术攻关，压裂成功率达到96.4%。微生物驱矿场试验取得明显进展。浅层定向井、水平井钻井技术取得成功，扶平1井试油获得高产。信息化建设跨上新台阶，工作效率进一步提高。

（5）队伍建设水平有新的提高。实施“123”人才培养工程，99人被评为公司级专家，197人被评为厂级专家，300人被评为高级操作岗位明星。加强员工业务培训，共举办内部培训班325期，培训20000余人次，参加股份公司培训班51期，培训223人。切实抓好稳定工作，及时化解不稳定因素，营造了良好的发展环境。

（6）企业文化建设扎实推进。认真贯彻中国石油天然气集团公司《企业文化建设纲要》，结合公司实际，推出了《企业文化手册》、《形象宣传画册》和《形象宣传片》，公司的公众形象和社会影响力进一步提升。加快推进厂院、站队、班组三级文化建设，并围绕“跨越500万”目标，深入开展了以“讲成果话发展，讲责任做主人，讲奉献塑形象”为内容的主题教育活动，进一步激发了广大员工爱岗敬业、奋发向上的工作热情，增强了队伍凝聚力和向心力。

【油气勘探】　2004年，公司按照“立足中央、加快西坡、发展伊通、突破深层”的部署原则，全面完成了年度勘探生产及各项任务，取得了勘探成果与认识的双丰收。

（1）油气勘探成果显著，为原油产量快速增长奠定了基础。全年完钻预探井75口，进尺14.79万米，完成年计划的104.8%。试油65口，新获工业油气流井34口，综合探井成功率51.5%，试油获得率34.6%。共完成评价探井123口，进尺16万米。提交石油探明地质储量5118万吨、控制储量5299万吨、预测储量6657万吨，分别为年计划的102%、105%和111%。三级储量总和在股份公司15个油气田中排名第四位。勘探工作落实了两个效益储量目标区：即整装控制红岗北5000万吨级可升级储量，落实扶余油田杨大城子油层3000万吨级效益储量。油气勘探相继在多个地区取得了新成果：坚持精细勘探，揭示了扶新地区超亿吨级储量目标区；突出岩性勘探，落实了红岗北地区5000万吨级储量目标区；坚持强化预探，发现了海坨子—大布苏、花敖泡—查干花、乾东—孤店等3个3000—5000万吨级勘探接替目标区；积极进行外甩，岔路河断陷昌29、昌32井重新试油获得工业油流，昌30井见到多层油气显示，进一步揭示了伊通地堑勘探潜力；突出预探甩开，坨深6井中途地层测试获日产气3900立方米，首次在侏罗系地层获得发现，开辟了深层天然气勘探新领域。

（2）地质综合研究不断深化，有效指导了勘探部署。通过深化长岭凹陷“满凹含油”的认识，指导中部组合勘探部署，发现了黑148等一批高产油流井，进一步扩大效益储量勘探成果；通过深化扶余油层大型河道砂体连片含油的认识，揭示扶余油层亿吨级储量前景，明确了下部组合为“十一五”勘探的重点；通过深化坡折带控藏认识，指出了西坡下步的勘探方向。

（3）工程技术不断进步，为勘探的进步提供了重要保障。①高分辨率地震技术有了新的提高，有力促进了岩性勘探的不断深入和发展。②近平衡、水平井钻井技术的探索和应用，在油气勘探中取得了良好效果。③成像测井技术和配套录井技术广泛应用，在识别和评价油气层方面见到显著效果。④低渗透储层改造、试油试采技术得到广泛应用，提升了储量品质。

（4）勘探效益。2004年完成探井75口，进尺14.788万米。新增控制石油地质储量5299万吨（控制可采储量1106.2万吨）。全年完成勘探直接投资6.3493亿元，平均每口探井获得控制地质储量71万吨（单井控制可采储量14.7万吨），每米进尺控制储量358吨（每米进尺控制可采储量75吨），控制每吨地质储量投资11.9元。控制每吨石油可采储量勘探投资57.4元。

【油田开发生产】　截至2004年末，累积探明26个油田，探明含油面积2048.6平方千米，探明石油地质储量108250万吨，可采储量26335万吨，标定采收率24.3%。已探明油田中的长春油田和莫里青油田位于伊舒地堑，其余均位于松辽盆地。已探明油田中套保油田为稠油油田，其他油田均为稀油油田。2004年末，有21个油田不同程度地投入了开发。动用含油面积753.1平方千米，占探明含油面积的36.8%；动用石油地质储量57595万吨，占探明石油地质储量的53.2%；动用区储量丰度每平方千米76.5万吨，目前标定可采储量15956.2万吨，占探明可采储量的 60.6%，标定采收率 27.7%。截至 2004 年末，吉林油区共有采油井 12623 口，12 月开井 10738 口。共有注水井 3690 口，12 月开井 2961 口。按总井数计算注采井数比为 1∶3.4，按开井数计算注采井数比为 1∶3.6。总累积产油 9612.99 万吨，采出程度 16.7%，可采储量采出程度 60.3%。综合含水 82.35%，总累积注水 49122.9 万立方米，累积注采比 1.15。

（1）原油生产。吉林油田 2004 年生产原油 505.52 万吨，完成年度计划指标的 102.1%。比 2003 年增产 30.45 万吨，增长 6.41%。自营区计划产油 421 万吨，实际产油 421 万吨，完成计划的 100%；合资合作区计划产油 74 万吨，实际产油 84.52 万吨，完成计划的 114.2%。

（2）油田注水。全油区 2004 年注水 3532 万立方米，完成年计划的 93.9%，比 2003 年增长 311 万立方米，增长 9.65%。其中，自营区年注水 3259.8 万立方米，完成年计划的 92.63%，比 2003 年增加 270.4 万立方米，增长 9.05%；合资合作区年注水 272.6 万立方米，完成年计划的 104.4%，比 2003 年增加 40.6 万立方米，增长 17.48%。

（3）产能建设。2004 年在大情字井、乾北、新立、套保、大老爷府、红岗、英台—八面台、木头—前南、扶余、新民、四五家子 11 个地区共计新钻开发井 900 口，进尺 108.51 万米，投产油井 665 口，投注水井 216 口，水井排液 19 口，建产能 58.08 万吨。其中，新区共计新钻开发井 388 口，进尺 69.15 万米，投产油井 296 口，投注水井 77 口，水井排液 15 口，建产能 34.7 万吨。老区共计新钻开发井 512 口，进尺 39.36 万米，投产油井 369 口，投注水井 139 口，水井排液 4 口，建产能 23.38 万吨。

（4）增产措施。2004 年完成各类措施 1701 井次，累积增油 23.074 万吨，平均单井次增油 136 吨。其中自营区 2004 年各类增产措施 1505 井次，累积增油 21.058 万吨，平均单井增油 140 吨。

（5）油藏评价。2004 年计划在扶余地区完成三维地震 250 平方千米，实际完成三维采集面积 258.064 平方千米，完成年计划的 103.23%；实际完钻评价井 128 口，完成进尺 18.42 万米，分别完成计划的 118.5%和 99.9%；实际提交探明储量 5118 万吨，可采储量 1063.8 万吨，完成计划的 102.36%；实际完成投资 44760 万元，完成计划的 100.97%，评价成本 0.68 美元/桶；评价井成功率 75.5%，成功评价井的利用率 85%，试油获得率 71.8%。

【经营管理】　2004 年，公司坚持以效益为中心，以发展为主题，强化投资项目全过程管理，加强系统建设，完善基础工作，精心管理，扎实工作，取得了较好的成果。

（1）加强立项管理，严把项目审查关。确定了 2004 年投资结构，安排中确保了油气预探、油藏评价、产能建设投资，加大了以节能降耗、消除安全及环境隐患为重点的老油田调整改造投资规模，全年实现投资创效 22538 万元。其中，钻井工程和采油工程实现投资创效 8860 万元；地面工程实现投资创效 7048 万元；油气预探工程实现投资创效 3174 万元；油藏评价工程实现投资创效 3456 万元。

（2）成本管理得到加强，注重过程管理，依靠组织控制成本。注重科学挖潜，依靠项目管理控制成本。节约挖潜收到明显成效。即全年新增三级储量 1.5 亿吨、原油产量突破 500 万吨、开展 4 项主体工程、节约创效 4 亿元。其中一项主体工程就是开展降本增效工程，即：围绕机采、注水、集输、供热、供电 5 个系统，继续抓好节约电费、自用油、材料费、运输费、燃料费、土地费、维护费以及延长油井免修期 8 个项目，全年公司实现降本增效额 1 亿元。

（3）加强基层基础管理工作，星级标杆站队的评比活动扎实有效。强化三基工作，以开展“查摆改创”活动为手段，共查出各类问题 20413 个，整改 20413 个；以采油厂自检为主，公司采取检查与评议相结合的方式进行验收，检查了所有的附属站队，抽查了大部分采油队，通过检查，共评出标杆站队 35 个，促进了整体管理水平的提高。内控体系建设工作进展顺利，完成了风险控制分析工作。管理创新工作成果显著，全年共开展创新项目 113 项，公司被评为中国石油企业协会管理创新先进集体。

【科技工作】　公司共有工程技术人员 3754 人。其中，高级工程师 283 人；工程师 890 人。2004 年，公司科技投入 5400 万元，用于勘探、开发研究和新技术推广工作。

（1）2004 年，获集团公司技术创新奖两项，即“吉林油田勘探开发一体化实践和配套技术”、“松辽盆地南部长岭凹陷大型岩性油藏的发现与满凹含油理论的实践”项目获得二等奖。

（2）2004 年，获股份公司技术创新 3 项，其中，“吉林油田勘探开发一体化实践和配套技术”项目获一等奖、“松辽盆地南部长岭凹陷大型岩性油藏的发现与满凹含油理论的实践”项目获二等奖、“老油田提高采收率配套技术”项目获三等奖。

（3）2004年，吉林油田分公司表彰技术创新奖46项。其中，一等奖4项、二等奖12项、三等奖27项。

【安全生产】 2004年，认真贯彻股份公司安全工作会议精神，以“四个杜绝，两个确保”为工作目标，开展了大量扎实有效的工作，各类事故得到有效的控制，实现连续三年重大事故为零，再创历史最好水平。公司被股份公司勘探与生产分公司评为2004年度安全生产先进单位。

（1）加强事故控制，全年没有发生责任死亡事故，没有发生30万元以上责任事故，组织了4期QHSE管理没有发生10万元以上重大环境污染责任事故，对等责任以上重大交通事故为零，火灾事故为零，其他事故得到有效的控制。与2003年相比，轻伤事故下降33%，交通事故下降50%，各类事故损失下降20%，其他各项安全管理指标都控制在股份公司下达的考核范围内。

（2）安全宣传教育工作：开展了“安全生产月”、“安全知识竞赛”、“安全生产警示日”等不同形式的大型安全宣传教育活动4次，提高了员工的安全意识，收效显著。

（3）坚持经常性安全监督检查：①开展各二级单位的自查自改活动。②组织各项专项检查和抽查，主要包括节日期间安全检查、春秋季节防火检查、锅炉专项检查、雨季防雷设施检测、冬防安全检查等。③公司质量安全环保处组织检查。全年共开展各种层次安全检查102次，检查生产班组和现场1828个，发现存在问题972个，整改问题937个，改进了基层安全管理上的不足，推动了安全生产。

（4）隐患治理。公司为英台、前大高含硫地区安装了31台硫化氢检测报警装置。停运并拆除了存在重大隐患的报废装置7套，对482口套返井进行治理。建立了危险化学品库，公司300多种共计230吨化学药品都被统一储存，统一管理等，通过治理，安全环保基础设施得到改善，员工的工作环境和劳动条件进一步完善，为安全生产提供了坚实的保障。

（5）QHSE管理体系。①利用两个月时间，对质量、健康、安全和环境管理的基础工作进行清理和规范。②在英台、扶余、新木和销售公司4个单位进行QHSE试运行。③建立各级事故应急预案。④注重员工健康，对在岗员工13000多人进行了体检，做到早发现、早诊断、早治疗。同时，对全公司200多个有害场所进行了监测，确保员工的劳动条件符合要求。

（6）安全监督。在“安全管理年”活动中，把“反三违”作为控制事故的重要管理手段。各单位都制定了《“三违”处罚细则》，坚持每月至少开展一次“反三违”检查，对各类“三违”行为进行处罚，并下发通报。各单位共下发处罚通报174期，555人次受到经济处罚和批评教育，累计罚款21.33万元。按照奖罚并重的原则，将这些罚款100%的奖励给对安全工作有贡献的单位和个人，起到了鼓励先进的作用，提高了员工遵章守纪的自觉性。

（赵　晶）

中国石油天然气股份有限公司辽河油田分公司

【概述】 中国石油天然气股份有限公司辽河油田分公司（以下简称公司）横跨辽宁、内蒙两省（区）13个市、34个县（旗），以石油、天然气勘探开发、油气销售为主营业务，下设采油、科研、集输、销售等20个厂、院和公司。

截至2004年底，公司员工总数29336人，其中，各类管理和专业技术人员8635人（女2644人），少数民族764人；具有高级专业技术职务人员808人、中级专业技术职务人员2631人；有研究生及以上学历人员204人、本科3240人、大专3019人、中专1725人。

2004年，探明石油地质储量2525万吨，完成年计划的101%；新增可采储量533.7万吨，完成年计划的100.7%；控制石油地质储量5365万吨，完成年计划的107.3%；预测石油地质储量6442万吨，完成年计划的128.8%。

全年生产原油1283.2万吨，比计划超产13.2万吨；实现原油商品量1191.7万吨，超计划指标12.3万吨；生产天然气10.04亿立方米，实现天然气商品量5.62亿立方米，分别完成年计划的111.6%和

124.8%。全年完成注水2428万立方米，分注率51.2%，注水合格率75%。

全年实现主营业务收入204.71亿元，超预算56.01亿元；实现国内准则利润79.24亿元，超预算52.51亿元，实现国际准则利润90.53亿元，超预算51.53亿元；上缴税、费总额53.4亿元；投资、成本控制在预算指标之内。

【油气勘探】 新区勘探按照“深化盆地、加快海上、突破外围、开辟新区”的总体思路，以综合地质研究为基础，以加强质量管理为保障，优化部署，大胆甩开，精细实施。全年完成二维地震采集1036.6千米，三维地震采集837.4平方千米；完钻预探井30口，完成新老井试油28口69层，获工业油气流井18口27层。主要取得六项成果：一是西部凹陷兴隆台构造带太古界潜山勘探成果进一步扩大，继马古1井获工业油气流后，2004年完钻的马古3井解释油层35.1米、低产油层53.6米，筛管完井，水力泵试油求产，日产油12.8吨，日产气1526立方米，预测含油面积24.2平方千米，预测石油地质储量6442万吨。二是东部凹陷欧利坨子构造带沙三段粗面岩及砂岩勘探又获新进展，通过欧48、欧52、欧50等3口井预探成功，控制含油面积4平方千米，控制石油地质储量1569万吨。三是大民屯凹陷西部斜坡带潜山勘探又有新发现，通过沈257井、沈262井预探成功，元古界潜山勘探控制含油面积15平方千米，控制石油地质储量2882万吨。四是海上太阳岛——葵花岛构造带东营组天然气勘探取得重要突破，继太阳6井、太阳9井、葵花18井预探成功后，2004年实施的太阳10井、葵花19井又获高产工业油气流，初步探明天然气地质储量26亿立方米。五是通过沈266井、沈267井、铁22井、董15井、锦306井预探成功，大民屯凹陷太古界潜山含油面积进一步扩大，三台子沙四段和东部凹陷大湾斜坡带及鸳鸯沟岩性油气藏勘探见到好苗头。六是经过努力，在南海南部获得了18个区块12.68万平方千米的探矿权。

老区滚动勘探继续按照“老区扩边找边界、老区内部找新层、老区周边找新块、老区新带找发现”的总体思路，以“三老”资料复查和油藏描述为基础，以三维地震资料精细解释和储层反演等技术为保障，进一步落实构造、储层和成藏条件。全年完钻滚动探井19口，实施开发兼探井9口，完成新老井试油58口75层，获工业油气流井39口42层，探明石油地质储量1695万吨和天然气地质储量4.75亿立方米，上报探明石油地质储量809万吨。主要取得6项成果：一是在齐40、冷115、洼60、欢2－14－3017、曙1－5－24、黄01－6、包14、曙1－6－12、牛74等9个区块扩边勘探，初步探明石油地质储量1205万吨，其中7个区块上报探明590万吨。二是在锦新626、曙615、齐112、雷64－12－12等4个老区新块勘探，初步探明石油地质储量200万吨，其中3个区块上报探明172万吨。三是在大13－20、欢20老区内部发现新层，初步探明石油地质储量90万吨，上报探明石油地质储量47万吨。四是应用水平井技术开采稀油和稠油薄油层获得成功，初步探明石油地质储量200万吨。五是通过27个前期研究项目的检查验收，发现45个圈闭，为2005年老区滚动勘探打下基础。六是优选36口老井试油，获工业油气流井20口，当年发现6个增储区块，为2005年储备了8个勘探目标。

【油藏评价工作】 按照股份公司“积极评价、谨慎实施、大胆实践”的工作要求，全年部署评价井27口井，完钻23口，完成新老井试油23口28层，获工业油气流井21口24层，完成控制储量升为探明储量1716万吨；评价探明未动用储量1150万吨，评价后全部可以动用。一是紧跟预探发现，加强研究，优化部署，及时组织实施，在欧48、欧50、沈259、沈270、沈266、马古1等6个区块部署评价井8口，实施5口，探明石油地质储量895万吨；二是对年初已确定的沈257、雷72、双217、沈232等4个目标部署评价井9口，完钻8口，完成新老井试油10口15层，获工业油气流井9口12层，探明石油地质储量821万吨；三是在曙1－27－454、杜813、包22、牛74、牛1、荣80等探明未动用区块实施评价井8口，全部获得成功，落实可动用石油地质储量1150万吨，预计可部署开发井150口以上；四是进一步完善勘探开发一体化协调制度，形成了“一个平台、两个共享”的有效机制，缩短了评价研究时间，推动了勘探开发一体化进程，强化方案审查与现场实施监控，保证了油藏评价工作顺利进行。

【产能建设】 按照“超前研究、整体评价、优化部署、先期控制、分批实施、跟踪分析、及时调整”的原则，全年钻开发井599口，投产油井567口，日产油能力4471吨，平均单井日产油能力9.2吨，高出方案设计指标1.7吨，年产油105.87万吨，高出新井配产9.87万吨，当年产能建设贡献率达到80.2%。一是超前准备，提前实施，提高了生产时率，截至2003年底提前完钻的2004年开发井178口，投产62口，日产油能力436吨；二是对实施过程中发生变化的重点区块，缓钻开发井70口，增布61口，钻井成功率达到99.5%；三是在薄层稀油砂岩油藏、块状和层状特、超稠油藏及特殊岩性底水油藏，应用水平井挖潜取得良好效果，全年在12个区块部署水平井30口，完钻27口，投产23口，初期日产油能力1061吨，平均单井46.1吨，同比为直井产量的3—5倍；四是通过精细油藏描述，高效开发井由2003年的35口增加到2004年的51口，初期日产油能力1295吨，平均单井26吨，年产油27万吨；五是加强产能建设全过程管理，通过优化录测井系列、优化射孔方案、优化投产方式，确保了产能建设高效有序运行。

【老区综合治理】　以“增强油藏稳产基础和提高储量动用程度”为目标，认真编制64个区块综合治理方案并组织实施，截至2004年底完成综合治理工作量4981井次，其中投产调整井240口，实施油井措施4284井次，完成注水井工作量457井次。通过上述工作，64个区块年产油652.5万吨，高出治理目标15.1万吨；含水上升率1.6%，比2003年下降0.6%，比方案要求降低0.4%；自然递减率28.5%，比2003年下降3.27%，比方案要求降低0.17%；综合递减率9.34%，比2003年下降1.54%，比方案要求降低0.31%；18个公司级综合治理区块年产油134.8万吨，高出治理目标4.4万吨；含水上升率2.2%，比2003年下降0.6%，比方案要求降低0.3%；自然递减率27.51%，比2003年下降7.75%，比方案要求降低3.64%；综合递减率7.36%，比2003年下降6.45%，比方案要求降低0.94%。

全面加强注水工作，稳产基础有所增强。包14、牛心坨、海南1、海南3、海26、大洼、大平房、锦99等20个区块通过完善注采井网和细分注水，增加水驱储量1500万吨，日产油水平由2003年底的4177吨上升到2004年底的4183吨，含水上升率1.8%，比2003年下降0.8%；自然递减率17.40%，比2003年下降1.30%；锦16、法哈牛、沈84—安12、海31等11个区块通过动态调配和综合挖潜，综合含水和自然递减得到有效控制，含水上升率1.4%，比2003年下降0.5%，自然递减率20.16%，比2003年下降6.27%；曙二区、欢17、千22等5个区块通过实施周期注水和改向注水提高注水波及体积，日产油水平由2003年底的650吨上升到2004年底的659吨，含水上升率1.7%，比2003年下降0.2%，自然递减率20.78%，比2003年下降1.80%。

针对锦45、齐40、齐108等16个热采稠油主力区块进入吞吐开发后期，层间矛盾突出、井况变差、出砂严重、递减加快等问题，规模实施大修侧钻、分注选注、防砂排砂等措施2906井次，储量动用程度由71%提高到75%，推迟了进入快速递减的时间。

在认真开展剩余油分布规律研究的基础上，对采出可采储量90%以上的洼38、杜66、欢127、曙一区古潜山等6个区块实施一注多采、组合式吞吐、间歇注汽、化学调剖等综合性措施，年产油由2003年的62.8万吨提高到2004年的64.3万吨，日产油水平由2003年底的1568吨上升到2004年底的1802吨，实现了综合负递减。

【天然气生产】　针对天然气可采储量采出程度高达82%，后备资源严重不足，供求矛盾十分突出的实际，坚持以开源节流为主线，超前实施产能建设，深入开展老区挖潜，基本满足了内供外销需要。一是动用天然气地质储量3.41亿立方米，投产气井13口，增加日产气20.3万立方米，年产气3500万立方米，有效弥补了老区递减；二是利用“三老”资料复查成果，应用中子寿命测井等技术，全年优选实施调补层、大修侧钻、压裂防砂、排水采气等挖潜措施134井次，初期增加日产气能力近140万立方米；三是继续开展油井套管气回收、推广高效节能火管炉及高含水区块冷输等节能措施，取得了较好效果；四是超前实施越冬天然气储备工作，9月份以来加大老井措施挖潜力度，共实施老井措施104井次，初期增加日产气能力117万立方米，为冬季内供外销赢得了主动。

【成本与投资管理】

1. 精打细算，成本管理实现了有效控制

2004年，公司和各单位的操作成本都控制在预算指标之内。一是公司上下形成了一种良好的成本控制氛围。机关和各二级单位成本控制意识不断增强，普遍养成了先算后干的好习惯，控制成本已成为全员的一种自觉行动。二是成本投入决策水平不断提高。对成本该不该投入，怎么投入，投入多少，什么时候投入，都精打细算，纳入制度，提高了工作效率，节约了成本。三是成本预算越来越准确。各级财务部门运用有效的预算控制系统和积极的预算控制机制，对成本预算执行情况进行监督和动态管理，使成本管理实现了事前控制，并根据生产需要能够有效调动资金，进行有效的调整，保证资金的使用效率。四是成本核算基本实现了精细化。应用计算机和网络等现代化手段，各采油厂都建立了单井、单车、单岗、单炉等单项费用控制系统，使科学管理逐步取代“经验管理”，形成了从预算、分析、控制到决策的完整的成本管理系统，成本管理越来越精细、越来越科学。

2. 严格把关，投资管理得到了加强

2004年，公司加强投资管理，缓解了投资紧张的矛盾。一是公司积极向股份公司反映投资缺口的具体情况，得到了股份公司的支持。二是投资项目前期管理工作得到加强，通过优选项目，有效地控制低效无效投入，保证重点项目和正常生产的需要。三是加强投资项目设计方案审查和工作量审核，对所有项目进行严格的设计审查，杜绝超标准设计、超标准用料、超标准施工等现象。四是严格进行现场工作量的审核。五是加强工程项目造价管理，并通过盘活资产存量，利用闲置设备、资产，节约投资。

【开展“管理增效”群众性活动】　针对投资和成本紧张的矛盾，公司机关和各二级单位眼睛向内，以“管理增效”活动为载体，千方百计想办法，挖潜力，创效益，实现了全年节约挖潜30582万元。其中，“关、停、并、转、减”工程减少生产运行成本2000万元；滚动勘探、油藏评价节约投资1558.6万元；老区综合治理节约558万元；修改压裂、大修等设计25项，减少作业小修工作量206井次，节约生产成本200万元；节电3500万千瓦・时，节约电费1866万元；节水200万立方米，节约水费320万元；处理法律纠纷避免经济损失831万元，节约法律事务费64万元；减少劳动用工650人，节省各种费用2120万元；杜绝不合理结算资金1740万元，控制机关管理费用节余120万元；物资采购价格平均下降4%，节约采购资金1510万元；化学品采购综合降价率为3.725%，节约采购成本769.8万元；基本建设节约投资880.7万元；优化钻井工程设计节约投资1358万元；挖潜存量土地、与地方协调，节约投资和土地使用费等939万元；自修复油管14.74万根，节约资金1387万元；旧抽油机配套修复91台，节约资金910万元；勘探系统通过加强投资管理，减少无效进尺3500米，优化测井项目，优化试油项目，节约投资2000万元；油田公司员工共提合理化建议25611件，采纳实施15869件，核实创效1亿元以上；合作开发获得份额油27万吨，份额气896万立方米。审计系统取得直接审计成果18578万元；概预算审减金额37641万元。

【科技增油】　围绕提高勘探开发技术水平、降低生产成本，大力开展科研攻关和技术项目推广。优化工程方案设计，坚持技术创新和适用配套技术应用，加强和规范科研管理，努力提高采油工程系统管理效益和技术水平。重点组织了深层水力压裂、稠油分注分采、防砂、油井深抽等8项规模实施项目，取得良好增油效果。加强对外技术交流合作，海南—月东未动用储量合作开发项目正式签约。齐40蒸汽驱、锦90非混相驱、超稠油SAGD等转换开采方式提高采收率项目按方案要求平稳运行，显现良好的增储增产前景。分测分调偏心注水、大斜度井防偏磨、稀油防蜡降凝冷输等7项技术攻关取得良好效果，已经进入现场推广应用。锦45块转换开采方式前期研究、锦16块低成本三次采油技术试验研究、节能、燃料结构调整等重点超前储备技术，已经完成试验或评价。全年开展科技攻关和技术推广11项、75个课题，申报专利48项，累计实现科技增油55万吨。

【安全环保工作】　深刻吸取四川石油管理局的“12.23”事故教训，以“安全管理年”活动为主线，不断强化安全生产管理。严格落实安全生产责任制，稳步推进HSE体系运行，加大安全教育培训力度，积极创建企业安全文化，安全基础工作得到加强，全员安全意识和素质进一步提高。强化重点要害部位和特种设备安全管理，投入4000多万元用于安全技术措施，增强防范重特大事故能力，提高安全水平。认真贯彻《道路交通安全法》，交通安全形势趋于稳定。努力做好员工健康管理工作，防止职业危害的发生。全面落实环境保护目标责任，完善四级管理网络，实施环境综合治理、定量考核，及时消除污染事故隐患，取得良好成效。加强新、改、扩建设项目的环境管理，杜绝新污染源产生。加大资金和技术投入，狠抓油泥、废弃钻井液及高含盐水等重点污染源治理，确保达标排放。继续保持中国石油天然气集团公司安全生产先进单位。

【合作开发】　认真执行关联交易总协议，坚持联席会议制度，与辽河石油勘探局、辽河石化分公司加强沟通协商，妥善解决和处理运行过程中出现的问题，保证了关联交易的平稳运行。全年合作开发生产原油47.2万吨，油田公司获得份额油21.3万吨。贯彻集团公司南戴河领导干部会议精神和陈耕总经理来油田调研时对油田公司提出的“51286”总体目标要求，与辽河石油勘探局、辽河石化分公司共同研究，全面组织实施“1345”工程，为实现辽河油田整体协调、共同发展目标打下了良好基础。

【矿区稳定工作】　按照集团公司的部署要求，与辽河石油勘探局、辽河石化分公司密切配合，积极争取地方政府的支持，在子女就业、家属生活补助、有偿解除劳动关系人员再就业等方面采取了一系列积极有效的措施，较好地解决了不同群体存在的困难和问题。广泛开展“送温暖、献爱心”活动，维护广大群众的合法权益，解决特困家庭生活、子女上学、看病等实际困难，营造了良好的人文关怀氛围，维护了矿区的基本稳定。

【思想政治工作】　按照集团公司党组关于继续深入开展“形势、目标、责任”主题教育活动的要求，围绕辽河油田整体协调共同发展的目标，深入开展“凝心聚力抓好大事，求真务实有效发展”主题教育活动。各单位紧密结合实际，着重在针对性、整体性和联动性上下功夫，在服务中心、深入人心和开拓创新上求实效，通过开展各具特色的宣讲教育活动，形成了一心一意谋发展的浓厚氛围。全公司各单位全年共举办各类主题宣讲报告会200多场次，员工受教育面达到95％以上。继续坚持“有理、有情、有形、有效”的工作思路，深化完善“公司党委每年一次集中调研、公司党群部门每季一次重点调研、基层党委每月一次专题调研”的机制，及时了解掌握工作中出现的新情况、新问题，研究解决油田改革发展稳定的热点、难点问题和员工生产生活中的各种实际问题。积极开展思想政治理论研究工作，取得了一大批优秀成果，获省部级以上研究成果5项。曙光采油厂建立健全了“三特”员工管理长效机制，进一步深化了“知、答、解、聚”的思想政治工作方法。兴隆台采油厂突出抓好学习建厂、道德建队、文化建家“三项建设”，采用学习先导、课题研讨、节点切入、典型示范、载体活动等方法，创新了思想政治工作。

【企业文化建设】　以贯彻《集团公司企业文化建设纲要》为主线，以落实《油田公司企业文化手册》为载体，以推进区站文化建设为重点，大力开展“企业文化年”活动。承办了全国石油石化企业文化经验交流会，组织了一系列企业文化培训和参观考察活动，开展了形式多样的企业文化理念宣传活动。编辑出版了《探索与创新》、《远航》、《燃烧的不仅仅是火焰》、《难以忘却的平凡》，编制了《中国石油辽河油田公司》画册和《辽河明珠》宣传光盘。“四书、两册、一光盘”作为企业文化系列标志性成果基本完成，为油田公司企业文化建设的深化提高奠定了坚实的基础。注重区站文化建设品牌的塑造和推广，继续深入开展“四个建家”活动，广泛开展管理增效、技术培训和岗位练兵活动，基层基础管理进一步夯实，队伍整体素质进一步提高，涌现出了以“绿色管理”、“CT3.3.4”、“5W管理法”等为代表的一大批企业文化建设的先进典型。通过几年来的不断探索、创新和实践，公司企业文化建设成效显著，先后获得一系列国家、省部级大奖，对于推动公司发展发挥了不可替代的重要作用。

（杨振喜）

中国石油天然气股份有限公司
大港油田分公司

【概述】　2004年，中国石油天然气股份有限公司大港油田分公司（以下简称公司）紧紧围绕“一体两翼三路并举”（一体：就是以可持续发展战略为主体；两翼：就是勘探寻找新资源，开发提高采收率，实现两翼齐飞；三路：就是走科技兴油之路、管理增效之路、人才强企之路，三路并举，为实施可持续发展提供有力保障）的整体工作思路，部署开展了为期3年的以“全员增素质，全面上水平”为主题的专项活动，各项工作取得了新的成绩。全年新增探明石油地质储量1860万吨、控制石油地质储量3092万吨，分别完成年度计划的103.3％和103.1％；生产原油488.4万吨、天然气3.38亿立方米，分别为年度计划的100.9％和105.6％。全年油气储量发现成本、开发成本、操作成本分别为3.85美元/桶、5.53美元/桶和5.81美元/桶当量，均控制在股份公司下达指标之内。按国际准则，全年实现主营业务收入80.7亿元，实现利润39亿元。用电总量连续5年保持负增长，天然气与管道板块首次实现扭亏增盈。

截至2004年底，公司设机关处室14个，机关附属单位9个，直属单位15个，所属单位11个。共有员工12536人，其中，大学本科以上学历1764人，专科学历2066人，中专学历2089人；各类管理和专业技术人员4467人，高级专业技术职务人员460人，中级专业技术职务人员1491人，初级专业技术职务人员 1938 人。

【油气勘探】　2004 年，公司完成三维地震采集 372.72 平方千米，为年计划的 93.2%。完成二维地震采集 448.2 千米，为年计划的 89.6%。完钻探井 29 口，完成进尺 70221 米，分别为年计划的 120.8%和 95.3%。新增控制含油面积 23.1 平方千米，新增石油控制地质储量 3092 万吨、可采储量 630.3 万吨，分别完成年计划的 103.1%和 105.1%。其中，陆地勘探新增控制含油面积 13.8 平方千米，新增石油控制地质储量 1076 万吨、可采储量 197.4 万吨；滩海勘探新增控制含油面积 9.3 平方千米，新增石油控制地质储量 2016 万吨、可采储量 432.9 万吨。新增预测含油面积 23.4 平方千米，新增石油预测地质储量 2534 万吨，为年计划的 126.7%。其中，陆地勘探新增预测含油面积 13.3 平方千米，新增石油预测地质储量 1104 万吨；滩海勘探新增预测含油面积 10.1 平方千米，新增石油预测地质储量 1430 万吨。

（1）南部滩海预探。2004 年先后实施预探井 7 口，经实施在关家堡及其东部埕海地区取得了较好的效果。累计新增石油探明地质储量 1324 万吨，石油控制地质储量 1955 万吨，石油预测地质储量 1763 万吨，合计三级储量 5042 万吨，5000 万吨规模储量进一步落实。

（2）歧口凹陷斜坡区地层岩性油气藏勘探。2004 年以歧口西坡和埕北斜坡为重点，实施三维地震采集 50 平方千米，预探井 9 口，其中获工业油流井 5 口，新增石油探明地质储量 294 万吨，控制石油地质储量 499 万吨，石油预测地质储量 1048 万吨，合计新增三级储量 1841 万吨，形成了一个 2000 万吨级的勘探战场。

（3）中央隆起带勘探。重点围绕北大港构造带展开，在勘探潜力区有针对性地开展三维地震二次采集，在港东—唐家河地区勘探取得了显著成果。共实施预探井 5 口，新增石油控制地质储量 944 万吨、预测地质储量 311 万吨。

【油气开发】

1. 开发现状

截至 2004 年底，大港油田共动用石油地质储量 62451 万吨、可采储量 16748 万吨。当年新增动用石油地质储量 3003 万吨，新增可采储量 1001 万吨。共投产油气水井 4567 口，其中采油井 3181 口（含采气井 53 口），注水井 1363 口。油气井开井 2192 口，日产油水平 13797 吨，油田综合含水 85.62%，年产油 488.4 万吨，累计产油 12722.14 万吨，地质储量采油速度 0.71%，采出程度 18.4%，可采储量采油速度 2.81%，可采储量采出程度 73.2%，剩余可采储量采油速度 9.49%；注水井开井 876 口，总日注水 78421 立方米，月注采比 0.71，年注水 2868.9 万立方米，累计注水 52541.0134 万立方米，累计注采比 0.7。

2. 主要开发指标完成情况

自营区新老区产能建设共完钻新井 185 口，投产油井 139 口，建成原油生产能力 43.74 万吨，完成年计划的 100%；自营区当年共投产新油井 198 口，形成日产水平 1285 吨，新井年产油 30.17 万吨；自营区完成油井措施 812 井次，年有效 685 井次，措施有效率 84.4%，年措施增油 30.4 万吨；自营区自然递减控制在 16%以内。

3. 重点油田开发状况

（1）港东油田。港东油田是北大港油田的主力开发油田，已进入高含水、高采出程度的开采中后期。2004 年，港东油田及周边的精细构造解释和储层研究成果得到有效利用，并见到好的效果：定滚动井位 5 口，增加地质储量 200 万吨；应用油藏描述一体化软件对港东二区北部进行精细地质研究，实现滚动增储 160 万吨，新增含油面积 0.72 平方千米；在前期单砂体研究的基础上，优选具有潜力的长停井实施恢复措施，初期日增能力 167 吨，累计增油 6957 吨，累计增气 108.6 万立方米。截至 2004 年底，港东油田共有油井 440 口，开井 268 口，年产油 61.86 万吨，累计采油 2797.59 万吨。

（2）王官屯油田。在王官屯油田加快新老区的产能建设步伐，实现产能接替，增储上产，2004 年共投产新井 14 口，其中油井 13 口，年产油 12048 吨；开展油藏分类分块控水稳油及综合治理工作，共实施投转注 28 井次，层间治理 45 井次，注采井数比由 1∶2.02 升高到 1∶1.94，官 104、官 3 断块可对比井的油层动用程度由 12.23%、62.76%分别上升到 64.75%、79.4%；应用第一轮精细油藏描述成果，在官 998 断块以滚动扩边和小井距加密调整为主要手段，提高储量控制程度，调整区形成 2 注 5 采的开发局面，实现了正常注水开发，日产油水平由 19 吨上升到 42 吨，采油速度由 0.27%上升到 0.44%。截至 2004 年底，王官屯油田共有油井 488 口，开井 349 口，日产油 1904 吨，累计产油 1615.8 万吨，采油速度 0.73%，采出程度 17.11%。

4. 油藏评价

完成三维地震采集 176 平方千米，钻评价井 29 口，总进尺 82850 米。共计新增探明石油地质储量

1860万吨、可采储量416.6万吨，分别完成年计划的103.3%和101.86%。其中，陆地新增探明储量1020万吨、可采储量222.9万吨，分别完成年计划的102%和103%；滩海新增探明石油地质储量840万吨、可采储量193.7万吨，分别完成年计划的105%和101%。在滩海关家堡地区、扣村地区、中103X1区块、老区滚动挖潜（港西油田）等重点地区，油藏评价取得丰硕成果。评价区块全部完成了开发方案的编制，已动用储量991万吨；新建原油生产能力18.93万吨，完成计划的100.2%。其中，一般评价新建生产能力9.36万吨，滚动评价新建生产能力7.65万吨，未动用储量评价新建生产能力1.92万吨。

5. 产能建设

2004年，针对大港油田以断块油藏为主，断块面积小，构造复杂，不能形成规模，分布十分零散的地质特点，公司提出并坚持了产能建设“五个并重，五个着力于”的工作思路（即：新老区并重，着力于新资源的投入；油水井并重，着力于注采井网的完善；速度与效果并重，着力于产能建设效果；单井与整体区块并重，着力于整装建设；技术创新与常规技术并重，着力于新技术应用），并结合当年产量的需要和新资源的落实程度，在实施上进一步优化井位设计方案、优化施工设计和地面配套、系统开展油气层保护和推广应用水平井钻井技术，产能建设水平明显提升。共完钻新井185口，完钻进尺41.8万米，分别完成年计划任务的100%和97%。投产油井139口，投注水井53口，建成生产能力43.74万吨。新井当年产油30.17万吨，比2003年增加7万吨，产能建设转化率达到了69%。其中，新区完钻新井68口，完成进尺17.01万米；投产新井56口，投注水井25口，建成生产能力18.93万吨，完成年计划的100%。老区完钻新井117口，完成进尺24.78万米；投产新井83口，投注水井28口，建成生产能力24.81万吨，完成年计划的100%。

【企业管理】　2004年，公司根据国际公认的COSO内部控制框架，依托现有的QHSE管理体系，初步建设完成了涵盖生产经营全过程、全要素的内部控制体系雏形。安全生产管理以股份公司“安全管理年”活动为契机，反违章、查隐患、抓整改，取得了4大控制类事故为零的好成绩。通过加强基层建设，规范现场管理，深化“达标夺旗”活动，涌现出红旗队（站）13个、甲级采油队（站）19个、甲级输注队（站）16个，基层管理水平又有新的提升。

【科技进步】　2004年，公司推广应用精细勘探配套技术，在埕北斜坡区发现了新的含油构造。加大三维二次采集的攻关应用力度，滚动勘探新增探明储量762万吨，创造了“九五”以来的最好成绩。全面启动第二轮精细油藏描述，增加可采储量260万吨。三次采油、水平井、深部调剖、分层注水等一批工艺技术均见到明显成效。全年共有123项科研成果通过验收，其中，“多段塞复合凝胶体系调驱技术研究与配套应用”等10项获得省部级科技进步奖；“南部滩海预探目标评价与勘探”等4项成果获公司技术创新特等奖；“低成本深部调剖技术研究与试验”等6项成果获公司技术创新一等奖；“油气藏动态监测新技术研究与应用”等45项成果获公司技术创新二等奖。

【“两全”活动】　2004年，为了适应可持续发展需要，公司启动了为期三年的以“全员增素质、全面上水平”为主题的专项活动。活动中，公司上下从适应形势发展、应对各种挑战、解决存在问题、完成业绩指标、推进可持续发展的客观需要出发，分析问题找差距，对照先进立目标，结合实情定措施，研究制定了既积极进取、富有挑战性，又切合实际、极具可行性的“两全”目标体系。在此基础上，各单位狠抓目标体系的实施推动，狠抓重点指标的细化分解，狠抓实施过程的有效控制，确保了阶段工作目标顺利实现，各路工作水平都有不同程度的提高，一些指标还达到了同行业先进水平。

（李春艳　王松华　杨志彬）

中国石油天然气股份有限公司
华北油田分公司

【概述】　中国石油天然气股份有限公司华北油田分公司（以下简称公司）主要从事石油天然气勘探和生

产、集输及储运、勘探开发工艺研究及规划研究等石油勘探开发核心业务，截至2004年底，拥有油气资产原值229.60亿元，净值80.74亿元，油气勘探区域主要集中在冀中地区、内蒙古中部地区和冀南—南华北地区、山西沁水盆地等四大探区，累计探明石油地质储量11.60亿吨，天然气地质储量273.65亿立方米；累计生产原油2.23亿吨，天然气72.44亿立方米；累计完成工业总产值（现价）947.48亿元；拥有56个油气田，油气集输管线3800多千米，年原油生产能力433.20万吨，天然气生产能力5.88亿立方米。

公司机关设在河北省任丘市，机关设（党委）办公室、生产运行处、规划计划处、财务资产处、人事处（组织部）、科技与信息管理处、质量安全环保处、企管与法规处、监察处、审计处等10个职能处室，下属7个直属单位、6个采油生产单位和3个科研单位。

截至2004年底，公司共有员工13863人，其中专业技术人员3545人，占25.57%（正高级专业技术人员6人，占专业技术人员的0.17%；副高级专业技术人员368人，占专业技术人员的10.38%；中级专业技术人员1402人，占专业技术人员的39.55%）。在员工队伍中，获国务院特殊津贴的3人，获研究生以上学历的83人，大学文化程度的1546人。

2004年，公司新增探明石油地质储量2548万吨，油气可采储量当量547.2万吨，生产原油432.29万吨、天然气5.85亿立方米，原油商品量408万吨，新建原油生产能力53.54万吨、天然气生产能力0.37亿立方米，均超额完成年度计划。

【油气勘探】 勘探系统按照战略展开、战略突破、战略准备和风险勘探四个层次，细化和落实部署方案，实现了“两项新发现、五项重要进展”。

（1）“两项新发现”。在乌里雅斯太凹陷甩开预探，太61井、太63井获得成功，控制、预测两级储量达5172万吨；在廊固凹陷中西部扩大勘探，桐12x井、桐47x井发现50米以上的厚油层，获工业油流，万庄背斜新增预测石油地质储量1427万吨。

（2）“五项重要进展”。深化评价吉尔嘎朗图凹陷宝饶洼槽岩性油藏，林7井、林14井和林15井相继获得成功，进一步扩大了宝饶洼槽斜坡内带的油藏范围和储量规模；精细研究和评价巴音都兰凹陷，巴71x井、巴72x井获得成功，开辟了新的储量接替战场；深化饶阳凹陷留西—大王庄地区油气勘探，留西地区控制石油地质储量2277万吨，大王庄地区钻探留104井、留107井，证实大王庄构造翼部具有形成富集油藏的良好条件，有望成为3000万吨级储量规模的接替区带；强化杨武寨勘探，预测储量1000万吨，为2005年准备了一个现实的储量接替区；对束鹿凹陷中南部砾岩、泥灰岩进行裂缝预测，优选有利裂缝发育区，钻探晋116x井获得成功，开辟了一个新的勘探领域。

（3）超额完成了储量任务和效益指标。完成二维地震资料采集914.2千米，三维地震资料采集505.3平方千米，分别为年度计划的91.4%和91.9%。完成各类探井56口，进尺15.02万米，分别为年计划的116.7%和104.4%。全年分别完成控制、预测石油地质储量4441万吨和4435万吨，分别为年度计划的111%和110%。控制和预测两级储量之和连续两年超过8000万吨，继续保持了良好的发展势头。

【油气开发】 开发系统以强化油藏精细描述和“老油田简化、新油田优化”为重点，全面落实各项开发工作部署，油田开发水平不断提高。

（1）全面完成年度开发工作任务。2004年，生产原油432.29万吨，完成年计划的100.07%，原油商品率94.4%；天然气工业产量5.847亿立方米，完成年计划的102.6%；外供气量4.394亿立方米，完成年计划的102.2%。全年注水2177万立方米。全年完成钻井242口，进尺58.6万米，建成原油生产能力53.54万吨，完成年计划的100%，天然气产能0.37亿立方米，完成年计划的123%。全年完钻评价井位45口，进尺10.2万米。完成试油36口，钻探成功率85.7%，新增探明储量2548万吨，完成计划的134%。储采平衡系数1.25，资源替换率1.6。产量年综合递减6.5%，自然递减12.6%。

（2）油藏评价工作成效显著。强化以井位标定为主要内容的前期地质综合研究，加强地震资料二次采集和叠前时间偏移处理技术的应用，重点在留西、巴48等区块开展了一般项目评价研究，在柳泉、河西务、强北等区块开展了滚动评价研究，对王居等5个区块447平方千米的三维地震资料进行重新处理。共优选确定井位45口，完钻42口，探明油气地质储量当量2548万吨，完成年计划的134.1%。

（3）产能建设进展顺利。坚持早期介入，油藏评价与产能建设同步进行，缩短了资源转化周期，路44断块建成3.9万吨生产能力，巴48断块当年建成3.15万吨生产能力，整体配套建成了宝力格油田25万吨生产能力。打破新老区产能建设界限，不断优化方案部署，坚持立体滚动，泉241、西柳10和楚102等断块滚动开发效果突出，全年产能建设钻井244

口，建成生产能力53.5万吨，均完成计划100%。

（4）调水增油效果突出。岔39等5个重点治理区块完成各类措施工作量174口，日产液量由6380吨降至6303吨，产油量稳定在1510吨，综合含水保持稳定。

（5）精细油藏描述工作取得阶段性成果。雁107等9个重点油藏已基本完成了构造落实、地层划分对比、储层分布规律研究和测井资料重新处理解释，建立了地质模型。

（6）狠抓天然气稳产不放松。泉241-21井、苏4断块全年建产能0.37亿立方米。加快天然气处理站的改造和建设、气田的措施挖潜和伴生气回收等工作。通过对苏1和廊东等区块单井实施排水采气、补孔等措施，累计增产天然气2627万立方米。

（7）老油田简化进展顺利。重点实施了荆丘油田、南孟—龙虎庄油田、任丘油田任一联的简化改造和蒙古林采油方式转换。工程完成后每年可节省运行成本2000多万元，并消除了一些安全隐患。

【科技与信息工作】 全年共组织实施股份公司级课题14项（包括跨年课题7项）、公司级科研课题114项，共完成科技专题108项，完成率达到94.7%，科技成果优秀率达到66%以上。

（1）技术研究和推广成效突出。勘探系统在沉积学、层序地层学等新理论应用、储层预测和勘探配套工艺技术应用等方面取得了明显进步，重点对老区新带、新层系和复杂油气藏进行了深入细致的分析研究，取得了一批重要成果。开发系统在油藏评价、改善水驱开发效果、三次采油矿场试验方案和评价研究等方面取得了明显成效。采油工程系统大力推广提高抽油机井系统效率等先进适用技术，成绩显著。

（2）科技项目管理不断加强。首次实施了科技项目津贴制度，有效调动了广大科技人员的工作积极性和创造性。深入开展了公司级课题和股份公司跨年度课题的中评估检查，保证了科技计划的顺利实施。积极开展科技成果评奖推荐工作，共获得省部级奖励16项。认真开展对外技术服务合同项目的技术审查，取得了较好成效。

（3）信息化建设步伐不断加快。加强网络系统日常管理与维护，开展了涉密计算机及信息网络的安全和保密专项检查，对计算机信息网络进行了集中治理，确保了网络系统的安全、高速运行。

【改革与管理】 管理工作紧紧围绕依法经营、精细管理的主题，按照QHSE管理体系要求，不断加大管理、控制、监督的力度，企业管理水平进一步提高。

（1）圆满完成了QHSE管理体系整合工作。经过10个月的紧张工作，公司于2004年11月15日整体发布公司QHSE管理体系文件，11月26日在全公司范围内正式运行体系文件。在QHSE管理体系文件整合过程中，一是确定了公司质量健康安全环境方针、目标和管理承诺。二是编写了公司体系管理手册和252个体系文件，其中程序文件107个，管理作业文件145个；二级单位共制定补充管理作业文件240个。公司和二级单位共同编写了486项操作规程、331项事故应急预案，而且还对识别和评价出的188个重大危害因素、481个重要环境因素、173种危险化学品以及查出的301个重大安全隐患分别建立了台账、控制措施和治理计划。对48项过去不明确的职能进行了定位，对14项职能进行了细化和延伸，对5项职能进行了部门转移，明确了归口管理部门和配合部门。三是将公司重组以来制定的264个管理制度全部纳入了体系，并新增加管理制度71个。四是精简、规范了基层岗位记录，使资料管理更合理和规范。五是建立了公司重大危害因素和重要环境因素台账。公司QHSE管理体系的建立，是现代管理理念与传统管理模式的融合，是公司在科学管理、协调发展上的又一个跨越。

（2）按照总体谋划、统一部署和分步实施、有序推进的思路，有重点、有步骤地实施各项工作的改革和创新。在管理思想上，从重视物的管理转向以人为核心的人本管理和能本管理，充分调动人的积极性；在管理手段上，积极应用现代信息技术，推行数字化油田和网上办公，提高了管理效率；在管理体制上，重点对工程监督管理、安全监督管理、物探和钻井、录井测试管理以及关联交易工作等进行了整合和改进，保证了公司各项工作的全面协调、整体推进。

（3）各项管理工作不断深化。生产运行管理及时协调了州16、泉241、车城油田以及原油流向调整等重点工程的实施。加强了设备现场管理，实现了设备规范化操作。加大油区治安综合治理力度，油区刑事案件比2003年下降13%。反盗电与技术节电相结合，实际用电量比2003年下降544万千瓦·时，连续7年实现用电负增长。以优化岗位设置，完善培训机制为重点，加强了劳资人事管理。成功举办了第四届职业技能竞赛，公司荣获“集团公司培养技能人才先进单位”称号。进一步健全了财务管理制度，启动了内部控制体系建设，强化了资金收支两条线管理。实行了合同集中统一管理，合同管理工作得到进一步强化。加大对进入公司市场主体的管理力度，进一步规范了市场管理秩序，降低了公司经营风险。加强外输油气管线及储运工程管理，合理安排输油运行，降低了生产单位运行成本；采取措施积极推进天然气价格调整，原油、天然气货款回收100%，取得了较好的经济效益。

(4) 控制和监督不断加强。以投资控制为重点，进一步加强计划管理。按需要和可能调整了投资总量与结构，优化了投资方向，把有限的资金更多地投到关系公司发展的关键项目上。以管理审计为主题，以事前、事中审计为主要方式，全面开展内控制度审计，加大基建工程及合同审计力度。全年共审计查出问题金额2604万元，形成直接经济成果1485万元。重点开展了拉油站（井）点管理、生产成本管理和新老区产能建设效能监察。建立和完善了必要的规章制度，认真查找薄弱环节和漏洞，积极搞好整改，避免和挽回经济损失1233万元。加强物资采购控制，建立了供应商资料档案和评价考核体系，完成了公司物资管理信息系统的开发建设。电子商务完成任务的133%，确保了重点工程及生产建设的物资供应。重点抓了开钻验收、巡井监督检查、竣工验收等钻井工程全过程的监督管理。特别加强了井控安全大检查，对查出问题限期作了整改。开展了地面工程建设施工现场“低、老、坏”问题专项治理，加强了督查和控制。提高工程设计质量和水平，从源头上降低工程造价。及时补充发布相关定额和价格，为工程预结算提供依据。严格工程概算、预算和结算审查，较好地控制了工程投资。

【质量安全环保】 公司不断强化质量安全环保工作，实现了安全生产无事故、环境保护无污染的目标。

(1) 安全管理工作。公司认真落实集团公司《关于进一步加强安全生产工作的决定》，深入开展了“安全管理年”活动。规范岗位操作规程，完善了三级安全监督网络，充实了安全监督管理人员，从事安全生产的专职监督管理人员由137人增至154人，兼职人员从356人增至365人。修订和完善以岗位责任制为中心的安全管理制度59项，与2235个工程项目承包商签订了安全生产合同，依法规范了甲乙双方的权利和责任。广泛开展了“安全工作论谈”、“安全生产研讨”、“安全月”、“安全日”等活动，举办安全环保培训班93期。组织新上岗、转岗、特殊工种、危险化学品从业、专兼职司机及基层生产管理人员1万余人次参加学习培训。对生产要害部位、关键生产装置开展了多次监督检查和隐患排查，对存在的问题和隐患进行了整改。加大对违章行为的监控和处罚力度，对各种事故一律按照“四不放过”原则，从严查处。对没有酿成事故的违章，也做了严肃处理。加强隐患整改治理，公司全年共投入安全隐患整改资金近亿元，是历年来最高的一年，所有特种设备检测率100%，55项关键装置、要害岗位的隐患得以彻底消除，对未整改的隐患，采取了有效监控措施。清理要害部位周边违章建筑96项，明确了公司与违章单位或个人的相关责任。完善规章制度，公司制定和实施了一系列规章、制度，并将其纳入QHSE体系管理，明确了员工的安全权利和义务。完善了公司级预案15个、各二级单位生产应急预案316个，并组织了防汛和防化学事故应急演练。

(2) 环保、职业卫生和健康。对3721名有害作业岗位员工进行了职业性健康体检，对3303名员工进行了非职业性健康体检，对452处有毒有害作业场所进行了检测。做好一线环境工程治理的改造工作，治理噪声超标值班室32个，安装改造化验室通风橱13个。对各重点污染物排放口的排污状况以及污染物处理设施的运行情况进行了监督检查和整改，顺利通过了股份公司组织的年度环保业绩考核。继续加强对公司重点建设项目的“三同时”管理，组织完成原油流向调整工程的劳动、安全、卫生预评价和环境影响评价、华北油田冀中地区所有油气生产区域的环境影响后评估工作。组织对公司2004年度勘探井与开发井废弃泥浆无害化处理实施和验收工作，实施勘探井53口，开发井186口，全部达到验收标准。

(3) 工程质量监督。受理工程质量监督申报并实施监督检查140个工程项目，监督工作量约4.7亿元。查出并落实整改各种工程质量问题约1300个，下达“工程质量问题整改通知书”93份。抽查11个建设单位37个工程项目的137个分项工程，现场实测实量1303点，无损检测抽查底片1982张，现场抽片53张，下发“工程质量问题整改通知书”66份。

【领导班子建设和员工队伍建设】 公司党委以“抓班子、强基层、求发展”为主线，深入扎实开展干部职工队伍建设工作，为公司发展提供了有力的思想保障和智力支持。

(1) 不断加强领导班子和干部队伍建设。首次实施了干部交流和公开选拔、竞聘，对10名正处级行政领导进行了工作调整和岗位交流，对3个二级单位正处级领导岗位进行了公开选拔，对部分二级单位副处级领导岗位进行了公开竞聘，增强了领导班子和干部队伍的活力。公司机关开通了机关服务满意度网上测评系统，所属各单位班子成员、机关科室长正职以及公司机关处级干部，共235人，每季度在局域网上以填写测评票的形式对公司机关工作进行评价，全年四次的测评结果加权计入处室（单位）领导正职的业绩考核分值，与机关工作人员的业绩兑现挂钩。

（2）员工队伍建设不断加强。积极实施“18615专业技术人才工程”，强化三级培训，加大技师考评力度，建立助理技师评聘制度，造就一支能够掌握智能化设备操作、具有解决生产现场实际问题能力且一专多能的操作员工队伍。

（3）党风廉政建设工作基础进一步夯实。公司党委相继制定了《领导干部廉政承诺办法》、《党风廉政监督员聘用管理办法》等一系列廉政制度。不断加大从源头上预防和治理腐败的力度，集中开展了员工收入分配管理、业务招待费使用管理和零散凝析油管理的综合治理，建立和完善了涉及收费项目的各项规章制度，堵塞了可能产生“小金库”的漏洞。

【企业文化】 按照集团公司《企业文化建设纲要》要求，公司坚持与时俱进，持续创新，积极培育人本管理和能本管理文化、QHSE管理文化，不断丰富公司企业文化内涵。

（1）努力建设人本管理和能本管理文化。坚持以人为本，把尊重人、关心人、理解人与培养人、使用人、管理人有机结合，通过生活上关心——突出人文关怀，满足员工需要，真情关爱员工；工作上激励——根据公司发展需要和员工成长需求，紧紧围绕提高员工的业务、技能水平和思想道德修养，强化教育和培训，全面提升员工综合素质；发展上搭建平台——完善和实施一系列用人机制、激励机制和约束机制，创造人才脱颖而出、发挥作用的空间和舞台等主要途径，不断满足员工的全面发展需要和各方面需求，最大限度地发挥员工知识、智力、技能和创新等方面的能力，营造尊重知识、尊重人才的良好氛围，努力实现“员工发展和企业发展融为一体，个人价值与公司价值同步提升”，进一步增强了广大干部员工对公司的归属感。

（2）持续完善QHSE管理文化。为促进公司各项管理科学化、规范化和制度化，推进依法经营、依法管理，从完善规章制度、明确工作程序、强化各项管理、规范各级行为等方面入手，实施QHSE管理，覆盖全部生产经营活动和精神文明建设，并坚持在实施过程中持续改进，逐步形成了新的管理文化，促进了公司各项管理工作全面系统、规范有序、务实高效和协调运作。

（杨启彪）

中国石油天然气股份有限公司新疆油田分公司

【概述】 截至2004年底，中国石油天然气股份有限公司新疆油田分公司（以下简称公司）设有机关12个处室，11个附属单位，12个所属二级单位。其中，9个采油生产单位、1个油气储运公司、1个科研单位、1个消防单位。在册职工总数15552人，其中，管理和技术人员5087人，在管理和技术人员中，具有高级专业技术职务576人，中级2106人，初级2405人，分别占管理和技术人员总数的11.32%、41.4%、47.28%；操作和服务人员10465人，其中，高级工4079人，中级工4510人，初级工1172人，分别占操作和服务人员的38.98%、43.1%、11.2%。

【主要生产经营指标】 2004年，公司全面完成了股份公司下达的各项生产经营指标，和年度业绩考核指标（表1）。

【油气勘探】 2004年，公司油气勘探工作，按照“强化腹部主战场，拓展西北缘、准东油区，坚持南缘，准备深层，侦察外围”的部署完成探井52口，进尺18.10万米，试油68层35口井，获工业油气流24层，新获工业油气流井19口，探井成功率44.2%。预探圈闭32个，获工业油气流圈闭10个，圈闭预探成功率31.3%。油气预探获得4个重要发现和6个好的苗头。分别在准噶尔盆地腹部陆梁隆起的石南31井白垩系获得高产工业油气流、准噶尔盆地腹部莫索湾凸起的莫10井侏罗系获得高产油气流、准噶尔盆地西北缘乌夏断裂带的夏72井二叠系获得高产油气流、准噶尔盆地腹部陆梁隆起的滴西10井石炭系获得高产油气流；分别在准噶尔盆地西北缘玛湖西

表 1　2004 年公司主要生产经营指标完成情况

指标名称	2003 年	2004 年	完成年计划（%）	比 2003 年
原油产量（万吨）	1060.1	1111	100.1	50.90
原油商品量（万吨）	1029.3	1069	99.2	39.70
天然气产量（亿立方米）	22.1	25.5	100.0	3.4
天然气商品量（亿立方米）	7.2	9.15	122.0	1.95
新增探明石油地质储量（万吨）	5811	6385.70	106.4	574.7
新增探明石油地质可采储量（万吨）	1534	1405	101.4	-129
控制石油地质储量（万吨）	5591	7540	107.7	1949
控制石油可采储量（万吨）	1398	1477.4	105.5	79.4
控制天然气地质储量（亿立方米）	471	101.35	168.9	-369.65
控制天然气可采储量（亿立方米）	235	86.16	287.2	-148.84
二维地震（千米）	1712	607	46.7	-1105
三维地震（平方千米）	1701	2692	99.3	991
油气单位操作成本（美元/桶）	4.06	4.29		
油气单位勘探成本（美元/桶）	1.8	1.59	97.5	-0.21
油气单位开发成本（美元/桶）	2.9	3.70	68.5	0.8
新建原油生产能力（万吨/年）	165.6	201.83	92.6	36.23
新建天然气生产能力（亿立方米/年）	4.45	1.32	102.3	-3.13
电子商务完成率 100%（考核）			137	
采购物资质量抽查率≥90%		98%		
责任事故死亡率≤0.05 人/100 万工时（考核）		0		
排放污水中主要污染物达标率≥88%		91%		
利润总额（亿元）		42.22		
投资资本回报率（%）	4.68	10.92	103.0	6.24
在职职工总数（人）	15552	15552	—	—

斜坡克 89 井、车排子南段车 83 井获工业油气流，莫索湾凸起莫 13 井侏罗系和阜康断裂带九运 1 井侏罗系见到好苗头，吉木萨尔凹陷东斜坡吉 17 井二叠系发现稀油油藏，古牧地背斜牧 7 井侏罗系有良好的油气显示。油藏评价取得 5 个重要进展，在腹部石南 21 井区（扩边）、莫北莫 11 井区、南缘霍尔果斯背斜霍 10 井区、西北缘百 31 井区和乌 5 井区等区块取得重要进展。全年共新增探明石油地质储量 6385.7 万吨。在老油区百口泉 31 井区和乌尔禾 5 井区等区块实施滚动勘探工作，新增探明石油地质储量 2350 万吨。

【原油生产】　2004 年，公司生产原油 1111 万吨，完成年计划的 100.1%，比 2003 年净增 50.9 万吨，原油产量实现了连续 24 年持续增长。在老油田稳产方面，全年完成油田注水（蒸汽）4281.0 万立方米（吨），其中，稀油注水 2594.0 立方米，稠油注蒸汽 1687.0 万吨；完成井下作业 22654 井次，其中，稀油完成 9025 井次，稠油完成 13629 井次；油田动态监测完成 16472 井次，其中，试井完成 14484 井次，生产测试完成 1988 井次。全油田老区油量自然递减率由 2003 年的 19.04%减缓为 18.11%，下降 0.93 个百分点；油量综合递减率由 2003 年的 9.78%减缓为 7.74%，下降 2.04 个百分点；综合含水上升率控制在 0.9%以内。全年共生产天然气 25.5 亿立方米，完成年计划 25.5 亿立方米的 100%。在产能建设方面，当年完钻新井 1692 口，钻井进尺 202.21 万米，钻井成功率达到 99.3%。全年投产新井 1744 口，年末日产水平达到 6099 吨。新建原油生产能力 201.83 万吨，完成年计划 200.32 万吨的 100.8%；新建天然气生产能力 1.32 亿立方米，完成年计划 1.29 亿立方米的 102.3%。新井当年产油 121.3 万吨，产能贡献率达到 60%。

截至 2004 年底，公司拥有原油生产能力 1172.24 万吨，其中，稀油 776.52 万吨，稠油 395.72 万吨；天然气气层气生产能力 14.23 亿立方米。

【经营指标与管理】 2004 年，公司在经营管理工作中，实施精细化、规范化和系统化管理，各项工作运行平稳，主要经营指标完成良好。全年完成投资 75.35 亿元，实现总收入 204.41 亿元，实现国际准则利润 109.39 亿元，实现考核利润 42.22 亿元；年末资产总额 334.47 亿元，比年初增加 25.88 亿元，负债总额 120.65 亿元，资产负债率 36.07%。2004 年，公司从深化和规范为切入口，全面加强了企业的基础管理。

规划计划管理工作得到加强。2004 年，完成了公司“十一五”规划战略研究，规划涉及公司油气勘探开发、科技信息等专业 15 个课题，涵盖了公司发展的各个方面。

勘探开发建设投资得到有效控制。预探直接投资 11.31 亿元，占总投资的 15.1%；评价直接投资 4.99 亿元，占总投资的 6.7%；开发直接投资 46.78 亿元，占总投资的 62.5%。全面落实投资管理建设项目经理责任制，建设成本得到有效控制：其中，油气发现成本为 1.59 美元/桶，比计划节约 0.04 美元/桶，油气开发成本为 3.70 美元/桶，比计划节约 1.70 美元/桶；钻井成本由 2003 年的 1845 元/米下降到 1726 元/米，地面建设投资均控制在概算以内。

财务预算和资金管理成效明显。资金收支两条线试点工作进展顺利，经过近一年的运行，银行存款平均余额比试点前降低了 15%，资金计划符合率平均在 87%以上。依法积极纳税，2004 年共缴纳各项税费 40 亿元。

开展内控体系建设工作。按照股份公司的统一部署，从 2004 年 3 月全面启动了公司内控体系建设项目，完成了内部控制体系建设各个阶段的任务和目标。

规范油田市场，强化合同管理，企业防范法律风险能力进一步提高。2004 年共签订各类合同 4052 份，公司及所属各单位合同签约率、审查率、合规率、履约率均达到 100%，各类支出合同招（议）标率达到 75%以上，合同纠纷率为零。坚持两分两合的原则，实现了与新疆石油管理局的双赢互利、共同发展，全年发生关联交易额 67.44 亿元，比 2003 年增长 7.16 亿元。

加强物资采购管理，电子商务确保了油田生产物资供应，全年实现网上物资采购 12.32 亿元，节约资金和各类费用 2 亿元。

监督约束机制进一步强化。2004 年，监察、审计部门共完成各类审计项目 36 项，为年计划的 138%。通过审计共取得直接经济效益 1566 万元。

实施“人才强企”战略，建立了公司专家和学科技术带头人队伍。2004 年，引进紧缺专业的大学本科及以上毕业生 146 名，其中研究生 10 名。全年共培训员工 14339 人次，培训总天数 129029 天，人均培训 9 天。在自治区首届职业技能竞赛石油赛区采油工、集输工比武中，公司包揽了两个工种的全部奖项，公司被集团公司授予“技能人才培养先进单位”称号。

【科技创新与技术改造】 2004 年，公司投入科研经费 20598 万元，比 2003 年增加 41.9%，组织实施科研项目共 51 项 238 个课题，其中，勘探科技项目 13 项，开发科技项目 10 项，勘探开发工程技术项目 13 项，信息科技项目 6 项，其他类科技项目 9 项。公司承担的国家级和股份公司级项目计划任务完成率 100%，科技信息项目优良率 60%以上，科技信息项目成果应用率达 93%。公司与石油大学、胜利油田、大庆石油学院等单位共同研究开发的“大、中型油气田成藏定量模式研究”成果获国家科技进步奖二等奖，“新疆油田采出水离子调整旋流反应法处理技术”、“准噶尔盆地腹部石南地区岩性圈闭识别及石南 21 井区岩性油藏勘探”等 2 项成果获集团公司技术创新奖。“新疆油田采出水离子调整旋流反应法处理技术”、“勘探开发一体化在准噶尔盆地陆梁油田的成功实践与应用”等 7 项成果获股份公司技术创新奖，其中一等奖 2 项、二等奖 1 项、三等奖 4 项。“准噶尔盆地莫索湾凸起石油地质研究及莫索湾油气田的发现”、“陆梁油田陆 9 井区油藏精细描述及开采技术开发”等 11 项成果获得 2003 年度新疆维吾尔自治区科技进步奖，其中一等奖 1 项、二等奖 4 项、三等奖 6 项。由股份公司组织实施的首批节能示范工程项目

“新疆油田稠油开采注汽锅炉节能技术综合应用”，于2004年8月顺利通过股份公司专家组验收。公司还实现了信息系统一体化整合、地理信息系统建设和机关办公自动化工作。“新疆油田分公司勘探开发数据库表结构设计”成果被评为2003年度新疆维吾尔自治区科学技术进步奖。公司全年实现科技增油32万吨。

公司知识产权管理成绩显著。2004年申请专利8项，由国家知识产权局授权专利6项，其中“便携式数字气体质量流量计”、“常温油溶性原油油垢清洗剂”授予发明专利，“一种稠油热采井下分注合采封隔器”等4项被授予实用新型专利，《油气勘探生产信息系统》获得国家版权局颁发的软件著作权登记证书。

【安全生产】　2004年，公司开展以“反违章、查隐患、促整改、保安全”为主题的“安全生产管理年”活动。

(1) 进一步修订完善油田生产管理过程中的各类安全生产制度、标准，建立健全安全标准化体系，制定了《新疆油田分公司安全环保考核评比办法》等8项管理规定。全员《安全合同》签订率达到100%。

(2) 实施安全生产日常监督检查制度，定期开展以防触电、防滑、防冻、防火灾爆炸、防中毒窒息、防交通事故等为重点的安全检查。30处公司级要害部位，公司领导联系检查到位率达到100%。

(3) 以事故防范和隐患治理为基础，2004年11月15日发布《新疆油田分公司应急救援预案》，制定、修订车间级（站库）预案2000余个，基本建立起了覆盖油田各个生产环节的应急预案体系。

(4) 结合油田生产实际，开展以“反三违、强三基”安全意识和安全技能教育为内容的教育培训。

(5) 继续实施HSE管理体系，建立安全生产长效机制，改善员工现场作业环境。“新疆油田稠油热采硫化氢的动态分布与防治研究”获国家安全生产监督管理局科技成果三等奖。

2004年，公司全年实现了“杜绝重、特大员工伤亡事故，杜绝重、特大火灾爆炸事故，杜绝井喷失控和井喷着火事故，杜绝锅炉压力容器爆炸事故，杜绝一次性经济损失30万元事故，杜绝一次性跑油10吨环境污染事故”等七项股份公司安全生产业绩考核指标，连续四年实现“重大安全生产责任事故为零”的安全生产工作目标。

【支援地方建设】　公司积极支援地方经济建设。重视与油田周边地区（县市）和兵团团场共谋发展。

2004年，公司支援和布克赛尔县救灾款50万元，投入62万元修建托里老风口9千米干渠水利工程和和丰莫德格乡防渗渠；投资70万元为托里乌雪特乡莫德纳巴和和丰莫特格乡修建乡村道路；捐助23万元完善了奎德格村哈萨克小学配套项目和萨尔沟村农牧民科技活动室配套设施；与新疆石油管理局联合为新疆6个贫困县的农牧科技管理人员和科技带头人，举办了为期一周的农牧业科技培训班；通过开展“电视扶智”活动，为托里县和和丰县一乡两村捐赠电视机250多台、VCD110台、科技光盘350套、电影放映设备2套以及价值30多万元的微机、办公桌椅等办公用品。

（朱维亚）

中国石油天然气股份有限公司西南油气田分公司

【概述】　中国石油天然气股份有限公司西南油气田分公司（以下简称公司）主要经营四川盆地的油气勘探开发、炼油化工、油气集输和销售业务，公司机关在四川省成都市，设有13个机关处室、7个直属部门、7个机关附属机构，公司下属18个二级单位。截至2004年底，公司有员工2.1万人，资产总值172亿元，集输（配）气站、增压站1300座，天然气净化厂8座，天然气净化能力73亿立方米/年，80万吨/年炼油厂1座，10万吨/年甲醇厂1座，集输气管线1.26万千米。累计在四川盆地发现地面构造259个、潜伏构造488个，发现气田106个、油田14个，形成了重庆、蜀南、川西北、川东北4个气区和川中油气区。累计探明天然气储量7668亿立方米，剩余可采储量2930亿立方米，天然气剩余可采储量的储采比为 26.8∶1，天然气三级储量之和达 1.27 万亿立方米。

【主要生产经营成果】 2004 年，公司取得了具有里程碑意义的 3 大成绩，在生产经营上刷新了 10 项历史纪录。3 大成绩是：实现了“开门红”，川渝油气工业进入快速发展的新阶段。实现了“川气出川”，几代川渝石油人的夙愿变成现实，11 月 6 日开始向忠武管线供气，当年累计供气 1410 万立方米。川渝油气区天然气年产量突破 100 亿立方米（加上四川石油管理局产气量），成为我国第一个天然气年产量超百亿立方米的油气区。刷新的 10 项纪录是：（1）勘探突破，取得了 12 个重要油气新发现、8 个重要新进展和 4 个重要新苗头，在新区老区、新老层系均取得了具有重要战略意义的突破。（2）新增天然气探明储量 613.3 亿立方米，控制储量 601.8 亿立方米，预测储量 735.1 亿立方米。（3）新获天然气测试日产量 1587 万立方米，获无阻流量超百万立方米的大气井 10 口。（4）天然气年产销量分别为 97.77 亿立方米和 93.73 亿立方米，分别比 2003 年增加 5.89 亿立方米和 5.98 亿立方米。（5）新建天然气年产能 20.03 亿立方米，是重组以来前 4 年平均水平的 3 倍多。（6）天然气净化量达到 69.13 亿立方米，比 2003 年增加 1.23 亿立方米。（7）原油加工量达到 70 万吨，比 2003 年增加 19.75 万吨。（8）投资工作量完成 49.6 亿元，比 2003 年增加 13.46 亿元。（9）销售收入实现 92.6 亿元，比 2003 年增加 14.79 亿元。（10）实现国际准则账面利润 7.58 亿元，考核利润 10.65 亿元，国内准则账面利润 5.78 亿元，首次实现国际国内准则双盈利。

【油气勘探】 按照重点勘探、深化勘探、准备领域三个层次，立足新地区、新类型、新层系，加大勘探力度，加强储量目标研究，加快资源转化。深化石炭系气藏，挖潜嘉陵江组气藏，准备龙门山北段、米仓山前缘、川中—川南过渡带。完成二维地震 5947 千米，三维地震 98 平方千米，完成探井 34 口，新获工业气井 19 口，新钻圈闭 11 个，新获油气藏 9 个，获含油气构造 6 个。在七里北 1 井、坝南 1 井、矿 1 井、张家 1 井和包浅 4 井等、威远寒武系和磨溪构造取得了具有战略意义的突破，探明了铁山坡、滚子坪飞仙关组气藏，在公山庙大安寨油藏取得了良好的勘探效果，新发现和落实了七里北、磨溪、温泉井构造带、威远气田新层系等一批储量规模超 300 亿立方米的目标区。新增天然气三级储量 1950 亿立方米，其中，天然气探明储量 613.3 亿立方米，为计划的 122.66%；控制储量 601.8 亿立方米，为计划的 133.74%；预测储量 735.1 亿立方米，为计划的 163.36%。2004 年成为四川盆地天然气勘探历史上最好的时期之一。

【开发建设】 优化开发井位部署，抓好滚动勘探开发，全年新获工业油气井 68 口（其中油井 12 口），油气井平均单井测试产量为 2003 年的两倍，分别达到 10.92 吨/日和 28.34 万立方米/日，获油气井成功率 82.05%，在黄龙场、磨溪、蜀南和重庆地区的二叠系、三叠系滚动勘探开发中获得重要新发现和突破。加快重点产能建设，完成了麻柳场、邛西、八角场气田等外输管道和渡舟—两路输气管道复线建设，整体加快了忠县净化厂、罗家寨净化厂等重点工程建设步伐，建成井场装置 78 套，集配气站 16 座，新建集输气管道 674 千米，新增天然气年产能 20.03 亿立方米，原油年产能 2.01 万吨。投产新井 56 口，新井产气 3.75 亿立方米。强化工艺措施挖潜，川东石炭系治水初见成效，威远、磨溪气田老井回采效果良好，全年开展采油气工艺措施 551 井次，增产天然气 14.25 亿立方米，增产原油 5000 吨。精细管理气田，科学合理配产，加强动态监测，确保了气井稳定生产，气田综合递减率控制在 6%以内。处理净化气超计划 5.43 亿立方米。生产原油 13.8 万吨。

【市场营销】 针对全年天然气供需缺口较大的实际，在没有新的净化装置投产的情况下，科学安排供气计划，做好“移峰填谷”调控工作，合理安排检修，降低生产自耗，减少企业自用，有效缓解了供需矛盾，基本满足了地方经济发展对天然气的需求。优化供气结构，精细营销管理，将天然气增量部分向效益好、贡献大的重点行业和重点用户倾斜。开展了对重点用户和城市燃气公司用气结构的调查清理。全年民用气比 2003 年增加 1.71%，工业用气增加了 0.93%，天然气平均销售价格也有所提高。开发储备了一批高效的天然气市场，审批新用户 32 家，年用气规模 1.81 亿立方米。炼化产品销售收入达到 22.9 亿元，占公司销售收入的四分之一，比 2003 年增长 7.3 亿元。

【炼油化工】 以稳定生产、稳妥发展、稳步增效为目标，以新技术应用为依托，确保炼化装置“安、稳、长、满、优”运行，实现了产销两旺。南充炼油化工总厂实施了 3 万立方米原油罐建设、污水处理场扩建、芳构化改造、2 号成品油罐区安全隐患整改等项目；优化产品结构，高标号汽油的产率达到 58%，处于全国领先水平；全年加工原油 70 万吨，实现销售收入 20.2 亿元，比 2003 年提高了 68%。川西北甲醇厂扩能工程全面铺开，完成了第一阶段工作，全年生产甲醇7.52万吨。成都天然气化工总厂启动了液化天然气建设项目。通过优化产品流向，把握市场节奏，减少库存积压，实现了产销相对平衡。

【科技进步】 全年启动科研项目75项，新技术推广项目8项；完成科研项目114项，有3项成果获集团公司技术创新奖，7项成果获股份公司技术创新奖，8项成果获四川省科技进步奖；申报国家专利技术6项，评定专有技术3项。出台了《西南油气田公司关于推进科技进步的决定》，从制度和政策上为科技创新和技术进步创造条件。大力推广运用先进适用的新工艺、新技术，水平井钻井完井配套技术、高含硫试井技术、天然气欠平衡水平井钻井等技术得到广泛推广并取得良好效果。罗家11H井高含硫试井技术填补了国内空白，白浅111H井成为我国第一口采用天然气欠平衡钻井技术钻成的水平井，在邛西等构造成功实施了25井次欠平衡钻井配套技术，在平落19井应用天然气钻井配套技术将平均机械钻速提高了3倍。

【改革和管理】 在公司采输一线实行轮班作业制，进一步优化了人力资源配置，规范了采输气井站管理。加强重点井、特殊工艺井、复杂事故井的过程管理，全年开钻井120口，完钻井112口，钻井进尺37.25万米，创十年来的新高。加强对合同的法律审查和合同履行的监控，公司及所属南充炼油化工总厂被公示为“全国守合同重信用企业”；采购各类物资15.3亿元，实现网上采购4.5亿元，完成考核指标的133%。开展了股权投资项目的清理整顿，清理法人实体31家，清算注销13家，整合保留18家。修订完善了《薪酬总额与业绩指标挂钩办法》，完成了内控体系建设阶段性工作。

【安全和环保】 深刻汲取“12.23”特大井喷事故教训，开展了“强三基，反三违，除隐患，保安全”活动。公司多次召开HSE委员会议，建立和完善了应急救援体系，制、修订安全生产规章30个，规范安全生产台账17个。筹建了公司HSE监督中心，在采输作业区（运销部）增设了HSE办公室；先后组织开展10次安全生产大检查，对抽查出的476个问题进行了整改；《工程技术服务安全生产合同》签约率100%，对780项大中型施工作业项目派驻专职HSE现场监督。投入安全生产大修整改资金2.53亿元，集中整治了一批安全隐患。对5起安全生产事故进行了严肃处理，处理处级领导8人，科级干部8人，事故相关责任人23人。2004年分公司获得了中国石油勘探与生产公司年度“安全生产达标单位”称号，公司无特大污染事故发生。

【精神文明建设】 积极倡导思想解放和观念转变，广泛开展了发展目标大家谈等宣传动员活动，引导广大员工认清发展的机遇和肩负的重大责任。加强员工技能培训，举办各类培训班37期，培训员工1.68万人次，送股份公司和系统外培训近400人次；有4名员工获全国和四川省技术能手称号。狠抓企业文化建设，修改和完善了《公司企业文化手册》。狠抓维护稳定工作，进一步完善了三级信访工作网络，加强防范和化解工作，确保了稳定局面。

【与未上市企业实现整体协调发展】 建立整体联动的协调机制。公司和四川石油管理局坚持定期联系制度，多次召开班子工作座谈会、工程建设协调会，对重点工程共同谋划，一起指挥，同步检查，促进了协调配合。加快低效油气区块的合作开发。开展了川西地区白马—松华区块浅层、川西地区苏码头构造5口闲置气井和蜀南地区简阳—乐至勘查等合作开发项目，全年合作开发项目36个，生产天然气2.58亿立方米。加快签订关联交易协议。率先在集团公司内签订5年期《关联交易总协议》，得到集团公司充分肯定。所属单位在当年4月底前签订了为期三年的2至5大类关联交易协议，工程技术服务关联交易集中结算办法全面实施。全年关联交易完成金额50.34亿元，比2003年增加11.26亿元，增幅近30%。

（谯华平　李勇军）

中国石油天然气股份有限公司青海油田分公司

【概述】 中国石油天然气股份有限公司青海油田分公司（以下简称公司）主营业务包括石油、天然气勘探，石油、天然气生产、销售，石油炼制，油气化工生产、销售，石油天然气管道运营，石油天然气勘查、研究、技术服务等。2004年，公司认真贯彻落实集团公司工作会议精神，紧紧围绕“锐意进取，勘探形成大场面；固本强基，油气实现四百万”的工作目标，抢抓机遇，开拓进取，在勘探开发、生产经营、企业管理、精神文明建设等各方面都取得了优异成绩。

【主要生产经营指标】　2004年，生产原油222万吨，天然气17.8亿立方米，油气产量突破了400万吨；新建原油生产能力11万吨，调整原油生产能力16万吨，新建天然气生产能力9亿立方米；管道输油211.8万吨；加工原油81.8万吨，生产汽油26万吨，柴油36万吨；生产聚丙烯1.74万吨，甲醇10.5万吨；外销原油130万吨。完成二维地震1550.82千米，三维地震261.04平方千米；钻井进尺29.08万米，其中探井5万米。新增探明石油地质储量1242万吨，新增探明石油可采储量474.7万吨，新增控制石油地质储量2397万吨，新增预测石油地质储量1154万吨；新增探明天然气地质储量526亿立方米，新增控制天然气地质储量105亿立方米。

2004年完成投资工作量24.89亿元，实现主营业务收入56.24亿元，上缴税费7.75亿元（含预交企业所得税），实现国内会计准则利润20.55亿元。成本和投资控制在股份公司下达的业绩考核指标以内。油气产量、实现利润和上缴税费等指标均创造了青海油田发展史上新纪录。2004年，公司继续荣登青海省“财政支柱企业”首位。

【油气勘探】　按照年初的勘探部署，针对制约盆地勘探的关键地质问题，开展了基础研究年活动，分层次、有重点地开设了一批勘探生产性研究课题；强化勘探项目管理，加大了区域甩开预探的力度。马海—大红沟凸起勘探获得新的重要发现，柴西南区岩性隐蔽油藏勘探取得重要进展，东得1井获工业油流，提交预测石油地质储量1154万吨，七30井电测解释获数十米油层，提交控制石油地质储量2397万吨。

坚持实施勘探开发一体化，地质与工程紧密结合，继续深入开展油藏精细评价和扩边挖潜，老油气田探明储量再次大幅度增加。尕斯库勒油田N_1—N_2^1油藏新增探明石油地质储量1242万吨，台南气田上交探明天然气地质储量526亿立方米。全年共完成油气三级地质储量11103万吨。

【油气生产】　油气开发结合油田开发现状和资源潜力，以原油稳产上产为中心，加大主力油田综合治理力度，更新完善注采井网，“稳油控水”工作取得明显成效，在油田综合含水达到52%、油田产水处于快速上升的时期，尕斯油田的自然递减率保持在13.3%，综合递减率保持在4%，尕斯E_3^1油藏、N_1—N_2^1油藏的含水上升率分别控制在5%和3.6%，跃进二号油田含水上升率为-4.8%。坚持“早准备、早上钻、早投产”的原则，加快产能建设步伐，优化井位设计，打出一批高产井，新井产量达到11.5万吨。全年新建和调整产能27万吨，新建产能贡献率为43%。开展尕斯库勒E_3^1油藏、N_1—N_2^1油藏、跃进二号、七个泉油田的油藏精细描述，对油藏的构造、储层沉积相、“四性”关系、储层物性变化、断层分布、剩余油分布等有了新的认识。积极推广应用新技术、新工艺，深部调驱等一批新技术试验获得成功，为今后大规模推广应用奠定了基础。加大难采储量的研究开发力度，难采油田原油产量比2003年大幅度增加。公司原油日产量创6200吨的新高。

以满足天然气用户的需求为目标，加快产能建设步伐，积极配合开拓下游市场。加强气田安全生产管理，确保了输气管道安全平稳运行和高峰用气的需求。

【油气炼化与销售】　炼化生产紧紧围绕“安、稳、长、满、优”的目标，组织开展了“技术效益年”和百日劳动竞赛活动，加快消除“瓶颈”技术改造，降低了生产能耗，炼油装置首次实现了冬季正常生产，主要经济技术指标创历史最好水平。常压装置日处理量最高达到3500吨，催化装置日处理量达到2100吨，轻质油收率76.15%，综合商品率88.42%，柴汽比1.37。按照以价定产、以销定产的原则，合理调整运行参数，实现了聚丙烯、甲醇的产销两旺。

销售工作紧跟市场变化，及时调整营销策略，量价互动，以量保价，实现了油气、化工产品均衡销售；坚持“利益共享、风险共担”的原则，加强合同管理，合理规避风险，加强市场价格预测，完善价格制定体制，保证了稳定的销售渠道和较高的销售价格；坚持先款后货、无欠款销售，销售资金回笼率达到了100%，创造了较好的经济效益和社会效益。

【重点工程】　重点工程建设严把工程质量，强化过程管理，充分发挥监督、监理作用，对隐蔽工程和重点工序实行旁站监理和第三方检测。严格招投标程序，全面推行“闭口合同”。加强重点工程廉政建设，建立监督约束机制。加大协调配合力度，抢抓工程进度，保证了重点工程建设按计划运行。

花格输油管道改扩建工程于2004年5月10日全线贯通，8月1日实现投产一次成功。该工程第一次成功运用了电晕极化技术；第一次采用了保温与外护层“一步法”生产工艺；第一次实现了长输管线不停产，新、老管线一次性成功切换，实现了全线自动化控制，达到了国内先进水平。涩北气田9亿立方米产能建设经过参战单位100多个日日夜夜的艰苦奋战，于11月15日工程全面完工，共钻新井43口，气井防砂20口，油套分采11口，修井85口，新建集气站2座，扩建集气站1座。工程建成后，涩北气田日产气能力达到了750万立方米。格尔木炼油厂30万吨甲醇项目4月底通过了股份公司组织的可研审查，计划建设周期27个月。工程于8月19日奠基，各项工作正在按计划顺利进行。

【企业改革与管理】　坚持科学发展观，树立以改革创新促发展、向精细管理要效益的管理理念，强化基础管理，推进管理创新，促进了经济效益的大幅提升。

严格计划管理，及时掌握生产经营动态，合理调整投资和原油生产计划，针对合作油产量大幅增长的实际，及时调整自产油计划指标，减缓了主力油田的生产压力。强化资金管理，严格资金计划，合理调配资金，加强资金总量调控，资金运行更趋合理，全年推迟贷款7.6亿多元，节约了资金成本。积极与银行协调，完成了股份公司资金收支两条线对接工作。加大审计力度，扩大内控审计覆盖面，全年完成各类审计项目30项，取得直接经济效益1090余万元。

加强规范化管理，积极推行QHSE管理体系和内控体系建设，完成了QHSE管理手册、程序文件的编制和内部控制体系资料的改进上报工作。

深化人事制度改革，不断优化人力资源配置。坚持干部选拔任用制度，公开竞聘了公司安全总监和副总师。合理调配人力资源，根据股份公司的统一部署，积极稳妥地完成了销售公司加油站的整体划转。加强“三支骨干队伍”建设，选拔了油田公司第一届8名油田技术专家，并与其签订了任期业绩合同。采用动态管理机制，调整了学术技术带头人。从基层操作员工队伍中选拔了500名技能型人才，200名优秀技能型人才。建立和提高了油田学术、技术专家、学术技术带头人、科技骨干、技能型人才的津贴。

【科技创新】　不断加大技术创新力度，完善科研管理体制，紧紧围绕制约勘探开发、炼油化工和油气储运发展的关键技术，组织力量开展科研攻关和新技术推广。全年下达科研项目计划104项，验收科技成果46项，有43项成果直接应用于生产实际，科研成果应用率达到93%，科技成果年度增效12468万元。

【安全生产】　2004年，公司上下深刻汲取“12.23”事故的沉痛教训，强化“安全第一，预防为主”方针的贯彻落实，加强了安全生产管理。完善监督、约束、激励机制，建立健全三级安全监督体系，调整充实了公司QHSE—MS委员会，形成了纵向到底、横向到边的安全监督网络。认真落实领导干部安全联系点制度，坚持每季度召开一次安全总监会，各单位每月召开一次安全监督例会。

坚持安全工作从源头抓起，以“强三基、反三违、除隐患、保安全”为中心，深入开展了“安全管理年”和“安全生产月”活动。狠反生产作业中的习惯性违章行为，狠抓安全隐患的检查和整改。完善事故应急救援预案，制定了《青海油田公司紧急、突发事件应急程序（试行）》。深化“2110”安全管理模式，组织签订《工程服务安全生产合同》和《员工安全生产合同》，安全生产合同的签约率达到100%。全体员工的安全意识进一步增强，安全预防机制进一步完善，全年未发生各类上报事故，连续两年被评为股份公司勘探与生产分公司安全生产先进单位。

严格执行环境保护“三同时”制度，坚持以治理废水、废气和废物为重点，加强环境的综合治理与矿区环境建设，基本实现了污染物及总量的达标排放，通过了股份公司组织的环境保护考核验收。

【党工团工作和企业文化建设】　公司各级党组织坚持“围绕发展抓党建，抓好党建促发展”的方针，大力加强领导班子、基层党组织、企业文化和工团组织建设。

加强领导班子建设，不断提高领导干部政治理论水平，各级领导班子整体功能进一步提高。加强基层党组织建设，强化以党建为核心的基层建设工作，提高了基层党建整体水平。狠抓党风廉政建设，深入落实党风廉政建设责任制，全年共签订党风廉政建设责任书406份，签订个人廉洁自律承诺书387份。同外雇队伍、外聘或内聘现场施工监督等签订廉政协议、廉政合约330份。

公司下大力建设独具特色的企业文化。深入宣传贯彻《集团公司企业文化建设纲要（试行）》，制定和宣贯了《油田公司企业文化建设规划》；编辑出版了《青海油田分公司年鉴》、《瀚海战歌》和《印象·柴达木石油》；组织参加了青洽会展览，展示了企业形象；开展了丰富多彩的群众性企业文化创建活动。企业文化建设工作有领导、有步骤地向前推进。

工会、共青团组织职能得到有效发挥。工会组织进一步加大职工民主管理力度，拓展厂务公开的内容和渠道，广泛开展提合理化建议活动。共青团组织启动了“学习育人”等五大工程，开展了青工“岗位讲述”等试点活动。全年青工创新创效200多万元，20项成果被评为青海省“青年创新创效成果”。

（刘培国）

中国石油天然气股份有限公司长庆油田分公司

【概述】 中国石油天然气股份有限公司长庆油田分公司（以下简称公司）总部设在中国西安，主营鄂尔多斯盆地（行政区划称为陕甘宁盆地）石油、天然气及共生、伴生资源和非油气矿藏的勘探开发和生产、油气集输、储运、炼油化工、油气产品销售、勘探开发规划和科研等业务，工作区域横跨陕、甘、宁、内蒙古、晋五省（区），勘探面积达37万平方千米。

截至2004年底，公司累计探明石油地质储量13.19亿吨，探明天然气储量11955亿立方米，形成了储量接替和区域接替，公司可持续发展的上产和稳产良性接替的储量序列初步形成。

累计生产原油7315万吨，生产天然气244.5亿立方米。油气年产量（当量）达到1404.3万吨，居股份公司第二位，年度增长量、增长幅度均居股份公司第一位。天然气开发业务居全国第二位，已连续多年向西安、北京、天津、石家庄、上海、呼和浩特、银川等大中城市平稳供气。

截至2004年底，用工总数24378人。其中管理和专业技术人员4582人，具有博士研究生学历的12人，具有硕士研究生学历的149人。

【业绩指标】 2004年，公司各项业绩指标全面超额完成。新增石油探明储量1.27亿吨，控制储量1.06亿吨，预测储量1.70亿吨；新增天然气探明储量813亿立方米，控制储量1057亿立方米，预测储量1242亿立方米。新增油气储量名列股份公司第一位。

完成基本建设投资88.64亿元，建成原油生产能力215万吨，建成天然气生产能力5.8亿立方米。

生产原油811万吨，比2003年净增109万吨；生产天然气74.46亿立方米，比2003年净增长22.61亿立方米。油气当量比2003年净增长289.6万吨。

加工原油54.4万吨，生产甲醇10.14万吨。

销售收入首次突破200亿元，达到220.88亿元；国际会计准则利润117.29亿元。投资回报率达到31.86%，比考核指标高12.61个百分点。油气单位操作费控制在股份公司下达的3.91美元/桶以内。

【油气勘探】 油气勘探以发现新领域、新层系、新类型为目标，甩出去，打下去，取得了重大成果。

1. *石油勘探*

在陕北三角洲前缘线扩大有利勘探区域5000平方千米，五个类型相似的大型沉积砂带成为陕北石油勘探的主战场。在陇东地区勾画出三角洲前缘和三角洲平原两个相带、六个有利沉积砂体，勘探面积扩大4500平方千米。发现合水亿吨级储量目标、上里塬—坪庄长8含油有利区和环县—贺旗勘探目标区；铁边城向西、向北甩开，发现姬塬堡子湾—马家山地区复合含油层系，储量规模达1.2亿吨，发现小涧子新的复合含油区，具备5000万吨储量规模。

在西峰油田白马南区新增探明储量6710万吨，使西峰油田的探明储量达到1.76亿吨；虎狼峁长6、镇北长3、耿19井区长2、白豹长3和长4+5等四个区块新增探明储量均在千万吨以上。

2. *天然气勘探*

在子洲—清涧地区取得重大突破，形成千亿立方米含气场面；靖边潜台东部下古生界取得重要进展，落实千亿立方米储量规模；榆林气田两侧的统万城—镇北台区含气面积进一步扩大。甩开并深钻的几口关键井均发现了含气层。

【油气田开发】 截至2004年底，累计探明含油面积2604平方千米。探明油田35个，投入开发油田32个，动用含油面积1604.5平方千米，地质储量9.08亿吨，可采储量2.08亿吨。探明含气面积11280.5平方千米，探明气田7个，投入开发气田4个，动用地质储量3587亿立方米，可采储量2366.8亿立方米。

2004年12月，油井开井8263口，井口日产油水平24834吨，单井日产油水平3吨，综合含水50%，地质储量采油速度0.98%，采出程度8.42%，剩余可采储量采油速度6.25%；注水井开井2719口，完成注水2577.7万立方米。日注水平8万立方米，平均单井日注水量30立方米，月注采比1.39，累积注采比1.00。水驱储量控制程度89.4%，水驱储量动用程度72.4%。平均地层压力9.72兆帕，平均流压2.53兆帕，地层压力保持水平85.2%；综合递减7.62%，自然递减10.51%；含水上升率2.4%。

全年开气井487口，气层气单井日均产量4.08万立方米。地质储量采气速度2.16%。天然气产量比2003年增长44.44%，气田开发生产形势良好。天然气净化2300万立方米/日，年处理能力达75亿立方米。

【油藏开发水平分类】　2004年，共有118个油藏参加开发水平分类，占全油田123个油藏的95.9%；年产油量781.8万吨，占全油田的96.4%。其中，一类油藏73个，可采储量13992万吨，年产油量685.2万吨，占参加分类总产量的87.6%，含水41.3%，可采储量采出程度37.1%。二类油藏28个，可采储量2473万吨，年产油量81.1万吨，占参加分类总产量的10.4%，含水71.5%，可采储量采出程度39.1%。三类油藏17个，可采储量1815万吨，年产油量15.5万吨，占参加分类总产量的2%，含水74.1%，可采储量采出程度58.5%。一类、二类油藏产量比例为98%，油田开发总体形势稳定。

【油气生产】　2004年，公司油气田开发生产基本实现良性循环。

（1）原油生产继采油三厂2003年突破200万吨之后，采油二厂、采油一厂相继突破200万吨；采油四厂原油产量突破100万吨；以新区事业部为基础，公司诞生了第五采油厂。三个输油处加强运行管理，保证了集输平稳安全高效运行。

（2）天然气生产在安全优质保证北京及周边地区供气需求的同时，优化运行，承担了向西气东输管线供气的任务，历时426天，累计供气8.89亿立方米，长庆人和长庆气田经受住了重大任务的考验。以2004年12月1日长庆天然气正式退出西气东输管线为转折，公司的天然气业务步入良性发展的新阶段。

（3）油气田产能建设效率高，当年产量贡献率达到37.3%。老油田降低自然递减得到重视，以注水为主，各种措施综合使用的方案和技术逐步成龙配套，稳产总体形势变好。全年措施增油24.3万吨。

【科技创新】　2004年，集中力量开展0.3×10^{-3}平方微米特低渗储层开发试验攻关和苏里格气田有效开发技术攻关试验，取得了显著进展。以黄土塬地震、复杂岩性测井解释、超低渗透储层大规模压裂改造等技术攻关、应用为先导，在精细刻画陕北、陇东两大沉积体系上取得突破，开辟了石油勘探的新局面；地震与地质相结合的技术思路和工作方法为天然气勘探带来了新的前景。

全年获得集团公司技术创新二等奖2项；获得股份公司高效开发油气田奖3项、提高采收率典型油田奖1项、油气田开发优秀项目奖5项、油气田开发先进技术奖6项、油气田开发先进管理奖3项；油田公司技术创新特等奖49项。

【改革与管理】　2004年，公司在建立和完善运行机制、激励机制、用人机制和监管机制等方面取得重要进展。

（1）运行机制建设。以内控体系建设为核心，通过流程界定和关键点的控制，使会计法、统计法、招投标法、合同法和财经纪律、投资决策程序等强制性规则，融入决策、执行和控制的全过程，秩序、效率、规范成为运行机制的突出特征。

（2）激励机制建设和用人机制建设。突出激励机制的导向性，整合和集中使用公司激励资源，建立公司运行的新动力系统。平等、公开、竞争成为用人机制所规范和引导的主要方向。

（3）监管机制建设。突出对项目资金运作、物资采购管理、工程监督监理、油井资产管理、领导权力使用等方面的监管，突出对事权、财权、物权和人事权等重要权力运行的规范。加大对大案、要案的查处力度。探索建立监管分离、相互制衡、相互监督的机制。

【安全生产】　安全生产的基础工作不断加强，安全生产形势良好。

（1）完善三个体系。逐级签订HSE业绩合同，完善了自上而下贯穿全部正职管理人员的“第一责任人”安全管理体系；完善了包括承包商在内的全员安全防范体系；配备专兼职安全总监、安全监督员，实施监管分离，构建了监督体系。

（2）开展安全活动。实现安全工作制度化，安全教育普及化。不间断组织应急预案演练和安全检查，使重点部位的安全检查覆盖率、整改率达到100%。

（3）加大安全投入，提高安全技术等级。给送班车安装行车记录仪；投资设立消防、安全和职业卫生项目，实施隐患消除；对气井井口进行泄露防治；在长输管道上安装泄露报警系统；分步实施大站大库自动化控制改造。

【稳定工作】　公司党委和各级组织高度重视维护稳

定工作，与长庆石油勘探局联手，坚持通过发展化解矛盾、维护稳定的原则，成立稳定工作领导小组，建立统一决策、统一指挥、各有侧重、齐抓共管的稳定工作机制，有效、稳妥地解决了相关问题。从基础工作入手，对薪酬管理、内退员工、员工遗属和困难员工生活等影响稳定的突出问题进行调查，依据集团公司“四条政策”界限，针对性开展工作，化解了诱发不稳定的因素。抓好重大改革过程中的稳定工作。在成品油零售业务整体划转、马岭马家滩两个助剂厂关闭和1600多名员工转岗安置、公安保卫系统理顺的过程中，通过上级的正确领导和政策支持，得到了员工的理解和配合，保证了油田总体形势的基本稳定。

【员工队伍建设】

（1）管理人员队伍建设。举办各类管理人员学习培训班，制定中级管理人员工作制度，完善中级管理人员考核、公开竞聘暂行办法，对直属单位和机关处室部门领导班子进行了全面的业绩考核，加强了中级管理人员的任前公示、试用期考察和年中巡视。注重培养后备管理人员，充实了管理人员队伍。

（2）技术人员队伍建设。营造尊重人才、留住人才、吸引人才的良好环境。全年完成科研课题99项，表彰各类科研成果12项，获油田公司技术一级专家13人，推荐股份公司高级技术专家7人，2人被推荐为享受政府特殊津贴人员，进一步调动和发挥了科技工作者的能动性和创造性。

（3）操作人员队伍建设。开展了各种类型的技术比武活动；以关注员工的自我发展为根本，开展技术业务培训，全面提升员工的整体素质，打破工种界限推荐后备管理人才，进一步加强了操作人员队伍建设，涌现出了10名劳模及百名“优秀员工”。

【纪检监察工作】　深入开展党风廉政教育，完善党风廉政责任制，健全监管机制，加大源头治理力度，为公司的发展提供了纪律保证。

（1）深化党风廉政的机制建设。制定加强党风廉政建设、落实党内监督措施15项。举办廉政警示教育学习班，对厂、处级管理人员及重要部门、关键岗位管理人员进行教育培训。两级机关的职能部门在廉政建设和作风建设方面向员工做出双重承诺，增强了监督力度。

（2）深化效能监察工作。加强对“投资项目管理、物资采购管理、车辆保险及内部收费、生产成本管理”等项目的效能监察，立项34个，取得直接经济效益5630万元。

（3）探索构筑“大监督”体系。在公司机关和厂处机关聘任兼职督察员，在基层聘任廉政监督员，形成了覆盖公司各个层面的监督网络。

（4）加大案件查处力度。处分违纪人员11人，挽回经济损失434万多元。

【保密工作】

（1）加强保密工作的制度化建设，使保密工作制度化、规范化。公司保密委员会办公室被评为“全国保密工作先进单位”。

（2）落实商业秘密的“四定”工作。确定了重点涉密内容、重点涉密部门、重点涉密岗位和重点涉密人员，并与2602名重点涉密人员签订了保密协议，把商业秘密纳入法制化轨道。

【企业文化建设】　坚持把加强企业文化建设与提升管理水平和公司发展结合起来，形成独具特色的长庆文化，增强了凝聚力和竞争力。

（1）企业文化理念体系建设。继承和弘扬了“一切注重实效”、“三个重新认识”等一系列具有长庆精神的理念。构建新时期“报效国家、奉献社会、回报员工”的价值准则，建立起符合公司发展需求的企业文化理念体系。“三爱”企业文化教育基地的软硬件建设进一步完善。2004年油田公司获“全国企业文化建设实践与创新奖”。

（2）深入开展“形势、目标、责任”主题教育、“二讲三创四争”活动。培育、树立和宣传先进典型，创建铁人队（井区）10个、标准站20个、示范岗50个。

（3）新闻媒体宣传。在省部级及海内外各大媒体刊载新闻290余篇，在《中国石油报》刊载公司新闻130余篇，在油田内部媒体刊载新闻500余篇，宣传了油田发展的大好形势。

【综合治理】　积极配合当地政法部门开展“严打”专项斗争，破获查处各类案件1041起，挖出破坏管道、盗窃原油团伙50个，打击处理涉油违法犯罪人员1130人。取缔土炼炉121座，收油点129起，截获盗贩原油车辆950台，收缴原油2920吨，涉油案件下降18.2%，油区治安明显好转。发挥各类群防群治组织作用，保证了内部治安稳定，消防安全形势良好。

【工会、共青团工作】　2004年，各级工会、共青团组织不断加强自身建设，夯实基础工作，在油田快速发展中发挥了重要作用。

（1）开展以岗位练兵、技术比武为主要内容的“效益工程”。广泛开展劳动竞赛、岗位练兵、技术比武等活动，提高了员工的技术素质。

（2）推进以员工大病医疗互助基金为主要内容的“温暖工程”。设立大病医疗互助基金。下发救济款11.5万元。筹集助学基金12万元。

（3）各级团组织深入开展“青年突击队”、“青年文明号”创建活动、“青年创新创效活动”，充分发挥了广大团员青年的生力军和突击队作用。公司获得省部级“青年文明号”2个，“全国青年文明号”1个。

（郭弘涛　尹寿银）

中国石油天然气股份有限公司玉门油田分公司

【概述】　2004年，中国石油天然气股份有限公司玉门油田分公司（以下简称公司）机关设10个职能管理部门，机关附属单位5个，基层二级单位8个，截至年底共有员工4862人，固定资产原值38.9亿元，净值20.71亿元。

2004年，全年生产原油75.028万吨，比2003年增长5万吨，原油单位操作成本6.81美元/桶，比2003年下降0.09美元/桶；原油加工量完成235.2万吨，比2003年增加6.1万吨；外进原油165万吨，现金单位加工成本完成105.74元/吨。

【油气勘探】　全年新增探明石油储量1059万吨，探明可采储量169万吨；新增控制储量1541万吨，控制可采储量246万吨，预测储量1200万吨。

（1）青西窟窿山。在总结窿10、窿11、窿110等探井失利因素的基础上，经过对区块的深化认识，大胆对窿104井进行加深钻探，并在4580—4684米深层见到良好的油气显示，实施酸化改造后获产液量64立方米/日。窿104井成功后，又经反复论证，对2002年未获工业油流的青2－14井进行加深钻探，加深过程中在5082—5114米发现地层异常高压，油气显示更加活跃，发育多套储油层，经射孔投产获原油36立方米/日。此外，通过窿10井的钻探，证实构造东部有较大的勘探潜力，是下步预探展开的重点区块；窿9井钻井中见良好油气显示，拓展了构造南部油气勘探领域，表明窟窿山油气富集程度较高，构造南翼仍有一定的勘探潜力。

（2）青西柳沟庄。柳4井是柳沟庄油藏北部的一口预探井，由于长期认为处于油水边界，四年未对该区块投入勘探和评价工作量。2004年对该井实施酸化措施，采用4毫米油嘴生产，日产液量119立方米，产气10000立方米/日，展示出柳沟庄凹陷腹部良好的勘探前景，为扩大油藏含油面积、整体评价柳沟庄奠定了基础。

（3）花海盆地。在花海凹陷中央断裂带三墩构造上部署的预探井墩1井，钻井过程中共发现油气显示451米/166层，中途测试折算获5.46立方米/日低产油气流，进一步证实花海凹陷存在较好的油气成藏组合，南缘走滑逆冲断裂带和中央断裂带是下步勘探的重点领域。

（4）地质综合研究。以前陆冲断带油气勘探理论和岩性油气藏理论为指导，运用三维地震反演、三维可视化等手段，通过联合精细解释和综合评价，进一步推断窟窿山油藏具有“纵向上多层局部富集，平面上多层区域叠合连片”的特征，营尔凹陷整体呈现出“两洼三带两斜坡”的构造格局，金佛寺逆掩推覆体发育三个冲断变形体，并优选出青西窟窿山、酒东长沙岭、花海凹陷等7个油气预探区带及钻探目标。此外，在潮水盆地发现青土井浅油藏西部，存在埋深4000米的窑西坳陷，为下步勘探提供了重要信息。

（5）钻井工程技术。初步形成了小井眼加深侧钻、小井眼轨迹控制等6项配套技术，在青西实钻5口井，均优质完成。优选钻头类型，全面试验PDC钻头＋螺旋杆复合技术，使机械钻速提高了33%，固井优质率达77.8%。为解决青西地区逆掩推覆体钻井周期长等难题，公司成立定向井钻井工艺技术和钻井工程技术攻关小组，开展空气钻井、垂直钻井等技术攻关，收到了一定的效果。在鸭老南、花海等低压、低渗区块，推广应用欠平衡钻井技术，优选钻井液体系，为确保井下安全和保护油气层发挥了重要作用。此外，顺利完成了过玉门市区124平方千米的鸭老北三维地震施工。

【油气开发】　坚持“发展新区、稳定老区”的方针，大打油田稳产、上产的进攻仗，实现了新区上产、老区稳产的目标。

（1）青西原油产量持续攀升。加大青西裂缝、储层和油气分布规律研究，开展油藏区块潜力评价，对青2－12、窿2井等18口低效井、干井分批实施侧钻、加深等油层挖潜改造措施，窿2井侧钻加深获70立方米/日高产油流，开拓了下步挖潜思路、方向和重点。加快新钻井部署和新井投产速度，5口开发井和3口侧钻井均获成功，新建产能8万吨，创近年产能建设的最高水平。对青2－2暴性水淹井补开油层，对下部水淹层封堵取得成功，进行了水淹井挖潜的新尝试。全年青西油田生产原油44万吨，比2003年净增7.29万吨。

（2）老区在奋力拼搏中实现了稳产。坚持以注水开发为根本，治理挖潜为手段，大力实施稳油控水综合治理措施，应用侧钻大修、浅井压裂、套管滴注降粘、螺杆泵采油等工艺技术，取得了明显增产效果。老君庙油田在区域井网整体调整难度大的情况下，挖掘剩余油潜力，特别是把单井控制储量大于5000吨，单井日产原油大于3吨，含水低于50%作为新钻井选井标准，打出了一批自喷井，实现了队队都有自喷井的目标。鸭儿峡油田运用科技手段，精细油藏管理，深化地质认识，鸭928井在潜山顶部获得成功，产液18立方米/日，第三系调层补孔取得成效，新增产能30吨。全年老区投产新井19口，生产原油31.03万吨。老君庙油田第三次荣获高效开发老油田称号。

【炼油化工】　全年加工原油235万吨，实现销售收入54.32亿元。

（1）技术指标持续改善和提高。装置的开炼水平、原油结构比例调整、产品结构调整、各项经济技术指标等都有不同程度的提高和改善，综合商品收率达到91.52%，比预算提高0.32个百分点；原油综合损失率2.68%，同比降低1.75个百分点；主要技术指标达到行业中上水平。常减压、催化、重整装置实现股份公司级达标，柴油加氢、降凝、糠醛、气分及聚合五套装置取得了地区公司级达标的好成绩。

（2）实现了装置技术改造、检修两不误。按照最先进、最优化、最大加工量的总体要求，抓好以重催为龙头的炼化技术改造。及早动手、周密部署、打破常规，突出抓好工程设计、设备订货、施工组织等环节，充分发挥技术、采购、监理等部门的作用。全体施工人员发扬只争朝夕、迎难而上的拼搏奉献精神，重催装置于12月27日中交，为提高炼化效益、建设精品炼厂创造了条件。与此同时，仅用27天时间，出色地完成了所有生产装置和公用配套系统的大检修任务，创造了单个装置检修工期不超过15天，全部装置检修不到一个月的优异成绩。

（3）产品结构调整见到成效。继续采用降低汽油干点，拓宽柴油馏程等措施增产柴油，柴油总量比预算多生产12.35万吨，柴汽比达到2.84，优化催化反再系统操作，努力降低重整装置苯含量，高标号汽油产量已占汽油总量的26.66%，特别是5—9月份，高标号汽油产量比例占到50%左右。适时调整加工方案，多生产润滑油、特种油品等高附加值产品，润滑油基础油交库量达到17.94万吨，比预算增加6.44万吨；航空液压油、脂类、添加剂等高附加值产品产量较2003年都有增加，特油产量达到6.29万吨，石蜡产量达到4.46万吨。

【企业管理】　基础管理。按照股份公司开展内控体系建设工作的要求，对涉及公司正常业务的15类业务流程进行流程图绘制、描述，通过了股份公司第二阶段体系建设工作的检查验收，为理顺管理职能、规范事权划分提供了依据。

计划财务。将计划财务处分设为计划规划处和财务资产处，进一步强化了投资控制和项目管理。制定预算管理、资金管理等14项管理办法和制度，使财务管理进一步规范。

审计监察。开展预算审计和工程投资审计，加强对重点资金的监督管理。全年完成审计项目10项，审出违规资金1124万元，审减工程投资1.5亿元，减少了资金流失。严格基建工程、物资采购、安全生产等方面的专项监察，共组织开展效能监察3项，通过招投标和商务谈判，节约资金4419万元。

物资采购。按照“集中管理、统一采购”的要求，制定下发了《物资采购和电子商务管理办法》、《内部工作流程》等63项制度办法，对大宗、通用物资实行集中采购，利用电子交易平台，完成网上采购8000多万元。

【安全生产】　深入开展“安全生产基础年”活动，不断提高安全生产管理水平。以“强三基、反三违、除隐患”为主题，加强应急预案的完善和演练工作，建立公司自然灾害预警机制，提高了操作人员处理突发事件的应急能力。把井喷预防工作作为重中之重，逐级落实了井控技术措施，落实井控管理制度、技术标准和工艺规范。加强对工业动火、加热炉点火等用火施工的安全管理，落实了用火审批手续，确保动火安全。加强对油井、联合站、油气管道、炼油装置、油气区等关键装置和要害部位的现场安全管理，杜绝事故发生，确保了安全生产。

（梁从辉）

中国石油天然气股份有限公司吐哈油田分公司

【概述】 中国石油天然气股份有限公司吐哈油田分公司（以下简称公司）是集油气勘探、开发、销售和科研为一体的现代化石油企业，勘探领域包括吐哈、民和、三塘湖、银额等盆地。截至2004年底，公司共有员工3575人，其中管理人员425人，专业技术人员1269人，操作服务人员1881人；机关设处室11个，有14个基层单位；累计探明石油地质储量2.98亿吨，探明天然气地质储量912亿立方米（气藏气432亿立方米，溶解气480亿立方米）；共动用石油地质储量1.94亿吨，先后配套建成了鄯善、温米、丘陵、红连、葡北等16个油气田，有联合站5座，气处理装置7套，共有油水井1791口；累计生产原油2993万吨，天然气85.9亿立方米，液化气122万吨；拥有固定资产原值134亿元，净值61亿元。

2004年，公司认真贯彻“稳油、增气、提效，保持经济总量稳步增长”的指导思想，紧密围绕年度工作部署，解放思想，迎难而上，开拓创新，扎实工作，较好地完成了各项生产经营任务。

（1）探明石油地质储量2025.6万吨，新增可采储量420.7万吨；控制石油地质储量2307万吨，预测2739万吨。探明天然气地质储量65.32亿立方米，新增可采储量34.67亿立方米，控制41亿立方米，预测52.4亿立方米。均超额完成年度计划。

（2）生产原油225万吨，天然气13.2亿立方米，液化气18.2万吨，成品油10.6万吨，甲醇6.8万吨，注水640万立方米。均完成年度计划。

（3）销售原油201万吨，天然气7.6亿立方米，液化气18.2万吨，成品油5.7万吨，甲醇6.85万吨，实现销售收入61.6亿元，比2003年增加16亿元。

（4）实现国内会计准则利润30.3亿元，按考核口径实现国际会计准则利润15.2亿元，完成年计划的124.59%；上缴折旧折耗9.1亿元，上缴税费8.98亿元，社会贡献率达到60%，人均劳动生产率达到139万元/(人·年)。

（5）完成投资20.98亿元，投资资本回报率达到21.03%，比年计划高3.95个百分点。油气预探成本、油气开发成本、油气操作成本均完成年度计划。

（6）实现了安全文明生产，安全生产形势明显好转，环保工作达到国家对企业的要求。

（7）员工的物质和文化生活进一步提高，员工收入比2003年增长6.9%。

（8）党的建设和思想政治工作得到加强。吐鲁番采油厂红连采油班荣获“全国五一劳动奖状”；温米采油厂荣获“新疆维吾尔自治区开发建设新疆奖状”；销售事业部油库被命名为“新疆维吾尔自治区青年文明号”。员工队伍保持稳定，企业凝聚力、向心力显著增强。

【油气勘探】 2004年，公司油气勘探工作按照“立足台北凹陷开展精细勘探，加大岩性油气藏勘探力度，积极准备新区新领域”的勘探思路，紧密围绕吐哈盆地台北凹陷西部石油，台北凹陷东部天然气，二叠系、三叠系和三塘湖盆地千万吨级勘探领域，强化“地质综合研究、地震前期准备、井筒技术攻关、勘探综合管理和勘探开发一体化”五项重点工作。全年完成二维地震采集975.69千米，三维地震采集546平方千米，完钻探井57口、进尺14.09万米；勘探总投资71842万元。2004年对23个圈闭进行了预探和评价，石油预探年新获工业油气流井8口（含老井2口），探井成功率33.3%，圈闭预探成功率30%；油藏评价2004年新获工业油气流井26口。全年新增探明石油地质储量2025.6万吨、可采储量420.7万吨，分别完成年计划的112.5%和110.4%；新增探明天然气地质储量65.32亿立方米，天然气可采储量34.67亿立方米；新增控制石油地质储量2307万吨；新增控制天然气地质储量41亿立方米；新增预测石油地质储量2739万吨；新增预测天然气地质储量52.4亿立方米。

2004年，油气勘探取得重要进展，展示了5个千万吨级的场面，是油田公司成立以来喜获丰收的一年。

常规天然气勘探按照岩性油气藏勘探思路，强化精细气藏描述，加大低渗透油气层改造攻关，疙8、疙11、疙13井获工业油气流，新增天然气三级储量106亿立方米，预测石油储量638万吨，红台、疙瘩台地区天然气三级储量达到237亿立方米。疙瘩台地区是新呈现的第一个千万吨级场面。

台北凹陷西部油气藏勘探围绕胜北地区中浅层，重点开展了地震资料重复处理、构造精细解释和测井精细评价等工作，钻探连南1、红南9、红南11井获得成功。同时结合老井复查，在红南2、红南202井喀拉扎组获得成果，新增石油储量1189万吨，天然气储量10亿立方米。红连地区是新呈现的第二个千万吨级场面。

北部山前带油气勘探开展构造精细解释和低孔低渗储层改造，勒10井压裂后日产油65立方米、气1.6万立方米，增产10倍；勒15井在下侏罗统发现油气层，新增控制石油储量542万吨，鄯勒油田石油储量规模达到1000万吨。鄯勒地区是新呈现的第三个千万吨级场面。

火焰山侏罗系油气勘探按照复式油气聚集带勘探思路，主攻火焰山中央隆起带，开展地震资料重复处理和构造精细解释，优选钻探葡9、胜火2井获工业油流，新增储量594万吨；火8井发现油气层，新增预测石油储量962万吨。火焰山中央隆起带侏罗系和前侏罗系储量规模达到1546万吨。火焰山地区是新呈现的第四个千万吨级场面。

吐玉克三叠系勘探以提高单井产量，实现储量有效动用为目标，强化鲁克沁构造带超深稠油油藏压裂改造技术攻关，玉西101、玉西1井压裂改造获得成功，新增稠油控制储量1433万吨。玉西地区是新呈现的第五个千万吨级场面。

【油气田开发】　2004年，油田开发二次井网调整目标基本实现。新钻调整井75口，投改注72口，建成生产能力17.5万吨。鄯善、丘陵基本形成五点法面积注水，温米形成不规则面积注水，注采井数比提高0.2—0.5，注采井网适应性显著增强，水驱状况得到明显改善，地层压力逐步回升，单井平均增加可采储量1.8万吨，三大主力油田基本实现储采平衡。2004年生产原油225万吨，天然气13.2亿立方米。

油田综合治理共实施调整及综合治理方案15个，各类治理措施409井次，开发形势逐步好转，老井递减趋势得到遏制，油田自然递减和综合递减分别控制在21.5%和14.2%。

油藏评价重点围绕温米、吐神葡和吐玉克三个油气富集带，深化地质认识和成藏规律研究，在红南—连木沁、温8等区块获得重要进展，新增探明石油地质储量2025万吨、可采储量420万吨。产能建设优选温南3、葡5等五个区块，新建产能10.5万吨，当年产油9.4万吨。

三次采油等矿场实验初见成效。葡北注气混相驱开发效果显著，油田以5%的采油速度开发五年，采出程度达36%，综合含水38%；温米油田温五注气非混相驱先导试验有5口井见到效果，日增油11吨；完成了温西一和温西三区块注气方案设计，为注气提高采收率工业化推广做好了前期准备。三塘湖先期注水试验取得成功，地层压力得到恢复，牛103井压裂后稳定产油9.5吨/日，展示出三塘湖盆地增储上产的良好前景。吐玉克稠油注水试验初见成效，井组油层压力得到恢复，对应油井产量逐步回升，为稠油规模动用积累了经验。

天然气开发完成温西三、温五等区块产能建设，新建天然气产能3.0亿立方米，新增天然气可采储量28.5亿立方米；丘东第二气处理厂基本建成，将提升公司天然气处理能力；红台、疙瘩台地区天然气试采和开发方案编制工作完成，为2005年动用奠定了基础。

地面系统突出老油田简化和新油田优化，加强工程建设运行管理和建设过程质量控制，优质高效完成了37个地面工程建设项目。强化设备现场管理和状态监测，开展设备完好达标活动，全面运行《设备管理信息系统》，实现了设备信息化、精细化管理目标，设备管理继续保持全国先进水平。

【科技进步】　2004年，公司大力实施科技创新战略，充分利用油田内外两支技术力量，加强基础理论研究、技术攻关和新技术推广应用，广泛开展技术交流与合作，油田勘探开发主体技术取得突破性进展。

勘探重点领域关键技术取得新进展。隐蔽油气藏勘探研究取得新成果，扩展了红台地区复合型天然气藏和火焰山上盘复杂油气藏储量规模，发现了红南喀拉扎组次生油气藏；深井优快钻井技术、油层保护技术见到明显效果，大幅度提高了深井机械钻速和工程质量，加快了勘探进程；全程液氮伴注大型压裂技术攻关获得成功，玉西、疙瘩台和鄯勒等不同储层压裂改造的增产幅度均达到10倍以上，拓展了勘探领域。

油田开发技术取得新进步。二次井网调整和精细油藏描述研究取得进展，改善了油田开发效果；温五注气非混相驱初见成效，展示了油田三次采油的良好前景；推广应用高砂比压裂技术，平均砂比40.2%，措施有效率达到76%，平均单井日增油达到8吨；不压井作业技术攻关获得成功，降低了作业过程中的储层伤害；机械找堵水管柱技术、化学堵水技术和红连底水油藏油水同采抑锥技术试验成功，实现了中高含水开发期油井的有效控水；吐玉克稠油和三塘湖难采储量矿场实验初见成效，为实现难采储量规模有效动用奠定了基础。

下游化工技术攻关取得新成果。提高合成甲醇收率及生产装置防腐综合研究获得突破，天然气单耗由1370立方米下降到1260立方米，精甲醇日产量由170吨增加到250吨。

【企业管理】　2004年，按照“科学、精细、规范”的总体要求，公司加快管理制度建设步伐，管理制度达到195项、技术标准达到381项，形成了完善的规章制度体系，企业管理步入制度化、标准化、规范化轨道。

市场管理进一步规范。强化招投标管理、工程技术服务队伍准入和规范合同管理，完善施工队伍业绩评价考核体系，2004年共组织招标131次，招标金额2.8亿元，节约资金2253万元。规范物资采购和电子商务管理，通过招投标、比质比价和市场询价，降低采购成本998万元，实现网上采购2.2亿元，完成年度计划的136%。关联交易健康协调发展，关联交易总金额达到17.1亿元，占公司总价值工作量的80.3%。

现场管理成效显著。深入开展“强三基、贯三标、创红旗”基础工作达标升级活动，推进了基础工作精细化建设步伐，基层管理水平明显提升，创建了12个红旗班组。油库创建全国标杆库站达到了预期目标，岗位基础设施建设进一步规范，现场管理科学有序，六大信息管理系统健全完善，综合能耗、油气损耗率、外销产品合格率等各项指标居于全国同类库站先进水平。

【信息化建设】　坚持以信息化建设带动和推进管理一流目标的实现，建成了覆盖全油田的千兆生产信息网，实现了与因特网相连。以网络为依托，全面推进五大系统建设，将信息化建设成果融入生产经营管理全过程，油田跃上了信息化管理层面，大幅度提高了油田公司管理水平、运行效率和综合效益。

油田数据自动采集上传系统基本完善。建立了单井自动化系统和数据实时上传发布系统，油田所有探井、抽油机井生产数据和联合站、油库等重要设施、装置的运行参数实现了实时自动采集上传发布；依托网络建立了现代化的生产指挥系统，各采油厂以联合站为生产调度中心，销售以油库为储运销售中心，油田公司以总调度室为生产组织运行中心，生产指令直达各生产作业层面，生产组织快捷高效，优化了业务流程，提高了工作效率和综合效益。

“数字油田”采油厂应用系统建设快速推进。完成了“数字油田”采油厂应用系统主体内容的建设，建立了生产运行管理、油藏工程、采油工程、地理信息、设备管理五大管理系统。生产运行管理和油藏工程系统实现了油藏日、月报表，采油工程日报系统的应用；地面工程系统完成了各油田油、气、水和单井到计量站管网图，以及部分油藏专题图集的加载和转换。

数据库管理系统建设应用成效显著。实现了油田公司基础信息资源和专业信息资源综合高效利用，提高了油田勘探开发、科学研究、综合管理等方面的管理水平和工作效率。

安全自动防范系统应用广泛。建立了生产全过程视频监控系统和安全防范自控系统。

自动化办公系统全面运行。建立了以办公自动化、企业信息门户、电子邮件系统和视频会议系统为基础的自动化办公系统，覆盖机关各处室、基层各单位，实现了企业资源信息化，办公环境网络化，文档传输电子化，提高了工作效率，降低了运行成本和管理成本。

【安全生产】　2004年，公司组织开展安全巡回演讲和安全教育月宣传活动，举办消防、安康杯等各类安全知识竞赛，营造了“人人讲安全、处处重安全、事事为安全”的良好工作氛围；扎实开展岗位操作人员安全技能培训、驾驶员交通安全培训和安全监督管理人员取证培训，提高了员工的安全知识水平和安全操作技能。

充实调整安全管理机构和人员，两级安全总监、副总监和专职安全科全部设置到位。建立了分系统负责、分层次管理、层层抓落实的安全生产监管体系，覆盖油田生产的各个层面。

修订完善《安全生产考核实施细则》、《事故违章处罚办法》等7项安全生产规章制度；修订《事故应急预案》并通过了自治区安全生产监督管理局的评审，建立了一套科学、完善的安全生产管理规章制度体系。尤其是作业票管理制度的制定和实施，形成了以特殊作业为重点，以常规作业为基础的操作、现场施工安全监控制度，从程序上堵塞了安全漏洞。

安全隐患治理扎实深入。加大现场安全检查、违章处罚和隐患整改力度。2004年先后开展各类大检查 10 余次，查出问题和隐患 1364 个，全部落实了整改措施。投入资金 1023 万元，对 25 项公司级隐患进行了治理；各单位共计投入 2029 万元，完成 173 项隐患的治理工作，提高了设施的安全可靠性。

吐鲁番采油厂红连采油班荣获“全国五一劳动奖状”；温米采油厂荣获“新疆维吾尔自治区开发建设新疆奖状”；销售事业部油库被命名为“新疆维吾尔自治区青年文明号”。

（翟红国　朱晓龙）

中国石油天然气股份有限公司塔里木油田分公司

【机构队伍】　2004 年，中国石油天然气股份有限公司塔里木油田分公司设机关处室 13 个，机关附属单位 11 个，直属单位 26 个。有员工 12342 人，其中受中国石油天然气集团公司委托管理的未上市企业员工 2227 人，女员工 4116 人，上市部分长期员工 10115 人，内部退养员工 899 人。

【生产经营概况】　2004 年，塔里木油田生产原油 538.36 万吨，天然气 13.56 亿立方米，液化气 8.54 万吨；加工原油 35.11 万吨，生产汽油 13.16 万吨，柴油 16.45 万吨，尿素 46.61 万吨。主营业务收入 1170538 万元，其中油气主营业务收入 1029319 万元，炼油主营业务收入 85123 万元，化工主营业务收入 56096 万元。生产经营支出 377464 万元，上缴利润 493291 万元。应缴税款 126068 万元，已缴税费款 179374 万元。年末资产总额 2158823 万元，负债总额 987610 万元。油气单位操作成本 2.73 美元/桶，炼油现金加工成本 234.64 元/吨。

2004 年，塔里木油田分公司油气勘探开发和炼化生产建设投资 758358 万元，其中用于勘探开发 701122 万元，公用及系统工程 22617 万元，炼油与销售 33686 万元，化工与销售 933 万元。年末生产用固定资产原值 454474 万元，净值 300927 万元。

【油气勘探】

（1）油气储量：2004 年，塔里木油田共计新增含油面积 130.4 平方千米，探明石油地质储量 4199 万吨，完成股份公司计划任务的 105%；可采储量 793.2 万吨，为计划任务的 102.3%；溶解气地质储量 67.06 亿立方米，可采储量 18.93 亿立方米。新增控制石油地质储量 7549 万吨，可采储量 1404 万吨，溶解气地质储量 94.96 亿立方米，可采储量 17.33 亿立方米；新增控制天然气地质储量 225.90 亿立方米，天然气可采储量 135.54 亿立方米，凝析油地质储量 651.5 万吨，凝析油可采储量 130.3 万吨。新增预测石油地质储量 8871 万吨，可采储量 1510.8 万吨，溶解气地质储量 239.41 亿立方米，可采储量 39.59 亿立方米。

（2）物探：2004 年，塔里木油田部署二维地震采集 9583 千米，三维地震采集 1380 平方千米。投入 16 个二维地震队（其中山地地震队 9 个），完成二维 10154.36 千米（其中山地二维地震 3542.12 千米）；投入 2 个三维地震队，完成三维地震 998.93 平方千米。投入 1 个重磁力队，完成重力 16538 点，磁力 16418 点。投入 3 个电法队，完成电法 6658 点。投入一个化探队，完成化探 1129 点，VSP 测井 19 口，井位测量 73 口。二维资料处理 10154.36 千米，其中老资料处理 1382.5 米；三维资料处理 1289.8 平方千米。

（3）探井：2004 年，塔里木油田全年钻探井 52 口，其中跨年井 11 口，新开钻探井 41 口，共完钻探井 39 口，完成探井进尺 131290.52 米。石油预探与天然气勘探项目共开钻探井 30 口，完钻探井 27 口，其中跨年井 8 口、新开钻 19 口，年底正钻井 12 口，完成探井进尺 15631.68 米。油藏评价项目新开钻探井 11 口，完钻探井 18 口，其中跨年井 2 口、新开钻 10 口，年底正钻井 1 口，完成进尺 90844.94 米。探井全年取心井尺 1959.96 米，心长 1815.78 米，收获率 92.64%，取获各级含油气岩心 554.56 米，占取心进尺 28.29%。当年探井成功率 45.95%，综合探井成功率 40.48%。2004 年完成钻探圈闭 23 个，新获工业油气流圈闭 7 个，圈闭钻探成功率 30.43%。

（4）录井：2004 年，塔里木油田动用 12 个录井公司的 25 个综合录井队，在 48 口探井进行综合录井作业，完成录井作业工作量 135849.3 米。

（5）测井：2004 年，塔里木油田共进行测井施工作业 225 井次，其中组合测井 66 井次，对比 41 井次，固井 40 井次，新技术测井 67 井次（斯伦贝谢新技术测井 22 井次），其他（或单项）测井 11 井次。测井时效 98.73%，资料优等率 95.16%。

（6）试油：2004 年，塔里木油田在 36 口探井进行试油作业，完成试油井 32 口，试油地质层 74 层，其中中途测试 32 层，完井试油 42 层；累计酸化作业 4 口井 5 层，压裂作业 20 口井 27 层。试获工业油气井 17 口。

【石油钻井】　2004 年，塔里木油田动用钻机 52 台，钻井 143 口，其中预探井 33 口（含跨年井 10 口），评价井 19 口（含跨年井 2 口），开发井 91 口（含跨年井 16 口）。当年开钻井 115 口，完钻井 108 口，平均完钻井深 4638.72 米。钻井总进尺 500982 米，其中探井进尺 222135 米，开发井进尺 278847 米。

【油气开发生产】　2004 年，塔里木油田采油井开井 432 口，其中各采油作业区开井 390 口，各试采区开井 42 口。生产原油 538.36 万吨，其中原油 458.46 万吨，凝析油 79.90 万吨；新井产油 40.08 万吨，老井产油 498.28 万吨。生产天然气 13.58 亿立方米，其中油井产气 5.59 亿立方米，气井产气 7.96 亿立方米。

【炼油化工生产】　2004 年，塔里木油田加工原油 35.11 万吨，生产汽油 13.16 万吨，其中 90# 汽油 10.23 万吨，93# 汽油 2.93 万吨；生产柴油 16.45 万吨，其中 0# 柴油 12.56 万吨，－10# 柴油 3.69 万吨，－20# 柴油 0.33 万吨。生产尿素 46.61 万吨。

【西气东输上游气田开发建设】　2004 年，克拉 2 气田作为主力气田进入设备安装阶段。工程主要包括日处理天然气 3600 万立方米的中央处理厂，160 千米的克拉 2 气田至西气东输轮南首站输气管线，第一轮 4 口开发井。9 月 1 日，牙哈凝析气田向西气东输供气，初期日输气 350 万立方米。11 月 12 日，克拉 2 气田的中央处理厂及配套工程、内部集输管道、外输管道全部建成，塔里木油田分公司组织验收。12 月 1 日，克拉 2 气田向西气东输供气，初期日供气 546.7 万立方米。克拉 2 气田自 2003 年 8 月开工建设，到 2004 年 12 月 1 日，建设周期为 15 个月。克拉 2 气田建成投产后，具备年生产天然气 107 亿立方米能力。从 12 月 1 日到 12 月 31 日，克拉 2 气田投入生产的气井 3 口，累计向西气东输供气 2.138 亿立方米，采气速度为 0.0046%。

桑吉气田 2004 年 4 月 11 日开工建设，计划于 2005 年 4 月向西气东输供气。桑吉气田建成后，具备生产天然气 11.23 亿立方米能力，同时生产凝析油、轻烃、液化气 70 万吨，油气当量 160 万吨。

从 2004 年 9 月 1 日至年底，牙哈凝析气田、克拉 2 气田累计向西气东输工程供气 3.51 亿立方米。

【油气及化工产品销售】　2004 年，塔里木油田销售原油 511.25 万吨，天然气 75897.3 万立方米，液化气 8.53 万吨，轻质油 75.72 万吨，汽油 13.08 万吨，柴油 16.30 万吨，尿素 46.23 万吨，全年实现工业销售值 117.71 亿元。

【油气田建设】　2004 年，塔里木油田用于油田产能建设投资 115782 万元，其中用于新区产能建设 83826 万元，老区 31956 万元，当年建成原油生产能力 77.05 万吨，使塔里木油田原油年生产能力达到 538.36 万吨。天然气产能建设投资 252282 万元，全部用于新区建设，当年建成天然气年生产能力 66 亿立方米，使塔里木油田天然气年生产能力达到 103.73 亿立方米。

【科学技术及成果】　2004 年，塔里木油田投入科研资金 20986 万元，比 2003 年增加 7613 万元，科研与勘探开发生产紧密结合，坚持物探、钻井、试油、测井、油田开发等工程技术攻关。2004 年，塔里木油田获集团公司科技进步奖二等奖一个，三等奖三个；获新疆维吾尔自治区科技进步奖一等奖一个，二等奖二个，三等奖四个。

【关联交易工作】　2004 年，塔里木油田分公司与未上市企业（塔里木石油勘探开发指挥部）全年共签订关联交易合同 22 份，关联交易总协议 1 份，塔里木石油勘探开发指挥部向塔里木油田分公司提供产品和服务专项合同 22 份。塔里木石油勘探开发指挥部 2004 年主营业务收入 156394 万元，其中为塔里木油田分公司提供服务收入 40500 万元。

【实现“四塔合一”】　自 2004 年 1 月 1 日起，集团公司整体委托股份公司对塔里木石油勘探开发指挥部实行管理，具体工作由股份公司授权塔里木油田分公司实施。自 2004 年 6 月 30 日起，塔里木石化指挥部机构和人员整体划入股份公司，更名为中国石油天然气股份有限公司塔里木石化分公司，作为塔里木油田分公司下属副局级单位，实行独立核算。自 1999 年塔西南公司整体划归塔里木油田分公司管理，到 2004 年，中国石油在塔里木盆地的四家企业实现统一管理。

【油地关系】　2004 年，塔里木油田继续坚持油地关系“依靠行业主力，依托社会基础，统筹规划，共同发展”的20字方针，以油田市场为纽带，实施油地双赢战略，通过开放油田基本建设市场、物资采办、运输服务、劳动用工、缴纳税费、无偿援助等方式，向油田周边地区注入资金237425万元（塔西南公司数据未统计在内），其中通过扶贫、油地共建、捐赠、支援抢险救灾等方式无偿援助资金1466.72万元，向当地缴纳税费及行政费用157855万元。

（李明坤）

中国石油天然气股份有限公司 冀东油田分公司

【概述】 截至2004年底，中国石油天然气股份有限公司冀东油田分公司（以下简称公司）共有职工1708人。其中，大专以上学历635人，占职工总数的37.18%；中级职称以上459人，占职工总数的26.87%；党员532人，占职工总数的31.15%；共青团员199人，占职工总数的11.65%。公司机关设13个处（室），基层设12个二级单位、6个直属单位。拥有固定资产44.699亿元，折旧折耗18.54亿元，净值26.16亿元。公司成本大幅下降，油气勘探成本为2.41美元/桶，比股份公司考核指标下降11.5%；开发成本为3.51美元/桶，与股份公司考核指标持平；操作成本为5.72美元/桶，比股份公司考核指标下降0.17%。公司全年实现销售收入21.42亿元，实现国际会计准则税前利润10.78亿元，上缴税费3.87亿元。

【油气勘探】 2004年，公司勘探工作紧紧围绕“战略准备、战略展开、战略突破”三个层次展开，在南堡滩海发现了南堡油田1—5号5个构造，展示了良好勘探前景。

1. 主要勘探工作量完成情况

（1）物探工程。全年计划地震资料采集540平方千米，实际完成540.6平方千米，完成计划的100.1%；进行新三维地震资料处理、解释540平方千米，老三维地震资料处理解释2170平方千米；VSP测井计划6口，实际完成6口，完成计划的100%。

（2）探井钻探工程。全年计划钻探井22口，进尺6.43万米。新开钻探井16口，实际完钻18口，年累计完成进尺6.33万米，完成年计划的98.5%；钻井取心16口，累计取心进尺277.39米，心长245.39米，平均收获率88.46%。

（3）探井试油工程。全年实际完成探井试油18口40层。其中，完成新井试油10口28层、跨年探井试油3口6层、老井试油5口6层。获工业油气流井12口16层。

2. 储量完成情况

（1）新增探明储量。2004年计划新增探明石油可采储量410万吨，实际新增探明石油地质储量1588万吨，为股份公司考核指标的105.9%，新增探明石油可采储量423.8万吨，完成年计划的103.4%。

（2）新增控制储量。全年计划新增控制石油地质储量4000万吨、可采储量800万吨，实际完成新增控制石油地质储量4097万吨，为股份公司考核指标的102.4%；新增控制石油可采储量964.1万吨，完成计划的102.4%。

（3）新增预测储量。全年计划新增预测石油地质储量4000万吨，实际完成6961万吨，完成年计划的174%。

3. 主要勘探成果

南堡滩海预探取得重大突破。在奥陶系潜山喜获高产油气流，中浅层发现富集高产区带，初步预测储量1.4亿吨。尤其是老堡南1井获得高产油气流，振奋人心。该井于2004年5月23日开钻，2004年9月6日完钻，投产初期分别获日产油80立方米、220立方米；2004年9月30日对老堡南1井奥陶系4035.19—4215.10米井段进行裸眼测试，用25.4毫米油嘴放喷求产，折日产油700立方米、气16万立方米。同时，在南堡滩海中、浅层发现富集高产区带，并喜获高产油气流。

南堡陆地精细勘探取得重要进展。主要在高南地区中浅层勘探新增探明、控制石油地质储量5685万吨；在高柳、唐海地区岩性油藏预探新增预测石油地质储量4106万吨；在西南庄断裂带勘探获重大发现，下降盘浅层发现厚油层，上升盘古生界见良好油气显示，新增预测石油地质储量1240万吨。

【油气开发】　公司油气开发依靠科技进步，深挖开发潜力，大幅度提高单井产量和储量动用程度，完成了40万吨产能建设任务。

1. 油田开发现状

截至2004年底，冀东油区探明含油面积64.1平方千米，新增探明含油面积1.1平方千米，探明石油地质储量14578万吨；动用含油面积41.6平方千米，动用石油地质储量9540万吨，动用石油可采储量1958.5万吨；全年完钻新井101口，进尺26.72万米；探明天然气地质储量100.23亿立方米，动用天然气地质储量60.87亿立方米，动用天然气可采储量14.46亿立方米；全区共有采油井605口，开井437口，日产油3009吨；共有注水井97口，开井57口，日注水4431立方米。

2. 原油产量突破百万吨大关

公司坚持精细管理搞好油田开发，原油产量突破100万吨大关，这是几代冀东石油人梦寐以求的企盼。2004年12月23日北京时间7：00，公司累计生产原油百万吨。其中，高尚堡油田生产原油43.7万吨，柳赞油田44.2万吨，老爷高油田8.7万吨，唐南、北堡、外围等油田3.7万吨。同时，天然气产量稳步上升，全年计划生产天然气5000万立方米，实际完成5367万立方米，完成年度计划的107.3%。

3. 老井开发与稳产

继续坚持以经济效益为中心，不断深化老区地质再认识，大力加强老区油藏精细描述和综合评价，确保了老区稳产。2004年老区老井生产原油75万吨，其中，自然产量66万吨，措施产量9万吨。在百万吨产量中，老区老井产量为79.3万吨，为年度计划的105.7%；老井措施增油14.1万吨，为年度计划的156.7%。同时，老井综合递减率为0.6%，比计划低5.4个百分点，油田开发水平进一步提高，按照股份公司复杂断块油藏开发水平分类标准，公司多数已开发区块达到开发Ⅰ类和开发Ⅱ类标准。

4. 编制地面建设整体规划

按照“新油田优化、老油田简化”的原则，2004年编制了南堡陆地150万吨地面建设整体规划和南堡油田开发概念设计，柳赞油田地面改造工程全面完成，高尚堡油田地面改造、扩建已完成并陆续付诸实施。

5. 原油外输管线建成投产

公司兴建的高尚堡—迁安市沙河驿镇的原油外输管线工程于2004年12月31日建成并投入运行。该工程2004年8月24日开工建设，管线全长78.5千米，途经5个县（市）区，管线管径273毫米，设计输送压力5.8兆帕，设计输油能力为100万吨/年，最大输油能力为150万吨/年。该工程建成投产，结束了公司长期依赖火车外运原油的历史。

【企业管理】

1. 安全管理与环境保护

公司认真吸取“12.23”特大井喷事故教训，按照中国石油天然气集团公司统一部署，狠抓安全生产工作，连续6年实现安全生产无上报事故，首次荣获集团公司安全生产先进单位称号。一是充实完善安全管理机构及人员，2004年公司成立了冀东油田海洋石油作业安全监督处、监督中心井控监督科、油气集输公司安全科，所有单位均配备了专职安全总监、副总监或安全监督员。二是狠抓了安全隐患的治理，全年共投入1200万元资金用于隐患整改。三是强化安全管理制度，主要制定了公司《贯彻集团公司关于进一步加强安全生产决定的实施意见》和《冀东油田2005—2007年安全生产工作计划》等。四是持续开展油区治安秩序专项整治行动，取缔所有非法土炼油炉，拆除长输管线上的所有非法占压物，收回被占土地，为公司健康发展创造了条件。

2. 经营管理

不断强化经营管理工作，公司出现了原油产量和经济效益同步增长的良好局面。一是进一步完善了经济运行程序，强化项目管理，突出抓好审计工作；完善了落地油定向买卖管理办法和代收、代扣所得税管理办法等，确保了公司经济活动有序、规范开展，经济效益不断提高，全年实现利润10亿余元。二是内控体系建设全面启动，主要在员工培训、解决人员紧张矛盾、紧缺人才聘用等加大了工作力度，解决了实际问题，调动了科研人员、岗位操作人员学技术、学技能的积极性。三是不断加强现场管理，加大生产和作业现场规范化、标准化建设的投入，边远井站尝试配备设施齐全的活动营房，改善单身员工住宿条件，唐山基地建设单身员工食堂，投入大量资金改善小区环境等，保护了员工的利益。四是提高员工工资水平和福利待遇，调整油区差旅费标准等，保持了员工收入稳定增长。

【科技创新】　科技创新力度不断加大，新技术推广应用在增储上产提效中发挥主导作用。南堡凹陷三维叠前连片处理项目为国内最大的处理项目，备受关注，从叠后到叠前是一次跨越，该项目进展顺利，见到了初步效果。水平井技术的推广应用力度不断加大，不仅大幅度降低了百万吨产能建设投资，还总结完善了复杂断块油藏实施水平井开发的10个方面24个技术环节。小井眼侧钻水平井技术的规模应用，为从根本上改善老区开发效果和提高开发水平找到了一条实实在在的新路子，钻成了公司第一口分支井，水平井调剖技术为国内首创，短短两年时间公司水平井技术的应用水平走在了股份公司前列。螺杆泵的广泛应用、水平井防砂技术等提高了油田采油工艺技术水平。污水生化处理技术的规模化应用，为降低操作成本发挥了重要作用。自动化技术的应用，有效地降低了劳动强度，提高了工作效率。

（王纪昌　高福仲）

中国石油天然气股份有限公司浙江勘探分公司

【概述】　中国石油天然气股份有限公司浙江勘探分公司（以下简称公司）主要开展的业务是公司在南方登记区块的勘探、开发、研究和浙江省第四系浅层天然气的开发销售。公司机关机构按照扁平化、精简化、高效化设置，设有4个职能部门；下设4个附属单位和部门。现有员工233人，其中干部120人、工人113人；高级技术职称27人、中级技术职称46人。公司总资产9397万元，其中固定资产1075万元。

【油气勘探】

1. 稳定开展沅江勘探项目

公司勘探工作以东次凹砂岩发育区为主攻目标区带，稳步开展沅江凹陷地震勘探，为进一步深化其勘探工作打好基础。共完成二维地震801.83千米，新老资料剖面连片构造解释和储层解释共46条测线、满覆盖长818.46千米。落实了沅江凹陷的地层与沉积相构造基本特征生、储、盖条件，及进一步深入研究方向，并提出了下步勘探部署建议。

2. 泰州—姜堰区块和南鄱阳凹陷东区的前期评价与勘探步伐进展加快

泰州—姜堰区块：经过翔实的完井、测井、地震等资料的系统收集之后，对泰州—姜堰油气勘查区的油气地质条件进行了初步评价，认为苏北盆地泰州—姜堰油气勘查区是公司目前持证区块中油气地质条件较好的，有希望突破的区块。

南鄱阳凹陷东区：在完成地震资料处理解释的基础上，通过深入分析研究油气成藏与保存条件及富集分布规律，优选有利勘探区带和有利圈闭，提出了乐探1井、乐探2井两个有利钻探目标井位，并组织实施，2口探井总进尺2195.8米，年累计取心进尺101.31米，心长100.92米，收获率99.62%。

同时，按照股份公司规划计划部开展鄱阳盆地油气区域勘探项目后评价的要求，完成了鄱阳盆地油气区域勘探项目的后评价工作。经股份公司专家验收，确认取得了10个方面的勘探成果：

（1）乐探1井喜获油流；

（2）鸣检1井见良好的油气显示；

（3）首次在鄱阳盆地内揭示冷水坞组与安源组地层；

（4）明确叠合盆地是鄱阳盆地的基本构造特征；

（5）存在上部张性和下部逆冲挤压两套断裂系统；

（6）揭示部分地区有上古生界构造层存在；

（7）构造单元的划分较以前更趋向精细与合理；

（8）为区域探井的部署提供了靶区；

（9）二叠系龙潭组煤系烃源岩是主力烃源岩，二叠系茅口组海相烃源岩具有良好的生烃能力；

（10）龙潭组官山段、狮子山段是上古生界主要碎屑岩储层，清江组泥岩和南雄组南二、三段泥岩组合为良好区域盖层。

【矿权管理】　公司持证区块的矿权管理工作有序开展，得到了国土资源部和股份公司的肯定。2004年共完成了“浙江勘探分公司2003年度矿权年报”（报勘探与生产分公司矿权处）、“2003年度7个勘查区块年检报告”（报国土资源部）；完成了萧山头蓬镇浅气田试采申请工作；编写了3份矿产资源补偿费项目执行情况报告（即：“湖南洞庭盆地沅江凹陷2003年度矿产资源补偿费项目执行情况报告”、“湖南洞庭盆地沅江凹陷2004年度矿产资源补偿费执行情况报告”、“萍乐坳陷浅层石油天然气勘查，项目2004年度矿产资源补偿费执行情况报告”）和2份矿产资源补偿费矿产勘查项目立项申请书（即："2004 年度沅江凹陷矿产资源补偿费矿产勘查项目续做立项申请书"，"2005 年泰州—姜堰区块矿产资源补偿费矿产勘查项目立项申请书"），并获得了国土资源部的审查通过。

【企业管理和文化建设】

1. 提升公司的管理水平和专业技术水平

组织开展内部控制体系建设，成立了领导小组和工作联合小组，完成了公司的规划计划、建设过程、物资采购、服务采购、存货管理、投资管理、人力资源、信息、技术发展、内部审计、合同与纠纷等 15 项基本业务流程目录的建立，编制了基本业务流程图和文字说明，分流程建立公司的基本业务风险数据库，描述风险控制文档的梳理和完善内部规章制度，开展流程的跟单测试工作。

加强资产全过程管理，特别是加强资产信息管理的建设，通过资产信息平台，及时分析资产运营情况，管好用好资产，盘活有效资产，处置报废了 58 件固定资产。在股份公司的统一安排下，添置各种软硬件设备，认真做好各项准备工作，积极推行财务"收支"两条线，提高资金运行效益。

2. 加强员工再教育培训，提升员工素质

2004 年公司与系统内 13 个培训主办单位签订了 38 个培训合同，计划送培 48 人次，实际参加培训项目 20 个，实际参加培训人数为 36 人次，培训天数为 225 天。主要是围绕油气勘探主业，以勘探、科研和管理的实用性为培训内容。

（1）勘探专业技术培训：主要有矿权管理，地质构造学和勘探理论知识培训，信息技术应用培训，物探、钻井、井下作业监督培训等 10 个培训项目。

（2）管理岗位培训：主要有资产信息化培训、财务管理信息系统培训、资产管理培训、会计业务培训、安全监督培训、纪检监察干部财务及相关知识培训、法律处长培训等 10 个项目。

为了提高员工的办公自动化水平和电脑操作技能，根据股份公司科技与信息管理部的安排，举办了为期 4 天的 Office 2003 软件培训班。结合交通法规颁布，组织驾驶员学习新交通法。组织有关人员参加了杭州市统计局"四五"统计普法教育学习。参加培训人数为 58 人次。

（吴海娟）

中国石油天然气股份有限公司
哈尔滨石化分公司

【概述】　2004 年，中国石油天然气股份有限公司哈尔滨石化分公司（以下简称公司）原油加工量 230.19 万吨，其中加工俄罗斯原油 23.31 万吨；销售收入 59.55 亿元，实现税金 4.7 亿元；实现考核利润 1.8 亿元；完成固定资产投资 2.5 亿元。通过了 QHSE 体系认证。销售收入、上缴税费、现金加工费等指标，均创历史最好水平，公司连续三年成为哈尔滨市第一纳税大户，取得了显著的经济效益和社会效益。

【主要生产指标】　2004 年，轻质油收率 81.50%，综合商品率 91.25%，综合能耗 88.26 千克标油/吨，加工损失率 0.93%，现金单位加工费 109.76 元/吨。

【主要产品产量】　2004 年，生产汽煤柴油品 187.61 万吨，其中，汽油 84.23 万吨、柴油 98.06 万吨、航空煤油 5.31 万吨；化工产品 24.00 万吨，其中，精丙烯 5.85 万吨、聚丙烯 3.26 万吨、MTBE 2.60 万吨、液化气 11.61 万吨、甲乙酮 0.68 万吨。

【科技进步】　甲乙酮装置的建成投产、聚丙烯装置和 30 万吨/年气体分馏装置的扩能改造，使企业向炼化一体化发展又迈出了重要一步，增强了企业深度加工能力，提高了产品附加值，加快了企业持续协调发展的步伐；应用高新技术，全年实现技术改造项目 30 余项，其中，三催化降烯烃技术的成功应用，保证了汽油产品的升级换代；争取到股份公司科研项目两项；"加氢精制和临氢降凝技术"获得股份公司科技成果二等奖，科技进步取得显著成效。

【装置长周期运行】　三催化装置安全平稳运行了三年、重整装置平稳运行了两年、气体分馏装置平稳运行了五年，完成了长周期运行的奋斗目标。常压装置已经平稳运行了四年，到 2005 年 7 月将实现平稳运行五年的目标。一常压等 7 套装置完成了股份公司级装置达标，其中，一常压、三催化、重整完成了股份公司级装置达标，目前正参加股份公司优胜达标装置评选，原油加工量、轻质油收率、综合能耗等各项专业经济技术指标，全部完成了股份公司考核任务。

【主要工作】

1. 精心组织生产，确保装置安稳运行

2004年，公司取得的成绩，主要得益于生产装置的安稳运行。

一是优化总体生产方案。以三催化装置为核心，全年按0#柴油方案，平衡上下游物料，力求平稳生产。同时，利用一次、二次加工装置配套、调整灵活的特点，合理安排装置停工检修时间和物料平衡，在原油总量相对稳定的条件下，优化生产方案，提高装置的生产负荷，优化装置操作，提高产品产量，降低消耗。

二是抢前抓早，积极争取资源，全年原油进厂232.4万吨，比调整后的年计划超额7.4万吨，满足了公司生产的需要。同时，在可能条件下利用月份原油价差，积极主动，合理安排原油进厂，为企业降本增效320万元，尤其是四季度争取到的1000吨石脑油配额计划，为公司降低采购成本120万元。

三是根据市场变化，及时调整生产，为各项经济技术指标的完成提供保障，2004年公司轻收、综合商品率、加工损失率、可比综合商品率等主要技术经济指标，均超额完成了股份公司下达的年度业绩合同指标和达标指标。

四是统筹安排，全力以赴开展“六十天劳动竞赛”。2004年8月份、9月份，公司主要生产装置相继完成了长周期运行的奋斗目标，全面进入技术改造、隐患治理和检维修阶段。有力地保证了全年业绩指标的完成。

2. 强化安全管理，为安稳生产提供保障

2004年，公司深刻汲取川北“12.23”特大井喷事故的沉痛教训，积极响应中国石油天然气集团公司以“反违章、查隐患、促整改”为主题的“安全管理年”活动，进一步强化安全管理。

一是贯彻执行“五严”思想。从公司领导到基层员工，从机关处室到车间班组，明确“五严”内容，领会精神实质，通过全面推行安全生产合同、业绩风险抵押管理，严格考核，重奖重罚，使“五严”思想得到较好的落实。

二是加强对安全环境的治理。结合QHSE管理体系认证工作，营造健康、安全的工作环境。

三是积极开展应急预案编制和演练，组织预案演练，提高员工对突发事故的应急应变能力。

四是以人为本，狠“反三违”。把安全教育工作的重心放在车间和班组，加强现场管理，坚持以人为本，引导员工上安全岗、干安全活、交安全班，有效地提高了员工队伍的安全素质。

在安全隐患治理方面，全年资金总投入5000万元，其中，安保基金投入800万元，完成隐患治理项目38项，是近年来公司隐患治理投入最大的一年。

3. 应用“四新”技术，拓展企业发展空间

2004年，公司完成固定资产投资2.5亿元，以甲乙酮装置为标志的一批项目实施，加快了公司向炼化一体化发展的步伐，表明了股份公司对我们的认可和重新定位，拓宽了生存和盈利空间，企业发展迎来了新的机遇。

同时，应用“四新”技术，解决生产瓶颈，进一步挖潜增效。针对装置运行过程中发现的新问题、新情况，公司成立了技术攻关小组，对催化节能设备的长周期运行开展攻关，使三催化烟机组连续运行29个月，创效500余万元；改造后的余热锅炉，热效率提高7.9个百分点，连续运行22个月，每年可创造经济效益1000余万元；三催化装置降烯烃技术改造，使汽油的品质得到提升。

为使电气运行可靠性得到提高，安装了6千伏高压无功补偿装置，使系统功率因数由原来的0.85提高到0.95，降低了无功功耗，每年节约资金120余万元。

为保障清洁生产，在资金十分紧张的情况下，投资1787万元，建成5万吨/年酸性水处理装置，投用后有效解决由酸性水带来的安全和环保问题。

为提高专业技术人员的创新水平，邀请中科院院士、俄罗斯科学院西伯利亚分院、清华大学、石油大学（北京）等单位的专家、教授来企业进行讲座，取得了较好的效果。

4. 通过体系认证，进一步提升管理水平

2004年，我们通过体系策划和体系文件化，建立了结构清晰的管理框架，通过危害因素和环境因素识别，提高了企业风险控制能力。结合QHSE管理体系，公司进一步整合机构，明确职责，理顺了各种流程，提高了工作效率。

同时，按照股份公司的要求，积极推进内控体系建设。已经完成了流程目录编制、流程图绘制和文字说明、RCD文档的编写及内部跟单测试，为通过外部审计师审核奠定了基础。

（王　林）

中国石油天然气股份有限公司大连石化分公司

【概述】　中国石油天然气股份有限公司大连石化分公司（以下简称公司）年原油加工能力1050万吨，现有炼油生产装置48套，化工生产装置14套，能生产汽油、煤油、柴油、燃料油、润滑油基础油、化工轻油、石蜡、液化气、丙烯、聚丙烯、细旦纤维等石化产品，是我国重要的石化产品出口及转运基地之一。2004年末公司在册职工4468人，资产总额112.71亿元，其中固定资产原值为87.86亿元。

2004年，实际原油加工量达到1200万吨，占股份公司原油加工总量的11.6%，成为股份公司第一家实际加工量超过1000万吨的企业，在全国炼化企业中排名第二。实现销售收入326亿元，内部考核利润12.50亿元，实现了三年三大步的跨越式发展，上缴税费15.28亿元。主要经济技术指标在同类炼厂中都实现了国内领先。

【生产经营】　公司在保证安全平稳满负荷运行，确保加工量的同时，通过进行生产优化，实现了效益最大化。

（1）优化原油配置。公司通过对20余种可加工的国外低硫原油通过捆绑式测算方法进行品质、效益对比，对同一时期将采购的各种进口原油进行优化排序，制订出最佳的原油采购方案，降低了原油采购成本，规避了进口原油涨价带来的风险。

（2）优化物流衔接。全年共接卸进口油轮67条，完成过驳41次，组织进口原油658万吨，发运各类船只1917艘，调运各类车辆32万辆，向外输运各类产品1116万吨。与2003年相比，进口原油增加了1.3倍，产品外运提高了1.25倍，铁路发运量增加了7倍。

（3）优化生产方案。2004年初，公司开始正式应用国际上先进的ORION调度优化系统，作为调度安排辅助决策、生产模拟预测的工具。提高了调度工作的预见性和科学性，并可及早发现生产中可能发生的问题。

（4）优化产品结构。全年根据蒸馏、催化装置产品效益对比方案，增产柴油12.28万吨，争创效益553万元；根据连续重整装置产品优化方案，增产苯4400吨，减少苯的外采购量，全年节省采购费用1500万元。在原油价格与产品价格倒挂的情况下，实现了效益最大化。（表2、表3）

表2　2004年大连石化分公司主要经济技术指标完成情况

指标名称	2004年完成	比预算	比2003年（%）
原油加工量（万吨）	1200.11	200.11	29.42
销售收入（万元）	3262103	1249222	49.90
内部考核利润（万元）	125051	71551	96.84
资产总额（万元）	1127143	—	43.09
资产负债率（%）	52.31	—	16.92（百分点）
出口创汇（亿美元）	4.63	—	22.81
现金单位加工费（不含期间费用）（元/吨）	63.41	−17.25	−19.13
单位能量因数能耗（千克标油/（吨·因数））	11.41	—	−15.48
综合商品率（%）	92.50	2.05	0.10（百分点）
轻油收率（%）	75.93	2.48	0.61（百分点）
加工损失率（%）	0.64	−0.01	0.04（百分点）

【精细管理】　2004年内，公司完成了QHSE体系整合工作，并通过了股份公司的验收，使公司的管理进一步向现代企业管理模式靠拢。

在生产管理上，公司根据上下游生产装置的物料关系以及产品特点，成立了四个专业组。将上下游装置有效联系起来，使系统内各装置均处于最优化的运行状态。

表 3　2004 年大连石化分公司主要产品产量

产品名称	2004 年产量	比 2003 年 (%)
汽油（万吨）	264.75	22.79
煤油（万吨）	33.96	-4.07
柴油（万吨）	469.67	39.22
燃料油（万吨）	27.17	-36.95
润滑油基础油（万吨）	30.91	1.88
化工轻油（万吨）	134.10	29.52
石蜡（万吨）	29.32	21.26
商品液化气（万吨）	48.80	17.28
丙烯（万吨）	18.91	12.76
聚丙烯（万吨）	18.10	13.05

在设备管理上，通过编制质量整改单和故障管理处罚单，从设备设计和制造的源头开始控制，实施设备故障管理；严格控制和考核非计划抢修，减少运行装置施工动火，全年设备故障次数从 2003 年的 2816 次下降到 2134 次，同比降低了 24%。

在安全管理上，建立了职能处室 HSE 月检查汇报制度，强化各职能部门在安全管理上的责任和风险识别意识；实施事前一票否决制度，强化了事前控制，凡是用火作业，均需提前办理审批手续，如果不符合安全要求，绝不允许动火。全年一级动火从 2003 年 9179 次下降到 5794 次，下降了 37%。

在激励和考核方面，公司调整了安全风险抵押办法，强化对非计划停工的考核，调动了关键岗位员工的积极性；经济责任制考核从月考核改为周考核，缩短考核周期，增加考核时效性。全年共组织了 88 项问题调查，提出考核意见 76 项；加大审计监察力度，建立了检察机关和公司的检企共防机制，杜绝了职务犯罪和违规违纪现象。

【节能节水】　公司通过强化凝结水回收、加强水资源重复利用、及时查漏补漏、加强动态监控、强化施工用水控制、实施冷凝水回收系统扩容、污水汽提后的净化水回用等项目，使节水工作成绩显著。2004 年内，公司新鲜水漏损率达到 5.34%，淡水消耗达到 0.59 吨/吨，在国内处于领先地位，被评为 2004 年度股份公司节能节水先进企业。

公司通过改造干气脱硫系统，降低全厂干气中的硫含量，使加热炉对流室的腐蚀和结灰现象明显改观，有效地提高了加热炉热效率，2004 年内，全厂工艺加热炉热效率与 2003 年相比提高了 1.1%，共节约燃料 6.5 万吨，降低全厂综合能耗 5.48 个单位，占综合能耗降低总量的 40%。通过采用新工艺、新方法进行节能降耗，如采用低温脱氮吸附新工艺，使润滑油白土精制原料加热温度由摄氏 190 度降低到摄氏 80 度，用蒸汽加热取代了工艺加热炉；将四酮苯装置丁酮回收塔汽提蒸汽用冷凝水罐闪蒸蒸汽替代，节省了大量新鲜蒸汽；在 450 万吨/年蒸馏装置实施换热网络流程优化，使换热终温由摄氏 292 度提高到摄氏 302 度；采用溴化锂制冷技术回收低温热，替代电力资源，节能效果十分明显。2004 年内，公司完成可比综合商品率 93.74%；完成炼油综合损失率 0.84%；完成炼油综合能耗 66.52 千克标油/吨，单位能量因数能耗 11.41 千克标油/(吨·因数)；公司参加股份公司达标评比的 5 套装置全部达标，12 项达标指标创造了历史最好水平，11 项指标实现了国内领先，2 项指标达到了国际先进水平。被评为 2004 年度炼油达标工作优胜单位，化工专业达标单位。

【工程建设】　公司建成投产了 7000 吨/年硫磺回收及干气脱硫装置。装置于 5 月 15 日破土动工，8 月 27 日中交，9 月 7 日实现一次开车成功。采用了部分燃烧法、外掺和两级转化克劳斯制硫工艺。总投资 2500 万元。投产后，公司总硫回收率可达到 99.8% 以上，排放尾气中二氧化硫浓度小于 960 毫克/立方米，符合国家环保标准的要求，具有明显的社会效益。

完成了 10 万吨/年氢氟酸烷基化装置改造工程，较原装置增加的原料加氢精制部分，采用了齐鲁石化公司研究院开发的选择性加氢脱除原料中丁二烯的新工艺技术，弥补了原装置的设计缺陷。装置投产后不仅增加了公司的汽油调和组分，从整体上提升了汽油出厂的品质，解决了过渡期每年 300 多万吨汽油的销售问题，而且为公司生产 97# 以上的高端清洁汽油产品创造了条件。

建成投产了 50 万吨/年气体分馏装置。装置由中国石油集团工程设计有限责任公司大连分公司设计，采用了高效浮阀塔盘等 4 项新技术。投产后可增产高附加值化工产品丙烯 60 多吨/年，为 20 万吨/年聚丙烯装置投产提供了原料保证。

2000 万吨/年含硫原油基地建设项目二期进展顺利，2004 年内完成了所有新建装置的工艺包设计和总体设计初稿，120 万吨/年乙烯项目可研已开始正式编制。

【信息化建设】　在进一步完善基础设施及各应用系

统建设的基础上，公司着力进行了各应用系统的整合，并积极做好试点工作。

正式投用了实验室化验分析数据管理系统（LIMS），建立了关键机组网络监测管理系统，开发投用了计量与能源能耗管理信息系统，完成了办公自动化系统二期建设，并与物资供应管理系统进行了有效集成，实现了物资采购预算价格和实际价格网上公开，增加了管理的透明度。在此基础上，公司集中力量进行了信息技术的整合、集成，使公司的信息化水平真正达到了国内先进水平。

基于较为完善的信息化基础建设，公司被批准成为股份公司广域网中心及区域数据中心项目试点单位，成为股份公司十大数据中心之一，负责大连地区的几家分公司的网络传输任务。同时公司承担了股份公司先进计划系统（APS）和炼油与化工运行系统（MES）试点项目，2004 年内顺利完成了 APS 的基本模型搭建和 MES 的前期数据收集工作。

【人力资源】 在干部管理方面，改进了班子及干部的考核办法，全年调整，任命中层干部 66 人次，加强了干部岗位的交流。组织了 10 期中层干部轮训班，共有 200 人参加了学习，占在册干部的 82%，加强了干部队伍的领导管理能力建设。

在专业技术人员管理方面，按《岗位任职资格规范》的要求，聘任了初、中、高级管理和专业技术人员 534 人，其中管理职务 250 人，专业技术职务 284 人。制定了《大连石化分公司技术专家评聘管理办法（试行）》，首次评定出公司三级技术专家 54 人，其中一级 7 人、二级 10 人、三级 37 人，技术专家队伍的作用已得到初步显现。

在劳动组织管理方面，为优化人力资源配置，提高劳动效率，以精简、高效、多能的原则配置生产新区定员，新建 7 套装置配备操作员 190 人，是国内现有装置定员的 2/5，属国内先进水平。

在员工培训方面，编写了《事故预想及处理》教材，共 15 分册，150 万字。在员工中开展了以《事故预想及处理》教材和岗位技能理论知识为主要内容的抽查测试，并与单位和个人奖金挂钩，有效促进了培训质量的提高。在炼油与销售分公司组织的 29 个炼油企业参加的 11 个工种抽查考试中，取得了 7 个团体第一，1 个团体第二，1 个团体第三和 5 个工种个人第一的好成绩。

（李 玢）

中国石油天然气股份有限公司锦州石化分公司

【概述】 中国石油天然气股份有限公司锦州石化分公司现有员工 5000 名，拥有 70 余套炼油化工装置，可生产 80 多种炼油化工产品，其中 20 多种产品出口（93# 汽油、石油针状焦、异丙醇等），原油加工能力 630 万吨/年。2004 年企业完成原油加工量 610 万吨，实现工业总产值 156 亿元（人民币），销售收入 151.25 亿元，考核利润 6.89 亿元。由锦州石化分公司控股的“锦州石化”A 股股票在国内上市流通，流通股 1.5 亿股。

目前，锦州石化分公司生产的车用汽油全部实现无铅化，并开发成功 97# 高档汽油和高标号航空煤油。7 万吨异丙醇装置目前是国内惟一大型生产装置，异丙醇产品国内市场占有率保持 85%以上，产品质量曾获国家银质奖。企业于 1998 年整体通过 ISO 9002 国际质量认证审核，获得产品国际通行证。2001 年又通过复审，企业质量管理又迈上一个新台阶。

【主要生产指标】 2004 年，公司全年实现原油加工量 610.8 万吨，比 2003 年增炼原油 88.7 万吨，其中加工进口油、海洋油和其他各种原料油合计 227.3 万吨，占原油加工量的 37.21%，比 2003 年增长 23.7%，在企业发展史上年度加工量第一次突破了 600 万吨。

【经营指标】

1. 主要产品产量和销售量大幅度上升

全年完成汽油、煤油、柴油、溶剂油四大类商品总量 421 万吨，比 2003 年增长 19.3%；石油焦产量 33.2 万吨，比 2003 年增长 21.27%，煅烧焦产量 7.69 万吨；化工、添加剂产量合计 14.2 万吨，比 2003 年增长 1.01%；其中异丙醇 8.16 万吨，比 2003

年增长2%，全年主要产品产销率均达到100%。

全年完成出口汽柴油59万吨，比2003年增长38.7%，使企业增效2.78亿元；

2. 企业经济效益和技术经济指标迈上新台阶

全年实现工业总产值156亿元，比2003年增长35.37%；实现销售收入151.25亿元，比2003年增长36%，净增加收入40亿元；实现考核利润6.89亿元，完成年预算调整目标的137.8%，比2003年增加4.89亿元。

全年实现轻油收率71.23%，比2003年增长1.90%；综合商品率89.31%，比2003年增长0.60%；加工损失0.79%，比2003年下降0.05%。

3. 成本费用进一步降低

全年炼油现金单位加工费82.6元/吨，比2003年降低3.38元/吨；含期间费用的现金单位加工费135.90元/吨，比2003年降低6.08元/吨；全年企业吨油管理费用43.04元/吨，比2003年降低6.43元/吨；通过采取上报核销，以物抵账抹账和清收现金等方式完成清欠1457万元，完成考核目标的171.66%。

【主要措施】 2004年，开展"技术效益年"活动成果显著。全年完成石油加工综合能耗102千克标油/吨，比2003年下降3.77%；炼油能耗82.14千克标油/吨，比2003年下降0.46%；单位能量因数耗能11.68千克标油/（吨·因数），比2003年下降0.02%。实现每小时节水300吨，节汽30吨，节电3000千瓦·时的节能目标。

【工程建设与技术改造】

（1）2004年共完成10套主要生产装置的检修任务，实现一次开车成功。

（2）2004年共完成大宗投资计划9项，一般技术改造和科研项目28项，其中一套常减压装置改造后加工能力达到300万吨/年；三催、一催改造后，现有三套催化加工能力合计由270万吨/年增加到340万吨/年；同时煤代油电站配套改造，供风、供氮系统改造，电气安全隐患治理等项目也如期投用。被列入"十一五"规划的60万吨/年连续重整和20万吨/年烷基化项目配套方案开始实施，其中连续重整装置已动工建设。全年完成科研项目15项，其中低分子膨化无灰中试放大、硫化烷基酚中试放大和T104工业放大均取得成功。

【安全生产】 2004年公司上下认真吸取近年来企业所发生的事故教训，通过开展"安全管理年"活动从加强安全教育，认真落实安全责任和加强安全监督管理入手，积极推进QHSE管理体系运行，保证企业整体安全运行。在隐患治理方面，全年投入整改资金5070万元，治理隐患26项。全年实现了重大人身伤亡、火灾爆炸、交通、生产、设备事故五个为零。

【企业改革与管理】 2004年企业按照持续重组的原则，稳妥推进企业各项改革，压缩管理层次，整合生产单位劳动组织，形成了公司、车间两级管理体制；同时积极推进人事、用工、分配制度的配套改革，中层以下管理人员和技术人员全部实行竞聘上岗。在强化企业管理方面，通过深入抓好"三基"工作达标，推行干部走动式管理和操作员工不间断巡检等管理措施，实现了QHSE审核、岗检、各类专业检查的整合。

（刘福印）

中国石油天然气股份有限公司
前郭石化分公司

【概述】 中国石油天然气股份有限公司前郭石化分公司（以下简称公司）是中国石油在吉林省西部的惟一一家炼化企业。毗邻吉林油田，吉林原油管输进厂，有优越的原料来源、水资源和便利的交通运输条件。目前主要有：250万吨/年常减压；100万吨/年重油催化裂化；16万吨/年气体分馏；4万吨/年聚丙烯；2万吨/年MTBE；15万吨/年重整20万吨/年加氢联合装置等6套主要生产装置，并拥有比较完善的辅助生产设施和公用工程系统。主要产品有汽油、煤油、柴油、聚丙烯树脂、石油液化气等20多个产品品种。公司总占地面积1.92平方千米；固定资产原值为14.81亿元；员工总数1423人。2004年公司获得了"吉林省模范集体"荣誉称号。

【主要经济技术指标完成情况】 2004年，累计加工原油97.39万吨；累计综合商品收率89.22%；轻油收率76.86%；加工损失率1.42%；柴汽比1.25；含期间费用单位现金加工费为239.47元/吨；累计实现工业总产值（不变价）3.34亿元；实现销售收入24.0185亿元，实现利润亏损2.2498亿元，实现税费1.5324亿元。

【安全生产】　一年来，结合企业安全管理的实际，全面开展“安全管理年”活动，深入落实安全生产“五严”要求，连续4年实现安全生产“六个为零”的佳绩。另外，结合不同季节安全管理侧重面不同的特点，开展季节性安全生产大检查，确保安全“五严”管理落到了实处。施工现场管理方面，将检修改造施工现场的安全管理作为2004年安全管理、安全监督的关键环节。重点强化施工队伍安全教育、安全施工合同管理，狠抓现场动火、进入有限空间、高空作业、临时用电、车辆进厂管理，使检修改造施工现场安全管理始终处于受控状态，确保了大修改造施工安全。安全隐患治理方面，总投资达到2579万元，使安全管理从硬件上得到了保障。

【生产经营】　2004年，公司上下团结一心，克服上半年重油催化装置两次非计划停工和下半年检修改造时间延长等影响，紧密跟踪市场变化，精心生产操作，强化设备管理，积极调整产品结构，努力把损失降到了最低。在生产优化管理方面，一年来，以深入开展装置达标工作为主线，对照先进找差距，加强工艺管理，重点抓了综合商品收率、炼油总损失率、自用率、柴汽比等关键性的经济技术指标。紧盯着加工量、质量、库存原料、成品、半成品的动态，不断地进行优化生产。在产品结构调整方面，面对二次加工能力不足、国际原油价格又居高不下的不利因素，公司把产品结构调整作为全年工作的重点来抓，开展逐个品种、逐个装置进行边际效益跟踪测算活动，牢牢掌握优化工作主动权，保证了生产方案最优化。在新技术应用方面，投资200万元对污水处理场设施进行改造，改造后外排污水合格率大幅度提高；投资50万元，油品罐区建设收油池；修建了一条22.6千米输油管线，输油系统得到完善；聚丙烯装置先进控制试运行取得了良好效果；采用氢气调节法，开发生产了S－700、S－800、S－900 3种牌号的聚丙烯树脂专用料，高附加值专用料开发获得成功。

【企业管理】　2004年，公司继续完善和强化财务、物资采购、投资预算和审计、法律等内部管理工作，挖掘内部潜力，提高了企业精细管理水平。在财务管理方面，加大资金管理力度，通过抓好全面预算管理，细化成本费用核算，深化“收支两条线”管理，财务费用较预算降低1401万元；在物资采购管理方面，进一步规范采购程序，强化物资采购控制，大力实行招标采购和网上采购，采购成本进一步降低；在工程预决算管理方面，突出事前预算和造价控制，审减率达到了1.3%，审减223万元；在审计监控方面，注重向事前审计和事中审计转移，通过审计及时发现并解决管理工作中的问题，进行了工程建设项目的跟踪审计、结算审计，同时积极开展效能监察，避免和挽回经济损失552.83万元；在法律监控方面，突出法律工作的参谋和预防作用，共审签合同193份，加大清欠工作力度，清缴陈欠1572万元；2004年，按照股份公司部署，公司建立了QHSE管理体系和内控管理体系，并进行了基础建设和运行。两大体系的建立和实施，标志着公司管理从传统管理转化为体系化管理。

【重点项目建设情况】　2004年，公司实现了重整加氢联合装置搬迁改造投产，解决了产品质量升级难题；完成了重油催化裂化装置扩容技术改造工程，解决了一次、二次加工能力不配套难题。“两大工程”的实现，为公司提高加工量，实现产品质量升级、多产气体开足开满下游化工装置，提升企业盈利能力奠定了坚实基础，增强了持续发展的后劲，为实现“求精、做特、图强”的发展目标奏响了强劲的序曲。

（孟祥涛）

中国石油天然气股份有限公司锦西石化分公司

【概述】　中国石油天然气股份有限公司锦西石化分公司（以下简称公司）现有员工5076人，直属二级单位42个，固定资产原值50亿元，生产装置51套，年原油加工能力650万吨。主要加工辽河油、大庆油和进口油，主要产品为汽油、航空煤油、柴油、润滑油、石油焦等。大庆原油、辽河原油直接管输进厂加工，在锦州笔架山设有完备的进口原油和产品出口接卸码头，并拥有完善铁路专用线，锦西石化是供应京津地区清洁汽油及柴油主要生产企业。公司科研、计量和产品质量检验设备和设施配套先进，DCS、ESD仪表控制系统已在生产装置普遍应用。

公司2003年9月通过QHSE管理体系认证。2004年，荣获辽宁省"五一劳动奖状"、辽宁省安全生产先进单位。2004年，企业取得了10个好成绩：全年完成原油加工量614万吨，实现销售收入150亿元，实现利税14.2亿元；全年完成原油进口量180万吨；主要产品产量创历史最好水平，汽油产量147.5万吨、柴油产量255万吨，丙烯8.34万吨；石蜡6.61万吨；液化气20.93万吨；产品质量有了大幅度的提升，完成产品销售量566万吨，实现销售收入150亿元。全年生产93#以上汽油71万吨，欧Ⅱ标准汽油7.52万吨，柴油10.17万吨，保证了北京市场的供应；主要装置实现了"安、稳、长、满、优"生产；企业炼油专业达标和装置达标全面完成；工程项目达到了预期效果，并顺利投入生产；安全生产工作完成了股份公司下达的指标，获股份公司安全生产先进单位称号。

【炼油加工】　2004年，公司原油加工一举突破了600万吨，实现614万吨，比2003年增加了79万吨。两套蒸馏全年累计加工原油614万吨，超过装置当初的设计能力，南蒸馏轻油收率超计划6.32%，总拔超计划7.68%，北蒸馏总拔超计划0.75%；二套催化全年完成加工任务93万吨；重催车间全年加工原料油156万吨；焦化车间完成加工量158万吨，超计划7万吨；重整车间全年处理量51万吨。

全年实现设备完好率99.05%，主要设备完好率98.65%，关键设备完好率100%。大机组实现运行平稳，催化二套的烟机、气压机，重催的烟机、气压机，两套加氢、重整循氢机等故障停机都实现了2004年初提出的指标。集中供风、三千制氮机组安全平稳运行，保证了供风供氮。2004年，共投用变频器220台，完好率达到100%。厂西下水系统经过改造，运行效果良好，彻底解决了下水不畅这一安全环保隐患。全年的新水用量同比减少95万吨，吨油使用新水达1.13吨，取得了可观的经济效益。

【安全管理】　2004年，公司安全生产形势平稳，2004年获股份公司安全生产先进单位。

"12.23"四川开县特大责任事故发生后，公司上下联系实际，举一反三，进一步强化了安全管理工作。结合全系统开展的"安全管理年"活动，深化安全教育和培训工作，多次开展全公司规模的安全大讨论、安全知识竞赛、事故预案演练等系列活动，使企业员工的安全意识大大增强，特别是事故预案演练，效果非常明显，2004年我们共举行公司级演练2次，车间级演练41次，对演练中暴露出的问题，进行讲评整改，进一步提高了公司对突发事故的处理能力。

2004年，企业进一步加强了QHSE体系运行工作，逐步将QHSE管理体系贯穿到企业管理的全过程，配合体系文件的修订，完善了50项质量安全环保管理规章制度。此外，强化现场安全监督管理、不安全隐患治理工作也取得了很好的效果。

【工程建设与技术改造】　2004年，公司共进行了8项基本建设和技术改造项目，达到了预期效果。北蒸馏装置的扩能改造顺利完成，处理能力达到300万吨/年，为全年生产任务的完成提供了保证。加氢装置扩能改造效果明显，从原来80万吨/年提高到了100万吨/年。此外，还进行了富气扩能改造、石蜡装置精制系统改造、制氢装置控制系统改造、尿素装置的检修改造、净化尾气加氢装置建设、汽油在线调和项目等。在这些项目的实施过程中，工程管理部门、技术管理部门和物资采购供应部门，克服了工期短，工作量大等各种困难，深入现场，靠前指挥，昼夜奋战，按计划完成了装置检修、改造任务。

特别是参加富气压缩机改造攻关项目创造了我们企业历史上利用闲置设备自己动手成功改造大机组的先例，为完成全年任务提供了可靠的保证。这个项目的完成，从直接经济效益看，实现了节约资金500万元的目标，更重要的是通过这次改造项目，为公司锻炼了一支勇于攻难关的年轻专业技术队伍，为公司今后的发展实现了人才和技术储备。

2004年，公司认真组织开展了以发展为主题的"技术效益年"活动和"五大攻关"活动，组织动员广大干部员工特别是各级技术人员，全面强化技术管理，广泛开展技术攻关，消除技术瓶颈等活动，使能耗、物耗全面降低，公司实现了股份公司专业达标，南蒸馏等5套达标装置实现股份公司装置达标。

【财务管理】　财务管理方面坚持抓住降低成本这条主线，加强了对各单位成本费用指标完成情况的控制，把预算执行情况与经济责任制挂钩，不断完善车间成本月分析制度，按照会计信息系统的要求，财务部门加快了建立和完善会计信息系统的建设步伐。2004年，财务部被评为股份公司先进单位，股份公司财务会计报告综合评定中，取得了一等奖，为锦西石化争得了很大的荣誉。

【计量管理】 进一步完善了原油罐区和蜡油罐区计量系统改造，进一步的改进能源计量系统，原油进厂、成品油出厂损失率得到大幅度降低，各装置能源消耗计量更加准确。为更好的发挥计量部门的管理职能，锦西石化对计量部门的组织机构和人员进行了重新调整，对计量员进行了考试聘任，进一步明确了计量监督岗位的管理职能。

【审计工作】 公司把内部审计工作作为审计重点，对采购、销售环节进行全过程参与及控制，对工程项目实施跟踪审计，全面发挥了审计的监督职能。全年实现审计金额1.4亿元，审减金额530万元。

【人事制度改革】 2004年，公司在人事管理方面完善了一些新的办法和措施，通过签订业绩合同、岗位调整、短期脱产培训，使各级干部的责任意识和业务素质得到提高和增强。通过对基层基础工作的检查、考核，进一步推进了基层基础工作建设。2004年，按上级部门的总体部署，公司进行了公司第二次扁平化调整，进一步理顺了公司两级管理体制。在培训工作方面，更注重提高培训的针对性和实效性，以岗位适应性培训、专业技术人员的继续教育、班组长为骨干的技术工人的管理知识与安全知识培训为重点，全年共组织培训4800人次，取得了比较好的效果。

（李牧民）

中国石油天然气股份有限公司
大港石化分公司

【概述】 2004年，中国石油天然气股份有限公司大港石化分公司（以下简称公司）现有员工1805人，其中股份公司专家1人，高级技术职称80人，中级技术职称251人，初级技术职称148人，固定资产原值28.56亿元，净值17.75亿元，原油一次加工能力500万吨/年，拥有燃料油、润滑油两条生产线，能够生产各类汽油、柴油、润滑油、液化气、丙烯、低硫石油焦、MTBE等11大类40余种产品。

【主要技术经济指标】 2004年全年加工原油248.14万吨，实现销售收入58.78亿元，加工量和销售收入创历史新高。轻油收率60.19%，较计划提高2.52个百分点，比2003年提高1.49个百分点；加工损失率0.89%，较计划降低0.05个百分点，比2003年降低0.04个百分点；综合商品率89.31%，较计划提高0.81个百分点，比2003年提高0.3个百分点；综合能耗82.32千克标油/吨，较计划降低2.68个单位，比2003年降低5.9个单位；现金单位加工费103.39元/吨，较计划降低1.61元/吨。

【安全生产】 深入开展了“安全生产管理年”活动，狠抓安全生产责任制落实，大力推进QHSE体系管理。强化安全环保监督检查，全年共组织安全大检查4次，查出问题135项，整改率100%，同时完成老区消防水稳高压系统改造、液化气球罐水喷淋改造等28项隐患整改；加大安全基础设施资金投入力度，全年共投资890万元对部分安全设施和隐患进行了整改；严格安全生产合同管理，把责任落实到个人，切实做到安全生产全员、全过程、全天候、全方位管理，连续17年无重大人身伤亡事故。

【工程建设和装置检修】 2004年11月29日，100万吨/年延迟焦化装置开车正常，标志着公司500万吨/年配套改造一期工程圆满完成。工程总投资4亿元，主要是新建100万吨/年延迟焦化装置，325万吨/年减压装置，改造250万吨/年常压装置为500万吨/年，120万吨/年催化裂化装置为160万吨/年。工程的建成投产，初步解决了加工流程不合理、加工手段不完善等瓶颈问题，对实现规模效益，提升盈利能力和竞争实力具有重要意义。

在改扩建工程建设最紧张的9—10月份，对14套生产装置和公用系统进行了常规检修，并组织实施催化烟机控制系统改造等11项技改项目。检修仅历时33天，是历次检修中用时最短、组织最好的一次，为实现“三年一修”目标奠定了基础。

【市场开发】 2004年，公司通过采取灵活主动的营销策略，努力改善营销环境，在稳固东北、华北地区销售市场的同时，积极占领产品需求潜力大的华东市场。与华北销售分公司加强协调配合，努力抓好产销衔接，确保了统配产品的尽产尽销和及时结算。针对非统配产品销售，根据市场需求情况，准确定价，及时推价，液化气年均价格比2003年提高292.96元/吨，丙烯年均价格比2003年提高1506.46元/吨；同时，公司积极利用国内外两种资源、开拓国内国际两个市场，初步实现了原油进口和产品出口，形成了原油上岸、产品下海的供销新格局。

【企业管理】 1996年通过ISO 9002质量体系认证，1998年建立HSE体系，2000年合版形成QHSE体系。2004年在对全部制度进行梳理的基础上，结合发展需求出台了生产运行管理、安全环保管理、成本控制、投资控制、业绩考核等新的规章制度，各项管理工作逐步实现了规范化。从维护企业整体利益出发，加大现场监督检查力度，共查处31人次各类违章违纪行为，维护了良好的生产经营环境。

【人才开发】 结合长远发展，制定了《大港石化公司2005—2010年人力资源规划》。认真开展全员培训，全年举办各类培训班105个，外培训514人次，内培训5293人次，重点进行了系统操作员理论和仿真培训，管理和技术干部知识结构进一步优化，全员素质有了新的提高。在股份公司首次炼油装置操作知识抽查测试中，取得了团体第三名的好成绩。

（卢景峰）

中国石油天然气股份有限公司
华北石化分公司

【概述】 中国石油天然气股份有限公司华北石化分公司（以下简称公司）是燃料型石油加工企业。炼油生产配套能力为350万吨/年，聚丙烯装置设计生产能力6万吨/年。主要生产装置有：350万吨/年常压一套，两套共200万吨/年催化、60万吨/年柴油加氢一套、30万吨/年重整装置一套、6万吨/年MTBE装置一套，以及30万吨/年气分装置一套和6万吨/年聚丙烯装置一套。主要生产汽油、柴油、液化气、溶剂油和聚丙烯等，产品畅销华北、京津和华东地区等，部分牌号聚丙烯专用料销往国外。截至2004年底，公司固定资产原值27.67亿元，净值17.43亿元。设12个机关处室，17个基层单位，员工总数为1589人，平均年龄33.5岁，35岁以下员工占79%，大专以上学历员工占34%。

【主要经济技术指标】 2004年加工原油291.7万吨，超预算31.7万吨，比2003年增加37万吨，综合商品率89.11%，轻油收率75.92%，炼油能耗93.96千克标油/吨，吨油耗电52.3千瓦·时，吨油耗水0.90吨，炼油损失率0.80；生产聚丙烯7.25万吨，超预算7500吨，比2003年增产4000吨，丙烯转换率为1.011。实现销售收入79.29亿元，炼油实现利润1.92亿元，化工实现利润8067万元。生产成本得到有效控制，含期间费的吨油现金加工成本为136.26元，较预算指标低3元。吨聚丙烯加工成本1244元，较预算指标低216元。炼油化工生产主要经济技术指标均创历史新水平。

【生产运行管理】 2004年，公司炼油方面，抓好原油均衡进厂、检测及脱水调和；根据原油来源多、性质变化较频繁的实际，密切注视原油性质变化，增加采样及化验频次，每周系统检测原油氯含量情况及其重离子和原油密度情况，每月做一次流程试验，掌握原料变化特征，为装置平稳运行提供科学参数。催化油浆外甩量增加1%，精心操作，油浆相对密度控制在0.96—0.98，提高催化处理量5%。加强协调，积极筹措资源，大庆原油超量运行20万吨，冀东原油多进7万余吨，华北原油比计划超出4万多吨，保证了装置高负荷运行。化工方面，进一步摸索操作规律，抓好专用料切换生产，聚丙烯产量超过装置设计能力15%。

【产品结构优化】 针对2004年原油持续高价位、成品油价格相对滞后的情况，公司加强工艺的攻关研究，不断改善操作，精心组织生产，千方百计多产高效产品。综合调整工艺操作，调整常压干点、配合MGD等，提高柴汽比0.20，液化气收率提高了6.13%，溶剂油商品量达到9.1%，增效1800多万元。完成了催化轻、重汽油分离改造技术，重汽油进入加氢装置后多产粗汽油，通过增加重整原料，多生产重整汽油，提高了清洁汽油产量，高标号汽油增产了10%，创效500多万元。MTBE装置投产后，使用MMT调和，生产欧Ⅱ标准（低烯烃）93[#]汽油39万吨，97[#]汽油3万多吨，增效8000多万元，完成了向北京提供低烯烃汽油的生产指标。同时气分和聚丙烯装置满负荷运行，优化工艺操作，多产丙烯2000吨，聚丙烯高附加值专用料产品比2003年增加10000多吨，专用料生产达到总产量的81%，增效1500多万元。LI28F不但畅销华北地区，而且大量销往华南市场，并转销国外。同时加强质量管理，严格按质量标准操作，投用二线柴油碱洗工艺，解决了柴油酸度超标问题；调整三催汽油脱硫醇工艺、更换脱硫床活性炭等，稳定了汽油质量。根据原料变化情况，加强聚丙烯产品质量的过程控制，每周增加一次聚丙烯粉料挥发、堆积密度等试验，发现问题及时调整操作，产品质量出厂合格率100%。

【安全生产管理】　公司全员牢固树立以人为本的观念，树立任何事故可控的观念，把零事故、零损失、零伤亡，作为安全生产的追求目标，全面强化安全的过程管理和科学管理。深入开展“强三基”、“反三违”、“除隐患”、“保安全”为主题的“安全管理年”以及“安全月”“119活动日”等一系列活动。举办安全知识讲座、“股份公司2110安全管理模式讲座”、“交通安全讲座”、消防培训等安全生产培训班，进一步增强了员工的安全责任意识和法律意识。加快完善QHSE体系，编制QHSE体系程序文件和作业管理文件，重新评估重大和一级安全危险点源36项，完善安全预案100多份。投资600多万元，治理消除隐患1000多项。抓好安全生产过程管理，强化安全规章制度的落实；加强危险化学品管理，建立危险化学品管理机构和档案；进一步规范施工安全管理，每项工程编制HSE计划书，加强施工队伍“三级”安全教育；与地方有关部门、周边村民委员会建立应急事故联络机制，制定了事故应急预案。截至2004年底，公司重大、大事故为零，环保事故为零，实现安全生产11年半，13年无交通事故。

【设备管理】　2004年，公司分析建厂以来设备运行情况，有针对性地逐步解决设备故障隐患。加强全厂防腐技术研究攻关，建立防腐台账，强化腐蚀点监控。公司加强检维修的管理，快速反应，快速抢修，一次成功。2004年抢修排除大中型设备烟机、PK502、WP、轴流泵等设备故障150多项。对污水汽提、二催化、重整、加氢等装置进行了有计划检修，消除了污水汽提三级凝液系统、塔内填料段等故障，对30多台换热器打压堵漏，更换了提升管进料喷嘴、吸收塔30层塔盘、3台换热器、2台油浆泵；对5台大型机组在线控制系统进行了升级改造；将二催化、CO锅炉控制系统从五套生产装置DCS操作系统中独立出来，减少了装置之间的互相影响，提高了控制系统的稳定性和可行性。

【成本管理】　公司进一步完善了成本管理网络，细化各项成本管理，有效地控制了成本。强化资金管理，全年应收账款、呆账坏账为零，节约财务费用1300多万元。加强投资管理，聚丙烯改造、MTBE项目采用工程量清单计价招标，节约投资500多万元。物资订货推进集中招标采购和网上采购，节约采购资金3400万元。大力开展修旧利废，盘活库存，节支400多万元。抓好内部审计，审计项目300多个，审减投资200多万元。强化节能管理，投用SPA—聚丙烯装置氢气线，备用聚丙烯装置电解制氢，每天可节电3000多千瓦·时；三催化、CO锅炉、重整加氢装置等完成无压回水回收系统改造，70%无压回水得到回收，每小时节约新鲜水40余吨。改造加氯换热流程、重整四合一加热炉工艺，效率提高20%，每天节约燃料气15吨。开好氨精制及浮选和生化系统，使污水回用装置运行平稳，污水回用率超过了50%。常压、三催化、加氢等装置实现部分热联合，节约蒸汽或燃料等动力消耗20吨/小时。抓好全厂蒸汽平衡，全年发电9600多万千瓦·时，比2003年增加3000万千瓦·时，节约成本3000余万元。2004年炼油能耗比2003年下降6.3千克/吨，耗水下降0.1吨/吨。

【内部改革】　继续推进人事与分配制度改革，实行装置工程师制，高、中级工程师和技师实行差额竞聘。2004年36人聘为高级工程师、工程师，4名技术人员被评为装置工程师，非技术非倒班岗位21人竞聘走上相应非技术非倒班岗位，激发和调动员工的积极性。继续推进系统操作管理，调整合并成立大车间。成立第四联合车间，负责气分、污水汽提装置，并为500万吨项目新建装置展开准备工作。成立技术发展处，进一步做好公司技术管理和发展规划工作，抓好新技术攻关、新设备的应用和新产品的开发等工作。

【技改工程建设】　深入调研，做好500万吨/年炼油技改工程项目前期工作。汽油加氢脱硫、新气分、苯抽提装置以及4具5万立方米原油罐等也获得立项批准。MTBE装置投产成功。

（葛增平）

中国石油天然气股份有限公司呼和浩特石化分公司

【概述】 中国石油天然气股份有限公司呼和浩特石化分公司（以下简称公司）是年加工150万吨原油的中型燃料型炼油厂，现有150万吨/年常减压等12套生产装置，固定资产原值13.5亿元，净值6.63亿元。产品有汽油、柴油、聚丙烯、重油、液化气、沥青等6大类20多个品种。产品主要销往内蒙古中西部、山西北部、河北张家口等地区，并出口蒙古国。现有职工1569人。

【主要生产指标】 全年原油入厂124.86万吨，完成年计划的104.05%；加工原油123.82万吨，完成年计划的103.18%；综合商品率92.48%，比年计划提高了0.33个百分点；轻油收率71.25%，比计划提高了1.24个百分点。生产93#汽油13.83万吨，-35#柴油2.89万吨，0#柴油30.62万吨，液化气7.12万吨，聚丙烯2.22万吨，均创造了历史最高纪录。加工损失率0.95%，柴汽比1.22，炼油实际能耗80千克标油/吨原油，吨油耗水0.929吨（其中炼油装置为0.64吨），吨油耗电64.53千瓦·时，成品油出厂首次实现了零损失。这些指标在历年基础上又有了攀升。

【生产经营】 本着效益最大化的原则，大力降本降费，深入挖潜增效，严格预算外支出，主要经济技术指标有了一定的提升。

加大节能降耗工作力度。加大现场用水管理力度，用水单耗比2003年降低了0.27吨，全年用水量比2003年减少33.7万吨。开好节能设施，吨油耗电同比降低了5.55千瓦·时。在保证产品质量的同时，合理加剂，化工原材料比预算降低74.98万元。回收污油1517吨，污水回用27.8万吨，修旧利废创效近40万元。

费用指标得到了有效控制。强化预算管理，发挥财务的监督、控制职能，出现超预算，限时追回。管理费用比预算降低了72万元，营业费用比预算降低了8万元，财务费用比预算降低了1101万元，修理费比预算降低了576万元，采购费用降低了1278万元。

消化减利因素和降低成本创新高。仅原油和成品油涨幅价差一项影响增亏7834万元，经过上下努力、挖潜增效，最大限度的消化了减利因素，全年炼油业务考核口径亏损7755万元，比预算减亏245万元，现金单位加工费82.23元/吨。化工业务实现考核口径盈利520万元，比预算增盈310万元。

【安全生产】 公司上下以安全生产为目标，扎实开展安全管理年活动，“反三违”，“除隐患”，强化安全意识，落实安全制度，确保了装置长周期平稳运行。

在完善落实规章制度上狠下功夫。细化了三级确认、走动式管理、不间断巡检等制度，避免了多起重大事故的发生。新建《危险作业许可证制度》等安全规章制度8项，完善了《停工、开工、小修安全管理规定》等6项，为安全生产提供了制度保证。

广泛开展反“三违”活动。把狠反“三违”作为抓安全生产的切入点，领导带头，层层发动，共查摆“三违”现象531条，制定了整改措施，同时加大了检查考核力度，发现一起，通报处罚一起。

坚持经常性安全生产检查和隐患整改。坚持定期和不定期开展安全生产大检查，全年开展了季节性和节日等专项检查56次，查出各类隐患509项，建立隐患治理台账，明确整改单位、整改时间和责任人，做到了及时整改隐患。

强化应急救援预案的演练与培训。制定完善了公司级应急救援预案17个，车间级预案144个，并印发到班组各岗位，组织员工进行演练。狠抓了安全培训工作，共培训各类人员300人次。

积极推进QHSE体系建设。全面开展了体系建设的各项工作，进一步加强了质量全过程控制，规范了化验分析项目和频次，严格细化考核，保证了四个季度股份公司产品质量抽检全部合格。

环境保护和创完好、绿色文明企业活动取得了新成绩。克服畏难情绪，深入开展创完好活动，努力消除现场脏、乱、差等低标准现象，进一步改善了厂容厂貌，促进了绿色文明企业的创建。污水处理全面达标，顺利通过股份公司的检查验收。

【技术效益年活动】　公司抓住生产技术中的重点、难点，制订了技术效益年活动实施方案，狠抓落实，技术管理明显增强，技术工作取得了长足的进步。

技术基础工作进一步强化。修订完善了工艺卡片和操作规程，建立健全了各类工艺技术台账。坚持抓好装置达标，达标综合技术评分由77.49分提高到了85.21分。

技术攻关成效显著。针对生产薄弱环节，公司组织开展了提高柴汽比、降低综合损失率，降低能耗（炼油实际能耗）和“三年一修”设备长周期运行等七项技术攻关，取得了较好的效果。如通过在操作上调整汽柴油切割点，柴汽比超额完成了计划。

短平快项目收到了预期的效益。公司上下开展技术合理化建议活动，共征集技术措施和技术改造项目70余项。先后建成了催化减渣等多条原料直供线、常减压四顶瓦斯回收、重整加氢瓦斯回收、V107丙烯至气体分馏装置增设专线、催化增设E215换热器等项目，提高了综合商品率，收到了很好的经济效益。

大力增产高附加值产品。公司通过将预加氢拔头油送到催化提高重整汽油辛烷值、优选MMT加剂量等优化油品调和方案，93#汽油比计划增产1.83万吨。临氢降凝装置投用后，－35#柴油比计划增产2.09万吨。

【企业管理】　结合实际认真学习大连西太平洋石油化工有限公司先进经验，从加强基础工作入手，认真解决薄弱环节，注重实效。

设备管理基础工作进一步加强。围绕三年一修目标，强化设备基础工作，实施设备全员管理，形成了自上而下的设备管理维护网络。深入落实设备特护制和包机制。对大型机组和关键设备成立专门的特护小组，明确责任，严格考核，保证了装置长周期安全运行。

业绩指标考核体系进一步完善。2004年下半年，调整完善了业绩指标考核体系，突出了对主要指标、薄弱指标和管理层的考核，增加了考核权重，加大了考核力度。

三级核算管理不断深化。各车间采取多种形式，调动员工当家理财的积极性，将公司下达的各项预算指标分解细化，班组每班一核算，车间每日一核算，每月累计考核兑现，核算结果和计划指标统一上墙公示，促进了小指标保大指标的完成。

岗位整合和缺员竞聘、股权划转工作。完成了123个计量、化验操作岗位、7个资金核算岗位三项业务整合工作。整合后提高了系统化操作和归口管理的水平。53个干部岗位通过公开竞聘全部补齐，竞聘上岗已成制度化。与内蒙古销售分公司顺利完成了大青山股份公司的股权划转工作。

内控体系建设进展顺利。对原有的管理体系进行了补充和完善，完成了流程目录编写、流程描述及风险控制描述。对物资采购招投标、产品出厂、各类处分执行、罚款管理情况及岗位竞聘等进行效能监察，保证了公司政令畅通，经营规范。

规范产品出厂和煤炭入厂管理。对液化气、成品油散装出厂实行了收款、开票、装车现场联合办公，树立了良好的企业销售形象。加大了液化气出厂装车量的监管力度，出厂误差由2.5%降到了0.12%。入厂原煤实行外观、程序和化验结果三级确认，保证了燃煤质量。

【扩能改造】　公司五项改造和新建工程正式批复立项。公司班子高度重视改造工作，多次主动向股份公司和板块领导汇报，反复与主管部门、专业公司沟通，重油深加工改造工程（包括90万吨/年催化裂化装置改造和25万吨/年气体分馏装置改造）于6月25日批复立项，基础设计于11月3日正式批复。3万吨/年MTBE装置于12月8日批复立项，3万吨/年苯抽提装置和10万吨/年聚丙烯装置的可研报告已通过股份公司审查，很快将批复立项。其中重油深加工改造工程的各项前期准备工作已全面启动，已完成了主要设备材料的订货工作。

【党建和思想政治工作】　以生产经营为中心，大力推进党建和思想政治工作，鼓舞士气，保持团结，营造了良好的生产经营环境，月创三佳活动取得明显成效，深化形势任务宣传教育，强化干部队伍作风建设，基层党的建设进一步增强，企业文化建设取得一定进步。

认真抓好员工队伍稳定工作，在缺员岗位竞聘、完善基本工资制度、业绩考核、奖金分配等涉及员工利益的敏感问题上，认真执行政策，决策民主，操作公开透明，主动释疑解惑，及时做好了一人一事的思想政治工作。各级工会、共青团组织主动融入生产经营，开展了劳动竞赛和青年“反三违”等形式多样的群众性活动，凝聚了人心，促进了生产。

（李正智）

中国石油天然气股份有限公司辽河石化分公司

【概述】　2004年，中国石油天然气股份有限公司辽河石化分公司（以下简称公司）创造了有史以来最好的生产经营水平，提前完成了“十五”发展目标。产品结构持续改进，特色产品产量持续增加，装置运行水平持续提高，厂区环境持续改善，发展势头持续加快，员工队伍持续稳定，用人制度持续推进。加工量突破250万吨大关，成为国内首家百万吨沥青生产厂家；特色产品产量迈向100万吨大关；销售收入突破了50亿元大关；焦化成功投产；效益目标远远好于预期，处于炼油板块前列；首次实现全年装置无大修；资源筹集取得可喜进展，首次加工进口原油；超稠油实现管输进厂。

【主要生产指标】　原油加工量281.31万吨，比2003年增加45.46万吨，增长19%；单位因数耗能12.25千克标油/(吨·因数)，比2003年下降0.96个百分点；现金单位加工费125元/吨，比2003年下降了11.86元/吨；综合商品率94.27%，比2003年提高0.35个百分点；综合损失率1.17%，比2003年下降0.14个百分点；轻油收率43.44%，比2003年提高了4.51个百分点；柴汽比达到3.23，比2003年提高0.66个百分点。

【经营指标】　公司利润总额2.07亿元，比2003年增加2亿元；完成考核利润3.97亿元，比2003年增加约2.7亿元；销售收入达到59亿元，比2003年增加15.4亿元，增长35%；全年完成投资2.4亿元。

【主要产品】　公司沥青产量96.93万吨；轻柴油产量82.34万吨，汽油25.42万吨；石脑油12.55万吨；聚丙烯产量2.53万吨。

【主要措施和成果】　抓好设备管理和生产运行管理，增强操作人员责任心，强化预知性维修和大型设备机组的特护，使现场管理水平持续提高，非计划停工次数大幅度降低，设备长周期运行呈现可喜局面。

抓住收入和效益两个环节，加大市场控制力度，提高驾驭市场的能力。2004年初，将沥青价格推至1950元/吨，沥青市场出现供不应求的局面。在其他自销的小宗品种上，认真分析行情，价格勤调快调，液化气、聚丙烯等产品价格与周围炼厂相比，保持了较高的水平，市场占有率进一步提高。

调整产品结构。生产系统加强与销售系统的衔接，根据市场行情及时调和了部分93#汽油投放市场，增加一个新品种；抓住化工产品价格上扬的机遇，比2003年增产聚丙烯6400多万吨；基本实现了“零渣油”运行方案；焦化投产使产品结构更加优化，轻油收率提高10个百分点以上；在加工量提高了19.3%的情况下，柴油收率提高了39.6%。

【科技创新与技术改造】　原油焦化实现了工业化，这是国内第一套直接加工原油的焦化装置，在没有经验可以借鉴的情况下，实现了安全顺利投产；超稠油改质生产重交沥青工艺取得了质的突破，不但沥青产品合格，而且比原有工艺增加了10%的柴油收率，效益显著；醚化装置投产成功，弥补了降烯烃带来的辛烷值下降和轻油收率降低的副作用。20多项科技攻关活动收到了4000万元的效益，科技攻关活动成为科技信息处常抓不懈的一项日常管理工作，促进了管理水平的提高。

【工程建设】　“牢牢抓住发展这个第一要务不动摇”。焦化及其七套配套装置应达到了设计一流、建设一流、指挥及协调一流、准备及投产一流。

【安全生产】　落实“按章作业光荣，违章作业可耻”、“一切事故是可以避免的”、“一人违章，大家遭殃”等反违章理念，健全完善检维修安全管理制度，严把检维修施工队伍安全资质审核关，作业过程有章可循，责权清晰，各项安全措施及时、有效落实，杜绝了检维修过程中各类安全事故的发生。

不断强化风险意识，深入开展施工风险评价与监控，严格安全合同管理，明确甲乙双方安全职责，注重作业人员安全教育，树立安全意识，强化施工安全风险意识，抓好措施落实，狠反违章作业行为，保证作业安全。

【企业改革与管理】　从抓好“规范化、精细化、数据化”管理入手，开展“基础管理年”活动，夯实管理基础，扎扎实实做好企业内部的基础管理，全方位挖掘内部潜力，堵塞各种漏洞，节能降耗，降本增效，以增强公司的整体盈利能力和竞争能力。

为激发干部、员工的活力，公司在干部任用制度上大胆创新和探索，实行公开竞聘，实现公正、公平、公开。组织结构调整和处室长配备工作平稳完成，实现了用人制度的重大突破。

狠抓环境整治工作，使公司形象进一步提升。

（李　明）

中国石油天然气股份有限公司长庆石化分公司

【概述】　2004年，中国石油天然气股份有限公司长庆石化分公司（以下简称公司）优化生产经营，深入挖潜增效，消化了8291万元的价格因素减利，全年实现含税销售收入52.48亿元，同比增加11.24亿元；完成考核利润1.18亿元；上缴税金3.86亿元。

【生产经营】　原油加工量和高附加值产品产量创历史新高。加工原油172.09万吨，完成年计划的101.23%。高附加值产品产量大幅增长，93#汽油同比增加9.53万吨，丙烯同比增加3.19万吨。轻质油收率81.37%，比预算提高0.24；综合商品率92%，比预算提高1.78；综合能耗75.36千克标油/吨，比预算降低0.64个单位；柴汽比1.40，比预算降低0.05。各项主要经济技术指标均保持较高水平。

通过深入开展“技术效益年”活动，制订五大平衡项目60个，工艺技术攻关30项，产品结构调整项目16项。加强设备管理，设备完好率99.3%，其中A类设备完好率99.6%，仪表使用率97.35%，为历史最高水平。烟机完好率97%，投运率97%。

面向市场，灵活销售，严格执行配置计划，产销率达到100.01%，货款回收率达到100%。密切关注市场走势，及时调整非统配产品价格，扩大自销产品区外市场占有率，实现效益最大化。

【企业管理】　扁平网络化管理方法再获大奖。“扁平网络化管理模式的探索与应用”获得第十七届石油企业管理现代化优秀成果一等奖第一名，“适应快速变化环境的组织结构优化管理”获得第十一届全国企业管理现代化创新成果二等奖。

通过规范运作，强化内控，全面提升企业管理水平。强化财务控制，严格资金收支计划管理和收支两条线制度，资金计划准确率上升到99%。成立内控体系建设领导小组，完善制度，规范业务流程，完成动员培训、流程图绘制及描述、风险控制分析三个阶段工作。强化审计监控，完善审计管理制度。强化物资采购控制，完成仓储业务分离及采购业务流程再造，将物资仓储业务委托给专业仓储公司，实现物资采购供应与仓储服务专业化管理，降低采购费用143万元。强化法律监控，对物资采办部、产品经销部和项目组等部门进行法律风险源调研，制订防范措施，全年合同审查率100%，履约率100%。

【产品质量和质量管理】　推行国际标准化管理，规范质量管理过程，明确各部门质量职责，落实各级质量责任。将质量、技术、操作等指标分解细化，确定最佳值、达标值，每周对照检查，每月考核兑现。装置操作工艺参数不断优化，馏出口平稳率和质量合格率明显提高，产品始终保持出厂合格率100%，季度产品质量监督抽查合格率100%。

【安全生产和环境保护】　认真开展“安全生产管理年”活动，强化管理，严查隐患，落实安全生产责任制。结合体系运行，逐级签订HSE业绩合同；开展“严管理、反三违、查隐患、保安全”活动；实行安全监督每日4小时现场督察制度；抓好技术改造项目HSE工作。先后接受国务院和中国石油天然气集团公司的安全检查以及陕西省人大组织的环保执法检查，受到好评。通过ISO 9001、ISO 14001、HSE/OHS 18001管理体系的现场监督审核和股份公司QHSE体系整合工作的验收。公司保持12年无上报事故。

【科技创新与技术改造】　催化裂化装置两段提升管催化新技术的应用获得集团公司2004年技术创新成果一等奖，气体分馏、干气发电、溶剂脱硫、透平动力等一批新技术得到应用。

【信息化建设】　进行信息门户版面调整和功能改进，推广应用协同办公系统，优化整合公司内外部信息。先后投资180多万元更新设备，提高信息共享程度和工作效率。被评为“陕西省制造业信息化应用示范企业”。

【项目建设】 500万吨/年炼油配套完善技术改造项目全面启动。140万吨/年重油催化裂化装置、500万吨/年常减压装置分别于2004年9月7日和2004年10月16日开工建设，完成120万吨/年加氢裂化装置主体设备订货。

【企业文化】 公司被陕西省授予首批省级“园林式单位”称号，并获得《中国环境报》理事会2004年度“绿色企业管理奖”和“积极参与奖”，被评为陕西省“文明单位”。被推荐为陕西省“治安安全先进单位”。

（刘宏远　殷　涛）

中国石油天然气股份有限公司克拉玛依石化分公司

【概述】 中国石油天然气股份有限公司克拉玛依石化分公司（以下简称公司）是集炼油化工为一体的年加工能力为500万吨的燃料油—润滑油—沥青型石化企业，现有主体装置38套，固定资产38.28亿元。其中稠油加工能力为300万吨/年，是一个加工手段灵活、工艺技术先进、产品种类齐全的特色炼化企业，稠油加工工艺居国内领先水平，目前可生产各类石油化工产品160多种。

公司连续11年保持了新疆维吾尔自治区“文明单位”荣誉称号。近年来，公司先后荣获新疆维吾尔自治区“模范职工之家标兵单位”、“促进就业和再就业先进单位”、新疆维吾尔自治区“重合同、守信用企业”等诸多荣誉称号。2004年4月被全国总工会授予“五一劳动奖状”。

【炼油生产】 2004年，抓住市场需求旺盛的有利时机，优化生产运行，强化各项管理，各项经济技术指标全面创新高，公司盈利水平和整体实力大幅提升。全年加工原油300万吨，比2003年增加近50万吨。其中加工稠油153万吨，产品总量281万吨，比2003年增加47万吨。其中，润滑油及基础油产量38万吨，汽油48万吨，柴油113万吨，航空煤油5万吨，沥青47万吨，比2003年均有较大幅度的增加。热电厂发电1.71亿千瓦·时，产汽173.86万吨。

公司2004年原油加工量、稠油加工量、产品总量、主导产品产量、销售收入、考核利润等数十项指标刷新了公司历史纪录，公司综合实力有了显著增强。

【计划工作】 公司根据统计报表制度，完成了2003年统计年报的上报及汇审工作，圆满完成了股份公司规划计划部、炼油与销售分公司、西北销售分公司和地方政府统计部门的各项统计调查任务。

1. 全面配合地方政府做好工业品价格调查工作

为认真贯彻、落实国家统计局关于实行新的工业发展速度计算方法的通知精神和确保全国工业发展速度计算方案在新疆维吾尔自治区顺利实施，新疆维吾尔自治区统计局于2004年4月召开了全疆工业产品价格统计培训工作会议。根据会议精神，确定了我们工业品价格调查重点目标，改革价格采集方法，选出代表本企业的重点产品，加强领导、明确分工、精心准备，全面掌握填报方法，严把数据质量关。根据企业实际情况建立工业品价格台账，按时采集重点产品价格，填报工业产品价格月报，保质保量上报年报、月报及旬报。

2. 加快统计信息化发展

公司在积极配合股份公司综合统计信息系统建设过程中，进一步规范业务流程和统计标准，更好地配合股份公司综合统计管理信息系统的升级。公司开发了《生产日报信息系统》并逐步完善此系统，还配合软件公司开发了《综合报表系统》，并进入测试阶段。生产日报系统已正式投入运用。满足炼油与销售分公司、西北销售分公司产、销、存信息系统数据的传输，大大节约了人力和时间，提高了工作效率和准确性。

【财务管理】 认真贯彻执行股份公司清欠政策和要求，以最大限度降低坏账损失为目标，加强清欠工作的组织领导，落实清欠责任，积极开展清欠工作，应收账款余额从2004年初的1946万元降到目前的1000万元，全面完成了股份公司的清欠任务。

按照股份公司润滑油业务“五统一、一集中”的要求，对公司历史遗留的从事润滑油业务的相关公司进行整合。本着实事求是、客观负责的态度，财务处对划转过程中所涉及公司的资产、负债、债权、债务等财务状况进行认真核实，做到了平稳交接。

资金管理是企业财务管理的中心，是企业持续经营的血液。2004 年，公司结合股份公司资金管理目标，继续完善资金收支两条线，推行资金全面计划管理，确保资金安全。首先继续完善资金管理制度，规范资金收支行为和财务运作，相继下发了《克拉玛依石化分公司银行承兑汇票管理办法》和《克拉玛依石化分公司财务内部控制制度》，进一步规范了资金集中管理行为，明确管理程序。其次，加快应收账款的回收，盘活闲置资金，积极筹划和争取政策，及时归还长期借款 4.67 亿元，降低资产负债率，进一步优化了财务状况，降低财务费用 2212 万元，为公司经营目标的实现做出了积极的贡献；规范公司驻外单位财务核算，防范和减少财务风险；结合股份公司一系列案件，开展警示教育，针对公司资金管理中存在的各种问题，认真分析，总结经验，查找差距，改进程序，规范运行，堵塞漏洞，进一步加强了资金安全性。

【投资规模与效益】 2004 年，公司投资工作紧紧围绕“51611”目标及解决生产建设中存在的各项实际问题，扎实开展工作，圆满完成了 2004 年各项投资任务。稠油集中加工及配套项目批复概算总投资 5.94 亿元，无盐水装置、硫磺回收、稳高压消防系统及污水回用装置 2004 年全部完成投资并建成投产。5 万吨/年加氢白油精制装置等项目 2004 年主要完成设备及材料订货。这些项目的建设投产，有力地保障了公司向“51611”目标稳步迈进，为公司可持续发展打下了坚实的基础。

公司财务处从年初开始，根据股份公司内控建设的整体规划，稳步推进，已完成 140 多个流程图及说明的编制与审查，完成关键流程的风险控制文档的编制与审查，基本能够按照股份公司的要求完成各阶段的工作，搭建了公司基本内控框架。

【营销管理】

1. 合同和法律事务工作

完成合同管理办法以及实施细则等配套制度的重新修订，使合同管理全过程逐步规范，实现标准化工作。

加强合同履约管理，规范合同管理各环节严格按制度执行。针对供应、机动、技术、销售的合同签订、履行、动态统计分析等方面全年对合同履约情况分季度进行抽查，提高合同履约质量，做到了合同纠纷率为零。

整理公司现有的法律事务管理制度，建立法律事务管理制度汇编，发放各相关部门，促进了制度落实。

2004 年，共审批各类经济合同 1545 份，合同金额 13790 万元。审批中因合同条款不完善或与规定不符，退回 180 份合同，因合同内容不符合规范的退回拒签合同 21 份。全年没有发生一起因合同管理和签订内容不规范而引起的经济纠纷。

根据股份公司安排，进行了半年及年度合同管理自检自查工作总结，组织了股份公司合同管理检查汇报工作，获得好评。

2004 年，经克拉玛依市工商局考评推荐，公司同时荣获市级“守合同、重信用”和“AAA”级企业荣誉称号。

2. 市场管理

招标工作坚持公正、公平、公开和诚信的原则，不断改进物资采购流程，努力降低采购成本；向股份公司炼销板块上报了稠油集中加工项目建安工程施工队伍招标过程及结果，取得了股份公司炼油与销售板块的批复文件。

按照招标管理办法共组织进行了 279 项招标，招标项目投标报价累计金额为 5667.69 万元，中标项目合同累计金额 5166.73 万元，中标项目合同累计金额与投标报价平均累计金额相比较节约资金 5009.65 万元，占中标合同累计金额 9.69%。仅通过招标优化主要项目节约资金约 1321 万元。

【设备管理】 设备以达标管理为指南，以设备完好率、静密封点泄漏率及仪表控制率几项关键设备技术指标为主线，深入细致地开展设备日常管理的各项工作，全公司设备完好率 99.01%，静密封点泄漏率 0.44‰，仪表自控率 96.2%，关键回路自控率 100%，新建的大焦化及制加氢联合装置也在短期内实现了仪表自控率不小于 95%。

2004 年，公司 500 万吨/年稠油加工及配套项目全面完成，建成了 150 万吨/年延迟焦化装置、1.2 万立方米/小时和 90 万吨/年制加氢联合装置、16 万吨/年干气脱硫和 20 万吨/年液化气碱洗、1500 吨/年硫磺回收、500 吨/小时无盐水改造、供风制氮系统改造、5×1 万立方米稠油罐、2×1 万立方米石脑油罐。

2004 年，公司基本建设项目投资多，工期紧、任务重、质量要求高，公司目标明确、严抓细管，各项工程高效安全、质量优良，均做到一次试车成功，特别是150万吨/年焦化装置及1.2万立方米/小时和90万吨/年制加氢联合装置的工艺标准、建设周期、安全质量达到了石化建设项目的先进水平。

【安全环保】

1. 安全生产

实现了与股份公司签订业绩合同中的重大生产责任事故死亡率为零，实现了与新疆维吾尔自治区签订《2004年安全生产目标管理责任书》中的职责范围内不发生企业职工死亡事故、不发生重大火灾事故、不发生重大交通事故的目标。经公司年度安全生产责任目标兑现考评，公司29个单位，全部做到考核指标不超。实现了公司QHSE管理体系整合的工作目标，并顺利通过了板块的检查与验收。

截至2004年12月31日，公司炼化生产主体装置已连续14年实现安全生产无重大人身伤亡事故，交通安全已连续6年实现安全运行无重大交通事故，公司累计安全生产已达5270天。

2. 体系整合

为保证体系持续有效运行，公司体系办公室采用了每月滚动审核的方式。2004年，公司体系办公室除了组织5次正常内部审核，还对热电厂进行了两次独立审核，全年总计有97个单位（次）接受了内部审核，开出不符合报告180项、观察项503项。通过对各项问题的积极整改，确保了体系运行的持续性、有效性和符合性。5月份，体系办公室正式开始了3个体系的整合工作，主要包括将原有3个体系手册的合三为一，对原有程序文件的整合，建立并实施QHSE管理体系。通过整合，对原有62个程序文件整合压缩为51个。为进一步培养各单位体系管理骨干，并完成公司内审员的换证工作，8月份专门举办了一期有34名内审员参加的提高培训班。确保了公司质量与环境管理体系的复评认证和健康安全管理体系的监督审核工作的顺利通过。3个体系的整合工作也顺利通过了检查、验收。

3. 隐患治理

积极开展重大隐患的治理工作。2004年，公司充分发挥安保基金作用，共计下发隐患治理投资计划两批36项。另外，公司配电柜电气“五防”的治理项目也在实施之中。继续坚持除隐患表彰奖励机制。2004年，共表彰奖励了174起除隐患典型事例。

4. 环境监督管理

公司通过加强ISO 14001环境管理体系运行管理，整合QHSE体系，落实环境管理方案，使公司环境保护工作持续改进。根据2004年公司基建任务繁重的情况，公司环保部门加强环境监督检查，杜绝了施工期噪声扰民及建筑垃圾乱倒现象，加强“三废”异常排放的监督管理，不断建立和完善环境保护各项管理制度，把环境保护理念融入生产实际中，把减少“跑、冒、滴、漏”，减少物料消耗作为环境保护措施，增强了广大员工的环境意识，使环境保护工作再上新台阶，获得“新疆维吾尔自治区环保局循环经济试点单位”称号。2004年公司重大环境污染及破坏事故为零，有控废气达标率为96.7%，废水综合合格率为98.6%，废渣处置率为100%，厂界噪声合格率为100%，环保设施投用率为100%，各类污染物的排放总量在控制计划内。

5. 建设项目环境管理

按照建设项目“三同时”的要求，公司委托编制了500万吨稠油集中加工项目，1500吨/年硫磺回收装置等4个项目的环境影响评价报告书，上报后，按照分级审批原则，分别通过了新疆维吾尔自治区环保局和国家环保总局的正式批复。组织了45万吨/年汽油、柴油加氢装置，低压瓦斯气柜和SBS改性沥青装置等9个项目的环境保护验收监测，并分别通过新疆维吾尔自治区和克拉玛依市环保局组织的竣工验收。

6. 污染治理

2004年，公司加工规模扩大至500万吨，环保投资力度也进一步加强。2004年5月，公司4000立方米/日污水深度处理回用装置一次试车成功，处理后水质指标全部达到循环水补水要求，直接回用于循环水管网，每年可为公司节约新水100多万立方米，同时减少废水的排放。7月，公司1500吨/年硫磺回收装置建成投用，每年将削减约近3000吨的SO_2排放量，回收硫磺1500多吨，极大地改善了金龙镇地区及周边的环境空气质量。11月，公司建成3个5000立方米粉煤灰库，该方案实施后，避免了冬季粉煤灰造成的环境污染，同时节约运行成本，经济效益和环境效益相当显著。

【科技工作】

生产工艺技术：

2004年，公司各项专业达标指标全部完成，部分指标如原油加工损失率、原油综合损失率、炼油综合能耗、单位能量因数耗能、柴汽比等均创历史新高，个别指标达到行业先进水平。四套参加股份公司级达标竞赛的装置（两套蒸馏、催化Ⅱ套、延迟焦化）全部实现达标，16套参加公司级达标的装置全部实现达标，公司被评为股份公司达标优胜单位。

2004年，公司共承担股份公司级科研课题13项；此外，还有计划地开展了地区公司级炼化科研项目合计17项，分别涉及了工艺和新产品开发等方面的内容。

2004年，炼油化工研究院依托现有生产装置，发挥公司资源和硬件设备的优势，研究开发了一系列新、优、特高附加值产品和炼化工艺技术，如系列窄馏分环烷油，SBS改性道路沥青，专用于机场、桥梁等特殊路面的SBS成品或现场改性沥青，以及适用于寒冷地区高等级公路使用的SBR改性沥青等，各项指标均处于国内领先水平，质量可与进口的优质改性沥青相媲美。

2004年，公司共申请专利两项。

（黄国强）

中国石油天然气股份有限公司庆阳石化分公司

【概述】 中国石油天然气股份有限公司庆阳石化分公司（以下简称公司）主要以石油炼制、石油助剂和石油化工为主，生产能力为加工原油150万吨/年，加工重油60万吨/年，生产聚丙烯1.5万吨/年，生物制品80吨/年。主要产品有93#、90#汽油，煤油，0#、-10#、-20#柴油，石油液化气，聚丙烯，MTBE，活性炭以及甘草甜素系列产品等。

2004年，是公司改革和发展取得丰硕成果的一年，公司各项工作呈现和谐、健康、持续、快速发展的态势。全年实现内部考核利润600万元，投资资本回报率、单位加工费、应收账款、电子商务效率等主要经营业绩指标任务超额完成。原油加工量、销售收入、上缴税金、产品综合收率等生产经营指标创历史最好水平。

2004年11月，公司整体划转股份公司，更名为“中国石油天然气股份有限责任公司庆阳石化分公司”，公司从此进入了新的历史发展时期。

【生产指标】 全年累计加工原油60.01万吨，比2003年增长13.17%；加工重油29.35万吨，比2003年增长8.48%；轻质油收率80.64%，比2003年提高0.64个百分点，与业绩指标相比提高1.64个百分点；石油产品综合商品率89.11%，比2003年提高0.98个百分点，与业绩指标相比提高0.11个百分点；综合能耗97.94千克标油/吨，与业绩指标相比降低了0.06个单位；吨原油加工损失率1.17%，比2003年下降0.25个百分点，与业绩指标相比降低了0.33个百分点；柴汽比1.59，比2003年提高0.09，与业绩指标相比提高了0.05个单位；单位现金加工费130.35元/吨，与业绩指标相比降低了0.74元/吨。

【经营指标】 公司全年累计完成工业总产值15.62亿元，比2003年增长34.01%；实现工业增加值1.20亿元，与2003年持平；实现销售收入17.02亿元，比2003年增长32.73%；上缴税金1.39亿元，比2003年增长33.36%；实现利润600万元，在2003年亏损5438万元的基础上实现了扭亏增盈。

【安全工作】 2004年，公司以“安全生产管理年”活动为主线，认真落实中国石油天然气集团公司《关于进一步加强安全生产工作的决定》精神，深入开展“反违章，查隐患，促整改，保安全”工作，全面完成了集团公司下达的安全生产考核指标和环保指标任务。

一是树立安全文化管理理念，通过开展安全生产千人签名活动和为期1个月的安全生产大讨论活动、单位安全第一责任人的安全述职活动以及围绕“12.23”安全生产警示日安排的“十个一”活动，在员工中牢固树立起了“付出一万的努力，防止万一的发生”的安全生产理念，营造出了“人人要安全，时时保安全、处处都安全”的良好氛围。

二是进一步规范安全管理程序，全面推行安全目标管理，实行重点要害部位、关键装置领导联系点的安全生产责任制度。按照监、管分开的原则，通过竞聘方式为基层单位配备专职安全监督员9名，兼职安全监督2名，班组安全员77名。初步建立起横向到边、纵向到底的安全管理和监督的保障体系。

三是推行了“干部走动式管理，员工不间断巡检”以及值班干部 24 小时挂牌抽查的管理模式，与 1376 名员工重新签订了《员工安全生产合同》，使安全管理责任逐级落实到基层和个人，促进了安全生产责任制的落实。

四是加强了全员安全教育培训，编写了《岗位练兵 500 题》，组织收看了《中华人民共和国安全生产法》电视专题讲座，972 人参加了安全知识考试，835 名外来施工人员接受了入厂安全教育，编写了公司《典型事故案例汇编》，推行了“两卡一苑”，即入厂提示卡、行车警示卡、温馨苑（幸福栏），取得了较好的效果。

五是加大安全隐患整改力度，积极开展风险源的评价和削减，确保装置本质安全。全年除车间现场整改 77 个隐患外，公司投资 569.51 万元治理了 21 个重大隐患，隐患整改率达到了 90.67%；投资 400 万元对污水处理设施进行了改造，全年外排污水合格率达到了 94.5%。外请专家两批来公司帮助查找出隐患，全方位进行了主要装置及重点要害部位风险源的辨识，形成了《重大风险源削减方案》。

【内部管理】　一年来公司紧紧围绕改革、发展、安全、稳定这一主题，以“保安全、提三率、降四耗、压五费”12 字方针开展各项管理工作，建立、完善了一套行之有效、统揽全局的管理制度，修订了岗位职责，出台了财务、审计、合同、项目招投标及结算等各个方面的制度和办法，填补了制度建设上的空白，为公司内部管理工作提供了强有力的保障，使全员的工作行为纳入了严格的规范化管理之中。

按照内控体系建设的要求，全面进行业务流程再造，逐步改进运行程序，做到制度化管理，规范化运作。第一阶段主要进行了业务流程制定和控制现状描述工作，完成汇编业务流程模块 20 个，业务流程图 541 个，文字描述 541 份，为提高公司规范化管理水平建立了扎实基础。

以“安全管理年”活动为契机，启动 QHSE 体系建设工作，集中对公司领导、中层管理干部及业务人员进行了贯标培训，经过各方面的共同努力，做到了思想到位、组织到位、人员到位、安排部署到位，为推进体系建设提供了有力保障。

健全和完善了信息网络工程建设。2004 年，投入资金对内部局域网络进行了彻底改造，网点覆盖公司所有单位、部门及车间。初步实现了网上办公和交流，做到了公司内部公文信息共享和流转，逐步向办公自动化过渡，初步完成了公司信息门户网站建设。

加强了经济安全监督管理，堵塞了漏洞。一是对经济运行的基础管理工作进行了全面理顺，管理制度和业务流程基本建立。二是明确经济安全监督的重点，公司领导是监督的重点以及管人、管钱、管物、管工程、管预算、管投资、管销售、管计量交接的八种岗位工作人员都是经济安全监督的重点。三是会计核算工作做到了业务集中核算、人员集中管理，这对于规范经营行为，严肃财经纪律，提高核算准确度，加强过程监督起到了重要作用。四是完善合同管理，实行“多方位、全过程、闭合运行”的管理方式，开展了合同管理专项检查，实现合同签约率 100%，合同合规率 100%，合同“三项”审查率 91%，合同纠纷率为零。五是加强内部审计监督，增设了审计部，全面开展审计监督工作。

【技术进步】　公司组织力量认真筹划中长期发展规划。根据股份公司将公司原油加工规模定位在 150 万吨/年进行配套改造的有关精神和要求，组织编写了 150 万吨/年配套改造工程 9 个项目建议书。生产厂区的来料加工系统按照 150 万吨设计已全部到位。组织专业技术人员经过多次专题会议讨论，启动了总揽全局的“十一五”发展规划。

年度大检修和常压、催化技改碰头都实现了一次开车成功，装置的一次加工能力由 50 万吨/年提高到 150 万吨/年，二次加工能力由 30 万吨/年提高到 60 万吨/年，实现了历史性突破。

积极引进“四新”技术。一是河北工业大学研制的 CTST 高效立体塔盘广泛应用于常压塔、催化装置吸收稳定系统和气分装置，节约投资近 1000 万元，常压轻质油收率由 46%提高到 48.5%，丙烯收率提高了 4.2 个百分点；二是催化采用了双段进料、高效汽提、高效再生、全封闭油气旋分系统等技术，使催化装置的轻质油收率由 82%提高到 84%；三是循环水系统采用分块供水工艺，使生产装置供水调节灵活，提高了循环水利用率和冷却效果；四是酸性水处理装置采用长安大学的常温常压催化氧化法专利技术，比常规的酸性水汽提技术节约投资 800 万元。“四新”技术的应用，提高了装置的技术含量，使得技改检修后装置运行水平明显提高，效益也十分显著。

深入开展“技术效益年”活动。积极组织技术攻关，解决装置瓶颈问题，实现装置效益最大化。通过将水源井新鲜水直接引入循环水补水系统，使净水场聚合铝消耗下降，节约了成本费用；通过技术攻关和优化工艺，MTBE 装置加工负荷提高了 31.5%；通过锅炉、加热炉烧油浆，投用余热锅炉和多烧干气等措施，每年可节约燃料油 2000 余吨。同时，大力开展合理化建议和小革小改活动，全年征集合理化建议1280条，取得效益的小革小改活动达80多项。

【内部体制改革】　启动和推行“五定”工作，全面调整机构设置，精简机关、设立附属、压缩编制、精干管理，使机关由原来的9个部门减缩到7个部门，并统一由处（室）更名为部（室）；理顺管理流程，明确职能和职责，加强全员业务培训。全年共培训管理人员138人次、技术人员51人次、操作人员413人次；完善了各项人事管理制度，初步实现了与系统管理模式的接轨。

认真组织管理岗位及技术岗位竞聘。从7月份开始，利用近3个月的时间，对中层干部、管理人员、工程技术人员、安全监督以及班长岗位实行全员竞聘，组织了42场中层管理岗位副职和专业技术岗位的竞聘大会，报名参加竞聘的人数达到319人次，参加竞聘大会的员工达到2046人次。通过竞聘共产生了中层副职43人、机关一般管理人员3人、专业技术干部65人。同时，各车间还组织了班组长的竞聘工作，竞聘产生了47名班组长。

启动实施业绩指标考核管理。制定完善了业绩管理及中层管理人员业绩考核办法，进一步落实奖优奖勤、多劳多得的分配政策，激励员工的工作热情。通过“业绩指标按月下达、逐月拔高，按月考核兑现业绩奖金”办法的运行，达到了合理、实效、激励的目的。

果断关闭扭亏无望的亏损企业。经过调研论证，决定对2001年投产以来一直处于亏损状态的活性炭厂暂时关停，仅此一项减亏800万元。

【财务计划管理】　公司一是建立经营决策机制，完善营销价格体系建设。调整了价格管理委员会，明确了职责，严格了程序；二是积极与股份公司财务部对接，实现了财务电算化管理，结束了手工账核算的历史；三是初步确立了会计核算体系、资金管理体系、预算管理体系，实现了与股份公司管理的接轨；四是狠抓清欠工作，成立清欠领导小组，制定清欠方案，截至2004年底，应收款项由年初的691户5650万元，下降到57户2645万元，降低了3005万元，降幅达53.19%；五是清理银行账户，实现资金的集中管理，注销停用了27个银行账户，有效防止和根治了资金管理上的跑、冒、滴、漏现象；六是成立了财务结算中心，对财务人员实行了动态管理，集中委派；七是加强计划在生产经营工作中的指导作用，初步建立了经济活动分析制度，细化计划预算管理，增强计划的控制力度和操纵性。

【稳定工作】　新一届领导班子到任后，针对公司的实际情况，成立了稳定工作小组，实行领导定点承包，明确分工，划分责任；制定突发事件应急预案；建立首问负责制，领导深入基层，倾听呼声，了解情况，形成了稳定工作组织网络体系。

稳妥开展第一助剂厂接管工作。按照集团公司关停第一助剂厂的精神，接管工作以“稳定为前提，安全为核心，资产保全为重点”，在“安全、稳定、精细、和谐、纪律”的总体原则下完成了接管。接管后，扎实开展治安防护工作，提高治安防护能力，维护了稳定，保全了国有资产。

【党风廉政建设】　深入开展党风廉政宣传教育。在全公司范围内开展法律法规知识问卷测试和普及法律法规知识教育；利用网络宣传“两个条例”和与纪检监察有关的知识。

全面落实廉洁自律各项规定。组织公司领导及中层干部签订了《党风廉政建设责任书》，通过党内民主生活会开展述职述廉、民主评议、批评与自我批评，增强了全体党员的团结力、凝聚力和战斗力。

信访举报和案件查处工作规范开展。规范了信访举报制度，加强了群众监督。

加大源头防腐工作力度。领导干部率先垂范，认真学习、贯彻落实“两个条例”，严格依法经营，推进厂务公开，公开接受党内监督和群众监督，领导干部无违法违纪现象。

（周忠平）

中国石油天然气股份有限公司宁夏炼化分公司

【概述】　2004年，中国石油天然气股份有限公司宁夏炼化分公司（以下简称公司）确立了“以市场为导向，以效益为中心，以管理创新和技术进步为动力，以人为本，充分调动公司广大员工的积极性，坚决打好扭亏脱困攻坚战”的指导思想，以“六查六整顿”工作为主线，强“三基”，狠抓基础管理，各方面工作都取得了较大进步。2004年，公司完成装置大修和三项重点技术改造，实现安全生产，全年未发生一起重大安全事故；原油加工量突破100万吨，比2003年多加工20.61万吨，增幅达25.27%；实现销售收入29亿元，考核利润－1500万元，比2003年减亏2589万元；综合能耗下降到83.88千克标油/吨，比2003年降低12.45千克标油/吨，降幅达12.92%；氢氧化钾装置全年生产1.25万吨，比2003年增加4200吨，增幅达50.6%，装置运行逐步稳定，实现盈利；合成氨全年生产4.15万吨，较2003年增加1263吨，增幅为2.98%；产品结构进一步优化，全年共生产93#汽油10.63万吨，比2003年增加近一倍；聚丙烯产量1.69万吨，比2003年增长31%。

【安全生产】　公司以“安全生产1000天”为目标，严格执行“五严”要求，强化员工安全教育。全年共开展16项安全教育活动，有2010人次接受安全教育；“反三违”，查找“习惯性违章行为”近千条，并将其中有代表性的200多条汇编成册，下发到每一位员工。认真制定和落实各种预案，全年共制定各种预案14个，作业指导书172个，识别危害因素1684项。严格落实事故处理“四不放过”原则，对11次事故和事件进行严肃处理。对及时发现事故隐患、防止重大事故发生的员工进行奖励。

【企业管理】　以“六查六整顿”工作为主线，强化“三基”，狠抓基础管理。

通过在各单位开展“眼睛向内找不足，对照先进找差距”活动，引导员工转变思想观念，转变工作作风，树立强烈的危机意识和紧迫感。通过抓典型、刻样板，有力地促进了各基层单位的自查自改，促进了管理工作。

通过开展“五项对标”和现场整治活动，对生产系统查找出的68项问题，制定整改措施，将责任落实到人，优化装置运行，提高生产管理水平。

通过制定《公司工作规则》、领导班子议事制度、经济活动分析会制度、生产调度会制度，出台《企业基础制度汇编》、《化工安全手册》、《完好设备标准》等管理手册，完善基础制度。

通过建立“以计划管理为龙头，以财务管理为核心，以安全生产为基础，以科技进步为效益增长点，通过市场营销扩大盈利空间”的管理体系，实施管理流程再造，以建立管理的长效机制。强化工艺纪律管理，不断优化岗位操作和工艺指标；推行计划检修、动态检修，严格控制非计划停车，确保装置“安、稳、长、满、优”生产；健全销售网络，强化信息管理，完善定价机制，实行挂牌销售，仅下半年，液化气、聚丙烯两个主要化工产品的价格就调整84次，使产品出厂价格保持在较高水平。

【技术进步】　积极开展“技术效益年”活动，优化装置运行，优化产品结构。实施了重油催化MGD技术改造、3万吨/年聚丙烯扩能改造、2万吨/年MTBE装置搬迁建设、第一循环水场改造等技术改造工程，完成技改投资3500万元，并实现了年内全部投产、发挥效益的技改目标。MTBE装置投产后，已生产出合格的97#清洁汽油，投放市场，结束了宁夏地区不能生产97#高标号清洁汽油的历史。

完成装置停工大修，并实现了停好、修好、开好的目标，为“三年一修”奠定基础。

【人事制度改革】　2004年，公司进一步深化了人事、用工及分配制度改革，增强了企业活力，推动了企业的持续健康发展。

公司全员实行公开竞聘，积极搭建“赛马”平台，初步形成“能上能下”的选人用人机制。在269名员工的参与下，通过民主测评、民主评议、公开竞聘，顺利完成组织机构的重组和调整，减少了4个机关处室，进一步规范了工作程序，提高了工作效率，增强了机关处室的服务协作意识。对机关正、副职干部全部进行公开竞聘选拔，69名员工参加竞聘，有5名员工走上领导岗位，16名中层干部互相进行了交流。

加强员工思想教育和培训力度，全年共派出10多批、近200名管理干部、专业技术人员和岗位操作工到先进企业考察学习，近300名员工接受不同层次的培训。严格三大纪律（劳动纪律、安全纪律、工艺纪律），全年查处失职、渎职干部和违纪员工18人。

【党建和企业文化建设】　公司党委和各基层党支部立足“两个转变”，不断加强党建工作，为企业建设发展提供了坚强的政治思想保障和精神动力，有力地促进了公司生产经营和改革发展事业的稳步进行。

公司党委与各基层组织签订《思想政治工作责任书》，并于2004年底进行了考核验收。各基层支部能够按照责任书的规定内容认真落实“三会一课”制度，各项工作都较2003年有很大进步。公司全年未发生一起集体上访事件。2004年，公司党组织建设得到了进一步加强，发展新党员 24 人，公司业余党校还举办了 2004 年度入党积极分子培训班，对近 50 名积极分子进行了集中培训。到 2004 年底，全公司在职党员已达到 579 人，基层组织健全率达到 100%。

公司坚持“标本兼治、综合治理、惩防并举、注重预防”的原则，逐级签订《党风廉政责任书》，进一步修订完善了各级领导班子议事制度，制定了公正透明、权责明确、相互制约、行为规范的廉洁从业管理制度，注重源头治理，建立“三个机制”、规范“四项权力”，使党风廉政建设和纪检监察工作取得了一定进展。在经营活动中，坚持工程招投标制，实行人事公开竞聘、财务集中管理、“阳光采购”和“挂牌销售”，杜绝“暗箱操作”，共制定各类管理制度 78 项。对在经济活动中损害企业利益的行为进行严肃处理，共处理违纪人员 4 名。

公司认真落实《集团公司企业文化建设实施纲要》，大力宣传中国石油的企业精神、经营理念和企业宗旨，并制定了公司《企业文化建设实施方案》；树立并大力宣传“十佳中层干部”、“十佳班组长”、“十佳党员”和“自治区劳动模范”等先进典型，弘扬正气，统一员工价值取向，培育先进的企业文化。

（朱　红）

中国石油天然气股份有限公司润滑油分公司

【概述】　中国石油天然气股份有限公司润滑油分公司（以下简称公司）是集润滑油研究开发、生产、销售于一体化的专业化公司，成立于 2000 年 12 月 19 日。现有员工 3917 多人，下设 11 个润滑油生产厂、6 个销售分公司、2 个研究开发中心，固定资产 13.3 亿元人民币、总资产 30.3 亿元人民币。

公司能生产 13 大类 300 多个牌号的产品，润滑油的科研开发能力在国内处于领先水平，销售、服务、信息网络覆盖全国市场。

“昆仑”品牌是公司按照“五统一，一集中”的经营战略，致力于“发挥资源优势、打造中国名牌”，对已有的“飞天”、“七星”、“大庆”等知名润滑油品牌进行了整合而推出的主打品牌。

公司于 2002 年通过了 ISO 9001 质量管理体系认证，多种车用油产品先后获得 API 美国石油学会的认可，并分别被一汽集团、东风汽车公司、长安汽车公司、VOLVO、MARK、MAN B&W、GM 等国内外多家汽车及设备 OEM 厂商选为装车与服务用油。

【主要经营指标】　2004 年，公司实现了“三个突破”：一是销售收入突破 60 亿元；二是包装油销售总量突破 25 万吨，小包装增长幅度超过包装油增长幅度；三是盈利突破亿元大关，竞争能力进一步增强。

销售总量 155 万吨，比 2003 年增长 13.6%。其中，高档油销量 60 万吨，比 2003 年增长 13.8%，包装油销售 25.8 万吨，比 2003 年增长 36.8%，销售收入 609646 万元，比 2003 年增长 33%。

全年账面利润 2098 万元，是公司成立以来首次账面盈利。若扣除其他发生的费用，实现利润 13536 万元，超预算 12536 万元。

【主要产品】　2004 年 6 月份，对“飞天”、“七星”、“大庆”等知名润滑油品牌进行了整合，主打“昆仑”品牌。“昆仑”包装油商品线共设立天元、天润、天骄、天威、天鸿、天力、天盛、天蝎、天籁、天工、天歌、昆仑之星等 12 个商品线，并聘请国际知名设计公司和清华大学美术学院进行包装设计。年底，“昆仑”以崭新的形象进入市场。

【经营管理】　2004 年，公司经营管理主要围绕调整产品结构，优化资源配置，推价增量，实现了多渠道增加销售收入。一是抓住市场机遇，强化资源统一，努力增加销量。上半年，积极与炼化公司协调资源，实现销售量 80 万吨。下半年，在市场转淡，资源过剩时，产销积极配合，仍然保持较好水平。二是积极调整产品结构，高档厚利产品增加较快。高档车用油比 2003 年增长 40%。小包装比 2003 年增长 43%。“昆仑”油的销量达到 5 万吨，是 2003 年销量的 3.6 倍。变压器油比 2003 年增长 29%，市场占有率达到 85%。基础油 + 全损耗油比 2003 年下降了 3.4%。推出“昆仑之星”等系列产品，特色小产品形成新的效益增长点。三是实施积极的价格策略，努力推价到位。建立了销售价格考核奖励制度，全年对整体价格进行了7次较大的调整，平均实现销售价格3961.84元/吨，比股份公司下达预算高了709.84元/吨；比公司内部预算高461元/吨，比2003年提高616元/吨。全年通过推价增加收入10.95亿元。四是推行销售代表制，按照业务单元设置320名销售代表，直接开发并服务于终端用户。VIC用户的开发已经步入汽车制造、钢铁、橡胶、发动机、压缩机和军队等领域，完成技术准入5个、商务准入6个。部分产品又先后获得了宝马公司、沃尔沃公司和日本JASO摩托车油的认证，编制了润滑油分公司产品认证证书大全，为昆仑润滑油更好地开拓市场提供了通行证；五是加大宣传力度，“昆仑”知名度进一步提升。奥运会金牌榜“昆仑”与你共赏雅典风云，使“昆仑”走进了千家万户；赞助中国第21次南极科学考察，“昆仑”润滑油为四辆雪地车惟一用油，展示了“昆仑”的卓越品质。

【安全生产】　公司认真开展“安全管理年”活动，制定了《润滑油公司安全监督管理规定》，进一步落实了安全生产责任制，建立健全了公司安全监督体系。全年投入648万元，治理隐患145项，提高了全员安全防范意识，全年事故率为零。

完善质量保证体系，完成了质量体系文件换版，组织了公司内审和管理评审，通过了方圆委的监督审核。9月份，在国际认证联盟（IQNet）论坛上润滑油分公司获得管理优秀奖。完成了环境因素与危险源因素的识别与评价工作，QHSE工作已经全面启动。

新工艺、新技术得到推广应用。新建华东厂调和采用SMB、ABB技术，自动管汇规模国内最大，全厂实现DCS控制，调和、灌装、出厂等工艺自动化水平国际一流、国内领先。纳米添加剂、KI50AX等6项特色产品和优势技术攻关都取得了良好的进展。KNM56冷冻机油、KI50X和KI50GX、无灰清洁液压油等5项有市场需求且效益较好的产品已经推广应用。自主研发的RHY3053、RHY4206等七种复合剂在公司内应用，增加了产品系列，优化了生产工艺，全年降本增效约700万元。

“基础油资源综合利用”等16个项目通过了股份公司的项目验收，科研计划完成率达到98.9%。有2个项目被股份公司评为技术创新二等奖。

【企业改革与管理】　2004年，公司科学统筹，规范管理，内部管理进一步加强。

（1）加强对前瞻性、全局性重大问题的研究。本着股份公司整体效益最大化，以结构调整为主线，以品牌经营为中心，兼顾资源和炼化企业可持续发展的原则，按照“生产集中化，科研市场化，销售专业化，品牌国际化”要求，编制了润滑油公司“十一五”业务发展计划和2015年远景规划。

（2）会计集中核算工作正式启动，财务管理得到加强。全年节省贴现利息250万元，清回陈欠1.46亿元。其中清回已计提坏账准备9152万元，直接增加了公司效益。

（3）投资管理进一步加强。对前三年投资项目进行了清理，着重抓好华东润滑油厂建设及大连、兰州、大庆二厂等单位的技术改造。

（4）资源衔接和优化配置有了新的进步，添加剂采购成本进一步降低。基础油总量计划完成率达到101%，品种结构相对合理，质量达标率提高了13%。添加剂管理在原有基础上进一步深化、细化，严格控制添加剂的采购成本，规范采购渠道，建立添加剂采购、付款审批程序等，添加剂的采购成本同比降低了2000万元。

（5）完善发运体系，运输管理水平逐步提高。加强自备车的催返及运费的监控及管理，建立了“润滑油公司铁路运杂费数据库”，优化了运输流向。最大限度地提高了自备车运行周转率。

（6）完善机制，奖罚并重。对车用油、工业用油和大宗散油销售三个业务单元进行严考核、硬兑现。重点加强对销售代表的考核激励力度，按不同区域和产品，核定每个销售代表的任务量，并通过考核与薪酬挂钩。采取了基薪+佣金的方式，设立了11个档次，收入差距近3000元/月。

（7）加强法律和审计工作，较好规范了公司经营活动。先后开展了工程项目决算审计，核减各类不合理的工程款85.8万元，审减率为3.96%。规范企业内部市场，在工程建设、物资采购上全部实行招投标。其中，物资招标采购额67692万元，工程建设招投标额5060万元。

（孙兆文）

大连西太平洋石油化工有限公司

【概述】　2004年，大连西太平洋石油化工有限公司（以下简称公司）通过开拓市场、强化管理和技术进步，实现了生产装置“安、稳、长、满、优”生产，原油加工量、销售收入、利润总额、出口创汇等主要技术经济均创历史新高，圆满完成了董事会确定的各项目标任务。截至2004年底，公司员工总数为1085名，其中大中专以上学历员工529名，占员工总数的48.76%；高级技术职称89名，占员工总数的8.2%。全年实现工业总产值208.95亿元，比2003年增长32%；实现销售收入211.15亿元，比2003年增长33.22%；实现利润14.24亿元，比2003年增长87.37%；经过第二次扩能改造，生产装置一次加工能力由800万吨/年提高到1000万吨/年；被评为“大连市外商投资十大高销售额企业”、“大连市外商投资十大高出口创汇企业”、“大连市外商投资双优企业”、“2003年度全国外商投资‘双优’企业”。

2004年主要经济指标和主要产品产量见表4和表5。

表4　2004年公司主要经济指标完成情况

项　　目	实际完成	比2003年增长（%）
资产总额（亿元）	101.83	26.32
工业总产值（1990年不变价）（亿元）	208.95	32
工业增加值（亿元）	28.40	76.95
产品销售收入（亿元）	211.15	33.22
产品销售率（%）	100	3.87
利税总额（亿元）	23.41	46.31
其中：利润（亿元）	14.24	87.37

【安全生产】　2004年，公司认真贯彻落实《中华人民共和国安全生产法》，建立、健全和完善各项安全管理规章制度，狠抓现场安全管理和操作技能培训，实施GB/T 28001职业健康安全管理体系认证；实现全年安全生产无重大事故，装置开工率达到100%，连续实现两个“三年一修”长周期运行目标，达到国内长周期运行的最好水平。全年加工原油753万吨，比2003年增长5.61%。1997年全面投产以来公司原油加工量变化情况见图1。

表5　2004年公司主要产品产量

单位：万吨

项　　目	实际完成	比2003年增长（%）
产品产量	725	4.8
其中：煤油	110	-8.4
柴油	176.8	8.3
汽油	113.1	0.8
化工轻油	118.2	4.5
燃料油	133.6	26.2
聚丙烯	9.7	-5.2

【市场开拓】　2004年，公司通过召开国际用户座谈会和外出走访等办法，积极开拓国际市场，取得了显著收效。全年出口成品油245万吨，比2003年增长-3.54%；出口创汇9.61亿美元，比2003年增长35.73%。公司召开的第六届外贸用户座谈会，一次签订成品油出口协议170多万吨。

2004年，公司外销产品市场分布情况见图2。

【财务、成本管理】　2004年，公司积极加强财务管理，全年降低财务费用2688万元；资产负债率比2003年降低2.8个百分点；投资回报率达15.98%；被评为大连市A级纳税信誉等级纳税人和大连市、辽宁省的纳税大户；连续六年名列大连市纳税大户第二名。同时，通过加强原油采购、化工原材料和检（维）修费用管理，严格控制原油、成品油库存，降低各项消耗，生产成本不断降低。全年平均现金单位加工费比2003年降低3.1元/吨，保本点比2003年降低0.6美元/吨。

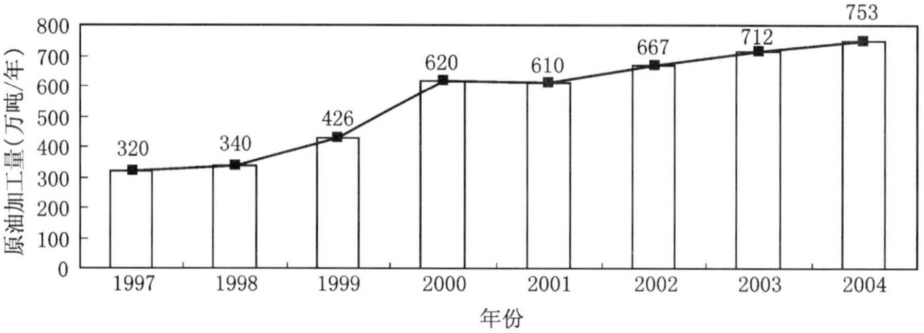

图 1　1997 年全面投产以来公司原油加工量变化情况

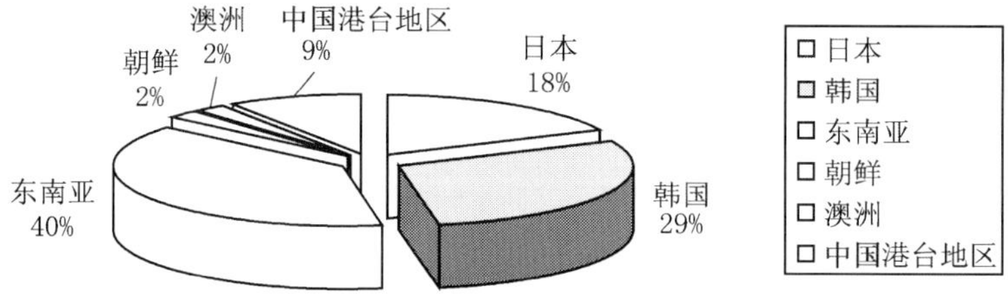

图 2　2004 年公司外销产品市场分布情况

【组织机构】　2004 年，公司参照国内外先进的管理模式，对组织机构进行整合，机关部门由原来的 14 个减少为 9 个，生产单位由原来的 12 个减少为 6 个。整合后对工作职责重新进行了修订和完善，对领导干部重新进行了聘任，聘任后领导干部由 138 人减少为 99 人。同时，根据国内外先进企业的通行做法，设立技术职务系列，增设技术管理岗位，设置安全监督工程师岗位，在实际工作中很好地发挥了作用。

【人力资源】　2004 年，公司在董事会薪酬委员会的领导下，组织聘请 MERCER 为公司进行人力资源管理项目咨询，本着全面性、层次性、专业性和代表性的原则，研究确定 84 个公司标准岗位、50 个建立绩效合同的标准岗位；审核修订 380 个标准岗位的职位说明书；完成 53 个岗位的职级评估，采用鱼骨式插入法对其余 251 个岗位进行了职级排序，并对结果进行了相应的分析，完成了公司职级图初稿；与 MERCER 讨论确认公司绩效管理的指导原则和公司、部门级的 KPIs（关键绩效指标）；根据 MERCER 提供的方法，制定了公司 338 个标准岗位的绩效合同。

【发展规划】　2004 年春季，公司投资 3.59 亿元，实施了“十五”发展规划一期项目建设。扩能改造后，常减压装置一次加工能力由 800 万吨/年提高到 1000 万吨/年；重整装置 60 万吨/年加工能力不变；煤油、柴油加氢装置加工能力由原设计的 100 万吨/年提高到 130 万吨/年；馏分油加氢装置加工能力由原设计的 100 万吨/年提高到 130 万吨/年；动力、储运系统的能力也得到相应提高。改造工作实现了一次成功，经过机械性能考核和技术考核标定，装置的各项技术经济指标均达到或超过设计要求。整个项目建设体现了投资省、工期短、见效快、高质量、高水平等特点。同时，公司“十五”发展规划二期加氢裂化、制氢、硫磺、柴油加氢项目建设得到顺利推进。

【精神文明】　2004 年，公司党委、工会、团委在不断加强自身建设的同时，积极围绕企业的生产经营、改革发展、精神文明建设等开展工作，形成了有机合力，发挥了重要作用。公司党委全年发展新党员 22 名，党员总数达 304 名，占员工总数的 28%。于国文、蓝海波、刘万里被评为大连市 2002—2003 年度劳动模范；朱卫东、丁哲帅被大连市企业联合会、大连市企业家协会授予“大连市优秀车间主任（分厂长）”称号。

（王桂瑾）

中国石油天然气股份有限公司西北销售分公司

【概述】 中国石油天然气股份有限公司西北销售分公司（以下简称公司）作为西北辖区产销衔接的纽带和物流组织调度中心，主要负责对西北辖区成品油资源的配置和陕、甘、宁、青、新、川、渝、藏、内蒙（西五盟）9个省区销售分公司成品油销售业务的管理、指导、协调、监督、检查、服务。按照“四统一”和“配送制”的要求，组织西部辖区11家炼厂的成品油、化工轻油、燃料油的调拨和销售。

公司机关设9个处室，下辖9个直属分公司和3个控股公司，拥有成品油库5座，总容量为37.24万立方米。

【主要指标】 2004年，公司配置油品1803.4万吨，比2003年增加258万吨，增幅17%；结算油品1826万吨，比2003年增加343万吨；实现销售收入521亿元，比2003年增加145亿元；实现利润3.98亿元，比2003年增加3.17亿元。

【大区管理与服务】

1. 全力做大产销、做强管理、做精服务，奋力提高辖区整体竞争和盈利能力

（1）做大资源总量，优化资源配置，促进增产增销。2004年公司辖区加工量、生产量和配置量比2003年增幅分别达到了14%、18%和17%。全年辖区省区公司销售油品1368.9万吨，比2003年增加234.1万吨，增幅20.6%；零售比率达到64.7%，比2003年提高7个百分点；实现利润20亿元，比2003年增加19亿元。

（2）加强产销衔接，促进结构调整，增产增销厚利产品。2004年，公司辖区炼化企业生产柴汽比比2003年提高0.07，高标号汽油产量比2003年增加70.9万吨，增效1200万元。在销售环节，从配置计划安排、运行组织、销售督促三个环节上加大高标号汽油的促销力度，全年高标号汽油销售量比2003年增加44万吨，增效1200万元。同时，做好航煤的产调销工作，配置航煤70.9万吨，比2003年增加11.5万吨。

2. 强化一次物流组织调度，推进配送中心建设，加快完善成品油现代营销体系

（1）统筹协调运输方式，提高运输保障能力。2004年，公司全年铁路发运油品1058.4万吨，比2003年增加106万吨；兰成渝管输油品406.5万吨，比2003年增加95.3万吨；公路发运油品517.7万吨，比2003年增加82.3万吨。

（2）按照大物流的方向，完善物流配送体系。公司西北辖区燃料油销售实现“四统一”，销售燃料油68.6万吨。完成辖区炼销企业1937辆自备车的划转。

（3）开展辖区配送中心建设和西部储运设施规划研究。公司结合西部储运设施深入调研的成果，规划辖区物流配送中心62个，配送油库107座，平均配送半径116千米。提出了辖区油库的关停及改扩建方案，对西部储运设施进行了规划，并围绕兰成渝管道和西部管道建设，按照以干线带动支线的思路，规划了成品油支线。

（4）扩大跨区配送，持续优化二次物流配送。公司省区销售公司内跨地区、省际间跨省区互供资源的加油站有173座，仅跨省区互供资源的加油站就达30座，比2003年增加13座，配送资源3.67万吨，节约运费346.3万元。

【企业管理】

（1）严格安全管理，安全生产保持平稳。公司严格落实安全生产责任制，狠反“三违”，全年未发现“三违”现象。加大安全隐患的查出和整改力度，全年共查出、整改隐患126项。开展车辆及驾驶员星级评选活动，全年安全行车241万千米。

（2）开展“双达标”，基础工作得到加强。公司在四个储运性分公司28个班组开展了班组达标工作，制定了班组达标标准和考核标准。开展60个科室达标工作，制定科室工作标准，规范科室工作流程，基础工作得到加强和规范。

（3）加强预算和资金管理，财务管理水平有了提高。公司完成了财务集中核算工作，资金管理“收支两条线”实现与股份公司全面对接，并开展网上银行

业务。完善预算管理，税收筹划意识不断增强，降低税赋905万元。价格信息的披露程序得到规范，价格杠杆的调控作用得到有效发挥。

（4）继续大力开展运输专项整顿，降费增效成果明显。全年公司吨油运费116.4元，较预算降低4.44元，比2003年降低4.48元，扣除不可比因素，调运环节全年降费2920万元。

（5）狠抓人力资源管理，“三支队伍”建设进一步落实。

（6）完善激励分配机制，员工工作热情显著提高。公司对分公司的月度考核新增了25项业务运行指标考核，考核重点得到了细化。全年共奖励13个集体，32名个人，奖励47.9万元。对在运输增效降费工作中取得优异成绩的新疆分公司奖励40万元。对5名操作能手分别奖励了5000元。调整了中高级管理岗位员工奖金分配系数，使员工收入与承担的责任、贡献挂钩，充分调动了员工工作积极性。完成了员工工伤保险和补充医疗保险，公司员工五种保险已经建立。

（7）推进信息化建设，信息支持系统日趋完善。制定了公司信息化建设三年规划、信息化建设标准和规范。全年项目投资182.36万元，实现了与辖区6家炼化企业的信息联网。

（8）加强审计监察和法律工作，开展内控体系建设。公司全年参加招投标项目14次，会签合同59份。完成了宝鸡分公司油库卸油台工程等9个项目的专项审计，提出审计意见21条，取得审计成果45.6万元。法律工作全年审查合同157份，标的金额9041万元；处理纠纷案件，涉案标的341.2万元。开展内控体系建设工作，编制138个风险与控制文档，绘制完成206个流程图和流程说明描述，查出涉及公司各项业务的69个控制缺陷，修订18项规章制度，新制定6项规章制度。

（田永强）

中国石油天然气股份有限公司东北销售分公司

【概述】　中国石油天然气股份有限公司东北销售分公司（以下简称公司）的主要职能是：负责东北地区12家直属炼化企业成品油、化工轻油、燃料油的统一收购、配置、调运和结算任务；负责辽宁省、吉林省、黑龙江省、大连市、内蒙古自治区（东部三市、一盟）销售分公司成品油销售业务的管理、指导、协调、监督、检查；负责东北地区22家地方炼油厂成品油销售业务的规范管理。

2004年，东北销售分公司下辖哈尔滨、滨江、大庆、吉林、松原、抚顺、大连、鞍山、盘锦、锦州、葫芦岛、秦皇岛、自备车管理等13个分公司。

东北销售分公司机关设10个处室，即总经理办公室、资源配置处、调度运输处、财务资产处、审计监察处、质量安全处、企业管理处、人事处、党群工作处、综合管理办公室。截至2004年底，东北销售分公司在职员工2100多人。

【主要生产经营成果】　2004年，东北销售分公司全年完成商品销售总量3946万吨，比2003年增加545万吨；实现销售收入1140亿元，比2003年增加270亿元；实现利润6.38亿元，比2003年增加5.07亿元，按炼油与销售分公司考核口径实现利润124.8亿元；吨油现金营销成本81.33元，比2003年降低了13.4元，节约营运成本5.29亿元。主要业绩指标“三升一降”，创下历史最好水平。2004年，公司党委被评为国务院国资委中央企业“先进基层党组织”，公司被股份公司授予“中国石油先进销售单位”荣誉称号，各项工作走在了销售系统的前列。

【2004年的主要工作】

（1）精心组织运行，加强协调服务，确保了股份公司整体效益的实现。2004年，公司做到“加强沟通衔接，控制调运节奏，注意投放质量，确保重点市场”，主动搞好与上下游企业的衔接和协调，以销定产、以销促产、产销结合，促进供需匹配，全年配置计划兑现率100%，区内销量比2003年增加了224万吨，增幅达31%，实现了整体运行平稳协调。加大了对燃料油、乙醇汽油、98#汽油和欧Ⅱ标准汽柴油等新增统配品种的管理力度，提高了销售效益。加强了对地方炼油企业的服务和引导，促进了区内市场规范。在冬运期间，根据区内低凝柴油供应紧张的情况，及时建议炼油与销售分公司安排大连石化分公司和大连西太平洋石油化工有限公司生产 $-35^{\#}$ 低凝柴油。该建议被采纳后，精心组织海陆联运，从炼化企业装船下海，经大连寺儿沟港陆地上岸接卸后，再装车北运，保证了吉林、龙江等内陆市场的低凝柴油供应。

（2）创新运行机制，稳步推进改革，提高了运行保障能力和盈利能力。2004 年，公司进一步深化送货制改革，推进了一次送货的二次优化。按照公司部署，抚顺分公司从 5 月 18 日开始，与辽宁销售沈阳分公司共同组织实施了沈阳地区“1 + 2”工程试点，半年节约营运费用 930 万元，并为在其他地区推行“1 + 2”工程积累了经验。开展了组建大连配送中心的前期工作，为 2004 年的正式启动打下了良好基础。开展了大物流体系建设的系列调研，为下一步深化运行机制改革提供了可靠的依据。

（3）推进管理进步，夯实“三基”工作，全面提升了企业管理水平。2004 年，公司继续深入开展“六查六整顿”，并与“销售效益年”活动紧密结合，全年实施整改措施 233 项，挖潜增效 1.76 亿元。HSE 管理体系运行良好，通过了炼油与销售分公司组织的审核验收。QHSE 管理体系和内控体系建设稳步推进，完成了风险分析、流程描述和体系文件化工作。进一步加强了财务基础工作，财务会计报告被股份公司评为三等奖。进一步加强了计量、质量工作，全年妥善处理商务纠纷 275 起。审计监察和法律事务工作取得了新的成果，全年开展专项审计 42 项，效能监察 6 项，取得经济成果 410 万元。审定收档法律合同 403 份，公司被评为辽宁省“AAA 级重合同、守信誉单位”。进一步加强了信息化建设，地方炼厂管理信息系统投入试运行；商流统计系统与财务信息系统实现了有效链接、资源共享，企业管理信息系统实现了升级和完善，实现了文件网上传输，提高了办文效率。档案管理工作水平进一步提高，公司被评为辽宁省档案工作优秀集体。

（4）强化安全管理，维护稳定大局，为企业改革发展营造了良好环境。2004 年，公司深入扎实地开展以“强三基，反三违，除隐患，保安全”为主题的“安全管理年”活动，突出抓好以岗位安全生产责任制为核心的岗位技能培训和安全生产教育，加大事故隐患的整改力度，对事故应急预案进行核查和演练，杜绝了各类安全事故的发生。公司被股份公司评为安全生产先进单位。把稳定工作放在突出位置来抓。加强了对稳定工作的组织领导，落实了稳定工作责任制；加强了信访接待工作，采取有力措施，理顺情绪，化解矛盾。哈尔滨、大庆分公司作为安全管理重点单位，认真吸取“12.23”特大井喷事故教训，坚持“安全第一、预防为主”的方针，通过狠抓 HSE 管理体系的有效运行，强化对油库安全风险点的分析评价和有效控制，认真落实“安全管理年”活动方案，实现了年度安全管理“五个为零”的目标。哈尔滨分公司突出开展了“安全管理十个加强”活动，实现了连续第 21 个安全年。

（5）坚持以人为本，加强队伍建设，有力促进了企业健康协调发展。2004 年，公司进一步加强了两级班子建设。增强基层班子的战斗力。进一步加强了员工队伍建设。全年组织培训 130 期、4272 人次，在中国石油销售企业第二届技术比武中，公司获团体总分第二名，7 名参赛选手分获一、二、三等奖，同时获得了销售企业“技术能手”称号。

（孙　伟）

中国石油天然气股份有限公司西南销售分公司

【概述】　中国石油天然气股份有限公司西南销售分公司（以下简称公司）隶属于中国石油天然气股份有限公司炼油与销售分公司，是负责滇桂黔三省区成品油销售和市场开发的大区公司。

公司成立于 1999 年 2 月，2004 年 10 月从四川成都整体搬迁至云南昆明。2004 年底，公司机关设有 6 个处室，即：总经理办公室（党委办公室）、综合业务处、质量安全处、财务资产处、人事处（组织部）、审计监察处。公司下辖云南、广西、贵州 3 个全资分公司和新成石化公司，共有员工 5937 人，其中市场化用工5837人。

2004年，公司紧紧把握市场需求旺盛的有利时机，克服资源不足，柴汽比不合理等诸多困难，狠抓“开拓发展年”活动各项工作任务的落实，多项业绩指标创历史最好水平，取得了良好的经济效益。

【主要经营指标】　2004年，公司共销售成品油243.07万吨，比2003年增加61.68万吨，增长34%。其中，零售117.25万吨，完成考核指标的148.22%，比2003年增加46.09万吨，增长64.77%。实现销售收入82.79亿元。实现利润3.39亿元，为年计划的484.17%，比2003年增加2.48亿元，增长273.34%。

【资源配置】　2004年，公司一是优化运输组织，努力提高资源配置兑现率。在资源供应持续紧张的情况下，调运组织突出抓好提高管输量，降低铁路运量，提高周转率，降低自备车，提高装载量，降低损耗为主的“三高三低”工作，通过狠抓配置计划的落实，基本保证了市场供应。二是加强计划管理，控制销售节奏。继续严格按月、旬、周、日落实销售进度，加大进销存的管理力度，随时掌握库存总量和库存结构，保持合理库存，规避市场风险。公司及所属各单位采取各种措施，在资源长期供应不足、库存、柴汽比失衡的情况下，充分应用价格策略、大力促销汽油等，实现了销售总量较大幅度地增长。

【零售业务】　2004年，公司把发展零售作为战略任务来抓，以做大做强零售业务为目标，抓住资源偏紧的有利时机，积极开发终端用户，推行“一站一策”的管理办法，坚持量、利、费三联互动的考核原则，广泛开展加油站达标创星、站容站貌整治等活动，加油站管理水平不断提高，零售量有突破性增长，零售比例达到48.31%，比2003年增加9个百分点，加油站单站日销量为11.24吨，继续保持行业领先水平。

【网络建设】　2004年，公司把销售网络建设作为各项工作的重中之重，以油库建设为重点，以中心城市和高速公路加油站购建为主攻方向，坚持集中决策和分级管理，坚持投资质量和投资效率，坚持库站配套和配送便利三项基本原则，抓住网络投资相对宽松的有利时机，公司网络建设快速推进，取得了新突破。在油库建设上：贵阳油库概算已经批复，进入施工图设计和招标阶段，柳州油库完成了初步设计评审，玉林、桂林、百色和六盘水油库已进入可行性研究阶段，雄海油库完成了股权收购。在加油站购建上实现了“投用一批，实施一批，储备一批”，为今后快速发展奠定了基础，全年新增加油站177座，全年新开发加油站中投用72座。

【企业管理】　2004年，公司集中精力抓了以安全生产为主的管理工作，基础工作得到进一步加强，企业管理水平又有新的提高。

安全管理：认真落实“五严”要求，深入开展“安全管理年”活动，安全基础工作得到了普遍加强。一是广大干部员工认真吸取“12.23”重大伤亡事故的深刻教训，牢固树立了“安全第一”的思想。二是扎实开展以“强三基、反三违、除隐患、保安全”为中心的“安全管理年”活动，强化安全检查，全年共组织安全检查10次，投入2450万元资金，对221个加油站安全隐患进行了整改。三是狠抓岗位技能培训和安全知识教育，强化了安全操作规程考核。四是在油库、加油站持续深入开展了“四防六整治”活动。通过公司上下的共同努力，全年没有发生重大伤亡责任事故、20万元以上经济损失事故、重大环境污染责任事故。

财务管理：全面预算管理在公司各业务单元不断深化，充分发挥了预算管理的作用；顺利实现与股份公司资金收支两条线的对接；完善了股权管理，进一步理顺了广西中油经贸、云南中油雄海等产权关系。

人事管理：推行管理人员竞聘上岗制，对公司行政副职进行了竞聘。以完善薪酬管理制度为主线，进一步完善用工制度，评定了专业技术职称等，充分调动了一线员工的积极性。

QHSE体系建设：以贯彻标准培训为主，完成了体系建立初始化工作。通过初始评审和过程识别，收集整理了大量的基础资料；通过多层次的贯彻标准培训，普及体系管理知识，基本建立了体系管理思想，对规范管理起到了积极作用，为今后的体系建设打下了良好的基础。

（曾　中）

中国石油天然气股份有限公司华东销售分公司

【概述】　中国石油天然气股份有限公司华东销售分公司（以下简称公司）隶属中国石油天然气股份有限公司炼油与销售分公司，主要负责股份公司在华东地区的成品油销售、市场开发和网络建设等工作。截至2004年末，公司机关共设总经理办公室、党群工作处、营销处、调运配送中心、投资计划处、加油站管理处、财务资产处、企业管理处、质量安全处、人事处、审计监察处等11个处室，下辖上海、江苏、浙江、安徽、江西等5个分公司，在册员工12304人。

【主要指标】

（1）油品销售。全年销售油品828万吨，其中销售成品油817万吨，完成年计划的102%。零售总量405万吨，完成年计划的123%；机构用户销售203万吨，完成挖潜目标的133%。其中资产型加油站实现销量269万吨，比2003年增幅为54%。特许销量136万吨，完成计划的107 %。零售比例达到了32%，比2003年提高10%；单站日销量达到了8.6吨，比2003年增加0.8吨，增幅达到10%。

（2）经营效益。全年实现利润总额10.28亿元，为年初预算的269.40 %，比2003年增加6.78亿元。其中零售实现利润2977万元，为年初预算的318 %；吨油商流费166.5元，高于预算指标17.29元；吨油现金营销成本为131.96元，高于预算指标41.12元。

（3）网络开发。全年累计完成投资25亿元，其中新建项目投资21亿元。新建油库2座，新增库容2.2万立方米；累计拥有油库42座，库容62.5万立方米；加油站立项890座，签约696座，付款662座，投运401座，均超额完成全年目标；截至2004年末，共有资产型加油站1560座，其中全资804座、控股476座、参股55座、长租225座，运营加油站1111座。

（4）油站经营。截至2004年末，共运营加油站1111座，并表加油站1039座。其中2004年新增净投运加油站343座，并表加油站309座，实现销量34万吨，占零售销量的13%。创星达标加油站467座，其中五星级15座，四星级23座，三星级41座。3000吨以上加油站达到285座，实现销售量171万吨，占零售销量的64%。

（5）质量安全。油品季年度抽检合格率均达到100%；油品综合损耗率为0.29 %，比规定标准低0.05%，全年实现了安全生产无重大责任事故。

【市场营销】　2004年，成品油销售市场变化莫测，资源持续紧张，给营销工作带来了极大的困难。面对这一严峻形势，公司及时适应市场变化，建立营销快速反应机制，提高市场预测能力，创造最大化的经济效益。首先，根据资源情况及时采取资源倾斜等策略，努力扩大市场份额。还积极与中国石油化工集团公司沟通协调，主动推价，掌握市场主动权，争取更大的效益。其次，面对资源短缺，我们不等不靠，瞄准国内外两个市场三种资源，采取下海油、进口油、外采油多方组织资源的办法，有效缓解了资源紧张的局面，保证了市场供应。再次，加强预测和计划管理，实行资源到货与市场供应的良性互动。第四，有效发挥价格杠杆作用，制定稳价促销策略。

【网络建设】　2004年主要开展了六个方面的工作，一是制定了公司长期网络发展目标和近期网络开发的思路及原则。二是创新开发模式，以点带面全面开发。三是突出重点地区，拓宽渠道共同推进。四是切实加强油站、油库工程建设和安全扩能改造工作。五是加快新增站和现有停运站投运并表步伐。六是积极开发机构用户，扩大终端市场销售量。

公司于2004年5月28日及时召开了网络发展战略研讨会，上下很快形成了“解放思想，统一思路，求真务实，走打造销售黄金终端的强企之路”的共识，制定了公司今后一个时期的网络发展目标和战略规划，并使之落实到网络开发的实际工作中。

【加油站管理】　2004年，公司继续强化加油站零售与管理，增强企业核心竞争力和综合实力，加油站规范化管理水平稳步提高。公司上下开展了多层次、全方位的稽查工作，仅公司内部就稽查加油站达到500余座次；还聘请专业公司开展神秘顾客访问，对239座加油站进行了访问，共发现问题276项；创新加油站经营策略，不断提高加油站零售能力；大力实施包装改造工程，提升加油站综合形象水平。在全面提升加油站形象的同时，重点抓好中心城市、交通要道加油站的亮化、美化工程。2004 年公司新增五星级加油站 12 座、四星级加油站 18 座、三星级加油站 24 座、三星级以下及达标加油站 154 座，达标创星加油站占投运加油站总数的 42%。同时，强化对加油员的培训工作，此外，首次在全公司范围内开展了加油员工技能比武活动。

【企业管理】　2004 年，公司始终站在战略发展的高度，不断加强和创新企业的经营管理，坚持向管理要效益，取得了明显效果，使公司经营管理逐步走上“精耕细作”的轨道，管理水平有了长足的进步。

在营销管理方面，对各分公司的销售业绩考评进行了研究，初步建立起了一套具有经营指导性的业务考评指标体系，并强化营销计划、考核和监控工作。

在财务管理方面，构筑“决策支持性”财务管理体系。

在投资管理方面，继续强化管理，规避投资风险。在工程管理上，两级机关均成立了工程建设管理部门，加强了从初步设计、招标、开工到投运全过程的指导和监控。

在股权管理方面，修订完善了《华东销售分公司股权管理办法》，进一步明确了股权管理的范围、职责和处理流程。对江苏分公司和江苏有限公司进行了整合。

在人事管理方面，积极稳妥推行干部竞聘制，打破条条框框，打破系统内和社聘员工的界限，有 16 名同志通过竞聘进入了公司中层管理人员行列。在培训工作方面，全年共组织各类培训班 795 期（次），参培员工 14798 人次，培训计划完成率 100%。同时认真抓好新员工的入厂教育和操作服务人员的技能培训，不断提高服务质量和水平，促进了员工队伍综合素质的提高，在中国石油天然气集团公司组织的技能比赛中，公司荣获团体三等奖，其中获个人化验二等奖 1 个，化验三等奖 2 个，电工三等奖 1 个。

（曾祥浩　万丽英）

中国石油天然气股份有限公司
华北销售分公司

【概述】　中国石油天然气股份有限公司华北销售分公司（以下简称公司），主要承担中国石油在北京、天津、山西、河北等两省两市的成品油销售业务。截至 2004 年末，共有员工 1.7 万人，其中 90%以上为社会招聘人员；总资产 59 亿元；资产型油库 21 座、库容 37 万立方米；资产型加油站 1066 座；公司机关设 13 个处室、3 个附属机构；下辖 5 个省市分公司，3 个驻厂分公司，1 个驻外办事处和部分控股公司等。

【主要指标】　2004 年，公司实现利润 15.59 亿元，比预算利润 4 亿元增加 11.59 亿元，比挖潜增效利润 11.22 亿元增加 4.37 亿元。销售量 979.2 万吨，比 2003 年增加 164.2 万吨，增长 20%。资产型加油站零售量 191.4 万吨，比 2003 年增加 107.4 万吨，增长 128%。销售收入实现 309.2 亿元，比 2003 年增加 86.2 亿元，增长 39%。网络建设新增投运加油站 408 座，累计投运加油站 1066 座。质量安全环保取得好成绩，安全生产死亡责任事故为零；30 万元以上经济损失责任事故为零；1 万元以上环境污染责任事故为零；国家和股份公司质量抽检合格率均达到 100%。

【市场营销】　2004 年，公司以市场分析和营销策略研究为导向，不断加强资源、价格、销售秩序和节奏的调控，开创了营销工作新局面。

加强资源总量调控，优化了资源配置，首先充分发挥资源统一配置的优势，确保高效市场和重点地区的资源供应，确保资产型加油站零售和重点机构用户的资源供应。全年进入京津冀高效市场的资源总量 578 万吨，占自营总量的 85%。其次注重发挥控股公司和社会中间商灵活经营、批量大的优势，消化多余资源，平衡资源摆放。第三，以辖区内资源投放始终保持合理缺口为原则，保持分、控股公司需求与配置计划有适度差别，促进优化和细化经营。

发挥价格杠杆作用，提高了价格到位率，公司适时调整结算价格和品质间的价差，引导各分、控股公司积极推价到位。各分、控股公司积极推价稳价，并加强与地方政府的沟通协调，在稳定市场、确保销量的同时多创效益。全年汽油、柴油平均价格到位率分别达98%和107%，比2003年分别提高0.1和7.4个百分点。

把握市场规律和销售节奏，实现了有序经营，公司继续坚持与中国石油化工集团公司和社会用户“联手推价”、“携手保量”的营销策略，规范参股和挂靠单位的管理，共同维护和稳定市场；认真把握销售节奏，确保了价格上涨前不放量销售，价格下跌时不丢失市场。另外，优化调运组织，积极协调铁路运输，保证全年调运任务胜利完成。

【网络建设】　2004年，公司网建取得良好成绩。狠抓投资项目管理。严格设计评审和招投标制度，加大对项目的规范、控制、监督力度。实行工程建设项目招投标制，自建、改造项目的招投标覆盖率达到100%。对87座加油站、3座油库项目进行了检查，发现问题及时整改，保证了项目建设质量。完成5个限上项目工程结算审查，合格率98%；预结算审查覆盖率达100%，审减率20%。编制公司2004—2010年网络滚动规划，为网建工作提供了科学有序的指导。

狠抓施工组织。认真抓好新建、改造库站的施工。北汽、首汽23座加油站的改造包装工程，在不停业的情况下，仅用26天全部完成。

狠抓加油站项目集团开发。6月份，河北分公司一次性租赁高速公路加油站14座，运行当月实现销量近8000吨，目前已达到1万吨以上。8月份，冀东分公司一次性租赁京沈高速公路加油站8座，目前月销量也上到1万吨；山西分公司拿下太原市中心13个优势项目的合同。11月份，天津分公司全力争取到滨海大道16座加油站项目，使天津市的网络开发出现重大突破。

【零售管理】　2004年，公司全年资产型加油站零售市场份额达到15.1%，较年初提高8.1个百分点；单站日销量达到6.94吨，比2003年提高了35.5%；新增三星级以上加油站51座。

强化基础管理，营销水平得到提高。以《加油站管理规范》为指导，以提高加油站现场管理水平为切入点，规范了管理制度和业务流程。召开了零售工作会议暨首届加油站经理大会，出台了《零售管理制度汇编》。积极与北京市银联办沟通，9月份在北京地区实现了“银卡在手、购物加油”。

加大稽查力度，现场管理得到改善。先后开展4期神秘顾客访问活动，并将访问结果在零售工作会议上通报，引起公司上下高度重视，促进了现场整改。特别在“十一”前夕，对北京地区120座加油站进行了拉网式检查，保证了节日期间首都油品的正常、安全供应。

开展品牌宣传活动，公司形象得到提升。成功组织了首届铁路汽车拉力赛在华北片区的加油服务工作，策划了“为英雄的哥、的姐献爱心”系列活动，统一印制《驾车族出行消费指南图》，受到顾客普遍欢迎。公司被北京市政府授予“见义勇为维权先进集体”。

【企业管理】　2004年，公司坚持以提高经济效益和发展质量为目标，切实抓好以基层建设、基础管理和员工基本素质为内容的“三基”工作，企业管理水平有了新的提高。

财务管理：全面推行资金收支两条线，顺利开展了会计集中核算。调整了驻厂分公司结算体制。增值税合并纳税工作已取得国税局的政策支持。全年资金收、付、存安全完整无事故。共清回应收款1.43亿元，完成计划的62.8%。

安全生产管理：树立“以人为本”的管理理念，积极推进QHSE管理体系建设，目前已到文件化阶段。投入安全隐患整改资金9957万元，304项安全隐患得到治理，库站设施的本质安全系数进一步提高。各类等级安全责任事故为零，股份公司质量抽检合格率100%。

劳动用工管理：强化劳动合同管理，进一步推进员工社会保险。强化薪酬激励职能，实行薪酬总额同经济效益挂钩。共办培训班65期，培训3000余人，其中加油站经理培训班6期，共598名。所属分公司组织举办培训班20余期，共3850人次。

纪检审计监察：组建和完善了所属单位审计监察机构，及时开展了油品销售、经营管理、内部控制、预算执行情况，以及工程项目决算为主要内容的专项审计和效能监察，促进了公司经营管理水平和经济效益的提高。加大对信访举报的查处力度，全面启动效能监察，各级领导干部勤政廉政意识进一步增强。

信息化建设：完成了覆盖公司的计算机通讯网络系统，开通了公司视频会议系统，推广了IC卡加油系统，启用了标准版零售管理信息系统，实现了基础资料电子化、日常数据规范化。

【党群工作】　2004年，公司大力加强党建和领导班子建设，精神文明建设出现新面貌。

基层党组织建设方面：建立健全了各级党组织，

推进党支部示范点创建工作，对冀中分公司等 4 个单位的党支部进行了命名和表彰。加大了组织发展和党员管理力度，全年发展新党员 78 名。推行厂务公开，加强民主管理。工会、共青团组织紧紧围绕公司各阶段的工作重点，组织开展了形式多样的活动，丰富了员工的精神文化生活，激发了员工为公司发展建功立业的热情。

企业文化建设方面：健全宣传报道网络，拍摄反映公司改革发展历程的电视专题片，编印杂志和宣传画册，创作反映公司奉献报国的歌曲，增强了企业的凝聚力，公司获得全国企业文化建设创新实践奖。

（宋景龙）

中国石油天然气股份有限公司华南销售分公司

【概述】　2004 年 4 月 6 日，中国石油天然气股份有限公司（石油人字［2004］80 号）下发《关于组建中国石油天然气股份有限公司华南销售分公司的通知》。通知：华南销售分公司为股份公司地区公司（副局级），行政上由股份公司直接管理，业务上由炼油与销售分公司归口管理，负责广东、福建和海南的市场开发与销售业务。股份公司在中油 BP 江门石油有限公司、海南宝源石油化工有限公司的股权授权华南销售分公司管理。华南销售分公司在广州注册。

2004 年 6 月 18 日，中国石油天然气股份有限公司华南销售分公司在广州挂牌成立。按照陈耕总经理提出的“希望新成立的华南销售分公司，要坚持采用新体制、新机制，努力创出高水平、高效益”的“两新两高”指示精神，按照上级领导具体要求，华南销售分公司一成立便推行“组织扁平化、管理垂直化、业务专业化、权责清晰化、运营高效率”的“四化一高”新体制，采取“营销专业线、物流专业线、投资专业线、财务专业线、一个支持服务中心”的“四加一”运营模式，并于 2005 年 1 月 1 日全面运行。

目前，华南销售分公司拥有员工 1.2 万人，总资产 82 亿元；管理加油站 1098 座，油库 36 座，总库容 107 万立方米。截至 2004 年底，累计销售成品油 3604 万吨。2004 年销售成品油 733 万吨，实现销售收入 229 亿元，实现考核利润 8.1 亿元。华南销售分公司战略目标是：到 2010 年，年销售成品油 1155 万吨，市场份额提高到 35%；零售量 809 万吨，零售率 70%，零售市场份额提高到 38%；保持华南市场“三分天下占其一”。

（姚士文）

中国石油天然气股份有限公司华中销售分公司

【概述】　中国石油天然气股份有限公司华中销售分公司（以下简称公司）是炼油与销售分公司派驻华中地区的管理机构，于 2004 年 4 月 29 日在武汉成立，主要负责股份公司在华中地区（河南、湖北、湖南）的成品油批发零售、网络建设工作。截至 2004 年底，公司下辖 3 个省级分公司，42 个地市营销中心、10 个控股公司；拥有资产型油库 11 座，库容 17 万立方米；加油站 813 座；固定资产 24.3 亿元；在册员工 10668 人，员工平均年龄 26.72 岁。

【主要指标】　油品销售：实现销售总量 270.86 万吨，完成计划的 105.7%，比 2003 年增长 32.7%，柴汽比 1.95；占市场份额 20.41%，比 2003 年提高 4.16 个百分点。零售量 113.56 万吨，比 2003 年增长 117.84%，增长率位居销售系统第二；平均单站日销量 5.85 吨，比 2003 年增长 4.1%。

网络开发：投资建设油库 6 座，库容 9.75 万立方米。加油站新增立项 687 座，新增实施 617 座，新增投运 345 座，累计投运 813 座，当年投运站是三省公司历年投运总数的 74%。完成投资 13.55 亿元。

财务指标：实现考核口径利润 2.04 亿元，比 2003 年增加 1.94 亿元，增长 18.05 倍。吨油现金营销成本 301.76 元/吨，其中零售吨油现金营销成本 101.41 元/吨，较预算减少 85.83 元/吨。投资回报率 9.86%，比 2003 年增加 8.08%；销售毛利率 13.34%，比 2003 年增加 6.52%。

【成品油调度运输】　2004 年，全年调进油品 266 万吨，使下半年计划兑现率达到 97.3%，为公司销售总量实现跨越式发展创造了条件。同时，公司逐步形成了“四统一”的资源配置体系，充分利用长江黄金航道，全面组织中转配送，开辟河南水运渠道，优化库容结构，强化调运节奏，稳步推进配送中心建设，科学组织二次配送，确保零售经营需求，有效地促进了公司零售量和自营能力的提升。

【市场营销】　公司营销战线以“两河三江七线”为重点，全员参与，全面开发，基本消灭了华中区域市场空白点。机构用户开发和管理工作得到较大发展，建立了客户回访制度，定期召开机构用户座谈会。通过挖掘外部和内部潜力，创新营销模式，提高油库利用率，保持合理库存，销售能力、自营能力显著提高，销售质量明显改善。

【零售管理】　公司把加油站管理及零售工作当作公司未来生存的重要基础。一是开展了以摸清加油站家底为切入点的零售调研活动。对三省 616 座加油站进行拉网式调研，认真查找出零售工作中存在的问题。二是以贯彻《加油站管理规范》为主线，深入开展“贯规范，树形象，增效益，创一流”活动。加大加油站形象建设，注重加油站“二次开发”。全年有 4 座五星级站、1 座四星级站一次通过板块验收。三是注重营销方式和技巧的创新，促进零售目标的实现。实行以“升油含量”工资为主的分配制度改革，积极开展加油站小额配送业务和“真情相交，感动客户；亲情服务，赢得客户；感情交流，稳定客户”等营销活动，开展“减少三吨站”活动，有效提高了单站日销量。四是开展“双百”劳动竞赛活动，极大地调动了零售系统广大员工的积极性和创造性，全年零售量达到 113.56 万吨。

【网络建设】　2004 年，公司在网络建设工作方面，一是网络开发全面提速。二是投资规模明显扩大。三是开发方式不断突破。四是开发思路不断创新。针对复杂的竞争环境，各单位千方百计开拓发展空间。取得了高速公路和城区站的重大突破。同时通过加强与大客户、大集团合作，达到低成本扩张。五是工程管理更加严格。通过完善工程管理制度，引入市场准入与招投标管理竞争机制，夯实工程基础管理工作，确保了工程质量的有效提高。六是投资质量明显提高。在新增投运的 345 座加油站中，一类、二类站比例达到 55%；平均可研销量达到了 8.7 吨；平均实际日销量达到 4.7 吨，达销率 54%，远高规定的投运站首年达销率 30%高出 24 个百分点。

【企业管理】　2004 年，公司组建后，就立即着手完善各项规章制度，启动了内控体系建设，健全财务制度，强化基础管理，建立安全体系，构筑信息通道，为实现公司持续有效快速发展提供了保障。

财务管理方面，公司按照“三高”标准，集中精力做好重组分账、资产处置、坏账核销、制度建设、集中核算等基础工作。规范了核算，加强了预算及资金管理，推进了加油站上门收款和增值税集中缴纳，处理了重组前的遗留问题，搭建起了管理框架，奠定了新公司财务运行的坚实基础。公司先后组织两次财税大检查，基本摸清了公司财务系统管理隐患，通过整改降低了财务管理风险。

安全管理方面，公司重点建立了四级安全监督体系，建立健全各种安全制度，提高全员安全意识，杜绝了特大和等级事故发生。公司油品数质量保证体系全面建立，各类质量、数量抽检合格率达到 100%。

制度建设方面，完成了 130 项规章制度的制定完善工作，为规范各项管理提供了依据。内控体系建设抽调专人集中培训，集中工作，完成了流程梳理、风险识别等工作，踏上了股份公司整体推进的步伐。法律、审计、效能监察等服务和保障工作全面启动，为有效防范公司经营风险提供了保证。

【人事管理】　公司在组建之初就十分注重人才的培养和引进，大力引进人才，全力开展培训，提高队伍素质，打造了推动华中公司跨越式发展的优秀团队。

为适应公司快速发展对人才的需求，公司大力引进各方面的人才，仅下半年就从区内各兄弟单位及社会引进 31 名中高级管理人才，组建了素质较高的公司机关，保证了公司各项工作的正常开展。针对公司新开发网络多、新上岗人员多、新油站经理多的状况，两级公司克服师资、场地、教材等困难，积极开展了三级培训工作。公司先后选派 70 余名领导干部、业务骨干外出学习。举办了各类培训班 132 期，培训各类岗位人员4524人次，保证了公司的快速健康发展，解决了公司发展人才匮乏的燃眉之急。

为全面引进竞争机制，使优秀人才脱颖而出，公司推行了机关处（室）长和三个省公司领导班子竞聘工作，36名优秀人才通过公开竞聘走上了领导岗位。为了充分发挥党政两个方面的积极性，公司对省公司的班子正职实行了交叉任职，起到了优势互补、责任共担的作用。

【党建与企业文化建设】 在建立健全行政机构的同时，各级党组织也得到加强，公司党委建立健全了组织机构，召开了首次领导班子民主生活会。三省公司积极加强党群组织建设，为建立“大政工”的格局，实现两个文明建设同步推进奠定了坚实的基础。33名员工“七一”前加入党组织。河南公司成功举办了首届技术比武。在湖南怀化地区发生特大洪灾，加油站安全受到威胁的关键时刻，湖南公司领导带领员工，连续几个昼夜奋战在险情最严重的加油站，尽最大努力挽回损失，保护了国家财产的安全。

（钟发耕　汪　坚）

中国石油天然气股份有限公司黑龙江销售分公司

【概述】 中国石油天然气股份有限公司黑龙江销售分公司（以下简称公司）机关设13个处室，下属18个市级配送中心和58个县级供应区。截至2004年末，在职职工8528人，市场化用工6700多人。在用油库51座，总容积56.2万立方米。资产型加油站995座。企业资产总额34.69亿元，资产负债率67.16%。2004年，公司完成销售总量315.3万吨，系统内销售266万吨，零售总量170.6万吨，吨油现金营销成本215.02元，利润48881万元。

【市场营销工作】

（1）建立了以配送中心为架构的现代营销体系。打破了行政区划按经济区优化物流组织，实现了业务流程再造。

（2）组织实施了全省系统的加油站分类管理工作。2004年对全省系统加油站实行分类管理。年销量在7000吨以上的大站实行站经理年薪制；年销量在500吨以下的乡镇和非国道沿线的小站在坚持“三包一保”的原则下实行承包经营；年销量在500—7000吨之间的加油站实行吨油含量工资制。2004年，全省系统加油站实行站经理年薪制的有18座，实行承包经营的加油站有287座，其余加油站全部实行吨油含量工资制。

（3）开展“神秘顾客访问”活动。全年累计访问8次，涉及加油站1867座次，处罚532人次，整改问题1729条。

【储运安全管理】 狠抓了安全的基础工作。重点加强了安全的培训和教育工作、层层签订了安全生产工作责任状、强化了安全生产合同管理、建立了四级安全监督体系、开展了多种形式的安全检查和稽查、编制了应急预案并开展了培训和演练。完成了QHSE管理体系的建立工作。在2003年HSE管理体系文件建立的基础上，根据QHSE管理体系进行整合，完成管理手册1个、程序文件39个、作业文件57个，各所属单位建立了作业指导书和补充作业文件。加强了安全隐患的管理与整改工作。各级都建立了隐患台账并进行了动态管理，明确了隐患管理程序与责任。通过集中的大面积整改，提高了设备、设施运行的安全系数。

【网络投资工作】 全年网络建设完成总投资22601万元，新增投运加油站56座，完成网络建设责任状中开发任务指标的175%，新增日零售能力362.6吨，是下达指标的227%，平均吨油投资成本37.5万元，低于投资标准8.5%。

【乙醇汽油项目建设工作】 超常规地开展了乙醇汽油调配中心建设与配套项目的改造工作。在4个多月的时间里，在省政府正式封闭运行前1个月，18个乙醇汽油及加油站配套改造全面完工投运。18个乙醇汽油调配中心计划投资16101万元，决算完成16101万元。

（邵振宇）

中国石油天然气股份有限公司吉林销售分公司

【概述】　2004年中国石油天然气股份有限公司吉林销售分公司（以下简称公司）实现了“三个突破、两个确保”：

“三个突破”：一是汽柴油销售总量实现历史性突破。全年销售成品油196万吨，比年度计划增长16%，比2003年增长17%。二是资产型加油站销售量实现历史性突破。资产型加油站销售量141万吨，比年度计划增长17%，比2003年增长34%。三是利润实现历史性突破。考核利润实现4.78亿元，比挖潜指标增长29.2%，比2003年增长107.8%。

“两个确保”：坚持“安全第一、预防为主”的方针，全方位全过程加强安全综合治理，连续三年实现了零等级事故、零交通事故和零伤亡事故，确保了安全生产。坚持稳定压倒一切的方针，主动把预防工作做在先，化解矛盾，防微杜渐，确保了队伍稳定。

【主要成果】　《成品油销售企业零售管理再造》被国家评为企业现代化管理创新成果二等奖，管理信息系统应用成果被中国石油天然气集团公司评为石油企业管理现代化创新成果一等奖。企业文化工作成果被国家企业文化研究会评为“实践创新奖”，被中国企业文化促进会评为“企业文化建设先进单位”。

【市场营销】

（1）加强与地炼的紧密合作，全部收储了地方炼厂资源，提高了市场控制力和经济效益。

（2）牢固树立“零售第一”的观念，将资产型加油站销售量作为工资，调动了各单位提高资产型加油站销售量的工作热情。2004年零售比重达到72%，比2003年提高了9个百分点。

（3）加强客户资产管理，提高了市场份额。按照分层次、分类别的原则，完善大客户管理办法，加强了对销售代表的管理。销售代表数量发展到886名，销售油品53.5万吨，其中零售价格销售8万吨。

（4）加强吨级站的培育，提高了单站日销量。共培育五星级加油站3座，四星级加油站6座，三星级加油站13座。单站日销售量由2003年的3.23吨提高到了3.90吨。

（5）加快了营销网络建设步伐。全年完成销售网络建设投资11756万元，共收购、新建加油站47座，租赁加油站79座，对37座加油站进行了扩建和改造。

【企业管理】

（1）进一步完善了全员绩效考核评价体系。本着管干分开的原则，在注重结果考核的同时，突出了过程考核和过程管理。

（2）规范了投资管理。完成了标准化、模块化设计，使投资项目管理更加规范化、制度化。在加强招投标管理的同时，开始实行固定价款合同管理，收到了较好效果。严格落实中间交接验收制度，完善工程控制环节，确保了工程质量。加强租赁加油站的过程控制，建立了相应的制度，理顺了工作程序。

（3）进一步强化了财务管理。一是将利润、吨油运费、吨油现金营销成本作为硬考核指标和业绩分值挂钩，加强了费用管理和控制；二是严格执行上级公司的资金管理制度，保证了资金安全；三是完成了内控制度流程目录、流程描述、流程图及风险控制分析工作，内控体系建设工作积极向前推进；四是加大了清欠工作力度。全年应收款下降3436万元，完成全年指标的145%。

（4）加快了信息化建设步伐。重点加快了零售管理信息系统建设，对整个管理信息系统的软硬件进行完善和升级，提高了管理的质量和效率。

（5）强化了内部审计监督工作。对1999年以来的全部工程项目进行了自审自查。对加油站销货款资金回笼、资金安全隐患、赊销和客存等问题进行了重点审计，经过及时整改，有效地堵塞了管理中的漏洞。开展了油品溢耗管理专项审计，共抽查盘点油库30座，对整改落实情况进行了跟踪检查。结合地区公司领导干部异地交流，加强领导干部离任经济责任审计，对其应负的主管责任和直接责任给以公正、客观评价，严格了责任追究制度。

（6）通过严要求、严管理，保证了安全生产。一是开展了以“强三基、反三违、除隐患、保安全”为主题的“安全管理年”活动；二是层层签订了安全责任承包书，将安全生产责任层层分解、落实到人，加强了责任制度约束；三是加大安全检查力度，全年共组织定期安全检查5次，查出隐患及问题1729项，整改率达到了100%；四是加大了隐患治理力度，全年投资997万元，整改加油站隐患104项，为企业安全运营提供了硬件保障；五是强化了交通安全管理，通过签订安全行车承包合同、缴纳交通安全风险抵押金等形式，加强了交通安全管理，提高了交通安全管理水平；六是加快了QHSE管理体系建设，经过一年的不懈努力，QHSE管理体系进入到了试运行阶段。

（王海军）

中国石油天然气股份有限公司辽宁销售分公司

【概述】 2004年，中国石油天然气股份有限公司辽宁销售分公司（以下简称公司）所辖地域有13个地级市（不含大连市），17个县级市，27个县。设立14个市级公司，在县（市）区设立32个县级经营部。现有在用油库35座，总容量59.7万立方米，资产型加油站983个，其中，投入运营的加油站915座。企业在岗员工12707人，其中，正式员工6634人，社会化员工6073人。

【主要指标】

（1）各项经济指标有新突破。销售量上升。实现销量400.6万吨，完成计划的143%，比2003年增长32.7%；市场占有率91%，比2003年上升8个百分点。

零售量上升。实现零售量205.8万吨，完成计划的143.9%，比2003年增长48.7%；零售市场占有率78%，比计划上升5.9个百分点，比2003年上升10个百分点；零售比率首次突破50%大关，达到51%，比2003年上升5个百分点。

利润上升。实现利润10.4亿元（含冲减坏账等因素），完成预算的347%，比2003年增长524.8%，价格到位率达到99.25%的历史最高点，比计划上升2.25个百分点，比2003年上升1.92个百分点。

费用率下降。实现费用率5.59%，比预算下降3.86个百分点，比2003年下降3.26个百分点，创历史最好水平。

现金营销成本得到较好控制。实现吨油现金营销成本129.17元，比预算下降29.83元，比2003年下降65.62元。

（2）位次有了新提升。在股份公司销售系统省级公司中，公司销售总量、零售总量、利润总额三项指标排名第一，人均销量、人均利润两项指标排名第二，基本实现了“五个第一”的目标。

（3）“85”项量化指标有新提高。从考核结果来看，“85”项量化指标均有提高，部分指标上升幅度较大。

（4）网络开发有新进展。共完成投资46593万元；新增资产型加油站98座，总数突破千座；新增日加油能力875吨。

（5）管理展现新水平。QHSE管理体系和内控管理体系框架基本形成，科学化、制度化、严细化进程加快。

在股份公司销售工作会议上，公司有3个单位被授予“先进销售单位”，有6个加油站被授予“百座红旗加油站”，有5名经营管理人员被授予“百名先进销售工作者”，有9名一线员工被授予“百名优秀加油员”。本溪公司解放路加油站经理赵学军被人事部、国资委授予中直企业劳动模范，王萍作为销售系统惟一代表，在中国石油天然气集团公司工作会议上介绍经验。

【市场营销】 一是牢牢控制经营主动权。加强市场跟踪，正确判断走势，适时调整目标；逐级传递压力。形成了上下联动促销售，你追我赶创效益的良好局面。二是紧紧抓住经营的血脉。针对市场需求，全力争取最大资源量，全年购进汽柴油369万吨，超计划83万吨；挖掘地方炼厂资源，收购地方炼厂油品43.8万吨，平抑市场，保证市场供应，为扩销增效提供了资源保证。三是积极优化营销质量。制定“四个扩大”营销策略，提高了市场控制能力。2004年，机构用户销量65.7万吨，农业96.1万吨，水上8.9万吨，高速公路21万吨，润滑油22.2万吨，高标号汽油74万吨，比2003年分别增长48.8%、35.5%、0.2%、40%、58.6%、53.9%。四是合理控制销售节奏。充分利用价格的调节作用，把握销售节奏，缓解市场供需矛盾，实现了效益最大化。五是推广车用乙醇汽油。在铁岭、葫芦岛试点成功的基础上，实现全省封闭销售。社会加油站改造率达到90%，与系统外批发单位顺利达成供销协议，车用乙醇汽油销量稳中有升。

【加油站管理】　零售实现“总量、零售比率、市场占有率”三大突破，标志企业核心竞争力全面提高。

一是加强规范管理，提高服务质量。坚持以人为本服务理念，落实《加油站管理规范》，推行星级化管理，开展规范化服务。2004年，车辆进站率、油箱加满率、顾客回头率分别达到5.7%、67.3%和72%，比2003年分别增加1.2个百分点、3个百分点和3.4个百分点。

二是加强基础管理，提高单站日销量。狠抓基础管理，提高基础数据准确性、科学性和及时性；提高顾客满意度；加强员工培训，提高促销能力；开展达标创星活动，积极培育星级站和万吨站，提高单站日销量。2004年，新增五星级站12座，星级站106座；单站日销量达到6.2吨，比2003年上升1.8吨。

三是加强特许经营，提高零售市场份额。2004年，又有69家社会加油站被纳入中国石油的特许经营范围，实现特许零售量17.3万吨；租赁加油站26座。

四是加快便利店发展，提高非主营业务收入。2004年，全系统有71座加油站建立了便利店非主营业务。

【网络建设】　本着“高效市场多投入，低效市场少投入，无效市场不投入”原则，加快网络布局，重点开发一类站、二类站；认真考察，严格审批，做到科学准确，提高项目回报率；加快项目施工速度，做到计划“早落实”、工作“早实施”、项目“早见效”；积极开展加油站后评价工作，提高加油站达销率。2004年，新增资产型加油站中一类、二类站59座，占开发总数的60%。

【企业管理】　一是增强科学管理观念，引入QHSE管理体系。建立QHSE管理体系平台，加快体系文件编制和工作流程图绘制，通过初始评审，过程、风险、环境识别与评价，体系文件化三个阶段工作，体系基本框架已经完成。

二是增强风险意识，建立内部控制管理体系。组织骨干人员参加业务培训，在深刻理解内控项目要求的基础上，绘制流程图，编写文字描述和风险控制文档，针对控制现状分析控制记录和控制设计中的差异，找出工作流程中的风险点和控制缺口，建立内控制度索引，完善内部控制制度以及流程图和RCD文档。

三是树立系统理念，强化财务管理。加大预算考核分析力度，建立激励约束机制，将销量、零售量、利润和吨油毛利等业绩指标与薪酬挂钩，提高了预算的严肃性；强化资金安全管理，提高了资金流转速度；税收筹划取得突破性进展，实现增值税集中缴纳，节约增值税支出6500万元，产生综合效益150万元，所得税节约纳税资金10721万元；清欠工作成绩显著，清回欠款8956万元；股权管理逐步规范，收回股权投资1018万元；加大未上市企业资产管理，改进安置资金拨付程序，建立和完善65项管理制度和办法，财务管理工作正朝着标准、有序、规范、高效的轨道发展。

四是增强纪律观念，强化商品管理。开展油品销售、库存商品管理、加油站经营管理、劳动用工管理效能监察，有效扼制了违规违纪现象发生。

五是增强法律风险意识，强化合同管理。结合推广使用标准合同文本，严格合同审批制度，率先在中国石油系统内实现了合同信息化管理，标志着我们的管理手段向现代化、规范化、自动化迈出了坚实的一步。

六是增强忧患意识，强化安全管理。开展以“严管理、查隐患、反三违、保安全、增效益”为主题的“安全管理年”活动，实施“科技兴安”战略，加强安全评价，加快隐患整改，投入资金9689万元，整改加油站隐患1102项，油库隐患312项，为300辆油槽车安装卫星定位及电子铅封系统，85座加油站安装电视监控系统，提高了安全系数；加强设备和质量管理，设备平均完好率在95%以上，计量和质量检测率均达到100%，质量合格率达100%。

七是增强创效意识，强化人事管理。实施人才强企策略，引进人才，开展专业技术评聘，举办中级管理人员培训班，开展岗位练兵。在第二届中国石油销售企业技术大比武中，代表公司参赛的30名代表荣获团体第一名，14名选手分别获一、二、三等奖，22名选手进入前10名。完善人事工作激励机制，干部竞聘上岗，控制用工总量，实行用工社会化，提高了劳动生产率。

【企业改革】　一是加强财务体制改革。正式启用6.0财务管理信息系统，出台了相关管理办法，制定了各项措施，加大对软件系统的维护与管理，确保了6.0财务管理信息系统的正常运行。

二是加强公路运输体制改革。全面整合运力，优化二次运输，车辆集中管理，均衡调配使用，扭转了运力分散、车辆使用效率低的局面，实现了压缩费用的目的。

三是加强对低效加油站进行体制机制改革。

（曲长生）

中国石油天然气股份有限公司大连销售分公司

【概述】 中国石油天然气股份有限公司大连销售分公司（以下简称公司）直属中国石油天然气股份有限公司炼油与销售分公司管理，担负大连地区石油成品油的计划、供配等职能，主要经营范围：经销本公司生产的石油、成品油、天然气、石油化工产品；液化石油气的销售（限油气站）。公司设有10个机关处室、10个分公司，授权管理股份公司控股、参股公司各1个。在册员工总数3503人，其中合同化用工1301人，市场化用工2202人。拥有油库9座（库容15.2万立方米），加油站278座，配送车81辆，油码头2座，油轮3艘，总资产17亿元。2004年销售成品油133.2万吨，占大连地区成品油需求量的92%，实现利润3.5亿元，在大连市纳税企业50强中排名第10位。

【主要经营指标】

（1）销售量、零售量创历史新高。全年实现销售量133.2万吨，比预算增加24.2万吨，比2003年增加26.4万吨，分别增长22%和25%。全年实现零售总量61.9万吨，比预算增加18.9万吨，比2003年增加18.7万吨，分别增长44%和43.3%。

（2）利润指标、价格到位率创历史最好水平。全年实现考核利润35210万元，比预算增加23210万元，比2003年增加25475万元，分别增长193%和262%。全年综合价格到位率达到99.1%，比预算提高0.68%，比2003年提高1.75%。

（3）运营成本得到有效控制。全年实现商品流通费用26784万元。批发和零售吨油现金营销成本分别比预算减少0.98元和46.42元。

（4）新增加油站数量创历史最好水平。全年网络建设计划投资26983万元，实际完成17539万元。2004年续建加油站25座，新增加油站48座，实际投入运营64座，是公司历史上新增加油站投产最多的一年。

【市场营销】

（1）积极组织油品调运，灵活调整销售策略。2004年10月以后市场成品油需求旺盛，油品资源偏紧，公司及时调整营销策略，积极组织油品资源，优先满足机构用户的自用需求，有效保证大连地区的成品油市场供应。

（2）推行销售片区责任制，努力构建稳定的客户群体。按照“市场分片、客户分群、油站分类”的原则，各单位划分区域市场，推行销售片区经理责任制，形成了职责明晰、客户关系稳定的片区营销网络。全年机构用户销量44.59万吨，比2003年增加4.71万吨，增幅11.8%。

（3）开展零售配送业务，提高零售能力。通过加大零售配送量、推行销售片区责任制等措施，完善加油站的综合配套能力，促进加油站单站能力的增强，平均单站日销量由2003年的6.37吨上升到2004年的7.36吨。

（4）按期实现乙醇汽油封闭运行目标，市场实现了平稳过渡。乙醇汽油封闭运行后，未出现乙醇汽油质量问题，较好地保证市场供应，取得良好的经济效益和社会效益。

（5）整合润滑油销售业务，统一润滑油销售品牌。整合全地区润滑油销售业务，建立分公司、所属单位、加油站“三级营销、两级管理”的润滑油营销体系，实现统一进货与配送、统一品牌与价格、统一服务与管理的“三统一”，树立中国石油“昆仑”牌润滑油的品牌形象。

【网络建设】

（1）调整网络开发战略，增加运营加油站数量。重点开发城市、国道和具有发展潜力地区的加油站项目，全年共投入运营加油站64座，创出公司成立以来年增加油站的最高纪录。

（2）加强网建管理，强化内部控制。注重网络建设项目前期管理，抓好设计、招标、结算三个环节，坚持“三个一”要求。对重点物资全部实行了网上采购，强化施工现场和工程验收管理，确保工程质量。

【企业管理】

（1）以提高管理水平为目标，实施管理规范化。按照股份公司提高加油站综合管理、综合服务、综合形象和综合创效四个综合水平的要求，全面开展了加油站的专项治理工作，努力实现“保证质量、保证数量、保证安全；环境好、服务好；客户满意”的目标。

（2）加强财务管理，实现降本增效；严格财税自查，做好整改工作。完善“一个全面、三个集中”的财务管理模式，强化预算管理，实现由静态预算向全员、全过程、全方位的动态预算转变，保证资金安全高效运转，努力实现降本增效。配合财务税收大检查，公司进行了自查，覆盖面达到了100%，还专门聘请了外部审计力量，加大了查改力度。

（3）积极发挥法律工作的保障作用，切实维护企业合法权益。在日常合同管理工作中，实行法律顾问全程保障、全程监督的动态管理，通过参与项目谈判、严格审签程序、加强履约监督，不断提升合同管理水平。

（4）信息化建设带动了企业管理水平进一步提高。公司在127座加油站安装了液位仪系统，IC卡系统在43座加油站程序升级后，实现了单位管理卡和个人司机卡的储值和消费数据查询自动化。办公自动化工作全面起步，完成了内部办公网的升级，初步实现了文件网上传阅。

（5）诚信经营，确保油品质量合格。2004年配合股份公司、市技术监督局共抽查产品520批次，合格率为94.23%，比2003年上升3.13%。乙醇汽油封闭运行后，多次组织质量抽检，保证了乙醇汽油的质量。油气零售分公司、市内配送分公司被评为大连市2003—2004年度“价格计量信得过单位”。

（6）深入开展“安全管理年”活动，全员安全意识不断增强。安全工作扎实有效，保证了经营活动的安全平稳运行，受到了股份公司的通报表扬。

（7）制定三年发展规划，实施二次配送优化方案。公司提出了未来三年的发展方向和目标，实现企业发展历程中“达标准、创一流”的第三次跨越。按照“三年发展规划”总体要求，开始了二次配送优化方案的实施。

（8）全面开展了内控体系建设工作。理顺工作流程，完善企业内部规章制度，理顺不同业务之间的交叉关系，提升企业管理水平。

（9）持续实施“人才强企”战略。2004年分公司注重在人才引进和培养上下功夫，全年共引进45名具有本科以上学历的新员工，使管理人员队伍进一步趋于年轻化、知识化和专业化。全年共开展各类培训285期，培训9268人次。

（10）继续深化企业内部改革。为不断强化激励和约束机制，公司先后对5个地区公司的领导班子实施了竞聘上岗，在机关实施了一般管理人员的分级管理制度，对劳动合同到期的844名员工进行全面考核，并续签了劳动合同，对所属单位实行了分类管理，形成了责任、风险、贡献与收入相一致的分配机制。

（宋兴华）

中国石油天然气股份有限公司
陕西销售分公司

【概述】　中国石油天然气股份有限公司陕西销售分公司（以下简称公司）是中国石油天然气股份有限公司在陕西设立的地区销售公司。公司下属11个分公司（10个地市销售分公司，1个兴庆销售分公司），5个驻省内炼厂成品油采供站，87个片区经营部，1个润滑油公司和1个石油产品质量监督检验站。公司本部机关设有11个职能处室。截至2004年底，全公司有合同制员工7190人，市场化用工3186人，资产总额21.81亿元，拥有运营油库20座，总库容26.7万立方米；资产型加油站930座，其中运营加油站895座。

【经营指标】　2004年，购进汽油、煤油、柴油、润滑油四大类油品212.82万吨，较2003年增长4.93%，完成年计划的105.36%；销售四大类油品

213.17万吨，较2003年增长10.70%，完成年计划的105.53%。其中资产型加油站汽柴油零售量122.69万吨，较2003年增长18.48%，完成年计划的115.74%。

全年实现商品销售收入84.53亿元，较2003年增长14.03%；完成全年预算收入59.48亿元的142.11%；批发吨油现金营销成本108.27元，较预算指标增加35.05元；零售吨油现金营销成本147.75元，较预算指标减少6.55元。

全年实现国际准则账面利润12091万元，加计超预算计提折旧、折耗、隐患整改、减值准备等因素，全年实现考核利润22110万元，超额完成全年5000万元挖潜增效利润目标。

【市场营销】　一是销售结构得到了进一步优化。全年资产型加油站零售量122.69万吨，比2003年增长18.48%；批发量88.33万吨，比2003年减少8.32万吨，下降9.41%。二是销售价格保持了较高的到位率。按财务口径统计，全年累计销售收入价格到位率100.21%，较2003年提高4.86个百分点。三是高标号汽油和润滑油销售有新的突破。全年销售高标号汽油24.06万吨，较2003年增长57.66%；润滑油零售量8132吨，较2003年增长17.38%。

【加油站管理】　逐级落实了分管经理、片区经理、加油站经理在加油站管理中的职责，针对不同类型的加油站采取不同的营销策略、促销手段和降费措施；深入开展“达标创星”活动；建立了加油站进销存过程动态跟踪检查体系，有力地推进了零售管理水平。全年新增达标以上加油站156座，年末累计达标以上加油站达到511座。

【网络建设】　2004年，公司坚持“收购、新建为主，租赁为辅”的多元化网络发展方针，继续加大对国省道、大中城市、新开路段及高速公路等高效市场的开发力度。全年共落实新增加油站44座，总投资1.48亿元；年底实际完成38座，实际拨款1.26亿元；列入2005年续建计划6座，总投资1153万元。尤其是经过艰苦磋商和激烈竞标，终于与陕西高速公路建设集团服务公司签署了长期租赁经营省内五条主要高速公路9个服务区18座加油站的协议，总投资达1.2亿元。标志着陕西销售公司在进军陕西高速公路零售市场方面取得了突破性进展。

【企业改革与管理】　公司在全面实行干部竞聘上岗的基础上，自上而下实行了目标绩效管理。采取用工总量与工资总额双联双控，使大部分单位用工总量得到了有效控制。制定下发了《薪酬总额与业绩指标挂钩考核实施办法》、《2004年对地市公司领导班子业绩考核办法》，将地市公司工资总额的30%与零售量、利润挂钩，按月考核兑现。对市场化用工薪酬分配以“按销量定酬，以利润贡献确定收入”的原则进行了初步规范。这些改革举措极大地调动了各级管理人员和广大员工的积极性。

坚持整体优化、结构扁平、注重实效原则，打破行政区划，按照合理经济区域重新整合了部分片区经营部。按照股份公司关于整合油田、炼化企业销售终端网络的整体部署，完成了长庆油田分公司成品油零售公司的整体划转接收工作，并实现了平稳过渡。

【安全生产】　一是强化全员安全意识，层层落实安全生产责任制，全员安全生产合同和工程服务安全生产合同签订率达100%。二是认真开展“反三违、除隐患”活动，全年共投入1577万元对1476处隐患全面实施了整改。三是完善事故应急救援预案，增强应对突发事故能力。截至年末，全系统编制事故应急救援预案921个。四是加大安全生产监督检查力度，全年共进行三级安全生产检查241次。五是以加快推进QHSE体系建立工作为契机，进一步强化了基础工作，提高了质量、健康、安全、环境管理工作科学化、规范化水平。

（刘梦泽）

中国石油天然气股份有限公司甘肃销售分公司

【概述】　截至2004年底，中国石油天然气股份有限公司甘肃销售分公司（以下简称公司）固定资产达17.84亿元。营运21座油库，库容总量达23.23万立方米；拥有资产型加油站986座。公司下属14个所属分公司，机关设8处4室。在岗员工8099人（其中在册员工3259人，市场化用工4840人）；离退休人员2282人（其中离休161人，退休1600人，内退521人）。

【经营业绩】 累计销售四大类成品油194.9万吨，完成预算的124%，比2003年同期增加31.54万吨，增长19.3%。其中，完成零售量157.4万吨，完成预算的123%，比2003年同期增加31万吨，增长24.6%；完成销售收入66亿元，完成预算的146%；比2003年同期增加16亿元，增长34%；实际完成吨油现金营销成本252.59元，剔除不可比因素后为218元，完成预算的99%，比2003年同期增加1.10元，增长0.50%；完成内部考核利润20339万元，完成预算的184.9%，比2003年同期增加6460万元，增长46.55%；吨油内部利润104.26元/吨，完成预算的148.82%，比2003年同期增加19.36元。

【经营销售】 在资源持续紧缺的情况下，落实“促销推价降费增效”措施，实现市场和效益最佳组合。以“三固定”（固定发站、固定到站、固定发货时间）为原则，编制并实施资源计划调运工作方案，较2003年同期多购进成品油35.57万吨。禁止大单销售，限制大桶提油，杜绝搭车销售，机构用户群稳中有升达147家。246座不同投资主体加油站通过特许、联营、租赁等形式纳入公司管理体系，占系统外不同投资主体加油站总数的93%，有力地控制了省内市场，见图3和图4。

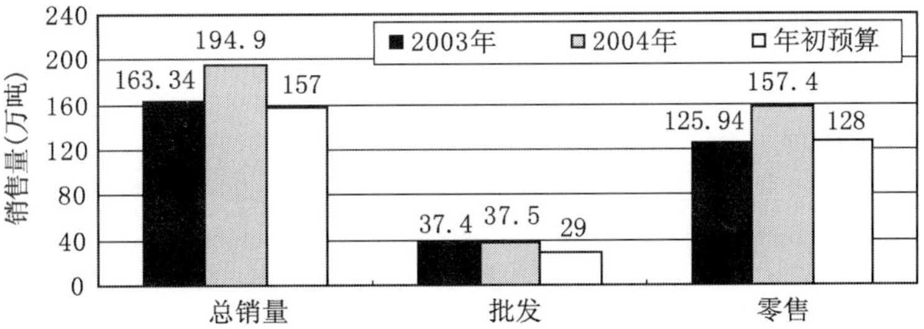

图3　2004年销售与预算和2003年对比图

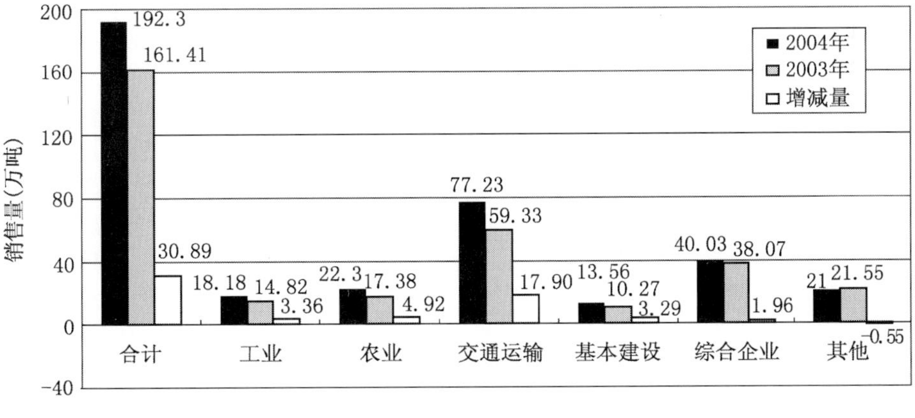

图4　2004年分销售对象与2003年对比图

【加油站管理】 2004年，两级机关干部对4000吨以上的加油站实行定人、定站监督管理。集中精力打造吨级加油站，3000吨级以上加油站达149座，其中万吨站达11座。吨级站已成为零售任务的主要承担者，占总数16.8%的吨级站完成零售总量的43%；达标加油站568座，其中星级加油站159座，占运营站的18%。单站日均零售量由1999年的1.98吨增加到2004年的5.11吨，增长率达158%。

【网络建设】 2004年由中国石油天然气股份有限公司投入资金2.39亿元，同步新增加油站64座，隐患整改加油站81座，完成白银、武威、张掖3座油库的安全、技术改造，为312座加油站安装了液位仪。

到2004年底，新增及改扩建加油站可研日销量合计4482吨，实际日销量3630吨，综合达销率为81%。

【预算管理】 2004年完成了股份公司会计集中核算的试点工作。开通"网上银行"，加快资金周转，年减少短期负息资金占用2425万元。686座加油站与工商行签订《银企协议》，确保资金安全回笼。加强股权管理，对长期投资进行调查、清理，核减历年长期投资损失2725万元。建立省内外油库、加油站最佳配送网络，28座加油站实现跨区域配送，9座加油站实现跨省区配送，年节约运输费用200万元。积极探索加油站财务管理新途径，每月对加油站、油库库存商品进行盘点，减少管理盲点。

【安全生产】 2004年，公司先后投入3952万元整改重大安全隐患，在用设施完好率明显提高，实现了安全生产目标。

【三基工作】 2004年，围绕企业固本强基这个根本，大力加强基层建设，继续推行干部公示制、竞聘制，公开选拔副处级干部25名，并对3000吨以上加油站经理实行年薪制。建立了与经济管理体制相适应的党、团、工会组织体系。严格落实购、销、存、运油品质量管理规定，达到国家和股份公司油品质量抽查合格率100%，油品销售计量准确率100%。728座加油站广泛推广使用IC卡，325座加油站配备自动液位仪系统。重点培养和造就经营管理、专业技术、基层党务工作人才和复合型操作员工队伍，分批、分期、分层次培训干部员工11035人次。

2004年，公司先后被国家人事部、国务院国有资产监督管理委员会评为"中央企业先进单位"，被中国石油天然气股份有限公司评为"先进销售企业"。

（朵银川）

中国石油天然气股份有限公司青海销售分公司

【概述】 中国石油天然气股份有限公司青海销售分公司（以下简称公司）是中国石油天然气股份有限公司在青海设立的地区销售公司，主要担负青海省成品油的购、销、调、存任务，从事汽油、煤油、柴油、润滑油的批发零售业务。全省设有7个分公司、30个经营部、一个润滑油公司和一个石油产品质检站，公司机关设有11个职能处室。截至2004年底，青海销售公司共有员工1625人，社会聘用职工920人。正式员工中，具有大中专以上学历职工660人，专业技术人员336人，具有高级职称的7人，中级职称的94人，初级职称的235人。资产总额63454万元；拥有大、中油库5座，总储容量9.14万立方米，铁路专用线总长4694米；拥有专用油罐汽车35辆；全公司共有加油站196座。

【主要经济指标】 2004年，公司油品销售总量52.66万吨，比股份公司下达的40万吨增加12.66万吨，增长31.65%；实现销售收入17.9亿元；完成油品零售量32万吨，比股份公司下达的29万吨增加3万吨，增长10.34%；实现利润4583万元，比股份公司下达的利润目标增长38.9%。上述三大指标不仅超过了全年的预期目标，第七次创造了青海销售公司历史的新纪录。

【企业经营与管理】 2004年，公司坚持科学化管理、精细化管理，努力挖潜降费，切实强化监管，各方面工作有所加强，主要表现在：

（1）以开拓经营为中心，以发展零售为重点，加大营销工作力度。一是坚持以市场为导向，各级营销部门和业务人员积极走向市场、走向用户，搜集市场信息，寻找销售空间；二是坚持在批发上抓大户，重点放在机构用户上，抓重点工程、抓重点企业、抓新建项目。三是坚持以发展零售为重点，各级领导把零售工作作为重点工作来抓，营销部门做好资源的配置和调运工作，保证各种品号的油品不脱销、不断档，大力开展优质服务活动。四是实施低库存战略。全年一直保持了较为合理的库存，提高了经营实效，避免了库存风险。

（2）财务管理方式在改进中加强，管理水平进一步提高。全面预算管理进一步完善，资金收支两条线平稳运行，资金安全基本保障，一批闲置和不良固定资产经清理、报批得到处理，费用得到有效控制。

（3）加大网点建设力度。在网点建设中，公司始终坚持效益第一的原则，合理布局、择优选址。全年加油站网点由年初的185座增加到196座。对原青海省平安县鑫贸公司所属的全部4座加油站实施收购，完成了青海油田分公司和玉门油田分公司所属7座加油站的划转工作，扩大了网络覆盖率。

（4）审计监察继续发挥应有的作用，法律事务工作得到重视并初步加强。各类信息网络系统初步建立，干部人事管理工作迈上一个新台阶。

【安全管理】 安全生产平稳运行。开展“强三基、反三违、除隐患、保安全”为主题的“安全生产管理年”活动，全年油库、加油站安全状况基本正常，没有发生重大责任事故、火灾事故和污染事故。根据危险品经营要求，进行了油库、加油站安全评价，其中150座加油站和3座油库取得了“危险化学品经营许可证”，为安全经营取得了许可保证。

【加油站管理】 深入贯彻落实《加油站管理规范》，开展达标创星工作，加油站培育和管理水平有新的进展，规模和档次有所提高。万吨级加油站由2003年的2座增加到3座，5000吨级加油站由原来的3座增加到6座。公司所属大通桥头加油站被中国石油天然气股份有限公司炼油与销售分公司评为四星级站，西宁杨家庄加油站被评为五星级站。按照扩销的需要，发展了特许经营业务，特许经营加油站增加到16座。

【其他】 2004年，是公司成立50周年，编撰了《青海销售公司50年志》，编印了反映公司风采的画册，使公司半个世纪的各种重要史料得到全面、系统的整理、汇集与保管。

（刘文艺）

中国石油天然气股份有限公司四川销售分公司

【概述】 中国石油天然气股份有限公司四川销售分公司（以下简称公司）是中国石油天然气股份有限公司在四川设立的地区销售公司。截至2004年底，公司设有机关管理处室13个，下辖20个市州公司，有员工14774人（其中在岗正式职工5507人，内退职工1159人，市场化用工8108人），离退休人员3710人；拥有在用油库27座（有9座油库可以接收兰成渝输油管道管输油品），总库容70万立方米；加油站1440座；资产总额34.36亿元，净资产17.69亿元，资产负债率48.53%。2004年，公司紧紧抓住经济快速发展、成品油消费需求旺盛的有利时机，实现了销售总量、零售量、销售收入、利润、税收“五大历史性突破”，企业各项工作取得新进展、创出新成就，展示了强大的实力和良好的发展势头。

【经营指标】 全年销售各类油品319.26万吨，比2003年增长23.28%，其中销售汽柴油314.41万吨，比2003年增长23.62%，完成预算的123.30%。零售汽油、柴油223.97万吨，比2003年增长48.98%，零售比例达到71.24%，比2003年提高11.25个百分点；资产型加油站零售汽油、柴油204.01万吨，比2003年增长54.86%，完成预算的150%。实现销售收入112.50亿元，比2003年增长40.59%。实现考核利润10.77亿元，比2003年增长259%，完成预算的598.58%，完成挖潜增效利润目标的179.57%。投资资本回报率达到47.58%，比预算提高40.42个百分点。实现税收5.27亿元，比2003年增长78.31%。

【市场营销】 公司准确判断市场形势，根据资源和价格的变化适时调整营销策略，科学把握销售节奏。1—2月，针对社会经营单位到货集中、市场价格有所下滑的情况，公司采取“稳价扩销”的策略，召开片区价格协调会、联营企业座谈会，主动与川渝公司和社会经营单位进行协调，共同稳定市场价格，实现了量效双增；3—4月，抓住柴油资源偏紧、价格不断攀升的市场机遇，坚持执行到位价格，控制柴油批发销售，按照“资产型加油站、机构用户、特许加油站、联营单位”的顺序投放资源，保证了市场平稳供应；进入5月下旬，川内柴油供应紧张状况有所缓解，汽油资源到货集中，价格小幅下滑，公司采取“量价互动”的策略，适当调整汽油销售价格，恢复了加油站“点对点”竞争，实现了市场份额与企业整体经营效益同步增长；下半年资源逐步趋紧，供需矛盾突出，公司顾全大局，协调各方，优化资源投放，严格执行国家定价，肩负起了成品油供应主渠道的责任，保障了市场平稳供应。同时，公司抓住四川省投资规模达到建国以来最高水平、成品油需求快速增长的难得机遇，盯住重点工程项目全力攻关，与溪洛渡电站签订了供油协议，与向家坝、锦屏渡电站等一批重点工程用户达成了供油意向，前100位大客户的销售量达到28.36万吨，抢占了新增市场份额。

公司把经营工作重点放在调整销售结构、转变增长方式、提高经营质量和效益上，实现了由以批发为主向以零售为主的根本性转变。全年批发销售比2003年下降9.5%，其中社会加油站销售量下降21.12%，联营单位销售量下降22.35%，终端销售比例达到85.65%。公司按照“做强大站、改活小站、消灭亏损站”的零售工作思路，打造万吨级加油站10座，培育三星级以上加油站115座，资产型加油站平均单站日销量达到4.7吨，比2003年提高1.14吨。对小站和亏损站继续实行承包经营，承包站平均单站日销量比2003年同期增加0.6吨。同时，公司大力扩大直销配送，充分发挥小型油罐车作为“移动零售终端”的作用，实行24小时上门配送服务，零售环节全年配送油品12.69万吨。千方百计扩大汽油销售，在稳定汽油销售价格的基础上，实行汽柴油搭配销售，汽油销售大幅增长，全年销售汽油107.61万吨，比2003年增长15.7%，其中高标号汽油销售45.01万吨，比2003年增长27.58%。

【加油站建设】　2004年，是公司确定的“加油站发展年”。一年来，公司优化网络布局，注重购建质量，千方百计控制高速公路、中心城市和交通主干道的加油站，实现了零售网络的快速有效扩张。全年新购建加油站232座，租赁加油站35座，其中新购建一类、二类加油站133座，占新增加油站总数的57.33%；新开发高速公路加油站14座，占新增加油站总数的6.03%。同时，加大了中心城市、交通干道加油站技术改造力度，技术改造后的加油站销量明显提高。

【企业管理】　公司认真开展“销售效益年”和“六查六整顿”活动，大力开展专项整治，各项管理工作有了新的进步。公司认真开展加油站专项整治，先后投入1.16亿元对835座加油站进行了集中整治；全面推行了加油站稽查制度，加油站硬件档次、站容站貌、服务水平有了明显改观，加油站管理和形象发生新变化。及时开展资金管理专项整治；取消银行账户、卡户132个，资产型加油站银行上门收款率达到85%，全年收回欠款6448万元。积极配合有关部门做好财务税收检查和物价检查工作，对检查出的问题及时进行了整改。内控体系建设全面开展，完成13个一级流程、62个二级流程、163个三级流程的描述；修改和完善了风险数据库，针对公司存在的内控缺陷，补充完善了财务、业务、投资等方面的制度。法律工作与经营工作紧密结合，依法开展了“中国石油”注册商标及特有标识维权专项行动，协同工商部门对侵害“中国石油”注册商标及其标识的102座社会加油站进行了查处，全年共处理法律纠纷69件，合同审查率及合规率达到100%。实行存续企业资产卡片管理，加强未上市企业费用预算管理，未上市企业管理工作进一步规范。认真落实稳定工作责任制，通过政策宣传解释和过细的思想政治工作，保证了工资制度改革和离退休人员生活费发放工作的顺利进行。针对个别单位出现的不稳定因素及时化解了矛盾，开展了向困难职工送温暖活动，组织职工代表开展了维护职工权益巡查，在提高效益的基础上职工收入稳步增长，企业和员工队伍保持了稳定。

【安全生产】　公司广泛深入地开展“安全生产管理年”活动，积极向总部争取资金进行油库、加油站隐患整改，开展了安全上岗资格取证培训，制定了事故应急预案标准文本，发布了QHSE管理体系文件，通过了股份公司体系建设与运行检查验收组验收，全员安全意识得到增强。特别是针对安全生产的薄弱环节，开展了安全生产专项整治，进一步落实了安全生产责任制，加大了事故查处和责任追究力度，全年共查处事故责任人61人次，安全生产总体形势较好。

【党建工作和企业文化】　公司大力开展以树立和落实科学发展观为重点的学习教育活动，把理论学习与解决事关全局的重大问题相结合，研究制定了《公司发展战略纲要》，开展了省公司和二级公司班子成员述职述廉和民主测评，组织了机关副处级以上干部和二级公司经理、书记参加的党风廉政建设专题学习班，开展了拒收钱物的自查自纠和专项治理，省公司和二级公司班子成员作出了廉政承诺。对11个二级公司班子进行了充实调整，交流干部11人。在市州公司增设了审计监察科并配备了必要的人员，基层效能监察和审计覆盖率达到100%，信访初查核实率达到92%。切实加强员工培训，省公司集中培训各类人员1480人次，二级公司组织培训3496人次。2004年公司荣获了“全国五一劳动奖状”，省公司营销处、德阳分公司荣获股份公司“先进销售单位”，孙宝等7名同志荣获股份公司“先进销售工作者”，岷江销售分公司西羌加油站等10座加油站荣获股份公司“红旗加油站”，列罗等8名加油员荣获股份公司“优秀加油员”称号。

（刘纯珂）

中国石油天然气股份有限公司重庆销售分公司

【概述】　2004年，是中国石油天然气股份有限公司重庆销售分公司（以下简称公司）持续快速发展的一年。面对不断变化的内外部环境和激烈的市场竞争，广大干部员工坚决贯彻上级工作部署，认真落实公司各项工作安排，夯实零售基础，做强零售业务，加快网络开发，推行精细化管理，各项业绩指标全面超额完成，取得了良好的经营业绩。全年销售成品油142万吨，比2003年增加38万吨，增长37%；零售成品油106万吨，比2003年增加36万吨，增长51%；实现销售收入（不含税）50.25亿元，比2003年增加17.8亿元，增长55%；实现利润4.99亿元，比2003年增加3.34亿元，增长202%。

【市场营销】　2004年，面对激烈的市场竞争，坚持按照“促销、推价、降费、增效”的方针，优化资源配置，强化市场调研，突出零售地位，灵活创新经营。重点掌控好销售结构和节奏，抓好客户开发和管理，坚持大站培育和小站改革，狠抓高标号汽油销售，充分发挥网络优势开展整体促销，不断提高价格到位率和单站日销量，克服了查“双超”、“油改气”等困难，排除了竞争对手长期低价竞争等影响，超额完成了全年销售任务，确保了重庆市场供应。

【网络建设】　2004年，网络建设竞争激烈、困难重重，各级网络建设部门解放思想、迎难而上，采取多种渠道和方式，全力争夺主城区、主干道、高速公路、重要城镇等地理位置好、有发展前景地段的网点，加快网络建设步伐，全年签约落实新增资产型加油站50座（其中16座已投产），并在重庆主城区近期规划中争取到88个项目，超额完成了上级下达的网络建设任务。特别是在高速公路项目开发上取得了重大突破，与重庆市共同出资组建了由我方控股的“重庆中油迅发有限公司”，合作开发经营重庆市范围内已建和拟建的1200千米高速公路服务区、停车区的所有服务项目（含加油站），使公司在推进零售网络建设，扩大成品油零售市场和开发非油品市场的道路上，迈出了重要一步。

【安全生产】　2004年，公司深入开展以“强三基、反三违、除隐患、保安全”为主题的“安全管理年”活动，进一步落实全员安全生产责任制，深化安全生产合同管理，认真抓好安全教育和培训，制订完善各类应急救援预案，定期组织各种预案演练和消防训练，加强水上运输和加油站安全管理，组织开展各类安全大检查，全年共投入资金5000多万元对安全隐患进行治理，保证了生产经营安全运行，实现了“一个为零（等级事故为零）、六个杜绝（杜绝重大火灾事故，重大人员伤亡事故，重大生产责任事故，重大质量事故，重大环境污染事故）”的安全生产目标。同时，公司加快建立和落实QHSE管理体系，编制了相关手册和程序文件试运行。

【精细管理】　2004年，公司紧紧抓住股份公司加油站管理现场会在重庆召开的契机，大力推行精细化管理。公司系统加油站严格按照“五化一配套”的标准进行了脱胎换骨式的治理和改造，消除了安全隐患，美化了经营环境，提升了品牌形象。严格按照《加油站管理规范》加强了基础工作，规范了经营账册，完善了各种档案和记录，广泛开展了树样板、促交流、抓典型等工作，有效提升了加油站精细化管理水平。以加油站管理为突破口，公司各关键环节管理不断向精细化标准迈进，财务资金、投资计划、证照合同、经营活动、审计监察、劳动用工、干部人事、离退休人员管理等工作规范、有序运行。

【队伍建设】　2004年，公司坚持领导班子民主评议和干部年度测评，坚持干部任用公开选拔、竞聘上岗，建立后备干部储备库，实行经理助理制，将11名同志放到相应位置锻炼、培养，加强了干部队伍建设。强化员工考核和交流，强化员工培训，加强了员工队伍建设，提高了队伍素质。以人为本，关爱员工，切实关心和帮助困难员工，不断提高员工福利待遇，增强了企业凝聚力。2003年9月开县遭遇特大洪灾，公司启动帮困救助机制，购置了近5万元的生活物资及时送到受灾员工家中，体现了企业对员工的关爱和温暖。

【精神文明】　2004年，公司党风廉政建设稳步推进，逐步建立起“从教育入手，用制度设防，加大监督约束”的预防和惩治腐败工作体系；稳定工作成效显著，有效化解了30多人次的集体上访，确保了企业稳定；库站文化建设取得进展，初步形成了以“管理文化、服务文化、HSE文化和民主文化”为架构的、具有重庆销售分公司特色的库站文化体系；创建市级文明单位取得收获，公司基本通过重庆市级文明单位的验收。

（唐　波）

中国石油天然气股份有限公司内蒙古销售分公司

【概述】　2004年，中国石油天然气股份有限公司内蒙古销售分公司（以下简称公司）共销售成品油244.68万吨，比2003年增长36.2%，零售量190.84万吨，比2003年增长43.03%，零售比重78%，比2003年增长3.73个百分点，市场占有率85.85%，实现利润4.4亿元。

公司在市场竞争激烈的情况下，根据市场变化，适时调整营销策略，控制销售节奏，优化销售结构和销售进度，控制市场投放量，合理安排销售，缓解供需矛盾，扩大了市场。灵活地运用价格的杠杆作用，适时地调整了交界、交叉市场的销售价格等策略，稳固了市场份额。

【成品油调度运输】　面对资源相对紧张的状况，实行调运分级责任制，强化油品的采调工作，成品油配置计划兑现率达到98.75%。

（1）根据内蒙古市场点多、线长，需求结构各异，多个大区公司配置资源的特点，制定科学的运输计划，加强与大区公司和铁路部门的衔接，合理安排油品调运，有力地保障了市场供应。

（2）为缓解区域性资源供应紧张的状况，突破计划限制，变更到站，调整运输方式，根据公司库存和市场销售情况组织运输，有效缓解了局部市场供需不足的问题。

（3）加强基础工作，建立健全调运工作责任制。制定《成品油调度运输处岗位责任制》，设立责任明确、运行有效的工作岗位，强化监督管理，提高调运工作水平。

【固定资产投资】　2004年，公司实际完成固定资产投资15275万元，完成股份公司下达计划的123.53%。

投资新建、收购、改造加油站113座，其中新增加油站73座，改扩建加油站40座，新增一类加油站9座、二类加油站23座、三类加油站38座、四类加油站3座。技术改造项目完成投资833万元；完成油库技术改造33项；完成加油站改造投资1376万元。

【安全管理】　2004年，开展了“安全管理年”活动，狠抓各项规章制度落实，加强安全监督检查，加大隐患整改力度，加强员工岗位安全培训，使全系统安全管理整体水平有了进一步提高。油库、加油站全年未发生安全生产事故，车辆交通事故发生数较2003年下降了50%。

一是加强对油库加油站硬件设施的隐患整改，完善应急预案，进行事故应急预案的演练。

二是结合QHSE体系建设，完善和统一油库、加油站及油罐车的各种记录，制定各作业岗位和安全总监的上岗条件，实行持证上岗。

三是实行安全生产责任制，层层签订安全生产责任状，建立安全风险抵押奖惩制度。

【计量、质量管理】　严把油品入库、储存、出库、损耗四个环节，加强油品入库的验收计量和化验，不合格的油品坚决不能入库；杜绝缺斤短两、克扣顾客现象。制定和落实《中国石油内蒙古销售分公司加油站体积计量交接办法（试行）》，《中国石油内蒙古销售分公司油品质量管理办法（试行）》。在全系统开展了加油站计量大检查工作，计量误差均在规定范围内。对全系统经营的成品油进行抽样化验，共抽样21个批次，全部合格。组织人员参加股份公司油品质量检验员培训班，全部获得了资格证书，进一步提高了化验队伍素质。

【信息化建设】　制定公司信息工作管理办法、计算机防病毒系统实施办法和管理规定等规章制度。按照股份公司安排，实现了公司本部与股份公司行文电子化。建立了4个文件传输网站，大大提高了文件数据的传输效率，降低了办公费用。完成全区企业主干网和各盟市分公司局域网的整合，实现了分公司各业务科室与公司相关业务处室的互联互通。

【加油站管理与零售】　2004年系统内加油站、点总数1146座，比2003年增加77座。一类、二类加油站472座，占加油站总数的43.13%；星级加油站276座，占加油站总数的24.1%。全年成品油零售量190.84万吨，比2003年增加57.41万吨，增长43.03%；零售比重78%，比2003年提高了3.73个百分点，零售市场占有率76%；资产型加油站平均单站日销量5.16吨，比2003年增加1.54吨。

公司以提高加油站综合管理水平、综合形象水平、综合服务水平、综合效益水平为方针，强化加油站的经营管理和服务工作。

一是加强全区加油站形象改造，达到了罩棚色彩明亮鲜艳，所有标识、标志统一规范，站房整齐划一，干净明亮，统一了的消防沙箱、消防器材箱等。

二是规范现场管理，加强各项管理制度的落实。加油站场地干净、整洁，器材用品摆放整齐，设备设施物见本色，所有的设备上都设置了管理卡，员工规范着装，微笑迎送八方来客。

三是加强服务管理，进一步提升服务质量。向顾客提供便利、超值服务，免费供应开水、绿豆汤，免费擦洗车辆，常备药品、维修工具、报纸、道路指南、天气预报牌，并设车辆加水、休息场所等服务；开展“有事请找加油站”的服务活动，对在路途中遇到困难的顾客提供帮助；进一步落实《加油站管理规范》，严格执行加油“十三步曲”和“收银六步曲”。

四是强化员工培训工作，落实培训工作责任制，实施三级培训教育，许多下属分公司建立了职工教育基地，加大新员工的岗前培训和员工再教育力度。

【人事管理】　加强领导班子建设，积极开展民主评议、届中考核、加强后备干部队伍建设。在工资分配办法上进行了积极探索，根据企业发展，调整和简化了考核指标，发挥薪酬分配的激励作用。制定《内蒙古销售分公司员工培训教育管理办法》，开展基础培训，2004年共举办干部培训40期，培训1065人次，基层经理人培训92期，培训2300人次，加油员、付油员培训132期，培训8634人次，专业技术人员培训54期，培训1547人次，参加社会机构组织的培训班48期，培训640人次。及时派人参加各类培训，参加高级营销、党委书记等各类培训班共40人次。努力做好人才引进，组织开展了毕业生招聘工作。在需求调研、编制计划、资格审查、考试等各个环节上精心组织、严格把关。录用会计、营销等8个专业61人，录用石油类院校毕业生28名，进一步改善了队伍结构。

【党建和企业文化建设】　认真开展基层建设调研，召开基层组织建设工作座谈会，对基层党组织现状展开深入细致的调查，摸清了情况，找出了问题，提出了对策。

建立健全基层党的组织，选拔有强烈事业心和责任感，具备一定决策能力和组织协调能力的优秀干部，充实到基层党委书记和党支部书记队伍中来。

加强党员教育管理，开展“形势、目标、责任”主题教育，“执政为民、加快发展”培训教育和“讲成长故事，做发展文章，树内蒙古销售分公司形象”大讨论活动。进一步加强基层领导班子政治建设、组织建设、作风建设。

【纪检审计】　审计工作遵循“全面审计、突出重点”的原则，把资金管理、费用预算管理、投资管理与加油站经营管理的审计以及经济责任审计列入年度审计重点。2004年度完成审计项目280项，审计资金148367.81万元，覆盖率76.15%。提出建议采纳率88.50%，直接增收节支3338.59万元。内审独立完成160项。

（陈文惠）

中国石油天然气股份有限公司新疆销售分公司

【概述】　中国石油天然气股份有限公司新疆销售分公司（以下简称公司）。截至2004年底，公司全系统共有职工11740人，其中，正式职工6962人，社会用工4778人；少数民族职工1629人，有汉族、维吾尔族、蒙古族、哈萨克族、回族等20个民族，此外还有离退休职工2749人，内退职工773人。全系统共有运营油库22座，储存能力50.38万立方米，加油站863座。

【经营指标】 2004年，公司经营继续保持良好的发展势头，销售总量、零售量、利润比2003年大幅增长，多项指标创历史最好水平。主要业绩指标完成情况见表6。

表6　2004年公司主要业绩指标完成情况

主要业绩指标	合　计	较2003年增长（%）	批　发	较2003年增长（%）	零　售	较2003年增长（%）
销售量（万吨）	280.92	14.38	280.92	14.52	148.67	28.35
销售收入（万元）	883818	30.07	849343	29.95	494843	45.17
销售成本（万元）	778908	30.78	778908	30.78	460287	46.15
利润总额（万元）	33958	241.25	27197	821.31	6761	-3.40
吨油毛利（元/吨）	373.45	9.19	250.44	6.00	231.88	3.79
费用总额（万元）	75696	-3.31	42830	-26.08	32866	61.49
考核吨油费用（元/吨）	269.46	-15.57	152.46	-35.45	220.87	25.82
考核吨油现金成本（元/吨）	205.29	-21.85	125.07	-38.90	151.44	23.35
考核吨油利润（元/吨）	120.88	197.99	96.81	704.52	45.44	-24.74

【市场营销】 一是转变思路，提出省级零售公司的市场新定位，确定了公司立足零售、面向终端的营销发展战略，试行了销售业务批零两条线分业管理和组织机构3+*X*结构的营销体系（3代表三条各自相对独立的业务线，即：由公司业务主管部门到公司销售中心到加油站的零售业务线；由公司业务主管部门到公司客户管理中心到销售代表的批发业务线；由公司业务主管部门到公司物流中心到各批发零销售终端的物流配送线。三条线各自独立又相互配合，分别受区公司业务处室垂直管理，*X*代表独立于各业务流程以外的一个超脱的市场评价和规划体系）。

二是强化收购、精确调拨，在股份公司不断抽紧区内资源的情况下，库存虽然长期处于临界水平，但各地未发生脱销现象，充分保障了市场供应。

三是全面完善七大物流配送中心的建设，与中国石油天然气运输公司签订了《成品油公路配送框架协议》，配送中心第三方承运全面实施。

四是突出零售业务重点地位，整合优势资源确保零售，在价格、资源配置、销售计划等方面向零售业务倾斜，引导各直属企业向零售公司的方向转化，大幅度削减对社会经营单位的批发量，有效地减轻了社会单位对市场的冲击。

五是出台了《机构用户管理办法》、《大客户指导意见》两项管理办法，将机构用户管理提高到了正规化、制度化的高度，做好重点客户的签约销售，牢固把握批发市场主流方向。

六是与基钰石油、乌鲁木齐燃料公司等在新疆成品油市场具有影响力的大机构签署协议，建立紧密的合作关系，共同发展。

【网点建设】 2004年，公司网点建设的总体思路是：以天山北坡经济带的乌鲁木齐、昌吉、石河子和以阿克苏为轴心的交叉地带为中心，重点围绕高速公路、地区城市、县级城市进行市场开发，乡村销售网络不予考虑，抓好网点建设“三个优化”（优化布局、优化结构、优化方案），实现效益最大化目标。

2004年，公司完成投资30000万元。新增加油站75座，其中新建25座；收购50座；重建及租赁转收购销售网络8座；扩建销售网络23座；完成续建项目6座，油库改造8座，加油站改造8座。

【安全生产】 2004年，公司深入开展以“强三基、反违章、除隐患、保安全”为主题的“安全管理年”活动，全年安全生产形势良好，被评为新疆维吾尔自治区安全生产先进单位和股份公司安全管理先进单位。

【企业管理】 一是通过深入贯彻落实《加油站管理规范》和全面实施加油站差异化管理，使加油站管理整体水平不断提高，优质加油站得到发展，星级加油站数量增加。2004 年公司有五星级加油站 10 座，比 2003 年增加 6 座；四星级加油站 9 座，比 2003 年减少 1 座（升入五星）；三星级加油站 45 座，比 2003 年增加 20 座。按销量计算，2004 年公司拥有万吨级加油站 11 座，比 2003 年增加 1 座；7000 吨级站 7 座，比 2003 年增加 5 座；5000 吨级站 28 座，比 2003 年增加 9 座；3000 吨级站 88 座，比 2003 年增加 22 座。

二是租赁了 24 座三产加油站，全部纳入主业核算。

三是财务管理工作进一步加强，实现了与股份公司资金收支两条线对接，中油财务管理信息系统 6.0 版替代 5.0 版顺利完成。

四是内部控制体系建设顺利完成流程目录、流程描述、风险点控制分析工作，达到股份公司阶段性工作要求。

五是完成了《新疆销售公司法律风险源防范与控制应对预案》的编制工作，为维护公司交易安全和合法权益，首次建立了法律风险防范与控制管理机制。

六是进一步强化员工培训，全年参加培训人数达到 6380 人次，占在岗总人数的 62.3%，共投入教育培训经费 221.78 万元。

七是网络投资决算审计覆盖率达到 100%，全年维修、改造项目和加油站新建、改造资金审计总额 18606 万元。

八是对全系统内的法人实体进行清理，对债权、债务、投资、实物资产等进行了审计清算，取消了全部法人实体，个别继续经营的，明确产权归属，彻底与新疆销售公司脱钩，规范了公司业务运行。

【精神文明建设】　一是加强基层党组织建设，在 15 个单位设置了党群工作科，4 个单位配备了专职党群干部。

二是注重在业务骨干和营销一线员工中发展党员。

三是健全和完善了干部廉政档案，系统内共建立和完善科以上干部廉政档案 943 册。

四是继续培养选树各类先进典型，2004 年新疆乌鲁木齐销售公司红山路加油站被中华全国总工会等三家单位共同授予“2003 年度全国用户满意服务明星班组”称号，站长朱育蓉同志被评为集团公司“中国石油第三届十大杰出青年”、新疆维吾尔自治区“优秀共产党员”。新疆库尔勒销售公司等 3 个基层单位、博州销售公司经理刘瑛等 6 位基层干部、乌鲁木齐销售公司红山路等 6 座加油站、乌鲁木齐销售公司南郊西加油站曹彦军等 6 位加油员分别被股份公司授予“中国石油先进销售单位、百名先进销售工作者、百座红旗加油站、百名优秀加油员”荣誉称号。

（王　瑞）

中国石油天然气股份有限公司
西藏销售分公司

【概述】　中国石油天然气股份有限公司西藏销售分公司（以下简称公司）隶属中国石油天然气股份有限公司，公司机关设 7 处 1 室、下设 13 个二级公司。截至 2004 年底，公司现有在职员工 1175 人，正式员工中，女员工 332 人，占正式员工总人数的 28.26%；藏族和其他少数民族 610 人，占正式员工总人数的 51.91%；研究生学历以上 3 人，占正式员工总人数的 0.26%，本科学历 35 人，占正式员工总人数的 2.98%；大学专科学历 138 人，占正式员工总人数的 11.74%；中专学历 100 人，占正式员工总人数的 8.51%；其他学历 899 人，占正式员工总人数的 76.51%。成品油储备库 12 座，库容量 14 万立方米，销售网点 118 座。

【经营指标】　公司党政领导班子带领全体员工，发扬“老西藏”精神，深入开展“销售效益年”活动，成品油购销量创历史新高。在市场竞争日益激烈的形势下，克服重重困难，以市场为导向，狠抓扩销增效，大力推进营销体制改革，加快加油站购建速度，严格预算管理，提高资金使用效率，企业的竞争能力和盈利能力明显提升。2004 年购进各类成品油 31 万吨，完成年度计划的 129.2%，较 2003 年同期增长 24%；销售各类成品油 29.6 万吨，完成年度目标值 24 万吨的 123.4%，较 2003 年同期增长 25.5%，其中零售各类成品油 18.1 万吨，销售总量的 61.1%，完成年度目标值的 113.1%，较 2003 年同期增长 12.5%。2004 年实现商品销售收入 114213 万元，较 2003 年同期增长 32 %；商品流通费为 25865 万元，较 2003 年同期增加 555 万元，扣除影响因素较 2003 年同期增加 1265 万元；吨油现金营销成本 814.02 元/吨，与年度目标值 980 元/吨相比减少 165.98 元/吨，与 2003 年同期 914.7 元/吨相比减少 100.68 元/吨，扣除费用影响因素 710 万元，吨油现金营销成本 768.72 元/吨，与年度目标值 980 元/吨相比减少 211.28 元/吨，与 2003 年同期 929.65 元/吨相比减少 160.92 元/吨。实现利润 5776 万元，较 2003 年同期增长 441%，完成年度计划的 1617.5%，上缴税金 3482 万元。2004 年公司油品购进量、销售量、利润创历史新高，各项管理工作步入了规范有序、良性发展的轨道，职工队伍人心思定，精神饱满，企业稳定、快速发展，呈现出前所未有的良好发展态势。

【市场营销】　坚持以市场为导向，以效益为中心，树立现代营销观念，提高服务质量。面对货源紧张、运力不足和复杂多变的市场形势，因势利导，不断增强市场竞争力，奋力打造黄金终端。根据货源紧张、运力不足和市场变化的实际情况，以变应变，适时调整营销策略。积极组织货源和调运工作，确保区内所需油品的供应。公司综合业务处、格尔木公司、阿里公司、成都采调处紧密配合，克服资源紧张、运力不足的困难，想方设法，按配置计划大力催调，保证了配置计划的实现，确保了市场的供应。尤其是格尔木公司在河东油库实行 24 小时卸（发）油、加班加点，安全接（卸）槽车 804 辆，从公路倒油 7321 吨，节约槽车费用约 20 万元，使油库充分发挥了“蓄水池”的作用。2004 年 3 月份，公司综合业务处、阿里公司、昌都公司对公路运输车辆实行公开招标，签订运输合同，比 2003 年按吨油运价计算，降低运费 164 万元；其中，青藏线 76 万元、川藏线 77 万元、新藏线 11 万元；既提高了车辆的运营效率，又节约了开支，保障了供应。同时，审计监察处对油料组织运输各环节进行了全方位跟踪检查，促进了油料运输各工作环节的顺利开展。

根据西藏成品油需求状况，及时采取有效措施，大力促销，提高盈利能力。2004 年，公司把开发用户、扩大销售量作为业务工作的主攻方向。拉萨公司对所属市场进行科学划分，由销售代表实行分片包干管理，建立客户档案，签订供油合同，配送油料，结算货款。拉萨公司 4 名销售代表 2004 年销售成品油 16481 吨，占拉萨公司总销量的 26.91%；日喀则公司、那曲公司、山南公司、林芝公司、阿里公司也积极开展了销售代表实行分片包干管理办法，取得了良好的成效。2004 年西藏全区内批发销售油料 24036 吨，较 2003 年同期 10582 吨增长 127.1%。加强了油品对外宣传工作，加大了推广 0# 柴油、93# 汽油的销售工作，公司所属各地区公司加大推广宣传的力度，采取标语、散发资料、召开用户座谈会以及加油员口头宣传等多种形式，宣传使用 0# 柴油、93# 汽油给用户带来的好处，深受用户的欢迎和青睐。截至目前为止，0# 柴油、93# 汽油已被广大用户广泛接受。2004 年西藏全区内销售 0# 柴油 37019 吨，较 2003 年同期 22603 吨增长 63.8%；93# 汽油 5961 吨，较 2003 年同期的 660 吨增长 803.2%。进一步强化加油站规范管理和二级稽查制度，公司所属各单位依据《加油站管理规范》加大了加油站规范化管理整治工作力度，使加油站站容、站貌得到了改善，加油站的现场、资金、安全、台账报表、客户档案管理得到进一步规范。公司综合业务处 2004 年共稽查加油站 52 座，公司所属各地区公司加油站实行了吨油含量工资制，开展了加油站“达标创星”、“亲情化、差异性服务”。2004 年，加油站单站日销量由 2003 年的 3.89 吨提高到 4.41 吨，增长 13.4%。

【财务管理】　深化财务体制改革，强化财务管理，提高管理效益，改分散核算为集中核算。从 2004 年元月份开始，公司取消了所属各地区公司会计核算，实现了“一个会计实体，一级财务集中核算”的目标，加强了资金的管理，提高了资金的使用效率。公司与中国农业银行西藏分行在 2004 年 3 月签订了《银企协议》，实现了资金收支两条线管理。公司所属各地区与当地农行分支机构签订了《上门收款服务协议》，强化了资金安全管理，提高了资金的使用效率。进一步加强了预算管理，降低费用开支。财务资产处按照年初给所属各地区公司下达的预算指标，按月对公司所属各地区公司的各项业绩指标完成情况进行分析、监控，并以《财务简报》形式在公司系统内予以通报。日喀则公司、林芝公司、格尔木公司、拉萨公司、液化气经销公司认真分析各个经营环节产生的费用，逐项核定，采取各种有效措施，如电话费、办公费实行定额包干、差旅费定标管理、修理费集中控制，降低了费用支出。2004 年公司发生商流费 25865 万元，较 2003 年同期 25310 万元减支 555 万元，下幅 32.2%。公司财务资产处历时 1 个月时间对资产进行了清查，核实了资产的真实、有效性，查清了账外资产，完善了资产档案，做到了账账相符、账物相符，并且加强与当地财税部门的协调联系，积极争取政策效益。公司财务资产处积极争取税收优惠政策，使公司所得税率由原来的33%下调为15%，下降了18%，提高了企业经济效益。与税务部门协商，解决了税收大检查中发现的日喀则公司、那曲公司多缴纳增值税，润滑油公司少签认进项税以及多调整所得税等税收问题，挽回经济损失89万元。进一步充分利用国家对西藏的优惠政策，取得2004年增值税返还140万元。

【安全管理】　强化安全管理，杜绝了事故发生，确保了库站安全。公司所属各地区公司加强了对职工的安全教育活动，树立"安全第一"的思想。各地区公司针对重庆"12.23"井喷事故，教育广大职工吸取经验教训，使大家认识到安全工作不仅要承担经济、行政责任，而且要承担相应的法律责任，使全员树立了安全"责任重于泰山"的思想意识。逐级完善了安全生产组织管理机构，建立健全了安全生产责任制。2004年公司成立了QHSE委员会和综合治理委员会，公司所属各地区公司相应的成立了安全管理机构；逐级落实了各级领导干部及职工的安全责任，层层签订《安全生产责任书》，签约率达90%；形成了横向到边，纵向到底，一级抓一级，一级向一级负责的安全生产责任网络，进一步强化了安全隐患整改的工作力度。储运安全处加大了对油库站安全隐患排查工作力度，深入基层，调查研究，健全了全区12座油气库，72座加油站安全隐患台账，对全区油库站安全隐患做到了心中有数，为安全隐患的整治打下了坚实的基础。2004年，整改加油站25座，油库6座，确保了库站安全，同时深入持久地开展"整隐患，反三违，保安全，增效益"活动。储运安全处2004年全年检查油库站400站次，查找安全隐患漏洞，对基层安全生产工作进行督导。公司所属各地区公司严格执行有关安全生产制度，认真开展值班、巡逻、守护工作，对查到的"三违"现象及时整改，确保了油库站安全生产。七二五油库、拉萨公司、林芝公司被评为"自治区安全生产先进集体"。2004年公司油库、加油站未发生任何等级事故，1万元以上环境污染事故为零，全年油品质量抽查合格。

【网络建设】　在网络建设过程中，严格投资的手续、审批、记录和各项程序，按照炼油与销售分公司制定的加油站建设吨油投资标准的要求，组织力量，对加油站新、改扩建项目的确立进行前期评估和达销情况测评，对各地区公司的项目建设和可行性研究报告进行集体审查，严把投资标准，严控投资成本。2004年共投资9033万元，购建加油站6座，改扩建加油站25座，改造油库6座。

【企业管理】　深化三项制度改革，完善竞争激励机制。2004年公司人事处对59名副处级以上干部进行了民主评议、考核工作。严肃了业绩合同考核纪律，使业绩合同的考评得到了硬性兑现。公司所属各地区公司严格按岗位定编定员制度办事，辞退了部分社会用工，提高了劳动生产效率。公司人事处对工资实行动态管理，2004年共审批工资调整表551份，做到了岗变薪变、易岗易薪，并积极推行吨油含量工资制。2004年，公司加大了职工队伍培训力度，2004年共送内地培训职工63人次。公司各处室大力开展内部基础性业务技能培训和适应性岗位培训，举办各类培训班16期，培训人数达601人次，员工培训覆盖率达51%。改进工作作风，深入基层，调查研究，促进企业发展。

【党风廉政建设】　加强党风廉政建设工作，为企业持续、快速、稳定发展保驾护航。公司强化了廉政建设责任制，与62名副处级以上干部签订了《党风廉政建设责任书》、《廉洁自律承诺书》，公司所属各地区公司与科级以上干部签订了"两书"，签约率达100%。

【党群工作】　2004年，公司深入开展了民主评议党员活动和二级公司领导班子民主生活会活动，确保了党组织各项工作的顺利开展，增强了各级领导班子团队战斗力，严肃了党的组织纪律，促进了各级领导干部良好的思想工作作风；对公司所辖13个地市公司和专业经销公司43个党组织机构进行了换届选举，使各基层党组织的战斗堡垒作用得到了充分发挥；对41名入党积极分子进行了培训，坚持吸收党员成熟一个发展一个的工作原则，发展党员16名，为党组织增添了新鲜的血液。

（成亚明）

中国石油天然气股份有限公司宁夏销售分公司

【概述】 中国石油天然气股份有限公司宁夏销售分公司是中国石油天然气股份有限公司在宁夏设立的地区销售公司（以下简称公司）。截至2004年底，公司机关设11个处室，下属5个配送中心，45个加油联站。公司在职职工总数1469人（其中在岗职工1399人，内退职工70人），社聘员工1892人，离退休职工463人；在用配送油库4座，总库容6.2万立方米，资产型加油站231座；资产总额9.7亿元，资产负债率56.41%。

【经营指标】 全年销售成品油68.77万吨，比2003年增长52.82%，完成年度预算的156.3%；零售量44.64万吨，比2003年增长53.93%，完成年度预算的153.93%；实现销售收入22.61亿元，比2003年增长72.5%，完成年度预算的167.56%；实现考核利润3647万元，比2003年增长529%，完成年度预算的456%。单站日销量5.54吨，比2003年增加1.78吨。

【企业改革与管理】 2004年7月份，公司进行了营销体制改革，撤消了地市公司、县经营部，组建了零售中心和配送中心。零售中心下辖45个加油联站，配送中心下辖4个配送油库，打破了原有的区公司—地市公司—县经销部—加油站的三级管理体制，形成了区公司零售中心—加油站、配送中心—油库的扁平化管理。新体制实行“六集中”管理即：财务管理集中，油品配送集中，零售管理集中，物资采购集中，网络开发集中，库存管理集中。

【主要措施和成果】 2004年，分析宁夏成品油市场“三多两乱”（炼厂多、批发企业多、加油站多、价格乱、油品质量乱）的现状，比较竞争的优势和劣势，公司决定实施“质量+服务”的经营战略，全体员工全力以赴走好“零售之路”，全面提高加油站竞争能力，从而提升企业的竞争力和盈利能力。

（1）“2+*X*”管理模式树立加油站员工细节意识。公司以消灭加油站烟头的活动为开端，推行了“2+*X*”管理模式，“2”指宿舍和厕所，“*X*”指现场的加油机、油罐等所有设备和设施，把“2+*X*”的内容全部列入日常巡回检查和维护管理工作中。让加油站的厕所和宿舍真正干净、整洁起来，让现场的每个角落、每台设备都有员工管理，都有制度保证。加油站细节意识得以树立，现场管理水平得以提高。

（2）“学、练、建”活动提升加油站服务水平。公司发动了全员的“学、练、建”大练兵活动。在零售一线，学两本书（《加油站管理规范》和《油品知识服务指南》）、练两个流程（服务操作流程和消防流程）、建三本台账（客户管理台账、员工成长台账和加油站资产台账）。通过全员的“学、练、建”活动，达到四个效果，即：洗掉加油站安全隐患和脏乱差，统一思维模式和行动方向，把眼睛放在油箱上、车牌上和对司机的注意力上，快速行动、规范操作。

（3）“洗站活动”打造中国石油加油站标准形象。公司投入专项资金对全区所有加油站进行“洗站”，洗掉安全隐患和脏乱差，打造中国石油加油站标准形象。公司组织专门队伍，对加油站的雨棚、檐板进行防腐刷新，对不符合要求的加油机进行更换，对房屋进行粉刷，对电路进行改造，对照明灯具进行更换亮化，对安全隐患进行整改，对加油站的物品进行统一制作和摆放。截至2004年底，基本上完成了全区加油站的整改工作。

（4）“知识营销”宣传中国石油品牌。公司成立了知识营销专项小组，用知识服务的方式，让消费者了解中国石油油品与地方炼厂油品的区别，了解高标准清洁燃油质量与劣质燃油质量的区别，了解劣质油对车、对人的健康产生的危害。通过各种渠道向司机宣传中国石油，宣传油品知识，培养消费者对中国石油的消费偏好。

（5）“协调发展”突出为零售服务。公司提倡“单元权重清晰、部门互动协调、全员快乐工作”，提倡“一线要全心服务顾客，配送要全力保证零售，机关要全面服务一线，单元要紧密配合单元”，着力营造“党政工团齐抓共管、全员同心协力、单元协调配合、整体步调一致”的工作氛围。为了突出为零售服务，采取的主要措施有：一是改革薪酬机制，实行吨油薪酬工资，工资和奖金向一线倾斜，服务部、配送中心和机关的工资都和一线成比例挂钩；二是制定《追赔办法》，对因工作失误造成下个流程和企业损失和损害的单元和员工，严格按照《追赔办法》进行追赔。

【工程建设】　2004年，公司抓住宁夏城市建设和高速公路建设进入大发展的良好机遇，抢占中心城市和高效市场，强化公司网络建设的薄弱环节，零售网络体系进一步完善。全年新增加油站26座，投资12661万元；改扩建加油站13座，投资3528万元；银川市三环内落实14座加油（气）站建站项目；与宁夏高速公路管理局达成全部租赁宁夏境内高速公路21个服务区的协议。

【安全生产】　2004年，公司按照中国石油天然气集团公司开展"安全生产管理年"的要求，增强全员安全意识，加大隐患整改力度，狠抓各环节落实，保证了全年的安全生产。公司要求员工不想安全不上班，不讲安全不接班，不懂安全不操作。同时，把每年四次的安全大检查当作一项制度定了下来，全面开展"强三基、反三违、查隐患、促整改"的安全大检查活动。"十一"国庆节的安全大检查后，开展了洗站活动，投入专项资金进行隐患整改；年底的安全大检查，对所有加油站、油库的安全隐患进行 A，B，C 评估，评价公司整体安全状况。抓好值班管理，把加油站现场经理的值班工作纳入日常考核和绩效考核工作中，督促各项安全管理工作到位。

【精神文明建设】　2004年，公司精神文明建设取得新进展。公司以构建库站文化阵地为主，做好文化宣传和引导，开展了形式多样的文化活动，把"爱国、创业、求实、奉献"的企业精神和公司的各种理念融入到经营管理中，扎根到员工思想意识中，增强员工对公司的忠诚度，引导员工把实现自我价值与实现企业目标紧密联系在一起，进一步激发了广大员工爱岗敬业的热情。

（仇建雄）

中国石油天然气股份有限公司大连海运分公司

【概述】　2004年，是中国石油天然气股份有限公司大连海运分公司（以下简称公司）持续稳定发展的一年。根据中国石油天然气股份有限公司和炼油与销售分公司的总体部署，公司紧紧围绕控制成本、安全运行的工作主线，随时掌握国际石油市场动态和国内成品油资源及海上运输市场的变化情况，及时调整工作重心和经营策略，圆满完成了上级下达的工作任务，全年完成总运量1735万吨，再创历史新高；实现利润总额2497万元，运输成本为73.01元/吨，均在业绩指标线上运行。2004年，公司基本实现了稳步发展的预期目标，有力地保障了股份公司北油南调海上通道的畅通。

【生产运行工作】　在生产运行工作中，我们力求科学运行，组织到位。2004年公司各类船舶运行3405个航次，比2003年减少122个航次，而运输总量却比2003年增加了106万吨。一是提高大船运行效率，充分发挥大船的中心作用。二是加强对期租小船的管理和考核。三是积极协调与东北、华东等公司的衔接工作，四是认真调研，掌握运力市场动态。五是通过广泛的沟通，积极争取外部运力，为2004年底和2005年一季度的下海资源量高峰做准备。六是通过修改代理工作实施细则和现场检查等手段，进一步加强代理管理工作。

【安全、质量与计量管理】　一是继续实施严格的船舶准入制度，进一步提高船舶租用标准，从根本上消除安全隐患。

二是比照标准，全面开展海上运输安全大家查工作。结合"安全管理年"工作，公司安全技术部组织开展了海上运输安全大检查。共勘验船舶约200艘，基本运行船舶勘验率达100%。在船舶管理方面检查了船公司管理状况等111项内容；在船舶硬件设施方面共检查了消防、导航和电动机等159项内容。对查出问题的船舶要求船公司限期整改，对影响适航性的隐患，整改率达100%。

三是在尽到安全告知义务的同时，建立和完善事故应急救援预案。

【经营管理工作】　以"思想严肃，管理严格，制度严密，组织严谨，纪律严明"为准则，建立了公司

QHSE 管理体系，并成功通过了 QHSE 体系的试运行和正式验收。

根据萨—奥法案的要求，在股份公司内控项目组的指导下，初步形成了公司内部控制体系的基本框架，完成了各路工作的流程设计、风险控制等相应工作。

根据股份公司“两推进、两深化、两延伸、一加强”的工作要求，公司财务工作从成本管理、费用管理、效益管理和业绩考核入手，进一步加强财务分析工作。同时，全面实行“资金收支两条线”的计划和集中管理，实行“透支管理”的零存款制度。在税收管理方面，积极争取税收优惠收益。2004 年全年缴纳税费 430 万元，减少企业负担 5385 万元。

审计工作进一步发挥实际效能。根据《2004 年销售企业内部审计工作要点》的有关精神，公司审计工作秉承“服务内向性”的指导原则，完成了 2003 年预算执行情况审计，有效地配合公司财务税收自查工作。同时，严格履行《运价通知单》的事前审计，全年共审计《运价通知单》3843 份。在船舶滞期费和退量补偿工作中，审计牵头，开展了行之有效的审核工作，切实发挥了内部审计工作的监督控制职能。

公司的合同管理工作再上新台阶。在 2003 年工作的基础上，2004 年公司进一步加强对租船合同的定期统计分析工作，按季度对合同签订、变更和履行情况进行统计分析；严格执行签约授权管理制度，全年共签订合同 3380 份，授权签约率达 100%。

【思想政治工作】　2004 年，公司坚持把领导干部队伍建设作为公司稳定和发展的中心议题。在领导班子建设上，根据股份公司的要求，着重从“德、能、勤、绩、廉”五个方面做起。为公司职工队伍建设开了个好头。在公司的重要工作和重大事件上，领导班子注重民主决策。

在职工队伍建设方面，通过开展拓展训练等有益活动，培养员工的团队精神和合作意识；通过加强法律、法规的学习来增强广大员工的法律观念。一年来，公司各项工作运转有序，职工队伍思想稳定，未发生经济和廉政案件及上访事件。

（范志敏　谢宏伟）

中国石油天然气股份有限公司
大庆石化分公司

【概述】　中国石油天然气股份有限公司大庆石化分公司（以下简称公司）是集炼油、化工、化肥、化纤生产于一体的特大型石油化工企业。2004 年底，固定资产原值 200 亿元，净值 81.5 亿元。共有生产装置 131 套，原油加工能力 600 万吨/年，乙烯生产能力 60 万吨/年，聚乙烯 36 万吨/年，聚丙烯 10 万吨/年，腈纶纤维 6.5 万吨/年，合成氨 33 万吨/年，尿素 56 万吨/年。可生产 42 个品种 105 个牌号的产品。

2004 年，公司全年销售石化产品 633.62 万吨，比 2003 年增长 24.22 万吨；销售平均价格（含税）3837 元/吨，比 2003 年提高 567 元/吨；实现销售收入 208.4 亿元，比 2003 年增长 37.7 亿元；实现利润 15.8 亿元，比 2003 年增加 8.8 亿元，创公司历史最高水平，在股份公司炼化企业中位居第二。

截至 2004 年底，公司员工总数 13231 人。其中，男员工 8630 人，女员工 4601 人。各类专业技术人员 8630 人，高级专业技术职务 349 人，中级专业技术职务 1110 人，初级专业技术职务 1500 人。大专以上文化 4627 人，平均年龄 36 岁。有炼油厂、化肥厂、化工一厂、化工二厂、塑料厂、腈纶厂 6 个生产厂，热电厂、水气厂 2 个辅助生产厂，1 个研究院和 1 个储运公司。公司机关设置经理办（党委办）、人事处（组织部）、财务处、计划经营处、生产运行处、技术发展处、机动设备处、质量安全环保处、审计监察处、法律事务处、企业文化处（党群工作部）、工程项目管理部、电子商务部、预算中心等 14 个处（室）。

【主要产品产量】　2004 年，原油加工量 590.30 万吨，完成年计划的 103.56%；生产汽油 116.39 万吨，完成年计划的 99.90%；煤油 15.21 万吨，完成年计划的 89.48%；柴油 246.22 万吨，完成年计划的 100.09%；润滑油总量 10.74 万吨，完成年计划的 214.78%；石蜡 17.70 万吨，完成年计划的 112.02%；合成氨 38.71 万吨，完成年计划的

100.81%；尿素57.73万吨，完成年计划的103.82%；乙烯45.60万吨，完成年计划的90.00%；丙烯19.56万吨，完成年计划的94.03%；丁二烯5.14万吨，完成年计划的96.98%；化工苯类11.32万吨，完成年计划的94.30%；丁辛醇8.86万吨，完成年计划的100.68%；醋酸7.51万吨，完成年计划的95.02%；丙烯腈8.23万吨，完成年计划的101.54%；腈纶丝6.60万吨，完成年计划的106.48%；聚丙烯9.55万吨，完成年计划的91.85%；聚乙烯38.26万吨，完成年计划的97.86%。

【生产经营】 2004，全公司设备完好率99.7%，优质高效地完成了48套装置、7217项装置检修工作，非计划停工由2003年的52次减少到49次，一重催、丁二烯抽提、尿素、一空分等12套装置创长周期运行历史最高水平。主要技术经济指标明显改善，原油加工量、汽油、柴油、腈纶等7种产品产量创历史同期最高水平，16套装置实现全面达标，8项物耗指标有22项、49项能耗指标有34项好于2003年。合成氨耗天然气、尿素耗液氨、低压聚乙烯能耗、腈纶能耗等29项指标创历史最高水平。全年节能降耗增效5808万元，节水355万吨，降低三剂费用3055万元。

在生产优化上，确定了立足当前，努力实现每一个时点最优的思想。一是积极协调原料配置计划，优化原料平衡。2004年原油进厂量590万吨，比预算增加了20万吨，创历史最高水平。在年初裂解装置存在问题、不能加工重质原料的情况下，对外加强与炼油板块、化工板块和东北公司的协调，积极争取石脑油的配置计划，并充分利用大庆炼化分公司的重整拔头油资源；对内组织炼油厂增产轻烃、石脑油保证了化工生产原料供应，实现了整体优化。三是积极调整产品结构，优化资源配置。炼油方面，调整产品结构，增产化工轻油、石蜡、润滑油、液化气、丙烯等高附加值的产品，减少成品油产量，保证原油加工量的增加，同时也保证了经济效益的提高。润滑油装置赶在换季前组织装置开工生产，既保证了效益，同时也稳定了润滑油下游用户。化工方面，重点是原料结构优化。根据2004年全年阶段性乙烯、丙烯资源不足的实际，分阶段适时优化，结合市场价格变化及时对生产经营方案进行优化测算，根据测算结果指导资源配置和产品结构调整，按照最佳路线组织生产，指导原料外购。四是加大产品结构攻关，加强产销衔接，实现低库存下的产销平衡。针对产销衔接脱节的现象，狠抓了产销衔接工作，除通过计划衔接会沟通外，还加强日常的沟通，以市场为导向，以效益最大化为目标，安排产品品种，确保产品的及时调出。

在安全生产方面，深入开展以“强三基、反三违、除隐患”为主要内容的“安全管理年”活动，认真落实“安全第一，预防为主”的安全生产方针。建立和完善激励机制，实行全员安全风险抵押，将安全责任与员工切身利益挂钩，强化了安全生产责任。进一步加强安全管理，实行了领导干部承包关键装置要害部位，确定公司级关键生产装置及要害部位领导干部联系点，抓好检修、施工中的安全工作和安全专项治理工作。认真抓好事故防范、隐患排查和危险源监控等工作，开展多种形式的安全生产大检查，共避免事故86起，全年无大面积停电事故，公司顺利通过了QHSE管理体系监督审核。

【内部管理】 顺利通过了QHSE管理体系监督审核。产品外部抽检合格率、产品出厂合格率100%，创省级以上名优产品5个，被评为黑龙江省质量管理先进企业，大庆牌尿素被复评为国家免检产品，大庆牌3#喷气燃料、丁二烯被评为全国用户满意产品称号，化工一厂被评为全国用户满意企业，化工二厂、塑料厂等4个单位被评为黑龙江省质量诚信企业，有3个QC小组被评为全国优秀QC小组，1个班组被评为全国质量信得过班组。内控能力不断增强，通过加强财务、物资采购、预算、法律、审计“五个控制”，财务费用比2003年降低912万元，节约采购资金4945万元，运用法律手段避免和挽回经济损失1210万元，审核工程结算17.6亿元，审减金额9015万元，综合审减率10.6%。

【技术创新】 2004年，公司加大技术改造和科研开发工作力度，实施小型技术改造51项，大力消除生产瓶颈，年创经济效益5500万元，投资回报率76.3%。实施科研开发项目46项，全年开发新产品6种，高强度薄膜专用树脂、双峰高密度聚乙烯管材专用树脂、抗起球纤维、凝胶染色纤维等新产品投放市场，收到了良好的经济效益。FCC平衡剂磁分离回收技术等9个科研成果在国内得到应用，炼油污水回用完成中试和循环水药剂配方筛选，乙烯齐聚合成己烯-1工艺研究、汽油自动优化调和模型及系统技术开发被批准为国家重大产业技术开发项目。全年获黑龙江省科学技术三等奖2项，获公司级技术创新一等奖1项，获公司级专利奖9项，获公司级合理化建议奖9项，申报国家专利16项。

【项目建设】 2004年，公司积极推进重点工程建设，加强工程项目管理，探索新的管理机制，建立了矩阵式的管理模式，成立了工程建设指挥部、重点工程项目组，实行目标管理和项目经理负责制，抓好重点建设项目的总体部署和动态管理，工程安全、质量、投资、进度始终处于受控状态。年内，在检修与生产、检修与改造、生产与改造深度交叉的情况下，项目建设进展顺利，建成投产项目 18 个，完成投资 13.27 亿元，新增效益 1.04 亿元。60 万吨/年乙烯改造开车成功，120 万吨/年加氢裂化装置建成投产，20 万吨/年高压聚乙烯装置实现中间交接，85 万吨/年乙烯改造、化肥扩能改造、腈纶扩能改造、延迟焦化改造等项目启动。

【环境保护】　2004 年，公司重视环保工作，加强污染治理设施运行管理，四座污水处理场和处理废碱液的关键设施化工一厂湿式氧化装置连续保持平稳运行。在污染治理方面，通过系统的环境因素评价，找出了环境影响相对较大，相关方较为关注的 22 项重要环境因素，启动实施的主要污染治理项目 12 项。主要污染物排放得到有效控制，外排废水总量 2726 万吨，比 2003 年减少 725 万吨，COD 排放总量 2419 吨，比 2003 年减少 1319 吨，与股份公司核定的费用相比，减少排污费 1149 万元。

【人才培养】　2004 年，公司加大人才培养工作力度，一是深化了人才培养“3335 工程”，确定三级技术专家 12 人、二级技术专家 12 人、一级技术专家 12 人。二是加大人才引进力度。引进硕士研究生 8 人，从清华大学、北京大学、人民大学、石油大学等 25 所院校的 17 个专业引进本科生 120 余人。委托大庆石油学院为公司培养 5 个专业的专科毕业生，有计划的为生产操作服务岗位储备了后续力量。三是加强员工教育培训工作，共培训员工 24113 人次。其中，管理人员 1726 人次，专业技术人员 4014 人次，操作技能人员 18370 人次。先后组织举办了中青年干部、青年干部岗位资格、班组长、特殊工种、高级工、入党积极分子、外语、计算机等 30 个培训项目、95 个培训班次。四是为提高技能人员队伍的整体素质，举办了第四届员工生产技术运动会，共分八个赛区，覆盖全公司所有通用工种，共 4000 余人参赛，550 名选手参加公司级竞赛。通过竞赛，检验了各单位培训工作的质量，调动了员工学习技术的积极性。还组织加氢裂化装置和乙烯裂解操作工的优秀选手，参加了全国石油石化行业职业技能大赛。其中，乙烯裂解操作工分别获得第 8 名、第 9 名和团体第 5 名。

【党建、思想政治工作、企业文化建设】　2004 年，公司获“全国五一劳动奖状”、全国企业文化优秀奖和集团公司企业文化建设优秀成果一等奖。加强工会工作，开展群众生产、创新创效等活动，引导和鼓励员工充分发挥聪明才智，被评为黑龙江省“安康杯”竞赛先进单位、“创新杯”竞赛优胜单位。加强共青团工作，组织开展了“人机对话”活动、“关注员工健康”行动等，公司团委被评为黑龙江省“五四”红旗团委标兵。

（谷　丰）

中国石油天然气股份有限公司
吉林石化分公司

【概述】　中国石油天然气股份有限公司吉林石化分公司（以下简称公司）是集油、化、胶、塑、洗于一体的特大型综合性石油化工生产企业。其前身是吉林化学工业公司（简称吉化），是国家“一五”期间兴建的以“吉林三大化”为标志的全国第一个大型化学工业基地。1954 年开工建设，1957 年建成投产。1958 年，经化学工业部批准，组建为吉林化学工业公司。1978 年由吉林省管理。1994 年通过重组和股份制改造，创立了吉林化学工业股份有限公司，吉林化学工业公司作为母公司更名为吉化集团公司。1998 年划归中国石油天然气集团公司管理。1999 年经过新一轮的重组改制，重组为中国石油天然气股份有限公司吉林石化分公司（含吉化股份公司）和吉化集团公司。

公司的发展，大体上划分为四个阶段。20 世纪 60 年代中期，在原“吉林三大化”的基础上，经过不断改造、扩建，发展成为以煤、化工为主的国有大型化工生产基地，完成了吉化发展史上的第一次创业。20 世纪 80 年代初，以 250 万吨/年炼油装置和 11.5万吨/年乙烯及其配套装置建成投产为标志，发展成为煤、化工和石油、化工两条原料路线并举的特大型国有企业，完成了吉化发展史上的第二次创业。20 世纪 90 年代，以 30 万吨/年乙烯及其配套装置建成投产、企业重组改制和淘汰一大批落后装置为标志，完成了吉化发展史上的第三次创业。进入 21 世纪，以扭亏为盈为起点，以建设 100 万吨/年延迟焦化、7 万吨/年苯胺等一系列重点技术改造项目和 60 万吨/年乙烯改扩建工程为标志，开始了吉化发展史上的第四次创业。

公司现有生产装置 103 套。年原油加工能力 700 万吨，乙烯年生产能力 53 万吨。生产 110 种石化产品，年生产商品总量 750 万吨以上。2004 年末，固定资产原值为 2611971 万元，净值为 1630567 万元。

2002 年实现大幅度减亏，2003 年一举结束连续 6 年巨额亏损的历史，在实现扭亏为盈的大好形势下，2004 年，公司步入了盈利持续增长的新阶段。全年实现销售收入 281.2 亿元，比 2003 年增长 43.6%；实现股份公司考核利润 31.89 亿元，比 2003 年增长 300.19%；上缴税金 20.4 亿元，比 2003 年增长 53.5%。销售收入、利税等主要生产经营指标都取得了两年翻一番的重大成果。公司 3 年迈出了三大步，整体面貌焕然一新，真正实现了跨越式发展。

【主要生产经营指标】　2004 年，一套常减压装置的隐患治理使公司原油加工量有了重大突破。全年累计加工原油 641.97 万吨，比 2003 年加工量 565.93 万吨，增加 76.04 万吨，增长幅度 13.44%。全年产品生产总量达到 1285.89 万吨，比 2003 年同期 1134.27 万吨，增加 151.62 万吨，增长幅度 13.37%。商品总量达到 691.73 万吨，比 2003 年同期 606.59 万吨，增加 85.15 万吨，增长幅度 14.04%。销售总量达到 689.97 万吨，比 2003 年同期 604.53 万吨，增加 85.44 万吨，增长幅度 14.13%。

实现不变价工业总产值 133.38 亿元，比 2003 年增长 15.97 亿元，增长幅度 13.60%。实现现价工业总产值 281.17 亿元，比 2003 年增长 84.72 亿元，增长幅度 43.13%。实现工业增加值 70.31 亿元，比 2003 年增长 24.04 亿元，增长幅度 51.98%。

各项主要生产经营指标都创出了历史最高纪录，见图 5 和图 6。

【主要产品】　2004 年，公司 32 种主要产品完成产量 751.36 万吨，比 2003 年增产 81.22 万吨，比 2003 年增长 12.12%（见表 7）。

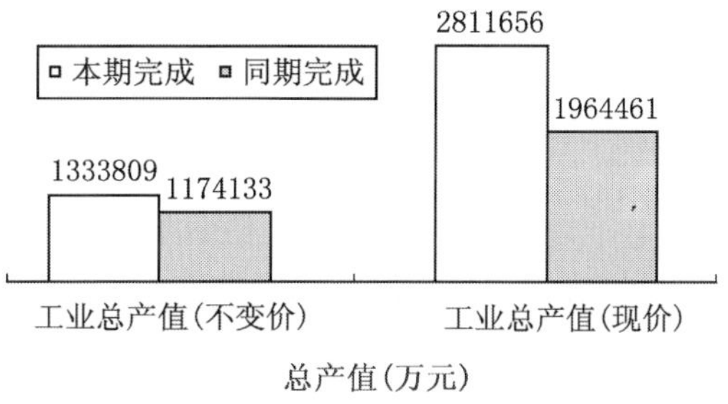

图 5　工业总产值完成情况

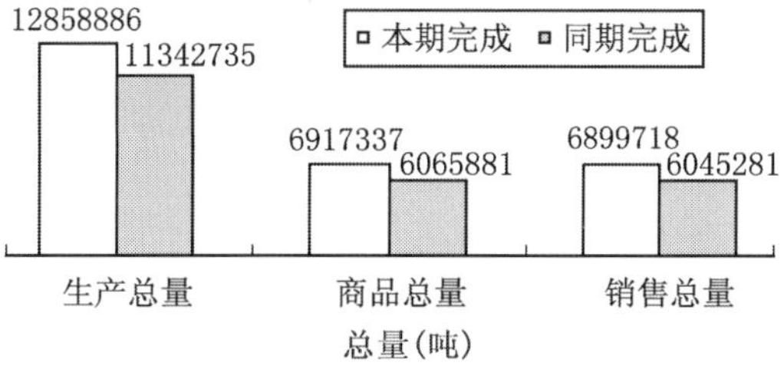

图 6　生产量、商品量、销售量完成情况

表 7　吉化分公司主要产品产量完成情况表

单位：吨

序号	产品名称	2004 年	2003 年	同比增减（%）
1	苯胺	152689	96032	59.0
2	苯酚	79890	71431	11.8
3	丙酮	50414	44491	13.3
4	苯酐	69982	34863	100.7
5	浓硝酸（折 100%）	104727	100312	4.4
6	丁醇	104484	84423	23.8
7	辛醇	67450	50145	34.5
8	乙醛	120755	164726	－26.7
9	冰醋酸	126721	187133	－32.3
10	醋酸酐	52865	54931	－3.8
11	甲基环硅氧烷	12235	8079	51.4
12	丙烯酸	31008	28739	7.9
13	醇醚	63258	53086	19.2
14	AES	41710	26279	58.7
15	焦碳	176695	165120	7.0

续表

序号	产品名称	2004 年	2003 年	同比增减（%）
16	乙烯	580456	574826	1.0
17	丁二烯	97855	95738	2.2
18	苯乙烯	166886	159840	4.4
19	丁苯橡胶	140188	106668	31.4
20	氯磺化聚乙烯	2174	2774	－21.6
21	乙丙橡胶	21755	20427	6.5
22	纯苯	228175	213842	6.7
23	邻二甲苯	134940	128343	5.1
24	汽油合计	1037517	1050880	－1.3
25	柴油	2720065	2127932	27.8
26	乙二醇	168268	171130	－1.7
27	环氧乙烷	61896	59126	4.7
28	聚乙烯	289902	233819	24.0
29	ABS	183610	171816	6.9

【技术改造与工程建设】　进一步强化发展管理，注重成长性，努力做到精密优化，实现了跨越式发展。2004 年，公司技术改造工作取得了重大进展。一套常减压隐患治理使公司原油加工能力由 530 万吨/年增加到了 700 万吨/年，实现了重大突破；建设百万吨乙烯生产基地的目标已经明确，60 万吨/年乙烯改扩建工程全面开工建设，40 万吨/年乙烯扩能改造项目前期工作现已展开；输油管线工程主体部分基本建成；单套 700 万吨/年常减压技术改造工作也在有序开展；24 万吨/年丁辛醇、14 万吨/年丁苯橡胶等六个重点技改项目实现了当年建设，当年投产。

【安全生产】　大力加强安全文化建设，教育和引导全体干部员工牢固树立“炼化企业的安全生产形势永远是严峻的”的危机意识，切实增强了全体干部员工做好安全工作的紧迫感和责任感。

2004 年，公司在安全生产上重点抓了以下五方面工作。

1. 加强安全教育和培训工作

（1）深入开展各具特色的安全活动。按照早起步、早部署、细研究、开好局的工作原则，以安全生产“五个一”工作（第一个研讨会是厂处级安全工作研讨会；公司领导发表第一个讲话是新年安全电视讲话；公司召开第一个大会是安全工作大会；公司及各单位领导班子向全体员工发放的第一张贺卡是新春安全贺卡；公司开展的第一个活动是“百日安全无事故”劳动竞赛活动）为标志，深入开展了以“提素质，治隐患，依靠技术进步，实现本质安全”为主题的“创建无事故工厂”活动。坚持党、政、工、青齐抓共管，深入开展了安全万人签名、大型应急演练、“爱心安全提示教育”、“党员身边无事故”等各具特色的安全活动，形成了齐抓共管、确保安全的工作局面。

（2）加强管理体系规范运作。一是明确提出了“安全抓本质，环境抓治理，健康抓防治，追求经济效益和社会效益的协调统一”的体系方针，确定了“清洁、美化、无毒、无味、无事故，实现企业与人的全面发展”的体系目标，进一步统一了思想，明确了工作方向；二是大力开展风险识别和削减工作，完善各级应急预案，保证了体系有效运作。三是强化了体系运行的过程控制，完成了体系内审、管理评审和第三方监督审核。

（3）加强安全培训和整顿工作。坚持安全教育在基层，不断强化班组安全活动。

2. 加强安全检查工作

公司制定并下发了以安全管理“六查六整顿”工作为主要内容的“安全管理年”活动方案，确定了六大类 36 个查摆整改项目，安全基础工作进一步得到提高。

3. 加强源头治理工作

严把检查、维修、施工质量关。实现了丁苯橡胶、加氢裂化等改造项目一次开车成功，确保了新增资产的本质安全。严格实施隐患治理项目。2004 年，公司利用安保基金治理隐患项目为 66 个，共投入资金 3218 万元；利用资本性支出治理隐患项目为 15 个，共投入资金 13121 万元。积极开展集中及专项整治，进一步改善了周边的安全环境。

4. 强化安全责任落实和责任追究

组织对公司 801 名动火审批人员进行了资格考试，重新核发了动火审批证，全面规范了各级动火审批人员的工作程序，并严格责任追究。

5. 加强清洁生产管理

公司 COD 排放总量比 2003 年降低了 12.2%，减少排放 880 吨。

【企业改革与管理】　进一步强化现场管理工作，把握规律性，努力做到精雕细刻，公司的主要生产技术指标再次创出历史最好水平。一年来，公司抓住吉林市清理整顿违章建筑的有利时机，及时拆除厂外管廊附近违章建筑120余处；彻底根治了50年来污染严重的硝酸尾气“冒黄烟”等问题，厂容厂貌又有了新的变化。深刻吸取各类事故教训，开展了以车间班组为重点的安全教育，切实从人的行为习惯上全面加强安全生产工作。2004年，共查、摆、整、改问题1105项，治理各类隐患700多项；对2000多吨废酸、废碱，30多个废弃放射源进行了彻底处理，消除了多年沉积的安全隐患。强化文明生产管理和生产的整体优化，加大违章违纪处罚力度，在抓好设备日常维护和保养、特保特护的同时，超前准备，科学严密组织，经济快速地完成了35套装置的动态检修工作。全年，有581项生产技术指标再次创出历史最好水平。与2001年相比，万元产值耗蒸汽下降4.09吨、消耗新鲜水下降153.4吨、耗电下降788千瓦·时，累计节能降耗增效7.48亿元；在商品量增加254万吨的情况下，仅节水就达13700万吨，增效13152万元。公司的现场整顿、生产优化、节能降耗等各项工作都取得了显著成效。

进一步强化经营管理工作，增强创造性，努力做到精打细算，集约化管理水平又有了新的提高。一年来，公司以市场为导向，坚持业务、管理、监督三线并举运作，优化编制生产经营计划，积极采取零管理等灵活有效的营销策略，加大集约化管理力度，努力追求效益最大化。2004年，实现降采2.83亿元，利库9081万元，累计盘活资产9502万元。

加强费用控制，强化资金管理，期间费用大幅度降低，为效益增长奠定了基础。2004年，公司不断完善集约化管理机制，减少管理层次，深入查找管理上的薄弱环节，堵塞漏洞，严格控制各项费用支出；全年扣除坏账准备等不可比因素后，销售及管理费用同比降低431万元。同时，进一步加大现金流管理力度，加强资金日常控制，严格实行收支两条线管理，严肃资金支付审批程序，不断提高资金的使用效率和效益。特别是在股份公司财务部的大力支持下，积极与相关金融机构沟通，通过置换高息的外汇和人民币借款，优化债务结构，减少了财务费用支出。截至2004年末，公司有息债务比年初下降20.22亿元，利息支出比2003年降低1.92亿元。

【精神文明建设】　充分发挥党建、思想政治工作这一比较优势，体现先进性，努力做到精心细致，有效地调动了广大干部员工的工作积极性和创造性。全面加强思想建设、组织建设和作风建设，深入开展党支部责任区、党小组示范岗工作，有效地发挥了党组织的政治核心作用和党支部的战斗堡垒作用，体现出了共产党员的先进性。严格实施末位淘汰制度，完成了公司机关管理岗位竞聘等工作，进一步规范了劳动合同的依法管理，增强了队伍的整体活力，激发了广大干部员工的积极性和创造性，在公司上下营造出了“共同创业、共同创新、共同创造、和谐发展”的良好氛围。公司被授予“中央企业先进集体”、“全国企业文化实践创新奖”、“吉林省模范集体”等各类荣誉称号79项，有71人次获得公司级以上表彰奖励。

（张　颖）

中国石油天然气股份有限公司
抚顺石化分公司

【概述】　中国石油天然气股份有限公司抚顺石化分公司（以下简称公司）是集“油、化、塑、洗”于一体的大型石油化工联合企业，现有3个大型炼油厂、3个大中型化工厂、1个油品集输储运公司和1个电子商务中心。

公司原油一次加工能力和二次加工能力均为1000万吨/年。公司生产汽油、航煤、柴油、润滑油基础油、石蜡、石油焦、聚乙烯、聚丙烯、环氧乙烷、乙二醇、烷基苯、脂肪醇、苯乙烯、高抗冲聚苯乙烯等150余种石油化工产品，年产汽油、煤油、柴油可达600万吨，蜡72万吨（其中轻蜡30万吨、石蜡42万吨），乙烯17.5万吨、烷基苯20万吨、脂肪醇5万吨、聚苯乙烯6万吨、丁苯透明高抗冲树脂5000吨。

公司拥有抚顺至营口鲅鱼圈成品油管线246千米，输油能力270万吨/年；抚顺至沈阳桃仙机场航煤管线输油能力30万吨/年。现有原油储存能力37.6万立方米，原料油储备能力78.9万立方米，成品油储存能力66.5万立方米。拥有内部厂际互供管线86条，总长度500多千米。主要生产装置68套，设备7.3万余台，设备新度系数48%。

公司总资产105亿元，资产负债率33.88%。员工9907人，平均年龄38岁，其中大专以上学历3760人，工程技术及其他各类管理人员2815人，高级操作工2354人。年销售收入280亿元以上。

【主要经济技术指标】 公司部分经济技术指标完成情况见表8。

表8　公司部分经济技术指标完成情况

序号	名　　称	2004年	同比增减
1	销售收入（亿元）	282	57
2	利润（亿元）	9.08	5
3	税金（亿元）	12.78	0.67
4	综合商品率（%）	90.3	0.02
5	炼油总损失率（%）	1.28	-0.04
6	加工损失率（%）	0.77	-0.01
7	轻油收率（%）	73.17	1.25
8	自用率（%）	8.93	-0.9
9	柴汽比	1.88	0.05
10	炼油综合能耗（千克标油/吨）	90.94	-2.12
11	双烯收率（%）	47.9	0.22
12	乙烯损失率（%）	0.58	0
13	烷基苯耗轻蜡（千克/吨）	784.1	-14.7
14	苯乙烯耗乙苯（千克/吨）	1090.6	-51
15	苯乙烯综合能耗（千克标油/吨）	464.79	-136.5
16	加工原油（万吨）	900	50
17	生产汽油、煤油、柴油（万吨）	568.1	16.7
18	生产高标号汽油（万吨）	47	23
19	化工商品总量（万吨）	74.7	1.50%
20	厂际互供总量（万吨）	390	18
21	大线输油（万吨）	269	14

【安全生产】 落实以“强三基、反三违、除隐患、保安全”为中心的“安全管理年”活动，排查出各类隐患318项并分别制定了整改措施，开展安全教育培训和检查，加强了事故应急预案演练。公司整体通过了QHSE管理体系认证。挖掘装置潜力，提高加工负荷，一次加工负荷平均达到120%，日加工量最高达2.82万吨，全年加工原油900万吨。按照“三年一大修”的标准，安全、优质地完成了重组改制以来规模最大的14套装置的检修改造。在运水场全部达标，设备完好率、主要设备完好率、泄漏率等指标均位居中油炼化企业前列。

按照“结构、质量、效益”原则推进生产优化。优化中压加氢装置，增产分子筛料10万吨，及时开启分子筛脱蜡一套装置，为下游装置多提供原料3万吨。生产98#清洁汽油和符合欧Ⅱ标准专供北京市的0#车用柴油，填补了中国石油生产高档汽油、柴油的空白。增产高标号汽油23万吨，增产石蜡6万吨，增产柴油7万吨，高附加值产品比2003年增加36万吨。优化氢气平衡，提高氢气利用率，降低能耗。东气西输瓦斯增效3480万元。

【改造发展】 投资1.6亿元完成了“五大平衡”、“三年一大修”等攻关69项，创效1.4亿元。完成前期技术工作项目117项，项目投资估算166.3亿元。完成技术改造41项，完成资本性投资4.5亿元。20万吨/年石蜡加氢4个配套系统提前建成并一次投产成功，5吨/小时三氧化硫磺化工程当年建成中交。股份公司核心技术攻关项目——重油悬浮床加氢工业化试验取得重要突破，HCC项目进行了第9次工业化试验，为经济评价取得了大量的技术数据。开发高速线BOPPT38FE等6项新产品，增效1291万元，聚乙烯、聚丙烯专用料比例分别达到35%和66%。

基本完成了以“千万吨炼油、百万吨乙烯”为核心的公司“十一五”发展规划。100万吨/年乙烯技术改造工程的可研报告通过集团公司审查，环评大纲通过国家评审。编制完成了800万吨/年常减压装置可研报告，60万吨/年重整装置改造初步设计和60万吨/年酮苯脱蜡可研报告通过审查。

【经营管理】 加强成本管理和预算控制，强化了资金安全管理和规范运作。顺转承兑汇票8亿元以上，节约费用支出3970万元。营运资金比2003年增加7亿元。改善资产结构，资产负债率由37%降到31.7%，应收账款清欠完成4610万元，其他应收款完成3229万元。完成2581万元固定资产进项税退税返还，出口产品免抵消费税和增值税3.3亿元。

实施稳健灵活的推价策略，石蜡、芳烃、苯乙烯、石油焦等产品价格创历史最高水平，烷基苯持续21次推价，实行出库买断，成为主要创效产品。销售收入连续刷新单月纪录，单月最高收入28.1亿元。

累计出口汽油、石蜡、烷基苯 71.2 万吨，创汇 3.1 亿美元。产销率和回款率分别达到 102%和 100%。采购总额达 15.3 亿元，其中电子商务采购 3.07 亿元，招标率达到 60.2%，通过限价采购和公开招标，比 2003 年节约资金 8%。

在各种物资大幅涨价的情况下，实现炼油现金单位加工费 107.8 元/吨，比预算降低 5.2 元/吨；化工吨商品现金加工成本 786.7 元，降低 143.3 元；现金管理费、现金营业费、财务费比 2003 年下降 2.4 亿元；三剂费用比预算下降 4377 万元。投资 1697 万元实施 9 个重点节能项目，全年节水 35.5 万吨、节电 1500 万千瓦·时、节汽 3.74 万吨，创效 1020 万元。

关联交易运行顺畅，向抚顺石油化工公司（未上市公司）提供工程项目、原料、产品等支持和帮助，全年签订关联交易金额 7.2 亿元。

【企业管理】　推进内控体系建设，完善各项管理制度，出台了《基层单位建设实施办法》和《生产车间基层建设评价标准》。深化业务整合，实现工程核算业务集中和销售结算业务划转，完成了电子商务中心业务流程重新定位和业务专项管理体制的建立。

【人力资源管理】　调整、任免副处级以上领导干部 39 人，其中提拔 16 人，交流 9 人。制定了后备干部队伍建设的考核管理制度。组织 892 个专业培训班，培训 3.3 万人次。举办了第三期领导干部工商管理培训班。开展公司首次“专业技术人员业务素质大赛”，1380 名专业技术和专业技术管理人员参加；组织“第三届练兵比武和技能竞赛”，一线技术工人 1.7 万人次参加培训，8000 余人次参加不同层次的竞赛。完成公司 610 名“星级操作员”评聘工作，对“星级操作员”给予了特殊津贴。3280 名压力容器操作人员通过了培训取证。

【企业文化建设】　落实集团公司、股份公司“企业文化推进年”要求，制定了《公司企业文化建设活动推进方案》，印发了公司《企业文化手册（试行）》。开展了“形势、目标、责任”主题教育活动。机关人员经常深入基层调研，倾听员工呼声，增进了相互间的沟通和理解。人均收入比 2003 年有较大增长。开展了“送温暖、送知识、送健康”系列活动：为辅助生产系统购置 156 台饮水机，支付饮水费用 30 余万元；改善了住宿大、中专毕业生的学习生活环境；为困难员工捐款 37.6 万元；走访慰问困难员工 152 户，发放慰问金 21 万元，救济金 18.3 万元；发放《细节决定成败》、《平安是福》、《关注孩子心灵的成长》等书籍 3.1 万册；组织部分员工体检；配合未上市公司对石化社区进行亮化、美化，创建 10 个示范小区。

【党建和思想政治工作】　开展了“创建特色基层党支部”等“创先争优”活动。制定完善了基层党支部目标管理方案。选树和宣传先进典型，王海班组的事迹在省内得到进一步推广。加强稳定工作，与未上市公司共同维护了抚顺石化的整体稳定。

2004 年，荣获“中央企业先进集体”、“辽宁省文明单位标兵”和“辽宁省花园式工厂”等荣誉称号。石油一厂青年安全宣讲队荣获“全国青年文明号”。

（於雪芹）

中国石油天然气股份有限公司辽阳石化分公司

【概述】　2004 年，是中国石油天然气股份有限公司辽阳石化分公司（以下简称公司）各项事业全面进步，呈现出了生意盎然、生机勃勃的喜人局面。

一是公司实现销售收入 140.27 亿元（炼油板块 69.82 亿元，化工板块 70.45 亿元），超预算 50.65 亿元，鞍山炼油厂实现销售收入 17.00 亿元，超预算 5.80 亿元。

二是公司实现考核利润 15.28 亿元，比股份公司下达的考核指标增盈 14.2 亿元，账面利润 11.57 亿元（炼油板块 -2.1 亿元，化工板块 13.67 亿元），炼化业务利润在股份公司稳居第三，鞍山炼油厂实现账面利润 242 万元，考核利润 3548 万元，比股份公司下达的考核指标增盈 3548 万元。

三是公司实现各种税费 11.20 亿元，较 2003 年增加 3.70 亿元，占辽阳市国税、地税收入的 45%，被辽阳市国税、地税评为纳税三 A 级单位；鞍山炼油厂上缴税费 9501 万元，较 2003 年增加 1413 万元，列鞍山市第二位，被鞍山市国、地税评为纳税三 A

级单位。

四是公司经济技术指标屡创新高，考核的365项主要经济技术指标，246项突破了历史最好水平。公司炼油加工费为65.17元/吨，加工损失0.67%，均列股份公司第二位。

五是公司发展工作快速推进，完成了年产14万吨精已二酸改造，80万吨/年PTA和20万吨/年环氧乙烷/乙二醇改造也取得了快速进展。

六是公司链式管理模式和扭亏解困经验得到了省委省政府、股份公司领导的充分肯定，在系统内和全省交流了经验。

经过两年多的努力，辽阳石化分公司已经彻底摆脱了巨额亏损的阴霾，抗风险能力明显增强，企业经营步入了新的运行周期，发展工作进入了良性轨道。

【主要产品】 2004年，公司实现工业总产值67.87亿元，超计划1.83亿元。加工原油403.10万吨，超计划48.37万吨。生产柴油198.68万吨，超计划28.01万吨。大芳烃总的原料加工量为73.96万吨，超计划0.94万吨，三苯产量完成47.37万吨，超计划0.57万吨，PTA产量完成28.52万吨，超计划5190吨。聚酯产量完成34.35万吨，超计划3508吨。烯烃线裂解加工量46.30万吨，超计划13.03万吨，生产乙烯14.18万吨，超计划6759吨，生产聚乙烯8.60万吨，超计划6018吨，聚丙烯4.92万吨，超计划1232吨。鞍山炼油厂全年累计加工原油75.29万吨，完成年预算的108 %，加工蜡油23.32万吨，完成预算的106%，实现了重大事故为零。

【生产经营】 公司以最佳业绩为目标，最大限度挖掘生产经营内部潜力，努力提升公司价值。

1. 强化安全稳定优化生产，装置运行质量明显提高

一是大力开展了“安全管理年”活动，狠反“三违”和习惯性违章，总体安全形势良好。全公司零事故工厂10个，一年以上零事故装置72个，其中连续6年零事故装置49个。

加大隐患整治力度。投入2700万元对19项安全隐患进行集中治理。强化QHSE体系运行，逐步实现体系与日常管理的有机融合。10月份，公司QHSE体系顺利通过了东北认证有限公司的年度审核。

二是大力开展了“技术效益年”活动，组织“五大攻关”，装置实现了高水平运行。公司千方百计落实原料资源，精心组织生产，搞好“五大平衡”和“四炉一器”攻关，坚持日常维修与大检修相结合，全面完成了4.1亿元的维修费使用计划，提高了设备本质安全，各主体装置保持了稳产高产。

三是狠抓了关键装置长周期运行，创造了新的运行纪录。公司强化走动式管理和不间断巡检工作，努力向装置长周期运行要效益。2004年，PTA装置创造了连续生产208天新的全国纪录；已二酸装置创造了125天不清疤的世界纪录；聚乙烯装置浆液外循环连续运行160天；聚丙烯装置全年停车仅61.5小时，比2003年下降80%，也创造了连续生产128天的历史纪录；环氧乙烷装置创造了连续运行202天的历史最好水平。炼油厂300万吨/年常减压装置，加工原油突破400万吨大关，实现全年没停车，创造辽化建厂史上最好水平。正是这些历史最高水平，使公司装置规模不大的辽阳石化分公司在股份公司23家炼化企业中盈利能力稳列第三位。

四是狠抓了生产优化工作，经济效益明显提高。鞍炼供炼油厂焦化原料油4.80万吨。优化裂解原料，外进优质裂解原料0.57万吨，两烯收率达到46.37%。优化芳烃原料，进口俄罗斯油32万吨，外进碳八芳烃7.55万吨，混合芳烃2.76万吨，累计实现三苯收率64.04%。

同时，公司密切关注生产情况、价格信息和出厂动态，通过准确预测中短期市场变化，及时调整经营决策和销售策略，实现了效益最佳化。

2. 强化过程控制，企业各项成本大幅下降

公司坚持以班组成本核算为突破口，强化生产运营管理，各项成本大幅下降。

一是深化班组成本核算工作。由于公司加大了班组成本核算力度，2004年，各产品物耗指标明显下降，在11套装置17项物耗指标中有14项好于历史最好水平，在11项能耗指标中有10项好于历史最好水平。在股份公司炼油、化工达标考核的92项指标中有89项全面达标，达标率为96.7%。

二是深化节能工作。在节能方面，全公司供风管网实现联网运行，停运了炼油厂空压站和北区空压站，实现节电1200千瓦·时，热电厂实现减少一台锅炉运行，厂自用电量减少4000千瓦·时，日用水量减少2000吨；将达标排放的污水用于热电厂冲灰，日减少新鲜水用量0.8万吨；不断应用新型水处理药剂，提高浓缩倍数，日减少新鲜水补充量0.7吨，合计节水2万吨/日。芳烃装置通过优化改造，日节约低压蒸汽用量约440吨。公司投资1300万元，进行了热电厂到一期和芳烃厂区域内中压蒸汽线改造，更换地下水管线5.4千米。全公司节约新鲜水694万

吨，节电5600万千瓦·时，节约蒸汽21.5万吨，通过节能创效6600万元。

三是深化物资管理工作。加大物资采购和管理力度，所有物资清理完毕，实现了网上平库利库。全年完成物资及大宗物料采购总额108.4亿元，上网采购2.32亿元。共降采6018.6万元。公司物资及备件招议标订货率分别为76.1%和54%，均超过年度物资和备件招议标订货率50%的计划指标；化工原料实际进厂量35万吨，损失率为－1.2‰，实现了年度化工原料进厂损失率5‰的计划指标。全年实现网上平库利库1948万元。

四是深化资产管理工作。公司历时两个多月时间，对在用资产以及报废物资进行清查，使151亿资产做到了账物清楚，物资账、卡、物明晰。抓住公司效益好的时机，在股份公司的大力支持下，处置资产6.72亿元，资产负债率达到24%，优化了资产结构，实现了轻装上阵。同时，加大清欠工作力度。通过强化法律手段，积极主动工作，在清欠难度极大的情况下，清回外欠款3875万元，超额完成了股份公司下达的指标。

五是加大效能监察工作力度。2004年，开展了修理费支出管理和物资管理两项效能监察。下发了《修理费支出管理效能监察实施方案》、《物资管理效能监察实施方案》，公司监察处参加采购额在100万元以上的招标、议标活动，进行了过程监督。二级单位立项22项，发现和整改问题114个，建章立制11项。此外，公司全年查处了安全阀案件、喷淋酸组件等5个案件，处理相关责任人28人，其中，处级干部8人，科级干部12人，一般干部5人，其他3人。通过办案，挽回直接经济损失77.19万元，挽回间接经济损失62万元。

【工程建设】　2004年，以精己二酸、PTA和环氧乙烷/乙二醇三大改造项目的快速推进为标志，公司发展工作取得了骄人战绩。

14万吨/年精己二酸改造工程，边设计、边订货、边施工，仅仅历时14个月，顺利实现了一次开车成功。其中，环己烷装置提前1个月，己二酸装置提前了半个月，醇酮装置也如期开车。

80万吨/年PTA及配套原料技术改造工程，公司抢先抓早，争分夺秒抢抓进度。特别是，在年底气温持续在零下20摄氏度以下，最低达到零下26摄氏度的恶劣环境下坚持施工。目前，进口长周期的设备已经全面订货结束，PX部分地下土建工程和地面工程主体80%交付安装，PTA项目的到图部分正在施工。全年完成建设投资7亿元。

年产20万吨环氧乙烷/乙二醇改造项目软件包引进合同已签订，设计合同形成，排障结束，裂解炉土建部分已经完工，正在编制总体部署，长周期设备采购马上开始。

同时，公司按照“低成本协调发展战略”原则，制定了“十一五”发展规划，经过公司上下的通力合作和积极努力，四大核心项目取得了突破性进展，并上报股份公司。

【科技创新】　公司强化科技攻关工作，企业技术进步成果显著。公司继续推行了科技攻关项目课题招标制，有57个项目实现了网上招标，激发了技术人员攻关热情。全年完成科研项目26项。开发出了纤维和聚酯6个新品种，分别是56dtex/24f细旦纤维、高收缩FDY、中空FDY、热灌装瓶片、碳酸级两种瓶片和工业丝级切片。其中，聚酯水瓶片、碳酸瓶片获得了美国可口可乐试用认证。2004年生产瓶级切片9.19万吨，成为科技攻关效益增长点。工业丝级增粘切片经过努力，生产2244吨，为公司创效81万元。公司还研制开发了氯化聚乙烯C型料－L7060P牌号树脂、透明改性聚丙烯－4010牌号树脂两个新的聚烯烃产品。2004年，聚乙烯、聚丙烯专用料比例达到了82.1%，比2003年同期提高了23.2个百分点，纤维差别化率达到了18.58%。烯烃厂通过对聚乙烯装置浆液外循环进行技术攻关，解决了运行不稳的问题。研究院注重发挥科研优势，全年完成科研攻关项目18项，其中股份公司级9项，公司级9项。开发出了阻燃防融滴絮片等新产品；11项科研成果，正在准备验收；6项成果申请了专利，其中，涤短前后纺统一油剂、聚丙烯细旦短纤维油剂已获得国家专利。由于公司产品结构的调整，高附加值产品创造了可观的利润。新的科技攻关和开发项目的实施，为公司创造经济效益1.6亿元。

【员工培训】　在2004年劳动和社会保障部组织的全国石油石化行业职业技能竞赛中，23家参赛企业，公司力夺加氢裂化装置团体总分第一名、个人成绩第一、第二、第七、第九和第十三名、乙烯装置团体第六名、个人第七名的好成绩。崔启福、苏宝权被国家劳动部授予“全国技术能手”称号，为中国石油天然气集团公司、中国石油天然气股份有限公司争了光！其他3名获奖选手也被授予集团公司“技术能手”称号。

（马龙兴　冯长生）

中国石油天然气股份有限公司兰州石化分公司

【概述】 中国石油天然气股份有限公司兰州石化分公司（以下简称公司）是中国西部地区最大的炼油化工联合企业，名列甘肃省“工业企业60强”之首。公司现有14个业务处室，6个直属单位，14个二级单位，12800余名员工；总资产121亿元，年销售收入超过250亿元；原油一次加工能力1050万吨/年，乙烯生产能力24万吨/年，合成氨30万吨/年，尿素52万吨/年，合成树脂32.2万吨/年，合成橡胶6.3万吨/年，炼油催化剂4.5万吨/年，沥青45万吨/年，石蜡4万吨/年。能生产汽油、煤油、柴油、润滑油、合成塑料、合成橡胶、化肥以及催化、裂化、催化剂等多品种、多牌号的石化产品。

【业绩指标】 全年加工原油824.22万吨，同比增加130万吨，增长19.1%；生产汽油、煤油、柴油总量514万吨，比2003年增加27.7%；乙烯23.87万吨，比2003年增加36.12%；化肥43.2万吨，比2003年增加4.38%；合成树脂42.89万吨，比2003年增加33.91%；合成橡胶7.06万吨，比2003年增加18.25%；炼油催化剂5.32万吨，比2003年增加89.11%。创出了原油加工量、汽油、煤油、柴油总量、乙烯及下游产品产量等多项历史最高水平。实现销售收入255.26亿元，比2003年增加77.26亿元；上缴税费18.12亿元，比2003年增加3.2亿元。

【生产经营管理】 在生产上充分发挥炼化一体的优势，从资源优化、工艺优化、产品优化、能源优化和公用工程优化等方面追求精细管理，装置加工负荷、目的产品收率有了明显提高。化工乙烯原料的优质化、轻质化和多元化有了新的突破，全年比计划少投轻柴油13.36万吨，轻质化比率达到95.53%，乙烯及下游产品的成本稳中有降。

在设备管理上，优化设备管理资源，推进设备状态监测和预知维修，完善电气隐患治理方案，整合施工队伍，强化大检修管理，较好地保障了生产的平稳运行，全年装置非计划停工30次，比控制指标降低50%。

在经营销售方面，主动加强与板块、大区销售公司及铁路部门的沟通与联系，在铁路运输十分紧张的情况下，保证了原油资源、原材料供给和产品后路畅通；窗口单位积极走访用户，增强服务意识，依靠质量、技术、服务和诚信，与客户建立了稳定的合作关系，帮助客户实现愿望，积极为公司创造效益。进入四季度，炼油系统面对生产越多，亏损越大的实际，顾全大局，全力以赴开足马力生产，有效缓解了成品油市场供需紧张的矛盾，充分展现了公司主动承担社会责任的良好形象。根据市场变化及时跟踪测算，按照边际效益排序组织生产，化工业务努力优化运行方案，提高装置加工负荷，扩大产品总量；炼油业务及时调整产品结构，积极增产低凝柴油、高标号汽油和“三苯”等高附加值产品。公司全年挖潜增效7.78亿元，比年初指标增加1.78亿元。

【安全环保管理】 认真落实各级安全生产责任制，严肃责任追究，安全工作总体受控，实现了“四个杜绝、两个控制、一个达到”的安全管理目标，安全管理工作受到股份公司表扬。修订完善了36项安全生产管理制度，在62个关键生产装置和要害部位建立了领导联系点，设立安全生产和长周期平稳运行单项奖，推行全员安全风险抵押，较好地维护了员工健康和安全的基本权力，提高了全员的自我保护意识和防范能力。在全面进行风险评价与环境因素识别评价的基础上，于6月初完成QHSE管理手册和程序文件的编制与发布，12月份QHSE体系通过了上海认证中心的审核。加大投入，加快安全和环保隐患治理。实现了催化剂含硫污水和化工污水达标排放，熄灭了火炬，消灭了化肥厂的“黄烟”，120罐区、丁苯橡胶四线干燥器、33#变电所等一批重大隐患治理取得明显成效。

【内部改革】 按照“集权为辅，分权为主，财权集中，事权、人权下放”的思路，完成了机关职能调整、人员精简工作，成立了计量部、工程造价部、污水处理厂，彻底关闭了化纤厂，在五个辅助生产单位实行了扁平化管理，完成了人员的转岗分流。将生产调度指挥权限下放，赋予一线班组长三项权利，实现了责权利统一。坚持干部"四化"方针和德才兼备的原则，严格考核，民主评议，完成了对两级领导班子的调整工作。坚持动态调整利益机制，按照操作层面、管理层面和决策层面三个层次完善奖金分配办法，建立有效的激励机制，根据管理难度、责任风险、贡献大小的不同拉开收入差距，进一步调动了员工的工作积极性。根据股份公司的统一部署，公司专门成立内控项目领导小组。按照"简化管理，弱化权力，强化监督"的要求，加强财务、审计、法律监督，严格物资采购控制，实现规范运作。

【科技进步】　在科研开发方面，加大科研体制改革力度，赋予公司石化研究院和自动化研究院更多的自主权，重奖科技功臣，进一步调动了广大科研人员的积极性和创造性，一批科研成果相继诞生。丙烯酸催化剂的工业装置应用，多产丙烯催化剂及其助剂等8个项目实现了工业化转化。获得股份公司技术创新一等奖1项、二等奖2项、三等奖2项，甘肃省技术进步奖4项，新型FCC汽油降烯烃催化剂的研制和工业化开发、丙烯酸及酯新工艺生产关键技术获2004年度国家科技进步二等奖。申请专利16件，授权专利19件。

科研工作与生产紧密结合，围绕"五大攻关"，认真开展"五大平衡"、"四炉一器"和"创建节水型企业"活动、"技术效益年"活动，取得了一定的成效。24万吨/年乙烯"脱瓶颈"改造后，乙烯日产量由改造前的620吨提高到现在的700吨以上，综合能耗同比下降64千克标油/吨；炼油系统完成了加热炉的"油改气"项目，炼油综合能耗同比降低了3.37千克标油/吨。参与股份公司考核的14套主要炼化生产装置中，有12套实现了全面达标。

【重点工程建设】　与千万吨炼油基地配套的120万吨/年柴油加氢和新"两酸"装置建成投用；完成了6套装置改造和5套装置的开工建设；120万吨/年延迟焦化项目和15万吨/年浓硝酸项目按进度进行；大乙烯项目的投资和规模最终确定，工程用地拆除工作基本结束，"三通一平"具备雏形，前期准备基本就绪，13个项目通过了股份公司组织的初步设计审查。

【人力资源开发】　公司制订了人才开发规划，出台了《关于进一步做好人才开发工作的决定》，实施人力资源开发"百项工程"，逐步建立和完善了公平公正的选人用人机制、科学的考核评价机制、有效的培训机制、合理的薪酬分配机制和强有力的监督约束机制。打破资历、专业、年龄、性别、区域界限，畅通技能型人才、技术型人才、管理型人才、领导型人才的发展渠道，鼓励员工自主选择发展方向，不断创造和巩固员工的发展愿望和动力。公司坚持"给人以利益，给人以前途"，把培训作为对员工的最好奖励，竭力满足员工的学习要求。2004年投入培训资金1000多万元，通过依托大专院校，借助社会力量和企业培训中心，多层次、全方位地加强了对员工的培训，全年共举办各类专业管理技术学习班、培训班100余期，参训员工达7000余人。通过举办首届员工职业技能大赛，表彰奖励51名技术状元、技术能手和优秀选手，提高员工的知识水平和工作技能，营造出了全员学技术、练本领、强素质的良好氛围。

【企业文化】　按照新的管理思想和管理理念，先后制定、修改和完善了340多项规章制度，初步建立了具有人性化、符合员工愿望和工作要求的制度体系。我们集中全体员工的智慧和力量，经过总结提炼和实践创新，完成了《企业文化手册》的编制工作，形成了公司的发展方略、目标、宗旨、基本价值观、精神、作风和员工行为规范等。通过企业文化的普及教育，员工的精神面貌发生了很大变化，主动工作的激情和加快发展的愿望有了新的提高。公司2004年获全国"五一劳动奖状"荣誉称号。

【"三兰"协调发展】　按照中国石油天然气集团公司和中国石油天然气股份有限公司"四共"的要求，兰州石化分公司与兰炼、兰化两个未上市企业以"'一兰'好不算好，'三兰'好才是好"为指导思想，坚持"互利双赢，共同发展"的原则，建立沟通交流的协调机制，奠定了"三兰"共同发展的基础。2004年3月，"三兰"签订了中长期关联交易框架总协议，完善考核机制，实现了关联交易的规范运作；4—6月份，成功举办了首届"三兰"职工运动会，进一步增强了"三兰"员工的凝聚力和向心力。坚持"整体规划，分步实施"的原则，加快厂区综合治理和改善生活小区面貌的工作，已初见成效。在稳定工作方面，"三兰"密切配合，共同协商，做了大量富有成效的工作。

（吴卫东）

中国石油天然气股份有限公司乌鲁木齐石化分公司

【概述】 中国石油天然气股份有限公司乌鲁木齐石化分公司（以下简称公司）位于新疆首府乌鲁木齐，交通便利，地处新疆三大油田中心，目前有两条原油输送管线（克拉玛依—乌石化、彩南油田—乌石化）两条天然气管线（鄯善—乌石化、呼图壁—乌石化），为公司输送原料，此外还有铁路、公路原油接卸设施，原油输卸能力已达到700万吨/年。天然气进厂管输能力达到11.5亿立方米/年。油品铁路、公路装运设施齐全，成品油装运能力达到600万吨/年，公用工程及基础设施齐备完善。

截至2004年末，公司资产总额667470万元，其中流动资产为244783万元，长期投资8464万元，固定资产原值近94.47亿元，净值为44.04亿元，企业负债231516万元，资产负债率为34.69%，所有者权益合计435954万元。公司现有员工4544人，其中专业技术人员911人。公司机关设12个业务处室。公司下设炼油厂、化肥厂、化纤厂、热电厂、净化水厂、原料处、经销公司、科研所等10个二级单位。炼油厂设计原油加工能力为550万吨/年；化肥厂尿素生产能力为110万吨，是全国最大的氮肥生产基地之一；化纤厂现有3套生产装置，是目前西北地区最大的化纤生产企业；热电厂总装机容量为10万千瓦·时，蒸汽发生能力为850吨/小时，为炼化各装置及生活区提供蒸汽和电力。目前公司可生产9大类56种石油化工化纤产品。

【生产及效益指标】 2004年，公司全年原油进厂423.4万吨，天然气4.6亿立方米，加工原油及原料油414.67万吨，生产轻质油303.07万吨，合格率100%，生产PX5.66万吨，合格率100%。

生产尿素102.64万吨，其中一化肥生产尿素57.12万吨，合格率100%，二化肥生产尿素45.52万吨，合格率100%。

生产PTA8.01万吨，合格率100%；生产聚酯3.75万吨，合格率100%；生产短丝1.99万吨，合格率100%。三套装置均提前、超额实现产量达标。

全年发电8.15亿千瓦·时，产汽1025.9万吨，圆满完成了全年发电产汽任务。

全年销售汽油、煤油、柴油总量277.08万吨，比2003年增加45.85万吨。销售尿素105万吨；销售化纤产品8.54万吨。

全年实现工业总产值31.46亿元（90年不变价）；实现税金7.75亿元。实现内部考核利润3.08亿元。

【生产管理】 公司克服原油大幅度涨价的不利因素，以大局为重，克服装置瓶颈，多方寻找资源，加强操作调优和平稳运行，努力加大炼量，保证生产所需。全年进厂原油411.27万吨，同比增加56.22万吨，进口哈萨克原油31.41万吨。全年加工原油405.14万吨，同比增加46万吨，原油加工量首次突破400万吨大关。在时间紧、任务重的情况下，科学组织，集中力量打攻坚战，投资19500万元完成了13套装置、6731个检修项目的检修工作。产品结构调整取得新成效，炼油同比增产高标号汽油、柴油等高附加值和适销对路产品7.34万吨。化纤成功开发出1.33dtex涤纶细旦短丝，投入批量生产，占领了市场，实现了增产增效和新品种创效。

【技术管理】 公司通过深入开展股份公司倡导的“技术效益年”活动，广大干部员工对技术工作重要性的认识有了进一步提高，技术管理得到普遍加强。公司成立了五大攻关组，上报攻关课题共394项，前期完成146项。开展了用水和用能现场调研，努力创建节能节水型企业，全年节能20417吨标准煤，节水163万吨。严格装置达标管理，11套股份公司级达标装置中有4套装置全面达标，72个达标指标中有59个达标，炼油专业达标。全面清理基础技术资料，强化基层技术档案管理。加强技术培训和岗位练兵，提高技术队伍素质。依靠技术创新，大力实施技术改造，2004年公司技术改造项目共安排49项，项目总投资110499万元，全年完成33310万元。公司重点项目中不但焦化扩能改造项目已经完工，30万吨/年气分装置按总体部署也于10月中旬开工建设。

【销售管理】 公司按照“大市场、大营销”战略，以市场为基础，以效益最大化为中心，精心组织产品销售工作。5月中旬，公司首次召开了销售工作会议，指明了销售工作的方向。一是继续坚持周定价制度，紧跟市场，灵活定价，稳价、推价，增收创效，争取利润最大化。二是狠抓生产与销售环节信息的沟通，确保销售计划顺利实施。三是发挥传统管理优势，积极协调运输部门，确保产品后路畅通。一年来，公司共销售炼油产品357万吨，同比增加61万吨，创历史新高。销售部门加强分析，规避市场风险，增效900万元。

【安全管理】　公司以“强三基、反三违、除隐患、保安全”为主要内容，认真开展“安全管理年”活动，全面实现安全目标。重点加强隐患滚动管理，投资14592万元对25项安全隐患项目进行了整改。开展全员查摆“三违”活动，组织了“每人写一条身边习惯性违章行为”活动，将活动中评审出的450条印刷成册，并拍摄成教育片下发，广泛进行宣传教育。开展了领导QHSE述职活动，有效增强了各级领导干部履行QHSE管理职责的意识。按照“四不放过”的原则，强化事故责任追究，因非计划停工对11名领导干部给予行政处分。通过加强管理，全年没有发生人身伤亡事故，安全基础工作得到巩固。

【人力资源管理】　公司逐步推行竞聘上岗制度，对聘任到期的科级岗位和新增的管理岗位实行竞聘上岗，经过炼油厂试点，管理岗位竞聘上岗工作全面推行。公司第一个职工教育五年规划已经完成，“1682”人才培养目标基本实现。召开了职教工作会议，启动了新一轮一类职业技能竞赛，组织开展各类培训，累计培训4000余人次。启动了内控体系建设工作，推行工作程序化。公司与苏丹喀土穆炼油厂签订了为期7年的重整加氢装置生产管理承包协议。走出国门、进行装置整体承包，这在公司历史上尚属首次，展示了公司较强的炼油专业生产组织能力和管理水平。

【党建管理】　2004年，公司加快了企业文化建设步伐，制定企业文化建设规划，发动全员编写《公司企业文化调查报告》，编制完成《公司企业文化手册》。公司工会以维权为重点，结合劳动竞赛，开展各种活动。公司团委立足服务生产、确保安全，实施青年成长成才工程，组织开展青年周末大课堂活动。公司荣获“全国五一劳动奖状”荣誉称号，热电厂马军生荣获“中央企业劳动模范”称号，炼油厂重催三班荣获“开发建设新疆奖状”称号，化验室成品班荣获自治区“女职工文明示范岗”称号，化肥厂一尿素车间主任花彬同志被授予“开发建设新疆奖章”，化纤厂聚酯车间荣获自治区“五一文明岗”称号。

（孙　正）

中国石油天然气股份有限公司宁夏石化分公司

【概述】　中国石油天然气股份有限公司宁夏石化分公司（以下简称公司）现有员工1280多人，资产总额20.46亿元，资产负债率33%，是全国最大的百万吨尿素生产企业之一。公司重组改制以来，累计实现销售收入50多亿元，实现利税5亿多元，年年超额完成股份公司下达的KPI指标，企业获得了“第四次全国民族团结进步先进集体”、宁夏回族自治区“先进企业”和股份公司“安全生产先进企业”等殊荣。

【主要生产经营指标】　2004年生产合成氨64.4万吨，超计划1.4万吨；生产尿素115.1万吨，比计划增产5万吨；实现销售收入13.5亿元，是计划的121%；实现利润2.58亿元，完成股份公司下达KPI指标的4.6倍，完成公司生产经营综合计划的3.2倍；投资资本回报率9.37%，比KPI指标提高6.29个百分点；安全生产实现跨年度1500天，连续四年未发生上报事故；装置综合达标率、工程质量合格率、电子商务完成率等均超额完成了KPI指标，全面完成了股份公司下达的KPI指标。

【科技创新与技术改造】　以“技术效益年”活动为契机，坚持依靠科技进步，应用“四新”技术解决生产技术难题，充分发挥装置潜力，切实落实“五大攻关”项目，提高了企业增产增效能力。针对两套装置中存在的瓶颈制约，开展了QC技术攻关活动，尿素粉尘等技术攻关取得了较好的效果。公司全年共注册QC小组85个，活动普及率75%，注册QC小组成果率达到60%，一尿素装置减少造粒喷头切换次数等12个QC小组获省部级优秀QC小组称号。应用新技术加大技术改造和技术措施力度，实施资本性支出项目3批28项，4#高压锅炉引风机节电改造、输煤栈桥PLC监控改造等项目。一化肥气化炉油改气技术获股份公司技术创新二等奖。股份公司尿素醇解制碳酸二甲酯技术开发项目，完成了中试和技术经济分析，千吨级试验示范装置建设已全面展开。在信息化建设上，进一步完善管理机制，充分发挥PI系统等对生产动态监控指挥组织的作用，提高公司办公自动化和物资、财务、档案管理等系统使用效率，完成了一化肥生产过程数据管理系统和公司网络升级改造工作，建立投用了公司公文网络传输系统，提高了办公效率，公司信息门户获得了股份公司优秀组织先进单位称号。

【工程建设】　加快资本性支出重点项目建设，企业发展步伐加快。根据中国石油天然气集团公司总体战略部署和股份公司化工业务发展计划，公司紧紧抓住股份公司炼化业务调整的机遇，围绕企业发展目标，制定落实措施，提升企业的盈利能力，实现持续快速发展。二化肥扩能改造项目列入股份公司2004年重点建设项目。为加快项目建设步伐，先后组织了项目建设初步设计和施工总体部署审查，从确定工艺路线入手，狠抓设计进度和物资订货等关键环节，分解实施计划，落实保障措施，确定各个控制点的统筹安排。通过加强协调，全年基本完成了4个标段的施工图、主要设备物资采购以及施工、监理单位的招投标工作。现场施工10月中旬全面开工，并完成了地下隐蔽工程建设工作。101－J改造试车一次成功。全年完成总体形象进度的30%，比计划统筹进度有所提前，完成合同金额3.5亿多元，超过计划进度1.1亿多元。

【安全管理】　认真贯彻落实《中华人民共和国安全生产法》，修订完善了18项安全管理制度，领导干部按期进行QHSE承诺和安全述职，各单位分层次签订了150余份《QHSE管理目标责任分解书》。对QHSE管理体系进行了整合，以狠反“三违”、消除隐患、确保安全为重点，紧密结合“安全管理年”活动，开展了多种形式的安全活动。签订施工安全合同38份，加强外来施工人员的安全教育和施工项目的监督和检查。加强事故隐患的查找、识别、评价和分级动态管理，成功组织了股份公司化工与销售分公司模拟氨泄漏事故应急预案综合演练。加大隐患治理，投资1200多万元对消防水系统等13项重大危险因素和6项重大环境因素进行治理，降低了安全风险等级。全年公司内各类事故、事件比2003年减少12起，下降26.7%（其中公司级事故同比减少3起，下降33.3%）。

【生产管理】　对照“五条标准”，以提高长周期质量为手段，以减少非计划停车为重点，强化了生产调度对两套装置五大平衡的指挥协调，通过不断优化工况，各项技术经济指标进一步优化。与2003年相比，一化肥吨氨耗天然气956立方米，比2003年降低6立方米；吨尿素氨耗571.5千克；负荷率、运转率和尿素产品优等品率分别达到103.5%、96.2%和99.71%；尿素制造成本为897元/吨，比2003年降低90元/吨。二化肥吨氨耗天然气1075立方米，比2003年降低3立方米；吨尿素氨耗571千克；负荷率、运转率和尿素优等品率分别达到101%、98%和98.5%，全面完成了化工与销售分公司下达的生产装置达标计划。以重点耗能环节和“跑、冒、滴、漏”部位为突破口，深入开展创建节能、节水型活动，通过采用新技术等有效措施，加强对二类污染源和“三废”治理，9000千瓦机组创造了全年连续运行的好成绩，基本实现了内部电网平衡，外排水总量控制在220吨/小时以内，比计划降低80吨/小时，综合合格率达到97.01%，通过了股份公司节能、节水型企业验收和清洁生产装置验收。

【企业改革与管理】　根据不同时期的工作重心，先后开展了争干一流工作、争创一流业绩等活动，组织了“三基”工作调研、“党员身边无事故”等主题活动，各项管理水平有了新的提高。在计划财务管理上，紧紧围绕KPI指标和挖潜增效指标，坚持对经营指标完成情况周讲评、月通报、季分析，加强了财务核算和成本测算。在产品销售管理上，与宁夏化工销售公司密切配合，及时跟踪市场动态，抢抓市场机遇，联手抓热点、推价格、促销售，确保产销率和货款回笼率双百目标的实现，获得了股份公司“销售工作先进单位”光荣称号。在物资采购管理上，推进合同管理信息化建设，完善物资采购监督监察制度，物资采购计划和股份公司电子商务完成率分别达到100%和114.24%；未发生新增库存储备。在劳动人事管理上，加强了管理、技术、操作三支队伍结构调整。加快企业管理体制和经营机制转换步伐，持续推进公正、公开竞聘选拔干部，完善员工能力评价体系和岗位等级评价、考评体系，注重抓好培养、吸引和用好人才三个环节，为公司改革与发展奠定了基础。

【精神文明建设】　结合公司实际推进企业文化建设，

制定了公司中、长期企业文化建设规划，初步形成了具有公司特色的《企业文化手册》。努力改善职工的生活和工作条件，组织了十批员工疗养，调整了工作时间。加强了廉政警示教育和制度建设，加大了党风廉政建设责任状考核力度，对资产处置等进行了专项审计效能监察。

（陈平仓）

中国石油天然气股份有限公司独山子石化分公司

【概述】　中国石油天然气股份有限公司独山子石化分公司（以下简称公司）地处新疆独山子，是股份公司所属的大型炼油化工联合企业，具备600万吨/年原油一次加工能力和22万吨/年乙烯生产能力，是西北重要的石油化工基地。公司现有炼油厂、乙烯厂、热电厂、研究院等13个基层单位和10个专业管理处室。2004年末，员工总数6032人，44.3%为大专以上学历。固定资产114亿元，资产负债率32.24%。

全年加工原油432万吨，生产乙烯25万吨，实现考核利润13.8亿元，圆满完成股份公司下达的KPI指标；1000万吨炼油及120万吨乙烯工程项目获国家批复。

【主要生产指标】　优化内部结构，炼油、乙烯经济技术指标保持行业先进。全年加工原油432万吨，生产乙烯25万吨，同比分别增长8%和7.5%。单日炼油最高炼量、乙烯最高产量分别为1.4万吨和759吨。双烯收率46.46%，同比提高1.36个百分点。乙烯轻质原料加工比例78%，同比提高16个百分点。高标号汽油、三苯、两聚等厚利产品分别增产96%、5%和15%。综合商品率、化工专用料比例等21项主要经济技术指标，保持行业领先水平。

【主要经营指标】　炼油不断调整结构，应对高油价冲击。化工抓住市场有利时机，优化组织生产。全年实现销售收入128亿元，利润总额13.8亿元，税费10.77亿元。分别比2003年增长37.75%、139.79%和20.88%。公司资产负债率同比降低0.58个百分点；净资产收益率同比提高11.87个百分点，步入良性发展轨道。

【主要技术经济指标】　主要技术经济指标见表9。

表9　主要技术经济指标

序号	指标名称	2004年	2003年	同比（%）
1	考核利润（亿元）	13.8（4.53+9.27）	5.7	142
2	原油加工量（万吨）	432	400	8
3	综合商品率（%）	94.19	93.67	0.52
4	可比综合商品率（%）	94.32	94.18	0.63
5	综合自用率（%）	4.45	4.98	−0.53
6	加工损失率（%）	0.72	0.84	−0.12
7	轻油收率（%）	80.57	79.36	1.21
8	单位因素耗能（千克标油/（吨·因素））	11.57	11.57	0
9	乙烯产量（万吨）	25	23.5	7.5
10	裂解加工损失率（%）	0.55	0.51	0.04

续表

序号	指标名称	2004年	2003年	同比（%）
11	乙烯收率（%）	32.23	31.26	0.96
12	丙烯收率（%）	14.23	13.84	0.39
13	聚乙烯单耗（%）	1.026	1.040	-0.014
14	聚丙烯单耗（%）	1.025	1.018	0.007

【主要产品】 炼油产品产量完成情况见表10，化工产品产量完成情况见表11。

表10　炼油产品产量完成情况

序号	炼油产品名称	2004年产量(万吨)	2003年产量(万吨)	同比（%）
1	汽油	75.43	74.67	1.01
2	柴油	195.64	163.73	19.49
3	航空煤油	10.86	7.48	45.21
4	基础油	15.02	15.07	-0.39
5	溶剂油	2.00	0.97	105.36
6	苯类	18.05	17.16	5.15
7	石蜡	2.15	1.97	9.01

表11　化工产品产量完成情况

序号	化工产品名称	2004年产量(万吨)	2003年产量(万吨)	同比（%）
1	乙烯	25.37	23.59	7.54
2	丙烯	2.94	10.44	7.29
3	聚乙烯	21.37	19.03	12.30
4	聚丙烯	5.80	4.90	18.51
5	顺丁胶	3.23	3.21	0.34
6	乙二醇	5.72	5.94	-3.70
7	MTBE	2.69	2.66	1.04

【科技与人才】 强化科技开发和人才培养，增强企业竞争实力。通过深入开展以“五大攻关”为重点的“技术效益年”活动，高抗湿滑顺丁橡胶研制等3项国家“863”科研项目取得突破。铬系聚乙烯专用料研发等18项股份公司级重点科研项目全面完成。增产高标号汽油等10项重点攻关取得实效。裂解炉改造等82项技术改造和技术措施项目顺利投用。信息门户、远程办公、电子发文、视频会议系统，成为现代化、高效的工作平台。

实施《人才开发战略纲要》，“管理、技术、操作”三支队伍建设进展良好。通过外派学习、业务交流、轮岗培训、技术比武等方式，加快人才培养，为大发展储备人才。开展“第五届技能大赛”及“冬季岗位大练兵和技术比武”等活动，培训员工1万多人次，营造了岗位成才的浓厚氛围。公司第三次荣获全国石油石化行业技能大赛冠军，薛魁等被授予“全国技术能手”称号。

【建设与发展】 积极推进重点工程建设。炼油工艺二次革命的标志性工程——60万吨/年馏分油加氢裂化装置，经过13个月的建设，于2004年10月16日实现开工一次成功，创造了全国同类装置开工最好水平。缓解供电紧张矛盾的关键项目——热电厂新增5万千瓦4[#]汽轮发电机组，实现当年开工建设，当年并网发电。精心组织停工大检修，投资6000多万元，用不到15天的时间，实施气分改造等重点检修、技术措施项目600多项。通过检修，炼油首次实现三年一修，化工实现了第二个“三年一修”，奠定了“安、稳、长”运行的基础。

按照“低调运行，快速推进”的原则，加快1000万吨/年炼油、120万吨/年乙烯工程前期准备。2004年3月，项目通过中咨公司组织的专家评审；5月，王乐泉、陈耕、蒋洁敏等领导，先后视察独山子，作了加快进度的指示；6月3日，蒋洁敏总裁主持股份公司办公会，确定了工程方案、进度；12月22日，《独山子石化公司1000万吨/年炼油、120万吨/年乙烯可行性研究报告》获国务院核准。

【安全生产】 深入开展“安全管理年”活动，实现零事故目标。年初，公司就把夯实安全基础，作为公司年度的一项重要工作，实施安全生产“四大战役”，追求本质安全。开展安全隐患专项治理，安全防护设施配备到位，夯实了安全管理基础。更新安全理念，改组安委会管理机构，强化安全工作垂直管理，持续改进QHSE体系运行效果，建立安全管理长效机制。

推广员工安全生产档案管理，建立安全黄牌预警机制，健全各级各类事故应急预案。突出重点，狠抓检修、开停工和冬季大负荷运行等事故高发期的安全管理，深入开展员工不安全行为识别、安全技能培训等深层次安全活动，狠反“三违”，杜绝了重大事故，实现了安全生产。

【国际化经营】 结合哈油集中加工基地建设的实际，大力推进国际化经营，进出口业务大幅增长。公司把“走西口”作为拓展企业生存空间，为大项目建设提供理论依据和市场依托的重要举措。不遗余力地狠抓进口原油加工和中亚市场开拓。全年进口原油 88 万吨，出口石化产品 14.5 万吨，同比分别增长 38%和 18%。高标号汽油等高附加值产品占出口总量的 33%，出口产品结构得到优化，总量创历史最好水平。

【经营管理】 夯实管理基础，科学设置考核指标，健全快速反应机制，建立内控体系和财务预警机制。炼油单位加工费 69.71 元，乙烯吨产品现金加工费 1085.81 元，分别比预算降低 5.8 元/吨和 79 元/吨。

炼油综合商品率等 6 项指标保持行业第一；乙烯收率、丙烯单耗等关键指标步入行业前列，公司再次被评为股份公司“达标优胜单位”。

【精神文明建设】 2004 年公司荣获全国首批“国家环境友好企业”和“全国守合同重信用企业”等荣誉称号，第四次被评为“全国质量效益型企业”和“设备管理国优单位”。研究院橡塑应用所获“全国青年文明号”称号。炼油厂蒸馏车间高级技师徐凯军被评为“中央企业劳动模范”，并被授予中国石油天然气集团公司特等劳动模范暨首批铁人奖章。乙烯厂乙烯车间薛魁被授予集团公司劳动模范；乙烯车间获得集团公司先进集体荣誉称号。

（刘晓玲）

中国石油天然气股份有限公司
大庆炼化分公司

【概述】 中国石油天然气股份有限公司大庆炼化分公司（以下简称公司）是股份公司下属地区分公司，是集炼油、润滑油、化工、化纤于一体的大型炼化企业。固定资产原值 105.72 亿元，净值 56.12 亿元。截至 2004 年底，在册员工总数 7193 人，其中具有大专以上文化程度的 2819 人，占员工总数的 39%；各类管理及专业技术人员 1590 人，占员工总数的 22%；公司机关设 9 个处（室），下辖 14 个专业厂、专业分公司，15 个直属单位。拥有主体生产装置 29 套，具备 550 万吨/年原油一次、二次配套加工能力和 9.1 万吨/年聚丙烯酰胺、20 万吨/年润滑油、10 万吨/年石蜡、3 万吨/年腈纶等生产能力。可生产汽油、柴油、煤油、润滑油、聚丙烯酰胺、石蜡、腈纶等 38 种 100 多个牌号的石油化工产品。

2004 年全年加工原油 538.8 万吨，完成年度计划的 105.6%；生产汽油 154.7 万吨，完成年度计划的 109%，柴油 218.5 万吨，完成年度计划的 102%，聚丙烯酰胺 6.27 万吨，完成年度计划的 108.1%，腈纶 2.6 万吨，完成年度计划的 86.7%；轻质油收率 72.48%，比计划高 1 个百分点；可比炼油综合商品率 91.72%，比计划高 0.29 个百分点；炼油综合能耗 91.82 千克标油/吨，比计划低 1.18 个单位；加工损失率 0.81%，与计划持平；实现销售收入 147.995 亿元，创历史新高，税费 11.4 亿元；现金单位加工费 114.52 元/吨，实现考核利润 1.7 亿元，较好地完成了年度业绩指标。

【安全管理】 深入开展“安全管理年”活动，全面夯实“三基”工作，实施安全生产目标管理，逐级落实安全生产责任制，在各生产厂设置了安全监督岗位，有力加强了基层的安全管理力度。组建了安全监督站，强化了对安全工作的监督检查力度。开展了以“五查五摆”为主要内容的“8.01”事故大讨论和以安全为中心的岗位责任大检查工作，整改安全隐患共 5533 项，安全的基础工作得到夯实。开展了群众性查摆“习惯性违章行为”点子征集活动，共征集“避免习惯性违章行为”点子 380 条。建立健全应急救援体系，完成了 108 个应急反应计划的制订、修订任务。先后投资几十万元用于各类应急资源的配置，员工的应急自救能力进一步提高。

【生产管理】 一是积极以装置达标为手段，努力促进生产装置经济技术指标的提高。共有10套生产装置和炼油专业参加了股份公司的达标，一套常减压等7套装置和炼油专业实现了股份公司达标。二是精心组织并圆满完成了公司成立以来工作量最多、难度最大的装置大检修，实现了“绿色停工、绿色检修、绿色开工”的目标，为实现“三年一修”奠定了坚实的基础。三是优化生产方案和产品结构，基础油产量同比增加5.6万吨，石蜡产量同比增加2.54万吨，柴汽比较2003年提高0.06个单位，高标号汽油的比例达50%以上。四是增产高附加值产品，克服了“9.25”停电事故的影响，聚丙烯酰胺超额完成了产量，生产丙烯16.54万吨。

【科技创新】　制定了“五大攻关”活动实施方案，广泛应用“四新”技术。在装置大检修期间，共完成157项节能降耗和提高产品附加值的技术措施项目，经测算当年见效4300万元，全面提升了公司的生产技术水平。在单体恢复生产中，公司独创了三项技术，使催化剂制备时间由75天缩到15天。在聚丙烯酰胺新产品研发方面，又开发出预交联聚合物和相对分子质量范围分别为3000万至3500万，3500万至4000万的抗盐聚合物，使抗盐聚合物产品形成系列化。公司自主研发的“高相对分子质量抗盐聚丙烯酰胺技术的研究开发与应用”项目，获2004年中国石油天然气集团公司技术创新一等奖，这也是炼化企业惟一的一等奖。

【经营管理】　严格了预算管理，通过月度滚动预算，对公司效益情况进行跟踪测算，使预算管理工作真正做到了事前预测、事中控制和事后分析。强化了电子商务管理，严格合同审批程序，完成了股份公司年度网上采购指标的106%，比价节约额9196万元。强化了专项控制工作，效能监察核减工程项目款98万元；审计核减工程造价537.7万元；预决算核减工程造价3433.8万元。强化了销售管理，实现综合产销率100.13%，疏通了20万吨液化气下海进关的渠道。

【聚丙烯项目进展情况】　30万吨/年聚丙烯工程从2004年3月1日正式开工建设以来，坚持高标准起步，在施工中精心组织，严格管理，科学统筹，确保了施工安全、施工进度和施工质量。截至目前，完成建安量2.6亿元，分项工程合格率100%；与大庆石化分公司的四条互供管线全线贯通，聚丙烯装置有望实现2005年7月30日投料试车。

【产品销售】　全年销售石油化工产品486.12万吨，同比提高1.66个百分点；综合产销率达到100.13%，超出年度指标0.13个百分点；销售收入达到148亿元，比2003年提高17.93个百分点；自备车营运收入达到1180.03万元，在收支平衡的基础上收大于支，利润达到301.75万元，比2003年增收775.4万元，应收账款下降6286万元，超额完成股份公司应收账款总体考核指标245万元，安全达标，死亡责任事故为零，50万元以上经济责任事故为零。

公司拥有稳定的用户群体，严密的市场管理体系，全新的服务理念，产品已辐射全国25个省、市、自治区，石蜡等产品远销美国、菲律宾、东南亚及马来西亚等国家和地区，液化气已建立了大连中转下海销售渠道，汽油、柴油、液化气、石蜡、丙烯腈、干粉6个品种被评为大庆名牌产品。

统配产品全年累计销售汽柴油370.53万吨，完成配置计划的96%，产销率达到99.36%。同时，还完成渣油外采2.31万吨，阶段性完成了俄罗斯原油接卸任务，全年共接卸俄罗斯原油26317车138.34万吨。

非统配产品全年累计内销6.28万吨、外销1282吨。其中出口130吨，同比新增用户14家，创历年来销量最大，销售品种最多，销售领域最广，并实现了出口新突破。加大石蜡出口创汇与国内销售力度，引进出口竞争，打破了一家出口垄断的经营模式，推动了国际、国内双线发展，全年累计国内销6.69万吨，出口3.38万吨，出口量占总销量的34%。

【精神文明建设】　注重企业形象展示，通过进京列车冠名、参加中央电视台《雅典奥运——全明星猜想》节目、户外广告牌等，展示大庆炼化人的风采和企业的良好形象。公司于2004年5月份被评为“中国企业文化建设示范基地”，企业文化建设的经验先后被国资委、集团公司、中国企业联合会、省委宣传部在企业文化建设交流研讨会上宣传和推广。

（任美珏）

中国石油天然气股份有限公司管道分公司

【概述】 中国石油天然气股份有限公司管道分公司（以下简称公司）作为中国石油天然气股份有限公司的地区分公司，业务归口股份公司天然气与管道板块，主要承担国内陆上大部分油、气田油气外输管道的建设及运营管理任务，是在中国管道运输领域占主导地位的专业化公司。2004年，公司有员工近6000人，总资产170多亿元。下辖大庆、长春、沈阳、大连、锦州、丹东、秦京、中原、长庆、塔里木、乌鲁木齐、兰州、兰成渝等13个输油（气）分公司和4个管道工程项目经理部、1个管道科技中心，所属单位分布在全国17个省、自治区、直辖市，运营管理的原油、成品油、天然气管道总长8900多千米。目前年输油能力7100多万吨，输气能力70多亿立方米。

【主要指标】 全年累计输送原油4338万吨、输送天然气19亿立方米、输送成品油406万吨，分别为年计划的107%、109%和101%。全年实现销售收入7951030万元；实现利润总额54517万元。原油、天然气、成品油管输单位现金成本分别为40.01元/吨、78.62元/千立方米、43.18元/吨，分别比控制指标降低3.23元/吨、0.03元/千立方米、0.7元/吨。完成固定资产投资205782万元，投资完成率达96.7%，投资资本回报率为3.86%，全年未发生上报责任事故。

【主要工作】

（1）强化过程控制，在役管道实现安全平稳运行。一是进一步推进了公司调控中心建设，完成了中朝线、沧淄线、任京线SCADA系统数据整合工作。科学进行数据分析和工艺调整，俄罗斯油进网混输取得了成功。采取加装临时过滤器、反复清管等技术措施，初步解决了兰成渝管道过滤器经常性堵塞等生产问题。完成了涩宁兰管道干线截断阀引压管改造，并在重点站安装了流量调节阀，消除了生产运行中的安全隐患。实施精细化管理，狠抓以节油节电为重点的输油气成本控制，有力地保障了年度油气管输计划和各项经济技术指标的完成；二是以“安全生产管理年”活动为主线，狠抓了安全管理工作。对全公司范围内的重大安全隐患进行了详细梳理和评估，共查找各类隐患1500多项，其中1350余项已完成了整改。三是较好完成了更改大修任务。全年共完成投资46077万元，其中大修理投资21935万元，主要完成了管道防腐层大修94.3千米，储油罐大修22座，加热炉大修13台，管道检测787.3千米，管道水工保护工程及道路大修181项，工艺和自动化及辅助设施改造89项；更新改造投资24142万元，主要进行了铁大线自动化改造和盖州改线等项目。四是管道管理和管道保卫工作扎实有效。加强了管道防腐层检漏和阴极保护。开展了穿江管道埋深检测和管道缺陷检测与评估。形成了覆盖全公司输油气管道的维抢修体系，初步建立了较为完整的应急救援体系，初步形成了三级管道保卫体系。与地方政府、公安部门密切协作，加大打击盗油分子和清理违章建筑工作力度，成效显著。全年共发生打孔盗油案件54起，与2003年相比下降了16个百分点；清理违章建筑270余处。

（2）严格组织管理，管道工程建设项目实现预期目标。①忠武天然气管道工程，线路横跨渝东鄂西山区，四次穿越长江，7处山间跨越、开凿山体隧道34条，48条定向钻穿越江河湖泊，并处于血吸虫疫区，项目管理难度极大。管道分公司加强与各施工建设单位和沿线各级政府的协调配合，提高了工作效率和管理水平，保证了整体工程按计划协调推进。忠武输气管道干线及荆州至襄樊、武汉至黄石两条支线，于2004年11月16日成功进气，顺利实现向湖北省商业供气，湖南支线正按计划进行施工。②大连石化输油管道工程，线路全长39.09千米，其中新建管线24.37千米。③和田输气管道，按照股份公司要求，组织了投产和移交工作。2004年10月23日，管线成功投产运行，并已顺利移交给塔里木油田分公司。④新建管道项目前期运作和已建工程竣工验收，阿拉山口至独山子原油管道国内段输油管道项目现已进入实施阶段；沧淄输气管道工程顺利通过股份公司组织的竣工验收。

（3）发挥优势，主营业务拓展取得新成果。将承担西气东输管道和忠武输气管线投产和运行操作任务作为拓展主营业务的重点，提前进行了人员和技术准备，并分批进行了投产前培训。根据两条线的投产计划，分别编制了详细的投产方案，实现了西气东输管道西段和忠武线“一干两支”投产一次成功，投产管线总长3307千米，投气置换场站29座，阀室106座，充分展示了公司的人才优势、技术优势和管理优势。全公司共有607名员工参与了西气东输和忠武线的运行操作和生产管理，以劳务输出方式运行管理管道总长度达到了5300千米。

【企业管理】

（1）推进QHSE管理体系的建立与实施。公司把全面推行QHSE管理体系作为加强基础工作、提升综合管理水平的一项治本性措施。全年，公司机关和各二级单位共组织各类培训班121期，培训人员达4000人次；共编制和修订作业指导书1073个，修订各类应急预案1026个。2004年8月份，公司新版QHSE管理体系文件正式发布实施。同时，开展了创建QHSE达标站队活动，年末有30个站队通过了达标验收。

（2）加强以内控体系建设为重点的日常管理工作。按照股份公司要求，公司成立了内控体系建设工作领导小组，规范有序地开展了业务流程描述、风险差异分析及控制文档编制和相关制度整理完善等工作，并取得了阶段性成果，得到了股份公司的通报表扬。与此同时，加强了资金内部控制，保证了资金的安全、完整和高效运作。完善了投资管理体系，坚持先算后干，抓住设计和变更环节，从源头上有效控制了项目投资。以新建和在建工程、更改大修、科研项目投资管理与使用为重点，加强了企业内部审计监督和效能监察，堵塞了管理漏洞，确保了投资效益。

（3）加快公司内部改革和重组步伐。为规范合资管线管理，研究制定了忠武线、沧淄线、阿独线等合资管线运营管理模式，划定了管理权限，明确了安全生产责任主体。制定并实施了新的业绩与综合管理现场考核方案，年底对公司所属各单位进行了现场考核和安全生产检查，取得了预期效果。大力推进了资源整合和专业化重组，组建了廊坊调控中心、抢修指挥中心和管道技术服务中心。

（4）信息化建设取得新进展。完成了财务集中核算、合同管理、科研管理系统的安装调试和公司信息门户搭建工作。制订了公司信息门户管理办法，保证了信息系统安全、稳定运行，为提高管理水平和办公效率、规避经营风险提供了有效支持。

【科技创新与员工培训】

（1）科技创新，紧密围绕输油气安全生产、管道完整性管理等重点课题开展了科技攻关。液体管道泄漏检测技术应用、大型储油罐低温储油技术研究、长输管线阴极保护参数自动采集与传输技术研究等项目，通过了天然气与管道分公司验收，原油、成品油管道安全与风险评价技术应用，初步形成了管线评价一体化集成软件。开展了调控中心软件开发与应用研究，秦京输油管线仿真培训系统正式投入使用。进行了储运旋转设备可靠性检测及评价技术研究、任京线安全优化运行和加剂综合处理输送工艺研究，经现场试验和应用，收到了较好效果。

（2）员工培训，针对公司业务发展需要，启动了“111核心人才工程”，制定了公司《专业技术带头人管理办法》，建立了人才数据库，开展了技能鉴定工作。立足提高员工队伍整体素质，加大了培训工作力度，全年安排股份公司培训项目46个，培训了230人次；公司培训项目45个，培训了2814人次。

【企业文化建设】　继续推进企业文化建设。编印了《中国石油管道公司视觉形象识别系统操作手册》，命名了沈阳输油分公司铁岭输油站、兰州输气分公司德令哈输气站两个“企业精神教育基地”。组织开展了首届员工企业文化知识大赛，共有11个单位、2146名员工参与了活动。经中国石油天然气集团公司推荐，公司荣获了“全国企业文化建设实践创新奖”。

（秦思哲）

北京华油天然气有限责任公司

【概述】　2004年，北京华油天然气有限责任公司（以下简称公司）在中国石油天然气股份有限公司和北京市领导的关心支持下，在公司董事会的直接领导下，坚持以经济效益为中心，以安全生产为重点，把满足北京市用气需求作为第一要务，一手狠抓输气安全生产，一手狠抓各项基本建设，使各项生产经营指标和基本建设任务都按期完成。全年累计输气 32.76 亿立方米，比年计划 30.2 亿立方米增加 2.56 亿立方米，超额完成 8.48%。实现利润 80612 万元，比预算利润 70402 万元增加 10210 万元。单位运营成本控制在 76.25 元/千立方米，与预算单位运营成本持平。投资回报率达 8.9%，比预算投资回报率 8.49%增加 0.41 个百分点。应收账款百分之百的收回。电子商务采购任务百分之百的完成。天然气市场进一步扩大，全年新增供气量 5.4 亿立方米，比 2003 年增长 19.74%。衙门口加气母站全年累计加气 3262 万立方米，比 2003 年增长 25.41%。重点建设项目投资控制率达到 100%。实现工程建设项目验收一次合格。落实了各项安全生产措施做到重伤、死亡、火灾爆炸、直接经济损失 30 万元以上的工业事故和重大交通事故以及 10 万元以上的环境污染事故“六杜绝”。党建和思想政治工作进一步加强，职工队伍稳定。2004 年公司继续被授予“中央国家机关文明单位”和“首都文明单位”称号。

【安全生产】　根据股份公司“安全管理年”活动的安排，深入开展了“严管理、查隐患、反三违、保安全、增效益”活动，加强了对 QHSE 体系内审检查发现各类问题的整改，对严重违章的承包管理单位进行了更换。根据资产管理权的归属，层层签订了管理合同和安全生产合同，按照“谁主管、谁负责”的原则，将各项安全生产责任逐级分解落实到人。实行了安全生产风险抵押金制度和安全生产目标考核制度，增强了各级干部狠抓安全生产的责任心。通过加强与上下游单位的联系沟通，对输配气运行参数不断优化，保持了气量供需平衡，保证了地库足额注气，确保了冬季调峰供气。通过与加拿大有关公司合作，开展了调度培训认证，编写了《调度操作手册》和《调度室员工管理手册》，初步形成了一套符合北美有关标准的调度人员培训、认证和考核体系，在提高输量、确保平稳运行、保证冬季供气方面发挥了重要作用。通过加强对各种设备的监控与维护保养，使设备完好率始终保持在 99.8%以上，同时对地库、压气站压缩机组进行大修和一级、二级、三级保养，对重点和关键设备进行改造，进一步适应了生产管理需要，消除了各种安全隐患。按照清管方案，在不影响用户供气和地库注气的同时，顺利完成了榆林—神木—黄河西清管站 1337 千米管段的清管工作，无一差错。根据安全生产管理的需要，建立了三级应急预案管理体系，完善了应急抢修预案，对原抢修大队进行了调整，成立了朔州抢修中心和神木、阳曲、石家庄三个抢修大队，同时结合陕京一线、二线的实际重新调整配备了机具，满足了抢修需要。坚持“打防结合，预防为主”的方针，积极与地方公安部门和武警部队开展了综合治理和各项安全防范工作，增加人员加强了线路巡查和站场的安全保卫，确保了日常和节日的输气安全。

【基建工程】　陕京二线输气管道工程按期完成年内的计划任务，其中，线路工程先后完成主体焊接、光缆敷设、管线试压和吹扫等项工作；控制性工程先后完成黄河和大梁山两条隧道、13 条大型河流、71 条公路和 9 条铁路的穿越；站场土建工程全面铺开，其中河北永清、北京采育两个站及 47.6 千米管线已同港清复线一起于 2004 年 12 月下旬建成投用；阀室工程部分开工，有部分建成并完成线路连头。另外，靖边—榆林管线全面开工，其中线路工程累计焊接 8.6 千米，4 条大型河流穿越工程全部完成。2004 年冬季应急供气工程按期建成投产，大港至小卞庄、小卞庄至永清、永清至采育段共计 157.6 千米管线和永清与采育两个站先后完工，并于 11 月 30 日正式通气一次点火成功，12 月 25 日正式通过采育站向北京市供气。应急供气管线的建成投产，对缓解 2004 年冬季北京供气压力、确保冬季安全供气起到关键作用；三库（板中北高点储气库）二期工程按期建成投产，2004 年上半年，先后完成 6 口注采井和 150 万立方米/日注气系统的施工，并于 7 月底开始注气；下半年又陆续完成 600 万立方米/日露点处理装置和配套系统的施工，11 月底投产。同时，在一库（大张坨储气库）和三库之间新建一条长 4.2 千米的注气管线，实现了两库注气系统的联网和两库压缩机互为备用，以及天然气的合理调配。三库二期项目的完成，使三库注气能力提高到 300 万立方米/日，调峰采气能力达 900 万立方米/日。另外，“三库一期”项目通过了股份公司组织的竣工决算审计。此外，公司还根据股份公司的安排积极开展并完成了京—唐—秦和采育—通州两条管线以及唐山 LNG 项目的部分前期工作。截至 2004 年底，公司固定资产投资总额已超过 100 亿元，根据股份公司的有关规定，公司晋升为一级企业。

【科技创新】　公司在陕京管线初步建立起完整性管理体系，变安全生产事后反应为事前预控，大幅度提高了管线运行的安全性和可靠性，所形成的一整套管理和技术具有重要的实用价值，分别获“第二届全国安全生产科技成果一等奖”和股份公司“科技创新一等奖”，得到国家及行业的一致认可，填补了公司科技领域的空白。首次应用碳纤维复合材料修复了靖边、榆林、三岔等管线存在的57处缺陷，经有关机构测试，各项性能指标均达到设计要求。目前，该项技术正在申请国家专利。储气库生产信息管理及动态分析系统的建立，增加了日常运行管理、数据报表、数据分析、动态分析预测功能，在日常生产管理中实现了与公司的数据共享。大张坨储气库注采能力及动态规律的研究，对储气库注采周期、注采规律和气藏结构的变化认识更加明确，对储气库气藏的合理利用、开发和运行管理起到了重要的指导作用。压缩机故障诊断及监测系统的建立，可以对燃气轮机的运行进行频谱分析、相分析、轴位分析以及压缩机故障的预警和报警，在府谷压气站的应用表明，实现了对燃气轮机、压缩机故障的事前预控。陕京管道外防腐三层结构聚乙烯安全评价及检测的研究，查明了管道防腐层的现状，确定了管理重点，有效地促进了基层单位阴极保护和地面检漏工作的开展。陕京管道冬季排污问题的研究，确定了凝液的主要成因和来源，为采取措施确保冬季运行安全提供了依据。企业地理信息系统建设的全面启动，初步完成了需求调研、可行性研究和系统框架的设计，将为陕京管道完整性管理提供有力支持。根据中国石油信息化工作总体部署和公司信息化总体规划，针对公司资产密集的特点和生产管理需要，参照国际先进管道公司信息技术应用情况，建立了企业资产管理（EAM）系统。6月1日起在公司单轨运行，于年底前完成了系统流程的整理和优化，并全面推广应用，使公司的计划、生产、采购和安全管理等项工作实现了统一和规范化管理，全线有人值守站场全部实现了数据网络的接通，工作效率进一步提高。

【深化管理】　公司根据安全生产管理的需求，继续深化了QHSE体系管理工作，将管道完整性管理、信息系统、应急抢修系统、安全防范系统、内控体系、应急预案系统、HSE管理和管道维护管理等项内容统一纳入了管理体系，对体系文件进行了升级换版，并分别通过了ISO 9001和HSE两个管理体系的年度审核。风险管理重点加强了环境因素影响与危害的识别和评价，组织基层单位制定了各自的风险控制措施，对各种风险实行了分级控制与管理。初步搭建起公司内控体系建设的基本框架。通过落实“节电、节水、节气、节油”等项措施，进一步降低了各类消耗。按期对计量设备进行标定，严格控制计量输差，确保了计量准确无误。全年共签订物资采购合同966份，完成采购金额27.2亿元，合同履约率达到100%，满足了生产、建设需要。强化衙门口加气母站的安全生产管理，再次取得了加气量和经济效益同步增长的好成绩。

（许允同　文学军）

中国石油天然气股份有限公司西气东输管道分公司（西气东输销售分公司）

【概述】　中国石油天然气股份有限公司西气东输管道分公司（西气东输销售分公司）（以下简称公司）是中国石油天然气股份有限公司直属的从事西气东输管道工程建设、生产运营管理和天然气市场开发与销售业务的地区公司。公司在上海浦东注册，总部现设在北京。

公司是随着西气东输工程的建设发展而成长壮大的。公司的前身为西气东输工程项目经理部。2001年4月22日，更名为西气东输管道分公司。2003年9月27日，西气东输销售分公司成立。西气东输管道分公司与西气东输销售分公司实行一套机构、两块牌子。

截至2004年12月31日，公司在册员工169人。其中，具有本科以上学历的121人，占在册员工的71.59%；具有中级以上职称的151人，占在册员工的89.34%。其他用工719人，其中，借聘105人，生产运行劳务人员401人，当地聘用213人。

公司总部设11个部门，包括总经理办公室（党委办公室)、人事处(党委组织部)、审计监察处、规划计划处、财务处、生产运行处、工程技术处、质量安全环保处、管道处、采办处、市场开发与销售部;对外设13个派出机构,其中,西气东输管道沿线设有新疆、甘肃、宁陕、山西、豫皖、苏浙沪6个地区管理处和储气库管理处、压缩机维检中心,市场开发与销售部下设上海、浙江、江苏、安徽、河南5个分部。同时,设有冀宁管道、淮武管道工程项目部2个临时机构。

【西气东输工程全线建成投产】 西气东输工程2000年2月正式启动。东段(陕西靖边—上海)于2003年10月1日建成投产,2004年1月1日向上海商业供气,西段(新疆轮南—靖边)于2004年9月1日建成投产,10月1日实现全线贯通,12月30日全线正式商业运营。

西气东输工程的胜利建成,掀开了我国油气管道建设和天然气工业发展史上新的篇章。

1. 坚持科技进步与创新,用高新技术铸就西气东输工程

组织40多家专业设计、科研院所和数千名科技人员,开展700多项科研课题攻关,加强新技术研究与应用,工程科技进步与创新取得了丰硕成果,管道科技含量达到了当今世界先进水平,具有高强度、高韧性、高止裂特性的X70级钢生产、制管和焊接,填补了国内空白。同时,成功地运用全自动焊施工工艺、全自动超声波检测技术和盾构、顶管、定向钻穿越技术,穿跨越了长江、黄河、淮河等大江大河,攻克了江南水网、西部山地、西北黄土塬施工技术难题,带动了我国管道建设水平的整体提升。

2. 坚持科学决策,统筹部署,保证各项工程同步建成投产

按照"先试验、后开工,先东段、后西段"的总体建设方针,根据工程建设实际情况,明确不同阶段的工作目标和重点部署。在江南水网段和长江、黄河等险工险段取得经验后,又根据黄土塬的特殊地理和气候情况,及时做出"先陕晋、后豫皖"的战术调整,确保了东段2003年10月1日投产。在西段工程建设中,针对恶劣自然条件,实施"集中兵力、速战速决"的战术,快速通过了无人区。在市场开发中,根据谈判进展情况,及时调整策略,本着"先易后难、重点突破"的原则,分两批签署销售合同和向条件成熟的用户提前供气。科学的决策和指挥,保证了设计、采购、施工、生产、销售等环节的协调进行。

3. 坚持继承与创新相结合,借鉴国际经验,构建起一整套符合实际的项目管理体系

在工程建设上实行严格的招投标和合同管理,采用中外合作监理制和政府监督、第三方"飞检"等制度,构建了全过程、全方位的项目决策、控制、执行、监督网络。在生产运营上实行"以业主管理为核心、以运行承包商为主要作业者、以设备供应商售后服务和专业化公司技术服务作为支持"的开放式生产运营管理体系。在市场开发上推行国际上"照付不议"的天然气销售模式,构筑了一套具有国际水准、符合中国天然气市场发育特征的营销和定价新机制。

4. 坚持以人为本,强化HSE管理,努力建设高质量的绿色环保工程

牢固树立"今天的质量隐患,明天的安全事故"的意识,建立全过程质量控制体系,实行工程质量终身负责制,干线35万道焊口焊接平均一次合格率达到98.3%,创造了我国油气管道建设史上的新纪录。树立"以人为本、回报社会"的理念,建立全员安全生产责任制,注重工程建设过程中的安全控制,百万工时安全指标达到0.03,创出了世界同类管道建设的先进水平。坚持"创造能源与环境和谐"的理念,建立HSE管理体系,重视管道建设对周围环境的影响,实施"为戈壁多留点绿地,给动植物一片蓝天"的绿色计划,致力于建设一条绿色环保管道。

【2004年主要工作完成情况】

1. 生产经营

实现销售收入15.84亿元,管道单位现金成本116.94元/千立方米,与年计划130.65元/千立方米相比,降低13.71元/千立方米,实现控制亏损8.2亿元,完成工程建设投资36.8亿元。

2. 工程建设

通过组织实施上水试压、管道干燥、站场安装"三大战役",抓住中卫黄河跨越、压缩机组安装两大关键点,集中展开攻坚,确保了西段于9月1日提前建成进气,管道全线于10月1日投产一次成功,12月30日全线正式商业运营。

3. 安全生产

东段管道自2003年10月1日投产以来,已连续安全运营457天,未发生重大生产事故、重大责任交通事故、重大环境污染和生态破坏事故,全年实现安全生产零伤亡,公司连续三年荣获股份公司安全生产先进单位。

4. 市场营销

已向23家具备接气能力的用户供气,完成13.2亿立方米天然气销售任务。完成与40家用户签订照

付不议合同，2007年用气量将达到120亿立方米。

【西气东输正式向上海商业供气】 2004年1月1日上午9时，在上海市政府大楼会议厅，股份公司与上海市天然气管网有限公司正式签署《西气东输天然气销售协议》，年合同量2007年达到23.73亿立方米。中共中央政治局委员、上海市委书记陈良宇宣布西气东输正式向上海市供气。这标志着西气东输东段管道正式商业运营，股份公司2004年1月1日先期利用长庆天然气向上海正式商业供气的承诺按期兑现。上海市副市长周禹鹏主持了西气东输上海正式通气仪式。上海市市长韩正，国家发展和改革委员会副主任、国家西气东输工程建设领导小组组长张国宝，时任集团公司副总经理、股份公司总裁陈耕，以及申能（集团）股份有限公司总经理杨祥海等出席了仪式并讲话。

【西气东输“九一”轮南进气】 2004年9月1日上午10时，集团公司副总经理、股份公司高级副总裁苏树林在新疆轮南下达西气东输管道进气令。随着输气阀门开启，轮南首站顺利实现由塔里木气田向西气东输管道进气。9月6日塔里木天然气抵达陕西靖边站，10月1日管道压力升至4.2兆帕。轮南进气成功，为西气东输10月1日全线投产奠定了坚实基础。

【西气东输“十一”全线投产】 在2004年9月1日塔里木气田实现向西气东输管道进气后，经过近1个月的调试和升压工作，西气东输管道具备了全线投产条件。10月1日上午10时，随着集团公司副总经理、股份公司总裁蒋洁敏在靖边压气站主控室亲手点击鼠标启动开关，来自塔里木的天然气源源不断地涌进西气东输东段管道，塔里木与长庆两大气源成功实现对接，西气东输按期实现“十一”全线建成投产的目标。至此，塔里木和长庆气田共同向西气东输管道供气。

【国家西气东输工程建设领导小组召开第七次会议】

2004年12月29日，国家西气东输工程建设领导小组第七次会议在人民大会堂召开。会上，中国石油分别与望亭电厂等12家用户签订了《天然气销售协议》。至此，中国石油已先后与40家用户签订了供气协议，西气东输每年120亿立方米的商业气量已全部售出。

【西气东输工程投产庆典暨表彰大会隆重举行】 2004年12月30日，西气东输工程投产庆典暨表彰大会在北京人民大会堂隆重举行。会前，中共中央总书记、国家主席胡锦涛专门致信祝贺，中共中央政治局委员、国务院副总理曾培炎亲切接见了先进集体和个人代表并合影。会上，国家发改委主任马凯宣读了胡锦涛总书记的贺信，曾培炎副总理发表了重要讲话。全国人大常委会副委员长盛华仁、国务院副秘书长汪洋出席了大会。国家发改委副主任、国家西气东输工程建设领导小组组长张国宝主持大会。

集团公司党组书记、总经理、股份公司董事长陈耕首先报告了西气东输上游资源、下游市场、中游管道运行情况，并阐述了中国石油天然气集团公司组织建设西气东输工程的经验和体会。在集团公司党组副书记、副总经理、股份公司总裁蒋洁敏组织塔里木气田、西气东输靖边压气站、西气东输上海调控中心、上海管网公司上海首站四个分会场报告准备情况、具备全线商业供气条件后，曾培炎副总理宣布：“西气东输工程全线建成正式投产！”

全国总工会副主席苏立清、团中央书记处书记王晓、全国妇联书记处书记洪天慧和国家发改委能源局局长、西气东输工程建设领导小组办公室主任徐锭明，分别宣读了表彰决定。西气东输管道公司等20个单位荣获“全国五一劳动奖状”，西气东输管道公司党委书记、总经理黄维和等20人荣获“五一劳动奖章”；大庆石油管理局建设集团工程公司西气东输7B项目部等10个单位荣获“全国青年突击队标兵”称号，中国石油天然气管道局第二工程公司杨庆等20人荣获“全国青年岗位能手”；中国石油天然气管道局第三工程公司“三八女子焊工班”等10个集体荣获“全国三八红旗集体”，中国石油天然气管道局三公司三八女子焊工班班长刘玉英等10人荣获“全国三八红旗手”；四川石油管理局油建公司西气东输工程第四作业队等101个单位荣获“国家西气东输工程先进集体”，大庆石油管理局建设集团工程公司经理李道远等856人荣获“国家西气东输工程先进个人”称号。

2004年，公司荣获全国“五一劳动奖状”，陈金龙等108名员工、生产运行处女子投产调试组等36个先进集体分别受到国家和集团公司表彰，党建工作、宣传思想政治工作、党风廉政建设、企业文化建设和工会、共青团工作进一步加强。

（张乐海　赵　武）

中国石油天然气国际（勘探开发）有限公司

【概述】　中国石油天然气国际有限公司（英文名称：PetroChina International Limited，对内称“国际（勘探开发）有限公司”，简称国际公司）是 2000 年 12 月 26 日经中国石油天然气股份有限公司董事会审议通过，2001 年 5 月报经国家外经贸部批准，在英属维尔京群岛注册成立的公司。是股份公司开展境外投资和经营活动的载体，归口管理并具体组织实施股份公司境外勘探开发业务。

为了充分发挥股份公司国际化经营的整体优势，2002 年 3 月，股份公司决定将股份公司对外合作经理部（英文名称：PetroChina Foreign Cooperation Administration Department，简称对外合作经理部）与国际公司合并（股份公司对外合作经理部名称保留使用），并于 9 月正式批准重组。依据《中华人民共和国对外合作开采石油资源条例》，并经中国石油天然气集团公司授权，具体负责股份公司所属国内石油天然气资源对外合作项目合同的执行和监督管理。

重组后的国际公司全面负责统筹规划和归口管理股份公司国内外石油勘探开发对外合作项目，充分发挥股份公司作为上市公司的技术、资金、市场及规范管理的优势，为实现国内外优势互补、协调发展创造了前提条件。

2004 年 8 月集团公司决定中国石油天然气勘探开发公司和国际公司两个国际勘探开发公司进行业务整合。采用集团公司和股份公司共同出资，成立合资公司的方式，既考虑了集团公司在建设具有国际竞争力跨国企业集团的进程中，作为国家能源公司，在保障国家石油安全、满足市场供应方面必须发挥主导作用的需要，也考虑了股份公司作为国际上市公司，应当具有国际业务，以及不断提升成长性的需要。从这个意义上说，这样整合符合集团公司和股份公司国际业务发展的实际，也是管理体制上的一项重大创新。国外业务进入新的合资公司，通过对相同、相关业务进行整合，对海外上游业务的资源、资金、技术、人才等要素进一步优化配置，形成整体合力，有利于充分发挥集团公司的整体优势和比较优势，在激烈的国际市场竞争中把握主动权，在更大范围、更广领域、更高层次上参与国际合作与竞争，实现国际业务的快速发展。国内业务继续由股份公司所属的国际公司（对外合作经理部）负责。

【公司的职责定位】　国际公司是股份公司所属境外全资子公司，是独立的法人单位，负责股份公司在石油勘探开发国内外合作项目投资的保值增值责任。根据股份公司批准的方案具体组织实施海外石油勘探开发投资项目的参股、收购、转让、项目融资等资本经营活动。负责行使股份公司石油勘探开发国外合作业务的管理职能。接受股份公司授权，负责行使股份公司石油勘探开发国内合作业务的管理职能。对内按分公司管理。经营管理业务独立核算。归口管理股份公司石油勘探开发国际合作项目，对合作项目实施财务监控、作业监控和管理监控，为合作项目提供商务支持和技术支持，具体业务职责范围是：

（1）配合股份公司有关部门研究提出股份公司油气资源勘探开发国际化经营的发展战略、总体规划、年度计划和投资预算，经批准后组织实施。

（2）组织研究国外石油勘探开发合作的合同模式、法律条件和投资环境；负责国外石油勘探开发项目的评估及可行性研究的初审，并按规定程序完成立项手续。

（3）依据国务院《中华人民共和国对外合作开采陆上石油资源条例》授予中国石油天然气集团公司的职权，集团公司再予股份公司的授权，经股份公司勘探生产公司初审，在国务院批准的石油勘探开发国内对外开放区域内，提出对外合作区块的划分意见；在政府有关部门批准后，制定招商工作计划；拟定标准合同，并按有关规定程序完成报批手续；组织合作区块资料包的编制、销售和现场考察。

（4）负责组织石油勘探开发国际合作项目的国外投标、国内招标、评标，及其合同（协议）谈判和签约工作。

（5）归口管理石油勘探开发国内外石油合同执行

工作。负责合同执行过程中的协调、服务和监督，承担合作项目投资的保值增值责任。

（6）在股份公司有关部门核准范围内，审查批准各石油勘探开发国际合作项目的年度工作计划、年度投资预算、评价报告、管理机构、人员编制、联合管理委员会中方代表、专业代表及中方指派雇员的资格等。

（7）负责石油勘探开发国际合作项目的采办管理和技术支持工作，协助中方作业队伍参加国际合作区块承包服务。会同股份公司勘探生产公司统一研究决定国内合同区面积的扩大或撤销、合同期限的变化、最低义务工作量的重大变更、生产作业权的移交和接替；预审国内合作油气田总体开发方案，报国家有关部门审查批准后执行。

（8）负责石油勘探开发国际合作项目联合账簿的管理。统一管理合作项目中方账目；结算外方合作者支付的费用；统一缴纳合作项目税费。协助股份公司及上级主管部门做好合作项目审计工作。

（9）负责石油勘探开发国内外合作项目培训费的管理工作，会同股份公司人事部和企业编制石油勘探开发国际合作项目的人才培训规划、计划，并组织实施。

【机构编制】 按照股份公司的部署，国际公司开展了机关整合工作。公司机关编制70人，其中公司领导职数5人，处级职数24人，共设9个部门，分别是：总经理办公室（党委办公室）、计划发展部、财务资产部、人事培训部（党委组织部）、国内项目管理部、国外项目管理部、新项目开发部、法律事务部、审计部（纪检办公室）。另根据实际需要设立国外合作项目公司和国内合作项目公司（或项目经理部），另行核定编制和机构设置。在2003年配合人事部完成了“中油国际”领导班子岗位设置和竞聘后，2004年上半年又完成公司机关中层干部的竞聘和一般管理岗位的竞聘工作。全员竞聘1月9日动员，2月上旬竞聘部门正职，2月下旬开始竞聘部门副职，3月下旬和4月上旬是一般管理岗位的竞聘。先后组织了群众推荐2次，召开竞聘报告会8次，听取了66人的竞聘报告。组成了考核小组，对提职人员进行了综合考核，考核中，参加测评人员73人，个别谈话52人次，对考核对象进行了比较深入全面的了解，形成考核材料10份。公布的竞聘部门正职岗位8个，副职岗位19个，一般管理岗位35个。有10名同志应聘部门正职岗位，21名同志应聘副职岗位，35名同志应聘一般管理岗位。最终结果，聘任部门正职8人，其中提职2人，平职6人。聘任部门副职（包括大区经理）19人，其中平职11人，提职8人。聘任一般管理岗位35人。

公司2004年底有员工58人。其中正式44人，借聘14人。本年内由于业务整合调到合资公司65人（印尼项目38人，机关27人），调到集团公司1人，调出中国石油1人。

【国内勘探开发对外合作概况】 国内陆上石油对外合作始于1985年，当时由国家石油工业部所属中国石油天然气勘探开发公司具体负责。截至2004年底累计与外国公司签订石油合同52个、联合研究协议24个，包括风险勘探合同、提高采收率合同、难动用储量合同、单井服务合同、物探作业合同等。引进合同规定义务工作投资11.79亿美元，实际完成投资13.86亿美元，目前正在执行的合同14个。截至2004年底，各合同项目累计完成二维地震采集18558千米、三维地震采集674平方千米；项目生产原油1871.43万吨、生产天然气20.33亿立方米；培训员工2734多人次。

2004年国内对外合作工作以“加强项目管理、提高合作水平”为指导，以执行好现有的合同为重点，通过总结项目执行管理经验，落实各项管理措施，合作项目规范运作，重点项目成效显著，超额完成了全年计划的各项工作任务。

2004年底正在执行的14个项目中，3个项目进入生产期（大港赵东、辽河冷家、新疆九区），6个项目进入或准备进入产能建设期（大庆州十三1－2、大庆州十三3－6、大港孔南、吉林大安、西南川中、长庆长北），5个项目处于勘探和评价阶段（西南梓潼、吉林庙3、莫里青、民114、辽河海月）。累计探明石油地质储量5.38亿吨，天然气地质储量1265.87亿立方米。

对外合作各项目2004年共完成作业产量375.6万吨油当量，完成年度计划的105.1%，其中原油343.5万吨，天然气4.03亿立方米。新增探明储量635万吨，为年度工作目标520万吨的122%，产能建设完成76万吨。完成二维地震采集871千米，三维地震采集300平方千米。对外合作项目中方2004年完成销售收入19.7亿元，完成预算的141.7%；税前利润完成9.2亿元，完成预算的204.4%。

【国外勘探开发对外合作概况】 2004年全年印尼钻探井17口，新发现原油探明＋控制可采储量8200万桶，发现天然气探明＋控制可采储量107亿立方米（未含目前正钻的4口探井可能发现的储量）。

全年印尼钻开发井 35 口，平均单井初期日产原油 600 桶。

全年印尼项目对 19 口各类油井实施上产措施，平均单井初期日增油 90 桶。

印尼加邦（Jabung）合同区 Ripah 油田投入开发，第一口油井 Ripah2 井 32/64 英寸[1]油嘴自喷生产，日产油 331 桶，日产气 5.5 千立方米，含水 0.5%。Makmur 油田调整井 MK23 井投产后获高产，初期气举生产，28/64 英寸油嘴日产油 2148 桶，日产气 12 千立方米，含水 15.4%。印尼 W. Betara－1 探井试油成功，日产油 761 桶，日产天然气 443 千立方米。该井为加邦（Jabung）合同区之重大发现，发现了新的含油气层系，预计 3P 储量可达 7 千万桶以上。

印尼 W. Piano－1 探井试油成功，日产油 1060 桶，日产天然气 143 千立方米。该探井的钻探成功使得版口（Bangko）合同区得到了保留。否则按合同规定，至 2005 年 2 月份，若无发现，该合同区将退还给印尼政府。

印尼吐拜（Tuban）合同区 Sukowati 油田第一口油井 Sukowati－2 井投产，24/64 英寸油嘴自喷，初期日产油 1516 桶。7 月 3 日 2 时，Sukowati－1 井投产，24/64 英寸油嘴自喷，初期日产油 1427 桶。该油田跨越 JOB Tuban 合同区和 Mobil 的 Cepu 合同区，油田的投产是经过与 Mobil、BP. Migas、Perteamina 等方无数次的艰苦谈判得来的。开井半个月后 Mobil 又要求关井，中方又经过大量的工作使 BP. Migas 承诺该油田的开发维持现状。

印尼 NEO－1 探井试油成功，日产油 467 桶，日产天然气 170 千立方米。NEO 是艾兰德（ISLAND）合同区经三维地震后落实的 18 个圈闭之一，NEO－1 的钻探成功，为 ISLAND 合同区的勘探工作展示了良好的前景。

印尼两个合同区（Tuban 和 Basin）的 654 千米的二维地震和 474 平方千米的三维地震采集全部如期顺利施工完毕。野外施工分别由大庆油田物探公司（CITRA）和中石化第六物探大队（KBS）承担，施工期间无任何 HSE 事故，质量优良，获得了印尼方的认可。

【国外勘探开发新项目概况】　6 月胡锦涛主席访乌兹别克斯坦期间，陈耕总经理同乌国家石油公司签署了合作意向书，之后，国际公司签署行动纪要。

7 月突尼斯项目购买合同草签，10 月 12 日签订最终购买合同。

4 月至 8 月国际公司先后组织 Smart、MD、双翼、突尼斯、印尼 Madura、厄瓜多尔 10 区块等多个项目投标和谈判。

总之，国内外合作项目按照石油合同和开发方案要求较好地完成了当年的工作量，产能建设总体均衡，油气生产平稳发展。长期以来国际公司始终坚持“引进来”与“走出去”相结合的战略，贯彻执行利用国内外“两种资源、两种资金、两个市场”的方针，积极稳妥地开拓国内外石油天然气勘探开发合作新项目，提高现有项目的管理水平，执行好现有的项目并以此为基础努力向其他领域发展，稳步促进了中国石油向国际化经营的战略性转化。

（王铁夫）

中国石油国际事业有限公司（中国联合石油有限责任公司）

【概述】　中国石油国际事业有限公司（中国联合石油有限责任公司）（以下简称公司）统一归口管理和经营中国石油的原油、成品油、天然气、石化产品和技术装备的国际贸易业务和与其相配套的海外投资业务。2004 年，两个公司继续实行统一管理、独立核算、合并运行。总部设有 11 个部室，即：党委办公室、总裁办公室、人力资源部、财务资产部、风险控制部、对外合作部、信息部、原油部、成品油部、化工产品部、技术装备部。

公司下设 18 家分支机构，其中，境内 9 家，以

[1] 1 英寸＝0.0254 米。

炼厂和沿海、沿边口岸为主设置，参与国内 25 个口岸的进出口运作。境内分支机构具体单位是：大连公司、青岛公司、上海公司、广东公司、抚顺公司、锦州公司、锦西公司、大庆公司、西北公司；海外 9 家，以石油资源地、消费地为主设置，即：香港公司、新加坡公司、日本公司、美洲公司、美国公司、伦敦公司、哈萨克斯坦公司、莫斯科办事处、印尼办事处。实现了全球 24 小时不间断贸易运作。2004 年底公司员工总数 432 人，其中，总部 124 人，境内分支机构 250 人，境外分支机构 58 人。

【经营指标完成情况】 2004 年，公司实现经营额 132 亿美元，首次突破 100 亿美元，完成年度奋斗目标的 132%，比 2003 年同期的 77.3 亿美元增加 54.7 亿美元，增幅达 71%，贸易量 5749 万吨，比 2003 年同期增加 1693 万吨，增幅达 42%，税前利润比 2003 年同期增长 42%，全面超额完成了全年经营指标。原油、成品油租船运输量达 2439 万吨，比 2003 年同期增长 8.5%，取得了较好的经济效益。公司连续 5 年实现持续、快速、稳健发展。1999—2004 年投资资本回报率从 13%上升到 27.8%，经营额年均增长 52%，实物工作量年均增长 34%，利润年均增长 52%，系统外的社会收入从 1999 年 28%增长到 2004 年 74%。

【2004 年主要工作】

1. 强化管理，完善流程，为公司持续发展打好基础

公司在 2003 年对标分析基础上，2004 年从管理体制和业务流程两方面入手加强管理。一是完成了咨询公司对公司的管理诊断、评估。即：从公司战略目标、组织架构、人力资源发展、财务系统的应用和管理水平等方面进行了全面评审，这将为我们制定下一步发展规划、完善经营机制和管理体制提供较好的基础。二是引进具有国际一流国内领先的 ICTS 交易系统，对原油、成品油业务运作流程和管理流程进行完善。按新系统运行的要求调整了岗位设置，业务分前台、中台、后台进行运作。该系统于 2004 年 12 月 1 日正式运行。

2. 抓好主营业务，谋求快速发展

2004 年，公司的业务分原油、成品油、石化产品、技术装备 4 个业务单元运行。

原油业务单元由境内公司总部原油部、大连公司、锦州公司、锦西公司、西北公司及境外伦敦公司、哈萨克斯坦公司、美国公司、美洲公司、日本公司、香港公司、印尼办事处、莫斯科办事处组成。原油业务实现了由大连、锦州、天津和湛江 4 个海上口岸和阿拉山口、满洲里 2 个陆路口岸，远东、北美、欧洲、中亚的全球 24 小时不间断贸易运作，原油贸易运作油种超过 40 种，2004 年，原油业务单元以满足客户要求为工作目标，以服务中国石油为己任，努力做好中国石油炼厂进口原油工作和海外油田的销售业务。同时，在加大资源与市场控制力度上下功夫，业务运作质量不断提高，实现了持续、快速、有效发展。2004 年实现经营量为 4106 万吨，占公司总经营规模的 71.4%，比 2003 年同期增加 1157 万吨，增幅达 39%，实现贸易额 98 亿美元，增幅达 80%，租船运输量 2021 万吨，比 2003 年同期增长 73.6%，已通过期租方式形成了由 8 艘油轮组成的船队，载重吨位超过 100 万吨，与国内外 4 家船公司签订了包运合同。

成品油业务单元由公司总部成品油部和境内大连公司、锦州公司、锦西公司、上海公司、广东公司、抚顺公司、大庆公司、西北公司及境外新加坡公司、哈萨克斯坦公司、日本公司、香港公司、莫斯科办事处、印尼办事处组成。2004 年成品油业务单元在重视调整业务结构、增加贸易手段上下功夫，实现了业务稳步增长。实现经营量达 1576 万吨，较 2003 年同期增加 540 万吨，占公司经营总量的 27.4%，实现贸易额 31 亿美元。成品油业务单元继续巩固远东地区传统市场，分别与印尼、越南、日本等国签订汽油、石脑油出口长期合同，努力提高长期合同比率和最终用户销售比率，同时充分利用新加坡租赁的仓储设施，开展混兑和批发业务，首次实现了根据市场需求利用新加坡储罐调兑汽油业务，提升了业务运作的技术含量和附加值。

化工品业务单元由公司总部化工品部和境内大连公司、青岛公司、大庆公司、抚顺公司、锦西公司、锦州公司、西北公司及境外香港公司、美国公司、莫斯科办事处组成。2004 年化工品业务单元在开拓新品种、新市场上下功夫，成为公司新的业务增长点。实现贸易量 67 万吨，贸易额 4 亿美元，该单元在巩固传统石蜡、石油焦出口市场的同时，开发了纯苯、丁二烯、丙烯等化工产品，大宗有机原料采购如聚丙烯等也取得明显成效。

技术装备业务单元由公司总部技术装备部和境内抚顺公司、大庆公司、大连公司、锦州公司、锦西公司组成。技术装备业务以服务于中国石油炼厂，降低引进项目的投资成本，为企业提供优质、高效、专业化的服务，得到用户的信任。2004 年该单元完成签

约额和执行额1.8亿美元，完成年计划的201%。

3. 投资项目取得较大进展，为公司持续发展打好基础

公司承担着本系统境外除勘探开发项目以外的炼油、化工、储运设施、加油站、运输工具的投资、建设、经营管理职责，为加快公司发展，自2003年以来公司加大了在境内外的仓储设施和加油站的建设投资，到目前为止，公司已在广州、锦州、南美、新加坡、哈萨克斯坦租赁或购买油库及化工罐52万立方米，拥有加油站82座，其中，哈萨克斯坦77座，香港5座。公司正在跟踪和研究的9个项目也在按照工作计划稳步推进。投资项目按照“规划一批、研究一批、实施一批、储备一批”的要求，正在逐步形成良性循环。截至2004年底，累计批准项目总投资17280万美元，其中，中国石油国际事业有限责任公司投资10765万美元，合作伙伴投资6515万美元。

2004年，公司还积极配合集团公司和股份公司参与了中俄管道项目、中哈管道项目、中加油砂项目和中阿项目等多项重点项目的研究，为推进项目的实施起到了重要的作用。

4. 强化风险意识，规范经营行为，管理基础得到进一步加强

一是加强期货管理，控制市场风险。2004年，针对公司运作实际和中航油事件，认真完善本公司的期货业务风险控制体系。补充了期货委员会委员，进一步明确开展期货业务要以套期保值为主、参与市场竞价为辅的原则；确定了2005年公司期货业务计划，同时实行交易员授权经营，将市场风险控制在可接受的范围内。二是坚持使用标准合同，规避合同风险。2004年，公司共签订各类合同4128个，合同总金额159.6亿美元。各单位认真执行《合同管理办法》，法律、财务人员尽职尽责，确保了有效经营。三是加强内部审计，确保合规经营。一年以来，公司按照《内审工作制度》，先后对境内9家公司进行了常规审计，对4家公司总经理进行了离任审计。同时，对原油、成品油业务单元进行了审计，对重点问题的审计提出了管理建议。四是加强信用管理，防范客户风险。2004年公司制定了客户资信管理规定、资信政策、信用管理工作流程及客户资信评定模型，对33家客户进行了资信调查，对23家客户提出了资信情况分析和评级模型，对重点客户进行实时监控，确保公司经营安全。

2004年，公司在加强内控项目建设，完善公司风险控制体系、加强安全生产经营管理方面做了大量工作，同时，对突发事件提出了切合实际的预案。

5. 加强财务管理，在促进业务发展上下功夫

一是完善了各项财务制度，制定了《资产管理办法》、《通关资金管理办法》、《预算调整管理办法》和《会计核算手册》，保证了财务信息的准确性、完整性。二是继续对资金进行统一调配，合理安排，降低了贷款规模，节约利息支出1442.76元。三是加强了财务的分析，对经营管理起到了积极的推动作用。四是开展了财税大检查，促进了财务体系建设。

6. 注重人力资源管理，加强员工培训，优化队伍素质

一是加强培训管理，使培训工作制度化、规范化、科学化、个性化。2004年，修订和完善了《员工教育培训管理办法》，建立了培训档案。2004年总部累计培训项目70项，全员培训时间累计1247天，人均培训时间10.31天。同时，加强了新员工的入公司教育，促进他们对企业文化的认同，帮助他们尽快融入新的团队。二是开展员工职业生涯设计，实现员工与企业共同发展。制定了职业生涯实施具体方案和职业生涯规划手册，2003年在公司总部原油部、成品油部和财务部进行试点，准备2004年在总结完善试点工作的基础上在全系统内进行全面推广。三是实行中层干部岗位竞聘，为员工提供公平竞争的舞台。2004年，公司在总部、境内外各分支机构中开展了副总经理岗位竞聘工作，共有9位同志通过竞聘走上中层干部岗位，充实了中层干部力量。四是加强绩效管理，建立一体化运作绩效考核管理办法。

针对单元一体化运作和岗位设置及业务流程的变化，确定了2005年单元一体化运作绩效考核办法及境内分支机构绩效考核办法，为2005年一体化运作奠定了基础。

7. 推进企业文化建设，全面强化“三基”工作

2004年，是公司“企业文化宣传年”，公司组织人员专门编写了《企业文化手册》。公司党委主要负责同志带头宣讲，各分支机构党组织结合本单位实际，利用会议、研讨、交流等多种形式宣传公司企业文化的理念，不断赋予企业文化新的内容，得到员工的认同。公司开展了企业文化问卷调查，98.7%的员工对自己是公司的一员感到自豪，96%的员工认同企业文化建设对公司的发展起到了很大推动作用。

公司把企业文化建设与“基本管理制度、基层工作组织、员工的基本素质”工作结合起来抓，公司组成“三基”工作调研组，走访了境内外11个单位，召开了经验交流会，推动“三基”工作和企业文化建

设向更深层次发展。

2004年，公司党委将党的工作和企业经营工作紧密结合，充分发挥党的监督和保证作用。公司党委狠抓领导班子思想作风建设，制定了《进一步加强领导班子思想作风建设的意见》并印发各党支部执行，重新修订了《党风廉政规定》，将中共中央提出的党员领导干部必须遵守的“四大纪律”、“八项要求”和“五个不准”纳入到公司的廉政规定中，同时组织各支部开展了《中共中央关于加强党的执政能力建设的决定》和“两个条例”的集中学习和知识答卷活动。举办了公司第一期入党积极分子培训班，坚持“把业务骨干培养成为党员，党员培养成业务骨干”的工作方针，加强了党的组织建设。

（中国联合石油有限责任公司）

中国石油勘探开发研究院

【概述】　中国石油勘探开发研究院（以下简称研究院）。研究院现有职工3090人，其中，技术干部2203人，教授级高级工程师56人、高级工程师777人、工程师852人、助理工程师46人；技术干部的学历：博士后75人、博士研究生123人、硕士研究生478人、大学本科生911人。

研究院下设廊坊分院、西北分院、杭州地质研究所、江汉机械研究所，北京总院有20个研究所。

【“一部三中心”建设，取得了“十大进展”】　2001年6月25日，中国石油天然气股份有限公司下发文件，确立了研究院“一部三中心”的定位与职责。

经过群众性推荐评选，评出了2003—2004年全面推进“一部三中心”建设的“十大进展”：

（1）确定了建设世界一流油公司上游研究院的发展战略。根据“一部三中心”定位，确定了研究院长期发展的战略，即：“一个方向”、“两个战略”、“三个目标”、“四项中心工作”。“一个方向”是：建设世界一流油公司上游研究院，“两个战略”是：坚持以“技术立院”为核心的创新战略和以“人才立院”为核心的人才战略；“三个目标”是：达到一流的技术学术水平，一流的勘探生产实效，一流的专家人才队伍；“四项中心工作”是：股份公司总部上游机关业务决策支持，油气勘探开发技术支持服务，油气勘探开发新理论新技术研发，上游高水平科技人才培养。调整了研究机构，整合了研究队伍，成立了油气资源战略规划研究所和油气开发战略规划研究所，组建了杭州地质所海洋油气研究中心，江汉机械所成立了中国石油第一家石油设备监理公司。

（2）获得了以股份公司第三轮油气资源评价研究、克拉玛依八区乌尔禾开发调整方案、苏丹勘探开发研究和顶部驱动装置为代表的一批重大科研生产成果。

（3）大幅度提高石油采收率基础研究、高效天然气藏形成分布与凝析低效气藏经济开发基础研究等4个国家“973”项目和前陆盆地油气勘探国家攻关项目取得重大突破进展。

（4）成功引进油气勘探生产虚拟现实系统和PC－Cluster系统并投入使用。西北分院优质快速引进PC－Cluster系统，建成中国石油西部地区最大的计算机机群，形成年处理1000多平方千米三维地震资料的能力。

（5）中国石油数字化地震勘探资料数据库在研究院建成。实现了地震勘探数据异地备份，为股份公司知识共享和勘探与生产数据信息化管理以及使用提供了宝贵的信息数据资源。

（6）推广使用国际先进的储量评估方法。廊坊分院按照国际标准，积极推进和广泛培训美国证券交易委员会通用的SEC储量评估方法，取得明显成效；杭州地质所储量信息技术已被国土资源部和中国石油正式指定为储量套改和储量评估技术的支撑单位。

（7）研究院首次成功举办AAAPG国际会议和技术成果展览。众多国际知名的学者、教授和勘探家参加了这次国际学术会议。

（8）研究院被评为中央企业先进集体。在安全稳定工作中，实现了“零火灾、零重大伤亡事故、零集体上访”目标。地质所和开发所双双荣获集团公司“百面红旗单位”称号。

（9）两年为职工办20件实事，全院科研、生产、生活环境不断改善。

【全面完成科研生产任务，取得了一批重要成果】

2004年，研究院共承担了各类纵向科研生产课题371项，其中，北京院207项，廊坊分院97项，西北分院 28 项，杭州地质所 19 项，江汉机械所 20 项。根据年终检查结果，所有课题全部按计划完成，总体进展情况良好，取得了一批以院十大科研生产成果为代表的重要成果，获得了多项省部级科技成果奖励，取得了近年来的最好成绩。

在北京院承担的 207 项课题中，包括国家级课题 23 项，集团公司课题 25 项，股份公司科研生产课题 139 项，其他专项课题 20 项。根据年终科研检查考评结果，优良率超过了 85%。

一、评选出院十大科研生产成果

根据创新水平和经济效益，评选出 2004 年院十大科研生产成果，它们是：

（1）股份公司重大预探领域与目标评价和优选；

（2）前陆盆地成藏条件及勘探技术；

（3）松辽深层天然气成藏条件、资源潜力与勘探方向；

（4）大幅度提高石油采收率的基础研究；

（5）克拉玛依八区下乌尔禾油藏开发调整方案；

（6）空气钻井技术与装备研制应用；

（7）中国石油企业信息门户建设；

（8）印尼 Jabung 区块和苏丹 1/2/4 区开发调整方案；

（9）天然气资源勘探开发评价技术；

（10）中西部含油气盆地主要勘探领域成藏条件与目标评价。

二、获得中国石油天然气集团公司、中国石油天然气股份有限公司和北京市科技成果奖励

1. 获得集团公司技术创新奖 7 项

其中一等奖三项，二等奖四项。一等奖是：

（1）中非裂谷系低勘探程度区快速发现大油田的预测技术和评价方法；

（2）主要含油气盆地油气资源评价；

（3）体膨颗粒深部调剖技术研究与应用。

2. 获得股份公司技术创新奖 12 项

其中一等奖四项，二等奖三项，三等奖五项。一等奖是：

（1）主要含油气盆地油气资源评价；

（2）体膨颗粒深部调剖技术研究与应用；

（3）中国石油电子邮件系统；

（4）吉林油田英坨地区油藏评价及开发技术。

3. 获得北京市科技进步奖 12 项

其中一等奖三项、二等奖五项、三等奖四项。一等奖是：

（1）川东北飞仙关组鲕滩优质储层成因、有效预测技术研究与实践；

（2）鄂尔多斯盆地上古复杂低渗气藏成藏与勘探技术研究；

（3）现代试井分析技术研究。

三、四项成果获得集团公司重大进展

在集团公司评选的“2004 年中国石油天然气集团公司科技十大进展”中，有四项进展研究院是主要的完成单位。它们是：

（1）大幅度提高石油采收率基础研究取得重大成果；

（2）高效天然气藏形成分布与凝析低效气藏经济开发基础研究获得突破；

（3）体膨颗粒深部调剖技术成功研制，现场试验获得成功；

（4）肯基亚克盐下碳酸盐岩油藏综合技术应用取得重大进展。

四、评选出研究院科学技术成果奖

经各专业评审组初评和研究院学术委员会评定，评选出“研究院 2003—2004 年度科学技术成果奖”49 项，其中一等奖 24 项，二等奖 25 项。一等奖是：

（1）中国石油重大油气预探领域理论研究新进展与预探成果；

（2）松辽盆地深层天然气成藏条件、资源潜力与勘探方向研究；

（3）经济评价与决策系统 EDSys1.0；

（4）重点前陆盆地大中型气田形成的控制因素及分布规律；

（5）天然气藏地震检测理论基础研究与新技术研发；

（6）松辽盆地岩性地层油气藏预测技术与应用；

（7）鄂尔多斯盆地油气地质综合评价与预探区带优选；

（8）驱油用表面活性剂和新型耐温抗盐聚合物研究与应用；

（9）化学驱渗流规律、物理模拟与数值模拟研究；

（10）精细油藏描述技术与方法研究；

（11）克拉玛依油田八区下乌尔禾组油藏调整方案；

（12）大港枣园火成岩裂缝性油藏储层表征及开发技术；

（13）两性离子聚合物深度调剖机理研究及应用；

（14）中国石油企业信息门户建设；

（15）地震数据规范化管理技术和中国石油地震

勘探数据库的建立；

（16）印尼 Jabung 区块复杂油气田早期油藏描述及开发新技术；

（17）中国中西部前陆盆地构造特征研究；

（18）SEC 油气储量评估方法研究与培训推广；

（19）中国煤层气富集规律及有利目标区优选；

（20）长庆等油田低渗透气藏大幅度提高单井产能技术；

（21）中西部含油气盆地主要勘探领域成藏条件与目标评价；

（22）中国西部地区隐蔽油气藏地震预测技术；

（23）准噶尔盆地腹部主要目的层系沉积体系分析及有利目标区预测；

（24）快速制浆装置、钻井液循环与净化系统研制。

五、专利申请和论文发表获得丰收

2004 年，研究院被授权的专利有 10 项，其中发明专利 7 项，实用新型专利 3 项；同时，申请专利 17 项。2004 年，研究院在国内外各种刊物上发表论文 238 篇，其中，在国外期刊杂志、国际会议上发表 16 篇，有 9 篇被 EI 收录，11 篇被 SCI 收录；同时，出版专著 7 部。

【加强战略规划和决策支持研究，参谋部作用进一步增强】　主要体现在以下 4 个方面。

1. 股份公司勘探生产年度及“十一五”规划编制

圆满完成了股份公司 2004 年度勘探生产计划和 2003—2007 年油气田开发滚动规划的编制，完成了“十一五”油田开发规划、“十一五”油藏评价规划框架方案和 2005 年度生产计划的编制工作，同时开展了中国油气资源开发战略研究、大庆油田可持续发展研究等多项研究工作，为股份公司提供了有力的决策支持。

2. 股份公司石油预探与风险勘探目标评价

总结提出了岩性前陆深层等三大预探领域的石油地质规律，优选了重大预探目标，4 口预探井获得重要发现，为公司储量增长提供了重要的技术支持。其中塔里木麦盖提斜群 6 井提交控制、预测储量 1 亿吨，是股份公司 2004 年度具有战略意义的重要发现苗头之一。

目前风险勘探目标前期评价研究取得重要进展。按照三个层次梳理了领域和目标，筛选出第一层次目标 12 个，作为 2005 年风险钻探目标。

3. 全国新一轮油气资源评价

2004 年，国家启动了第三次全国油气资源评价工作。目前研究院圆满完成了全国 131 个评价盆地中 46 个盆地的油气资源评价任务，其中重点评价盆地 8 个。在国土资源部组织的专家验收评审中，获得综合评分 96 分，列全国 14 家单位之首。

4. 中国可持续发展油气资源战略研究

研究院协助中国工程院，参与完成了《中国可持续发展油气资源战略研究》中两个专题的研究工作，以及最终成果的凝练、汇总工作，并代表中国工程院于 2004 年 6 月 25 日和 8 月 24 日向国家领导人进行了汇报，获得了温家宝总理的高度评价。

【面向生产，服务油田，技术支持与服务作用进一步提升】　在勘探、开发、工程等方面取得 11 项先进、适用、有效的成果。

1. 勘探取得 3 项成果

（1）松辽盆地深层天然气成藏条件、资源潜力与勘探方向。整体研究了松辽深层天然气成藏条件、分布规律，分析了松辽盆地深层的主要气源岩、储集层类型和气藏类型，计算了资源量，发现了 8 个有利区带，提出了加快松辽深层勘探、发展陆上第五大气区的建议，目前已被股份公司管理层采纳并实施。

（2）岩性地层油气藏形成理论与勘探实践。通过对岩性地层油气藏的重点解剖，系统地总结了我国岩性地层油气藏发育的规律，初步概括了东部、西部地区岩性地层油气藏勘探的思路和程序，总结和推广了层序地层学工业化应用和三维地震储层预测技术。

（3）低孔低渗和低阻油气层测井识别与评价技术研究。建立了基于孔隙结构的油气水层测井评价方法，评价精度明显提高，在吉林探区重点探井的现场应用中收到良好效果。

2. 开发取得 4 项成果

（1）股份公司油藏评价方法研究及葡西油田实例解剖。建立完善了油藏评价的技术、管理规程，分析了重组改制以来储量的动用情况及产能建设情况，提出了 2005 年油藏评价部署安排意见；完成了大庆葡西油田的重点解剖，在生产中见到良好的效果。

（2）克拉玛依油田八区下乌尔禾组油藏小井距开发试验跟踪研究。通过地质、测井、油藏工程、数值模拟和技术经济评价等研究，提出了分层系加密调整整体方案。通过加密调整，开发状况明显改善，开发效果显著提高，预计最终采收率可提高 10% 以上，达到 25% 以上。为克拉玛依低渗透裂缝性老油田新建 100 万吨产能做出了重要贡献。

（3）苏里格气田相对高产富集储层分布规律研究。通过沉积、成岩作用、测井和地球物理的综合研究，深化了储层认识，建立了苏 6 井区的三维地质模型，优选出苏6等三个井区作为10亿立方米产能建设的区块。为股份公司及早开发动用苏里格气田奠定了基础。

（4）新型聚合物系列研究。完善了TS系列5型抗盐聚合物，顺利进入大庆采油五厂杏十三区块试验，已经见到明显的增油降水效果，整个区块的含水上升趋势得到明显控制。完成了超高相对分子质量聚丙烯酰胺的研究，抗高温高盐聚合物的开发取得新进展。

3. 工程取得3项成果

（1）玉门复杂深井钻井提速配套技术。完成了窿15井等3口井的空气钻井现场试验及技术应用总结，开展了定向井、侧钻定向井现场施工过程跟踪与技术支持，完成了玉门定向井钻井液技术研究与应用，取得较好效果。

（2）雾化泵研制与应用。研制出第一台雾化泵装置，在玉门青西窿14井现场应用试验获得成功。在玉门油田进行现场耐久性试验。

（3）勘探与生产工程监督。制定和完善了工程监督管理办法和现场技术规范，完善了工程，实现了工程监督动态跟踪与管理；推动各油田分公司工程监督管理机构的建立健全，使工程监督管理步入正轨；加快工程监督队伍建设，组织开展了培训班8期，培训人员600名。

【加强应用基础理论与超前共性技术研究】 在2004年的科研生产项目中，应用基础理论与超前共性技术研究课题占30%左右。一年来，在勘探、开发、工程等方面取得6项重要进展。

1. 勘探基础理论研究取得2项进展

（1）中西部前陆盆地油气富集规律与勘探配套技术研究。对前陆盆地石油地质特征与构造建模技术，包括技术流程、核心技术内涵等，提出了一整套理论认识和技术方案，建立了前陆盆地成藏要素组合类型与三维构造建模，提出前陆盆地油气成藏理论。在股份公司勘探年会上作了系统展示，获得了专家好评。

（2）高效天然气藏形成与分布的基础理论研究。提出了高效气源灶的概念，并开发了新的评价参数；提出了有机质成烃模式，回答了高—过成熟地区勘探潜力的问题；提出了高效气藏形成条件与分布的新认识，提出了前陆冲断带油气成藏高效疏导体系的概念，发现了煤系可溶有机质的成气贡献，提出煤成气晚期成藏的观点，开发出小波衰减属性与叠前衰减识别气层技术。

2. 开发基础理论研究取得3项进展

（1）大幅度提高石油采收率的基础研究。运用分子设计理论，合成了廉价、高效、无污染的驱油用表面活性剂，研制了新型耐温抗盐聚合物；形成了开发后期储层精细建模的理论与方法，在油藏物理模拟和数值模拟研究方面取得了重大成果。目前，该项目已圆满完成了计划任务，通过了验收，研究成果已在大庆油田、胜利油田进行了现场试验，展示了很好的应用前景。

（2）疏松砂岩气藏防砂技术。针对青海涩北气田的防砂问题，在国内首次研究出纤维复合防细粉砂技术，现场实施10口井，防砂效果明显。

（3）低渗透油藏提高采收率机理研究。对低渗透裂缝性油藏流动过程进行了理论分析，建立了裂缝动态渗吸实验的相似准则，分析了不同驱替速度对采收率的影响，取得了较好的理论研究进展。

3. 工程技术研究取得1项重要进展

目前，研究院的“CGMWD新型正脉冲随钻测斜仪”研制获得重大突破，成功地实现了首次下井实验；“NBLOG－1型近钻头地质参数测量短节”完成了下井实验，并取得了良好进展。CAIMS测传马达研制取得了重要进展，完成了两次下井试验；CFDS软件系统研制已全部完成。在此基础上，把NBLOG－1型短节和CGMWD有机结合，即可推出国产第一台简易的LWD样机，已基本具备产业化的水平。

【海外研究与技术支持工作】 主要有4个进展。

（1）建立新项目快速评价体系，不断深化大区战略研究，五大战略区初具规模。全年承担新项目评价任务118项，涉及非洲、环里海、中东、亚太和南北美洲等五大地区的41个国家；正式签署7个项目、8个合同，增加合同区面积5.4万平方千米，探明剩余可采储量5.7亿桶，新增产能73.5万吨，预计可建成高峰年产量380万吨。

（2）勘探地质研究成果突出，部署实施效果显著，油气储量继续保持较大幅度增长。承担了各类勘探研究项目17项，完成了地震资料解释、三维地震反演、分析化验等大量工作，提交井位37口。苏丹3/7区、4区和6区实现了多项新的突破，储量资产大幅增长。全年新增可采储量近4亿桶。

（3）以经济效益最大化为目标，采用先进适用技术，促进海外油田的高效开发。全年完成了12个油田调整方案和5个项目开发方案。提交开发评价井位30口，赴前线现场技术服务，为海外原油作业产量实现3000万吨的目标提供了强有力的支持。

（4）加强科技攻关，作好技术储备，努力将CNPC成熟的配套技术转化为海外发展的技术优势。

完成了CNPC科技项目4项，新开5项，取得了高水平的成果。其中，“中非裂谷系”研究课题获集团公司技术创新一等奖，“肯基亚克盐下”课题被列为2004年度集团公司十大进展之一，有9个项目获得了CNODC科技进步一、二等奖。

【信息化、标准化、公益性研究和研究生教育与培训工作】

1. 信息化建设工作成效显著

全力做好股份公司信息化建设的技术支持与服务。完成了“中国石油企业信息标准总体规划研究”，开展了股份公司管理信息系统的研发，完成了中国石油电子邮件系统的正常运营维护。

高标准、高质量地完成了“中国石油油气勘探生产虚拟可视化中心”的引进并投入运行。

数据总库建设取得重要进展，建成了中国石油统一的全数字化的地震资料数据库，形成了完整的股份公司地震数据规范化管理实施体系。

2. 标准化工作取得了新的成绩

完成了51项国家标准、126项石油工业行业标准、62项中国石油企业标准的修订工作；针对“12. 23”重大事故，完成了《高含硫化氢气田勘探开发安全标准体系研究》，为油田的安全生产和HSE体系的建立提供了科学依据。

3. 档案管理工作为科研生产提供了良好的服务与支持

认真做好档案资料的接收整理、借阅、查询和编研工作，“中油档案管理系统”顺利完成了地质资料向国土资源部的汇交工作。

4. 科技文献工作取得了新的进展

《石油勘探与开发》再次荣获“百种中国杰出学术期刊奖”，影响因子突破1.0大关，位居全国能源类科技期刊第一名；“中文科技期刊数据库”等3个数据库正式开通，数字化图书馆建设取得新的进展。

5. 研究生教育与培训工作为科技人才培养发挥了重要作用

圆满完成了教学工作，培养了研究生48人；加大了招生工作力度，博士生招生首次突破了30人的规模上限，录取了33人，硕士生招生了23人；制定了《院博士后研究人员管理工作暂行规定》，有效解决了招收工作中的难题；完成了各类培训31期，培训学员近1500人。

【京外各单位和石油机械厂取得了新的成绩】

1. 廊坊分院

一年来，廊坊分院以“持续发展年”为契机，充分发挥在天然气勘探开发、低渗透油气藏改造等领域的技术优势，完成各类课题97项和各类任务近400项，取得了一批优秀成果。

海外业务快速发展，工程技术服务质量不断提高，出色地完成了各项施工任务，取得了显著效益。

2. 西北分院

一年来，西北分院以市场开拓为先导，以科技创新为动力，进一步深化改革，强化管理，科研生产工作取得了较为显著的成果。

有利区带评价与勘探目标选择研究、储层预测、岩性油气藏勘探研究等方面取得了明显进展，在柴达木、鄂尔多斯、松辽北部、准噶尔等重点探区的技术支持与服务上都获得了重要突破，对推动青海、长庆、大庆、新疆的油气勘探做出了重要贡献。

市场开拓成效显著，技术服务竞争力日益增强。全年承揽横向项目27项，取得了显著的经济效益，保证了分院的持续快速发展。

3. 杭州地质所

一年来，杭州地质所完成了“海域油气勘探开发超前储备技术研究”、“南海重点盆地勘探部署研究”，为股份公司海域勘探提供了决策依据。在准噶尔、柴达木等地区开展了层序地层研究和岩性地层油气藏勘探方向研究，为2005年勘探部署提供了重要依据。

4. 江汉机械所

一年来，江汉机械所精心组织、严格管理，圆满完成了科研生产任务。

“快速制浆装置、钻井液循环与净化系统研究”项目取得了重要成果，为“西气东输”工程以及“陕京二线”工程施工发挥了重要作用。

努力探索和培育新的技术优势，液力有杆泵抽油系统等技术取得了重要进展。

5. 石油机械厂

经营情况良好，完成产值1.5亿元，出口产值达到3800万元，各项经营指标均创历史新高；防喷器控制装置、螺杆钻具、震击器、减震器等主导产品的质量和产量均有明显提高；顶驱产业化工作取得突破性进展，签订合同10台，已交货7台，并首次出口美国。

【机关各职能部门积极转变观念，努力提高工作水平】

一年来，机关各职能部门结合开展“基层建设年”活动，紧紧抓住服务科研、服务基层这一中心任务，在“转变观念、转变作风、提高水平、提高效率”方面取得了明显进展。

（1）研究院办公室进一步提高工作的主动性、创新性和时效性，各项工作取得明显进步。进一步加强制度建设，修订完善了各种规章制度；充分履行组织协调职能，保证了研究院日常事务管理、各项会议和接待任务的圆满完成。

（2）科研管理处优质高效服务，科学规范管理。

对研究院重点项目实行全过程管理；注重成果的集成，突出经济效益与创新性；加强信息化建设，促进了全院信息资源的整合；进一步完善管理办法，继续推进“项目管理”，建立了网上工作平台，促进了科研管理工作的科学化、规范化和信息化。

（3）人事劳资处转变观念，开拓创新，为建设一流油公司研究院做好人才资源工作。积极做好人才引进工作，组织完成了所处级领导干部培训班，收到良好效果；制定完成研究院“十一五”人才发展规划；按照规范严格的程序，开展了7个单位、8名处级副职岗位的缺额竞聘工作，使一批年富力强的同志走上了领导岗位。

（4）计划财务处规范运作，科学理财，保证了计划财务工作的圆满完成。认真开展资金安全自查、整改工作；全面加强预算管理，确保全院预算指标的完成；加强资金集中管理，提高资金运行效率；落实基建项目投资，保证基建项目的顺利进行。

（5）企管法规处求真务实，扎实工作，进一步完善研究院经营管理运行机制。完成了研究院“2004年所处级单位内部业绩考核管理办法”，组织完成了对北京院所处单位的业绩考核；进一步规范关联交易，促进上市与未上市的协调发展；加强法律事务管理，为控制和防范法律风险提供保障。

（6）国际合作处不断开拓，研究院的国际交流与合作取得了重要进展。国际合作研究向做大、做强方向调整，与斯伦贝谢公司以及俄罗斯、美国、法国等国家合作项目取得了可喜成果；国际学术交流和访问活动空前活跃，与实验研究中心及有关职能部门共同承办的“第六届亚非地球化学与勘探国际会议”取得了圆满成功，包括28个国家的近150名外宾来研究院访问，国际合作网络建设取得较好进展。研究院在国际学术界的地位和影响得到进一步提升。

（7）安全环保处发扬“快准细严”作风，研究院稳定与安全生产取得突出成绩。

（刘兴汉　吴克伟）

中国石油规划总院

【概述】　中国石油规划总院（以下简称总院）是中国石油天然气股份有限公司直属的决策支持机构，是石油石化工程总体规划及建设项目前期研究中心、油气田开发地面建设技术支持服务中心和石油技术经济发展研究中心。在战略研究、规划、可行性研究、咨询评估、技术经济研究、科技开发与设计论证等领域中，具有较强的技术实力，建院20多年来，总院已发展成为中国石油行业具有较高知名度的综合性咨询机构。

总院现有油气集输、油气储运、炼油、石油化工、技术经济、环境工程、安全工程、信息工程和计算机应用等20多个主体专业和辅助专业的各类工程技术人员及管理人员300余人，其中，博士研究生9人，硕士研究生88人，本科以上学历人员占员工总数的88.5%。建院以来，先后主持或参加了“西气东输”、“科威特27号集油站”、“中俄油气管道”等国内外大、中型项目的规划、可行性研究、咨询以及设计工作，共获得国家及省部级奖励120余项，取得一大批专利和专有技术。

全年共运行项目431项（其中设计审查和评估项目115项），业务量增加了21%，仅油气管道线路踏勘就达17次6万多千米，直接向中国石油天然气集团公司党组和中国石油天然气股份有限公司管理层汇报达32次，总院继续保持了健康、稳步、持续发展的良好态势。

【生产业务工作】　2004年，中国石油规划总院精心抓好生产业务运行，核心竞争力进一步增强。

1. 战略研究和上中下游一体化优化研究继续保持独有优势

一年中，积极开展战略研究，做好有关“十一五”业务发展计划的专题规划研究工作，完成了一批对股份公司业务发展有重要影响的研究成果。

（1）《全国油气管网发展战略研究》是由中国工程院牵头开展的中国可持续发展油气资源战略研究中的一个子课题，通过研究提出了全国天然气、原油和成品油三大管网的发展思路和目标，确定了三大管网中长期发展战略规划，主要结论已被纳入院士课题总报告。

（2）《股份公司整体发展战略研究》从原油产炼运销和天然气产运销整体分析发展的优势和存在的问题，系统研究了股份公司近期和远期的发展关系，协调考虑了国内外业务的发展，提出了资源接替、结构调整、市场营销和国际化经营的战略目标。

（3）《股份公司天然气产运销总体规划》通过对大量数据进行分析，结合资源和市场情况，提出2004—2010年天然气产运销总体平衡预测，据此制定了勘探开发和销售规划、进口天然气管道规划、LNG接收站和地下储气库规划，以及终端市场和安全保障系统规划等。

（4）《炼油化工业务发展战略研究》提出了在东北和西北利用国内外两种资源，形成8个千万吨级炼油基地、六大乙烯基地、五大尿素生产基地和两个较大型化纤原料基地的战略构想。

（5）《华北地区产炼运销总体规划》首次将华北地区作为前沿炼厂进行综合性研究，并提出远期大港石化借助海外原油新增1千万吨的设想，股份公司管理层听取汇报后立即决定了将华北、大港两个炼厂扩建到500万吨/年的计划。

（6）《股份公司经营业绩分析》研究成果，通过对股份公司上市以来5年的经营业绩分析以及国内外主要石油公司对标分析，找出了差距，提出了发展的方向，受到了股份公司领导的高度评价。

（7）积极参与股份公司“十一五”发展规划的编制和与之相配套的专题研究工作，直接承担的化工、管道、节能节水、电子商务以及科技发展（下游部分）等5项“十一五”计划纲要的编制工作取得了重要阶段性成果，12项“十一五”计划专题研究已全面启动。

2. 新业务拓展有新的起色，传统业务继续得到加强

（1）涉外项目取得新进展。与俄罗斯天然气工业股份公司合作开展向中国供气的研究。中俄油气合作项目重点就俄通过铁路向中国出口原油进行了研究，哈中气管线项目已正式启动。哈中原油管道工程于2004年9月28日正式开工建设，这是总院完成前期研究项目中第一条付诸实施的涉外管道。还完成了《印尼NGL项目灾害评估》，并配合上级主管部门做了大量海外项目的技术支持工作。

（2）LNG项目研究全面展开。完成了股份公司LNG总体规划和7个LNG项目的预可研，对大连、曹妃甸、江苏等LNG项目深入研究，并协助股份公司主管部门积极做好与地方政府协调，为推动股份公司LNG项目的建设进程发挥了重要的作用。

（3）油气田开发地面工程建设规划又取得了新成果，在青海尕斯油区和华北阿尔善油田调整改造、冀东油田150万吨产能建设规划等项目中，深入贯彻老油田简化和新油田优化的思想，积极推进技术进步，严格控制建设投资。完成了《滩海油田开发建设技术现状及发展方向的研究》，《油田地面系统整体调整改造优化设计技术》获股份公司油气田开发先进技术一等奖。

（4）设计服务水平不断提升。2004年5月正式投产的湛江油库项目是我院承担完成的国内一次性投资最大的油库，海大线初步设计已经完成，大榭岛油库设计及湛江奥里油发电厂燃料油罐区安装工程总承包项目正在紧张进行。

（5）管理咨询服务领域不断拓宽。《股份公司输油（气）管道A类事故应急预案》已在中国石油4条油气长输管道中应用；《油气储运设施抢维修体系建设方案》，成为中国石油管道建设规划、抢维修及设计的重要依据；还编制完成了《管道管理办法》、《油气管道事故应急预案编制导则》、《销售项目后评价报告编制规定实施细则》等管理性文件，并连续两年协助勘探板块开展环保安全考核。

（6）IT技术支持进一步深入。先进计划系统（APS）、炼油化工运行系统（MES）试点实施进展顺利；管道生产系统试点项目总体设计和试点实施方案通过了评审，具体实施工作正在加快运行。还完成了《天然气与管道业务信息系统建设方案研究》和《管道设备管理系统可行性研究》。《股份公司视频会议系统建设与维护》获股份公司技术创新二等奖。

3. 纵向专题研究在创新和成果质量上有新的提高

（1）《2004年度国内炼油与化工产品需求预测》研究，通过分析国内成品油及化工产品消费结构变化特点和需求趋势，采用季节指数趋势法、历年季度数据回归等方法进行季度市场预测。

（2）《股份公司成品油销售网络建设规划方案》制定了分区域的发展策略，提出中国石油在“十一五”期间的总体目标和各省的细分目标。还完成了《销售项目后评价报告编制规定实施细则》、《辽宁省销售分公司1999—2002年投资后评价》等销售专题研究项目。

（3）经济专题研究领域不断延伸。发布了2004

版《股份公司建设项目经济评价参数》，规范了老油田调整改造和三次采油投资项目经济评价方法。完成了油气田开发项目、限下项目简化后评价报告编制规定，兰成渝、涩宁兰、沧淄管道项目经济效益分析研究，建立的卖方和买方竞争力评价模型在哈中管道评价中得到成功应用。还就天然气定价机制、行业基准收益率、海外资产并购决策模型等开展了一系列的研究工作。

(4)《中国石油北京调控中心方案设计》结合已建油气管网情况，考虑到油气管网中长期发展规划；认真总结了国内外经验教训，对站址和技术架构进行了多方案对比，提出了建设中国石油油气管网集中调控的技术方案。

4. 横向业务力求体现总部发展意图

(1) 为地区公司和地方政府服务的区域性规划日益受到上级的重视。完成了新疆石油天然气“十一五”及中长期战略研究、陕西省炼油化工发展规划、青海天然气化工利用规划、北京能源结构调整战略、川渝地区天然气发展规划等区域规划，是近年来接受横向委托项目最多的一年。通过承担编制大港、格尔木、独山子、大连、哈尔滨等炼化企业发展规划，以及华北、华东、华中、西北等四个销售公司的销售网络发展规划，努力将股份公司的总体战略意图贯彻到各项具体发展规划中。

(2) 为民营企业提供服务，积极寻求股份公司业务发展机会。开展连云港100万吨/年乙烯及配套炼油工程预可研、浙江省台州80万吨/年乙烯及配套工程规划等项目研究，用新的思路为非公有制企业提供咨询服务，并适时提出了《中国石油在台州建设大型炼化基地的建议》。

5. 科研管理得到加强，完成了一批新的科研成果

(1) 积极推行科研管理平台的应用，促进了科技开发项目的开展。按照股份公司科技信息部的统一安排，完成了科技项目管理平台的搭建，使各项科研课题研究计划、进度、质量、成本等得到有效控制。

(2) 多项科研成果得到应用。《油气生产系统地面建设工程防火技术研究》针对我国不同地区、不同等级和类型的油气站场提出了内容全面的防火技术建议，主要研究成果已被《石油天然气工程设计防火规范》采纳。《射流—尾迹流动技术提高泵效研究》成功地将“射流—尾迹流动”技术应用于在用离心油泵提高泵效研究，研究设计的“泵用螺旋密封装置”获得国家实用新型专利。《变极调速电机及其控制装置在注水泵上的应用研究》成功地将“变极调速电机及其控制装置”应用于油田注水系统，平均综合节电率达到20%以上。《勘探与生产分公司能源消耗指标及评价方法研究》重点剖析了大庆等典型油田的能耗指标及其评价方法，提出了科学合理适用的油田能耗评价指标体系。

6. 基础工作围总院工作需要，技术储备有新的增强

基础工作数量和经费投入继续增加，加强专业基础建设和前沿技术储备研究。《总院数据库建设》又有新的进展，在已经完成的8个数据库中覆盖了油气田、管道、炼化、经济、市场和国外有关数据，总库容已达20多万条；总院输油（气）管道工程项目、炼油化工建设项目预可行性研究编制规定、总院工程设计统一技术规定（施工图部分）等项目已用于指导开展预可行性研究和施工图设计；《天然气用户承受价格测算方法研究》等项目为开展天然气相关业务工作做了很好的技术储备。

7. 咨询评估和设计审查工作严把投资和技术关

2004年共完成各类咨询评估和设计审查项目58项，投资达140亿元。在评估工作中注重现场调研，严把工艺方案、进出口设备和投资估算关，加强过程控制，有效地保证了评估的深度和水平，共核减投资1.7亿元，核增投资约6300万元。协助勘探生产分公司做好地面工程建设项目的设计审查，在已完成的18个项目的审查中核减投资约4.5亿元，核增投资1270万元，项目平均投资降低了13.28%。

8. 各技术中心的服务和支持水平有新的提高

(1) 环评、安评工作得到继续拓展，职业病防治工作取得突破。在西部原油成品油管道工程环评中首次进行生态一级评价；承担完成了多项储气库工程和炼油化工工程评价项目；职业病防治积极开辟业务领域，独山子扩建项目的职业病危害评价工作已经全面展开。目前，石油行业建设项目安全预评价评审中心授予总院安评中心“建设项目安全预评价报告质量金奖”荣誉称号。

(2) 造价管理业务领域进一步扩大。协助规划计划部开展造价管理调研，完成了《石油建设安装工程概算指标》、《炼油化工检维修工程计价依据》等8项定额修订和编制，以及50多项可研评估、概预算审查和标底编制工作。工程量清单招标规则继续得到推广应用。

(3) 节能技术研究和标准化工作有新气象。新疆油田示范工程项目已通过验收，大庆油田示范工程项

目开始启动；与国外著名咨询公司合作，开展了《股份公司节能技术发展总体规划研究》；《节能节水型企业工作指南》、《能效管理与节能技术译文集》已正式出版。《原油和天然气工程设计防火规范》国家标准正式颁布，组织完成了石油、天然气长输管道建设两项国家标准的制（修）订工作，NACE 中国分委会和石油专标委秘书处积极开展工作，总院企业标准管理有新的进步。

总之，在 2004 年业务工作方面，总院更加主动关注外部环境和有关政策的变化动向，适应了国家投资体制改革对可研工作的新要求，业务工作全面完成年度生产计划，项目的数量、质量和在新业务拓展上都迈上了新的台阶，完成的各项成果充分体现了中国石油的战略意图，较好地展示了总院的决策支持能力，总院的整体实力进一步增强，技术和服务逐步得到各方认可。

【改革管理】　改革稳步推进，管理规范化水平不断提高。

1. 各项改革举措稳步实施

以计算机中心作为试点，实施了从用人机制、项目管理、薪酬分配、公务用车等多项改革，在标准管理岗推行岗位竞聘，调动了员工的积极性，促进了业务工作的开展，对员工转变观念产生了积极影响。积极推动院内公务用车改革，车改方案顺利实施。住房货币化改革按照中国石油天然气集团公司的统一部署，认真细致地做好各阶段的具体工作，按时发放了住房补贴，整体工作受到集团公司房改办的表彰。

2. 培训和技术交流力度加大

围绕构建学习型组织，采取多种形式开展培训和技术交流，全年举办各类培训 12 次，近 200 人次参加，外派培训 76 人次。各业务部门组织开展的培训 55 次，近 500 余人次参加。结合业务工作，全年共组织或参加各类技术交流 23 次，260 余人参加。组织了自控中心站和信息技术中心站的年度会议和技术交流会。举办了首届学术论文报告会，营造了浓厚的学术氛围。

3. 计划财务工作力求细化

加强项目协调，项目策划更加注重产品要求，项目运行更加顺畅。计划管理继续向两头延伸，各项经营活动和外部关系得到加强。财务管理注重在提高预算分析上下功夫，提高了财务预算管理水平。认真做好财税大检查自查工作，完成了院属三个公司年度财务收支和院专家费支出的专项审计。

4. 质量管理和技术管理持续改进

院质量体系有效运行，加强过程控制，及时解决项目运行中出现的质量问题；修改完善了质量体系文件和《总院质量考核办法》；开展项目成果抽查、设计回访、顾客满意度调查等活动，加强质量信息的收集、分析和利用；开好策划会、设计评审会，全年共组织院内设计评审 118 次，聘请院内外部专家 600 余人次；组织了内审、外审、管理评审和质量月活动。完成了院内各项技术资质的年度审核换证工作，申办了职业卫生评价甲级资质证书。2004 年有 11 项成果获得省部级奖励，其中《大口径油气长输管线选用国产螺旋焊管的研究》、《中国石油视频会议系统建设及运行维护》获集团公司技术创新二等奖，《西气东输工程可行性研究》获全国优秀工程咨询成果一等奖；评出院级科技进步奖 44 项，对 36 项科技成果进行登记；有 10 名同志被推荐为股份公司优秀科技项目管理工作者、杰出项目经理和优秀研发人员；4 名同志被评为“1999—2003 年中国石油天然气集团公司工程建设优秀项目经理”，总院被评为“1999—2003 年中国石油天然气集团公司工程建设优秀企业”。

5. 院内控体系建设工作取得了初步成果

按照股份公司的统一部署要求，制定了总院内控建设工作规划、近期和长远工作目标，内控体系建设各阶段的任务得到较好落实，共完成 187 个业务流程的流程说明、122 个业务流程图的绘制和 44 个风险控制文档及制度索引编制工作。

6. 行政管理规范化程度进一步提高

贯彻集团公司关联交易有关文件精神，关联交易协议顺利执行。积极开展“强三基、反三违、除隐患、保安全”活动，研究编制《总院突发事件应急预案》，举办了消防安全知识和道路安全交通法讲座，院内消防设施得到全面检测和整改。

7. 人力资源管理工作不断强化

抓好人才引进工作，全年招聘骨干 10 人，缓解了储运、炼化专业技术骨干紧缺和线路、工业卫生等个别专业不配套的矛盾；接收毕业生 10 人，员工队伍年龄、专业结构和梯队层次得到优化；加强专家队伍培养建设，评选了 9 名院二级技术专家。

8. 档案、保密和外事管理有新的进步

档案管理加强信息化建设，提高了档案图书的资源利用率。保密管理强化制度落实，做好保密教育，院商业秘密得到有效保护，全院员工签署了保密协议；外事管理全年为 25 次 63 人参加重大项目出国考察提供了服务。

此外，《石油规划设计》、《油气田环境保护》两个期刊不断加强自身经营，办刊质量不断提高。

【精神文明建设】

(1) 加强党的建设，发挥党支部战斗堡垒作用和党员先锋模范作用。

(2) 加强思想政治工作，为各项工作的开展提供思想保证。

(3) 加强企业文化建设，用先进的文化凝聚员工。

(4) 加强党风廉政建设。持续抓好警示教育和党风廉政建设责任制执行情况的检查考核，首次把党风廉政建设纳入干部考核。

(5) 工会、共青团结合自身特点，围绕中心工作开展活动。工会工作围绕中心、服务大局，贴近员工，履行参与、建设、维护、教育的基本职能。

通过大力加强精神文明建设和企业文化建设，在院内营造了团结和谐的良好氛围，实现了各项事业的全面发展。管道所、经济所、环保安全所、人教处等部门被集团公司直属党委授予先进集体称号，王国丽、李占辉、周守渠、李国樱、黄晓丽等同志被集团公司直属党委授予先进个人称号；刘俊峰获得“集团公司直属机关‘十杰’青年”称号；总院西气东输前期项目研究组获得“国家西气东输工程建设先进集体”称号，孙春良、齐志斌获得“国家西气东输建设先进个人”称号。评出院级先进集体4个、先进工作者29名。

（齐志斌　罗志伟）

中国石油炼油化工技术研究中心

【概述】　中国石油炼油化工技术研究中心（以下简称炼化技术中心）是2002年12月3日经中国石油天然气股份有限公司第二届董事会一次会议研究决定的，为进一步优化现有炼油化工科研资源配置，提高炼油化工科研水平，为下游业务发展提供强有力的技术支持，组建的炼油化工技术研究开发和组织协调机构。

炼化技术中心设立发展战略研究处、项目管理一处、项目管理二处、综合办公室。具有硕士研究生以上学历12人，其中，博士研究生学历8人，平均年龄36岁。

炼化技术中心围绕炼油化工业务的需求，重点在清洁燃料生产技术、重油深加工技术、特色炼油产品生产技术、低成本化工原料生产技术、差别化化工产品生产技术、天然气化工利用技术等领域进行科研开发，多产柴油的高轻收两段提升管重油催化裂化工艺技术已在国内8个大型石化企业得到了推广应用，取得了良好的经济效益。LBO系列降烯烃催化剂在30余家炼油企业广泛推广应用，成为汽油产品升级的重要技术措施。“重油悬浮床加氢裂化”、“C_4、催化汽油芳构化生产清洁高辛烷值汽油技术”、“增产低碳烯烃”等项目取得了重要进展。广泛开展科研合作与技术交流，先后与ABB、IFP、UOP、LG化学、GTC和AKZO公司等国外研发机构就清洁油品生产、合成α烯烃、芳烃生产、天然气化工等进行了专项技术交流，积极探索合作领域。

炼化技术中心以构造一流的研发新体系，打造一流的研发队伍，创造一流的研发成果为目标，联合高水平的社会研发力量，与国际一流石油公司和知名研究机构进行技术合作，内联外引，吸引一流人才，在新技术研究领域寻找应用突破，构建起内外结合、开放式、高水平的炼油化工科研开发新模式。

【科研工作成果】　2004年，是炼化技术中心成立后正式运作的起步年。全年安排炼油化工科研项目95项，经费12175万元。其中，化工科研项目26项，经费5045万元；炼油科研项目42项，经费5130万元；超前储备项目27项，经费2000万元。完成科研项目工业化试验12项；中试25项；推广应用22项；新产品开发2项。获得国家科技进步二等奖1项；中国石油天然气集团公司科技进步一等奖1项；中国石油天然气股份有限公司科技进步一等奖1项、二等奖4项。申报专利7项。完成《炼油化工科技发展战略研究报告》；初步完成《炼化研发业务整合和建院方案》。牵头组织各炼化企业深入开展“技术效益年”活动，实现增效13.8亿元。

【重点科研项目】　重点研发的5大技术攻关项目、8项重点科研项目，取得了进展。

重油悬浮床加氢工业化试验等重点项目进展顺利。炼化技术中心会同炼油板块、抚顺石化分公司成立了工业化试验领导小组和工作小组，组织对工业化试验方案、装置开停工方案、标定方案、安全操作规程进行了审查，建立了每周现场协调例会制度。炼化技术中心人员每周到现场参加协调会，组织研究分析设计、施工、试验准备过程及试运行中出现的各种问题，落实整改措施。至2004年底顺利完成了第一次工业试验。

增产丙烯是炼化企业提高经济效益的重要途径。2004年，炼化技术中心完成了多产丙烯助剂的研究并在大连石化分公司进行了增产丙烯的工业化试验。在添加丙烯助剂5%左右的情况下，可以使催化裂化装置增产丙烯约30%—40%、汽油辛烷值增加1个单位以上。

由于催化原料中金属含量和残炭不断提高，性质变差，造成催化裂化装置催化剂消耗增加，产品分布变差、重油转化能力下降。炼化技术中心组织开发了抗重金属污染、残炭选择性好的新型降烯烃催化剂LHO，在兰州石化分公司进行了工业应用。该剂与原用的LBO－16相比，重油转化率增加4.98%，轻油收率增加1.56%，总液收增加2.51%，催化剂消耗降低了30%左右，并且汽油烯烃含量略有降低，辛烷值保持不变。可以为企业增效千万元以上。

己烯－1是生产高质量聚烯烃的共聚单体，目前完全依赖进口。炼化技术中心组织研究开发乙烯齐聚合成己烯－1技术，完成了该项工业试验装置关键设备反应釜的研究开发和设计，并编制完成了工艺软件包和工业试验装置的可行性研究报告，为下一步建设工业试验装置和为聚乙烯装置提供高性能产品急需的共聚单体打下基础。

T－300级碳纤维是国防军工需要的重要原料，存在质量不稳等技术问题。炼化技术中心积极组织吉林石化分公司开展了亚砜（DMSO）法聚丙烯腈基碳纤维（PAN）原丝生产工艺质量攻关和碳化工艺技术的研究。已完成原丝碳化生产线改造，并投入运行。初步试验结果表明，碳纤维的质量达到了较高水平，碳纤维束丝强度大于3.5千兆帕，达到国家“863”和军工项目指标。

抚顺石化分公司5000吨/年丁苯透明抗冲树脂工业化装置，自投产以来，一直存在雾度高和抗冲击强度低的问题，无法实现高品质高价格的目标。炼化技术中心积极组织科技力量，对聚合原料和聚合条件进行了优化研究，提出解决方案，使中试产品雾度从12%降低到8%，抗冲击强度也得到明显改善。

【中试研究】　多产丙烯催化剂项目完成了中试研究，并进行了催化剂工业放大试生产。中试评价表明，应用多产丙烯催化剂催化装置丙烯收率可以由目前4%左右提高到9%左右。

组织开发了C_4、催化汽油多产低碳烯烃催化配合两段提升管工艺技术开发，实验室中试研究工作取得重要进展。该项目通过催化剂和两段提升管工艺条件的优化，丙烯收率、汽油收率、柴油收率均达到20%左右，是一项生产低成本低碳烯烃，兼顾生产高质量汽油和一定量柴油的技术，是有很好前景的炼化一体化技术。

离子液催化剂烷基化技术是清洁油品重要的生产工艺。2004年，对该项目进行了中试，取得了较好的效果。用炼化企业的混合C_4为原料，烯烃转化率大于97%，烷基化油研究法辛烷值（RON）大于96。该工艺避免了无机酸烷基化带来的设备腐蚀和废酸对环境的污染问题，实现了高辛烷值汽油组分的清洁生产。

2004年，还完成了500吨/年环氧乙烷与二氧化碳反应合成碳酸乙烯酯中试装置建设和新型二元醇200吨/年中试装置设计、建设，为中试研究打下基础。

【成熟技术推广】　重点推广了两段提升管催化裂化技术和催化汽油辅助提升管改质技术。在长庆石化分公司、辽河石化分公司等5家企业成功应用两段提升管催化裂化技术，华北石化分公司应用催化汽油辅助提升管改质技术的基础上，2004年，又在锦西石化分公司、前郭石化分公司、玉门炼化总厂等3家企业推广应用了两段提升管催化裂化技术，在抚顺石化、哈尔滨石化等2家企业应用了催化汽油辅助提升管改质技术。这两项技术的推广应用，对企业提高汽、柴油质量，实现车用燃料达标出厂、提高经济效益发挥了重要作用。

【新产品开发】　成功地组织开发了PE80级铬系聚乙烯管材专用料和高速BOPP薄膜专用料新产品。其中，PE80级铬系聚乙烯管材专用料，成功生产4000多吨，应用试制产品性能达到国标要求。管材专用料常规测试已完成，长期寿命评价目前正在有关权威部门进行8000小时的抗老化试验，取得成功。还开发了高速BOPP薄膜专用料，共组织生产了11批T38FE产品2.3万吨，产品质量达到要求，每年增效300万元以上。

【技术效益年活动】　“技术效益年”活动是股份公司2004年的重点工作。炼化技术中心把“四新”技术的宣传推广作为深入开展“技术效益年”活动的重点，炼化技术中心编制出版了《炼油化工技术推广指南》，对重油加工新技术、炼化一体化技术、优势产品生产技术、环保项目等9类、81项新技术进行了应用推介。各炼化企业通过开展“技术效益年”活动，实现增效13.8亿元。

【对外技术交流】　以融合世界先进技术，跟踪和赶超炼油化工技术世界先进水平为目标，与国外一流石油公司和知名研究机构进行技术交流与合作，先后与Axens、ABB、IFP、LG化学、GTC公司等国外研发力量，就清洁油品生产、炼厂智能化、天然气化工、芳烃生产等进行了专项技术交流，为下步进行实质性合作奠定了基础。

（王立新）

第十三篇

未上市企业及事业单位概览

大庆石油管理局

【概述】 2004年是大庆石油管理局（以下简称管理局）的“市场拓展年”。全局广大干部职工以科学发展观为指导，认真落实集团公司战略部署，按照《二次创业指导纲要》要求，全力推进“三转一调整”中期战略任务，深入开展“市场拓展年”活动，有力推动了企业健康快速发展。全年实现主营业务收入307.99亿元，其中主体单位收入216.29亿元，完成考核利润1.74亿元。上缴税费19.69亿元。全面完成集团公司下达的各项经营指标，为超额完成“十五”预期目标赢得了主动。

【生产经营总体特征】 2004年，管理局完成生产经营总值304.19亿元，为年计划的119.32%，同比增长12.16%。其中，工程技术服务板块完成89.18亿元，同比增长10.27%；生产服务板块完成71.51亿元，同比增长8.31%；加工制造板块完成36.36亿元，同比增长18.12%；社会服务板块完成14.68亿元，同比增长18.01%；合作开发油气田板块完成2.42亿元，同比增长105.92%；科研开发板块完成1.38亿元，同比增长14.6%；多种经营系统完成88.66亿元，同比增长12.63%（见图1）。

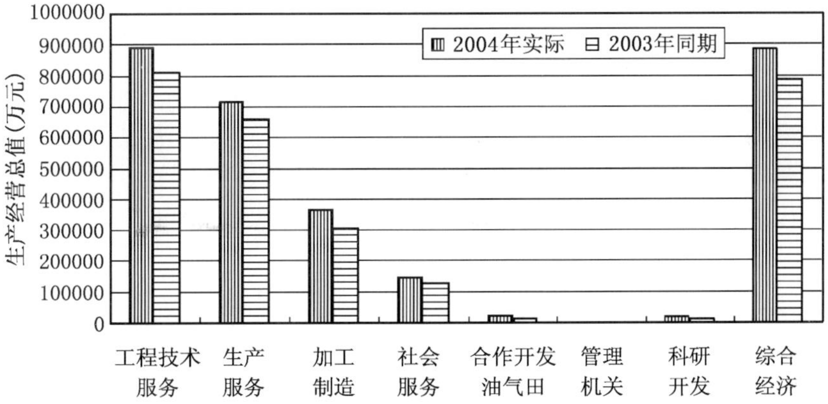

图1 2004年全局生产经营总值完成情况

【安全生产和环境保护】 2004年，全局紧紧围绕“市场拓展年”工作目标，深入开展“安全生产管理年”活动，认真落实安全生产环境保护责任制，健全完善安全监督体制，强化现场监督管理，积极推进HSE管理体系，加大安全生产、环境保护培训教育宣传力度，坚持开展安全生产大检查和安全专项整治活动，大力整改事故隐患，保持了安全生产和环境保护的良好态势。全年共发生各类上报事故10起，死亡9人，重伤1人。其中，生产事故3起，死亡2人，重伤1人；交通事故6起，死亡7人；火灾事故1起。生产事故千人死亡率0.0157，千人重伤率0.008；千台车死亡率0.427。各项安全生产指标均控制在集团公司的考核值之内。全局环境污染、生态破坏、放射性污染事故为“零”，环境保护各项指标均好于集团公司下达的控制指标，为全局生产经营活动的顺利开展，提供了稳定的安全环境保障。

【工程技术支持】 按照集团公司提出的“持续有效发展，创建百年油田”重要指示精神，全局上下统一思想、凝聚力量，以确保国家石油战略安全为己任，努力为大庆油田增储上产提供有力支持。强化科技攻关，有效解决关键性工程技术难题。突出围绕提高老区采收率、未动用储量动用率、深层天然气转化率，大力开展攻关，在调整井钻井完井技术、薄差层水淹层测井技术、三维地震技术等方面，取得了一批重要成果，较好地满足了油田开发需要。集中优势力量，全力以赴打好徐家围子地区深层天然气勘探重点攻坚战。与大庆油田有限责任公司一道，成立了深井会战前线指挥部，全面加强施工的组织领导，抽调精兵强将，配备一流设备，统筹生产运行，克服了地质条件复杂、深井钻机数量不足等一系列矛盾和问题，优质高效地完成预期任务，为实现1000亿立方米探明储量目标奠定了坚实基础。

【集团化、专业化运作】 2004年，管理局按照“三转一调整”要求，着眼于逐步建立适应市场竞争需要的科学高效管理体制，加快集团化、专业化运作步伐。在原有8个集团的基础上，新组建4个集团企业，在全局构建起12个集团、9个专业公司为核心的基本组织架构。对多元经济、运输、工程监理等业务进行重新整合，资源效用得到进一步发挥。集团化、专业化运作的深入推进，为实现优势互补，发挥规模优势，提高各业务板块整体运营能力奠定了基础。此外，清理法人实体、部分企业改制和分离企业办社会职能工作也取得重要进展。特别是在国家和集团公司的支持下，争取到了比较优惠的政策，达到了各方满意，使中小学移交工作顺利完成。

【市场拓展】 围绕加快外拓步伐，管理局教育、引导广大干部职工正确树立六种发展观和八种市场意识，制定两套市场开发指标，实施了一系列有利于市场拓展，有效防范市场风险，操作性较强的鼓励政策，从人员、资金、装备等方面，向市场开发一线倾斜，充分调动了各个层面拓展市场的积极性和主动性，在全局营造出“开拓市场有理、开拓市场有功、开拓市场有利、开拓市场光荣”的浓厚氛围，市场拓展的速度和质量都取得了新突破。全局有390支队伍、4776人打入国外25个国家和国内29个省、市、自治区。外部市场收入80.28亿元，同比增长7.59%，其中国内外市场分别为74.70亿元和5.58亿元，同比增长7.13%和14.11%。仅2004年一年，国外市场签约额就达到19.5亿元，相当于以往国外市场总签约额的2.1倍。外向型经济比重日益提升，已成为全局重要经济来源。

【基础管理】 2004年，管理局立足提升企业内在素质，不断夯实管理基础。确定了“三转一调整”中期战略任务，为企业发展提供了战略指导。以财务工作大检查为契机，整肃财经纪律，规范财务秩序，建立健全统一的资金管理体制，对各集团实施财务、审计关口上移，强化了资金的使用和控制。大力推行全过程成本管理，层层传递成本压力，在工资调整及原材料价格上涨等因素的影响下，全局仍然取得了良好的经济效益。继续推行重大项目顶层设计，集中进行攻关，取得一批重要科研成果。深入落实集团公司“安全生产管理年”活动部署，强化安全意识，落实安全责任，完善应急预案，开展专项整治，构建了安全管理长效机制，确保了生产经营的安全平稳运行。

【战略引领发展】 在战略管理上，各集团、专业公司在管理局“二次创业”战略的引领下，进一步明确自身发展业务定位，制定发展规划，细化经营战略，战略管理工作继续深化。积极落实“三转一调整”中期工作部署，重点加快了管理体制建设工作，确立了集团化管理、专业化运作的管理体制，加强了已组建集团的规范运作、资源优化工作。新组建了4个集团，初步形成了12个集团、9个专业公司为核心的基本组织结构框架。

在经营管理上，积极开展财务工作大检查，整肃财经纪律，规范企业行为，全面加强了企业财务制度的控制力度；大力推行全过程成本控制，降低成本，消化原材料涨价和工资调整的影响，取得了较好的经济效益；完善考核体系，加大考核力度，增强了各单位经营压力和发展的动力；开展清理法人实体工作，初步摸清了企业法人情况，并形成了企业法人实体处置方案实施安排意见，为清理法人实体、降低管理局经营风险提供了条件。

在科技管理上，抓好重大核心技术攻关，继续推行科研项目“顶层设计”、招投标、课题制、动态考核津贴制以及科研成果创效提成等科研管理制度，取得了一批重要科研成果，特别是在徐家围子地区深层天然气勘探开发工程技术等方面取得了重要进展，保证了油田产能开发工作的顺利进行。

【多种经营】 2004年，全局多种经营系统优化资源配置，强化内部管理，打造市场竞争优势，认真贯彻落实管理局“三转一调整”中期战略部署，大力清理法人实体，理顺产权关系，持续进行资源重组，增强市场竞争优势，企业经济总量呈增长态势。全年实现生产经营总值88.66亿元，完成年计划的109.46%，同比增长12.63%。其中，创业集团实现生产经营总值51.55亿元，同比增长17.08%，实现营业收入50.71亿元，同比增长22.34%。昆仑集团实现生产经营总值9.16亿元，同比降低5.77%。发展集团实现生产经营总值6.3亿元，同比增长22.76%。

【合作开发油气田】 2004年，管理局与大庆油田有限责任公司合作开发油气田，领域不断拓展，油气产量、经济效益大幅增长。在合作开发台105区块的基础上，2004 年又陆续开发了台 1 茂 506 区块、肇 15 区块和金 251－272 区块，使产能规模进一步提高，合作开发外围油气田呈现出良好的发展势头。2004 年全局累计生产原油 11.2 万吨，同比增长 70.15%，其中管理局份额 10.11 万吨；生产天然气 977 万立方米，同比增长 56.07%。完成生产经营总值 2.42 亿元，同比增长 105.92%。实现利润总额 1.59 亿元，同比增长 1.29 亿元。

【主题教育活动】　管理局深入开展“学《纲要》、转观念、提素质，为拓展市场做贡献”主题教育活动，广大干部职工对《纲要》精神的理解不断加深，思想观念进一步转变；以评选模范党委和“双学、双比、双做”活动为载体，党组织的凝聚力和战斗力切实增强；大力开展作风整顿和纪律整肃，各级领导干部工作作风明显转变；工、青、妇等群团组织作用充分发挥，形成了齐抓共管的大政工格局；抓住中央企业企业文化研讨交流会在大庆召开的有利契机，掀起了继承弘扬大庆精神、铁人精神的热潮，全面展示了新时期职工队伍良好的精神风貌，得到上级领导及外界的充分肯定和高度赞誉。局党委和管理局先后被国资委评为“中央企业先进基层党组织”、“中央企业先进集体”，被中国企业文化促进会授予“中国企业文化建设十大杰出贡献单位”荣誉称号。

【职工利益保障】　坚持以人为本的科学发展观，推行厂务公开，强化民主管理，扩大职工在企业发展中的知情权、参与权，主人翁作用充分发挥；职工收入水平切实提高，保持了与企业经济总量同步增长；继续深入实施“1127”和“一帮一、帮扶再就业”工程，帮助 8540 名有偿解除劳动合同人员实现再就业，企业内部再就业人员薪酬得到提高；认真落实离退休人员政治和生活待遇，努力为老职工办好事、办实事；按照大庆城市最低生活保障线标准，调整了退养家属生活补贴；开展各种援助活动，解决了特困家庭、特困群体的吃饭、就医、子女上学等问题；社区服务承诺制进一步落实，物业管理综合服务水平明显提升；加强矿区环境综合整治，集中进行铁人村等 7 个小区改造和龙岗、龙南中心绿地建设，使职工群众的生活环境更加优美舒适。这些实实在在的工作，得到了职工群众的普遍拥护，为企业发展营造了健康、和谐的良好环境。

（陈立民　李淑杰）

辽河石油勘探局

【基本情况】　2004 年，辽河石油勘探局（以下简称辽河局）认真落实集团公司的工作部署，围绕推进油田整体协调共同发展战略和“1345”系统工程，各级领导班子带领广大职工，克服诸多困难和不利因素，圆满完成局六届三次职代会确定的工作目标。

全年实现总收入 92.36 亿元，完成预算的 112%，比 2003 年增加 6.9 亿元。其中，主营业务收入 91.26 亿元，比 2003 年增加 5.61 亿元（钻探系统增加 3 亿元，基建系统增加 1.35 亿元，合作开发增加 1.26 亿元），营业外收入 1.1 亿元。总支出 92.99 亿元，其他业务利润 0.49 亿元，投资收益 0.4 亿元，实现利润 2600 万元，超额完成集团公司下达的 2076 万元考核利润指标，提前一年实现集团公司提出的未上市企业不吃补贴实现盈利的企业发展目标。

【工程技术服务】　全年完成三维地震 952.91 平方千米；二维地震 2685.63 千米；钻井进尺 186.7 万米，侧钻井交井 265 口井；常规录井 1068 口，常规录井进尺 196 万米；仪器录井 258 口/368.31（台·月）；总测量井次 10216 井次，总测量井段 1733 万米；完成水平井、侧钻水平井等 32 项 1559 井次的技术服务。基建系统完成勘察设计和工程总承包项目 360 项，设计完成总建筑面积 32 万平方米，比 2003 年增长 3.3%；铺设各类管线 382 千米，建站 34 座，架设电力线 51.54 千米，安装金属罐 39 具；工程设计、施工工程合格率 100%，单位工程优良率 85%，建设单位满意率 95%。

辽河局通过加大数字地震采集仪和测量仪器等设备的更新改造力度，装备结构趋于合理，提升了滩海、城镇、沙漠和山地的作业施工能力，设备新度系数由过去的 0.45 提高到 0.54；具备了 22500 道的施工能力，仪器设备可装备 4 个 2000 道以上的三维队、2 个二维队，机动设备可装备 1.5 个沙漠二维队和 4 个 2000 道以上的三维队，总体装备实力明显增强。积极扩展侧钻井、修井、海上钻井和采油注气、运输领域的市场规模，增加经济总量。继续全面开展“精品工程”活动，按照“管理、创新、增效”的工作目标，重点工程全部实施项目管理，制定操作性较强的激励约束机制，调动一切积极因素，达到降本增效的目的。加大科技创新及应用推广力度，努力打造特色技术、提高市场服务能力。有22个先进集体、26名先进个人受到集团公司的表彰。

【市场开发】 辽河局通过管理创新、技术创新和利用有限的工作量创造最佳的经济效益，在地区市场实现“管理、创新、增效”的工作目标。通过对外部专业队的数量、市场分布和市场规模的分析，完善设备和人员配置，加强科学管理，减少风险，提高生产时效和工作质量，加强外部市场的统一协调和规范管理，国内、外市场份额不断扩大。

进入中原油田大修侧钻市场，完成大修侧钻井39口。有8个二级单位64个施工作业队伍（其中，钻井队24个、地质录井队27个、综合录井队5个、地化录井队2个、测井队2个、作业队4个）在陕北长庆市场施工。同时，占有新疆、江苏、大庆、吉林、海南等油田部分市场份额。油建系统全年开发陕京二线、双兰线、冀青线、广东LNG、新疆和冀东油田产能建设市场36项，市场开发总量16.84亿元。筑路公司开发二连浩特至赛汗塔拉一级公路等项目3项，外部市场开发总量4.35亿元。勘察设计外部市场开发工作量4803万元。有11支钻井队和1支修井队走出国门。物探队伍在伊朗市场完成部分工作量。钻探队伍、基建队伍进入苏丹市场。

外部市场共实现收入15亿元，比2003年增加1.2亿元，增长5.5%；国内市场基建系统实现收入7.9亿元，比2003年增加2000万元，增长2.6%；工程技术服务实现收入7.1亿元，比2003年增加1亿元，增长16.7%。其中，国外市场实现收入5045万美元，比2003年增加745万美元，增长17.3%，完成市场开发工作量5171万美元，比2003年增加671万美元，增长14.9%。

【油气合作】 辽河局在继续搞好低产井捞油、长停井复产以及大修侧钻措施增油等合作项目的基础上，进一步搞好难产未动用区块和地面节能降耗等新的合作项目。全年投资1.36亿元，生产原油45万吨，获得份额油24万吨，实现销售收入4.68亿元，比2003年增长36.4%。

【科技工作】 2004年，辽河局科技工作围绕全局发展总体目标，以市场为导向，以效益为中心，以技术创新为突破口，整合科技资源，加大科技攻关力度，完善技术创新体系建设，改进科技管理工作，取得了丰硕成果。

一、发展核心技术和优势特色技术

高精度地震勘探技术、深井钻井技术、成像测井技术、综合录井配套技术、稠油超稠油油井作业技术、长输管道施工技术、稠油超稠油开采装置及工具研制与加工制造技术等20项核心技术进一步完善配套。多分支井钻采技术、大修侧钻技术、钻井取心技术、录井综合信息应用系统建设及配套技术、高压油水井带压作业技术、稠油污水深度处理技术等10项优势特色技术科技攻关取得重要进展。难动用储量开发、燃料结构调整、深层煤炭气化、铀矿开发、机械加工及装备制造、油田化工等新兴产业关键技术研究初见成效。高精度三维地震勘探技术取得突破，加深了深层火山岩地震地质条件的有效认识；欠平衡钻井技术的成功应用，在兴隆台马圈子深部潜山获得重大发现；环空浮子流量计及其解释软件的研制成功，填补了国际环空测井的空白；水平井、侧钻水平井、钻完井技术的广泛应用，使油层钻遇率平均达到90%；基建系统大口径长距离管线自动焊、半自动焊技术达到同行业先进水平，超稠油集输技术居世界领先地位。3项成果获集团公司技术创新奖，全年取得较大科技成果56项，申请国家专利101项，获授权81项，实现科技创效1.05亿元。

二、健全完善科技创新体系

加强科技创新战略研究。围绕集团公司建设具有国际竞争力跨国企业集团目标和辽河局加快发展的产业定位，进一步深化科技创新战略研究，完成辽河局2004—2008年科技发展滚动规划的编制，提出局“十一五”科技创新的战略目标和具体任务，明确技术发展方向和需要攻关的重大关键技术。加强以技术为核心的研发体系建设。开展辽河局技术中心建设工作，2004年7月8日，通过集团公司组织的技术中心建设配套运行机制方案验收。加强组织管理体系建设。辽河局决定将原科委办公室更名为科技发展部，并充实职能，补充人员。

三、加强和改进科技管理

坚持科技为生产、市场、效益服务的原则，加大科技投入，完善项目立项管理。突出整体规划、统一部署，突出重点、分层次管理，超前组织，加强前期研究。对巩固地区市场的核心技术、开拓国内外市场的特色技术、发展新兴业务和新兴产业的关键技术，由辽河局直接立项，进行课题设计，集中力量进行重点攻关。2004年，辽河局直接投入科技项目经费

3700万元。改进项目运行管理方式，对重大项目实行课题制。健全完善激励约束机制，实行科研岗位津贴制、科技创效提成奖励制和科技目标责任制。运用知识产权制度，促进企业科技创新。

【企业改革】 一是根据《国务院办公厅关于中央企业分离办社会职能试点工作的有关问题的通知》规定，按照国家、辽宁省、集团公司关于做好分离企业办社会工作的有关会议精神和总体要求，签订基础教育、两级检察院和两级法院整体移交协议，共移交人员4703人，移交资产总额2.64亿元。根据集团公司关于重组成立中国石油海洋工程技术服务有限公司的总体安排和部署，做好海洋工程技术服务队伍重组移交的前期准备工作。二是“三项制度”改革突出领导干部业绩考核、企业分类分级管理、就业新机制的建立。有4100名待业子女、1.9万名有偿解除劳动关系人员在新机制下实现就业和再就业。三是按照区域化布局的原则，理顺了油气合作开发管理体制，对14个试采油项目组和部分捞油队伍整合重组，进一步规范辽河局内试采油市场和捞油业务，重组人员351人。四是深入开展“五定”工作。经调查研究，细致测算，辽河局在现有人数基础上，压缩编制定员393人，整建制分流人员编制3447人，零星分流人员编制3347人。

【企业管理】 一是根据集团公司的指示精神，实行会计集中核算，减少核算层次，缩短核算流程。建立高效的会计信息库，实现会计信息共享。二是全局实行以损益预算为核心，以业务预算、资本预算为基础的全面预算管理体系，加强对预算执行的监督和控制。三是改变传统资金管理模式，实行资金总分账户管理，保障资金安全，提高运行效率。开展资金管理专项检查，提高全局资金管理水平。四是开展全局财务税收大检查，加大清理外借外投项目及应收款工作力度，提高资金使用效率。五是加强内部市场管理，注重计划调控，有效清理挂靠队伍。六是严格技术装备招标采购制度，全年共组织限上项目招标133次，招标总额7.02亿元，节约资金4.6%。

【安全、质量、环保】 辽河局深入贯彻执行《中华人民共和国安全生产法》和集团公司《关于进一步加强安全生产工作的决定》，广泛开展“安全生产管理年”活动。加强安全生产检查整治，建立健全安全监督机制，深化HSE体系管理，突出以人为本，不断加强职工安全生产教育培训，严格消防、交通管理，保证全局安全生产形势的基本稳定。

继续深入开展以“诚信服务、塑造精品、求真务实、打造品牌”为主题的第四届“精品工程”和“满意服务”活动。推广应用先进的质量管理方法，广泛开展群众性全面质量管理活动，有6项QC成果获国家优秀成果奖，43项成果获省部级优秀成果奖。辽河局荣获“全国质量效益型企业”、“辽宁省用户满意工程先进单位”、“辽宁省质量管理小组活动优秀企业”等称号。有11个单位被辽宁省和集团公司授予“用户满意工程先进单位、用户满意企业、用户满意服务”等称号。“中油黄岛燃料油库工程”和“沧州—淄博输气管道工程”被评为“全国优秀焊接工程”。

辽河局继续实施ISO 14001环境管理体系，各级领导层层签订《环境保护责任书》，并将各项目标和指标层层分解落实。全年未发生重大以上环境污染事故，固定工业污染源污水排放达标率、固定污染可控废气排放达标率、固定废物无害化处理率、环境污染治理设施完好率及运行率、固定声源厂界噪声排放达标率、建设项目环境影响评讲和“三同时”制度执行率、环保施工队伍资质和污染治理项目审查率均达到100%。

安全生产和环境保护各项指标均控制在集团公司下达的指标之内，被集团公司评为安全生产、环境保护先进单位，顺利通过ISO 9001质量体系认证年审。

【多种经营】 辽河局多种经营企业全年实现收入48亿元，比2003年增长8.9%，上缴税金2.2亿元，比2003年增长4.9%，实现利润8000万元，比2003年增长6%。局组建了6家合资公司，引进资金2520万元。在全面完成集体企业产权制度改革的基础上，进一步优化股权结构，完善法人治理机制，强化发展基础。全年完成项目投资2.05亿元，调研、论证和实施项目56项，其中，论证38项、在建8项、投产10项。

【矿区环境和职工生活】 辽河局投入专项资金1.26亿元，完成85－1型住宅楼加固维修242栋；投入5473万元，用于职工住宅正常维护；投入3500万元，用于矿区绿化，新增绿地面积44.71万平方米；投入1.1亿元，用于矿区各类设施建设、维护和改造；投入7534万元，用于医疗卫生和基础教育条件改善，高中入学率73.7%，高出同地区24个百分点，高考总上线率95.3%，创历史新高。为符合政策规定的职工发放住房补贴4.8亿元；为离退休职工发放生活补贴9459万元；职工收入总量比上年增长12%。全年用于军烈属、工亡遗属、残疾人、特困户以及贫困生助学金183万元；为855名多种经营困难企业职工提供基本生活保障。

【精神文明建设】 围绕实现辽河油田整体协调共同发展和辽河局持续、有效、较快、协调发展，深入开展新一轮“形势、目标、责任”主题教育，有效调动和发挥广大职工的积极性、创造性。坚持思想教育与解决实际问题相结合，以积极、务实的态度，通过大量艰苦细致的工作，基本化解有偿解除劳动关系人员、内部退养职工和退岗家属“三个群体”中的不稳定因素，实现了矿区和职工队伍的总体稳定。群众性精神文明创建活动成效显著，全局11个单位获“辽宁省精神文明建设先进单位”称号，2个单位获“辽宁省精神文明建设标兵单位”称号。治安综合治理、计划生育、民兵预备役、离退休职工管理等各项工作，都取得新的成绩。

（牛丽波　初良尧）

华北石油管理局

【概述】 华北石油管理局（以下简称管理局）是中国石油天然气集团公司所属的集工程技术服务、生产服务、机械制造、物业管理、社会服务和多种经营于一体的特大型国有企业。总部位于河北省任丘市，工作区域主要分布在河北、内蒙、新疆、陕西、甘肃、青海等省（自治区），以及印尼、委内瑞拉、苏丹、蒙古等海外13个国家。

截至2004年底，全局有不同专业类别的二级单位47个、直属单位15个；职工51123人，其中女职工16911人，大专以上文化程度15676人，专业技术人员9319人；全局资产总额96.2亿元，固定资产原值76.3亿元，净额38.7亿元，资产负债率37.5%。主要装备和辅助生产设施8561台（套），新度系数0.58。

2004年，管理局确定了“安全管理年、打造品牌年、加快发展年”的主题，以科学发展观统领全局，认真组织好生产运行，狠抓安全稳定工作，积极稳妥推进调整改革，不断加强队伍建设，各路工作进展顺利、运行良好。

【生产经营】 全年实现主营业务收入637019万元，为年度预算的108.2%。其中，本地区关联交易市场收入277213万元，国内工程技术服务市场收入144312万元，海外市场收入49570万元，其他社会市场收入165924万元。主营业务成本600370万元，为年度预算的109.2%。在集团公司三项费用“费用化”补贴并扣除有关考核调整因素后，实现利润1147万元。

全年安排计划投资87828万元，其中集团公司投资18000万元，自有资金69828万元。实际完成投资81214万元。按板块划分，工程技术服务37171万元，生产服务25065万元，社会服务13533万元，加工制造4039万元，合作开发1026万元，油品销售380万元。

【市场开发】 2004年，管理局根据市场变化，调整了队伍布局和竞争策略，收入和盈利水平有了新的提高。

（1）关联交易市场。严密组织生产运行，努力提高服务质量，抓好重点工程施工，保证了油田公司勘探开发和石化公司炼化生产建设的需要。强化内部市场管理，严格准入审查。开展顺价谈判，增加关联交易收入。低效区块合作开发工作迈出实质性步伐，生产原油720吨。关联交易市场收入首次回升，同比增加1.2亿元。

（2）国内市场。调整钻机布局，扩大队伍规模，延伸产业链，增加市场份额。长庆市场，紧跟油田增储上产步伐，积极向优势区域转移，钻井进尺创历史新高。塔里木市场，继续发挥技术、设备和管理优势，工作量饱满，市场占有率名列第一。冀东市场，抓住生产大上的有利时机，抢上施工队伍，钻机由4部增加到9部，其他业务市场份额也不断扩大，实现了较大发展。另外，各有1部钻机分别进入长庆苏里格和大庆徐家围子天然气钻井市场。工程建设市场，参与建设了陕京二线和忠武管线等重点工程，首次进入国内矿浆输送管道、液化天然气管道市场和大庆炼化市场。国内市场收入稳步增长，同比增加1.9亿元。

（3）海外市场。进行了人员、财务、管理三项整顿，提高了海外项目的管理水平。完善了印尼项目的有关法律文件，为规避风险、规范运行奠定了基础。在抓好印尼和委内瑞拉等老市场的同时，新开辟了缅甸市场。自营项目和借船出海项目同比增收0.95亿元。

（4）机械加工制造市场。坚持重科技、强管理、拓市场、求发展的工作思路，加快新项目建设和新产品开发，加强生产组织和市场营销，钢管和抽油机产品畅销国内外市场。2004 年实现销售收入 11 亿元，同比增长 3.5 亿元。

【生产建设】　2004 年，管理局主要工作量完成情况：

（1）动用钻机 94 台。累计完井 771 口，完成钻井进尺 185.82 万米，同比分别增长 10.62% 和 12.07%。其中，关联交易市场完井 314 口，完成钻井进尺 82.57 万米，同比分别减少 9.25%和 3.68%；机械钻速 13.03 米/小时，钻机月速 3308 米/（台·月）。

（2）固井 754 口，同比增长 5.9%。其中，关联交易市场完成 303 口，同比减少 15%；受外部钻井市场带动，国内市场完成 451 口，同比增长 26.7%。

（3）录井 706 口，同比增长 17.8%。其中，关联交易市场 320 口，同比减少 3.9%；国内市场 366 口，同比增长 40.2%；印尼市场 14 口，蒙古项目 4 口，缅甸项目 2 口。

（4）井下作业 8273 井次，同比增长 14.19%。其中，关联交易市场 6555 井次，同比增长 16.26%；国内市场 1148 井次，同比增长 4.07%；海外市场 670 井次，同比增长 11.7%。

（5）承揽工程建设施工合同额 6.58 亿元，同比减少 57.5%。建筑施工产值 11.52 亿元，同比减少 6.18%。

（6）供水 1607 万立方米，由于各单位加强用水管理及职工节水意识的增强，供水量同比下降 8.7%。供电 112055 万千瓦·时，同比减少 3.1%。

（7）汽车运输货运量 283.08 万吨，货物周转量 38975 万吨·千米。

（8）机械加工制造工业总产值 11.42 亿元，工业销售产值 11.23 亿元，与 2003 年相比有大幅增长。

【装备配套和技术创新】　按照装备技术配套三年规划，管理局进一步突出装备结构调整，安排更新改造资金 4.84 亿元，配套了大型交流变频电动钻机、大吨位修井机、顶部驱动装置、无线随钻仪器、井下成像设备、管具探伤、综合录井仪和管道干燥仪器等 20 多台（套），提高了施工作业队伍资质和技术水平。

发挥局、处两级专家和科技人员的作用，开发特色技术，安排的 35 个局级科研项目、7 个工业试验项目和承担的 8 个集团公司科研项目，均取得了重要成果或进展。同时，加快成熟技术的推广应用，复合钻井、区块钻头优选等技术使钻井机械钻速和月速大幅提高；低密度水泥浆体系、小井眼小间隙固井等系列工艺技术使固井质量优质率始终保持在较高水平；防碰绕障等技术使调整井施工速度和质量显著提高。

【安全生产】　2004 年，管理局以四川“12.23”特大井喷事故为教训，狠抓安全生产工作。组织了“安全生产管理年”活动，开展了以“吸取教训、确保安全、振奋精神、推进发展”为主题的全员安全教育和“以人为本、安全第一，狠反违章、治理隐患”为主题的安全生产月活动。

下发了《安全生产要害部位处级责任人制度实施办法》，落实了 288 个要害部位的安全责任，从上到下逐级签订了安全生产责任状，形成了全员全过程安全控制网络。实行了重点井关键工序处级责任人制度，出台了《井喷失控事故责任追究规定》，对钻井队、作业队、试油队实行了量化打分、末位淘汰。

按照集团公司《关于进一步加强安全生产工作的决定》要求，修订完善了 58 项规章制度和 HSE 作业文件，健全了三级安全管理监督机构，全局 37 个施工作业、生产经营单位建立健全了安全管理科，科研、事业等单位设置了专职安全管理岗，8 个单位成立了安全监督站，配备了 152 名专、兼职安全监督员。

实行了反违章通报制度，对安全事故按照“四不放过”（事故原因没有查清不放过，事故责任者没有严肃处理不放过，广大职工没有受到教育不放过，防范措施没有落实不放过）原则追究责任。全年开展了两次全局性安全生产大检查和 4 次专业性安全检查，及时发现和整改了安全隐患。

2004 年，全局全员千人死亡率 0.02，千人负伤率 0.7，千台车死亡率 0.5。分别比集团公司下达的控制指标下降了 60%、30%和 75%，实现了“四个杜绝、四个不超、一个确保”的安全生产工作目标。

【企业改革与管理】　按照“做专做强主业、放开搞活辅业”的总体思路推进调整改革。组建了钻井工程技术服务处，提高了水平井、定向井技术服务专业集中度和服务水平。完成了工程建设公司的增资扩股，成立了建筑子公司，申请增加了房屋建筑总包三级资质和相关的 5 个专项资质，进一步完善了管理体制和资质体系。完成了路桥公司的股权重组，增加了资本实力，为提升专业资质等级、提高市场竞争力创造了条件。完成了运输系统专业化重组，整合了全局特种运输资源，提高了服务和发展能力。实施了多种经营在管理局层面上的重组，成立了以集体股权为主、多元持股的河北华北石油天成实业有限公司，将任丘、河间地区的46个多种经营企业从原单位分离出来，实行统一管理。对综合二处机修厂进行了整体带资分流改制，60名职工与管理局解除劳动合同，与改制企业确立了劳动关系。为依法开展房地产开发业务，对房地产开发公司进行了国有控股改制。整合了全局有线电视网络管理业务，将有线电视传送和线路维护业务划归通信公司管理。为适应建设部、河北省有关设计资质要求，对一机厂设计院进行了改制。对汽车维修服务中心内部业务进行了整合，对综合五处制图厂、报社印刷厂进行了合并，为下一步实施国有控股改制创造了条件。按照集团公司要求，对119家法人实体进行了清查登记，并对其中的95家制定了处置方案。

按照集团公司统一部署，开展了分离企业办社会职能工作。按照"整体、成建制、一次性全部移交"的原则，分别与地方政府签署了3个公安机构、1个教育机构和42所中小学的移交总协议和分协议，移交工作阶段性任务目标基本完成。

【矿区建设与物业管理】 2004年，管理局实施了六个办实事项目。一是绿化美化补充工程，新增绿化面积25万平方米，大部分小区达到了国家绿化标准。二是对边远单位26台效率低、能耗大的小型锅炉进行了更新改造。三是矿区公用设施维修改造，重点向垃圾处理厂防渗和居民生活区周边环境治理等范围延伸。四是开展了会战道绿化美化和交通治理等工作。五是总医院门诊楼改造，完成了主体工程。六是启动了住房置换工作，11月8日住房置换中心正式挂牌开业。另外，由华北油田分公司出资、管理局承建的渤海中路改扩建工程，完成了地下隐蔽工程的施工。

各物业管理单位进一步强化服务意识，水、电、暖、液化气供应，绿化环卫，公用设施维修及管理等都有新的提高，综合服务满意率97.3%。各专业学校共招新生3938人，学生就业率稳步提高。中小学办学水平进一步提高，全局高考上线1664人，上线率80.19%，同比提高5个百分点。医疗卫生系统全年门诊医疗49.5万人次。社会保险系统在做好日常服务和管理同时，组织完成了32822名离退休人员生活补贴的发放。计划生育各项指标圆满完成。

【稳定工作】 2004年，全局各单位按照集团公司稳定工作"十六字"方针，采取综合性措施，及时化解不稳定因素，保持了矿区总体稳定。同时，完善了做好各类人员稳定工作的责任界定，严格责任追究，促进了各项稳定措施落到实处。深入开展相关政策、企业形势、稳定与居民利益、有关法律法规等"四个教育"，使职工居民的大局意识、法治意识和维护稳定的责任意识得到加强。认真梳理各种不稳定因素，区别对待，妥善处理，应对突发事件和处理复杂问题的能力逐步增强。

2004年，全局共接待群众来访758起、2119人次；受理人民来信271件、551人次。

在加强教育疏导的同时，努力解决影响稳定的实际问题。积极提供就业信息，努力联系和疏通就业渠道，为有偿解除劳动关系人员和待业子女提供就业帮助。对少数有特殊困难的群体加大帮扶力度，动员干部职工捐款260多万元，为有偿解除劳动关系人员特困家庭建立了专项救助金。

【职工队伍建设】 结合贯彻落实集团公司工作会议精神，组织开展了"形势、目标、责任"主题教育和"可持续发展"大讨论活动。开展了以"创三优"为重点的党员先锋工程，充分发挥了广大党员的先锋模范作用。

管理局重点培训了800多名重点岗位基层管理人员、技术人员、高级操作人员和涉外项目人员。各单位从实际出发，采取外培内训、厂校联合办班和函授教育等形式，组织职工进行技能培训和专业知识学习，促进了职工队伍整体素质的提高。在全国石油石化行业职业技能竞赛中，我局选手获钻井柴油机工团体总分第三名，1人获个人第二名。

开展了"讲诚信、出精品、创品牌"活动，全年创出局级精品工程65项、精品服务项目20个、精品产品13种，涌现出优秀"铁人"基层队10个、"铁人"基层队50个。在西气东输工程建设中，管理局有4个集体、55名同志分别受到全国总工会、团中央、全国妇联、国家西气东输工程建设领导小组和集团公司的表彰，其中1个集体和2名同志分别获"全国五一劳动奖状"和"全国五一劳动奖章"，1个集体和1名同志分别获"全国青年突击队标兵"和"全国三八红旗手"称号。在集团公司勘探开发工程技术工作会议上，有2个队被授予金奖、5个队被授予银奖、9个队被授予铜奖。

【企业文化建设】 按照中央企业企业文化建设研讨交流会和集团公司企业文化建设推进会要求，印制了管理局《企业文化手册》，与会议材料、领导讲话一起印发给二级单位，组织大家学习借鉴先进经验，了解掌握管理局经营理念。同时，动员宣传部门和新闻、文艺骨干，积极对外宣传管理局的经营业绩和竞争优势，展示企业良好形象，扩大知名度和社会影响力。在省部级以上报刊发表新闻报道稿570多篇，文学作品110多篇，美术、书法、摄影作品50件，其中1部文学作品获“中华铁人文学奖”，在中国石油电视报道、河北电视台播发新闻30余条、专题片2部。选择第二钻井工程公司等五个单位作为管理局企业文化建设试点，明确工作目标，制定工作计划，定期检查工作成果，为推动管理局企业文化建设积累了宝贵的经验。

（解高岩）

四川石油管理局

【概述】　四川石油管理局（以下简称管理局或局）是集团公司下属的一个主营油气田工程技术服务、机械制造和油气合作开发，并享有独立对外经济贸易和技术经济合作业务权的地区综合性服务公司。截至2004年底，全局有在册职工42649人，有各类专业技术人员6931人（其中教授级高级职称8人、高级职称853人、中级职称4749人）；资产总额98.84亿元，所有者权益总额64.55亿元，负债总额33.7亿元，资产负债率34%，资本保值增值率105%；有从事油气勘探、施工作业、机械加工制造、科研设计、多种经营等业务的局属二级单位46个；有施工作业队304个（其中有258支队伍获得集团公司资质）；有独立核算的多种经营企业328家；有在册钻机、地震仪、电测仪、综合录井等设备193台（套）、施工设备1160台（套）、动力起重设备577台（套）、运输车辆1435台、金属切削机床594台。设备新度系数0.586。

2004年，是管理局极不平凡的一年，也是历史性转折的一年。为了加快川渝油气事业的发展，集团公司于4月及时调整了管理局领导班子，并对管理局提出了“8532”发展目标。新一届领导班子团结带领全局干部职工一手抓安全，一手抓改革和发展，围绕西南油气田分公司“52135”核心战略，在强化安全生产管理的基础上，实施内部专业化重组，狠抓扭亏脱困，大力开拓内、外部市场，进一步强化了领导班子、机关作风和基层建设。按照集团公司的要求，加大了川渝地区石油企业协调工作的力度。全局实现了有效、较快、协调的发展。

2004年，管理局全面完成了生产经营任务，经济总量、业务收入和主营业务工作量等指标均比2003年有大幅度的增长，经济发展的速度明显加快，发展的质量有新的提高。全年实现主营业务收入79.1亿元，同比增长28.2%；实现利润2.74亿元，与2003年同口径相比增加利润2.98亿元；实现企业增加值31.42亿元，同比增长41.51%；完成固定资产投资9.23亿元，为年计划的94.92%。全年实现多种经营收入31.31亿元，实现利润2.6亿元，同比增长32.05%和57.63%。

全年工作呈现出四大特点：一是主营业务发展加快，三年扭亏脱困目标如期实现，年销售收入首次突破100亿元大关，跃居四川省企业年销售收入排名的第六位；二是强力推进专业化重组，体制性和机制性障碍基本消除；三是重特大事故得到有效遏制，初步扭转安全生产被动局面；四是川渝地区石油企业整体协调发展的态势初步形成。

【主营业务加速发展】　2004年，主营业务呈现快速发展的态势。全民主营业务收入比2000年的39.5亿元翻了一番。

（1）经济总量不断扩大。全年物探完成二维地震9162千米，同比增长5.1%；三维地震1448平方千米，同比增长127.67%。完成钻井进尺64.77万米，同比增长11.75%，连续四年创历史最好水平。其中在川渝油气田完成钻井进尺37.79万米，同比增长17.17%。固井312口，同比增长28.4%。测井1166井次，同比增长9.38%。井下作业552井次，同比增长22.12%。建筑施工实现总产值12亿元，同比增长10.86%。低效油气合作开发取得新的进展，全年生产天然气5.02亿立方米，分成3.8亿立方米，为川渝油气田天然气年产量突破100亿立方米做出了成绩。机械制造和加工业务收入再创历史新高，全年实现收入7.09亿元，同比增长36.6%。

（2）经营收入大幅增长。川渝地区的关联交易收入已由2000年的29.9亿元增加到2004年的49.27亿元，增长达65%。全年在整个外部市场实现收入29.83亿元，同比增长25.6%。

（3）主营业务的拉动力明显增强。全年生产生活服务类业务在主营业务发展的拉动下，实现关联交易收入结算资金9.97亿元，同比增长17.7%，占关联交易总收入的20.24%。

【市场开发力度加大】

（1）继续稳固主体市场，实物工作量持续增长。全年在川渝油气田市场获得的关联交易总量同比增长29.86%。

（2）全面扩展国内市场，市场份额不断扩大。合理调整开发国内市场的策略和结构，与塔里木油田分公司建立了对口支援的战略合作伙伴关系；与冀东油田分公司签订了工程技术服务及相关业务框架协议。全年工程技术服务等专业在国内十多个油气区市场实现收入24.66亿元，同比增长18.39%。

（3）积极拓展国际市场，海外业务收入大幅度增长。2004年，全局有28支作业队350多人，分别在印尼、泰国、伊朗等7个国家和地区从事工程技术等服务。全年投入了53台（套）工程技术设备，约8000万美元的资产经营海外业务。实现国际业务收入5.17亿元，同比增长77.05%。

（4）全力开发产品市场，拳头产品继续走俏市场。全年产品销售收入达7.09亿元，同比增长36.6%。机械加工制造产品分别在川渝市场和国内其他油气区市场实现合同收入达2亿多元，出口机电产品710万美元。钻头、压缩机、射孔弹等拳头产品的产销量连创历史新高。

【多元经济持续快速发展】　2004年，全局多经企业经过实施重组、改制、整合后，呈现出良好的发展势头。多经企业的总收入比2000年的15.9亿元约翻了一番，产品销售收入已占总收入的50%。全局328家多经企业实现总收入31.31亿元，实现利润2.6亿元，同比分别增长32.05%和57.63%。实现产品销售收入15.15亿元（不含广汉宏华公司4.80亿元）。2004年，物资总公司等4家单位的多经企业共计创收19.10亿元，占全局多经企业总收入的61%，并位居全局多经企业创收榜的前四名。物资总公司创收6.76亿元；广汉宏华公司创收4.9亿元；输气公司创收4.49亿元；重庆凯源公司创收2.95亿元。

【重点工程建设】　2004年，主要完成了两项国家重点工程。一是顺利完成国家重点工程忠武管线中标项目的施工，为川气出川做出了贡献；二是提前完成国家西气东输工程骨干项目克拉2中央处理厂的建设，确保了西气东输最大气源地的按时投产。

【科技创新能力进一步增强】　（1）继续实施“科技兴企”战略，科技攻关成效显著。2004年，管理局投入科研经费1080万元，安排科研项目206项，当年完成87项。全局有927名科技人员从事科研开发工作。全年获四川省科技进步三等奖4项、集团公司技术创新一等奖1项，局级科技进步奖82项；自主研制的“过油管无枪身射孔器”、“HQ－2000型压裂泵阀箱”等2项产品荣获国家重点新产品奖。申报专利22件。改造钻机17台，使钻井装备技术含量进一步提高。

（2）重视高层次科技人才培养，着力构建技术创新平台。与西南油气田分公司联合成立了博士后科研工作站，并已引进3名博士进站从事物探技术和钻井工艺技术研究工作；与石油院校签订了合作培养专业技术人才协议；建立了专家人才库；全年，接收石油工程等专业大学毕业生321人，签订了双向选择协议331人；举办各类培训班93个，培训人员9069人次。评选表彰了“优秀科技项目”20个、“优秀科技项目长”20名。

（3）新工艺、新技术的研究和推广取得新成果。①在复杂山地条件下地震采集参数系统测试技术研究获得重要突破。②钻井技术有了新发展，在白浅111H井打成全国第一口气体钻水平井。③连续油管拖动注酸施工和泡沫（液氮）转向技术达到国际先进水平。

【扭亏脱困目标如期实现】　2004年，是管理局实现扭亏脱困的最后一年，全局上下层层推行了目标责任制。通过采取一系列强化经营管理的措施，消灭了亏损点，堵塞了亏损源。全年共清理和撤销银行账户219个，减幅58%；完成内部审计347项，取得直接经济成果1.85亿元；通过专项效能监察，收回各类欠款3.1亿元，节约招标采购资金3300多万元。2004年，全局在没有“三项费用”补贴，并消化增资因素的情况下，实现了较大幅度的盈利，兑现了三年扭亏脱困的承诺。

【安全生产被动局面初步扭转】　深刻反思“12.23”特大井喷责任事故，从狠抓安全生产薄弱环节入手，全力排查和整改了各种安全隐患。在全局扎实开展了以“强三基，反三违，除隐患，保安全”为主要内容的“安全生产管理年”活动，收到显著效果。2004年全局工业生产千人死亡率为零，千人重伤率为0.023，千台车责任死亡率为0.67，安全事故得到有效控制。实现了“四个杜绝，三个不超，一个确保”的目标，初步扭转了安全生产的被动局面。

（1）抓“12.23”事故责任追究处理，迅速恢复事故井的安全钻探。2004年5月，管理局根据国务院事故调查组对“12.23”特大井喷责任事故的责任认定，对管理局所属22名事故责任人进行了处理。9月27日，由新组建的川钻24队承钻的罗家16H－1井，在罗家16H井的同一井眼内重新侧钻，并安全钻穿气层，获井口测试产能267.49万立方米/日。该井的安全钻探成功，证明了管理局完全有能力、有实力打好高压、高含硫水平井，全局上下为之振奋。

(2) 抓安全生产管理水平的提高，不断追求长效安全。以“安全生产管理年”活动为契机，调整充实了局安全生产委员会，制定下发了贯彻落实《集团公司关于进一步加强安全生产工作的决定》实施意见，全面推行了安全生产片区管理制度。建立安全监督站12个，落实安全监督人员189人；废除和修订安全管理制度、技术标准、管理规范等400多个，初步形成监管两条线的运行机制和安全督察机制；修订完善了局特、重大事故应急救援预案8个，处置和响应预案400多个，使风险防范机制初步建立并逐步完善；开展各种形式、规模的安全检查11次，接受上级检查7次，先后查出安全隐患990多个，逐个进行整改；全年投入资金2亿元补充购置安全装备，投入事故隐患整改的资金达4800万元。与西南油气田分公司共同组织了安全生产活动月及“12.23”安全警示日活动，通过安全生产再教育，进一步强化了干部职工的安全意识。

【企业重组改制全面稳步推进】 2004年9月15日，在全局正式启动了专业化重组。这次重组涉及15个专业，45个局属单位，占二级单位总数的93.8%；涉及职工2万多人，约占职工总数的50%；交接资产63.39亿元。经过3个多月的重组，形成了一个主营业务更加突出，油气勘探开发和对外工程技术服务适应能力更强的物探、钻井等9个专业、19个公司的新格局，改变了以前由62个主体交叉重复管理的局面。各公司通过压缩管理层次、缩短管理链条，加大了对基层队伍的管理力度。5个综合性矿区“小而全”的体制随之解体，均变为公共事务管理中心。长期制约管理局持续发展的体制性、机制性障碍进一步消除。全年，集中清理法人实体328户，涉及资产总额50.78亿元。已关闭注销法人实体29户，出售股权5户。截至2004年底，完成了全局最后1所学校的整体移交；与四川省政府签订了全局最后5个公安机构的移交总协议。

【精神文明建设取得新成果】 (1) 强化领导班子、机关作风和基层建设，建“钢”班子，带“铁”队伍效果明显。局党委常委带头向全局职工作出了5项廉政承诺，层层签订廉政建设责任书。通过优化干部年龄、文化和专业结构，开展局、处两级机关作风整顿，分别对全局处级以上领导干部和机关工作人员制定出“六条约束”和“八个树立”，并处分了54名违纪人员，使不良风气得到有效遏制，职工对机关作风的满意度有了提升。针对基层建设薄弱、发展不平衡的状况，实施了“加压、减负、提待遇、让休息”的系列措施，出台了“三基十六条”、“四个严禁”、“五个不准”的刚性规定，并对78名违章者进行了严肃处理。在钻井战线开展了创“四好钻井队”活动。全年，有1个单位荣获“全国五一劳动奖状”、有2支基层队伍被集团公司授予“金奖队”称号、1个作业组荣获“全国青年突击队标兵”称号；有4人分别荣获“全国五一劳动奖章”、“中央企业劳动模范”、“全国杰出青年岗位能手”、“全国技术能手”等荣誉称号。

(2) 着力创建和谐环境，全局整体文明程度不断提高。修订、续签了《局集体合同》，认真落实办理了职工对生产、生活等方面反映的问题。全年有10个单位被评为“全局厂务公开民主管理工作先进集体”。出台了局《企业文化建设规范》。加强了维持稳定工作和综合治理，分片区成立了稳定工作协调小组，努力化解不稳定因素，较好地维护了大局稳定。职工职业道德水平不断提高，爱岗敬业精神增强，环境绿化、社区建设有了新的进步。截至2004年底，局属46个基层单位有3个单位获“全国精神文明建设先进单位”称号、2个单位迈上了“省级最佳文明单位”台阶、17个单位获“省级文明单位”称号。

【整体协调发展态势初步形成】 为加快发展川渝地区的油气事业，促进该地区中石油企业的整体协调发展，2004年4月，集团公司决定成立川渝地区石油企业协调组，组长由集团公司总经理助理、四川石油管理局局长、党委书记廖永远担任。根据集团公司的总体部署，四川石油管理局负责牵头开展了中石油川渝地区协调组和指导重庆地区协调小组的工作。6月18日，川渝地区石油企业协调组在成都召开第一次会议，并正式启动了协调组工作。6月29日，重庆地区石油企业工作协调小组召开第一次会议，会议决定7月1日正式启动各项工作。

通过大力实施地区共同发展战略联盟，川渝地区石油企业呈现整体发展、协调发展的良好态势。2004年，川渝地区中石油企业协调组共开展协调工作20多次、50多项，并指导协调重庆地区协调小组协调相关事宜30多次。较好地履行了工作职责，理顺了内外关系；既维护了企业的利益，又支持了地方的经济建设。使其成员关系更加紧密协调，企地关系更加融洽，特别是与西南油气田分公司携手营造了共同发展的良好局面。2004 年，经双方共同努力，签订了新一轮关联交易协议，合作开发了天然气，年产天然气迈上 100 亿立方米台阶，实现了川气出川这个几代川渝人的夙愿。

【企业发展目标与战略】

（1）根据川渝油气事业快速发展的需要，集团公司对管理局提出了“8532”发展目标。即：到 2007 年主营业务收入达到 80 亿元；在 80 亿元的主营业务收入中，外部市场收入占 50%，销售利润率达到 3%，人均主营业务达到 20 万元以上。

（2）为了加速实现“8532”发展目标，管理局制定了“五四三二”发展战略。即：做好五篇文章，抓好四个建设，搞好三个服务，达到两个目的。①做好五篇文章：做大做强五大工程技术服务业务，到 2010 年，收入力争达到 100 亿元以上；做专做强装备制造和机械加工业务，到 2010 年总产值达到 20 亿元；做精做强天然气业务和燃气板块，到 2010 年，天然气产量达到 18 亿立方米，年经营收入力争达到 30 亿元以上；做快做强国际业务，力争到 2010 年国际业务收入达到 2 亿美元以上；做优做精多元经济，力争到 2010 年收入达到 30 亿元。这五篇文章实施下来总收入将达到 150 亿元以上。②抓好四个建设：领导班子建设、机关作风建设、党风廉政建设、职工队伍建设。③搞好三个服务：为中国石油天然气集团公司建设具有国际竞争力的跨国企业集团和率先建成一流的社会主义现代化大企业的总战略服好务；为川渝地区经济社会发展服好务；为川渝油气田天然气事业的大发展，特别是为“52135”核心战略的加快推进服好务。④达到两个目的：把四川石油管理局建设成为中国西部最具实力的综合性油气工程服务企业。实现三个翻番，即到 2010 年全局的主营业务收入在 2004 年的基础上翻一番，达到 150 亿元以上；人均主营业务收入达到 40 万元，职工的人均收入达到 5 万元，在 2004 年的基础上实现翻一番。

（罗　华）

长庆石油勘探局

【概述】　长庆石油勘探局（以下简称长庆局）是中国石油天然气集团公司所属的大型石油天然气勘探开发工程技术服务及生产生活服务的综合性企业，局机关设在西安市。生产区域主要在鄂尔多斯盆地（陕西、甘肃、宁夏、山西、内蒙古等地）及其周边地区，生产经营范围涉及油气田钻井、试油压裂、井下作业、建筑施工、供水供电、科研设计、监理监督、运输、通信、器材供应、房地产开发、物业管理等诸多领域。截至 2004 年底，长庆局设置机关部门 17 个，机关附属单位 10 个；直属单位 35 个，全资企业 1 个，控股企业 2 个，参股企业 2 个，其他机构 5 个，共有职工 34432 人。2004 年主营业务收入达 63.974 亿元（含控股），同比增长 4.78%；多元经济生产总值 26.7 亿元，同比增长 8.1%；企业总收入达到 90.62 亿元，同比增长 5.7%；资产总额为 103 亿元，同比增长 13.93%。全年钻井 1081 口，总进尺 211.29 万米，同比增长 10.92%；试油压裂 3108 层次，同比增长 24.77%；井下作业 1.32 万井次，同比增长 10.51%。

【工程技术及生产服务】

（1）钻井生产：2004 年开钻 1081 口（其中，天然气探井 43 口，石油探井 106 口，天然气开发井 60 口，石油开发井 872 口），完井 1080 口（其中，天然气探井 43 口，石油探井 106 口，天然气开发井 60 口，石油开发井 871 口），完成钻井进尺 211.29 万米（其中，天然气探井 13.22 万米，石油探井 20.76 万米，天然气开发井 18.99 万米，石油开发井 158.32 万米）。钻井进尺同比增长 10.92%。开钻 1081 口，按市场划分：关联交易市场 1068 口，集团公司内部其他企业 4 口，社会市场 9 口（其中，国外 8 口）；完井 1080 口，按市场划分：关联交易市场 1068 口，集团公司内部其他企业 4 口，社会市场 8 口（其中，国外 8 口）；钻井进尺 211.29 万米按市场划分：关联交易市场 207.42 万米，集团公司内部其他企业 0.73 万米，社会市场 3.15 万米（其中，国外 2.70 万米）。钻机月速度 3588 米/（台·月），井身质量合格率 100%，平均动用队年进尺 33118 米/（队·年），钻机利用率 84.44%，钻井队利用率 83.95%。

2004年完成固井口数1053口，同比多完成158口。油层套管固井合格率100%，平均动用固井队年效率284口/（队·年），固井队利用率74.2%。

2004年完成录井1097口（其中，探井录井128口，开发井录井969口），比2003年同期多完成191口；录井井次1123井次（其中，地质录井998井次，综合录井108井次，地化录井17井次），平均动用录井队年效率16口/（队·年），录井队利用率94%。

（2）试油及井下作业：2004年完成试油1108层，同比增长20.17%；试油交井1278口，同比增加276口。平均动用试油队年效率70层/（队·年），试油队利用率84%。

2004年完成井下作业15188井次，同比增长12.48%。完成作业井口数14379口，同比增加1609口。

（3）建筑施工：2004年签订工程合同金额7亿元，同比下降47.8%。总承包工程完成产值10.35亿元，同比下降0.59%。自行完成施工产值8.76亿元，同比增长8.02%。最终建筑产品优良品率77.6%，竣工率100%，一次交验合格率100%。

（4）供水供电：2004年完成供水量1707万立方米，同比增长4.6%。供水商品率96.13%，供水损失率1.41%。

2004年完成发电量21310万千瓦·时，同比增长13.37%；负荷率75%，网损率2.97%。

（5）运输：2004年完成货运量195.28万吨，同比增长14.41%，完成货运周转量42755.66万吨·千米，同比下降14.35%；车辆完好率92.98%，车辆工作率77.58%。

（6）物资供应：2004年完成物资购进量26.42亿元，同比增长1.4%。完成物资售出量24.38亿元，同比下降10.71%，物资周转次数5.9次。

（7）机械制造：2004年完成现价工业总产值2.34亿元，同比增长13.47%；完成现价工业销售产值2.71亿元，同比增长46.01%。全年完成机械加工量1.95万吨，同比下降3.05%；抽油机制造1330台，同比增加144台；压力容器制造194具，同比减少158具；抽油泵制造4922台，同比增加1617台。

（8）合作开发油气田：2004年交井16口，进尺3.45万米；新建原油产能1.29万吨/年，当年完成原油产量38204吨（其中，本单位份额油35352吨）；完成固定资产投资3770万元。2004年末采油井总数37口，开井数36口。

【科技工作】 2004年，长庆局共安排科技项目62项（其中软科学研究项目9项）。通过科技机构的精心组织和科技人员的辛勤努力，科技项目总体进展情况良好，项目完成率达到94.3%，取得了一批优秀成果，其中，气体欠平衡钻井技术提高机械钻速研究、西峰地区安全快速钻井技术研究、AP油田钻井速度工艺技术研究、可循环泡沫钻井液（完井液）技术研究、缝内转向压裂工艺技术应用研究、新型复合深部酸化工艺技术应用研究、低浓度胍胶压裂液体系研究与应用、盐渍土及沼泽地公路地基施工技术研究、地质录井资料综合解释评价方法研究及新型高效真空原油加热炉研制等10项科研成果在生产应用中见到了显著效果。

全年共获国家科技进步二等奖1项、集团公司技术创新二等奖2项、陕西省科学技术三等奖2项、长庆局科技进步奖71项（其中，一等奖4项，二等奖18项，三等奖49项），尤其是低渗透油田高效开采配套技术、提高天然气固井质量技术研究与应用、无线传输有线接入钻井数据库管理系统、靖咸输油管道工程新技术研究与应用等科研成果都取得了良好的经济效益和社会效益。

【安全、环保、质量】 安全生产方面：认真贯彻集团公司《关于进一步加强安全生产工作的决定》，以建立安全生产长效机制为目标，以“安全生产管理年”为主线，在操作层突出反违章，在管理层突出强化责任落实，严格责任追究，以科学发展观为指导，深化HSE体系运行和“两书一表”的实施，积极开展环境因素识别和筛选，推行清洁生产，逐步发展循环经济，严抓细管练真功夫，使安全生产工作平稳推进。通过安全生产战略管理、实施安全生产责任制、加强安全监督与管理、制定和完善安全生产规章制度，加大了安全生产投入和培训教育，进一步加强交通安全管理及特种设备安全管理，2004年，按集团公司考核指标统计，千人死亡率为0，千人重伤率为0，千台车死亡率为0.9，均在集团公司下达控制指标之内。长庆局获得了“集团公司安全生产先进企业”称号。

环境保护工作方面：加强了生产过程管理和污染防治措施的落实，杜绝了重大环境污染事故，固定源污水排放达标率、工业废气排放达标率都在控制范围内，钻井废液处理研究项目初步通过了验收。

HSE体系建立与实施方面：2004年，全局21个二级单位发布了HSE管理体系文件，其中4个单位通过集团公司HSE体系认证，7个单位通过了国家职业安全健康管理体系认证，4个单位通过了国家环境管理体系认证。全局680个作业队（站）有640个实施 HSE“两书一表”，实施率达到 94.1%。

质量、标准化、计量工作方面：长庆局获得集团公司石油工业标准发行配备银奖，一项成果获得国家优秀 QC 小组称号；钻井工程总公司获得全国“用户满意企业”称号；钻井工程总公司、井下技术作业处获得集团公司“用户满意企业”称号；水电厂获得“甘肃省质量效益型”企业称号。目前，全局共有 14 个试验室通过了省级计量认证；建立了 26 项局最高标准、51 项局次级标准。

【市场开发】 国内市场：（1）总工作量承揽情况：2004 年，累计承揽外部市场工作量 86053.98 万元。为年计划目标 6 亿元的 143.42 %。（2）市场项目运行情况：全年共运行项目 199 个（2004 年承揽 184 项，跨年项目 15 项）。其中，已完工 185 项，完成工作量 80189.13 万元；为 2005 年储备施工工作量近 39000 万元。全年累计完成工作量 85928.99 万元，其中，当年承揽项目累计完成价值工作量 59641.19 万元，占当年承揽价值工作量的 69.31%；跨年工程项目累计完成价值工作量 26287.8 万元，占跨年价值工作量的 72.44 %。

国际市场：2004 年新启动项目 2 个，海外项目完井 12 口，正钻井 1 口，进尺 31024 米。其中，厄瓜多尔项目完井 6 口，印度尼西亚项目完井 5 口，乌兹别克斯坦水平井钻井服务项目完井 1 口，在钻井 1 口。全年产值 3429 万美元（2.83 亿元），国际市场开发呈现良好的发展态势，境外项目运行步入良性发展的轨道。

经过深入考察调研和分析评估，2004 年国际市场开发成功落实了四个项目，壳牌反承包、印尼等一批新项目取得进展；市场开发网络日臻完善，为下一步市场开发打下了更为坚实的基础。

【战略管理】 2004 年，长庆局牢固树立“战略管理是一切管理之首”的理念，在战略管理中，抓住局、处两级的战略研究和战略决策与实施，重点做好二级单位的战略定位与战略实施的切入点等工作；在管理创新中，突出管理理念、管理方法与管理手段的创新，使长庆局由生产管理、经营管理向战略管理、文化管理逐步过渡。

长庆局不断完善和深化企业战略目标，开展了《建设具有“国内领先、国际一流”竞争力综合性地区服务公司战略规划》，制定了 2005 年业务发展计划暨 2005—2009 年滚动计划、“十一五”发展战略规划，明确了产业定位及发展方向。

【多元经济】 2004 年，长庆局多元经济实现生产经营总值 26.7 亿元，同比增长 8.1%；实现经营销售收入 25.8 亿元，同比增长 10.3%；实现利润 1.6 亿元，同比增长 71.2%。完成企业增加值 7.4 亿元，全员劳动生产率 4.3 万元/（人·年），上缴利税 2.3 亿元。

审批核准多元经济新上项目 7 个，涉及总投资 33834.9 万元；办理、更换《局内产品市场准入证》39 个合 378 种产品，涉及企业 17 家；办理车辆购置申请 85 台；审核并为 29 个企业提供了内部结算服务，其中年内新增企业 5 个。

【财务管理】

（1）利润完成情况：集团公司下达的“三项费用”补贴指标为 14660 万元，增加考核剔除因素 25344 万元，调减考核指标 5505 万元（转回的减值准备），调整后认可指标为控亏 34499 万元。报表实际反映亏损 49346 万元，考虑资本性支出与收益性支出调整等因素影响当年损益 19952 万元，超减亏 5105 万元，圆满完成了集团公司下达的利润考核指标。考虑子公司所得税 564 万元和合并抵消业务 213 万元后，集团公司考核利润为减亏 5882 万元。

（2）相关财务指标：资产负债率 56.21%；流动比率 107.38%；速动比率 86.26%；存货周转率 5.60；资本保值增值率 101%。

（3）资金管理：把资金回收作为重点指标纳入各单位经营考核范围；资金调度实行月预算、周调度、日安排，确保资金合理使用；合理预测资金流量，确定存款结构，努力降低财务费用，首次实现利息收支净流入。

（4）税收管理：2004 年，长庆局被陕、甘、宁、蒙等省、自治区税务机关评为“A 级纳税人”、“纳税明星”和“纳税先进单位”。按照国家税收有关优惠政策，从 2004 年起，长庆局减按 15%税率缴纳企业所得税；在进口关税减免方面，经过大力争取，将黄土塬地区纳入特定地域，争取到进口关税减免政策。

【审计监督】 2004 年，全年实际完成各类审计项目 81 项，其中，经营成果考核审计 34 项，离任经济责任审计 7 项，常规财务收支审计 5 项，控（参）股公司委托审计 9 项，专项审计调查 2 项，建设工程审计项目 22 项，经济合同签约前和对外结算付款审计项目各 1 项；审计项目计划完成率达 101%，财务审计资金总额 90.42 亿元，审计单位覆盖率和审计资金覆盖率均达到 100%，共发现违纪违规及影响经济效益问题金额 1.04 亿元；全局各单位建设工程及资金结算审计资金总额 23.18 亿元，累计审减金额 1754.03 万元，综合审减率达 0.757%。

【精神文明建设】 2004 年，长庆局认真贯彻落实集团公司《企业文化建设纲要》，积极实施企业文化建设战略工程，企业文化、精神文明建设步入“快车道”，取得了突出的成绩。2004 年，建设总公司荣获“全国精神文明建设先进单位”称号；钻井工程总公司荣获“全国五一劳动奖状”；钻井工程总公司、第二采油技术服务处、第三采油技术服务处分别荣获“全国职业道德建设先进单位”称号；井下技术作业处压裂五队二机组、建设工程总公司七分公司半自动焊机组分别荣获“全国职工职业道德建设百佳班组”称号；第二采油技术服务处处长刘栓孝荣获“五一劳动奖章”，水电厂厂长慕甲峰、井下技术作业处压裂五队队长周丰荣获“中央企业劳动模范”等称号。

（张宏鹏　李三卫　赵玉华）

玉门石油管理局

【概述】 玉门石油管理局（以下简称玉门局）2004 年共有职工 7960 人（包括退养职工 1708 人），下设 24 个独立核算单位。有基层党委 15 个，在职党员 2043 人。主要担负水电热供应、油田作业、建安筑路、机械制造、客货运输、物资采供、通信信息、物业管理、医疗教育、离退休职工管理、公安消防、新闻电视、宾馆餐饮等综合服务业务和社会公益事业。截至 2004 年底，全局实现营业收入 10.95 亿元，同比增加 1.98 亿元，增幅 22.07%，在集团公司核定亏损额的基础上减亏了 385 万元。总资产 24.05 亿元，所有者权益 12.94 亿元，负债 11.1 亿元，资产负债率 46.15%。

【企业成长】 2004 年，最能体现玉门局成长性的亮点有两个：一是 5 万千瓦热电技术改造工程于 6 月 30 日正式破土动工，烟囱、水塔已完成主体工程量的 56%，完成总投资的 40.6%；完成主厂房、锅炉基础、电除尘器基础混凝土浇筑和土方回填，南北段循环水自流沟混凝土浇筑，主厂房基础已出 0 米。工程建成后，将新增产值 2 亿元。二是 10 万吨甲醇项目已得到了集团公司的正式批复。项目建成后，将新增产值 1.5 亿元。这两个项目的重大意义在于玉门局可以实现由劳务输出向产品输出的转变，产品由单一的内部市场向外部市场的拓展。

【服务油田】 坚持精细化、规范化、超值化、亲情化服务，支持服务油田再上新水平。水电厂全力以赴保油田，严细操作，平稳运行，水电热供应正常有序；高标准完成了炼化总厂 35 千伏双电源改造工程和青西输电线路架设任务。油田作业公司诚心诚意服务油田，执行设计不打折扣，施工作业不计时间，I146 和 F159 两口定向井，打出了高水平，为开拓浅层钻井市场储备了技术。机械厂心系用户想实招，研制开发了采油薄壁抽油泵和下偏平衡臂式抽油机，赶制炼化压力容器，受到油公司的好评。物资处优质服务到现场，确保了油田大宗物资的供应。综合处持续改进抓工艺，高质量完成了 200 升钢桶清洗线和塑料生产线建设，提高制气、塑料包装产品档次，满足了油田发展的需要。通信公司解决了老君庙等作业区部分区域 133CDMA 信号弱的问题，改善了通话质量。

【市场开发】 在外部市场拓展上，水电厂看准西气东输、西部管道市场，与项目部签订了供电协议，架设了 10 千伏临时供电线路，为最终拿下这块市场奠定了基础。油田作业公司承揽了西气东输管线试压任务，1 支修井队打进了新疆宝浪油田，并与中石化西北分公司达成了油井管理服务协议，与冀东油田签订了技术服务协议。建安处承担的清嘉高速公路路基、桥涵完成总工作量的 95%；嘉玉赤公路按计划完工。机械厂积极承揽来料加工和代理销售，工业总产值同比增长了 60.55%，达到历史最好水平。综合处货运和吊车服务延伸到了塔里木油田、404 厂和酒钢公司，工作量增长了 10 倍；油品、锥形筒、塑料编织袋等产品渗透到了县、乡市场，取得了社会市场同比增长 4 倍的好成绩。物资处争取到了西部管道中转站建设、防腐厂设点等工作量，并首次将 3500 吨压裂砂销到了克拉玛依油田，为社会用户代销棉籽 1 万余吨、铁粉 5000 多吨，获得了较好的收益。通信公司丰富 166 语音信箱、热门信息等增值服务，新增 133、130 通信用户 833 户，网络用户 204 户，开辟了新的创收领域。物业公司将供热服务拓展到了酒泉富康市场。新闻中心扩大广告业务，开辟了新的创收渠道。油田医院推行规范管理和礼仪化服务，聘请专家来院诊治，管理水平、治疗保健水平和经济收益有了新的提高。教育集团拓展井控、成人教育市场，利用闲置车辆，积极开展驾驶员培训业务，增加了收益。阳光大厦努力丰富酒店文化，积极拓展阳光物业、广告、洗衣连锁等业务，经济效益和社会效益比翼跃升。科达公司开发引进钻井液用低荧光磺化沥青、原油降粘剂等短平快项目，实现了当年立项、当年投产、当年销售174万元的好成绩。农牧公司建成年加工能力2万吨的牧草深加工生产线，拓宽种植业的效益空间，在取消农业和农电补贴200万元的基础上，实现了自挣自养。

在海外市场开发和对外合作上，油田作业公司土库曼斯坦项目部完成井检泵作业233井次，实现收入152万元，被集团公司领导称为国外低效油田开发的成功典范。机械厂哈萨克斯坦项目部向周边国家出售抽油泵500多台，实现了技术、产品、资本、人才的真正走出国门。水电厂6名职工奔赴利比亚、苏丹等国，配合石油工程安装电气设备，锻炼了队伍。科达公司与韩国欧西公司、上海理想涂料研究所合作，在北京和酒泉联合开发高档涂料，走出了优势互补、合作双赢的新路子。酒泉涂料厂已发展成为河西地区功能最全、规模最大、产品可与国内先进涂料相媲美的专业厂。

【基地建设】　酒泉基地建设克服建设资金不足和原材料涨价等不利因素，精心运筹，精心组织，精心管理，精心施工，生产指挥中心主体已封顶，保健中心、中小学、锅炉房的土建安装等施工任务已完工，3个小区4152户住宅已全部竣工，其他建设都在按计划运行。围绕基地建设，玉门局各单位在实践中树形象，在服务中增实力，将诚意与汗水奉献于基地建设。机械厂加快了门窗、散热片的生产节奏，确保了建设需要；物资处加强物资采办，满足了建设所需的30多项建材供应；建安处狠抓工程质量，按计划完成了主、支系统工程和部分小区住宅的施工工作量及混凝土预制块的生产；综合处认真做好商贸一条街的规划、招商、建设等工作，工程进展顺利。通信公司优化信息资源配置，网络管道施工完成了19%。物业公司完成了部分小区的热、水管线系统工作量，并为基地搬迁做好了专业人才准备。新闻中心在宣传基地、保存资料方面做了大量的工作。科达公司建筑涂料通过了省涂料产品监督站的检测，完成涂料面积6万平方米。房产中心规范住房资金管理，做好了住房改革的各项准备。

【企业改革与管理】　一是继续深化内部改革。水电厂推行扁平化管理模式，精简管理层次，企业运营更加合理有效。教育集团教学质量明显提高，高考和中考成绩再创新高。按照集团公司分离企业办社会职能的部署，加强与当地政府的沟通协调，中小学、公安移交协议已经签署，队伍基本稳定。二是狠抓基础管理工作。坚持从严治厂，强化管理，持久深入地开展“两反”、“五查”活动，对40余名违反管理规定的单位和责任人进行了严肃处理，推动了基层管理工作水平的提高。集中会计核算，简化了内部交易流程，确保了财务信息的真实、准确。公开竞价处置闲置资产，变现701万元；加大清欠力度，外欠产品劳务费由上年的3.2亿元下降到2.76亿元，增加资金回笼4600万元。抓好计划投资管理，严格项目评价，降低了投资风险；规范股权、合同管理，确保了国有资产的保值增值；完善年薪制考核办法，强化管理和效益审计，考核更加严肃和公正。效能监察围绕重点工程、资产资金管理、物资采购、招投标和住房改革等方面，做了大量扎实有效的工作。鼓励技术创新，注重科技成果转化，机械厂抗扭抽油杆接头研制及配套加工工艺项目列入集团公司科技项目，抗腐蚀抽油杆及制造方法等三项产品获国家专利，两项产品获国家发明专利。三是狠抓安全生产。坚持“以人为本”的安全理念，开展以“反违章、查隐患、促整改”为主题的“安全生产管理年”活动，创优升级HSE管理体系，强化安全现场管理，推行环境目标责任制，开展清洁生产，建立应急救援预案，促进了安全工作的落实。公安、消防在多次灭火任务中表现突出，受到了油公司的好评。狠抓质量管理，机械厂的彩钢门窗、铝合金门窗、塑钢门窗取得了甘肃省生产许可证。注重工程队伍资质升级达标，按照集团公司新的验收标准，油田作业公司有26支工程技术服务队伍达到了甲、乙级资质。

【人力资源开发】　积极实施人力资源开发战略，探索人才引进奖励金制度，吸纳紧缺人才，67名大学生来油田工作；选拔45名海外项目管理人员及作业人员赴北京、上海、俄罗斯深造，选派24人参加注册咨询工程师、西班牙语和钻井英语等培训，利用外国语学校培训各类外语初级专业人才100余人，为海外市场开发储备了人才。实行全员岗位综合考核，举办班组长等培训班，提高了职工的业务能力和工作水平。

【党建和精神文明建设】　坚持围绕发展抓党建、抓好党建促发展的工作思路，不断加强党组织建设、领导班子建设、职工队伍建设和精神文明建设，先后对

18个单位（部门）的26名处级干部进行了调整充实，有6名年龄在35岁左右的年轻干部进入了领导班子，使领导班子的文化、年龄、专业知识结构更趋合理。12个单位完成了党委、纪委会的换届选举工作。制定下发了《关于管理人员和专业技术人员公开竞聘上岗工作指导意见》，首次将面试、答辩引入干部考察，对玉门局团委副书记等岗位进行公开竞聘，增加了干部选拔的透明度。深入开展“学、创、争”主题活动，坚持用科学的发展观引领企业健康成长。注重在生产一线青工和年轻知识分子中发展党员，不断为党组织增添新的力量，全年共纳新党员107名。注重加强党风廉政建设，为全局持续稳定发展创造良好的内部环境。全年共受理群众信访举报83件次，办结率100%；立案7件，结案率100%；挽回直接经济损失15.23万元。

坚持弘扬玉门精神、升华企业文化，全力构筑企业品牌，树立诚信形象，举办文化建设知识竞赛，谱写、传唱企业歌曲，振奋了队伍精神。油田矿史展览馆被集团公司首批命名为“企业精神教育基地”。全局顺利通过了“全国精神文明建设先进单位”的复查验收，玉门油田被国家旅游局首批命名为“全国工业旅游示范点”，玉门局被甘肃省评为“诚信单位建设示范点”。退管中心创新思路、工作求精，老年艺术团分别在集团公司和甘肃省组织的离退休文艺调演中，获得了最高奖项。工会、共青团、女工、公安、武装等组织，围绕全局的生产经营和重点工程，创造性地开展工作，做出了新的贡献。

坚持把维护油田稳定，提高职工生活质量和水平作为推进企业持续、健康发展的大事、要事，摆上重要议事日程，力所能及地为职工办实事、办好事，进一步增强了企业的凝聚力。筹资500万元为工农业家属发放生活补贴，解决了多年的历史遗留问题；较好地解决了有偿解除劳动合同人员再就业扶持政策问题；安排了100名职工子女就业，并与甘肃销售公司签订了300名职工子女就业协议；研制多功能移动式野营餐车，保证野外施工职工吃上热饭、喝上热水，彻底解决了多年来想解决而未解决的一线职工吃饭难的问题。各级组织坚持开展“送温暖”活动，坚持领导干部联系困难户制度，建立帮扶对子，定期走访慰问，送去组织的关怀。全年共向177名困难职工发放救助金13万多元，有效解决职工具体困难，维护了队伍稳定。

（卜鹏洲　王学军）

青海石油管理局

【概述】　青海石油管理局（以下简称管理局）是集团公司所属的从事石油天然气工程技术服务、生产技术服务和基地服务，兼营其他业务的综合服务公司。主要生产工作区域位于素有“聚宝盆”之称的青海柴达木盆地。主要经营范围包括：石油天然气钻井、固井、试油、井下作业、钻井液及化工原料的研制和销售；建筑安装、油田建设、工程总承包、工程监理、特种工程施工；机电设备制造、加工、修理；水、电、暖生产与供应；客、货运输；建筑建材的生产和销售；物资采购、存储、批发、零售；锅炉压力容器除垢及修理；通信工程；幼儿教育、医疗卫生、社区物业管理、生活后勤服务、旅游服务和多种经营等相关服务。

截至2004年12月底，全局共有职（员）工12752人。其中，管理及专业技术人员2998人，占职（员）工总数的23.5%；操作与服务人员8077人，占职（员）工总数的63.3%；其他人员1677人，占职（员）工总数的13.2%；内退职工669人。共有企业员工1299人，劳务协议工664人。离退休职工5089人。拥有资产总额28.31亿元。组织结构为“一个机关、两个模拟公司、三个经济责任中心”的管理模式。“一个机关”，即面向市场，高效、精干的管理机关，下辖11个职能部室，10个直属单位，3个直管单位；“两个模拟公司”，即石油天然气工程技术服务总公司和昆仑实业服务总公司，前者下属工程技术服务和生产技术服务两个板块的13个二级单位，后者下属多元开发和社会服务板块的35个二级单位；“三个经济责任中心”，即局机关的决策、投资和监督责任中心，石油天然气工程技术服务总公司的利润责任中心，昆仑实业服务总公司的成本和投资回报责任中心。

【主要生产指标】　2004年，管理局完成钻井进尺

22.6927万米；试油78层组；维护作业1512井次，大修作业38井次，酸化压裂373井次；固井391井次；低效油田生产原油2.1143万吨；特车修理189台部，柴油机修理53台，成套制造353套件；供水量2117万吨，供电量41335万千瓦·时；货运周转量15382万吨·千米，客运周转量10591万人·千米。

【经营指标】 2004年，管理局实现经营收入163475万元，同比增加6202万元，增长3.94%；关联交易收入138794万元，同比增加3255万元，增长2.40%；上缴税费14975万元，同比增加2133万元，增长16.61%。

【主要产品】 西宁年产1万吨PVC和昆仑山矿泉水；西宁年产5万吨的氯酸钠项目已获得集团公司的正式批准，正在加快组织实施。成功实现了藻蓝蛋白和藻多糖的提取，新产品已通过了成果鉴定，为做实螺旋藻产业迈出了新的一步，实现了阶段目标。

【主要措施和成果】 2004年，管理局投资3.71亿元继续实施结构调整，产业结构进一步优化升级，市场竞争力进一步增强。低效油田开发实现收入2977万元。实施花土沟油区电网规划调整改造、花土沟和敦煌基地供暖系统及锅炉房技术更新改造，提高了水、电、暖系统运行的安全性和可靠性。

【科技创新与技术改造】 管理局调整了科技委员会，局机关设立了技术开发中心，成立了井筒工程工艺和井筒工作液两个科技研发中心。根据工程技术队伍建设和对外市场开发的需要，实施了钻井、井下作业设备的更新改造，购置了ZJ70D和ZJ50D钻机，系统配套完善了两套钻井设备，均达到长城钻井队装备标准，改造完成了8台钻机、8台大型修井机及配套设备；引进了一套2000型压裂车组，全面提高了工程技术服务队伍的装备水平和整体实力，为开拓国外市场提供了硬件保障。在钻井液服务方面，目前管理局有5名泥浆工程师在伊朗、哈萨克斯坦、苏丹、印度尼西亚、阿塞拜疆等国从事钻井液技术服务，成功解决了大量技术难题，得到了外方和长城钻井液公司的高度评价。

【工程建设】 管理局工程技术服务具备完成年钻井进尺25万米，作业1800井次，试油120层组，大修50井次，酸化压裂300井次（不含固砂）的施工作业能力。机械加工制造能承担油田钻、采、炼、地面工程建设等常用设备的加工制造和修理，具备年加工1200吨、年修理800台（套）的能力；能从事金属结构件、油田地面建设非标准件以及一、二类压力容器的制造，年生产能力120台（套）；油田工程建设方面参与了涩宁兰管线、陕京二线、西气东输冀宁管道工程等油气长输管道建设，具有成熟的大口径长输管道下向焊流水施工等技术，能承接各类管道施工建设、油田现场安装、储罐建设等施工任务。筑路施工队伍在青海省公路建设市场继续提升油田路桥品牌的同时把服务领域扩展到了内蒙古和新疆市场。

【安全生产】 2004年，管理局认真学习党中央、国务院关于安全生产工作的一系列重要指示，深入贯彻落实集团公司《关于进一步加强安全生产工作的决定》，进一步加强对安全生产工作的领导，加大工作力度，落实各项工作措施和责任制，使全局安全生产形势总体上保持了相对稳定的良好态势。深入开展了“安全生产管理年”活动，逐级签订安全责任书，严格安全责任追究制度，强化施工作业现场的安全管理和日常监督检查。针对安全生产上的薄弱环节，加大安全教育培训力度，突出重点施工作业风险管理，夯实安全基础工作，抓好安全生产专项整治，加强HSE管理体系建设，狠反“三违”，促进隐患整改，实现了全局生产的安全平稳运行。

【企业改革与管理】 2004年，在全局范围内开展了“五定”及管理人员公开竞聘工作；制定下发了《青海石油管理局领导人员管理办法》，实施领导人员公开选拔和竞聘上岗制度。加快人事制度改革，建立了管理岗位、专业技术岗位和操作服务岗位分级、分类管理的岗位管理制度。按照集团公司要求，稳妥推进分离企业办社会职能工作，管理局所属8所中小学校平稳移交青海省教育厅。

制定了《管理局人才队伍建设管理办法》，召开了管理局人才工作会议，建立了人才培训、选拔、使用的新机制，经营管理、专业技术、操作人员和国际合作四支人才队伍培训工作逐步落实。建立了以技术专家和技术带头人为龙头、专业技术骨干为主体的专业技术人才队伍，在操作人员队伍中强化岗位技能和实用技术培训，着力培养技术能手，有力地促进了高级操作技能人才队伍的发展与壮大。全年培训各类人员11990人次，其中“四支人才”队伍培训3331人，5名技术骨干取得国际井队长、国际司钻、钻（修）井对外作业资格证书，275名特种行业生产操作人员取得行业执业（职业）资格证书，为实现管理局的战略目标提供了人才支持和智力保证。

在全局战略总体框架下，各单位准确把握主营业务定位，认真实施发展战略，走上了以战略引领企业发展的正确轨道。在抓好战略管理的同时，继续开展

“管理增效”活动，组织开展了局第45次岗位责任制大检查，完成了《企业管理手册》汇编工作，基层管理工作得到了加强；明确了各单位主业和辅助业务范围，为做强主营业务奠定了基础；加大对往来款项的清理力度，全面启动了应收款项的清欠工作；积极推进会计集中核算，严格预算管理，完善资金管理；对全局的法人实体进行了全面清理，完成了28个法人实体的清查登记工作。抓好生产运行，为完成全年生产任务和经营目标打下了坚实基础。

【精神文明建设】　2004年，管理局认真贯彻落实集团公司工作会议和领导干部会议精神，深刻领会“六个必须坚持”、做好“四篇文章”和讲好“三个故事”的科学发展观的内涵。开展了“我身边的建设者”巡回演讲活动，与青海油田分公司共同组织召开了“形势、目标、责任”主题教育经验交流会。围绕管理局发展战略和油田共同发展目标，在全局深入开展了“成长思源，长而思进”大讨论活动。召开了局第七次党代会和六届四次职代会。结合实际，狠抓载体建设，丰富精神文明创建内容。精心培育企业文化，编辑印发了青海石油管理局形象宣传画册。认真学习贯彻党内两个《条例》，加强党风廉政建设。制定和实施《管理局基层建设五年规划》，推进基层建设试点工作，基层基础建设进一步加强。积极开展党员责任岗和党员示范区创建活动，发挥了党员的先锋模范作用。

（彭　康　刘志刚　晏　勇）

新疆石油管理局

【概述】　2004年底，新疆石油管理局（以下简称管理局）拥有资产总额153.68亿元，其中固定资产原值108.25亿元，净值68.88亿元，净额61.28亿元。拥有主要专业技术装备5000多台（套），其中钻机95台（套），测井设备57台（套），综合录井设备43台（套），井下作业设备213台（套），工程建设机械装备446台（套）；自备发电厂总装机容量213兆瓦；通信程控交换机总容量12万部；有3座水库，总库容11310万立方米。

局机关设18个处室，机关直属、附属单位18个。局属单位43个，其中局级单位1个（独山子石化总厂），副局级单位1个（新疆石油培训中心），处级单位37个，副处级单位4个（地质录井公司、明园石油职工医院、客运公司、小汽车服务公司）。有石油工程技术队伍309个，其中钻井队83个、录井队47个、井下作业队100个、试油队22个、测井队57个。

全局年末职工48798人，其中女职工19681人，占40%；少数民族职工11018人，占22%。有各类专业技术人员17772人，占职工总数的41%。其中高级职称人员1304人，占职工总数的2.6%；中级职称人员7690人，占职工总数的15.8%。有4名省部级技术专家、10名管理局技术专家、37名学科技术带头人和195名专业技术骨干。

【生产经营】　经营指标和主要实物工作量均创历史最好水平。全年完成钻井进尺突破200万米，达到256.4万米，同比增加53.8万米，增长26.6%；完成井下作业大修3799标准井次、小修49431标准井次，同比分别增长11.5%和8.2%。完成测井9634井次，录井2064口，发电10.7亿千瓦·时，供电15.4亿千瓦·时，供水6527万立方米，客运8.5亿人·千米，供热904万平方米，同比分别增长11.4%，20%，5.9%，8.2%，8.3%，11.3%和4.6%。全年实现总收入90.52亿元，完成预算的103.6%，比2003年增加5.09亿元，增长5.85%；实现企业增加值36亿元，增长8.5%，劳动生产率7.3万元/（人·年），比2003年增长16%；职工人均年工资收入比2003年增长7%。在消化三项费用补贴减少、原材料大幅度涨价和人工成本增加等诸多不利因素的情况下，完成了集团公司下达的预算目标，实现利润5100万元。在全局43个经营考核单位中，42个完成了生产经营目标，占考核单位的97.7%。

此外，新兴业务在2004年获得长足进展。与新疆油田分公司密切合作，积极探索合作开发低效油田的新思路和新机制。加强前期评价、投资预算和成本控制，依靠科技创新，精细管理，使开发水平不断提高，实现了低效油气资源的高效开发。全年钻井153口，完成进尺15.68万米，新建产能11.5万吨，全年生产原油38万吨，实现收入5.44亿元，比2003

年增长58%，成为管理局最现实的经济增长点和稳定的收入来源。化工延伸加工业务取得实质性进展。年产20万吨甲醇项目获得集团公司批复同意，各项筹备和组织工作已经启动，完成了主要设备订货，建设厂址的封井、场平基本完工，具备开工建设条件。独山子年产3万吨的甲醇装置建成投产，实现销售收入1100万元。在集团公司的大力支持下，分别参股西部管线、阿拉山口—独山子原油管线建设，已完成第一批投资4亿元。

【科技创新与技术改造】　技术创新工作以解决工程技术难题和开发、推广应用新技术、新产品为重点，取得科技成果100余项，其中获国家科技进步奖1项，获得集团公司、自治区科技奖励11项，开发新技术、新产品40余项，申请专利32项，科技成果应用率达到95%。显著提高了我局在钻井、测井、录井、酸化压裂、管道建设等领域的技术水平和技术实力。自主研制的套管阀成功应用及欠平衡钻井技术达到国内领先水平，在夏72井施工作业中，首次在世界上成功使用ϕ244.5毫米套管阀技术，实现了钻井、测井、完井等全过程的欠平衡作业，创欠平衡井段1511米的国内最长记录；煤气层空气雾化钻井技术填补了国内空白；八区调整井安全钻井取得重大突破；录井数据卫星传输系统使全部探井实现实时监测；技术中心建设方案通过集团公司验收并得到好评；信息化建设全面启动，完成了《新疆石油管理局信息发展规划》研究，信息骨干网改造工程初步建成，实现了百兆到千兆带宽的互联互通。一些重点项目攻关取得重大突破，在生产实际中发挥了重要作用或展示了良好的应用前景，对促进油田勘探开发和增储上产发挥了重要作用，同时也增强了管理局工程技术服务队伍的技术实力和市场竞争能力。

工程技术服务装备技术水平不断提高，竞争实力进一步增强。全年投资3.82亿元，配备了5700成像测井装备、DQ70BS顶驱等一批具有国际领先水平的技术装备，主要装备的新度系数有所提高。固井质量、井身质量分别达到了100%和98.3%，平均钻机月速度达到3421米/（台·月），比2003年提高了14.5%，其他主要技术指标均有较大幅度的提高。

【企业管理】　2004年，全局上下高度重视内涵发展和企业素质的提高，广泛深入地开展管理增效活动，精细化管理、集约化经营的意识普遍增强，有力推动节约挖潜工作，出现了管理水平和经济效益上升、成本费用增幅减缓的良好局面。2004年总成本增幅控制在5%以内。

在战略规划研究上，以陈耕总经理提出的“1325”发展目标为指针，树立全面、协调、可持续的科学发展观，提出了发展的框架思路，认真组织编制了2005—2009年滚动计划和管理局化工延伸加工业务发展规划。

在企业民主管理上，坚持将关系企业改革发展的重大举措、关系职工群众切身利益的重大问题纳入职代会审议范围，保障职工参与企业决策、民主管理和监督的权利；全面推行厂务公开制度，初步形成了局、厂、车间队、班组四级厂务公开网络，调动了职工参与企业管理的积极性和劳动热情；以市场开发、技术创新、挖潜降耗和安全健康为目标的挖潜增效竞赛活动成效显著，开展劳动竞赛93项、采纳优秀计策145条，创效1.5亿元以上。

在投资管理上，以规范管理、促进发展为重点，进一步完善了投资决策、投资计划、初步设计、招投标、造价管理、重点工程管理、竣工验收及项目后评估等七项投资管理制度，投资增效显著。

在预算管理上，建立了预算基础信息库，突出事前控制，强化事中分析和事后监督；按照集团公司全年扭亏解困任务，主要领导亲自抓扭亏工作，层层落实扭亏预算目标，每月检查分析扭亏目标完成情况，取得了阶段性成效。

在财务管理上，继续实行资金的高度集中管理，合理运作资金，财务费用比2003年降低0.15亿元。加大对往来款项的清欠力度，明晰了管理局的债权、债务状况。对现有资产进行了彻底清查，完善了资产管理办法，使资产质量不断提高，存量资产进一步优化。实行会计集中核算，编制会计集中核算标准化方案及业务流程，已完成试点、初始化和并行测试工作，具备了正式运行条件。做好企业税收筹划，精心组织了涉外工程配套出口货物的退税和技术改造国产设备投资抵免企业所得税等项目，仅出口退税预计全年就可增效2100万元以上。根据集团公司财务税收检查工作视频会议精神和要求，成立联合检查组，分四路在各单位自检自查的基础上进行复查，并针对发现的问题分析原因，认真组织了整改。

在法律事务管理上，建立了法律事务管理网络，完善了法律防范体系。全年处理较大诉讼案件11起，涉案标的7316万元。加大了合同管理力度，获得第五届国家级“守合同重信用企业”称号，被推荐为自治区AAAA级信用企业。

在人才培养上，与企业需求相结合，加强了经营管理、专业技术和操作人员队伍建设工作。编制了

2004—2008年人才队伍建设规划。选派34人参加了集团公司、自治区组织的各类培训班；向高等院校送培研究生76名；选派14名管理和专业技术骨干赴俄罗斯留学培训；向集团公司推荐了10名高级技术专家。加强了与国内重点院校、科研单位及科技人才密集地区的人才智力交流与合作，积极做好企业紧缺人才的引进工作，吸引了241名大学生来我局工作。以提高职工的文化和业务技术素质为重点，在操作人员队伍中强化岗位技能和实用技术培训，对主营业务中各专业工种操作人员进行技能提高培训，共培训13100人次。培训高级技师、技师109人，壮大了高级操作技能人才队伍。

【企业改革】 按照国办发［2004］22号文件及集团公司分离企业办社会职能工作视频会议精神，认真开展分离企业办社会职能工作。按照集团公司安排，牵头成立中石油驻疆企业分离企业办社会职能工作协调领导小组，组织片区会议，协调各企业与相关政府部门集中对账，并组织签订地区分离协议。推进我局企业办社会部分的移交，分别与克拉玛依市政府、昌吉州政府签订了企业办社会职能移交协议，协议涉及克拉玛依、乌鲁木齐、准东石油基地的45所全日制中小学和克拉玛依、独山子、准东石油基地的公安局。

按照集团公司《关于清理企业兴办的法人实体的意见》，落实集团公司二级投资主体、三级法人的组织架构要求，对局属单位主办的法人实体进行了清理，编制了《新疆石油管理局清理法人实体处置方案》并上报集团公司。

继续推行主辅分离辅业改制工作。完成了14家辅业单位分离、分立工作，做到业务、资产、人员、管理四分开；继续推进分流改制，又有7家多种经营企业完成了改制立项批复，3家完成了改制。

接管了市区局属54个居民小区的物业管理，初步理顺了物业管理体系。

【市场开拓】 “巩固传统市场，开拓外部市场”的市场方针得到落实，油区内市场占有率稳中有升，外部市场收入稳步增长。

在关联交易市场，通过联合技术攻关和开展承诺服务、对口服务等措施，为新疆油田分公司实现年度勘探开发工作目标提供了有力的技术支撑和后勤保障。全年获得关联交易市场收入67.5亿元，完成预算的104%，增长7.88%，钻井、测井、录井内部市场占有率稳定在90%以上，射孔、压裂、试油继续稳定在100%。

2004年，外部市场预计实现收入11.9亿元，完成计划的119%；其中国内市场收入8.06亿元，海外市场收入3.84亿元。国内以天山以南市场为重点，稳步拓展塔里木、塔河、青海、长庆等油田市场，先后与塔里木油田、西北石油局建立了长期合作关系和定期互访交流机制。管道、公路、水利业务快速发展，高效优质完成克拉2外输管道工程主体焊接任务，在忠—武管道建设中再展铁军风采。在国家西气东输工程投产庆典暨表彰大会上，我局工程建设有限责任公司西气东输管道工程项目经理部荣获“国家西气东输工程建设先进集体”和“全国五一劳动奖状”，我局基本建设系统有14人荣获“国家西气东输工程建设先进个人”。海外工程承包、技术服务、劳务输出等项目不断取得重要进展，以钻井、工程建设和设计为龙头，在中亚、中东、南美洲、非洲等地区10个国家开展技术服务和施工建设。录井、井下作业在海外市场实现了零的突破。海外作业的钻机数达到17台，位居集团公司首位。

【安全环保】 在安全生产管理方面，管理局各级领导始终把安全生产作为企业管理的头等大事，坚持“安全第一、预防为主”的安全生产方针，树立“以人为本，关爱生命”的理念，全方位开展了以“反违章、查隐患、促整改”为主题的“安全生产管理年”活动，及“安全生产月”活动和安全生产专项整治及隐患治理工作，强化了职工安全培训和现场安全监督检查等方面工作，进一步落实、完善安全生产责任制，组织修订、完善各项安全生产管理制度和设备操作规程，同时严格实行安全生产目标管理，层层签订安全生产责任书和安全合同，加大全员安全生产考核力度，努力建立安全生产长效机制，确保了管理局安全生产平稳运行。

在体系建设方面，重点抓了局属通过认证单位的体系内审和监督审核工作，对生产辅助单位采取建立风险管理手册的方式，加强风险管理和危害控制，发布了《新疆石油管理局健康安全环境管理手册》。实现了五个运行到位（体系组织上运行到位、体系运行方式上的到位、体系理念上的认识到位、HSE体系与OSH和ISO 14000体系整合运行到位、体系审核机制运行到位）。在体系运行过程中，借鉴国际上的先进管理方式和管理理念，推行了“STOP卡”、“风险提示卡”、“员工健康安全代表”和“旁站监督”制度，开展了“人人当一天安全员”等活动。目前，全局共有20个单位通过了质量管理体系认证，13个单位通过HSE管理体系和职业安全健康体系认证。同时，在钻井、修井、地面工程建设等施工现场重点加强了“两书一表”的运行。通过严格执行危险作业许可和“两书一表”，加强作业现场监督检查，规范现场作业行为，确保了施工作业的安全。2004年，全局共有13个单位推行“两书一表”，有289个基层车间（队）实施了“两书一表”。

在安全监督方面，全局13个单位配备安全总监、副总监，有8个主营生产单位建立了安全监督站（中心），配备安全监督324人，初步探索出适应管理局生产特点的以钻井“单井监督”、井下作业“巡回监督”、工程建设“项目监督”、运输“动态监督”、电厂“安全运行分析监督”的五种监督模式，同体管理，异体监督的格局已初步形成。安全监督的有效运行，消除了施工作业不规范行为，有效地控制了生产风险，保障了安全运行。

在安全培训方面，通过外派学习和集中办班等多种形式，开展了安全教育培训工作。全局共举办各类安全培训班651期，培训员工2.8万余人次。通过强化员工素质培训，员工安全生产意识得到了加强，树立了安全“源于责任心、源于防范”的理念，初步形成了“人人讲安全、人人懂安全、人人会安全”的工作氛围。

在安全生产专项检查和专项整治方面，针对行业和生产特点，局属单位采取体系审核与安全检查同步进行的方式，将安全检查与HSE管理体系运行紧密结合在一起。全年组织节前、开工前、安全月、井控、危化品、交通安全等专项安全检查12次，查出问题3246个，消除问题3245个；组织完成了安全技术措施计划92项，重点治理隐患7项，投入资金1948.4万元。通过开展安全生产专项检查和专项整治，实施技术措施计划，完善了设备设施的安全性能，消除了事故隐患。

在风险管理和危害控制方面，强化应急救援预案的编制和演练工作，完成了局、厂两级原有应急预案的全面修订、完善。共编制局级应急救援预案1份、厂处级应急救援案36份、油田分公司级应急救援处置预案402份，关键装置、要害部位应急救援预案307份。

在职业健康管理方面，制定了《新疆石油管理局职业病防治管理办法》，修订、完善了各项职业健康管理制度和操作规程，健全、完善了管理局职业健康三级管理网络，管理局所属各单位按照国家有关规定，对从事接触职业病危害作业的职工进行了上岗前、在岗期间、离岗和应急时的职业健康检查。以多种形式广泛开展了以“尊重生命，保护劳动者健康”为主题的《职业病防治法》宣传活动，普及了职业卫生知识。2004年，管理局职业卫生建档率达到100%；职业危害场所监测率为93.6 %；职业病危害作业场所从业人员体检率达到90%。

在环境保护方面，把环境保护纳入到企业的发展规划和建设计划中，落实了治理项目和资金，加强了污染治理和环境保护，实现了“一杜绝、二控制、三达标”的环境保护工作目标，即杜绝重特大环境污染和生态破坏事故；工业废水和废气中污染物排放量已控制在总量指标之内；有控废气达标率为100%，固定源工业污水达标率为100%；工业固体废弃物处置达标率为100%。对20万吨/年甲醇项目和新建锅炉房等项目都进行了环境影响评价，环评率达到了100%。通过环境评价，识别环境因素，从设施本质环保化入手，严格实行建设项目“三同时”管理，保证了建设项目的环保功能，避免了因先天不足而带来的后期改造。截至2004年底，管理局已通过ISO 14001环境管理体系认证的单位12个，企业体系化、科学化环境管理的框架基本形成。

同时，积极开展绿色作业队创建工作。在全局继续开展“绿色作业队”创建活动，主营生产单位领导高度重视创建工作，成立领导小组，制定实施办法，广泛开展深入的清洁生产和绿色作业教育，将绿色环保的理念和各项环保措施融入到“两书一表”中，落实到每项工程、每项作业和每个施工环节中，创建了一批“绿色作业队”。针对技术服务和基础产业的不同特点和环境难点问题，采用新技术、新设备、新工艺、新材料，加大投入，消除环保瓶颈，治理环境污染，取得了显著的环境效益和经济效益。钻井公司与大专院校进行合作，研制环保型泥浆，彻底解决了对地层及地表造成的污染问题。他们针对废泥浆处理、泥浆回收及泥浆岩屑处置等突出问题，制定了《优化钻井岩屑处置，提高泥浆废液回收利用率管理方案》，这项方案的实施，将废液回收率由原来的60%提高到80%以上，有效地解决了废液产生的污染问题。钻井、试油、井下作业、大修、小修、压裂施工现场广泛采用易降解、可二次回收利用的环保型防渗膜，降低了成本，使生产作业中的生态保护落到了实处。

2004年，管理局有效遏制了重、特大事故的发生，安全生产和环境保护各项指标均控制在自治区和集团公司下达的考核范围内，分别被自治区和集团公司授予“2004年度安全生产先进单位”和“集团公司安全生产环境保护先进企业”荣誉称号。

【党的建设和精神文明建设】　管理局以加强党的执

政能力建设为重点，进一步加强党的建设。以完善选任机制、提高素质、增强能力为重点，全面加强了各级领导班子和干部队伍建设。制定了《新疆石油管理局党委和领导班子工作制度及议事规则》，促进了党委工作的规范化、制度化。开展创建“标准化”党支部试点工作，党组织的战斗堡垒和先锋模范带头作用进一步增强。认真落实“建立三个机制、规范四项权力”工作，创新反腐倡廉工作机制。

以“内练素质，外树形象，增强企业竞争力”为主要内容，组织开展“公民道德建设月”、“民族团结进步教育月”、创建文明行业（单位）等丰富多彩的精神文明创建活动和企业文化建设工作，取得明显成效。在集团公司勘探开发工程技术工作会议上，50582钻井队等19个集体、阿不拉江·玉奴斯等23人分别获金、银、铜奖荣誉称号。管理局供热公司荣获“全国职工职业道德建设先进单位”称号。骆伟同志被评为集团公司第三届“十大杰出青年”，还有多个集体、个人获得国家、自治区、集团公司的表彰和奖励。

认真担负起维护社会稳定和扶贫帮困的责任和义务。面对严峻的群访形势，各级组织、各级领导带着感情做了大量艰苦细致的工作，全面落实稳定工作责任制，积极预防和妥善处置信访突出问题和群体性上访事件，努力化解各种不稳定因素。积极开展“送温暖”和扶贫帮困活动，建立了退岗家属特困户、困难户大病统筹救助基金，适当调整了退岗家属医疗报销标准，关心和解决了困难职工及弱势群体的部分实际困难，并积极协助政府做好未就业大中专毕业生的就业工作。

在企业经济效益增长的同时，筹集资金，对15幢职工住宅和部分居民小区的水、电、暖、信配套设施进行了维修改造；安排1317名未疗养过的在职职工和劳模进行带薪疗养和贡献疗养；建立了应急解困救助金，坚持走访慰问困难户制度，让更多的职工感受到了企业的温暖；关心离退休职工，坚持开展“敬老、助老，送温暖活动”，及时为3万多名离退休职工发放了生活补贴。

随着企业的发展、物质文化生活的日益改善，职工的精神面貌也发生了可喜变化。重组改制初期对企业和个人前途感到困惑迷茫的现象发生了巨大改观，广大职工对企业的归属感、对改革的认同感、对稳定的责任感、对发展的使命感、参与企业民主管理的主人翁精神明显增强，靠优质服务求生存、靠市场竞争谋发展、靠加强管理增效益的经营理念基本形成，对建设具有“强、精、特”一流企业充满信心。职工队伍的意志经受了考验、作风得到了锤炼、素质全面提升，凝聚力、创造力显著增强，呈现出蓬勃向上的精神风貌。

（陈　鹏）

【独山子石油化工总厂概览】

（1）概述。独山子石油化工总厂（以下简称总厂）隶属中国石油天然气集团公司，主要拥有集炼化生产服务、工程管理、工程设计、工程施工、工程监理、物资供应于一体的生产服务和工程技术服务队伍，能承担大中型工程的设计、施工监理，具备石油化工工程总承包一级资质、国家进出口企业资质证、新疆维吾尔自治区对外经济合作经营资格证书，可独立承包国内外化工石油工程及参与国际工程招标。

2004年，是独山子石油化工总厂加快发展的一年。一年来，总厂认真实践“三个代表”重要思想，学习贯彻十六届四中全会精神，按照集团公司的总体部署，大力开展“安全管理年活动”，立足炼化生产服务，稳步推进配套改革，完善经营管理机制，积极开拓内外部市场，大力实施发展战略，战胜和克服了内部市场份额同比下降、外部市场开拓艰难、资金缺口巨大的困难，迎难而上，拼搏进取，圆满地完成了2004年各项指标。截至2004年12月31日，总厂共有固定资产10.42亿元，经营性资产4.6亿元。经营性资产占总资产的46%，提高了6个百分点。

总厂2004年在册职工6019人，具有高级以上专业技术职称25人，占干部总数的1.04%；工人3462人，达到高级以上技术等级的679人，占工人总数的19.6%。具有10亿千瓦·时的供电能力，3立方米/秒供水能力。有甲级监理、乙级造价咨询、乙级工程设计资质和AR_2，AR_3级压力容器制造、球罐现场组焊枪资质。

（2）效益指标。2004年总厂实现各项业务收入4.15亿元，整体实现盈亏持平，消化资金缺口5229万元，工资性费用上涨等减利因素3055万元；主营收入实现3.74亿元，比年度预算增加2847万元，增长8.25%；负债3.69亿元，资产负债率32.66%。

8个经营性单位均完成全年利润指标；4个改制单位实现了整体盈利；总厂参股上市企业天利高新股份有限公司利润同比增加，资产由上市前的2.93亿元增加到15.66亿元，与2003年同比增长14.3%，实现持续增长。

（3）生产服务。全年安全供水3014万立方米，供电8.01亿千瓦·时，供暖165.4万平方米。检维修、物资供应、运输、通信、生活后勤服务到位，进一步落实“增强服务意识，提高服务质量，降低服务成本，确保服务市场”的经营理念，树立大局意识、责任意识和服务意识，围绕炼化生产发展，精心组织作业施工，提供最优质服务。特别是在公司馏分油加氢裂化、4[#]发电机组项目、大检修和大发展项目启动的工作中，总厂各单位给予了积极的支持和配合，设计院开展了两次“大干三十天”活动，按时完成了大炼油、大乙烯前期可研部分、三大厂大修工程设计等工作。供应处狠抓物资订货、到货工作，完成合同订货904份，资金1.17亿元，设备到货率100%。炼建公司合理组织施工力量，既保证了石化公司大检修工作，又保证了总厂甲醇、偏三甲苯等项目的建设。

（4）工程建设。进行了总厂工业园一期建设。3万吨/年甲醇、4万吨/年偏三甲苯项目建成投产，成功再造总厂化工主营业务，成为增效亮点。2004年累计生产甲醇4029吨，偏三甲苯854吨，透明质酸125千克，共增收1365万元，为全年盈利做出重大贡献。2吨/年透明质酸一次开车成功，总厂成功介入生物化工领域。60万立方米/年商品混凝土搅拌站、天利高新35千伏变电站建成投用，进一步完善了生产建设配套设施，资产成新率达53.4%。

2004年4月26日，总厂发展工作进入实施阶段。2004年5月初，总厂大发展工作组进驻北京，开始全面运作。2004年5月16日，总厂2005—2010年发展规划委托提交北京石油化工工业规划院，2004年8月20日，《总厂2005—2010年发展规划》编制完成，2004年12月28日，总厂成立了大发展配套项目工程指挥部，下设5个项目组及前期工作组，4个工程项目建设经理部。

（5）外部市场。总厂在牢固占领传统市场的同时，积极开拓外部施工设计、监理、钻井、旅游、通信、服务市场，实现社会市场创收8526万元，同比增长15%。

2004年出口煅烧焦59460吨，预焙阳极块5378.51吨，同比分别增长43.77%和232.36%；创汇950万美元，同比增长95.8%。在苏丹国分包了KRG扩建罐区施工和含硫污水改造施工项目，承接了哈尔滨电站工程有限公司在苏丹的公寓建设总承包项目。

（6）专业化重组。2004年3月底，总厂成立了由企管处、计财处、劳资处、资产营运中心等部门人员参与的重组工作小组，按照先整合后改制的思路，在总厂内部业务整合的基础上，将供热公司纳入了主业，规范了供热公司的管理；向集团公司上报了对新疆独山子炼油化工建设公司、运输公司、机械制造公司的资转股方案。至12月底，机械公司资转股方案已获集团公司的批复。完成了基建工程公司的整体改制，成立了由总厂控股的众恒建设项目管理有限责任公司。

完成了总厂所属法人实体的清查登记工作，已将11家法人实体清理方案报集团公司。积极开展分离企业办社会职能工作，初步完成绿化管理职能、人防管理职能的移交。

（7）企业管理。2004年是集团公司“安全管理年”。总厂认真贯彻落实国务院、自治区、集团公司一系列安全会议精神，按照集团公司的统一部署，深入开展了以“强三基、反三违、除隐患、保安全”为主题的系列活动。

一是较好地完成了新疆石油管理局下达的安全生产指标，千人负伤率0.84，千人重伤率0.12，杜绝了死亡事故及重大交通事故。

二是推行了体系管理。2004年10月27日，总厂顺利通过了CPAC和CQC两家认证机构的认证注册现场审核，初步建立起了体系自我发现、自我完善、自我改进的良性运行机制。

三是开展了重点攻关。总厂根据上年度影响总厂效益的经营重点、难点及2004年的重点工作，确定了十大攻关项目，做到了三落实。

四是强化了财务管理。根据集团公司要求，完成了会计集中核算系统，于2004年10月试运行，2005年1月1日正式运行。

五是加强了资产营运管理。对改制单位及法人单位进行了资产清查，分类建库，开展资产营运，创收增效。

（8）人才开发。2004年，总厂引进各类人才20人，举办各类培训班50期，培训7600余人次，职工培训覆盖率基本达到100%。

（9）环境建设。2004年，独山子新增绿地43万平方米，绿化覆盖率39.41%，同比增加2.56个百分点，人均公共绿地10.04平方米，连续三年获得“全国安康杯竞赛优胜企业”荣誉称号。配合独山子石化分公司获得“国家环境友好企业”称号。

（10）企业文化。2004年，总厂认真落实《集团公司企业文化建设纲要》精神，围绕企业中心工作，强化企业文化建设。先后组织迎新春文艺汇演、“五一劳动者之歌”文艺晚会，迎国庆“巾帼颂”文艺晚会、“一线特殊贡献奖”颁奖晚会。凝聚了人心，丰富了职工群众的文化生活。独山子少儿文体学校，被自治区关心下一代工作委员会授予自治区青少年艺术培训基地称号，被自治区舞蹈家协会定为新疆少儿舞蹈考级教材的实验基地；总厂离退休职工艺术团排练的《草原上升起不落的太阳》节目荣获集团公司文艺调演最佳节目奖，并参加了中国首届“九九重阳敬百老”养生联演晚会演出；电视台拍摄的专题片《阿琪塔》获中国电视行业杯文艺类二等奖；总厂团委被共青团中央授予“全国优秀青年学习组织”荣誉称号。

（11）党建工作。加强党的组织建设。组织完成了2004年度领导班子、领导干部考核工作。按照“坚持标准、保证质量、改善结构、慎重发展”的方针，侧重在生产一线、技术骨干中培养和发展党员，严把党员质量关。

加强党的作风建设。加强廉政警示教育，增强了党员、干部拒腐防变能力，建立了“三个机制”，规范了“四项权力”，通过改进和加强党的作风建设，强化了两方面的工作：一是健全和完善了制度文件；二是加强了监管体制建设，形成了两级监督，两级联动的工作格局。

（李　平）

吐哈石油勘探开发指挥部

【概述】　吐哈石油勘探开发指挥部（以下简称指挥部）是集团公司所属的地区综合服务公司，是一个以油气钻井、井下作业、录井、工程建设、油气化工等多业并举跨国经营的大型国有企业。截至2004年底，指挥部拥有资产总额614366万元。其中固定资产原值512885万元，净值293999万元。职工总数12518人；机关处室15个，直属单位3个，二级单位31个。

【经营指标】　实现收入344827万元。其中工程技术服务实现收入177108万元，占总收入的51.36%；生产服务实现收入75714万元，占21.96%；加工制造7649万元，占总收入的2.22%；社会服务等单位实现收入23616万元，占6.85%；科研开发18798万元，占总收入的5.45%，国内油气业务实现收入41942万元，占总收入的12.16%。集团公司三项费用补贴后利润为905万元，超额完成了全年盈亏持平的经营目标。

【主要生产指标】　钻井开钻254口，完成247口，进尺666836米；试油118层，完成井下作业2083井次，其中地面压裂、酸化552井次；录井473井次；油建筑路完成价值工作量47060万元；供电量34991万千瓦·时，完成供水量2201万立方米；物资供应完成物资供应量14925万元；运输实现客运量8843万人·千米，货运周转量12449万吨·千米；机械制造与维修实现工业总产值10208万元，销售产值9979万元；顺酐生产12797吨，销售13291吨。

【市场开拓】　突出内部市场主体地位，充分发挥关联交易协调机构作用，经常与吐哈油田分公司沟通协商，关注生产动态，为关联交易平稳运行创造了有利条件。钻井、井下、录井等单位抓管理促质量，合理调整队伍布局，积极挖掘内部潜力，内部市场基本稳定。钻采工艺研究院、地质研究院实行与吐哈油田分公司“一体化”的科技服务模式，科技服务占有率达到70%以上。物资供应处内部市场供应额同比增加2500多万元。技术监测中心发挥检测监理业务优势，占有率达到98%。机械厂修保服务工作量同比增长85%。哈密物业、鄯善物业等单位内部市场有所拓展。

进一步理顺外部市场管理体制，加大了外部市场协调管理力度。以西部油田为重点，不断巩固扩大周边油田市场规模，初步形成了以玉门、塔里木塔河为主，其他油田为辅，以钻井、井下为龙头，钻采技术服务、录井工程、油建施工、特车服务等业务全面跟进，东西翼协调发展的市场格局。钻井公司东部市场持续增长，西部市场更加巩固，周边市场新增钻机8部，收入增长66.54%。井下公司外部市场动力达到21部，收入稳步增长。录井工程公司塔里木作业队伍增加3支达到7支，玉门市场份额由33%上升到55%。地质研究院获得中海油涠州油田注气开发可行性研究合同，为拓展新市场奠定了基础。供水供电处承揽塔里木、塔河250万元价值工作量。油建公司先后承揽塔河产能建设、玉门炼厂检修、酒泉基地建设等工程项目。技术监测中心开辟了鄂尔多斯、塔河等市场，外部工作量同比增长19%。

油建公司获得陕京二线、冀宁线、西部管道部分施工任务，同时中标敦煌飞机场建设和酒钢200万吨热轧薄板工程项目；物资供应处获得西气东输后续工程、冀宁线、西部管道、中哈管道150多万米物资中转任务；特车公司获得120千米管材拉运任务；技术监测中心获得480千米工程监理监测工作量；信息产业处中标陕京二线150千米光缆施工和广西钦州码头视频监控项目，外部市场不断拓展。

【国际化经营】 面对国际市场严峻形势，指挥部适时调整策略，择优而入，稳步推进。在哈萨克斯坦，新增侧钻技术服务、北部扎奇15口钻井以及中哈管道物资等项目，气举与定向井服务、机械厂压缩机保运项目稳定运行。在阿塞拜疆，成功中标加拿大卡拉苏公司重点探井1002井，获得古布斯坦油田三相分离器技术服务和K&K油田压裂液快速排液设备与技术服务。新增苏丹和伊朗市场，获得苏丹市场锅炉车、井下油嘴工具和负压冲砂等服务合同和钻井、采油综合技术服务等合作意向；与伊朗东方石油公司签署了下套管、取心、录井等服务合同。到2004年底，有8个单位26支作业队伍走出国门，奋战在9个海外市场。

指挥部积极与海外高层互访交流，参加世界石油天然气展览会，组织项目汇报，通过多种方式，全面展示吐哈特色技术，促进了解与合作。进一步加强境外项目、外事活动、外贸业务管理，相继制定《境外项目管理办法》和《境外项目应急预案》，严格规章制度，规范项目运作程序，畅通信息渠道，加大重点项目和重点工作协调管理力度，各项海外业务紧张有序运行。同时，在哈萨克斯坦成立“吐哈石油技术服务公司”，整合队伍和设备资源，提高整体作战能力，探索海外合作新模式，有效降低了海外市场风险。

【合作开发难采储量】 合作开发低效难采储量于2004年3月启动，优选审批鄯勒、玉东、胜南等10个区块，面积19平方千米，储量1984万吨。7月初勒3－1井开钻，全年共钻井18口，投产16口，井位设计成功率100%；新建产能100吨/日，2004年生产原油6949吨，获得份额油5603吨。

【多元发展】 石油化工厂加快技术改造，严格生产组织，完善销售网络，实现利润1200万元，单位成本同比下降13.5%。轻烃化工厂投入少，产出高，年加工能力从2.5万吨增至5万吨，收入增长73.2%。能源公司优化销售布局，销售网点达22个，年销量6.8万吨，稳固了市场，打响了品牌。同时新项目开发稳步推进，丘东放空火炬气回收利用工程即将竣工投用，乙烷回收利用项目通过集团公司审批，5万吨溶剂油扩建项目完成可研报告。

【技术创新】 共承担集团公司科研项目8项，获得科技经费960万元；获自治区级科技成果6项，申报专利4项；组织开展62项科研攻关研究，一批新技术、新工艺应用成效显著，科技创效2.2亿元，整体科技实力进一步提升。

积极承担集团公司重大攻关项目，取得了重大突破。以“工程探索井”为试验平台，在窿14井试验以空气钻井技术为代表的10项新技术、新工具，钻井进尺达到1312米，超过了同台竞技的美国公司技术指标，创全国空气钻井最新记录。“可膨胀套管及波纹管应用技术研究”在L7－71井成功试验，填补了我国波纹管堵漏技术空白，为解决严重井漏及封固复杂层提供了新的技术手段，受到集团公司领导高度评价。

紧密围绕生产中的热点和难点问题，致力于促进油田增储上产，突出指挥部重点项目的攻关研究和新技术、新工艺的推广应用，民和盆地二维地震资料处理攻关、防斜打快技术和不压井作业等十项瓶颈技术取得重大突破，物探资料处理解释一体化技术、复合钻井技术和可循环微泡沫钻井液等一批成熟技术在现场应用中取得显著效果，核心竞争力持续提高，科技在生产经营和市场开发中发挥了重要作用。

坚持走特色技术发展道路，实施技术产业化战略，两个研究院彻底告别“吃皇粮”的历史，实现了跨越式发展。钻采工艺研究院积极实施“技术研究与服务一体化”科技服务模式，在站稳内部市场的同时，稳步向周边油田和海外市场推进，外部收入占总收入的28%，实现了快速增长。地质研究院积极发挥技术支持、技术参谋、技术服务作用，大力实施技术创新、市场开发、联合发展三大战略，收入同比增长22%，走上了自求平衡、自我发展之路。

【安全生产】 认真开展“安全生产管理年”活动，反违章，查隐患，促整改，确保了指挥部安全生产形势稳定。全年死亡事故同比减少62.5%，重伤事故减少54.6%，未发生重大伤亡事故，基本实现了“四个杜绝、三个不超、一个确保”目标，经集团公司检查验收达到了安全生产先进企业标准。

针对施工作业现场存在的习惯性违章，推行作业许可制度和现场监理制度。各级领导、主管部门经常深入内外部市场，进行检查和抽查；各单位在施工现场派驻专门监督人员，进行全过程监督。组织开展井控、消防、危险化学品等专项检查6次，强化专项安全治理，减少了习惯性违章，提高了现场管理水平；制定《重大突发事件应急救援预案》，开展井喷失控、重大油气泄露和公众聚集场所应急救援预案的演练。加强交通安全管理，为146辆小车安装GPS定位系统，采取限速、不间断地路查、媒体曝光、严厉处罚违章行为等有效措施，杜绝了重大交通事故。特车工程公司荣获“全国安康杯优胜企业”称号。

进一步完善安全生产管理办法，制定严格的质量安全环保和职业卫生考核奖惩办法，落实领导干部关键要害部位挂点制度，利用各种媒体广泛宣传安全生产、职业健康和环境保护法律法规，营造了良好的安全生产氛围。加强群众性安全教育，组织各类安全专项培训5期401人次，组织交通安全知识及法规教育17场次，分别在塔河、玉门、长庆、青海举办质量安全管理知识讲座7场次，剖析典型事故案例，提高了全员安全生产意识。

在设备购置、建设项目投资计划中优先解决安全问题，投资3660万元为钻井、井下作业公司购置井控防喷设备，投资645万元整改井控车间、供电设施、溶剂油装置、加油站及游泳馆的事故隐患，改善了安全生产条件，堵塞了漏洞。

实施用户满意工程，推行零缺陷管理，狠抓技术标准在施工作业、工程建设、产品制造、生产生活服务过程的贯彻和落实，建立动态管理机制，杜绝了无标准制造、无标准生产和无标准施工。定期进行质量回访，认真整改存在问题，调查处理质量事故16起，严肃处理事故责任人员40人，杜绝了重、特大质量事故，质量事故损失下降69%。

【企业改革与管理】　充分发挥“吐哈石油大厦”品牌优势，对部分宾馆进行重组整合，成立吐哈石油大厦集团，整合了宾馆旅游资源，增强了市场竞争能力。整合钻采工艺研究院与技术服务公司，增强了钻采工艺技术服务的整体实力。实施物资集中采购和会计集中核算，全过程控制，降低了采购成本，规范了经营活动。按照国家和集团公司统一部署，积极与地方政府沟通协调，完成了中、小学移交地方政府管理工作；对指挥部39家法人实体进行了调查摸底和分析，提出处置意见并得到集团公司批复；认真研究完善工资制度改革实施方案，进一步加大了分配激励力度。

加强投资管理，突出做优做强主营业务和优势业务，适时调整投资结构，上游业务、生产服务和配套项目投资大幅增长，全年完成投资6.32亿元，比2003年增长26.7%，为重组以来最高。其中经营性投资5.73亿元，占总投资的91%，新增投资拉动了经济快速增长，产业结构进一步改善。加强财务全过程控制，以资金管理为核心，优化业务流程，规范理顺会计集中核算体系，开展财务税收检查工作，确保生产经营健康运行。积极开展效能监察，确立监察项目22项，全面清理应收账款，避免了经济损失。扩大审计覆盖面，延伸审计范围，提高审计质量和效果，企业内控约束机制进一步健全。

广泛组织开展“优质、安全、高效、低耗”，“双百双千”劳动竞赛和“增收节支合理化建议”活动，促进了质量、服务、效率的提高和成本费用的控制。深入开展增收节支活动，指挥部百元收入变动成本降低2.7%，社会化服务单位费用补贴降低12.3%。

【精神文明建设】　积极宣贯指挥部经营管理理念和核心价值观，打造“吐哈石油”品牌，努力构建和丰富了特色鲜明的吐哈石油企业文化。严格企业视觉识别系统应用的管理，企业视觉识别系统的应用更加规范。开展《吐哈精神、吐哈人故事集》征稿，多层次挖掘职工践行企业精神的典型事迹。整合“吐哈石油大厦”、“火焰山”等品牌优势，提升了企业和产品的知名度。制定《指挥部创建学习型企业实施纲要》。指挥部企业文化建设经验，在国资委和集团公司企业文化推进会上得到交流，荣获全国企业文化建设实践创新奖。

【凝聚人心战略】　认真落实以人为本、全面协调可持续发展的科学发展观，进一步加大哈密、鄯善基地配套建设力度，扩建鄯善职工宿舍楼，改善一线职工生产生活条件。哈密基地外环路全程贯通，六区小游园建成投用，哈密职工体育活动中心建设进展顺利，哈密、鄯善两个基地绿化、美化、净化、亮化水平不断提高，生活环境进一步改善。关心职工身体健康，各单位都配备了职业健康防护用具和设施，组织员工进行体检，重视职业病防治。加强来信来访工作，及时了解社情民意，采取积极的预防措施，妥善处理职工群众反映的热点问题，认真做好油区稳定工作。关心弱势群体，组织开展“扶贫济困送温暖”活动，慰问劳模、离退休人员和生活困难家庭，妥善解决了原参加玉门油田工农业生产的2551名职工家属生活补助费问题。按照集团公司精神，制定了离退休人员生活补贴发放暂行规定。加强离退休党组织建设和离退休人员管理，通过老年大学、文体娱乐活动等形式，活跃了社区，凝聚了人心，稳定了队伍；积极承办集团公司老年大学经验交流会，离退休管理和老年大学工作受到集团公司领导的充分肯定。

（韩剑峰　陈来军）

冀东石油勘探开发公司

【概述】　2004年是冀东石油勘探开发公司（以下简称公司）截至2004年底，公司共有职工2201人，其中大专以上学历644人，占29.3%；高级职称47人，占2.1%；中级职称323人，占14.7%；初级职称536人，占24.4%。另外，退休人员1029人、有偿解除劳动合同人员1240人。资产总值14.29亿元，其中国有及国有控股资产总值11亿元，负债率27.4%；集体资产总值3.29亿元，负债率65.7%。共有18个二级及直属单位。主要分为三大板块：一是石油开采及工程生产技术服务板块，主要从事难采未动用储量开发、井下作业、交通运输、油田建设、物资供应、通信信息等业务。二是多种经营板块，主要从事油气报废井开发利用、机械制造、油（日）化产品开发、生（种）猪养殖、工程建筑施工、餐饮服务、印刷等业务。三是社会服务板块，包括医院、物业公司、社区管理中心等单位，主要承担油区唐海、唐山等生活基地的后勤服务工作。

主要产品有新远牌真空加热炉、正田牌生（种）猪、节能型双驴头抽油机、油（日）化产品和轻质油、液化气等。

【主要指标】　全面实现年初确定的各项工作目标。(1) 经济效益。全年经营收入突破10亿元，达到14.8亿元，完成年计划的207.6%，同比提高了97.1%；实现利润6763万元，完成年计划的320.3%，同比提高了223.7%。(2) 企业发展。5个支柱企业经营收入均突破1亿元，经营收入总量占全冀东石油的74%。(3) 油气开发。完成油气当量8.53万吨，同比增加1.1万吨。(4) 市场开拓。社会市场经营收入达到2.6亿元，同比提高了51.7%。(5) 服务能力。为油工程技术服务水平和施工能力有了新的提升，满足了油田生产建设需要，确保了冀东油田分公司（以下简称油田分公司）原油上产任务的圆满完成。(6) 科技创新。申报专利7项，获授权5项，创新能力显著增强。(7) 深化改革。干部交流、分配制度、专业化重组、企业办社会职能移交等改革都取得了新的进展，管理体制和运行机制得到进一步理顺。(8) 基础管理。质量、安全等基础管理工作水平有了新的提高，冀东石油整体通过了ISO 9001质量体系认证，获得了集团公司“安全环保先进企业”称号。(9) 关联交易。与油田分公司合作关系迈出了新的步伐，共同签订了为期三年的《关联交易总协议》，制定了油区整体协调发展规划。(10) 精神文明。被河北省评为“思想政治工作优秀企业”，职工人均收入增长率突破了20%，全年没有发生越级和集体上访事件，队伍稳定，凝聚力和战斗力显著增强。

【工程技术服务】　坚持实施油区共同发展战略，不断强化大局观念，增强服务意识，以确保油田分公司完成业绩指标为己任，强化生产组织运行，努力提高施工能力和技术水平，全力搞好为油工程服务。

(1) 增强服务意识，提高服务水平。紧紧围绕油田分公司“1811”和“两个加快”的发展目标，认真落实“四个共同”，不断强化大局意识和整体观念，自觉摆正位置，做到“工作上分、思想上合，业务上分、目标上合”，不计时间、不讲条件，全力搞好生产技术服务。同时，坚持定期进行质量回访，了解掌握油田分公司对生产技术服务方面的意见和建议，并有针对性地制定整改措施，改进服务，提高水平，赢得了油田分公司的信任和支持。一年来，油区内部市场占有率始终保持在80%以上。

(2) 强化组织协调，规范生产运行。针对施工作业量迅速增加、人员与技术力量明显不足的突出矛盾，严格按照“两个统一”（油区内部统一服从油田分公司生产调度的组织指挥；公司内部统一服从工程技术市场部的工作协调）的原则，强化生产组织运行，合理调整资源配置。同时，积极加强与油田分公司的沟通和协调，主动参加油田分公司生产协调例会，及时掌握生产运行情况，畅通生产信息渠道，确保生产组织及时到位。一年来，没有发生因工作脱节而引发的生产运行事故，有效保证了原油的正常生产。

(3) 加大投入力度，增强施工能力。根据油田上产需要，加大了新技术引进和设备投入的力度。积极开展水平井冲砂、打捞、卡堵水等井下作业技术的攻关；投入资金5000多万元，对井下、运输、油建等工程生产技术服务单位的设备进行完善配套，提高了施工作业技术水平，增强了为油工程技术服务能力。井下作业的生产动力数由年初的平均日开 17 部，增加到了 26 部，最高时达到了 29 部；运输设备的新度系数由 0.41 提高到了 0.51；全年新增移动电焊车、电力工程车等油建施工设备 26 台（套），满足了油田生产建设的需要，确保了油田分公司原油上产任务的圆满完成。

【企业发展】　在加大对重点企业扶持力度的同时，积极开拓社会市场，取得了良好效果。

（1）大力扶持重点业务，培育骨干企业。加大了对重点业务的扶持力度，在政策、资金、人才、市场开拓等方面给予了大力支持，促进了重点企业的加快发展。井下、机械、北田、油建、经销等 5 个二级单位的经营收入分别突破了 1 亿元；其中井下作业公司 1.5 亿元、机械公司 1.73 亿元、北田公司（含开发事业部）1.3 亿元、油建公司 1.04 亿元、经销公司（含供应处）5.3 亿元。这 5 个骨干企业的经营收入总量占全冀东石油的 74%，成为了公司发展的重要支撑。

（2）坚持以油气为依托，加大油气合作开发力度。始终坚持"以油气为依托"的指导思想不动摇，牢牢抓住国际原油价格持续上涨的良好机遇，积极加强与油田分公司的沟通和协商，加大低效油气资源的合作开发力度，依靠新思路、新技术、新机制、新方法，千方百计增加原油产量。在油田分公司的大力支持下，取得了良好效果，目前日产原油已达到 200 吨。全年共完成油气当量 8.53 万吨，同比增加 1.1 万吨，效益十分显著。

（3）大力开拓社会市场，拓展发展空间。全年社会市场经营收入达到 2.6 亿元，同比增加 9000 万元，提高了 51.7%。取得了"三个大突破"：机械公司真空加热炉突破了国际市场，成功销往了哈萨克斯坦，民用市场也有了新的进展，全年销量达到 208 台，社会市场经营收入达到 8600 万元，同比增加 3000 万元；油建管道施工市场也有大的突破，先后承揽了青黄、博济、仪长、高迁等管道工程，社会市场经营收入达到 2623 万元；瑞丰化工公司社会市场开拓也取得了新的进展，全年外销产品实现收入 780 万元，同比增加 430 万元，提高了 123%。此外，正田公司、石油宾馆、设计公司等单位外拓市场也都取得了比较好的成绩，正田公司社会市场经营收入为 2275 万元，石油宾馆社会市场收入为 2200 万元。

【深化改革】　按照集团公司深化改革的总体部署，针对发展、稳定中出现的新情况、新问题，以理顺管理体制和运行机制为重点，积极稳妥地推进内部各项改革，为企业发展增添了强大动力。

（1）进一步巩固发展基础。根据集团公司的有关要求，本着"双赢互利、共同发展"的原则，经过与油田分公司协商，在集团公司 13 个油气田企业中率先签订了为期三年的《关联交易总协议》。同时，围绕"落实'四个共同'、实现协调发展"这一思路，与油田分公司共同制定了油区整体发展规划与实施方案，谋划了油区"十一五"期间的整体协调发展规划，进一步巩固了与油田分公司的战略合作伙伴关系，为加快发展奠定了坚实基础。

（2）加大重组调整力度。按照"做强做大主营业务"的原则，将报废井开发利用和难采未动用储量开发业务进行了整合；针对塔林、天安等单位自身规模小、抗风险能力弱的实际，着眼于整体协调发展，将唐山石油宾馆和塔林宾馆进行了合并重组，由经销公司对天安公司进行了兼并吸收。通过一系列的重组调整，进一步理顺了管理体制和运行机制，增强了整体竞争力。

（3）积极深化三项制度改革。从企业持续稳定发展的高度，先后分三批对 24 名党政干部进行了交流调整，有力地推动了各项工作的开展。本着"专业急需、控制数量、保证质量、综合平衡"的原则，加大了后备人才的引进力度，全年共引进安置大中专毕业生和应届子女毕业生 69 人，并与 33 名毕业生达成了引进意向。按照集团公司完善基本工资制度的有关要求，完成了职工工资的套改工作。同时，制定了《子女合同工劳动工资管理暂行规定》，实行了协议工资制，建立了与新的用工制度相适应的薪酬分配制度。

（4）稳妥推进企业办社会职能分离工作。认真贯彻落实集团公司分离企业办社会职能工作会议精神，按照有关要求和确定的工作目标与进度，结合实际，稳妥推进公安、学校等企业办社会职能的分离移交工作。通过全面调研，确定了移交方案。在集团公司的协调下，经过与地方政府反复沟通、协商，达成了一致，将公安、学校分别移交至唐山市和路北区管理，最大限度地维护了移交人员的切身利益，实现了平稳顺利移交。

【企业管理】　着眼于企业管理水平的提高，大力加强各项基础管理工作，努力向管理要效益，促进了经济效益的显著提高。

（1）强化经营管理，堵塞管理漏洞。加强财务预算管理，坚持跟踪检查分析各单位预算执行情况，及时掌握经营动态。组织实施了会计集中核算工作，将

13个分公司和6个控股公司全部纳入了集中核算体系，实现了数据共享。对26个核算单位3年来的财务税收情况进行了全面检查，通报了存在的问题，并进行了整改。进一步加强了对资金的统一管理，严格控制银行账户的开立和使用，实行了库存现金突击检查制度，有效地控制了收入、支出资金的管理，堵塞了漏洞。严格执行预算审批和资金使用稽核制度，加大了审计工作力度，取得直接经济成果742万元。严格执行投资决策程序，对所有投资项目都进行了周密的前期论证、评价，并实行了投资回报承诺制度和投资超支责任追究制度。对基本建设项目和成本维修项目均实行了项目管理，审计监察提前介入，进行了全过程跟踪和控制。计划执行率达到100%，全部在计划控制以内。同时，规范了财产保险的投保工作，充分发挥集中投保优势，全年减少保费支出64万元。

（2）强化质量管理，增强竞争实力。大力推进施工队伍和产品资质的升级取证工作，公司整体通过了ISO 9001质量标准体系认证；井下公司及所属作业队一次性通过了集团公司资质认证委员会的资质审查；机械公司顺利取得了API石油套管加工认证；油建公司新办理地基处理专业承包三级、公路路面专业承包三级增项资质两项；设计公司取得了工程咨询乙级证书。同时，积极组织开展群众性的质量管理活动，重新注册QC小组14个，全年共产生QC成果9项，其中两项分获中国石油质量协会石油分会一等奖和三等奖。

（3）强化基层建设，夯实工作基础。认真贯彻落实集团公司基层党的建设工作会议精神，强化“三基”工作，狠抓基层建设，基层管理水平和队伍整体素质明显提高，井下公司作业四队被评为集团公司勘探开发工程技术服务系统银奖队。召开了基层建设经验交流会，明确了当前和今后一个时期基层建设的基本思路，部署了相关工作，并在具体工作中切实推动实施。组织开展了群众性的岗位练兵和技术比赛活动，2850名基层岗位员工参与其中，营造了“立足岗位、钻研技术”的良好氛围，涌现出了3名局级技术能手，40名基层员工在技术比赛中获奖。

【科技创新】 围绕重点市场需求和企业发展需要，强化了对井下作业、油气开发、机械制造、油田化工等业务领域配套技术的研究攻关，不断推进技术创新。套管内侧钻工艺技术、套损井修复工艺技术、水平井作业技术达到了行业先进水平，突破并填补了油田井下作业技术上的空白；集团公司级项目“油田外排污水塔式曝气——生化处理技术”已完成现场中试，通过了专家组的现场审核验收；天然气热值平衡技术推广应用后，年创利润超过了200万元；油井酸化排液加碱技术的推广应用和优质压井液的开发成功，较好地满足了油田分公司的生产需求，经济效益显著。全年共申报专利7项，获授权5项。

【安全生产】 牢固树立“安全第一”的思想，深刻汲取“12.23”事故教训，扎实开展“安全生产管理年”活动，狠抓各项工作落实，较好地实现了“三个为零、两个确保、一个争先”的目标。

（1）严格落实安全环保责任制。坚持实行安全目标管理，明确各级领导、职能部门和员工的责任，通过采取签订安全环保责任书和缴纳安全风险抵押金等形式，将指标逐级分解落实，形成了一级对一级负责的安全环保责任体系。同时，建立激励约束机制，执行季度考核通报制度，并将考核结果与经营业绩挂钩，实现了对安全工作的全过程控制。

（2）健全完善安全制度和管理网络。冀东石油和井下公司分别设立了安全监督站；7个二级单位配备了安全总监，3个二级单位设立了安全环保科；冀东石油共有126名安全监督人员，形成了横及各单位、纵达每个基层班组的安全环保网络。制定下发了《石油天然气井下作业井控管理实施细则》、《危险品运输管理规定》等6项制度，并对重组以来的安全环保制度进行了整理和修订，编印了《安全生产规章制度汇编》，完善了冀东石油安全环保规章制度体系。

（3）强化安全专项治理。突出安全管理的重点单位、部位和内容，分类管理，专项落实。开展了危险化学品专项整治工作，对所属危险化学品分布、种类和管理现状进行了全面调查，健全了制度，明确了责任。以新《道路交通安全法》的实施为契机，加大交通安全管理力度，强化交通风险管理，加强危害辨识与控制，印发了《危险路段（口）分布表》，提升了驾驶员规避风险和避免交通事故的能力。落实消防安全责任，规范消防安全管理的基础工作，重点加强了对易燃易爆场所、人员密集场所、工业动火的消防管理，实行了大型集体活动逐级报批、工业动火施工通知单等制度，杜绝了火灾事故的发生。强化了环境保护工作，加大了对重点污染源的检查力度，开展了“绿色施工作业队伍创建”、“清查放射源、让百姓放心”等活动，实现了清洁环保生产。

（4）加大监督检查力度。改变安全环保月度例会召开形式，组织专兼职安全管理人员深入到作业现场，开展了现场“三标”安全管理联查活动。针对存在问题，及时下发《安全检查隐患（问题）整改通知单》，落实整改人员和期限，并追踪检查落实情况。全年共组织局级检查 10 次，查出各类问题 358 个，整改率达到了 100%。加大了对事故隐患的治理力度，共投入资金 600 万元，治理事故隐患 97 项，为安全生产创造了良好条件。

（5）加强宣传教育和员工培训。结合公司安全生产特点，广泛开展安全月、演讲赛等多种形式的主题活动，寓安全管理于各项活动中，充分调动全体员工广泛参与的积极性，实现了由“要我安全”到“我要安全”的转变。全年共举办各类安全知识培训班 7 期，培训干部员工 1000 多人次。

【精神文明建设】　深入贯彻落实“三个代表”重要思想，坚持“两手抓，两手都要硬”的方针，围绕二次党代会确定的“六大目标”，大力加强精神文明建设。

（1）强化干部队伍建设。举办了两期领导干部培训班，组织了 4 次领导干部学习体会交流，进行了两次处级干部理论学习考试。结合经销公司案件，广泛开展了警示教育活动，组织召开了专题民主生活会，建立了领导干部任前廉政谈话制度，开展了“四廉”活动。通过采取以上措施，各级领导干部的精神面貌和工作作风有了明显改变，在年终干部考核中，职工群众的信任率全部在 90%以上。

（2）积极做好职工群众的思想政治工作。继续深化“形势、目标、责任”主题教育活动，针对公司发展形势、改革任务与生产经营工作特点，结合职工思想实际，积极开展形势任务教育，统一思想，凝聚力量。围绕学校移交、家属工补贴发放等职工群众关心的难点、热点问题，积极组织开展调研，分析原因、研究对策，有针对性地做好思想政治工作。同时，加大信访工作力度，坚持疏堵结合、超前防范，维护了稳定。

（3）充分发挥工团组织作用。坚持“依靠”方针，充分发挥工团等群众组织的“桥梁纽带”作用。各级工会组织围绕“特色工会年”活动，创新工作思路、改变活动形式，围绕生产经营工作，扎实推进“一体化”劳动竞赛、合理化建议征集、厂务公开达标、“送温暖”等活动，调动了职工的工作热情。各级团组织围绕企业的中心工作，积极开展“双争”、“创新创效”等活动，充分发挥了生力军和突击队作用。

（4）切实为职工群众办实事。在发展生产的基础上，千方百计为职工办实事，切实使改革发展的成果惠及广大干部职工。提高了职工收入，全年人均增幅突破了 20%，部分单位超过了 30%；组织发放了 1029 名退休职工的生活补贴，每人月均增加 260 元以上；完成了经济实用住房的分配工作，139 户无房员工全部入住新居；投入资金 800 多万元，用于基地小区设施的改造完善和医疗教学设备的更新配套；加大了对特困职工的帮扶力度，全年共发放困难补助、助学金等 14 万元；积极开展就业和再就业工作，全年共安置 49 名职工子女和待岗人员就业。通过这些实事，使职工的生活质量和生活环境得到了明显改善，生活水平显著提高。

（卢增龙　魏壮滨）

中国石油天然气勘探开发公司

【概述】　中国石油天然气勘探开发公司（CNODC）（以下简称公司）是中国石油集团（CNPC）统一负责海外投资业务管理与运作的子公司。公司总部及所属作业项目公司中外籍员工 14300 人，其中：中方员工 1188 人，包括经营管理人员 322 人，技术人员 353 人，现场生产管理人员 477 人。

自 1993 年成立以来，公司国际化经营经历了探索起步和迅速成长两个阶段后，目前已进入加快发展的新阶段。截至 2004 年底，海外业务已拓展到四大洲 20 个国家，已有海外投资项目 48 个。初步形成了北非—中东、中亚、南美和东南亚四个相对集中的发展区。基本形成了油气勘探开发、管道运输和炼油化工与销售上中下游一体化的完整产业链。

2004 年，通过公司上下全体员工的共同努力，公司先后荣获“中央国家机关文明单位”和“全国五一劳动奖状”。

【主要生产经营指标】　2004 年，公司海外实现权益销售收入 30.8 亿美元，利润 4.45 亿美元，提前一年完成“十五”创收规划目标。海外原油作业产量达到 3011 万吨，原油权益产量 1642 万吨，完成天然气作业产量35.5亿立方米。海外管道运营总长达2800千米，全年输送原油2074万吨；加工原油295万吨，聚丙烯生产、成品油零售业务也有新的拓展。

【2004年海外业务概况】 公司围绕加快国际业务发展战略目标，开拓新思路，采取新举措，积极推进加快海外业务发展步伐。

(1) 加大海外勘探工作力度。首先，加大了主力战场的勘探力度，为近期油气上产准备充足的储量。其次，积极对已开发的老油区实施"扩边和滚动"勘探，拓展项目的发展空间。再次，积极稳妥地推进风险勘探工作。

(2) 油气产量大幅度提高。2004年，公司抓住高油价的有利时机，精心组织现有油田开发项目的油气上产和炼化管道项目的运行，保证了公司2004年各项生产任务的超额完成。其中，苏丹1/2/4区在老油田递减加速的情况下，及时调整上产策略，提前组织实施开发调整井部署，并认真抓好Heglig、Unity等老油田稳油控水工作，使各区块的产量保持在较高水平，原油日产由年初的29万桶提高到年底的33万桶。全年完成原油作业产量1574万吨，为公司原油生产做出重大贡献。

(3) 重点工程全面启动。2004年，公司根据海外业务发展的需要，确定了一批重点建设工程项目。在油田开发产能建设方面：苏丹3/7区1000万吨/年产能建设项目已完成总体进度的40%；苏丹1/2/4区项目4区Diffra油田100万吨/年产能建设于2004年5月顺利投产；苏丹6区60万吨/年产能建设和长输管道于2004年3月份投产；阿克纠宾肯基亚克盐下油田200万吨/年产能于年底基本建成；哈萨克斯坦北布扎齐油田100万吨/年产能建设工作已全面展开；委内瑞拉650万吨/年奥里乳化油项目建设正在抓紧进行。在长距离输油管道建设方面，开始建设中国历史上第一条跨国长输管道——中哈原油管道。一期工程（阿克苏—阿拉山口，全长980千米）已于2004年9月28日正式开工建设。苏丹3/7区1385千米长输管道建设已完成45%的总体工作量。在炼油工程建设方面：对喀土穆炼油厂进行扩建，新增原油加工能力200万吨/年。一期工程于8月底建成，二期工程建设正在进行。

(4) 大力推进新项目开发。2004年，公司继续把新项目开发作为重点工作推进。公司先后签订了阿尔及利亚438b勘探区块项目、中哈原油管道项目、伊朗MIS油田开发项目、突尼斯Kupec开发项目、西非毛里塔尼亚Ta13 & 21、12勘探区块项目、哈萨克斯坦图尔盖盆地艾旦、KAM油田开发项目等8个项目合同。其中，伊朗、毛里塔尼亚和突尼斯是3个新进入国家。至此，海外投资项目增加到48个，进入国家也增至20个。另外，有7个项目正在谈判，有2个项目正在组织投标，同时还签署了2个项目的独家研究框架协议。

【企业改革与管理】 2004年，公司总部和各海外项目公司积极推进管理体制、机制和方法的创新，使公司的各项管理工作逐步走向科学化、规范化。

一是公司总部的工作重点逐步转向抓战略、抓重点和抓难点。在集团公司的统一组织下，编制了国际投资业务发展战略规划，进一步明确了公司未来的发展方向和目标；狠抓了重点建设工程的协调管理和重点地区的原油上产工作；积极帮助海外项目公司解决运行中的管理和技术难题。

二是根据集团公司党组决定，自2004年8月以来，开展了国际投资业务整合工作。通过对国际业务的资源、资金、人才和技术进行整合，理顺关系，优化配置，增强实力，提高了竞争能力。

三是公司总部各职能部门积极开展整章建制工作，制定和修订完善了一整套包括行政、经营和生产管理方面的规章制度和工作程序。同时，公司利用信息技术，初步建立起了全球电视电话系统，改善了技术、管理信息沟通条件，加快了决策与反馈速度，提高了管理效率。

四是公司坚持"以人为本、预防为主"的指导思想，努力探索海外HSE管理体系的有效模式，积极推进海外HSE管理体系建设。公司建立了HSE、防恐和应对突发事件的应急预案，并在委内瑞拉政局动荡、苏丹1/2/4原油管道被炸等突发事件的应对中发挥了作用。同时，通过加入SOS组织，建立了全球应急救援系统，以保障海外项目人员的安全。

五是各海外公司按照国际化运作的特点，在搞好生产经营的同时，扎实有序地推进管理方法创新，在提高工作效率、规范管理制度和工作流程上下工夫，在提高项目的经济效益上做文章，使各项目公司的管理水平都有不同程度提高。

【科技创新与技术改造】

一是围绕海外勘探开发业务的年度工作目标，开展了苏丹、哈萨克地区重点项目的勘探部署研究和开发方案优化工作，充分发挥了我们的技术优势，促进了勘探开发效益的提高，为公司勘探开发部署的决策提供了科学依据。

二是积极开展新项目评价工作，一年来，研究中心围绕公司新项目开发的总任务，全年共筛选、评价了 44 个国家的 160 多个项目，为新项目开发决策提供了科学依据。同时，还积极开展了重点区域和国家的项目机会研究，对世界主要油气富集区和各主要产油国资源情况和油田情况进行研究整理，增强了新项目评价工作的主动性。

三是公司的科学技术研究方面取得新成果。公司全年承担集团公司科技发展部技术开发项目 17 项，开展公司级科研项目研究 43 项。其中，获集团公司科技进步一、二等奖各 1 项，公司科技进步奖 37 项。

（王艳丽）

中国石油大庆石油化工总厂

【概述】　大庆石油化工总厂（以下简称总厂）是中国石油天然气集团公司所属的大型石化企业，主要从事部分化工生产和化工延伸加工、复合肥料生产、大型石油化工及民用建筑公路工程的设计施工、石油化工建筑安装、工程监理、设备维修、机械仪表制造与加工、计算机软件开发利用、网络管理、客货运输、物资采购、物业管理、文教卫生和多种经营等业务。截至 2004 年底，总厂共有职工 20269 人，其中管理人员 2468 人，专业技术人员 3444 人，女职工 8167 人。下设人力资源部、财务资产部、审计部、总厂办公室等机关处室 14 个；化工厂、工程公司、复合肥厂、实业公司等二级单位 19 个。固定资产净值 41 亿元。

【取得成绩】　2004 年，总厂较好完成了职代会确定的工作目标和集团公司考核指标，取得多项业绩。

(1) 经济效益大幅攀升。完成主营业务收入 30.72 亿元，比预算增加了 6.48%，比 2003 年同期增加了 6.04%；实现考核利润 -1.74 亿元，比 2003 年同期减亏了 42.57%，超额完成集团公司下达的利润考核指标。

(2) 经营管理成效显著。管理创新稳步推进，管理流程更加通畅，经营管理水平不断提高。全厂实现挖潜增收 1.43 亿元。其中，物业管理实现挖潜增效 9527 万元，减亏 5360 万元。

(3) 项目建设取得重大进展。XPS 板材项目当年建成投产见效；10 万吨/年 ABS、9 万吨/年苯乙烯、8 万吨/年顺丁橡胶、410 吨/小时燃煤锅炉等新建和改扩建项目全面推进。

(4) 化工产业龙头作用日益突出。化工厂实现利润 1.26 亿元，实现历史性突破。

(5) 复合肥成为新兴力量。装置实现了月产量达标，复合肥产品成为省内知名品牌，创造了新的经济增长点。

(6) 工程建设系统综合实力得到增强。完成了工程技术服务系统的结构调整和资源整合，企业的竞争能力得到了进一步增强。设计系统实现利润 1000 万元，比历史最好水平增长 41.5%。

(7) 多种经营显现生机。实业总公司实现产值 7.8 亿元，创历史新高。

(8) 科研开发取得重大成果。“小粒径 PB 聚合、附聚和高胶 ABS 接枝新工艺”的成功开发，创造出了两个世界先进水平和一个国内先进水平。

(9) 职工生活环境改善收入提高。

【企业管理创新】　追求“以人为本，人企合一”的管理思想，坚持“严格、精细、科学、高效”的管理方式，开展“管理创新年”活动，突出理念创新、机制健全、基础扎实、执行有效四大特点，倡导“四精”、“四化”、“三情”管理，由物本管理向人本管理转变，由传统管理向现代管理转变，实现企业资源的优化配置，在制度化和规范化以及严格管理、精细管理和科学管理上取得新进展。

推行了财务预算管理，成功运行了会计集中核算工作，实施《财务预算管理办法》等 7 个加强财务管理工作的制度，有效提高了宏观控制能力。完善了《经营管理考核办法》，形成了科学合理的指标考核体系。全面搞活内部分配机制，制定《直属单位工资总量调控办法》，初步建立有效的激励和约束机制。强化审计工作，实现了覆盖面三个 100%。

组建总厂技术中心，整合了企业内部技术资源；完成了分离企业办社会职能工作，移交资产总额

9569万元，移交人员2446人；推进法人实体清理工作，进展顺利；借鉴国际工程建设项目管理模式和惯例，结合总厂资源状况，完成了总厂工程技术服务队伍的结构调整和资源整合，组建了以设计为主体、以项目管理为重点的工程公司和以施工总承包为主营业务的建设公司。

基层建设方面修订规章制度3709项，共计616.6万字。制定《基层建设纲要》，建立健全考核机制。认真吸取“10.27”事故教训，在全厂范围内开展了安全生产整治和132次岗检，提高了基层建设工作的制度化和规范化水平。

【化工厂盈利超亿】 总厂化工厂是总厂主要生产厂，主体厂区位于大庆市龙凤区卧里屯，占地面积39.2公顷，主要生产苯乙烯系树脂和顺丁橡胶产品。全厂拥有七套主体生产装置：6万吨/年苯乙烯装置、2.5万吨/年聚苯乙烯装置、5万吨/年ABS装置、2.7万吨/年SAN装置、5万吨/年顺丁橡胶装置、1.2万吨/年丙烯腈装置和弛放气装置。装置均采用20世纪90年代世界先进生产技术，设计可生产苯乙烯、10个牌号的聚苯乙烯产品、59个牌号的ABS产品、3个牌号的SAN产品及3个牌号顺丁橡胶产品，是国内生产规模较大，品种齐全的苯乙烯系树脂和顺丁橡胶的生产厂。

2004年，总厂化工厂以满足市场需求为目标，根据市场行情制定生产方案，调整产品结构，做好生产与市场的衔接，实现“以销定产”和“以产促销”有机结合。全年生产合格目的产品27.22万吨，商品级产品15.1万吨；节约能源2594吨标油，节约费用745万元；完善了销售体系，创造销售收入13.95亿元、同比增加1.48亿元的历史最好水平。全成本核算盈利1.26亿元，实现边际效益2.67亿元，同比增加1.14亿元，实现开工以来首次盈利突破亿元大关。

【复合肥厂产销两旺】 2004年是复合肥厂试验生产的第一年，该厂全面加强基础工作，提高管理水平，开拓并占领市场，树立企业品牌，提高企业知名度。

复合肥厂全年生产各种牌号复合肥18.3万吨，销售复合肥11.2万吨，实现利润12万元；荣获黑龙江省“安康杯”竞赛优胜企业；荣获大庆市“爱国卫生工作”先进单位；“大庆”牌复合肥2004年在黑龙江省肥料产品博览会上被评为“放心肥料”；在黑龙江省“2004年度名优企业共铸诚信宣传展示活动”中被评为“质量诚信”单位。

【工程技术服务进展显著】 2004年，工程公司市场开发工作以“站稳大庆石化市场，扩大国内市场，接触国际市场”为指导思想，全年共投标50项，中标20项，中标率40%。在大庆石化市场开发上，对重点项目实行专人跟踪，相继取得高压聚乙烯和裂解后分离等项目。对外部开发点进行整合，相继取得佳木斯建三江油库、省销售公司乙醇汽油等外部项目，外部市场份额占总产值的9.2%，基本完成年初确定的目标。发挥三级市场开发体系作用，计算机公司全年软件产品市场开发值达500多万元。

年内，炼油、化工装置同时停车检修，与乙烯60万吨改造同步进行，时间紧、任务重、交叉作业多，是总厂检修史上难度最大的一次。经过近3000名职工20多天努力，圆满完成了8个厂、68套装置、3500多项检修任务。

工程公司全年共完成产值7.6亿元。其中：完成高压聚乙烯、裂解后分离、石化装置大检修等大庆石化项目100多个，实现产值6.9亿元；完成大庆炼化检修、双城通乡公路和省乙醇汽油等外部项目60多个，实现产值7000万元。

【项目建设与技术创新】 总厂改扩建项目准备工作全面铺开，9万吨/年苯乙烯装置、10万吨/年ABS装置扩建的初步设计基本完成；410吨/时燃煤蒸汽锅炉扩建项目完成了新增机组与原有系统对接的过渡施工；8万吨/年顺丁橡胶装置扩建项目完成后处理系统的基础施工。拟建项目按计划进行，10万吨/年乙苯脱氢制苯乙烯项目得到中国石油天然气集团公司批复；完成10万吨/年苯乙烯下游配套的6万吨/年SBS、8万吨/年SAN、16万吨/年ABS等三个扩建项目的可行性研究报告。

总厂承担的集团公司“耐热、双峰、着色ABS树脂开发”等5个科研开发项目，均按合同顺利进行，部分成果通过验收。成功开发出ABS750A、阻燃ABS系列等10余种新产品，特别是“小粒径PB聚合、附聚和高胶ABS接枝技术开发”获得成功，形成了ABS改造的专有技术。

（赵　超）

中国石油哈尔滨炼油厂

【概述】　哈尔滨炼油厂成立于1999年10月，企业现有主营业务为以炼化装置检维修为主的工程技术服务、成品油零售业务及生活后勤服务。企业占地面积102万平方米，现有职工802人，下设人事处、财务处等七个职能处室，建安公司、华安公司两个专业公司及物业、消防、内保、医疗、客运等六个专业部门。

2004年，以2005—2009年滚动发展计划的编制为核心，建设具备工程技术、油品储运、蒸汽供应、污水处理等功能的基地服务型企业，全年实现销售收入2.34亿元，实现利润417万元，自2001年起连续四年实现三项费用补贴前盈利。

【经营指标】　截至2004年底，企业资产总额3.10亿元，比2003年增长35%，较重组之初增长96%。全年实现销售收入2.34亿元，比2003年增长54%，实现利润417万元，较集团公司下达的考核指标提高331万元。工程技术服务抓住哈尔滨石化分公司（简称哈石化）多套装置大修的契机，向内部市场要效益，实现收入1781万元，实现利润292万元。成品油零售业务以开拓集团公司客户为重点，开展优质服务活动，共销售成品油、车用液化气4.64万吨，实现销售收入1.69亿元，实现利润451万元。槽车租赁全年收入823万元。

【工程建设】　2004年工程建设重点完成四项工作：一是抓好两座5万立方米原油罐的征地、勘察和桩体施工，项目总投资5000万元，2004年完成集团公司投资1500万元；二是投资125万元将60辆轻质油槽车改造为甲乙酮槽车，保证哈石化甲乙酮等厚利产品及时销往目标市场；三是三座加油加气站建设投资2500万元，其中完成集团公司投资1000万元；四是与哈石化共同投资180万元实施家属区分户供暖改造，改善生活后勤基地的基础设施。

【安全生产】　2004年，以贯彻集团公司《关于进一步加强安全生产工作的决定》为中心，认真开展“严管理、查隐患、反三违、保安全、增效益”的安全管理年活动，强三基、反三违，夯实安全基础，开展各类专项活动。在安全管理上，抓了四个方面的工作：

（1）提高安全管理水平。企业以上市公司哈石化建设QHSE体系为契机，推动自身安全管理体系的整合。通过危害因素与环境因素的识别评价，所属的15个单位全部修订了应急救援预案，建立了有效的程序文件与作业文件。

（2）开展安全专项活动。企业落实集团公司“安全管理年”活动精神，共开展“应急预案演练月”、“安全生产月”、“反三违检查月”等七项主题活动，抓好检修、维修应急预案的修订演练和各类安全检查，安全管理的各个环节得到了完善。

（3）抓好安全生产培训。2004年，企业开展全员安全培训两次，累计1604人次。开展危害化学品培训6次，QHSE管理体系培训26次，切实提高了员工队伍的安全素质。

（4）严格安全生产奖惩制度。企业与员工逐级签订安全生产责任状，并将安全生产的考核纳入《全员业绩风险抵押合同》，建立了安全风险共担的机制。

【企业改革与管理】　2004年，哈尔滨炼油厂坚持“优势互补、双赢互利”的发展思路，与哈石化实现整体协调发展，企业主要完成以下四项工作：

（1）统筹企业发展规划。总结企业重组5年来的发展经验，哈尔滨炼油厂以建设基地服务型企业为目标，依托上市企业的滚动发展计划，确立了在加油站运作、原油仓储及水、电、气、风等系统配套设施方面的总体规划，为企业的未来发展指明了方向。

（2）实施主辅分离改革。按照集团公司要求，企业2004年对职工医院实施了主辅分离改革，对从事社区服务的南直门诊实行独立核算，鼓励医疗人员整体带资分流。企业利用发展壮大的主业吸纳辅业分流职工，保证了企业改革的整体稳定。

（3）夯实主业发展基础。2004年，企业坚持做强工程技术服务、做大成品油销售业务的方针，建安公司以提升专业资质为重点，细化施工管理，完善界面交接，全年完成各类工程100多项，确保了哈石化生产装置的安全平稳运行。华安公司依托资本运作，开发集团客户，拓展销售渠道，全年收购三座加油加气站，超额完成两座的发展目标。

（4）提高企业管理水平。企业以实施QHSE体系建设为契机，重新梳理了管理流程，在企业内部推行PDCA闭环管理，促进人、机、环、管四个要素的融合，整合现有管理体系，使企业步入科学发展的轨道。

【精神文明建设】　2004年，企业以学习先进、提高凝聚力，创建企业文化为重点，丰富职工的业余文化生活，促进企业物质文明和精神文明实现双丰收。

（1）开展学先创优活动，提高企业凝聚力。企业利用内部媒体，宣传产业工人的代表许振超、李斌的先进事迹，鼓励职工立足岗位，钻研业务，树立新时期石油工人的崭新形象。活动在职工中掀起了学先创优的热潮，为提高企业凝聚力、实施降本增效、科技兴企提供更多的人才保证。

（2）建设特色企业文化，创造和谐发展氛围。在企业文化建设进程中，企业秉承中国石油的企业精神与核心经营理念，坚持与上市企业实现文化共建，营造协调发展的氛围。先后颁行了《企业文化建设手册》，出版了反映员工生活的《员工之友》杂志，上市与未上市企业高举一面旗、同唱一首歌、共谋大发展的理念深入到每名职工心中。

（3）组织多项文体活动，丰富职工文化生活。企业先后组织了以“全民健身、抗击非典”为主题的系列体育活动，企业文化和QHSE体系知识竞赛，迎新春文艺汇演等。以这些活动为载体，职工们的工作热情，集体主义观念得到充分调动和加强，企业内部形成了团结一致、奋发向上的和谐氛围。

（于　洋）

中国石油大连石油化工公司

【概述】　截至2004年末，大连石油化工公司（以下简称公司）国有在册职工4211人，比2003年减少146人，比重组时减少1823人。离退休职工为3833人。资产总额为32亿元，比2003年增加了2亿元，比重组时增加了5亿元。目前，公司下属的生产经营性单位主要有：港务公司、国际贸易公司、油品储运公司、液化气石油总公司、水源公司、建筑安装总公司、工程监理公司、合成厂、物资仓储公司等，每个单位及业务都比较精干。港口是我公司的一个优势产业，现有5座码头，1千吨级至10万吨泊位15个，可接卸原油、重油、丙烯及装运汽油、柴油、润滑油、液体石蜡、液化气等各种石化产品，吞吐能力1800万吨/年，是国内最大的专业化港口之一，也是我国重要的石油石化产品进出口和转运基地。

【经济指标】　公司全年实现经营总收入24亿元，比2003年增加9亿元；上缴税费7000万元，比2003年增加2200万元；利润总额达到524万元，比2003年增加3200万元。全公司第一次真正实现了盈利，并提前一年完成了“十五”计划，成为中国石油集团未上市企业中稳健发展，较早实现扭亏为盈的企业之一，并跻身于辽宁省百强企业行列。

【生产经营】　公司坚持以服务石化依港兴业为宗旨，以提高经济效益为目标，大力开拓市场，做好主营业务，努力开发新项目，干好重点工程，全力降本增效，生产经营继续保持了良好的发展态势。

2004年港口实际吞吐量达到了1331万吨，比2003年增加110万吨，比2000年翻了一番；码头最大泊位由5万吨级升级改造成10万吨，单点泊位能力增加了一倍；石化港现已发展成为东北亚国际航运中心重要的专业化油港。特别是大连石化港口物流论坛的成功举办，引起了社会各界的广泛关注，提高了石化港的知名度。国际贸易公司开创了运贸结合的经营模式，在业界的影响力越来越大，为做大公司经济总量做出了重要贡献。液化气石油总公司实现了连锁经营，用亲情服务客户，销售收入有新的提高。星源船舶燃料公司机制活、发展快，收入成倍增长，为石化服务总公司持续发展注入了新的活力。油品储运公司坚持抓资源、抓安全、抓发展，收入稳步上升。建安总公司工程产值突破了2亿元大关，打胜了二催化装置检修和西太平洋炼厂扩能改造的攻坚战，赢得了客户的高度赞扬。七星工程监理公司三年“助跑”，一跃成功，获得了国家建设部工程监理甲级资质，成为大连市独家石化工程监理甲级单位。物业管理公司承接了供气、供暖新业务，由服务型向服务经营型转变。物资仓储公司细致、快捷的服务得到用户的信赖，对外创收也取得了新成绩。有机合成厂新型塑料产品首次销往南非、澳大利亚等国家。水源公司累计向大连石化分公司提供淡化水近200万吨，现代化的海水淡化装置成为展示公司形象的亮点，党和国家领导人多次来视察，给予高度评价。

【精神文明建设】　2004年公司获得了多项荣誉称号：全国守合同重信用企业、辽宁省和大连市思想政治工作先进单位、大连市企业文化建设先进单位、大连市职工培训工作先进单位、大连市“五好”创建活动模范工会、大连市治安保卫工作先进单位、民兵预备役工作先进单位、大连市“五四”红旗团委、集团公司绿化先进单位、集团公司财务报表二等奖、审计项目三等奖、中国石油企业管理协会先进集体。

（高金华）

中国石油抚顺石油化工公司

【概述】　抚顺石油化工公司（以下简称公司）于1982年经国家经委批准成立，原隶属于中国石油化工总公司。1998年石油、石化两大集团重组后，划归中国石油天然气集团公司（以下简称中油集团）。1999年底，按照中油集团战略决策，原抚顺石化重组分立为抚顺石油化工公司（未上市企业）和抚顺石化公司（上市企业）。目前，抚顺石油化工公司是中油集团一级企业，下辖8家生产企业、8家专业公司以及工贸（多种经营系统）和北天（10家集体企业）两个企业集团，共18家直属单位。现有全民资产51亿元，集体企业资产7亿元。现有全民职工2.2万人，离退休职工1.2万人，集体职工1.2万人，退休职工0.6万人。

抚顺石油化工公司主营业务包括制造加工、生产服务、工程技术服务和生活后勤服务四大板块，主要从事炼化产品延伸加工、精细化工、非油化工产品生产、供水、供汽、供电、工程施工、检维修、通信及生活后勤服务等业务。有主要生产装置39套，装置及产能为：腈纶5.5万吨/年、丙烯腈8万吨/年、甲乙酮2.5万吨/年、催化剂1700吨/年、BOPP 2万吨/年、蜡制品2.5万吨/年等，是我国目前最大的石油化工贵金属催化剂生产基地。2004年公司获得“中央企业先进集体”荣誉称号。

【主要经济技术指标】　2004年计划生产各类炼化产品29.4万吨，实际完成35.6万吨，销售35.5万吨，同比分别增长36%和39%。实现主营业务收入42.2亿元，较2003年增加10亿元，与重组之初（1999年）相比翻两番。实现税费2.5亿元。在消化各类增支减利因素2.4亿元后，实现考核利润323万元，超额完成了中油集团考核指标。多种经营系统在新的管理体制下经济效益显著提升，集体企业集中管理后实现了盈亏平衡的历史性突破。

【安全生产】　抚顺石油化工公司按照中油集团《关于进一步加强安全生产工作的决定》要求，严格落实安全生产责任制，形成了“主要领导负总责、分管领导抓具体、车间班组有专人”的安全责任网络。采取“六个一”、“听证会”等多种形式创新安全管理方式方法，强化安全教育，增强了职工安全意识和技能。2004年组织安全大检查6次，查出和整改问题350多项。投资610多万元，整改公司级隐患7项、厂级隐患22项，全年没有发生任何重大事故，被中油集团评为安全生产先进单位。

生产方面，以增量增收为重点，强化运行管理，实现了计划控制与市场调节的有机结合。2004年各类炼化产品总量较年初计划增加6.2万吨，腈纶、丙烯腈等市场需求较好的产品均超额完成计划。围绕节能降耗、优化工艺、消除瓶颈，全年实施大的技术攻关12项，实施节约增效项目43项。装置平均开工率达到了78%，负荷率达到了96%，均创历史新高。设备完好率、物耗能耗、产品产量和质量等指标均达到了历史最好水平。

【市场开拓】　全面实行资金预算管理，进一步强化财务宏观调控职能，提高经济活动分析水平，为经营决策提供依据。采用多种方式提高资金使用效率，保证了重点项目建设及生产经营活动的正常进行。加大销售力度，实现了产品销量、收入和利润的同步增长。特别是紧跟市场变化，2004年对产品价格做了近百次调整，甲乙酮、腈纶、丙烯腈等产品价格一度领跑市场并实现了全产全销。BOPP、氰化钠等产品的新增用户和市场占有率较2003年也有明显提高。进出口业务2004年销售收入达到2.9亿元，创汇近1000万美元，甲乙酮出口取得较大突破。开发公司经营业绩进一步提升，提前半年完成了全年效益目标。进一步规范合同、价格和进货渠道管理，加强生产、采购、销售和财务成本控制，各项费用支出大幅降低，煤炭、液氨、丙烯等物资供应工作做到了保质、保量、及时。

【产业化发展】 2004年，按照“一二四八”的产业发展定位，抚顺石油化工公司后续项目开发和重点工程建设取得了新成果。一是打开国际国内“两扇门”，“走出去”战略得到有效贯彻。与意大利Basell公司合作150吨/年聚丙烯催化剂、与美国Dupont公司合作2万吨/年固体氰化钠等一批外向型合作项目取得重大突破。二是低成本并购醇醚资产工作得到了中油集团正式批复。三是中油集团已原则同意公司近三年总额20亿元的发展规划，如果再加上为大乙烯配套项目的投入，投资总额将达到50亿元，为公司实现“双百亿”目标奠定了坚实基础。

重点工程建设方面，UOP催化剂公用工程已经完成中间交接，预计于2005年3月底建成。燃气和丙烯球罐工程、蜡裂解制α－烯烃工业实验二期工程、腈纶污水处理改扩建工程等项目均按计划进行。

【企业改革与稳定】 在保持企业总体稳定的前提下，抚顺石油化工公司坚持在发展中推进改革，在改革中保持稳定，一些改革措施得到了有序推进。在新体制、新机制架构下，组建了北方催化剂厂，通过公开竞聘产生了班子和管理层。重组成立了设备监理中心。中小学和公安系统已全部移交社会。特别是，经过近一年的充分筹备，完成了工贸集团的组建工作。经过短短几个月的运行，整合了资源，强化了管理，明确了发展思路，队伍保持总体稳定，使公司主辅分离工作迈出了一大步，标志着公司2003年经济工作会议确定的重大改革事项基本完成。公司形成了以制造加工、生产服务、工程技术服务、三产多种经营系统和集体企业为内容的“4＋1”板块格局。集体企业在公司的全力支持和自身的不懈努力下，2004年实现经营总收入9.6亿元，较2003年增加2亿元，实现了不亏损的重要转变。

【企业基础管理】 按照中油集团“三基”工作总体部署，结合抚顺石油化工公司重组以来在基础管理、基层工作和机关建设等方面暴露出来的诸多问题，从“做大同时要做强、提高企业竞争力”出发，重点开展了以“抓基层、打基础、强素质，细化生产、强化安全，增强责任意识、增强服务意识、增强大局意识和提高业务能力”为内容的“3231”工程。工程实施以来，各单位高度重视，主要领导挂帅，深入宣传发动，科学制订方案，从管理的薄弱环节入手，查摆和整改了大量管理问题。部分单位还开展了“向先进企业学习、向上市公司看齐”、“外学十六联，内学丙烯腈，争创铁人队”，“与上市公司基层单位结对子”，以及机关人员业务培训等形式多样的主题活动，有力地推动了“3231”工程向纵深发展。

【人才工程】 按照《抚顺石油化工公司2003—2005年人才队伍建设规划》，组织部分高级管理人员和中青年骨干到高等院校进行了集中培训，并到海尔集团等企业实地考察学习。强化操作技能型人才培养，召开了重组分立后首届技师、高级技师聘任大会，聘任高级技师、技师150多名，并制定了相应激励政策。开展了全员性“大练兵、大比武”活动，一线技术能手评选活动和班组长培训工作，培训职工上万人次，选拔各工种技术状元和能手400多名，调动了各类人员立足岗位练技能的积极性。累计选送业务骨干112人攻读在职研究生，并新接收应届大中专毕业生150多人，缓解了企业主干专业人才短缺的压力。

【党建和精神文明建设】 加强领导班子建设，深入开展主线教育，为企业持续稳定较快发展提供保证。

领导班子整体素质和结构进一步优化。首次对正职岗位进行了公开竞聘选拔，产生了北方催化剂厂和设备监理中心领导班子成员。完成了18家直属单位及机关部室领导班子和领导人员的考核测评工作，全年共调整处级领导人员49名，班子结构进一步优化。以“一把手”监督为重点，加强党风廉政建设，形成了公司、厂和车间“三级承诺”自律体系。加大了查处和责任追究力度，先后有31名党员干部受到党政纪处分和组织处理。

党的基层建设不断加强。腈纶厂丙烯腈车间被授予集团公司“百面红旗”先进单位。

主线教育活动取得扎实效果。“腈纶人的画与话”活动在集团公司进一步推广，并入选国资委典型案例。公司成功举办了第八届职工运动会。

群团工作贴近实际，效果明显。各级工会组织积极推进厂务公开、民主议事工作，职工参政议政和知情决策权得到有效落实。腈纶厂丙烯腈车间主控室团支部被命名为国家级青年文明称号。

关心职工，美化环境，职工生产生活条件持续改善。

（王　乔）

中国石油辽阳石油化纤公司

【概述】　中国石油辽阳石油化纤公司（以下简称公司）主要从事化工化纤产品生产、生产服务和工程技术服务、机电仪加工制造和石化建筑安装等业务。公司设有9个行政处室、5个党群部门、23个二级单位、2个控股子公司。截至2004年底，公司职工总数14133人，总资产26.6亿元，固定资产净值12.2亿元，负债7.2亿元，所有者权益19.5亿元，资产负债率27%。

【主要生产指标】　2004年，公司生产浓硝酸3536吨，稀硝酸11901吨；生产涤纶短纤维31246吨，比2003年增产34.07%；完成工业总产值53607万元，比2003年增长59.44%；实现企业增加值47606万元，比2003年增长66.53%。

【经营指标】　2004年，公司实现主营业务收入140865万元，比2003年增加22965万元；实现考核利润－7700万元，比集团公司考核指标减亏1081万元，比2003年减亏1620万元。

【主要产品】　公司化工化纤生产共拥有15套生产装置，可生产硝酸、涤纶短丝、差别化聚酯、锦纶66切片和纳米材料改性工程塑料等产品；公司机电仪加工制造主要产品有波纹管、干气密封、重型压力离心机、特钢铸件、GT系列可燃及有毒气体检测仪、机泵群及大型转机设备集散监测诊断系统、DIV2000彩色无纸记录仪等；公司多种经营主要产品有丁二烯、双环戊二烯、橡胶芳烃油、均三甲苯、偏三甲苯、4，5，6，碳二羧酸、聚丙烯编织袋、芳烃溶剂油以及建筑用PP－R管材等。

【主要措施和成果】　2004年，公司制定并实施了强化服务经济、资产重组置换、内涵升级发展、管理流程再造和企业文化建设“五大系统工程”，并取得了阶段性成果。强化服务经济初见成效：仪表厂主动配合辽阳石化分公司精己二酸技改组态，独家承揽美国OHMART公司射线仪表技术服务工作，并成为美国HONEYWELL公司在东北地区的培训基地；机械厂独家承担辽阳石化分公司大检修期间全部备件加工任务，并完成干气密封和重型压力离心机等高新技术的产业化，承修的乌鲁木齐石化总厂6台离心机各项性能参数完全达标，特钢产品取得北京钢铁总院硝酸钢定点生产认证，水轮发电机铸件在长江三峡等国家重点工程广泛应用；工程公司凭借东北三省惟一拥有的特种环境施工作业安全许可证，承揽吉化集团公司主体厂检修工程，在氮气环境下进行化工装置催化剂更换；运输公司积极发展物流配送业务，月货物周转量达5000吨。资产重组置换步伐加快：完成全资、控股、参股企业以及集体企业法人实体摸底调查；相继取消东泰、宏正两公司法人资格，鑫达公司改制收尾工作基本完成；辽化设计院以入股方式加入中油设计公司，以技工学校资产及规划用地与沈阳工业大学合作组建独立的工程技术学院。内涵升级发展进展顺利：结合国家和集团公司产业政策，公司以供应链管理思想为指导，充分发挥资源优势、市场优势、成本优势和依托优势，立足于与辽阳石化分公司经济互补、双赢互利，与其建立上下游的刚性连接，坚持大规模，低成本、横向发展，正向集团公司纺织原料基地和化纤产品技术研发中心目标迈进。管理流程再造有序展开：将检修、电修、保运公司重组为检维修专业公司；撤销多种经营处、新闻中心和党校等单位建制，对相应职能进行归并；将房地产管理中心、机关服务中心、文体中心等整合、归并为行政事务管理中心；将东泰公司、宏正公司和化工一厂73号装置合并组建技术中心；将建筑公司、英华公司划入亿方公司统管，进一步明确集体经济的定位、发展方向和管理模式。企业文化建设进一步加强，公司成立企业文化处，加强对企业文化建设工作的领导，出台《辽化公司2004—2008年企业文化建设总体推进方案》，明确企业文化建设的指导思想、实施步骤和保障措施，广泛发动广大干部职工参与，增强了企业的凝聚力。

【科技创新与技术改造】　公司全年完成固定资产投资4.1亿元。其中，投资7100万元完成29项技改技措项目，主要有重型压力容器改造、1号生活污水提升泵站改造、纳米尼龙改造、18生活区热力站改造和纤维厂联苯炉改造。

【工程建设】　重点实施了8000吨/年涤纶纺粘无纺布、11.6万吨/年硝酸和20万吨/年聚酯3个重点项目。其中，无纺布项目于2004年11月底中交，12月中旬投料试车；为辽阳石化分公司己二酸扩建配套建设的硝酸项目于2004年3月开工，11月8日打通全部工艺流程，实现投料开车一次成功；20万吨聚酯项目年内完成设计、重点设备买卖和成套设备制造合同、施工设计、设备订货及土建基础等工作。

【安全生产】 公司加强以安全生产责任制为核心的制度建设，修订和完善35项安全规章制度，全面推行安全生产目标管理；以风险管理为中心，完善、深化HSE管理体系，下发了《风险管理指导意见》，强制推行了风险管理识别、评估、控制制度，全年实现了“四个杜绝”、“三个不超”、“一个确保”和重大质量事故、环境污染事故为“零”等工作目标。

【企业改革与管理】 调整公司机关机构设置，压缩管理层次，整合、归并了6个业务单元；建立完善60余项管理制度，理顺业务流程，初步建立起以全面预算管理为中心的财务集中统一管理和以市场准入、招投标制度为中心的采购集中统一管理流程体系；管理信息化和办公自动化水平有所提高，各项基础管理明显加强；依法治企、自觉规范企业行为的意识不断强化，内控制度和监督制约机制日趋完善。

【精神文明建设】 公司党委围绕中心，服务大局，党建和思想政治工作取得新进展，“加深学习转观念，加强管理促扭亏，加快发展增效益”主题教育和“辽化要扭亏，观念要先行”大讨论活动收到实效；以宣传贯彻党的十六大和十六届三中、四中全会精神为重点，组织开展了系列专题报告会、理论辅导和外出考察等活动；深入开展“争当铁人式党员，选树红旗责任区，创建标准化党支部”活动，全公司党支部“达标”率达到70%。纪检部门采取全面介入、全程跟踪、全方位监督的方式，加大企业效能监察力度。各级工会组织通过民主交流会、民主议事会、厂长（经理）办公会等多种形式，拓展职工对企业管理的知情权、参与权和监督权；深入开展挖潜增效系列活动，共提出合理化建议458条，创效1000多万元；积极搭建职工技术成才平台，23名职工分获辽宁省技术能手和辽阳职工职业技能大赛首席状元等称号，选树了袁波、王亚丽和林海臣等一批国家、省、公司级劳动模范；扎实开展“巾帼建功”竞赛活动，王亚丽、胡丽莉分别被全国妇联、省总工会授予“三八”红旗手和先进女职工荣誉称号。各级共青团组织积极开展争创“青年文明号”、青年创新创效、生产竞赛、青年志愿者等系列活动，6个青年集体分获省、市“青年文明号”称号，公司团委被评为辽宁省先进团委和辽阳市红旗团委。

（白锦松　周广智）

中国石油林源炼油厂

【概述】 截至2004年底，中国石油林源炼油厂厂在册职工3128人，其中，在岗职工2117人（含市场化用工210人），内部退养1011人，资产总额59786万元。企业主要业务涉及石油化工、炼化装置安装及检维修服务、社会及生活服务、轻纺制造等多个领域，拥有东北最大、世界一流的地毯织造和毛纱生产线及以食品级白油、精制乙腈、各种溶剂油、石化助剂为主的化工生产装置，化工、轻纺产品遍布全国各地并远销海外。

化工产品主要有：6万吨/年溶剂油、2500吨/年乙腈、3万吨/年白油、1000吨/年石化助剂；轻纺产品主要有：1800吨/年丙纶长丝及加捻定型丝、120万平方米/年各种丙纶、混纺、纯毛提花地毯和9000锭羊毛及混纺毛线、粗绒、针织绒、丝光绒线、超柔绒线。

2004年，是林源炼油厂各项工作在继往开来中创出历史新水平的一年，主要体现在以下三个方面。

一是企业主要生产经营指标完成情况好于预期。化工板块总体保持了产销两旺的强劲势头；轻纺板块生产稳中有增，销量继续攀升；服务板块主营业务收入明显增加。全年累计生产溶剂油56092吨，比2003年增加23719吨，完成计划的171.9%；生产精乙腈1021吨，比2003年减少50吨，完成计划的97.2%；生产白油21458吨，完成计划的103.1%，生产各类助剂375.8吨，比2003年增加160.8吨，完成计划的156.6%。累计生产地毯36.7万平方米，长丝1220吨，分别比2003年增加3.4万平方米和460吨，分别完成计划的104.9%和112.8%；生产针织绒纱线292吨，比2003年增加80吨，完成计划的83.4%。建安公司主营业务收入达到8586万元，完成计划的122.7%；物业公司主营业务收入达到4500万元，完成计划的100%。2004年，全厂共实现主营业务收入58805万元，完成计划的113.09%；实现考核利润184万元，超额完成了集团公司下达的考核指标。

二是企业基础管理得到改善。通过集中组织开展“三基”工作大检查，找准了企业管理上的薄弱环节，大力整改基础资料、基础设施、管理制度、量化考核、识别系统等方面存在的突出问题，促进了管理增效，有力地推动了企业整体管理水平的提高。

三是企业综合实力进一步增强。资产和收入结构发生了较大变化，生产性固定资产与重组第一年相比，增加4394万元，占固定资产总额的70%；产品销售收入达到38043万元，是重组第一年的3.8倍。通过坚持创建具有竞争力的健康企业活动，历史遗留问题逐一得到有效解决，不健康因素明显减少，抵御风险的能力和综合竞争实力有了大幅度提高。通过对照标准检查，全厂综合达标率提高到89%，10项主要绩效指标已达到健康企业标准，企业正向着良性循环的轨道迈进。

【生产经营】 抓好生产组织协调，努力提高加工负荷。一是生产部门不断强化和落实组织协调职能，认真开展日常运行管理。通过调整工艺参数、精心操作、提高加工负荷等措施，有效保证了全年各项指标的完成。尤其是溶剂油生产，克服了装置的先天缺陷和原料、产品储存能力不足等各种困难，为企业增收2500万元，不仅创造了历史最好水平，也为全厂生产经营目标的实现起到了关键作用。轻纺行业继续根据市场变化，及时组织生产适销对路产品，并坚持从订单计划、生产准备、物料平衡、系统协调、原料入厂等各环节入手，不断优化生产方案，确保了产销量同步增长。

二是加强日常维护和管理，确保设备及装置平稳运行。认真做好设备的日常检查考核，通过加大巡检力度、定期召开设备例会，及时掌握设备运行和维护动态，及时对设备故障、隐患进行分析处理；严格编制和执行年度生产装置检修计划及压力容器检验计划，最大限度地避免非计划停工；按照集团公司要求，积极组织开展设备管理大检查活动，进一步落实全员、全过程管理措施。7月份，在集团公司组织的重组分立以来首次设备大检查活动中，白油装置受到好评，并荣获“集团公司设备管理先进单位”荣誉称号。由于工作细致，安排科学，确保了设备安全平稳运行。一年来，特种设备的检验率达到了100%，全厂设备完好率达到98.7%，设备事故率为零，为生产经营任务的顺利完成提供了前提保障。

三是细化经营目标，注重实际效果。继续坚持强化内部经济责任制考核，层层分解落实目标利润；严格按照《林源炼油厂领导岗位人员综合业绩考核暂行办法》进行绩效考核，突出实际效果。

【从严治企】 年初以来，坚持从更新管理观念、转变管理方式、改进管理方法、完善管理制度入手，不断强化企业内部管理，尤其是通过全面推行“目标对策看板管理”，逐步建立和完善了切合实际的科学管理体系。

1. 加强成本费用控制，进一步挖潜增效

一是继续降低加工损耗，提高产品收率，最大限度增加经济效益。溶剂油加工综合损失率由3.8%降低到2.83%，产品收率提高了0.97个百分点；乙腈产品收率提高了5个百分点；白油加工损失率降低到0.35%以下，产品收率提高了0.15个百分点；各种牌号助剂平均收率达到91%；BCF废丝率比去年同期降低了0.29个百分点。二是积极开展节能工作。以节能宣传周活动为契机，不断强化节能意识。全厂累计节电163万度，节水9314吨，节约蒸汽8999吨，节约氮气24294吨，节约净化风149468立方米。三是重点把好采购、销售两个关键环节的成本降低。在采购上，严格按规定实行招标，严格大宗物资采购程序；在销售上，较好地保障了信息通畅，价格管理问题得到改善。通过建立健全成本责任制和强化成本约束机制，有效降低和控制了成本。四是进一步降低因异地施工而增加的各种成本和费用。经过多方沟通和协调，建安公司马鞍山驻地已于年内投入使用，从而实现了全天候近距离维护作业。五是研究物流成本。及时根据市场环境变化，从单纯注重物化管理向注重价值形态管理转变，并初步收到成效。

2. 加强产品质量管理，建立健全保证体系

一是在抓好原有5个质量体系运行管理的同时，顺利完成了厂机关和直属单位的ISO 9000与ISO 14000管理体系认证；二是采取切实有效措施，解决产品质量存在的不足和问题。轻纺产品中，地毯一等品率达到了99.65%，比2003年提高0.31个百分点；BCF长丝一等品率达到98.14%，比2003年提高1.43个百分点。毛纺产品五项主要指标继续保持国家优等水平，羊绒和羊绒混纺成品入库一等品率分别达到100%和99.65%。其中，纺纱一等品率为99.92%，染色一等品率达到98.57%。化工产品中，多个牌号白油达到了食品级标准，乙腈纯度达到了99.97%，各种牌号的溶剂油和助剂的合格率也达到了100%，质量有了新的保证。在服务板块中，建安

公司通过抓好过程控制，工程质量合格率达到100%，优良率超过了50%。物业公司积极响应全市公用事业与物业管理规范化服务承诺大会号召，践行承诺内容，投身于“我为社区服好务，我为油城添光彩”活动，服务质量进一步提高。

通过建立健全质量保证体系，产品采标率达到了100%，产品标准覆盖率达到了100%，贯标率达到了100%，全员的质量意识进一步增强。

3. 加强全面预算管理，加快现金管理体系的建立

认真编制预算，及时根据实际情况变化加以调整、修正，不断提高预算的准确率。同时，通过强化控制手段，严格预算外支出，使预算起到指导生产经营活动的作用；继续完善与集团公司战略目标相适应的财务资产管理机制，加速货币回笼，进一步提高流动资产的周转频次，流动资产周转率达到了3.63次，盘活资产变现1205万元，缓解了现金流的不足，使有限资金发挥了最大作用。

4. 加强审计监察监督作用，实行全过程控制

继续深入开展符合企业实际的专项审计和效能监察，拓宽领域，突出重点，事前把关，注重效果，逐步探索在机制、体制、制度上预防和堵塞漏洞的办法。全面开展内部审计工作，审计覆盖率达到了3个100%；开展各类专项执法监察114项次，效能监察6项，进一步规范了企业的经营行为。

5. 加强安全管理，保持企业良好的生产经营环境

一是认真贯彻执行《关于进一步加强安全生产工作的决定》，牢固树立“安全第一，预防为主”的思想；二是严格执行安全生产责任制，全面推行安全目标管理，通过“四防、六整治”活动，狠抓各项安全措施的落实。依照《林源炼油厂安全环保健康工作计划》，全面推行厂、处两级领导承包制，层层签订责任状。全厂共签订安全生产责任状90份，收取风险抵押金16.5万元，形成了“一级抓一级、一级保一级”的安全工作格局；三是加大监督力度，按照集团公司要求成立了安全监督站，配备了专职人员，对重点单位、要害装置实施全天候监督；四是深入开展“安全生产月”活动，结合“12.23”特大井喷事故，开展了以“查三违、查隐患、查整改”为主要内容的安全大检查。全年共组织安全自查15次，联合大检查8次，消除各类隐患7项，重新修订、完善全厂各类重大事故应急预案13个，启动预案演习4次；五是结合“一控双达标”，注重由末端治理向全过程控制转变，积极进行污染综合防治，逐步实施了总量控制和环保工作目标管理。

【企业改革】

1. 持续抓好结构调整和专业化重组

依据产业定位确立的发展方向，集中力量做专、做强有优势和有良好发展前景的主营业务。针对企业实际和市场竞争的需要，对建安公司的内部实施了专业化整合，成立了林源维护分公司和新五分公司，实现优势互补，提高了竞争能力。积极推进机关机构及职能调整，成立安全监督站，在经营管理部增设电子商务职能，适应了新形势下企业生产经营的需要。

2. 大力推进辅业改制分流工作

按照总体方案确定的计划和“发展一批、联合一批、退出一批”的经营策略，初步完成了编织袋厂的改制。认真开展清理法人实体工作，以建立现代企业制度为宗旨，以产权关系为基础，制定了清理法人实体工作总体思路、目标和原则。上海实华等13个法人实体的清理整顿均已形成初步方案并相应开展了前期工作。

【市场开发】　继续坚持为主业发展服务，搞好关联交易。建安公司在装置维护方面，做到设备抢修不过夜。装置检修严格按照大庆炼化公司制定的整体进度计划展开作业，层层落实施工方案和风险预案。其他各关联交易单位，也均能牢固树立大局意识、责任意识和服务意识，通过走访、定期沟通、改善服务态度和服务质量等措施，稳固了内部市场，保证了收入的实现。全年共签订关联交易合同30项，实现关联交易收入14102万元。

全力开拓外部市场，增加盈利空间。一是根据企业实际制定营销策略，突出抓好市场调研和市场管理，全方位、多渠道获取信息，并以此开展客户研究和营销策略研究，不断完善适应需求的现代营销体系。通过代理、中间经销、直销等不同形式，进一步建立起大范围的营销网络，从而提高了市场份额，增加了销售收入和主营业务收入。二是明确任务、落实责任和措施，建立健全考核和奖惩制度，把市场开发任务量化、具体化。三是对进展情况经常进行检查和阶段性分析，及时发现问题。同时，加强异地库和应收账款监控，从而保证了市场开发预期效果的实现。四是不断健全和强化市场开发机构，进一步加强营销队伍建设，逐步把懂专业、懂经营、市场工作能力强的人员充实到队伍中来。五是坚持依靠实力和诚信赢得市场。

一年来，服务、化工和轻纺三个板块不断增强品牌意识，充分发挥现有设备和技术优势，创出了精品，打出了信誉，赢得了市场。服务板块中，物业公

司通过竞标先后赢得了哈尔滨市松北区、哈尔滨市政府广场、大同区政府楼及林源镇政府和农贸市场等保洁项目，增加管理面积 78.3 万平方米。同时，成功开发运作和合作开发工程 4 项，总建筑面积达 11 万平方米。建安公司外部市场有所延伸，大庆石化公司塑料厂、沈阳蜡化厂等维护任务的承揽，既锻炼了队伍，又积累了经验。轻纺板块中，继续通过一手抓老市场稳定，一手抓新市场开发，抢占主流市场份额。化工板块中，根据溶剂油市场的旺盛需求，供销公司积极协调原料，石脑油由 2003 年的 34000 吨增加到 57483 吨，通过努力扩大市场，产销率达到了 99.4%，为企业效益增长提供了保障；针对白油市场开发时间短、客户少、销售渠道不畅等实际问题，科学地进行市场定位，使白油产品在市场中的占有率越来越大，客户已经发展到了 39 家；乙腈加大出口市场的开发，并在三季度相继接到大批订单，缓解了生产压力。

【人才强企和技术进步】 认真贯彻落实《集团公司 2003—2005 年人才队伍建设规划》，努力抓好“三支人才”队伍建设。在经营管理人才队伍建设方面，一是继续以工商管理知识和岗位任职资格为重点，推进在职领导干部的培训工作。截至 2004 年底，安排 162 人次参加了集团公司和地方举办的经营管理人员培训班，经过工商管理培训的领导干部已达 60 余人，64%的中层领导干部取得了岗位任职资格。二是坚持民主选拔，年内共组织领导干部竞聘 5 次，有 16 人通过竞聘走上了高一层领导岗位。三是突出生产经营和管理指标完成的量化考核，促进了经营管理目标实现和自身综合素质的提高。在专业技术人才队伍建设方面，制定并完善了专业技术人员管理办法，初步形成了系统的制度体系。为保证人才队伍建设质量，在专业技术职务评审中采用“注重业绩，量化评审”的方式，严把“入口”，激励了专业技术人员努力工作，多创业绩；其次，为促使高素质专业技术人才脱颖而出，按照《专业技术负责人选拔聘任管理暂行办法》，完成了 7 个专业技术负责人的选聘工作，建立了相关激励机制及考核措施，为更高层次专业技术人才培养明确了方向。在操作服务人员队伍建设方面，主要是以林源炼油厂《操作服务人员培训管理办法》为指导，不断强化培训力度，建立了考核评价体系，并将考核结果纳入操运会成绩，与工资的晋档挂钩，激发了操作服务人员钻研技术、努力成才的积极性。全年累计举办操作服务人员培训班 72 期，培训人数达 5882 人次，协同组织 1117 人进行了上岗考试（操运会预赛），会同大庆石油管理局技能鉴定中心组织了 28 个工种、694 人操作技能考试和 37 个工种、437 人操作技能考核。通过考试和考核，有力推进了培训工作的开展和操作服务人员技能水平的提高。

围绕重大项目攻关、重点关键技术的深化研究及完善科技创新体系开展科技工作。科技研发管理中心成立后，先后制定和完善了《研究与技术开发项目计划管理办法》、《知识产权管理办法》及《专利工作管理办法实施细则》等多项管理制度，并集中力量突破关键性技术难题，解决影响生产发展的技术瓶颈。同时，继续通过与外部科研院所合作，不断加大产品创新与效益、市场挂钩的力度，加快企业技术创新步伐，多方位的技术创新体系初见成效。全厂科技大会召开后，广大科技人员积极投身企业科技创新实践中，相继完成了仿尼龙地毯、防菌地毯、250 纬出口地毯和棉与羊绒、棉与绢丝及仿羊绒等引导市场的高附加值轻纺新产品，并在市场中占有一定的份额。一年来，全厂共完成科技攻关 19 项，为企业创造效益 260 余万元。

【企业可持续发展】 坚持把发展作为第一要务，紧紧围绕“发展化工、轻纺创牌、做强服务”三路并进的整体发展战略，推动企业持续、健康发展。

在发展化工方面。按照厂六届四次职代会确定的重点规划目标，全力主攻干气制乙苯项目，2004 年 5 月初完成了项目市场调研、技术咨询和可行性研究报告的编制工作，9 月中旬顺利通过了集团公司咨询中心组织的专家论证，12 月末完成了环境评价，为项目尽早批复创造了有利条件。同时，针对大庆炼化公司 30 万吨/年聚丙烯装置投产后的聚丙烯资源和塑料助剂大量需求的实际，规划建设了一套 600 吨/年抗氧剂项目，近期即可投入生产。

在做强服务方面。按照全面、协调、持续发展的总体要求，采取差异化竞争策略，做大、做强炼化检维修服务，为下一步以优质的服务、合理的价格和良好的信誉继续巩固内部市场、扩大外部市场份额打下了良好基础；物业公司按照新模式，寻求新目标，市场竞争实力不断增强。

在轻纺创牌方面。主要是从整体角度出发，为培育和打造林源品牌，提升企业核心竞争力创造条件。地毯公司为满足市场需求，于 11 月份完成了老 BCF 抽丝机改造工作，为确保在国内业界领先地位打好了铺垫；毛纺厂相继完成了前纺、羊绒制条和软化水改造，为进一步达到产品定型、批量生产、增加收入奠定了良好基础。

另外，我们从企业实际出发，注重企业滚动计划编制的质量和实际效果。《林源炼油厂2004—2008年滚动计划》获得集团公司规划计划部综合评比的第一名，《林源炼油厂2005年业务发展建议计划及2005—2009年滚动计划》也得到了顺利通过。

（张玉权）

中国石油前郭炼油厂

【概述】 截至2004年底，中国石油前郭炼油厂拥有总资产6.04亿元，其中流动资产2.65亿元，固定资产原值3.06亿元，固定资产净值1.60亿元。现有在册国有职工1961人，集体职工828人。共设机构47个，其中职能处室15个，职能部门3个，二级单位29个。主要业务板块有：工程技术服务、生产服务、加工制造、社会服务、管理机关、参股控股企业、集体企业等。加工制造板块拥有10万吨/年非选择性叠合装置和10万吨/年溶剂脱沥青装置各1套，主要产品有聚丙烯树脂、车用液化气、石油沥青、建筑沥青、塑钢门窗、新型防水卷材等20多个品种。

【主要经营指标】 2004年，前郭炼油厂由于主导产品尚未形成，生产装置原料价格居高不下，全年仅实现总产值2.93亿元，上缴税金1276万元，均低于2003年。

【安全工作】 2004年，前郭炼油厂坚持把安全工作放在各项工作的首位，实现了连续五年无重大伤亡事故，在集团公司2005年工作会议上受到表扬。主要做法：一是深刻吸取“12.23”特大井喷责任事故的沉痛教训，认真组织安全检查活动。二是深入开展以反违章、查隐患、促整改为主题的“安全生产管理年”活动，职工及家属的安全意识普遍增强。三是加强基础工作管理，进一步完善安全规章制度。四是强化安全生产责任落实。五是加大资金投入，治理事故隐患，改善生产生活环境。六是按照国家及集团公司有关规定，做好危险化学品安全生产许可证取证工作，成为吉林省首批获证单位之一。

【生产和销售】 聚丙烯车间（聚丙烯装置是前郭石化分公司闲置装置，由前郭炼油厂租赁使用，规模为1万吨/年）进一步强化生产作业环节管理，努力提高产品质量，降低产品成本，全年加工原料6201吨。叠合车间进一步树立市场意识和效益意识，根据市场需求调整生产方案，全年加工原料21359吨，实现了增产增效。在抓好装置生产的同时，加大产品销售工作力度，产销率达100%。

【项目建设】 为保证2万吨/年聚四氢呋喃项目建设的顺利实施，前郭炼油厂成立了项目建设指挥部，组建开展了项目初步设计、技术引进、生产筹备、市场调研、征地等各项工作。截至2004年底，完成项目建设投资1.72亿元，主要用于技术引进和项目建设前期准备工作。

【致力于服务创效益】 广大职工不断强化服务意识，提高服务质量，按照关联交易确定的服务内容和标准，积极为上市企业提供各项服务，上市与未上市企业始终保持相互协作、团结融洽的工作气氛，保证了关联交易的规范运作和服务费用的顺利实现。2004年，全厂共实现各项服务费用5443万元。

【经营管理】 2004年，前郭炼油厂大力加强和改善企业经营管理工作。一是加强控制制度及体系建设。二是强化经营运行，实施低成本战略。三是举办中层干部工商管理知识培训班。四是强化审计监督和效能监察工作。五是走出去学习兄弟单位先进管理经验。

【深化改革】 2004年，前郭炼油厂认真贯彻集团公司关于深化企业改革的精神，积极稳妥地推进内部改革。一是按照集团公司的统一部署，顺利完成了中小学校、派出所的整体分离移交。二是认真开展清理法人实体工作。对规模小、经营效果差、发展前景不好的瑞达公司进行了关闭，并注销了法人资质。对运输公司采取撤并整合方式，注销了法人资格。同时，对运输公司、中星公司等多种经营单位明确了今后的发展方向。

（卢雪峰）

吉化集团公司

【概述】 2004年，吉化集团公司实现主营业务收入67亿元，比2001年增加41亿元；实现利润1.4亿元，比2001年增加7.3亿元；完成化工产品实物总量60.9万吨，比2001年增长286%；完成建安行业施工产值18亿元，比2001年增长51.8%；实现全员劳动生产率7.7万元/（人·年），比2001年增长145%；人均收入比2001年翻一番；有效资产比例达到78%，比2001年增长44%。

【主要产品和可提供的服务】 吉化集团公司经营服务领域涉及化工延伸加工、精细化工、农药、工程技术服务、建筑设计施工、机械仪表制造、信息网络电信、医疗等行业。可提供的主要产品和服务有：

（1）化工延伸加工类产品：丙烯腈、丙酮氰醇、聚丙烯酰胺、乙腈、硫铵、甲基丙烯酸甲酯（MMA）、硫酸、精萘、甲基萘、异丁烯、高活性聚异丁烯等；

（2）精细化工类产品：甲基异丁基酮（MIBK）、高效低残留农药、2－萘酚、2：3酸、H－酸、三羟甲基丙烷（TMP）、抗冲改性剂ACR、润滑剂EBS（EBA）、甲基香兰素、乙基香兰素以及硝基苯加氢催化剂、白炭黑、吗啉、CLT酸等；

（3）非化工类产品：氮气雾化超细球型铝粉、铝银浆；

（4）机械仪表类产品：各类铁道罐车、非标设备制造、智能变送器等；

（5）工程技术服务：工程施工（国家施工总承包一级资质）和工程监理服务。

【主要措施和成果】 2004年，吉化集团公司不断强化精细管理，努力提高经济运行质量，实现了经济效益的新增长；坚持抓好科技创新，大力推进技术改造，实现了核心能力的新提高；持续深化企业改革，不断提高运行活力，实现了综合素质的新提升；发挥企业政治优势，注重企业文化建设，实现了“三个文明”的新进步。

【科技创新与技术改造】 2004年，吉化集团公司坚持抓好科技创新，大力推进技术改造，实现了核心能力的新提高。一是加大科研开发力度，形成了梯次储备项目。完成了透明聚丙烯成核剂等4项中试技术开发项目、木酚小试技术开发等2项基础研究项目和双三羟甲基丙烷国际合作项目以及5000吨/年MBS高新技术产业化贷款项目的立项论证工作；新型无卤阻燃剂、ACR抗冲改性剂等重点项目的中试开发进展顺利；完成了7项发明、2项实用新型及1项外观设计专利的申报工作。积极推进项目前期工作，完成了三羟甲基丙烷项目的上报评估工作；完成了乙烯轻质焦油综合利用（PGO）、特戊酸、四氯化硅、汽车油管等项目的后续工作；开展了高碳醇转产α－烯烃、C_4—C_5制丙烯等9个项目的技术交流；组织了L－苯丙氨酸－阿斯巴甜、多聚甲醛、含氰废水处理等18个项目方案的论证及可研报告的编制工作。积极探索利用高碳醇装置生产α－烯烃的可行途径，α－烯烃中试项目取得实质性进展。二是加快技术改造步伐，形成新的效益增长点。与广州吉必时公司气相法白炭黑的合资合作项目，已建成投产；中部基地热力站、南部供电等项目，已建成并投入使用；MBS、MIBK、PGO、特戊酸、三羟甲基丙烷公用工程等项目建设进展顺利；丙烯腈循环水冷却塔改造、高碳醇铝银浆装置改造等20多个小型改造项目已按计划完成建设任务；铝粉B线压缩机改造、吨包装袋、30万米（标）油管等项目已建成投产。三是加大“融资”力度，形成利用外部资源的新格局。经过积极洽谈，多个项目的合资合作工作取得了实质性进展。

【企业改革】 2004年，吉化集团公司持续深化企业改革，不断提高经济运行活力，实现了企业综合素质的新提升。一是积极推进组织结构调整和运行机制改革，提高了运营效率。公司利用6个月时间对组织结构和管理流程进行了改造，对化工板块实行了扁平化管理，进一步强化了母公司的集中管理职能和监控服务职能，规范了分公司、子公司的生产经营行为，实现了采购、销售、会计核算、运输、综合预算、富余人员管理“六集中”。通过确立1个总流程、1个核心流程、7个子流程，明确148个工作流程，初步形成了以全面预算管理为核心，以市场链为主线的新工作流程，有效缩短了管理链条，减少了管理层次，提高了管理效率。二是抓好产权和产业结构调整工作，增强了发展活力。规范股权管理，出台了《股权管理实施细则》，编制了《股权管理工作手册》。积极推进整体分流改制和企业内部重组工作。稳妥做好分离企业办社会职能工作，中小学和公安局划转地方工作取得了实质性进展。清理法人实体工作进展顺利，出台《设立法人和非法人实体的管理规定》和《关于进一步清理法人实体的安排意见》，对管理混乱、严重亏损的企业进行了废业清算处理，对继续保留的原三级、四级法人实体纳入主业规范管理。三是继续深化"三项"制度改革，调动了各层面人员积极性。深化干部人事制度改革，积极引入市场配置与组织考核相结合的选人、用人机制。实行"一推双考"，竞聘上岗，完善了二级单位班子、厂部级干部任期考核工作方案，出台机关部室处长岗位竞（选）聘工作方案。对企业新录用人员，以社会化招工方式公开招聘，实施合同制管理。重视人才的引进、选拔、培养。聘请20多位专家、博士为技术顾问和学科带头人，招收本科以上毕业生135名，选派30多名优秀员工参加了硕士学位学习，提高了员工队伍整体素质。不断完善了领导干部年薪制、科技人员课题津贴制、技术工人星级津贴制，以效益决定分配，以绩效决定工资，调动了各层面人员的积极性。

【经营管理】　2004年，吉化集团公司不断强化精细管理，努力提高经济运行质量，实现了经济效益的新增长。一是突出抓好达产达标工作，提高装置创效能力。加强生产调度指挥和过程控制，强化设备日常维护及检维修管理，实行关键机组、重点部位特保特护制度，较好地完成了丙烯腈等重点创效装置的停开车和检修工作，保证了产供销平衡，生产装置实现了满负荷生产。对化工生产装置工艺参数和消耗指标实施三级管理和跟踪考核，完成了工艺调优项目82项。积极组织进行生产技术"瓶颈"攻关，立项57项，突破生产"瓶颈"49项，"一丙"、"二丙"的消耗及产量均创历史最好水平；甲基丙烯酸甲酯装置负荷达到115%；硫酸装置负荷达到106%；铝粉装置A线细粉收率提高了10%。公司全年实现节能降耗4357万元。二是突出抓好供应销售工作，努力实现效益最大化。强化采购管理，及时跟踪主要原燃料库存和到货情况，合理调配资源配置；有效解决了丙烯、煤、丙酮、MTBE等制约公司创效能力的大宗原燃料资源紧张问题，保证了重点创效装置的满负荷运行。强化市场开发，多次赴华东、华南、山东等地，开发终端用户，确保老产品产销率100%，新产品投产有市场。三是突出抓好现金流量控制，降低企业运营风险。以综合预算管理为龙头，全面加强资金管理。每月制定并下达预算指标，进行旬分析、月总结，严格控制计划外预算审批，保证资金支出的计划性和可控性。突出抓好"当量利润"考核。年初根据各单位存货占用和应收账款的实际情况，合理确定"当量利润"指标，与二级单位工资总额和经营者年薪挂钩，与联系部室管理人员薪酬挂钩，千方百计降低应收账款和存货，保证有现金流量支撑的利润完成。突出抓好清欠工作，成立了清欠领导组织机构，建立了清欠激励机制。对应收账款逐笔进行梳理分析，制定有针对性的措施，做到责任、目标、措施、进度"四落实"。对大额欠款实行公司、工厂两级跟踪管理，严格考核。全年累计清欠10500万元，完成年度预算的102%。四是突出抓好安全生产，保障安全稳定运行。牢固树立"安全第一"观念，制定了《安全生产基础管理达标活动方案》和《关于建立安全生产长效管理机制的决定》及实施细则，进一步明确了各操作岗位的安全职责和重点要害部位安全生产包保责任区。按照集团公司的要求和指示精神，把安全生产的各项管理措施落实到了基层、现场和生产作业的全过程。制定了以化工生产、机械加工、建筑施工、危险品运输为主要内容的四十条安全生产禁令；扎实开展了以"查隐患、定措施、守纪律、保安全"为主题的"安全生产月"活动；切实抓好危险化学品集中整治；广泛开展安全知识和技能培训，提高了员工安全素质；强化安全监督的日检查制度，严厉惩处"三违"行为，保证了主要生产装置的安全稳定长周期运行。五是突出抓好基础管理工作，增强企业综合素质。按照集团公司"以强化岗位责任制为核心，健全各项制度、规程和标准"的要求，全面修订了制度、规程和标准。制定了《吉化集团公司基础工作管理达标方案》，以化工生产装置为突破口，以生产现场管理为重点，在全公司范围内开展了基础工作管理达标活动。加强基础工作检查，有效促进了企业整体基础管理水平的提升。

【企业文化】　2004年，吉化集团公司注重形象塑造，通过"企业创名气"、"产品创名牌"、"员工塑形象"活动，宣传和树立产品信誉和社会声誉，增强企业的知名度和美誉度；塑造高素质的员工形象，树立了刘维彬、何天伦、李贺等一批全国著名的模范人物；通过统一企业标识，统一形象展示，规范了企业视觉识别系统。强化群众性精神文明创建活动，通过演讲会、报告会等有效形式，加大了见义勇为、拾金不昧典型职工的宣传力度，推动"三德"教育上了一个新的台阶；吉化集团公司荣获了"吉林省模范集体"、"吉林省精神文明建设标兵单位"等荣誉称号。

（赵国彬）

中国石油锦州石油化工公司

【概述】 2004年，中国石油锦州石油化工公司（以下简称公司）全口径完成业务收入16.51亿元，比2003年增收3.3亿元，增长25.3%。实现集团公司内部考核利润1318万元，比2003年增加809万元，连续5年超额完成集团公司下达的内部考核利润指标。截至2004年底，公司资产总额30.81亿元，资产负债率26.05%。

2004年，公司主要生产单位取得了较好的经营成果。六陆公司全年完成油品仓储440万吨，石油焦仓储4万吨，销售环丁砜1968吨，创历史最好水平；液化气分公司销售液化气突破11万吨，完成主营收入3.8亿元，实现利润49万元，成为公司新的利润增长点；实业公司实现收入10011万元。工程技术服务系统在稳固占领企业内部市场的同时，积极开拓外部市场。2004年，公司设计院完成设计项目170余项、施工图概算投资3.5亿元，设计费收入1743万元，实现利润124万元，创历史最高水平。设计院还积极对外承揽项目设计任务，全年对外签订设计合同金额达628万元，再创历史新高。工程公司先后开发了广东惠州、浙江宁波、山东青岛、锦州输油公司等多个项目，全年完成工程产值6亿元，荣获集团公司“工程建设优秀企业”称号。

【主要措施与成果】 2004年，公司对经营比较困难的两家下属亏损企业——飞龙公司、长利公司进行了重组整合，先后将这两家公司划归长虹集团公司管理。经过整合，长虹公司当年实现销售收入1.1亿元、产值1.2亿元，飞龙公司也扭转了长期亏损的局面。

【科技创新与技术改造】 2004年2月17日，经国家人事部批准，辽西首家博士后流动工作站——锦州石化公司博士后科研工作站挂牌成立。12月29日，锦州石油化工公司技术中心正式成立，并开始内部运作。由公司承担的“均三甲苯液相空气氧化法生产均苯三酸新技术开发”等三项集团公司重点科研项目均取得了可喜的成果。

【重点工程建设项目】 2004年，公司总投资为6.1亿元的“煤代油”热电厂工程项目正式开工建设。从年初开始，公司抓住设计出图、设备催交和现场施工三个重要环节，克服原材料价格大幅上涨等不利因素，加强组织协调，力保工期、质量。到2004年底，新热电3台锅炉完成了单机试运，2台汽机完成了冲转，系统蒸汽管线吹扫打靶任务完成，为转入整套启动和试生产及正常运行奠定了基础。

【安全生产】 2004年，公司认真贯彻落实《中华人民共和国安全生产法》和集团公司《关于进一步加强安全生产工作的决定》，深入持久地开展“反违章、查隐患、促整改”为主题的“安全生产管理年”活动，重点解决了液化气分公司液化气球罐液位指示不准、精细化工公司重芳烃加热炉炉膛腐蚀等6项隐患，对7处重大危险源建立档案并报地方政府备案，对公司自身无力整改、上报集团公司解决的3项重大事故隐患，制定了监控、应急措施和预案。公司还组织缩写并下发了《锦州石化公司安全基础知识手册》。通过强化安全管理，广大干部职工的安全生产意识明显增强，违章作业现象明显减少，全年公司未发生重特大事故，一般事故和受伤人数与2003年相比大幅度下降，保持了安全生产的好势头。

【企业改革与管理】 2004年，公司从组织开展重组后第一次岗位责任制大检查活动入手，加大企业管理力度，逐步规范了各种管理体系和工作流程：

（1）建立和完善了生产指挥系统，使公司管理系统协调有序，生产调度指挥中心的作用进一步加强。

（2）通过完善设备基础技术档案、开展设备故障分析、完好机泵房评比活动，使设备管理状况有了很大程度的提高。

（3）修订《锦州石化公司管理制度汇编》，收录了企业重组后制定的156个制度，具有较强的规范性和指导性，使管理走上了制度化、规范化的轨道。

（4）通过各单位岗位责任制自查自检，整改各种管理问题共540项，使日常基础管理工作得到加强。

（5）积极推行全面预算管理，统一财务软件和全公司财务联网，实现财务集中核算和统一管理，加强财务收支、工程审计和效能监察，有效防止了乱投资、乱花钱现象，保证了2004年重点建设工程4.5

亿元资金需求。

(6) 对公司所属 84 家法人实体提出处置方案，并得到集团公司的批复；初步建立起公司法律风险防范体系，全年审核公司对外签订的各类合同 186 项，合同标的总额 9224 万元，合同履约率达到 100%。

(7) 职工培训和人力资源状况有了新的起色，公司投资 525 万元，建成了具有机加工、焊工等 6 个工种的实训基地；举办了 10 类 22 个技术培训班，培训 1235 人次；在技师、高级技师考评中，共有 19 个工种 61 人参加，20 人获得技师资格、3 人获得高级技师资格；2004 年，公司录用了 51 名大学毕业生，改善了专业技术人员的年龄结构。

【主题教育与稳定工作】 2004 年，公司以集团公司“形势、目标、责任”教育活动为载体，在全公司范围内广泛深入地开展了“我为企业发展做贡献”的主题教育活动；及时调整和充实公司稳定工作领导小组，成立公司稳定办公室，建立和完善信访工作办理程序和工作流程，帮助有偿解除劳动合同人员领取了失业救济金和医疗补助金，妥善解决了化工一厂、化工二厂退休职工取暖费报销难等实际问题，设立公司专项扶贫帮困基金，一次性资助了 15 名家庭生活困难的职工子女上了大学。同是，采取走访慰问、扶贫包户、临时救济等多种方式，帮助困难职工解决实际问题，维护了企业的稳定。

【企业文化】 2004 年，公司党委深入贯彻《集团公司企业文化建设纲要》，组织编写了企业文化手册，以“爱国、创业、求实、奉献”的企业精神和“诚信、创新、业绩、和谐、安全”的企业核心理念教育全体职工。公司工会成功主办全国石油职工运动会象棋比赛，并精心组织了“同心同唱，走向辉煌”主题赛歌会，锦州石化上市和未上市两公司 30 个基层单位、22 个代表队、3300 名职工同台竞赛，慷慨高歌。

【精神文明建设】 2004 年，公司有 1 人获“集团公司十大杰出青年”称号，公司总经理陈青松荣获全国“五一”劳动奖章，公司被省、市政府评为“十强企业”、“十佳企业”。

（吴　浩）

中国石油锦西炼油化工总厂

【概述】 中国石油锦西炼油化工总厂（以下简称总厂）是中国石油天然气集团公司所属，主要以能源生产、油品储运、石油化工和工程技术服务为主，并具备设计、机加工、文教卫生、生活服务以及多种经营能力的综合性企业。截至 2004 年底，总厂在职职工 6820 人，中、高级技术人员 760 人，资产总额 21.6 亿元。

2004 年，总厂取得九个方面成绩：一是实现职代会提出的不计补贴、不亏损的奋斗目标，全年实现考核利润 1700 万元；二是能源、储运基地为总厂创效发挥了核心作用，热电公司全年实现考核利润 2600 万元，新水车间实现考核利润 1800 万元；碧海公司全年装卸油品 380 万吨，实现收入 1.2 亿元；三是总厂“十五”规划重点项目——苯乙烯工程于 10 月 11 日举行奠基典礼，正式破土动工；四是安全生产实现“三个杜绝、三个不超、一个确保”；五是模拟市场运行和管理增效取得新成绩，模拟市场运行机制进一步完善，管理增效活动实现增效 2000 万元以上；六是深化企业内部改革取得新突破，主辅分离、清理法人实体及分离企业办社会工作有序进行，干部人事制度改革取得重大突破，领导人员竞聘上岗给干部队伍注入了新鲜活力；七是总厂通过 ISO 9001 质量体系认证，8 月 30 日通过东北认证有限公司外部审核，9 月 10 日取得证书；八是关联交易协调进行，总厂和锦西石化分公司互相支持，互利双赢，全年实现关联交易额 6.2 亿元；九是外部市场开拓步伐进一步加大，外部市场收入达到 2.85 亿元，比 2003 年增长 56%。

【优化生产装置运行】 热电公司围绕装置优化运行，加强技术改造，做好设备维护，实施科学检修。陆续完成了供风系统扩容改造、一期电除尘系统改造、循环水系统阀门改造及机炉大修等工作。确保了一般设备完好率稳定在 95%以上，关键设备完好率在 98%以上，1#、5# 锅炉运行周期分别达到 134 天和 162 天，消耗指标大部分有所降低。

碧海公司作为总厂油品储运基地的重要组成部分，牢牢占据油品海上运输的有利位置，克服了工作环境艰苦等诸多困难，积极协调与当地各部门的关系，不断改革内部管理机制，大力开拓外部市场，全年装卸油品总量380万吨，实现经营收入1.2亿元，两项指标创历史最好水平。

新水车间调整采水结构，努力降低成本，强化设备管理与计量，吨水成本大幅下降，供水损失率为1.8%。煅烧焦车间加强设备维护，控制好工艺技术指标，确保装置平稳运行，全年生产煅烧焦73000吨，比计划增加3000吨，增加收入435万元。

此外，碳酸二甲酯车间、新型建材公司、现代化学公司等生产单位也都积极加强技术改造，优化装置的运行。

【工程建设】 建设能源、储运和化工三个基地，是总厂"十五"规划的核心内容。重组以来，总厂相继完成了能源基地、储运基地的基本建设。2004年又着手苯乙烯项目的建设，这是继碳酸二甲酯装置之后，总厂在化工基地建设上取得的又一重大进展。该项目于2004年7月20日获得集团公司批复，当年10月11日举行奠基典礼。在施工管理过程中，总厂认真贯彻国家和集团公司关于招投标的法律法规，统筹安排施工计划，严格执行各项制度；工程管理部门加强对工程质量、投资、工期、安全的控制；各施工单位实施精品工程战略，提高施工管理水平。

【企业管理】 一是继续深入开展管理增效活动，全年实现2000万元以上，超额完成年初制定的1200万元增效指标。碧海公司在锦西石化分公司增加成品油下海、进口油上岸的有利条件下，坚持从严管理，保证了平均每天1万吨的装卸量，全年增效1000万元，超额完成600万元的增效指标；开发公司坚持以市场为导向，以效益为中心，做强油品中转业务，充分利用6000立方米储罐优势，取得了增效300万元的良好效益，比计划增效目标多创200万元；工程总公司通过多创产值和加强成本控制，增效200多万元；监理公司积极拓展监理业务范围，努力开拓社会监理市场，增效90万元；煅烧焦车间通过增产节支实现增效近百万元；职工医院树立过紧日子思想，实施目标分解，提高医疗水平，增创外部收入，严格工伤和离干医疗费管理，减少亏损300多万元。

二是加大成本管理力度。强化预算管理，加强办公费、低耗、电话费、一般材料、差旅费、修车费、油耗等可控费用的控制，每月对可控费用超进度的单位进行通报，超预算的坚决不予报销。实现了可控费用降低10%，节支500万元。压缩修理费用，机动部门认真审核修理计划，控制修理费用支出，全年安排修理费3700万元，实际控制在3000万元以内，节余700万元。节约车辆运行费用，年初对各单位车辆进行审核，分车定耗，超期报废，部分拍卖，同时将各车辆消耗情况上网公布，超费用指标的予以停车，拍卖车辆31台，报废42台，车辆费用较上年节余380万元。

三是继续完善模拟市场运行机制。对经济责任制考核办法进行修订完善，适度拉大分配梯度，增设了直属单位业绩合同内容，把效益指标和管理指标紧密结合起来，签订厂长重点工作合同6份，业绩合同46份。同时，对模拟市场运行以来存在的问题进行了整改，对各单位按成本费用中心和内部利润中心进行了重新分类，增加了内部交易项目，修订了内部结算价格，使之更加合理。完善了模拟市场核算的报表格式和体系，规范了核算流程。

四是加强工艺管理、设备管理和计量管理。建立和完善总厂工艺管理体系，修订生产装置的操作规程，坚持开展日常工艺检查；设备管理从基础入手，建立了全厂统一的设备资料档案，抓好现场管理，实行问题整改通知单，抓好特种设备管理，建立大机组周联检制和特种设备月联检制，保证完好率为98%；完善计量管理，新装计量表16台，加强计量器具的监督和检定，降低了计量损失。

【关联交易】 按照集团公司"整体协调发展"的基本思路，不断提高关联交易质量，促进互利双赢。双方较好地执行联席会议制度，全年召开协调会8次，对29个分协议进行了充分论证，对遗留问题达成一致处理意见，签订关联交易总额5.1亿元。总厂依靠优质高效的服务，努力站稳锦西石化分公司市场。维修、电气、仪表、工程总公司、工程质量监督站等单位以高标准的服务，完成了为分公司装置的维护、抢修等日常工作。维修车间承担了焦化富气压缩机改造任务，通过刻苦攻关，为锦西石化分公司节约资金500万元；电气车间坚持设备的巡检联检制度，实行专区日检查、班组周检查、车间月检查；华亿公司经过两次机构调整后，重新明确产业定位，把提高为锦西石化分公司和总厂的生产服务、工程服务质量作为头等大事；总厂设计院完成锦西石化分公司项目设计41项，取得设计收入800万元；供应公司通过代理采购实现关联交易额1300万元；热电厂全力以赴做好为锦西石化分公司的转供电、供水和部分转动设备的检修维护工作，全年完成关联交易900万元；监理公司完成锦西石化分公司7套装置技改、检修工程监理，取得监理费120万元。

【提升资质、加强营销，开拓外部市场】 重组以来，总厂不断转变观念，努力开拓外部市场，外部市场收入逐年增加。全年实现外部市场收入2.85亿元，同比增长56%。

一是努力提升资质等级。总厂通过了ISO 9001质量体系认证；工程总公司取得国家化工石油施工企业安装工程总承包一级资质，实现了历史性突破；职工医院通过省级卫生技术服务资质及职业健康体检资质认证，成为葫芦岛市第一家获得双资质认证的医院。

二是完善营销体系建设。营销公司自5月份组建以来，积极做好市场开发和产品销售工作，在保证煅烧焦持续旺销的同时，积极开拓碳酸二甲酯和丙二醇市场，全年销售煅烧焦7.27万吨、碳酸二甲酯4000吨、丙二醇2130吨、二氧化碳1690吨，实现销售收入1.26亿元。进出口公司努力开辟国际市场，全年出口煅烧焦2078吨，碳酸二甲酯130吨。

三是不断开拓外部市场。工程总公司努力开拓大连、锦州、天津市场，创施工产值2300万元，收入450万元；信息中心继续在开拓外部市场上创佳绩，实现外部收入390万元；机械修造公司先后承揽了外部市场10余项大型轻钢彩板工程，获得收入210万元；疗养院积极改善软硬件环境，实现外部收入40万元；总厂设计院承接省内大小项目近20项，仪表车间完成锦州石化煤代油工程仪表施工任务，监理公司承担辽宁石化大学教学楼工程；热电公司新增供暖面积34万平方米，全年收取热源建设费550万元，取暖费4000万元，取得了良好的社会效益和经济效益。

【企业改革】 一是加快体制创新步伐。总厂进行了三项体制改革工作：主辅分离及辅业改制分流、清理法人实体和分离企业办社会。上半年对28家法人实体的资本和权益构成情况、原始投资来源等情况进行了产权界定，明确产权归属。在对各类法人实体逐步实施规范改制的基础上，清理法人层次，以产权为基础，理顺总厂与法人实体之间的管理关系，实现规范管理；完成了对华亿公司、金秋公司、青辰公司、机械厂等单位的专业化重组；努力盘活存量资产，将文体中心、印刷厂、农场的资产采取公开招标的方式，实行市场化经营；提高资产利用率，与渤海船舶职业学院联合办学。

二是首次大规模实施领导干部公开竞聘上岗。总厂对干部选拔任用机制进行了重大变革，大规模实施领导干部公开竞聘上岗。总厂直属单位党政正职以外的所有中层干部都参加了竞聘，所有符合条件的在职职工都可以申报竞聘。职工群众直接参与干部推荐，参加竞聘大会的职工人数达到1900人次，保证了广大职工对领导干部选拔任用的知情权、参与权、选择权和监督权。竞聘过程自始至终置于广大职工的监督之下，每个环节都力求公开、公正、公平。特别是2人以上同时竞聘的41个岗位，完全按照得票率确定拟任人选。共有7名在职干部被非在职干部所淘汰。共有227人竞聘上岗，34名一般干部和工人走上了领导岗位，15人因年龄原因改任调研员，4名干部被降职使用，8名干部被免去职务和级别。

【科研项目开发】 一是制定精细化工发展规划。针对市场前景广阔、有较高经济效益的精细化工新产品进行了初步考察与筛选，总体发展思路是充分利用锦西石化分公司资源生产高附加值的化工产品，目前已初步拟定准备深入做工作的一些项目，包括苯乙烯下游产品，顺酐、1，4－丁二醇产品等。同时，加强产业市场信息调研，与高等院校合作，积极为规划总厂发展做好技术储备。

二是加强新技术开发与应用。完成了总厂办公自动化系统和模拟市场运行软件建设项目，开发的营销管理系统软件，获得辽宁省科技进步二等奖，并从市科委获得项目资金10万元；征集科技论文755篇，有5篇优秀论文获得辽宁省自然科学学术成果奖。

【人力资源管理】 一是加强人力资源管理。重新编写全厂的《岗位规范》，修订了《考勤制度》等七项人事劳资管理制度。在临时用工的管理上，实行劳务派遣的方式，有效地控制企业人工成本。目前，在总厂使用的临时工中，近半数已经实行了劳务代理，临时工较上年减少近300人。在劳务用工的管理上，对全厂各单位劳务工进行清理整顿和重新聘用，劳务工总数比上年减少87人。竞聘上岗、择优录用已成为人事调配以及选拔人才的主要方式。

二是全方位多渠道开展员工培训。上半年完成干部竞聘后，为尽快缩短适应期，开创工作新局面，总厂对319名中层干部进行培训，各级领导干部的岗位适应能力进一步增强。在专业技术工人培训方面，举办了班长、特殊工种、汽车司机、运行电工等培训班，外送44人到相关技术学校进行业务培训，结成名师带徒对子53对。举办各类培训班88期，培训5000多人次；完成38个工种1375人的技能鉴定工作，及格率为80%；为总厂和锦西石化分公司考评技师30名；举办21个专业和工种、4000人参加的技术技能大赛。机械厂青年工人王尚典在中央直属企业车工技能大赛中夺得银奖；电气车间3名职工在辽宁省电工技能大赛中分别获得“技术能手”和“优秀技工”称号。

【安全管理】　总厂认真贯彻集团公司安全工作会议精神，以“严管理，抓体系，建制度，保效益”为重点，狠抓各项安全措施的落实，全年实现了“三个杜绝、三个不超、一个确保”的奋斗目标，保证了全年各项生产建设任务顺利完成。一是抓好安全教育与培训，认真贯彻实施了《中华人民共和国安全生产法》等一系列安全生产法律法规；整治各项不规范行为，深入开展“12.23 安全教育警示日”活动；每月召开总厂安全工作例会，组织开展了“安全生产月”、“安康杯”竞赛等活动，开展以“安全就在我身边”和“落实岗位责任制”为主题的“安全生产大讨论”活动，形成人人重视安全、人人讲安全的良好氛围。二是加强安全监管及隐患整改，检、维修系统在总厂和锦西石化分公司工程建设及装置检修中，无一例事故发生，创造了安全工作前所未有的佳绩；坚持“三同时”，完成了热电二期“煤代油”工程竣工验收和新建苯乙烯装置的预评价等工作；全年投入隐患治理资金 330 多万元，消除和整改安全隐患 28 项，为安全工作提供了有力的保障。三是加强安全制度建设和应急预案的演练，对总厂原安全管理制度和安全管理台账重新进行修订，建立台账式三级安全管理网络，深入开展班组内危害识别和风险评价工作；全面推进 HSE 管理，重新调整了“总厂应急委员会”成员，编制修订“总厂安全生产应急救援预案”，组织大规模演练三次，从实战角度确保各项安全措施的落实。

【党建和精神文明建设】　总厂党委紧紧围绕以企业生产经营建设为中心，充分发挥政治核心作用，为完成全年生产经营建设任务，提供了思想和组织保证。

【其他】　治安综合治理、民兵工作和离退休职工管理取得好成绩。进一步完善治安防范体系，在整治企业治安突出问题上取得了新成效，刑事案件和治安案件发案率均比 2003 年下降；发挥信访调解工作职能，及时化解矛盾，加强综合治理工作，责任承包目标得到较好实现。民兵工作坚持政治、组织和军事落实，广泛开展国防教育，加强民兵预备役队伍建设，被辽宁省预备役后勤保障旅授予“海训先进单位”称号，并获辽西五市高炮射击第一名；认真落实老干部“两个待遇”和“六个老有”的工作方针，保持离退休职工队伍稳定，老龄工作被评为辽宁省先进，离退休工作荣获集团公司先进称号。

（王东和）

中国石油乌鲁木齐石油化工总厂

【概述】　乌鲁木齐石油化工总厂（以下简称总厂）地处乌鲁木齐市东北郊 25 千米处的东山行政区内，占地面积 18 平方千米。总厂始建于 1975 年 4 月，经过 29 年的发展建设，成为一个集加工制造、生产服务、工程技术服务和石油化工产品销售于一体的地区性服务公司。

总厂现有职工 7714 人，其中各类专业技术人员 2407 人，女职工 2908 人，少数民族职工 1189 人，党员 3243 名，职工队伍平均年龄为 39 岁。乌石化总厂下属塑料厂、动力厂、化工厂、设备安装公司、经营销售中心等 23 个二级单位和 3 个直属单位，机关有 14 个职能处室。乌石化总厂主要有四大业务板块：一是加工制造板块，主要有年产 1.2 万吨的三聚氰胺装置、年产 30 万吨的高浓度复合肥装置、年产 3 万吨的甲醛装置、年产 4500 万条的塑料编织袋生产线、年产 4500 吨的土工制品装置、年产 5000 吨的模塑粉装置等；二是生产服务板块，包括供水、转供电、供暖、通信、运输、物资供应、检维修、油品销售等业务。三是工程技术服务板块，包括工程监理、设备检测、工程设计等业务；四是社会服务板块，包括文化、教育（幼儿教育和职工教育）、医疗、保卫、生活服务、物业管理、离退休管理等。社会服务系统是乌石化总厂长期以来形成的公益性基础。截至 2004 年底，资产总额为 16.87 亿元，其中所有者权益 11.05 亿元，负债总额 5.82 亿元。

【主要生产经营指标】　总厂 2004 年累计生产编织袋 2806 万条，膜塑粉 136 吨；生产甲醛 3089 吨，三聚氰胺 9218 吨；产新水 2802 万吨，转供电 19486 万千瓦时。

全年销售编织袋 2770 万条，甲醛 1922 吨，三聚氰胺 8343 吨；销售油品和成品油 51682.63 吨。

全年实现检修、维修产值 18526 万元，完成年计划的 104.74%，较 2003 年同比增长 8.92%。

2004 年，实现主营业务收入 68343 万元，同比增加 4248 万元，增长 6.63%，完成年预算 92.1%。在费用化补贴后，乌石化总厂顺利完成了集团公司下达的盈亏持平指标。

【主要产品】　总厂主要生产塑料、化工两大类产品。总厂塑料厂为西北地区最大的塑料编织产品加工及塑料土工制品和模塑粉加工生产基地。编织袋除满足乌石化公司两套化肥装置 110 多万吨尿素包装袋、化纤产品包装及乌石化总厂三聚氰胺、复合肥包装需要外，部分产品销往自治区市场。2004 年土工制品装置建成投产，填补了自治区的空白，土工膜、土工格栅、农用大棚膜已经广泛用于自治区基础设施建设和农业生产。总厂化工厂是集团公司三聚氰胺和复合肥生产基础。三聚氰胺产品批量销往东南沿海一带。复合肥装置于 2004 年底建成投产，正在加在宣传推广力度，提高市场对产品的认知度。甲醛产品主要满足乌石化公司大颗粒尿素生产和乌鲁木齐市周边市场的需求。

【工程建设】　总厂 2004 年基建及技改技措项目共投资 1.73 亿元。基建及技改技措项目转固定资产 2 亿元。主要项目有 30 万吨/年高浓度复合肥装置、3 万吨/年高压法三聚氰胺装置、加油站项目。复合肥项目总投资 1.32 亿元，经过全厂上下和参建单位的共同努力，于 2004 年 11 月 8 日建成中交，12 月 5 日投料试车一次成功，实现了当年开工建设，当年建成投产，创造了国际同类装置建设的奇迹；高压法三聚氰胺装置是总厂第二套三聚氰胺装置，于 2004 年 7 月 20 日得到集团公司批复，项目总投资 4.1 亿元，年末完成技术引进和国外设备订货，初步设计工作和设备订货全面展开；加油站项目投资 2450 万元，年内建成 6 座加油站。

【科技开发】　2004 年总厂对新产品、新技术、新工艺开发的科技开发投入资金 200 万元，获得新疆乌鲁木齐市科技局拨款 45 万元，主要开发的项目有：新型三聚氰胺盐阻燃剂的开发研究、次纳米级碳酸钙超微粒子在填充体系中分散性研究、埋地管线不开挖检测及安全评价技术研究等；另外还有五项 2003 年结转项目，其中包括多羟基苯系列产品开发研究中试、三聚氰胺甲醛泡沫塑料配方和制备技术研究等项目，为今后的发展进行必要的技术储备。总厂注重形成自有知识产权的专利产品，已在多羟基苯项目中申请了两项专利技术。

【企业管理】　总厂在全厂范围内开展“服务管理增效年”活动，以管理增效为目标，夯实基础为根本，规范经营行业为重点，大力推进 QHSE 体系管理和“三基工作”。（1）推进专业化管理。落实“三基工作”要求，大力推进以岗位责任制为中心的基层单位和班组建设，不断充实完善厂、车间、班组的各项管理考核制度，强化专业处室的月考核、季讲评工作，管理基础进一步夯实。（2）推进标准化管理。在机关和 8 个主要生产 QHSE 体系认证的基础上，将经销中心、信息中心列为认证单位。通过认证，各单位理顺了程序，完善了工作标准和管理制度，管理的规范化程度不断提高。（3）推进集约化管理。在管理上坚持“五个集中统一”，即货币资金集中管理、工资附加集中使用、折旧资金统一积累、物资供应集中采购、产品集中销售，增强了经营创效的实力。（4）推进信息化管理。拓展信息主干网，实现了全厂联网，应用了财务、设备等信息管理系统，管理的时效性不断增强。（5）推进规范化管理。从强化合同管理、加强财务监督、实施名牌战略等多方面稳步推进依法治企，顺利通过乌鲁木齐市 AAA 级信用企业评定，正在进行自治区 AAAA 级信用企业的评审认定工作，并在国家工商行政管理局、税务总局等六部委组织的 2004 年中国诚信建设成果展中，荣获“中华诚信鼎”。

【质量安全环保】　2004 年，总厂认真贯彻落实集团公司《关于进一步加强安全生产工作的决定》精神，开展了“安全生产管理年”活动，强化安全生产责任制，并结合 QHSE 体系认证，全面修订完善了各级、各项安全管理规定，构建起安全生产的长效机制。全年共组织开展了 7 次各类安全、消防大检查，对查出的安全隐患下发问题整改单 148 份，纠正措施单 18 份，提出整改意见 49 条，投入资金 150 多万元进行了整改。整改率为 100%。针对重点装置和关键部位，总厂和各二级单位制定了 151 个重特大事故应急救援预案，共开展应急演练 69 次。2004 年，经考核乌石化总厂完成了全年“六个为零”（死亡事故为零，全年造成一次重伤 2 人以上事故为零，重大火灾、爆炸事故为零，一次造成直接经济损失 10 万元以上事故为零，交通特大事故为零和特大、重大污染事故为零）的奋斗目标，获得集团公司和新疆维吾尔自治区安全生产先进企业称号。

（陈　海）

中国石油兰州炼油化工总厂

【概述】　中国石油兰州炼油化工总厂（简称总厂）前身为兰州炼油厂，是我国“一五”期间的156项重点工程之一，1956年4月动工兴建，1958年9月建成投产，是新中国成立后建成的第一座现代化大型炼油厂，曾被赞誉为“共和国长子”。1999年9月重组分立后，总厂主要面向石油石化主业，从事工程技术服务、生产服务、加工制造、科研设计、生活及社会服务、多种经营等业务。重点发展“机械仪表制造、建筑安装维修、化工延伸生产、新型材料加工”四大主导产业。主营业务包含：以建筑施工、设计为主的工程技术服务；以机电仪检维修、物资供应为主的生产服务；以机械仪表制造、化工延伸加工、新型建材生产为主的加工制造业务；以技术开发、信息化建设为主的配套服务。可生产2000—33000千瓦8个类别的烟气轮机和5大类11个系列的石油化工机械产品及6大类100多个品种的仪表产品，具备1万吨/年顺酐、5000吨/年正己烷、3万吨/年甲乙酮等化工产品以及8000吨/年PVC异型材的生产能力；具有压力容器及管道防腐与检测、设备化学清洗、工程监理、工程质量监督等多种业务职能；兼营物资供应、信息通信、小区物业管理、运输、医疗、多种经营、农牧业及其他产业。2004年底，在册全民职工7570人，离退休职工5873人。

【生产经营】　2004年，总厂加快扭亏步伐，坚持以“兰炼二次创业”为动力，战胜各种困难和经营压力，艰苦创业，开拓进取，各方面工作均取得显著成绩。面对历史形成的各种矛盾和困难，面对市场竞争的严峻挑战，紧紧围绕生产经营目标，突出发展改革主题，创新经营管理思路，励精图治，团结拼搏，各项工作成效显著，主要经济指标达到了重组以来的最好水平，做到了“不减人不亏损，不吃补贴不亏损”，实现了集团公司下达的“提前一年扭亏”的目标。全年实现主营业务收入16.47亿元，同比增长6.59亿元，增长了75.37%；实现企业增加值3.98亿元，同比增长57.00%；实现考核利润5982万元；实现税费9284万元。全年完成固定资产总投资3.09亿元，同比增长1.91亿元，增长了1.6倍。

【项目开发与工程建设】　2004年，总厂项目的实施取得突破性进展。按照安全、质量、工期、投资“四控制”的要求，3万吨/年甲乙酮装置于2004年9月19日开工一次成功，迅速实现达产达标，取得了显著经济效益；引进购置并投用了3台大型吊车，增强了建筑安装产业的整体实力；引进了德国西门子公司技术生产智能变送器项目，在2003年完成安装调试的基础上，实现全面投产，销售量已达到2000台以上。按照“有市场、有原料、有技术、有效益”的原则，先后编制并上报了总厂化工延伸加工长远发展规划和2004—2008年化工延伸加工规划、工程建设规划、机械仪表规划，提出了10万吨/年聚碳酸酯、10万吨/年双酚A、9.5万吨/年苯酚丙酮等的化工延伸重点项目，同时确定了建筑安装维修、机械仪表制造产业未来的发展战略。经过前期精心论证，2万吨/年正丁烷法顺酐、石油化工机械制造基地技术改造、7万吨/年重芳烃分离、润滑脂技术改造、信息化建设、新型建材改扩建、生活福利设施配套改造等7个项目已列入集团公司2005年投资计划。国家重大技术装备项目3.3万千瓦烟气轮机顺利通过技术鉴定；加氢高压泵等3项集团公司级科技项目通过验收；完成了下排气式烟气轮机等7项总厂级科研开发项目；按照技术先进、效益突出的原则，评选出22项总厂级年度技术创新成果。全年共申请实用新型专利13项、发明专利1项。工程建设以提高企业经济效益为宗旨，全年完成固定资产总投资3.09亿元，同比增长1.91亿元，增长了1.6倍；完成了3万吨/年甲乙酮装置、大型吊车购置、引进生产智能变送器等重点建设项目和一批零购更新、技措等项目。

【安全环保】　坚持贯彻国务院、集团公司关于安全生产工作的一系列重要决定、文件和明传电报精神，以“安全生产管理年”活动为主线，深刻吸取“12.23”特大井喷责任事故的沉痛教训，坚持把“以人为本、安全第一”的管理思想落实到每一项工作中，反违章、查隐患、促整改，实现了“三个杜绝，三个不超，一个确保”安全生产控制目标。加大安全宣传教育培训，通过书籍、报刊、电视、网络、安全知识竞赛、安全演讲比赛等形式，组织全体职工对安全生产法规、安全生产责任制、岗位操作规程、安全生产技术标准规范、应急救援、国内外重大事故案例和安全生产知识进行学习。抓好安全检查与专项整治，根据“安全生产管理年”活动“反违章、查隐患、促整改”的主题，认真开展了安全生产责任制、危险化学品生产经营储存运输、安全生产关键装置和要害部位、特种作业、交通、消防、生产施工现场、中小学幼儿园及少年儿童安全管理等多项安全生产专项检查整治活动。推行 HSE 管理体系，邀请集团公司认证中心来厂举办了 HSE/OHS/EMS 内审员培训，有 63 人取得内审员资质证；安全预案完善和演练，在全厂各单位成立了义务消防组织，完善事故预案，在加强学习和演练的同时，总厂调整了安全生产应急救援体系，完善了《兰州炼油化工总厂突发重特大事故应急救援预案》体系；环境保护坚持“全面规划，合理布局，综合利用，化害为利，依靠群众，大家动手，保护环境，造福人民”的方针，环境保护工作达到了“两个实现，一个消灭”，即实现外排污水全部达标排放，实现环境监测全过程质量控制，确保监测数据准确，消灭重、特大环境污染事故。

【质量管理】 2004 年，根据总厂产业结构的变化，对质量管理体系进行了重新策划，制定了质量方针目标，协调、解决了较大的质量问题。初步形成了总厂以信息沟通和质量监督为手段的基本管理思路，并于年底制定了《兰州炼油化工总厂质量监督试行办法》。陆续制定下发了《兰州炼油化工总厂化工原材料及石化产品检验和试验管理试行办法》、《兰州炼油化工总厂石化产品不合格品管理试行办法》等规章制度，逐步规范了石化产品生产过程质量管理。同时，针对关联交易业务的需要，重点加强了对服务质量的管理，制定了《兰州炼油化工总厂服务质量体系暂行管理办法》。按照集团公司“用户至上、质量兴企、以质取胜”的质量方针和 2004 年度质量工作目标，制定了总厂年度质量工作目标及具体实施计划，并逐级落实到相关职能部门和基层单位，以保证年度质量目标的实现。制定了《兰州炼油化工总厂质量职责》，完善了质量指标考核体系，注重质量责任制的全面落实，重点考核质量管理工作和产品质量状况；在全厂积极开展用户满意、全面质量管理、ISO 9000 质量管理体系的宣贯工作；对质量管理人员进行了服务规范及程序文件编写、用户满意度测评、服务质量管理知识等培训；对班组长重点开展了现场质量管理培训。

【企业管理】 2004 年，兰炼切实加强集中统一管理，形成了“集中管理与分散管理相结合，以集中管理为主”的管理模式。在财务核算集中方面，按照“一个会计实体”和“数据集中”两种模式，全面上移会计核算业务。在投资计划集中方面，对主要产成品和半成品、主要原材料、资金使用、产品库存等实行月度计划，建立了月度盘点制度，调整完善了价格管理体系，加强了供、产、销的衔接；在物资采购集中方面，将物资管理和物资经营职能分开，完善了全厂物资采购供应体系，初步实现了全厂物资采购计划、库存限额及库存报表的集中管理。在化工销售集中方面，统一了全厂化工产品销售业务，建立健全了销售业务流程和销售网络，统一编制和发布了化工产品目录。强化了以安全生产为中心的现场管理，结合“安全生产管理年”活动，全面落实《中华人民共和国安全生产法》和集团公司《关于进一步加强安全生产工作的决定》；以工程建设和技术服务为重点，建立和完善了 HSE 管理体系。在生产管理方面，建立了总厂生产调度指挥系统，实行 24 小时调度值班，加强生产信息沟通和产、供、销衔接，保持了生产过程的优化组织。2004 年 3 月与兰州石化分公司签订了关联交易三年总协议。以“全力以赴保生产、优质服务创品牌”为服务理念，在全厂广泛、深入地开展了以“让用户满意、让上级满意、让自己满意”为内容的“服务三满意”活动，初步建立了总厂服务质量体系，开展了改进服务的系列活动，保证了关联交易费用的落实。实施了《兰炼总厂经济责任制考核指导意见》，建立了新的业绩考核体系，重点完善了经营责任制，强化了激励、约束作用。

【企业改革】 2004 年，总厂紧密结合实际，积极稳妥地进行了内部改革，分阶段移交了企业办社会职能。按照中央、省市政府和集团公司要求，成立专门工作组，积极研究政策，认真听取职工意见，于 2004 年 8 月 16 日签订了中小学及公安机构移交兰州市人民政府管理的协议。按照时间进度要求，协议移交中小学教职工 573 人、离退休教职工 237 名、公安民警 71 名；移交资产总额 2527 万元、房产 36 栋(间)、土地 3 宗；移交投资项目 6 个，投资总额为 1154 万元；移交包括工资、奖金、各种津补贴、物业管理费等补助经费 3668 万元，平稳顺利地实现了中小学总校、公安机构的阶段性移交。实施系列专业化重组。根据总厂内部工程建筑业务优化整合的需要，委托建设公司对三叶建安公司进行全面管理，迅速增强了建设公司的专业配套能力，完成了兰州石化分公司润滑脂车间和思达公司资产、人员的转入，组建了润滑脂厂、石化厂，运行 10 个多月后进一步融合业务，组建了新的润滑脂厂；将连云港分公司、达西批发站从销售总公司分离，增强了专业化经营能力；将运输公司货运业务成建制划入物流中心，提高了物流中心的货运实力；将三联公司印刷装潢业务并入三叶公司管理；重新组建了教育培训中心；通过收购兰州兰炼新型建材有限公司股权，组建了新型材料厂；适应福利制度改革的要求，组建了福利费用管理处，初步提出了医药费、物业费、电话费、幼托费等收费与报销相分离，实行费用统一报销和管理的思路。开展法人实体清理整顿，历时9个月，进行了全厂投资兴办法人实体的清理登记和产权界定工作，提出了法人实体的处置方案并获得集团公司批准。完善劳动用工管理体系，将各种劳务用工精简归并为劳务集体工、劳务合同工和劳务临时工三种类型，确定了劳务用工的工资制度和工资模式，与劳务合同工签订了劳动合同，与社会劳务组织续订了劳务协议。

【党建、队伍及精神文明建设】　坚持以党的建设为核心的基层建设工作，召开了全厂基层建设工作会议；在干部队伍方面，进一步完善了副处级以上领导干部公开竞聘制度和管理体系，实行领导干部半年履职汇报制度，严格对领导干部的评价和考核；在专业技术队伍方面，建立了专业技术人员目标考核体系、技术干部的分级管理和考核体系，全面修订了职称量化评审标准；坚持“评聘分开，岗位管理，目标考核”的原则，对119名高级专业技术人员统一聘任，公开选聘了5名技术专家；在操作服务队伍方面，加大技师培养力度，从10大主要工种中经过理论培训、技能鉴定、业绩考核，选拔118名操作服务人员授予内聘技师资格。全年引进大学生125名，达到重组以来最高水平，进一步缓解了专业技术人才的需求矛盾。按照集团公司《企业文化建设纲要》的要求，基层单位根据各自实际开展了“自动自发工作”、“态度决定一切、细节决定成败”教育，广泛开展“群策群力攻难关，提前扭亏做贡献”主题教育活动，引导职工树立新的价值观和工作理念。各级工会、共青团组织继续发挥优势，广泛深入地开展了丰富多彩的职工群众文体娱乐活动，参加了规模较大的“三兰”运动会，展示了兰炼人的精神风貌，增强了企业凝聚力。

（李朝华）

中国石油兰州化学工业公司

【概述】　中国石油兰州化学工业公司（以下简称公司）主要从事有机助剂、石油树脂、胶乳和特种橡胶等石油化工产品的开发、研制、生产销售，石油化工工程的设计、建筑、安装，为中石油上市公司企业提供工程技术、检维修、生产服务、生活服务等多种关联交易服务。截至2004年底，公司共有14个机关处室（部门）和27个直属二级单位。共有5个业务板块：其中工程技术服务板块4个单位，主要从事工程建筑设计、监理、工程建设施工、化工生产装置检维修服务业务；生产服务板块6个单位，主要从事物资采购、仓储、配送及部分化工产品的销售以及运输服务、通信业务；加工制造板块3个单位，主要从事以有机助剂、胶乳、石油树脂为主的化工生产和延伸加工制造业务；社会服务板块11个单位，主要从事物业管理、职工医疗、幼教服务、再就业服务、离退休职工服务、离岗退养职工管理、文化、教育、宣传及消防、保卫服务；多种经营板块3个单位，主要从事石油化工副产品的加工及其他多种经营业务。

截至2004年底，公司在册全民职工10302人（其中在岗职工7261人、内退职工3041人），离退休人员11283人。公司还有集体职工1927人。

截至2004年底，公司资产总额13.28亿元，负债总额6.31亿元，所有者权益6.96亿元。

【生产经营】　公司全年共生产硝基苯19411吨、苯胺14362吨、促进剂6397吨、丁苯胶乳10184吨、液体橡胶78吨、碳五树脂4154吨。

全年完成工业总产值（现价）2.97亿元，同比增加33%；完成增加值3.77亿元；完成建筑施工产值1.21亿元；完成关联交易价值工作量3.1亿元。

全年实现主营业务收入9.33亿元，比预算增加2.18亿元，在集团公司三项费用化补贴情况下，完成内部考核利润3502.3万元，实现了年初确定的目标。

【技术进步】　公司全年完成固定资产投资3.07亿元。

重点项目：2500吨/年柴油降凝剂装置于2004年2月24日出合格产品，8月通过了竣工验收。200吨/年液体橡胶装置6月15日中交，8月10日投料试车。7万吨/年苯胺装置11月30日中交，并进行化工试车。8万吨/年丙烯酸及11.5万吨/年丙烯酸酯项目可行性研究报告已通过集团公司咨询中心组织的评估，项目的环境影响报告书得到甘肃省环保局正式批复。

科研开发：新型长效流滴功能膜被确定为国家重点新产品。硫化促进剂 M 精制新工艺技术开发、混凝土改性用羧基丁苯胶乳工业技术开发、高强耐磨蚀及乳聚丁腈液体橡胶新技术开发、种子胶乳聚合工艺技术研究等项目通过了集团公司科研开发项目的论证，签订了技术开发合同。油气田固井用丁苯胶乳合成技术开发及应用、道路沥青改性用丁苯胶乳合成与应用技术开发、特种石油树脂系列产品工业技术开发、集团公司未上市炼化企业发展战略研究 4 个项目通过了集团公司组织的验收。粉末丁腈橡胶工业技术开发项目获集团公司技术创新二等奖。按照集团公司“一个整体、两个层次”的原则，组建了中油集团公司兰化技术中心。

【企业管理】

1. 安全管理

认真贯彻落实“安全第一、预防为主”的方针和安全生产责任制，实行了领导干部安全工作述职制；积极推行 HSE 管理体系，坚持安全教育培训，及时整改安全隐患，努力改善现场作业环境；制定并实施了安全责任追究制度，健全了安全监督管理体制，成立了安全监督总站。公司全年实现了“五杜绝、四控制、三达到、一确保”的安全生产目标，连续 4 年荣获“集团公司安全生产先进企业”称号。

2. 生产组织和管理

围绕稳定生产、提高产品质量组织开展了专题调研，实施技术攻关措施，使装置运行状况得到改善。坚持对特种设备的管理和维护，特种设备检测率达 100%；结合集团公司设备大检查，认真进行自查整改，设备管理水平有了新的提高。兰化有机厂被评为集团公司设备管理先进单位。狠抓产品质量和工程技术服务质量，全年产品总合格率为 99.94%，一级品率 10.62%、优级品率 51.34%，兰化有机厂苯胺产品被集团公司评为石油工业用户满意产品。有 21 个 QC 小组分别被评为国家级、省部级优秀 QC 小组，公司被评为石油工业质量管理小组活动优秀企业；2 个二级单位（工程公司和工程监理公司）被评为甘肃省质量效益型先进企业，1 个二级单位（维达公司）晋升为国家化工石油工程施工总承包一级企业，并被集团公司评为石油工业用户满意企业，荣获了“甘肃省优秀建筑企业”称号。通过组织开展“业主的满意就是我们的追求”为主题的“关联交易服务质量月”活动，促进了工程技术、检维修以及生活后勤等各项服务业务，得到了用户好评，兰化生活服务公司被集团公司评为石油工业用户满意服务先进单位。

3. 财务管理

通过加强预算管理、实行集中核算、完善指标分解、严格过程控制，充分发挥预算对生产建设项目和成本运行过程的指导作用，有效降低了成本。通过加强效能监察，清收拖欠货款 356 万元；通过加强内部审计，避免和挽回经济损失 1320 万元；积极盘活存量资产，增加收入 2765 万元。

4. 基础管理

从适应企业管理新机制需要出发，进一步加强制度建设，在修订、完善各项规章制度的基础上，共建立工作标准和管理标准 145 个。

【企业改革】　积极开展了清理法人实体工作，对确定清理的 22 个法人实体进行了专项审计，处置方案已得到集团公司批复。认真履行出资人的权利和义务，公司专门成立了股权管理办公室，加强了对控股和参股公司的管理和监督。积极探讨有效办法，规范已改制企业的运行机制和经营行为；对条件成熟的兰州兰达公司和兰州子牛公司根据双方意愿实行了整合。

按照集团公司的部署，进行了分离企业办社会职能工作，完成了学校、公安移交地方框架协议的签订，并在框架协议总原则下，认真进行了资产、财务、劳动工资、社会保险、人事关系等方面的核对和划转。

【队伍建设】　公司重点加强了企业领导人员和科级以上干部的工商管理培训、专业技术人员的综合管理知识培训、一线专业技术人员和操作服务人员的业务能力和操作技能培训。全年共组织各类培训 109 期，参加培训 4868 人次。进行了技师和高级技师考评工作，有 39 人获得技师资格、8 人获得高级技师资格；组织 6 个工种、517 人参加了技能鉴定考试，其中 18 名符合条件的中级工破格晋升为高级工；有 9 人在兰州市职工技能大赛中分别荣获“技术能手”和“岗位能手”称号。注重高层次人才的培养使用，经过评审、公示聘任了 7 名公司技术专家，有 50 人被评选为公司专业技术学科带头人。从实际需要出发，引进急缺特殊专业人才 16 人。

加强领导班子建设，积极推行副处级以下干部公开竞聘制，对 11 个二级单位领导班子和部分机关处室负责人进行了调整；经过考核、公示，新聘任了一批处级干部，使领导班子和处级干部队伍的年龄结构、知识结构和专业结构得到进一步优化。

【党建工作和精神文明建设】 召开了公司第九届党员代表大会，选举产生了公司第九届党委会和纪律检查委员会，确立了公司九届党委会的工作目标和任务。表彰了一批先进党组织、优秀共产党员、优秀党务工作者和廉洁奉公好党员，促进了党组织的政治核心作用、党支部的战斗堡垒作用和党员的先锋模范作用的发挥。通过表彰树立劳动模范、“三八”红旗手、青年岗位能手等先进典型，激发了广大职工“学先进、做主人、创一流、多奉献”的热情。与兰州石化分公司、兰州炼油化工总厂共同举办了首届“三兰”职工运动会，取得了金牌第一、奖牌第一、总分第一的好成绩；举办了兰化公司第六届职工艺术节，进一步增强了企业的凝聚力和职工的向心力。

（王文江）

中国石油宁夏化工厂

【概述】 中国石油宁夏化工厂是中国石油天然气集团公司的直属企业。目前主要从事复合肥、新型建材、甲醛、水稳剂、原水等的生产以及检修安装、建筑施工、普通运输、园林工程、物业管理、医院、宾馆等服务。

截至2004年底，企业有职工1068人，企业现有机关部门和直属单位25个，其中职能部门9个，直属单位16个。另有控股公司2个，参股公司4个。截至2004年末，企业总资产为158890万元，其中所有者权益144908万元，负债总额为13870万元。

【生产经营】 生产经营水平有了新的提高，经济效益再创新高，综合实力进一步增强。坚持贯彻“六个坚持”和落实科学发展观，深化改革、结构调整和管理增效的效果进一步显现，经济效益继续保持较好水平。2004年，全厂共计实现生产经营总收入3.5亿元，完成年度计划的125.2%，比2003年增长29%；比1999年增长92%；其中执行“走出去”战略，实现厂外市场创收1.9亿元，比2003年增长36%；比1999年增长13倍。全厂实现考核净利润1021万元，比1999年增盈2538万元。全厂劳动生产率等经济指标均处于较好水平。在全厂经济效益增长的前提下，职工收入也在以较大幅度稳步提高。

【企业发展】 主体产业适应市场，奋力开拓，成效显著。2004年，全厂注重诚信、品牌，靠优质服务求生存、靠市场开拓谋发展，以30万吨复合肥建设为中心，在生产、经营、建设面临一系列困难和挑战的严峻形势下，均取得了优良业绩。2004年12月21日，复合肥装置一次投料试车成功。精心策划了以实施品牌战略为核心的宁化复合肥产品市场营销方案，对我厂已有的复合肥营销队伍的实践经验进行理论整合与提升，实现我厂新一轮宁化复合肥营销工作的跨越式发展，并于10月9日专门成立宁夏化工厂营销中心。在确保主导市场的销量继续增长的同时，又开辟了河北石家庄、邢台，山东泰安、烟台，吉林长春，安徽阜阳，江苏徐州等新市场。新市场的迅速开拓，为30万吨高浓度复合肥提供了市场保障。安检公司结合公司“十五”发展规划，加快转变观念，把市场观念、市场意识渗透到生产、经营和管理的每一个环节当中，加快员工观念转变，树立“市场是企业赖以生存的环境”、“质量是企业的生命”，树立全新的市场经营理念，在全厂率先对公司HSE管理体系进行认证，同时进行职业健康管理体系和ISO 14001环境管理体系的建立认证，取得了中油系统的QHSE认证。

【企业改革】 精心研究，坚持实事求是，主辅分离辅业改制总体分流方案经集团公司批准，做到了“业务、资产、人员、管理”四分开，进入了企业化经营、市场化运作、社会化服务的轨道。清理企业兴办法人实体工作，也已顺利完成。提前进入了集团公司内部“两级投资、三级法人”的组织框架。

三项制度改革继续有序进行。上半年对检修公司、宁化宾馆、安保处生产安全、交通管理、消防、保卫等岗位以及综合处、劳人处，下半年对厂营销中心、复合肥分公司、厂中心化验室等12个处、14个科级领导岗位公开竞聘选拔，有48人参加。复合肥辅助用工通过市场竞聘，共有500多人参加，反响良好。工资制度按照集团公司要求，转轨并入新轨道。全年绩效考核分配，在有效益的前提下，不断完善。

【企业管理】 经过精心谋划，对新的市场营销型的企业经营管理、生产经营管理体制和秩序，厂里陆续出台了一系列制度、办法。突出以市场营销为龙头，以主动开拓市场为带头，突出目标成本管理、效益、全面预算体系，完善了资金流、物资流的流程，突出生产经营过程中的规范、严谨、权利、责任配合与监督相辅相助过程。从厂领导班子开始，也及时调整改进各项会议制度以适应新的形势，内控体系不断加强。为适应市场价格的快速变动，建立了高效快捷的价格会议制度。加强了法律中心和审计监督的作用，确保大宗合同的签订和各单位审计工作有序进行。

【职工培训】　围绕企业发展、产业结构调整和职工队伍人才结构调整的目标，坚持把职工教育培训当作人才兴企的一件大事来抓。努力打造一个学习型的企业，培养一支知识型的员工队伍。为职工个人职业生涯再造，为企业发展造就人才和个人素质的提升，企业大力创造学习氛围，搭建平台，创造条件，创建学习型企业，塑造知识型员工。2004 年又出台了《宁夏化工厂学历教育制度》政策，热情鼓励我厂职工参加各种学历教育，提升个人价值，惠及职工家属和子女。

响应集团公司号召，选送五名同志脱产到清华大学参加工程硕士和工商管理硕士考前培训班学习；经考试合格，另外送两名有发展潜力的同志脱产上学，参加 MBA 和建筑学硕士研究生学历教育。

坚持不懈搞好职业技能鉴定和组织第二届操作服务队伍职业技能大赛。

全厂有一大批职工立志自学成才，抓紧机遇，集中业余时间学习和充实自己。全年获得大专以上学历（含大专、本科、研究生）共 30 人，取得各类执业资格共 6 人。

【精神文明与党建工作】　厂党委注重优化基层党组织及成员的结构，配齐配强生产经营一线的党支部书记。

注重加强干部作风建设，不断提高干部的防腐拒变能力。

在学习领会集团公司企业文化纲要的基础上，积极贯彻落实《宁夏化工厂企业文化建设规划》部署，精心策划了宁夏化工厂企业文化手册，推动了企业的灵魂工程建设。

全厂各级工会组织紧紧围绕 30 万吨复合肥项目建设，开展了“创优质工程”劳动竞赛活动。同时开展为困难职工送温暖、献爱心活动以及丰富多彩的文体活动等。厂团委引领全厂广大团员青年为生产经营服务，在健康有益的活动中陶冶情操，同时促进精神文明建设，培育企业文化，并因成绩突出，获得 2003 年至 2004 年度宁夏回族自治区“全区五四红旗团委”称号，有力促进了企业文化建设和精神文明建设。

宁夏化工厂 2004 年先后被评为“全国绿化先进单位”，被自治区党委、政府表彰为“民族团结先进集体”、“依法诚信纳税先进单位”、“重合同、守信用单位”、“全区安全生产先进集体”、“全区工会先进单位”，安检公司荣获集团公司“设备管理先进单位”称号，继续保持“全国精神文明建设先进单位”称号。

（沈瑞光）

中国石油集团工程技术研究院

【概述】　2004 年，在中国石油集团工程技术研究院业务整合的基础上，院机构设置调整为机关职能部门 5 个：办公室、科技处、人事劳资处、财务资产处、经营管理处；研究所 5 个：固井技术研究所、防腐及保温技术研究所、焊接技术研究所、海洋工程技术研究所和设计所；行业服务专业机构 5 个，分别为石油工业油井水泥及外加剂质量监督检验中心、石油工业防腐保温产品质量监督检验中心、石油工程建设质量监督总站、石油工程建设专业标准化委员会秘书处（含石油工程建设施工分委员会秘书处）、《石油工程建设》编辑部；生产经营公司 4 个：固井公司、防腐保温公司、管道保温工程建设公司、建筑涂料公司；后勤服务部门 4 个：离退休处、车队、卫生所、华贸物业管理中心。

全院现有职工 307 人，集团公司级专家一人，高中级专业技术人员占 78%，大学本科以上学历人员占 75%以上。

【科研成果】　2004 年承担国家级、集团公司级科技项目 27 项（其中续研集团公司科技项目 13 项，新开集团公司科技项目 13 项，国家重点新产品计划项目

1 项)，院级科技项目 8 项。13 项集团公司续研科技项目中 9 项已按计划完成了研究内容；4 项集团公司续研项目和 13 项新开项目均完成了本年度合同要求的研究内容，8 个院级课题也取得了预期的成果。

2004 年，全院获得集团公司和天津市科技奖 8 项；申请专利 14 项、获得专利权 6 项；发表论文 49 篇，其中国际论文 5 篇，全面完成了 2004 年科研工作目标。

【技术研究重大突破】

(1) 海外勘探开发固井技术研究取得可喜成果。苏丹、阿塞拜疆、墨西哥、哈萨克斯坦等海外油田固井质量技术及方法等 6 个课题的研究，解决了海外勘探开发不同地区复杂井况的固井技术难题。“提高墨西哥油田固井质量技术的研究”，解决了低密度水泥的控制失水能力和防窜能力；“北布扎奇浅层稠油井固井技术研究”攻克了浅层环形空间上部表层气窜、下部油层破裂压力低的难题，现场应用效果好，固井质量超越国际知名公司。

(2) “苏丹喀土穆炼厂扩建工程配套防腐技术研究与应用”，解决了苏丹高温环境、碱性土壤和防火的工程难题，使用的各种涂料及涂层结构均经受了高温、干旱气候条件的考验。

(3) 疑难复杂井固井技术研究取得突破，抗盐高密度水泥浆体系、超低密度水泥浆体系、深井固井技术、液体化水泥技术等方面取得重大进展，达到国际先进或国内领先水平。

(4) 以降低生产成本为重要研究方向的项目取得了突破：

① “聚氨酯泡夹管腐蚀成因研究”顺利完成，研发了相应的改进材料和技术，形成了专有技术，并申报了专利。

②管道全位置自动封底焊机样机研制成功。满足长输管道封底焊道的焊接，造价为进口同类设备的 1/5，为集团公司管道建设工程提供了新的技术和工艺装备。

③新型固井降失水剂 BXF－200L 的产业化进一步发展。成功开发了 BXF－210L、BXF－220L 等系列产品，使生产成本降低 10%以上，已在石油行业推广应用，并达到年产 600 吨液剂的产业化水平。

【成果转化及应用】　2004 年全院完成收入 12023 万元；实现利润 219 万元。主营业务收入比 2003 年增加 3773 万元，增长 45.4%，实现利润与 2003 年同口径比增加 2 倍，资本保值增值率达到 102.86%。

成果转化新增产值达到 1759 万元，占总产值的 15.4%；在海外项目中全年共创产值 3286 万元，占总产值的 28.7%；在西气东输、陕京二线、冀宁联络线等重点工程中共创产值 1520 万元，占总产值的 13.2%。

【重点工程】

(1) “西气东输管道工程湿陷性黄土塬水土保护应用技术研究”取得新进展。解决了管道工程湿陷性黄土塬水土保护重大难题，为管道安全运行提供了保障。

(2) 为地下储气库建设提供技术服务。以 JSS 降失水剂为主的低温抗盐水泥浆体系具有流变性好、失水低、强度发展快等特点，在为输气管道配套的地下储气库建设工程中获得成功应用，解决了金坛盐穴型储气库建设的固井施工疑难问题。

(3) 抓住滩海石油开发的机遇，海工专业乘势发展。完成了“滩海海底管道建设配套技术研究”和“滩海路堤施工技术研究与应用”，开发出新的工艺，并申报专利 1 项。

(4) 为西气东输、陕京二线等重点工程服务。防腐质检中心驻厂质量监督 900 千米，管道施工补口材料质量监督检验 28 套，实现了集团公司提出的质量目标，保证了国家重点工程质量。

【技术监督】　2004 年石油工业油井水泥及外加剂质量监督检验中心对为集团公司所属 12 个油气田供货的 33 家供应商生产的油井水泥、油井水泥外加剂和钻井液材料进行了监督抽查。油井水泥产品 5 类，合格率 100%。油井水泥外加剂产品 3 类，合格率 100%。钻井液材料 8 类，钻井液用材料总体合格率 71.43%。石油工业防腐保温产品质量监督检验中心先后对 13 家供应商生产的 16 个产品开展防腐产品抽检工作。

【工程质量监督】　2004 年工程质量监督系统共完成监督项目 672 项，投资总额约 420 亿元。监督过程中共签发质量问题整改/停工通知单 609 份，在监单位工程合格率 100%。

完成了内部管理体系的建立，加快监督站向独立法人转变的改革进程。截至 2004 年底，总站及大庆等 21 个监督站完成了事业法人登记工作。

【标准化工作】　进行了标准化战略调整，提出了管道标准体系的研究，承担石油工程建设标准制修订项目 19 项，完成报批 9 项；完成了行业标准和国际标准化 ISO/TC67/SC3 的归口管理工作。

【安全生产与综合治理】　全面落实集团公司关于加强安全生产的要求，全年实现了“六无”目标，车辆及生产设备未出现任何事故，保障了科研、生产等各项工作的正常进行。

【企业改革与管理】

1. 科学设置机构，实行扁平化管理

优化组织机构，突出了主专业研究管理的独立性，充实了科研力量。合并了院部和渤星公司两级机关，机关管理人员精简压缩到31人，减少26%。

2. 建设技术创新体系，推进科研管理制度化

建立了以技术中心为主体的技术创新体系、技术创新工作绩效评价和考核体系，纳入年度目标考核；重点项目实行课题制管理，明确课题负责人"责、权、利"。强化项目经费的预决算，建立全额预算、过程控制及全成本核算管理；建立了"季度考核、中评估、后评估"等相应的监督、评估管理制度和经费使用管理制度。

3. 理顺关系　加强财务监控力度

对原10个法人实体进行了清理；强化了财务资产管理；加强了资金管理，核定流动资金，加大欠款回收力度；清产核资、摸清了家底。

4. 加强制度建设，完善各项管理办法

树立"信息化、程序化、规范化、制度化"的科学管理理念，建立健全全院管理制度体系，在实现科学管理上迈出了坚实的一步。

（张洪元）

中国石油集团经济和信息研究中心

【概述】　2004年，中国石油集团经济和信息研究中心机构设置未调整，仍为28个部室。年末中心职工总数249人。其中：在岗局级领导6人，在职处级干部49人（平均年龄46岁）。专业技术职称人员总数219人。其中：高级职称75人（正高6人，副高70人），中级职称109人，初级以下职称35人。

【重点工作进展】　2004年，中心各项业务不断发展，服务水平不断提高，管理工作不断规范，队伍战斗力、凝聚力不断增强。

1. 紧紧围绕国家石油安全和集团公司战略决策需求，研究工作上到新的水平

本着贴近决策，贴近实际，贴近用户，重视应用，强调效果的原则，全年新开各类科研项目40项，连同2003年结转的项目共计完成63项，各个项目的研究质量和实效明显提高。一是直接参与了中国工程院组织的国家级课题《中国可持续发展油气资源战略》的研究工作，在主要参与的战略储备、海外油气资源和国内政策三个子课题研究中，集合中心优势，精心组织，深入研究，为整个课题的顺利完成和形成的具有战略意义的观点作出了贡献。中心还代表集团公司参与了中央财经领导小组办公室组织的《中国石油安全问题研究》工作。在参与这些高层次研究中，为国家制定油气战略提供了大量信息依据和富有建设性的意见建议，提升了研究水平，赢得了信誉，也锻炼和培养了中心研究人员的研究能力。二是适应集团公司、股份公司发展战略需求，有针对性地开展了外部宏观环境、石油工业关键技术、石油技术创新战略，以及国内外油气市场、石油公司发展战略等方面的专题研究，为集团公司、股份公司把握国内外市场环境，制定战略部署规划，确定技术发展选向，提供了有力的信息支持和对策建议。同时，中心围绕集团公司领导关注的一些重大热点问题，将各个方面的研究成果集合、提炼，及时报送集团公司领导和股份公司管理层参阅，受到了高度重视和好评。陈耕总经理、蒋洁敏副总经理等领导同志分别在集团公司工作会议上予以肯定和作出批示，勉励大家坚持下去，并感谢中心同志们的努力。三是积极配合中国石油天然气勘探开发公司、东方物探公司、中油测井公司等企业开展了制定发展战略、分析投资机会等研究，使中心的研究工作更直接地融入了生产经营企业的决策过程，促进了研究成果向生产力的转化。此外，中心还组织力量，先后为中组部、国家发改委提供了国际石油市场与油价走势方面的咨询报告，为商务部和国务院参事室提供了我国石油安全形势的分析报告，为集团公司领导和两个总部机关有关部门提供了石油科技、经济和国际投资环境等方面的信息咨询90余项，发挥了决策支持和信息服务作用。

2. 加强基础信息跟踪监测报道，信息资源开发工作取得新的成果

一是根据集团公司、股份公司的需求，充分利用中心的信息渠道和资源优势，加大各类石油信息监测与报道的工作力度和深度，提高针对性和及时性，先

后编发《石油情报》、《石油市场季报》、《石油综合信息》、《国际油价快讯》、《股市快讯》等信息数百期，新开发了《每日要情》、《俄罗斯中亚油气要闻》、《国外石油会议动态》等监测产品。同时，强化各类信息数据的采集加工整理，编发了《简明石油数据手册》、《国外石油工业统计》、《中国石油工业统计》等基础数据性产品。这些信息产品，受到集团公司、股份公司和各石油石化企业的好评，在社会上产生了较好反响。二是文献资源开发服务工作，积极开辟中外石油文献采购渠道，推进文献题录数据库建设，并开展最新馆藏文献上网服务，提供国际联机检索服务，全年检索课题达 256 项。三是中心信息工作平台初步建成，通过验收，已开始在试点部门推广应用，为中心实现内部信息资源整合、资源共享，实现内部管理的规范化、流程化打下了良好基础。

3. 强化服务意识，信息技术服务和行业服务工作水平有新的提高

按照集团公司、股份公司的要求，信息技术服务工作坚持用户至上、服务第一的思想，建章立制，逐级落实责任，明确工作规范，大力推进一站式服务方式，全面完成了两个总部机关规定的各项服务内容，服务质量上到新的水平。全年主干网网络畅通率达到 98%，邮件服务器连通率达到 99%，桌面服务用户满意率达到 95%，视频会议满意率达到 100%，并保证了集团公司办公自动化系统的正常运转。同时，加强两个总部机关内外网站、英文网站和部门网页的建设维护工作，发布各类信息 8 万多条，制作专题 25 个，编辑制作水平明显提高。还按照集团公司统一标识的部署要求，按时完成了集团公司新标识的更新发布工作。特别是克服工程量大、时间紧、要求高的困难，规范运作，周密安排，文明施工，主要利用节假日和夜间时间，在确保不中断原有网络运行、不影响机关正常工作的情况下，如期完成了集团公司园区网改造工程。

石油科技信息管理和科技查新评估工作，狠抓基础管理和数据库建设，进一步提高了管理服务质量和效率。知识产权保护工作，积极开展知识产权法律法规宣传与培训工作，完善知识产权保护制度，为进一步提高管理服务水平奠定了基础。石油工程造价管理工作，积极组织工程定额编制及有关资格、资质管理与培训，提高了石油工程造价管理工作的规范化水平。

4. 强化经营管理，各项经营工作取得新的进展

按照中心确定的经营目标承包责任制，各经营公司积极加大市场开拓力度，强化管理，控制成本，努力增收节支，总体经营状况明显改善。全年经营收入比 2003 年增长 29%，多数公司实现了盈利。尤其是各经营公司通过中心关联交易获取的收入比 2003 年减少 71%，正在逐步扭转依附中心发展的状况。各自收支经营单位总体实现了收支平衡。《国际石油经济》编辑部努力创办品牌刊物，扩大发行，并通过举办研讨会等方式拓展发展空间，实现了经营收入逐年增长。

5. 完善制度建设，管理工作得到新的加强

在总结项目管理实际运行情况的基础上，再次修订《项目管理办法》，进一步明确了从中心到各机关部门、业务部门和项目长的责任，强化了立项论证、成本核定、经费核拨、计划调整以及项目验收等各个环节的管理，完善了《项目管理办法》的有关实施措施，提高了可操作性。对 2003 年以前的各类未结项目进行了全面清理，基本理清了长期积压项目的情况，并按有关规定妥善处理，提高了中心实施项目管理的透明度和规范运作水平。制定出台了以管理工作为重点的 28 项工作流程，促进了中心各项业务和管理工作的规范管理、有序运转。加强财务预决算管理、货币资金管理、成本管理等内控制度建设，同时认真开展财务税收自查工作，对自查问题，及其上级部门财税检查和审计中提出的问题都高度重视，积极研究整改。

（王　虹）

中国石油天然气集团公司咨询中心

【概述】　中国石油天然气集团公司咨询中心（以下简称咨询中心）是全国第一批取得甲级工程咨询资质证书单位，也是国际咨询工程师联合会（FIDIC）会员和国家发展和改革委员会（以下简称国家发改委）委托投资咨询评估单位。咨询中心设有两委五部，即咨询中心专家委员会、中国工程咨询协会石油天然气

专业委员会和综合技术部、勘探部、开发部、炼化部、工程经济部。咨询中心拥有石油天然气勘探开发、炼油化工、地面工程、技术经济、工程技术等领域的知名专家100余人，其中院士3人、教授级高工84人，咨询中心承担对油气勘探开发发展规划、重大勘探部署和油气田开发方案进行调研、论证，提出咨询意见；对油气田地面工程和炼油化工工程的大中型项目进行咨询评估；对石油天然气上下游重大发展战略、技术经济、工程技术等问题开展专题研究；受国家发改委、石油石化企业及国内外其他行业、单位委托进行咨询评估。

【咨询成果】　2004年集团公司、股份公司委托咨询中心承担的评估、调研和专题研究共100项，比2003年增加29项、增长40.85%，完成92项（未完成的8个项目为跨年度项目），比2003年增加32项、增长53.33%。在承担的100个项目中，评估项目86项、调研项目5项、专题研究项目9项。2004年是咨询中心历史上完成项目最多的一年，为国家、为集团公司和股份公司提供了一批高质量、高水平，具有前瞻性和战略性的评估报告及研究成果。

历时两年，于2004年12月完成的《中国可持续发展油气资源战略研究》，是国家级重点研究课题。由侯祥麟院士任课题组组长，邱中建院士和翟光明院士任副组长，咨询中心参与组织并负责7个子课题中的2个，即《油气资源与供需战略》和《国内油气开发战略》研究。课题于2003年5月启动，在邱中建院士和翟光明院士的带领下，组织31位院士和120多名专家学者组成课题组。深入中国石油天然气集团公司、中国石油化工集团公司和中国海洋石油总公司所属的30多家油气田和炼化企业进行调研，还广泛征求国家发改委、财政部、国土资源部等十几个相关部委的意见和建议。围绕我国油气资源可持续发展的重点和关键问题，进行了跨学科、跨部门、跨行业的论证工作。温家宝总理三次主持会议，听取课题组汇报，均对课题研究成果给予了高度评价并给予充分的肯定。这项研究成果将对国家能源发展产生重要而深远的影响，是具有重要理论价值和实践意义的优秀成果。

【管理工作】　为了进一步加强咨询中心管理，使工作更加标准化、制度化、规范化，建立和完善了《咨询中心车辆使用与安全管理办法》、《咨询中心文件处理办法》、《咨询中心印章使用管理办法》等8项管理制度。在人事方面顺利完成了竞聘上岗的工作。

2004年进一步加强了专家委员会的管理工作，进一步加强了为专家服务的工作，专家的作用得到了较好的发挥。2004年石油专业委员会对原48个工程咨询单位进行了年检，又有5个新申报单位获得资质证书。目前，石油天然气专业委员会有关部门统筹安排下到所属的工程咨询单位已达到53家。2004年对21个工程咨询单位上报的52项报奖项目进行评审，评出优秀工程咨询成果一等奖9个、二等奖12个、三等奖15个。其中《中油股份公司勘探战略研究》和《中—哈原油管道工程建设投资论证研究》还被评为全国优秀工程咨询成果一等奖。

为了进一步扩大业务范围，完善专业设置，根据阎三忠主任的要求，在集团公司领导和人事劳资部门的支持下，成立了咨询中心工程技术专家组，并很好地开展了项目评估和研究工作。在2004年底又根据集团公司关于建立“井控巡视制度”的要求，成立了井控巡视组织，在集团公司有关部门统筹安排下到所属各油气田企业开展了井控巡视工作。

特别值得一提的是，咨询中心2004年获得国家发改委委托投资咨询评估资格。2004年12月8日，国家发改委第72号公告，发布了入选承担国家发改委委托投资咨询评估任务的咨询机构名单。入选的咨询单位，是国家发改委按照公正、公平、公开和竞争的原则，组织有关机构和专家，对符合《国家发改委委托投资咨询评估管理办法》条件，并提出申请的356家咨询机构进行审查，确认入选的。入选的咨询机构共35家，咨询中心被确认为国家发改委委托投资咨询评估任务的咨询机构。入选的单位将有资格依照有关规则和程序承担国家发改委委托的投资咨询评估任务，主要承担国家发改委审批或核报国务院审批的政府投资项目的项目建议书、可行性研究报告；承担国家发改委核准或核报国务院核准的企业投资项目的项目申请报告；承担国家发改委审批或核报国务院审批的重要领域的发展建设规划；承担国家发改委委托的其他事项。咨询中心获得国家发改委委托投资咨询评估资格，是咨询领域拓宽、评估质量提高、工作业绩突出的体现，更标志着咨询工作迈上了一个新台阶。

【精神文明建设】　2004年，按照集团公司党组和直属党委的部署，积极开展“形势、目标、责任”主题教育活动，进一步活跃支部生活，并取得了较好的成绩，党支部的战斗堡垒作用得到了充分发挥。2004年有一名同志光荣加入中国共产党，有两名同志转为中共正式党员。目前，咨询中心职工总数为23名，其中中共党员22名，1名为入党积极分子，咨询中心党员占职工总数的95.66%。

（吴云海）

中国石油天然气管道局

【概述】　2004年，中国石油天然气管道局（以下简称管道局）实施品牌战略，以建设世界驰名品牌——中国石油管道为目标，加强战略管理，准确企业定位，突出核心业务，整合优势资源，系统内市场进一步巩固，国际市场不断扩展。全年实现总收入68亿元，是2003年的1.4倍；实现利润2.2亿元，是2003年的2.2倍；国有资产保值增值率109.5%；职工实际收入比上年增长20%。年末资产总值98.1亿元，比2003年增长17.14亿元；负债38.2亿元，资产负债率38.9%。全局在册职工1.8万人，下属二级单位41个。

管道局通过国家质检总局压力管道安装资格评审，取得北京中油健康安全环境认证中心HSE、OSH、EMS认证证书，并被中国企业家协会评为2004年度最具影响力企业。中国石油天然气管道工程有限公司、中国石油天然气管道第三工程公司、中国石油天然气管道第一工程公司25标段项目部、中国石油天然气管道局穿越分公司一处等4个单位荣获"全国五一劳动奖状"；苏士峰、马骅、梅广庆、余学峰、郝虹晓5名同志荣获"全国五一劳动奖章"。

【生产建设】　组织投标国内项目290个，中标197个，中标率68%；国际项目投标16个，中标12个；实现合同额130亿元，比2003年增加28亿元，国内市场合同额首次突破100亿元。华南市场中标广东LNG项目70%以上的综合工作量和浙江岙山500万立方米国家石油储备库设计，以EPC总承包形式承担西部3690千米原油、成品油管道，实现国内大型管道项目EPC总承包，中亚地区中标哈萨克斯坦3个项目574千米管道，南部非洲中标莫桑比克12万立方米成品油罐项目，苏丹市场取得600千米管道工程以及4座5万立方米储罐安装项目。各专业公司加大走出国门的步伐，先后中标苏丹电力工程、叙利亚清管检测、苏丹管道维抢修、巴基斯坦管线防腐、苏丹六区管道运营等项目，钢管及化学产品出口外销苏丹、挪威、伊朗等国家。

中国石油天然气管道工程有限公司全年实现财务收入8亿多元，比2003年同期增长52%，实现利税6000多万元，比2003年同期增长40%。承担国内外项目超过600个，咨询设计、工程勘察、工程监理、总承包和项目管理、专业服务多业并举，并全面开展了长输管道、油气库、油气田地面工程和海洋陆上终端项目。完成科技工作成果8项，在研重点科技项目10项；申报国家专利3项，形成公司专有技术4项；获国家级奖4项，省部级奖6项，局级奖2项。取得各类创新成果60多项。其中PDS软件开发、数字摄影测量技术、线路施工图设计技术等，取得突破性进展；地下储备库技术、长输管道SCADA系统软件、海洋管道设计、LNG接收站设计等技术研究不断深入；发明管道焊口电加热带并获国家专利。公司具有工程设计、勘察、咨询、工程总承包等多项国家甲级资质及压力管道设计资格，并通过GB 19001—2000、ISO 9001：2000质量体系认证和ISO 14000、OHSAS 18000管理体系认证，具备中华人民共和国对外经济合作经营资格证书和国家进出口企业资格证书。经营范围和服务领域不断拓展，储运介质由石油和天然气发展到液体、气体、固体等多种介质，行业扩大到石化、化工、轻工、冶金、民航、市政、通信、电力等。成为从事大口径、长距离长输管道设计、咨询、施工管理的跨国专业化工程公司。西气东输工程中，以技术实力和良好信誉成为该工程勘察、设计的牵头单位，设计合同额占总额的80%以上；忠—汉输气管道工程，总长度1400千米，全线1次穿越汉江，4次穿越长江，4处大型河流江底隧道，大中跨越8处，大型河流跨越20处，山体隧道27处，中型河流穿越130处，穿越铁路11次，高速公路20次，均创国内输气管道设计史上的新纪录，并入选十项重大创新项目，与"神舟五号"齐名。

中油气管道机械制造厂全年共计完成商品产值6882万元。实现销售收入6279万元。销售收入比2003年增长67.9%，实现经营利润34万元，账款回收率为70.63%。全年安全生产无事故。总产值、销售收入、增长率均创历史最好业绩。2004年全年共计承揽合同98项，合同额6451万元，继续在长输管道建设市场保持较大的份额，在中海油、城市燃气市场有较好的拓展。产品质量一次合格率明显上升，管件类产品合格率稳定在99%以上，非标类产品合格率96.5%以上，加热炉产品合格率由80.7%提高到91%以上，特别是长吉线炉管固定焊口合格率达96.3%，水压合格率100%的历史最好成绩。企业管理工作进一步落实。2004年针对制造、安装量大，合同工期短的经营情况，全厂围绕合同履约开展积极有效的管理，及时调整生产计划，抓好整个项目的进度。在重点合同项目采用周报制度，掌握和了解生产动态，及时发现问题并协调解决。竞争实力明显提高。2004年4月份正式取得国家质检总局颁发的AR_1级（高压容器）特种设备制造许可证，成为廊坊市第一家、河北省第三家取得此资质的单位。

廊坊中油管道特种汽车运输有限公司重点抓好工程物流和油品配送市场的开发与渗透，巩固扩大关联交易和客运市场，积极拓宽国际工程运输市场，加强各项管理工作，企业整体又跃上了一个新台阶。全年完成货物周转量5124万吨千米，完成旅客运送量8909万人车千米，安全行驶1272万千米；实现收入6551万元，是2003年的1.7倍，实现利润305万元，是2003年的1.44倍，全员劳动生产率为19.6万元/人，是2003年的1.66倍。货物运输以塔指、西气东输、陕京二线、忠武线、冀宁线等一大批管道建设项目为契机，实现货运收入4632万元，约占总收入的71%，油品配送全年共完成配送量16万吨，实现收入661万元；海外市场在苏丹管道工程3、7区块的管材运输和吊卸任务中，克服种种困难，6个月的时间里，创出了90万美元产值的好成绩。10月份，开辟了哈萨克斯坦运输市场。圆满完成机组设备的倒运、搬迁任务，确保了主体机组按时投入哈中管道建设。

【科技创新】 全年开展科研项目67项，其中延续项目40项，新立项目27项；验收科技项目15项；申报国家专利12项；全年共投入科研经费3170万元；科技成果推广创产值4.9亿元。

管道局管道技术中心建设方案通过集团公司验收，并正式启动运行；与英国AT公司合作开发的高清晰度漏磁检测器已完成设备组装和牵拉试验场建设，并进行了现场试验；X80管线钢完成应用技术准备，并在冀宁联络线上使用；在国内率先开展了数字管道技术研究，所掌握的数字管道技术已在西部管道和冀宁联络线得到充分应用；光纤管道安全预警系统研究有阶段性突破；忠武管道设计与神舟五号载人飞船同获全国十大创新荣誉；4个项目参加集团公司技术创新奖的评选，其中“西气东输线路工程焊接工艺研究”、“复杂地形地貌地质条件下的非开挖管道定向穿越技术研究”和“天然气管道减阻耐磨涂料及涂层技术研究”3项被评为集团公司技术创新二等奖；管道局28项新记录载入由中国企业联合会、中国企业家协会发布的中国企业新记录（第九批）。

为拓宽管道局科研工作人员的知识面，根据设计、施工领域的技术扩展，邀请国内外知名公司及院校，就海洋管道设计施工技术及装备、冻土地带管道设计施工技术、LNG/LPG焊接工艺、X80级管道焊接技术与焊接工艺、非开挖管道穿越新技术、管道介质输送工艺等进行技术及学术交流。

【企业改革】 为实现优势互补，资源共享，进一步增强市场竞争能力和整体赢利能力，对全局的管道土建和路桥施工业务新整合，将中油管道建工集团和岩土路桥工程分公司合并重组，成立中油管道建设工程有限公司，纳入管道施工核心业务，增强了核心竞争能力。成功实施工程有限公司（CPPE）与大港油田设计院的跨局合并重组，使新的CPPE在原有资质和业绩的基础上，又增添了海洋管道、地下储气库、油田地面建设等资质和业绩，实现规模扩大、业务延伸和能力扩张，成为领先行业水平的王牌企业。

【安全环保】 建立与实施HSE、OSH、ISO 14001管理体系。注重风险管理，严格安全生产监督检查，强化安全教育培训，以“12.23”特大井喷事故为教训，实现“三标一体化”统一认证和“五个杜绝、三个不超、九个达标和一个确保”的安全生产目标，荣获集团公司“安全生产先进企业”荣誉称号。

全年实现五个杜绝：杜绝重大火灾爆炸事故；杜绝锅炉和压力容器爆炸事故；杜绝重大工业生产、交通（同等及以上责任）和火灾伤亡事故；杜绝特大环境污染和生态破坏事故；杜绝一次直接经济损失超过50万元工业生产事故。三个不超：即：全员伤亡事故千人死亡率不超过0.05；千人重伤率不超过0.30（负伤率不超过1.0）；千台车死亡率（有责）不超过2.0。九个达标：领导承包要害部位检查到位率达到100%；施工单位和输油气技术服务单位全部实行HSE体系管理；全局生产场所“两书一表”推广率达到96%；特殊工种持证上岗率和新工人、转岗人员“入厂安全三级教育”率100%；全局“零事故班组”率达到98%；有控废气排放达标率100%；固定源工业污水达标率100%；工业固体废弃物处置达标率100%；废水污染物排放总量比上年削减5%。一个确保即：确保全局公共聚集场所的安全稳定的安全生产环境保护工作目标。

积极开展“安全管理年”和“强素质、树品牌，抓管理、保安全”等活动，重点抓了：(1) 落实安全生产责任制和领导干部述职制度；(2) 加强安全监督管理体系；(3) 加大安全检查和事故隐患力度；(4) 狠抓安全教育与培训；(5) 进一步加强交通安全管理工作；(6) 完善事故预案，不断提高应急救自救能力；(7) 实现管道局“三标一体化”统一认证，逐步与国际管理接轨；(8) 加大安全生产与安全科技的投入，进一步提高管道施工科学技术和设备安全水平；(9) 施工安全生产等各项工作。

【教育培训】　全局投入培训资金3300万元，举办各类培训班360多个，培训21700人次，培训项目经理200人次；选送1人到美国麻省理工学院攻读博士，选送37人参加卡尔加里大学工商管理硕士培训，选送150人到国内著名高校攻读管理、法律、商务等专业研究生。全局考取项目经理资格证书461人，其中一级项目经理154人；具有国家注册建造师资格证书52人；教授级职称24人，高级职称1198人；管道专家19名，专业技术带头人77名；集团公司级勘察设计大师12人；关键技能带头人14名，高级技师48人，技师311人；全国技术能手1人，集团公司技术能手11人，局技术能手130人；8435人取得《职业资格证书》。已经建立起基本适应管道建设持续发展需要的经营管理、专业技术和关键技能人才队伍。

（李小伶）

中国石油物资装备（集团）总公司

【概述】　2004年，中国石油物资装备（集团）总公司（以下简称公司）企业管理逐步走上了规范化的轨道，国内国际贸易业务全面拓展，制造业务显示出勃勃生机。贸易与制造两翼齐飞，促进了经济总量的跨越式增长。

2004年，公司实现主营业务收入75.58亿元，剔除内部销售实现主营业务收入69.77亿元，完成全年预算指标的158.57%，比2003年增长51.34%，实现利润2.95亿元，比2003年增长102.86%。

(1) 管理板块。全年实现对外投资收益1315万元。

(2) 贸易板块。全年实现主营业务收入41.68亿元，比2003年增长49.57%，实现考核利润1.68亿元，比2003年增长117.58%。全年签订进口代理合同10.02亿美元，比2003年增长51.39%，其中机电设备和技术引进8.44亿美元，专用管和一般钢材1.76亿美元。国际招标授标金额1.67亿美元，国内招标授标金额7400万元人民币。

(3) 制造板块。实现主营业务收入33.72亿元，比2003年增长48.39%，实现考核利润2.2亿元，比2003年增长50.03%。

【贸易主要成果】　2004年，贸易板块按照“转变观念切入市场、转型建制适应市场、优质服务贴近市场、拓展领域扩大市场”的工作方针，物资采办综合能力和专业化优势进一步发挥，市场竞争能力进一步增强。

(1) 集团公司内部市场得到巩固和发展。发挥专业优势，围绕服务一线，超前介入，主动跟进，集团公司市场的销售收入稳步增长，全年实现销售收入26.95亿元，比2003年增长44.2%，占销售总收入的65.8%。

(2) 系统外市场得到拓展。积极寻求发展空间，努力扩大系统外市场，通过实施多元化、社会化经营，在集团公司系统外实现销售收入14.24亿元，比2003年增长94%，占销售总收入的34.2%。

(3) 电子商务成交量持续增长。公司适应股份公司电子商务的需要，支持网上采购，通过股份公司电子商务上网点击销售10.67亿元，占集团公司系统内销售收入的39.6%。

(4) 代理销售及物资供应网络继续扩大。签订长期代理协议生产厂商达到42家，通过产品代理实现销售收入19.91亿元，占总销售收入的45.4%，比2003年增幅超过80%。重点代理产品是武钢钢材和宝钢专用管，其中武钢产品的代理量销售全年达到16万吨，在其代理商中排名第二，宝钢产品的代理销售量达到6万吨，在其油井管代理商中位居前列。

2004年加强集团公司一级供应网络建设，截至年底公司共管理6大类17个专业物资供应网络，入网厂家达到1290家，重点对厂家实施动态管理，建立和完善了厂商资源信息库。

(5) 招标业务。公司具有国家发展和改革委员会授予的技改项目甲级招标资质，2004年又通过了国家建设部组织的工程建设项目招标甲级资质复审，并经国家商务部评审，国际机电设备招标资质由乙级晋升为甲级，成为同时具有三个甲级招标资质的招标机构。全年共组织国际机电产品委托招标金额超过2.3亿美元，授标金额1.67亿美元；完成国内招标授标金额7400万元人民币。

(6) 运输保险业务。2004年公司共完成钢材国际运输56批次、36.26万吨，机电设备国际运输87批次、1526台套，完成了全部物资的报关和商检工作，并配送到用户指定地点，全年运输及港口代理额超过1.6亿元。2004年底，与中远青岛公司合资组建了北京中油物装国际货运代理有限公司，为拓展运输保险业务奠定了基础。

(7) 施工设备租赁。2004年共为8家管道施工企业提供设备租赁服务，设备出租率占全部租赁设备资产9600万元的84%以上，较好地保障了工程进度，提高了资产利用率。

(8) 仓储业务。2004年，所属沧州公司、郑州公司和沈阳公司积极盘活仓储设施，面向社会市场开拓仓储业务，仓储净收入518万元；围绕集团公司重点管道工程建设，开展物资中转服务，其中沧州公司承担了陕京二线阳泉中转站、西气东输冀宁联络线新沂中转站等物资中转任务，进一步扩展了业务空间。

(9) 行业服务。公司是集团公司工程技术协会物资供应分会和中国石油学会物资专业委员会的理事长单位。2004年先后召开了协会和学会的换届理事会、石油物资系统现代物流学术研讨会、仓储管理研讨会、西部片区学术研讨会等专业会议，汇总编制了《物资供应承包商协会2003年年报》，加强学术交流，探讨行业热点问题，积极反映行业动态，为石油物资供应行业的整体发展作出了贡献。

【装备制造主要成果】　2004年，装备制造业务保持了快速增长的势头，尤其是宝鸡石油机械厂、宝鸡石油钢管厂、济南柴油机厂3家优势企业发展迅速，确立了行业内的领先地位。

(1) 宝鸡石油机械厂。一是强化市场开拓，坚持陆上、海洋和海外3大市场齐头并进，全年实现销售收入10.1亿元，比2003年增长9.3%；出口业务首次突破2亿元。二是新产品开发成效显著，全年实现新产品产值3.1亿元。三是不断进行设备的更新改造，提升制造能力和工艺水平，企业实力不断增强。四是海洋装备取得零的突破，深圳惠州海洋钻机顺利投产，并已完成2口油井。

(2) 宝鸡石油钢管厂。一是在巩固石油市场的同时，加大社会市场的开拓力度。全年实现销售收入12.2亿元，比2003年增长82.78%。其中社会市场销售收入占30%。二是在保证产品质量的前提下，强化管理，苦练内功，降低制造成本。三是合资组建的上海宝世威项目正式投产，已签订出口合同4万多吨，当年投产、当年见效。同时，钢管辅料项目也正在建设。

(3) 济南柴油机厂。一是不断加大研发投入力度，积极开发适应市场需求的新产品，带动了生产、销售的快速增长和企业整体实力的不断提升，全年实现销售收入6.67亿元，比2003年增长98.38%，其中新产品销售收入占60%以上。二是在稳固集团公司市场的同时，积极开拓社会市场，社会市场订货量已占总订货量的83%。三是根据集团公司专业化重组的精神，结合自身实际，与华北石油管理局一机厂大修分厂进行重组整合，形成柴油机修复基地。修复基地全年实现销售收入7000万元以上，与重组前相比增加147%，全年实现利润600万元以上，与重组前相比增加120%，充分显示了专业化重组的优势。四是济柴新厂和青县直列机基地已开工建设，动力专业板块已见雏形。

(4) 咸阳石油钢管钢绳厂。一是在巩固石油市场的同时，加大社会市场的开拓力度。全年实现销售收入2.31亿元，比2003年增长38.87%。特别是港口钢丝绳市场开拓获得突破，市场占有率不断提高。二是进一步强化内部管理，努力消化原材料涨价带来的冲击。重要场合用钢丝绳生产基地建设初见成效。

(5) 稳步推进扭亏解困。承德司达石油装备开发公司通过强化市场开拓、加快新产品开发等措施，实现了盈亏持平。西安石油勘探仪器总厂新一届班子组建后，一是加大了费用支出的控制力度；二是对管理体制和内部机构进行了调整；三是摸清家底，制订了扭亏解困方案。各项工作有了一定的起色，全年比2003年减亏1000多万元。

【企业管理】　2004年，公司以实现管理的规范化、制度化为目标，更新管理理念，理顺管理关系，探索管理模式，修订管理制度，完善管理体系。

(1) 完善公司管理运行模式。一是纵向上按照决策层、管理层、执行层3级管理模式，调整、配齐职能部门和岗位，健全、完善了部门职责和岗位职责。

在此基础上建立起本部比较清晰适用的62项管理流程，初步形成了各流程结点的职责权限、工作标准、考核监督办法和制度。二是横向上实行板块管理，按照领导分工，各主管领导每周召开板块工作协调会，总结部署重点工作，沟通协调有关问题。三是坚持科学决策。凡重大事项，一律先经过有专家参加的公司战略发展、科技进步等有关专业委员会论证，为决策层提供决策依据。四是坚持民主决策。每周一召开由副总师以上领导参加的总经理办公会，共同研究重要事项，部署重点工作，形成《总经理办公会议纪要》下发实施。五是实行政务公开。《总经理办公会议纪要》上报集团公司主管领导，下发本部各部门以及各直属企业党政主要领导。六是督办落实。总经理办公室对《总经理办公会议纪要》中的事项进行跟踪督办、检查落实，每季度印发《督办通报》，上报下发。

（2）健全目标管理体系。一是健全3级目标管理体系。根据集团公司下达的任务指标，结合公司的实际确定内控指标，分解下达给各板块，各板块将指标分解落实给所分管的企业和部门，各单位再分解下达直至班组和岗位，构成公司完整的目标管理体系。二是完善预算管理体系。结合目标管理体系，逐级建立预算体系，对生产经营进行全过程预算控制，强化了监控和考核，以保证目标管理体系的健康运行。三是着手建立与目标管理体系相配套的激励机制。从公司领导班子直至各部门和基层单位，都建立了相应的考核办法，初步形成了较为完整的奖惩制度，严考核、硬兑现。四是强化目标体系运行过程的动态管理。完善了各级经济活动分析制度，各单位每月、各板块每季度、公司每半年召开经济活动分析会，通过层层经济活动分析，及时总结经验，发现问题，适时地监控、规范、调整目标体系的运行，保证公司整体目标的实现。

（3）加强对外投资管理。一是出台了《对外投资管理办法》等管理制度并严格执行，杜绝了无序投资行为。二是按照集团公司部署，详细调查，摸清了公司系统兴办的99家法人实体的基本情况，拟清理48家，已清理8家。在清理工作中，坚持从法律、税务、工商等方面彻底了断，不留后遗症。三是对保留的法人实体，按照集团公司政策，理顺产权关系、隶属关系和劳动关系，明确股权代表的责任和工作目标，充分发挥股权代表的作用，强化对外投资的监控和管理。

（4）强化财务管理。公司不断强化财务管理在企业管理中的核心地位。一是进一步强化资金的安全监控，出台了加强资金安全管理方面的8个配套文件，重新构建资金安全监控体系，降低了资金安全风险。二是召开了财务资产工作会议，明确了公司系统财务资产工作的重点和方向，总结推广了宝鸡石油钢管有限责任公司等企业在预算管理、资金管理、成本管理、会计基础工作管理等方面好的做法。三是结合集团公司关于开展财务税收检查工作的部署，公司系统全面开展了财务税收检查工作。在各单位自查自纠的基础上，公司组织6个检查组对公司所属全资企业进行了复查；在公司复查后，公司系统12个单位还接受了集团公司组织的财务税收检查。四是提高资金使用效率。强化了资金的集中管理和统一调度，对企业融资和信贷规模实行动态管理，同时加大货款回收力度，在经营规模大幅度增加的情况下，到10月末公司的信贷规模比年初下降8182万元，财务费用比2003年同期下降1060万元。五是大力推进会计集中核算，提高会计信息质量，构筑新的核算体系和核算流程，精简核算层次，提高了管理效率。

（5）夯实管理基础。一是加强整章建制，抓好制度建设。2004年公司系统共制定和修订各项规章制度390多项，其中新出台公司级管理制度31项。二是加强合同管理。公司出台了《合同管理办法》，并按照实施细则严格合同审查，2004年公司本部审核备案贸易合同1200多份，各直属企业也加大了合同管理力度，有效规避了经营风险。三是全面强化内部审计。已对13个单位进行了专项审计，直属企业也加强了内部审计工作，进一步规范了企业行为，促进了生产经营的健康运行。四是持续推进公司系统的信息化和整体形象建设，建立了公司中英文网站和产品数据库。

【安全生产管理】　一是自上而下建立了安全管理和安全监督两个体系，健全了机构，配齐了人员。二是层层落实安全生产责任制，将安全生产目标纳入生产经营考核范畴，建立了由上而下的安全责任目标体系。三是认真开展“安全生产管理年”和“安全生产警示日”活动，加强安全教育和安全培训，提高职工的安全意识。四是不断完善安全管理制度，严格奖惩。五是做好突发重大事故应急救援预案的制定和演练。六是不断强化“我们产品的质量缺陷就是用户的安全隐患”的观念，全力抓好质量管理，努力杜绝因产品质量问题给用户造成的安全事故。

【精神文明建设】

（1）领导班子建设进一步加强。一是加强各级领导干部政治理论学习，提高了干部的整体素质。二是加强后备干部队伍培养，建立起老中青干部梯队。三是适时对5家直属企业领导班子进行了充实调整。

（2）职工队伍素质进一步提高。一是抓技术队伍建设。选拔出20名集团公司和公司两级技术带头人，各单位也都选拔出本企业各专业的学科带头人，初步形成了三级专家队伍。二是加大技师队伍的培养和选拔力度。各单位积极组织技术比武和技能大赛，普遍开展技术培训、岗位练兵、拜师学艺等活动，技师队伍已达到124人。三是深入开展“形势。目标、责任”教育，提高职工的政治思想素质。

（3）基层建设进一步完善。一是“五个一”活动深入开展。公司制定了“五个一”达标单位考评办法和细则，各单位认真抓好落实。公司组成考评组，对经本企业申报达标的基层单位进行了检查考评，有30多个基层单位初步通过了达标验收。二是加强基层党的组织建设，调整健全党支部，全年发展新党员116名。

（4）党风廉政建设进一步加强。一是公司系统健全了纪检监察组织机构，明确了职责，完善了制度，配齐了人员。二是关口前移，标本兼治，超前防范，建立起教育、制度、监督三位一体的监督体系。三是领导干部率先垂范，公开承诺“党风廉政从我做起，廉洁自律向我看齐”，层层签订了党风廉政建设责任书和廉洁自律承诺书。四是加大案件查办力度，全年共查办违纪案件15起。

（5）职工队伍基本稳定。公司系统层层建立了稳定工作责任制。各单位高度重视稳定工作，千方百计化解不稳定因素，基本保持了大局稳定。

（龙首敏）

中国华油集团公司

【概述】　中国华油集团公司（以下简称华油集团）是集团公司直属专业公司。成立于1998年，注册资本84403万元。到2004年底，资产总额307145万元，所有者权益178644万元。主要从事酒店旅游业、未动用边际储量开发、天然气的开发与利用、城市燃气工程、成品油经销、新型建材生产与房地产开发、油田和炼油化学剂生产及大宗贸易。其中以油气相关产业和酒店旅游业为主营业务。

【生产经营指标】　2004年，集团公司给华油集团下达的利润指标5921万元，实际实现利润5969万元，为年计划的100.8%。实现销售收入179630万元，比2003年增加38993万元，增长27.73%。安全生产未出现重大责任事故；环境保护、投资管理、财务管理达到集团公司要求；廉政建设无违法违纪行为。

【企业经营活动】

1. 难动用储量开发增产增效，成品油销售稳中有升，浅层气开发大幅增加

2004年，生产原油7万吨，同比增长342%；实现销售收入15269万元，同比增长312%。经营成品油173270吨，实现销售收入57098万元。生产销售天然气3086万立方米，比2003年同期增加1663万立方米，销售压缩天然气3071万立方米，比2003年同期增加1355万立方米，比2003年分别增长116.89%和78.98%，实现销售收入6280万元，比2003年同期增加3205万元，增长104.24%。

2. 城市燃气利用取得重大进展，市场开发取得新成绩

2004年，华油集团充分利用自身的灵活机制，加快城市燃气业务发展，全年销售天然气2823万立方米，实现销售收入4560万元，同比增加3003万元，增长193%。华油集团在日益激烈的市场竞争环境中，不断加大城市燃气市场开发力度，在北京先后签订一批项目的供气协议。

3. 酒店旅游业市场竞争力明显增强

2004年，酒店旅游业实现经营收入15768万元，同比增加2592万元，增长19.67%。上海中油大酒店全年实现营业收入10156万元，同比增加1390万元，同比增长15.86%；客房出租率为74.28%，同比增加6.5个百分点；平均房价651元。常州中油大酒店实现营业收入4442万元，同比增加630万元。中油国际旅行社精心设计，周密组织，推出生态游、猎奇游、风情游等旅游线路，全年操作团队228个，4388人次。

4. 优势产业创利能力进一步增强

（1）国内外贸易市场迅速扩展。2004年大宗贸易实现销售收入57691万元，同比增长44.94%；实现利润2010万元，同比增长51.81%。2004年重点开发的焦炭出口业务，经营 13.4 万吨。

（2）华油集团在北京开发的房地产项目“刁刁景园”从 2002 年 5 月开始运作，于 2004 年 5 月底该项目整体竣工、整体验收、整体入住。共计 1040 套商品房实现 100%销售和 100%回款。

【企业管理和安全生产】　2004 年，华油集团坚持资金保障和资金监管两手抓，一方面积极拓展融资渠道，强化负债规模管理，有效控制财务风险，保障企业生产经营资金需要；另一方面，坚决贯彻集团公司对外投资、对外借款及对外担保的规定，严格执行资金分级授权管理制度。

公司坚持以人为本的安全生产理念，把安全生产作为重中之重，坚持“谁经营、谁负责”，“谁主管、谁负责”的原则，把安全生产责任制层层落实到人，不断提高安全意识，切实做到安全生产保效益。从事油气生产经营的安全重点单位还有针对性地对员工进行预案培训，编制事故应急演练计划方案，组织员工进行演练。

一是进一步推进基层党组织建设，党的基层组织得到了进一步充实。二是继续深入扎实地开展争创优秀企业、优秀经营者、优秀员工的创“三优”活动。华油集团全面开展唱响鼓励进取、褒扬创新的主旋律，为全面完成经营指标提供了动力，为华油集团的发展营造了良好的氛围。三是积极推进企业文化建设，营造了勇于创新的良好文化氛围。四是领导干部廉洁自律进一步加强。

（孙成龙　吴　芳）

华油北京服务总公司

【概述】　华油北京服务总公司（以下简称华服总）成立于 1992 年，经过 10 多年的发展，已成为集基本建设、房屋管理、物业管理、职工餐饮、宾馆接待、幼儿教育、医疗保健、石油化工产品与技术服务等项目于一体的综合性服务企业。资产总额 80462 万元，所有者权益 65813 万元。下设 7 个公司及 5 个直属单位：中油宾馆、房地产公司、生活公司、工程公司、门诊部、科隆公司、中聚公司、北郊管委会、物业公司、幼儿园、离退休职工管理中心、农场。

【后勤服务】　2004 年　华服总把“一流的服务”放在一切工作的首位，下大力气抓好抓实精品服务，较好地发挥了机关后勤的保障作用。

1. 餐饮服务稳中有升，再创新成绩

生活公司面对常用食品原材料价格不断上涨的不利形势，严把采购进货关，从源头抓起，以定点采购和集中批发采购相结合，减少中间环节，货比三家，确保采购物品质量，降低成本。生活公司还根据不同季节调整菜谱和菜品口味，在伙食品种、花样和口味上不断调整创新，不断提高饭菜质量和服务水平。2004 年生活公司共接待职工用餐和宴会、零点、送餐 30 多万人次，累计接待职工用餐 100 多万人次，圆满实现机关食堂百万人次就餐安全无事故的预期目标，并获得“中央国家机关食堂卫生红旗单位”和“北京市食品卫生 A 级单位”称号。

2. 供暖工作连续 11 年获得奖牌

管委会发扬“辛苦我一人，温暖千万家”的奉献精神，坚持 24 小时值班，对住户反映的问题及时给予解决。每两周入户测温，跟踪调查供暖效果，确保温度达标率在 98%以上。管委会还通过流动宣传车、板报和座谈等形式，加强供暖知识宣传，现场解决住户提出的供暖问题，得到了住户的好评。管委会以优质的服务赢得了服务对象的满意，连续 11 年获得“北京市供暖先进单位”的荣誉称号。

3. 幼儿园被授予“区级示范园”

幼教工作不断创新服务，扩大社会生源，幼儿入托数量最多达到 418 名，创出历史新高。服务形式灵活多样，家长满意度逐年上升，2004 年共收到表扬信 28 封，年底征求意见满意率达 92%以上。为了承担起社区教育的责任，扩大影响，树立品牌，石油机关幼儿园充分发挥市、区两级示范基地的作用，把社区学前教育工作计划纳入到幼儿园工作计划中，同附近 9 个居委会保持联系，送教下社区，为散居儿童及家长提供保教服务。通过全园职工的共同努力，2004 年 6 月石油机关幼儿园被北京市西城区教委授予“区级示范园”称号，成为西城区首批区级示范园。

4. 物业管理全面推进“阳光服务”

物业公司针对点多、线长、面广的特点，以全心全意为机关职工和业主服务为中心，推出标准化服务项目，深入开展“一个满意、两个到位、三个畅通、四个严格要求”的阳光服务活动，制定并发放了近2000张阳光服务卡，设立管理处24小时服务热线和公司的8小时投诉咨询热线，使之成为公司和住户感情交流的平台，着力解决了住户生活中的问题，提高了物业管理水平。

5. 房改工作进一步深入

房地产公司采用网页、展板、宣传手册和举办房改知识讲座等多种形式，加强房改政策宣传。2004年，完成了一次性住房补贴的发放工作，为机关和华服总无房和住房未达标的743名职工发放了住房补贴，补贴金额达807.5万元。加快土地使用权登记办证和领证工作进度，房地产公司连续两年被国务院机关事务管理局授予“土地登记先进单位”称号。

6. 医疗卫生工作通过医疗单位验收评审

石油机关门诊部在规范提高中加强管理，积极开展医疗合作，增加服务项目，热情为患者服务。2004年7月起，护理部积极进行改革，实行首诊负责制和输液责任到人，为病人实施一条龙服务，工作更加细化。在年初的医疗专家组评审中，门诊部受到一致好评，顺利通过医疗单位的验收。

【生产经营】　2004年，华服总在保持主营业务持续发展的同时，积极参与油田区块合作开发，在市场竞争中实现经营效益的稳步提高，取得比较理想的效果。宾馆服务工作在硬件设施不断完善的基础上，实行规范化、个性化、标准化服务，客人入住率大幅度提高，全年接待3万多人次，比2003年增长近1万人次；客房出租率达到88.7%，增长10个百分点；全年营业收入再创历史新高，中油宾馆获得北京市“诚信企业”和“纳税信誉A级企业”称号。科隆公司积极开发市场，打造优势品牌，开展技术创新和技术改造，扩大了市场份额，经营收入打破历史纪录。对外餐饮和农场经营收入创出历史较高水平，圆满完成各项指标。中聚公司克服各种困难，开拓市场，盘活资产，实现生产型向贸易服务型平稳过渡，为2005年的发展打下了较好的基础。

【企业管理】　2004年，华服总在企业管理工作中坚持“精耕细作”，狠抓薄弱环节，在严格管理、精细管理上下功夫，降本增效取得新的成绩，管理水平有了新的提高。

在干部管理上，华服总引入竞争机制，公开选拔处级干部，完善自主报名、资格审查、答辩考核、组织决定、任前公示等程序，使干部选拔透明化、科学化、民主化。2004年，已有8名干部通过竞聘走上处级领导岗位。业绩考核工作取得显著成效。各单位根据实际，出台实施办法，建立员工考核档案，严考核、硬兑现，激发了员工的工作积极性。

在降低成本方面，针对物价大幅上涨的不利情况，各单位抓住降低成本不放松，从采购到生产，从挖潜降耗到成本核算，把好关口，堵塞漏洞，消化物价上涨带来的成本压力，实现了成本控制指标。

在安全管理上，继续坚持“谁主管、谁负责”的原则，坚持各单位行政一把手负总责的制度，把安全生产责任制层层落实到人，不断提高安全意识。认真开展安全生产管理年活动，坚持思想教育、制度建设、资金投入、检查整改多管齐下，实现了全年安全生产无事故。

【精神文明建设】　北郊管委会、生活公司、中油宾馆、幼儿园和物业公司公共事业管理部分别被集团公司直属党委和华服总授予“2003—2004年度先进集体”荣誉称号。共18位干部职工被评为华服总“2003—2004年度先进个人”，10位同志还被评为集团公司直属党委“2003—2004年度先进个人”。

按照党组和直属党委的要求，华服总认真贯彻落实中纪委的各项廉洁自律规定，围绕服务经营工作，抓好宣传教育，严格执行制度，规范事权、财权、物权和人事权，强化监督检查，全年未发现违规违纪行为。工会组织围绕中心工作，开展民主管理，巩固“建家”成果，组织技能大赛，促进了业务交流和技能提高。共青团工作积极探索将青工纳入组织管理的新思路，开展主题鲜明的青年志愿者活动，充分发挥了团组织的作用。

【其他】　为了让服务对象和兄弟单位更好地了解华服总，搭建沟通的桥梁，进一步提高服务效率，公司开办了华服总网站，为提升服务品牌、宣传企业形象起到了积极的作用。目前，华服总的网页已经基本建成并成功运行，内容包括服务动态、通知公告、文件阅览等，生动翔实，深受服务对象的喜爱。

（吴志萍）

中国石油天然气运输公司

【概述】 中国石油天然气运输公司（以下简称运输公司）成立于1953年，是中国石油天然气集团公司直属的大型专业化物流运输企业。运输公司主营业务为运输、修理和现代物流，兼营业务为基建工程、多种经营和油田服务。取得了国家一级货运企业、涉外运输、危险品运输、国际货代、国内铁路货代、进出口贸易、建筑安装和路桥施工等经营资质，通过了GB/T 19000—2000和IDTISO 9000：2000质量管理与质量保证体系认证。

截至2004年底，运输公司共有在职职工3766人，离退休人员1541人，有偿解除劳动合同人员2520人。公司机关有13个处室。下属31个生产经营和附属单位。主要为新疆三大油田、四大炼厂和疆内外石油销售企业提供专业化运输、成品油配送和其他综合配套服务。运输公司总部驻地在新疆乌鲁木齐市，在疆内昌吉、克拉玛依、独山子、库车、轮南、塔中、库尔勒、鄯善等地建有配套的生产生活基地，并在疆外北京、上海、西安、武汉、长沙、四川、重庆、广州等省市设立了物流网点和成品油配送分公司。共有各种车辆2065台。固定资产原值6.23亿元，净值4.47亿元。

【主要生产指标】 运输产量：全年完成货运量367万吨，完成货物周转量57068万吨/千米，与2003年的46405万吨/千米相比，提高了22.98%。

经营收入：全年完成各种收入169363万元，与2003年的91426万元相比，提高了85.25%。

利润：全年实现考核利润2101万元，与2003年的1656万元相比，提高了26.87%。

质量：安全间隔里程为2139万车/千米。

消耗：行车燃料消耗为33.37千克/（百车·千米），轮胎平均行驶里程为82492胎千米/条胎。

成本：单位成本614元/（千吨·千米）。

劳动生产率：全员劳动生产率为15.14万吨/千米。

运输效率：车辆完好率为91.82%，车辆工作率为83.67%。

【经营范围】 运输公司经营范围包括原油、成品油、液化气和各种物资运输、汽车修理、机械加工制造、塑钢门窗、医疗用品和液氮生产、淡化水运行、果蔬仓储保鲜、特种安装服务、井口房制作、舟桥架设、钻具制作维修、钢结构和压力管道安装、加油站经营管理、试油采油作业、机泵维修、油田环保、驾驶培训、路桥建设、工程机械施工、工程设计、房地产开发、装饰装潢、节水灌溉、防腐维修、旅行社业务、计算机信息服务、水电暖系统维修、物业管理和生活后勤服务等。

【企业改革】 按照专业化管理的原则，将北疆地区二公司、三公司的车辆划归一公司管理，机关和后勤服务部分则与昌吉基地服务公司合并，发展多种经营。组建成立了成品油配送分公司、协和新能源有限公司等4个单位，发展成品油配送和经销业务。重组整合了建安乌市分公司等5个亏损单位。健全了4个法人实体的法人治理结构，规范了9个法人实体的国有股权管理。清理了5个法人实体，注销了10个分支机构。积极稳妥地完成了2所学校移交地方政府管理的工作。

【企业管理】 广泛开展“规范管理年”活动，修订完善了资金、投资、审计等管理制度，制定规范了合同、统计、经营分析、劳动工资等标准管理文本。开展了基础资料检查和以“三基”工作为重点的岗位责任制检查活动，狠抓基层建设和基础管理。

【主营业务】 运输主业参加了西气东输管材拉运等任务，开拓了兵团油品、民航航煤、铁路集装箱等社会运输市场。以边境贸易拉动涉外运输，涉外运输车辆达到271台，成为西北地区最大的涉外运输企业。修理业着力发展大客户的协议维修和汽车厂家的特约维修。抓住股份公司成品油销售实行省级公司统一领导下的“公路成品油第三方配送”的历史性机遇，在认真总结“两湖”地区油品配送经验的基础上，同股份公司炼油与销售分公司签订了全国成品油公路配送框架协议，先后承担了新疆、北京、四川、大连等省市和地区的成品油配送工作，并相继在河南、浙江、云南等10个省区注册成立分公司，开拓集团公司区外成品油配送市场。

【兼营业务】　基建工程业中标完成了加油站和乡村公路建设、节水灌溉等外部工程。多种经营和油田服务业开发生产了钻井助剂、泥浆助剂、钻井液气动自动加重等化工产品和油田技术服务项目，拓展了钢结构彩板生产、专用管材、铝塑型材、输液器、抽油机配件、油田环保和小车服务，为油田输出劳务和提供各种综合配套服务。

【安全生产】　深入开展了安全专项整治和“安康杯”等活动，加大安全资金投入，狠抓安全监督检查工作。全年杜绝了固定生产作业场所和火灾爆炸上报事故；事故起数比2003年降低了61.9%，死亡人数比2003年减少了30.8%。

【精神文明建设】　大力加强基层党建和企业文化建设，深入开展“形势、目标、责任”主题教育和各种形式的文体活动，营造了积极向上、团结和谐的氛围，促进了两个文明健康协调发展，继续保持了自治区“精神文明先进单位”荣誉称号。

（朱海君）

中国石油天然气集团公司管材研究所

【概述】　中国石油天然气集团公司管材研究所作为集团公司直属科研机构，是集团公司和整个石油行业在石油管工程技术领域惟一的技术中心与核心科研机构。截至2004年底，全所共有从业人员301人，其中中国工程院院士1人，国家及部省级有突出贡献专家4人，教授级高级工程师和高级工程师50人，博士研究生（含在读）14人，进站博士后5人。

【设备资质】　拥有国内外先进的仪器设备290多台（套），拥有18项资质和授权，包括国家石油管材认可实验室、国家进出口商品检验石油管材认可实验室、国家安全生产监督安全评价机构、石油工业专用管材质量监督检验中心、石油工业专用螺纹量规计量站、石油工业标准化技术委员会石油管材专标委秘书处、CNPC石油管力学和环境行为重点实验室、CNPC石油管道与重大装备劳动安全卫生评价中心、CNPC无损检测人员资格考核和发证机构、中国科协失效分析和预防中心石油管材与装备分中心、美国石油学会（API）第一委员会委员单位、国际标准化组织ISO/TC67/SC5中方技术归口单位等。

【管理创新】　2004年，管材研究所开展“技术与管理创新年”活动，组织进行价格体系修订，加强全年预算管理工作，规范外协工作，加强合同和招投标管理。进一步强化知识产权工作，技术人员知识产权普及率达到100%。建立健全QHSE管理体系，促进质量、安全、环境和职工健康的协调发展。加强科研项目管理，落实“课题制”，保证了科研项目的质量，在科研项目年终检查中，优良以上达到100%，优秀率达到60%以上。

【机构调整】　2004年，成立了油井管与管柱设计验证评价、输送管与安全评价以及腐蚀与防护3个分中心，推动了油井管工程、输送管工程、腐蚀与防护及安全评价四个骨干学科的协调发展和学术水平的持续提高。为突出标准化在石油管工程技术领域的龙头地位，组建了标准化与信息中心，并成立了管材研究所标准化委员会及两个技术委员会，明确了分工和职责，从组织机构和运作方式两个层面上，保证了标准化工作的顺利开展。

【生产经营指标】　主营业务实现经营收入7068万元，与2003年相比增长38.6%，是2002年收入的3倍，创建所23年来的最高水平。

【人力资源建设】　开展人员招聘及人才引进工作，全年引进1名博士毕业生、13名硕士毕业生和3名本科毕业生。继续加大职工培训力度，全年共完成各类培训37项，参加人员90余人，通过培训新取得各类岗位资质证书20项，进一步提高了队伍素质和技能。博士后科研工作站在集团公司和陕西省人事厅的大力支持下，挂牌成立，并先后4次组织13名博士面试，择优录取5名博士进站工作。成立专家工作站，作为管材研究所科技工作和人力资源的重要补充，有8位老领导、老专家进站工作。

【实验室建设】　“国家石油管材质检中心”得到国家认证认可监督管理委员会及国家质检总局的批复，“国家特种设备制造许可评审鉴定机构与型式试验机构”得到国家质检总局的批准授权。成立“陕西省无损检测学会指定实验室”和石油管材与装备无损检测中心及焊接实验室，实验室能力稳步提升。

【标准化工作】　组织编制了TGRC标准体系表，汇集了 TGRC 标准项目。制定了《管材研究所标准化委员会管理办法》，组织起草了第一项 TGRC 标准《摩擦焊接式加重钻杆》。组织完成了 7 项国家、行业标准制修订工作，提出了 11 项 TGRC 研究项目，完成审定石油管材专标委归口的国家标准 5 项和国家标准计划项目 6 项。受集团公司委托组织编制审查 X80 管线钢标准 5 项，起草了油井管和油气输送管 2 项电子商务订货补充技术条件。

【对外交流】　2004 年，管材研究所共签订对外合作合同或协议 322 项，比 2003 年增加 30%以上。完成外事交流 20 多批次，接待来访人数近百人，外出访问和参加国际会议 13 批次。与美国、加拿大、日本、韩国等多个国家的数家公司达成多项合作意向，扩大了合作领域，提升了在石油行业的影响力和国际声誉。

【科技成果】　2004 年，在研 27 个项目进展顺利，5 个项目通过集团公司验收，5 项科研成果获省部级奖励，形成了 5 项具有自主知识产权和广阔市场前景的技术和产品，申报国家专利 8 项，6 项获得受理。完成了重点实验室应用基础研究论文集的编辑出版准备工作，共收集论文 120 篇。重点实验室征集了 10 项开放基金项目，已启动 6 项。

（潘　艳）

中国石油审计服务中心

【概述】　中国石油审计服务中心（以下简称审计中心）是中国石油天然气集团公司直属事业单位，始建于 1990 年。主要承担集团公司下达的内部审计任务，承接股份公司委托的部分审计项目，并为石油系统审计人员的业务培训提供服务。

中国石油审计服务中心 2004 年在册职工 145 人，其中高级职称人员 12 人，中级职称人员 81 人，初级职称人员 30 人，办公及培训用房 1.1 万平方米。办公、培训、食宿等基础设施比较齐全，居住、生活环境舒适幽雅。按照“小机构，大服务”的原则，中心设置处级机构 10 个，其中职能管理部门 3 个：党政办公室、人事劳资处、计划财务处。业务部门 7 个：审计一处、审计二处、审计三处、审计四处、审计五处、基本建设审计处、审计业务综合处。另有经营性实体（廊坊市龙翔商贸实业公司）1 个。

【审计工作】　中国石油审计服务中心是集团公司的专职内审部门。随着集团公司改革的进一步深化，现代企业制度的逐步建立和完善，以及全面推进具有国际竞争力的跨国企业集团建设的发展进程，内部审计的职责和作用更加明确，任务更加繁重。企业内部审计已成为企业内部一个重要的管理部门，其主要任务是贯彻执行国家的财经法规，对企业执行财经法规和企业内部规章制度的情况进行检查监督，确保集团公司经济运行的安全和质量，为企业的改革发展和提高经济效益服务。审计中心认真落实集团公司 2004 年工作会议的部署和审计部《2004 年审计工作要点》，继续坚持以改革为动力，以提高人员素质为基础，以提高审计质量为重点，克服各种困难，较好地完成了各项审计任务，使审计工作又上了一个新台阶。

（1）审计任务饱满。年初，审计中心主动与集团公司审计部、股份公司审计部和其他有关单位取得联系，提前落实 2004 年审计工作量。在审计过程中采取“两个确保一个兼顾”的工作方针，即确保集团公司审计部计划任务的完成，确保股份公司审计部委托审计任务的完成，兼顾外揽委托审计。经过努力，全年接受和承揽各类审计项目 121 项。

（2）审计质量逐年提升。为杜绝漏审问题的发生，审计中心高度重视，狠抓审计质量，严格按照漏审责任制度，认真把好报告审理关，特别强调避免因工作量增大而出现质量下降的问题。2004 年，审计报告合格率达到了 100%，无重大漏审事故发生。

（3）审计范围不断拓展。2004 年，在过去常规开展的财务收支审计、离任（期）经济责任审计、基本建设审计以及股份公司委托的股权审计和联合账簿审计的基础上，还涉足了经营、财税、管理、纪检监察等较多门类，拓宽了审计的范围和领域。

（4）审计业务组织能力明显增强。针对不同特点的审计任务和工作量，采取四项措施合理组织安排。一是根据各审计处（室）的人员结构和专业特长，在审计项目的安排上尽量做到均衡、对口。二是对专业和任务要求高的专项审计任务，选派一些独立工作、协调能力强和业务水平高的人员到委托单位开展工作。三是打破处（室）界限，根据项目的需要联合组队，集中优势兵力攻坚。四是尝试对同一审计组进行两个审计项目交叉作业，大大提高了审计效率。

（5）审计效果明显。2004年，在集团公司下达的84个审计项目中，共查出13个方面105个程度大小不同的问题，审出违纪违规问题金额30.11亿元，取得直接经济成果6.89亿元。审计报告所披露问题的深度和广度明显提高。在完成的经营成果考核和领导干部离任审计的项目中，有的审计项目引起了集团公司主要领导的高度重视，并在审计报告上做了重要批示，对审计工作给予了充分肯定。

【改革与管理工作】

（1）继续实行和完善审计工作目标责任制，实行了任务包干。以处室为单位，把全年的审计任务分解到处室，落实到人，审计任务、审计质量完成的情况与奖惩挂钩，审计中心领导分别与各审计处签订目标责任制书，由于任务明确，责任清晰，对提高审计工作的效率和质量起到了比较好的积极作用。

（2）进一步完善分配制度，形成了卓有成效的奖励激励机制，即继续坚持奖金分配向审计处室倾斜，向责任大、完成任务多的人员倾斜。一线人员的人均奖金高于机关处室人均奖金的30%，实行了超产有奖制度，超出定额工作量的收入按10%计提奖金。为了提高审计覆盖面，这样将有效地促进了审计工作的效益和效率的提高，使审计人员在做出贡献的同时也得到了实惠，在调动审计人员积极性方面发挥了重要作用。

（3）继续开展“审计质量年”活动。建立一套规范的审计质量管理体系，提高了审计中心的信誉，确保审计项目合格率100%，审计报告合格率100%，无重大漏审事故，审计工作实现规范化。

（4）实行漏审责任追究制。认真执行审计部关于《漏审责任追究指导意见》，使每一个审计人员都认识到提高审计质量，降低审计风险，杜绝审计中出现的重大漏审是审计人员的神圣责任，从而提高了审计人员的风险意识和责任意识，工作中自觉从严、从细，防止漏审问题发生。

（5）实行了吸引人才、留住人才的鼓励政策。制定了《技术职务补贴的有关规定》，凡是通过考评取得规定的专业技术职称且被中心聘用的，给予一定补贴。这项措施对吸引人才、留住人才、鼓励自学成才，发挥了比较好的作用。

（6）进一步巩固和发展干部人事制度改革。结合审计中心的实际情况，继续抓“按需设岗、竞聘上岗、双向选择”工作，进一步明确了科、处级干部任职的年龄上线，改善了干部队伍的年龄和学历结构，建立能上能下、能进能出的用人机制，形成人才脱颖而出的用人环境。

【培训工作】　审计中心在完成集团公司下达的审计任务的同时，按照年初制定的计划，利用冬训时间，继续狠抓业务人员的培训工作。在冬训过程中，采用请老师授课与自我交流的方式，把重点放在提高实战能力，激发每个人的业务潜能上，培训质量和效果明显提高。2004年有5名同志通过了全国审计师任职资格考试，2人通过了注册国际内审师考试并取得了执业资格。与此同时，审计中心还利用自己的优势资源，在有关部门的精心组织和努力下，为石油企业和地方培训人才，2004年共举办了培训班6期，培训学员416名。

【党群工作和精神文明建设】　在集团公司党组和直属机关党委的领导下，审计中心党委努力提高领导干部的思想政治素质，大力加强党的思想建设、组织建设和作风建设，深入细致地开展思想政治工作，为审计服务中心的改革发展提供强有力的思想政治保证。其主要做法：一是适应审计中心改革发展需要，围绕单位改革问题，引导职工转变观念，增强信心。二是抓好党的建设和干部队伍建设，从抓好处级干部队伍建设入手，注重加强干部队伍的政治素质教育，提高干部的管理能力和政治水平。三是推进党风廉政建设，围绕领导干部如何树立正确的世界观、人生观、价值观等，认真开展警示教育，联系实际找差距，教育党员干部遵纪守法。四是用“中心发展我出力，中心发展我受益，我为中心发展做努力”的理念激励鼓舞职工，推动审计中心精神文明、物质文明和政治文明建设协调发展。

（沈忠良）

北京石油管理干部学院

【概述】　北京石油管理干部学院（以下简称学院）是集团公司高级培训中心和党校，学院成立于1984年，建筑面积5万多平方米，固定资产原值1.7亿元，现有教职员工260人，其中教授5人，副教授18人。

学院上下秉持我们与学院共同提升的核心价值观，以做杰出的培训服务提供者为愿景，履行传播中国石油文化，促进中国石油发展的重要使命，主要为集团公司及其下属单位提供中高层管理干部培训服务，具有800人在院培训规模。

【培训与教学】　学院以追求卓越的精神，扎扎实实地开展了“培训质量提高年”活动。培训部、党校培训部等部门加大了培训市场的开拓力度，集团公司下属企业“回头客”不断增加，国有资产管理委员会（简称国资委）的各类培训班层次高、影响大、人数多，还重点开发了人民银行、商业银行等新客户。2004年，学院的教学培训工作逐步呈现出“四高”的特点和态势。

一是培训规模越来越“高”。2004年全年累计举办各种类型培训班135个，培训学员7300人次，折合标准人次11700人次，比2003年增长了3000标准人次，增长达34%；其中，举办了两期集团公司局处级党员领导干部党校及工商管理进修班，共培训了204名局、处级领导干部，党校函授分院完成2300名学员的教学及考试组织工作以及224名学员的毕业组织工作。

二是培训对象层次越来越高。从集团公司层面看，在承担了集团公司党校班、处长岗位班等重点班次外，还先后承担了集团公司董事、监事班等高层次培训班，先后培训了近20位局级领导。此外，学院还吸引了国资委各类党校班、国家机关局级党校班等具有重要影响力的培训班次，许多中央企业的高级管理人员成为学院的培训对象。学院根据形势需要，还先后举办了石油安全专家论坛、企业国际竞争力与基础建设专家论坛、培育国际竞争优势推进大企业国际化经营专家石油论坛和“创新与超越——2004中国石油高层管理论坛”，吸引了众多知名企业的高层管理人员和著名高校的教授参与交流研讨。

三是培训服务水平越来越高。一方面，学院通过提升自身教学水平和服务支撑水平，不断满足高层次培训班的需要，创造出了更多的精品示范课程；另一方面，诸如中央纪委副书记刘峰岩、国资委领导李荣融、李毅中等高级政府官员以及国际知名企业的高管纷纷来院授课，提升了授课质量和水平。实践证明，学员的满意度也在不断提高，满意度保持在90%以上。

四是培训的效益越来越高。2004年，学院作为传播中国石油文化的阵地作用进一步显现；承办的高层次培训班，不仅扩大了培训规模，促进了学院整体经济效益的提高，并且提升了学院的层次和知名度；中国石油党校被评为中央党校先进办学单位。

【服务支撑】　后勤服务部门以为学员提供满意服务为己任，把工作要过细、管理要从严、行为要规范、态度要精心贯穿于工作的全过程，在培训量大、时间紧、任务重的情况下，团结协作，为培训工作提供了良好的后勤保障。特别是在较高层次培训班服务过程中，学员接待、餐饮、洗涤、医务等服务水平都有了一定的提高。

物业部门落实“服务在我心中，质量在我手中，细节决定成败”的理念，积极协助搞好学院规划与改造工程的落实工作；在工期紧的情况下，及时对西报告厅、综合楼201教室等进行了改造，确保了培训任务的实施；顺利完成了职工住房补贴的发放工作；较好地完成了教学和办公场所的管理服务工作；校园维护工作扎实有效，校园环境不断优化；水、电、气等保障到位。

信息服务部发挥技术优势，为教学活动的顺利开展提供了强有力的技术支持和保障；学院的网页服务功能不断增强，主动为学员解决网络问题；更新多媒体教学设备，提高电化教学水平；图书馆较好地为学员提供了教材代购和图书借阅服务。

对外交流合作部积极协助搞好学院外宾接待工作；努力提高办刊水平，为学员提供了交流思想和学术的良好平台。

【科学研究】　2004年，学院共承担了集团公司级研究课题6项（含挂靠项目），其中四项已结题；《提高集团公司管理干部培训实效性研究》、《新时期集团公司党建工作研究》已通过集团公司组织的验收，并向有关部门作了登记。其他挂靠项目也积极与主管部门协调，及时把握项目进展，受集团公司主管部门委托组织验收，并协助有关单位办理成果登记事宜。同时，在科技发展部的督促指导下，清理了学院2000年以来未验收、结题的集团公司级软科学研究项目共8项。

【校园文化】　学院通过举办高层论坛和召开庆祝大会的方式庆祝建院20周年。

来自29家政府部门、高等院校的专家学者和石油石化、钢铁、船舶运输企业的61名高级管理人员汇集学院，参与“创新与超越——2004中国石油高层管理论坛”活动，共同探讨企业管理与创新大计。论坛上，学者与企业家发表的许多发人深省的新观点、新理念使参加活动的国资委党校班和集团公司党校班学员很受启发。

（郑明珠）

石油工业出版社

【概述】　2004年，石油工业出版社深化改革，加强管理，狠抓经营，推进党的建设、队伍建设和企业文化建设，全面完成2004年的各项任务，实现了“三年跨越发展”第一年的目标。全年完成图书和标准发稿共903种，比2003年增长12.7%，其中图书发稿581种，标准发稿322种。出版图书和标准共832种，比2003年增长2.7%，其中出版图书510种、标准322种。重印图书和标准共329种，比2003年增长40.2%。实现出版总码洋7506万元，比2003年增长3.3%，总印数246万册，超额完成全年出版计划任务。截至2004年底，出版社拥有固定资产原值1.1亿元，固定资产净值0.75亿元，职工总数为244人。

【图书出版】　在明确出版社改革发展总体战略和工作思路的基础上，提出了图书主业从2004年到2006年三年迈出三大步，图书年出版码洋超亿元，年销售收入超3200万元以上，实现跨越式发展的目标。围绕发展目标，整合编辑资源，加强选题策划，挖掘内部和市场潜力，实现了出版总量目标，图书质量稳步提高。

全年共出版新书363种，其中出版石油类图书258种，占新书品种的71%，包括油气勘探类85种，石油开发开采类71种，石油机械和炼油化工类12种，大中专及培训教材49种，石油经济和石油文化综合类41种，实现出版码洋3389.165万元。石油科技重点书的选题储备量已达到2∶1的比例，《天然气工程丛书》等多套大型丛书相继出版；石油院校教材起步迅速，已出版和规划编写中的选题量80余种；石油标准实现出版码洋789万元，实现销售收入563万元；石油大典和辅助翻译系统软件首创成功并投入销售；辞书、工具书、手册的修订和出版也已全面启动。同时完成了《年鉴》（2004卷）和《中国油气》、《中国石油勘探》杂志的出版任务。出版社会类图书104种，占新书品种的29%，包括英语类21种，计算机类6种，社科经管类77种，实现出版码洋1468.64万元；完成图书发货码洋2905万元，回款率达到61%。开发社会图书6年来，首次实现了投入产出持平的目标，并且首次有了自己的畅销品牌书，其中《比尔·盖茨给青少年的11条准则》名列全国非文学类畅销书排行榜长达11个月之久，国内几家大发行集团首次将石油工业出版社列为重点发展客户。

【生产经营】　全力开拓石油、社会图书市场，加强重点书销售，打好回收书款硬仗，超额完成了全年图书销售目标任务。完成发货码洋6060万元，比2003年增长29%；实现销售收入2998.09万元，比2003年增长24.8%。其中完成石油图书和标准销售收入2002.56万元，比2003年增长22.2%；完成社会图书销售收入995.53万元，比2003年增长36.8%。在出版码洋增幅不大的情况下，销售码洋和销售收入大幅度增长，单书效益有了很大提高。印务生产全面贯彻ISO 9001质量管理体系，加强生产管理和服务，建成数码快速印刷系统，努力开拓外部市场，全年完成图书和标准印制649种，实现销售收入1981万元，在工价逐年下降的情况下，加工产值突破1000万元，达到1054万元，其中社外业务加工产值占70%以上。展览工作落实“创品牌、上规模、重质量、强素质”的要求，整合展示资源，加强内部管理，创新设计和运作方式，扩大业务领域，努力为集团公司和股份公司服务，全年圆满完成11个国内外重大展览项目，首次成功承办了3个国际性会议，实现营业收入1174万元，比2003年增长14.4%。广告工作立足社内媒体，面向石油系统和社会资源，迎难而上，抓好重点项目，努力开拓发展，全年实现广告收入388万元，比2003年增长32.3%。后勤服务加强房改工作取得阶段性成果，被集团公司评为房改先进单位；加强基础设施管理，强化服务意识，增收节支，抓好经营，全年实现收入454.97万元，比2003年进一步增长，差额补贴节余26.64万元。

【企业管理】　根据出版社改革发展总体战略和工作思路，2004年从机构、分配、人事三方面入手，拟定深化改革方案并全面实施。在机构改革方面，整合编辑资源，成立了石油科技图书出版中心和石油教材出版中心，集中力量发展石油科技图书；成立社会图书出版中心，实行编、发一体化，按公司模式独立运作；分别成立石油标准、年鉴、期刊编辑部和电子音像出版部，突出做强做精主营业务；成立印务部，实行图书印制集中统一管理；成立展览工作室，整合了社内展示资源。在分配改革方面，针对各单位的不同经营情况，较大幅度地调整了各单位的分配政策，实行"一室一策"，使分配和效益更紧密地结合起来。在人事改革方面，实行处级干部竞聘上岗，一批年轻同志走上部门主要领导岗位。"三项改革"的顺利完成，初步理顺和搞活了出版社的体制机制，增强了市场竞争力。

机构改革调整任务完成后，狠抓管理制度化建设，进一步完善出版社管理制度体系。建立了图书出版的选题、编务、印务、发行、核算五项管理流程，全面规范了图书出版发行各环节工作程序，明确了岗位责任；制定了各出版中心（编辑部）业务界定、重大选题备案、重印图书、版权贸易、电子出版物等管理制度；制定了图书印制统一集中管理6项制度；制定了图书发行管理办法，全面规范了图书发行销售工作；按照"效率优先、兼顾公平"和确保出版社整体利益的原则，修订了2004年双效益考核办法，以及图书核算管理办法；完善了人事管理制度，重点规范了外聘人员的管理。在建立新管理制度的同时，对过去行之有效的50多项制度进行了修订，使全社管理制度和工作制度总量达到70多项，初步实现了"工作有制度、行为有规范、管理有流程"。

【党建与企业文化建设】　2004年，坚持从深化改革、实现跨越式发展的实际出发，加强和改进思想政治工作。一是坚持理论联系实际，深入学习贯彻"三个代表"重要思想、党的十六大和十六届三、四中全会精神，在指导出版社深化改革、实现跨越式发展、取得新的业绩上收到实效。二是围绕"三项改革"，继续开展"形势、目标、责任"教育活动，认清形势、明确目标、增强职工责任心。三是抓好重大活动，加强思想政治教育。四是加强安全生产观的教育，使安全意识深入人心。五是积极参与社区党建、拥军、综合治理等共建活动，被评为北京市朝阳区计划生育先进单位，以及安贞地区综合治理、交通安全、节水先进单位。

在2003年提出出版社企业文化建设总体内容和要求的基础上，进一步做好深化和落实工作。在全社宣传出版社企业精神，统一经营理念，强调建立和谐的工作气氛和人际关系，大力倡导合作共事的团队精神。注重建设学习型出版单位，增强职业道德，提高执行能力。加强业务培训，举办了第六期编辑业务培训班，全年参加集团公司、新闻出版总署业务培训人员达150多人次。强调开门办社，加强市场调研，采取多种形式加强与作者、读者、书店人员的联系和交流，树立出版社品牌形象；多次参与新闻出版总署、中华慈善总会等组织发起的捐助活动，扩大出版社的社会影响。

（柴燕军）

中国石油报社

【概述】　《中国石油报》是经中央宣传部批准，由中国石油天然气集团公司（原石油工业部）主管主办的中国石油天然气集团公司党组机关报。《中国石油报》是以报道石油勘探开发、炼油化工、管道运输、油品销售为主，涵盖相关产业，以百万石油职工为主要读者群，面向国内外公开发行的报纸。于1987年元月创刊。现为周五刊对开八版，发行量一直保持在10万份以上。同时，报社根据集团公司的要求和主管部门的委托，承办了与报社性质相关的其他报刊和工作。目前有三个子报，四个子刊，一个网站，两个协会：三个子报是《石油商报》、《现代司机报》、《塔里木石油报》；四个子刊是《中国石油画报》、《石油政工研究》、《地火》、《新闻之友》；一个网站是中石油新闻网；两个协会是中国石油新闻工作者协会秘书处和中国石油作家协会秘书处。报社主报职工队伍200多人，总资产9855万元。

【主报工作】　《中国石油报》围绕集团公司中心工作，加强领导，精心策划，在做好全年常规新闻宣传工作的同时，分阶段组织了集团公司重大会议、重要典型、安全生产管理年活动、加强基层建设、主营业务发展、未上市企业扭亏增盈、创建大庆“百年油田”、海外业务发展、西气东输全线投产运营、集团公司统一标识等10项报道战役，形成宣传强势，为集团公司的发展提供强有力的舆论支持。

围绕中宣部提出的新闻改革“三贴近”要求，报社以改进会议和领导同志活动报道为突破口，进一步刹长风、抢时效，增强了报纸的新闻性；改进和强化热点、难点报道；调整版面结构，加强分类分层策划和组织协调，形成正刊与专刊各持强势、互相配合的格局；创办《国际周刊》和《企业周刊》，加大了对跨国企业集团建设的舆论支持和为集团公司所属企业服务的力度；参照现代报业运行模式，推行“大通联”、“大图片”机制；设立“图片编辑”和“版式监督”岗位；与管理干部学院联合建立石油专家资源网，围绕集团公司重大课题举办了4次高层论坛，利用报纸和《石油内参》发布专家最新研究成果。与中国石油天然气勘探开发公司合作，向海外派驻记者。经过编采人员的共同努力，在新闻出版总署举办的全国61家行业报参加的编校质量检查评比活动中名列第8名，在石油和石化类报纸中名列第一。

通联工作和记者站建设得到了加强，完成了在集团公司所属油田、炼化企业、销售公司的记者站清理整顿、重新登记和核发新记者证等工作，组织了本报和记者站的全部编采人员的职业资格培训，及时对特约记者队伍作了整顿。向具有地区协调机制的企业派出骨干记者担任记者站站长。启动社会招聘人才新机制，从北京人才市场招聘9名新闻人员。

信息化建设取得新进展，在北京工作地点建成以互联网架构为依托，以新闻采编网为核心的综合业务网，出报流程自动化处理系统的安全稳定性得到提高，远程传版系统功能进一步扩大，电子邮件系统容量增加，新闻检索和远程投稿系统全面开通。报社被评为集团公司信息化建设先进单位。

子报子刊和网站从不同角度宣传中国石油的战略部署，展现了资源互补的优势。石油记协也较好地发挥了联络、指导、协调、服务功能，督促石油新闻媒体深入开展“三项学习教育活动”，积极开展调研、培训、编史和新闻评奖等有益活动。石油作协积极组织石油作家围绕石油发展主旋律开展创作活动，并组织中国作家采写创作西气东输工程文学作品，热情歌颂新时期石油工人的奉献精神。

【经营工作】　报社积极调整经营管理体系和经营结构，落实“两分开”原则，进一步实施“五统一”和“收支两条线”的规定，不再对编辑部门下达经营指标，广告、杯赛等经营活动纳入社整体管理，杜绝不规范行为和内部无序竞争。调整广告经营组织机构，将原有的三个广告经营部门合并成一个广告部。调整经营结构，开拓社会广告市场，组建涉油供应商俱乐部，为进入中国石油市场的工程建设单位发布资质公告，启动了社会产品广告代理机制，在消化了工资增长和两地办公成本增加等不利因素下，完成了集团公司的考核指标；报纸发行在集团公司分离办社会减少稳定订户5000多个的情况下，通过“集付分订”、扩大报纸影响等方法突破发行难点，发行收入比2003年同期增加202万元；印刷生产在印报系统迁到北京后，积极开拓社会市场，取得了明显效益。

【改革工作】　报社改革工作积极稳妥地向前推进，一是落实中宣部要求，新闻和经营业务、管理者与经营者“两分开”。二是继续深化奖金分配制度改革，修订和完善编辑部系统考核分配办法，加大向质量倾斜的力度。三是工资制度改革及其配套改革有新进展。四是深化了劳动用工制度改革，社会招聘人才机制基本成型。五是生活补贴货币化和物业有偿服务的改革取得成效。

【管理工作】　报社针对管理方面存在的薄弱环节，加大管理力度。一是巩固三项制度改革成果，坚持“五定”方案和岗位管理，实行严格的新增加员工控制政策，为形成新的用工制度创造了条件。二是建立健全了严格的资金管理内控制度，加强财务基础建设和人员培训。三是加强资产管理。在固定资产清理的基础上，制定了加强固定资产管理的规定，从立项、审批、采购、验收、使用、交接、报废等环节规范了固定资产管理程序，普遍推行招标采购或比较性议标采购。四是实行分类考核管理，将全社划分为采编、机关、经营、物业四个系统，分别实行业绩质量考核、全成本风险承包、费用补贴、成本控制等管理考核和分配办法，促进了各方面的管理。通过加强管理，堵塞漏洞，降低了基地运行成本。

【党群工作】　党群工作进一步加强，党委中心组学习制度和“三委会”议事程序进一步完善。根据机构和职能调整情况，同步调整基层党支部的设置。坚持和完善职代会制度，审议和落实职工代表提案，职代会闭会期间召开职工代表团组长会议审议重大事项等制度。在党员领导人员中落实党风廉政建设责任制，开展廉政承诺和自我设计廉洁自律警言等活动。工会在落实和完善职工代表大会制度，发挥职工参政议政和民主监督作用的同时，主动参与、协调有关部门积极维护职工合法权益，积极组织健康有益的文体活动，报社工会被评为集团公司文体活动先进单位，继续保持了“模范职工之家”称号。

（张文业）

浙江石油勘探处

【概述】　2004年，浙江石油勘探处（以下简称浙江处）主要经营业务是大地电磁测深和工程勘察，辅助业务是机械加工、汽车修理及生活服务。下属主辅业单位6个，处机关设7个部室。截至2004年底，全处有在册职工177人，其中在职职工124人，退养职工53人，离退休职工754人。全处拥有资产5646万元，其中固定资产2339万元，流动资产2824万元，长期投资484万元。

【生产经营】　2004年，实现总收入2500万元，同比增长26.7%。其中主营业务收入2219万元，同比增长37.7%；主营业务利润342万元，同比增长91%。其他业务利润和投资收益259万元，营业外收入22万元。总支出2768万元。集团公司三项费用补贴后基本持平，集团公司下达的控亏目标基本实现。经营业务有：MT勘探、工程及水文水勘察、车辆保养维修、润滑油销售、机械加工、房屋出租等。

【地球物理勘探】　浙江处713电法队从事地球物理勘探工作。该队现有职工20人，拥有V5—2000大地电磁测深仪2套。2004年从国家地震局、江苏油田、胜利油田和中石化西部指挥部等单位共接到4个MT勘探项目和1个重力项目。施工地点在大别山、海南、山东和新疆等地。一共完成MT测点1000个，重力测点723个。野外资料采集优良率在94%以上，合格率100%。其中海上优良资料被加拿大凤凰公司推荐到SEG年会上进行交流。

【工程勘察】　2004年，共承接到11个工程项目，其中最大的一个是杭州湾跨海大桥桩基工程，一共打了117只桩，所有桩基孔都符合设计规定，得到了工程监理单位和甲方的赞誉。

【改革与管理】　开展了六个方面的工作：

一是与东方地球物理公司合作组建中油东方酒店有限责任公司。该公司当年组建完成，在北京注册，双方的资产比例为：东方地球物理公司88.8%（北京石油疗养院资产），浙江处11.2%（杭州石油疗养院资产）。

二是按照集团公司主辅分离、辅业改制分流的要求选择了下属杭州东风技术服务站进行改制试点，认真做好有关改制前的基础工作，并制订了改制方案。

三是根据国资委和集团公司资本运营部的要求，开展了清理法人实体工作。对由处主管的五金厂有关基础资料和经营情况按时如实上报。

四是按照主辅分离的要求，积极争取并完成了本处医务所成为省级医保定点机构，为医务所面向社会服务创造条件。

五是坚持实行多种形式的经营责任制，一方面增强经营者的责任意识和风险意识；另一方面努力转换经营机制，搞活企业，使经营者拥有较大的经营自主权、决策权、用人权、分配权，调动经营者和职工的积极性、主动性和创造性，为全处经营目标的实现创造条件。

六是加强财务管理，确保经营活动在可控状态下运行。(1)按照控亏目标做好财务年度预算，并严格按预算执行。(2)根据集团公司的要求，认真开展财务税收检查和资金管理检查，并将检查及整改情况及时上报集团公司。(3)配合审计中心和厦门会计事务所进行每年两次的财务审计。

【安全生产】　2004年，浙江处安全工作基本实现了年初提出的“零伤害，零损失，零事故”的安全工作目标。为实现这个目标，做了八项工作：一是认真学习和贯彻落实了集团公司《关于进一步加强安全生产工作的决定》，以及质量安全环保部下发和转发的一系列安全生产的文件。二是下发了浙油勘字［2004］9号《关于开展安全生产管理年度活动具体安排的通知》并在全处开展这项活动。三是修订出台了《安全生产管理暂行规定》及《事故管理暂行办法》。四是举办了以《道路交通安全法》为主要内容的驾驶员安全培训班。五是组织开展了4次全处性的安全工作大检查，查找和整改安全隐患。六是帮助勘察单位申办《设备安全资格证》和《安全生产许可证》。七是督促野外生产单位制订安全事故应急预案。八是投入80万元资金治理各种安全隐患。

（王国良）

吉林石油集团有限责任公司

【概述】 2004年，吉林石油集团有限责任公司（以下简称公司）职工总数3.5万人，其中管理和专业技术人员11257人。公司拥有主要专业设备6024台（套）。总资产83.98亿元，固定资产原值70.43亿元，净值48.31亿元。全年实现主营业务收入48.15亿元，实现利润6300万元。

2004年，公司取得了辉煌的业绩，提前一年实现了“两个跨越、两个翻番、一个改善”的“十五”规划目标，企业步入了跨越式发展的新阶段。石油工程技术服务从双赢互利，共谋发展大局出发，团结协作，密切配合，为新增探明石油地质储量5000万吨，原油年产量突破500万吨做出了重要贡献。

【生产建设】

（1）生产施工能力快速增长。2004年完成物探资料采集二维共计39130炮，1123.3千米；三维共计完成74649炮，1149.24平方千米，同比增加11.53平方千米。完成钻井1786口，实现钻井进尺233.5万米，钻井井身合格率100%；取心收获率达到99.11%。压裂突破4000层，年累计完成2893口/4103层，同比多完成705口/1217层。大修工作量实现翻番，年累计完成大修836口，同比多完成414口井。小修工作量稳步增长，年累计完成小修17653口/15255.89口标井，同比多完成2619口井。钻井工作量的大幅增加带动了固井、地质录井、测井等专业的工作量都实现了较高幅度的增长。油层固井1749口，同比增加692口，增幅65.47%，固井声幅检验合格率达到99.43%，优质率达到76.18%。完井测井1737口，同比增加621口，增幅55.65%；生产测井3567井次，同比增加719井次，增幅25.25%。试油突破300层，年累计完成343层，同比多完成103层，增幅为42.9%，试油施工一次合格率达99%，比集团公司标准提高8%；试油资料全准率达99.3%，比集团公司标准提高8.3%。

（2）生产建设创造了历史新纪录。钻井生产各类型钻机分不同地区、不同井型分别创造了机械钻速、钻机月速度、钻井周期、建井周期、完井周期等29项新纪录。小型钻机单机月进尺最高纪录为6654米，最短钻井周期0.5天，平均机械钻速达到91.7米/小时，钻机月速度达到14670米/（台·月）；中型钻机单月进尺达到10016米，最短钻井周期3.13天，平均机械钻速达到48.55米/小时，钻机月速度达到10593米/（台·月）；30DB钻机单机月进尺达到9074米，最短钻井周期3.46天，平均机械钻速达到47.28米/小时，钻机月速度达到12000米/（台·月）。井下压裂提前75天完成年初制定的2180口工作目标，创造了月压裂336口/460层的历史新纪录；大修提前191天完成年初制定的330口工作目标，创造了月完成大修105口的历史新纪录；小修提前43天完成年初制定的13300口标准井工作目标，创造了水井防喷作业月完成14口、年完井96口的历史新纪录。钻井技术服务创造日固井14口，月固井209口的历史最高纪录。完井测井有113井次打破单井时效纪录，乾安、英台地区最新纪录分别比原纪录提高了2小时；射孔单班日纪录由20枪上升到28枪；测井声放磁单班日纪录由6口提高到9口。坚持精细地质录井，全年预报钻井工程事故33次；发现非目的层油气显示58层，厚度220米。运输井队搬迁创日搬迁9队（次）、月搬迁143队（次）的历史最高纪录。试油提前127天完成年度250层的计划目标，创造了月试油52层的历史新纪录。

（3）工程建设树形象，创品牌。2004年公司工程建设外部市场开发4项，总计完成8600万元的市场工作量。其中：①西气东输冀宁联络线工程中标临沂支线1标段，产值1600万元。②西部原油成品管道工程2标段，产值2000万元。③美微能源公司大安油田产能建设工程中标联合站站内、外及输电线路工程，产值4200万元。④蔡二公路建设工程产值880万元。2004年油田内部市场产值5亿元。其中，公司1.7亿元，市场占有率60%；吉林油田分公司3.3亿元，市场占有率90%。在工程建设中树形象，创品牌。一是“油建生产”开创新局面。2004年公司以新木10号站为样板，各项目部承担的各项重点工程质量合格率达到了100%，其中新木10号站、乾安157站、乾安98站、扶余东9站四项重点工程创精品工程，全面实现了“出效益、创品牌、树形象，占市场”的工作目标。二是“管道工程”成为新亮点。忠武线后续工程的施工，成为吉林油建管道工程又一个新的亮点。受到了中国石油天然气集团公司陈耕总经理的表扬。军山隧道安装、22号阀室工程、武汉东西两站高质量的完工，填补了公司在外部管道市场施工项目上的空白，标志着吉林油建已经成为管道市场上具有较强竞争力的施工队伍。三是“道路工程”塑造新形象。2004年，由建设公司承建的“松原大路”这一松原市标志性工程，提前15天高质量完成了施工任务，受到了上级领导的好评，继“锦江大街”之后再次塑造了建设公司道路工程新形象。四是“送变电工程”再创新品牌。2004年，公司和吉林油田分公司的各项送变电工程全面优质按时完成。特别是在国家级重点工程忠武线输气工程中，承担的两座输气站工程，实现了优质高效低耗，一次试运成功，受到了集团公司专家组的一致好评，再次创造了“吉林油建送变电工程”品牌。五是“技改工程”谱写新篇章。防腐保温厂和金属结构厂的技术改造基本实现了技术先进、质量一流、造价合理、工期正点，现已经顺利投产。2004年实物工作量累计完成采油井口435口、单井上电128口、注水井口174口、计量间30座、配水间104座（含更新改造81座）、集输管线464.273千米、注水管线119.966千米、供电线路180.24千米、外网8.658千米、管线防腐保温453.079千米。施工工期履约率100%，工程质量合格率100%，产品质量合格率100%。油建工程创精品工程4项，路桥工程创精品工程一项，精品产品2项。

【经营管理】 2004年，公司经营管理工作以经济效益为中心，以发展为主题，以“管理增效年”及“四查四提高”活动为主线，大力推进“541”工程建设（“5”是做到五个集中统一。即全面实行会计集中统一核算；坚持重点成本费用集中统一控制；建立和完善产权经营的集中统一管理；对投资实行集中统一控制和管理；对劳动用工实行集中统一管理。“4”是抓好四项建设。即规章制度体系建设、经营管理人员素质建设、基层队伍建设和信息网络建设等四项基础建设达到新的水平。“1”是实现管理增效1亿元），狠抓“三基”工作，经过上下齐心努力、拼搏进取，取得了重组五年来“五个提高、五个变化、一个增强”的最好成绩。

（1）实现了五个大幅度提高：一是收入总量大幅度提高。2004年公司总收入实现63.81亿元。其中主营业务收入达到48.15亿元，比2003年增加11.21亿元；国际市场从无到有，2004年实现收入1.68亿元。2004年企业增加值达到22.5亿元。目前，公司收入总量在集团公司13家地区服务公司中位居第7名。二是经济效益大幅度提高。2004年实现利润6300万元，比2003年增加702万元，是集团公司13家地区服务公司中不用三项费用补贴连续三年实现盈利的惟一一个企业。三是资产规模大幅度提高。2004年资产总额为83.98亿元，比2003年增加12.53亿元。四是职工生活质量大幅度提高。职工收入逐年增加，2004年达到23109元，是2003年的1.23倍；职工居住条件逐年改善，五年累计建设经济适用住房100.7万平方米，使10662户职工喜迁新居，人均居住面积从2000年的16.97平方米增加到2004年的19.78平方米，增长了16.56%；累计投入5.7亿元对矿区基础设施进行了改造，职工的生活工作环境明显得到改善。五是社会贡献大幅度提高。2004年实现税费4.35亿元，人均税费在集团公司13家地区服务公司中位居第7名，达到了4.02万元。

（2）取得了五个显著变化：一是发展能力显著变化。五年来，主营业务收入增长了90.88%，在集团公司13家地区服务公司中位居第3名，比平均值高34.45%；资本积累率为108.01%，在集团公司13家地区服务公司中位居第1名；2004年外部收入占主营业务收入的比重为25.24%。二是盈利能力显著变化。净资产收益率明显提高，2004年达到1.49%；成本费用利润率由2000年的-8%增长到2004年的1.38%，提高了9.38%；2004年全员劳动生产率达到59999元，比2003年增长24.55%。三是资产运行状况显著变化。2004年总资产周转率为0.62次，流动资产周转率为1.58次，存货周转率为10.08次，同比分别提高了0.64次、0.17次和2.35次；总资产贡献率2004年达到5.73%。四是偿债能力显著变化。四年来，累计偿还债务14.7亿元，提前一年完成了12.8亿元的减债考核指标。2004年资产负债率为35.11%，比2003年下降8.9%。五是科学的低成本战略见到显著变化。2004年每米钻井进尺物资出库量为728.7元。特别是钻井成本大幅降低，其中综合钻井成本由2000年的1056.45元/米降至2004年的829.68元/米，降幅达21.47%；探井成本由2000年的2208.58元/米降至2004年的1433.87元/米，降幅达35.08%；开发井成本由2000年的867.96元/米降至2004年的783.02元/米，降幅达9.79%。

【企业改革】

（1）实施结构调整战略，企业的资源配置更加优化。公司按照“剥离一块、改制一块、做强一块、激活一块”的总体思路，进一步加快了主辅分离和辅业改制步伐。完成了对监理公司的国有法人控股改制，将糠醇厂按照股份制方式改制为松原兴业糠醇有限责任公司。集体企业资产管理处继续对内部经营厂点进行重组，实现收入和利润同比分别增长了8243万元和308万元。加大了油田总医院和驻外机构等费用补贴单位的扶持力度，投入资金对其基础设施和关键技术装备进行改造，经营收入同比增加4502万元。按照国务院文件精神和集团公司的有关要求，实现了教育、公安机构的平稳移交。

（2）实施低成本战略，企业的管理基础工作更加扎实。2004年，公司开展了以实施“541”工程和“四查四提高”为核心的“管理增效年”活动，对80余项规章制度进行修订完善，2004年通过了ISO 9001质量管理体系认证复审；通过对资产经营责任制体系进行完善，加强“三基”工作，有效增强了各级经营管理者增收创效的责任意识，基层基础工作管理水平明显提升；通过以会计集中核算为重点的会计核算机制，以实现利润目标和控制现金流为主要内容的全面预算机制，以资产经营和基本生产单元核算、“星级管理单元”评比为重点的考核奖惩机制，2004年消化各种成本上升因素近5亿元，实现管理增效1亿元。

（3）大力实施人才开发战略，企业发展的支撑更加有力。树立正确的政绩观，坚持“任期有限、责任无限”的事业理念，继续加强干部队伍建设。深化干部人事制度改革，加大干部民主评议、公开竞聘和业绩考核工作力度，全年对37个直属单位领导班子进行了充实调整，班子结构进一步优化。“三支人才”队伍建设全面启动，2004年共接收毕业生203人，组织开展和选派参加内外部各类适应性培训9805人次，评出公司科技之星123人、直属单位科技之星194人，使吸引人才、培养人才、激励人才三项工作取得重要进展，初步形成了一支结构合理、素质较高的经营管理人才、专业技术人才和操作技能人才队伍。

【相关产业】　2004年，公司初步形成了石油与天然气开发、热电联供、化工行业、建材行业、饮品行业等五大板块。公司从完善和强化对相关产业项目的监管入手，制定了《相关产业项目前期工作与项目管理暂行规定》。通过调研论证和项目管理，已投产8个项目。一是低产低效油气资源开发项目，实现原油商品量40338万吨，实现销售收入9127.23万元，实现利润1802.7万元。二是热电联产项目，累计发电量48477.58万千瓦·时，供热量353.03万吉焦，实现利润1507.93万元。三是天然气资源开发利用项目，年累计完成加气量904.6万立方米，实现利润180万元。四是长春白水泥厂，累计生产水泥95108吨，销售水泥108548吨，实现利润110万元。五是滋心矿泉水厂，累计生产矿泉水6848吨，同比增加5726吨。销售收入762万元，实现利润56.2万元。六是二氧化碳提纯项目，累计生产、销售二氧化碳液体2729.75吨，销售收入111.82万元，经济效益实现收支平衡。七是粉煤灰烧结砖项目，累计生产砖坯2416.27万块，生产成品砖1961.92万块，销售930.7万块，实现销售收入168万元，实现利润34.4万元。八是糠醇厂，糠醇厂于2004年2月28日正式生产。下半年，引进一条5000吨/年液态加氢糠醇生产线，11月5日已开车投入试生产。累计生产糠醇1459吨，销售收入1790.1万元，实现利润79万元，实现现金流2400万元。热电厂二期扩建工程项目已通过立项；20万吨/年矿泉水扩建项目正在进行前期论证；二氧化碳降解材料项目已报集团公司审批；2000吨/年精制衣康酸项目已开始组织实施。

【市场开发】　2004年，公司坚持内、外市场并进，眼前利益与长远利益兼顾，巩固与拓展结合，在稳固油田内部市场的同时，按照“成规模、成阵地、稳步发展”的工作思路，积极构筑新的市场格局，周边和国内市场呈现出全面推进的良好态势。先后拓展了美微公司、洪源公司、江心岛油田等周边合资合作市场，进一步扩大了长输管道、公路施工和客运服务市场，站稳并拓宽了长庆、大庆等国内市场。外部市场主体工程技术服务板块年累计创收4.56亿元，完成全年创收目标3.9亿元的116.9%。其中，周边市场完成价值工作量1.87亿元，比计划多完成价值量4084万元，增幅28.02%，比2003年多完成6149万元，增幅49.15%。国内市场完成价值量8266万元，比计划指标多完成386万元，增幅4.9%。长庆市场完成价值量7857万元，比计划指标多完成1337万元，增幅20.51%；同比多完成2740万元，增长幅度为53.55%。国际市场深入实施“走出去”战略，以现有海外项目为基础，努力扩大参与国际合作与竞争的范围，国际市场开拓取得了新进展。2004年共联系国际合作项目25个，涉及美洲、亚洲、非洲、中东以及中亚地区15个国家。其中9个意向性项目正在跟踪和洽谈之中，3个项目开始实施。新增出国队伍3支，海外施工队伍总数达到12支，GW56钻井队蝉联象征苏丹工程技术服务队伍最高荣誉的PDOC奖杯。全年国际市场实现收入2259.7万美元，在2003年较2002年翻一番的基础上，又翻了一番。进一步叫响了“吉林石油”品牌，为后续队伍进入国际市场奠定了坚实的基础。

【科技创新】　2004年，公司始终坚持把发展的基点牢固地树立在依靠科技进步上，针对吉林油区岩性油藏和“三低”油藏特点，探索并实施了“甲方、研究方、施工方”三位一体的管理模式和“边研究、边试验、边总结、边推广”的研发模式。累计开展科技项目76项，其中重大科技项目24项，承担国家级科技专题1项，集团公司科技项目7项。“吉林探区高精度三维地震资料采集、处理、解释技术方法研究及应用”成果荣获集团公司技术创新二等奖。有3项科技成果通过集团公司验收并被认定为重大突破项目。“套管钻井技术”、“吉林油田浅层水平井配套技术”两项技术填补了国内空白。“注水井不泄压修井作业技术”解决了井口、堵井、液压系统配套、设备一体化等关键技术问题，2004年成功地试验施工了100口井，具备了规模施工能力。“套管钻井技术”使建井周期低于常规井近10小时。“浅层水平井配套技术”使产量达到邻井的3倍以上。“英坨地区油气水识别评价技术”应用，在英坨地区开发井解释符合率由项目开展前的87.8%提高到93.8%。“扶新隆起带南部岩性油气藏预测及识别方法研究”突破了以往单纯利用储层反演方法进行岩性预测的局限性，在已钻完的8口井中钻探成功率达80%以上。“扶余油田整体调整原油脱水及污水处理技术”使回注污水达标，避免了不合格污水注入对油层的伤害。全年申报专利16项，新技术推广应用创效5000万元。与此同时，为适应油田勘探开发和开拓市场需求，全年装备更新改造投资3.68亿元，其中用于工程技术服务装备更新改造投入3.49亿元，使主要专业设备的新度系数达到0.55以上，其中钻机新度系数达到了0.66，队伍的施工和创效能力明显增强。

【矿区建设】　公司投资5520万元建设工业园区。职工住房有了新的改善。2004年建房26.92万平方米，2849户职工喜迁新居，生活环境有了新的变化。投资3.06亿元改造矿区基础设施和文化活动场所，矿区面貌焕然一新。物业管理有了新的提高，保洁、维修、保安、供热、供排水、燃料六路工作共同进驻小区，绿化、美化、亮化规模和效果越来越好。目前的35个封闭住宅小区中，已有30个进入省部级优秀住宅小区行列，13个小区被评为国家级优秀住宅小区。其中2004年有2个住宅小区被命名为省级示范住宅小区和省级优秀住宅小区，有3个小区被国家建设部评为国家级优秀住宅小区，占吉林省参评小区总数的一半。

【安全生产】　公司认真贯彻十六字方针和八字原则，实现了安全文明生产。按照集团公司《关于进一步加强安全生产工作的决定》要求，深入开展“安全生产管理年”活动，狠抓安全生产措施的落实。按照“以人为本、严细管理、突出预防、提高标准”的十六字方针和“责任、目标、求实、规范”的八字原则，开展了17次专项治理行动，集中开展了4次安全大检查和29次抽查，召开大型现场会3次，组织井控、消防等大型事故处置演练3次。全年查处“三违”行为1872人次，治理事故隐患3318项；举办各类工种安全培训班274期，培训职工11450人次；修订各类安全生产规章1146项，制订安全应急预案523份。安全生产工作始终保持了比较平稳的态势。全年实现了“五个杜绝、三个不超、一个确保”的目标。千人死亡率、千人重伤率和千台车死亡率全部控制在集团公司规定的范围以内。在集团公司2004年“安全生产先进企业”考核验收和井控检查、特种设备检查中，均得到了上级领导的好评。在吉林省中直企业安全生产许可证申领工作中，公司19个应取证单位有12个第一批获得了证书，成为吉林省首批取证最多的企业。

【精神文明建设】　2004年，公司精神文明建设取得可喜成果。公司党委被松原市委授予“先进基层党组织标兵”、公司被吉林省委、省政府命名为“模范单位”，并获得“全国职工职业道德建设十佳单位”和“全国五一劳动奖状”等荣誉称号。公司工会被评为“吉林省厂务公开先进单位”，团委被团中央评为“全国五四红旗团委”。公司董事长、总经理何树山荣获“吉林省特等劳动模范”称号。

（杨克军　张占继）

大港油田集团有限责任公司

【概述】 截至2004年底，大港油田集团有限责任公司（以下简称公司）有在职职工36792人，其中管理人员8287人，专业技术人员6101人，操作及服务人员22404人；大专及以上学历10122人，中专、技校及高中学历16003人，初中及以下学历10667人。职工平均年龄38岁。公司机关设职能部室20个，下辖二级单位30个、直属处级单位12个。公司资产总额84.95亿元，其中，流动资产48.45亿元，固定资产原值61.51亿元、净值33.25亿元；所有者权益为44.68亿元。

2004年，公司实现主营业务收入47.10亿元，完成增加值19.59亿元，实现了盈亏平衡的经营目标。多种经营系统实现销售收入14.2亿元，净利润835万元，增加值3.37亿元。

【市场开发】 在大港油区市场，通过合理配置资源，精心调度，提高了设备利用效率，钻机利用率由2003年的60%提高到88%，有17支钻井队年进尺上2万米，市场占有率达到95%以上。在油区外国内市场，优化、调整队伍布局，巩固和扩大了冀东油田、长庆油田、中石化西北分公司等国内行业市场，开辟了大庆油田、塔里木油田、中石化华北分公司等新的行业市场，同时中标并实施了西气东输冀宁支线管道工程、安西—敦煌公路路面工程等工程建设项目和大港区医院物业管理等生产生活服务项目，全年实现营业收入达到17.60亿元。在国际市场，继续本着扩大的原则，并注重对海外队伍的规范化管理，提高装备动用率，提高了工作效率和效益，全年新增队伍8支，总数达到31支，创收较2003年增加了0.69亿元，达到4.44亿元。

【新产业项目开发】 强化引导，加快推动，出台并实施了《大港油田集团有限责任公司推动加快发展新产业项目的政策规定》，并建立了责权利相对应的项目责任制，对重大项目抽调专人具体运作。加强组织，加快进度，推进了一批新产业项目的实施，防砂专业化升级改造项目、油气混输泵产业化等项目完成并投产，螺杆钻具、PDC钻头技改项目大部分设备完成了安装调试，签订了生产钻修机等新的合作协议；加强调研，科学分析，论证了包括热电联供、石油焦等在内的几个颇具规模的大项目。同时，加快推进，抓紧运作，加大了油气合作开发力度，在塘沽、长芦两个合作区块新钻井2口，侧钻井2口，全年产油1.68万吨。

【技术进步】 围绕重点市场需求，强化了大位移钻井、分支井钻采、水平井钻采、全过程欠平衡钻井、滩海工程等五大综合配套技术的攻关。注重发挥技术对市场的带动作用，依靠钻采一体化技术与中油股份公司签约了印尼合作区块研究项目，依靠三联作石油测试工艺技术进入了中国海洋石油总公司市场。注重成果转化，随钻测井仪与自主研发的可调角度定向电动机和PDC钻头的成功配套，有效提高了工作时效、工程质量和经济效益。全年共申请专利15项，获得中国石油天然气集团公司技术进步奖1项，天津市科技进步奖6项、技术创新奖11项，油田集团公司首次被评为天津市科技创新先进企业。

【人力资源开发】 加强了两级技术专家队伍建设，选聘油田集团公司技术专家35名，从中向中国石油天然气集团公司推荐高级技术专家候选人12名，所属各二级单位选聘技术专家100名。加强了高级操作人才队伍建设，又有39人获得技师、高级技师资格，其总人数达到238人。强化了职工培训，全年共培训各类人员40997人次，职工整体素质进一步提高，继2002年全国石油石化行业技术技能大赛荣获总分第一和钻井专业团体冠军之后，2004年又获得井下专业比赛团体冠军；中成公司张占良、王栓海代表集团公司参加了国资委组织的中央企业职工职业技能竞赛分别获得铜牌；钻井工程公司马金山被评为全国职工创新能手。此外，采取灵活的用工形式，补充了一线操作人员队伍，改善了队伍结构；采取有效的激励措施，完善了专家津贴办法，为吸引和留住人才发挥了积极作用。

【改革调整】 完成了中小学教育和公安系统移交政府工作，在解决企业办社会问题方面取得了实质性进展。所属石油工程公司参加了石油管道工程专业化重组，滩海工程技术服务业务按照中国石油天然气集团公司整体部署，进入了中国石油集团海洋工程有限公司。按照集团公司的总体部署，有序推进法人实体清理工作，完成了各类法人实体的登记造册，按板块提出了处置意见上报集团公司并获得批准。

【企业管理】　对经营责任制实施办法进行了修订完善，全面推行了会计集中核算，切实加强了财务成本管理，深入开展了合同管理效能监察和物资采购合同审计，油田集团公司整体经济运行质量得到了有效提高。深入开展"安全生产管理年"活动，加大了"反违章、查隐患、促整改"的力度，完善了井控应急系统，修订下发了钻井和井下作业井控实施细则，强化了各项安全生产制度在基层的贯彻落实，油田集团公司总体安全形势保持稳定。狠抓基层建设，制定并推动实施了2004—2010年基层建设规划。不断深化企业文化建设，制定并发布实施了《企业文化建设手册》。适应生产经营需要，大力加强信息化建设，加大了网络基础建设投入，制定了网络信息安全管理细则等管理规定，油田集团公司信息化水平得到有效提高，被集团公司评为信息化工作先进单位。

【油区共建】　致力于油区环境的改善和职工群众生活质量的提高，组织实施了团结村、祥和老区、钻井新村、港狮老区、港骅老区等5个老住宅小区改造以及引大入港、红旗路北侧绿化等工程，全年新增绿化面积2万平方米，进一步美化了环境；物业管理水平持续提高，同盛小区、华盛小区、北区西里、安泰小区等4个住宅小区被评为天津市示范住宅小区，新兴东里、钻井新村等两个小区被评为优秀住宅小区；卫生医疗和文化体育事业也有了新的发展。严格落实稳定工作责任制，积极化解各种不稳定因素，基本保持了整个油区的稳定。努力开展助困济贫活动和就业再就业工作，全年又有1000多名待业子女和失业人员实现就业或再就业。

（王红军）

中油国际工程有限责任公司

【概述】　中油国际工程有限责任公司（以下简称国际公司）是集团公司在深化改革、持续重组中，为进一步实施"走出去"战略，更好地发挥国际石油工程承包、技术服务以及物资装备出口等外经外贸业务的整体功能和优势，于2000年底成立的一个集对外石油工程承包、技术服务和物资装备出口等业务为一体的综合型国际工程技术服务公司。国际公司是集团公司的全资子公司，代表集团公司统一规划、管理和协调对外工程承包、技术服务和物资装备出口等业务。在管理好所属单位经营业务的同时，充分发挥对外窗口作用，带动各地区公司的技术服务队伍、产品、劳务等进入国际市场，实现集团公司整体效益最大化。

国际公司下属四个从事海外业务的子公司，即中国石油工程建设（集团）公司、中国石油技术开发公司、中油长城钻井有限责任公司、中油测井技术服务有限责任公司。还有三个主要从事国内石油石化工程建设业务的施工企业，即中国石油天然气第一、第六和第七建设公司。国际公司通过四个专业子公司向全球各产油国和油气公司提供油气勘探开发和石油石化工程建设等方面的综合工程承包、技术服务，销售相关设备和材料。

【经营范围】　钻井、修井及相关工程承包和技术服务，测井、泥浆录井、测试、射孔、地层评价及相关技术服务，油气田地面工程、油气管道、大型集油站、炼油厂、石油化工厂、污水处理厂及土木工程等工程建设总承包，石油机电产品及石油工程建设所需设备材料的出口贸易。

【经营业绩】　2004年，国际公司总的营业收入148.7亿元，比2003年增长31.7%；实现利润5.96亿元，比2003年增长18.3%。其中海外业务板块实现营业收入120.4亿元，比2003年增长29%；实现利润5.22亿元，比2003年增长13.7%。国内业务板块实现营业收入282576万元，比2003年增长44.5%；实现利润7393万元，比2003年增长66.4%。截至2004年底，海外工程技术服务队伍达到223支，钻、修井机达到124台，集团公司拥有钻机的11个地区公司都有队伍通过国际公司进入海外市场。工程建设项目分布在10个国家，工程技术服务项目扩展到32个国家，物资装备及民品出口到59个国家和地区。提前一年全面超额完成"十五"计划目标。国际公司已由成立时的规模小、盈利能力低的公司成长为集团公司未上市企业中除油气投资和金融服务外规模第二，效益第一的企业。

【重点工作】

一、市场工作取得新进展

国际公司把2004年定为“市场年”，各单位认真贯彻公司市场工作方针和市场开发战略，加强管理协调，统一对外，充分发挥整体优势，增强市场营销意识，提高市场开发层次。

1. 巩固和拓展传统市场领域

通过实施重点市场和重点客户战略，苏丹、哈萨克斯坦、委内瑞拉、伊朗等重点传统市场得到巩固，同时加速向周边市场延伸。

（1）非洲战略区：苏丹市场规模进一步扩大，中标炼厂二期扩建等一批工程建设项目和3/7区管道供管项目，钻井、测录试业务稳定增长，新签合同额达8.48亿美元。钻井、测井在阿尔及利亚、测井在利比亚取得新突破。在埃及、突尼斯、尼日利亚的市场份额继续保持稳定增长。积极跟进集团公司在乍得、尼日尔、毛里塔尼亚、突尼斯的投资项目。

（2）中东战略区：在伊朗，通过良好业绩和有效的市场开发，实现较好的市场接替。钻井为承担19+2项目的钻机找到接替市场，并新带入一部钻机；测井成功中标伊朗南部油田1900万美元项目，利用自身优势扩大射孔市场份额。在阿曼，完成抽油杆在PDO的注册，为拓展中东核心市场打下了基础。在叙利亚，钻井、测井、录井、装备出口等都获得了项目。

（3）亚洲—俄罗斯战略区：在哈萨克斯坦，业务范围和市场领域继续扩大。在较短时间内全面进入北布扎奇项目；签订中哈输油管线项目部分供管合同，合资组建的哈萨克机修厂工作量大幅增加。在阿塞拜疆，全部钻修井机都找到接替工作量。开拓了格鲁吉亚钻井市场。在土库曼斯坦，续签2000万美元的修井合同，通过建立配件中心和寄售库，做好出口钻机售后服务工作，中标10部修井机出口项目。在俄罗斯，扩大产品出口规模，供货渠道进一步拓宽。

（4）美洲战略区：在委内瑞拉，市场规模快速扩大，钻修井机达到21部，成为委内瑞拉最大的陆上钻井承包商；中标奥里乳化油脱盐脱水项目，工程建设业务在南美市场取得突破。在墨西哥，针对综合技术服务和综合油气田服务市场，经过多次投标实践，积累了参与综合服务市场竞争的经验。以钻机租赁方式进入厄瓜多尔钻井市场。与古巴国家石油公司签订了钻机出口合同。

2. 积极推进新的市场战略，努力扩大经营规模

针对墨西哥、伊朗等石油工程技术服务市场出现的单项服务项目长期化、大型项目综合化特点，调整业务模式，积极推进新的市场开发战略，加大对综合服务项目的开发力度，先后参与墨西哥南部油田6口井、27口井，北部油田350口井总包（ISC）项目的竞争，组织对墨西哥第二轮油田综合服务项目论证和内部模拟投标；跟踪利比亚、伊朗、印度尼西亚老油田改造等项目。积极探索进入带资与准带资项目市场，研究伊朗回购项目合作模式，组织对伊朗油田改造项目进行评价。

3. 加大市场宣传力度，拓宽海外联系渠道

采取“走出去”与“请进来”相结合的方式，先后对巴布亚新几内亚、乌兹别克斯坦、印度尼西亚、毛里塔尼亚、古巴等十几个国家进行市场考察，系统宣传CNPC的优势、整体实力和国际运作经验，与泰国、俄罗斯、巴西、尼日尔等国家相关政府部门及石油公司建立良好的业务联系。在北京成功举办了国际公司首届国际技术研讨会，以专题技术交流与研讨形式，集中展示国际公司整体实力与内在竞争能力。

4. 市场开发水平不断提升

加大优势技术对市场开发的支持力度，提高市场开发的有效性。针对客户存在的地质、工程技术问题，举行专题技术讲座，主动提出解决方案。在扩展服务领域、增加业务收入的同时，为客户创造更大价值，实现互利双赢。测井公司苏丹1/2/4区利用C/O比测井解决老井出水问题；在苏丹6区建议加测套后中子，使甲方更好地认识Abu Gabra地层稀油分布，实现合同内增值690多万美元。多专业协同发展，服务领域不断扩大。在阿塞拜疆和巴基斯坦作业区，测井公司利用测井、解释等服务项目建立良好信誉，扩展测试、射孔、录井服务。建立战略合作伙伴关系，共同开发市场，实现双赢。长城公司在伊朗和苏丹市场与竞争对手沟通交流，伊朗国家钻井公司（NIDC）和苏丹当地服务公司主动寻求合作，共同开拓伊朗钻井市场和苏丹外部市场。建立市场开发控制体系，规范投标程序、报价体系、标书制作，提高市场开发风险控制水平。加强客户关系管理工作，建立规范的客户回访制度，制定以客户需求为导向的市场开发策略，提高市场开发的针对性与有效性。主动为甲方培训骨干人员，提供技术支持，为建立长期、稳定的客户关系奠定良好基础。测井公司成功组织来自苏丹、伊朗等7个国家32名外籍客户代表参加的井筒技术培训，收到良好效果。

二、项目运作水平进一步提高

1. 落实项目目标管理，实现优质高效安全运作

各单位根据不同专业特点建立项目目标管理体系，实行量化考核。工程公司强化对项目的监督与控制，合理调配资源，确保重点项目按期投产；长城公司对各项经营指标进行分解，强化项目目标考核，委内瑞拉 13 支钻井队平均满日费率达到 97.8%，项目整体盈利能力进一步提高。

2. 加快管理和技术有形化，推进管理规范化

各单位积极推进项目管理与国际接轨，完善各类管理制度、技术标准、岗位规范和作业指导书，加快管理有形化进程。工程公司制定完善招投标和物资采购管理办法，强化招投标和采购管理；技开公司推行 ISO 9000 质量管理体系，整体管理进一步加强；长城公司推广委内瑞拉项目管理经验，提高项目管理水平；测井公司总结射孔技术方面的成功经验，编制了射孔技术和测试技术手册。

3. 开展专项技术攻关，确保项目顺利运作

针对海外项目遇到的技术难题，组织专项技术攻关，提供强有力的技术支持，保证海外项目顺利运作。针对阿塞拜疆探井项目出现各种技术问题和复杂情况，组织技术专家进行“会诊”，研究制订解决方案，有效保证了项目的顺利进行。

4. 海外项目人员当地化水平不断提高

除合同对人员有特殊规定的项目外，海外作业的 113 支钻修井队中，98 支队伍的中方人员数量达到集团公司控制标准；工程建设项目外籍员工已占项目人员总数的 51.4%；测录试项目外籍员工比例达到 60%。

5. HSE 管理进一步加强

各单位完善 HSE 管理体系，健全 HSE 组织机构，加大执行检查力度，建立 HSE 长效管理机制。测井公司借鉴国际先进管理理念和方法，聘请外籍专家诊断完善 HSE 管理体系；工程公司和技术开发公司进一步完善 HSE 管理体系。长城公司在项目上实施 HSE 计划书、作业指导书和 HSE 检查表，从单纯注重安全扩展到环保与健康，GW68 队赢得委内瑞拉国家环保部颁发的“绿色钻井队”称号。

针对国外出现恐怖袭击事件的新情况和严峻形势，各单位加强安全保卫工作，完善应对海外重大突发事件的紧急预案，加入了国际 SOS 救援组织，提升突发事件的应急反应和救援能力，确保了海外项目人员安全和项目平稳运行。

三、经营管理水平稳步提高

1. 加强全面预算管理

强化预算管理制度建设，加强预算执行过程监控。工程公司建立预算管理委员会和运行体系，加强对项目预算管理经济责任考核；技开公司对重大项目严格进行资金预算管理，强化预算执行比较分析，提高资金使用效益；长城公司强化预算控制机制，突出预算精细化管理；测井公司强化预算执行实时监督与控制，取得较好效果。

2. 提高资金管理水平

预先筹划安排资金，积极争取优惠贷款，新签融资援信额度 75 亿元，以较低的资金成本为海外项目提供资金保障。优化信贷结构，采用出口发票和福费廷等新的融资方式，降低资金成本和融资风险。规范资金授权、银行与商业票据和印鉴管理，提高资金使用的安全性。积极研究海外项目资金集中管理方案，工程公司将主要结算账户集中在同一银行；测井公司初步实现收支两条线管理。ERP 财务信息系统完成在 14 个国家 38 个项目的上线工作，实现管理层的财务信息门户查询功能。

3. 增强内控意识，加大控制力度

各单位强化控制制度建设与执行，工程公司制定《合同管理权限暂行规定》、《授权管理暂行规定》、《资金授权管理规定》等实施办法；技开公司加强对经济合同的审查；一、六、七公司严格执行经济效益考核审计和经济责任离任审计。测井公司启动内控体系建设，正在建立主要业务循环流程和明确相应的关键控制点；长城公司完善目标管理、物资采购、出口退税、工程款回收、资金管理等管理制度，为内控体系建设奠定了基础。

4. 加强纳税筹划工作，出口退税取得新进展

通过组织税收研讨、海外项目税收专题研究等活动，各单位税收成本及纳税筹划意识明显增强。工程公司及时反馈苏丹地区工程技术服务税收政策变化情况，筹划整体纳税，取得较好效果。技开公司积极研究有关政策及操作程序，确保出口退税工作顺利开展，2004 年退税资金已全部到位。

四、人力资源工作取得新成绩

1. 大力加强员工培训工作

各单位利用多种渠道，采用多种方式加强员工培训。工程公司利用内部网站建立培训模块，方便国内外员工学习；长城公司针对海外钻井业务编写国际钻井项目培训教材，举办钻井项目现场作业经理实务培训，开展由各地区公司参加的 HSE 知识与技能培训；

测井公司加大对外籍员工培训力度，促进公司业务发展。

为加快财务管理与国际接轨步伐，举办由各地区公司财务人员参加的国际财务管理实务培训班和所属各单位财务负责人参加的高级国际财务管理师认证培训班。

2. 加强员工激励机制建设

制定相对统一的基本工资制度实施细则，统一领导班子成员的岗位工资和津补贴管理，建立员工考核激励机制。技开公司制定了《员工绩效考评暂行办法》，长城公司聘请咨询公司设计员工考核激励机制，正在制定员工绩效考核办法。

3. 加大外籍员工聘用力度

为优化人力资源配置，建立规范的选聘招募程序，优化海外员工招募流程，共招募外籍员工 1757 人，项目管理层聘用外籍员工 269 人。测井公司首次在总部使用外籍员工。

五、加强党建工作和企业文化建设

加强领导班子和党组织建设。围绕公司发展战略，注重领导干部的培养和考核，提高领导干部的领导管理能力，建设“政治素质好、经营业绩好、团结协作好、作风形象好”的坚强领导集体。加强海外项目党组织建设，发挥党组织和党员作用，促进海外项目顺利进行。落实两个《条例》，层层签订廉洁自律责任书，加强公司廉政建设，促进公司发展。

企业文化建设不断进步。认真贯彻集团公司《企业文化建设纲要》，加强研讨交流工作，积极推进企业文化建设。开展各种健康有益活动，培育公司团队精神，营造良好企业氛围。加大对外宣传，扩大对外影响，鼓舞职工士气。举办以“忠诚、奋斗、合作、创新”为主题的英语演讲比赛，创建学习型组织，争做知识型职工。积极开展文明单位创建活动，公司及在京单位均荣获中央国家机关文明单位，一、六、七公司也都获得所在省、市的文明单位。

（赵瑞华）

【中国石油工程建设（集团）公司】

1. 概述

中国石油工程建设（集团）公司（以下简称工程公司，英文缩写 CPECC）是以承包石油、石油化工工程为主业的大型国有企业。下属中国石油天然气华东勘察设计研究院。

公司经济技术实力雄厚，装备精良，经验丰富，信誉良好，具有按照国际标准和规范提供大型工业建设项目前期开发和设计、采购、施工、试运总承包服务能力。

多年来，CPECC 始终坚持“守约、重誉、保质、创优”的经营宗旨，经营业务遍及 50 多个国家和地区，以优质服务赢得了广泛的市场和用户的信赖，获得了国内外业主、项目所在地政府和有关金融机构的高度赞扬和评价。从 1993 年开始，连年入选世界最大 225 家国际承包商之列，并被中国对外工程承包商会授予“对外工程承包优秀奖”荣誉称号。

2. 主要经营指标完成情况

2004 年，公司新签合同额 67066. 18 万美元，完成营业额 50022. 3 万美元，对外工程承包带动物资设备出口 6861. 4 万美元。

3. 主要项目

见表 1。

表 1　中国石油工程建设（集团）公司主要项目

项目名称	工程规模	业　主	地　点
巴基斯坦成品油管线项目	783 千米，终端站、中间站共 5 个	巴基斯坦—阿拉伯管道公司	巴基斯坦
苏丹尤尼提电站二期工程	3 台 5. 4 千伏柴油/原油发电机组及配套设施	大尼罗河石油公司	苏丹
苏丹喀土穆炼油厂扩建项目一期工程	100 万吨/年延迟焦化和公用工程	喀土穆炼油厂有限责任公司	苏丹
利比亚西部陆上管线项目	528 千米 32 英寸气管线	阿吉普天然气利比亚分公司	利比亚
苏丹 CPF 扩建公司	30 万桶/日	大尼罗河石油公司	苏丹

4. 主要措施和成果

（1）市场开发方面。调整市场开发管理体制，建立两级营销系统，新设立市场开发部；成立招投标管理委员会，规范项目立项程序；与境内外有实力的公司和金融机构建立多种形式的合作关系，形成战略联盟，联手开发市场。

2004年全年追踪项目总规模近50亿美元，对72个项目进行了跟踪、资审和投标，新签合同38个，承揽任务资源近7亿美元。

（2）项目管理方面。全年共执行项目31项，总规模近15亿美元。组建了项目管理部。加强管理，确保了在建项目的正常运行。其中，公司第一个带资承包的巴基斯坦成品油管线项目于2004年10月13日一次投油成功，标志着公司项目运作水平上升到一个新的高度。

（3）人力资源管理方面。一是面向社会公开招聘，为海外项目选派急需的专业人才。二是加大对外籍员工（含当地雇员）的聘用力度。三是认真研究留人机制，出台了吸引和稳定借聘骨干人员的若干管理办法。四是规范了项目用工、分配和考核管理。

建立和完善全方位、多渠道的立体培训体系，全年共实施培训36项，参加培训人数268人次。

（4）安全生产管理方面。公司与各海外项目签订了2004年《安全生产责任书》，初步形成齐抓共管的安全生产责任网络和工作格局。建立健全各级安全组织机构，形成了项目部—分包商—施工队—班组的安全管理网络。

修订了《突发特别重大事故应急救援实施方案》，整体加入了国际SOS救援组织。下发了《关于加强海外交通管理的紧急通知》。

2004年9月，北京中油HSE认证中心对公司HSE体系运行状况进行了复评。11月份组织开展了“安全生产月”活动。全年公司安全生产情况正常。

（5）企业改革与管理方面。

第一，建立和完善公司决策机制。成立了管理、招投标、人力资源、预算、安全生产五个管理委员会，对管理各领域的重大问题进行决策，保证了决策的科学、民主、高效、统一。

第二，适时进行内部调整，增强公司活力。调整公司组织机构、市场开发体系和项目管理体系，使公司的主营业务更加清晰，效能得到提高。

第三，加快制度建设，强化内部控制。强化规范化管理，修订、增补、完善出台了20余项规章制度，确保了业务关键敏感领域的规范运作，强化了基础管理环节。

第四，理顺区域性项目管理机制，建立起适用高效的项目管理模式。对苏丹、哈萨克斯坦等重点地区的项目组织机构进行了重组和调整，实现了地区性分公司（项目部）对各子项目的矩阵式管理并对公司总部负责、各子项目实行项目经理负责制并对分公司（项目部）负责的管理模式，资源配置得到优化。

（严　峰　杜传将）

【中国石油技术开发公司】

1. 概述

中国石油技术开发公司（以下简称公司）是中油国际工程有限责任公司的全资子公司，是国内最大的专门从事石油、石化物资装备和技术出口的国际贸易公司，代表集团公司统一规划、管理和协调石油、石化物资装备出口业务，发挥对外窗口作用，带动国内机械制造企业的产品进入国际市场，实现集团公司整体效益最大化。

2. 经营情况

中国石油技术开发公司作为中国石油集团石油物资装备专业化国际贸易公司，大力开发海外市场，扩大经营业务，加强经营管理，提高经济效益，综合实力和经营规模不断增强，海外销售业务保持持续增长势头。2004年出口签约额超过5亿美元，比2003年增长24%；实现营业收入31.2亿元，比2003年增长18%。

3. 加大力度，保持市场份额持续稳定增长

（1）管道项目成效显著。2004年，苏丹3/7区管道项目中标497公里，签约额1.38亿美元。下半年，中哈管道项目中标440多千米，签约额1.07亿美元。

（2）钻机成功进入新区。2004年，公司成功进入伊朗、古巴、印度、哈萨克斯坦非中资市场，签订了5个成套钻机项目，这些市场均是首次出口成套钻机，对扩大公司市场份额，树立中国石油物资装备在国际市场中的地位具有重要意义。特别是伊朗市场，经过两年多的跟踪，终于签订了1台3000米拖装钻机，这是我国成套钻机首次进入中东地区，打破了欧美大型成套设备垄断中东市场的局面。

（3）非中资市场继续保持发展势头。2004年，非中资市场签约额1.28亿美元。美洲市场全年出口钻井泵89台，修井泵40台，钻杆4万米。古巴市场取得重大突破，实现了当年开发建点、当年签约7000米钻机大型合同的业绩。印度市场除成功签订车载钻机项目外，签订了141台抽油机合同，这是公司首次大批量出口抽油机。澳洲市场也有较大起色，全年签约额超过500万美元。

（4）不断探索多种经营方式。2004年，公司通过与地区公司合作，首次在孟加拉、印度签订了钻机租赁合

同，取得较好效果。通过建立寄售库，采取寄售的方式，为用户提供更加快捷方便的服务；通过建立维修中心，为出口的成套钻机提供配件和完善的售后服务。目前，已经在海外建立了9个寄售库和维修中心，全年公司通过寄售方式的合同额达到6204万美元。

（5）石化产品出口成绩显著。经过4年的发展，石化产品出口业务在市场范围和深度方面都明显扩大，全年签约额超过1000万美元，已在13个国家开展业务。在石化设备方面，孟加拉天然气脱水项目和LPG项目，都已通过技术方案。古巴炼厂改造和设备更新项目，已投标14个，部分标已通过技术方案。在化工产品方面，新产品销售成绩显著，成功出口了3万吨尿素；向巴林出口了石油焦；向土耳其出口催化剂、树脂、氯化铁等产品。

4. 克服困难，千方百计保证合同的顺利执行

2004年，公司共执行合同509个，执行合同额达到3.85亿美元。其中包括苏丹3/7区管道供应项目、中哈原油管线供应项目、哈萨克钻机改造项目和土库曼4台钻机项目，这些项目参与的工厂较多，涉及的环节多，时间任务要求紧。为保证项目顺利执行，公司统筹协调，严密控制生产发运中的各个环节，严格执行项目进度计划，按时、保质、保量完成了项目任务，受到用户的好评。

为做好项目执行工作，提高项目管理水平，公司引入项目管理模式，对重点项目实施项目管理。强化项目经理负责制，有效地保证了项目的顺利执行。在各个项目的执行过程中，各相关部门发扬团队合作精神，协调配合，提高了效率和项目管理水平。

5. 加大力度，巩固和扩大公司资源体系建设

在国内资源建设方面，加大了对资源厂家的考察力度，全年共考察工厂103个。在深入调研的基础上，经过筛选，公司新纳入一批合格供方，合格供方总数已达到469家。

继续加大海外资源建设力度。

6. 加大技术支持和质量监督力度，为市场工作提供保障

2004年，全年公司向海外派出技术交流和服务团组9个，为市场开发提供了有力的支持。

2004年，公司在质量监督控制的方式上由原来委托个人监造的方式转变为与第三方监理公司合作，公司已与8家监理公司建立了联系。

7. 加强管理，提高科学管理水平

（1）2004年，公司重点进行了经营管理制度的调整。重新修订出台了《经营管理制度》。制定并实施了新的部门考核管理办法，使公司的考核激励机制更加科学有效。继续深入贯彻和推行ISO 9000质量管理体系，顺利通过了DNV的年审。

（2）加大财务监管和审计工作力度。公司对海外机构账户进行了清理，大力加强资金管理，不断提高管理水平，并加强公司内控体系建设。公司全年资金到位率104%，资金沉淀率4%，保证了资金的有效使用。2004年，公司申报退税4.4亿元，并已全部收款，退税申报成功率达到100%。2004年，公司开展了内部审计工作，取得了一定成效。

（3）加强人力资源管理。不断深化人事制度改革，制定了《员工绩效考评暂行办法》，先后进行了中层干部和一般员工的年终绩效考评。根据集团公司的整体要求，公司进行了工资制度改革，及海外项目人员工资的调整，使薪酬紧密与岗位挂钩，与贡献挂钩，调动了员工的积极性。出台了《员工招聘甄选工作试行办法》和《海外雇员管理暂行规定》。继续加强员工培训力度，2004年员工培训项目达到44个、累计1万多小时，进一步提高了员工的综合素质。

（4）海外实业平稳运营。公司加强了对实业的指导力度，明确职责，加大支持，推动海外实业走上良性运营轨道。

（5）加强安全管理。2004年，公司加大了安全宣传和工作力度。重新明确了公司HSE管理委员会成员，加强了安全工作领导；开展海外安全大检查，对驻外机构及项目的安全情况进行了普查，并及时整改安全隐患；结合公司实际，制定了4种情况的应急预案。公司注重专职司机的安全教育工作，全年接待外宾团组356个，安全行车29万千米，并保持了自公司重组4年来无一例交通事故的安全行驶纪录，为此公司被评为西城区交通安全标兵单位。

（杜　娟　杨德林）

【中油长城钻井有限责任公司】

1. 概述

长城钻井公司隶属于中油国际工程有限责任公司，是从事海外钻井工程承包和技术服务的国际钻井公司。主要业务范围包括钻/修井和相关技术服务、设备租赁、石油勘探开发技术咨询和培训等。公司总部共设十三部一室，下辖钻井液分公司，有海外合资公司3个，海外项目部21个。现有职工476人，现有固定资产原值100744万元，固定资产净值67607万元。2004年是“十五”计划关键的一年，也是公司改革重组后的第四年，公司领导带领广大员工坚持实施“走出去”战略，牢记使命，开拓进取，充分发

挥主力军作用，加大国际市场开发力度，战胜重重困难，扎扎实实地做好各项工作，连续4年实现了跨越式发展，又夺取了新的丰硕成果。

2. 重点工作

（1）坚持以巩固已占领的市场为重点，巩固与扩大市场并举，进一步加大国际市场开发力度。一是提供优质服务，站稳市场，确保后续工作量；二是广泛合作，扩大市场，直接与国际著名竞争对手较量争市场；三是在站稳老市场的同时，努力突破新市场。2004年共进入3个新的国家，带出国钻修机22部，国外钻修机总数达到122台，作业国家分布在四大洲24个国家，带领集团公司拥有钻井队伍的全部地区公司进入国际钻井市场，国际市场分布地域又有了新的扩大。

（2）为业主提供满意服务，大力提高海外项目运作水平。一是坚持把为业主提供满意服务作为一项核心工作来抓，牢固树立服务意识，认真履行合同，严格按照甲方指令施工，使作业水平显著提高。二是加强海外项目部制度建设，确保项目规范运行。三是坚持作业与后续市场开发并重，保持项目的发展后劲。年初有6个项目中的12部钻/修机出现等停现象，通过积极努力，大部分钻机很快得到了新合同。

（3）强化激励机制，提高科学管理水平，向管理要效益。一是加强目标管理，严格考核兑现。坚持每年将公司带出国钻机数量指标和经营指标分解下达到所属各单位，按照公司制定的考核管理办法，并做到奖罚兑现，确保公司各项经营指标的全面完成和超额完成。二是加强商务管理，依法维护自身利益。据统计全年海外项目通过合同外索赔，增加了数百万美元的收入。针对进口关税问题纷争据理起诉的胜诉，避免了近千万美元的损失。三是加强物资采购管理，努力降低采购成本。通过充分利用竞争机制，优选生产厂家和产品，减少中间环节和与厂家签订供货框架协议等方式降低了采购成本。四是加强成本管理、出口退税管理、工程款回收管理、资金管理等，大力节省成本支出，各项目部管理费总体上都控制在核定的预算指标之内，同时对各项目下达了货币资金限额，加快了资金周转，提高了资金使用效益。

（4）加强领导，严密组织，全力以赴为海外项目提供强有力的保障。一是在后勤支持上提供强有力的保障。坚持把好钻井设备出国前质量验收关；对海外生产一线急需配件保证随时供应，不误分秒；就近调剂境外各种现有资源，实行资源共享。二是在技术上提供强有力的保障。针对阿塞拜疆井下复杂情况及哈萨克斯坦泥页岩地层快速钻井技术方案，公司总部专家认真研究制定和组织实施技术方案，收到良好效果。三是在资金上提供强有力的保障，有效地缓解了海外项目生产资金的急需。四是在人力上提供强有力的保障。

（5）从提高集团公司整体效益出发，与地区公司密切合作，充分发挥整体优势。一是坚持在实施“走出去”战略中，统一品牌，与地区公司密切合作，发挥整体优势，把海外钻井事业不断推向前进。二是运用市场机制，继续以签订内部协议的方式，全年又先后与地区公司在新的中标项目上签订了内部合作协议25个。三是牢固树立全局一盘棋思想，积极帮助地区公司解决海外作业中遇到的各种困难。四是定期通报财务信息。五是加强与地区公司在市场开发、项目施工管理、甲方沟通等方面的协作，增强凝聚力。

（6）坚持以人为本、切实加强安全生产管理工作。一是在“预防为主，安全第一”上狠下功夫。坚持把安全生产作为一项关系员工人身和财产安全的头等大事，放在各项工作的首位来抓。二是在“警钟长鸣，加强检查，严格考核”上狠下功夫。新制定了《海外项目HSE考核管理办法》，强化安全生产考核工作。三是在“举一反三，引以为戒”上狠下功夫。坚持针对发生的事故，查原因、找教训、定制度、补漏洞，努力防止同类事故重复发生，把点上的教训变为面上的经验。四是在“转变观念，重在落实”上狠下功夫，牢固树立搞好安全是每个人自己的事情的观念。

（7）坚持通过多种渠道吸纳人才，加强队伍建设，提高核心竞争力。一是多渠道选聘人才。二是实施人员国际化、当地化，加强外籍员工的雇用工作。在各项目部从事作业、技术、法律各项管理的外籍雇员共830人，从事生产一线的各类操作人员4012人。三是强化骨干人才培养力度和员工培训工作。开展了HSE监督、消防、外语、井控、高含硫气田钻井技术及应急预案、SOS等10个方面的培训，共1296人（次）参加，进一步提高了员工素质。四是开展绩效管理工作，制定了绩效管理实施方案，取得了良好的效果。

（史力卫）

【中油测井技术服务有限责任公司】

1. 概述

中油测井技术服务有限责任公司（CNLC）是中油国际工程有限责任公司的全资子公司，具有国家颁发的对外经营合格证书，是以从事国内外测井、录井、测试、定向井/随钻测井技术服务为主的专业化服务公司。

2. 生产经营情况

2004年，中油测井技术服务有限责任公司进一步调整市场工作思路，理顺市场管理体系，市场开发取得可喜的成绩，测井、测试市场稳定增长，录井市场快速增长。目前在苏丹、伊朗、哈萨克斯坦、委内瑞拉、巴基斯坦、阿塞拜疆、叙利亚、利比亚和阿尔及利亚等国家提供测井、录井、测试、射孔及资料解释技术服务。

在苏丹市场，公司2004年加大了苏丹市场工作力度，分别在1/2/4区块、3/7区块和6区块获得测井、录井、测试、射孔和资料处理服务新合同。

在伊朗，2004年成功进入NIOC南部油田测井、测试市场，射孔作业也成功进入NIOC中部油田，同时获得NIOC海洋平台的测井合同，取得海洋测井的新突破。

在委内瑞拉市场，2004年新签南部Barinas地区测井射孔合同，并中标东部PDVSA的测试、射孔项目。

在哈萨克斯坦市场，除了继续巩固已有市场外，公司在2004年加大了哈萨克斯坦新市场工作力度，成功进入滨里海地区的北部扎奇（NORTH BUZACHI）测井射孔市场。

阿塞拜疆市场是公司2003年新开辟的国际市场，服务项目涵盖测井、射孔、录井和解释。2004年在原有市场的基础上又拓展了周边的新市场。

在巴基斯坦市场方面，经过两年的努力开拓，已由起初单一的测井服务发展到目前的测井、测试和录井服务。

在缅甸市场方面，中油测井技术服务有限责任公司于2002年进入缅甸市场，2004年主要提供修井和射孔作业。

在叙利亚市场方面，2004年4月，中油测井技术服务有限责任公司叙利亚项目正式启动，通过与西方大公司同井对比作业，获得了SPC的资格审查。目前主要为GBEIBE油田提供测井和录井服务。

在利比亚市场方面，中油测井技术服务有限责任公司于2004年新进入利比亚市场，获得REPSOL测井和录井服务合同。

在阿尔及利亚市场方面，2004年中油测井技术服务有限责任公司成功获得OCTOUAT项目的测井、录井、试油和修井服务合同。

3. 重点工作

（1）加强项目管理和供应链建设，提高项目运作水平。2004年公司全面推行项目管理，各单位按项目管理要求，开始制定工作分解结构（WBS），强化项目计划管理和关键点控制。同时为加强项目的组织、协调和保障，公司完善了国内和各作业区物流管理网络，进一步规范计划、采购、运输、进出口等运作流程，采取招标采购、供应商认证、取消代理等措施提高采购质量，规范运输代理，不仅老项目运作良好，新项目运作总体上也比较顺利。

（2）加强经营管理，提高经济效益。2004年公司进一步规范合同管理工作，制定公司合同管理办法和各项合同的标准文本和授权管理办法，使合同管理规范化。严格执行预算制度，对预算的执行进行严格的监督、分析、考核，取得了很好的效果，基本完成了公司2004年预算目标。加强财务管理，不断完善预算与成本管理，提高公司盈利能力。

（3）强化质量管理，提高质量水平。2004年公司编制并发布了质量管理方案、公司质量管理机构与岗位职责、单井质量考核表和质量月报格式，完善了质量考核，健全了公司质量控制体系。

（4）HSE体系建设取得突破性进展。2004年中油测井技术服务有限责任公司进一步完善和提升HSE管理体系，排查和整改安全隐患，落实安全生产责任制，建立健全安全监督机制，提升了公司全员的HSE意识，顺利通过了国际权威部门认证并获得外审认证证书。2004年苏丹作业区获得苏丹大尼罗河石油公司颁发的2004年度最佳HSE表现奖，成为五家获奖的惟一的一家中方公司。

（5）人力资源管理工作取得新进展。2004年公司新招聘国内管理和技术人员85名，新增外籍员工255人，外籍员工比例占48.5％。推行以工程师技术晋级为主体，以培训考核和薪酬激励为辅助的“工程师培训晋级体系”，促进了工程师向技术专家转变，单一技术人才向适应国际作业的综合型技术人才的转变，有效地衡量现场作业工程师的业绩和技术水平，达到吸引人才、促进人才快速成长的目的。

为提高员工素质，2004年共组织开展了技术培训、管理培训、HSE培训和外语培训等5类115个培训项目，进一步拓宽了员工的知识面。

（6）内控体系建设取得成效。为了有效规避风险，理顺规范公司的内部管理，使管理有形化。公司把内控体系建设作为2004年的一项重点工作，公司选定近年被国际社会广泛认可的COSO内部控制框架为参考，以公司生产经营实际为基本内容，以适应市场发展趋势、增强企业核心竞争力为目的，逐步建立和完善符合公司实际需要的内控体系。

（姚玲玲）

【中国石油天然气第一建设公司】

1. 概述

中国石油天然气第一建设公司（以下简称公司）是新中国最早组建的炼化建设专业公司。公司具有国家建设部颁发的化工石油施工总承包特级资质，注册资金5.0085亿元，被誉为“中国炼建第一军”。公司现有职工4658人，其中各类管理人员1178人，各类技术人员895人，各类操作人员2293人，服务及其他人员292人。公司本部设有1个经济技术委员会及13个职能部室，负责公司的总体管理和协调；下设1个国际工程事业部、6个区域工程分公司，作为公司的派出机构，负责区域内的资源开发与施工管理；7个专业工程分公司，负责专业工程的分包；1个设计研究所，负责施工图纸的设计；2个工程处，负责输出合格的劳务作业人员。

2. 主要生产、经营指标

2004年，公司努力扩大经营规模上产增效，全年完成总产值（营业收入）13.5亿元，实现利润3500万元，超额完成了计划指标，刷新了历史纪录。

3. 工程建设、主要措施和成果

全年共实现了12套装置建成投产、8套基本建成、9套主体建成。大庆石化120万吨/年高压加氢装置：合金钢管线多且平均壁厚达60毫米，公司突破了合金钢超厚壁管焊接、热处理等技术难关；大庆炼化30万吨/年聚丙烯装置：是全球同类最大的单套装置，工艺流程先进，低温设备多，公司攻克了低温钢焊接难关；辽阳5万吨/年醇酮装置：完成国内最先进的DCS控制系统安装调试；陕京管道辅线站场：完成亚洲最大压缩机安装调试；克拉玛依150万吨/年延迟焦化装置：是亚洲单系列最大装置，公司仅用5个半月顺利建成投产，创造国内工期新纪录；公司EPC总承包的南海石化5台10万立方米原料油罐：是国内首次采用碎石环墙基础、铝合金拱顶、玻璃钢内浮盘结构的储罐制造安装工程；公司EPC总承包的南海石化150米火炬设施：是国内首次采用塔架式多筒体自动升降系统安装方法完成火炬塔架施工工程；公司EPC总承包的南海石化两台10000立方米丁二烯低温储罐：创造单壁低温储罐施工新技术；湛江春晓气田CEP组块工程：完成钢结构陆地预制、海上组装新技术；大庆石化10万吨/年裂解炉改造工程：完成国内最大裂解炉施工。

4. 科技创新与技术改造

公司完成了大型球罐施工技术文件模板、新型10万立方米内浮顶罐和新型火炬施工技术的开发；完成了丁二烯低温储罐、醇酮装置、CEP组块以及内衬PE管道修复4项新技术推广；集团公司立项的焊接操作计算机模拟系统技术攻关正在顺利进行。

5. 安全生产

公司紧紧围绕集团公司“四杜绝、三不超、一确保”的工作目标，以“八个到位”强化管理力度，狠抓监督检查和安全隐患的治理整改，全年未发生一起安全事故，通过了北京中油健康安全环境认证中心对公司的环境管理体系第一、第二阶段审核，正式取得了环境管理体系的认证资质证书。

6. 企业改革与管理

公司采用OA办公自动化系统，实现了无纸化办公。通过推行目标成本管理，使管理层的成本监控能力和协同控制能力、项目部的成本执行能力和综合控制能力得到增强，提升了公司整体的成本管理水平及综合管理水平。重新修订了劳动定额，并进一步强化了公司劳动定额管理，把劳动定额作为二次分配的基础，激活工资分配的激励机制，促进了职工工作积极性，实现职工收入的稳步提高。

7. 精神文明建设

公司荣获“全国企业文化建设实践创新奖”及“洛阳市2004年度宣传思想政治工作先进单位”称号。公司职工卫建良、曹遂军两位同志荣获“河南省劳动模范”称号，公司职工刘新海同志在河南省职工技术运动会电焊工决赛中获得第一名，被授予河南省“焊工状元”，同时被授予“河南省五一劳动奖章”。

8. 其他

公司新购置的750吨履带吊已经投入使用；集团公司批准并已经签订购买合同的1250吨大吊车，正在设计制造当中；由公司自行设计的门式起重机，一次吊装能力最高达2400吨；公司拥有的2台110毫米辊板机，解决了大型板材辊制的难题。

（许　冉）

【中国石油天然气第六建设公司】

1. 概述

中国石油天然气第六建设公司（简称中油六建）成立于1968年，总部位于桂林市，是一个以石油、石油化工、化工、其他工业与民用工程建筑安装为主的大型施工企业，是建设部颁发的第一批石油化工工程施工总承包一级资质施工企业，国家一级施工企业，全国500家最大建筑企业和广西区10强建筑企业之一。2004年是公司向管理型施工总承包目标奋进，并取得可喜成绩的一年。

公司现有职工2254人，工程及各类专业技术人员723人，其中中高级职称专业管理人员600多人，获得国家考核颁发的项目经理资格证书管理人员200多人，熟练技术工人1300多人，平均年龄32岁。经过37年的积累，公司掌握了一批具有技术专利的先进施工工艺技术，具备承担各类现代化大、中型化工石油工程的技术能力。

公司目前资产总计4.71亿元，其中固定资产原值2.75亿元，净值1.78亿元，所有者权益1.56亿元，资产负债率66.85%。

公司有各类施工机械设备3000多台，设备新度系数为0.66。特别是目前公司的起重吊装能力，从16吨到3000吨级已经形成完备的吊装设备系列，可以满足业主吊装各类重型设备的需求。其中2004年年初从英国引进的3000吨级门式液压顶升吊装系统是目前国内惟一一套吊装能力最大的先进吊装设备，2004年6月在中海壳牌南海石化80万吨/年乙烯项目上实现首次投用成功，在国内引起了强烈的反响，为国内业主建设大型、特大型现代化化工石油企业提供了重要的技术支持，使公司吊装技术和吊装能力在国内居于领先地位。

公司具备建设现代化大中型石油、石油化工、化工装置的施工总承包能力，具备化工石油设备安装工程、机电设备安装工程、管道工程等三项专业承包一级资质，拥有A级锅炉安装、压力管道安装（GA1、GB、GC1类）、一、二类压力容器设计制造安装、三类压力容器组焊、消防系统安装（甲级）、起重机械安装等专业施工许可证。兼营金属结构、非标准件、机械化施工、无损检测和理化试验等项目。1998年通过ISO 9000质量管理体系认证，2003年同步一次通过OSH/EMS/HSE三个管理体系认证注册。年自行施工能力可达15亿元以上。

2. 主要经济指标

2004年公司全年完成施工产值7.63亿元，比2003年增长了71%，主营业务收入5.35亿元，比2003年增长20%，实现利润2562万元，比2003年增长142%，上缴国家税费1670万元，比2003年增长51.8%，均创公司历史最好水平。工程交验合格率100%，单位工程优良率92.86%，顾客满意率85.6%。

3. 工程技术服务

2004年全年共参加投标报价119个标段，中标31个标段，中标率达到26.05%，在中油集团系统内的兰州、咸阳、吉林、大港等战略市场取得新的任务，市场得到巩固；成功进入了广西钦州战略目标市场，为下一步发展奠定了良好的基础；在中海油南海石化市场有了新发展，取得新的施工任务；在苏丹南部油田、北部炼厂及苏丹港承担了新的施工任务，继续站稳了脚跟。全年公司主要施工项目48个，竣工项目30个。中海壳牌南海石化惠州80万吨乙烯的聚乙烯和聚丙烯项目是公司第一次全面与国际接轨承建的项目，公司严格按照国际惯例和标准组织施工管理，得到了管理公司和总包商的高度评价。兰州石化120万吨/年柴油加氢精制装置是目前国内同类装置最大，是公司上资质、创品牌、树形象的工程；西气东输轮南首站压缩机组安装工期紧、施工环境恶劣、施工难度大、技术要求高；吉林石化6万吨/年裂解炉、大庆石化10万吨/年裂解炉工程等项目均优质、高效、安全、正点完成，并一次投产成功。此外国外的苏丹喀土穆炼厂一期扩建工程以及南部油田地面建设均按业主要求顺利完成。

4. 安全生产

公司以贯彻实施《安全生产法》和集团公司《关于进一步加强安全生产工作的决定》为主线，紧紧围绕《2004年公司健康、安全、环境工作要点》，认真开展以“反违章、查隐患、促整改”为主题的“安全生产管理年”整治活动，组织开展质量安全大检查，共检查了6个项目部的施工现场和营地，检查子项目665项，对存在的问题，督促项目部及时进行了整改。通过HSE大检查，促进了项目部对HSE的管理，保证了施工生产的顺利进行和HSE目标的实现，并顺利通过了OSH/EMS/HSE三个体系的监督审核。特别是在最严格的国际HSE管理要求下，中海壳牌南海石化80万吨乙烯的聚乙烯和聚丙烯项目的HSE管理达到300万工时无损失事故，得到了管理公司和总包商的赞扬。公司全年没有发生重大人身伤亡事故、重大环境污染及破坏事故和重大职业伤害事故，累计完成工时7366930小时，损失工时354小时，损失工时率为0.678起/百万工时。

5. 企业改革

一是积极推进主辅分离工作。贯彻落实国办22号文件和集团公司有关分离办社会职能工作会议精神，2004年12月13日公司与桂林市政府签订子弟学校移交协议。积极探讨物业分公司“模拟法人”运作模式，进行了相关的咨询工作，为下步改革做好准备。二是对公司内部有关经营业务进行整合，组建了大型设备管理分公司，为下一步形成以劳务输出为主营业务的公司打下了基础。三是根据市场形势和经营状况，公司作出了金属结构厂整体搬迁到广西钦州的重大决策。四是根据集团公司的有关精神和要求，认真稳妥地搞好公司基本工资制度改革。五是着眼于构建企业科学合理的员工绩效评价体系，委托外部管理咨询公司进行评估，为公司建立和完善激励与约束机制提供依据。

6. 企业管理

当前，公司正在实施“流程性体系化”管理模式，实施管理上的一场变革，在完善 ISO 9000 质量管理体系和健康安全管理体系的基础上，着力建立人力资源开发体系、市场开发体系、成本管理体系和思想政治工作体系；依靠管理创新和科技进步，全面实施低成本战略、差异化战略、品牌战略和国内外施工一体化战略，不断开拓新的生存发展空间，增强企业的核心竞争力和抗风险能力，向管理型施工总承包企业迈进。

（曾　源）

【中国石油天然气第七建设公司】

1. 概述

中国石油天然气第七建设公司（以下简称中油七建公司）是国家化工石油工程施工总承包一级施工企业。2004 年是中油七建公司喜庆成立 30 周年，全面推进第三次创业取得显著成绩，主营业务朝着做强做大方向奋力迈进的一年。

2. 主要经营指标

完成企业总产值 10.3 亿元，为年计划的 145.7%，同比增长 117%，提前一年实现了企业总产值突破 10 亿元的发展目标。全员劳动生产率达 35.3 万元/（人•年），为年计划的 141.2%，同比增长 53.5%。实现利税 3500 万元，同比增长 50.9%，其中实现利润 1100 万元，同比增长 15.8%完成市场开发总量 11.6 亿元，为年计划的 165.7%，同比增长 34.4%。完成加工制造产品 60070 吨，为年计划的 167%，同比增长 131%，加工产值 2.9 亿元，占企业总产值的 28.4%。职工人均年收入有较大幅度增长。

3. 施工生产

全年施工区域涉及国内 15 个省区及苏丹、哈萨克斯坦等海外市场，施工点位 38 个，承建各类工程 72 项，竣工投产项目 57 个，其中化工、炼油装置 25 个，国外工程 8 个，所有竣工投产项目全部达到安全稳妥一次投产成功，创出了新水平，受到业主的高度评价。承建的克石化 30 万吨/年润滑油高压加氢装置工程荣获国家优质工程银奖，乌石化 40 万吨/年催化重整工程荣获石油系统用户满意工程奖。

4. 市场开发

全年共组织投标 100 余次，中标率 40%，完成市场开发总量合同额突破 11 亿元，其中安装主业合同额 82400 万元，加工制造合同 33600 万元。尤其是接连中标了吉化 60 万吨/年乙烯装置扩建工程、辽化 PX 装置工程，标志着中油七建公司全面进入乙烯大化工施工领域，中油七建公司的发展掀开了新的一页。

5. 管理工作

坚持以开展“规范自律”活动为主线，扎扎实实地加强和规范管理工作。重点围绕内部市场化经营，商务化运作，解决管理不够规范、自律不够严格以及质量、安全、服务、纪律和作风方面存在的突出问题，深入开展“三项整顿”，查找出各类问题 50 多个，修订完善管理制度 30 多项，建立规范化工作流程 40 多个，总结先进管理典型 25 个，促进了各项管理工作规范、有序、高效运行和经济效益的提高。

6. 内部改革

整合重组了区域分公司和专业分公司，建立和完善了“四个机制”。一是内部市场化经营、商务化运作机制；二是内部风险经营机制，对公司中层管理人员和项目部班子成员实行风险经营承包制；三是考核考试机制，量化考核标准；四是竞争激励的用工制度，优化职工队伍。根据集团公司总体部署，积极实施主辅分离，按计划完成了子弟学校整体移交工作，对职工医院、物业管理的分离进行了调研论证。

7. 职工培训

举办各类专业技术管理培训班 42 期，培训人员 1770 人次，焊工培训 446 人，取换证 1315 项。对 207 名技术工人进行了职业技能鉴定。中油七建公司培训中心被集团公司列为管工技师培训基地，获得集团公司核准的管工技师培训资质，获得青岛市授予的焊工技师、管工技师、冷作工技师培训基地和焊工培训发证资质。职工队伍整体业务和技术素质有了新的提高。

8. 质量安全

完成单位工程 67 个，单位工程验交一次合格率 100%，产品出厂合格率 100%，优良工程 55 个，单位工程优良率达 94.3%，焊接一次合格率 97.6%，质量回访满意率 100%，顾客满意度 98%。全面推进职业、健康、安全与环境管理体系的建立健全与运行。深入开展安全生产月和安全生产大检查活动，施工生产保持安全平稳运行，杜绝了重大安全生产和交通事故的发生。

（宓幼康）

【中国石油天然气华东设计院】

1. 概述

中国石油天然气华东勘察设计研究院（简称CEI），成立于1974年，是国家石油炼制和油品储运综合性甲级设计院，是集团公司行业指导设计院，隶属中国石油工程建设（集团）公司，是全国百强设计院、山东省“十佳设计院”，1997年通过了ISO 9000质量体系认证，2003年又与工程公司联合取得了2000版的质量体系认证，是中油勘探开发公司的技术支持单位、中油股份公司炼油板块技术开发支持单位。CEI具有30年的石油炼制等工程设计经验，为我国石油工业的发展做出了较大贡献。

2. 主要生产指标

2004年全年新签合同值1.55亿元，同比增长45.1%；完成营业额1.28亿元，同比增长20.9%；实现营业收入1.02亿元，同比增长52.68%。超额完成了集团公司下达的各项考核指标。

3. 主业成果

2004年共开展炼油设计28项（国外项目6项）、储运设计16项、勘察测量20项（国外项目12项）、工程监理35项、安评环评50项，顺利完成了长庆石化500万吨/年常减压装置施设、广西钦州1000万吨/年炼油厂可研、华北石化500万吨/年炼油装置及配套工程初设、黄岛10万立方米油罐施设等重点工程设计任务。

苏丹100万吨/年延迟焦化装置于2004年9月14日投产成功；大港石化500万吨/年常减压蒸馏装置、100万吨/年延迟焦化装置投产一次成功，创造了中油股份公司同类装置设计、施工、投产的最短工期；独山子石化1000万吨/年炼油项目可行性研究报告顺利通过了国家发改委委托的国际咨询中心的评审。

4. 技术进步

技术进步明显，质量管理得到加强。自主开发完成了世界首套高酸高钙高粘原油焦化装置——苏丹100万吨/年延迟焦化装置，并实现了投产一次成功。

与石油大学联合开发的两段提升管催化裂化新技术，已在辽河石化等7家石化分公司推广应用，荣获中油股份公司技术创新一等奖；在呼和浩特等三套催化装置设计中应用中国石油拥有自主知识产权的辅助提升管降烯烃技术，打破了外系统对中国石油的技术封锁；在阿尔及利亚炼厂项目设计中，全部采用美国等国际先进标准进行设计，工艺安装采用PDS设计，开创了院运用国际标准开展设计的先例；设计的山东胶州市政府大楼被评为国家级优秀工程银质奖。

5. 企业改革管理

（1）稳妥安置富余人员。在富余人员的安置上，CEI最早、最稳妥地执行了集团公司带资分流政策，压缩非生产人员的编制。2004年又稳妥地将幼儿园10人整体分流到社会。截至目前，CEI所有的社会职能已全部分离出去，没有任何社会包袱，可与民营企业相媲美。

（2）“两个靠近”的激励机制。在设计人员中实行四级12档的岗位聘任制，打破了多年按照技术职称评聘不分的管理模式，初步实现了由身份管理向岗位管理的转变。依据实际工作能力、技术水平，将设计人员分成一至四级设计师、每年依据工作量、设计质量、工作态度考核结果调整一次，把工资调整融入奖金之中，加大奖金分配力度，最大限度地使技术骨干的年收入向同行业的外资民营企业靠近。

（3）民营企业低成本管理理念。突出和保护设计骨干的利益，依据每个人的贡献大小，形成有层次的利益分配格局。取消一切平均主义的福利，一切待遇与个人完成的工作量、工作质量和劳动态度挂钩。

领导干部没有专车接送，院里不设通勤车。暖气费、个人住房、物业管理等一律实行货币化，在管理的各个环节始终贯穿着民营企业的管理理念。

（4）外企化的人才战略。CEI招贤纳士，多渠道实施“引智工程”，共引进优秀技术人员59人，高级工程师14人，工程师9人，研究生8人。

（5）股份制改造战略。CEI依据CNPC有关产权制度改革的精神，将处在亏损局面的院二级单位环科所、监理公司实行股份制改革，形成院法人股占51%，各股份公司的领导和技术骨干持有49%股份的有限责任公司，初步建立起了“产权清晰、责任明确、管理科学”的现代企业制度。经过一段时间的运行，各公司的发展空间在不断扩大，目前发展态势良好，效益显著。

（王　丽）

中国石油集团东方地球物理勘探有限责任公司

【概述】　2004年，中国石油集团东方地球物理勘探有限责任公司（简称公司，英文品牌BGP）充分发挥“国内找油找气战略部队和海外业务先行官”两大功能和优势，紧密围绕建设国际一流地球物理公司的目标，大力实施“全球化、数字化、一体化”战略，努力把工作重心转移到“发展技术、强化管理、打造品牌、全面提升核心竞争力”上来，积极推进技术、制度和管理创新，生产经营形势进一步好转，经济效益再创新高。全年各项业务收入69.98亿元，实现利润2.9亿元，其中主营业务收入比2003年增加1.4亿元。

年内公司下属机构有国际勘探事业部、东部勘探事业部、西部勘探事业部、海上勘探事业部、综合物化探事业部、装备事业部、研究院、采集技术支持部、物资供应中心、公共事业部、多元开发事业部、旅游接待服务中心12个直属单位，公司机关14个职能部室、5个附属单位。年末在册职工22059人（其中内部退养、离岗1632人）。公司董事长兼党委书记王小牧，总经理王铁军。

【“45538工程”提前一年完成】　2002年12月，公司成立。2003年1月，公司召开工作会议，审议通过了2003—2005年阶段工作目标，主要经济技术指标概括为“45538工程”，即到2005年底，国际地震作业队伍发展到40支，国内地震作业队伍保持在50支左右，主营业务产值达到50亿元人民币，资料处理解释、浅海过渡带勘探、综合物化探等3项业务产值翻番，形成包括陆地复杂区勘探技术、新区新领域综合研究技术等8大技术系列。经过两年的努力，到2004年底，“45538工程”已提前一年全面完成。国际地震作业队伍发展到40支，国内地震作业队伍保持在了60支，主营业务收入达到58亿元，资料处理解释、浅海过渡带勘探、综合物化探3项业务收入分别增长128%、121%和100%，8大技术系列基本形成，其中陆地复杂区勘探技术等达到国际领先水平，主营业务市场占有份额跃居全球同行业前4位，陆上地震勘探市场占有份额连续两年列全球同行业第1位。

【地球物理勘探】　2004年，地震勘探全年共投入作业队105支（其中VSP队6支），在国外19个国家和国内20个盆地为甲方提供服务。完成二维地震勘探项目98个，工作量为48726千米，获得记录1131180张，合格率达到99.5%；完成三维地震勘探项目81个，工作量17960平方千米，获得记录1524613张，合格率达到99.89%；VSP测井82口。

非地震勘探共投入重磁力队8支、电法队7支，化学勘探队1支、工程勘探队2支，分别在国内塔里木、柴达木、准噶尔、敦煌、民和、鄂尔多斯、松辽、渤海湾等盆地和尼日利亚、巴基斯坦、伊朗、利比亚、尼日尔等国家完成勘探项目42个。其中重磁力勘探项目14个，电法勘探项目21个，化学勘探项目1个，工程勘探项目6个。完成重磁力勘探94228千米，物理点162266个；电法勘探5185千米，物理点19738个；化学勘探374千米，采样点1915个；工程勘探3028千米，物理点40225个。所有地球物理勘探项目均一次性通过甲方验收。

【国际勘探项目运作】　全年共有40支地震队在墨西哥、厄瓜多尔、利比亚、阿尔及利亚、苏丹、尼日利亚、也门、阿曼、印度尼西亚、沙特阿拉伯、乍得、阿拉伯酋长国、伊朗、叙利亚、刚果（布）、俄罗斯、哈萨克斯坦、缅甸、巴基斯坦共19个国家执行62个地震勘探项目，5支非地震队在利比亚、伊朗、巴基斯坦、阿尔及利亚、尼日尔5个国家执行6个非地震勘探项目，另有1支地震队在尼日尔启动1个新项目。全年国际勘探投入钻机385台，可控震源138台，地震仪51台。共完成陆上二维地震采集工作量24934千米，三维地震采集工作量10011平方千米。国际勘探在投入地震队比国内少20支的情况下，所完成的地震勘探二维、三维采集工作量均超过国内作业队完成的工作量。

2004年国际勘探的亮点是首次突破俄罗斯、叙利亚、乍得、刚果（布）、尼日尔等外国市场。在陆上采集市场持续稳步增长的同时，海上勘探、资料处理解释和非地震勘探的市场开发也取得了可喜的成绩，为实现海外地球物理一体化服务奠定了基础。全年实现价值工作量3.24亿美元（含资料处理、解释和非地震勘探），比2003年度增长27%，大幅度超额完成国际勘探年度经营指标和利润指标。作业的地震队有 9 支年产值超过 1 亿元人民币，其中在墨西哥作业的 8632A 队和 B 队完成产值超过 6 亿元人民币，比合同规定期限提前 7 个月高质量完成全部 4199 平方千米采集任务，开创了中国地震勘探队在国际作业优质高效运作的先河。

【国内勘探项目运作】　全年共有 59 支地震队在塔里木、准噶尔、吐哈、柴达木、酒泉、武威、潮水、民和、银额、昌马、鄂尔多斯、松辽、渤海湾、苏北、二连、洞庭湖、四川、北部湾、中牟—太康、桂中等 20 余个盆地或地区作业，服务的甲方包括股份公司所属塔里木、新疆、吐哈、玉门、青海、长庆、大庆、吉林、大港、冀东、华北、浙江、南方等油田公司和中国石化所属西北、西南、华北等油田公司共 16 个油田企业。全年共完成二维地震勘探项目 58 个，工作量 23792 千米；三维地震勘探项目 57 个，工作量 7949 平方千米。投入 VSP 队 6 支，完成 VSP 测井 82 口。

【资料处理】　承担资料处理任务的有研究院处理中心、海外业务部、长庆分院、大港分院、华北研究中心等单位共 166 个项目组，投入处理系统 203 套，CPU2806 个，处理区域涉及国内渤海湾、松辽、鄂尔多斯、塔里木、民和、柴达木、酒泉、吐哈、准噶尔、二连、南华北、北部湾、洞庭湖、三塘湖、四川、海南等盆地或地区，以及哈萨克斯坦、利比亚、尼日利亚、苏丹、伊朗、印度尼西亚等国家，完成处理项目 166 个，其中二维地震项目 104 个，剖面长度 55365 千米；三维地震项目 62 个，一次覆盖面积 12498 平方千米，满覆盖面积 8344 平方千米。在全年的处理项目中，除部分应用常规处理技术外，复杂地表区高精度静校正技术、共反射面元优化叠加技术、信噪分离技术、拓频处理技术、叠前时间偏移等技术得到广泛应用，加大了高新技术的含量，收到了明显效果。应用三维交互初至波剩余静校正技术处理吉林扶余老油田的部分三维资料，提高了方法的适用性，获得的成果为地质解释人员正确认识资料区内的地质结构奠定了基础，达到了探明杨大城子油层、外围和深层滚动勘探的预期目标。完成了国内第一块三分量三维多波资料处理，建立了陆上二维、三维多波数据处理流程和质量检验体系，在国内多波数据处理方面占据领先地位。正在进行的冀东油田南堡凹陷三维连片叠前时间偏移处理项目，对 27 块在不同时期、不同震源、不同检波器、不同地表条件情况下采集的三维资料进行了系统处理，有效解决了各区块连片中的拼接、子波一致性等主要处理难点问题，形成了一个统一数据体，初步成果剖面构造格局更加完整、断裂体系更加清晰，信噪比和分辨率亦有较大改善，波组特征清楚，地质现象丰富，增强了中国石油天然气股份有限公司把三维连片叠前时间偏移技术在物探领域全面推广的决心。

【地质成果】　围绕集团公司油气勘探开发部署，广泛开展物探技术攻关，强化贴近油田的靠前服务，认真组织新区、新领域综合地质研究，进一步完善隐蔽圈闭解释系列、复杂断块解释系列、储层横向预测系列等配套技术，有效发挥了找油找气“主力军”作用。全年资料解释综合研究投入工作站 118 台，完成项目 138 个，区域涉及国内渤海湾、松辽、鄂尔多斯、准噶尔、柴达木、塔里木、吐哈、三塘湖、苏北—南黄海、海拉尔、酒泉、二连、银额、洞庭湖、库木库里、海南福山等盆地和地区，国外滨里海、哈萨克斯坦 Bars、苏丹 Muglad、阿尔及利亚 Cheliff、阿塞拜疆 Kura、阿曼五区块、缅甸 Prome、乍得 Bongor 等盆地和地区，面积达 1750560 平方千米。解释二维地震剖面 49992 千米，三维地震满覆盖面积 12559 平方千米。发现圈闭 1326 个，面积 24838 平方千米；提供井位 1369 口，被采纳 910 口。在已经完钻的 230 口井中，共有 176 口获得工业油气流或重要油气显示。其中由研究院地质研究中心提供，经冀东油田钻探的渤海湾盆地冀东滩海地区老堡南 1 井获得高产油气流，成为集团公司自任丘古潜山获得高产油流后单层产量最高的一口井，为实现滩海勘探新突破立了头功。在中国石油天然气股份有限公司 2004 年油气勘探战略突破的“13 个重要发现”、战略展开形成的“23 个规模储量区”、油气预探发现的“8 个战略苗头”中，公司参与地震勘探、综合研究、提供井位建议的，分别有 8 个、14 个和 4 个，所占比例分别达到 61%、60%和 50%。

【新领域物探统筹】　从 2003 年股份公司油气勘探新领域物探工作主要由公司承担以来，公司成立了专门机构对各项工作予以落实，做到年度综合研究项目早立项、早启动、早见效。2004 年度通过对 21 个新领域二级课题的研究，提供井位 281 口，被采纳 170 口，在已完钻的 109 口井中，获得工业油气流井 54 口、低产油气流井 11 口，见到油气显示井 12 口。新领域的研究成果，经过各油田公司钻探及进一步勘探，冀东滩海、鄂尔多斯盆地南部中生界、准噶尔盆地腹地白垩系、塔里木盆地轮南潜山、松辽盆地南部红岗北等 5 大油气勘探突破和发现，成为天然气股份公司2004年度油气勘探战略突破的重要组成部分。

【科技创新】 全年投入科研经费2.08亿元，承担国家级科研项目1个，集团公司科研项目22个，股份公司新区新领域综合研究项目21个，公司自立科研项目21个。投资1.4亿元的GeoEastV1.0处理解释一体化软件研发成功，KLSeis、GRISYS分别完成4.0和8.0版本的升级，用于滩浅海勘探的两艘OBC船舶完成整体设计并进入建造阶段，第一个多用户勘探项目（东帝汶项目）正式启动，三维VSP生产试验获得成功，多波多分量勘探进入试生产阶段，多种新型物探装备研制取得新的进展。在加快自主研发步伐的同时，引进的虚拟现实中心在研究院建成并投入使用，准确描述岩性地层油气藏的手段更加先进、直接；在美国休斯敦组建的研发中心开始运行，拉近了与全球物探前沿技术的距离。研究院成为集团公司物探技术研究中心并正式挂牌，在塔里木油田建立物探研究分院的基础上，又在冀东油田成立分支研究机构，突出了靠前服务。全年共申请专利53项，其中发明专利29项，完成软件著作权登记20项。

【信息化建设】 把实现"数字化"作为提高企业核心竞争力的重要一环，并取得阶段性成果，ERP管理系统正式上线运行，办公自动化系统广泛应用，视频会议系统正常运行等，公司2004年被集团公司评为信息化先进单位，并在2004年CECA国家信息化测评中心举办的中国企业信息化500强中，名列第78位。

以信息化推动企业管理科学化。按照集团公司统一部署，完成了公司及物探行业3个发展规划的编制。以完善"七大管理体系"、强化区域业务一体化组织、规范地震队项目运作为重点，进一步完善了一系列管理制度和运作规范。加强投资计划管理，全年完成固定资产投资17.94亿元，满足了国际业务发展的需求，改善了国内物探装备条件。加强财务集中管理和税收筹划工作，实现会计核算的集中统一，加大了应收款项的清欠力度，月平均资金占用比2003年度减少6076万元，资金使用效率进一步提高。加强设备和物资供应集中管理，设备集中采购率达95%以上，物资采购成本继续下降。以ERP系统上线运行为契机，清查各类设备14.6万余件，完成设备编码6100余条，物资编码8.2万余条。突出了信息化在生产项目运作管理中的作用，运作水平进一步提高，全年完成的所有勘探项目均一次性通过甲方验收。

【质量、安全、健康与环保】 2004年，质量、安全、健康与环保（QHSE）工作坚持"安全第一，质量为本，注重健康，保护环境，全员参与，过程控制，持续改进，追求卓越"的方针，加大管理和监督力度。在12个直属单位派驻10名专职HSE总监、2名兼职HSE总监，主要生产单位向下设单位派驻32名HSE总监，主要生产、生活单位均设置了独立的HSE管理部门或专职HSE管理岗，配备了87名经验丰富、能力强的专职HSE管理人员，形成独立完善的管理网络。全年除公司投入1200万元的"安技措"专项费用外，国际勘探事业部投入319万美元、西部勘探事业部投入700万元、东部勘探事业部投入644.3万元、公共事业部投入646万元，分别用于民爆器材储运集装箱的配置、载人卡车的改造、交通安全监控系统和环境保护设施设备的配备、电气线路的改造等重大隐患的整改。公司及各直属单位全年共投入"安技措"资金7234万元，实施"安技措"项目93个，有效消除了一些长期存在的重大隐患，为确保安全生产起到了重要作用。首次实现全年重大安全责任事故为零的目标，获得"集团公司安全生产先进企业"称号，夺得全国"安康杯"竞赛优胜企业"五连冠"锦标。

【人力资源开发】 围绕建设"四支人才"队伍，即1200名科技人才（其中专家50人、科技带头人150人、科技骨干1000人）、800名管理骨干、4500名勘探主业骨干、300名专业监督，采取多种途径和方式，加大了人力资源开发力度。加强了领导班子和干部队伍建设，调整、充实直属单位和公司机关领导班子33个，提拔任用中层领导干部21名，交流使用36名，解聘干部15名。在技术干部使用中，充分发挥各级"总师"在技术发展方向、技术管理和技术研发、新技术推广应用和技术人才培养方面的骨干核心作用，首次将东部勘探事业部、西部勘探事业部、采集技术支持部等单位享受副职待遇的5名总工程师或总地质师，破例提升为正职，与所在单位行政和党务正职享受同级待遇。

全年投入培训资金3782万元，共举办经营管理、专业技术、操作服务、基础和转岗再就业5大类、124个项目的培训班，参加培训的员工达到16518人次。新引进大学毕业生265人，其中博士生2人、硕士生41人、本科生222人。对在聘专家、科技带头人在年度与任期考核的基础上，重新聘任专家50名、科技带头人156名。全面开展了职业队经理评定工作，共聘任特级14名、一级40名、二级92名、三级121名，初步建立了267人的职业队经理队伍。为进一步拓宽各类人才引进、培养及成长渠道，经国家人事部批准，在研究院挂牌成立“博士后科研工作站”；与中国石油大学合作，建立了“硕士研究生工作站”；采取“订单培养”方式，委托中国石油大学和西安石油大学专门开办了3个国际复合型人才本科班；在苏丹和巴基斯坦分别建立了当地雇员培训基地。

【企业内部资源优化】　进一步优化内部结构，分离企业办社会职能和辅业改制取得新的进展。按照国家和集团公司整体部署及工作要求，平稳、有序地完成了9所普通中小学和2个公安机构移交当地政府管理的工作，共划转、移交人员1149人，资产4163万元。开展企业内部法人实体的清查工作，共清查、确认各类法人实体104家，需要处置的35家，年内关闭停业10家。整合公司内部职业教育资源，将石油物探学校与技工学校重组，成立石油物探职业教育学校；完成与浙江勘探处旅游资源的股份制合作；对居民较集中的河北省涿州、徐水两个基地开始了模拟物业公司化运作。

【再就业工程】　认真落实稳定工作责任制，正确处理改革、发展、稳定三者之间的关系，切实解决困难员工和困难群体的实际问题。全年提供就业岗位2300余个，实现就业和再就业482人；举办汽车驾驶、计算机操作、锅炉工、烹饪等4个工种的培训班，对320余人进行了再就业培训；累计为1090多名有偿解除劳动合同人员办理《再就业优惠证》，8200多人代理养老保险，6990多人代理医疗保险；有偿解除劳动关系人员在公司内部和社会上实现再就业的分别达到2360人和3400人。积极争取地方政府和有关部门的政策支持，基本解决了具有10年以上野外工龄的员工（包括有偿解除劳动合同人员）的提前退休问题。2004年东方地球物理公司获“全国再就业先进企业”称号。

【党群工作】　党的建设、基层建设、队伍建设和企业文化建设进一步加强。落实党风廉政建设责任制，抓好领导干部廉洁自律，加大案件查处力度，党风廉政建设不断深入。2004年公司获“中央企业先进集体”、河北省“劳动关系和谐企业”、河北省总工会“集体合同、劳动合同工作先进集体”、“星级职代会企业”称号；18个基层单位和22名个人分别获集团公司工程技术服务金、银、铜奖；2100队获“全国五一劳动奖状”，张秀君、温声明获“全国五一劳动奖章”。

（周　宏）

中国石油集团测井有限公司

【概述】　中国石油集团测井有限公司（以下简称公司）现有职工3507人，总资产12.19亿元，所有者权益8.47亿元，下设5个事业部、1个技术中心。共有139个测井、射孔队，30个录井队。为长庆、华北、吐哈、青海、玉门油田提供全部测井服务。为塔里木、冀东油田提供部分测井服务。在伊朗的哈瓦兹油田、蒙古的塔穆萨格油田、乌兹别克的库克杜拉克油田有5个测井队。

公司按照集团公司为我们明确的“国内第一、国际一流”的发展目标，在保证生产经营的同时，大力发展以先进技术为主的测井先进生产力，在技术、装备、人才、服务上向国际一流水平迈进。在技术上发展成套装备，前三年发展快速测井与成像测井，随后发展随钻测井和过套管测井；在人才上，以能力建设为主题，以技术人才为重点，加强培训，培养适应跨国经营的人才队伍。在服务上，逐步用快速与成像装备（EILOG）更新现有设备，在国内、外测井市场上与国际一流公司竞争。公司现有部分经营收入在2002年5.2亿元基础上，争取到2007年基本翻一番，达到10亿元。

【生产经营】　2004年，集团公司下达的综合业绩考核指标，预算利润9859万元，资本保值增值率109.96%。年底实际完成测井4570口（同比增长9.6%），射孔22326米（同比增长4.75%），录井156口（同比增长16.4%）。主营业务收入7.42亿元（同比增长16.1%），实现利润9873万元（同比增长12.5%），测井曲线合格率100%，测井一次完工率94.8%，测井解释符合率为88.57%，无重大安全责任事故。生产经营处于良好运行状态。

【市场开发】　公司以用户满意为目标，确保用户的需求和期望得到确定，并转化为要求予以满足。具体工作从装备配置、曲线合格率、一次成功率、解释符合率、施工安全、资料周转、正点到达、对特殊要求的反应、落实重点井要求、服务态度等 10 个方面，建立严格的工作制度，抓好用户满意的工作。作业队伍按这 10 个方面组织施工，事业部按这 10 个方面进行抽查，对用户满意度作出评价。把用户满意的评价向勘探开发部门每月汇报一次，征求用户的意见。各事业部每月召开一次分析会，从用户满意度的分析中，找出我们工作的薄弱环节，加以改进。公司年底集中征求用户意见，以便在来年的工作中加以整改。2004 年，公司按照上述的策略，市场开发成效显著。在长庆、华北、吐哈、青海、玉门各个油田，内部市场占有率为 96.36%。在塔里木油田，市场占有率为 33%。成功进入冀东油田市场。对以上 7 个油田的用户进行回访调查，满意度为 89%。

在国外市场开发上，公司做了积极的准备工作。一是加强了与集团公司在国外勘探开发项目的交流与合作，努力争取项目，走出国门。二是准备了引进和自主开发的先进装备并培训了一批适合跨国服务的优秀人才队伍。三是在跨国经营的商务、作业队伍管理上做好了准备。四是加大宣传自行研制的快速与成像测井成套装备，扩大在国际市场的影响，打出了自己的品牌。

【装备投资】　装备水平有了新的提高。2004 年，投资 2.1 亿元（占总投资的 88.5%），引进成像测井下井仪器，购置国产下井仪器、测井车和录井仪，设备新度系数由 0.5 提高到 0.54。经两年的努力，成像测井地面系统由 9 套增加到 12 套，成像测井下井仪器由 99 支增加到 204 支。

【技术创新】　2004 年，公司开展以成套装备为核心的科技攻关项目（课题）共 22 项（包括国家、集团公司项目），各项目进展顺利，到年底共完成 8 项科研成果。其中圆满完成了 EILOG－100 测井成套装备的研究开发，取得了良好的试验结果；高性能测井系统研制，进展良好；阵列感应成像测井质量显著提高；高速数据传输系统研制取得可喜突破；LEAD 测井综合应用平台应用情况良好。截至 2004 年底，公司获得授权专利 7 项，受理专利 2 项，登记软件 2 项，申请专利 2 项。

测井成套装备是在集团公司的重点投资、科技发展部直接领导下研制完成的。2004 年，公司对成套装备 EILOG－100 型进行 20 多次试验，解决了试验中暴露的问题，实现了测得好、测得快的目标。该系统主要包括综合化的地面系统、集成化的常规测井、国产化的成像测井和综合化的解释平台，具有高可靠、高精度、高效率、低成本的特点。经与国外同类仪器测井资料对比，在重复性、一致性及对比性等方面达到了设计要求，其精度已接近引进成像装备的水平，其效率比原来提高 1 倍以上，整体性能接近国际现有先进技术水平，并拥有完全自主知识产权。同时，对测井成套装备编写出了《操作手册》、《维修手册》、《部件手册》、《制造手册》及培训教材，为下一步的制造和使用奠定了基础。公司已开始试生产 3 套。

测井成套装备的研发成功，受到行业专家的好评和领导的肯定。专家认为“测井成套装备的研制成功，使测井界看到了新的希望”；陈耕总经理在工作报告中指出：“具有自主知识产权、达到国际先进水平的快速与成像测井装备开发成功，填补了国内空白”；蒋洁敏总裁也指出：“快速与成像测井装备的研发成功打破了外国公司核心技术的垄断”。该技术被评选为“2004 年度集团公司十大科技进展”。

【培训工作】　共举办培训班 20 期，培训 562 人次。其中技术培训班 9 期，培训 288 人次；管理培训班 11 期，培训 274 人次。公司共举办专题讲座 7 次，培训 676 人次。共选派 133 人次参加了集团公司举办的 32 期培训班。队伍能力建设有了新的提高。

【经营体制】　建立了面向市场的经营体制。事业部面向市场的核心是实现队伍紧跟市场。事业部由对内部资源负责转变为对市场负责，负责对区域市场和外部市场的开发、生产组织和协调管理，灵活配置经营资源，承担经营责任。事业部下设项目部和基地服务部。项目部把油田一个或数个勘探项目或开发项目对测井的要求作为项目目标，围绕项目目标组织采集解释，实施项目管理。技术中心面向市场的核心是实现技术带动市场。技术中心主要任务是研发成套装备和解释方法。一是根据服务需求立项，实行顶层设计；二是推行课题制运行，提高研发的效率；三是成果商品化后验收，促进科研成果转化。在明确责任的同时，明确了各单位经营管理权限：（1）自主安排本单位的经营资源，确保完成年度经营目标；（2）在公司下达的工资总额内，根据本单位生产经营的需要自主制定内部分配政策，搞活内部分配；（3）自主组织内部业绩考核，并进行奖惩兑现；（4）根据有关规定，自主决定中层以下干部的任免；（5）在授权范围内对外签订合同。

【运行机制】　建立了科学协调的运行机制。在生产经营上，以经济效益为中心，最大限度发挥竞争力，做大市场；以满足市场要求配置测井队伍，按作业项目和队伍运行计算成本，实现市场、队伍、成本的整体优化配置。在技术创新方面，把技术优势变为服务优势，从服务需求出发开发新的技术，走装备研发和技术服务一体化的道路，实现研发、装备、服务的良性循环。在分配机制上，生产奖额度与预算收入挂钩，效益奖额度与实现利润挂钩，实行生产、效益与分配直接联系。在用人机制上，对岗位提出能力要求，对人员作出能力评价，根据培训结果决定岗位，实行能力、培训、岗位动态管理。

【管理体系】　按照流程管理的思路，建立了系统管用并持续改进的管理体系，包括全面预算管理体系、会计集中核算管理体系、QHSE管理体系、人力资源管理体系。每一个管理体系都有程序文件、操作文件和记录，并通过信息化的方式运行。

全面预算管理体系。从市场预算出发，做出生产预算、成本预算、财务预算，重点是做好市场预测和标准成本预算，对生产经营全过程实行预算控制。首先测算出各项费用的标准成本，从市场预测和队伍配置出发，依据标准成本，自下而上逐级核算，做出成本预算，再与经营目标对比，对各项因素进行修正，最后给出预算财务报表。

会计集中核算管理体系。公司为一个会计实体，各事业部在网上做账，会计信息一次录入，统一生成会计报表，提高了工作效率。公司及所属单位在同一账套里进行业务处理，统一编码、统一格式、统一制度，实现了规范管理。实行收支两条线、总分账户管理，实现了资金的全额集中。

QHSE管理体系。公司在对质量管理体系、环境管理体系和职业健康安全管理体系整合的基础上，建立了较为统一、先进、管用的QHSE管理体系。在体系建立过程中，公司总结以往质量安全管理的成功经验，借鉴国际测井行业的先进标准建立了QHSE管理体系，一方面符合ISO 9000标准的要求，另一方面体现了测井质量安全管理的专业特点。2004年11月通过了认证机构的认证。

人力资源管理体系。在人力资源管理体系建设中，公司把能力建设作为人力资源管理与开发的主题。对各类岗位都要进行岗位描述，明确岗位职责、能力要求、聘任方式、考核办法。对人员的能力进行评价，制定计划，提出管理和技术各级岗位的培训目标，通过培训，使人员的能力达到要求。

【董事会工作】　首届董事会成员9人，其中股东单位7人，公司2人。

2004年2月12日召开首届董事会第四次会议，通过了《关于同意董事会工作报告的决议》、《关于通过总经理工作报告的决议》等5项决议。

首届董事会第五次会议于2004年8月3—4日召开，通过了《公司2004年上半年经营及投资计划完成情况报告决议》等3项决议。

2004年8月25日至9月13日召开临时董事会，修改了《公司章程》中第二章第十二条“经营范围”条款和“为公司所属5个事业部及技术中心在其所在地的工商行政管理部门办理分支机构的营业执照”。

【党群工作】　开展了“形势、目标、责任”主题教育活动，使党的组织建设进一步巩固，干部、职工的发展信心进一步增强。组织民主测评14场次，考核中层领导人员50名，并向各单位领导班子反馈了考核结果，使领导班子和领导人员的能力进一步提高。组织基层建设调研，深入到各事业部共17个项目部，召开座谈会50多场次，同项目部、作业队不同层面的职工代表近500人次进行座谈，对基层工作进行了全面地了解并有针对性地开展了基层建设，见到了一定的效果。全面贯彻“爱国、创业、求实、奉献”的企业精神及“诚信、创新、业绩、和谐、安全”的核心经营理念，大力推广企业文化知识，营造了浓厚的企业文化建设氛围。

（李华章　安维东）

中国石油集团工程设计有限责任公司

【概述】　中国石油集团工程设计有限责任公司（以下简称公司）是中国石油天然气集团公司第一家跨地区实施专业化重组成立的有限责任公司。2004年，公司全年实现经营收入81450万元、利润4314万元，同比分别增长54%和226%，经营业绩连续4年实现快速增长。

公司不断深入“规范、严格、精细”的特色管理模式，大力推进模板化管理，全面开展企业文化建设，管理水平有了新的提高，队伍凝聚力进一步增强，公司发展继续呈现出良好态势。

【生产经营任务】 2004年，公司超额完成了各项生产经营指标。

1. 市场开发取得突出成绩

始终坚持"以市场为中心，一切围绕市场转"的市场理念，一切工作以市场为导向、以客户为导向，切实把市场开发作为头等重要的业务来抓，实施"依托本系统、面向外行业、立足国内、走向国际"的市场开发战略，着力巩固已有市场，积极拓展新的市场。全年共承揽项目1713项，新签合同额96718万元。

公司突出重点项目，充分整合全公司资源，先后承揽了西部原油和成品油管道、北京—沈阳—大连输气管道等一批重点工程项目，同时积极开拓中油系统炼化市场，承揽了林源炼厂10万吨/年干气制乙苯项目；西南分公司充分发挥品牌优势，努力以星级服务赢得市场，合同额超过2.8亿元；东北分公司加大重点项目承揽力度，新签合同额超过1.6亿元；北京分公司实施多元并举的市场开发战略，在高层建筑、小型燃煤发电工程等领域取得突破；大连分公司抓住集团公司炼厂改扩建的有利契机，积极争取更多设计任务，同时不断拓展社会市场，外部市场份额突破50%；抚顺分公司市场开发取得历史性突破，全年合同额达1.15亿元，在市场开发的拉动下，分公司全年实现主营收入6587万元，是2003年的3倍；辽阳分公司积极拓宽市场领域，全年新签合同额超过6500万元；青海分公司加大市场开发力度，生产经营工作有了较大发展；辽河工程公司不断建立和完善市场信息网络，积极参与国内外市场竞争；迪威尔公司在稳固和扩大原有市场的同时，努力开发特色产品，培育新兴市场；兴油监理公司在管道工程市场继续保持强劲发展势头，相继承揽了冀宁联络线、西部原油和成品油管道等一批重点项目；爱索环境公司发挥自身技术优势，不断拓展环境保护业务领域。

2. 国际化经营实现新突破

公司认真落实集团公司提出的"由国内工程设计为主向国际化经营转变"的要求，积极实施"坚持一个中心、实现两个目标、实施三个战略、推行六个举措"的国际化经营部署，奋力推进国际化经营。一方面从全公司范围内挑选国际化经营人才，组建了专业化的国际经营队伍；另一方面下大力气开展人才培训，通过请进来、送出去等多种渠道，累计举办各类国际工程培训班14期，培训员工750人次。经过艰苦卓绝的努力，公司国际化经营取得新的突破，先后在阿尔及利亚TOUAT油田、苏丹六区二期工程、伊朗MIS油田等海外工程项目中中标，标志着公司国际工程投标能力实现了突破性的飞跃。2004年海外市场新签合同额累计12864万元，共实现经营收入6001万元，同比分别增长了287%和50%。

西南分公司靠良好的市场信誉，顺利承揽让那诺尔第三油气处理厂等三个项目，合同额达到1082万美元；北京分公司和辽河工程公司分别在苏丹、哈萨克斯坦工程建设市场取得积极进展；迪威尔公司、兴油监理公司、东北分公司、抚顺分公司等单位也积极拓展海外工程业务。

3. 总承包和产业化业务蓬勃发展

2004年，公司按照产业发展方向，大力推进工程总承包和科技产业化，两项业务的经营收入分别达到21199万元和5877万元，占公司整体经营收入的33%，标志着公司两个新的增长点已基本形成。

各分公司纷纷根据业务发展需要调整生产组织机构，组建和充实工程总承包部，并大力拓展工程总承包业务。西南分公司以西南油气田分公司市场为突破口，相继承揽了忠县净化厂硫磺回收装置EP和高酸性气田在线腐蚀实验装置EPC项目，并在罗家寨净化厂脱水和硫磺成型装置EP和长北气田地面工程EPC等项目中取得积极进展；东北分公司加强总承包项目运行管理，吉林不二蛋白、吉林燃料乙醇精制玉米油等项目顺利投产；抚顺分公司、北京分公司、大连分公司、辽阳分公司等单位也下大力气开发工程总承包市场，并取得突出成绩。

公司坚持"培育核心技术，实现科技产业化"的科技理念，积极组织开展科研攻关，增强公司技术储备，同时充分发挥迪威尔公司和爱索环境公司的优势，大力推进科技产业化。迪威尔公司组织开展科研及新产品开发项目15项，申报专利技术12项，申报高新技术产品7项，并积极开发5项具有广阔市场前景的长线产品；爱索环境公司加大产业化工作力度，积极开发、应用、推广各类环保技术装备，工作有了新的起色。

【改革与管理】

1. 积极稳妥实施各项改革措施

一是推进专业化重组。坚持"有利于加盟单位的长远发展、有利于主管局的长远利益、有利于CPE做优做强"原则、"统一公司品牌、统一业务管理、统一企业文化、统一发展战略"要求和实体化方针，先后吸纳抚顺院、青海院、辽化院等设计单位加盟。

二是积极探索全员竞聘上岗。继续实施全员竞聘上岗试点，公司已在总结、提升试点经验的基础上，着手制定配套制度，为2005年全面推行全员竞聘上岗做好了准备。

三是不断优化生产组织结构。西南分公司按照建设完整产业架构的要求，为保证三年大发展，成立了岩土公司、环保公司和应用技术研究公司；北京分公司加大内部整合力度，初步实现了“统一规章制度、统一市场开发、统一项目管理、统一资源配置、统一财务政策”；大连分公司推行扁平化管理，取消原有专业室，改由项目管理部统一调配人力资源；抚顺分公司整合原有专业设计室，提高集约化管理水平；实业开发公司在稳定员工队伍的基础上，积极转变观念，对食堂等经营单位实行新一轮承包，扭转了经营被动局面。

四是继续深化人事制度综合配套改革。西南分公司制定员工绩效考核办法，初步建立全方位绩效评估考核体系；东北分公司积极探索员工模拟红利股分配，调动员工工作积极性；大连分公司进一步健全全员考核机制；抚顺分公司在设计、管理、操作服务岗位实行三岗阶梯式奖金分配方案；辽阳分公司将员工部分工资纳入奖励体系，与工作完成情况直接挂钩；辽河工程公司积极开展“五定”工作，强化员工考核。

五是进一步探索人力资源开发新途径。继续按照人才市场化、聘用合同化、管理动态化的原则，充分开发社会人力资源，采取市场化用工方式共聘用员工754名，有效缓解了人力资源紧张的矛盾。

2. 推行模板化管理

一是积极推行“特色管理”。按照“规范、严格、精细”的特色管理要求，加大制度建设和贯彻执行力度。特别是积极开展模板化管理，同时公司积极探索精细化管理，要求员工关注每个细节、做好每个细节，不断提高管理水平。

二是积极培育执行力文化。开展执行力大讨论，深刻剖析执行力不高的原因，研究制定具体措施。

三是深化战略管理。贯彻落实集团公司领导来CPE检查指导工作时提出的“三个转变”，即：“由国内工程设计为主向国际化经营转变、由单纯的工程设计公司向具有工程总承包能力的工程公司转变和由上游设计为主向上下游一体化转变”，科学编制今后三年发展计划。

四是强力推行项目管理。组织召开项目管理研讨会，要求全公司必须强力推行现代项目管理。

五是全面加强质量、健康、安全与环境管理。继续贯彻CPE质量管理体系和HSE管理体系，顺利通过认证机构监督审核。高度重视安全生产，强化员工安全意识，制订各类事故应急预案，坚决杜绝安全隐患。

六是切实加强财务管理。全面推行预算管理，加强监督考核，将预算完成情况与绩效考核挂钩。实现会计集中核算，完成法人实体清理工作，组织开展财务税收检查。

七是加强其他各项管理工作。

3. 着力打造CPE品牌

一是强化品牌教育。通过各种渠道，向广大员工宣传品牌的重要性，员工品牌意识逐步建立。

二是制定并实施具体工作措施。进一步细化产品包装要求，统一了产品包装；不断强化员工质量意识教育突出服务在CPE品牌中的核心地位，继续深入开展星级服务。经过努力，品牌优势已在局部范围形成，并在市场开发中发挥了重要作用。

三是积极探索质量问责制和零缺陷管理。对有问题的单位和责任人给予相应处罚；东北分公司举办质量展览，进一步提高员工质量意识；大连分公司开展设计质量问题座谈会，研究解决方案；青海分公司开展设计文件质量检查评比，召开质量工作研讨会；西南分公司、抚顺分公司、辽阳分公司、兴油监理公司等单位加大质量问题的处罚力度，对有关责任人进行了严厉处罚，在员工中产生了较大震动；辽河工程公司按产品合格率进行奖惩。

【精神文明建设】　2004年，公司认真贯彻落实集团公司党组要求，深入开展“明确形势、目标、责任，建设理想、事业、利益共同体”主题活动，队伍凝聚力和战斗力进一步增强。

1. 学习制度化、创新制度化和员工职业化

一是努力建设学习型组织。大力倡导员工学习，统一开通世界经理人网站。公司领导全年共讲座23场次，处级干部讲课108次。

二是大力推进创新制度化，明确创新制度化的具体内容。

三是强化员工职业化教育。建立了CPE统一、规范的岗位序列，制定岗位规范和评价标准，开展形式多样的员工职业化培训，特别是集中对新分配大学生进行入司教育，强化了他们的职业意识，收到很好效果。

2. “2356”人才工程

一是加强领导班子建设。强化领导干部理论学习，继续全面推行竞聘上岗。

二是强化员工培训。积极完善员工分级分类培训

体系，制定并实施公司培训工作计划，全年共举办各类培训班35期，培训员工6535人次。

三是积极引进各类人才。全年共引进技术、管理人才17名，接收了应届大学毕业生113名。

四是加强专家队伍建设。建立了CPE三级专家队伍体系，分层次选拔聘任54名三级技术专家，并签订目标责任书。

（钟吉昌）

深圳石油实业有限公司

【概述】　深圳石油实业有限公司（以下简称公司）是集团公司在深圳经济特区创办的控股公司。公司经过多年的努力，现已发展成为以天然气开发与利用为主业，兼有深海网箱养殖、建材加工、酒店餐饮、国内贸易等业务的综合型经济实体。2004年末，公司共有员工473人，其中党员69人，大专以上学历177人。

公司机关设有企业管理部、财务部、审计部和综合办公室四个职能部门以及油品经销公司和房产管理公司两个模拟法人公司。

公司全资或控股经营的子公司有：海南中油深南石油技术开发有限公司（以下简称中油深南公司）、深圳华油实业发展有限公司（以下简称华油实业公司）、深圳市中油投资有限公司、深圳市中油大厦酒店有限公司（以下简称中油酒店）、深圳市怡景酒楼有限公司、深圳市深海网箱科技养殖有限公司、海南中油深海养殖科技开发有限公司等。

2004年末，公司资产总额为81018万元，负债总额为25826万元，资产负债率为32%。全年实现销售收入44559万元，比2003年度增长103%；实现考核利润总额1615万元，超额完成了集团公司下达的1588万元的预算任务。

【企业改革】　2004年，公司坚持“以人为本”的经营管理理念，继续深化“三项制度”改革，实施人才强企战略。在2004年初实施了以扩大竞聘范围为主要内容的领导干部竞聘方案，突出体现了三个特点：一是面向全社会公开招聘重点企业负责人，对吸引社会优秀人才做了有益的尝试；二是鼓励竞聘人以搭建竞聘班子的方式参加竞聘，进一步增强了分公司经营班子的团队意识和整体能力；三是将竞聘范围扩大到公司机关，实现了公司中层领导干部全部竞聘上岗。

【主业建设】　2004年，公司坚持“以油为本”的发展定位，发挥自身资源优势和技术优势，继续加大了天然气产业的投资与建设力度：

（1）提前完成海南天然气汽车项目一期工程。该项目依托海南福山油田的天然气资源优势，具备环保、高效的特点，得到了海南省政府和集团公司的支持。到2004年底，该项目已累计建成投产母站1座、子站10座，改装天然气汽车1796辆，日加气量达5.5万立方米。

（2）中油深南公司联合有关专业公司，在海南文昌市开发了城市燃气项目。该项目计划投资5000万元，设计日供气能力为5万立方米，一期工程于2004年12月份投产运行。文昌城市燃气项目从批准立项到一期工程竣工投产，仅用了3个月的时间。

（3）加大浅层气开发力度。公司通过中油深南公司控股四川华油天然气股份有限公司（以下简称四川华气），形成了以浅层气开发为龙头的主导产业和产业链。四川华气具备油气勘探开发资质，并已获40平方千米油气构造的勘探开发权。为了充分利用天然气资源优势，尽快形成浅层气开发的产业规模，公司2004年投资2200万元，新钻天然气井8口，修复老井2口，使天然气生产井由24口增加到34口；年产气量由1440万立方米增加到3040万立方米。新钻探的白马庙气田松浅16井天然气无阻流量达到12.9万立方米/日，显示了良好的开发前景。

【新技术推广】　公司对国家“十五”科研攻关新技术成果——升降式深海抗风浪养殖网箱的业务结构进行了整合，实行深海网箱产、供、销及养殖实验一体化管理。到2004年底，公司已分别在深圳、珠海、湛江、海南等海区共安装深海网箱40套，并与中山大学合作，在广东湛江、海南陵水和临高建立养殖基地，进一步加快了深海网箱制造与养殖技术的推广应用步伐。

【产品升级换代】　公司对控股的华油实业公司，按照“华油工业园区”进行整体规划和改造，并实现了传统建材产品的升级换代。

（1）2004年，华油实业公司自行研制和配套建成投产一套年产 1 万吨的高强度低松弛预应力钢绞线机组，实现了产品的升级换代。

（2）扩大聚乙烯管材产品的综合配套能力。2004 年 4 月份，华油实业公司完成了两条引进塑胶管材生产线的安装调试工作，使聚乙烯管材生产能力由引进前的 4000 吨/年，扩大到 14000 吨/年；产品品种结构由引进前的直径 25—400 毫米，增加到 630 毫米；生产设备的技术状况达到目前世界先进水平。在引进塑胶管材生产线的同时，还购置了 4 台管件注塑设备，可生产直径 25—250 毫米的各类管件，大大地提高了塑胶管材产品的综合配套能力。

【酒店评星改造】　中油酒店是集住宿、餐饮、娱乐、会议、写字间于一体的准四星级商务酒店。原有各类客房 187 套。

从 2004 年开始，公司计划用两年时间投资1900 万元，按照四星级酒店标准，对中油酒店相关的配套设施进行更新改造，以增强中油酒店的核心竞争力。到 2004 年底，酒店评星改造的总体规划方案已通过了专家评审；改造工程投资计划已经编制下达，改造升级在有计划地进行。

【科技开发】　2004 年，公司组织实施的《钢绞线机组的研制》和《深海网箱设施的研制》项目均提前完成合同进度，达到了验收条件，并取得了可喜的阶段性成果。《海南天然气汽车产业化先导实验》项目于 2004 年 6 月通过了集团公司科技发展部组织的专家论证，并列入 2004 年集团公司科技发展计划。

（曲永平）

中油财务有限责任公司

【概述】　中油财务有限责任公司（以下简称公司）成立于 1995 年 12 月 8 日，是由中国石油天然气集团公司发起，部分油田和炼化企业参股，经中国人民银行批准，在国家工商管理局注册的一家非银行金融机构。

截至 2004 年 12 月末，公司共有股东单位 35 家，注册资本金 30 亿元人民币（含 1.2 亿美元）。公司的最高权力机构是股东会，公司实行董事会领导下的总经理负责制，总部设有七部一室，即财务部、信贷部、国际业务部、证券部、营业部、管理稽核部、信息发展部和总经理办公室。公司在集团公司部分成员单位所在地分别设立了大庆办事处、沈阳办事处、吉林代理处、西安代理处和 31 个受理处。

公司是全国最大的财务公司之一，截至 2004 年末，公司资产总额 953.36 亿元，实现利润 9.95 亿元。

公司主要经营以下本外币金融业务：对成员单位办理财务和融资顾问、信用鉴证及相关的咨询、代理业务；协助成员单位实现交易款项的收付；经批准的保险代理业务；对成员单位提供担保；办理成员单位之间的委托贷款及委托投资；对成员单位办理票据承兑与贴现；办理成员单位之间的内部转账结算及相应的结算、清算方案设计；吸收成员单位的存款；对成员单位办理贷款及融资租赁；从事同业拆借；经批准发行财务公司债券；承销成员单位的企业债券；对金融机构的股权投资；有价证券投资；成员单位产品的消费信贷、买方信贷及融资租赁。

公司注册中文名称：中油财务有限责任公司。

【主要经营概况】　2004 年，公司在集团公司和董事会的正确领导下，努力拓展经营业务，严格风险管理，不断提高服务意识，确保了管理水平和服务水平的提升，并取得了较好的业绩：一是继续保持优良的资产质量，利润指标再创新高；二是积极争取外汇政策，努力搭建境外资金集中管理平台，境外投资再上新台阶；三是结算网络不断完善，服务能力有了新的提高，确保 5 万亿结算量顺利完成；四是信贷规模扭转了徘徊不前的局面；五是对证券投资进行结构性调整，提高了投资抗风险能力；六是风险管理与内控体系进一步完善，保障了业务的稳步发展；七是信息化建设取得阶段性成果，能够支持公司各项业务需要的信息服务平台初建成功；八是职工队伍思想建设取得显著成效。

2004 年末，公司资产规模 953.36 亿元（不含委托资产），比年初增加 48.91 亿元，增长了 5.41%，实现利润 9.95 亿元，比 2003 年增加 1.62 亿元，增长 19.44%。

2004 年，公司信托贷款和贴现总额 298.67 亿元，同比增长 3.15%。主要原因是：继续保持信托贷款规模的稳定并较 2003 年略有上升，加大开拓新业务的工作力度，本年新增加贷款 9.12 亿元。

2004 年，公司各项投资 372.76 亿元，同比下降 6.33%。主要原因是：在集团公司的扶持下，调整了资产结构，国债投资规模同 2003 年相比下降了 23.79%。

公司统一执行中国银行业监督管理委员会《关于非银行金融机构全面推行资产质量五级分类管理的通知》以及经公司董事会批准的资产风险分类管理办法计提各项资产减值准备。2004 年末公司各项资产减值准备 14.47 亿元，比 2003 年增加 4.23 亿元。

2004 年末，公司信托存款 887.17 亿元，同 2003 年相比增长 8.87%。

2004 年末，公司所有者权益 54.43 亿元，比 2003 年增加 4.09 亿元，增长 8.13%。增加的原因是公司本年度实现净利润使权益增长 17.39%；支付 2003 年度分红使权益下降 9.26%。

2004 年，公司实现营业总收入 32.57 亿元，同 2003 年相比增长 24.64%。利息收入 11.88 亿元，同 2003 年相比增长 0.97%，占总收入的 36.49%。

金融企业往来收入 4.71 亿元，同 2003 年相比增长 36.64%，占总收入的 14.46%。

证券销售差价收入 3682 万元，同比下降 63.66%。主要原因：证券市场系统风险加大，2004 年末上证指数、深证成分指数和国债指数分别比年初下跌 15.4%，11.8%和 3.8%。

手续费收入 4386 万元，同比下降 20.20%。主要原因是 2003 年一次性收取以前年度外汇委托贷款手续费收入。

其他营业收入 2.52 亿元，同 2003 年相比增长 234.43%。主要原因：在信托存款大幅度增长的情况下，调整资产结构，加大国债回购力度，提高资金使用效率。2004 年累计国债回购同 2003 年相比增长 550.45%。

投资收益 12.51 亿元，同 2003 年相比增长 45.58%，占总收入的 38.41%。主要是债券投资平均规模扩大使收益同比增长 37.48%。

2004 年，公司营业总支出 22.62 亿元，同 2003 年相比增长 27.08%。利息支出 16.32 亿元，同比增长 40.93%，占营业总支出的 72.15%。增加的主要原因是公司信托存款平均余额同比增长 29.64%和存款结构变化。

营业费用 9821 万元，同 2003 年相比增长 58.33%，占营业总支出的 4.34%。主要原因是公司根据中国银行业监督管理委员会的有关规定，2004 年缴纳监管费 2638 万元。

其他营业支出 4.38 亿元，同 2003 年相比下降 8.95%，占营业总支出的 19.37%。主要原因是计提资产减值准备同比减少 2573 万元。

营业税金及附加 8592 万元，同 2003 年相比增长 10.94%，占营业总支出的 3.79%。

公司根据中国银行业监督管理委员会的相关规定计算资本充足率。

1. 人民币信贷业务

2004 年，人民币信托贷款保持了稳定、上升的趋势，全年信托贷款平均余额比 2003 年增加 20.63 亿元，各项信贷资产利息收入比 2003 年净增加 0.34 亿元，始终保持了信贷资产质量良好。

全年累计发放人民币贷款 606.86 亿元，收回各类信托贷款 565.63 亿元，人民币贷款余额为 473.14 亿元。其中：发放信托流动资金贷款 291.11 亿元，办理贴现 76.25 亿元，发放信托固定资产贷款 16.60 亿元，发放委托贷款 222.90 亿元。

新产品开发上有了较大进展，试办了应收账款为系统外的回购型保理业务、商业承兑汇票转贴现业务及双向买断式银行承兑汇票转贴现业务，开办了买方付息贴现业务、信贷资产转让业务。新产品及新的业务领域的拓展，谋求了更多的业务发展机会并取得了较好的收益，它将成为公司未来发展新的利润增长点。

2. 投资业务

2004 年，投资业务实现收入 15.2 亿元。证券投资占用资金 357.41 亿元，其中：股票 6.65 亿元、基金 10.67 亿元、国债 264.63 亿元、企业债 32.56 亿元、金融债 24.06 亿元、可转债 6.46 亿元、信托产品 9.54 亿元、委托理财 2.30 亿元。

2004 年公司融券回购金额 3059.93 亿元，实现收入 2.66 亿元，扣除同业存款利息后的收入为 0.65 亿元。

2004 年代理国债回购 3963.94 亿元，代理买入国债面值 2.12 亿元；公司接受委托投资余额 46.91 亿元，向委托方共支付委托投资收益 1.01 亿元。公司接受成员单位委托，接受债券托管金额为 111.46 亿元。

3. 结算业务

2004 年，公司根据集团公司生产、销售运行的特点实行了原油、成品油、天然气、化工等产品的货款封闭结算。为满足客户对下属单位资金管理的需求，开发了代客户资金管理及收支两条线管理的结算方式。

2004年末信托存款余额887.17亿元，其中：人民币信托存款828. 30亿元，外币信托存款7.11亿美元（折合人民币58.87亿元）；办理人民币结算业务56479.50亿元，办理美元结算业务35.90亿美元，英镑业务2.47亿英镑。

2004年，加强了电子商务系统的完善和网上银行业务的宣传和推广力度。

4. 国际业务

2004年，公司国际业务得到了快速发展，外汇经营取得了历年最好成绩。截至年末，公司外汇资产92657万美元（不含委托资产），实现外汇收入3059万美元，外汇信托贷款51781万美元，外汇结算406506万美元，全年实现外汇利润2173万美元。

【业务前景展望】 随着金融改革进程的深化和金融市场对外开放步伐的加快，提高金融企业具有竞争力的新产品开发和抗风险能力，是金融行业的第一要务，也是把握机遇，应对挑战的需要。

（1）信贷业务：加速信贷业务产品的创新步伐，研究消费信贷业务开展的可行性，不断满足客户多元化、个性化需求，为集团企业的全面发展提供强有力支持。加大信贷中间业务开发力度，加深与客户的业务合作，带动业务全面发展。

（2）结算业务：继续做好货款封闭结算工作，规范结算流程、严格结算纪律、提供优质服务。积极推广客户网上银行系统，完善服务手段，提高工作效率。

（3）国际业务：配合集团公司做好境外资金集中管理工作。加强外汇资产的组合分析，适时调整投资组合，优化资产和来源的匹配性，减少汇率和利率波动带来的影响。

（4）证券投资业务：加强对证券市场的分析与研究，严格控制投资风险，优化公司债券投资结构，加大可转债的投资力度，积极稳妥地做好债券业务，增强债券的流动性，以获得低风险下的较高收益，提高投资收益水平。

（5）信息化建设：做好电子商务系统及ORACLE财务系统的优化、推广和维护工作。做好公司新增业务需求的分析和软件开发工作，确保新业务品种的开发与电子商务建设的同步进行。在客户服务方面，将大力推广客户网上银行系统，提高客户服务质量。

（中油财务有限责任公司）

吉林燃料乙醇有限责任公司

【概述】 吉林燃料乙醇有限责任公司（以下简称公司）是中国和亚洲最大的玉米生化产业发展商及新兴能源供应商之一，是中国政府批准建立的国内第一个大型燃料乙醇生产基地。公司注册资本12亿元，由中国石油天然气集团公司、吉林粮食集团有限公司和中国华润总公司共同出资组建，出资比例分别为55%、25%和20%。

公司创立于2001年9月19日，地处中国东北部风景秀丽的吉林市，位于吉林经济技术开发区中心地带，占地140公顷。公司的发展基础是国家“十五”期间新兴能源的试点、示范工程——吉林60万吨/年燃料乙醇项目。项目分两条生产线建设，单线生产能力30万吨/年，第一条生产线投资概算20.43亿元，于2001年9月22日正式启动，2003年8月31日建成投产。

公司引进国外先进技术和设备，建立行业领先的生产运行系统，拥有燃料乙醇生产线、酒糟蛋白饲料（DDGS）生产线、精制玉米油生产线等大规模的核心生产装置，并配有自备热电厂、铁路专用线、净水及污水处理场等功能完善的公用工程和辅助设施，依靠雄厚的实力为社会各界奉献优质的产品。主装置以玉米为生产原料，年消化玉米96万吨，生产燃料乙醇30万吨、酒糟蛋白饲料29.1万吨、玉米油2.25万吨。

公司成立以来，严格按照现代企业制度规范运作，设立了股东会、董事会、监事会和经理层，实行董事会领导下的总经理负责制。管理模式上，基本上都采用现代的管理方式，逐步引入办公自动化和网络化。企业不办社会，不办副业，不办后勤，充分利用社会资源，委托专业公司保证企业需要。全公司员工530多人，平均年龄34岁，博士、硕士和大专以上学历人员占60%，工程技术人员占36%，机关管理人员不到10%，中级职称以上人员超过25%。

【生产经营情况】　全年累计生产乙醇16.5万吨、饲料12.1万吨、玉米油7196吨。其中，主产品乙醇比年初预算增产1.5万吨，增幅10%；累计销售车用乙醇12.3万吨，其他乙醇3.2万吨，饲料12.1万吨，玉米油4871吨，各类乙醇总销售量达到15.5万吨，比年初预算增加5394吨，增幅3.6%。公司从6月份开始实现当月盈利，10月份实现整体扭亏，在加速折旧2750万元的基础上，全年实现利润1100万元，提前一年扭亏为盈，微利运营目标初步实现。

【主要工作】　2004年是公司生产经营全面起步之年，也是公司的管理年和成本效益年。一年来，在集团公司的高度重视和大力支持下，公司认真贯彻落实集团各项工作要求，并按照年初董事会确定的“外拓市场、内降成本、管理升级”的工作主线，上下一心，齐力攻坚，各项工作都取得了较好的进展。

1. 狠抓了生产控制和运行的整体优化

装置生产经过调整、完善和提高，达到了安全、稳定、满负荷运行。为了实现这个目标，公司在年初就开展了工艺技术和生产瓶颈问题的科研攻关，组织了攻关课题公开揭榜活动，在很大程度上提高了生产效率。同时，在2004年上半年产品销量不足的时候，提前组织了年度大检修，把装置运行中发现的问题进行了集中解决，为下半年组织满负荷生产创造了条件。在检修期间，公司同步完成了10万吨/年乙醇精制技术改造项目。这样，企业就不仅能够生产燃料乙醇，还能够生产工业酒精、无水酒精、食用酒精、医用酒精等各类乙醇产品，把装置提高到了一个新的等级，成为一条复合型的生产线，不仅有助于提高生产负荷，还可以根据市场变化随时调整产品结构，降低企业的运营风险。

2. 集中力量组织了市场开发和产品销售攻关

为进一步抓好销售工作，公司从2004年3月初开始，除了留2名领导主持内部工作外，其他班子成员全部投入到销售工作当中，成立了四个工作小组，分头负责吉林、辽宁和其他区域的产品销售工作。到2004年年底，市场全面打开，产品销量稳定上升，封闭推广目标正在逐步实现。

第一，与吉林省政府共同开展“百人百日”监督检查活动，把省内燃料乙醇的月销量从2004年一季度的3000多吨，增加到了四季度的9000多吨。

第二，跟踪落实组分油生产和97#乙醇汽油推广工作，完成了燃料乙醇替代MTBE的工作，实行了燃料乙醇和组分油直接混配，实现了97#乙醇汽油在吉林省全境上市。

第三，下大力气开发辽宁省市场。经过3个月的试点，辽宁市场从2004年9月末开始封闭试运行，11月1日实现全省推广，封闭运行以来，市场销量持续增长。

3. 千方百计降低生产消耗和产品成本

在原料成本的控制上，公司确定了优先使用陈化粮和新粮，以商品粮为补充的玉米供应结构。从2003年项目投产到2004年底，总共采购玉米60万吨，其中陈化玉米24.5万吨，新玉米18.8万吨，两项合计占总量的72.2%。在能耗物耗指标的控制上，每吨乙醇玉米单耗最好水平已经达到3.13吨，好于设计值的3.19吨；乙醇单位制造成本由2004年年初的4600元/吨左右，降到了四季度的3500元/吨以下，下降幅度在25%左右。

4. 以三项体系认证为主线，全面推进管理升级

从成立之初开始，公司就着手进行ISO 9001质量体系、ISO 14001环境体系和OHSAS 18001职业安全卫生体系的认证准备工作。2004年上半年以来，公司对各项管理工作进行了一次普遍的改进和完善，对整个管理体系进行了一次全面的审核和检查，基本上清除了管理上的死角，使公司的基础管理更加扎实。2004年9月份，公司一次通过了上述三项体系的国际和国家级认证，得到了英国国家质量认证机构审核与注册的3个国际认证证书（UKAS证书）和国内认证机构授予的3个国家级体系认证证书。同时，公司上下全面树立了“严字当头”抓管理的思想，加大了管理上的奖罚力度，促进了企业管理水平的进一步提高。

5. 坚持不懈地谋划企业的未来发展

从组建吉林燃料乙醇项目开始，公司就一直在研究企业的发展问题，做了大量的科研开发工作。2004年，公司实现了精制玉米油装置的成功投产，开工了玉米油小包装生产线，并在发展上，初步确定了一批深加工项目，为企业的下一步发展明确了目标和方向。

（赵会来）

中国石油集团西部管道有限责任公司

【概述】 中国石油集团西部管道有限责任公司（以下简称公司）于2004年8月由集团公司批准成立（中油人劳字［2005］415号文），是中国石油天然气集团的成员企业，负责西部原油、成品油管道工程的建设和运营管理。公司由中国石油天然气集团公司、中国石油天然气股份有限公司、大庆石油管理局、新疆石油管理局、中国石油天然气管道局、长庆石油勘探局、吐哈石油勘探开发指挥部及塔里木石油勘探开发指挥部8家企业出资联合组建。公司于2004年8月26日召开了第一次股东会、首届董事会第一次会议、首届监事会第一次会议。2004年10月14日，公司完成了工商注册，取得了企业法人营业执照。公司注册住所为新疆乌鲁木齐市，注册资本总额为80亿元人民币。公司的主要经营范围为：石油及其产品（专项审批除外）的储运及相关技术开发和石油化工产品（专项审批除外）的销售；石油管道工程的建设及相关技术咨询（凭资质证书经营）。

【工程建设】 为保障国家能源战略安全，实施西部大开发战略，改善新疆油品外运条件，降低运输成本，推进西部石油资源的优化配置和石油加工企业的结构调整，促进西部地区经济发展，集团公司于2003年7月9日召开办公会，决定开始规划建设鄯善—兰州的原油管道、乌鲁木齐—兰州的成品油管道，即西部原油、成品油管道工程。2004年2月9日，集团公司成立了西部原油、成品油管道工程建设项目组，开始项目的筹建工作。

西部原油、成品油管道是目前国内设计输量最大、距离最长、压力最高的输油管道，总的走向为独山子—乌鲁木齐—鄯善—红柳河—嘉峪关—武威—兰州，途经新疆、甘肃的28个县（市、区）。西部原油、成品油管道工程分两期实施，共建设3条管道干线和7条管道支线。一期工程建设2条管道干线（成品油、原油）、7条分输支线，新建管道总长度3986千米（2条干线3390千米，7条支线596千米）。原油管道干线的起点为鄯善，终点为兰州，全长1550千米，设计输量2000万吨/年；3条原油支线分别为北疆进油支线、吐哈进油支线、玉门分输支线。成品油管道干线的起点为乌鲁木齐，终点为兰州，全长1840千米，设计输量1000万吨/年；4条成品油支线分别为独石化进油支线、乌石化进油支线、玉门炼油厂进油支线（双线）。一期工程计划于2006年6月建成。二期工程建设独山子—兰州原油管道复线2065千米，设计输量1000万吨/年，主要输送哈萨克斯坦进口原油，计划于2009年1月动工建设，2010年12月建成。

西部管道工程自2004年2月正式筹建以来，在集团公司的正确领导下，在各股东单位、参建单位的积极协作下，工程前期建设工作取得了较好的阶段性成果。工程预可行性研究报告已通过中国国际咨询公司评估，报国家发展和改革委员会核准；西部管道工程《环境影响评价报告》、《工程场地地震安全性评价》、《建设用地地质灾害危险性评估》和《劳动安全卫生预评价报告》、《水土保持方案》先后得到国家有关部门批复；工程建设用地也先后通过新疆、甘肃和国土资源部的预审；工程初步设计已完成并报集团公司审查；施工图设计按计划正点运行；试验段、扩大试验段施工进展顺利，基本达到试验目的；管材资源全部落实。

（王宜珂）

中国石油集团海洋工程有限公司

【概述】 中国石油集团海洋工程有限公司（以下简称公司，英文缩写CPOE）是根据中国石油天然气集团公司加快海洋油气资源勘探开发、持续推进专业化重组的战略部署，于2004年10月由中国石油天然气集团公司、辽河石油勘探局和大港油田集团公司三家联合出资组建，由中国石油天然气集团公司控股、按照现代企业制度运作、主要从事海洋石油工程技术服务的有限责任公司。公司机关设六部一室，包括办公室、运行部、技术部、计划装备部、财务资产部、人力资源部、质量安全环保部。公司下设辽河事业部、大港事业部和设计研究中心三个单位。

公司主营业务涉及海洋石油钻采工艺和海洋工程的研究、设计；海洋钻井、井下作业、试油试采工程；海洋石油工程建造、安装、使用和维护；海洋石油作业船舶服务、基地保障业务；相关装备的设计、制造、维护及维修等领域。

【2004 年工作】

(1) 2004 年 9 月 6 日，中国石油天然气集团公司下发了内容为“关于印发《中国石油集团海洋工程有限公司组建方案》的通知”的中油资字［2004］473 号文件。

(2) 2004 年 10 月 15 日，中国石油天然气集团公司下发了内容为“关于成立中国石油集团海洋工程有限公司的通知”的中油人劳字［2004］554 号文件。

(3) 2004 年 10 月 19 日，中国石油集团海洋工程有限公司在北京香山金源商旅中心酒店召开了公司首次股东会、首届首次董事会和监事会，选举产生了刘海胜、石林、周抚生、刘振军、王育山、吴奇、王亮、许元科、王士林等 9 名董事，推选刘海胜为董事长，聘任石林为总经理，选举产生了卢丽平、王守禹、张风义等 3 名监事，推选卢丽平为监事会召集人。

(4) 2004 年 10 月 21 日，中国石油天然气集团公司下发了内容为“关于公司首届董事会、监事会组成人员及总经理任职的通知”的中油任字［2004］564 号文件。

(5) 2004 年 10 月 28 日，国家工商行政管理总局正式颁发中国石油集团海洋工程有限公司营业执照。

(6) 2004 年 11 月 3 日下午，中国石油集团海洋工程有限公司在集团公司 8 楼大会议室召开了成立大会。参加会议的有集团公司、股份公司领导，集团公司、股份公司有关部门负责人，兄弟单位代表，公司董事、监事、筹备人员以及来自媒体的朋友。会议由集团公司副总经理王宜林主持，会上集团公司副总经理郑虎同志作重要讲话，集团公司总经理助理、中国石油集团海洋工程有限公司董事长刘海胜同志致辞，股份公司副总裁刘宝和同志致贺词，集团公司人事劳资部主任李万余同志宣读《关于成立中国石油集团海洋工程有限公司的通知》、《关于中国石油集团海洋工程有限公司首届董事会、监事会组成人员和总经埋任职的通知》，中国石油集团海洋工程有限公司宣告正式成立。

(7) 公司成立后，一面抓紧人才吸引、队伍组建工作，一面积极开拓市场，谋划 2005 年生产运行，争取早日为集团公司海上油气勘探开发做贡献。同时，装备建设、制度体系建立等各项工作紧锣密鼓、有条不紊扎实进行。

（董　立）

第十四篇

中国石油天然气集团公司大事纪要

中国石油天然气集团公司大事纪要

一　　月

1日　股份公司天然气与管道分公司和上海市天然气管网有限公司正式签署《天然气销售协议》。这标志着西气东输东段管道正式商业运营，中国石油2004年1月1日先期利用长庆天然气向上海正式商业供气的承诺按期兑现。

同日　陕京线正式实行首站买断，标志着以首站买断形式为代表的天然气销售商务运行模式已经逐步确立，初步形成了产、输、储、销的商务运行模式。

同日　在股份公司的统一部署下，华北销售分公司北京地区已使用中国石油加油卡的加油站再添新业务，全部向外国使领馆开放，各国驻京使领馆车辆可凭中国石油加油卡免税加油。

同日　中国石油国际事业有限公司与全球最大炼厂——SK能源亚洲公司首次签订长期柴油购销合同。

5日　集团公司任命廖永远、徐文荣、汪东进3人为集团公司总经理助理。集团公司党组任命李亚平同志为中油国际工程有限责任公司党委委员、书记。

同日　集团公司向所属单位印发《中国石油天然气集团公司未上市企业国内固定资产投资项目经济评价方法与参数》。

6日　集团公司2004年工作会议在北京通过总部视频会议系统召开（详见专稿）。

同日　集团公司副总经理、股份公司总裁陈耕会见艾芬豪能源有限公司副董事长罗伯特弗里德兰。双方就共同感兴趣的领域潜在的合作机会进行了探讨，包括在中东国家的合作及合成油项目合作。

6—8日　国务院国有资产管理委员会党委书记、副主任李毅中带领国务院督察组到辽河油田进行安全督察，就强化安全生产做重要指示。

7日　集团公司党组书记马富才等一行带领安全检查组到华北油田分公司，实地检查安全落实情况并慰问一线干部员工。马富才要求大家认真吸取重庆“12.23”特大井喷事故教训，真正把安全工作放在第一位，促进各项工作协调发展。

同日　集团公司副总经理周吉平会见委内瑞拉驻华使馆临时代办巴迪略。

同日　股份公司向国家发改委上报《西气东输管道工程配套天然气地下储气库可行性研究报告》的请示（中油股字［2004］12号）。

7—11日　集团公司副总经理、股份公司总裁陈耕一行到吉林油田分公司、吉林石化分公司、吉林销售分公司检查指导安全工作。

9日　全国人大常委会副委员长蒋正华一行到吉林石化分公司视察。

同日　中国石油勘探开发研究院苏义脑同志当选为中国工程院院士。

同日　股份公司在北京组织审查2004年11个重点油藏评价项目部署。

同日　由国际工程公司总经理许大坤任组长的中东非洲安全大检查工作组，分成五个小组分别赴苏丹、伊朗、埃及、尼日利亚和利比亚进行安全检查工作。此次重点检查各单位的HSE岗位责任制等各项安全生产规章制度的完善和落实情况，重大危险点源、关键装置、重点部位安全隐患的监控、整改的落实情况以及HSE管理体系文件的有效性和适宜性以及突发重大事故应急救援预案及其子预案的编制和落实情况。

9—15日　由国家西气办、公安部消防局、国家安监局等组成的安全检查组，对西气东输上游气田、中游管道和下游城市管网开展安全大检查。检查组充分肯定了西气东输东段管道安全运营工作，针对存在的问题和困难，提出意见和建议，并讨论建立西气东输管道安全运行的长效保护机制。

10日　由集团公司副总经理王宜林、股份公司副总裁刘宝和一行13人组成的第10检查组到吐哈油田对安全工作进行督促检查。

11日　集团公司副总经理、股份公司副总裁段文德带领集团公司安全生产督促检查和慰问第八工作组到大庆石化分公司，深入17个基层单位，实地检查安全生产情况，走访慰问企业干部职工、劳动模范和特困职工，并听取了工作汇报。

同日　国家科学技术部在北京组织专家对塔里木油田分公司承担的国家“十五”攻关项目《塔里木盆地大中型气田勘探开发关键技术研究》下属的4个一级专题和29个二级专题进行中期评估检查，项目全部通过评估验收，评价为A级。

12日　集团公司副总经理周吉平会见安哥拉石油公司（Sonangol）总裁Manuel Vicente，双方就我公司从安哥拉购买石油交换了意见。

同日　忠武输气管道控制性工程之一的武汉军山长江穿越隧道工程全线贯通。

13日　集团公司副总经理郑虎会见美国南加州大学商学院副院长Dr. Kumar，双方就人员培训方面的合作前景交换了意见。

15日　集团公司副总经理、股份公司总裁陈耕会见花旗集团全球石油及天然气主席Julian Mylchreest。外方介绍了石油、天然气行业在全球资本市场的走势及海外上游资产的收购兼并机会。

同日　中国石油国际事业有限公司与台湾中华石油公司签订长期柴油购销合同，这是中国石油首次与台湾地区企业签订长期合同，确保了中国石油获取更多的、稳定的海外资源。

16日　集团公司副总经理周吉平会见埃及石油部代表团，双方就在埃及石油合作方面的有关问题进行了探讨。

18日　西气东输管道向浙江省和江苏省苏州市正式商业供气。至此，西气东输供气范围已覆盖所有下游目标市场河南、安徽、江苏、浙江、上海四省一市。

20日　股份公司向国家发改委上报《俄罗斯联邦伊尔库茨克州科维克金气田至中华人民共和国和大韩民国输气管道建设及科维克金气田开发工程可行性研究报告的请示》（中油股字［2004］28号）。

同日　中国石油天然气国际有限公司印发《中国石油国内勘探开发对外合作项目内部管理程序（试行）》。该程序针对国内项目的运行特点，以全面提高管理水平为目标，通过建立总体开发方案、年度工作计划与预算和AFE管理体系，规范了公司各部门的管理工作。

21日　集团公司召开安全工作会议，部署2004年安全工作，并决定将每年的12月23日作为集团公司安全生产警示日。

22日　集团公司任命孙先锋为集团公司审计部主任，免去陈维忠集团公司审计部主任职务。

26日　在新疆考察工作的中共中央政治局委员、书记处书记、国务委员、公安部部长周永康会见塔里木油田领导孙龙德、秦刚等。周永康听取孙龙德的工作汇报，对油田工作提出希望，并转达了胡锦涛总书记对油田职工的问候。

28日　川中项目八角场气田开发方案获得国家正式批准，标志着该气田进入开发期。

29日　集团公司副总经理周吉平与埃及石油部第一副部长默罕默德·沙米尔·海姆迪在开罗签署埃及南部三区块石油勘探及其他潜在区块石油领域合作谅解备忘录。

同日　集团公司对所属企业印发了《未上市企业化工业务产品发展方向指导意见》。

30日　集团公司副总经理、股份公司高级副总裁苏树林与北京市副市长刘志华共同主持召开会议，研究陕京二线天然气管道工程、北京市接气配套工程建设及冬季天然气应急工程等问题，商定了双方的工作重点和相互配合的工作原则。

二　月

2日　集团公司总经理马富才会见俄罗斯YUKOS公司董事长捷梅尔科，双方就战略合作问题交换了意见，会后共同签署了会谈纪要。

同日　集团公司副总经理、股份公司高级副总裁苏树林会见尤科斯石油股份公司董事长捷梅尔科。双方就中俄石油天然气合作进行了探讨。

3日　集团公司总经理马富才会见哈萨克斯坦驻华大使卡力布扎诺夫，双方就中哈原油管道合作前景交换了意见。

4日　集团公司副总经理周吉平与阿尔及利亚国家石油公司执行副总裁贝奇·阿可在阿尔及利亚签署《中国石油天然气集团公司与阿尔及利亚国家石油公司关于在石油领域开展双边合作协议书》。

同日　集团公司副总经理、股份公司高级副总裁苏树林出访美国。

5日　西气东输工程工作会议在北京召开。会议由国家发改委副主任、国家西气东输工程建设领导小组组长张国宝主持。会议听取了中国石油关于西气东输工程总体工作情况等汇报。国家发改委能源局、工业司、价格司和中国石油、中国石化的领导共30余人参加了会议。

同日　股份公司天然气与管道分公司2003年财

务决算审核工作结束。2003年天然气与管道分公司实现税前利润17.0亿元（按国际准则），比2002年14.7亿元增加2.3亿元。

6日　股份公司向国家发改委上报《西气东输与陕京二线联络管道工程预可行性研究报告的请示》（中油股字［2004］45号）。

9日　集团公司成立西部原油、成品油管道工程建设项目组，凌霄任组长。

10日　集团公司副总经理周吉平会见俄罗斯鲁克石油公司副总经理Rakhmetov Serik，双方就合作前景交换了意见。

10日　集团公司副总经理郑虎会见美国A&M大学副校长助理赵伟。

10—13日　股份公司在乌鲁木齐召开2004年度勘探项目总体设计西部片区审查会议。通过审查，一是使各油气田公司的工作思路和工作重点进一步明确；二是2004年油气预探部署更加落实；三是对发现的总体设计中不合理部分进行了调整；四是对新技术的应用与推广进行了具体的安排。为全年工作任务的顺利完成奠定了基础。

11日　集团公司副总经理周吉平会见安哥拉驻联合国教科文组织公使Pierre Falcone，双方就进一步加强合作的有关问题交换了意见。

同日　集团公司副总经理周吉平会见加拿大前总理克雷蒂安，双方就中加两国石油公司合作前景交换了意见。

12日　集团公司副总经理、股份公司总裁陈耕应邀出席纽约银行北京代表处的成立仪式。在活动期间，陈耕与该银行董事长雷毅进行了友好的交谈，并代表该银行的中国客户做了讲话。

13日—3月3日　监事会委托河北燕华会计师事务所、吉林石化分公司审计部、大港油田分公司审计所、天津振兴会计师事务所，分别对辽河油田分公司、锦西石化分公司、独山子石化分公司和山东销售分公司2003年度预算执行情况，进行了抽样审计调查。本次审计调查资金覆盖面9%，共反映出问题25项，提出审计建议23条。

16日　中国石油天然气股份有限公司华北天然气销售分公司成立。负责组织华北地区及陕京线沿线地区的天然气销售和市场开发、市场研究工作；负责相关地区的天然气销售气款结算、推价以及售后服务、用户管理等。

同日　辽河油田分公司重点区块沈257块潜山油藏评价获重大进展，控制含油面积6.8平方千米，预计新增探明石油地质储量500万吨。

17—20日　股份公司财务总监王国樑到华北油田就成本管理工作进行调研。

18日　集团公司副总经理、股份公司总裁陈耕到赵东检查指导工作，对中国石油与外国公司合作勘探开发赵东项目的生产技术和经营管理给予了高度评价。

同日　王铁军担任东方地球物理勘探有限责任公司董事、副董事长、总经理、党委副书记；徐文荣不再担任东方地球物理勘探有限责任公司副董事长、董事、总经理、党委副书记、常委、委员职务。

同日　国家西气办编发题为《西气东输对缓解上海冬季用气高峰和能源结构调整发挥作用》的简报。自2004年1月1日西气东输正式向上海供气以来，日均向上海供气83万立方米，占上海市天然气日供应量的31.7%，为上海市平稳度过冬季用气高峰、缓解燃气供应紧张等起到了重要作用。

同日　兰成渝输油管道（四川段）、涩宁兰输气管道被水利部命名为“开发建设项目水土保持示范工程”。

同日　股份公司召开法律工作电视会议，副总裁王福成出席会议并作重要讲话，对公司法律工作适应新的形势和变化，大力推进各领域的依法治理提出了明确要求。会议对2003年公司法律工作作了全面总结，安排部署了2004年的工作。

同日　由大庆油田有限责任公司研发的桥式偏心分层开采及挖潜配套工艺技术获国家技术发明二等奖。

20日　中共中央、国务院在北京隆重举行国家科学技术奖励大会。集团公司获六项国家科技大奖。其中，国家科学技术进步奖一等奖1项，国家科学技术进步奖二等奖4项，国家技术发明奖二等奖1项。中国石油天然气勘探开发公司“苏丹Muglad盆地1/2/4区高效勘探技术与实践”获得2003年国家科学技术进步一等奖，是国内企业第一个获此殊荣的海外科研项目（详见专稿）。

20—21日　股份公司与斯伦贝谢公司在上海联合召开了2003年度测井服务合作年会。勘探与生产分公司、14个油（气）田分（子）公司、勘探院（廊坊分院）和物资装备总公司以及斯伦贝谢公司共110名代表参加了会议。

23—24日　集团公司直属机关2004年党的工作会议在北京召开（详见专稿）。

24日　集团公司总经理助理汪东进会见苏里南国家石油公司（STATE OIL COMPANY SURI-

NAME N. V.）总经理Dr. S. E. Jharap，双方就合作前景交换了意见。

同日　集团公司副总经理、股份公司副总裁段文德出席在凯宾斯基饭店举行的中国石油与 bp 合资经营成品油销售项目签字仪式。

同日　集团公司副总经理、股份公司高级副总裁苏树林会见 bp 集团首席财务官高拜伦，双方就中俄韩天然气管道项目的技术合作、资产并购、人员学习与交流等方面交换了意见。

同日　股份公司完成辽河海南—月东项目洽谈，签署《中华人民共和国渤海湾盆地海南—月东区块开发和生产石油合同》。该合同已获商务部批准生效并开始执行。

25 日　温家宝总理在国家发改委《关于 2004 年西气东输工程有关工作安排的报告》上做出批示："要提高工程质量和效益，确保供气的稳定和安全。"

26—27 日　集团公司西气东输工程 2004 年工作会议在北京召开，集团公司领导马富才、任传俊、苏树林等出席会议。会议主要内容总结经验，进一步动员各参建单位团结协作、顽强拼搏、夺取西气东输工程全线建成投产的全面胜利。总经理马富才在会上做重要讲话。会议充分肯定了西气东输工程在过去一年取得的巨大成绩，对 2005 年的重点工作做出了安排部署，对"百日决战"中涌现的 58 个优胜集体、93 个优胜机组和 1262 名优胜个人进行了表彰。

27 日　集团公司副总经理、股份公司总裁陈耕会见德意志银行投资银行首席执行官麦克・科尔。双方就资本市场发展动态、海外收购战略、油价预测等方面交换了意见。

同日　锦州石化博士后科研工作站在锦州石化分公司成立。该站是锦州石化分公司与天津大学、北京化工大学、中国石油化工科学研究院、中国科学院长春应用化学研究所共同建立的科研创新基地。

同日　股份公司与 Basell 公司签署了兰州石化 LDPE 项目合同。

本月　中国石油国际事业有限公司参加了二季度苏丹原油投标项目，中标 860 万桶，占二季度全部招标苏丹原油总量的 82.7%。

三　　月

1 日　郑怀义任大庆石油化工总厂厂长；免去赵伯超大庆石油化工总厂厂长、党委副书记、常委、委员职务。

同日　集团公司向所属单位印发了《中国石油天然气集团公司建设具有国际竞争力跨国企业集团战略纲要》。

同日　国家发改委《印发国家发展改革委关于审批陕京二线输气管道工程项目建议书的请示的通知》（发改能源［2004］363 号）。

同日　西气东输全国免费拨打电话 8008200375 开通。作为应急报警电话向社会开放，便于及时向上海调控中心报告自然灾害、人为造成等各种事故发生情况，有利于抢修、维修人员能及时赶到现场处理，将事故危害降到最低。

2 日　集团公司副总经理郑虎、总经理助理汪东进会见伊朗石油部副部长塞义德・侯塞尼扬，双方就合作前景交换了意见。

同日　集团公司决定撤销原总公司浦东开发办公室。

同日　集团公司副总经理、股份公司总裁陈耕会见新日本石油公司董事长渡文明。双方就润滑油业务、原油贸易、委托加工合作、加油站合作等方面的问题进行了交流。

2—4 日　集团公司副总经理任传俊一行前往冀东石油勘探开发公司、大港油田集团有限责任公司，对两企业的安全生产情况进行了检查。

3 日　集团公司总经理马富才会见苏丹财政部部长 Elzubeir Ahmed Elhassan，就两国合作项目交换了意见。

同日　集团公司任命何庆华为中国石油学会第六届理事会秘书长。

同日　重庆地区石油企业工作协调小组成立。主要职责是统一协调区域内石油企业的长远发展；负责重庆市委、市政府有关要求的传达贯彻，并上报企业落实情况；统一协调对外关系；统一协调有关政策；统一协调维护企业和社会稳定工作。

同日　股份公司印发《开展创建节能节水型企业活动实施方案》，提出"从 2004 年开始，在全公司范围内全面开展创建节能节水型企业活动"。该实施方案的出台，标志着股份公司资源节约型企业建设正式开始启动。

4 日　集团公司副总经理周吉平出席庆祝中国苏丹建交 45 周年、欢迎苏丹财政部部长访华招待会。

同日　集团公司总会计师贡华章会见普华永道大中华区首席执行官扬绍信，就双方合作情况交换了意见。

同日　股份公司向国家发改委上报《关于报批〈大安油田总体开发方案〉的请示》（中油股字［2004］94号）。

同日　中国石油国际事业有限公司与新日本石油公司签订原油委托加工意向书，这是中国石油首次在海外进行原油加工委托业务。

5日　集团公司总经理、股份公司董事长马富才出访日本。

同日　集团公司副总经理、股份公司总裁陈耕会见康菲石油公司总裁兼首席执行官穆礼怀一行，双方就渤海原油销售和未来合作领域等问题交换了意见。

6日　集团公司境外项目印度尼西亚 Jabung 合同区 Ripah 油田投入开发，第一口油井 Ripah2 井日产油 331 桶，日产气 5.5 千立方米，日产水 2 桶，含水 0.5%。

7—10日　中国石油管道技术与管理座谈会在北京召开。集团公司副总经理、股份公司高级副总裁苏树林出席会议并做重要讲话。这是油气管道运营管理、设计、科研、建设系统第一次大规模会议，集团公司、股份公司相关部门和所属企业的领导、专家共260多人参加会议。

8日　集团公司境外项目委内瑞拉奥里乳化油项目水平井表层钻井作业正式开始，就此拉开油田开发序幕。

9日　集团公司副总经理周吉平会见乍得石油部部长 Yousouf Abassalah，双方共同探讨了合作的可能性。

10日　中央电视台报道了西气东输南芜支干线发生的不法之徒安装盗气设施、给调试投产和按期供气造成巨大损失的事件，引起了社会对国家能源大动脉安全的广泛关注。

11日　集团公司与中国中煤能源集团公司共同商议决定，任命接铭训为中联煤层气有限责任公司第三届董事会董事长。

同日　中国石油国际事业有限公司与满洲里海关签署了《原油便捷通关备忘录》，使中国石油进口俄油享受先放行、后报关的待遇，简化了业务运作手续，节约了经营成本。

12日　集团公司与中国银行续签 100 亿元授信额度协议，为集团公司海外项目和进出业务发展提供资金支持。

同日　股份公司天然气与管道分公司和天津市燃气集团有限责任公司在北京正式签署陕京二线“照付不议”《天然气买卖与输送合同》，合同第五年用气量为 12 亿立方米。

13日　中国石油在苏丹合作建设的富拉油田原油外输管道正式投产。

14日　哈萨克斯坦阿拉木图市发生山体滑坡合并泥石流自然灾害，正在该基地执行维修任务的东方地球物理勘探有限公司建设工程承包总公司 9 名员工不幸遇难。

16日　中油测井技术服务有限责任公司顺利完成苏丹历史上第一口水平井——HEGLIG 31 井大井段射孔作业。位于苏丹 1/2/4 区块黑格里地区的 HEGLIG 31 井，是苏丹石油工业开创以来打的第一口水平井。

17日　集团公司副总经理周吉平会见 VITOL 公司亚太地区执行董事会成员 Koh Hui Meng，双方共同探讨了合作的前景。

同日　股份公司副总裁王福成主持召开内部控制体系建设工作电视会议，对开展公司内控体系建设工作做了具体部署和安排，标志着股份公司内部控制体系建设工作全面展开。

同日　由于停止对日出口，减少下海原油，股份公司决定停止在大连港和秦皇岛港的装船下海业务，对铁大线小松岚—大连港段管线进行扫线封存。

同日　股份公司向国家发改委上报《江苏 LNG 项目预可行性研究报告的请示》（中油股字［2004］124号）。

18日　集团公司副总经理、股份公司高级副总裁苏树林会见 IBM 公司首席信息官罗伯特·格林伯格一行，双方就全球信息业发展前景和未来合作领域等问题交换了意见。

19日　吉林石化分公司年产 60 万吨乙烯改扩建工程可行性研究报告经国务院批准（发改工业［2004］477号）。

同日　集团公司总经理、股份公司董事长马富才会见汇丰银行董事长庞约翰。双方探讨了在资本运作方面的进一步合作。

同日　股份公司与石伟公司签署大庆石化乙烯改造项目合同。

20日　中共中央政治局常委、中纪委书记吴官正在宁夏回族自治区党委书记陈建国、主席马启智等陪同下，到宁夏石化视察指导工作。

22日　集团公司副总经理周吉平会见英国洛希尔欧洲副董事长 Franco Bernabe，双方就国际石油市场现状和合作开发海外市场交换了意见。

同日　股份公司第二届监事会第四次会议在北京召开。会议由李克成主持。会议听取了财务总监、财务部、普华永道、审计部、人事部、监察部和监事会办公室的有关报告，审议通过了《中国石油天然气股份有限公司监事会关于公司2003年度财务报告审查意见书》、《中国石油天然气股份有限公司监事会关于公司2003年度中期利润分配预案审查意见书》、《中国石油天然气股份有限公司监事会对公司2003年度总裁班子成员业绩考核意见书》、《中国石油天然气股份有限公司2003年度监事会报告》和《中国石油天然气股份有限公司监事会关于聘用公司2004年度境内外会计师事务所的提案》。

同日　中国石油同法国道达尔公司签署系列项目合作谅解备忘录。双方拟在伊朗气田开发、LNG处理厂建设项目、伊朗油田招标以及国内苏里格气田等项目进行广泛合作。

同日　忠武输气管道工程红花套长江穿越、汉江穿越同日告捷。宜昌红花套长江穿越于3月22日16时48分顺利贯通；汉江穿越于3月22日18时26分管道牵引过江一次成功。

23日　股份公司在北京召开了第二届董事会五次会议。集团公司总经理、股份公司董事长马富才主持了会议，公司董事和董事会秘书出席了会议，公司监事和总裁班子成员列席了本次会议。本次会议审议了10项议案：（1）审议批准了《公司2003年度财务报告（附截至2003年12月31日止年度之全年业绩公布）》；（2）审议批准了《公司2003年度利润分配预案》；（3）审议批准了《公司2003年度报告（香港版）》；（4）审议批准了《2003年度总裁工作报告》；（5）审议批准了《关于〈总裁班子成员业绩考核暂行办法〉修改完善情况、总裁班子成员2003年度业绩考核情况和2004年度业绩合同制订情况的报告》；（6）审议批准了《关于授权董事会决定公司2004年中期利润分配方案的议案》；（7）审议批准了《关于审议公司高级管理人员职业道德规范的议案》；（8）审议批准了《关于提请股东大会授权董事会发行公司股票的议案》；（9）审议批准了《关于组建华南、华中成品油销售分公司的议案》；（10）审议批准了《关于公司召开2003年度股东年会的议案》。董事会会议分别通过了上述10项议案，并形成了董决字［2004］1号、2号、3号、4号、5号、6号、7号、8号、9号、10号董事会决议文件。

24日　集团公司总经理马富才会见美国高盛集团董事长兼首席执行官Henry Paulson，就双方合作情况交换了意见。

同日　股份公司2003年度业绩路演团由集团公司副总经理、股份公司总裁陈耕带队赴香港发布年度业绩并开始路演工作。

同日　股份公司副总裁王福成、财务总监王国樑赴欧洲、美国路演。

24—26日　股份公司在辽河油田召开“老油气田地面系统简化工作现场经验交流会”。

26日　集团公司副总经理周吉平会见埃及驻华大使侯夫尼，双方就两国石油合作项目最新进展交换了意见。

同日　集团公司副总经理周吉平会见伊拉克临时管理委员会办公室主任，双方就伊拉克合作前景交换意见。

27日　吉林石化分公司年产60万吨乙烯扩建工程中两套核心装置60万吨/年乙烯装置和30万吨/年聚乙烯装置的引进合同签字仪式在北京钓鱼台国宾馆举行。

29日　集团公司总经理马富才会见也门总理阿卜杜勒·卡迪尔·阿卜杜勒·拉赫曼·巴杰麦勒（ABDUL QADIL ABDUL RAHMAN BAJMAL），双方就油气合作前景交换了意见。

31日　任传俊副总经理会见美国杜邦公司知识及技术转让全球董事经理贺喜，双方就吉化合作项目交换了意见。

同日　集团公司副总经理周吉平出席2004CPS/SEG北京国际地球物理会议。

同日　集团公司总会计师贡华章会见英国渣打银行董事局主席桑德森，双方就合作前景进行了探讨。

同日　股份公司副总裁刘宝和会见美国输入输出公司首席执行官毕博勒。外方就该公司扩大在中国的运作和市场进入、在中国寻求产品制造和外包商、在中国建立研发基地的可能性、在人员和覆盖面上扩大和在中国的办事机构等方面的情况向刘总做了介绍。

本月　苏丹6区一期工程60万吨/年产能建设和长输管道投产。

本月　哈萨克斯坦北布扎齐100万吨/年产能建设工作已全面展开。

本月　华北油田分公司冀中坳陷留西地区和二连盆地岩性油气藏勘探取得新进展。其中，留西地区新增控制加预测石油地质储量5332万吨，可采储量7359万桶。二连盆地新增探明443万吨，控制石油地质储量1785万吨。另外已落实预测石油地质储量近5000万吨。合计三级储量将超过7000万吨，可采储量近 10000 万桶。冀中坳陷留西地区岩性油气藏勘探项目、二连盆地岩性油气藏勘探项目分别获股份公司 2003 年度油气勘探重大发现成果一等奖。

本月　由中国石油工程建设（集团）公司承担的委内瑞拉乳化油脱盐脱水项目开工建设。

本月　中国石油工程建设（集团）公司与委内瑞拉奥里乳化油公司签订脱盐脱水 EP 合同。

四　　月

1 日　集团公司总会计师贡华章会见意大利商务部部长 Adolfo Urso，双方就合作情况以及未来发展情景交换了意见。

同日　《西气东输管道工程配套天然气地下储气库工程可行性研究报告》通过国家评估。该工程将利用江苏金坛废弃盐矿和刘庄枯竭油田建设西气东输地下储气库，以确保西气东输管道安全平稳供气和对季节峰谷实施调峰。

同日　西气东输上海临时控制中心远程监控系统正式启用，各工艺站场不再上报运行参数和报表，这标志着西气东输东段管道生产运行实现自动监控。

2 日　中国石油天然气管道局命名忠武线长江红花套盾构工程为“中国石油第一盾”，开中国石油队伍采用盾构技术穿越大江大河的先河。

同日　股份公司印发《油气矿权年报编制规范》（油勘函字［2004］86 号），使矿权年报编制工作正式走上制度化和规范化管理的轨道。

4 日　鄂尔多斯盆地榆 29 井山$_2^3$ 解释气层 5.5 米，试气获无阻流量 27.779 万立方米/日高产气流，子洲—清涧地区天然气勘探取得重要发现。

6 日　中国石油天然气股份有限公司华中天然气销售分公司成立。负责忠武线沿线的天然气市场开发与销售、气款结算及推价、销售服务和用户管理。

同日　中国石油天然气股份有限公司华南、华中销售分公司成立。华南销售分公司负责广东、福建、海南的市场开发与销售业务；华中销售分公司负责河南、湖北、湖南的市场开发与销售业务。

同日　四川盆地坝南 1 井 3973—3986 米、3964—3966 米两段压射孔酸化联作，获日产气 35.255 万立方米（H_2S 221.48 克/立方米）高产气流。温泉井构造带飞仙关鲕滩气藏勘探取得新突破。

同日　中国石油国际事业有限公司与印尼国家石油公司签订汽油长期合同，这是中国石油首次进入印尼汽油终端客户市场。

7 日　股份公司总地质师贾承造会见美国华人石油协会会长王勤。双方就勘探开发、炼油化工技术和管理，以及海外石油公司石油项目投资决策评价及操作方法等方面进行了交流。

8 日　中国共产党中央委员会批准陈耕同志任中国石油天然气集团公司总经理。同意马富才同志辞去中国石油天然气集团公司总经理职务。蒋洁敏同志任中国石油天然气集团公司副总经理（中委［2004］44 号）。

同日　中国共产党中央委员会批准陈耕同志任中国石油天然气集团公司党组书记。同意马富才同志辞去中国石油天然气集团公司党组书记职务。蒋洁敏同志任中国石油天然气集团公司党组副书记（中委［2004］45 号）。

同日　集团公司副总经理、股份公司高级副总裁苏树林到东北销售分公司调研指导工作。

同日　为统一股份公司探井钻井设计编制格式，规范探井钻井设计，提高钻井地质、工程设计的水平和生产效率，股份公司印发《探井钻井设计编制规范》。

9 日　李殿敏任林源炼油厂党委书记；免去刘自强林源炼油厂党委书记、委员、纪委书记、工会主席职务。

同日　叙利亚 Gbeibe 项目先导试验期第一口水平井 GB—H201 井开钻，该井是中国石油公司在叙利亚的第一口井，井位选择和设计由中方完成。

12 日　股份公司决定免去刘强的抚顺石化分公司总经理职务。

同日　股份公司批复《冀东油田外输管道工程可行性研究报告》（石油计字［2004］88 号）。

13 日　国务院国有资产监督管理委员会任命蒋洁敏为中国石油天然气集团公司副总经理（国资任字［2004］25 号）。

同日　中共国务院国有资产监督管理委员会委员会任命蒋洁敏同志为中国石油天然气集团公司党组副书记（国资党任字［2004］15 号）。

同日　集团公司副总经理周吉平会见法国斯伦贝谢公司油田服务远东地区总经理博方索，双方就如何拓展合作交换了意见。

同日　集团公司聘任穆华东为中国华铭国际投资有限公司总经理。

13—15 日　股份公司在西安召开“中国石油新

油气田地面建设优化现场经验交流会”。会上，推出了新油气田地面建设优化的典型，提出了新油气田地面建设优化的基本思路、原则、优化的内容、主要措施，在各油气田公司全面推广新油气田地面建设优化工作。

14日　中国石油天然气集团公司在北京召开领导干部会议，中共中央组织部常务副部长宣布党中央、国务院关于调整集团公司领导班子的决定：陈耕同志接任中国石油天然气集团公司党组书记、总经理，蒋洁敏同志任中国石油天然气集团公司党组副书记、副总经理。国务委员兼国务院秘书长华建敏作重要讲话，国务院国有资产监督管理委员会主任李荣融、国务院国有资产监督管理委员会党委书记李毅中、国务院副秘书长尤权出席会议。

同日　集团公司党组任命汪东进同志为中国石油勘探开发公司党委书记，免去史训知同志中国石油勘探开发公司党委书记、委员职务。

15日　集团公司境外项目苏丹1/2/4区Unity油田产量首次突破日产8万桶，到7月初最高达到98116桶/日。

同日　集团公司党组决定免去刘强的抚顺石化分公司党委书记、委员职务。

16日　集团公司副总经理周吉平会见美国哈里伯顿公司董事会主席、首席执行官兼总裁David Lesar，双方就合作前景交换了意见。

17日　中共中央政治局常委、中央政法委书记罗干到兰州石化视察工作。罗干在兰州石化分公司总经理喻宝才、兰州炼化总厂厂长姚志强、兰化公司经理王庭富等有关人员陪同下，视察了年300万吨重油催化装置。喻宝才向罗干书记介绍了企业文化建设、制度建设、转变员工思想观念提高员工收入等方面所做的工作，以及近期重点解决了企业和员工内在的发展愿望和动力、企业文化融合问题，实现了“三兰”（兰炼、兰化、兰州石化）团结稳定、携手并进的良好局面。罗干书记详细了解了生产经营、实现利润、上缴税收、员工收入以及资源结构等方面的情况后，给予了充分肯定，并强调说，稳定问题要靠发展来解决，兰州石化要切实抓好安全生产，再接再厉，为甘肃经济发展做出新贡献，特别是要靠共同发展来解决。

19日　集团公司副总经理周吉平、总经理助理汪东进会见美国帕森斯公司副总裁Jeff Osborne，双方就合作前景进行了探讨。

21日　集团公司副总经理、股份公司高级副总裁苏树林会见剑桥能源高级董事Julian West。外方介绍了其对国际石油市场前景的展望，以及其与国际石油公司在上游战略研究上取得的成果。

23日　集团公司任命廖永远兼任四川石油管理局局长、党委委员、常委、书记。

同日　集团公司副总经理、股份公司高级副总裁苏树林会见秋明公司首席执行官杜德利和公司副董事长维克多一行，双方就中俄油气资源的合作问题交换了意见。

同日　集团公司党组决定徐卫喜为新疆油田分公司党委书记，王宜林不再担任新疆油田分公司党委书记、委员职务。

同日　股份公司决定陈新发为新疆油田分公司总经理，王宜林不再担任新疆油田分公司总经理职务。

同日　川渝地区石油企业协调组成立，廖永远任组长。

同日　股份公司重点工程——青海油田格尔木炼油厂30万吨/年甲醇装置可行性研究报告得到股份公司的正式批复，8月19日工程开工建设，预计2006年8月底建成投产。

同日　股份公司任命何瑞林同志为华中销售分公司总经理。

同日　集团公司党组任命何瑞林同志为华中销售分公司党委书记。

27日　集团公司副总经理周吉平会见泰国能源部副部长Viset Choopiban，双方就合作前景进行了探讨。

同日　四川石油企业领导干部大会在成都召开。集团公司党组书记、总经理陈耕出席会议并宣读决定，决定对“12.23”井喷特大事故发生负有主要领导责任的陈应权同志撤销其四川石油管理局长、党委书记职务，对胥永杰、冉隆辉等同志给予相应的党纪、行政处分。

28日　集团公司第三届十大杰出青年暨直属机关第四届十杰青年表彰会在北京召开，集团公司党组成员、副总经理郑虎出席会议并作重要讲话。李新民等10名同志被授予集团公司“十大杰出青年”荣誉称号，董旭等10名同志被授予直属机关第四届“十杰青年”荣誉称号。

同日　《独山子石化加工千万吨哈油改造及配套乙烯建设工程》顺利通过中国国际工程咨询公司组织的专家评估。

29日　集团公司总会计师贡华章会见意大利忠利集团公司首席财务官Amerigo Borrini，双方就资本运营方面的合作前景交换了意见。

同日　位于龙门山—米苍山山前断褶构造带矿山梁构造带上的矿1井二叠系茅口组4236—4220米、4214—4210米两段20米试油，酸化后，6毫米孔板进行测试，日产气2.677万立方米，硫化氢含量5.09克/立方米。龙门山北段天然气勘探发现重要苗头。

同日　股份公司印发《股份公司矿业权管理办法》（油勘字［2004］49号）。该办法既是股份公司矿权行业管理的规定，又在组织机构、管理程序和工作职责等方面进行了细化要求，对提高整体矿权管理水平，维护公司勘探开发生产具有重要意义。

同日　股份公司与重庆市人民政府签订合作框架协议书，明确双方以科学严谨的态度平衡近年天然气供求量，股份公司2007年向重庆市天然气供应量将达到40亿立方米。

本月　集团公司境外项目苏丹1/2/4区项目4区Diffra油田100万吨/年产能建设主体工程顺利投产。

本月　中国石油工程建设（集团）公司与苏丹喀土穆炼厂有限公司签订喀土穆炼厂扩建EPC合同。

五　　月

1日　华北销售分公司顺利完成了中油首汽石油销售有限公司、中油北汽石油销售有限公司23座加油站的改造包装工作。

8日　中国石油国际事业有限公司成功中标香港政府推出的5块加油站建设用地，这是中国石油进入香港地区成品油零售业务的重大战略举措。

同日　华北销售分公司所属河北分公司一次性租赁高速公路加油站14座，次月新增零售量8000吨，改变了河北高速无中国石油加油站的历史。

9日　集团公司党组任命唐健任新疆石油管理局党委书记；免去王宜林兼任的新疆石油管理局党委书记、常委、委员职务。

9—11日　集团公司总经理陈耕出访英国，出席股份公司与bp在广东合资经营成品油零售业务项目的签字仪式。11日，陈耕同bp集团首席执行官约翰·布朗勋爵在英国贸工部会议中心签署了该项目合资合同。商务部部长薄熙来和英国贸工部部长Patricia Hewitt出席了该项目的签字仪式。

10日　股份公司与Univation公司签署了大庆石化、兰州石化全密度聚乙烯两个项目合同。

10—11日　集团公司党组成员、纪检组组长、股份公司监事会主席李克成带领股份公司监察部、集团公司政治思想工作部有关人员到华北油田调研。

11日　集团公司副总经理、股份公司高级副总裁苏树林和世界石油大会中国国家委员会主任兼中国阿拉伯友好协会副会长王涛博士，共同宴请来访的也门石油与矿产部部长拉西德·萨利赫·巴尔巴阿。

11—12日　集团公司土地管理工作会议在四川省成都市召开。集团公司副总经理任传俊在会上作了重要讲话。集团公司、股份公司有关部门、集团公司所属37家企业110多位代表参加了会议。会议总结了重组改制5年来土地管理工作的主要成绩，表彰了先进集体和先进个人，传达了国务院加强土地宏观调控的文件精神，明确了集团公司今后土地管理工作的基本目标、主要任务和工作重点。

11—13日　国际工程公司总经理许大坤参加中国—也门经济合作交流会，并向与会代表介绍集团公司工程技术服务和物资装备制造能力，以及公司的海外作业经历。

12日　西气东输等四条长输管道A类事故应急预案通过国家安全生产监督管理局组织的审查。这是我国首次编制长输管道A类事故应急预案并通过国家审查和实施。

12—14日　长庆石化分公司500万吨/年炼油配套完善技术改造项目可行性研究报告评估会在北京召开。

14日　集团公司境外阿曼5区块项目E块南部的滚动扩边井DL—68H试油470桶/日，为E块的滚动勘探开发建立了信心。

同日　股份公司勘探与生产分公司组织两个督察组分别对大庆、大港、冀东、长庆、玉门、青海等油田公司进行了危险化学品、民用爆炸物品、交通安全和事故抢险预案管理专项督察。

15日　集团公司境外项目苏丹1/2/4区Diffra、West、Hammam油田正式投产。

16日　集团公司副总经理周吉平、总经理助理汪东进会见哈萨克斯坦油气股份公司（KMG）运输基础设施板块经营管理经理卡贝尔金，并草签“关于哈萨克斯坦共和国阿塔苏至中华人民共和国阿拉山口原油管道建设基本原则协议”文本。

同日　由中国石油工程建设（集团）公司承担的苏丹Unity电站扩建项目第一台机组试车成功，比合同要求提前47天投入运营；5月18日，1/2/4区30

万桶 CPF 扩建项目提前 21 天实现机械完工。CPF 30 万桶扩建项目和 Unity 电站扩建项目相继提前投产，体现了工程公司的管理与项目运作能力，为争取苏丹地区其他工程建设项目打下了良好的基础。

17 日　集团公司总经理陈耕与哈萨克斯坦国家石油公司总裁卡拉巴林签署《关于哈萨克斯坦共和国阿塔苏至中华人民共和国阿拉山口原油管道建设基本原则协议》，集团公司总经理助理汪东进助签。胡锦涛主席和哈萨克斯坦总统纳扎尔巴耶夫出席签字仪式。

同日　集团公司总经理陈耕、副总经理周吉平、总经理助理汪东进会见哈萨克斯坦总统纳扎尔巴耶夫。

同日　集团公司总经理陈耕会见美国花旗银行董事长兼花旗集团高级副董事长 William R. Rhodes，双方就今后如何扩大合作交换了意见。

同日　《西气东输〈天然气销售协议〉通用文本》正式印发实施。这是按照国际通行的"照付不议"天然气销售模式，结合我国国情，编制的一套具有国际水准、符合中国天然气市场特征的营销和定价新机制的标准合同文本，对于规范天然气市场开发与销售工作具有十分重要的意义。

18 日　集团公司总经理陈耕、副总经理周吉平、总经理助理汪东进出席中哈企业家双边理事会成立大会，陈总作为中方主席讲话。

同日　集团公司总经理陈耕、总经理助理汪东进出席哈萨克斯坦总统纳扎尔巴耶夫新书《关键的十年》首发式，陈耕接受总统的赠书并出席使馆招待会。

同日　集团公司副总经理周吉平会见哈萨克斯坦国家石油公司总裁卡拉巴林。

同日　西气东输南京—芜湖支干线竣工投产。至此，包括定远—合肥、常州—长兴在内的西气东输三条支干线全部竣工投产。南芜支干线全长 122 千米，沿线设 3 座工艺站场和 7 座阀室，每天可向江苏、安徽两省用户提供 400 万立方米的天然气。

同日　集团公司副总经理、股份公司高级副总裁苏树林会见道达尔集团副总裁 Jwan－Luc Porcheron。苏树林向外方介绍了股份公司提高采收率的技术。另外双方还讨论了已开发区块的合作，以及探讨更广泛的合作。

同日　股份公司 2003 年度股东年会在北京凯宾斯基饭店召开（详见专稿）。

同日　股份公司副总裁王福成赴青岛参加里昂证券"中国投资论坛"会议，并在会上发言。

19 日　集团公司副总经理郑虎会见美国德州农机大学副校长里查德·伊文，双方就人员培训方面的合作前景交换了意见。

同日　集团公司成立安全专业标准化技术委员会。

同日　股份公司第二届董事会第六次会议在北京召开。本次会议审议了两项议案：（1）审议批准了《关于选举公司董事长、副董事长的议案》；（2）审议批准了《关于聘任由董事长提名的总裁的议案》。董事会会议分别通过了上述两项议案，并形成了董决字［2004］11 号、12 号董事会决议文件。经选举，陈耕当选为公司董事长，蒋洁敏当选为公司副董事长兼总裁。

同日　股份公司向国家发改委上报《关于报批陕京二线输气管道工程可行性研究报告的请示》（中油股字［2004］254 号）。

20 日　国土资源部批准南海南部海域 18 个、面积 12.68 万平方千米的油气勘查项目的探矿权。

20—21 日　国家国有资产管理委员会副主任李毅中到湛江中油燃料油股份公司湛江油库进行危险化学品安全检查工作，集团公司副总经理段文德陪同检查。

21 日　第二届"中华铁人文学奖"在北京颁奖（详见专稿）。

22 日　集团公司总经理陈耕会见哈萨克斯坦国家石油公司总裁卡拉巴林，双方就具体合作交换了意见。

同日　股份公司与 KBR 公司签署兰州石化乙烯项目合同。

24 日　集团公司总经理陈耕、总经理助理汪东进会见俄罗斯驻华大使罗高寿，双方共同回顾了中俄能源合作的历史，并就未来合作方向交换了意见。

25—26 日　"对外合作项目管理研讨会"在四川绵阳召开。集团公司副总经理、股份公司高级副总裁苏树林到会并作重要讲话。

27 日　以国防科工委副主任张广钦为组长的"国务院危险化学品专项督查组"一行 6 人到长庆石化分公司对安全生产、危险化学品管理等工作进行了专项检查。

28 日　集团公司副总经理、股份公司总裁蒋洁敏到独山子检查指导工作，充分肯定了独山子石化分公司的工作成绩，要求公司 1000 万吨/年炼油及 120 万吨/年乙烯项目加快进度，主动适应国内经济发展需求及中哈管道建设进度。

同日　集团公司副总经理、股份公司高级副总裁苏树林在北京会见俄罗斯尤科斯莫斯科公司董事长捷梅尔科和俄驻华公使冈察洛夫。双方就中俄原油管道项目和中俄铁路原油贸易交换了意见。

同日　《涩北一号气田开发实施方案》审查会在北京召开，审查认为该方案总体达到了实施方案编制要求，同意将它作为气田开发的指导性文件。

30日　中国石油物资装备（集团）总公司与马来西亚UMW公司合资建设的上海宝世威石油钢管制造有限公司在上海建成投产。集团公司副总经理郑虎及有关部门负责人，马来西亚总理巴达威、政府外交部长等高级官员及马来西亚UMW公司的高层管理人员，参加了开业典礼并为投产仪式剪彩。

31日　股份公司工作例会决定：中哈（哈萨克斯坦）原油管线国内段由天然气与管道分公司负责建设，建成后由管道分公司负责运营管理。

同日　吉林石化分公司在60万吨/年乙烯改扩建工程现场举行50周年庆祝仪式。

本月　集团公司境外项目苏丹1/2/4区井口平均日产原油突破30万桶。

本月　中国石油国际事业有限公司参加了三季度苏丹原油招标项目，首次中标其全部份额油。

本月　中国石油国际事业有限公司重新恢复与伊拉克国家石油公司的原油购销合同。

本月　中国石油工程建设（集团）公司与苏丹大尼罗河石油公司签订苏丹3/7区Palouge FSF地面设施EPC合同。

本月　中国石油工程建设（集团）公司与苏丹大尼罗河石油公司签订苏丹3/7区Palouge和Jabalayn电站EPC合同。

本月　中国石油工程建设（集团）公司利比亚西部陆上管线项目竣工。

六　　月

2日　集团公司总经理陈耕、副总经理郑虎出席中国与加拿大阿尔伯达省签字仪式，陈总经理签署“中国石油天然气集团公司—加拿大阿尔伯达省石油中心管理及运行协议书”，加拿大阿尔伯达省省长克莱恩出席了签字仪式。

同日　股份公司决定启动LNG项目，调姜笃志同志到天然气与管道分公司，负责组织LNG项目前期工作。

同日　集团公司副总经理、股份公司副总裁段文德会见AXENS首席执行官桑迪纳可。外方介绍了其技术进展，随后双方探讨了今后的合作意向。

3日　集团公司召开了分离办社会职能视频会议，贯彻落实国务院《关于中央企业分离办社会职能试点工作有关问题的通知》和财政部、国资委中央企业分离办社会职能试点工作会议精神，集团公司分离办社会职能移交工作正式展开。

5日　集团公司总经理陈耕在《中国石油报》发表《树立并落实科学发展观，创造能源与环境的和谐》的文章，对集团公司环保工作提出明确要求。

7日　集团公司副总经理周吉平会见泰国PTTEP公司第一常务副总裁Suwit Pitrchart，双方就合作事宜交换了意见。

同日　股份公司与江苏省国信集团签订《关于合作建设江苏LNG（液化天然气）项目合作协议》。

同日　中国人民财产保险股份有限公司监事会主席邓昭雨等一行三人到中国石油监事会进行工作交流，监事会主席李克成及监事会办公室全体人员参加了座谈会。

8日　集团公司总经理陈耕、副总经理苏树林会见伊朗驻华大使费雷敦·韦尔迪内贾德，双方就未来油气合作前景交换了意见。

9日　中共中央政治局常委、中央纪委书记吴官正到塔里木油田考察并看望油田职工。

10日　青海油田分公司原油日产量历史性地迈上6200吨的新台阶。

11日　集团公司总经理陈耕、副总经理周吉平、总经理助理汪东进会见苏丹能矿部部长贾兹，双方就合作情况交换了意见。

14日　准噶尔盆地石南31井试油射开清水河组2606—2621米，6.0毫米油嘴试产，日产油44.4立方米，气5210立方米。油压4.4—4.3兆帕，套压9.5—9.3兆帕。通过二维、三维地震资料连片解释，初步认为白垩系清水河组岩性圈闭面积达510平方千米。

15日　集团公司总经理陈耕与乌孜别克斯坦国家石油天然气公司董事会主席阿齐佐夫在塔什干签署了《中国石油天然气集团公司与乌孜别克斯坦国家石油天然气公司在石油天然气领域开展互惠合作的协议》。国家主席胡锦涛和乌孜别克斯坦总统卡里莫夫出席签字仪式。

16日　全国人大副委员长蒋正华一行到大庆石化视察工作。

17日　股份公司设立海洋石油作业安全办公室中油分部，负责中国石油海洋、内湖石油作业安全监督管理，并根据国家安全生产监督管理局授权委托，执行相关海域、内湖石油作业安全监督检查和技术监督检验等职能。

18日　集团公司副总经理、股份公司总裁蒋洁敏会见bp集团执行董事马云瀚，探讨了双方合作事宜。

同日　中国石油天然气股份有限公司华南销售分公司在广州挂牌成立。

19日　集团公司总经理助理汪东进在西安会见厄瓜多尔“1.21”爱国社团党主席希尔马尔。

同日　集团公司直属机关纪念中国共产党建党83周年暨学习两个《条例》报告会在京举行。集团公司党组书记、总经理陈耕，集团公司党组成员、副总经理周吉平，集团公司党组成员、纪检组组长、中油股份公司监事会主席李克成出席报告会。集团公司党组副书记、副总经理、股份公司总裁蒋洁敏主持报告会并讲话。

20日　股份公司总地质师贾承造一行到塔里木油田分公司进行调研。

同日　董事会临时会议以传签的方式通过了《关于批准并授权董事会秘书签署2003年度20-F年报议案》的决议。

22日　在国家主席胡锦涛和叙利亚总统举行的签字仪式上，集团公司陈耕总经理与叙利亚石油与矿产资源部长Ibrahim Haddad签署双方合作协议。

同日　任传俊副总经理会见美国俄州州长布拉德·亨利，双方就未来如何更好地开展合作交换意见。

同日　上海石油交易所有限公司成立，该公司由中国石油、中国石化、中国海油、中化国际和上海久联集团公司5家公司发起设立。

同日　应股份公司的邀请，印尼国家企业部部长、印尼国家石油公司董事长拉克萨马纳·苏卡迪先生来华进行了短暂的访问。中共中央政治局常委、国务院副总理黄菊在人民大会堂接见了苏卡迪部长。集团公司总经理、股份公司董事长陈耕和集团公司副总经理、股份公司总裁蒋洁敏一同参加接见。

22—30日　全国总工会考察团到西气东输施工一线考察慰问。

23日　集团公司总会计师贡华章会见意大利忠利集团助理总经理Valter Trevisani，双方就合作中的有关问题交换了意见。

同日　集团公司总经理助理汪东进会见叙利亚石油与矿产资源部长Ibrahim Haddad并陪同部长参观勘探研究院。

同日　股份公司财务总监王国樑礼节性会见德勤公司全球油气行业主管合伙人Victor Burk。

23—24日　股份公司在安徽黄山市召开“股份公司渤海湾盆地非地震技术研讨会”，来自辽河、冀东、大港、华北、勘探院及勘探生产分公司50余人参加了会议。

24日　集团公司总经理、股份公司董事长陈耕会见来访的哈萨克斯坦石油公司（简称PK公司）董事长兼总裁兼首席执行官埃索蒂尔，双方就未来合作事宜进行了探讨。

25日　集团公司副总经理周吉平会见叙利亚石油与矿产资源部长Ibrahim Haddad，双方合作前景交换了意见。

同日　长庆石化分公司500万吨/年常减压装置改造工程可行性研究报告通过股份公司的审批。

同日　集团公司总经理、股份公司董事长陈耕及集团公司副总经理、股份公司总裁蒋洁敏会见花旗集团全球企业及投资银行亚太区总裁麦睿彬（Bob Morse）及花旗环球金融亚洲区董事长梁伯韬一行。

26日　叙利亚石油及能矿部长Dr. Ibrahim Haddad在中国石油技术开发公司副总经理孙学功等人陪同下，到大港油田作业八区白二站参观，并在大港油田宾馆与油田公司、集团公司有关部门洽谈叙利亚油田石油开发合作事宜。

26—7月2日　集团公司副总经理、股份公司总裁蒋洁敏到大庆油田、大庆石化、大庆炼化、哈尔滨石化、黑龙江销售公司等石油石化企业调研，届时拜会了黑龙江领导同志。

27日　集团公司总经理陈耕在北京会见叙利亚石油及矿能部部长易卜拉辛·哈达迪。双方就目前正在合作的石油领域的合作给予高度评价，并就进一步扩大双方的合作深入地交换了意见。

同日　一船装有1.5万吨X70钢管的货船顺利起航，标志着由中国石油技术开发公司中标的苏丹3/7区输油管道项目的钢管制造和动作任务基本完成。

28日　集团公司总经理、股份公司董事长陈耕会见bp集团董事兼首席财务官高拜伦（Dr. Byron Grote）一行。就哈萨克斯坦合作、在俄参与上游业务、下游合作等事宜进行了探讨。

同日　集团公司副总经理、股份公司高级副总裁苏树林会见壳牌勘探与生产亚太区总裁多米尼克·加迪（Dominique Gardy）一行，双方坦诚、公开地就长北、西气东输项目和LNG合作等一系列问题交换了看法。

同日　集团公司副总经理周吉平、总经理助理汪东进会见哈萨克斯坦驻华大使卡里布扎诺夫，双方就合作中的有关问题交换了意见。

29日　中国石油天然气集团公司党组书记、总经理陈耕主持召开集团公司党组会议，并就加强集团公司信访工作和维护稳定工作进行了讨论研究。会议按照“标本兼治，区别对待，疏堵结合，统筹协调”的总体思路，建立和完善维护稳定的长效机制，力争通过两年左右的努力，实现集团公司稳定工作总体形势的明显好转。

同日　集团公司副总经理苏树林会见俄罗斯萨哈林州州长。

同日　集团公司副总经理周吉平会见阿根廷联邦计划、公共投资和服务部长胡里奥·米盖尔·德维多，双方就未来合作前景交换了意见。

同日　股份公司副总裁刘宝和会见加拿大驻华大使柯杰（Joseph Caron），双方就两国之间可能的石油领域合作交换了意见。

30日　集团公司总经理陈耕会见加拿大驻华大使柯桀，双方就在阿尔伯达省共同开发油砂的前景交换了意见。

同日　西气东输工程郑州—长铝支线竣工投产，西气东输开始向第一家直供大企业用户——中国长城铝业集团公司供气。

同日　肯基亚克盐下8010井通过对输油管线改造，采取双翼生产，日产油达到1150吨，创阿克纠宾公司开发新纪录。

30日—7月1日　集团公司工程建设企业工作会议在河北廊坊召开。集团公司副总经理任传俊、王宜林、股份公司副总裁刘宝和等领导到会并作了重要讲话。集团公司、股份公司有关部门、集团公司所属地区服务公司、专业公司以及工程勘察设计、施工、建设监理企业共230多名代表参加了会议。会议总结了重组改制五年来石油工程建设企业的主要成绩和经验，表彰了先进集体和先进个人，分析了所面临的形势和任务，提出了今后工作的总体思路、发展目标、战略方针以及重点工作。

七　月

1日　西气东输靖边压气站两台压缩机组一次吊装成功。这是我国首次在长距离、大口径、高压力天然气管道上安装大功率燃气压缩机组，也是目前国内最大功率的压缩机组。

3日　西气东输控制性工程之一——中卫黄河跨越工程顺利完工。中卫黄河跨越工程全长540米，采用多跨桁架结构，是国内同类结构形式中跨度最长的工程，也是西气东输惟一以跨越方式跨过黄河的工程。

4—5日　西气东输租用的东方通用航空公司M1－171直升飞机完成从甘肃嘉峪关到库尔勒的首次航行。这是我国管道史上首次运用直升飞机执行线路巡检抢修任务。

5日　股份公司副总裁王福成会见邓普顿基金管理公司投资总监兼创始人Mark Mobius。王福成向外方介绍了公司经营状况。

同日　股份公司印发《关于公司常务会议审议规章制度有关问题的通知》，建立了公司常务会议审议规章制度的机制，对于提高规章制度质量、促进公司规章制度建设具有重要意义。

同日　忠武输气管道工程潜湘支线工程全面启动。潜湘支线起于湖北潜江计量站，途经湖北省潜江市、湖南省岳阳市、长沙市等九个县级以上行政区，终于湖南湘潭计量站，全长340.5千米。

1—5日　集团公司境外项目苏丹六区Kela北构造Kela North－1井在Aradeiba组1521.0—1525.0米KB井段测试中获工业油流，抽汲日产油25.6米，标志着Kela北构造稀油勘探获新发现。

6日　西气东输工程创作歌词征集曲谱评选活动举行。2003年中国石油文联、石油音乐家协会等开展了西气东输歌曲创作活动，并组织词曲作家赴建设工地采风，在产生20首歌词后，通过新闻媒体面向全社会广泛征集曲谱。

7日　集团公司副总经理周吉平会见尼日尔能矿部部长亚瑞，双方就合作项目前景交换了意见。

9日　股份公司与广西壮族自治区发展和改革委员会签订《关于开展广西液化天然气（LNG）项目联合研究的合作意向书》。

12日　集团公司副总经理周吉平会见缅甸能源

部长隆迪准将，双方就合作前景交换了意见。

同日　股份公司决定成立“中国石油天然气股份有限公司LNG项目工作组”，主要负责LNG项目前期工作及项目的建设、投产试运行组织、实施等工作。根据工作需要，LNG工作组下设长江三角洲、泛珠江三角洲和环渤海等3个地区项目部，具体负责项目的组织实施。

13日　集团公司副总经理周吉平、总经理助理汪东进会见苏丹前驻华大使Ali Yousif。

14日　集团公司副总经理蒋洁敏、总经理助理汪东进会见尼日尔能矿部部长亚瑞、司法部长穆萨，双方就合作前景交换了意见。

同日　长庆石化分公司120万吨/年加氢裂化装置及4万立方米/小时制氢装置可行性研究报告通过股份公司审批。

15日　集团公司副总经理、股份公司总裁蒋洁敏和副总裁刘宝和、总地质师贾承造等一行，在大港油田南戴河培训中心听取了冀东油田勘探开发形势的汇报。蒋洁敏提出了两个加快的工作要求，即：加快南堡陆地石油开发，到2006年年产达到150万吨；加快南堡滩海勘探，争取油田有更大的发展。

同日　集团公司副总经理周吉平出访伊朗，参加博鳌论坛德黑兰能源论坛会议。

同日　中国石油国际事业有限公司与新日本石油公司续签原油海外加工合同，加工量比最初增长50%。

15—17日　集团公司领导干部会议在南戴河召开，集团公司党组书记总经理陈耕在会上作了题为《认清形势、振奋精神、团结一心、再创辉煌》的工作报告，报告中要求牢固树立科学发展观，坚持“六个必须”、做好“四片文章”。

19日　集团公司任命王宜林兼任集团公司安全总监。

同日　集团公司党组决定魏强为哈尔滨石化分公司党委书记，李正光不再担任哈尔滨石化分公司党委书记、委员职务；免去董孝利的大庆炼化分公司党委书记、委员职务。

同日　股份公司决定李正光为大庆炼化分公司总经理，免去董孝利的大庆炼化分公司总经理职务；魏强为哈尔滨石化分公司总经理，李正光不再担任哈尔滨石化分公司总经理职务。

20日　集团公司向所属单位印发了《中国石油天然气集团公司投资项目咨询评估计费暂行规定》。

同日　股份公司召开销售企业服务商标保护工作电视会议，王福成副总裁、出席会议并作重要讲话。

21日　《财富》杂志公布世界500强企业重新排名，中国石油天然气集团公司排名财富500强第52位，较前一年排名上升了12位。

同日　股份公司LNG工作组与江苏省国信集团共同组建成立“江苏LNG项目联合工作组”。

22日　集团公司副总经理、股份公司副总裁段文德等领导到大庆石化检查指导工作。

同日　纳米比亚共和国总统萨姆·努乔马在宁夏回族自治区党委书记陈建国等领导的陪同下，到宁夏石化分公司视察。

同日　集团公司向所属单位印发《中国石油天然气集团公司关于进一步加强安全生产工作的决定》（中油质安字〔2004〕373号），采取一系列具体措施，强化集团公司安全生产工作。

22—23日　集团公司信息化工作会议在北京召开。集团公司党组成员、副总经理、信息化领导小组组长任传俊出席会议并作重要讲话。国务院国有资产监督管理委员会信息中心、国家计算机网络与安全管理中心负责人及集团公司、股份公司和各企事业单位主管领导和信息化工作者等200余人参加会议。

23日　集团公司副总经理、股份公司副总裁段文德会见三星物产株式会社副社长李洙喆，段文德向外方介绍了股份公司石油化工产业现状及发展方向，双方在建立长期合作，寻求相互间的投资、贸易机会等方面进行了探讨。

25日　管道分公司铁大线熊岳—瓦房店输油站间的输油管线在317号桩+900米处发生重大漏油事故。事故造成铁大线停输17小时22分钟，泄漏原油200余立方米。经过分析调查，造成原油泄漏的主要原因是焊接缺陷、金属疲劳和金属腐蚀导致管线开裂。

同日　大连新港—大连石化原油输送管道建成投产。该管线主要为大连石化输送进口油，年设计输量650万吨，于2004年3月15日开工建设。

26日　中共中央政治局常委、中央纪委书记吴官正在甘肃省省委书记苏荣、省委副书记韩忠信等人陪同下到兰州石化视察工作。

27日　集团公司境外印度尼西亚项目W. Betara—1探井试油成功，日产油761桶，日产天然气44.3万立方米。该井为Jabung合同区之重大发现，发现了新的含油气层系，预计3P储量可达7000万桶以上。

27—28日　“打击涉油犯罪适用法律问题”研

讨会议在大港油田召开，最高人民法院、最高人民检察院、公安部、股份公司的相关领导及部分油气田企业和石油管道企业代表近50人参加。大港油田、大庆油田、中石化中原油田、长庆油田、华北油田、中石化管道分公司、中石油管道分公司等单位先后就本企业的基本情况、当前涉油犯罪的现状、完善相关适用法律的必要性及《最高人民法院、最高人民检察院关于审理盗窃、破坏石油、天然气资源及生产设备和破坏石油、天然气生产经营秩序刑事案件具体应用法律若干问题的解释》在实际应用中所遇到的问题进行了介绍。

28日　成立中国石油集团海洋工程技术服务有限公司筹备工作组，石林任组长。

同日　哈萨克斯坦北布扎奇项目NB45井获得高产工业油流。初期平均日产达到582桶/日。

同日　《中国石油四川60万吨/年乙烯工程可行性研究报告》正式上报国家发改委（中油股字［2004］387号）。

28—29日　股份公司在北京召开“地震数据管理会议”。来自股份公司13个油气田分（子）公司和4个研究院（所）的64名代表参加了会议。

29日　抚顺石化分公司洗涤剂化工厂5吨/小时三氧化硫装置奠基，揭开了抚顺石化寻求向洗涤剂精细化工中间及终端产品市场突破的序幕。

30日　西气东输西段管道投产动员会在北京召开，拉开新疆轮南—陕西靖边段2338千米干线、13座工艺站场和77座阀室调试投产的序幕。

八　月

1日　集团公司境外印度尼西亚项目NEO-1探井试油成功，日产油467桶，日产天然气170千立方米。为ISLAND合同区的勘探工作展示了良好的前景。

同日　股份公司重点工程之一，青海油田花土沟—格尔木输油管道改扩建工程建成投产。

2日　集团公司副总经理苏树林会见俄罗斯尤科斯公司副总裁艾菲莫夫。

3日　西气东输管道甘肃段完成最后一道焊口焊接，实现全线主体管道贯通（详见专稿）。

4日　股份公司发出公告，终止西气东输项目《合营框架协议》。中国石油董事会宣布，经与《合营框架协议》所有各方进行真诚商讨以后，各方仍未能就西气东输项目达成一致意见。2004年8月2日，中国石油向《合营框架协议》各方发出终止该协议的通知，且《合营框架协议》各方亦已经同意终止该协议。

同日　忠武输气管道工程控制性难点工程的总长度为9677米的27条山区隧道全部贯通。

4—6　集团公司副总经理、股份公司总裁蒋洁敏到大港油田调研、检查指导工作，对中国石油与外国公司合作勘探开发赵东项目的生产技术和经营管理给予了高度评价。

5日　集团公司副总经理郑虎会见美国AM大学副校长Richard Ewing，双方就人员合作方面的合作前景交换了意见。

同日　股份公司上报国土资源部《关于贯彻落实5号文件有关情况和15个油气勘查项目延续申请探矿权的处理意见》（油勘字［2004］80号），注销无勘探价值区块面积8.5万平方千米。

6日　全国人大常委会副委员长、民建中央主席成思危一行到塔里木油田考察。

同日　集团公司成立维护稳定工作办公室，设在办公厅，作为集团公司维护稳定工作领导小组的办事机构。

同日　集团公司副总经理、股份公司副总裁段文德一行到大连销售分公司检查指导工作。

7日　集团公司副总经理、股份公司总裁蒋洁敏会见汇丰集团董事长庞约翰，双方讨论了进一步合作以及股份公司海外资产收购事宜。

9—12日　第八届全国古地理学及沉积学学术会议在大庆油田召开。

11日　集团公司决定成立中国石油集团西部管道有限责任公司。该公司由集团公司、股份公司、大庆石油管理局、新疆石油管理局、中国石油天然气管道局、长庆石油勘探局、吐哈石油勘探开发指挥部及塔里木石油勘探开发指挥部8家企业出资联合组建。主要经营范围为：石油及其产品的储运、销售，石油储运技术的开发、推广及应用，石油储运工程建设咨询等。

11日　集团公司副总经理、股份公司总裁蒋洁敏主持召开股份公司常务会议，会议审议了国内对外合作项目管理有关问题，原则同意国际（勘探开发）公司提出的完善对外合作项目财务管理体制、加强对外合作业绩考核以及合理分配对外合作项目相关费用这三个方面的调整意见。根据本次会议讨论确定的相关内容，修订《中国石油天然气股份有限公司国内勘探开发对外合作项目管理暂行办法》由“暂行”办法改为正式办法。

同日　股份公司副总裁王福成会见摩根大通董事总经理、美国存托凭证部全球主管 Patrick Colle。外方介绍了其在机构信托服务及存托凭证业务领域的经验。

12 日　集团公司副总经理、股份公司总裁蒋洁敏与河北省人民政府常务副省长郭庚茂在北京举行会谈，就唐山曹妃甸港区开发建设、陕京二线向河北省供气等问题进行了充分的沟通与研究。

同日　集团公司副总经理、股份公司总裁蒋洁敏会见韩国石油公社总裁李亿秀，双方同意进一步加强既有合作关系和高层往来。

同日　集团公司副总经理、股份公司高级副总裁苏树林会见兰德马克总裁兼首席执行官 Peter Bernard，双方就石油工业信息化建设及中国石油数据库管理项目交换了意见。

同日　吐哈石油勘探开发指挥部承担的集团公司重点科研项目“波纹管堵漏技术研究与应用”，在国内首次应用壁厚 8 毫米波纹管进行深井堵漏实验在丘陵油田 L7－71 井获得成功。这标志着制约钻井作业的地层漏失难题有了新的技术应对措施，使我国在这项技术领域跨入国际先进行列。

同日　集团公司决定整体委托股份公司对塔里木石油勘探开发指挥部实行管理，保留原塔里木石油勘探开发指挥部独立法人、工商及税务登记资格，更名为塔里木油田服务公司。该指挥部机构和人员整体划入股份公司，部分公用工程由股份公司收购，剩余资产委托股份公司管理和处置。

同日　股份公司向国家发改委上报《大连 LNG 工程项目建议书的请示》（中油股字［2004］419 号）。

16 日　单祥国任华北石油管理局局长、党委副书记，马桂成任华北石油管理局党委书记；免去张宝庄华北石油管理局局长、党委副书记、常委、委员职务，免去单祥国华北石油管理局党委书记职务。

同日　张凤山任辽河石油勘探局局长、党委副书记，孙崇仁任辽河石油勘探局党委书记、副局长；免去王革辽河石油勘探局局长、党委副书记、常委、委员职务，免去宋道堂辽河石油勘探局党委书记、常委、委员、副局长职务。

同日　股份公司决定姜笃志同志任天然气与管道分公司副总经理、党委委员。

17 日　集团公司副总经理、股份公司副总裁段文德会见文莱首相府常秘叶海亚。段文德向外方介绍了股份公司经营情况。

同日　集团公司党组决定李若平为抚顺石化分公司党委书记；周海民为冀东油田分公司党委书记，徐中清不再担任冀东油田分公司党委书记、委员职务。

同日　股份公司决定李若平为抚顺石化分公司总经理；周海民为冀东油田分公司总经理，徐中清不再担任冀东油田分公司总经理职务。

同日　集团公司决定，在原市场管理部基础上组建工程技术与市场部。

同日　《天然气工业定价》获第三届“薛暮桥价格研究奖”。该书集中反映了西气东输价格研究理论成果。

18 日　集团公司副总经理、股份公司总裁蒋洁敏一行 5 人到冀东油区检查指导工作。在冀东油田分公司副处级以上干部大会上，蒋洁敏宣读了调整冀东油田分公司领导班子的通知。

同日　国土资源部通过对青海油田台南气田天然气储量评审，新增天然气探明储量 526 亿立方米，柴达木盆地天然气探明储量已累计达到 3039 亿立方米。

同日　大连石化分公司举行中水处理装置奠基仪式。该中水处理装置采用加拿大达斯玛公司工艺包，并由该公司成套提供国外设备。项目一期工程处理规模为 5000 吨/日循环水补充水、5000 吨/日一级除盐水，届时可替代自来水 10000 吨/日，是目前国内规模最大、处理精度最高的中水处理装置。

18—20 日　集团公司副总经理、股份公司副总裁段文德到甘肃检查炼化、销售及润滑油公司工作。

19 日　股份公司与山东省济南、德州、泰安、济宁、临沂等 5 城市签订天然气买卖与输送长期合同。合同约定，2010 年通过冀宁联络线向 5 城市供气量 13.9 亿立方米。

同日　中国石油国际勘探业务开始整合（详见专稿）。

19—20 日　集团公司副总经理、股份公司总裁蒋洁敏到抚顺石化调研工作并宣布集团公司党组和股份公司管理层关于抚顺石化分公司领导班子调整的决定。

20 日　集团公司总经理、股份公司董事长陈耕，集团公司副总经理、股份公司总裁蒋洁敏等领导在沈阳拜会了辽宁省主要领导。

同日　集团公司副总经理周吉平会见了中非共和国总统，双方共同探讨了开展合作的可能性。

21 日　北布扎奇油田日产油量首次突破

10000 桶。

22 日　股份公司在大庆油田召开了“松辽盆地岩性油气藏地震技术交流会”。会议交流了近年来在岩性油气藏地震技术方面取得的重要研究成果，研讨了松辽盆地岩性油气藏地震技术的发展方向，进一步明确了松辽盆地薄互层地震勘探资料高分辨率处理技术和储层预测技术的攻关目标。

同日　中油测井技术服务有限责任公司成功完成了苏丹历史上最深的一口探井 RAHOW－1，该井井深 4700 米，井底温度高达 160℃。GNPOC 有关部门和领导对 CNLC 高质量高效率地完成该井的测井作业给予了高度评价和赞扬。

23 日　股份公司第二届监事会第五次会议在北京召开。会议听取了财务总监、财务部、普华永道、审计部和监事会办公室的有关报告，审议通过了《监事会关于公司 2004 年度上半年财务报告意见书》和《监事会关于 2004 年度中期利润分配方案意见书》。

24 日—9 月 7 日　由中国作家协会副主席陈忠实带队的著名作家采风团深入西气东输工程施工一线体验生活。在采风活动结束三个多月后，编辑出版了 22 万字的纪实性文集《紫气赋》，展现了西气东输的壮丽风采和石油人良好精神风貌。

25 日　股份公司第二届董事会第七次会议在北京召开。本次会议审议了三项议案：（1）审议批准了《公司 2004 年中期财务报告（附截至 2004 年 6 月 30 日止六个月之中期业绩公布）》；（2）审议批准了《公司 2004 年中期利润分配方案》；（3）审议批准了《公司 2004 年投资计划调整的议案》。董事会会议分别通过了上述三项议案，并形成了董决字［2004］13 号、14 号、15 号董事会决议文件。

26 日　股份公司 2004 年中期业绩在香港正式公布，董事长陈耕、总裁蒋洁敏、副总裁王福成、财务总监王国樑、董事会秘书李怀奇及相关部门在香港举行了“2004 年中期业绩发布会”和“分析员大会”。

同日　股份公司副总裁刘宝和一行到塔里木油田分公司检查指导工作。

同日　凌霄同志任中国石油集团西部管道有限责任公司总经理。

27 日　集团公司副总经理周吉平会见苏丹驻华大使萨利赫，苏丹大使向周总通报了苏丹的最新情况。

同日　集团公司副总经理王宜林会见了贝克休斯公司高级副总裁博盖斯，双方就贝克休斯公司如何加强与 CNPC 的合作等问题交换了意见。

同日　克拉 2 气田开工仪式在克拉 2 气田所在地举行。股份公司副总裁刘宝和等出席开工仪式，刘宝和宣布工程开工并讲话。

同日　独山子石化分公司被国家环保总局授予“国家环境友好企业”称号，成为石油行业及西部地区首家获此殊荣的企业。

同日　集团公司副总经理、股份公司总裁蒋洁敏听取中国石油国际事业（香港）有限公司关于加油站建设的工作汇报，并视察香港加油站建设工地。

29 日　中共中央政治局常委、全国人大常委会委员长吴邦国到大连石化视察工作。大连石化总经理蒋凡向吴邦国委员长介绍了在国内规模最大的年 350 万吨重油催化裂化装置的基本情况、企业扩大炼能采用的方式和原油的供应情况，还介绍了大连石化将具有 1000 万吨级以上炼制高硫油的能力。吴邦国委员长还询问了海水淡化装置的操作过程，大连石油化工经理马平凡一一做了回答。吴邦国委员长指出：“搞好水资源的利用和开发，对企业和社会的发展都具有重要的战略意义。”

31 日　西气东输工程全体建设者向参加第 28 届雅典奥运会凯旋归来的中国体育代表团致信祝贺。向为国争光、为民族争气的体育健儿表达石油人的崇高敬意，并决心以体育健儿为榜样，团结拼搏，把西气东输建成世界一流工程。

同日　忠武输气管道工程荆州—襄樊、武汉—黄石两条支线整体贯通。

本月　喀土穆炼油厂扩建一期工程建成，新增原油加工能力 200 万吨/年。二期工程建设计划于 2006 年底正式运行。

本月　为进一步扩大在哈萨克斯坦的销售网络，扩大成品油零售市场占有率，中国石油国际事业有限公司新增收购哈国亚洲工业贸易公司 68 座加油站和 8 座油库。

九　　月

1 日　集团公司调整安全生产委员会人员，集团公司总经理陈耕担任安全委员会主任，副总经理王宜林担任常务副主任，其他党组成员担任副主任。

同日　集团公司副总经理、股份公司高级副总裁苏树林在新疆塔里木轮南站下达西气东输进气令，塔里木牙哈气田顺利实现向西气东输管道进气。

同日　集团公司副总经理、股份公司副总裁段文德会见北欧化工公司首席执行官 John Taylor。外方介绍了其最新发展情况。

1—4 日　股份公司在北京石油工人疗养院召开油气田开发技术座谈会。

2 日　集团公司副总经理、股份公司总裁蒋洁敏一行到规划总院检查指导工作。

3 日　集团公司副总经理、股份公司高级副总裁苏树林到乌鲁木齐石化分公司进行调研。

4 日　在外交部拉美司司长、副司长的带领下，中国驻巴西、古巴、委内瑞拉、厄瓜多尔大使及大使夫人等一行 16 人到吐哈油田分公司考察。

6 日　集团公司总经理陈耕、副总经理周吉平会见毛里塔尼亚工业和矿产部长 Zeidane Ould Hmeida (梅达)，汪东进总经理助理与毛里塔尼亚工业和矿产部长签署了“海岸盆地 12 区块及陆上陶丹尼盆地 Ta13、Ta21 区块的产品分成协议”合作协议，陈耕总经理、周吉平副总经理出席了签字仪式。

同日　塔里木天然气顺利到达陕西靖边站，实现塔里木气田和长庆气田两大气源天然气成功对接。

7 日　集团公司总经理陈耕会见委内瑞拉外交部长，双方就在委内瑞拉合作的有关事宜交换了意见。

同日　集团公司副总经理、股份公司高级副总裁苏树林会见毕博管理咨询公司董事局主席兼全球首席执行官兰道夫·布雷泽 (Randolph C. Blazer)，双方就进一步合作进行了交流。

8 日　集团公司党组任命刘希和同志为中国石油集团工程技术研究院党委书记，免去冯星安同志中国石油集团工程技术研究院党委书记、委员职务。

同日　集团公司任命屈建省同志为中国石油集团工程技术研究院院长，免去冯星安中国石油集团工程技术研究院院长职务。

10 日　全国人大常委会副委员长顾秀莲到大连石化视察。

同日　原中央政治局常委、中纪委书记、中华全国总工会主席尉健行到抚顺石化分公司视察。尉健行希望公司要以振兴东北老工业基地为契机，加快发展步伐，尽快建成 80 万吨/年轻油制乙烯装置，为拉动地方经济再做新贡献。

同日　辽阳石化分公司举行年产 80 万吨 PTA 改造工程开工典礼仪式。

11 日　中共中央委员、中华全国总工会副主席、书记处第一书记张俊九一行到吐哈油田进行工作调研。

12 日　国家税务总局计划统计司和中国税务杂志社联合公布的 2003 年度中国纳税百强排行榜，大庆油田有限责任公司以 186 亿元纳税额居首位。

14 日　集团公司副总经理、股份公司总裁蒋洁敏会见在华访问的斯伦贝谢公司董事长兼执行总裁哥尔德一行。双方就今后在上游业务上的合作前景交换了意见。

同日　在国土资源部支持下，股份公司与海洋石油总公司争议已久的大港赵东 C4 区开采权问题得以解决。

同日　股份公司副总裁王福成会见纽约银行存托凭证服务全球负责人 Christopher Sturdy。双方就股份公司 ADR 成功发展，中国企业积极开展海外上市工作等事宜交换意见。外方还对存托凭证市场的最新发展情况做了介绍。

15 日　股份公司财务总监王国樑会见老虎基金董事长朱立安·罗伯逊，外方了解了股份公司经营情况，并探讨了可能的投资机会。

16 日　商务部赋予中国石油国际事业公司自营非国营贸易钾肥进口经营权，为中国石油复合肥生产企业获取钾肥资源提供了保证。

同日　股份公司与江苏省发展与改革委员会在南京联合召开“江苏 LNG 项目预可行性研究中间评估会”。

19—20 日　国际工程公司组织召开了国际技术研讨会。来自 10 个国家的 40 名外宾和集团公司机关、国际公司系统的 100 多位中方代表参加了会议，集团公司副总经理周吉平同志到会并发表重要讲话，共有 19 篇技术论文在会上进行了交流。

20 日　中国石油天然气集团公司、中国石油化工集团公司、中国海洋石油总公司、中国中化集团公司共同举办的中国国际石油石化企业高峰论坛在北京举行，来自世界 20 多个国家的政府官员、驻华使节和石油石化界高层人士参加了这次论坛。

同日　中国石油天然气集团公司、中国石油化工集团公司、中国海洋石油总公司、中国中化集团公司共同举办的中国国际石油石化企业高峰论坛在北京举行，来自世界 20 多个国家的政府官员、驻华使节和石油石化界高层人士参加了这次论坛。集团公司副总经理苏树林、周吉平出席中国石油石化高峰论坛，苏树林副总经理在论坛上就中国天然气工业现状发表讲话。

同日　辽河石化分公司 100 万吨/年延迟焦化装置一次开汽成功。标志着辽河石化分公司向加工 500

万吨/年的发展目标迈出了重要的一步，“稠油加工基地和沥青生产基地”的规划有了坚实的基础。

21日　集团公司副总经理周吉平会见阿根廷能源国务秘书丹尼尔·嘎麦隆，双方就阿根廷开展合作的可能性交换了意见。

同日　股份公司与陕西省人民政府在北京举行会谈，就陕西省天然气市场需求和发展、油气勘探开发和销售网络建设等问题进行了认真的研究。

同日　股份公司与辽宁省政府协商形成“关于在LNG接收站及其他领域进行合作”的会议纪要。

23日　股份公司批复《哈萨克斯坦—中国原油管道工程阿拉山口—独山子段可行性研究报告》（石油计字［2004］220号）。

24日—10月3日　集团公司副总经理、股份公司总裁蒋洁敏考察西气东输西段及沿途石油石化企业。包括塔里木、吐哈、长庆油田以及宁夏石化、炼化、销售分公司等。

25日　苏丹炼厂扩建一期工程投产成功。由工程公司总承包的喀土穆炼厂扩建一期工程于2003年8月开工，2004年9月14日第一塔焦碳从焦碳塔中涌出，标志着CPECC承建的苏丹喀土穆炼厂扩建一期工程顺利实现一次投产成功。苏丹总统巴希尔为喀土穆炼厂扩建一期工程投产剪彩。

25—30日　股份公司副总裁刘宝和出访美国、加拿大，参加了SPE（国际石油工程师学会）年度会议，拜访了斯伦贝谢公司和柏林顿公司，并考察加拿大油砂作业情况。

26日　股份公司和大连市人民政府签订《共同开发建设大连液化天然气（LNG）接收站项目协议书》。集团公司副总经理、股份公司高级副总裁苏树林、大连市市长夏德仁分别代表中国石油、大连市人民政府在协议书上签字。

同日　大连港30万吨级原油、矿石码头投产仪式在大连市棒棰岛宾馆举行。在投产仪式上，集团公司副总经理、股份公司高级副总裁苏树林与大连市人民政府市长夏德仁签署了合作开发建设大连LNG（液化天然气）接收站项目协议；股份公司与大连港集团签署了原油码头战略合作框架协议，股份公司与大连港集团将在原油、成品油以及化工产品和LNG等的码头建设、装卸、仓储、物流以及其他相关领域建立全面的战略合作关系。

同日　吉林石化分公司24万吨/年丁辛醇改扩建项目建成投产。该项目总投资4.38亿元，占地面积1300平方米。该项目的建成投产，每年可增产丁醇12万吨，为企业增创效益5000万元，也标志着吉林石化成为中国石油最大的羰基合成生产基地。

27日　集团公司境外项目阿曼5区块Daleel油田EF块第一口探井DL—75H成功投产，该井初期日产油高达1800桶/日，也正是DL—74H、75H的相继投产，使得该油田产量由11000桶/日上升到13000桶/日。

28日　中国历史上第一条跨国长输管道——中哈原油管道正式开工建设，一期工程阿克苏—阿拉山口，全长980千米。中哈原油管道全长3032千米，其中哈萨克斯坦境内2780千米，中国境内252千米，最低输油量为年2000万吨。这标志着中哈两国在能源领域的合作进入了一个新的发展阶段。

29日　股份公司与壳牌公司签署辽阳石化分公司环氧乙烷/乙二醇项目合同。

30日　集团公司向所属单位印发了《关于提高中国石油天然气集团公司工程建设企业竞争力的指导意见》。

本月　中国石油国际事业有限公司获得中国石油独山子石化分公司1000万吨/年炼油和120万吨乙烯改扩建工程技术设备进口代理业务。此项改扩建工程包括20套炼油装置和12套石化装置，计划于2008年建成。是目前中国规模最大的石油化工项目，也是中国与哈萨克斯坦能源合作战略的重要组成部分。

本月　中国石油国际事业有限公司首次签订期租超级油轮，为油品国际贸易的深入开展创造条件。

本月　股份公司财务总监王国樑带领公司中期路演团在美国奥玛哈市拜会伯克夏海瑟威公司（Berkshire Hathaway Inc.）董事长兼首席执行官沃伦·巴菲特，双方在友好的气氛中进行了亲切的交谈。

十　月

1日　西气东输西段正式投产，标志着西气东输全线正式投入商业运行。

3日　中共中央政治局委员、全国人大常委会副委员长、全国总工会主席王兆国，到大连石化慰问节日期间一线在岗职工。

5日　中油测井技术服务有限责任公司通过了DNV（挪威船级社）认证，获得OHSAS 18001和ISO 14001资格证书，成为在国外施工的中国石油企业中首家通过国外认证机构认证的公司。

同日　由中国石油工程建设（集团）公司总承包的巴基斯坦WOPP项目首站顺利投油成功。

6日　陕京输气管道在陕西神木段188号桩+549米处管线被施工机具碰坏，发生天然气泄漏。造成事故的原因是地方施工单位违章施工，强行推土建塘，致使装载机戳穿管道。造成陕京管道停输30小时，泄漏天然气约22万立方米，给陕京管道安全生产造成了严重影响。

8日　中国石油国际事业有限公司与日本三井化学公司签订石脑油长期合同，这是石脑油首次销往日本最终用户市场，确保中国石油较好的出口效益。

同日　股份公司财务总监王国樑在伦敦出席由英国《金融时报》主办的“财务总监全球能源论坛”，并在大会做题为“以有效风险管理提升公司价值”的发言。

10日　让那若尔油田3#气举压缩机站顺利投产，至此，让那若尔油田气举井所占比例达30%，同时产能占油田的33%，达到130万吨的年产油能力，气举规模为CNPC之最。

同日　股份公司重点工程之一的青海油田涩北气田2004年新建9亿立方米天然气产能工程完工，使涩北气田的集气处理能力已达到25亿立方米/年。

11日　集团公司总经理陈耕在北京会见法国道达尔集团董事长兼总裁海斯特先生一行，双方就已有合作项目及合作前景交换了意见。

同日　西气东输工程输气运行实现全线贯通。

12日　国务院振兴东北办等国家有关部门到抚顺石化分公司调研。

同日　集团公司副总经理郑虎会见了以加拿大阿尔伯达省经济发展部投资和工业发展处执行主任贾斯汀·瑞米尔为团长的阿尔伯达省代表团，双方就CNPC与阿省在油砂方面的合作前景交换了意见。

同日　李克成主任会见俄罗斯国际文传电讯社社长米哈伊尔·卡米萨尔，双方就在信息领域的合作前景交换了意见。

同日　股份公司与意大利巴塞尔公司在北京王府饭店签订聚丙烯产品预销售协议。集团公司副总经理、股份公司副总裁段文德出席了协议签字仪式。这标志着化工板块新增聚烯烃产品预销售工作取得实质进展，这对化工板块今后新增聚烯烃产品开拓市场、应对竞争具有重大的战略意义。

12—15日　第6届亚非石油地球化学与勘探国际会议（AAAPG—2004）在中国石油勘探开发研究院召开，到会代表共233人，其中外宾80人。会议共收到来自23个国家和地区的论文摘要210篇，其中国外论文摘要68篇，国内论文摘要142篇。会议安排了21个大会报告，50多个展板论文展示。

13日　集团公司副总经理周吉平、总经理助理汪东进会见俄罗斯天然气工业股份公司副总裁阿纳年科夫，双方就在天然气领域建立战略合作的有关问题进行了探讨。

同日　集团公司任命李润生为集团公司办公厅主任，任命李万余为集团公司人事劳资部主任，任命许永发为中国石油集团经济技术研究中心主任，免去许永发集团公司办公厅主任职务。

同日　集团公司党组决定覃国军同志任炼油与销售分公司党委书记，免去李润生同志炼油与销售分公司党委书记、委员职务；高栋平同志任华北销售分公司党委书记，免去李万余同志华北销售分公司党委书记、委员职务。

14日　集团公司总经理陈耕与俄罗斯天然气工业股份公司总裁米勒签署了双方建立战略合作关系的协议，中国国家主席胡锦涛和俄罗斯总统普京出席了签字仪式。

同日　集团公司副总经理、股份公司总裁蒋洁敏会见来访的IHS集团新任首席执行官毕加索，IHS能源公司总裁莫伯德和剑桥能源首席运营官洛克伍德一行，就双方合作的前景和共同关心的问题进行了交流。

同日　股份公司副总裁王福成出席纽约证券交易所为答谢在该所上市的中国公司而举办的商业午宴。

同日　股份公司财务总监王国樑会见东方汇理银行全球能源总裁Marc Besson。外方介绍了该行最新发展，并就项目融资、资产增值和债务避险等方面的问题与王国樑进行了交流。

同日　集团公司党组决定，梁春秀为吉林油田分公司党委书记，王永春不再担任吉林油田分公司党委书记、委员职务。

同日　股份公司决定王永春任股份公司人事部总经理，免去覃国军股份公司人事部总经理职务；侯启军为吉林油田分公司总经理，王永春不再担任吉林油田分公司总经理职务。项平生任华北销售分公司总经理，免去李万余华北销售分公司总经理职务。

同日　股份公司与瑞士卡萨里公司和荷兰斯塔米卡邦公司分别签署乌鲁木齐石化合成氨改造项目和尿素项目合同。

同日　长庆石化分公司500万吨/年常减压装置建设开工。

15日　中国石油集团海洋工程有限公司成立。该公司由集团公司、辽河石油勘探局、大港油田集团有限责任公司三家企业出资联合组建。主要经营范围：海洋石油钻采工艺和海洋工程的研究和设计等，海洋钻井、井下作业、试油试采工程，海洋工程建造、安装、使用和维护，海洋石油作业船舶服务及其他相关业务等。

同日　集团公司副总经理周吉平会见IHS能源公司总裁Ron Mobed，双方就在能源信息领域的合作前景交换了意见。

16日　股份公司重点建设项目，投资4.35亿元的独山子石化分公司60万吨/年馏分油加氢裂化装置一次投料试车成功。

17日　国资委主任李荣融一行到吉林石化分公司调研。

18日　集团公司副总经理、股份公司高级副总裁苏树林一行参加重庆销售分公司干部大会，并宣布领导班子调整的决定：重庆销售分公司总经理项平生调任华北销售分公司总经理，重庆销售分公司新任总经理由卢乃洪担任。

同日　集团公司境外项目苏丹3/7区Ashba-1井在深度2000米完钻，在Yabus & Samma组见到良好油显示，宣告3/7区又一亿吨级油田的发现。

同日　被称为“长江第一长隧”的忠武输气管道工程城陵矶长江穿越隧道全线贯通，忠武工程穿越长江的最后一项穿越工程胜利完工。城陵矶长江穿越隧道总长2756米，为目前国内已建和在建的长江隧道穿越工程长度之最。

19日　国家“十五”重点科技攻关课题的下属课题《塔里木盆地大中型油气田形成条件与勘探方向》研究成果汇报会在塔里木油田分公司召开。

同日　股份公司副总裁王福成会见德意志资产管理基金经理雷查蒙·李。王福成向客人介绍股份公司业务经营情况和发展计划。

同日　上午，集团公司副总经理、股份公司总裁蒋洁敏等领导出席华北销售分公司在北京五洲皇冠假日酒店召开的干部大会，宣布领导班子调整的决定。

19—24日　集团公司副总经理、股份公司总裁蒋洁敏到吉林油田、前郭石化、吉林石化、吉林销售等石油石化企业调研，并于22日参加吉林油田分公司干部大会并宣布领导班子调整的决定。

20日　周吉平副总经理会见阿尔及利亚国家石油公司总裁穆罕默德·梅泽亚恩，双方就扩大合作交换了意见。

同日　集团公司2004年度技术创新奖评审会在北京召开，本次会议共有48项科技成果获技术创新奖，其中一等奖9项，二等奖39项。会议由周吉平副总经理主持。

同日　集团公司党组任命朱龙同志为中国石油审计服务中心党委书记，免去孙先锋同志中国石油审计服务中心党委书记、委员职务。

同日　中国石油与西气东输最大的工业用户——扬子石化巴斯夫有限责任公司签署《天然气销售协议》。

同日　股份公司在北京洲际大厦顺利开展了53.8万吨的石油专用管网上集中采购。通过加强管理、发挥整体优势、网上集中采购等项措施，使国内石油专用管价格全年平均涨幅仅为33.8%，并且争取到与国内市场价格相比税前每吨优惠300元的采购价格，仅此约节省采购资金近2亿元人民币。

同日　中国石油勘探开发研究院袁士义同志荣获第十三届孙越崎能源大奖。

21日　集团公司副总经理郑虎会见加拿大里贾纳大学副校长Allan Cahoon（卡胡恩），双方就如何开展合作交换了意见。

同日　集团公司副总经理周吉平会见俄罗斯莫斯科市东北区政府区长拉贝尔，双方就华铭公司的情况交换了意见。

同日　石林任中国石油集团海洋工程有限公司总经理。

22—23日　集团公司副总经理、股份公司总裁蒋洁敏一行到吉化检查指导工作。

23日　和田电站供气管道进气投产。

23—25日　集团公司副总经理、股份公司高级副总裁苏树林率领集团公司和股份公司一行15人，参加在美国休斯顿举行的“2004年全球华人石油与石化科技研讨会”。

24日　集团公司境外叙利亚Gbeibe项目原油产量达到32.09万吨，提前37天完成年初制定的32万吨的生产目标。

同日　集团公司副总经理、股份公司总裁蒋洁敏一行到吉林销售分公司检查指导工作。

25日　股份公司向国家发改委上报《关于申请开展大连LNG项目前期工作的请示》（中油股字〔2004〕591号）。

25—29日　股份公司2004年财务决算会议在成都召开。

26日　集团公司副总经理、股份公司副总裁段文德会见来访的Parsons公司总裁威廉·霍尔（William Hall）一行，双方就独山子合作项目的有关情况进行了交流。段文德要求Parsons积极做好管理培训的辅助工作，并希望双方能够通过此次合作，为将来其他大型项目的管理合作积累经验。同日，段文德会见美国陶氏化学公司高级副总裁麦克尔·甘布（Michael Gambrell）一行。双方就今后的合作进行了深入、坦诚的交流。

同日　股份公司副总裁王福成会见谢尔曼·思特灵律师事务所全球首席合伙人韩德（David Heleniak）一行，双方就进一步加强合作交换了意见。同日，王福成会见麦肯锡咨询公司首席执行官伊恩·戴维斯。双方探讨了进一步合作的可能。

同日　股份公司副总裁刘宝和会见来访的国际石油工程师学会（SPE）2004年度主席凯特·贝克女士（Kate Baker）一行。刘宝和简要介绍了SPE中国分部的基本情况，充分肯定了SPE总部与中国分部之间的长期合作与相互支持，随后刘宝和介绍了中国石油上市以来各项业务，特别是油气勘探生产方面的发展状况。

同日　股份公司董事会秘书李怀奇会见麦肯锡公司首席执行官伊恩·戴维斯（Ian Davis）一行，双方就未来合作等事宜交换了意见。李怀奇表示，麦肯锡是中国石油的良好合作伙伴，希望在中国石油进一步发展的过程中，麦肯锡能够在管理架构、考核体系等方面继续为公司出谋划策。

27日　集团公司副总经理周吉平会见美国帕森斯公司总裁William Hall，双方就共同感兴趣的问题交换了意见。

同日　大庆石化分公司炼油厂对硫磺回收装置进行维修，在切割原料水罐之间的连接管线时，发生闪爆着火事故，造成7人死亡。

同日　集团公司境外阿尔及利亚项目由长城钻井公司承担的第一口评价井DECH－3正式开钻。

28日　根据集团公司和股份公司决定，西南销售分公司由四川省成都市搬迁至云南省昆明市。

28日—11月2日　“穿越神州、造福中华——中国石油西气东输摄影、美术、书法作品展”在北京国家博物馆隆重展出。此次展出作品，均出自石油行业艺术家和西气东输工程一线员工之手，具有浓郁的时代特色和生活气息，引起热烈反响。

29日　集团公司总经理陈耕、副总经理周吉平会见伊朗石油部部长赞甘内，双方就扩大未来合作前景交换了意见。会见结束后，周吉平和伊朗石油部副部长侯赛尼扬签署了合作谅解备忘录。

同日　中国石油勘探开发研究院引进的“油气勘探生产虚拟可视化系统”正式建成并启动运行。虚拟可视化系统可使地质、地球物理、油藏工程和工程技术与决策者之间实现无障碍沟通和交互工作，使决策更客观、更科学，有助于解决科研生产工作中遇到的实际问题。

31日　中国石油国际事业（香港）有限公司薄扶林加油站正式开业，这是中国石油在香港开设的第一家加油站。

本月　中国石油国际事业有限公司在上海期货交易所首次开展燃料油期货交易，为进口委内瑞拉燃料油进行保值业务。

本月　股份公司内控项目组按照COSO内控框架五要素的要求，遵从上市地及国内相关法律法规，结合公司管理实际着手编制内控体系框架。

本月　中国石油工程建设（集团）公司巴基斯坦成品油管线项目成功投入商业运行。

十一月

1日　股份公司副总裁王福成一行到吐哈油田分公司进行调研。

同日　新疆维吾尔自治区人民政府和中国石油天然气集团公司成立独山子石化公司1000万吨炼油、120万吨乙烯改造项目协调领导小组。

2日　集团公司决定，宁夏大元炼油化工有限责任公司和庆阳炼油化工有限责任公司机构和人员整体划入股份公司，资产由股份公司实行收购。

同日　中央电视台《焦点访谈》栏目以《决战塔里木》为题，专题报道了西气东输工程概况和克拉2气田发现开发的全过程。节目播出后在观众中引起了强烈反响，对树立中国石油形象、宣传西气东输工程起到了积极作用。

3日　中国石油集团海洋工程有限公司成立大会在北京召开（详见专稿）。

同日　集团公司总经理、股份公司董事长陈耕会见bp集团首席执行官、委员会主席、董事会行政成员约翰·布朗勋爵。双方就俄罗斯油气项目合作及加强其他方面合作等议题进行了交流。

4日　集团公司勘探开发工程技术工作会议在北京召开（详见专稿）。

同日　集团公司副总经理、股份公司高级副总裁苏树林与广西壮族自治区人民政府副主席杨道喜签订《关于开展广西 LNG 项目的合作协议》。

同日　股份公司复文国土资源部《关于国土资源部 2003 年石油天然气（含煤层气）勘查开采年检有关问题落实情况的报告》（石油勘字［2004］255 号），保护了未完成最低勘查投入区块的权益，注销无勘探价值区块面积 3.38 万平方千米。

同日　吉林石化分公司 60 万吨/年加氢裂化装置扩能改造工程投产。

8 日　集团公司向所属单位印发了《集团公司机械制造业务发展指导意见》。

9 日　集团公司总经理陈耕在北京会见韩国天然气公司董事长兼首席执行官吴刚铉一行。双方就中、俄、韩三国天然气合作项目以及在天然气领域更广泛的合作进行了交流。

同日　股份公司副总裁王福成会见以丹麦 Handelsbanken 资金公司高级分析员斯蒂芬·兰默（Stephen Rammer）为团长的欧洲投资者代表团。王福成介绍了中国石油上市以来的经营业绩及未来的发展前景，并就投资者关心的问题做了解答。

9—13 日　股份公司在北京石油工人疗养院召开“中国石油 2004 年油气勘探年会”。会议总结了一年来各探区油气勘探的主要成果，分析了未来油气勘探的潜力、当前存在的问题和面临的主要挑战，交流了油气勘探过程中的成功经验和有效做法，进一步落实了 2005 年油气勘探部署，明确了下一步勘探工作的主攻方向、工作重点和具体目标。

10 日　集团公司总经理陈耕会见乌兹别克斯坦副总理兼外经署署长加尼耶夫，双方就开展油气领域的合作前景交换意见。

同日　集团公司总经理陈耕会见哈萨克斯坦驻华大使卡力布扎诺夫，双方就合作中的有关问题进行了探讨。

同日　集团公司安全生产检查与考核验收动员大会在北京召开。集团公司副总经理王宜林出席会议并做重要讲话。集团公司分为 4 个检查组，到重点企业开展工作。

同日　股份公司副总裁王福成出席拉索尔 20－20 协会（Russell 20－20）举办的投资者大会。王福成在会上发表演讲并解答了投资者关心的问题。

11 日　集团公司副总经理周吉平赴海南出席 CNPC 与俄罗斯天然气工业股份公司战略合作委员会会议。

同日　集团公司总经理助理汪东进会见东帝汶总理，双方就未来开展合作的前景交换了意见。

同日　忠武输气管道项目部与西南油气田分公司签订天然气内部购销协议。

同日　辽阳石化分公司尼龙厂新建 14 万吨/年己二酸改扩建工程，全面投料试车，获得一次成功。由年产 7 万吨增产至 14 万吨的己二酸改造工程，总投资 4.77 亿元，每年销售收入可达 7.0 亿元。该装置均采用自有技术，并吸取了国外同类装置的先进工艺技术，较引进工艺包，项目节省投资约 2 亿元。

同日　股份公司副总裁王福成会见法国巴黎银行首席执行官博杜安·普欧（Baudouin Prot）一行，双方就进一步扩大合作深入交换了意见。王福成介绍了中国石油的发展战略，海外业务和天然气业务的有关情况。普欧表示，巴黎银行将竭诚为中国石油提供最优质的服务。

13 日　中共中央政治局常委、国务院总理温家宝一行到锦州石化视察工作。锦州石化总经理吕文君向温家宝一行介绍了目前国内惟一的 10 万吨/年异丙醇装置的情况。当听到 1999 年异丙醇产品在国内市场占有率达到 85%时，温家宝对此表示满意。温家宝总理指出：“衡量生产装置主要有两个标准：工艺标准和效益标准。要以经济效益为中心，以质量谋发展，真正做到以质取胜。”

15 日　忠武线开始置换升压，标志着石油人 30 年“川气出川”的梦想成为现实。

同日　股份公司印发《关于健全海洋石油作业安全监督机构有关问题的通知》（油人字［2004］514 号），决定设立辽河、大港、冀东三个海洋石油作业安全监督处。

16 日　集团公司副总经理任传俊会见美国杜邦公司技术知识资产及技术转让董事经理查里斯·默里，双方就吉化合作项目交换了意见。

同日　集团公司副总经理周吉平会见蒙古工业贸易部部长斯·巴图包勒德，双方就共同探讨了在油气领域的合作前景。

同日　忠武天然气管道“一干两支”顺利实现提前投产，开始向湖北省商业供气。

同日　国家发改委印发《国家发展改革委关于陕京二线输气管道工程项目核准的批复》（发改能源［2004］2548 号）。

16—17 日　抚顺石化分公司 100 万吨/年乙烯技术改造工程可研报告通过股份公司组织的专家评审。

17 日　股份公司副总裁王福成一行到华东销售

分公司检查指导工作。

同日　集团公司副总经理、股份公司总裁蒋洁敏会见前加拿大联邦工业部长、前加拿大纽芬兰省省长布莱恩·杜宾和 Nexen 公司董事弗朗西斯·沙维尔（Francis Saville）一行。双方就公司合作前景进行了交流。

18 日　集团公司副总经理、股份公司副总裁段文德会见巴塞尔公司总裁、首席执行官 Volker Trautz。双方探讨了进一步加强合作的可能。

18—20 日　监事会主席李克成到华南销售分公司巡视，并在巡视报告中提出加强网络建设、办公场所、完善管理的建议。

18—22 日　股份公司在塔里木油田召开中国石油勘探开发资料管理工作会议。会议深入贯彻国务院和国土资源部关于地质资料管理工作的有关法规和要求，回顾总结 1999 年以来股份公司地质资料管理工作，交流地质资料管理工作经验，研究部署今后 5 年股份公司勘探开发地质资料管理工作。来自中国石油勘探开发资料中心和 14 个油气田分公司的 40 余名代表参加了会议。

21 日　由中华全国青年联合会、中国青少年发展基金会等单位联合主办的第十五届“中国十大杰出青年”评选结果揭晓。大庆油田公司井下作业分公司经理王新纯荣获第十五届“中国十大杰出青年”称号。

22 日　集团公司总经理陈耕会见加蓬外交部长让·平（Jean Ping）。

同日　塔里木油田分公司上报 2003 年油气储量获股份公司批准。全年新增石油天然气三级地质储量 3.2 亿吨，其中石油三级储量 2.09 亿吨，创会战以来最高纪录。

23 日　集团公司总经理陈耕、副总经理周吉平会见俄罗斯天然气出口公司总裁梅特维杰夫，双方就开展合作的有关情况交换了意见。

同日　集团公司总经理陈耕在海南省三亚市会见了哈萨克斯坦总统纳扎尔巴耶夫，就中哈油气合作领域中的有关问题交换了意见。

同日　集团公司副总经理周吉平与俄罗斯天然气出口公司总裁梅特维杰夫举行会谈。

同日　集团公司副总经理周吉平会见摩根大通集团副董事长郭怀礼，双方就目前合作中的有关问题交换了意见。

23—25 日　集团公司副总经理、股份公司总裁蒋洁敏到华北油田和华北石化调研，要求各单位承担起经济责任、政治责任和社会责任，牢记发展是第一要务，稳定是第一责任，群众利益是第一利益，充分发挥整体优势，实现矿区健康协调发展。

24—25 日　股份公司与甘肃省在兰州共同召开石油天然气管道设施保护工作联席会议。通过此次会议，股份公司与甘肃省建立了石油天然气管道保护联席会议制度，为建立油气管道保护长效机制奠定了基础，同时，也为在其他省区推广这种制度和方式积累了经验。

26 日　股份公司第二届董事会第八次会议在北京召开。本次会议审议了三项议案：(1) 审议批准了《关于公司 2005 年度投资计划的议案》；(2) 审议批准了《公司 2005 年度预算报告》；(3) 审议批准了《关于〈总裁班子成员业绩考核暂行办法〉和〈总裁班子成员 2004 年度业绩合同〉修改完善情况的报告》。董事会会议分别通过了上述三项议案，并形成了董决字［2004］16 号、17 号、18 号董事会决议文件。本次会议还听取了普华永道《关于萨班斯·奥克斯利法案内控项目进度汇报》及公司财务总监王国樑所作的《关于公司内控体系建设的工作汇报》。

同日　中油测井技术服务有限责任公司苏丹作业区 1/2/4 基地被评为 2004 年度 HSE 最佳表现奖，并获得荣誉奖牌。

29 日　股份公司重点建设项目大港石化分公司 100 万吨/年延迟焦化装置一次开车成功，标志着大港石化分公司 500 万吨/年完善配套改造一期工程顺利建成投产，一次加工能力从 250 万吨/年提高到 500 万吨/年。

同日　长庆油田代表中国石油向铜川市陈家山矿难表示亲切慰问，并捐款 200 万元。

30 日　国务院国有资产监督委员会第一批 49 家中央企业主业，确定中国石油天然气集团公司三大类主业为：原油、天然气勘探开发、开采；石油炼制、石油化工极其他化工产品的生产、储运及贸易，石油、天然气管道运输及贸易；相关工程技术研究与服务。

同日　集团公司副总经理周吉平会见苏丹全国大会党经济书记穆斯塔法一行，双方就在苏开展石油合作的有关问题交换了意见。

十二月

1 日　集团公司总经理陈耕、副总经理周吉平会见伊拉克石油部部长贾德班，双方就未来合作前景交换了意见。

同日　股份公司副总裁王福成会见德意志银行亚太区股票资本市场主管道格·郝兰德（Doug Howland）一行。双方就国际资本市场的最新动态、中国油气行业形势、世界区域情况以及国际股票资本市场最新的发展动态进行了交流。德意志银行建议中国石油向海外作战略性的收购。王福成表示，中国石油将按照“积极稳健”的原则，对国际市场做进一步研究，制定合理的海外扩展计划。

同日　股份公司批复《涩北—西宁—兰州输气管道增压工程可行性研究报告》（石油计字［2004］287号）。

同日　股份公司办公自动化电子公文系统开始试运行，该系统自2月开始系统需求分析，经过10个月的开发研制，正式开始在股份公司机关21个部门和直属84个单位试运行。

1—2日　股份公司在杭州举办“中国石油化工新产品发布会”。会议推出的180多个牌号、总量200多万吨的合成树脂新产品和己二酸扩能产品，宣传了中国石油的经营理念，达到了超前推介、扩大影响的目的，新产品的预销售全面展开。

1—2日　股份公司财务总监王国樑赴泰国曼谷出席美国《商业周刊》主办的“CEO对话”会议，并在大会上作题为《企业风险管理》的发言。

2日　集团公司总经理陈耕陪同曾培炎副总理会见伊拉克石油部部长贾德班。

3日　股份公司财务总监王国樑一行到西南销售分公司调研。王国樑听取了西南销售分公司的工作汇报，走访了部分基层单位，并对西南销售分公司的业务发展、财务管理以及机关整体搬迁云南后财务机构的设置进行了明确和指导。

同日　股份公司副总裁王福成出访香港。

6日　集团公司总经理陈耕在北京会见埃尼集团董事长罗伯特·波利一行，双方就石油天然气领域的合作广泛地交换意见。

7日　集团公司副总经理王宜林会见美国FLOWSERVE公司首席运营官克林陆（Lewis Kling），双方共同探讨了开展合作的可能性。

9日　中国石油勘探开发研究院北京石油机械厂向美国罗恩公司提供顶部驱动钻井装置供货协议在人民大会堂签字。

同日　股份公司印发《中国石油天然气股份有限公司国内勘探开发对外合作项目管理办法》（石油合作字［2004］300号），该办法自2005年1月1日起施行。

10日　集团公司召开安全生产委员会会议，会议由集团公司总经理、安委会主任陈耕主持，蒋洁敏、任传俊等27人参加了会议，会议就集团公司层面安全管理制度问题、安全培训问题、事故隐患整改问题、劳保服装“四统一”问题以及安全生产先进企业评比问题等进行了研究。

11—15日　集团公司境外项目苏丹六区Fula西部陡坡带Keyi－1井，在Abu Gabra组2960.5—2966.0米KB井段测试中，8.731毫米油嘴自喷获48立方米/日的稀油油流。

13日　集团公司总经理陈耕、副总经理周吉平会见苏丹能矿部部长贾兹，双方就石油合作的有关问题交换了意见。

同日　股份公司零资产收购中国石油集团庆阳炼油化工有限责任公司，并更名为中国石油天然气股份有限公司庆阳石化分公司。

同日　股份公司零资产收购中国石油集团宁夏大元炼油化工有限责任公司，并更名为中国石油天然气股份有限公司宁夏炼化分公司。

14日　集团公司副总经理周吉平赴海南出席喀土穆炼油公司第七届董事会。

同日　集团公司境外项目哈萨克斯坦首例浅层稠油短半径侧钻水平井由CNPC钻成，并获得平均日产630桶/日高产油流。

15日　集团公司任命郑虎兼任集团公司总法律顾问。

15—18日　集团公司境外项目苏丹六区在Abu Gabra组2835.0—2841.0米KB井段测试中，19.05毫米油嘴自喷获249立方米/日的高产稀油油流。Fula西部陡坡带Keyi构造稀油勘探有新突破。

18日　由集团公司承办的石油工业标准化技术委员会第五次年会在北京召开。石油工业标准化技术委员会主任委员阎三忠作了《以科学发展观为指导大力推进石油工业标准化工作》的工作报告。

20—23日　股份公司2005年规划计划工作会议在北京塔里木石油宾馆召开。会议总结了2004年规划计划系统的工作，分析了2005年规划计划工作面临的形势，对2005年规划计划重点工作提出了具体要求。

22日　集团公司总经理陈耕、副总经理周吉平与俄罗斯天然气工业股份公司副总裁阿纳年科举行会谈。

同日　集团公司副总经理、股份公司总裁蒋洁敏会见美国花旗集团环球金融亚洲区总裁梁伯韬。双方就国际金融市场现状、发展趋势以及股份公司关心的问题进行了探讨和交流。

同日　集团公司副总经理周吉平会见英国 BP 公司执行董事马云瀚（John Manzoni），双方就建立合作关系的有关问题交换了意见。

同日　股份公司与铁道部签订委托购买原油罐车协议。2004 年第二季度开始，由于原油外运和进口原油量增加，在我国东北和西部地区的原油罐车数量不足，日缺口达到 177 辆，每日少运原油 8900 吨，影响到油田、炼厂的正常生产。为解决铁路运输紧张矛盾，经与铁道部多次协商，股份公司决定出资 3 亿元人民币，委托铁道部新购 G17B 型粘油罐车 1080 辆，以解决铁路原油罐车缺口较大的问题，保证油田和炼厂正常生产。

同日　集团公司重点工程——独山子石化公司 1000 万吨炼油及 120 万吨乙烯工程项目通过国务院常务会议核准。

同日　股份公司规划计划部成立后评价处，以加强建设项目后评价工作。

23 日　集团公司总经理陈耕与委内瑞拉能矿部部长拉法尔·拉米雷兹·卡莱尼奥共同签署“中国石油天然气集团公司与委内瑞拉能矿部关于 ZUMANO 油田合作协议”，国家主席胡锦涛和委内瑞拉总统查韦斯出席了签字仪式。

同日　集团公司与清华大学在北京签署“中国石油集团与清华大学合作协议”，双方确立战略合作关系。企校强强联合，为集团公司全面建设具有国际竞争力的跨国企业集团公司提供人才和科技保证。

同日　集团公司副总经理周吉平陪同国家发展与改革委员会主任马凯会见委内瑞拉计划部部长和能矿部部长。

同日　中国石油国际事业有限公司与委内瑞拉国家石油公司签订奥里油长期合同。

24 日　集团公司总经理陈耕在北京会见委内瑞拉能矿部部长兼委内瑞拉国家石油公司总裁拉法尔·拉米雷兹·卡莱尼奥，双方就当前合作的项目进行交流。

同日　集团公司统一标识工作视频会议在北京召开（详见专稿）。

同日　集团公司成立品牌管理委员会。

同日　经国家储委评审通过，股份公司 2004 年新增探明石油地质储量 52183 万吨。

25 日　忠武线正式向下游第一家用户——武汉市天然气有限公司商业供气，比计划提前 6 天。

25—26 日　集团公司副总经理周吉平与俄罗斯天然气工业股份公司副总裁阿纳年科举行会谈。

26 日　中国石油新标识正式启用。集团公司要求全系统开始使用统一新标识后，集团公司、股份公司及各企事业单位原有形象标识停止使用。同时，对原有注册标识进行有效的保护，增强使用新标识的规范意识和维权意识。

同日　长庆油田分公司第一采油厂年产原油突破 200 万吨，是继第三采油厂、第二采油厂之后，第三个年产突破 200 万吨的采油厂。

27 日　股份公司下发《关于加快推进地区公司总法律顾问制度建设的通知》（石油人字［2004］319 号），确定了地区公司建立总法律顾问制度的相关要求和实施步骤，对深化股份公司法律工作将产生巨大作用。

同日　经股份公司批准，辽河油田所属的 7 座加油站资产划转辽宁分公司，划转基准日为 2004 年 12 月 31 日。

同日　股份公司第四批标准合同文本下发使用。两年来，股份公司已形成 41 个标准合同文本，覆盖了公司合同类型的主要领域。

29 日　国家西气东输工程建设领导小组第七次工作会议在北京召开。中国石油与 12 家用户签订《天然气销售协议》，西气东输每年 120 亿立方米的商业气量全部售出。

30 日　西气东输工程正式投入运营。国家发改委、国家西气东输工程建设领导小组和中国石油集团公司在北京举行投产庆典暨表彰大会（详见专稿）。

同日　吉林石化分公司化肥厂合成气车间 641 工号 2 号终洗塔发生爆炸事故，造成 3 人死亡，3 人受重伤。经调查，是一起由于严重违章操作造成的重大责任事故。

31 日　具有自主知识产权的核心技术物探处理解释一体化软件 GeoEast V1.0 系统。在中国国际科技会展中心正式发布。该软件在系统体系结构、地震与地质信息共享、三维地表模型构建、数据流与工作流管理等关键技术取得突破，申请专利 20 项，认定技术秘密 45 项。

同日　长庆油田分公司新增石油探明储量 1.27 亿吨，控制储量 1.06 亿吨，预测储量 1.70 亿吨；新增天然气探明储量 813 亿立方米，控制储量 1057 亿立方米，预测储量 1242 亿立方米。

同日　股份公司印发《关于成立中国石油天然气股份有限公司内控项目建设委员会的通知》（石油人字［2004］339号），成立中国石油天然气股份有限公司内控项目建设委员会，并明确内控项目建设委员会及内控项目组的职责范围。

同日　陕京线供气系统供气2961万立方米/日，达到日最高纪录，超过设计最大能力31万立方米/日。

同日　冀东原油外输管线建成投产，为冀东油田上产和原油外运提供了保证。管线自冀东油田高尚堡联合站至秦京线迁安输油站，全长78.5千米，管径ϕ377毫米。

同日　青海油田全年累计生产原油222万吨，生产天然气17.8亿立方米，油气年产量历史性地突破了400万吨。

同日　股份公司印发《中国石油天然气股份有限公司工程建设项目审批管理办法》（石油计字［2004］338号），进一步规范了工程建设项目的审批管理。

本月　阿克纠宾肯基亚克盐下油田200万吨/年产能建设主体工程建成投产。

本月　2004年股份公司在印尼预计钻探井17口，预计新发现原油P1+P2可采储量8200万桶，发现天然气P1+P2可采储量107亿立方米（未含目前正钻4口探井之可能发现的储量）。

本月　截至12月31日，本年度国内对外合作项目共生产原油343.52万吨，完成计划的107.46%；天然气40254万立方米，完成计划的129.43%；油当量375.5万吨，完成计划的109%。

本月　大连石化分公司全年实际加工原油1200.11万吨，创历史新高，成为中国石油第一个原油实际加工量突破千万吨的企业。

本月　中国石油技术开发公司与伊朗签订了1台3000米拖装钻机，这是我国成套钻机首次进入中东地区，为扩大中东市场份额，打破欧美大型成套设备垄断中东市场的局面奠定了基础。

本年　中国石油技术公司与古巴、印度、哈萨克斯坦成功地签订了4个成套钻机项目，这些市场均是首次出口成套钻机，对扩大公司市场份额，树立中国石油物资装备在国际市场中的地位具有重要意义。

本年　集团公司先后与18省市自治区签订了移交协议，涉及33个成员企业，移交社会职能机构464个，其中中小学431个，公检法机构33个；向省、市级主管部门移交机构28个，向地市级主管部门移交机构436个，共移交各类人员54606人，确保了原有管理机构职能基本不变和队伍的稳定。

（续桂春　邹春英　陈汉龙
刘北生　宛亚军　张桂珍　杜久霞　王　强）

第十五篇

附　　录

2004 年集团公司主要指标完成情况

指标名称	计量单位	完成情况
一、主营业务收入	亿元	5706.8
利润总额	亿元	1288.5
上缴税费	亿元	1077.9
工业总产值(现价)	亿元	6286.2
工业销售产值	亿元	6238.5
企业增加值	亿元	3098.0
其中:工业增加值	亿元	2797.7
二、油气产量		
原油	万吨	12818.4
其中:海处权益产量	万吨	1642.3
天然气	亿立方米	312.5
其中:海外权益产量	亿立方米	25.9
三、主要炼油化工产品产量		
汽、煤、柴、润合计	万吨	7434.2
汽油	万吨	2481.7
煤油	万吨	325.8
柴油	万吨	4479.9
润滑油	万吨	146.8
乙烯	万吨	184.6
合成树脂	万吨	276.3
合成橡胶	万吨	33.4
合成纤维	万吨	29.7
尿素	万吨	365.2
四、主要冶金产品产量		
石油焊接钢管	万吨	85.0
石油套管	万吨	4.2
冷拔钢管及钢丝绳	万吨	3.0
五、主要机械产品产量		
钻机	套	53
抽油机	台	5453
抽油杆	万米	471.4
抽油泵	台	23251

2004年中国石油国内原油、天然气产量完成情况

生产企业	原油产量(吨)	天然气产量(万立方米)
国内合计	111760650	2866042
一、股份公司	104460000	2853165
大庆油田有限责任公司	46400333	203398
吉林油田分公司	5055167	24662
辽河油田分公司	12831911	100356
辽河辽宁油田	12682517	100356
辽河内蒙古油田	149394	—
华北油田分公司	4322888	58472
华北冀中油田	3578475	58088
华北二连油田	744413	384
大港油田分公司	4883797	33808
冀东油田分公司	1003188	5544
新疆油田分公司	11110619	255031
吐哈油田分公司	2250018	132646
塔里木油田分公司	5383621	135570
长庆油田分公司	8109960	744600
长庆陕西油田	5869588	644194
长庆甘肃油田	2065886	7090
长庆宁夏油田	174486	—
长庆内蒙古油田	—	93316
青海油田分公司	2220168	179356
玉门油田分公司	750280	2005
西南油气田分公司	138050	977717
西南四川油气田	134942	464624
西南重庆油气田	3108	513093
二、托管单位	7209393	—
延长油矿管理局	7209393	—
三、南方勘探开发公司	91257	12877
南方勘探开发公司	91257	12877

2004 年股份公司化工主要产品产量

单位：吨

生产企业	乙烯	丙烯	纯苯	合成树脂		合成纤维	合成橡胶	精对苯二甲酸	丙烯腈	聚酯	冰醋酸	合成氨	尿素
				合计	聚烯烃树脂								
股份公司	1845619	2072132	712696	2649093	2645610	209803	285813	365304	176899	381007	201785	2601169	3652267
塔里木油田泽普石化厂	—	—	—	—	—	—	—	—	—	—	—	270184	466077
青海格尔木炼油厂	—	—	—	17346	17346	—	—	—	—	—	—	—	—
玉门炼油厂	—	—	—	7041	7041	—	—	—	—	—	—	—	—
大庆石化分公司	456016	240848	82415	478139	478139	60741	—	—	82246	—	75064	387104	577248
大庆炼化分公司	—	168382	—	—	—	26242	—	—	64319	—	—	—	—
哈尔滨石化分公司	—	58485	—	32567	32567	—	—	—	—	—	—	—	—
吉林石化分公司	580456	347223	228175	474812	474812	—	164117	—	—	—	126721	335080	—
前郭石化分公司	—	432	—	33127	33127	—	—	—	—	—	—	—	—
辽阳石化分公司	141759	72946	139362	97126	97126	74434	—	285189	—	343509	—	—	—
抚顺石化分公司	175026	181628	49260	216759	216711	—	—	—	—	—	—	—	—
锦州石化分公司	—	100632	9081	21147	21147	—	18925	—	—	—	—	—	—
锦西石化分公司	—	82334	25666	39319	39319	—	—	—	—	—	—	—	—
大连石化分公司	—	189199	42240	184367	180932	5119	—	—	—	—	—	—	—
乌鲁木齐石化分公司	—	—	19012	37139	37139	19892	—	80115	—	37498	—	588649	1026398
独山子石化分公司	253711	152525	65745	338042	338042	—	32260	—	—	—	—	—	—
兰州石化分公司	238651	233060	51740	430591	430591	23375	70511	—	30334	—	—	325301	431977
宁夏石化分公司	—	—	—	—	—	—	—	—	—	—	—	653305	1150567
大连西太平洋石油化工有限公司	—	103053	—	96924	96924	—	—	—	—	—	—	—	—
华北石化分公司	—	—	—	71772	71772	—	—	—	—	—	—	—	—
呼和浩特石化分公司	—	25377	—	22214	22214	—	—	—	—	—	—	—	—
大港石化分公司	—	59380	—	—	—	—	—	—	—	—	—	—	—
辽河石化分公司	—	-112	—	25314	25314	—	—	—	—	—	—	—	—
长庆石化分公司	—	33202	—	—	—	—	—	—	—	—	—	—	—
克拉玛依石化分公司	—	23538	—	—	—	—	—	—	—	—	—	—	—
庆阳石化分公司	—	—	—	8449	8449	—	—	—	—	—	—	—	—
宁夏炼化分公司	—	—	—	16898	16898	—	—	—	—	—	—	41546	—

2004 年股份公司炼油

生产企业	原油加工量	商品液化气	汽、煤、柴、润	汽油	煤油	柴油	润滑油
合计	110775124	4831232	72029251	23866162	3061470	43633854	1467765
一、股份公司	103697855	4428658	67079813	21838634	3061470	40711944	1467765
塔里木油田泽普石化厂	351100	20666	296917	131623	761	164533	—
长庆马岭炼油厂	308109	25669	233354	75240	—	158114	—
长庆马家滩炼油厂	235853	20593	194044	62797	—	131247	—
青海格尔木炼油厂	818323	73955	623662	262736	—	360926	—
玉门炼油厂	2351968	41496	1515050	367463	78991	1045186	23410
西南南充炼油厂	681314	57726	443819	177287	14240	231977	20315
大庆石化分公司	5902976	326299	3778143	1163851	152120	2462172	—
大庆炼化分公司	5388021	308982	3731464	1547007	—	2184457	—
哈尔滨石化分公司	2301888	116152	1876076	842322	53142	980612	—
吉林石化分公司	6419666	233862	3757582	1037517	—	2720065	—
前郭石化分公司	973926	61481	691492	307444	—	384048	—
辽阳石化分公司	4030992	98680	2059058	—	72260	1986798	—
鞍山炼油厂	863157	26750	274187	128137	—	146050	—
抚顺石化分公司	9000016	215148	5680841	1890324	239497	3551020	—
锦州石化分公司	6107185	474897	4048106	1433670	161828	2452608	—
锦西石化分公司	6136736	212442	4349814	1479590	174450	2586027	109747
大连石化分公司	12001111	488028	7683839	2647482	339630	4696727	—
乌鲁木齐石化分公司	4051334	234791	2708175	948249	81718	1678208	—
独山子石化分公司	4326251	106827	2819263	754279	108558	1956426	—
兰州石化分公司	8242163	163807	5143617	1713993	348559	3081065	—
大连西太平洋石油化工有限公司	7525958	240996	3998227	1130716	1099708	1767803	—
华北石化分公司	2911051	298927	2026465	912283	—	1114182	—
呼和浩特石化分公司	1238217	71186	884593	397970	—	486623	—
大港石化分公司	2481366	169633	1488916	584528	—	904388	—
辽河石化分公司	2705838	68355	1077570	254219	—	823351	—
长庆石化分公司	1720880	108219	1396798	548214	82137	766447	—
克拉玛依石化分公司	3000658	59147	1671916	483370	53871	1134675	—
庆阳石化分公司	600135	49121	486960	187897	—	299063	—
宁夏炼化分公司	1021663	54823	825572	368426	—	457146	—
润滑油公司	—	—	1314293	—	—	—	1314293
二、托管单位	7077269	402574	4949438	2027528	—	2921910	—
延长炼油厂	3000426	149750	1965103	742623	—	1222480	—
延安炼油厂	3375185	229864	2753425	1202156	—	1551269	—
胜华炼油厂	701658	22960	230910	82749	—	148161	—

加工主要产品产量　　单位:吨

燃料油	商品燃料油	溶剂油	石蜡	洗涤剂原料	沥青	化工轻油	石脑油型	石油焦
6177066	5389887	643885	1140027	246731	2242882	8012355	6128824	2372456
5625795	4894432	639197	1140027	246731	2013351	8008467	6124936	2372456
11167	11167	—	—	—	—	—	—	—
2807	-4518	—	—	—	—	8212	—	—
177	-732	—	—	—	—	—	—	—
27537	27537	—	—	—	—	—	—	—
109701	106193	45875	42471	16827	57696	63373	63373	51664
5577	—	41648	10884	—	30922	37159	—	—
199869	185874	8804	176991	—	—	405883	239156	163802
229707	204306	—	100545	—	—	98222	98222	—
47969	27163	—	—	—	—	—	—	—
243861	235767	6490	—	—	—	1712705	718864	216008
36812	16352	—	—	—	—	52787	52787	—
157995	95858	10387	—	—	—	1035189	888004	385566
481294	466285	—	—	—	—	39533	39533	—
258786	150720	21831	395673	194704	—	562102	312575	370121
308997	100353	161753	—	—	—	98637	98637	332471
464733	435970	51162	66710	35200	—	—	—	385290
271728	191783	8110	293232	—	—	1341031	1250034	—
159393	159393	48088	—	—	61274	510	510	158425
5919	5919	19969	19088	—	—	585660	429879	160236
616906	613030	14399	34433	—	360044	653093	618991	—
1335639	1266380	—	—	—	66593	1182157	1182157	—
95113	93262	160118	—	—	—	—	—	—
160661	160356	—	—	—	—	3224	3224	—
299401	292137	—	—	—	—	—	—	20595
28395	1402	19092	—	—	969282	125507	125507	76473
32328	31962	—	—	—	—	3483	3483	—
—	—	21471	—	—	467540	—	—	51805
12753	—	—	—	—	—	—	—	—
20570	20513	—	—	—	—	—	—	—
—	—	—	—	—	—	—	—	—
551271	495455	4688	—	—	229531	3888	3888	—
309131	299905	—	—	—	—	—	—	—
144395	113679	—	—	—	—	3888	3888	—
97745	81871	4688	—	—	229531	—	—	—

股份公司原油、天然气已评估探明储量和探明开发储量

项　　目	原　油 （百万桶）	天然气 （十亿立方英尺）	合　计 （油当量百万桶）
探明开发和未开发储量			
基准日 2002 年 12 月 31 日的储量	10937.0	38816.8	17406.4
对以前估计值的校正	199.2	277.6	245.4
扩边和新发现	475.7	2853.3	951.3
提高采收率	81.2	0	81.2
购置储量①	0	0	0
当年产量②	－773.7	－878.5	－920.1
基准日 2003 年 12 月 31 日的储量	10919.3	41069.2	17764.2
对以前估计值的校正	147.3	55.7	156.6
扩边和新发现④	542.2	4405.3	1276.4
提高采收率	109.0	43.0	116.2
当年产量⑤	－777.4	－1019.6	－947.3
基准日 2004 年 12 月 31 日的储量	10940.5	44553.6	18366.1
探明开发储量			
基准日为 2002 年 12 月 31 日	9198.1	11921.2	11185.0
基准日为 2003 年 12 月 31 日③	8884.8	13373.7	11113.7
基准日为 2004 年 12 月 31 日⑥	8748.1	16787.1	11546.0

注：2003 年 4 月，股份公司收购赫斯印尼控股公司 50％的权益，该公司在加邦区块拥有 30％的权益。

①未包括股份公司由此分享该公司在加邦区块的原油储量 16.8 百万桶、天然气储量 76.6 十亿立方英尺、合计油当量储量 29.6 百万桶；

② 未包括股份公司由此分享该公司在加邦区块的当年原油产量 1.21 百万桶、天然气产量 1.01 十亿立方英尺、合计油当量产量 1.38 百万桶；

③ 未包括股份公司由此分享该公司在加邦区块的探明开发储量原油 4.1 百万桶、天然气 21.3 十亿立方英尺、合计油当量 7.7 百万桶；

④ 未包括股份公司由此分享该公司在加邦区块的原油储量 0.69 百万桶、天然气储量 4.60 十亿立方英尺、合计油当量储量 1.45 百万桶；

⑤ 未包括股份公司由此分享该公司在加邦区块的当年原油产量 1.07 百万桶、天然气产量 3.67 十亿立方英尺、合计油当量产量 1.68 百万桶；

⑥ 未包括股份公司由此分享该公司在加邦区块的探明开发储量原油 2.9 百万桶、天然气 19.2 十亿立方英尺、合计油当量 6.1 百万桶。

股份公司综合损益表

（截至2004年12月31日） 单位：百万元人民币

项 目	2004年	2003年
营业额	388633	303779
经营支出		
采购、服务及其他	(116353)	(90850)
雇员酬金成本	(22309)	(19542)
勘探费用(包括勘探干井)	(11723)	(10577)
折旧、折耗及摊销	(46411)	(40531)
销售、一般性和管理费用	(26377)	(23930)
关闭生产设施	(220)	(2355)
除所得税外的其他税赋	(18685)	(15879)
物业、厂房及机器设备重估减值	—	(391)
其他收入/(支出)净值	31	(538)
经营支出总额	(242047)	(204593)
经营利润	146586	99186
融资成本		
外汇收益	50	53
外汇损失	(123)	(233)
利息收入	1107	677
利息支出	(2303)	(2346)
融资成本总额	(1269)	(1849)
应占联营公司的利润	1824	985
税前利润	147141	98322
税项	(42563)	(28072)
除少数股东损益前利润	104578	70250
少数股东损益	(1651)	(636)
净利润	102927	69614
每股基本及摊薄盈利	0.59	0.40
本年度股利		
年内已宣派的中期股利	20381	17379
于资产负债表日后宣派期末股利	25936	13947
	46317	31326

股份公司综合资产负债表

（于 2004 年 12 月 31 日）　单位：百万元人民币

项　目	2004 年	2003 年
非流动资产		
物业、厂房及机器设备	468519	427875
联营公司投资	7923	5571
可供出售的投资	1510	1839
预付经营租赁款	12248	7252
无形资产和其他资产	2987	3024
	493187	445561
流动资产		
存货	45771	28872
应收账款	2662	3263
预付款和其他流动资产	17563	13528
应收票据	4824	2416
有返售协议之应收款项	33217	24224
到期日为三个月以上定期存款	1400	2640
现金及现金等价物	11304	11231
流动资产总值	116741	86174
流动负债		
应付账款及应计负债	70696	64180
应付所得税款	17484	12043
应付其他税款	4633	8916
短期借款	27276	28890
	120089	114029
流动负债净值	(3348)	(27855)
总资产减流动负债	489839	417706
资金来源		
股本	175824	175824
留存收益	143624	89577
储备	105764	91212
股东权益	425212	356613
少数股东权益	9391	5608
非流动负债		
长期借款	38458	41959
其他长期负债	2438	2000
递延税项	14340	11526
	55236	55485
	489839	417706

股份公司资产负债表

（于2004年12月31日） 单位：百万元人民币

项 目	2004年	2003年
非流动资产		
物业、厂房及机器设备	335338	311105
联营公司投资	5774	4520
可供出售的投资	1364	1462
附属公司	130242	116698
预付经营租赁款	8831	5002
无形资产和其他资产	2153	1803
	483702	440590
流动资产		
存货	37278	24186
应收账款	1902	1761
预付款和其他流动资产	30409	18893
应收票据	4491	2158
有返售协议之应收款项	33106	24087
到期日为三个月以上定期存款	—	2640
现金及现金等价物	8391	8022
流动资产总值	115577	81747
流动负债		
应付账款及应计负债	84662	78010
应付所得税款	16811	11572
应付其他税款	3932	4929
短期借款	24738	26667
	130143	121178
流动负债净值	(14566)	(39431)
总资产减流动负债	469136	401159
资金来源		
股本	175824	175824
留存收益	154724	100677
储备	94664	80112
股东权益	425212	356613
非流动负债		
长期借款	34072	36222
其他长期负债	2363	1936
递延税项	7489	6388
	43924	44546
	469136	401159

股份公司综合现金流量表

（截至 2004 年 12 月 31 日）　　单位：百万元人民币

项　　目	2004 年	2003 年
经营活动之现金流量	137299	137236
投资活动之现金流量		
资本支出	(90448)	(79739)
收购联营公司	(485)	(1044)
收购可供出售的投资	(476)	(722)
收购到期日为不超过三个月有返售协议之应收款项净额	(8049)	(10182)
收购到期日为三个月以上有返售协议之应收款项	(8301)	(4676)
购买无形资产	(531)	(473)
购买其他非流动资产	(280)	(569)
出售到期日为三个月以上有返售协议之应收款项	7357	420
联营公司偿还注资	206	336
出售物业、厂房及机器设备所得款项	778	202
处置联营公司投资所得款项	27	23
出售可供出售的投资所得款项	83	87
出售无形资产和其他非流动资产所得款项	37	—
已收股息	309	152
减少/（增加）到期日为三个月以上的定期存款	1240	(28)
投资活动使用的现金净额	(98533)	(96213)
融资活动之现金流量		
偿还短期借款	(21700)	(30373)
偿还长期借款	(22783)	(7951)
偿还融资租赁责任的本金	(35)	(66)
支付少数股东股息	(357)	(85)
为收购集团公司成品油销售企业所支付的现金	(1476)	(170)
支付股息	(34328)	(29678)
新增短期借款	23789	25128
新增长期借款	15614	2823
少数股东资本投入	2145	287
其他长期负债之变动	438	316
融资活动使用的现金净额	(38693)	(39769)
现金及现金等价物增加	73	1254
现金及现金等价物年初余额	11231	9977
现金及现金等价物年末余额	11304	11231

股份公司综合股东权益变动表

（截至2004年12月31日） 单位：百万元人民币

项目	股本	留存收益	储备	合计
2003年1月1日余额	175824	59004	81848	316676
2003年度净利润	—	69614	—	69614
物业、厂房及机器设备重估增值（扣除税项）	—	—	527	527
物业、厂房及机器设备重估减值冲减以前年度重估储备（扣除税项）	—	—	(526)	(526)
转拨至储备	—	(9363)	9363	—
2002年度末期股息	—	(12299)	—	(12299)
2003年中期股息	—	(17379)	—	(17379)
2003年12月31日余额	175824	89577	91212	356613
2004年度净利润	—	102927	—	102927
转拨至储备	—	(14552)	14552	—
2003年度末期股息	—	(13947)	—	(13947)
2004年中期股息	—	(20381)	—	(20381)
2004年12月31日余额	175824	143624	105764	425212

股份公司主要的附属公司

公司名称	注册成立及经营地点	缴入资本	公司法定类别	应占股本权益（%）	主要业务活动
* 大庆油田有限责任公司	中华人民共和国	47500百万元人民币	Φ①	100.00	原油和天然气的勘探、生产及销售；以及炼油产品的生产及销售
* 锦州石化股份有限公司	中华人民共和国	788百万元人民币	Ψ②	80.95	炼油及化工产品的制造及销售
* 吉林化学工业股份有限公司	中华人民共和国	3561百万元人民币	Ψ	67.29	化工产品的制造及销售
大庆榆树林油田开发有限责任公司	中华人民共和国	1272百万元人民币	Φ	88.16	原油和天然气的勘探和生产
* 辽河金马油田股份有限公司	中华人民共和国	1100百万元人民币	Ψ	81.82	原油和天然气的勘探、生产、运输和销售
* 中国石油天然气国际有限公司	英属维尔京群岛	0.9百万美元	Φ	100.00	在中国境外从事原油和天然气的勘探和生产
PetroChina International Indonesia Limited	巴哈马	0.005百万美元	Φ	100.00	在印度尼西亚从事原油和天然气的勘探和生产

* 股份公司在2004年12月31日直接持有的股份；

① Φ有限责任公司；

② Ψ股份有限公司。

股份公司及其附属公司与集团公司有关联企业交易

单位：百万元人民币

项　　目	注　　释	2004年	2003年
产品销售	(a)	14516	9323
建造与技术服务费用	(b)		
勘探和开发服务	(c)	29030	25180
其他建造与技术服务	(d)	18469	15688
生产服务费用	(e)	16313	16042
社会服务费用	(f)	1289	1326
辅助服务费用	(g)	1717	1683
利息收入	(h)	25	30
利息支出	(i)	1097	1052
租金支出	(j)	2106	2001
佣金及其他支出	(k)	884	971

注：于2004年12月31日及2003年12月31日，股份公司及其附属公司在中油财务有限责任公司（以下简称中油财）中的权益均为7.5%，其账面值均为人民币2.99亿元。

(a) 指原油、炼油产品和化工产品的销售，价格主要以市场价格确定。

(b) 根据集团公司与股份公司签订的产品和服务互供总协议，一些由集团公司提供的建造与技术服务包括勘探开发服务和油田建设服务的价格按照其成本加不多于15%的费用计算。

(c) 勘探开发服务的直接成本由地质勘探、钻井、固井、测井和试井等费用组成。

(d) 其他建造与技术服务费用为建造炼油和化工厂以及与石油天然气勘探和生产等相关的技术服务费（例如油田建设、技术研究、工程和设计服务等的费用）。

(e) 生产服务费用包括机器设备维修、供水、供电及煤气，亦包括其他服务如提供通信、运输、消防、资产租赁、环境保护及卫生、道路维修、制造机器设备和零件等服务的费用。

(f) 此等交易指按成本计算的社会福利保障及其他辅助服务的支出。

(g) 辅助服务支出主要指物业管理费以及提供培训中心、旅馆、员工餐厅、公共浴室等费用。

(h) 于2004年12月31日，股份公司及其附属公司在中油财的存款额为人民币17.82亿元（2003年：人民币23.31亿元）。中油财为集团公司之附属公司，是中国人民银行认可的非银行金融机构。股份公司及其附属公司此等存款的利率和中国现行银行存款利率一致。

(i) 于2004年12月31日，中油财向股份公司及其附属公司提供的无抵押的短期及长期借款余额为人民币231.68亿元（2003年：人民币251.88亿元）并已包括在有关联企业借款中。此等借款利率与市场利率一致。

(j) 租赁费用是按照股份公司与集团公司签订的租赁协议计算的。

(k) 集团公司以股份公司的名义采购原材料，并向股份公司收取佣金。此等佣金按物资采购金额的1%至5%计算。

2004 年度股份公司及其附属公司业务板块资料

单位：百万元人民币

项目	勘探与生产	炼油与销售	化工与销售	天然气与管道	其他	合计
营业额（包括板块间销售）	222305	295598	57179	18255	—	593337
减：板块间销售	（176458）	（21862）	（2679）	（3705）	—	（204704）
外部营业额	45847	273736	54500	14550	—	388633
折旧、折耗和摊销	（29092）	（8829）	（5741）	（2645）	（104）	（46411）
板块业绩	131448	28502	11025	2475	（518）	172932
其他成本	（5877）	（16521）	（3370）	60	（638）	（26346）
经营利润/（亏损）	125571	11981	7655	2535	（1156）	146586
融资成本						（1269）
应占联营公司的利润/（亏损）	99	108	214	24	1379	1824
税前利润						147141
税项						（42563）
少数股东权益						（1651）
净利润						102927
利息收入（包括板块间利息）	2336	891	205	27	4723	8182
减：板块间利息收入						（7075）
外部利息收入						1107
利息支出（包括板块间利息）	（2559）	（1721）	（502）	（693）	（3903）	（9378）
减：板块间利息支出						7075
外部利息支出						（2303）
板块资产	339322	140405	55568	61631	507164	1104090
板块间抵销						（502085）
在联营公司的投资	1407	2832	280	192	3212	7923
总资产						609928
板块资本性支出：						
物业、厂房及机器设备	59488	17467	4319	13901	174	95349
板块负债	93871	73529	18484	35385	99711	320980
其他负债						36470
板块间抵销						（182125）
总负债						175325

注：（a）板块间销售的价格主要是按照市场价。

（b）板块业绩为扣除其他成本之前的经营利润。其他成本包括销售、一般性和管理费用与其他收入/（支出）净值。

（c）2004 年度的板块业绩包括物业、厂房及机器设备的减值准备及关闭生产设施。

（d）其他负债主要包括应付所得税款，应付其他税款和递延税项。

（e）板块间抵消主要是抵消板块间的往来及投资。

2004年集团公司分省（区、市）增加值完成情况

单位：亿元

省（区、市）名称	总　计	股份公司	未上市企业
合计	3098.05	2519.07	578.98
北京市	170.46	41.90	128.56
天津市	90.95	71.17	19.78
河北省	190.71	113.54	77.17
内蒙古自治区	20.60	20.60	
辽宁省	394.08	328.43	65.65
吉林省	185.92	151.66	34.26
黑龙江省	1189.22	1099.19	90.03
上海市	2.43	2.43	
浙江省	-0.06	-0.13	0.06
广东省	0.50		0.50
重庆市	20.75	20.75	
四川省	52.05	18.79	33.26
陕西省	169.40	142.32	27.08
甘肃省	98.63	85.78	12.85
青海省	54.67	45.93	8.74
宁夏回族自治区	14.18	10.32	3.86
新疆维吾尔自治区	427.01	366.39	60.62
香港特别行政区	16.56		16.56

2000—2004 年世界石油供应量和需求量①

单位：百万桶/日

指标名称	2000 年	2001 年	2002 年	2003 年	2004 年				
					全年平均	第一季度	第二季度	第三季度	第四季度
供应量									
世界石油供应总计	77.00	77.03	76.33	79.22	83.00	82.30	82.40	83.20	84.20
经合组织	23.16	23.32	23.40	23.33	21.20	21.80	21.50	20.70	21.00
美国	9.06	8.96	9.00	8.84	14.60	14.80	14.70	14.40	14.40
其他经合组织国家	14.10	14.36	14.40	14.49	6.60	7.00	6.80	6.30	6.60
非经合组织	53.84	53.71	52.93	55.89	61.80	60.50	60.90	62.50	63.20
欧佩克	31.12	30.31	28.71	30.70	32.90	32.20	32.30	33.40	33.90
前苏联	8.16	8.83	9.38	10.30	11.20	10.80	11.10	11.40	11.40
其他非经合组织国家	14.56	14.58	14.84	15.07	17.70	17.50	17.50	17.70	17.90
需求量									
世界石油需求总计	76.79	77.27	77.59	79.08	82.50	82.50	81.10	81.90	84.50
经合组织	47.77	47.77	47.72	48.45	49.50	50.20	48.20	49.20	50.60
美国	19.70	19.65	19.76	20.04	25.20	25.00	24.90	25.20	25.60
其他经合组织国家	28.07	28.12	27.96	28.41	24.30	25.20	23.30	24.00	25.00
非经合组织	29.02	29.50	29.86	30.63	33.00	32.30	32.90	32.70	33.80
中国	4.80	4.98	5.16	5.63	6.40	6.20	6.50	6.20	6.50
前苏联	3.82	3.90	3.89	3.93	3.70	3.50	3.70	3.70	3.90
其他非经合组织国家	20.40	20.63	20.81	21.07	22.90	22.60	22.70	22.80	23.40

①资料来源：美国能源情报署。

1993—2004 年世界主要国家和地区石油产量[①]

单位：万吨

国家和地区	1993 年	1994 年	1995 年	1996 年	1997 年	1998 年	1999 年	2000 年	2001 年	2002 年	2003 年	2004 年
世界总计	297720	301400	307980	315160	323340	331512	322760	336170	318474	330214	340434	354967
中国	14480	14750	14970	15580	15990	15978	16010	16187	16475	17000	17075	17470
印度尼西亚	6610	6570	7460	6930	6870	6445	6442	6337	6000	5600	5100	4865
马来西亚	3210	3190	3240	3220	3210	3656	3634	3450	3600	3800	4000	4275
澳大利亚	2470	2660	2520	2670	2840	2960	2369	3500	3200	3165	2650	2150
印度	2660	3100	3350	3270	3220	3297	3303	3230	3200	3315	3325	3425
越南	610	700	880	870	900	1132	950	1520	1525	1520	1665	1700
文莱	790	810	750	770	720	678	756	890	900	925	950	950
泰国	260	270	250	300	290	418	375	555	570	650	800	770
巴基斯坦	310	280	270	290	280	277	262	267	295	300	300	310
巴布亚新几内亚	630	600	500	570	380	396	501	349	290	230	238	230
新西兰	200	210	160	210	310	219	225	180	170	170	124	120
日本	80	70	70	70	70	68	63	64	64	60	69	69
缅甸	70	80	80	50	60	50	75	40	40	50	65	65
孟加拉国	5	6	6	8	8	10	15	17	17	25	20	26
菲律宾	50	25	15	7	4	4	4	6	5	70	100	67
中国台湾	10	10				5	4	3	4	4	4	4
亚太小计	32440	33330	34520	34820	35150	35591	34984	36591	36354	36884	36484	36490
挪威	11270	12850	13850	15400	15810	15247	14843	16060	15663	15750	15175	14700
英国	9570	12300	12770	12710	13050	13300	13677	12569	11300	11250	10475	9150
丹麦	830	920	930	1030	1150	1175	1464	1815	1675	1825	1840	1965
意大利	440	440	490	540	540	544	504	454	370	435	480	575

续表

国家和地区	1993年	1994年	1995年	1996年	1997年	1998年	1999年	2000年	2001年	2002年	2003年	2004年
德国	300	280	290	280	270	288	275	313	338	359	390	344
土耳其	370	350	340	330	340	320	340	280	280	235	225	210
法国	280	290	250	210	180	170	154	142	138	131	123	115
荷兰	260	410	340	280	270	283	293	147	135	210	229	220
奥地利	120	120	110	100	100	105	105	96	93	92	91	89
西班牙	90	80	70	60	40	55	32	23	35	33	33	30
希腊	60	50	40	50	40	32		26	20	16	13	12
西欧小计	23590	28090	29480	30990	31790	31516	31684	31922	30045	30335	29073	27409
俄罗斯						30434	29515	31625	34475	36925	41080	44750
哈萨克斯坦						2560	2640	3375	3935	4000	4435	4930
阿塞拜疆						1142	1275	1375	1500	1500	1515	1490
土库曼斯坦						637	635	700	733	900	1000	1080
乌兹别克斯坦						818	840	775	715	750	750	670
罗马尼亚	690	690	690	670	660	675	625	615	600	590	580	510
乌克兰						235	245	365	370	390	415	400
白俄罗斯						183	180	175	175	175	175	175
匈牙利	290	350	170	150	130	130	121	129	118	109	119	112
克罗地亚	200	180	160	150	150	148	124	115	107	105	104	95
波兰	20	60	30	30	30	36	22	72	85	83	83	100
塞尔维亚	110	100	100	100	110	115	90	90	85	80	78	75
阿尔巴尼亚						25	28	30	30	31	30	31
捷克共和国						42	35	16	18	25	30	29
格鲁吉亚						13	10	10	10	10	10	15

续表

国家和地区	1993 年	1994 年	1995 年	1996 年	1997 年	1998 年	1999 年	2000 年	2001 年	2002 年	2003 年	2004 年
保加利亚	5	5	5	4	4	4	5	5	5	5	5	5
吉尔吉斯斯坦						5	5	5	5	10	10	10
斯洛伐克						10	10	5	5	5	5	5
立陶宛						28	15					
塔吉克斯坦						5	5					
前苏联	39110	35010	35460	33620	34100	36247						
捷克斯洛伐克	20	40	10	40	40							
东欧和独联体小计	40490	36490	36670	34800	35260	36304	36424	39481	42969	45692	50423	54482
沙特阿拉伯	39380	38900	39140	39030	39340	40290	37248	39975	32350	36900	42150	43750
伊朗	18280	17850	17990	18270	17980	17985	17309	18409	15650	17250	18650	19700
伊拉克	2230	2740	2990	2870	5330	10570	13267	12834	9800	10150	6375	10350
阿布扎比	8960	9140	9120	9730	9960	9465	8445	9500	7775	8450	9250	9775
科威特	8420	9020	8920	9000	9090	8980	8165	8825	7200	8000	9250	10250
阿曼	3880	4020	4230	4410	4460	4473	4475	4667	4800	4475	4110	3835
卡塔尔	2140	2030	2260	2430	3020	3320	3163	3442	2870	3200	3600	3910
中立区	1790	1880	2140	2410	2640	2735	2500	3150	2700	2675	3000	2985
叙利亚	2760	2860	3010	2870	2790	2775	2684	2613	2575	2450	2640	2520
也门	1110	1680	1680	1820	1820	1909	2029	1770	1750	1750	1750	1750
迪拜	1740	1680	1600	1330	1250	1573	1503	1400	1150	1250	1650	1750
巴林	530	520	520	520	520	511	509	512	513	870	870	170
沙迦	220	250	250	350	350	350	350	250	225	220	225	240
哈马尔角	5	5	4	3	3	3	3	3	3	3	3	4
以色列	1	1	1	1	2	1	1	1	1	1	1	1

续表

国家和地区	1993 年	1994 年	1995 年	1996 年	1997 年	1998 年	1999 年	2000 年	2001 年	2002 年	2003 年	2004 年
中东小计	91440	92570	93850	95040	98550	104938	101647	107347	89361	97643	103523	110989
尼日利亚	9490	9380	9410	11190	11300	10400	9846	10150	10500	96500	10600	11750
利比亚	6780	6870	6920	6940	7050	6975	6679	7050	6800	6500	7000	7750
阿尔及利亚	3720	3740	3800	4070	4230	4090	3829	4040	4100	4250	5250	6025
埃及	4400	4450	4590	4260	4360	4212	4254	4050	3775	3750	3750	3560
安哥拉	2550	2730	3090	3440	3560	3629	3809	3700	3425	4500	4375	4900
加蓬	1560	1640	1810	1830	1830	1800	1696	1625	1500	1470	1200	1175
刚果共和国	920	920	870	1100	1340	1192	1200	1325	1300	1250	1200	1200
苏丹						63	60	925	1000	1050	1000	1435
赤道几内亚						415	425	838	850	675	1200	1600
喀麦隆	590	550	510	550	620	625	625	425	375	345	330	350
突尼斯	480	450	440	440	400	397	416	380	330	355	330	350
刚果（前扎伊尔）	110	120	140	150	140	139	126	125	120	115	110	130
南非						173	100	130	110	108	82	160
科特迪瓦	3		55	140	140	50	50	60	50	25	100	150
加纳						25	25	30	30	30	30	30
贝宁						15	15	5	5			
摩洛哥						1	1	2	2	15	1	1
非洲小计	30730	30980	31760	34320	35330	34200	33156	34858	34272	34088	36558	40566
美国	34100	33170	32670	32190	31870	31874	29879	29110	29050	28850	28625	27000
加拿大	8350	8680	8990	9130	9360	10100	9313	10175	10200	10975	11100	12200
墨西哥	13310	13370	13560	14750	15060	15241	14657	15060	15500	15900	16825	17050
委内瑞拉	11630	12270	12990	14630	15810	15540	13913	15140	14150	12075	10075	11050

续表

国家和地区	1993 年	1994 年	1995 年	1996 年	1997 年	1998 年	1999 年	2000 年	2001 年	2002 年	2003 年	2004 年
巴西	3180	3310	3430	3890	4210	4779	5442	5640	6050	7440	7675	7450
阿根廷	2930	3320	3590	3900	4160	4240	4034	3754	3800	3750	3600	3400
哥伦比亚	2270	2270	2860	3100	3160	3714	4125	3437	3125	2915	2700	2650
厄瓜多尔	1690	1890	1930	1910	1920	1915	1858	2006	2000	1990	2050	2590
特立尼达和多巴哥	610	640	640	630	620	604	622	595	560	635	675	650
秘鲁	630	640	620	600	600	550	516	490	465	465	435	405
古巴	90	110	140	160	160	35	135	220	220	200	225	200
玻利维亚	110	130	140	150	130	140	140	138	150	155	150	175
危地马拉	30	40	50	60	100	132	121	104	100	118	125	100
苏里南						51	59	61	63	64	59	57
智利	70	60	50	50	50	45	45	35	35	35	50	50
巴巴多斯						8	10	8	7	6	5	5
西半球小计	79315	80134	81625	84919	87627	88964	84866	85971	85474	85572	84374	85032
欧佩克小计	121520	122970	125470	127705	137070	139235	132660	140500	121275	126175	132180	144155

①资料来源：美国《油气杂志》。

1993—2004 年世界主要国家和地区天然气产量①

单位：亿立方米

国家和地区	1993 年	1994 年	1995 年	1996 年	1997 年	1998 年	1999 年	2000 年	2001 年	2002 年	2003 年	2004 年
世界总计	21771	21800	22207	23379	22997	23388	23484	23884	24803	24981	26392	26729
印度尼西亚	533	524	614	646	661	679	706	741	644	590	583	625
澳大利亚	240	282	295	299	301	303	306	311	325	338	331	351
马来西亚	207	206	262	258	248	240	240	241	410	416	421	433
印度	156	170	196	216	223	232	229	270	281	273	279	265
中国	166	170	172	197	210	217	243	273	303	328	340	408
巴基斯坦	147	143	178	174	183	204	222	242	255	263	301	367
泰国	89	99	105	122	148	163	163	191	185	211	218	225
文莱	89	90	100	101	102	98	95	106	109	111	120	120
新西兰	48	48	48	48	48	48	48	48	53	54	52	43
日本	21	22	22	22	22	23	22	23	24	24	28	28
越南	7	7	7	7	7	11	11	11	11		20	20
巴布亚新几内亚	1	1	1	1	1	1	1	1	1	1	1	1
其他亚太国家	80	83	99	102	103	106	117	124	128	142	155	178
亚太小计	1783	1844	2099	2191	2256	2324	2403	2584	2731	2771	2850	3110
荷兰	855	784	773	897	843	738	833	712	710	711	1036	828
英国	632	719	750	892	917	959	1048	1157	1127	1081	1084	1012
挪威	248	268	278	374	426	435	474	504	535	650	734	767
意大利	193	203	203	204	203	194	183	167	154	147	151	130
德国	177	185	191	205	203	202	220	200	197	203	198	193
丹麦	42	46	50	60	73	70	71	75	77	77	74	86
法国	36	35	34	29	26	22	16	18	18	18	15	13
奥地利	15	13	15	14	14	14	16	18	19	19	20	19
西班牙	6	6	2	2	2	2	1	0.4				

续表

国家和地区	1993年	1994年	1995年	1996年	1997年	1998年	1999年	2000年	2001年	2002年	2003年	2004年
土耳其	2	2	2	2	2	2	1	5	3	3	3	4
其他西欧国家	26	26	26	29	28	28	28	28	15	20	19	8
西欧小计	2232	2288	2322	2708	2737	2666	2890	2886	2857	2928	3334	3060
独联体		7266	7045	7288	6747	6999	6892	6796				
俄罗斯			5960	6010	5710	5910	5910	5760	5688	5957	6378	6077
罗马尼亚	213	195	213	214	213	213	210	207	47	50	51	56
匈牙利	53	60	56	43	42	40	37	29	32	31	29	29
克罗地亚	19	19	19	19	13	14	13	15	16	15	16	17
塞尔维亚	9	8	8	8	8	8	8	8	7			
阿尔巴尼亚	1	1	1	1	0.3	0.2	0.1	0.1	0.2			
其他东欧国家	57	54	54	52	50	48	44	47	50	57	46	54
东欧和前苏联小计	7962	7602	7395	7624	7073	7321	7204	7102	7055	7160	7877	7590
阿尔及利亚	506	504	519	572	593	0	.602	654	820	751	804	844
埃及	97	84	118	132	137	135	135	133	155	149	142	141
利比亚	64	64	63	64	66	64	60	61	60	70	70	71
尼日利亚	47	46	43	40	40	38	35	35	69	86	89	150
安哥拉	6	6	6	6	6	6	6	6	5	6	7	7
突尼斯	2	3	3	3	3	3	3	20	24	23	22	25
加蓬	1	1	1	1	1	1	1	1	1	1	1	1
其他非洲国家	0	0	0	19	20	20	20	20	32	27	26	32
非洲小计	713	707	753	838	866	851	861	930	1169	1113	1165	1286
沙特阿拉伯[②]	321	317	378	374	368	355	317	319	442	423	517	551
伊朗	288	282	319	329	335	340	312	302	503	442	462	736
阿联酋	243	239	243	248	240	244	212	233	236	375	401	425

续表

国家和地区	1993 年	1994 年	1995 年	1996 年	1997 年	1998 年	1999 年	2000 年	2001 年	2002 年	2003 年	2004 年
卡塔尔	80	69	134	138	172	194	195	206	237	222	228	295
巴林	51	52	52	55	57	61	63	67	66	70	76	67
科威特②	45	47	60	60	59	59	52	57	71	66	83	92
叙利亚	37	42	44	44	44	40	39	39	60	57	53	53
阿曼	36	36	44	44	47	46	46	48	64	67	56	58
伊拉克	19	25	34	35	43	65	76	69	29	20	14	19
其他中东国家	2	3	3	3	3	3	3	3	3	3	3	
中东小计	1122	1110	1312	1329	1369	1405	1315	1343	1711	1744	1891	2311
美国	5445	5610	5562	5664	5631	5636	5567	5680	5758	5704	5772	5523
加拿大	1565	1666	1754	1836	1832	1882	1909	2004	2058	2075	2004	2030
墨西哥	371	374	388	435	461	497	496	485	466	457	465	474
委内瑞拉	223	236	254	270	283	273	258	238	280	246	121	342
阿根廷	173	174	173	291	274	296	342	377	368	382	413	457
特立尼达和多巴哥	52	61	61	72	74	86	94	98	140	171	258	296
哥伦比亚	41	48	44	45	60	65	53	60	62	62	58	57
玻利维亚	31	33	33	23	20	20	20	33	48	60	57	56
巴西	33	31	32	32	37	40	46	47	71	80	93	96
秘鲁	13	13	13	10	10	10	10	3	4	4	5	9
智利	11	12	12	12	13	15	15	15	20			
厄瓜多尔	1	1	1	1	1	1	1	2	1	0	1	1
其他拉美国家	0	0	0	0	0	0	0	0	5	25	25	25
西半球小计	7959	8249	8327	8690	8697	8821	8811	9040	9280	9266	9275	9372
欧佩克小计	2370	2775	2352	2664	2861	2857	2790	2881	3323	3205	3283	3999

①资料来源：《油气杂志》；
②科威特和沙特的产量各包括中立区一半的产量。

索　引

使用说明

一、本索引采用内容分析索引法编制。除大事纪要外，年鉴中有实质检索意义的内容均予以标引，以便检索使用。

二、索引基本上按汉语拼音音序排列，具体排列方法如下：以数字开头的，排在最前面；以英文字母打头的，列于其次；汉字标目则按首字的音序、音调依次排列，首字相同时，则以第二个字排序，并依此类推。

三、索引标目后的数字，表示检索内容所在的年鉴正文页码；数字后面的英文字母 a、b，表示年鉴正文中的栏别，合在一起即指该页码及左右两个版面区域。年鉴中用表格、图片反映的内容，则在索引标目后面用括号注明（表）、（图）字，以区别于文字标目。

四、为反映索引款目间的隶属关系，对于二级标目，采取在上一级标目下缩二格的形式编排，之下再按汉语拼音音序、音调排列。

0—9

A—Z

A

D

F

G

J

K

L

M

N

P

Q

R

S

T

W

X

Y

（王彦祥　毋　栋　编制）

编后记

本卷年鉴是《中国石油天然气工业年鉴》自 1996 年正式出版以来连续出版的第十个卷本；也是更名为《中国石油天然气集团公司年鉴》后的第七个卷本。

本卷年鉴基本沿用了前九卷业已形成的框架结构、基本内容，在装帧上更加讲究、美观。同时，根据集团公司 2004 年领导干部会议提出的要共同高举集团公司整体发展的大旗，打造统一品牌，建设具有国际竞争力跨国企业集团的总体战略要求，本卷年鉴重点体现集团公司的整体性。在集团公司综合情况部分，对同一问题，由集团公司机关和股份公司机关及相关部门用同一栏目、同一条目分别表述，共写一个概述的表述方式。为追踪集团公司当年所发生的重大事件，体现年度历史进展的特色，本卷年鉴对其篇目、栏目和条目相应进行了调整。为增强其资料性，反映中国石油对社会的贡献，本卷年鉴增加了相应的图表。在编辑过程中，我们试图更加注重其工具性和实用性，同时尽量让版式设计更加严整，力求使文字叙述更为流畅。对年鉴内容的信息含量也进行了扩充。

集团公司机关和股份公司机关各部门、各石油企事业单位的领导为本卷年鉴的出版提供了各种形式的支持和帮助，各单位负责年鉴工作的联系人和撰稿人为本卷年鉴的出版付出了艰辛的劳动，集团公司办公厅、发展研究部的领导和股份公司总裁办公室的领导，他们除了直接参与年鉴内容的审订和编写外，还做了大量的组织协调工作；此外，中国石油报社（中国石油画报社）等单位为本卷年鉴出版提供了大量辅助资料和照片。在此，对这些单位和同志、对所有支持年鉴工作和为年鉴出版提供帮助的人们致以诚挚的谢意。

尽管在编辑过程中我们做出了很大的努力，但限于工作经验和编辑水平等方面的原因，本卷年鉴难免存在疏漏和不足，诚恳地欢迎大家提出批评、意见和建议，以利于我们把这项工作做得更好。

《中国石油天然气集团公司年鉴》编辑部

2005 年 12 月

港华燃气

中国进出口银行总行营业部于2001年11月开业，是国家出口信用机构——中国进出口银行的营业性分支机构，负责向北京市、天津市、河北省、河南省、山西省和内蒙古自治区的中央和地方企业提供政策性金融支持。

总行营业部的业务范围包括：出口卖方信贷业务、出口买方信贷业务；贷款项下人民币存款、结算业务；贷款项下外汇存款，外汇汇款，国际结算，结汇、售汇，对外担保业务，出口信贷担保业务；与本行业务相关的咨询、资信调查和见证业务；总行授权的其他业务。

自开业以来，在中国进出口银行党委的正确领导下，总行营业部求真务实、真抓实干、知难而进、艰苦奋斗，始终坚持政策性办行方向，与时俱进，开拓进取，扎实工作，围绕国家的市场多元化战略、科技兴贸战略、“走出去”战略和国家能源安全战略，积极提供政策性金融服务，不仅较好地支持了我国机电产品、成套设备、高新技术产品的出口，支持了中国企业的“走出去”，而且创造了以贷款换资源、贷款换市场的安哥拉出口信贷模式，促进了对外经济合作。截至2005年上半年，总行营业部信贷余额本外币合计500多亿元人民币，对外担保责任余额30多亿美元，累计支持了180亿美元的产品和成套设备出口，以及80亿美元的对外承包工程和海外投资。

成立4年多来，总行营业部致力提高金融服务水平，业务品种不断增加，服务手段日渐完善，形成了以出口信贷为龙头，贷款、存款、结算和保函“四位一体”的经营格局，建立了协调顺畅的业务运行机制，培养了高素质的专业化员工队伍。随着中国对外经贸的不断发展，中国企业“走出去”规模日益扩大，中国进出口银行总行营业部将继续以大力支持我国外向型经济发展为己任，坚持政策性办行方向，按照“树立精品意识，提供精品服务，创建精品银行”的经营理念，团结进取，勤奋工作，开拓创新，永不自满，努力为我国外向型经济的发展和国家经济、外交战略的实施作出更大贡献。

我们真诚希望与海内外金融、经贸界朋友建立和加强联系，发展业务合作。

地址：北京市东城区北河沿大街77号
（中国进出口银行大楼）
邮编：100009
电话：(010) 64099688

中国进出口银行 总行营业部
THE EXPORT-IMPORT BANK OF CHINA

签署银企合作协议

支持企业“走出去”

投资银行
资产管理
私人财富管理
值得信赖
强势表现
澳洲
中国大陆
中国香港
印度
印度尼西亚
日本
韩国
马来西亚
毛里求斯
新西兰
巴基斯坦
菲律宾
新加坡
斯里兰卡
泰国
越南
我们以专业才能建立佳绩，网络遍及亚太区 17 个主要市场，环球性金融产品一应俱全，优势无以伦比。凭借独到的市场见解、创新的投资意念及妥善的财务方案，配合领先业界的服务，成就独树一帜。不同凡响的专业知识，助您实现理想，创新高峰。
www.db.com
A Passion to Perform.
Deutsche Bank
德 意 志 银 行
本广告已获德意志银行批准，并由其传达。本广告所述服务由德意志银行或其附属公司及/或关联公司根据当地适用的法律及规定提供。

Don't hesitate to reach for it.

....with SK

随时满足全球能源需求
Meeting Global Energy Demand...Now
沙特石油有限公司北京代表处
电话:（010）65055850　传真:（010）65055841
北京市建国门外大街1号国贸大厦1座3019室
www.saudiaramco.com

ارامكو السعودية
Saudi Aramco
Energy to the world

An international oil services company
with a unique place in Asia
and a unique future in China.
Our Focus:
Titan
Transportation (运输) · Storage (储存) · Distribution (配送) · Supply (供应)

ADVANTICA

Advantica engineering consultants undertaking risk assessment study for CNPC **Advantica**

咨询顾问为西气东输管线作量化的灾害风险评估

Explosion testing at Advantica's Spadeadam Test site located in the UK **Advantica**

公司的 Spadeadam 试验场为中国石油作全尺寸燃气管道爆炸试验

The intelligent pig developed for CNPC with Advantica's consultants **Advantica**

公司指导中国石油天然气管道局开发国际上领先的管道在线智能内检测器技术

贝克博茨 律师事务所 BAKER BOTTS L.L.P.

Hong Kong Office and China Practice

在过去的30年中，贝克博茨曾代表许多当事人处理过重要的能源项目。在2005年，贝克博茨律师事务所决定巩固地区业务，在香港设立了办公室。香港办公室是事务所在亚洲设立的第一个办公室，作为一个地区性服务中心，支持整个地区的业务。

过去10年里亚洲市场曾经历过重大的变化，尤其是能源市场。地区性经济的快速发展致使能源市场需求增长较快，使中国目前成为世界第二大能源消费国。贝克博茨的香港办公室适时协助能源界当事人处理其在亚洲的商务和投资需要。

除了重点关注中国的能源行业之外，香港办公室也将在整个亚洲范围内为公司和个人权益当事人提供跨境兼并和收购业务的法律服务。

Baker Botts L.L.P., recently opened a Hong Kong office to enhance our involvement in major energy projects throughout the Asian region and provide the firm with better access to China, one of the world's fastest growing energy and commercial markets.

Baker Botts is an international law firm recognized for our creative approach to the legal and business issues facing our clients. The work we do is often groundbreaking.

With approximately 700 lawyers and a worldwide network of offices, Baker Botts works with our clients on corporate, environmental, global projects, intellectual property, litigation and tax. Our practices representing the energy and technology industries are preeminent. Our approach to the law practice is collaborative, with lawyers functioning as integrated teams to bring the most appropriate response to client needs.

The lawyers in our global projects practice work in multidisciplinary teams and build close working partnerships with our clients. Baker Botts has been a critical resource on LNG projects around the world for more than three decades.

Our oil and gas practice is also highly esteemed worldwide. Petroleum Economist recently ranked Baker Botts as one of the top three international firms for providing "the best overall service to the energy sector."

At Baker Botts we have a dedicated team who has handled approximately $12 billion in energy asset transactions over the past ten years. Our clients range from the worlds' largest energy companies to growing independents.

Since 1840, Baker Botts has been highly regarded for our integrity, our work ethic, the quality of our legal advice, and our people.

Contact

David Powers, John Kuzmik
or David Renton
Baker Botts L.L.P.
3308 Gloucester Tower
Central, Hong Kong
Tel (852) 3601-9000
Fax (852) 3601-9100
www.bakerbotts.com

Austin Dallas Dubai Hong Kong Houston London Moscow New York Riyadh Washington

BAKER & McKENZIE
贝克·麦坚时
国际律师事务所北京代表处

第一太平戴维斯中国
寰球物业服务

savills
第一太平戴维斯

简介

Facilities Management
Fund Management
Finacial Services

Transactional Advice
Consultancy
Property Management

第一太平戴维斯 (savills) 是英国伦敦上市公司 savills plc 旗下物业服务子公司的商号名称。在中国大陆和香港、亚太地区、澳大利亚、南非和欧洲开设了办事处，为全球各类商业团体租户提供优质全面的服务。

Savills is the trading name for the principal property services subsidiaries of Savills plc, a UK company with a full listing on the London Stock Exchange. Founded in 1855, the business is one of the leading firms of international property consultant and real estate agents in the world.

savills 为客户提供商用、零售、住宅和休闲物业方面的咨询服务。其他服务包括公司财务咨询、地产和风险资本融资，以及一系列与物业相关的金融服务。

savills 集团目前在全球管理着总面积超过 8500 万平方米的物业。不论您在中国有怎样的物业需求，第一太平戴维斯 (savills) 的服务均可达到甚至超过您的期望。

Our offices and associates around the world can offer expert and unrivalled advice on commercial,rural,resi dential and leisure properties. Other services include a range of property related financial services and a specialist fund management division.

Contact:

Hong Kong SAR
Savills (Hong Kong) Limited
Tel: (852) 2525 4418 Fax: (852) 2868 4386
E-mail: rlee@savills.com.hk
Contact: Raymond Lee

China
Savills-Greater China
Tel: (8621)63916688 Fax: (8621)63916699
E-mail: rhall@savills-sh.com
Contact: Randall Hall
Savills- Shanghai
Tel: (8621)63916688 Fax: (8621)63916699
E-mail: alau@savills-sh.com
Contact: Albert Lau
Savills-Beijing
Tel: (8610)65052348 Fax: (8610)65051243
E-mail: bchau@savills-bj.com
Contact: Billy Chau
Savills-Guangzhou/Shenzhen
Tel: (8620)81320107 Fax: (8620)81320105
E-mail: wlam@savills.com.hk
Contact: Woody Lam